Gryphius-Handbuch

Gryphius-Handbuch

Herausgegeben von Nicola Kaminski und Robert Schütze

DE GRUYTER

ISBN 978-3-11-113026-2
e-ISBN (PDF) 978-3-11-022944-8
e-ISBN (EPUB) 978-3-11-039071-1

Library of Congress Cataloging-in-Publication Data
A CIP catalog record for this book has been applied for at the Library of Congress.

Bibliografische Information der Deutschen Nationalbibliothek
Die Deutsche Nationalbibliothek verzeichnet diese Publikation in der Deutschen Nationalbibliografie; detaillierte bibliografische Daten sind im Internet über http://dnb.dnb.de abrufbar.

© 2022 Walter de Gruyter GmbH, Berlin/Boston
Dieser Band ist text- und seitenidentisch mit der 2016 erschienenen gebundenen Ausgabe.
Titelabbildung: Gregor Bieber / Johann Using, *Feste Theatrali Tragiche per la Catharina di Giorgia del Sig Andrea Gryphii* (1655), Kupferstich Nr. 7 (Exemplar der BU Wrocław, Signatur: 561 234)
Datenkonvertierung und Satz: jürgen ullrich typosatz, 86720 Nördlingen
Druck und Bindung: CPI books GmbH, Leck

♾ Gedruckt auf säurefreiem Papier
Printed in Germany

www.degruyter.com

Inhaltsverzeichnis

Vorwort —— IX

I Leben

I Leben (Ralf Georg Bogner) —— 3

II Werk

II.1 Barockdichtung. Gryphius als paradigmatischer Autor der Barockforschung seit dem frühen 20. Jahrhundert (Robert Schütze) —— 21
II.2 Diskursgeschichtliche Rahmenbedingungen —— 34
II.2.a Dreißigjähriger Krieg (Michael Kaiser) —— 34
II.2.b Konfessionalisierung in Schlesien (Arno Herzig) —— 45
II.2.c Schlesiens Sonderrolle im Reich (Arno Herzig) —— 53
II.2.d Martin Opitz' *Buch von der Deutschen Poeterey* (1624) (Nicola Kaminski) —— 59
II.3 Lateinische Werke (Ralf Georg Czapla) —— 68
II.3.1 Epik —— 69
II.3.2 Panegyrik —— 85
II.3.3 Epigrammatik und Kasualdichtung —— 87
II.4 Lyrik —— 90
II.4.1 Sonette (Thomas Borgstedt) —— 90
II.4.2 Oden (Benedikt Jeßing) —— 113
II.4.3 Epigramme (Thomas Althaus) —— 131
II.4.4 *Gedancken / Vber den Kirchhoff und Ruhestädte der Verstorbenen* (Johann Anselm Steiger) —— 146
II.4.5 *Der Weicher-Stein* (Nicola Kaminski) —— 153
II.5 Trauerspiele —— 162
II.5.1 *Felicitas* (Barbara Mahlmann-Bauer) —— 162
II.5.2 *Leo Armenius* (Albrecht Koschorke) —— 185
II.5.3 *Catharina von Georgien* (Joachim Harst) —— 203
II.5.4 *Carolus Stuardus* (A-Fassung) (Dirk Niefanger) —— 221
II.5.5 *Cardenio und Celinde* (Barbara Mahlmann-Bauer) —— 233
II.5.6 *Carolus Stuardus* (B-Fassung) (Dirk Niefanger) —— 260
II.5.7 *Papinianus* (Armin Schäfer) —— 272
II.5.8 *Die Gibeoniter* (Hans Kuhn) —— 289
II.6 Lustspiele —— 300
II.6.1 *Seugamme* (Stefanie Stockhorst) —— 300

II.6.2	*Absurda Comica. Oder Herr Peter Squentz* (Bernhard Greiner)	**313**
II.6.3	*Horribilicribrifax Teutsch* (Daniel Fulda)	**330**
II.6.4	*Der Schwermende Schäffer* (Bernhard Jahn)	**347**

II.7 Festspiele —— 357

II.7.1	*Majuma* (Bernhard Jahn)	**357**
II.7.2	*Piastus* (Robert Schütze)	**368**
II.7.3	*Verlibtes Gespenste / Die gelibte Dornrose* (Robert Schütze)	**381**

II.8 Prosa —— 400

II.8.1	*Fewrige Freystadt* (Nicola Kaminski)	**400**
II.8.2	Leichabdankungen (Nicola Kaminski)	**414**
II.8.2.a	*Menschlichen Lebenß Traum* (Nicola Kaminski)	**419**
II.8.2.b	*Brunnen-Discurs* (Nicola Kaminski)	**427**
II.8.2.c	*Schlesiens Stern in der Nacht* (Volker Mergenthaler)	**437**
II.8.2.d	*Magnetische Verbindung Des HErren JESU / und der in Jhn verliebten Seelen* und *Letztes Ehren-Gedächtnüß* (Michael Schilling / Nicola Kaminski)	**448**
II.8.2.e	*Winter-Tag Menschlichen Lebens* (Thomas Vogel)	**472**
II.8.2.f	*Uberdruß Menschlicher Dinge* (Nicola Kaminski)	**482**
II.8.2.g	*Hingang durch die Welt* (Robert Schütze)	**493**
II.8.2.h	*Folter Menschliches Lebens* (Stefanie Arend)	**503**
II.8.2.i	*Der Tod Als Artzt der Sterblichen* (Johann Anselm Steiger)	**512**
II.8.2.j	*Abend Menschlichen Lebens* (Nicola Kaminski)	**527**
II.8.2.k	*Außländische Jn dem Vaterland* (Nora Ramtke)	**538**
II.8.2.l	*Seelige Unfruchtbarkeit* (Nicola Kaminski)	**548**
II.8.2.m	*Flucht Menschlicher Tage* (Dieter Martin)	**560**
II.8.2.n	*Mutua Amantium Fuga* (Nicola Kaminski)	**571**
II.8.3	*Mumiae Wratislavienses* (Joachim Śliwa)	**582**

II.9 Gryphius als Übersetzer und Bearbeiter (Hans Kuhn) **—— 594**

II.10 Systematische Aspekte —— 604

II.10.1	Allegorie (Heinz Drügh)	**604**
II.10.2	Bibeldichtung (Thomas Vogel)	**615**
II.10.3	Intertextualität (Stefanie Arend)	**632**
II.10.4	Komik (Daniel Fulda)	**643**
II.10.5	Märtyrer/Tyrann (Albrecht Koschorke)	**655**
II.10.6	Metatheater / Spiel im Spiel (Bernhard Greiner)	**668**
II.10.7	Neustoizismus (Stefanie Arend)	**682**
II.10.8	Reyen (Bettine Menke)	**692**
II.10.9	Schwarze Magie (Maximilian Bergengruen)	**710**
II.10.10	Transzendenz/Immanenz (Nicola Kaminski)	**724**
II.10.11	Verstechnik (Alexandriner, *vers commun*) (Andreas Beck)	**740**
II.10.12	Zahlenkomposition (Stefanie Knöll)	**757**

III Wirkung

III.1 Zeitgenössische Rezeption im 17. Jahrhundert (Jörg Wesche) —— 767
III.2 »Critische« Rezeption in der (Früh-)Aufklärung (Benedikt Jeßing) —— 779
III.3 Rezeption durch die Romantiker (Dieter Martin) —— 791
III.4 Rezeption im 20. Jahrhundert im Zeichen zweier Weltkriege (Dieter Martin) —— 802

IV Anhang

IV.a Siglenverzeichnis —— 817
IV.b Bibliographie (Robert Schütze) —— 824
IV.c Abbildungsverzeichnis —— 916
IV.d Personenregister —— 917
IV.e Werkregister —— 927

Vorwort

Nach »etlicher Zeit« in »gefänglicher Hafft« (*Cath.*, S. 91) stirbt Catharina von Georgien am Hof des persischen Schahs einen grausamen Tod: mit »glüend-rothen Zangen« (*Cath.* V,73) seziert der »Blutrichter« (*Cath.*, S. 94) skrupulös den Körper der lebendig an einen »Pfahl« (*Cath.* V,67) gebundenen Königin – »[d]er Stahl zischt in dem Blutt / das Fleisch verschwand als Schnee« (*Cath.* V,76), »die Lunge ward entdeckt« (*Cath.* V,94), »die flachen Mausen« »von der Armen Röhr« (*Cath.* V,78) gelöst, »[d]ie Stücker hingen nu von beyden Schenckeln ab« (*Cath.* V,91). Dieses Theater des Schreckens ist freilich – zumal bei Gryphius – ein Theater der Sprache, verbannt doch das von Horaz sich herschreibende Verbot der ›Greuelszene‹ die schlimmsten Martern auch von der barocken Illusionsbühne. Catharinas Ansprache an das »Frauenzimmer« auf der Bühne – »Wil man euch unsern Tod zu schauen nicht vergönnen? (*Cath.* IV, 430) – adressiert folglich desillusionierend zugleich den Zuschauer vor der Bühne. Es bleibt dem Botenbericht überlassen, dem Mangel an Sichtbarkeit abzuhelfen, sprachlich ›ins Bild zu setzen‹, was jenseits des theatral ›Abbildbaren‹ liegt. Entsprechend malt die Schilderung, die Catharinas Dienerin Serena als exklusive Augenzeugin der verborgenen Folter gibt, nicht nur die Qualen des geschundenen Körpers, sondern die größere »Pein«, die die Zurschaustellung der Entblößten bereitet:

> Man riß die Kleider hin. Die unbefleckten Glider
> Sind offentlich entblöst / sie schlug die Wangen nider
> Die Schamröth' überzog; und hilt für höchste Pein
> Vnkeuscher Augen Zweck' und FrevelSpil zu seyn. (*Cath.* V,61-64)

Den Blicken der Theaterbesucher entzogen, etabliert der nackte Körper der Königin hier eine Grenze zwischen den handgreiflich und voyeuristisch Folternden und den unschuldigen Hörern – eine Grenze indes, die sich auflöst, sobald das Foltergeschehen wie in Johann Usings Kupferstich zur *Catharina von Georgien* (siehe das ›Titelkupfer‹ des *Gryphius-Handbuchs*) ganz direkt ›ins Bild gesetzt‹ wird. Der in Usings Darstellung »offentlich entblöst[e]« Körper nämlich macht jeden Betrachter nicht allein zum Zeugen des Martyriums, er versetzt ihn unweigerlich in Komplizenschaft mit jenen Folterknechten, deren vornehmstes Marterinstrument die »[u]nkeusche[n] Augen« sind. Wer schaut, der foltert. Daß diese ›Augenlust‹ überdies poietisch codiert, die Folter- recht eigentlich eine Schreibszene ist, verschweigt zwar Usings Illustration, spricht dafür um so ›beredter‹ der Vorredner Gryphius aus, wenn er Trauerspiel und Protagonistin in der Vorbemerkung zur *Catharina* spielerisch engführt, sich selbst, den Autor, mit dem begehrenden und mordenden Antagonisten seines eigenen Stücks parallelisiert: »[D]iser Königin Entwurff« sei, so heißt es, »schir länger bey mir verborgen gewesen; Als sie selbst in den Banden des Persischen Königes geschmachtet«, dennoch erweise sich die »Feder« des Dichters als zu schwach, der Schrift der Folter gleichzukommen, die die »Ehre« Gottes mit »Blutt ausstreichet« (*Cath.*, S. 89f.). In der »von mir öffters begehrte[n] Catharine« (*Cath.*, S. 89) – eine grandios doppeldeutige Formulierung! – verschränken sich somit Körper und Text, Folter und Schreiben auf geradezu exemplarische Weise, geben ein »kaum erhöretes Beyspill« nicht nur »unaussprechlicher Beständigkeit« (ebd.), sondern mehr noch einer Schreibstrategie, die vermeintlich ›beständige‹ Differenzen (etwa die zwischen Autor und Werk, Transzendenz und Immanenz, Trauerspiel und Lustspiel) immer wieder aufs Spiel setzt.

* * *

Wenn das vorliegende Handbuch es sich in klarem Bekenntnis zu textorientierter Darstellung zum Ziel setzt, solche Strategien offenzulegen, in ›sezierendem‹ Zugriff Verborgenes zu ›entblößen‹, dann steht es in der Logik von Gryphius' Vorrede in der Fluchtlinie dieser zweischneidigen Positionsbestimmung. Ohne das Spiel mit der bildlichen Rede überreizen zu wollen, seien seine Grundsätze von hier aus entwikkelt.

1. Corpus: Die Spannung von Ganzem und dessen Zergliederung ist für die Folter konstitutiv, sie bestimmt aber auch die Textanalyse. Das *Gryphius-Handbuch* unternimmt es erstmals, den ›ganzen Gryphius‹ in den Blick zu rücken, unter gleichberechtigter Einbeziehung auch bislang vernachlässigter Werksegmente. Gerade die Rezeption dieses – neben Grimmelshausen – im kulturellen Bewußtsein noch halbwegs präsenten Barockautors ist von starken Reduktionismen geprägt, mit der Folge höchst selektiver Wahrnehmung: eine Handvoll *vanitas*-Sonette in den Schulbüchern hier, Dominanz des Trauerspiel- und Sonettdichters in der Forschung dort (vgl. das augenfällige Ungleichgewicht in der Forschungsbibliographie). Neben den ›großen‹ Dichtungen, auf denen Gryphius' Nachruhm beruht, gibt das *Gryphius-Handbuch* darum auch jenen Texten sehr viel Raum, die erst seit der Etablierung eines erweiterten Literaturbegriffs Aufmerksamkeit auf sich zu ziehen vermögen: dem Protokoll einer Mumiensektion (*Mumiae Wratislavienses*) etwa oder einer Brandbeschreibung (*Fewrige Freystadt*), vor allem aber dem stattlichen Corpus der Leichabdankungen, deren jede ein eigenes Kapitel bekommt. Daß es lohnt, diese Texte (trotz und oftmals wegen ihrer Kasusgebundenheit) zu entdecken und in ihrer poetischen Faktur ernst zu nehmen, wird dabei hoffentlich ebenso deutlich wie die Rückkopplungen und Brückenschläge, die sich von hier aus in Richtung der vergleichsweise gut erforschten Trauer- und Lustspiele oder der Sonette anbieten.

2. Instrumentarium: ›Zum Sprechen bringen‹, so läßt sich das zentrale Ziel der Folter wie der Textanalyse umschreiben. In der Androhung der Folter erblickt Chach Abas die *ultima ratio*, sein letztes Mittel, die erfolglos Umworbene – auf Konversion und Hochzeit drängend – zum Ja-Wort zu bewegen. Auf stummem »Papir« (*Cath.* III,457) überbracht, entzündet sich jedoch am Foltererlaß, der im Trauerspiel nirgends verlesen wird, eine Kontroverse um die rechte Auslegung der souveränen

Order (vgl. *Cath.* V,145-174). Mitnichten gelingt es der »freudenvolle[n] Schrifft« (*Cath.* IV,241) des Marterbefehls, die Sprechmaschinerie, deren mutmaßliches Schlußstück die Folter ist, in letzten Aussagen stillzustellen. Der irreversible Vollzug der Folter – das bekommt der allzu unbekümmert den Befehl exekutierende Fürstendiener Imanculi recht bald zu spüren – bleibt an den prekären, von schwankenden Begierden gesteuerten, ja »frembd[en] und schwer zu fassen[den]« (*Cath.* V, 169) Willen des Tyrannen gebunden. Wie Text und Körper unter den Bedingungen einer hermeneutisch derart fragilen Rahmung am ehesten dazu gebracht werden mögen, die ersehnten Worte zu sprechen, ist, anders gesagt, selbst Gegenstand einer Debatte um das angemessene Instrumentarium. In diesem Sinne versteht sich auch das *Gryphius-Handbuch* dezidiert zu theoretischem und methodischem Pluralismus. Gegenüber einer vom Handbuchformat womöglich erwartbaren standardisierten Taxonomie des Artikelaufbaus gibt es der Vielfalt unterschiedlich ansetzender und am jeweiligen Text sich in ihrer Erschließungskraft erweisender Lektüreverfahren und Theoriezugriffe den Vorzug. Die Gryphius-Forschung war und ist sich in grundsätzlichen Fragen wie im interpretatorischen Detail nicht einig, und das Handbuch beabsichtigt nicht, einen solchen Konsens im Darstellungsmodus eines geschlossenen Systems vorzuspiegeln. Vielmehr soll im Neben- und Gegeneinander der Handbuchartikel, die in einem Netz von Verweisen aufeinander Bezug nehmen, aber so auch Differenzen und teils anhaltende Forschungskontroversen akzentuieren, der Reichtum an Perspektiven und Lektüreoptionen dem Leser ein Angebot machen: ihn zu eigenen Lesarten einladen. Solcherart versteht das *Gryphius-Handbuch* sich nicht als Forschungsbilanz, sondern – nach einer ersten, ertragreichen Forschungskonjunktur in den 60er und 70er Jahren des vergangenen Jahrhunderts – als Ensemble von Aufbruchsszenarien.

3. Materialität: Folter erlaubt keine Stellvertretung, setzt Präsenz voraus. Als Catharina in der vierten Abhandlung von Gryphius' Trauerspiel vom »Blutrichter« abgefordert wird, ist unmißverständlich klar: »man begehrt *ihr* in dem grossen Sale« (*Cath.* IV,393).[1] Die georgische Königin höchstselbst, in eigener Person, hat die Trauerspielbühne zu räumen, weil die Folter andernorts nach ihr verlangt (»begehrt«), während ihrem »Frauenzimmer« der Part der Übermittlung zufällt: das Berichten und das Empfangen des Botenberichts. Folgerichtig weist Catharina das »behertzt« diese Rollenverteilung überschreitende Anerbieten ihrer Vertrauten Salome, »mit ihr mein Leben zu verlieren« (*Cath.* IV,345), entschieden zurück: »Gott heist uns nur allein / nicht dich zur Marter führen« (*Cath.* IV,346). Die Folter akzeptiert nur den Körper, dem sie Aussagen entlocken will. Übertragen auf textanalytische Zusammenhänge, verhält die Neuedition eines Textes sich zu dem oder den Druck(en), worin er zeitgenössisch gelesen wurde, wie der Botenbericht zum berich-

---

1 Unsere Hervorhebung.

teten Geschehen. Dann jedenfalls, wenn man der Überzeugung ist, daß es den ›bloßen Text‹ nicht gibt, daß Texte »nicht in handgeschriebene und gedruckte Bücher wie in einfache Behälter geleert« werden,[2] sondern erst in ihrer konkret›körperlichen‹ materialen Erscheinungsform ›sprechen‹. Dieses materialphilologische Credo einerseits, andererseits die dank umfassenden Digitalisierungsmaßnahmen gerade im Bereich der Frühen Neuzeit in den letzten Jahren überhaupt sich eröffnende Möglichkeit, in großem Stil auf digital faksimilierte Drucke des 16. und 17. Jahrhunderts zurückzugreifen, haben die Herausgeber bewogen, das Handbuch auf Ausgaben umzustellen, wie sie die zeitgenössischen Leser vor Augen hatten. Dabei ging es nicht darum, bestimmte Editionen als Referenz zeitgenössischer Rezeption zu ›beweisen‹, wohl aber erschien es uns wichtig, rezeptionelle Differenzen ins Bewußtsein zu heben: beispielsweise die, daß man vor rund vierhundert Jahren nicht auf die geläufige zweisprachige Ausgabe der aristotelischen *Poetik* von Manfred Fuhrmann zurückgreifen konnte, sondern Aristoteles mutmaßlich in lateinischer Übersetzung (und Übersetzung heißt auf lateinisch nicht ohne Grund *interpretatio*) etwa des Daniel Heinsius las. Solche konsequente Bindung an zeitgenössisch verfügbare Ausgaben mag den modernen Handbuchbenutzer befremden, vielleicht gar irritieren. Das Risiko solcher Irritation, die auch Reaktion auf das ist, was man seit einiger Zeit gerne als Alterität diskutiert, glauben wir aber allemal aufgewogen durch den Gewinn des Eintritts in einen spezifisch frühneuzeitlichen Raum, in dem nicht nur Texte, sondern auch Bücher, Ausgaben, Drucke in ihrer Materialität aufeinander Bezug nehmen, sich zitieren, kommentieren oder dementieren. Für den Gegenstand des Handbuchs, Gryphius' in eine Vielzahl unterschiedlicher Texte in unterschiedlichen Auflagen sich gliederndes Werk, bietet diese Vorgehensweise zudem die Chance historischer Präzisierung: vermeintlich ein und denselben Text in unterschiedlichen Auflagen je integral und in den verschiedenen Drucken je verschieden paratextualisiert wahrzunehmen, statt an die editorische Entscheidung für *einen* edierten Text gebunden zu sein, im Verhältnis zu welchem andere ›Fassungen‹ bestenfalls als ›Varianten‹ beigeordnet werden. Da inzwischen für die Mehrzahl der Leser/innen im Netz verfügbare Digitalisate ebenso leicht (wenn nicht leichter) zu greifen sein dürften wie die vorliegenden Gryphius-Editionen (die zudem, namentlich im Fall der *Gesamtausgabe deutschsprachiger Werke* und der *Fewrigen Freystadt*, gravierende editorische Mängel aufweisen), erscheint uns diese Entscheidung für die Konfrontation mit den unverstellten frühneuzeitlichen Drucken in distributiver Hinsicht überdies besonders benutzerfreundlich.

---

[2] Roger Chartier: Lesewelten. Buch und Lektüre in der frühen Neuzeit. Frankfurt a.M./New York/Paris 1990 [frz. 1982], S. 32. Vgl. aus editionsphilologischem Blickwinkel den Band: Text – Material – Medium. Zur Relevanz editorischer Dokumentationen für die literaturwissenschaftliche Interpretation. Hg. von Wolfgang Lukas, Rüdiger Nutt-Kofoth und Madleen Podewski. Berlin/Boston 2014 (Beihefte zu *editio* 37).

Zitiert wird durchweg buchstaben- und zeichengenau, die Titelaufnahmen erfolgen diplomatisch. Einzig Abbreviaturen wurden um der Lesbarkeit willen stillschweigend aufgelöst; das bei Umlauten superskribierte e wurde nicht nachgebildet, da dies typographisch nur im Fall von Frakturdruck sinnvoll gewesen wäre. Zitate aus Gryphius' Texten werden in nachgestellter Klammer sigliert belegt; den Weg zur jeweils zitierten Ausgabe weist das Siglenverzeichnis am Ende des Bandes, das für jeden Druck eine eigene Sigle vorsieht. Ansonsten werden die je verwendeten Ausgaben in den einzelnen Handbuchbeiträgen vollständig nachgewiesen; lediglich Bibelzitate sind einheitlich ohne je erneuten Nachweis nach der letzten von Luther autorisierten Ausgabe von 1545 wiedergegeben.[3]

* * *

Am Ende bleibt den Herausgebern der Dank. Er gilt zunächst Heiko Hartmann, der 2010 als Cheflektor für Sprach- und Literaturwissenschaft (Germanistik) beim Verlag Walter de Gruyter den Anstoß zum *Gryphius-Handbuch* gegeben und es verstanden hat, durch Eröffnung konzeptioneller Spielräume für das Projekt zu begeistern. Er gilt sodann und ganz besonders den Beiträgerinnen und Beiträgern für ihre Texte, ihr Engagement und für ihre Geduld. Er gilt schließlich einer Vielzahl von Bibliotheken, Institutionen und Personen, die das Zustandekommen des Handbuchs im Laufe der vergangenen sechs Jahre unterstützt haben, namentlich Martin Liebetruth vom Göttinger Digitalisierungszentrum und Anna Mańko-Matysiak, die für uns immer wieder digitale Brücken von der Biblioteka Uniwersytecka in Wrocław nach Bochum geschlagen hat. Maria Zucker hat im Verlag umsichtig Sorge dafür getragen, daß aus den vielen Einzelbeiträgen zu guter Letzt ein Buch geworden ist.

Bochum, im Juni 2016   Nicola Kaminski und Robert Schütze

---

[3] Biblia: das ist: Die gantze Heilige Schrifft: Deudsch Auffs new zugericht. D. Mart. Luth. Begnadet mit Kurfürstlicher zu Sachsen Freiheit. Gedruckt zu Wittemberg / Durch Hans Lufft. M.D.XLV. Die für die biblischen Bücher verwendeten Siglen folgen den Loccumer Richtlinien: Ökumenisches Verzeichnis biblischer Eigennamen nach den Loccumer Richtlinien. Hg. von Joachim Lange. Stuttgart ²1981.

Leben

I Leben

Von Ralf Georg Bogner

Herkunft, Geburt und frühe Kindheit

Andreas Gryphius entstammt einem lutherischen Pastorenhaus. Sein Vater Paul Gryphius, ursprünglich aus dem thüringischen Dorf Uthleben (heute ein Ortsteil der Landgemeinde Heringen/Helme), versieht nach seinem Theologiestudium diverse geistliche Ämter in Schlesien und ist seit 1602 Diakon, seit 1604 Archidiakon, also Oberhaupt der evangelisch-lutherischen Gemeinde in Glogau. Etliche weitere Mitglieder der väterlichen Familie treten als Gelehrte, Geistliche oder Buchdrucker in die Öffentlichkeit und bedienen sich dabei ebenfalls der latinisierten Form des Nachnamens Greif.[1]

Paul Gryphius ist dreimal verheiratet und zeugt zahlreiche Kinder, welche allerdings – durchaus typisch in der Frühen Neuzeit – größtenteils bereits früh versterben. Anna Erhard, seine dritte Ehefrau, ist – ebenfalls zu dieser Zeit nichts Ungewöhnliches – zweiunddreißig Jahre jünger als er. Sie stammt aus einer Offiziersfamilie.[2] Der spätere Dichter Andreas Gryphius ist das dritte und letzte Kind aus der Verbindung.[3] Er wird somit in das Milieu der hochgebildeten bürgerlichen Eliten hineingeboren, eine Minorität von Stadtbewohnern in herausgehobener gesellschaftlicher und beruflicher Position gegenüber der weitgehend nichtlitteralen Bevölkerungsmehrheit in häufig subalterner beruflicher Stellung und prekären ökonomischen Verhältnissen – und natürlich knüpft sich an ihn die Erwartung, sich mit seiner Vita in einer ebenso herausgehobenen Position zu bewähren.

Die Geburt von Andreas Gryphius wird auf den 2. Oktober 1616 angesetzt. Diese Datierung erfolgt mangels Überlieferung nicht anhand eines amtlichen Dokumentes wie beispielsweise auf der Basis des entsprechenden Eintrags in das Taufregister der Heimatgemeinde. Gryphius nennt den Tag seiner Geburt jedoch selbst in seinen Epigrammen. Ein heutiger Leser darf freilich nicht erwarten, im Barock aus einer solchen Literarisierung des Anfangs des eigenen Lebens irgendwelche konkreten Details über die Niederkunft oder besondere Geschehnisse in den ersten Lebensstunden zu erfahren. Vielmehr nimmt Gryphius seine Geburt um Mitternacht beispielsweise zum Anlaß für folgende Betrachtung:

---

1 Vgl. Marian Szyrocki: Der junge Gryphius (1959) [134], S. 27.
2 Vgl. ebd.
3 Vgl. Baltzer Siegmund von Stosch: Last- und Ehren- auch Daher immerbleibende Danck- und Denck-Seule (1665) [187], S. 22.

> LXI. Uber die Nacht meiner Geburt.
> II. Octob. hora. XII. p. m.
>
> Die Erden lag verhült mit Finsternüß und Nacht /
> Als mich die Welt empfing / der Hellen Lichter Pracht /
> Der Sternen goldne Zier umbgab des Himmels Awen
> Warumb? Umb daß ich nur soll nach dem Himmel schawen. (*Ep.* III,I,61)

Den frühneuzeitlichen Autor, der seinen Eintritt in die Welt literarisch reflektiert, interessiert daran also nicht das individuelle Lebensdatum des einzelnen, sondern die exemplarische Ausdeutbarkeit des spezifischen Zeitpunkts der Geburt für die persönliche Heilsgeschichte: Gott hat ihm auf seinen Weg ein Zeichen mitgegeben. Die Biographie wird mithin von ihrem Beginn an theologisch überformt. Insofern ist auch von weiteren Äußerungen des Dichters zu sich selbst nie eine unverstellt authentische, im modernen Sinne persönliche Information zu erwarten.

Andreas Gryphius verliert bereits in der Kindheit beide Eltern. Im Januar 1621 verstirbt sein Vater überraschend. Ein gutes Jahr danach, am 12. April 1622, heiratet seine Mutter, der ja als Witwe keinerlei staatliche oder kirchliche Versorgung zusteht, den Lehrer Michael Eder. Schon sechs Jahre später, am 21. März 1628, erliegt sie allerdings der Schwindsucht.[4] Andreas Gryphius ist also mit zwölf Jahren Vollwaise, hat jedoch das Glück, von seinem Stiefvater trotz vieler Widrigkeiten in den folgenden Jahren intensiv gefördert zu werden.

Die schwierige privat-familiäre Situation des Knaben Andreas Gryphius wird noch zusätzlich belastet durch die äußerst komplizierten zeitgeschichtlichen Umstände seiner frühen Kindheitsjahre. Am 28. Juli 1615 wird seine Heimatstadt durch einen desaströsen Brand baulich und wirtschaftlich fast vollständig ruiniert.[5] Der Beginn des Dreißigjährigen Krieges drei Jahre danach steht dem Wiederaufbau massiv im Wege. Zwei Monate vor Gryphius' Geburt wird Glogau ferner durch eine Rebellion der lutherischen Bevölkerungsmehrheit gegen die katholische Herrschaft erschüttert.[6] Am 4. Januar 1621 kommt es, nachdem der ›Winterkönig‹ Friedrich V. von der Pfalz hier Station gemacht hat, zu neuen Unruhen.[7] Da der Tod von Paul Gryphius im direkten zeitlichen Kontext zu diesen Geschehnissen steht, wird er in der Forschung zumeist als unmittelbare Folge der übergroßen Aufregungen in diesem Zusammenhang gesehen.[8]

---

4 Vgl. Nicola Kaminski: Andreas Gryphius (1998) [122], S. 22f.
5 Vgl. Szyrocki (Anm. 1), S. 26.
6 Vgl. ebd.
7 Vgl. ebd., S. 28.
8 Vgl. Kaminski (Anm. 4), S. 15 und 18.

In der wichtigsten zeitgenössischen Quelle für die Biographie des Autors, im Druck der Leichabdankungsrede des Baltzer Siegmund von Stosch,[9] wird ein solcher Zusammenhang nicht hergestellt. Freilich entsteht dieser ursprünglich öffentlich während der Begräbnisfeier vorgetragene Text in einer für die Glogauer Lutheraner konfessionell sehr bedrängten Situation, in welcher der Nekrologist tunlichst religiös motivierte Konflikte vermeiden will.[10] Die zeitgenössischen biographischen Quellen – auch die nicht im engeren Sinne literarischen wie etwa hier eine Leichenrede – dürfen demnach ebensowenig wie Gryphius' Werke als direkte Informationsbasis verwendet werden, sondern müssen immer auch auf ihre interessenbedingten Darstellungsstrategien hin befragt werden.

All die genannten Schicksalsschläge und problematischen Begleitumstände in Gryphius' früher Kindheit wie auch spätere schwierige Etappen in seiner Biographie sind wiederholt als auslösende Momente für eine allgemein düstere, pessimistische oder melancholische Gemütsverfassung des Autors betrachtet worden, und diese wiederum soll sich in der großen Bedeutung von *vanitas-* und *memento-mori*-Motiven für sein Werk niedergeschlagen haben.[11] Die zeitgenössischen biographischen Quellen wissen freilich von jener so viel beschrieenen Gemütsverfassung nichts zu melden, die genannten Themen sind Allgemeingut der Barockliteratur, und nicht zuletzt wird bei einer solchen Argumentation unterschlagen, daß der mutmaßlich so finstere Autor der Verfasser einiger der humorvollsten und witzigsten frühneuzeitlichen Komödien im deutschsprachigen Raum ist.

Viel überzeugender erscheint hingegen folgende These: Für den von etlichen Schicksalsschlägen getroffenen und unter ungünstigen Umständen aufgewachsenen Pastorensohn bietet die lutherische Theologie der Zeit mit ihrer ausgeprägten Jenseitsorientierung ausgezeichnete Bewältigungsstrategien, welche der Dichter auch und gerade literarisch gestaltet. Gryphius hat die gelungene Bewältigung eines schweren menschlichen Schicksals durch einen evangelischen Christen prototypisch in einigen seiner *Dissertationes funebres* vorgeführt. Die Leichabdankung auf Barbara Gerlach beispielsweise führt unter dem programmatischen Titel *Folter Menschliches Lebens* eine Verstorbene vor, deren Dasein offenbar durch die unterschiedlichsten Drangsale während des Dreißigjährigen Krieges und durch lange und schwere Krankheit geprägt gewesen ist. Anschaulich und bildreich illustriert er anhand ihres Schicksals, daß sie dieses »stete[ ] Weh«, diese »jmmerwehrende Folter« (*FML*, fol. Aij^r) ganz im Sinne der lutherischen Theologie als Prüfung des zürnenden Gottes verstanden und sich daher in »Gedult« und »Standhafftigkeit« gegenüber allen diesen »Probe[n]« geübt habe (*FML*, fol. C^r).

---

9 Vgl. Stosch (Anm. 3), S. 23.
10 Vgl. Kaminski (Anm. 4), S. 18.
11 Vgl. z.B. Conrad Wiedemann: Andreas Gryphius (1984) [137], S. 447.

Schulischer Bildungsweg

Über besondere Eigenschaften und Vorlieben des Knaben Andreas Gryphius ist nichts bekannt. Die Kindheit als ganz spezifisches Lebensalter mit ihren je eigenen Erfahrungen, Neigungen und Befindlichkeiten wird im 17. Jahrhundert nicht so wie heute wahrgenommen. Das Kind wird gesehen als unfertiger Mensch, und die gelungene puerile Biographie entwickelt sich sukzessive zum vollumfänglich ausgereiften Menschen hin. Demgemäß bieten auch die biographischen Quellen zu Besonderheiten des Kindes Andreas Gryphius keine Informationen. Texte für öffentliche Gelegenheiten wie Stoschs Leichenrede fügen sich selbstverständlich in solche Wertevorstellungen und Normen der frühneuzeitlichen Gesellschaft ein.

Zudem sind anlaßbedingt entstandene Dokumente häufig in spezifische situativ-pragmatische Kontexte eingebunden. Daraus ergibt sich etwa die bereits erwähnte konfessionelle Zurückhaltung des Verfassers beim bald folgenden Bericht über die Konsequenzen rabiater gegenreformatorischer Maßnahmen in Glogau während des Dreißigjährigen Kriegs. Darüber hinaus folgt die Auswahl und Anordnung der lebensgeschichtlichen Daten in solchen Darstellungen in der Regel stark konventionalisierten Mustern. Das ergibt sich vor allem aus der engen Bindung an Gattungstraditionen – die beispielsweise das Durchlaufen der Wirkfunktionen der Klage (*lamentatio*), des Lobs (*laudatio*) und des Trostes (*consolatio*) verlangen – und an die rhetorischen Textherstellungstechniken von topischer *inventio* und *dispositio*.

Stoschs Text über Gryphius ist der Druck einer Leichabdankung (*parentatio*), also eines bei der Beerdigung gehaltenen Vortrags. Während die Leichenpredigt von einem Geistlichen übernommen wird und gemäß Martin Luthers Vorgabe vorrangig der Exegese eines Bibelverses dient, hält die Leichabdankung ein ständisch dem Toten Gleichrangiger. Im Fokus stehen hier eher die weltlichen Tugenden und Leistungen des Verstorbenen sowie in vielen Fällen auch dessen Biographie. Stoschs Text folgt diesen Konventionen geradezu prototypisch. Nach der üblichen einleitenden Klage über den Tod des Hingeschiedenen widmet er sich Gryphius' Lob. Zuerst steht dabei die vorbildliche Erfüllung seiner Amtspflichten im Mittelpunkt, dann verschiebt sich der Akzent hin zu seiner Tugendhaftigkeit, seiner Kunstfertigkeit und insbesondere zu seiner umfassenden Bildung. Hiermit sind in dem hochartifiziell gestalteten Text wiederum die zentralen Themen vorgegeben, welche den nun folgenden, chronologischen Bericht über die Biographie – und damit die für uns heute überlieferten Daten – inhaltlich prägen.[12] Die Einbindung von Stoschs Gryphius-Biographie in den größeren Horizont einer Gesamtdeutung dieses Lebens wird in der Forschung gerne übersehen, da der üblicherweise verwendete Abdruck

---

12 Vgl. Ralf Georg Bogner: Der Autor im Nachruf (2006) [142], Kap. 6.2.

des Textes[13] ungekennzeichnet nur dessen letzten Teil wiedergibt. Zu betonen ist demgegenüber, daß die Darstellung der schulischen und universitären Bildung von Gryphius bei Stosch deswegen eine so große und die Biographie nachgerade strukturierende Rolle einnimmt, weil die Bedeutung derselben eines der wesentlichen argumentativen Beweisziele der Rede darstellt.

Vermutlich ab dem 29. März 1621,[14] also relativ früh, besucht Andreas Gryphius in Glogau die Schule. Stosch rühmt das Ansehen und die Qualität der hier tätigen Lehrkräfte, welche später auch andere wichtige Ämter übernehmen und teils wissenschaftlich publizieren. Zu ihnen gehören neben Michael Eder, dem Stiefvater, Johannes Faust und Jakob Rolle.[15] Die Leichenrede Stoschs mit ihrem besonderen Akzent auf der stetig wachsenden Gelehrsamkeit des Gewürdigten betont die Solidität seiner Ausbildung in Glogau, seine Lernfortschritte und seinen Fleiß.[16]

Die geregelte schulische Ausbildung Gryphius' in Glogau wird allerdings, was Stosch wohlweislich nicht erwähnt, durch diverse schwierige Umstände eingeschränkt – insbesondere Kriegsauswirkungen wie den Durchzug von Heeren mit allen entsprechenden Auswirkungen – und 1628 endgültig im Rahmen der radikalen Rekatholisierungsmaßnahmen durch die kaiserliche Herrschaft beendet. Die evangelische Schule wird aufgelöst. Die Protestanten treten entweder unter massivem Druck zum römischen Glauben über oder verlassen das Land. Für letzteres entscheidet sich auch der Stiefvater Michael Eder, der nach Driebitz in das konfessionell tolerante Polen flieht und in dem kleinen Grenzdorf eine Pastorenstelle übernimmt. Ende des Jahres folgt ihm der zwölfjährige Gryphius dorthin nach.[17]

Die folgenden drei Jahre sind geprägt von mehreren vergeblichen Versuchen, dem Jungen unter den gegebenen, höchst ungünstigen Bedingungen eine systematische schulische Ausbildung zu ermöglichen. Längere Zeiträume, in denen der Besuch einer Lehranstalt nicht möglich ist, werden durch intensives Selbststudium überbrückt. Konkret bedeutet dies vor allem ganz im humanistischen Geiste die Auseinandersetzung mit den antiken Klassikern. Stosch nennt ausdrücklich Plutarch und Livius.[18] Dabei kann er auf die Unterstützung durch seinen hochgebildeten Stiefvater und dessen zweite Ehefrau Maria Rißmann zählen.[19] Die genauen Aufenthaltsorte und -zeiten von Gryphius in diesen von Kriegsauswirkungen äußerst be-

---

13 Baltzer Siegmund von Stosch: Danck= und Denck= Seule des Andreæ Gryphii. In: Text + Kritik 7/8 (1980), S. 2–11.
14 Vgl. Christian Stieff: Andreae Gryphii Lebens-Lauff (1737) [186], S. 807; nach einer etwas unklaren Formulierung bei Stosch (Anm. 3), S. 23, käme auch das Jahr 1622 in Frage.
15 Vgl. Szyrocki (Anm. 1), S. 29.
16 Vgl. Stosch (Anm. 3), S. 24f.
17 Vgl. Szyrocki (Anm. 1), S. 30–32.
18 Vgl. Stosch (Anm. 3), S. 26.
19 Vgl. Szyrocki (Anm. 1), S. 33.

lasteten Zeiten sind den Quellen nicht zu entnehmen, und manche Spekulationen darüber in der Forschung führen nicht weiter.

Erst im Sommer 1632 kann Gryphius seine schulische Ausbildung im polnischen, vom Krieg nicht tangierten Fraustadt fortsetzen, das damals vielen Tausenden von protestantischen Flüchtlingen aus Schlesien und Böhmen Schutz bietet. Hier begegnet er auch seinem ehemaligen Glogauer Lehrer Jakob Rolle wieder, nun Direktor der Fraustädter Schule.[20] Nicht unwesentlich für die Bildungsfortschritte des Jugendlichen unter so schwierigen Umständen ist der Zugang zu einer guten Bibliothek. Dies gewährleistet Gryphius in Fraustadt die mehr als 1200 Bände umfassende Büchersammlung der lutherischen Kirche am Kripplein Christi, deren Pastor 1631 sein Stiefvater Michael Eder geworden ist.[21]

Aus dieser Zeit datieren die ersten bekannten literarischen Arbeiten von Gryphius. Sie entstehen im Kontext des üblichen schulischen Bildungsgangs und des protestantisch-humanistischen Schulbetriebs. Hier ist insbesondere an öffentliche Redeübungen und Disputationen über religiöse oder historische Themen und die Mitwirkung an Aufführungen des Schultheaters zu erinnern.[22] So geht auch die erste selbständige Veröffentlichung des jungen Dichters, das 1633 vollendete lateinische Hexameter-Epos *Herodis Furiae & Rahelis lachrymae*, das im folgenden Jahr in Glogau im Druck erscheint, ursprünglich aus einer schulischen Stilübung hervor. Das Buch ist dem Stiefvater Michael Eder, dem älteren Halbbruder Paul Gryphius und dem Schulleiter Jakob Rolle gewidmet, welche vermutlich für die Druckkosten aufkommen, weist auf dem Titelblatt den Autor als Alumnus der Fraustädter Schule aus und enthält einige Geleitgedichte von Mitschülern, u.a. von seinem Freund Nicolaus von Debschitz.[23]

Nach knapp zwei Jahren beendet Gryphius seine Ausbildung an der Fraustädter Schule mit der feierlichen öffentlichen Valediktion am 16. Mai 1634. Bald danach reist er gemeinsam mit einigen Schulkameraden per Schiff die Oder abwärts bis Stettin und von dort an der Küste entlang nach Danzig. Am 26. Juli 1634 schreibt er sich in das dortige akademische Gymnasium ein, um an diesem hochangesehenen Institut seine Ausbildung fortzusetzen.[24]

Nachdem die zurückliegenden Jahre im Leben des Schülers von Krieg und Kriegsauswirkungen wie Not, Flucht, Hunger und Epidemien sowie von gewalttätigem konfessionellem Streit und von eingeschränkten Bildungsmöglichkeiten geprägt gewesen sind, bietet ihm nun die polnische Handelsstadt bisher ungeahnte Chancen für seine weitere Entwicklung. Das semiuniversitäre akademische Gymna-

---

20 Vgl. ebd., S. 37.
21 Vgl. Kaminski (Anm. 4), S. 24.
22 Vgl. Szyrocki (Anm. 1), S. 39.
23 Vgl. ebd., S. 43–47.
24 Vgl. Kaminski (Anm. 4), S. 25.

sium, das allerdings nicht über das Recht zur Verleihung des Magistertitels verfügt, offeriert Gryphius ein Bildungsangebot, welches weit über dasjenige in Fraustadt hinausreicht. Dazu gehört auch eine ausgezeichnete Bibliothek, eine von mehreren hervorragenden Büchersammlungen im damaligen Danzig. Hinzu kommen eine Reihe von erstklassigen Lehrern, darunter Johann Botsack, Georg Pauli, Heinrich Nicolai und Christoph Riccius, und der Kontakt zu zahlreichen Kollegen, die aus einem größeren, überregionalen Einzugsgebiet für ihre Studien von der Handelsstadt angezogen worden sind.[25] Der junge Gelehrte findet hier auch erstmals ein Publikum für Privatvorlesungen, welche er über die *Annalen* des Tacitus hält.[26] Einübung in die zu diesem Zeitpunkt aufgrund der herausragenden intellektuellen Begabung sehr gut denkbare Gelehrtenlaufbahn ist dafür nicht der einzige Grund. Gryphius muß seinen Lebensunterhalt – neben der sporadischen Unterstützung durch diverse Gönner und Förderer – zu wesentlichen Teilen selbst erwirtschaften.[27]

Danzig hält noch weitere neue Erfahrungen und Erkenntnisse für Gryphius bereit. Er erlebt ein zwar spannungs- und konkurrenzvolles, aber in der Regel nicht gewalttätiges Miteinander verschiedener Konfessionen und Sekten, darunter vor allem Katholiken, Lutheraner, Calvinisten, Mennoniten und Arianer,[28] so etwa im Hause des katholischen, aus Schottland stammenden Admirals der polnischen Flotte Alexander von Seton. Dort ist er als Präceptor tätig, kommt gewiß aber auch in Kontakt mit Personen aus unterschiedlichsten Ländern und Völkern.[29] Sein naturwissenschaftliches Wissen wird entscheidend bereichert durch nach Danzig bereits vorgedrungene, bahnbrechende Innovationen wie beispielsweise das kopernikanische Weltbild, mit dem ihn der Mathematiker und Astronom Peter Crüger vertraut macht.[30]

Noch entscheidender ist, daß Gryphius – sowohl in seiner Ausbildung wie auch als Dichter bisher ganz konzentriert auf die lateinische Poesie – in Danzig nun mit der deutschsprachigen Literatur, und zwar in Gestalt der Reformideen Martin Opitz' und erster ihnen folgender, prototypischer Texte in Berührung kommt. Am akademischen Gymnasium lehrt Johann Mochinger, der mit Opitz in gutem Kontakt steht, als Professor der Rhetorik, und 1634 erscheint in Danzig ein Nachdruck des *Buches von der Deutschen Poeterey*.[31] Bereits drei Jahre später veröffentlicht Gryphius im polnischen Lissa seine erste Sammlung mit außerordentlich artifiziellen Sonetten in

---

25 Vgl. ebd., S. 26–29.
26 Vgl. Stieff (Anm. 14), S. 808.
27 Vgl. Szyrocki (Anm. 1), S. 76.
28 Vgl. ebd., S. 71f.
29 Vgl. Kaminski (Anm. 4), S. 27.
30 Vgl. ebd., S. 28.
31 Vgl. ebd., S. 26 und 29.

deutscher Sprache, welche die Opitzsche Reformpoetik in mustergültiger Art und Weise in die poetische Praxis umsetzen.

Studium und Bildungsreise

Noch während der beiden Danziger Jahre erscheint die zweite selbständige Publikation von Gryphius, erneut ein lateinisches Hexameter-Epos aus dem Stoffkreis des Herodes und des Bethlehemitischen Kindermords. Im folgenden Jahr veröffentlicht er in Danzig mit dem panegyrischen *Parnassus renovatus* ein Lobgedicht auf den schlesischen Gutsbesitzer und früheren kaiserlichen Beamten Georg Schönborner. Im Juli 1636 nun wird der junge Dichter von seinem Stiefvater nach Fraustadt zurückberufen, um die Aufgabe der Erziehung der beiden Söhne Schönborners, Georg Friedrich und Johann Christoph, auf dessen Landsitz in der Nähe von Freystadt zu übernehmen.[32]

Am 18. August des Jahres tritt Gryphius seinen Dienst an. Die folgenden knapp zwei Jahre auf Gut Schönborn bringen ihm wieder viele neue Erfahrungen und haben in mancherlei Hinsicht nachhaltige Konsequenzen für seine weitere Biographie. Er lernt in Schönborner eine ganz außergewöhnliche Persönlichkeit kennen, einen umfassend gebildeten, auch als staatswissenschaftlicher Autor tätigen Juristen, der in hohen politischen Ämtern höchst erfolgreich gewesen ist – und zugleich einen in seinem letzten Lebensabschnitt mit einer schweren psychischen Erkrankung kämpfenden Menschen.[33] Sicherlich profitiert Gryphius des weiteren von der umfangreichen Bibliothek auf dem Landsitz, so daß er auch hier seine Kenntnisse erweitern und ausbauen kann.

Schönborner erkennt offenbar die herausragenden Fähigkeiten des jungen Gelehrten und Dichters und fördert ihn nach Kräften. Am 30. November 1637 krönt er ihn zum *poeta laureatus* und verleiht ihm den Adelstitel sowie den Titel eines *magister philosophiae*.[34] Gryphius wird allerdings den Adelstitel, mit dem Schönborner als Hofpfalzgraf ihn auszeichnen darf, nicht öffentlich verwenden, da er von vielen Zeitgenossen nicht als vollwertig angesehen wird.[35] Weniger als einen Monat nach dieser Verleihung, am 23. Dezember, verstirbt Schönborner. Am 29. Dezember hält Gryphius für ihn im Rahmen der Beerdigungsfeier eine Abdankungsrede,

---

32 Vgl. Szyrocki (Anm. 1), S. 109f.
33 Vgl. ebd., S. 110–114.
34 Vgl. Johannes Theodor Leubscher: De Claris Gryphiis Schediasma (1702) [163], S. 55–58 (S. 14–17 in der Übersetzung).
35 Vgl. Szyrocki (Anm. 1), S. 123.

die erste und bis heute wohl berühmteste seiner *Dissertationes funebres*, den *Brunnen-Discurs*.[36] Im Sommer desselben Jahres hat er bereits ein weiteres einschneidendes Erlebnis literarisch in deutschsprachiger Prosa verarbeitet: den verheerenden Brand im nahegelegenen Freystadt (*Fewrige Freystadt*).

Die erfolgreiche Lehrertätigkeit im Hause Schönborner stellt für Gryphius nicht zuletzt die Weichen für ein Studium an einer international renommierten Universität. Es wäre für ihn selbst ansonsten wohl nicht finanzierbar gewesen. Nun aber wird er damit betraut, die beiden Söhne des verstorbenen Schönborner nach Leiden zu begleiten. Schlesien verfügt im 17. Jahrhundert über keine eigene Universität, und die Landeskinder gehen häufig und gerne in die berühmte niederländische Universitätsstadt, so etwa auch Christian Hoffmann von Hoffmannswaldau.[37] Die Schönborner-Brüder und Gryphius brechen im Mai 1638 dorthin auf, erreichen Holland von Danzig aus auf dem Seeweg, treffen in Leiden am 22. Juli ein und werden wenige Tage später immatrikuliert.[38]

Gryphius bleibt für ganze sechs Jahre hier zum Studium.[39] Aus dieser Zeit sind nur wenige biographische Details bekannt. Es gibt kaum konkrete Kenntnisse zum Lebensunterhalt und zur Lebensweise, zur Unterkunft, zum Tagesablauf, zum Gesundheitszustand, zur emotionalen Befindlichkeit, zum genauen Freundeskreis und zu den Usancen des kollegialen Miteinanders, zu Freizeitvergnügungen und privaten Interessen, zu möglichen Liebesbeziehungen usw. Der Grund für das recht spärliche Wissen über diese Jahre ist im geringen Umfang und in der Spezifik der überlieferten Quellen zu suchen.

Gryphius entfaltet in Leiden eine außergewöhnliche literarische Produktivität und bringt innerhalb kurzer Zeit fünf Gedichtsammlungen zum Druck. Freilich präsentiert sich seine Lyrik kaum je als direkte Verarbeitung unmittelbaren biographischen Erlebens. Allenfalls werden Begegnungen, Beziehungen, Beobachtungen und Empfindungen in stark verschlüsselter oder weltanschaulich und religiös vielfältig überformter Art und Weise literarisiert. Hinzu kommt die starke Prägung seiner Dichtung durch die prototypischen antiken und humanistischen Vorbilder. Gegenüber deren Nachahmung (*imitatio*) und Überbietung (*aemulatio*) kommt der poetischen Auseinandersetzung mit dem eigenen, privaten Erleben nicht die große Bedeutung zu wie in der literarischen Moderne.

---

36 Vgl. ebd., S. 121.
37 Vgl. ebd., S. 17; Marian Szyrocki: Andreas Gryphius. Sein Leben und Werk (1964) [135], S. 31.
38 Vgl. Kaminski (Anm. 4), S. 30f.
39 Vgl. dazu ausführlich Stefan Kiedroń: Andreas Gryphius und die Niederlande (1993) [123]; Stefan Kiedroń: Das Treffen in Leiden (1995) [155]; vgl. auch Heinz Schneppen: Niederländische Universitäten (1960) [182].

Das gilt auch für Quellen aus dem Bereich der Gebrauchsformen wie z.B. Gelegenheitsgedichte, Stammbucheinträge oder Briefe.[40] Sie liegen ohnehin nur in höchst spärlicher Zahl und geringem Umfang vor und geben in der Regel mehr Auskunft etwa über Themen und Argumentationsweisen des klassischen humanistischen Freundschaftskultes denn über eine konkrete amikale Beziehung. Ein »Diarium«, das Gryphius offenbar führt und das u.a. dem Leichabdankungsredner Stosch noch vorliegt,[41] ist verschollen. Sollte der Autor freilich darin den zeitüblichen Konventionen des diaristischen Schreibens, wie sie aus erhaltenen Tagebüchern anderer Personen der Zeit zu erschließen sind, gefolgt sein, wären kaum genauere realiengeschichtliche Einzelheiten oder gar intime Details der inneren Biographie davon zu erwarten.

Die Forschung bleibt damit letztlich vor allem auf zwei Quellentypen angewiesen, die freilich auch nur bedingte Aussagekraft besitzen. Auf der einen Seite sind die biographischen Darstellungen der unmittelbaren Nachwelt – allen voran Stoschs Leichabdankung – zu nennen, welche jedoch, wie bereits dargelegt, im Banne spezifischer Darstellungsinteressen und Wirkfunktionen stehen. Andererseits bieten sich alle realhistorischen, bildungs- und universitätsgeschichtlichen Dokumente über Leiden in jenen Jahren an, welche natürlich das Manko aufweisen, immer bloß bedingt Schlüsse auf den konkreten Einzelfall Gryphius zuzulassen.

Eingeschrieben ist Gryphius als *studiosus philosophiae*. Er besucht aber offenbar Kurse in den unterschiedlichsten Fächern und bildet sich auf allen nur erdenklichen Wissensgebieten weiter. Großes Interesse ruft bei ihm anscheinend etwa die Anatomie hervor, nimmt er doch selbst aktiv an mehreren Leichenöffnungen teil.[42] Leiden gilt in dieser Zeit in vielen Disziplinen als erstklassige, international renommierte Universität mit herausragenden Gelehrtenpersönlichkeiten. Nach Auskunft der frühen Biographen knüpft Gryphius Beziehungen u.a. zu dem Philologen Claude de Saumaise, zu dem Bibliothekar und Dichter Daniel Heinsius, zu dem Theologen und Hebraisten Constantinus L'Empereur van Oppyck, zu dem Mediziner Otto Heurnius, zu dem Orientalisten Jacobus Golius und zu dem Professor der Eloquenz Marcus Zuërius van Boxhorn.[43]

Der Leichenredner Stosch, eines von dessen Leitinteressen bei der Nacherzählung von Gryphius' Lebensgeschichte die Herausarbeitung der ungewöhnlichen Gelehrsamkeit des damaligen Studenten ist, hebt besonders auf die von ihm in Leiden abgehaltenen Kollegien ab. Sie umfassen die unterschiedlichsten Wissensgebiete von diversen Gebieten der Philosophie über die Astronomie bis hin zur Geogra-

---

40 Vgl. dazu u.a. Martin Bircher: Andreas Gryphius: Einige Autographen (1971) [139]; Ulrich Seelbach und Martin Bircher: Autographen von Andreas Gryphius (1994) [184].
41 Vgl. Stosch (Anm. 3), S. 35.
42 Vgl. ebd., S. 31.
43 Vgl. Leubscher (Anm. 34), S. 59 (S. 17 in der deutschen Übersetzung).

phie.⁴⁴ Allerdings gehört Gryphius nicht dem Lehrkörper der Universität Leiden an, sondern hält Privatvorlesungen. Diese dienen nicht bloß der Profilierung als Gelehrter, sondern höchstwahrscheinlich auch der Finanzierung zumindest eines Teils seines Lebensunterhaltes. Wie er genau sein sechsjähriges Studium in den Niederlanden finanziert und welche Dienste er dabei den Schönborner-Brüdern, mit denen er nach Leiden gezogen ist, für welche Vergütung noch leistet, ist unklar.

Immerhin bietet die Leidener Studienzeit Gryphius die Chance, etliche Jahre abseits des nach wie vor unter dem Krieg leidenden Schlesiens zu verbringen. Hier dürfte auch ein wesentlicher Grund dafür zu suchen sein, daß er 1644 vorerst nicht in seine Heimat zurückkehrt, sondern sich zu einer Bildungsreise entschließt. Finanzierbar ist eine solche Unternehmung für ihn allerdings offenbar nur als Begleiter, genauer gesagt, als Hofmeister eines jungen Adligen. In dieser Funktion ist es ihm einerseits möglich, auf Kosten eines anderen eine teure Reise durch mehrere Länder und Kulturen Europas anzutreten. Auf der anderen Seite ist die Begleitung eines Kavaliers als Hofmeister eine anspruchsvolle, aufwendige, ja mühsame Dienstleistung. Er hat die Mobilität, die Unterkunft, die Verpflegung, viele Erfordernisse des täglichen Lebens zu organisieren, die Reisekasse zu führen und für die leibliche Gesundheit und das seelische Wohl des ihm anvertrauten Schützlings zu sorgen. Das ist unter den Bedingungen des gefahrvollen, von erheblichen Entbehrungen geprägten und von vielerlei Risiken bedrohten Reisens im 17. Jahrhundert eine große Herausforderung. Überdies hat er Reiseführerpflichten und Kontakte zu wichtigen Persönlichkeiten an den jeweiligen Stationen der Tour herzustellen.⁴⁵

Zudem kann Gryphius viele grundsätzliche Entscheidungen keineswegs selbst treffen, beispielsweise hinsichtlich der Reiseroute und des Besuchsprogramms, sondern ist in hohem Maße von den Vorstellungen des Auftraggebers und im weiteren Sinne auch von den zeitgenössischen Usancen bei der Gestaltung einer Kavalierstour abhängig. Dennoch ermöglicht die Begleitung eines Adligen bei seiner Bildungsreise es dem jungen, stellungslosen Gelehrten und Dichter, wichtige kulturelle Erfahrungen in anderen Ländern zu machen und interessanten Persönlichkeiten in der Fremde zu begegnen.

Das Angebot zur gemeinsamen Reise erhält Gryphius im Frühsommer 1644 von Wilhelm Schlegel, einem jungen Adligen aus Pommern. Bereits am 4. Juni reisen sie aus Leiden ab und verbringen gemeinsam etwas mehr als die folgenden drei Jahre, bis sie sich am 8. November 1647 in Stettin trennen.⁴⁶ Der Reiseweg ist aus den frühneuzeitlichen Gryphius-Biographien und aus der Leichenpredigt auf Schlegel in groben Linien zu rekonstruieren.⁴⁷ Zuerst bereisen die beiden Frankreich und besu-

---

44 Vgl. Stosch (Anm. 3), S. 32.
45 Vgl. dazu Johannes Birgfeld: Trauer(arbeit) auf Reisen (2009) [140], S. 59.
46 Vgl. ebd., S. 39f.
47 Vgl. Stosch (Anm. 3), S. 34–37; Stieff (Anm. 14), S. 811f.; Birgfeld (Anm. 45).

chen Paris, Angers, Orléans, Blois, Amboise, Tours, Saumur, Lyon und Marseille. Im Jahr 1645 bereisen Schlegel und Gryphius Italien und sehen dabei Genua, Florenz, Rom, Neapel, Tusculum, Bologna, Ferrara, Francolino, Pulicella, Venedig, Padua und Mailand.[48] Höchstwahrscheinlich im Mai 1646 begeben sich die Reisegefährten nach Straßburg.[49]

Genaue Kenntnisse über die jeweils besichtigten Sehenswürdigkeiten und aufgesuchten Persönlichkeiten liegen nicht vor. Wesentliche Stationen des Besuchsprogramms in einer Stadt scheinen nach Ausweis der frühen Gryphius-Biographen bedeutende Profan- und Sakralbauwerke, berühmte Gärten, Kunst-, Schatz- und Raritätenkammern und wichtige Bibliotheken sowie Theater- und Opernaufführungen zu sein.

Wie gering aber bis heute (und ohne neue, spektakuläre Quellenfunde auch bis auf weiteres) das Wissen über die Reise im einzelnen sich darstellt, kann exemplarisch der Rom-Aufenthalt illustrieren.[50] Es ist zuerst einmal unklar, ob die Reisekameraden ein oder (auf dem Rückweg von Neapel) zwei Mal Rom besuchen.[51] Auch die präzisen Reisedaten sind nicht zu rekonstruieren. Daher ist auch weiterhin nicht mit letzter Sicherheit zu sagen, ob Gryphius das in den Faschingsferien des Jahres 1646 in Rom aufgeführte Jesuitendrama *Leo Armenus* von Joseph Simon in der heiligen Stadt selbst auf dem Theater gesehen oder lediglich in seiner gedruckten Fassung rezipiert hat.[52] In Rom gibt es nach Angaben des Biographen Christian Stieff Kontakte zu dem jesuitischen Gelehrten Athanasius Kircher und zu dem damaligen Jesuitenschüler und späteren berühmten Arzt, Alchemisten und Abenteurer Gioseppe Francesco Borri, über welche allerdings ansonsten keine genaueren Informationen vorliegen.[53] Genausowenig ist festzustellen, ob Gryphius beispielsweise die Basilika Santa Cecilia in Rom-Trastevere aufsucht, wo die angeblich unverwesten, mutmaßlichen sterblichen Überreste der Hl. Cäcilia von Rom beigesetzt sind, denen er ein Epigramm widmet (*Ep.* III,I,55), oder ob das Gedicht – statt auf einen persönlichen Reiseeindruck – auf die bloße Lektüre zurückgeht.

Der ungefähr ein Jahr währende Aufenthalt in Straßburg bietet Gryphius die Möglichkeit zu zahlreichen interessanten Kontakten zu Gelehrten der wichtigen Universitätsstadt, etwa zu Theologen wie Johannes Dorsch und Johannes Schmid, zu dem Rhetorik-Professor Johann Conrad Dannhauer, dem Historiker Johann Heinrich Boecler oder den Juristen Johann Rebhan und Gregor Biccius. Zudem arbeitet

---

48 Vgl. Birgfeld (Anm. 45), S. 49–53. Zu Gryphius' Padua-Aufenthalt vgl. auch ↗ Kap. II.8.3 über seine Abhandlung *Mumiae Wratislavienses*, S. 592.
49 Vgl. Birgfeld (Anm. 45), S. 54.
50 Vgl. allgemein Wolfhart Schlichting: Andreas Gryphius in Rom (2006) [180].
51 Vgl. Birgfeld (Anm. 45), S. 54.
52 Vgl. Kaminski (Anm. 4), S. 34–37.
53 Vgl. Stieff (Anm. 14), S. 811.

er an seinem ersten Trauerspiel *Leo Armenius* und an der Zusammenstellung einer ersten Gesamtausgabe seiner deutschsprachigen Werke für den Verleger Caspar Dietzel.[54]

Am 25. Mai 1647 bricht die Reisegesellschaft von Straßburg in Richtung Pommern bzw. Schlesien auf. Stationen sind u.a. Speyer, Mainz, Frankfurt am Main, Köln und Amsterdam, von wo aus man sich nach Stettin einschifft. Nach einem etwas mehr als dreimonatigen Aufenthalt dort reist Gryphius nach Fraustadt weiter, wo er am 20. November 1647 eintrifft. Sein Stiefvater Michael Eder ist inzwischen physisch und psychisch schwer krank und wird ein halbes Jahr später versterben.

Amtsjahre und Lebensende

Gryphius, durch seine Gedichtsammlungen inzwischen ein Lyriker von großer Reputation, bringt in seine Heimat das Trauerspiel *Catharina von Georgien* mit, das er in Stettin fertiggestellt hat. Während der folgenden zweieinhalb Jahre schreibt er vier weitere Dramen.[55] Dennoch stehen ihm im deutschsprachigen Raum in der Zeit des Endes des Dreißigjährigen Krieges nicht auch nur annähernd die Möglichkeiten für einen literarischen Erfolg zur Verfügung, die, um zwei Beispiele zu nennen, in England ein William Shakespeare oder in Frankreich ein Pierre Corneille für sich nützen können. In London und in Paris gibt es alle Voraussetzungen für einen jungen Dichter, um insbesondere mit der dramatischen Kunst bekannt, geachtet, berühmt und auch wohlhabend zu werden: die entsprechenden Bühnen, das erforderliche Publikum und die staatlichen Rahmenbedingungen einschließlich der Gunst der Königshäuser gegenüber dem Theater. Im Alten Reich ist um 1650 all dies nirgendwo in vergleichbarer Weise vorhanden – und schon gar nicht in der vom Krieg massiv mitgenommenen schlesischen Provinz.

Natürlich ist Gryphius zudem – wie Martin Opitz, Paul Fleming oder Andreas Tscherning – ein gelehrter, ein elitärer Dichter, dessen Texte nicht für eine Wirkung in breiteren Bevölkerungsschichten konzipiert und geeignet sind, nicht einmal in den urbanen Milieus, und somit auch nicht kommerziell als Existenzgrundlage in Frage kommen. Für den Autor, der bei seiner Rückkehr von Studium und Bildungsreise im zweiunddreißigsten Lebensjahr steht, ist also eine Karriere im Theaterbetrieb völlig ausgeschlossen und undenkbar, und er ist vermutlich froh, daß seine Dramen zumindest auf dem protestantischen Schultheater gerne und häufig gespielt werden, wenn dieser Erfolg auch keinen materiellen Gewinn für ihn bringt.

Wie Gryphius – abgesehen von der intensiven, aber finanziell nicht einträglichen Arbeit an seinem dichterischen Werk – zwischen dem Jahresende 1647 und

---

54 Vgl. Kaminski (Anm. 4), S. 37.
55 Vgl. ebd., S. 38.

dem Frühjahr 1650 genau seinen Lebensunterhalt bestreitet, ist den Quellen nicht zu entnehmen. Gemäß den Angaben der frühen Biographen erhält er in dieser Zeit drei Rufe auf Professuren an den Universitäten Frankfurt an der Oder, Heidelberg und Uppsala, welche er jedoch trotz seiner Stellungslosigkeit allesamt ausschlägt. Mangelnde Attraktivität der ihm angebotenen Positionen, konfessionelle Bedenken und die Verbundenheit zur schlesischen Heimat werden immer wieder als Gründe für seine Entscheidungen angeführt. Letztlich aber bleibt bei der derzeitigen Quellenlage unklar, was ihn genau zu seinem Entschluß bestimmt.[56]

Am 3. Mai 1650 tritt Gryphius das Amt des Syndicus der Landstände des Fürstentums Glogau an.[57] Damit vertritt er sein Territorium juristisch und diplomatisch gegen die zentralistischen und gegenreformatorischen Bestrebungen der habsburgischen Herrschaft. Ein besonderes Anliegen sind ihm die Rechte der protestantischen Bevölkerung, etwa hinsichtlich der im Friedensvertrag von Münster und Osnabrück zugesicherten Rechte zum Bau von evangelischen Kirchen, so auch in Glogau. In Polen gibt er 1653 die Privilegien des Fürstentums Glogau in den Druck. Gryphius nimmt offenbar sein Amt sehr ernst und widmet ihm einen großen Teil seiner Arbeitskraft. Die poetische Produktivität schwindet hingegen aufgrund seiner Amtsgeschäfte sichtbar.[58]

Gryphius erwirbt sich durch seine exzellente Amtsführung einen ausgezeichneten Ruf in der Region. Dementsprechend wird in den zeitgenössischen Würdigungen immer wieder neben dem Lob seiner Gelehrsamkeit und seiner dichterischen Leistungen insbesondere die ausgezeichnete Ausübung seiner Dienstpflichten hervorgehoben. Der konkrete, individuelle Mensch Gryphius wird dabei freilich nicht in den Blick genommen. So lassen die zahlreichen lyrischen Nachrufe auf den Dichter zugunsten des Lobs allgemeinverbindlicher Tugenden kaum Konturen seiner Persönlichkeit erkennen. Der erwachsene, von Studium und Bildungsreise zurückgekehrte und ein wichtiges, schwieriges Amt bekleidende Gryphius ist als Mensch für die heutige Forschung nicht wirklich greifbar. Vorlieben, charakterliche Besonderheiten, vielleicht auch verzeihliche Schwächen oder Schrullen werden von den vorliegenden Quellen nicht überliefert.[59] Selbst der lyrische Nachruf seines Sohnes Christian Gryphius artikuliert größten Schmerz über den Tod des Vaters, zeichnet aber – den Konventionen nekrologischer Texte der Zeit folgend – nicht auch nur im Ansatz das Bild der privaten Persönlichkeit und der intimen Beziehung zu dem verstorbenen Vater.[60]

---

56 Vgl. ebd., S. 38–40; detailliert Knut Kiesant: Andreas Gryphius und Brandenburg (1999) [158].
57 Vgl. Kaminski (Anm. 4), S. 38; zu den Amtsjahren vgl. Ewa Pietrzak: Andreas Gryphius in Glogau (1992) [173].
58 Vgl. Kaminski (Anm. 4), S. 40.
59 Vgl. Bogner (Anm. 12), Kap. 6.1.
60 Vgl. ebd., S. 202.

Gryphius ist bereits vor dem Antritt seines Amtes eine Ehe eingegangen. Er verlobt sich am 27. November 1648 mit Rosina Deutschländer, der Tochter eines Fraustädter Rats und Kaufmanns. Am 12. Januar 1649 wird die Hochzeit gefeiert. Aus der Ehe gehen sieben Kinder hervor, von denen allerdings lediglich drei ihren Vater überleben.

Gryphius erleidet am 16. Juli 1664 in einer Sitzung der Landstände einen Schlaganfall und verstirbt daran kurz darauf. Zu den Autoren, die sich öffentlich in Gedichten zu seinem Ableben äußern, gehören u.a. Daniel Casper von Lohenstein, Heinrich Mühlpfort, Christian Knorr von Rosenroth und Johann Peter Titz.

II **Werk**

II.1 Barockdichtung. Gryphius als paradigmatischer Autor der Barockforschung seit dem frühen 20. Jahrhundert
Von Robert Schütze

»Gipfel und Grenze«: Der Gryphius der Geistesgeschichte

Mit dem Einzug geistesgeschichtlicher Methodik erlebt die Germanistik zu Beginn des 20. Jahrhunderts – darin ist sich die Fachhistoriographie einig – einen ihrer »tiefgreifendsten und folgenreichsten Paradigmenwechsel[]«,[1] ja für den Teilbereich der Barockforschung gar eine Zäsur im Superlativ, eine, die ihresgleichen nicht hat, denn »[k]eine Epoche der deutschen Literaturwissenschaft und Literaturgeschichtsschreibung ist für die Barockforschung anregender und produktiver gewesen als die Zeit der zwanziger und dreißiger Jahre dieses Jahrhunderts«.[2] Wo ›Barock‹ – sei es als überhistorisch gedachter stilgeschichtlicher Grundbegriff oder als geschichtlich situiertes Epochenkonstrukt – nun zum Thema wird, geschieht dies in aller Regel unter wertungslogisch umgekehrten Vorzeichen: Was vormals den Verdikten ›Schwulst‹ oder ›Manierismus‹ zum Opfer gefallen ist, sich handlich zurechtgemacht als »Negativfolie für die Entwicklung zur Klassik«[3] dargeboten hat, weicht mit den Erzvätern der germanistischen Barockforschung in zunehmender Tendenz seit den 1920er Jahren einem regelrechten »Barockenthusiasmus«.[4] Dem for-

---

1 Knut Kiesant: Die Wiederentdeckung der Barockliteratur. Leistungen und Grenzen der Barockbegeisterung der zwanziger Jahre. In: Literaturwissenschaft und Geistesgeschichte. 1910 bis 1925. Hg. von Christoph König und Eberhard Lämmert. Frankfurt a.M. 1993, S. 77–91, hier S. 77.
2 Wilhelm Voßkamp: Deutsche Barockforschung in den zwanziger und dreißiger Jahren. In: Europäische Barock-Rezeption. Hg. von Klaus Garber, Ferdinand van Ingen, Wilhelm Kühlmann und Wolfgang Weiß. Wiesbaden 1991 (Wolfenbütteler Arbeiten zur Barockforschung 20), Bd. 1, S. 683–703, hier S. 683.
3 Herbert Jaumann: Die deutsche Barockliteratur. Wertung – Umwertung. Eine wertungsgeschichtliche Studie in systematischer Absicht. Bonn 1975, S. 428.
4 Ebd., S. 363; vgl. für zahlreiche Beispiele ebd., S. 388–505. Als Initialzündung gilt Fritz Strichs berühmter Aufsatz von 1916, der mit Nachdruck den ›Barockstil‹ als Erscheinung sui generis gegenüber dem Etikett einer vermeintlichen »deutschen Renaissancelyrik« starkzumachen sucht. Fritz Strich: Der lyrische Stil des 17. Jahrhunderts. In: Abhandlungen zur deutschen Literaturgeschichte. Franz Muncker zum 60. Geburtstag dargebracht. München 1916, S. 21–53, hier S. 21. An der Herauslösung des ›Barock‹ aus der ›Renaissance‹ versuchte sich rund dreißig Jahre vor Strich schon Heinrich Wölfflin. Vgl. dazu Jaumann (Anm. 3), S. 394. Bei genauer Betrachtung bietet die (germanistische) Literaturwissenschaft der 1920er Jahre selbstverständlich ein wesentlich unübersichtlicheres, inhomogeneres Bild, das keineswegs auf einem allseits geteilten Umwertungskonsens basiert, d.h. ›Barock‹ durchaus nicht durchgängig als der ›Klassik‹ »gleichrangigen Ausdruck deutschen We-

schungsgeschichtlich nachhaltigen Effekt der Kanonerweiterung – es werden fürderhin neben Gryphius und Grimmelshausen auch Zesen, Lohenstein oder Spee gelesen[5] – steht dabei eine ebenso folgenreiche Fixierung auf philosophisch-›weltanschauliche‹ Fragestellungen zur Seite. Diesem nicht zuletzt kulturpolitisch motivierten Nachzeichnen der geschichtlichen Metamorphosen eines mutmaßlich ›deutschen Geistestyps‹, des »faustische[n] Geist[s]« oder »deutschen Idealisten«,[6] verdankt weniger die heutige akademische Expertise als das kulturelle Gedächtnis ein gleichermaßen zähes wie diffuses Zerrbild von Gryphius, »diese[m] größten Dichter[] des deutschen Barock«:[7] den ›düsteren‹, den resignierten Pessimisten, den durch und durch ›antithetisch‹[8] Vergänglichkeit und Ewigkeit in unerreichten Katastrophengemälden kontrastierenden Dichter der *vanitas*. Gundolfs »Porträt eines Barockpoeten«[9] erspürt im monomanen Tauchgang nach der ›Geisteshaltung‹ ein »tief verdüstertes, ernstes und schwernehmendes Gemüt«,[10] das – gebeugt unter »stets gespannte[m] Gram«,[11] unter »Weh und Verhängnis«[12] – in seinen »Variationen über das Elend der Menschen und die Eitelkeit der Welt«[13] eine »einheitliche Weltanschauung«[14] erkennen lasse. Bei Viëtor hört diese ›Weltanschauung‹ auf den Namen »mystische[] Religiosität«.[15] Gryphius repräsentiere den *»psychologischen Typus* des Mystikers«, der sich definiere über »de[n] starke[n] Ekel an allem was

---

sens« begreift (ebd., S. 428). Mitunter ist eher von weiterhin, nun »implizit vorhandene[n] klassizistische[n] Normen« auszugehen. Voßkamp (Anm. 2), S. 694. Bei Cysarz – um nur eine besonders prominente Stimme anzuführen – persistiert vielmehr eine gewisse ästhetische Reserve gegenüber allem ›Vorklassischen‹: »Unsere wahre Renaissance ersteht im XVIII. Jahrhundert, im klassischen Zeitalter. Die Klassik ist die deutsche Hochrenaissance, wie das Barock nur das vorbereitende, als solches noch erfolglose Ringen um dieses Ziel ist.« Herbert Cysarz: Deutsche Barockdichtung. Renaissance. Barock. Rokoko. Leipzig 1924, S. 6.
5 So z.B. in Cysarz' ihrem Selbstverständnis nach »erste[r] umfassende[r] Darstellung unseres literarischen Barock«; Cysarz (Anm. 4), S. V.
6 Ebd., S. 1.
7 Karl Viëtor: Vom Stil und Geist der deutschen Barockdichtung. In: Germanisch-Romanische Monatsschrift 14 (1926), S. 145–178, hier S. 164.
8 Arthur Hübscher verhalf der Kategorie in seiner Theorie der Epochenzyklen zu großer Popularität. ›Antithese‹ und ›Harmonie‹ (als Ausgleich der Gegensätze) lösen sich Hübschers Modell zufolge im geschichtlichen Verlauf ab. Vgl. Arthur Hübscher: Barock als Gestaltung antithetischen Lebensgefühls. In: Euphorion 24 (1922), S. 517–562 und 759–805.
9 So die ›Gattungszuschreibung‹, die Walter Benjamin Gundolfs Gryphius-Monographie in maximaler Distanznahme rezensierend verpaßt. Walter Benjamin: Porträt eines Barockpoeten. In: Literaturblatt. Beilage zur Frankfurter Zeitung. 61. Jahrgang, Nr. 1 (1. Januar 1928), unpaginiert [gez. S. 2].
10 Friedrich Gundolf: Andreas Gryphius (1927) [117], S. 8.
11 Ebd., S. 10.
12 Ebd., S. 9.
13 Ebd., S. 14.
14 Ebd., S. 13.
15 Viëtor (Anm. 7), S. 171.

Welt und Kultur heißt«, über »de[n] Trieb zur Loslösung von Welt und Gesellschaft und de[n] Drang auf einen unbedingten, unendlichen Wert hin«.[16] Ins ›Universale‹ und ›Typologische‹[17] fliehend, konstruiert man in der »›heroische[n]‹ Phase der Barockforschung«[18] – über textuelle Konkreta in der Tat ›heroisch‹ hinwegsehend – ein »zeitlose[s] Ideal«, um dann subsumierend zu ermitteln, inwieweit die »konstitutiven Züge des Idealtypus die individuelle Struktur des betreffenden Menschentums wesentlich bestimmen«.[19] Freilich treibt der »*psychologische[ ] Typus*« die spärlichen Textobservanzen sogleich ins Fahrwasser psychologischen Beobachtungsvokabulars, so daß insbesondere Gryphius' Sonette zu Kronzeugen einer sich in Intimität und Bekenntnishaftigkeit aussprechenden religiösen Haltung, schlechterdings zu ›Erlebnislyrik‹ stilisiert werden. In Gryphius kündige sich die Morgenröte des »modernen Subjektivismus« an, er mache den »ersten Schritt auf dem Weg zur Autonomie«.[20] Oder in den pathetischen Worten Cysarz': Gryphius ›meistere‹ einen »individuellen Entwicklungsdrang«, sei »in jedem Gebild und Gesicht persönlich wie kein anderer«.[21] Die Lyrik müsse gar als »Beichte seines Innersten«[22] gelesen werden. »Wir vernehmen einen, der einsteht für das, was er spricht [...]. Der Mann ist eins – zum Wenigsten mit seinem Denken.«[23]

Die Geistesgeschichte der »Goldenen Zwanziger Jahre«[24] vererbt – darin bewegt sie sich auf einer Linie mit der Gryphius-Rezeption des frühen Expressionismus[25] – der Nachwelt jenen handlich auf einen ›Hauptgedanken‹ gestutzten Gryphius, einen Dichter, der weniger »einsteht für das, was er spricht«, als für die historischpolitische Großwetterlage, in der sich seine jeweiligen Interpreten oder ›Aktualisierer‹ wissen.[26] Wo sie Gryphius historisch zu kontextualisieren beabsichtigen, redu-

---

16 Ebd., S. 164f.
17 Zu »Universalismus« und »Typologismus« geistesgeschichtlicher Literaturwissenschaft vgl. Jaumann (Anm. 3), S. 416.
18 Voßkamp (Anm. 2), S. 684.
19 Viëtor (Anm. 7), S. 166.
20 Ebd., S. 173. Vgl. auch Gundolf (Anm. 10), S. 14f.
21 Cysarz (Anm. 4), S. 167.
22 Ebd., S. 168.
23 Ebd., S. 169.
24 Richard Alewyn: Vorwort. In: Deutsche Barockforschung. Dokumentation einer Epoche. Hg. von Richard Alewyn. Köln 1965, S. 9. Es bleibt darauf hinzuweisen, daß abseits der boomenden Geistesgeschichte in den 1920er und 1930er Jahren weiterhin (auch heute noch mit Gewinn zu lesende) Arbeiten erscheinen, die jene vermeintlich obsoleten positivistischen Herangehensweisen kultivieren, von denen die Vertreter der Geistesgeschichte emphatisch abrücken, etwa Willi Flemmings akribische Bühnen-Analyse: Andreas Gryphius und die Bühne (1921) [383].
25 Vgl. das ↗ Kap. III.4 zur »Rezeption im 20. Jahrhundert im Zeichen zweier Weltkriege«, S. 802–804 und 808, außerdem Voßkamp (Anm. 2), S. 695–703.
26 Die vermeintliche ›Verwandtschaft‹ schlägt sich gar bis an die Werbefront durch, wenn eine Verlagsanzeige in Klabunds Gryphius-Anthologie *Das dunkle Schiff* im Jahr 1916 Gryphius mit den

zieren sie ihn – recht textfern, ohne genaue Lektüre der Werke – zum Exponenten einer überpersönlichen geschichtlichen Dynamik, der Progression des ›Geistes‹ in der Geschichte, reihen ihn ein in ihre geschichtsphilosophischen Großerzählungen. Für Cysarz markiert er entsprechend »Gipfel und Grenze« des »Barocken«.[27] Und auch Gundolfs zunächst gattungsgeschichtlich konkrete Wertung, Gryphius' Verdienst bestehe in der »Hebung des deutschen Dramas«,[28] gründet letztlich auf der globalen Proklamation von »Geistesstufe[n]«,[29] die es ermöglichen, alles und jeden gegeneinander aufzuwiegen: Gryphius und Schiller, Gryphius und Shakespeare, aber auch – in der Verlängerung einer »Reihe« – noch Grillparzer, Hebbel, Kotzebue oder Freytag.[30] Dieser »geile Drang aufs große Ganze«[31] ist schon zeitgenössisch von Walter Benjamin so nachdrücklich wie folgenlos kritisiert worden. Sein eigenes Trauerspiel-Buch,[32] das sich in der durchgreifenden Historisierung des Gegenstands denkbar scharf von den ahistorischen Elaboraten der kunstgeschichtlich inspirierten Stilforschung einerseits, von der Form- und Sprachvergessenheit der Geistesgeschichte andererseits absetzt,[33] blieb innerhalb der Barockforschung bis in die 1990er Jahre jedoch weitgehend unbeachtet.[34] Wie sehr es lohnt, Benjamin als Weg-

---

Worten feilbietet: »Ein wieder zeitgemäßer deutscher Dichter der Vergänglichkeit, der aus der Not des Dreißigjähr. Krieges heraus die ersten vollendeten deutschen Sonette schrieb.« Klabund (Hg.): Das dunkle Schiff (1916) [49], unpaginiert. Zum Projektionscharakter expressionistischer und geistesgeschichtlicher Barockaneignung vgl. auch Kiesant (Anm. 1), S. 80. Bereits deutlich vor dem Ersten Weltkrieg wittert Victor Manheimer eine vage Nähe der Gryphius-Dichtung zum »Kunstgefühl unserer Tage«. Victor Manheimer: Die Lyrik des Andreas Gryphius (1904) [226], S. XIII.
27 Cysarz (Anm. 4), S. 165.
28 Gundolf (Anm. 10), S. 11.
29 Ebd., S. 6.
30 Vgl. ebd., S. 62. Ähnlich auch Cysarz (Anm. 4), S. 170.
31 Walter Benjamin: Der heutige Stand der Wissenschaften XII. Literaturgeschichte und Literaturwissenschaft. In: Die literarische Welt. 7. Jahrgang, Nr. 16 (17. April 1931), S. 3f., hier S. 4.
32 Walter Benjamin: Ursprung des deutschen Trauerspiels (1928) [432a].
33 Vgl. Jacques-Olivier Bégot: Allegorien der Geschichte. Walter Benjamin zwischen Barock und (Post-)Moderne. In: Barock – Moderne – Postmoderne. Ungeklärte Beziehungen. Hg. von Victoria von Flemming und Alma-Elisa Kittner. Wiesbaden 2014 (Wolfenbütteler Arbeiten zur Barockforschung 50), S. 133–146, hier S. 139f.
34 Die (faktisch rezipierten) Ausnahmen einer relativ frühen Zurkenntnisnahme – z.B. in Georg Lukács' *Die Eigenart des Ästhetischen* (1963) oder Peter Bürgers *Theorie der Avantgarde* (1973) – liegen bezeichnenderweise außerhalb der Barockforschung. Vgl. Bégot (Anm. 33), S. 133f., außerdem die Pionierarbeit von Klaus Garber: Rezeption und Rettung. Drei Studien zu Walter Benjamin. Tübingen 1987. Harald Steinhagens Habilitationsschrift, die neben Benjamin auch zahlreiche Vertreter der Kritischen Theorie zu Wort kommen läßt, stieß seinerzeit in der etablierten Barockforschung auf starke Vorbehalte. Harald Steinhagen: Wirklichkeit und Handeln im barocken Drama (1977) [506]. Beinah komplett ohne Wirkung waren dagegen die an Benjamin orientierten Arbeiten von Peter Wolters: Die szenische Form der Trauerspiele des Andreas Gryphius (1958) [523] und Herbert Heckmann: Elemente des barocken Trauerspiels (1959) [697].

bereiter einer »historischen Hermeneutik«[35] ernst zu nehmen, veranschaulichen erst neuere Ansätze, die ihren Ausgang mit Vorliebe vom Allegorie-Begriff oder Benjamins Abgrenzung von (antiker) Tragödie und Trauerspiel nehmen.[36] Gegenläufig zur verspäteten Benjamin-Renaissance innerhalb der Gryphius-Forschung geraten die ›Errungenschaften‹ der Geistesgeschichte nach dem Zweiten Weltkrieg – vornehmlich im Zuge der ideologiekritischen Aufarbeitung der Fachgeschichte – in Mißkredit. Herbert Jaumann resümiert die Schattenseiten der ›Barockbegeisterung‹ in den Zwischenkriegsjahren treffend unter dem Terminus »Pseudoumwertung«:[37] Zwar steckt sich die geistesgeschichtliche Literaturwissenschaft ein neues Forschungsgebiet namens ›Barockliteratur‹ ab, versäumt es unterdessen, dieses Feld mit ›sachgemäßen‹, aus den Texten und ihren historischen Kontexten allererst gewonnenen Kategorien zu bestellen. Vielmehr verharrt die Geistesgeschichte auf dem »postulierten Grund immergleicher Menschennatur«:[38] Die »Bilder« der Barockdichter, so Gundolf bündig, »haben nur dann Sinn, wenn wir sie wahrnehmen zugleich mit den ewigen Maßen und Werten«.[39]

Gryphius und die Tradition: Rhetorik, Poetik, Emblematik

Als Korrektiv zur ›Geschichtslosigkeit‹ geistesgeschichtlicher Gryphius-›Bilder‹ lassen sich zahlreiche Arbeiten verstehen, die mit verstärkter Konjunktur seit den 1960er Jahren darauf abzielen, Gryphius in (je verschieden konstruierten) Traditionen zu verorten. Sie konturieren damit zugleich ein Epochenprofil, das wesentlich über die Traditionsgebundenheit und Konventionalität der Dichtung definiert ist, im Barock »das letzte Auffahren und Verrauschen des Mittelalters«[40] vor dem Einbruch der Säkularisierung vernimmt und frühneuzeitliche Texte vor einer ›goethezeitlich‹

---

35 Eberhard Mannack: Barock in der Moderne (1991) [974], S. 64.
36 Vgl. u.a. Heinz J. Drügh: Anders-Rede. Zur Struktur und historischen Systematik des Allegorischen. Freiburg 2000, S. 7–30 und 281–342; mit Blick auf Gryphius ders.: »Was mag wol klärer seyn?« (2000) [540]; Waltraud Wiethölter: »Schwartz und Weiß auß einer Feder« oder Allegorische Lektüren im 17. Jahrhundert (1998/99) [688]; Nicola Kaminski: Andreas Gryphius (1998) [122], S. 73–157; Bernhard Greiner: Postfiguration als Gegenstand und Quelle der Trauer und des Spiels (2014) [628].
37 Jaumann (Anm. 3), S. 367: »Ihr ›Pseudos‹ als Selbstmißverständnis der Umwerter nun ist, daß diese Neubewertung als solche heteronomen Zwecken dient, daß sie Vehikel ist, mit dem auf eine Semantik gezielt wird, die der vorgeblich literarisch wertenden heteronom ist.« Konkret kommt hier die »völkisch-nationale Semantik« (ebd., S. 388) ins Spiel, der sich die Barockumwertung nach dem Ersten Weltkrieg in weiten Teilen eingliedert.
38 Ebd., S. 374.
39 Gundolf (Anm. 10), S. 4.
40 Urs Herzog: Deutsche Barocklyrik. Eine Einführung. München 1979, S. 111.

präformierten Fehllektüre nach den Maßgaben der Ausdrucksästhetik bewahrt. Frühe Stilanalysen etwa, die noch teleologisch eine Entwicklung von den lateinischen Jugenddichtungen zum deutschsprachigen Werk, eine ›Befreiung‹ von den Fesseln des Lateinischen hin zu einem ›eigenständigen‹ Stil in der Muttersprache proklamieren,[41] werden nun modifiziert und in Teilen überholt von Untersuchungen, die die Bedeutung der antiken Rhetorik (z.B. Quintilian) und der neulateinischen Dichtung (z.B. Jakob Balde) für die Gestaltung auch der Sonette herausarbeiten.[42] Metaphern oder Allegorien, die in den Leichabdankungen oder Trauerspielen begegnen, zeugen darüber hinaus in traditionsgeschichtlicher Perspektive von der intensiven Rezeption patristischer Schriften. Im einzelnen beschränkt sich die Relevanz der Kirchenväter dabei keineswegs auf die Rolle des ›Zitatspenders‹. Patristische Exegesetechniken wie der mehrfache Schriftsinn tragen ebenso dazu bei, die rhetorische Wirkabsicht (etwa die *consolatio* in den Abdankungen) umzusetzen.[43] Neben der Aufhellung einzelner Motive in diachroner Perspektive, historischen Tiefenbohrungen also, ist es ein großes Verdienst dieser Forschungsrichtung, zugleich breite ideengeschichtliche Horizonte zu erschließen: Sie demonstriert, inwieweit etwa das Tugendsystem der Trauerspiele mit den zentralen Märtyrertugenden *constantia* und *magnanimitas* vom Neustoizismus als »Popularphilosophie des 17. Jh.«[44] beeinflußt ist und die frühneuzeitliche Stoa-Rezeption – wie die christianisierende Umwandlung des antiken *fatum* – den Wertehintergrund des auf Gott vertrauenden Märtyrers, seine im Tod sich endgültig beweisende Tugend, die »Bewehrte Beständikeit« (*Cath.*, S. 95) fundiert. Die Frage nach der Einbettung ›barocken‹ Dichtens in ein Kontinuum überlieferter Formen und Sprachpraktiken, in ein Universum tradierter Texte, stellt sich letztlich gattungsübergreifend unter wechselnder Schwerpunktsetzung für nahezu alle Werksektionen: für die Sonette (Perikopenauslegung, Erbauungsschriften, Homiletik)[45] ebenso wie für die Trauerspiele (Stoizismus, Jesuitendrama, antike Tragödie),[46] die Lustspiele (*commedia dell'arte*, Fast-

---

41 Vgl. Friedrich-Wilhelm Wentzlaff-Eggebert: Dichtung und Sprache des jungen Gryphius (1936) [958].
42 Vgl. Karl Otto Conrady: Die Intensivierung rhetorischer Formungen bei Andreas Gryphius (1962) [210].
43 Vgl. Hans-Jürgen Schings: Die patristische und stoische Tradition (1966) [939], S. 22–181, zur Allegorese bes. S. 91–123; Hans-Henrik Krummacher: Der junge Gryphius und die Tradition (1976) [225], bes. S. 13–164.
44 Schings (Anm. 43), S. 201. Siehe auch das ↗ Kap. II.10.7 zum »Neustoizismus«.
45 Vgl. Krummacher (Anm. 43); Patrick Boneberg: »Hier schleußt er nimand aus« (2005) [265], S. 88–125; Wolfram Mauser: Dichtung, Religion und Gesellschaft (1976) [311], S. 27–118; Petrus W. Tax: Einige religiöse Sonette des Andreas Gryphius (1983) [341].
46 Vgl. Stefanie Arend: Rastlose Weltgestaltung (2003) [425], S. 15–148; Schings (Anm. 43), S. 182–296; James A. Parente: Religious Drama and the Humanist Tradition (1987) [482], S. 9–60 und 154–208; Elida Maria Szarota: Geschichte, Politik und Gesellschaft im Drama des 17. Jahrhunderts (1976) [509], S. 63–78 und 127–141; Henri Plard: Sénèque et la tragédie d'Andreas Gryphius (1964) [483].

nachtspiel)⁴⁷ oder die Leichabdankungen (Patristik, antikes Epitaph, Luthers Leichenpredigten).⁴⁸ Mit ermöglicht wird dieser ›Paradigmenwechsel‹ innerhalb der Gryphius-Forschung ganz wesentlich durch zwei forschungsgeschichtlich bedeutsame Entwicklungen, die um Gryphius' 300. Todestag herum einsetzen: zum einen die sukzessive editorische Erschließung im Rahmen der *Gesamtausgabe der deutschsprachigen Werke* (*GA*) seit 1963,⁴⁹ zum andern das Erscheinen erster umfänglicher Überblicksdarstellungen, die den ›ganzen Gryphius‹ in den Blick zu bekommen beanspruchen.⁵⁰ Vor allem von Marian Szyrockis Arbeiten gehen hier vielfältige Anregungen aus, da sie erstmals breit den sonst kaum ausgeschöpften Fundus der Breslauer Bibliotheks- und Archivbestände nutzen und biographisch-historisches Erkenntnisinteresse mit philologisch detailbesessener Arbeit an den Originaldrucken des 17. Jahrhunderts verbinden.⁵¹

Geradezu Modellcharakter hat Gryphius für die Forschungsfelder Emblematik und Rhetorik, die die germanistische Diskussion über Barockliteratur seit den 1960er Jahren (und im Grunde bis heute) nachhaltig beeinflussen. Wiewohl Gryphius selbst nur in einem sehr begrenzten Fall als ›Emblematiker‹ im engeren Sinne in Erscheinung tritt – nämlich als Autor des Emblemzyklus des *Letzten Ehren-Gedächtnüsses* –, wird sein Werk wiederholt herangezogen, um ›das Emblematische‹ gleichsam als Epochensignatur des Barock auszuweisen. ›Emblematische‹ Argumente finden sich schier ubiquitär sowohl in den Sonetten oder Epigrammen als auch in den Leichabdankungen, und detaillierte Quellenstudien belegen, in welchem Maße Gryphius bei der Konstruktion seiner »Sinnen-Bild[er]« (*LA*, S. 602) auf zeitgenössische Emblembücher zurückgreift. An Gryphius wird – dieser Sichtweise zufolge – exemplarisch die »christlich-allegorische Grundlage« barocken

---

47 Vgl. Walter Hinck: Das deutsche Lustspiel des 17. und 18. Jahrhunderts und die italienische Komödie (1965) [728], bes. S. 105–129; Eberhard Mannack: Andreas Gryphius' Lustspiele (1964) [732]; Judith P. Aikin: The Comedies of Andreas Gryphius (1988) [718].
48 Vgl. Schings (Anm. 43), S. 22–181; Sibylle Rusterholz: Rostra, Sarg und Predigtstuhl (1974) [842], bes. S. 15–54.
49 Unter philologischen Gesichtspunkten bleibt die *Gesamtausgabe* allerdings ein Problemfall (vgl. die in der ↗ Bibliographie unter [2] genannten Rezensionen). Stein des Anstoßes ist – neben einer Vielzahl klarer editorischer Mängel – die Grundsatzentscheidung, jeweils die erste Textfassung den späteren (teils massiven) Überarbeitungen vorzuziehen, statt letztere in ihrer Eigenständigkeit ernst zu nehmen. Krummacher resümiert in seiner ausführlichen Rezension der Bände 1 bis 4 resigniert, »daß der Kern der Ausgabe, ihr Text, an nicht wenigen Stellen schlechter ist, als ihn der Dichter selbst durch die ständige Revision seiner Drucke bis zur Ausgabe letzter Hand und durch ihnen beigefügte Corrigendalisten geboten hat« (S. 246).
50 Vgl. Willi Flemming: Andreas Gryphius (1965) [112]; Marian Szyrocki: Andreas Gryphius (1964) [135]; Eberhard Mannack: Andreas Gryphius (1968) [127].
51 Vgl. Szyrocki (Anm. 50) und besonders Marian Szyrocki: Der junge Gryphius (1959) [134] mit der wichtigen, Gryphius-Drucke aus dem 17. bis 20. Jahrhundert verzeichnenden Bibliographie, S. 155–181.

»Weltverständnisses« ablesbar.[52] In seiner einflußreichen Studie über *Emblematik und Drama im Zeitalter des Barock* verdeutlicht Albrecht Schöne die von ihm explizierte Strukturhomologie, die das Emblem mit dem Trauerspiel verbinde, dann auch zu einem gut Teil an Gryphius-Dramen. Die »idealtypische[ ]«[53] Synthese aus emblematischer *pictura* und *subscriptio* sieht er in Analogie zum Verhältnis von Abhandlung und Reyen im Trauerspiel – was die erste bildhaft vorstelle, lege letzterer aus. Daß Schönes vieldiskutierte These in nachfolgenden Arbeiten nicht selten massiv kritisiert, ja schroff abgelehnt worden ist,[54] berührt indes nicht die forschungsgenerierende Wirkung, die von einem erweiterten Verständnis des ›Emblematischen‹ als barocker Denk- und Deutungsform ausgeht. Sowohl Dramenlektüren als auch metrische Analysen beziehen ihre Leitkategorien nach wie vor aus der Emblematik, um Szenenaufbau und Handlungsstruktur oder metrische Anomalien, Abweichungen vom Alexandriner etwa, zu beschreiben.[55]

Zu den Gemeinplätzen der Barockforschung gehört seit den impulsgebenden Arbeiten von Joachim Dyck und Wilfried Barner, daß Poesie und rhetorisch geformte Rede ein gemeinsames Anliegen teilen: Sie dienen beide der affektmodulierenden Überzeugung des Hörers oder Lesers, ›Barockdichtung‹ ist mithin zuallererst *ein* argumentatives Verfahren unter anderen, ein Verfahren, dessen *differentia specifica* oft genug auf die »Akzidentien Reim und Metrum«[56] hinausläuft. Stellt man diese funktionale Allianz von Rhetorik und Poesie in Rechnung, bedenkt zudem die institutionellen Grundlagen rhetorisch-poetischer Ausbildung in der Frühen Neuzeit (vom Rhetorikunterricht an protestantischen oder jesuitischen Gymnasien bis zu den Universitäten),[57] eröffnet sich ein ganzes Bündel an Problemlagen, in die auch Gryphius' Werk eingebunden ist. Dem souverän das Arsenal der Topik plündernden ›Rhetoriker‹, dem mit *loci-communes*-Sammlungen, Florilegien, Exzerptheften hantierenden Gryphius sehen vor allem Analysen der Leichabdankungen bei der Arbeit

---

52 Dietrich Walter Jöns: Das »Sinnen-Bild« (1966) [907], S. 257. Repräsentativität beansprucht Jöns, wenn er ankündigt, seine Arbeit nehme sich »bei einem der repräsentativsten Dichter des Barock dieses Themas [der Emblematik; R.S.] an und ist ein Versuch, die ganze Weite der ihm innewohnenden Problematik zu entwickeln« (S. 1).
53 Albrecht Schöne: Emblematik und Drama im Zeitalter des Barock (1964) [498], S. 166.
54 Vgl. Steinhagen (Anm. 34), S. 207–213, außerdem das ↗ Kap. II.10.8 zu den »Reyen«, S. 702–704.
55 Vgl. Hans-Werner Nieschmidt: Emblematische Szenengestaltung (1971) [478]; Karl-Heinz Habersetzer: Politische Typologie und dramatisches Exemplum (1985) [454], S. 63–70, 76 und 82–87; Gerhard F. Strasser: Andreas Gryphius' »Leo Armenius« (1976) [560]; Birgit Witte-Heinemann: Emblematische Aspekte im Gebrauch des freien Verses bei Andreas Gryphius (1973) [522]; Christian Sinn: Noli altum sapere (2014) [943].
56 Joachim Dyck: Ticht-Kunst. Deutsche Barockpoetik und rhetorische Tradition. Bad Homburg 1966, S. 58. Vgl. auch Volkhard Wels: Der Begriff der Dichtung in der Frühen Neuzeit. Berlin 2009 (Historia Hermeneutica 8), S. 11–42.
57 Vgl. Wilfried Barner: Barockrhetorik. Untersuchungen zu ihren geschichtlichen Grundlagen. Tübingen 1970, S. 241–447.

zu.⁵⁸ Und auch Sonette, Epigramme oder die in der Forschung eher vernachlässigten Oden werden auf ihre Bedingtheit durch rhetorisch-poetologische Produktionsanleitungen abgeklopft⁵⁹ – eine Bedingtheit überdies, mit der gerade angesichts einer Dichtung, die partiell dem Paradigma ›Gelegenheitsdichtung‹ untersteht, stets zu rechnen ist.⁶⁰ Unter der Prämisse jedoch, daß das *ingenium*, der nicht lehr- oder lernbare Anteil am Dichten, wohl theoretisch zum »Idealbild des Barockpoeten« gehören mag, in der »Praxis« nichtsdestoweniger bloßes Postulat bleibt, ja geradezu »durch Gelehrsamkeit ersetzt« wird,⁶¹ droht – so die Kritik von hermeneutischer Seite – unter rhetorischen Auspizien das je Konkrete der Werke vor dem Hintergrund geteilter Systemvoraussetzungen (eben Rhetorik und Poetik) zu verblassen. Der rhetorisch-poetologische Abgleich von Norm und Normanwendung läuft Gefahr, »immer wieder das schon Bekannte [...] zum Vorschein« zu bringen: »Das interpretierende Verfahren wird, überspitzt ausgedrückt, zur klassifizierenden Subsumption einer wachsenden Menge von Material unter ein statisches Schema von Begriffen und Vorstellungen, die durch Abstraktion aus der Sache gewonnen sind.«⁶² Jüngere Ansätze versuchen dem Ruf nach einer »supplementäre[n] Hermeneutik«,⁶³ die verhindert, daß barockes Systemdenken zur heuristischen Einbahnstraße verkommt, auf mehrfache Weise gerecht zu werden: Erstens fokussieren sie stärker als die traditionsgeschichtliche Forschung jene Verschiebungen, jene Abweichungen von überlieferten Normierungsinstanzen, die etwa durch konkrete intertextuelle Bezugnahmen erzeugt werden.⁶⁴ Zweitens fragen sie vermehrt »nach dem, was Ordnungen im 17. Jahrhundert nicht vorgeben«,⁶⁵ nach »Normierungslücken als spezifische[n] *Spielräume[n] der Poetik*«.⁶⁶ Gerade die Reyengestaltung der Gryphiusschen Trauerspiele illustriert hier, welche gattungsevolutionären Folgewirkungen eine spezifi-

---

58 Rusterholz (Anm. 48), S. 55–189; Maria Fürstenwald: Dissertationes Funebres (1967) [838], S. 80–128; dies.: Zur Theorie und Funktion der Barockabdankung (1975) [839].
59 Theodor Verweyen: »Thränen des Vaterlandes / Anno 1636« (1997) [347]; Christian von Zimmermann: Andreas Gryphius' »Threnen des Vatterlandes / Anno 1636« (1999) [360].
60 Vgl. Wulf Segebrecht: Das Gelegenheitsgedicht (1977) [245], S. 111–200.
61 Dyck (Anm. 56), S. 65.
62 Steinhagen (Anm. 34), S. 10.
63 Barbara Bauer: Naturverständnis und Subjektkonstitution aus der Perspektive der frühneuzeitlichen Rhetorik und Poetik. In: Künste und Natur in Diskursen der Frühen Neuzeit. Hg. von Hartmut Laufhütte. Wiesbaden 2000 (Wolfenbütteler Arbeiten zur Barockforschung 35), Bd. 1, S. 69–132, hier S. 123.
64 Vgl. z.B. die Lektüre der »Trawrklage des verwüsteten Deutschlandes« (*Liss.*, S. 47–49) bei Nicola Kaminski: EX BELLO ARS (2004) [797], S. 273–293.
65 Jörg Wesche: Literarische Diversität (2004) [516], S. 6. Dazu auch schon Wilfried Barner: Spielräume. Was Poetik und Rhetorik nicht lehren. In: Künste und Natur in Diskursen der Frühen Neuzeit. Hg. von Hartmut Laufhütte. Wiesbaden 2000 (Wolfenbütteler Arbeiten zur Barockforschung 35), Bd. 1, S. 33–67.
66 Wesche (Anm. 65), S. 40.

sche Leerstelle der poetologischen ›Gesetzgebung‹ zeitigt, wie das Nicht-Normierte produktiv wird.[67] Drittens stellen sie Orte alternativer Normgebung ins Zentrum: Als Arenen durchaus agonistischer Auseinandersetzung mit kodifizierten Barockpoetiken kommen so die Vorreden (z.B. zu *Cardenio und Celinde* oder zum *Leo Armenius*) in den Blick. Sie erweisen sich als wirkungsvolle Medien der »Genese, Konkretisierung, Fortbildung und Verwerfung von Normen« und somit als Katalysatoren von »Heterodoxie im poetologischen Diskurs des Barock«.[68]

Am Umbruch: Geschichte, Politik, Religion

Während wenigstens in der älteren traditions-, rhetorik- und poetikgeschichtlichen Barockforschung auffällig kontinuitätsaffine Narrative dominieren, künden die Trauerspiele (zum Teil auch die Sonette) seit den 1970er Jahren für sozialgeschichtlich, später kulturwissenschaftlich ausgerichtete Untersuchungen von den Symptomen eines fundamentalen gesellschaftlichen Umbruchsszenarios. Gryphius' Werk rückt in den Kontext der sogenannten ›Krise des 17. Jahrhunderts‹, einer »Wandlung des allgemeinen Bewußtseins«[69] vom optimistisch-individualistischen Menschenbild der Renaissance zum seiner Welt mit Zweifel begegnenden, vergänglichkeitsbewußten ›Barockmenschen‹, der sein Leben »unter dem Zeichen einer allgemeinen Insecuritas«[70] fristet. Solche mentalitätsgeschichtlichen Breitwandaufnahmen führen in ihrer Szenenfolge üblicherweise den temporären ›Niedergang‹ des Bürgertums, das Erstarken fürstlicher Zentralgewalt, die Akkumulation wirtschaftlicher und politischer Macht an den (zunehmend absolutistisch regierten) Fürstenhöfen vor Augen. Barockdramen – und dies gilt in besonderer Weise für Gryphius' Trauerspiele – moderieren den Übergang vom Ständestaat zum Absolutismus[71] dann primär dadurch, daß sich in ihnen das Diskontinuierliche strukturell als diskursiver »Synkretismus«[72] niederschlägt. Sie reflektieren die Ausdifferenzierung von Politik und Moral, die die frühneuzeitlichen Souveränitätstheo-

---

67 Vgl. ebd., S. 175–217.
68 Stefanie Stockhorst: Reformpoetik. Kodifizierte Genustheorie und alternative Normbildung in poetologischen Paratexten. Tübingen 2008 (Frühe Neuzeit 128), S. 5.
69 Mauser (Anm. 45), S. 171.
70 Ebd. Trotz der entschieden sozialhistorischen Argumentationsrichtung konvergieren diese Ansätze – bei Mauser z.B., wenn er an die Arbeiten Trevor-Ropers anschließt – mit geistesgeschichtlichen Fragestellungen insofern, als sie poetische Texte (zuweilen reduktionistisch) als ›Ausdruck‹ eines im Begründungszusammenhang ›grundlegenderen‹ Anderen, hier nun eines »politischen, gesellschaftlichen und geistigen« Ganzen interpretieren. Hugh Redwald Trevor-Roper: Religion, Reformation und sozialer Umbruch. Die Krisis des 17. Jahrhunderts. Frankfurt a.M. 1970, S. 7.
71 Vgl. Klaus Reichelt: Barockdrama und Absolutismus (1981) [488], S. 10.
72 Lothar Bornscheuer: Diskurs-Synkretismus im Zerfall der Politischen Theologie (1997) [438].

rien (Machiavelli, Jean Bodin) in etwa zeitgleich philosophisch entwerfen,[73] ebenso wie die dem Absolutismus inhärenten Paradoxien souveräner Herrschaft[74] oder das Spannungsgefüge sich auf- und ablösender Geschichtskonzeptionen (Heilsgeschichte, Endzeitbewußtsein, Augenblick als handlungsermöglichende Gegenwart).[75]

Dieser Synkretismus liegt – aufgelöst in Extrempositionen und temporalisiert – schließlich einer dichotomischen Forschungsmatrix zugrunde, in der Gryphius je nach Akzent als Sachwalter alter Ordnungsvorstellungen, als Verfasser obsessiv jenseitsorientierter Märtyrerdramen[76] oder aber als illusionsloser Beobachter einer heillos in Immanenz befangenen, von machtpolitischen Klugheitsakten regierten Welt figuriert.[77] Versuche, diese bipolare Störung der Forschung zu therapieren und die kalkulierbar regelmäßigen Ausschläge der »Pendelbewegung [...] zwischen heilsgeschichtlich-theologischer und geschichtlich-politischer Deutung«[78] durch Perspektivinnovation stillzustellen, kehren sodann die »ästhetisch-poetologische[] Dimension«[79] der Trauerspiele samt ihren theatersemiotischen Grundlagen hervor. Zwar lassen sich ältere theokratische Herrschaftsmodelle wie die mittelalterliche Legitimationsfigur des Gottesgnadentums als Interpretamente mühelos den Gryphiusschen Dramen entnehmen und ideengeschichtlich mit dem lutherischen Gebot der Gehorsamspflicht vermitteln,[80] nur treten sie im Trauerspiel (ostentativ im *Carolus Stuardus*) stets theatral gebrochen, perspektiviert in Erscheinung. Politische Typologie oder *imitatio Christi* belegen für jene Zugänge, die sich entschieden vom

---

73 Vgl. Habersetzer (Anm. 55), S. 12; Armin Schäfer: Versuch über Souveränität und Moral im barocken Trauerspiel (2009) [491], bes. S. 387–393.
74 Vgl. Albrecht Koschorke: Das Problem der souveränen Entscheidung im barocken Trauerspiel (2006) [549]; ders.: Das Begehren des Souveräns (2006) [593]; Peter-André Alt: Der Tod der Königin (2004) [424], S. 60–82; Christopher J. Wild: Theater der Keuschheit (2003) [519], S. 67–163.
75 Vgl. Wilhelm Voßkamp: Untersuchungen zur Zeit- und Geschichtsauffassung im 17. Jahrhundert (1967) [513], S. 90–160; Dirk Niefanger: Geschichtsdrama der Frühen Neuzeit (2005) [477], S. 151–192, und für die breiteren kulturgeschichtlichen Zusammenhänge gewandelter Zeitauffassungen samt den medientechnischen Voraussetzungen Achim Landwehr: Geburt der Gegenwart. Eine Geschichte der Zeit im 17. Jahrhundert. Frankfurt a.M. 2014.
76 Vgl. Gerhard Kaiser: Leo Armenius (1968) [546]; Schings (Anm. 43), S. 182–296; Günther Rühle: Träume und Geistererscheinungen (1952) [489], S. 7f.
77 Vgl. Torsten W. Leine: Das Martyrium als Politikum (2010) [595]; Koschorke: Das Problem der souveränen Entscheidung (Anm. 74); ders.: Das Begehren des Souveräns (Anm. 74).
78 Kaminski (Anm. 36), S. 78. Vgl. die gleichlautende Einschätzung bei Daniel Weidner: »Schau in dem Tempel an den ganz zerstückten Leib, der auf dem Kreuze lieget« (2010) [567], bes. S. 287–292.
79 Kaminski (Anm. 36), S. 73.
80 Vgl. Habersetzer (Anm. 55), S. 10; Siegfried Wollgast: Philosophie in Deutschland zwischen Reformation und Aufklärung (1982) [963], S. 861f.; vgl. für einen umfangreichen Versuch, theologische und politische Argumentationen in ihrer Bedingtheit aufzuzeigen, auch Oliver Bach: Zwischen Heilsgeschichte und säkularer Jurisprudenz (2014) [428].

»Medium theatraler Darstellung als Trauer-Spiel«[81] anleiten lassen, weniger das ungebrochene Fortleben spätantik-christlicher Modi der Sinnerzeugung als vielmehr (da unentscheidbar bleibt, inwieweit die *dramatis personae* sie sich strategisch zunutze machen) den »Verlust jeglicher heilsgeschichtlicher *Evidenz* im Raum der politischen Geschichte«.[82] Bei Gryphius' Trauerspielen handelt es sich dementsprechend um Schauspiele transzendentalen Charakters, die als solche die »Frage nach der Erkennbarkeit und Darstellbarkeit von Transzendenz«[83] allererst aufwerfen.

Taugt das Gryphiussche Œuvre zum einen als Indikator eines Umbruchsgeschehens auf den Diskursfeldern Geschichte und Politik, so wird Gryphius zum andern nicht zuletzt hinsichtlich seiner konfessionspolitischen Stellung zum Schlüsselcharakter an einer Epochenschwelle. Eine anhaltende Forschungsdebatte widmet sich der exakten Standortbestimmung im konfessionellen Spektrum der Frühen Neuzeit. Zwar könne über die »dezidiert lutherische Haltung von Gryphius und über deren poetische Relevanz [...] heute eigentlich kein Zweifel mehr bestehen«,[84] wie das in der historisch prekären Gemengelage eines gegenreformatorisch in Bedrängnis geratenen Schlesien erwartbar intrikate Verhältnis zur habsburgisch-katholischen Zentralmacht allerdings genau zu bewerten ist und vor allem: welche konfessionellen Implikate Gryphius' Werke selbst mit sich führen, ist nach wie vor Gegenstand kontroverser Einschätzungen. Verdeckte, gleichwohl erhebliche polemische Züge wollen mitunter Lektüren der *Catharina von Georgien* und des *Leo Armenius* freilegen, wenn sie im ersten Fall den Kampf einer »unterdrückten Kirche gegen die Gewalt und den Zwang der katholischen Kirche und ihres Schutzherrn, des Hauses Habsburg«,[85] repräsentiert finden, im zweiten das Drama als »ideologische und strukturelle Umkehrung«[86] seines jesuitischen Prätextes und als »vehemente Anklage« der »Jesuitenmoral und der Glorifizierung unverzeihlicher Verbrechen durch die Jesuiten«[87] lesen. Neben solchen intertextuell sich kundtuenden Kampfansagen diagnostizieren auch einige Analysen des theologischen Gehalts der Gryphius-

---

81 Kaminski (Anm. 36), S. 78.
82 Bornscheuer (Anm. 72), S. 526; meine Hervorhebung. Vgl. auch den Abschnitt zum *Carolus Stuardus* bei Joachim Harst: Heilstheater (2012) [456], S. 97–121, und für die Gegenposition, die wiederum sehr wohl ›heilsgeschichtliche Evidenz‹ reklamiert, Habersetzer (Anm. 55), S. 15–42.
83 Kaminski (Anm. 36), S. 80. Vgl. auch das ↗ Kap. II.10.10 über »Transzendenz/Immanenz«.
84 Thomas Borgstedt: Angst, Irrtum und Reue in der Märtyrertragödie (1999) [574], S. 566.
85 Elida Maria Szarota: Gryphius' »Catharina von Georgien« (1967) [609], S. 214. Kritisch dazu Hans-Jürgen Schings: Catharina von Georgien (1968) [605], S. 67f., der »von einem solchen kämpferisch-konfessionellen Engagement Gryphius'« nichts wissen will (ebd., S. 68, Anm. 72). Szarota liefert eine Replik und die Erweiterung ihrer Thesen in Szarota (Anm. 46), S. 63–78 und 127–141. Vgl. für ähnliche Positionen auch Borgstedt (Anm. 84) oder Clemens Heselhaus: Andreas Gryphius, »Catharina von Georgien« (1958) [588].
86 Szarota (Anm. 46), S. 63.
87 Ebd., S. 129.

Lyrik ein klares und wenig kompromißbereites Bekenntnis zur lutherischen Orthodoxie,[88] wohingegen für andere Interpretationen die Aufnahme durchaus unorthodoxer Strömungen wie der Hermetik auf eine humanistische »*Transgressions-Bewegung*«[89] hindeutet, der an der Verfestigung oder aggressiven Verteidigung konfessioneller Grenzen wenig gelegen ist. Gryphius befindet sich, so gesehen, in »kritische[r] Loyalität« zum Luthertum: Er sei, so argumentiert Hans-Georg Kemper, »nur loyal«, indem er – zumal in seiner Funktion als Glogauer Syndikus – Frontstellung gegenüber der Rekatholisierungspolitik Habsburgs beziehe, »kritisch« jedoch, da er den konfessionellen Gegensatz durch ein interkonfessionelles, irenisches Ideal zu überwinden suche.[90] Dem Proto-Aufklärer, dem Toleranz und Ökumene antizipierenden Ireniker, einer »Denkergestalt, die noch vor der Epoche der Aufklärung mit ihrem Werk gegen die Spaltung der Christenheit argumentierte«,[91] steht somit in der Forschung der ganz dem Zeitalter der Konfessionalisierung zuzurechnende Polemiker Gryphius unversöhnt und unversöhnlich gegenüber.

---

88 Vgl. Johann Anselm Steiger: Schule des Sterbens (2000) [373]; Krummacher (Anm. 43), S. 477–500. Vgl. auch das ↗ Kap. II.10.2 über »Bibeldichtung«, S. 616f.
89 Hans-Georg Kemper: Deutsche Lyrik der frühen Neuzeit (2006) [220], Bd. 4/I, S. 5; vgl. S. 244–273 und ders.: Gottebenbildlichkeit und Naturnachahmung (1981) [219], S. 314–353.
90 Kemper 2006 (Anm. 89), S. 4.
91 Boneberg (Anm. 45), S. 15.

II.2 Diskursgeschichtliche Rahmenbedingungen

II.2.a Dreißigjähriger Krieg
Von Michael Kaiser

Ein Leben in Zeiten des Krieges

Gryphius lebte in einem Eisernen Zeitalter, in einer Zeit also, die stark von Krieg, Zerstörung und Not geprägt war. Auch in anderen Phasen der Vormoderne hat es ähnlich heftige Gewalterfahrungen gegeben, doch war gerade das 17. Jahrhundert von einer Bellizität geprägt, die in ihrem Ausmaß und ihrer Dauer schon von den Zeitgenossen als außergewöhnlich wahrgenommen wurde. Gryphius kann als einer der Kronzeugen für diese Kriegserfahrung gelten.[1]

Geboren wurde er in Glogau im Jahr 1616 und damit noch vor dem Ausbruch des Dreißigjährigen Kriegs. Doch schon in den Vorkriegsjahren war die Situation in den Erbländern der böhmischen Krone, zu denen auch Schlesien gehörte, von stetig wachsenden Spannungen zwischen den erbländischen Landständen und dem habsburgischen Herrscherhaus geprägt. Als 1618 die offene Revolte gegen Ferdinand II., den König aus dem Hause Habsburg, ausbrach und an seiner Stelle Friedrich V. von der Pfalz als neuer König von Böhmen gewählt wurde, betrafen diese Umwälzungen auch Schlesien. Dabei kamen die schlesischen Fürstentümer erst nach dem Zusammenbruch der Herrschaft des als ›Winterkönig‹ verspotteten Friedrich in den Schlagkreis kriegerischer Auseinandersetzungen. Nachdem am 8. November 1620 die Schlacht am Weißen Berg vor Prag verloren war, floh Friedrich mitsamt Familie und Gefolge aus Böhmen. Sein Weg führte ihn über Schlesien, wo er offenbar auch noch einige Preziosen requirierte, so das Kirchensilber der lutherischen Kirche in Glogau: Offenbar im Kontext dieser Ereignisse kam auch Gryphius' Vater Paul zu Tode, der in Glogau Archidiakon war.[2] Der Sechsjährige war nun, als der Krieg auf das Reichsgebiet übersprang, Halbwaise geworden.

Die Kämpfe fanden zunächst fernab von Schlesien im Reich statt, wo Kriegsunternehmer wie Ernst von Mansfeld und Christian von Braunschweig für die Sache

---

1 Zum Dreißigjährigen Krieg jetzt Christoph Kampmann: Europa und das Reich im Dreißigjährigen Krieg. Geschichte eines europäischen Konflikts. Stuttgart 2008, sowie Peter H. Wilson: The Thirty Years War. Europe's Tragedy. Cambridge, MA 2009.
2 Das Jahr, in dem Gryphius' Vater zu Tode kam, ist lediglich durch einen Hinweis im Begräbnisgedicht IV erschließbar (*BG*, S. 45); die Todesursache ist unklar, da die dortige Erwähnung von Gift offenbar nur bildhaft zu verstehen ist.

Friedrichs von der Pfalz kämpften. Sie taten dies jedoch mit wenig Fortune: In den Jahren 1622 und 1623 wurden sie von den Truppen der Katholischen Liga unter Tilly geschlagen, der die Herrschaft des Habsburger Kaisers Ferdinand II. im Reich stabilisieren konnte. Doch auch Schlesien blieb nicht verschont. 1622 durchzogen Kosaken das Land, Gerüchte über heimliche Werbungen und über Durchzüge fremder Truppen veranlaßten den Kaiser, eigene Soldaten dorthin zu verlegen. Als dann im Zuge des Dänisch-Niedersächsischen Kriegs kaiserliche Truppen unter Wallenstein das Heer Mansfelds zunächst bei der Dessauer Brücke schlugen und dann weiter nach Osten abdrängten, wurde ab Juli 1626 auch Schlesien wieder Kriegstheater. Mansfeld zog zwar kurze Zeit später weiter nach Ungarn, wo er den Tod fand. Doch Reste seiner Truppen, verstärkt durch dänische Einheiten, hielten sich bis zum Sommer 1627 in den schlesischen Territorien.

Danach waren die Kämpfe zunächst vorüber, doch die Bedrückungen durch das Militär hielten an. Der Kaiser ließ Militär in Schlesien Quartier nehmen, das sich aus dem Land versorgen sollte; 1628 wurden in Glogau die Liechtensteinischen Dragoner garnisoniert.[3] Doch nicht allein die für diese Truppen erhobenen Kriegssteuern stellten eine schwere Belastung dar, vielmehr unterstützten die Soldaten auch die Rekatholisierungsmaßnahmen der Habsburger in Schlesien. Gerade beim Einfall Mansfelds war deutlich geworden, daß die Sympathien der Bevölkerung nach wie vor der protestantischen Sache zuneigten. In dieser Zeit verlor Gryphius seine Mutter und kam, um dem Katholisierungsdruck auszuweichen, im Jahr 1628 in das grenznahe, schon polnische Driebnitz. Als er 1631 ins heimatliche Glogau zurückkehrte, hatte längst der Schwedische Krieg begonnen: Gustav II. Adolf war im Sommer 1630 auf Rügen gelandet und hatte noch im Winter 1630/31 seinen Vormarsch ins Reich begonnen. Bereits in den ersten Wochen des Jahres 1631 wurde deutlich, daß auch Schlesien im Schlagkreis der schwedischen Truppen lag, auch wenn sich die Hauptstoßrichtung Gustav Adolfs auf Brandenburg und Sachsen richtete, wo er im September 1631 das kaiserlich-ligistische Heer bei Breitenfeld entscheidend schlagen konnte. Erneut wich Gryphius dem Kriegstheater aus und fand 1632 im grenznahen, ebenfalls polnischen Fraustadt eine Zuflucht; als er 1634 nach Danzig ging, hatte er den Krieg tatsächlich hinter sich gelassen.

Erst im Sommer 1636 wagte sich Gryphius in seine schlesische Heimat zurück, als er eine Anstellung als Erzieher bei Freystadt annahm. Die Situation schien günstig, denn im Mai 1635 war der Prager Frieden zwischen dem Kaiser und Kursachsen geschlossen worden, dem sich die allermeisten Reichsstände anschlossen. Die Hoffnungen auf ein tatsächliches Ende des Kriegs schienen realistisch, zumal sich die schwedische Macht in dieser Phase auf einem Tiefpunkt befand. Allerdings neigte sich das Kriegsglück mit der Schlacht bei Wittstock (Oktober 1636) wieder der

---

3 Zur Geschichte Glogaus immer noch Julius Blaschke: Geschichte der Stadt Glogau und des Glogauer Landes. ND der Ausgabe Glogau 1913. Hannover 1982.

schwedischen Seite zu; in der Folge und besonders ab 1639 blieb auch Schlesien von Truppendurchzügen und Kampfhandlungen nicht verschont. Als die Schweden im Jahr 1642 erneut dort einfielen, konnten die Kaiserlichen sie zwar zurücktreiben, doch Glogau sollte bis zum Kriegsende in schwedischer Hand bleiben. Auch 1643, 1645 und 1646 kam es zu erneuten Vorstößen schwedischer Truppen, die dabei ihre Positionen in den schlesischen Landen ausbauen konnten. Diesen Kriegszügen war Gryphius ausgewichen, indem er 1638 die beiden Söhne des Hauses Schönborn als Erzieher auf eine Kavalierstour begleitete. Die Reise führte ihn zunächst in die Niederlande, im Jahr 1644 weiter nach Frankreich und Italien. Neun Jahre, bis 1647, hielt sich der Dichter somit in Ländern auf, die nicht direkt von Kriegsereignissen betroffen waren. Als er die Rückreise antrat, tobte noch immer der Krieg im Reich. Da auch Gryphius' schlesische Heimat im Jahr 1647 nach wie vor von Kämpfen erschüttert wurde, ging er ein weiteres Mal ins polnische Fraustadt. Ein Jahr später fanden mit dem Westfälischen Frieden zwar die Kampfhandlungen ein Ende, doch erst im August des Jahres 1650 sollten die schwedischen Truppen aus Schlesien abziehen. Denn Glogau galt als strategisch wichtiger Ort, in dem nicht nur eine Garnison von rund 900 Mann stationiert, sondern auch ein schwedisches Artilleriemagazin untergebracht war. Erst jetzt, zwei Jahre nach dem Westfälischen Frieden, feierte die Stadt ein Friedensdankfest. Allerdings blieb Glogau auch dann nicht ohne Besatzung: auf die abgezogenen Schweden folgten umgehend kaiserliche Soldaten.

War nun im Reich der Frieden eingekehrt, blieb die Situation im Königreich Polen kritisch. Schon in den 1620er Jahren war es zum Krieg zwischen Schweden und Polen gekommen, der sich jedoch vor allem in den Küstenregionen abspielte. 1655 brach dann der Zweite Schwedisch-Polnische Krieg aus, der bis 1660 dauerte. Schlesien und damit die unmittelbare Lebenswelt Gryphius' war zwar zunächst nicht direkt davon betroffen. Doch 1657 trat der Kaiser als Verbündeter des polnischen Königs in den Krieg ein. Bereits vorher wurde Schlesien Werbe- und Aufmarschgebiet für die kaiserlichen Truppen; die Einquartierungen brachten neuerliche Bedrückungen für das Land. Zudem war es schon zuvor immer wieder zu Übergriffen und Überfällen schwedischer Einheiten auf schlesisches Territorium gekommen, und schließlich zeugten die Flüchtlingsströme aus polnischen Gebieten nach Schlesien von der Härte der Auseinandersetzungen. So blieb der Krieg in beunruhigender Nähe und damit ein Kontinuum in der Lebenserfahrung des Dichters.

Die Welt des Kriegs – ein Erfahrungshintergrund des Dichters

Auch wenn der Krieg stets in Gryphius' Leben präsent war, hat ihn der Dichter nicht in seiner Totalität wahrgenommen. Vielmehr herrscht bei ihm eine bestimmte Perspektive auf das Militär und den Krieg selbst vor, die bestimmte Bereiche sehr deutlich fokussiert, andere hingegen ausblendet.

Anders als viele Zeitgenossen hat Gryphius nie unmittelbar an Kämpfen teilgenommen; zumindest der Blickwinkel eines Kombattanten ist ihm fremd geblieben. Ob er jemals ein Zusammentreffen feindlicher Truppen beobachtet hat oder Zeuge war, wie Soldaten einen befestigten Ort stürmten, wissen wir nicht; einen Niederschlag in seinen Schriften hat ein solches Ereignis offenbar nicht gefunden. Dabei waren Feldschlachten, die meist mit dem Aufgebot aller verfügbaren Kräfte geschlagen wurden, durchaus die großen Wegmarken des Krieges, die oft einzelne Phasen des Konflikts abschlossen oder einleiteten: So beendete die Schlacht am Weißen Berg (1620) das Königtum Friedrichs V. von der Pfalz und leitete das Ende des Böhmischen Krieges ein, die Schlacht bei Breitenfeld (1631) bedeutete das Ende der kaiserlich-ligistischen Dominanz im Reich, während die Schlacht bei Nördlingen (1634) den Siegeszug der Schweden stoppte und dem Prager Frieden den Weg ebnete. Die Schlacht bei Wittstock (1636) brachte die Schweden machtpolitisch und militärisch wieder ins Spiel, während die Schlacht bei Jankau (1645) das endgültige Ende aller kaiserlichen Hoffnungen auf einen militärischen Sieg bedeutete. Gryphius aber hat diesen Ereignissen in seinen Schriften keinerlei Aufmerksamkeit geschenkt; die einzige Ausnahme bildet der *Horribilicribrifax*. In diesem Scherzspiel werden die Namen einiger großer Schlachten erwähnt, doch ist dies allein dem Renommiergehabe der beiden großmäuligen Hauptleute geschuldet, die diese militärischen Referenzen benötigen, um auf ihre vorgeblichen Bravourstücke hinzuweisen.[4]

Etwas anders ist der Blick des Dichters auf die Stadt als Schauplatz des Kriegs einzuschätzen. Mit Fug und Recht kann man den Krieg auch als einen Kampf um befestigte Plätze verstehen, die oftmals an strategisch wichtigen Orten wie Flußübergängen lagen und aufgrund ihrer gehorteten Vorräte eine militärische Bedeutung besaßen. Denn die Kriegführung hatte oftmals vor allem einen Kampf um die logistischen Güter zu führen, um damit die Versorgung und das Überleben der eigenen Truppen zu garantieren und dieselben Ressourcen dem Feind zu entziehen. Wenn Gryphius also den Blick auf die Städte als Ort warf, an dem sich Kriegshandlungen besonders intensiv entzündeten, reflektierte er damit einen wesentlichen Zug zeitgenössischer Strategie.[5] Dabei ist die Erwähnung der Reichsstadt Straßburg in der »Trawrklage des verwüsteten Deutschlandes« (*Liss.*, S. 49) ein eher schwacher Reflex auf die Thematik der Stadt im Krieg. Da aber mit gutem Grund ein korrumpierter Druck anzunehmen ist und der »als von Autors Hand geschrieben wahrscheinlich zu machende[] Wortlaut« »Augspurg« lautet,[6] rückt tatsächlich eine

---

4 Vgl. *Horr.*, S. 15 (Nördlingen und Weißer Berg) sowie S. 81 (zweite Schlacht bei Breitenfeld, 1642).
5 Erwähnung finden auch noch die Kämpfe um die schlesischen Städte Glogau und Guhlau (»Gula«) im Jahr 1642 im *Horr.*, S. 81. Ihre Bedeutung für den allgemeinen Kriegsverlauf ist gering einzuschätzen, vermutlich ist für Gryphius eher der regionale, schlesische Bezug entscheidend.
6 Kaminski: EX BELLO ARS (2004) [797], S. 292.

prominente und bedeutende Reichsstadt exemplarisch als Ort des Kriegs in den Vordergrund. Augsburg befand sich seit April 1632 in schwedischer Hand und war als wichtiger militärisch-logistischer Stützpunkt ausgebaut und befestigt worden. Wenige Tage nach der schweren schwedischen Niederlage bei Nördlingen begann im September 1634 die Belagerung Augsburgs durch kaiserliche und bayerische Truppen, die nach sechs Monaten mit der Übergabe der Stadt im März 1635 endete.[7]

Einen anderen Stellenwert hat die Nennung der Stadt Magdeburg im *Horribilicribrifax*. Mit der Erwähnung ihrer Belagerung greift der Dichter ein Ereignis auf, das wie kaum ein anderes für das Wüten der Kriegsfurie im Dreißigjährigen Krieg stand (*Horr.*, S. 45f.). Denn die Belagerung und Zerstörung der Stadt Magdeburg infolge ihrer Erstürmung durch kaiserliche Truppen unter dem Kommando Tillys am 20. Mai 1631 stellte nicht nur ein militärisches Desaster und eine menschliche Katastrophe dar, sondern war auch für die Zeitgenossen infolge der beispiellosen medialen Aufbereitung das Referenzereignis für Kriegszerstörungen par excellence.[8] Dabei war das Schicksal, das die Metropole an der Elbe erlitt, keineswegs exzeptionell; sowohl davor als auch danach kam es immer wieder zu heftigen Kämpfen um befestigte Orte und Städte, die zunächst erbittert verteidigt und dann, im Sturm genommen, erbarmungslos geplündert und zerstört wurden. Sicherlich hatte es mit Magdeburg eine der großen und bevölkerungsreichen Städte im Reich getroffen, doch prinzipiell unterschied sich das Schicksal der Elbmetropole kaum von dem des Ortes Hilsbach im Kraichgau (1622), des niedersächsischen (Hannoversch) Münden (1626), des sächsischen Pirna (1639) und zahlloser anderer Orte.[9]

Die ausführlichste Beschreibung, die Gryphius von einer städtischen Katastrophe gibt, ist die *Fewrige Freystadt* über den Stadtbrand der schlesischen Stadt Freystadt im Jahr 1637. Die Ursache dieser Feuersbrunst lag nicht in Kampfhandlungen, sondern offenbar in einer Unachtsamkeit oder einer Verkettung unglücklicher Umstände, aus der heraus sich der verheerende Brand entwickelte. Gerade in der Vormoderne fielen Städte mit ihren ganz überwiegend aus Holz gebauten und mit Stroh

---

[7] Ausführlich zur schwierigen Situation der Stadt Bernd Roeck: Eine Stadt in Krieg und Frieden. Studien zur Geschichte der Reichsstadt Augsburg zwischen Kalenderstreit und Parität. Göttingen 1989, S. 720–767.

[8] Aus der Literatur zu Magdeburg hier nur: »... gantz verheeret!« Magdeburg und der Dreißigjährige Krieg. Beiträge zur Stadtgeschichte und Katalog zur Ausstellung des Kulturhistorischen Museums Magdeburg im Kunstmuseum Kloster Unser Lieben Frauen 2. Oktober 1998 bis 31. Januar 1999. Halle 1998; Michael Kaiser: Die »Magdeburgische Hochzeit« (1631). Gewaltphänomene im Dreißigjährigen Krieg. In: Leben in der Stadt. Eine Kultur- und Geschlechtergeschichte Magdeburgs. Hg. von Eva Labouvie. Köln 2004, S. 195–213.

[9] Zum Phänomen der Gewalt siehe Michael Kaiser: »Ärger als der Türck«. Kriegsgreuel und ihre Funktionalisierung in der Zeit des Dreißigjährigen Kriegs. In: Kriegsgreuel. Die Entgrenzung der Gewalt in kriegerischen Konflikten vom Mittelalter bis ins 20. Jahrhundert. Hg. von Sönke Neitzel und Daniel Hohrath. Paderborn 2008 (Krieg in der Geschichte 40), S. 155–183.

gedeckten Häusern immer wieder solchen Brandkatastrophen zum Opfer, die, einmal ausgebrochen, kaum zu bändigen waren und nicht nur einzelne Straßenzüge, sondern oftmals tatsächlich eine ganze Stadt in Schutt und Asche legten. So sollte Glogau, Gryphius' Heimatstadt, allein im 17. Jahrhundert vier Feuersbrünste erleben: 1615, also kurz vor seiner Geburt, 1631, 1642 und 1678. Den Stadtbrand am 24. Juni 1631 hatte Gryphius selbst miterlebt. Auch diese Katastrophe, wiewohl die Stadt schon im Kriegsgebiet lag und den Angriff der schwedischen Truppen in nächster Zeit zu gewärtigen hatte, war nicht durch Kampfhandlungen verursacht worden. Vielmehr hatte der kaiserliche Kommandant ein Bankett abgehalten, als in der Küche ein Feuer ausbrach, das in kurzer Zeit die gesamte Stadt erfaßte.[10] Auch in Freystadt war ein Soldat am Ausbruch des Feuers beteiligt, wie der Dichter berichtet: Entweder habe »ein mit dem Feber behaffter Soldat« (*FF*, S. 85) das Stroh seines Lagers zu nah an den Ofen gelegt, so daß es sich dort entzündet habe, oder seine Pfeife habe das Feuer verursacht. Gleichwohl stellt Gryphius den Freystädter Brand in eine Linie mit den Drangsalen, unter denen das Land bisher gelitten hatte, und indem der Dichter das Unglück neben die anderen desaströsen Vorfälle wie Truppendurchzüge, Einquartierungen, Pest und Hungersnöte einordnet, komplettiert er das Szenario der Schicksalsschläge im Rahmen des Dreißigjährigen Krieges.

Der Kontext der Feuerbrünste in Glogau und Freystadt bleibt also der Krieg. Gryphius weist nicht explizit darauf hin, aber an anderen Stellen seines Œuvres wird deutlich, daß der Krieg eben nicht durch Schlachten präsent war, sondern allein durch die Anwesenheit des Militärs. So bezieht sich Gryphius' Klage in der *Fewrigen Freystadt* auf Plünderungen, Räubereien und übermäßige Einquartierungen (vgl. *FF*, S. 20–22). Zwar wurden viele Einheiten auch auf dem platten Land einquartiert, doch gerade Städte oder überhaupt befestigte Orte zählten zu den bevorzugten Plätzen, die Garnisonen aufnehmen mußten. Zunächst waren hier militärische Erwägungen ausschlaggebend: Die Soldaten waren in Städten besser als in den Dörfern untergebracht, lagerten nicht so zersplittert wie in den kleinen Weilern, wo sie sich nur schlecht gegen Überfälle wehren konnten. Zudem stellten sie auch die Besatzungsmacht dar, die die betreffende Stadt kontrollierte. Damit war oft auch der Zugriff auf die kriegswichtigen Ressourcen gesichert, die die Städte beherbergten. Doch Lebensmittel waren nicht im Überfluß vorhanden, auch in einer Stadt nicht. Da in der Frühen Neuzeit eine Mangelwirtschaft vorherrschte und kaum jemals hinreichend Versorgungsgüter vorhanden waren, löste die Anwesenheit zusätzlicher Menschenmassen, wie es im Falle einer durchziehenden oder stationierten Armee der Fall war, stets Verteilungskämpfe aus.

Da das Militär mit den Waffen nicht nur ein Drohpotential besaß, sondern diese auch einzusetzen bereit war, kam es bei Durchzügen von Truppen und erst recht

---

10 Siehe den Bericht des Gesandten Khunig an den bayerischen Kurfürsten Maximilian, Prag 5.7.1631, BayHStA, Dreißigjähriger Krieg Akten 260 fol. 42–42' Ausf.

während ihrer Einquartierung immer wieder zu heftigen Zusammenstößen zwischen den Soldaten und der zivilen Bevölkerung.[11] Die Ausschreitungen beim Requirieren waren aber nicht allein Ausdruck des Verteilungskampfes, die Exzesse des Militärs an der Bevölkerung wurden vielmehr angeheizt durch eine ständisch bedingte Wahrnehmung, in der die Soldaten als ein sozial inferiorer Stand galten. Diese wehrten sich gegen solche Diskriminierung durch übermäßige Forderungen an Versorgungsgütern und Anwendung von Gewalt – diese unökonomische Haushaltung wie auch Gewalt als Signum von Herrschaft sollten die soziale Superiorität des Soldatenstandes demonstrieren. Doch aus der Perspektive der Zivilgesellschaft blieben die Kriegsknechte soziale Außenseiter, zügellos und verachtenswert. Auch bei Gryphius scheint dieser Konflikt durch, wenn in der »Trawrklage des verwüsteten Deutschlandes« die Rede auf die »frechen Völcker« kommt (*Liss.*, S. 47). Daß aber die Soldaten nicht nur Täter waren, sondern in diesen Kriegsläuften vielfach selbst Opfer wurden, wird für den Dichter nicht zum Thema. Immerhin wird deutlich, daß aus der Söldnerperspektive das Ende des Kriegs gar nicht willkommen ist, wenn im *Horribilicribrifax* der Titelheld, ein Hauptmann, seiner Wut und Enttäuschung angesichts der Nachricht vom Friedensschluß freien Lauf läßt (*Horr.*, S. 15). Mag in diesem Scherzspiel das Gebaren der Soldaten in vielem überzeichnet sein, so ist gerade diese Haltung keineswegs ungewöhnlich, sondern spiegelt eine weitverbreitete Haltung unter den Militärs der Zeit wider, für die der Krieg die Grundlage einer Lebensform bot, die im Jahr 1648 bedroht war.

Die Bedrohung, die vom Militär ausging, zeigt sich auch in einigen Epigrammen, die den Troß thematisieren. Denn die Welt des Militärs bestand nie nur aus Soldaten, immer gab es auch den Troß, der für die Versorgung der Kriegsknechte lebensnotwendig war.[12] Er sorgte mit den Marketendern, Garküchen, Barbieren und anderen Dienstleistungen für die Strukturen, die der frühmoderne Staat der Kriegsmaschinerie nicht zu bieten imstande war. Gleichwohl wurde der Troß durchweg negativ gesehen, da er, zumal in seinen Dimensionen – oftmals überstieg die Zahl der Troßangehörigen die der Soldaten –, die Operationen der kämpfenden Truppe behinderte. Zahllose Anweisungen der Kriegsherren, daß der Troß zu beschränken sei, kündeten vor allem von der Mißachtung der Dienste, die der Troß gewährleistete und die für die Kriegführung unerläßlich waren. Zum schlechten Ansehen der Militärgesellschaft trug auch der vielfach geäußerte Vorwurf bei, im Troß zögen vie-

---

11 Zum Konflikt zwischen dem Militär und der Bevölkerung siehe Michael Kaiser: Die Söldner und die Bevölkerung. Überlegungen zu Konstituierung und Überwindung eines lebensweltlichen Antagonismus. In: Militär und ländliche Gesellschaft in der frühen Neuzeit. Hg. von Stefan Kroll und Kersten Krüger. Münster 2000 (Herrschaft und soziale Systeme in der Frühen Neuzeit 1), S. 79–120.
12 Zur Welt der Söldner allgemein Peter Burschel: Söldner im Nordwestdeutschland des 16. und 17. Jahrhunderts. Sozialgeschichtliche Studien. Göttingen 1994 (Veröffentlichungen des Max-Planck-Instituts für Geschichte 113).

le Huren mit; auch Gryphius greift dieses Thema in einem Epigramm auf.[13] Sicherlich gab es Prostituierte in einem Heereszug, doch ebenso begleiteten viele Ehefrauen mitsamt den Kindern ihre Männer, die sich als Soldaten verdingt hatten. Der pauschale Vorwurf, dem Heereszug folgten Scharen von Huren, war einerseits der bewußt ehrabschneidenden Haltung der Zivilgesellschaft geschuldet, die die Soldaten als ehrlos und ihre Frauen konsequenterweise als Huren diskreditierte. Andererseits resultiert diese Sichtweise aus der moralisierenden, durch theologische Ansätze geprägten Haltung, in der auch das Kriegsglück an moralische Kategorien gekoppelt wurde. Der negative Anstrich, den man der Militärgesellschaft gab, spiegelt sich auch in der angeblichen Kunst des Festmachens,[14] magischen Praktiken also, die dem Soldaten das Überleben im Kampf sichern sollten, allerdings von den Kirchen als Aberglauben und Teufelswerk bekämpft wurden. Schließlich sah man durch das Militär, speziell auch hier durch den Troß, die Pest und andere Seuchen verbreitet.[15]

Gleichwohl mußte sich die Zivilgesellschaft mit dem Militär arrangieren. Gryphius war sich dessen wohl bewußt, seine Leichabdankung auf den schwedischen General-Kriegskommissar Sigismund Müller aus dem Jahr 1649 gibt davon ein Zeugnis (*Schlesiens Stern in der Nacht*). Das Genre der Totenrede bedingt an sich schon eine positive Würdigung des Verstorbenen. Gerade in dem Fall des General-Kommissars bot es sich an, zumindest indirekt für eine gute Kooperation zwischen Besatzungstruppen und Bevölkerung zu werben. Denn genau dafür war Müller der entscheidende Mann, da es ihm oblag, die Versorgung der in Schlesien einquartierten Truppen der schwedischen Krone zu organisieren. Diese Aufgabe hatte der General-Kriegskommissar zusammen mit den Amtsträgern des betroffenen Landes zu bewältigen und stand somit an der Schnittstelle zwischen der Welt des Militärs und der zivilen Bevölkerung. Es lag also nicht zuletzt am General-Kriegskommissar und seinen nachgeordneten Beamten, den Kriegskommissaren, wie spannungsgeladen oder eben auch wie kooperativ sich das Verhältnis zwischen Soldat und Bevölkerung gestaltete. Entscheidend war dabei auch, inwieweit es das Kriegskommissariat verstand, dem Gebaren der Truppen entgegenzutreten, die womöglich ungeregelt requirieren und fouragieren sowie übermäßige Kontributionen (Kriegssteuern) eintreiben wollten. Die Versuchung, bei der Bevölkerung mehr Steuern als vereinbart

---

13 Vgl. *Ep.* III,III,72: »Tros läst sein edles Weib / und sucht die Huren; recht! | Es steht wohl wann man sich verlibt in gleich Geschlecht.«
14 Vgl. *Ep.* III,II,99: »Kunst du Wunder aller Künste die für Stahl und Bley kan stehn / | Und für schnödem Menschen miste / muß in Dampff und nichts vergehn.«
15 Vgl. *Ep.* III,III,60 (»Als Cajus nechst verschid / hat Tros sein Haus befohlen / | Doch war darinnen nichts als Seuch und Gifft zu holen / | Damit er nun nicht leer von dannen möchte zihn / | Nam er die Pest zur Beutt und schickte sich zu flihn.«) und III,III,61 (»Du Armer / will es dir denn an dem Tode fehlen / | Daß du denselben must aus frembden Häusern stehlen.«).

einzutreiben und von ihr größere Leistungen zu verlangen, als die Verpflegungsordnung der Armee es vorschrieb, war groß – auch für Offiziere. Denn hier bot sich die Chance, Profit im Krieg zu machen, und dies um so mehr, als die regulären Soldzahlungen oftmals monatelang ausblieben. Sich an der Bevölkerung schadlos zu halten, war naheliegend, bot dann aber Anlaß für die Ausschreitungen, die den Krieg so zerstörerisch machten, wie es auch in Gryphius' Gedichten anklingt. Die Leichabdankung auf den schwedischen General-Kriegskommissar ist deswegen ein Dokument, das ganz im Kontext der militärischen Lage am Ende des Dreißigjährigen Kriegs anzusiedeln ist. Die Belastungen für Schlesien waren aufgrund der schwedischen Besatzung nach wie vor drückend, und so blieb es wichtig, ein gedeihliches Auskommen zwischen den Besatzern und der Bevölkerung zu befördern. Gryphius konnte also mit dem Lob auf den verstorbenen Kriegskommissar gleichzeitig die unterschwellige Hoffnung und Erwartung verknüpfen, dessen Nachfolger im Amt werde ähnlich verantwortungsbewußt handeln.

Wenn die Bedrückungen des Kriegs zu stark wurden, blieb der Bevölkerung nur ein Weg: die Flucht vor dem Militär. Angesichts heranrückender Truppen war es vielerorts üblich, daß die Landbevölkerung in die Wälder oder in unwegsames Gelände flüchtete, nach Möglichkeit auch Vieh mitnahm oder Wertgegenstände versteckte. Gern suchte man Schutz in befestigen Orten, in die man mitsamt dem Vieh und Hab und Gut zog (sog. Einflucht).[16] Eine andere Möglichkeit war, die eigene Heimat zu verlassen und in eine benachbarte Region zu gehen; Gryphius hat dies selbst mehrfach getan, als er bereits in jungen Jahren auf polnisches Gebiet auswich. Die Bildungsreisen, die ihn als Begleitung für die Söhne des schlesischen Gutsbesitzers Georg Schönborner in die Niederlande sowie für einen pommerschen Adligen nach Frankreich und Italien führten, waren ohne Zweifel auch durch den starken Bildungshunger Gryphius' motiviert. Doch hatten sie ebenso den nicht unwillkommenen Nebeneffekt, den Dichter von den großen Unbilden des Kriegs fernzuhalten. Dabei war Reisen an sich schon gefährlich, denn stets drohten Überfälle durch Räuber, aber auch streifende Soldatentrupps, die einige hundert Mann stark waren. Sie forderten von aufgegriffenen Reisenden Ranzion, also Lösegeld, oder betrieben einfach Wegelagerei, vor der auch Salvaguardien (Schutzbriefe) nicht halfen und bei der ein Menschenleben nicht viel wert war. Wenn sich angegriffene Reisekonvois wehrten, kam es auch zu regelrechten Gefechten mit den Soldaten. Die Unsicherheit der Landwege ließ Gryphius vor allem Schiffsreisen unternehmen, zumindest um die gefährlichen Wege durch das Heilige Römische Reich zu vermeiden.

---

16 Das Phänomen wird auch erwähnt in *FF*, S. 32: »vnd weil dazumal so viel Straiffrotten sich [...] mit brennen / plündern / abtreibung des Viehes [...] blicken lassen / nahm alles Landt Volck / so wol vom Adel als Bawren-Standes / Jhre eusserste Zuflucht der Stadt zu«.

Eine ganz andere Möglichkeit, sich mit den Verhältnissen im Krieg zu arrangieren, bestand darin, sich auf den Krieg selbst einzulassen. Viele Menschen trieb es aus ihren angestammten Lebensverhältnissen zu den Waffen; manche sahen im Krieg eine besondere biographische Chance und versuchten, ihr Glück im Krieg zu machen – das galt für die zahllosen Kriegsknechte aus einfachem Stand wie auch für die Adligen, die auf eine Karriere im Militär setzten und darin die Option auf eine standesgemäße Lebensführung sahen. Gryphius selbst gehörte jedoch nicht zu denjenigen, die schon die Zeitgenossen als ›Soldaten von Fortune‹ bezeichneten. Er ging dem Krieg aus dem Weg, soweit er es konnte. Die langjährige Mobilität war sicher auch ein Moment, das für den Dichter den Stellenwert des Vaterlands so bedeutsam hat werden lassen (siehe *Ep.* III,I,74). Fraglich ist dabei, ob Gryphius den Begriff des Vaterlands tatsächlich mit einer Vorstellung des Heiligen Römischen Reichs oder Deutschlands verknüpft hat; wahrscheinlicher ist, daß sein Begriff vom Vaterland zunächst auf Schlesien, wenn nicht auf die Heimat Glogau beschränkt blieb.

Gryphius und der Krieg – ein Fazit

Bereits in der »Trawrklage des verwüsteten Deutschlandes« (*Liss.*, S. 47–49) aus dem Jahr 1636 zählte Gryphius, daß der Krieg nun schon dreimal sechs Jahr andauere, und im Sonett »Auf den Anfang des 1650sten Jahres« kommt er auf »zweymal sechzehn« Jahre und damit eine 32jährige Kriegsdauer (*SNa* 19).[17] Damit erwies sich Gryphius nicht nur als ein aufmerksamer Zeitzeuge, der sich der Kontinuität des Krieges sehr bewußt war.[18] Vielmehr relativiert sich in seiner Sicht auch der Zäsurcharakter des Westfälischen Friedens: Nicht der Abschluß der Friedensverhandlungen markierte für ihn das Kriegsende; ob Krieg herrschte, war für ihn an der Präsenz der Soldaten abzulesen – und diese standen im Jahr 1650 nach wie vor im Lande. Kurz zuvor hatte Gryphius noch vom Leben als unaufhörlichem Krieg gesprochen:[19] für ihn war der Krieg tatsächlich eine prägende Konstante seiner Biographie.

Gleichwohl ist Gryphius kein Chronist des Krieges. Vielmehr schaut der Dichter auf den Krieg, wie er sich dem ›gemeinen Mann‹ darstellte. Es sind die unerträglichen und sich immer wiederholenden Schrecken der Einquartierung, der Kontributionen, der Pest und der Feuersbrünste. Der einfache Blick sieht das Militär im Alltag, im Lager und mitsamt dem Troß. Es fehlen bei Gryphius die Kämpfe und die

---

[17] Zur Zeiterfahrung bei Gryphius vgl. auch Antje und Mathias Ernst: Kriegserfahrungen im Spiegel von Andreas Gryphius' Grabschrift für seine Nichte (1999) [845], S. 505f.
[18] Zur zeitgenössischen Wahrnehmung des Kriegs vgl. Konrad Repgen: Seit wann gibt es den Begriff »Dreißigjähriger Krieg«? In: Weltpolitik, Europagedanke, Regionalismus. Festschrift für Heinz Gollwitzer zum 65. Geburtstag am 30. Jan. 1982. Hg. von Werner Dollinger. Münster 1982, S. 59–70.
[19] »Denn was ist dis Leben anders als ein unauffhörlicher Krieg?« (*SSN*, fol. Cij^r).

Schlachtenszenen, die Soldaten als Spezialisten für das Kriegshandwerk tauchen nicht auf. Konsequenterweise bleiben die Feldherren unerwähnt,[20] ebenso wie die Könige, Kaiser und Reichsfürsten, die als Kriegsherren den Lauf der Dinge entscheidend mitbestimmten. Sein Blick auf den Kriegsalltag blendet damit auch alles Heroische aus; im *Horribilicribrifax* klingt dies an, wird aber sofort ins Großsprecherische überzeichnet.

Genauso läßt sich in Gryphius' Bezügen zur Kriegswirklichkeit nur schwer eine Parteinahme ausmachen. Dies gilt für die politische Orientierung ebenso wie für den Konfessionenstreit. Daß es zumindest keine Deutung gibt, die den Krieg um der Konfession willen gutheißt,[21] war eine Haltung, die einem Lutheraner, der unter einer habsburgischen und somit strikt der katholischen Konfession verpflichteten Obrigkeit lebte, ungeachtet aller Religionsprivilegien gut zu Gesicht gestanden haben mag. Eine Abneigung wird nur hinsichtlich des Militärs selbst erkennbar: Indem Gryphius ganz die Perspektive des Zivilisten einnimmt, stellt der Soldat für ihn durchweg eine Bedrohung dar. Der Dichter sieht das Leid, das der Krieg mit sich brachte; daß aber auch die Söldner in diesem Krieg litten, fiel aus seiner Wahrnehmung heraus.

Ungeachtet dieses Erfahrungshintergrundes bestand für Gryphius kein Anlaß, den Krieg prinzipiell abzulehnen. Darauf deutet seine Reaktion auf die Nachricht von der Hinrichtung des englischen Königs Karl I. Ende Januar 1649; die Abfassung des Trauerspiels *Carolus Stuardus* ist wohl eine recht unmittelbare Reaktion darauf. Daß der Dichter zumindest in der ersten Fassung auch eine militärische Gegenaktion befürwortete, ja vielleicht sogar mit Hilfe seines Dramas befördern wollte (vgl. D, S. 1072–1100), offenbart eine obrigkeitstreue Haltung, die Opposition oder gar Rebellion gegen den Herrscher ausschloß. Rachegedanken tauchen auch in einem Sonett auf, das dem Trauerspiel beigefügt war (*SNa* 47). Krieg und militärische Gewalt hat Gryphius als grauenvoll erlebt, doch blieben sie für ihn nach wie vor ein Mittel der politischen Auseinandersetzung.

---

20 Von der bloßen Nennung seitens der großsprecherischen Protagonisten im *Horribilicribrifax* abgesehen, die sich auf Tilly, Pappenheim und Gustav Adolf beziehen, also nur auf die bereits gefallenen Helden der ersten Kriegsjahre, *Horr.*, S. 15, 34f., 46, 80f. Bezeichnend für einen Dichter im habsburgischen Herrschaftsbereich, wird Wallenstein nur indirekt als »Hertzog zu Eger« genannt (*Horr.*, fol. Av^v), womit allein auf sein unrühmliches Ende angespielt wird. Ein Herzogtum Eger hat es nie gegeben.

21 Vielmehr findet sich in den Nachkriegsepigrammen von 1663 *Ep.* III,I,52: »Uber heutiger Christen Zancksucht«, in dem Gryphius den Frieden unter den Christen beschwört.

II.2.b Konfessionalisierung in Schlesien
Von Arno Herzig

Die reformatorische Bewegung leitete im Reich nach dem Augsburger Religionsfrieden von 1555 über in den Konfessionalisierungsprozeß. Das bedeutet: Es bildeten sich drei große Konfessionskirchen heraus, die die konkurrierenden Sektenkirchen wie die Schwenckfelder oder Täufer unterdrückten, nachdem diese auch politisch verboten worden waren.

Die drei im Reich zugelassenen Kirchen waren die katholische und die Kirche des Augsburger Bekenntnisses, zu der stillschweigend neben den Lutheranern auch die Calvinisten gezählt wurden, obgleich sich beide, Lutheraner und Calvinisten, heftig bekämpften. Alle drei Kirchen grenzten sich in der Lehre, im Ritus und in der Organisation streng voneinander ab. Die Konfessionalisierung ist also nicht als Auseinandersetzung der Alten Kirche mit der oder den protestantischen Kirche(n) zu deuten, sondern als Auseinandersetzung zwischen den neu entstandenen Konfessionskirchen, zu denen auch die katholische zu zählen ist. Diese hatte sich auf dem Trienter Konzil (1545–1563) neu formiert. Die Lutheraner hatten sich 1577 mit der Konkordienformel eine gemeinsame Basis geschaffen, die Calvinisten in Deutschland durch den sogenannten Heidelberger Katechismus von 1563, der die reformierten (= calvinistischen) Glaubenswahrheiten in 129 Fragen und Antworten übersichtlich zusammenfaßte. Die katholische Konfessionskirche nahm freilich für sich in Anspruch, die einzig wahre Kirche zu sein, von der die anderen Kirchen – als solche wurden sie von der katholischen Kirche allerdings nicht anerkannt – sich abgespalten hätten und zu der sie deshalb wieder zurückzuführen seien.[1]

In Schlesien setzte dieser Prozeß erst verzögert in den 1590er Jahren unter Kaiser Rudolf II. (Reg. 1576–1612) ein. Habsburg war in seinen Ländern verspätet mit der Durchsetzung des *ius reformandi* im Sinne einer katholischen Konfessionalisierung gestartet. *Ius reformandi* meint das Recht des Herrschers, die Konfession seiner Untertanen zu bestimmen. Um so intensiver verfolgte das Kaiserhaus nach dem Sieg der katholischen Liga 1620 als Landesherrschaft diese Politik in Schlesien. Wenn auch die katholische Konfessionalisierung nicht der einzige und ausschließliche Faktor für die habsburgische Politik in Schlesien war, so bildete sie zumindest bis zur Altranstädter Konvention (1707) ein wesentliches Motiv für das politische Verhalten des Kaisers.[2]

---

[1] Vgl. Heinz Schilling: Das Reich und die Deutschen. Aufbruch und Krise. Deutschland 1517–1648. Berlin 1988 (Deutsche Geschichte 5), S. 267–292.
[2] Vgl. Arno Herzig: Konfession und Heilsgewissheit. Schlesien und die Grafschaft Glatz in der Frühen Neuzeit. Bielefeld 2002 (Religion in der Geschichte 9), S. 13–36.

Die Grundlagen für eine katholische Konfessionalisierungspolitik hatten die Habsburger zusammen mit Bayern und der römischen Kurie 1578 auf einer Konferenz in München festgelegt, auf der die Vertreter Innerösterreichs, Bayerns, Tirols und Salzburgs sowie der Nuntius teilnahmen. Als Richtlinien für die katholische Konfessionalisierung legten sie in aller Stille die Regalien fest, das meint, die Rechte des Herrschers wieder in die Bestimmung des Fürsten zu bringen, desgleichen die Verfügungsgewalt über die Druckereien und damit die Kontrolle über den Büchermarkt. Ferner sollten die Zugeständnisse an die Stände durch eine Neuinterpretation allmählich außer Kraft gesetzt werden, zudem die strikte Nutzung der Patronatsrechte zugunsten der Katholiken erreicht, ferner die protestantischen Beamten durch eine katholische und an den neuen katholischen Schulen ausgebildete Elite ersetzt werden. Jeder, der als Bürger sich im Land niederlassen wollte, sollte sich schriftlich zur katholischen Religion bekennen. Ferner sollte der Herrscher die von den Ständen nicht zu bewilligenden Einnahmen des Landes erhöhen, die protestantischen Prediger als Laien des Amtsmißbrauchs bezichtigen und ihnen den Dienst verbieten; ihre Predigten sollte er als Aufruhr gegen den Landesherrn hinstellen, des weiteren den Bau protestantischer Kirchen unterbinden und die Prediger schließlich des Landes verweisen. Dem desolaten Zustand der katholischen Kirche sollte durch eine Reform abgeholfen werden, die durch Visitationen und die Ausbildung von qualifizierten Geistlichen in neu zu schaffenden Seminaren gewährleistet sein sollte.[3]

In Schlesien versuchte der jüngste Sohn des Erzherzogs von Innerösterreich, Karl, als Bischof von Breslau (Reg. 1608–1624) zumindest in seinem bischöflichen Territorium Neisse diese Politik zu realisieren. Zum Testfall wurde dabei der 1609 auch für Schlesien gültige Majestätsbrief Kaiser Rudolfs II. Aufgrund interner Auseinandersetzungen im Hause Habsburg zwischen Rudolf II. und seinem Bruder Matthias hatte Rudolf den Untertanen in den böhmischen Landen, um sich deren Unterstützung zu sichern, die freie Religionswahl zugestanden und dies mit dem Majestätsbrief 1609 bestätigt. Damit beendete Rudolf II. seine Rekatholisierungsversuche, die er in den 1590er Jahren in Schlesien unternommen hatte.[4]

In dieser ersten Katholisierungsphase Schlesiens hatte der Kaiser als böhmischer Landesherr versucht, die landesherrlichen Kirchenpatronate mit katholischen Geistlichen zu besetzen, wobei er allerdings nur in Troppau erfolgreich war. In Glogau und Schweidnitz z.B. scheiterte er am heftigen Widerstand der dortigen Einwohner; desgleichen in der Grafschaft Glatz. Doch gelang es ihm, allmählich die katholische Infrastruktur zu verbessern. So konnten mit seiner Unterstützung die

---

3 Vgl. Arno Herzig: Der Zwang zum wahren Glauben. Rekatholisierung vom 16. bis zum 18. Jahrhundert. Göttingen 2000, S. 37.
4 Vgl. ebd., S. 47–49.

Jesuiten 1597 von Prag aus in Glatz ein Kolleg einrichten, während sie in Breslau mit der Errichtung einer Missionsstation zunächst noch scheiterten.

Rudolfs Nachfolger, Kaiser Matthias, bestätigte bei seiner Huldigung in Breslau nicht nur die Privilegien seines Vorgängers, sondern bewilligte die Errichtung einer eigenständigen schlesisch-lausitzischen Kanzlei und entzog sie dadurch der Vorrangstellung der Böhmischen Kanzlei, in der die katholischen Ständevertreter das Sagen hatten. Diese günstige Position dauerte jedoch nicht einmal bis zum Abschluß des Dreißigjährigen Krieges, da die schlesischen Protestanten durch interne Auseinandersetzungen ihre Position schwächten. Dabei spielte seit den 1570er Jahren weniger die Auseinandersetzung mit den Schwenckfeldern und den Täufern eine Rolle, sondern die Differenz zwischen den lutherischen Mittelgruppen, die sich wie die Brieger Geistlichkeit im Heidersdorfer Bekenntnis 1574 auf die Konkordienformel geeinigt hatten, und den Philippisten, den Anhängern Melanchthons, zu denen die Breslauer Prediger zählten. Zu starken Spannungen innerhalb der Gemeinden und unter den protestantischen Geistlichen führte das Vordringen der calvinistischen Reformation in Schlesien und der Grafschaft Glatz, die unter dem Adel und den Intellektuellen, aber auch den Geistlichen zahlreiche Anhänger gewann.[5]

Die politische Situation Schlesiens und der Grafschaft Glatz machte die Einrichtung einer Landeskirche mit einem für alle zuständigen Konsistorium unmöglich. Obgleich den schlesischen Herzögen in ihren Territorien das *ius reformandi* offiziell nicht zustand, erließen sie dennoch Kirchenordnungen, so Markgraf Georg der Fromme für sein Fürstentum Jägerndorf oder der Herzog von Brieg. Doch war das nicht durchgängig. Vielfach hatten die kursächsische Kirchenordnung von 1580 oder die württembergische von 1582 Gültigkeit.[6]

Trotz des entscheidenden Sieges der Habsburger im November 1620 am Weißen Berg bei Prag blieb der politische und konfessionelle Status in Schlesien zunächst relativ unverändert. Der sächsische Kurfürst, der, obgleich protestantischer Fürst, dennoch auf seiten Kaiser Ferdinands II. stand, vermittelte 1621 den sogenannten Dresdner Akkord, der die Anerkennung Ferdinands II. als rechtmäßigen Landesherrn bestimmte, zudem den Jägerndorfer Hohenzoller ächtete und die Hohenzollern damit endgültig aus Schlesien vertrieb. Der Akkord verlangte zwar vom schlesischen Fürstentag eine Geldbuße von 300.000 Gulden, ließ aber die alten konfessionellen und politischen Privilegien bestehen.

---

5 Vgl. Norbert Conrads: Schlesiens frühe Neuzeit (1469–1740). In: Schlesien. Hg. von Norbert Conrads. Berlin 1994 (Deutsche Geschichte im Osten Europas), S. 178–345, bes. S. 258–268; Matthias Weber: Die schlesischen Polizei- und Landesordnungen der Frühen Neuzeit. Köln 1996 (Neue Forschungen zur schlesischen Geschichte 5), S. 119–122.
6 Vgl. ebd., S. 100.

Durch den Frieden von Prag 1635 wurden die konfessionellen Zugeständnisse des Dresdner Akkords jedoch erheblich eingeschränkt. Nur noch der Stadt Breslau und den protestantischen Mediatherzogtümern Wohlau-Liegnitz-Brieg sowie Oels wurde die lutherische Religionsausübung gestattet. Eine scheinbar endgültige Regelung erhielten die konfessionellen Verhältnisse in Schlesien durch den Westfälischen Frieden (1648). Wenn auch der Dreißigjährige Krieg zu einem internationalen europäischen Krieg geworden war, blieb die Konfessionsfrage in Schlesien bei den seit 1645 abgehaltenen Friedensverhandlungen in Münster und Osnabrück ein wichtiges Problem, das für Habsburg nur auf der Grundlage des Prager Friedens von 1635 gelöst werden konnte. Letztlich bestätigte der Artikel V des Westfälischen Friedens von 1648 lediglich die schon bestehenden Verhältnisse. Nur die Herzöge von Liegnitz, Brieg und Oels durften die freie lutherische Religionsausübung sowie ihre Kirchen behalten. In den übrigen Territorien gab es nurmehr katholische Kirchengemeinden, auch wenn die dortigen Einwohner lutherisch bleiben durften. Ein Sonderzugeständnis war die Errichtung der sogenannten Friedenskirchen in Schweidnitz, Jauer und Glogau, die allerdings nur vor den Städten und nicht aus Stein errichtet werden durften. Offiziell waren sie keine Gemeindekirchen; erst später wurde den Protestanten erlaubt, auch Schulen zu gründen. Letztlich war der Artikel V des Westfälischen Friedens das Eingeständnis der Habsburger, die katholische Konfessionalisierung in Schlesien nicht durchsetzen zu können.

Für die Zugeständnisse bezüglich der Protestanten in dem Erbfürstentum Glogau hatte sich führend Andreas Gryphius eingesetzt. Als Landessyndikus und Rechtsberater der Glogauer Stände war er für die Erhaltung des Luthertums in diesem direkt den Habsburgern unterstehenden Fürstentum eingetreten. Er erreichte bei den landesherrlichen Behörden die Errichtung der Friedenskirche Glogau.[7]

Die verbliebenen protestantischen Herzöge in Schlesien erstrebten einen engen Anschluß an die protestantischen Reichsstände; denn durch den Artikel V des Westfälischen Friedens waren sie mit ihrem Konfessionsstand in die Reichsverfassung aufgenommen worden. Seit den 1650er Jahren bildeten die schlesischen Religionsgravamina ein Dauerthema auf dem Immerwährenden Reichstag in Regensburg. Das Corpus Evangelicorum, der Zusammenschluß der Protestanten auf dem Reichstag, erinnerte den Kaiser immer wieder daran, daß eine friedliche Lösung der Religionsfrage in Schlesien eine Voraussetzung für einen dauerhaften Reichsfrieden sei. Nach innen versuchten die Lutheraner durch eine straffere Organisation ihre Position zu konsolidieren, indem sie in den noch verbliebenen Piastenherzogtümern seit den 1650er Jahren Visitationen einführten. Doch die kaiserliche Politik war zielsicher auf die Katholisierung ausgerichtet. Das Breslauer Oberamt, das nun

---

7 Vgl. Conrads (Anm. 5), S. 269–302.

nur noch dem Kaiser bzw. dem König von Böhmen unterstand, setzte zur selben Zeit eine Verfügung Kaiser Ferdinands III. (Reg. als König von Böhmen 1627–1657) um und ließ durch kaiserliche Reduktionskommissionen[8] in den Erbfürstentümern, zu denen seit 1648 auch Münsterberg gezählt wurde, die den Protestanten in diesem Fürstentum noch verbliebenen Kirchen wegnehmen und sie der katholischen Kirche übergeben. Dies führte zu handgreiflichen Auseinandersetzungen, bei denen sich vor allem die Frauen hervortaten. In Tepliwoda bei Frankenstein beschimpften sie die katholischen Kommissare und blockierten die Kirche. Die Soldaten, die sie an den Haaren von der Kirchentür wegzogen, verunglimpften sie als »Kirchen- und Seelendiebe und Mörder«[9] und versicherten ihnen: Ehe sie die Kirchen öffnen und einnehmen ließen, sollte man sie vorher umbringen. Sie wollten vor ihrer Kirche sterben. Wenn ihnen ein katholischer Priester mit Waffengewalt eingesetzt würde, würden sie ihn vor dem Altar töten. Dergleichen offene Widerstandsaktionen blieben jedoch letztlich erfolglos. Die Habsburger konnten sich bei diesen Aktionen neben dem Militär vor allem auf die wiedererstarkte katholische Kirche stützen, die mit ihrer auch ästhetisch eindrucksvollen Machtentfaltung auf protestantische Intellektuelle nicht ohne Eindruck blieb, wie die zahlreichen Konversionen beweisen.

Durch das Aussterben der schlesischen Piasten (1675) fielen nun deren schlesische Herzogtümer an den Kaiser und wurden zu Erbfürstentümern. Zwar kam es in den an den Kaiser gefallenen Fürstentümern Liegnitz, Brieg und Wohlau zu keiner generellen Katholisierung, jedoch wurden in diesem Gebiet 109 der noch vorhandenen 241 evangelischen Kirchen mit katholischen Geistlichen besetzt, die Ausübung der lutherischen Konfession also erheblich eingeschränkt. Immerhin sicherte der Kaiser 1676 den Ständen dieser Herzogtümer die Erhaltung ihrer lutherischen Konfession zu. Nur das Herzogtum Oels, das nach Aussterben der männlichen Podiebrad-Linie durch die Ehe der Erbin Elisabeth Maria 1649 an den protestantischen Fürsten Sylvius Nimrod von Württemberg-Weitlingen gekommen war, blieb weiterhin protestantisch. Oels war nach 1675 der einzige protestantische Fürstenhof in Schlesien und für die Entfaltung der protestantischen Konfessionskultur von großer Bedeutung. In Oberschlesien vermochten sich trotz des Heimfalls des Herzogtums Teschen nach dem Tod der letzten Piastin 1653 an die Krone Böhmen Protestanten zu halten, denen, 40.000 an der Zahl, 1707 eine Gnadenkirche gewährt

---

8 D.h., Kommissionen zur Rückführung (Reduktion) der evangelischen Kirchen im katholischen Bezirk.
9 Zitiert nach Paul Heinzelmann: Die Vertreibung der evangelischen Pfarrer und die Wegnahme der evangelischen Kirchen im Fürstentum Münsterberg und Weichbilde Frankenstein im Jahre 1653. In: Correspondenzblatt des Vereins für die Geschichte der Evangelischen Kirche Schlesiens 12 (1911), S. 188–216, hier S. 188.

wurde. Ferner gab es Protestanten in Kreuzburg, das zum Herzogtum Brieg gehörte. Ihnen wurde nach 1707 ihre Kirche wiedergegeben.[10]

Die Habsburger aber standen nach ihren Siegen über die Türken trotz des Spanischen Erbfolgekrieges auf der Höhe ihrer Macht. Da Sachsen als protestantische Macht quasi ausfiel, konnten die schlesischen Lutheraner nur noch auf das calvinistische Brandenburg setzen oder aber auf Schweden, dessen junger König Karl XII. sich für die Protestanten in Schlesien einsetzte. Der Wiener Hof, der befürchtete, Karl könnte im Spanischen Erbfolgekrieg auf die französische Seite überwechseln, stellte alle konfessionalistischen Bedenken hintenan, und so kam es relativ schnell am 1. September 1707 zur Unterzeichnung der sogenannten Altranstädter Konvention, die »den wahren Verstand des Oßnabrückischen Friedensschlusses« von 1648 wiederherstellen sollte. Die Lutheraner erhielten 109 Kirchen zurück, zudem sollten sie künftighin bei der Vergabe von Landes- und Stadtämtern in den ehemaligen piastischen Mediatfürstentümern nicht mehr benachteiligt werden. Den Protestanten in den Erbfürstentümern aber gestand der Kaiser »aus Gnade« sechs Kirchen zu, die dann sogenannten Gnadenkirchen. Ferner sollte niemand mehr zum Glaubenswechsel gezwungen oder an der Emigration aus konfessionellen Gründen gehindert werden. Die Organisation der lutherischen Kirchen wurde den neu errichteten Konsistorien in Liegnitz, Brieg und Wohlau, deren Besetzung sich allerdings der Kaiser vorbehielt, unterstellt.[11]

In Schlesien existierten trotz der Habsburger Konfessionspolitik zwei Konfessionskulturen, die katholische und die evangelische, nebeneinander. Beide Konfessionen entwickelten je einen speziellen Habitus. Die politischen Vorgaben begünstigten dabei allerdings eindeutig das Hervortreten der katholischen Konfession. Ein Jahrhundert nach dem Trienter Konzil erreichte der Barockkatholizismus in Schlesien eine demonstrative Entfaltung. Er basierte auf der politischen Strategie der Habsburger, die durch die Pietas Austriaca Herrscherhaus und Untertanen in einem einheitlichen Glauben zusammenführen wollte. Dieser eine wahre katholische Glaube mußte nach außen hin prachtvoll in Erscheinung treten, sei es durch die Architektur, durch Bildstöcke, Wegkreuze und Brückenfiguren oder durch Wallfahrten und Bruderschaften. Das gesamte Herrschaftsgebiet sollte zu einer ›sakralen Landschaft‹ werden, nachdem die Bedrohung des Glaubens durch die protestantischen Häresien oder aber durch die Türken glücklich überwunden war. Zu den Multiplikatoren dieser habsburgischen Programmatik zählten in Schlesien vor allem die

---

10 Vgl. Arno Herzig: Schlesien. Das Land und seine Geschichte in Bildern, Texten und Dokumenten. Hamburg 2008, S. 84ff.
11 Norbert Conrads: Die Bedeutung der Altranstädter Konvention für die Entwicklung der europäischen Toleranz. In: Schlesien in der Frühmoderne. Zur politischen und geistigen Kultur eines habsburgischen Landes. Hg. von Joachim Bahlcke. Köln 2009 (Neue Forschungen zur schlesischen Geschichte 16), S. 149–160, bes. S. 153–156.

Zisterzienser. Wie bereits im Mittelalter sind sie nun auch im Zeitalter des Barock führend in der Baukunst. So errichteten sie die großen barocken Abteikomplexe in Leubus, Heinrichau, Grüssau und Trebnitz, die mit zu den größten im Alten Reich zählten. In der Ausstattung prächtiger Fürstensäle wie in Leubus trugen sie bei zur Glorifizierung der Habsburger Monarchie, auch wenn nach dem Dreißigjährigen Krieg kein Habsburger Herrscher mehr nach Schlesien gekommen war.

Aus verständlichen Gründen konnten die Protestanten in Schlesien der barockkatholischen Prachtentfaltung nichts Gleichartiges entgegensetzen, da jede Polemik gegen die katholische Religion einer Majestätsbeleidigung nahegekommen wäre. In den rekatholisierten Gebieten war die späthumanistisch geprägte Kultur des lutherischen oder reformierten Bürgertums vernichtet worden. Sie lebte allerdings fort in Städten wie Breslau, Schweidnitz und Glogau sowie in den lutherischen Mediatfürstentümern der Piasten und Podiebrad, wo eine bürgerliche Elite die soziale Basis für die Kulturleistungen der großen schlesischen Barockdichter, v.a. Andreas Gryphius, bot.[12]

Schon räumlich – wie an den Friedenskirchen erkennbar, die nur außerhalb der Stadt im Glacisbereich errichtet werden durften – beschränkte sich die lutherisch geprägte Kultur auf den Kirchenraum. Zumindest im Innern des Raumes konnten lokale Künstler sich barock entfalten. Ihre Bildprogrammatik war bibelzentriert. Doch nicht nur in der bibelzentrierten Bildprogrammatik wird der Unterschied zum katholischen barocken Heiligenhimmel, wie ihn Johann Michael Rottmayr und Christoph Tausch für die Jesuitenkirchen in Breslau und Glatz entwarfen, deutlich. Auch für den künstlerisch-bildlichen Bereich blieb das *sola-scriptura*-Prinzip bestimmend. Zur vollen Entfaltung kam diese Programmatik allerdings im Kirchenlied, mit dem Johann Heermann (1585–1647) eine durch die lutherische Theologie geprägte Innerlichkeit der barockkatholischen Sinnlichkeit entgegensetzte, während Apelles von Löwenstern (1594–1648) an die humanistische Bürgerkultur in Schlesien anknüpfte. Selbst die Kirchenlieder eines Angelus Silesius (1624–1677) scheinen trotz seiner Konversion (1653) und seines exaltierten Bekenntnisses zur katholischen Konfession bei der Breslauer Fronleichnamsprozession 1662 mit ihrer christologischen Bildsprache lutherisch geprägt zu sein. Das Kirchenlied stand in einem engen Verhältnis zur säkularen Dichtung des schlesischen Barocks.

Offen bleibt sicher, eine schlüssige Antwort auf die Frage zu finden, inwieweit das konkurrente Verhältnis der Konfessionen in Schlesien im 17. Jahrhundert zu der Blüte der beiden Konfessionskulturen beigetragen hat. Kriegsnöte, Pest und schließ-

---

12 Vgl. Arno Herzig: Schlesischer Barock im konfessionellen Spannungsfeld des 17. Jahrhunderts. In: Memoria Silesiae. Leben und Tod, Kriegserlebnis und Friedenssehnsucht in der literarischen Kultur des Barock. Zum Gedenken an Marian Szyrocki (1928–1992). Hg. von Mirosława Czarnecka, Andreas Solbach, Jolanta Szafarz und Knut Kiesant. Breslau 2003 (Acta Universitatis Wratislaviensis 2504), S. 63–69.

lich die Unterdrückung der Lutheraner haben eine Innerlichkeit gefördert, die sich getreu der Lehre Luthers im evangelischen Kirchenlied ausdrückte. Wie andererseits sicher das Bewußtsein die Katholiken bestimmte, daß die *ecclesia militans* – und das war im Selbstverständnis der katholischen Konfession nur die katholische Kirche – ihre Kampfzeit überwunden hatte und nun als alleinseligmachende Kirche, als *ecclesia triumphans*, triumphierte.

Mit der Eroberung Schlesiens durch Friedrich II. von Preußen 1740/41 endeten die habsburgische Konfessionspolitik und die damit verbundene Konfessionalisierung. Doch auch Friedrich II. war zunächst durch den Friedensvertrag von 1742 gehalten, die konfessionellen Verhältnisse aus der Habsburger Zeit zu belassen. Erst im Siebenjährigen Krieg (1756–63) setzte er sich darüber hinweg und schuf einen gleichberechtigten Status aller Konfessionen, zu dem nun auch in Schlesien offiziell die Calvinisten (Reformierten) zählten.[13]

---

13 Vgl. Herzig (Anm. 10), S. 110ff.

II.2.c Schlesiens Sonderrolle im Reich
Von Arno Herzig

Seit Bestehen des Piastenreichs unter König Miezko und seinem Sohn Bolesław Chrobry (967–1025), der die schlesischen Gebiete in das Piastenreich einbezog, gab es Beziehungen der polnischen Piasten zum römisch-deutschen Kaiserreich. Nach der Christianisierung der Polen gründete Bolesław Chrobry mit Zustimmung Kaiser Ottos III. im Jahr 1000 die Kirchenprovinz Posen mit dem Suffraganbistum Breslau. Otto III. erkannte Bolesław als »dominus« an und stellte ihn damit rangmäßig über die Herzöge des Reiches.[1] Ab 1138 wurde das Piastenreich aufgeteilt. Schlesien fiel an Herzog Władysław II., der zum Stammvater der schlesischen Piasten wurde, die bis 1675 regierten. Bei rivalisierenden Auseinandersetzungen mit seinen Brüdern mußte Władysław an den Hof König Konrads III. fliehen, der der Halbbruder seiner Gemahlin war. In den innerpolnischen Auseinandersetzungen setzten sich sowohl Konrad III. als auch sein Neffe Kaiser Friedrich Barbarossa zugunsten der schlesischen Piastenlinie ein. Gegen Tributzahlungen an das Reich garantierte Friedrich Barbarossa den schlesischen Herzögen Unterstützung. Schlesien blieb im polnischen Staatsverband. Mit ihren Heiratskreisen orientierten sich die schlesischen Piasten nach Westen, so auch der bedeutendste schlesische Piastenherzog Heinrich I. (Reg. 1201–1238), der Hedwig von Andechs-Meranien ehelichte und deutsche Siedler ins Land holte. Sie gründeten Städte und kolonisierten das Land nach deutschem Recht. Das von Heinrich I. geschaffene Herzogtum zerfiel nach dem Tod seines Sohnes Heinrich II. 1241 in der Mongolenschlacht bei Liegnitz in zahlreiche kleinere Herzogtümer und verlor damit seine territoriale Bedeutung.[2]

Seit die Luxemburger als Könige von Böhmen regierten, versuchte König Johann von Böhmen (Reg. 1310–1346) und nach ihm Karl IV. (Reg. als König von Böhmen 1347–1378) die schlesischen Herzogtümer unter böhmische Lehensherrschaft zu bringen, was ihnen bis 1392 gelang. Heimgefallene schlesische Herzogtümer verliehen die böhmischen Herrscher aus dem Haus Luxemburg nicht wieder, sondern unterstellten sie als sogenannte Erbfürstentümer direkt der böhmischen Krone. In der Folgezeit gab es zwei Typen von schlesischen Herzogtümern: die Erbfürstentümer und die Mediatfürstentümer, die den Piasten unterstanden.[3]

Der polnische König Kasimir III. verzichtete 1335 im Vertrag von Trentschin auf alle Ansprüche auf die schlesischen Herzogtümer. Seit 1344 bezeichnete sich König

---

1 Gerd Althoff: Otto III. Darmstadt 1996, S. 145f.
2 Vgl. Peter Moraw: Das Mittelalter (bis 1469). In: Deutsche Geschichte im Osten Europas. Schlesien. Hg. von Norbert Conrads. Berlin 1994, S. 37–176, bes. S. 61–82.
3 Vgl. Matthias Weber: Das Verhältnis Schlesiens zum Alten Reich in der Frühen Neuzeit. Köln 1992 (Neue Forschungen zur schlesischen Geschichte 1), S. 24–30.

Johann von Böhmen als »supremus dux Slezianorum«. Eine einheitliche Landesordnung, die den verwirrenden schlesischen Verhältnissen ein Ende bereitete, hat erst Johanns Nachfolger Karl IV. geschaffen, seit 1346 römisch-deutscher, ab 1347 böhmischer König, ab 1355 Kaiser. Karls Herrschaft hatte ihr Machtzentrum in Böhmen, Mähren und Schlesien. Letzteres gliederte er 1348 förmlich in die Böhmische Krone und damit zugleich in das Heilige Römische Reich Deutscher Nation ein. Indem er dies 1355 als Kaiser noch einmal wiederholte, betonte er die Bedeutung Schlesiens für das Reich. Schlesiens Fürsten gewannen allerdings nicht die Reichsstandschaft, das heißt, sie erhielten nicht Sitz und Stimme auf den Reichstagen, sondern blieben böhmische Vasallen. Sie behielten aber ihre Herrschaftsrechte.[4]

Breslaus Stellung hob Karl insofern heraus, als er 1359 den Rat von Breslau, vertreten durch die Ratsältesten, zum Landeshauptmann bestellte. Obwohl Breslau keine Reichsstadt wurde, gewann sein Rat als Landeshauptmann nicht nur seine Unabhängigkeit, sondern auch eine den schlesischen Herzögen gleichrangige Position. Deshalb versammelten sich die schlesischen Fürsten im Breslauer Rathaus und nicht in der Burg. Die Bezeichnung Fürstensaal für den schönsten Saal des Rathauses erinnert an diese Funktion. Karl hielt sich 25mal in Breslau auf und betonte damit die Bedeutung der Stadt in der Hierarchie der Städte im Reich. Auch begünstigte er Breslau durch mehrere Wirtschaftsprivilegien. So verlieh er der Stadt ein eigenes Münzrecht, befreite sie 1359 vom Prager Stapelrecht und stellte Breslaus Kaufleute gleichberechtigt neben diejenigen Prags und Nürnbergs. Neben diesen beiden Städten wurde Breslau zur drittwichtigsten Stadt im Reich.[5]

1420 fand hier unter Karls Sohn, Kaiser Sigismund, ein Reichstag statt. Die schlesischen Herzöge waren auf das Reich hin orientiert. Zwischen 1349 und 1471 waren sie auf 30 der 80 Reichsversammlungen anwesend, vor allem zur Zeit Kaiser Sigismunds. Die politischen Verhältnisse des Landes strukturierte Karl neu. Im *Landbuch*, das er für das Herzogtum Breslau anlegen ließ, wurde der gesamte Grundbesitz mit Zinsen und Renten erfaßt. Durch eine Kommission aus Adligen und Breslauer Bürgern ließ er 1356 außerdem das sogenannte *Schlesische Landrecht* erstellen. Es basierte auf dem *Sachsenspiegel*, dem bedeutendsten deutschen Rechtsbuch des Mittelalters. Den Frieden sicherte er durch verschiedene Landfriedensverbindungen.[6]

Karls Plan, das Breslauer Bistum dem 1344 errichteten Prager Erzbistum zu unterstellen, scheiterte am Widerstand des Gnesener Erzbischofs, dem Breslau seit dem Jahr 1000 als Suffraganbistum unterstellt war. Der Gnesener Erzbischof wurde

---

4 Vgl. ebd., S. 27–30.
5 Vgl. Arno Herzig: Schlesien. Das Land und seine Geschichte in Bildern, Texten und Dokumenten. Hamburg 2008, S. 42ff.
6 Vgl. Ferdinand Seibt: Karl IV. Ein Kaiser in Europa 1346–1378. München 1978, S. 294–299.

von der päpstlichen Kurie unterstützt, die um ihre Einkünfte in Schlesien, den sogenannten Peterspfennig, fürchtete. Breslau blieb bis 1821 beim Gnesener Erzbistum.

Die Bedeutung Schlesiens für das Reich zeigte sich nicht nur in der bevorzugten Stellung Breslaus, sondern auch in den Funktionen, die zahlreiche Schlesier am Hof Kaiser Karls IV. innehatten. Da Deutsch als Kanzleisprache eine wichtige Rolle spielte, eigneten sich die deutschsprechenden Schlesier eher für diese Positionen als die tschechischsprachigen Böhmen. Mit Peter von Jauer fungierte als erster Nichtkleriker ein Schlesier in der Hofkanzlei. Eine herausragende Stellung unter den Schlesiern am Hof nahm als Kanzler des kaiserlichen Hofes Johann von Neumarkt (um 1310–1380) ein. Er war Bischof von Leitomischl, von Olmütz und kurz vor seinem Tod noch von Breslau. Die Verwaltungsposten der Regierung waren zu 25 Prozent mit Schlesiern besetzt, während es zum Beispiel die Böhmen nur auf 2 Prozent brachten. Daß der Kaiser hier auf die geistige Elite aus Schlesien zurückgriff, erklärt sich einmal aus den Bildungschancen, die die 1348 neu gegründete Universität Prag den Schlesiern bot, zum anderen aber auch aus der Krise, durch die der Westen des Reiches seit der Jahrhundertmitte infolge der Pest erfaßt wurde.[7]

Die bedeutendste Persönlichkeit aus Schlesien in der Umgebung Kaiser Karls ist aber seine dritte Ehegemahlin, Anna von Schweidnitz (1339–1362), Erbin des Herzogtums Schweidnitz-Jauer, das sich als einziges schlesisches Herzogtum noch nicht der Böhmischen Krone unterstellt hatte. Ehestiftungen waren ein wichtiges politisches Instrument in dieser Zeit. Die 1353 geschlossene Ehe des 37jährigen Kaisers mit der 14jährigen brachte Karl IV. nicht nur die Anwartschaft auf das Schweidnitzer Erbe, sondern auch die Verwandtschaft mit dem ungarischen Königshaus aus der Anjou-Dynastie (Annas Mutter war eine ungarische Prinzessin). Für die zur selben Zeit durch die polnischen Piasten wiederhergestellte polnische Königswürde kam die schlesische Linie nicht mehr in Frage. In ihrem Selbstverständnis war sie ganz auf das Reich ausgerichtet. Es verband sie nichts mehr mit dem Piastenerbe in Krakau, das 1386 mit Władysław Jagiełło ein gerade zum Christentum übergetretener litauischer Großfürst antrat.[8]

Die Hussitenkriege im zweiten Viertel des 15. Jahrhunderts stürzten Böhmen und Schlesien in langwierige kriegerische Wirren. Böhmen konsolidierte sich unter dem aus einem tschechischen Adelsgeschlecht hervorgegangenen böhmischen König Georg von Podiebrad. Dieser orientierte Böhmen stärker zum Reich hin. Als gemäßigter Hussit fand er zwar die Anerkennung des Baseler Konzils, nicht aber die des Papstes, dem Breslau – im Gegensatz zu den schlesischen Fürstentü-

---

7 Vgl. Herzig (Anm. 5), S. 43ff.
8 Vgl. Andreas Rüther: Anna von Schweidnitz und Jauer (1339–1362). In: Schlesische Lebensbilder, Bd. 8: Schlesier des 14. bis 20. Jahrhunderts. Im Auftrag der Historischen Kommission für Schlesien hg. von Arno Herzig. Neustadt/Aisch 2004, S. 24–31.

mern – folgte, was nach 1462 zu heftigen Kriegen in Schlesien führte. Kaiser Friedrich III. stand jedoch zu Georg und erhob dessen Territorium, das Glatzer Land, 1459 zur Grafschaft. Gleichzeitig verlieh er den Söhnen Georgs den Reichsfürstentitel und bestätigte sie als Herzöge des schlesischen Fürstentums Münsterberg. 1495 erhielten die Podiebrad auch das schlesische Herzogtum Oels, das sie bis 1649 regierten.[9]

Die jeweilige Reichsnähe bzw. Ferne Schlesiens vom Reich hatte primär politische Gründe, vor allem seitdem die Habsburger in ihrer Funktion als böhmische Könige (seit 1526) über Schlesien bestimmten. Es gelang ihnen im 16. Jahrhundert, die protestantischen Hohenzollern aus den schlesischen Herzogtümern, auf die sie sich Anwartschaften erworben hatten, zu verdrängen. Damit schwächte der Habsburger Ferdinand I., der König von Böhmen und seit 1531 König des Heiligen Römischen Reichs Deutscher Nation war, die protestantische Partei im Reich, auf die auch die protestantischen Piastenherzöge ausgerichtet waren, was sie durch ihre Heiratskreise bestärkten. Am stärksten auf das Reich ausgerichtet war die protestantische Herzogfamilie Podiebrad. Sie versuchte, die ihr von Kaiser Friedrich III. verliehenen Reichstitel in Reichspolitik umzusetzen, auch wenn sie weder Sitz noch Stimme auf den Reichstagen hatte. Doch orientierte sie sich in ihrer schlesischen Gesetzgebung an den Reichstagsabschieden und den Reichsgesetzen.[10] Die protestantischen Piastenherzöge wandten dagegen die Reichsgesetzgebung in ihren Territorien nicht an, um sich dadurch eine größere politische Unabhängigkeit zu wahren. Doch waren sie schon aus Konfessionsgründen auf den politischen Rückhalt bei den protestantischen Reichsfürsten angewiesen. Die Reichsnähe, die Schlesien als mediates Reichslehen seit den Luxemburgern besaß, war unter den jagiellonischen böhmischen Herrschern gelockert worden. Nun aber, da die Habsburger seit 1526 über das durch einen Familienvertrag an sie gefallene jagiellonische Erbe Böhmen verfügten, kam es durch den Kaiser als schlesischen Oberherrn wieder zu einem engeren Bezug auf die Reichspolitik. Doch hielten die Habsburger aus Konfessionsgründen das protestantische Schlesien in Distanz zum Reich. So erkannten sie den Augsburger Religionsfrieden von 1555 für Schlesien nicht an, um den Protestantismus in den Piastenstaaten nicht zu legalisieren und gleichzeitig auch noch die protestantische Partei im Reich zu stärken. Andererseits orientierten sich die schlesischen Fürsten nun stärker zum Reich und den protestantischen Fürsten hin. Sie versuchten eine Zulassung zum Reichstag durchzusetzen, was ihnen mißlang.[11]

---

9 Vgl. Weber (Anm. 3), S. 92–94.
10 Vgl. ebd., S. 94–96.
11 Vgl. Norbert Conrads: Die Funktion des Kaiserhofs für das habsburgische Schlesien. In: Schlesien in der Frühmoderne. Zur politischen und geistigen Kultur eines habsburgischen Landes. Hg. von Joachim Bahlcke. Köln 2009 (Neue Forschungen zur schlesischen Geschichte 16), S. 3–20, hier S. 7.

Diese Bemühungen machten sich erst im 17. Jahrhundert bezahlt, als nach der böhmischen Revolution von 1618, die die schlesischen protestantischen Fürsten unterstützt hatten, die protestantische Konfession in Schlesien in Gefahr geriet. Aufgrund der Fürsprache des (damals noch) protestantischen sächsischen Kurfürsten blieb den Protestanten in Schlesien durch den Kaiser im Dresdner Akkord 1621 ihr Existenzrecht gewahrt. Im weiteren Verlauf des 17. Jahrhunderts wurde dieses Recht zwar geschmälert, doch erhielten die protestantischen Fürsten und die Stadt Breslau im Artikel V des Westfälischen Friedens von 1648 den protestantischen Konfessionsstatus garantiert. Dadurch, daß der Westfälische Friedensvertrag ein Reichsvertrag war, war er Bestandteil der Reichsverfassung. Der im Friedensvertrag zugesagte Status der Protestanten war nun durch Reichsgesetz garantiert, allerdings galt dies nur für die protestantischen Herzogtümer und die Stadt Breslau. Nach dem Westfälischen Frieden bemühten sich die schlesischen Piasten um Anerkennung als Reichsfürsten, wobei sie auf die Abstammung aus einem Königsgeschlecht abhoben. Den Zutritt zum Reich erreichten sie allerdings nicht. Dort stand auch ohne ihre Mitgliedschaft der Konfessionsfriede in Schlesien als Dauer-Gravamen auf der Tagesordnung. Über das Corpus Evangelicorum klagten die schlesischen Fürsten wiederholt ihre Konfessionszusagen ein. Der Kaiser als böhmischer Landesherr versuchte sie allerdings immer wieder zu umgehen.[12] Der Versuch der Schlesier, auf dem Weg über das Reichskammergericht ihr Recht einzuklagen, scheiterte am Kaiser, für dessen territoriale Untertanen Klagen am Reichsgericht untersagt waren. Erfolgversprechend waren Einsprüche hochgestellter Reichsfürsten wie des schwedischen Königs Karl XII., mit dem Kaiser Joseph I. aus außenpolitischen Gründen 1707 die Altranstädter Konvention abschloß. In ihr sicherte der Kaiser den Protestanten in Schlesien »aus Gnade« neben den drei im Westfälischen Frieden zugesagten Friedenskirchen (Schweidnitz, Jauer, Glogau) fünf weitere Kirchen, sogenannte Gnadenkirchen, zu. Zudem erhielten die Protestanten 109 der nach dem Tod des letzten Piastenherzogs enteigneten protestantischen Kirchen zurück. Die Politik der Habsburger Kaiser war im ausgehenden 17. und beginnenden 18. Jahrhundert darauf ausgerichtet, schlesische Fürstentümer an (weitgehend katholische) Reichsfürsten zu vergeben, die als Reichsfürsten nun in Schlesien herrschten. So ergab sich eo ipso eine Verbindung zum Reich.[13]

Die »Connexion« Schlesiens mit dem Alten Reich löste der preußische König Friedrich II., der nach seiner Eroberung Schlesiens (1740) das Land aus dem böhmischen Lehensverband herauslöste. Die Reichspublizistik des 18. Jahrhunderts ver-

---

12 Vgl. Weber (Anm. 3), S. 240–280.
13 Vgl. Norbert Conrads: Die Bedeutung der Altranstädter Konvention für die Entwicklung der europäischen Toleranz. In: Schlesien in der Frühmoderne. Zur politischen und geistigen Kultur eines habsburgischen Landes. Hg. von Joachim Bahlcke. Köln 2009 (Neue Forschungen zur schlesischen Geschichte 16), S. 149–160.

trat weitgehend die Meinung, daß Schlesien nach der Eroberung durch Preußen kein Glied des Alten Reiches mehr sei. Auch wenn Schlesien nach seiner Annexion geographisch näher an das Reich rückte, war dadurch die Verbindung zum Alten Reich, bevor dieses 1806 unterging, gelöst.[14]

---

14 Vgl. Weber (Anm. 3), S. 315–318.

II.2.d Martin Opitz' *Buch von der Deutschen Poeterey* (1624)

Von Nicola Kaminski

Erhebt man die expliziten Bezugnahmen auf Person oder Schriften des Martin Opitz (1597–1639) zum Maßstab, so mag es fragwürdig erscheinen, Opitz' *Buch von der Deutschen Poeterey* für Gryphius' Werk unter die diskursgeschichtlichen Rahmenbedingungen zu rechnen. Zwei Zitate im – durchaus nur bedingt werkförmigen, zunächst auf eine sehr begrenzte Öffentlichkeit kalkulierten – Corpus der Leichabdankungen (von 1652 und 1653)[1] hat Marian Szyrocki geltend gemacht, um der Forschungsmeinung entgegenzutreten, Gryphius habe »eine starke Abneigung gegen den Bunzlauer Reformator gehegt«;[2] ein weiteres kommt hinzu in dem der Abdankung auf Mariane von Popschitz im Erstdruck vorangestellten *Letzten Ehren-Gedächtnüß* (1660).[3] Programmatische Nennungen des Dichtungs- und Versreformers fehlen, ganz zu schweigen von Nachfolgebekenntnissen. Dieses Schweigen ist als Distanzsignal gewertet worden. Für die Vorrede zu Gryphius' erstem Trauerspiel *Leo Armenius* hat Eberhard Mannack gar eine »eindeutig polemisch[e]«[4] Lesart vorgeschlagen. Während zu Beginn ein Verweis auf die Wirkungspoetik des Trauerspiels nur angedeutet werde, um in einer *praeteritio* – »wie zuerweisen vnschwer fallen solte / wenn nicht andere vor mir solches weit-

---

1 *Flucht Menschlicher Tage* (*LA*, S. 640), wo das von Opitz übersetzte Epigramm »FLORUS de brevitate vitæ« wörtlich zitiert wird (Marginalie: »Opit. in Floriley.«). Vgl. FLORILEGIVM VARIORVM EPIGRAMMATVM. MART. OPITIUS ex vetustis ac recentioribus Poetis congessit & versibus Germanicis reddidit. Primum GEDANI, Typis ac sumptibus Andreæ Hunefeldij. Anno cIↄ Iↄc xxxx, S. 22. *Seelige Unfruchtbarkeit* (*SU*, S. 28), wo die bevorstehende Apokalypse dramatisch inszeniert wird mittels eines wörtlichen Zitats aus dem 137. Psalm in Opitz' Übersetzung. Vgl. Die Psalmen Davids Nach den Frantzösischen Weisen gesetzt. Durch Martin Opitzen. *Cum gratia & privilegio S. R. M.* Dantzigk / Gedruckt vnd verlegt durch Andream Hünefeldt / Buchhändler / 1637, S. 387–389, hier S. 388. Die Marginalie in der *Seeligen Unfruchtbarkeit* lautet: »Opit. in Psalm 37.«, die Korrektur der Angabe bei Maria Fürstenwald: Dissertationes funebres (1967) [838], S. 107f., Anm. 36.
2 Marian Szyrocki: Der junge Gryphius (1959) [134], S. 79. Die Belegstellen nach der posthumen Ausgabe der *Dissertationes funebres* von 1666 (*LA*) ebd., S. 148, Anm. 26.
3 »*Opitz* in übersetzung des 42. Psalms« lautet die Marginalie (*EG*, S. 23); zitiert wird aber nicht die Übersetzung der Psalmen (vgl. Anm. 1), sondern »MART. OPITII Geistliche Oden / oder Gesänge: Bevorauß / Vnderschiedene Psalmen Davids: Auß dem eygentlichen Verstand der Schrifft / auff anderer Psalmen vnd Gesänge gewöhnliche Weisen gesetzt«. MARTINI OPITII Geistliche Poëmata, Von jhm selbst anjetzo zusammen gelesen / verbessert vnd absonderlich herauß gegeben. Jn Verlegung David Müllers Buchhändlers S. Erben. M. DC. XXXVIII, S. 211–213, hier S. 211.
4 Eberhard Mannack: Opitz und seine kritischen Verehrer. In: Martin Opitz (1597–1639). Nachahmungspoetik und Lebenswelt. Hg. von Thomas Borgstedt und Walter Schmitz. Tübingen 2002, S. 272–279, hier S. 275.

läuftig dargethan«[5] – nicht zuletzt das gut zwei Jahrzehnte zuvor erschienene *Buch von der Deutschen Poeterey* aufzurufen,[6] setze Gryphius sich »am Schluß der Vorrede [...] eindeutig von Opitz' Leistung *in puncto* Drama ab: Sein Leo sei ›nicht von dem Sophocles oder dem Seneca auffgesetzet / doch unser‹«.[7] Anderseits hat Szyrocki mit guten Gründen dargetan, daß schon Gryphius' poetisches Debüt, die im Frühjahr 1637 erschienenen sogenannten ›Lissaer Sonette‹, »aufs genaueste die Anweisungen« befolgt, »die Opitz in dem *Buch von der Deutschen Poeterey* über das Sonett gegeben hat«;[8] deren Überarbeitung für das 1643 veröffentlichte erste Buch der *Sonnete* läßt sich als Nachjustierung lesen, die auch Detailanforderungen der Opitzschen Poetik zu berücksichtigen sucht.[9] Daß zeitgenössisch diese nicht deklarativ, sondern performativ sich manifestierende Opitz-Nachfolge als solche wahrgenommen wurde, kann gerade die 1650 unautorisiert beim Frankfurter Verleger Johann Hüttner erschienene Sammelausgabe von Gryphius' *Teutschen Reim-Gedichten* bezeugen, die nicht nur eigenmächtig die »Opitianische[n] Gedancken von der Ewigkeit hinbey[ ]setzet«, sondern auch damit wirbt, »Alles«, also offenbar Gryphius' *und* Opitz' Versdichtungen, sei »auff die jetzt üb- vnd lobliche Teutsche Reim-Art verfasset« (*TR*, Titelblatt).

Rückt man diesen Befund *e silentio* zu erschließender Opitz-Nachfolge in einen weiteren, grundsätzlichen Horizont, so wird deutlich, daß es sich nicht um die persönliche Marotte eines ambitionierten jungen Autors handelt, der »frembde nichts« »koste[n]« möchte;[10] vielmehr kommt darin eine andere, frühneuzeitlich-implizite Diskursstrategie zum Ausdruck,[11] wie sie auch das *Buch von der Deutschen Poeterey*

---

5 *TR*, fol.)?(ij[r]. Auch wenn Gryphius diese Ausgabe, die den Erstdruck des *Leo Armenius* enthält, 1657 nachträglich entautorisiert (zu den Hintergründen vgl. Szyrocki [Anm. 2], S. 162), behält er die in Rede stehenden Vorredenformulierungen bei.
6 Die Widmung des *Leo Armenius* ist auf den 31. Oktober 1646 datiert, vgl. *TR*, fol.)?([v]. Mannacks (Anm. 4) Annahme, Gryphius »dürfte [...] dabei auch an Opitz' ausführlichere Darlegungen gedacht haben« (S. 275), ist nur bedingt überzeugend, denn Opitz verweist, statt darzulegen, selbst weiter: »Von derer [der »Tragedie«] zugehör schreibet vornemlich Aristoteles / vnd etwas weitleufftiger Daniel Heinsius; die man lesen kan.« MARTINI OPITII Buch von der Deutschen Poeterey. Jn welchem alle jhre eigenschafft vnd zuegehör gründtlich erzehlet / vnd mit exempeln außgeführet wird. Gedruckt in der Fürstlichen Stadt Brieg / bey Augustino Gründern. Jn Verlegung David Müllers Buchhändlers in Breßlaw. 1624, fol. Dij[v].
7 Mannack (Anm. 4), S. 275. Zitiert ist die »Vorrede an den Leser«, *TR*, fol.);(iij[v]; als polemischen Bezugspunkt versteht Mannack Opitz' 1625 und 1636 erschienene Übersetzungen *L. Annæi Senecæ Trojanerinnen* und *Des Griechischen Tragoedienschreibers Sophoclis Antigone*.
8 Szyrocki (Anm. 2), S. 91.
9 Vgl. ebd., S. 98.
10 »Das Hauß ist zwar nicht groß: doch kennt es mich allein: | Es kostet frembde nichts: es ist nur rein vnd mein«, lautet das (paradoxerweise entlehnte, Ariost nämlich) Motto, mit dem Gryphius die Vorrede zum *Leo Armenius* beschließt; *TR*, fol.);(iij[v].
11 Vgl. dazu grundsätzlich Andreas Beck: Die *Straßburger Eide* in der Frühen Neuzeit. Modellstudie zu vor- und frühgermanistischen Diskursstrategien. Wiesbaden 2014, S. 6–10.

selbst bestimmt und worin nicht zum wenigsten dessen durchschlagende Wirkung begründet liegt. Denn zwar gibt es im 17. Jahrhundert vereinzelt auch explizite Bezugnahmen auf die Opitzsche Poetik und deren Herzstück, die Versreform;[12] doch stehen sie, zumal in der ersten Jahrhunderthälfte, in einem quantitativ grotesken Mißverhältnis zu dem schieren Befund, daß *nach* 1624 deutschsprachige Dichtung dem opitzianischen Gesetz alternierend-akzentuierender Verse so gut wie ausnahmslos folgt. Und die Ausnahmen – süddeutsch-katholische Autoren zumeist[13] – sind ihrerseits symptomatisch und darin geeignet, die implizite Diskurssemantik, die zum Motor der mit Opitz sich formierenden »Deutschen Poeterey« wird, als konfessionspolitische kenntlich werden zu lassen. Ohne daß es eigens expliziert würde, versteht es sich nämlich offenbar von selbst, daß diejenigen Autoren, die – wie Gryphius – das *Buch von der Deutschen Poeterey* performativ, durch ihr schieres Dichten nach alternierend-akzentuierender Gesetzgebung, ›unterzeichnen‹, Protestanten sind; eine unausgesprochene Regel, die bis tief ins 18. Jahrhundert hinein Gültigkeit hat. Opitz' *Buch von der Deutschen Poeterey* ist das konfessionspolitische Manifest einer protestantischen humanistisch-gelehrten Elite, die seit dem militärischen Scheitern der pfälzisch-böhmischen Politik im November 1620 in der Schlacht am Weißen Berg das Projekt eines von Habsburg unabhängigen protestantischen Deutschlands mit anderen – fast könnte man sagen: konfessionspoetischen – Mitteln weiterverfolgt.[14] Unter der Prämisse, daß im 17. Jahrhundert »Poeterey« einen lebensweltlich umfassenderen, eingreifenderen Geltungs- und Deutungsanspruch erhebt als seit ihrer autonomieästhetischen Einhegung in einem eigengesetzlichen Reich der Kunst, erscheint es nicht übertrieben, Opitz' *Buch von der Deutschen Poeterey* diskursbegründenden Status für eine politisch-poetische Kultur des deutschsprachigen Protestantismus zuzusprechen. Liest man das schmale *Buch von der Deutschen Poeterey* und hier insbesondere die Bestimmungen zur Versreform im siebten Kapitel, so deutet *explizit* freilich nichts auf diesen epochalen Stellenwert hin. Gewiß, Opitz macht keinen Hehl daraus, daß er seine neue Versgesetzgebung als Pioniertat begreift, aber das Problemfeld scheint doch eher begrenzt:

> Nachmals ist auch ein jeder verß entweder ein iambicus oder trochaicus; nicht zwar das wir auff art der griechen vnnd lateiner eine gewisse grösse der sylben können inn acht nemen; sondern das wir aus den accenten vnnd dem thone erkennen / welche sylbe hoch vnnd welche niedrig gesetzt soll werden. Ein Jambus ist dieser:

---

12 Etwa in Diederichs von dem Werder Vorrede zu seinem kurz nach dem *Buch von der Deutschen Poeterey*, 1626, erschienenen Epos *Gottfried von Bulljon, Oder Das Erlösete Jerusalem*.
13 Hierzu grundlegend Dieter Breuer: Oberdeutsche Literatur 1565–1650. Deutsche Literaturgeschichte und Territorialgeschichte in frühabsolutistischer Zeit. München 1979, sowie Beck (Anm. 11).
14 Vgl. hierzu ausführlich Nicola Kaminski: EX BELLO ARS (2004) [797], bes. S. 16–52 und 69–80. Im folgenden kann nur paradigmatisch, ausgehend vom Versreformpassus des *Buches von der Deutschen Poeterey*, argumentiert werden.

> Erhalt vns Herr bey deinem wort.
>
> Der folgende ein Trochéus:
>
> Mitten wir im leben sind.
>
> Dann in dem ersten verse die erste sylbe niedrig / die andere hoch / die dritte niedrig / die vierde hoch / vnd so fortan / in dem anderen verse die erste sylbe hoch / die andere niedrig / die dritte hoch / etc. außgesprochen werden. Wiewol nun meines wissens noch niemand / ich auch vor der zeit selber nicht / dieses genawe in acht genommen / scheinet es doch so hoch von nöthen zue sein / als hoch von nöthen ist / das die Lateiner nach den quantitatibus oder grössen der sylben jhre verse richten vnd reguliren.[15]

Die expliziten Bestimmungen des Versreformpassus sind metrisch-prosodischer Art und können die Evidenz sprachgeschichtlicher Gesetzmäßigkeit für sich in Anspruch nehmen: Anders als die in humanistischer Perspektive vorbildlichen antiken Literatursprachen Griechisch und Latein ist das Deutsche keine quantitierende Sprache (mehr);[16] folglich muß neuhochdeutsches Verskriterium nicht die Länge oder Kürze (»grösse«) der Silbe sein, sondern die Differenz von betonter vs. unbetonter Silbe. Die Beispielverse demonstrieren den metrischen Sachverhalt mustergültig. Allerdings erscheint als Bedingung einer prosodisch adäquaten neuhochdeutschen Metrik genaugenommen nur das Akzentuieren (anstelle quantitierender Verse) notwendig; das im ersten Satz geforderte und im Anschluß an die Beispielverse ausbuchstabierte Alternieren von betonter und unbetonter Silbe, sei es jambisch, sei es trochäisch, bleibt unbegründete Setzung (zu der nach Maßgabe der Akzentmetrik leicht die Alternative daktylischer Verse vorstellbar ist[17]).

Ein ganz anderes Bild gewinnt, wer sich den impliziten Diskursstrategien des Opitzschen Versreformpassus anvertraut, die sich vornehmlich in unmarkierten Zitaten und deren konnotativen Implikationen mitteilen. Das beginnt bei den Beispielversen, die – anders als alle anderen im *Buch von der Deutschen Poeterey* als positive *exempla* eingeführten Verse – nicht von Opitz stammen, ja ohne Autornen-

---

15 Opitz (Anm. 6), fol. Gij^r.
16 Vgl. dazu Theo Vennemann gen. Nierfeld: Der Zusammenbruch der Quantität im Spätmittelalter und sein Einfluß auf die Metrik. In: Quantitätsproblematik und Metrik. Greifswalder Symposion zur germanischen Grammatik. Hg. von Hans Fix. Amsterdam 1995, S. 185–223.
17 Wie sie August Buchner, unbeschadet seiner programmatischen Opitz-Nachfolge, die ihn sogar von denselben alternierenden Beispielversen ausgehen läßt (vgl. August Buchners Anleitung Zur Deutschen Poeterey / Wie Er selbige kurtz vor seinem Ende selbsten übersehen / an unterschiedenen Orten geändert / und verbessert hat / heraus gegeben von Othone Prätorio. P. P. Jn verlegung der Erben / Wittenberg / Gedruckt bey Michael Wenden / Jm Jahr 1665, S. 120f.), denn auch poetologisch legitimiert – mit der Konsequenz, daß seine daktylische Metrik zu den (im folgenden zu entwickelnden) Implikationen der Opitzschen Versreform in Spannung gerät. Vgl. Gary C. Thomas: Dance Music and the Origins of the Dactylic Meter. In: Daphnis 16 (1987), S. 107–146.

nung auskommen und einer solchen auch nicht bedürfen, weil man sie zeitgenössisch kennt: es handelt sich um die Anfänge zweier Kirchenlieder von Martin Luther. Damit erwächst den vermeintlich harmlos-evidenten Beispielversen bemerkenswertes Bedeutungspotential. Wird die Opitzsche Versreform doch auf diese Weise als protestantisches Projekt kenntlich, ebenso wie auch die im sechsten Kapitel erfolgte Bestimmung, »deme welches wir Hochdeutsch nennen besten vermögens nach zue kommen / vnd nicht derer örter sprache / wo falsch geredet wird / in vnsere schrifften [zu] vermischen«,[18] die »Deutsche Poeterey« in die Nachfolge von Luthers Bibelübersetzung rückt.[19] Und dies um so mehr, wenn man, was bei einem Liedanfang naheliegt, nicht beim manifest zitierten ersten Vers stehenbleibt, sondern den Rest des Liedes mitdenkt; das gilt zumal für das jambische Beispiel. »ERhalt vns HERR bey deinem Wort«, dieser zum Projekt einer »Deutschen Poeterey« so passend erscheinende worttheologische Einsatz, reimt auf die bereits im 16. Jahrhundert kontroverse Zeile »Vnd stewr des[20] Babsts vnd Türcken mordt«[21] und steht unter der Überschrift »Ein Kinderlied / zu singen / wider die zween Ertzfeinde Christi vnd seiner heiligen Kirchen / den Bapst / Türcken / sampt jrem anhang«.[22] Ein derart militant (bibeldeutsches) Wort und antikatholischen Konfessionskampf engführendes Luther-Zitat erscheint geeignet, unter Führung des reformierten Versreformers Opitz nicht nur reformierte, sondern auch lutherische Autoren zu einer protestantischen Allianz »Deutscher Poeterey« zu versammeln. Daß Luthers Verse aus der ersten Hälfte des 16. Jahrhunderts, wiewohl die zitierten Beispielzeilen akzentmetrisch einwandfrei sind,[23] 1624 als Muster für eine zukunftsfähige Metrik be-

---

18 Opitz (Anm. 6), fol. E^r.
19 Zur überregional sprachprägenden Wirkung von Luthers meißnisch-mitteldeutscher Bibelverdeutschung und zur konfessionssprachlichen Codierung von Luthers Deutsch in der zeitgenössischen Rezeption vgl. Heribert Raab: »Lutherisch-Deutsch«. Ein Kapitel Sprach- und Kulturkampf in den katholischen Territorien des Reiches. In: Zeitschrift für bayerische Landesgeschichte 47 (1984), S. 15–42.
20 Verbessert aus »den«.
21 Vgl. Hartmut Bobzin: »Aber itzt ... hab ich den Alcoran gesehen Latinisch ...«. Gedanken Martin Luthers zum Islam. In: Luther zwischen den Kulturen. Zeitgenossenschaft – Weltwirkung. Hg. von Hans Medick und Peer Schmidt. Göttingen 2004, S. 260–276, hier S. 266–268.
22 Etliche Tröstliche Gebet / Psalmen vnd Geistliche Lieder / so zuuor durch die Ehrwirdigen Herren Doctores / Martinum Luther / Jonam / Pomeranum / Philippum etc. Sampt andern Christlichen Bischoffen vnd trewen Dienern des heiligen Euangelij / ausgangen. Jtzt aber in diesen letzten vnd allerfehrlichsten zeiten / der Christlichen Gemein vnd Jugent / zu förderung warer Christlicher Buß / zusamen gebracht vnd gemehret. Paulus Colloss. III. Cap. Leret vnd vermanet euch selbs / mit Psalmen vnd Lobsengen vnd Geistlichen lieblichen Liedern / vnd singet dem HErren jnn ewerm hertzen. M. D. xlvij., fol. A^v.
23 Allerdings auch nur sie. Im weiteren Verlauf geben beide Luther-Lieder unzweifelhaft zu erkennen, daß sie anderen metrischen Gesetzmäßigkeiten unterliegen.

fremdlich erscheinen müssen,[24] unterstreicht nur noch die diese Zitation motivierende konfessionspolitische Botschaft.

Die Luther-Verse, immerhin typographisch als Zitat ausgewiesen, stellen nicht die einzige Übernahme fremder Rede im Versreformpassus dar. Zitiert wird zudem, gänzlich unmarkiert und derart verdeckt, daß es zur sicheren Identifizierung eines intertextuellen Umwegs bedarf, aus der Vorrede zu Daniel Heinsius' 1616 erschienenen *Nederduytschen Poemata*, einem niederländischen Parallelprojekt zu Opitz' »Deutscher Poeterey« unter günstigeren konfessionspolitischen Vorzeichen. Wie Opitz für eine ›hochdeutsche‹ alternierend-akzentuierende Versdichtung eintritt, so ruft Heinsius bereits acht Jahre zuvor eine ›nederduytsche‹ ins Leben; wie Opitz' poetologische Schrift die akzentuierende Metrik begründet, die alternierende hingegen setzt, so gibt auch die programmatische Vorrede zu den *Nederduytschen Poemata* für die Akzentmetrik eine Begründung, während die jambisch oder trochäisch alternierenden Verse in der Gedichtsammlung unexpliziert schlicht der Fall sind. Aber die niederländische Vorrede kontextualisiert die ›nederduytsche‹ Versreform in einer Weise, die für den zeitgenössischen Leser implizit einen Zusammenhang herstellt zwischen dem – anders als in den deutschen protestantischen Territorien – erfolgreichen Unabhängigkeitskrieg der reformierten »Staten Generael de vereenichde Nederlanden«[25] von der spanisch-habsburgisch-katholischen Besatzungsmacht und Heinsius' alternierenden Versen. »[L]ettende op den toon ende mate vande vvoorden« (›achtgebend auf Ton und Maß der Wörter‹), so lautet das auch für das ›Nederduytsche‹ zentrale akzentmetrische Erfordernis, und die syntaktische Einbindung zeigt an, daß diese Bestimmung *ex negativo* in einem komplexeren Argumentationszusammenhang steht:

> Daer wy nochtans connen toonen, dat jae self de voornaemste Fransoysen inde hare [sprake] veel fauten begaen hebben, niet lettende op den toon ende mate vande vvoorden, die zy merckelicken gevvelt doen.[26]

Der postulierte neue metrische Kurs für die niederländische Sprache wird abgesetzt gegen die führende romanische Literaturnation, Frankreich, und deren Umgang mit Sprache als gewaltsam charakterisiert. Von diesem metrischen Unabhängigkeits-

---

24 Dies um so mehr, als alle anderen deutschsprachigen Beispielverse aus dem 16. Jahrhundert im *Buch von der Deutschen Poeterey* als abschreckende *exempla* dienen.
25 Diese durch den Waffenstillstand mit den Spaniern 1609 faktisch als völkerrechtliches Subjekt anerkannte republikanische Macht stellt den *Nederduytschen Poemata* das Druckprivileg aus, vgl. DAN: HEINSII Nederduytsche POEMATA; By een vergadert en uytgegeven *Door* P. S. Tot Amsterdam *Gedruct By Willem Janßen a.° 1616. Met Privilegie voor 5 Iaren*, S. 2.
26 Ebd., S. 6. ›Da können wir allerdings geltend machen, daß ja selbst die berühmtesten Franzosen in ihrer [Sprache] viele Fehler begangen haben, indem sie nicht auf Ton und Maß der Wörter achten, denen sie merklich Gewalt tun.‹

postulat ist es nur noch ein argumentativer Katzensprung zur (konfessions)politisch bereits errungenen Unabhängigkeit vom »Roomsche[n] iuck«, die in der performativ schon in niederländischen Alexandrinern geschriebenen zweiten Vorrede denn auch mit der literatursprachlichen Autonomie von der Romania enggeführt wird.[27] Implizites *tertium comparationis* zwischen postulierter poetischer und erreichter politischer Freiheit aber ist das Alternieren: des disziplinierten Marschschritts der durch die Oranische Heeresreform gedrillten niederländischen Freiheitskämpfer ebenso wie der auf diesem politisch-militärischen Erfolg fußenden, den siegträchtigen Marschrhythmus zu ihrer Signatur machenden Verse des Daniel Heinsius.[28]

Dieses konfessionspolitisch codierte Programm einer neuen niederländischen Metrik wird in den Versreformpassus des *Buches von der Deutschen Poeterey* importiert, doch fungiert als Marker nurmehr die dekontextualisierte Rede von »den accenten vnnd dem thone«.[29] Allerdings fällt der Name Heinsius verschiedentlich, verbunden mit Empfehlungen zu weiterführender Lektüre, etwa des an zwei Stellen genannten, von Opitz 1621 ins ›Hochdeutsche‹ übersetzen *Lof-Sanck van Iesus Christus* (1616);[30] in der Vorrede dazu wiederum bringt der Übersetzer, abermals nicht als Zitat markiert, doch intakt, jenes metrische Credo, das den impliziten Schlüssel zur konfessionspolitisch-militärischen Semantik des alternierenden Rhythmus liefert.[31]

Vor diesem Hintergrund, der die Korrelation von Opitz-Nachfolge und protestantischem Bekenntnis als Epochensignatur zu begreifen erlaubt, kann Gryphius' von den ›Lissaer Sonetten‹ 1637 an festzustellender Anschluß an die Opitzsche Versreform als Votum auch für jene rhythmisch implizierte Semantik gewertet werden. Dabei hat die Annahme reflektierten Einsatzes um so viel mehr Wahrscheinlichkeit, als bisweilen die Auseinandersetzung damit zum Gegenstand (nicht)opitzianischer Poesie wird. Und zwar in differenziert je einzeln zu analysierenden, relationierenden und kontextualisierenden Konstellationen, wie hier nur in wenigen Strichen skizziert werden kann. Daß einfache Lösungen in dieser weiterer Forschung noch harrenden Frage nicht zu erwarten sind, soll exemplarisch ein Blick auf das Jahr 1637 erhellen: Innerhalb seiner ersten, im polnischen Lissa, Zufluchtsort schlesischer Glaubensflüchtlinge vor der habsburgischen Gegenreformation, gedruckten

---

27 Vgl. ebd., S. 11–22, bes. S. 12.
28 Vgl. dazu ausführlicher Kaminski (Anm. 14), S. 37–39.
29 Opitz (Anm. 6), fol. Gij^r.
30 Vgl. ebd., fol. Diij^v und Eiij^v.
31 Dan. Heinsii Lobgesang Jesu Christi des einigen vnd ewigen Sohnes Gottes: Auß dem Holländischen in Hoch-Deutsch gebracht durch Mart. Opitium. Zu Görlitz im Marggraffthumb Oberlausitz druckts Johann Rhambaw. cIɔ. Iɔc. xxi., fol. Aiij^v: »Auff den thon vnd das maß der Syllaben / darinnen nicht der minste theil der zierhligkeit bestehet / habe ich / wie sonsten / auch hier genawe achtung gegeben: wiewol denselben auch die Frantzosen selber offtmahls gewalt thun [...].«

Sonettsammlung, die sich nicht nur metrisch, sondern auch konzeptuell auf dem konfessionspolitischen Kurs des *Buches von der Deutschen Poeterey* bewegt, stellt die »Trawrklage des verwüsteten Deutschlandes«, die implizite Semantik thematisch an die Oberfläche treibend, diese programmatische Positionsbestimmung irritierend in Frage. Klagt doch nicht, wie zu erwarten, das protestantische »Deutschland« in der Rolle des lyrischen Ichs, sondern – in zwei Halbversen, »hier zwischen Schantz vnd Korben | Dort zwischen Mawr vnd Stad« (*Liss.*, S. 48), *beide* Seiten eines Belagerungsszenarios aufrufend – das ›ganze‹, protestantische *und* katholische Deutschland.[32] Dem steht im September desselben Jahres wiederum die *Fewrige Freystadt* gegenüber, deren den Prosabericht bestimmender Anklageduktus gegen das katholische Stadtregiment in einem fast wie eine Wiedergutmachungsforderung sich lesenden Appell an den habsburgischen Kaiser gipfelt, um dann unversehens eine poetische Wende zu nehmen: Abgesetzt durch eine Zierleiste, schließt sich ein Gedicht an, das den Brand nochmals beschreibt, nun jedoch nicht gegenreformatorische Einquartierung und menschliche Nachlässigkeit verantwortlich macht, sondern »des Höchsten Grim'« (*FF*, S. 109); doch was auf den ersten Blick wie versöhnliche Rücknahme der expliziten Vorwürfe wirkt, geht bei näherem Hinsehen viel weiter, wenn im letzten Viertel des Gedichts der gegenwärtigen Vernichtung die Vision einer Wiedererstehung der »todte[n] Stadt« kontrastiert wird (*FF*, S. 108), die nicht auf den Kaiser, auch nicht auf himmlischen Beistand baut, sondern auf »die wehrte Trew die Trew / die wir verlohren | Vnnd Deutsche Redligkeit« (*FF*, S. 110) – Losungen, die in den Bereich konfessionspolitisch motivierter protestantischer Spracharbeit weisen.[33] Zwar ruft das lyrische Ich – »Was denck Jch doch so weit [...]!« (ebd.) – sich sofort zur Ordnung, die noch verbleibenden zehn der insgesamt 96 opitzianischen Alexandriner dementieren in ihrem alternierend-akzentuierenden Fortgang implizit jedoch das explizite Dementi.

Ähnliche Konstellationen wären mikrologisch zu analysieren, um auf breiterer Basis zu einer differenzierten Einschätzung von Gryphius' Verhältnis zur Opitzschen Dichtungsreform und deren konfessionspolitischen Implikationen zu gelangen. Als ein wichtiges Untersuchungsfeld ist dabei die Komödie zu veranschlagen, jene Gattung, die Opitz als einzige *nicht* durch ein deutschsprachiges Muster illustriert hat und für die das *Buch von der Deutschen Poeterey* auch theoretisch kein eigentliches Angebot macht (systematisch auch nicht machen kann).[34] Und was, als mögliche

---

32 Dazu ausführlicher Kaminski (Anm. 14), S. 271–293 und 312–317.
33 Vgl., ohne durchgängige Einsicht in das konfessionspolitische Fundament frühneuzeitlicher »Verdeutschungsarbeit«, Peter von Polenz: Deutsche Sprachgeschichte vom Spätmittelalter bis zur Gegenwart. Bd. I: Einführung · Grundbegriffe · 14. bis 16. Jahrhundert. Berlin ²2000, S. 107–123, hier S. 110.
34 Das Problem beginnt schon bei der Frage, wie eine dem »schlechte[n] wesen vnnd personen« (Opitz [Anm. 6], fol. Dij^v) angemessene Komödiensprache beschaffen sein soll, wenn der Opitzscher

Reaktion auf dieses konzeptuelle Vakuum, vielleicht noch schwerer wiegt: jene Gattung, in der Gryphius sämtliche ›Glaubensartikel‹ des *Buches von der Deutschen Poeterey* aufs Spiel setzt – die Ständeklausel (*Squentz*), das Hochdeutsche (*Dornrose, Horribilicribrifax*), die opitzianischen Verse (*Squentz, Horribilicribrifax, Dornrose*), ganz zu schweigen von einer mit dem eigenen Autornamen vollgültig für den komischen Text als konfessionspoetisches ›Bekenntnis‹ einstehenden Autorinstanz (*Squentz, Horribilicribrifax*).[35]

Konfessionspoetik gemäße Alexandriner sich mit dem *genus humile* der komischen Gattung nicht verträgt und die aus dem 16. Jahrhundert reich tradierte deutsche Komödiensprache à la Hans Sachs dem metrischen Verdikt des *Buches von der Deutschen Poeterey* verfällt.
35 Vgl. zum *Horribilicribrifax Teutsch* Kaminski (Anm. 14), S. 339–382, 386–391 und 399f.

II.3 Lateinische Werke
Von Ralf Georg Czapla

Das Corpus der lateinischen Dichtungen des Andreas Gryphius zeigt sich von einer beachtlichen formalen und inhaltlichen Vielfalt. Mit dem Epos, dem Panegyrikon, dem Epigramm sowie dem anlaßbezogenen, zuweilen in weniger geläufigen Metra gehaltenen Kasualgedicht entfaltet es ein Spektrum unterschiedlicher Textsorten. In weiten Teilen darf es dabei als Frühwerk im eigentlichen Sinne gelten: Es zeigt den Dichter als begabten Schüler der Gymnasien zu Fraustadt und Danzig, der sich zwar noch in der *imitatio* der antiken Überlieferung übt, zugleich aber eigene Akzente setzt, indem er etwa biblische Erzählungen durch zeitgeschichtliche Bezüge aktualisiert oder aber Figuren der Zeitgeschichte mit Zügen historischer, biblischer, mythologischer Gestalten versieht.

Die bisherige Forschung zu den lateinischen Dichtungen des Andreas Gryphius, wie sie lange Zeit vor allem durch Friedrich-Wilhelm Wentzlaff-Eggebert und Marian Szyrocki vertreten wurde, war von dem Bestreben gekennzeichnet, Früh- und Spätwerk des Andreas Gryphius zu harmonisieren. Wenn Wentzlaff-Eggebert etwa die lateinische Dichtung als Ausgangspunkt einer mehrstufigen Entwicklung annahm, die über die Übersetzung lateinischer Hymnen und neulateinischer Poesie (Nicolas Caussin, Jakob Bidermann, Bernardus Bauhusius, Mathias Casimir Sarbiewski, Jakob Balde) zur Neudichtung der *Kirchhoffs-Gedancken* führte, ehe sie schließlich in der Herausbildung des deutschen Stils gipfelte,[1] so sprach er Gryphius' dichterischer Entwicklung damit eine Kontinuität zu, die de facto nicht gegeben war. Zwar revidierte er im Vorwort seiner 1938 als Ergänzungsband zur Palmschen Gesamtausgabe erschienenen Edition der lateinischen und deutschen Jugenddichtungen seine These dahingehend, daß sich lateinischer und deutscher Sprachstil nebeneinander entwickelt hätten, ehe Gryphius mit der Hinwendung zur Dramenkunst Abschied von der lateinischen Dichtung genommen habe,[2] doch konnte Marian Szyrocki zeigen, daß Gryphius auch nach 1648 noch lateinische Prosa und Gedichte schrieb.[3] Hans-Henrik Krummacher gelang überdies der Nachweis, daß auch Gryphius' deutsche Dichtung von der Auseinandersetzung mit lateinischen Vorbildern bestimmt blieb.[4]

Gewiß reichen Gryphius' lateinische Dichtungen vom Umfang her nicht an die deutschen heran. Mit rund 5.500 Versen bilden sie aber immerhin ein Corpus, das

---

1 Vgl. Friedrich-Wilhelm Wentzlaff-Eggebert: Dichtung und Sprache des jungen Gryphius (²1966) [958], S. 110.
2 Vgl. Andreas Gryphius: Werke in drei Bänden (1961) [1], Ergänzungsband, S. XXVf.
3 Vgl. Marian Szyrocki: Der junge Gryphius (1959) [134], S. 46.
4 Vgl. Hans-Henrik Krummacher: Der junge Gryphius und die Tradition (1976) [225].

quantitativ über das hinausgeht, was von vielen antiken Dichtern überliefert ist, und das sich in der Größenordnung etwa des *Ilias*-Teils von Vergils *Aeneis* (Bücher VII–XII) bewegt. Den wesentlichen Anteil machen mit 4.113 Versen – die Widmungsgedichte sind dabei nicht berücksichtigt – die beiden Herodes-Epen (1.071 bzw. 1.204 Verse) und das Ölberg-Epos *Olivetum* (1.798 Verse) aus. 420 Verse umfaßt der *Parnassus renovatus* (›Erneuerter Parnaß‹), ein Preisgedicht auf Gryphius' Mäzen Georg Schönborner von Schönborn.

II.3.1 Epik

a) *Herodis Furiæ & Rahelis lachrymæ – Dei Vindicis Impetus et Herodis Interitus*

Gryphius' erstes Epos *Herodis Furiæ & Rahelis lachrymæ* (›Die Wut des Herodes und die Tränen der Rachel‹) entstand 1633 am Fraustädter Gymnasium und zeigt sich in seiner Faktur beeinflußt vom Gebrauch von Kollektaneen und Phraseologien, wie er im Lateinunterricht des 17. Jahrhunderts eingeübt wurde. Mit der Erzählung von Herodes und dem bethlehemitischen Kindermord knüpft es inhaltlich an den Bericht des Matthäusevangeliums (Mt 2,16–18) an, der jedoch durch den Rückgriff auf volkssprachliche Traditionen und auf die Werke des jüdischen Geschichtsschreibers Flavius Josephus beträchtlich erweitert wird.[5] Obschon sich Gryphius sprachlich eng an klassischen Vorbildern, namentlich an Vergil, orientiert, ist sein Latein vom Sprachgebrauch des protestantischen Gottesdienstes geprägt.[6] Dies gilt nicht minder für das zweite Herodes-Epos *Dei Vindicis Impetus et Herodis Interitus* (›Gottes Rachesturm und Herodes' Untergang‹), das nur ein Jahr später dem Erstling folgte und als dessen Fortsetzung wie als Abschluß zu verstehen ist, schildert es doch die Rache Gottes und das gewaltsame Ende des Tyrannen. Ob sich die Wahl des Stoffes eigener *inventio* verdankte oder ob sie von schulischer Seite lanciert wurde, läßt sich auch anhand von Gryphius' Geleitgedichten an seine Lehrer Michael Eder und Jakob Rolle sowie an seinen älteren Bruder Paul nicht sicher entscheiden. Anders verhält es sich mit der Intention der Dichtung: Der Widmungselegie zufolge schien Gryphius der bethlehemitische Kindermord geradezu prädestiniert, um daraus eine Zeitdichtung zu formen. Die Vehemenz und die Unerbittlichkeit, mit denen der Dreißigjährige Krieg in der für den Schüler überschaubaren Welt tobt, erinnern ihn an die Blutnacht zu Bethlehem. Krieg stellt sich ihm als Entfesselung der höllischen

---

5 Siehe dazu den Kommentar in: Andreas Gryphius: Herodes. Der Ölberg. Lateinische Epik. (1999) [81], S. 272–282.
6 Vgl. Ernst Gnerich: Andreas Gryphius und seine Herodes-Epen (1906) [196], S. 123–149.

Mächte durch Satan dar, denen wiederum nur der Heiland Einhalt zu bieten vermag. Die Schlußverse der Widmungselegie lassen vermuten, daß *Herodis Furiæ & Rahelis lachrymæ* als Teil eines umfangreicheren epischen Projekts nach dem Vorbild von Marco Girolamo Vidas *Christias* (1535) gedacht war, von dem sich allerdings schwerlich abschätzen läßt, wie weit seine Planung 1633 bereits gediehen war. Immerhin blickt Gryphius in ihnen auf seine nur wenig später entstandene zweite Herodes-Dichtung *Dei Vindicis Impetus et Herodis Interitus* voraus, von der er mit dem Tod des Königs und der Rückkehr der Heiligen Familie aus Ägypten, poetischen Chiffren seiner Sehnsucht nach Frieden, auch schon konkrete inhaltliche Elemente zu benennen weiß.

Um die gewaltigen Dimensionen des bethlehemitischen Kindermordes und des Dreißigjährigen Krieges zu veranschaulichen, bedient sich Gryphius einer seit den Anfängen der europäischen Epik intensiv gepflegten und in Lehrbüchern wie etwa den *Poeticae institutiones* des Jesuiten Jacobus Pontanus ausführlich erörterten Technik: Er illustriert das Hauptgeschehen durch Nebenhandlungen und läßt in individuellen Schicksalen die kollektive Not sich spiegeln, die in der Blutnacht Mütter und Kinder erfaßt. Vorbilder und Imaginationshilfen fand er dabei nicht nur in der bildenden Kunst, sondern auch in thematisch verwandten Dichtungen wie z.B. der *Herodias* des Jesuiten Jakob Bidermann (1622) oder dem in *ottave rime* gehaltenen Epos *La strage degli innocenti* des Italieners Giambattista Marino, das 1629 erschienen war und zu einer der populärsten Bibeldichtungen des 17. Jahrhunderts avancierte. Vor allem in der Drastik der Darstellung zeigt sich Gryphius Marino verpflichtet, wie der Kampf einer wehrlosen, kreißenden Frau mit einem bewaffneten und besinnungslos wütenden Soldaten exemplarisch zeigt (*Her. Fur.* 816–849). Die namenlose Frau, in der sich beispielhaft das Leid zahlreicher Mütter spiegelt, macht ihre körperliche Unterlegenheit durch den Zorn wett, den die Tötung ihrer Zwillinge in ihr entfacht hat. Affektstimulierende Wirkung gewinnt die Szene für den Rezipienten insbesondere dadurch, daß Gryphius die Versehrungen, die beide im Verlauf des Kampfes einander zufügen, kalkuliert ins Groteske übersteigert: Gilt die Gegenwehr der Mutter den für die Ausübung des Kriegshandwerks unentbehrlichen Augen des Soldaten, so traktiert dieser mit seinem Schwert den Bauch der jungen Frau, der soeben noch die Leibesfrucht barg, und weidet ihn gewissermaßen aus. Im Unterschied zu Marino, von dem er zahlreiche Motive übernimmt und kombinatorisch zusammenführt, spart Gryphius alles aus, was das Widerwärtige und Häßliche in irgendeiner Weise ästhetisch qualifizieren könnte. Das Dargestellte ist und bleibt so abstoßend, wie der Dichter es erzählt, auch wenn dies in künstlerischer Form geschieht. Die Differenz zwischen der italienischen und der neulateinischen Dichtung manifestiert sich nicht zuletzt in der Bildlichkeit der Sprache, und zwar zuvörderst im Gebrauch attributiver Adjektive, den einschlägige poetische Lehrbücher der Frühen Neuzeit wie etwa Georg Fabritius' *De re poetica*, Balthasar Dieterichs *Res Virgiliana*, Friedrich Papas *Poesis sacra* oder Georg Philipp Harsdörffers *Poetischer Trichter* zu einem wesentlichen Aspekt bei der Ausbildung insbesondere einer dem *stilus grandiloquus* angemessenen Dichtersprache erhoben. Gryphius verwendet nicht ein einziges *epitheton ornans*, um das Erscheinungsbild der kämpfenden Mutter zu illustrieren. Während Marino darauf insistiert, daß es sich bei den Müttern Bethlehems um schöne Frauen handelt, reduziert Gryphius sie auf bloße Körperlichkeit. Auch die angesichts des dargestellten Gemetzels sich notwendigerweise stellende Theodizeefrage beantworten beide Dichter unterschiedlich, Marino mit der *concordia discors* einer Ästhetik des Häßlichen, Gryphius mit der theologisch begründeten Hoffnung auf ein Eingreifen des Weltenrichters, die er bereits zu Eingang des zweiten Herodes-Epos *Dei Vindicis Impetus et Herodis Interitus* artikuliert und im Fortgang der Erzählung nachhaltig veranschaulicht: Mag Gottes Rache im Augenblick der Not auch nicht sichtbar werden, so ist ihr Kommen doch gewiß.

Mit dem Wirken der Hölle bemüht Gryphius ein psycho-theologisches Erklärungsmuster für die menschliche Depravation, die im bethlehemitischen Kindermord ihren Ausdruck findet. Anders als in den historischen Quellen, auf die seine Darstellung zurückgeht, erscheint Herodes in seinen Handlungen nicht autonom, sondern gerät innerhalb des metaphysischen Kampfes, den die Mächte der Finsternis gegen das Reich Gottes führen, zu einem willenlosen Werkzeug für den destruktiven Willen Satans. Analog zu Marinos *La strage degli innocenti* eröffnet Gryphius *Herodis Furiæ & Rahelis lachrymæ* mit einer Höllenversammlung (*Her. Fur.* 33–188). Unter dem Beifall der Höllenscharen kommen Luzifer, Taphurgus und Beelzebub überein, sich Herodes dienstbar zu machen, um die Restauration einer »aurea ætas« (*Her. Fur.* 78f.) zu vereiteln, die der Verheißung nach mit der Geburt des Erlösers anbricht (*Her. Fur.* 1–7). Geradezu omnipräsent erscheinen im Fortgang der Handlung die Gestalten der Hölle: Sie versetzen die Bürger von Jerusalem in Angst und Schrecken (*Her. Fur.* 411–429), bedrängen die drei Magier aus dem Morgenland (*Her. Fur.* 421–426), und bevor sie zum Palast des Herodes ziehen (*Her. Fur.* 581–610), wo dieser den Blutbefehl erteilt, stachelt Beelzebub selbst den Despoten zur Untat an (*Her. Fur.* 427–436). Schließlich assimilieren sich sogar die Soldaten, die dem Befehl ihres Kriegsherrn folgen, mit den Höllenscharen. Höllisch, so heißt es, sei ihr Aussehen (*Her. Fur.* 750: »Tartarei vultus hominum«), als die Truppen in Bethlehem einfallen, um Kinder und Mütter zu töten, schwarz wie Satan ihre Erscheinung (*Her. Fur.* 751: »nigrum Satanæ referuntque colorem«). Mit der poetischen Evokation der Hölle kompensiert Gryphius eine Leerstelle in der Heiligen Schrift. Obwohl die Hölle auf katholischer wie auf protestantischer Seite stets als Element sowohl der Disziplinierung als auch der Einschüchterung diente und infolgedessen von den Gläubigen als durchaus real empfunden wurde, besitzt sie nur parabiblische Authentizität. Zwar schweigt die Bibel nicht gänzlich zur Hölle, beschränkt sich jedoch im wesentlichen darauf, ihre schiere Existenz zu konstatieren. Der Vorstellung vom ewigen unauslöschlichen Feuer und von den unter Heulen und Zähneklappern erduldeten Qualen der Verdammten, wie sie vor allem im Volksglauben beheimatet ist und in der bildenden Kunst affektstimulierende Visualisierungen gefunden hat, liegen phantastische Ausmalungen von Stellen des Matthäusevangeliums zugrunde (u.a. Mt 3,12; 8,12; 13,42.50 und 18,8). Mit der Höllenschau und der komplementär dazu konzipierten Himmelsandacht macht Gryphius dem Leser zwei Angebote zur meditativen Versenkung. Indem er die Hölle konzentrisch entwirft, d.h. die Höllengestalten in Form eines Kreises um den Fürsten der Tiefe gruppiert (*Her. Fur.* 49–54), verabschiedet er sich von der linearen Struktur des vergilischen Hades und neigt sich frühneuzeitlichen Höllenvorstellungen zu. Der Dominikaner Cosmas Rossellius hat in seinem 1579 in Venedig erschienenen *Thesaurus artificiosae memoriae* gezeigt, daß Konzentermodelle dieser Art nicht nur als künstliches Gedächtnis dienen können, sondern daß ihnen auch eine andachtsmnemonische Qualität inhärent ist.[7] Indem Rossellius den Teufel im Zentrum der Hölle plaziert und um ihn herum hierarchisch Schauergestalten und Strafgerichte anordnet, läßt er für den Betrachter die Stationen gegenwärtig werden, die ihn nach dem Tod erwarten. In *Dei Vindicis Impetus et Herodis Interitus* schließt sich die Evokation der Hölle (*Dei Vind.* 183–313) unmittelbar an die Versammlung der Himmlischen (*Dei Vind.* 53–183) an und imitiert sie gewissermaßen kontrafaktorisch. Beide Darstellungen umfassen jeweils 130 Verse und veranschaulichen die Dialektik von *via illuminativa* und *via purgativa*. Wie die Schau der Hölle, so beginnt auch diejenige des Himmels mit der Vorstellung seiner konzentrisch-hierarchischen Ordnung: Umgeben von den Engelschören (*Dei Vind.* 56: »superum chori«), den Geistern der Seligen (*Dei Vind.* 56: »mentes piorum«), geflügelten Genien (*Dei Vind.* 57: »aligeri genii«) und einer Schar göttlicher Knaben (*Dei Vind.* 60: »juvenum coronâ«), erteilt Gott in des Himmels Mitte (*Dei Vind.* 72: »cœli in medio«) von einem Thron herab, der dem in der Offenbarung des Johannes geschilderten nachempfunden ist (Offb 4,2–6), seine Weisungen. Die Himmelsschau und der sich unmittelbar an sie anschließende Auftritt der Rahel dienen dazu, den Tod des Herodes dramaturgisch vorzubereiten und ihn als jene Vergeltungstat Gottes auszuweisen, die Gryphius in *Herodis Furiæ & Rahelis lachrymæ* ausgespart hatte. Hatte Rahel am Schluß des ersten Herodes-Epos aus Gram über den Mord an den bethlehemitischen Kindern ihr Grab verlassen, so tritt sie zu Beginn von *Dei Vindicis Impetus et Herodis Interitus* mit Gott in ein Zwiegespräch, das sich zu weiten Teilen von Marino inspiriert zeigt (*Strage* 2,69–78). Gryphius bedient sich bei der literarischen Evokation der klagenden Rahel vornehmlich alttestamentlicher Quellen. Während die Genesis (Gen 29, 6–31.35; 35,16–24) Rahel als Stammesmutter beschreibt, die bei der Geburt ihres zweiten Sohnes Benjamin verstirbt und von ihrem Gatten Jakob vor den Toren Bethlehems bestattet wird, zeigt sie das Buch Jeremias (Jer 31,15) klagend über den Tod ihrer Nachkommenschaft im babylonischen Exil. Als biblischer Archetypus der trauernden Mutter bildet Rahel daher die Kontrastfigur zum grausamen, kindermordenden König Herodes schlechthin. Ihre Klage läßt das Verbrechen des Königs

---

7 Cosmas Rossellius: Thesaurus artificiosae memoriae. Venedig 1579, fol. 2^v–15^r.

um so furchtbarer und dessen Bestrafung unabdingbar erscheinen. Auf Rachels Intervention hin entsendet der himmlische Herrscher zu Beginn von *Dei Vindicis Impetus et Herodis Interitus* einen Engel als Boten in die Unterwelt, um den Tod, der wie so viele Abstrakta personifiziert dargestellt ist, mit der Vernichtung des Herodes zu beauftragen. Gryphius' Beschreibung der Hallen des Todes ist in mehrfacher Hinsicht aufschlußreich. Zunächst werden Himmel und Hölle an entgegengesetzten Polen der Weltachse lokalisiert und durch den Gegensatz von Helligkeit und Dunkelheit, vergegenwärtigt durch die lichte, schwebende Erscheinung des Engels einerseits und die auf dem Totenreich lastenden Dunstschwaden andererseits, kenntlich gemacht. In einem kürzeren Katalog führt Gryphius sodann all jene Pflanzen auf, die der Mythos mit Verderbnis und Tod in Verbindung bringt, von Bäumen wie der Eibe bis hinab zu Kräutern wie dem Eisenhut. Diese Flora, die paradoxerweise wuchert, obwohl ihr das zum Wachstum notwendige Licht fehlt (*Dei Vind.* 187: »radiis terra invia Phœbi«), charakterisiert aufgrund ihrer pejorativen Konnotationen im Mythos und im Aberglauben die Welt, die der Engel zu betreten sich anschickt. Daß es sich bei der Schau des Totenreiches, die sich unmittelbar anschließt, nicht nur um ein narratives Versatzstück in Anlehnung an die Katabasis der *Aeneis* handelt, sondern daß sie meditativ perzipiert werden soll, unterstreicht der auktoriale, metadeskriptive Einschub »digna loco statio« (*Dei Vind.* 200), der mit »statio«, der inneren Sammlung zum Gebet, einen zentralen Begriff der christlichen Meditationslehre aufnimmt. Der Engel schaut und betrachtet, und der Leser soll es ihm gleichtun, indem er seinen Blicken folgt. Gryphius beschreibt die Totenburg zunächst mit Hilfe von Negationen und verfährt damit ähnlich wie Ovid in seiner Weltalterlehre. Bestimmte der römische Dichter das goldene Zeitalter vor allem durch das Fehlen dessen, was in der augusteischen Gesellschaft sichtbar Recht und Kultur konstituierte (*Metamorphosen* 1,89–102), so Gryphius das Totenreich durch die Abwesenheit dessen, was in der Frühen Neuzeit zu den integrativen Bestandteilen der weithin noch agrarisch bestimmten Lebenswelt des Menschen gehörte, durch das Fehlen tierischer Laute einerseits und menschlicher Stimmen andererseits. Vernehmlich wird nur vereinzeltes Klagen wie von jemandem, der aus schweren Träumen erwacht, vernehmlich werden nur die schaurigen Schreie der Nachtvögel (*Dei Vind.* 220: »ululæ«), welche die Gegenwart des Todes verkünden, dessen Behausung der Dichter anschließend zum Gegenstand einer detaillierten Ekphrasis werden läßt. Das geradezu in der Art eines Stillebens entworfene Haus des Todes bietet dem Betrachter nicht nur ein Abbild der *vanitas*, sondern vergegenwärtigt im Rekurs auf die Ikonographie des Totentanzes auch die Gleichheit aller Menschen im Tod. In ihren Insignien und Arbeitsgeräten, die wahllos umherliegen, sind nahezu alle Stände und Berufe präsent, Könige und Bischöfe, Soldaten, Handwerker und Bauern, Dichter und Musiker, ferner die Damen und Kurtisanen des Hofes und, als Exempel biblischer Geschichte, der ägyptische Pharao Ramses, dessen Name mit ihm und seiner Heeresmacht in den Fluten des Roten Meeres untergegangen zu sein scheint, da Gryphius ihn nicht einmal nennt. Der Tod macht keinen Unterschied zwischen den

Menschen. Unterstützt von den verschiedenen Manifestationen des Leides und des Siechtums, übt er seine Macht nach Belieben aus.

Stupend ist die Dichte von Formulierungen und Junkturen, die Gryphius von Vergil übernommen hat, stupend aber auch das, was er in poetischer Kombinatorik neu daraus entstehen läßt: Wie sich bei Vergil im »vestibulum« der Unterwelt die Unheilsdämonen aufhalten, so bevölkern bei Gryphius die Personifikationen des Unheils und der Krankheiten den Vorhof zur Totenburg (*Dei Vind.* 236). Dieser wurde als eingängiger, ob seines Interieurs mit Halle, Lagerstätten und Bett dem häuslichen Lebensbereich des Menschen nachempfundener *locus mnemonicus* gestaltet, in den die nach dem Prinzip der Klimax aufeinander folgenden Schreckensgestalten als affekterregende *imagines agentes* hineingestellt wurden, um die Szenerie einprägsam und memorierbar werden zu lassen. Vor allem die Darstellung des Hungers, dem Vergil abgesehen von dem – durch Gryphius übernommenen – Attribut »malesuada« (*Aeneis* 6,273–281, hier 276) keine besondere Aufmerksamkeit gewidmet hatte, scheint von der unmittelbaren Erfahrung des Dreißigjährigen Krieges grundiert. Selbst in den Gräbern suche er noch nach Speise (*Dei Vind.* 255f.: »escam sepulchris quærit«), heißt es. Zeitspezifische Symptome wie Kannibalismus und Anthropophagie scheinen darin auf. Überboten wird die Darstellung des Hungers, den Gryphius als wahres Abbild des Todes, als »mera mortis imago« (*Dei Vind.* 250), apostrophiert, schließlich durch die Evokation des Todes selbst. Für sie dürften vor allem Kupferstichdarstellungen Pate gestanden haben, da sich bei Vergil allenfalls kurze Charakterisierungen finden.[8] Statt mit Sense oder Axt stattet Gryphius den Tod mit Lanze, Pfeil und Bogen aus, Insignien also, die gewöhnlich Amor zugeschrieben werden. Vom Sieg der Liebe über den Tod, den das Emblem »mors et amor« versinnbildlicht und den Gryphius sowohl in Nänien und Epithalamien[9] als auch in seinem Trauerspiel *Catharina von Georgien* feiert – in *Cardenio und Celinde* wiederum vertauscht er die Rolle von Sieger und Besiegtem –, findet sich hier freilich nichts mehr. Es ist der Tod, der siegreich seine Herrschaft entfaltet, nicht sein geflügelter Waffenbruder.

Gryphius durchmißt mit den Augen des Engels die weiten Räume der Totenwelt und läßt den Leser an der Schau ihres Interieurs teilhaben. Sie gipfelt in der poeti-

---

8 Vgl. dazu die Abbildungen in: Bilder des Todes. Hg. von Dietrich Briesemeister. Unterschneidheim 1970.
9 Vgl. Emblemata. Handbuch zur Sinnbildkunst des XVI. und XVII. Jahrhunderts. Hg. von Arthur Henkel und Albrecht Schöne. Taschenausgabe. Stuttgart 1996, Sp. 1581f.; Gryphius verwendet das Motiv etwa in seinem Epigramm auf Eugenia, die im Wasser ertrank (*Ep.* I,57), sowie in seinem Gedicht anläßlich der Hochzeit von Adam Henning mit Ursula Weber (vgl. GENIO ac AMORI SPONSORUM NOBILL: LECTISS: AMANTISS: ADAMI HENNINGI Philos: & Medic: DOCTORIS EXCELLENTISSIMI. URSULÆ WEBERIÆ VIRGINIS PUDENTISS: EX VOTO PLAUDIT ADFECTUS AMICORUM FRAUSTADII IX. Cal: Sept: ANNO CIƆ IƆ CXLIX. *LESNÆ, TYPIS FUNCCIANIS*; vgl. Andreas Gryphius: Lateinische Kleinepik, Epigrammatik und Kasualdichtung (2001) [82], S. 112).

schen Evokation des Todes, die sie zugleich beschließt. Was den Menschen erwartet, der sich in seinem Streben nach irdischer Macht dem Gedanken an Tod und Hölle verschließt, thematisiert Gryphius am Beispiel des Herodes, dessen qualvolles Siechtum etwa die gesamte zweite Hälfte von *Dei Vindicis Impetus et Herodis Interitus* einnimmt (*Dei Vind.* 593–1136) und bereits im Titel als Folge von Gottes Zorn und damit als Vollzug eines göttlichen Strafgerichts ausgewiesen wird. Die Sündhaftigkeit des judäischen Königs manifestiert sich sowohl in seiner Grausamkeit gegenüber den Menschen als auch in seiner Erhebung gegenüber Gott. Vor allem in der Darstellung der letzteren wird lutherische Theologie greifbar. Der Reformator begriff die Sünde als Abkehr des Menschen von Gott. Als deren schlimmste Form galt ihm, wie er in den zwischen 1519 und 1521 entstandenen *Operationes in Psalmos* zu erkennen gibt, die Infragestellung der Göttlichkeit Gottes, die »blasphemia«.[10] Tod bzw. Sterben und Sünde stehen daher in einem kausalen Zusammenhang: Ergibt sich der Tod als notwendige Konsequenz aus einem sündigen Leben, so stellt sich das Erleben des eigenen Sterbens als Ausdruck von Gottes Zorn und Strafe dar.[11] Nur im wahrhaftigen Glauben an Gott vermag der Mensch Rettung vor der Hölle zu finden, einem Glauben freilich, dem sich Herodes selbst im Stadium fortschreitenden körperlichen Verfalls noch verschließt und den er durch seine Hingabe an das Ephemer-Säkulare, d.h. an seine politische Souveränität, substituiert. Wo dennoch ein Götterglaube die Immanenz seines Weltbildes transzendiert, richtet dieser sich zumeist auf ein polytheistisches Pantheon. Dieses allerdings zeigt sich machtlos gegenüber dem Willen des einen und wahren Gottes, wie sowohl der Einsturz der heimischen Götzenbilder (*Dei Vind.* 335–343), d.h. der ikonischen Repräsentanten paganer Vielgötterei, der sich bei der Ankunft der Heiligen Familie in Ägypten ereignet, als auch die Vergeblichkeit der nach heidnischem Ritus vollzogenen Tieropfer (*Dei Vind.* 817–819), mit denen Herodes seinen Verfall aufzuhalten hofft, und

---

10 Vgl. MARTINI LVTHERI PIAE AC DOCTAE IN PSALMOS OPERATIONES. LECTORI. HEus tu lector, foris nihil uides, ingredere, inuenies domum ditissimam. Plus habes quam titulus tibi promittat, libros enim non facile numerabiles sub unius nomine damus tibi, ut sunt. Absoluta imago pietatis & impietatis. Impiorum nomina. De impijs doctoribus. De spe & passionibus. Consolationes multarum perturbationum. De nomine dei. De prædicatoribus. De fide & operibus. De ceremonijs. Antichristus quando regnet, eiusque uera descriptio. Sed quid? malo ipse uideas, quam mihi numerare pergenti credas. Non enim in illa angustia tantas diuitias conditas esse crederes. Sed tu memento maximis animis, in pusillis corporibus locum esse. Certe talis est, non meo solius iudicio, sed omnium eruditorum, ut nondum absolutum publicem, ueritus ne si diutius domi retinerem, in publica Christianæ Ecclesiæ commoda peccarem, cuius plurimum refert, ut hæc Christianissima doctrina quam plurimis, idque quam ocyssime communicetur. Super est igitur, ne tibi ipsi desis lector, ego tibi non deero. Cætera enim iam sub prelo sunt, quæ donec absoluta fuerint, hic tibi est quod legas. ANNO M. D. XXI., S. 52 (zu Ps 3,9), und OPERATIO IN PSALMVM XXI DEVS DEVS MEVS MAR. LVTH. Wittemberge. 1523, fol. Diiij^r (zu Ps 22,8).
11 Vgl. ENARRATIO PSALMI XC. PER D. DOCTOrem Martinum Lutherum, In Schola Vitebergensi, Anno. 1534 publice absoluta. VITEBERGAE. M. D. XLI., fol. Av^r–Aviij^r.

schließlich die Einweideschau zeigen, die den König wider sein Erwarten selbst zum Opfer designiert (*Dei Vind.* 828–837). Daß dem Menschen von Gott nach seinen Taten vergolten wird, gehört gleichermaßen zu den Grundüberzeugungen des kanonisch-biblischen wie des außerbiblischen Schrifttums.[12] Mit der Lohe des Feuers und dem Wurmfraß gewärtigt der zum lebenden Toten, zum »vivum cadaver« (*Dei Vind.* 778), herabgekommene Herrscher bereits Formen der Höllenqualen,[13] die ihn schmerzvoll auf das vorbereiten, was ihn nach seinem Tode erwartet.

In ihrer Drastik stehen die Bilder von Herodes' fortschreitender Paralysierung denen vom bethlehemitischen Kindermord in nichts nach. Das Strafgericht, das Gott über den König verhängt, vollzieht sich in einem mehrstufigen, vom Subjekt in allen Phasen verzweifelt registrierten Verfall. Modelle für seine Darstellung fand Gryphius einerseits in der Geschichte des jüdischen Königs Zidkias, der für seine Erhebung gegen Nebukadnezar grausam bestraft wurde (2 Kön 25) – Gryphius kleidet sie gewissermaßen als Spiegel dessen, was Herodes widerfährt, in einen Exkurs des Sehers Achoreus, der aufgrund seiner Länge und seiner thematischen Geschlossenheit fast schon Epylliencharakter annimmt (*Dei Vind.* 409–592) –, andererseits in der Höllenfahrt des Königs von Babel, die bei Jesaja überliefert ist (Jes 14,4–23). In diesem biblischen Text sind alle Motive vorgebildet, die für Gryphius' Darstellung konstitutiv werden: die Erfolge des Königs als Kriegsherr (Jes 14,6), seine Erhebung über Gott (Jes 14,13f.), die Würmer und Maden, die den einstmals mächtigen Herrscher nach seinem Sturz benagen (Jes 14,11), und schließlich der Aufruhr der Hölle bei dessen Ankunft (Jes 14,9). Das Siechtum, das dem Tod und Höllensturz des Herodes vorangeht, wird von Gryphius freilich in einer Weise inszeniert, welche die Quellenberichte künstlerisch weit hinter sich läßt. Zu immer gräßlicheren und absurderen Phänomen der körperlichen Paralyse läßt der Dichter in einer poetischen Paraphrase und Amplifikation dessen, was Flavius Josephus und Eusebius mitteilen,[14] den

---

12 Vgl. Jes 65,5f., Ps 62,13, Spr 24,12, Mt 16,27, Petr.-Apk 6.
13 Vgl. z.B. Jes 66,24, Jdt 16,21.
14 Vgl. FLAVII IOSEPHI ANTIQVITATVM IVDAICARVM libri XX, ad uetera exemplaria diligenter recogniti. DE BELLO IVDAICO libri VII, ex collatione Græcorum codicum castigatiores quàm unquam ante redditi. CONTRA APIONEM libri II, pro corruptiss. antea, iam ex Græco itidem non solum emendati, sed etiam suppleti. DE IMPERIO RATIONIS siue DE MACHABAEIS liber unus à DES. ERASMO Roterodamo recognitus. Cum Indice copiosissimo. BASILEAE IN OFFICINA FROBENIANA AN. M D XXXIIII Cum gratia & priuilegio Cæsareo in annos IIII, S. 456–458 (Antiquitates 17,168–170.187) und S. 600–602 (Bellum Judaicum 1,657–664); EVSEBII PAMPHILI, Ruffini, Socratis, Theodoriti, Sozomeni, Theodori, Euagrij, & Dorothei Ecclesiastica Historia, *SEX PROPE SECVLORVM RES gestas complectens*: Latinè iam olim à doctissimis viris partim scripta, partim è Græco à clarissimis viris, Vuolfgango Musculo, Ioachimo Camerario & Iohanne Christophersono Britanno, eleganter conuersa: *Et nunc ex fide Græcorum codicum, sic vt nouum opus videri poßit*, per IOAN. IACOBVM GRYNÆVM *locis obscuris innumeris illustrata, dubijs explicata, mutilis restituta*: CHRONOGRAPHIA insuper Abrahami Bucholceri, ad Annum Epochæ Christianæ 1598. & lectionis sacræ historiæ luculenta METHODO exornata. *Cum continuatione in præ-*

Verfall des Herrschers fortschreiten. Versuche, das Unabwendbare aufzuhalten, sei es durch Opferhandlungen, sei es durch Blutbefehle, durch die verhaßte Mitglieder der königlichen Familie und des Hofes dem Tod überantwortet werden, vergegenwärtigen gleichermaßen die Seelennöte des Königs wie die Unaufhaltsamkeit dessen, woran er körperlich und seelisch bereits partizipiert. Höhepunkt der Darstellung bildet ein Ölbad, zu dem seine Ärzte ihm geraten haben und von dem sich Herodes Linderung seines Leidens erhofft. Die rhetorischen Mittel, mit denen Gryphius seine Vorlage amplifiziert, sind dabei ebenso einfach wie wirkungsvoll. Zwar teilt auch er, um als Chronist der Pflicht zur *veritas historica* zu genügen, die geschichtlichen Fakten als solche mit, nimmt diese jedoch jeweils zum Ausgangspunkt einer poetischen *inventio*. Die Ekphonesis »Qvæ nova morborum facies?« (*Dei Vind.* 919), die sich dem Hinweis auf das Ölbad anschließt, bereitet den Leser darauf vor, daß die Therapie nicht den gewünschten Heilungserfolg zeitigt, sondern nur ein neues Stadium der Krankheit einleitet. Läßt sie nach dem Zeugnis der Historiker den Patienten so heftig kollabieren, daß es scheint, als sei er währenddessen verstorben, so verwandelt sie bei Gryphius den König in ein Abbild des Todes, indem sie das Fleisch von den Knochen sich lösen und die inneren Organe nach außen sich kehren läßt, bis schließlich das Skelett zum Vorschein kommt. Noch im Detail überbietet Gryphius seine Vorlagen an Drastik: So verdreht Herodes nach seiner Version seine Augen nicht, sondern sie treten blutend aus den Höhlen heraus. Plastische Anschauung gewinnt sein Verfall überdies durch einen poetischen Vergleich: Dem Zorn Gottes ausgesetzt, vergeht der König wie Schnee in der Sonne oder wie Wachs im Feuer (*Dei Vind.* 919f.).

Gryphius' Wille, die historische Faktizität, der er bei der inhaltlichen Ausgestaltung seiner Dichtung verpflichtet war, ästhetisch zu sublimieren, äußert sich nicht nur in der poetischen Durchformung einzelner Perikopen, sondern in der Faktur des gesamten Textes. So wird abweichend von den Quellen das göttliche Strafgericht durch den Geist Mariamnes angekündigt. Zwar hatte schon Daniel Heinsius 1621 in seinem Drama *Herodes infanticida* den Geist der unter haltlosen Verdächtigungen hingerichteten Ehefrau auftreten lassen und damit eine Verbindung zwischen der biblischen Kindermord-Erzählung und dem Mariamne-Stoff hergestellt, wie Flavius Josephus ihn überliefert;[15] doch erhält die Erscheinung der Mariamne bei Gryphius insofern eine besondere dramaturgische Qualität, als sie den Reigen der Geister, Schemen und Larven von Herodes' Opfern anführt, unter denen sich auch sein Sohn Antipater (*Dei Vind.* 1112f.) und die bethlehemitischen Kinder (*Dei Vind.* 943–945; 1123) befinden. Kaum hat nämlich der ruhelos umhergetriebene König in den Schlaf gefunden, als ihn seine aus den Gräbern erstandene Gattin im Traum mit Blut aus

---

sentem annum CIƆ IƆCXI. Et Indicibvs rerum verborumque locupletiss. *Cum gratia & priuilegio Cæsareæ Maiestatis.* Basileæ, per Sebastianvm Henricpetri, S. 10f. (Ecclesiastica historia 1,9).
15 Vgl. dazu Gnerich (Anm. 6), S. 135.

ihrer klaffenden Kehle übergießt und symbolisch das Strafgericht für ihre Hinrichtung ankündigt (*Dei Vind.* 659–669). Herodes' Höllensturz (*Dei Vind.* 1123–1127; 1156–1162) vollzieht sich schließlich als das vom Psalmisten beschriebene Hinabfahren in die Tiefe und in das ewige Feuer, das sich darin birgt (Ps 9,18; 31,18). Nichts gibt es, was ihn zu der Hoffnung auf ein Leben über den Tod hinaus berechtigte, wie es 1 Sam 2,6, Ijob 26,5f. oder Spr 15,11 angesichts der Macht, die Gott über den Tod und die Unterwelt besitzt, verheißen. Die Hölle, die den judäischen König empfängt, offenbart sich als ein Raum, in dem christliche Heilsgewißheit nicht statthat. Wie so häufig in Darstellungen biblischer Epik birgt sie alle Schrecken des heidnischen Tartarus. So sind es die Parzen, die Herodes' Lebensfaden von der Spindel abrollen und zerreißen (*Dei Vind.* 1035–1037; 1121f.), sind es die Furien, die ihn ängstigen und sich seiner bemächtigen (*Dei Vind.* 966; 1122). Der Ruderschlag Charons wird vernehmlich (*Dei Vind.* 984f.), und ehe Proserpina seine Seele zu den Schatten der Toten gesellt (*Dei Vind.* 1029f.), bedrängt Tisiphone den Sterbenden (*Dei Vind.* 979f.) und öffnet ihm die Pforten zur Hölle (*Dei Vind.* 1110f.). Mit dem Tod des Gewaltherrschers und Kriegsherrn verbindet Gryphius am Schluß von *Dei Vindicis Impetus et Herodis Interitus* die Hoffnung auf Frieden und verknüpft so ein letztes Mal die biblische Geschichte mit der Gegenwart:

> Jam solyme compressa diu respirat, & enses
> Conduntur, nec tela volant, non turbida lætis
> Obstrepitant lamenta choris, non fulgura[16] ferri
> Vibrantur, non voce rogos planxere parentes. (*Dei Vind.* 1137–1140)

> [Nun atmete das lange unterdrückte Jerusalem auf, die Schwerter fuhren in die Scheide. Weder flogen Geschosse einher, noch störten wirre Klagen die frohen Reigen. Weder funkelten des Eisens Blitze, noch klagten Angehörige mit lauter Stimme an den Gräbern.]

b) *Olivetum libri tres*

Gryphius hatte sein Widmungsgedicht zu *Herodis Furiæ & Rahelis lachrymæ* in der Hoffnung geschlossen, seiner Trauerdichtung einmal Jubelgesänge an die Seite stellen zu können. Der Tod des unter dem Bann höllischer Mächte stehenden Königs, im folgenden Jahr bereits literarisch verwirklicht in *Dei Vindicis Impetus et Herodis Interitus*, war demnach als Allegorie auf das ersehnte Ende des Krieges gedacht. Wie Herodes' Untergang die Rückkehr der Heiligen Familie in die Heimat ermöglichte und wie der Höllensturz des Tyrannen die Natur wiederaufblühen ließ – ein im Rückgriff auf Ovids Weltalterlehre ausgesponnenes Symbol für die Restitution des

---

16 Verbessert aus »fulguras«.

goldenen Zeitalters mit seinem immerwährenden Frühling –, so sollte der Frieden das konfessionell zerrissene Deutschland einen und das religiöse Leben erneuern. Die Wirklichkeit freilich entlarvte jede Hoffnung des Dichters als verfrüht. Allenthalben tobte Mitte der 1630er Jahre der Krieg und zeugte mit seinen Gewaltexzessen und den in ihrer Folge um sich greifenden Epidemien von der Macht des Antichristen. Einzig in der Erlösungstat Christi am Kreuz konkretisierte sich für den Lutheraner Gryphius die Gewißheit, daß die Hölle bezwungen und die Herrschaft ihres Fürsten gebrochen werde. Die ihr inhärente Dialektik von Leiden, Tod und glorreicher Auferstehung suchte er daher seit der Mitte der 1640er Jahre in einer Messiade zu thematisieren.

Das *Olivetum* liegt in zwei voneinander abweichenden Fassungen vor, von denen die erste aus dem Jahre 1646, die zweite aus dem Jahre 1648 stammt. Gryphius hatte während seiner Italienreise, zu der er 1644 von Leiden aus aufgebrochen war, das Epos in Florenz drucken lassen und am 15. Februar 1646 dem Senat der Stadt Venedig dediziert. Unmittelbar darauf muß er mit einer gründlichen Redaktion seiner Dichtung begonnen haben, wozu ihn nicht nur die zahlreichen Setzfehler, sondern auch der immer deutlicher sich abzeichnende zeitgeschichtliche Umbruch veranlaßten. Vorausblickend auf den Friedensschluß zu Münster und Osnabrück, der am 24. Oktober 1648 formell vollzogen wurde, hatte Gryphius die intentionale Ausrichtung des Textes verändert, wie die Paratexte belegen, die dem 1648 von Daniel Vetter in Lesno besorgten zweiten Druck des *Olivetum* beigegeben sind. Hatte Gryphius 1646 in seinem Widmungsgedicht an den venezianischen Senat noch die Republik wegen der Geschlossenheit gerühmt, mit der sie nach außen den Feinden der christlichen Religion, namentlich den Türken, begegnete, zugleich aber die Zerrissenheit Deutschlands durch den Krieg in seinem Inneren beklagt, so konnte er in seiner am 1. September 1648 an Kurfürst Friedrich Wilhelm von Brandenburg gesandten Widmungsepistel das *Olivetum* endlich als jene Friedensdichtung ausweisen, die *Dei Vindicis Impetus et Herodis Interitus* seinem Willen nach bereits hätte sein sollen. Als Metapher für den Dreißigjährigen Krieg fungiert nun nicht mehr der bethlehemitische Kindermord, sondern die Sintflut. Seine Passionsdichtung, die mit Christus das unvergänglichste aller Vorbilder besinge, sei gewissermaßen ein Ölzweig des Friedens (»pacis olivae«), jenem gleich, den die Taube zur Arche trug, um Noah das Ende der Wasserflut zu bedeuten und den neuen Bund zwischen Gott und den Menschen anzukündigen (Gen 8,11). Gryphius' Brief offenbart sich als ein eindrucksvolles Dokument gelebter Zeitzeugenschaft, zumal auch tabuisierte Themen darin zur Sprache kommen und kritisch reflektiert werden. Erschien dem Dichter der Krieg als pragmatische Maßnahme zum Schutz der Religion zunächst durchaus noch gerechtfertigt, so verlor er dadurch, daß er ethische Maximen außer Kraft setzte und damit den Verfall religiösen Empfindens beförderte, jegliche Legitimation. Leichen- und Grabschändung, Plünderung und Brandschatzung, Vergewaltigung und Folter, Selbsttötungen aus schierer Verzweiflung und schließlich sogar Kannibalismus, auf den Gryphius in *Dei Vindicis Impetus et*

Herodis Interitus im Zuge der Personifikation des Hungers schon einmal hingewiesen hatte, konstituieren als Momente sittlicher Depravation ein geradezu höllisch anmutendes Szenario. Was der Hand der meuchelnden Soldateska entging, wurde oft ein Opfer von Hunger, Seuchen und Krankheiten. In einem veristischen Augenzeugenbericht entwirft Gryphius gegenüber seinem Adressaten ein Panorama der Zeit. Individuelle Schicksale ignoriert er dabei ebensowenig wie kollektive Not. Nichts schien es zu geben, was den inhumanen und zuweilen blasphemischen Exzessen der verrohten Menge hätte Einhalt gebieten können. Die Gewißheit kommenden Heils schöpft der Dichter allein aus dem Glauben an den Gott des Friedens und des Ratschlusses, individuelle Konsolation darüber hinaus auch aus der Literatur. In der Niederschrift eines Christus-Epos, mag sie in den Wirren des Krieges auch noch so beschwerlich gewesen sein, vollzog sich für Gryphius ein performativer Akt der Andacht und der Selbsttröstung. Mit der Apostrophe an den brandenburgischen Kurfürsten verkehrt sich das, was sich bis dahin geradezu wie ein Abriß einer anthropologischen Deszendenztheorie las, in die hoffnungsvolle Vision eines dauerhaften und beständigen Friedens. Im Rekurs auf konventionelle Topoi des Herrscherlobs preist Gryphius Friedrich Wilhelm, der sich in den Westfälischen Friedensverhandlungen für die Sache der Calvinisten stark gemacht hatte, als einen Regenten, der die Kunst des Herrschens mit der Feinheit der Wissenschaften verbinde und als Förderer der schönen Künste zugleich ein Garant für den Frieden sei.

Trotz der inhaltlichen Orientierung am Matthäusevangelium hat Gryphius im *Olivetum* wie zuvor schon in den Herodes-Epen dem Stoff eine eigene, von der biblischen Vorlage sich emanzipierende Ordnung, einen *ordo artificialis*, gegeben. Zwar verzichtet er nicht auf traditionelle epische Stilmittel wie den poetischen Vergleich, den Katalog oder den Exkurs, doch ergänzt er diese durch eine an manchen Stellen fast schon modern wirkende Erzählweise. So hat Gryphius z.B. die Gefangennahme und den Kreuzweg des Heilands kunstvoll in Traumvisionen des Johannes und des Petrus eingebunden. Der Übergang in die Wirklichkeit vollzieht sich dabei durch eine Überblendung, die an Filmtechniken gemahnt: Als der träumende Johannes in das Antlitz des Gekreuzigten schaut, erwacht er und begegnet dem Blick Jesu, der sich soeben über ihn gebeugt hatte, um ihn zu wecken (*Oliv.* 3,90–93). Für die Darstellung von Christi Kreuzigung und Tod wiederum schaltet Gryphius einen personalen Erzähler ein. Der Fluß Kedron erzählt den Nymphen vom Martyrium des Gottessohnes (*Oliv.* 3,456–598), als dieser sich auf den Weg zur Schädelstätte begibt, wodurch die Darstellung fast schon märchenhafte Züge gewinnt. Poetisch verdichtet wird der Leidensweg Christi zudem durch zahlreiche Digressionen über die aus den Fugen geratene Welt, sei es ins Astrologische, etwa wenn die Sternzeichen des Zodiakus als Ausdruck ihrer Trauer über die Verhaftung Christi ihre Ordnung verlieren (*Oliv.* 3,406–427), sei es ins Mythologische, wenn das in der Todesangst am Ölberg ausgeschwitzte Blut des Gottessohnes wundersame Erscheinungen (*Oliv.* 2,449) hervorbringt, Metamorphosen nämlich, die in Analogie zum Attis-Mythos, den Ovid und andere antike Dichter tradieren,[17] ein spezifisch christliches Aition für die Farbe der Veilchen liefern und damit dasjenige des heidnischen Mythos palinodieren. Gryphius begreift Christi Selbstopfer als Erlösungstat, durch die alle menschlichen Sünden getilgt werden und der Mensch Zugang zum Reich Gottes findet. Christus kommt als das verheißene Heil der Welt. Deshalb nimmt er menschliche Gestalt an, erträgt als Mensch Todesangst und die Qualen der Kreuzigung und leidet, wiewohl Sohn Gottes, als Mensch.

Während Gryphius seine Friedensvision in poetischer Hinsicht durch Bilder des Frühlings konturiert, die in Verbindung zu den antiken Vorstellungen vom goldenen Zeitalter stehen, läßt er in theologischer Hinsicht noch einmal die protestantische Höllentheologie wirksam werden. Wie zuvor in der Herodes-Dichtung der judäische König, so dient im *Olivetum* Judas, indem er Christus verrät, der Hölle als Werkzeug (*Oliv.* 1,434–442), deren Dämonen nun sogar Menschengestalt annehmen, sich unerkannt unter die Soldaten des Kaiphas mischen (*Oliv.* 3,142–147) und sie dazu aufwiegeln, sich so gegen Christus zu erheben, wie einst die gefallenen Engel vor ihrem Sturz, den Augustinus in seiner Interpretation von Gen 1,4 in *De civitate Dei contra paganos* aus der Scheidung von Licht und Dunkelheit herleitet,[18] gegen den Schöpfergott. Befinden sich nach scholastischer Lehre in der Rotte der Dämonen – schon biblisch sind sie stets als Pluralität gedacht – abgefallene Cherubim, Seraphim, Erzengel, Mächte und Gewalten, die, besessen von ihrem Haß auf die göttliche Ordnung, den Menschen gegen Gott aufzuhetzen versuchen,[19] so sind es bei Gryphius personifiziert auftretende Abstrakta und Todsünden: der Neid, der Hochmut, die Wut und die Gotteslästerung.

Neben bildlichen Miniaturen wie z.B. poetischen Vergleichen und Gleichnissen finden sich in Gryphius' Epen Darstellungen, die so ikonenhaft wirken, daß man vermuten darf, sie seien nach Bildvorlagen entstanden. Hierzu zählen insbesondere die zahlreichen, bereits auf die Trauerspiele vorausweisenden Personifikationen mit ihren signifikanten Attributen, Eigenschaften und Zuschreibungen. Werden im ersten Buch des *Olivetum* abgesehen von den Tugenden, die Gottes Thron umstehen (*Oliv.* 1,128–140), mit der Rache (*Oliv.* 1,26–117) und dem Verrat (*Oliv.* 1,434–489)

---

17 Stellennachweis bei Hugo Hepding: Attis. Seine Mythen und sein Kult. ND der Ausgabe Gießen 1903. Berlin 1967 (Religionsgeschichtliche Versuche und Vorarbeiten 1), S. 98–118.
18 Vgl. Augustinus: De civitate Dei, 11,32f.
19 Das Mittelalter berief sich in diesem Zusammenhang vor allem auf die Worte des Apostels Paulus im Brief an die Gemeinde in Ephesus (Eph 6,11f.): »induite vos arma Dei ut possitis stare adversus insidias diaboli quia non est nobis conluctatio adversus carnem et sanguinem sed adversus principes et potestates adversus mundi rectores tenebrarum harum contra spiritalia nequitiae in caelestibus.« [»Ziehet an den harnisch Gottes / Das jr bestehen künd gegen die listigen anlauff des Teufels. Denn wir haben nicht mit Fleisch vnd Blut zu kempffen / Sondern mit Fürsten vnd Gewaltigen / nemlich / mit den Herrn der Welt / die in der finsternis dieser Welt herrschen / mit den bösen Geistern vnter dem Himel.«]

zwei personifiziert vorgestellte Abstrakta an zentralen Stellen der Handlung eingeführt, so gesellen sich im zweiten weitere hinzu. Den Schauergestalten der Strafe (*Oliv.* 2,27–39), des Todes (*Oliv.* 2,47–84), der Plagen und Nöte des Menschen (*Oliv.* 2,85–109) sowie der Verzweiflung und ihres Gefolges (*Oliv.* 2,169–182) steht als positive Gestalt die göttliche Liebe gegenüber (*Oliv.* 2,220–310).

Der Auftritt der als Vindicta personifiziert in Erscheinung tretenden Rache gehört nicht nur aufgrund seiner Länge zu den eindrucksvollsten Szenen des *Olivetum*, sondern auch wegen seiner theologischen Implikationen. Verstanden zumeist im engeren Sinne als Blutrache, diente die Rache in der altisraelitischen Gesellschaft demjenigen, der sich ins Unrecht gesetzt sah, als Möglichkeit, sich Genugtuung zu verschaffen. Ihr Ausmaß war freilich streng reglementiert. Nach der in Gen 9,6 und Ex 21,24f. kodifizierten Talion »Auge um Auge, Zahn um Zahn« mußten Erlittenes und Vergoltenes in eine Balance gebracht werden, um die Eskalation von Gewalt zu verhindern. Jedes darüber hinausgehende Recht auf Vergeltung war in die Macht Gottes gestellt, der sich in den Schriften des Alten Testaments (z.B. Jer 51,6.56) als ein »Gott der Rache« zu erkennen gibt und die Rache als sein Vorrecht beansprucht: »DJE Rache ist mein / Jch wil vergelten« (Dt 32,35). Nur er kennt den Tag, da er an den Feinden, der Frucht des »weinstocks zu Sodom / vnd von dem acker Gomorra« (Dt 32,32), Vergeltung üben wird. Israels ungeduldiges Warten auf das rächende Eingreifen Gottes artikuliert sich biblisch vor allem in den Psalmen, wo es vom Beter in einem geradezu imperativischen Gestus eingefordert wird (Ps 94,1–3):

> Deus ultionum Domine Deus ultionum ostendere
> elevare qui iudicas terram redde vicissitudinem superbis
> usquequo impii Domine usquequo impii exultabunt.
>
> [»HERR Gott des die Rache ist / Gott / des die Rache ist / erscheine. Erhebe dich du Richter der Welt / Vergilt den Hoffertigen was sie verdienen. HERR / wie lange sollen die Gottlosen / Wie lange sollen die Gottlosen pralen?«]

Solche und ähnliche Stellen des Alten Testaments grundieren sowohl in den biblischen Epen als auch in dem kurz nach der Hinrichtung Karls I. 1649 begonnenen historischen Trauerspiel *Carolus Stuardus* Gryphius' Personifikation der Rache. Hatte sie in *Dei Vindicis Impetus et Herodis Interitus* das Aussehen Mariamnes, der auf Geheiß ihres Gatten getöteten Ehefrau des Herodes, angenommen, so tritt sie im ersten Buch des Ölberg-Epos als eine zwischen Schönheit und Entsetzlichkeit changierende Gestalt auf, die von Gott Vergeltung für die Sünden der Menschen verlangt. Gryphius führt damit das eigentliche Movens für die Passion Christi in die Darstellung ein. Gott kündigt den Tod seines Sohnes als Sühneopfer an und bekräftigt die Bedeutungslosigkeit der Rache nach der Erlösung der Menschheit (*Oliv.* 1,118–206), d.h. den Anbruch einer Friedenszeit im Zeichen Christi. Gedankliche Anleihen für seine Darstellung der Rache hat Gryphius bei der vergilischen Fama (*Aeneis* 4,

173–190) genommen, ohne jedoch aus der *Aeneis* zu zitieren. Wie Fama erscheint Vindicta als Urgewalt, ist behende, mächtig, ja schier unbezähmbar. Im Unterschied zum geflügelten »monstrum horrendum ingens«, das im augusteischen Epos dadurch Schaden anrichtet, daß es die Vereinigung Didos mit Aeneas ruchbar werden läßt, ist die Rache im *Olivetum* anthropomorph gezeichnet. Indem Gryphius, beginnend bei der Stirn und den Augen, dann abwärts zur Brust und den Gliedmaßen, ihre körperliche Wohlgestalt und Sinnlichkeit preist (*Oliv.* 1,89–92), bedient er sich zunächst eines petrarkistischen Beschreibungsmusters, das mit der Ekphrasis ihrer Waffen (*Oliv.* 1,93f.) und ihres mit Bildern vom Fall Sodoms, des biblischen Paradigmas göttlicher Vergeltung par excellence, verzierten Mantels (*Oliv.* 1,94–107) alsbald aber in die Darstellung einer Kriegerin übergeht. Seine Eloge auf Vindictas Gesittung, Hoheit und Schreckenspotential (*Oliv.* 1,107f.) gipfelt im poetischen Vergleich mit der stachelbewehrten Venusblüte (*Oliv.* 1,108–117), wodurch nochmals die erotische Komponente ins Spiel kommt. Theologische und anthropologische Dimension der Rache gehen bei Gryphius in eins: Rekurriert der Unmut, den der Dichter Vindicta über die Tatenlosigkeit Gottes äußern läßt, auf die genannten Verse aus Psalm 94, so vergegenwärtigt sich in ihrer Gestaltung als leicht bekleidete, ob ihrer Nacktheit erotisch affizierende Frau ihre sinnliche Anziehung auf den Menschen, d.h. auf seine Neigung, Racheakte selber zu vollziehen, statt sie in das Ermessen Gottes zu stellen.

Die Konstitution der Vindicta erscheint im Horizont der epischen Tradition singulär und führt zwangsläufig zu der Frage, woher Gryphius jenseits der vagen Inspiration durch die vergilische Fama seine Anregungen bezogen hat. Mit Albrecht Dürers Kupferstich *Nemesis* aus dem Jahre 1501/02 diente ihm offenbar eine seinerzeit weithin bekannte Graphik als Vorlage (Abb. 1). Sie zeigt die Göttin als üppige, mit Flügeln bewehrte Frauengestalt, die in der rechten Hand einen Kelch von sich streckt und mit der linken Zügel umfaßt, während sie auf einer schwankenden Kugel stehend über der Silhouette der Tiroler Stadt Klausen schwebt, in der Dürer auf seinem Weg nach Italien 1494 zu Gast war. Auf den ersten Blick läßt sich freilich kaum eine Kongruenz zwischen Text und Bild ausmachen. Statt signifikanter Attribute wie der Zügel und des Kelches, die als Vergegenwärtigungen von Strafe und Lohn ebenso Kennzeichen göttlicher wie fürstlicher Gewalt sind, finden sich bei Gryphius mit dem doppelschneidigen Schwert und der Fackel nur Insignien des Strafens und des Richtens. Gemeinsam ist beiden Figuren jedoch die Nacktheit sowie die Verbindung zur Stadt, die bei Dürer als Silhouette im Hintergrund der Graphik erscheint, während sie bei Gryphius den Mantel der Göttin ziert. Der Dichter hat den Aspekt des Lohns und der Erlösung, der sich bei Dürer im Kelch konkretisiert, jedoch nicht ausgespart, sondern ihn für eine andere Szene aufgehoben. Er hat seine Vorlage also gewissermaßen ›verflüssigt‹, indem er sich nicht für eine 1:1-Abbildung des graphischen Kunstwerks durch die Dichtung entschied, sondern zentrale Elemente des Dürerschen Bildes dort integrierte, wo es ihm zweckmäßig erschien. Der Kelch, der bei ihm wie in Dürers Graphik mit einem Deckel versehen

Abb. 1

ist, bildet ein wichtiges Requisit der Gethsemane-Szene: Anstelle des Erzengels, der nach Lk 22,39–44 Jesus am Ölberg erscheint und ihn tröstet, während dieser zu seinem Vater betet, er möge ihm den Trank aus dem Leidenskelch ersparen, läßt Gryphius den »divus amor«, die Personifikation der Caritas, vor Christi Angesicht treten. Die Evokation der göttlichen Liebe vollzieht sich dabei in drei Schritten. Gryphius erzählt zunächst von ihrem Erscheinen (*Oliv.* 2,220–234), das sich mit der Erwähnung von Bogen und Pfeilen noch ganz im Horizont antik-mythologischer Bildlichkeit vollzieht, und geht dann zur Ekphrasis der Leidensbilder auf ihrem Kelch über (*Oliv.* 2,235–280), den die Caritas anschließend Christus zum Trank reicht (*Oliv.* 2,281–310). Die ausgestreckte Hand, die den Kelch darreicht, die bildlichen Darstellungen, die ihn schmücken, und nicht zuletzt der Deckel, der ihn verschließt – all dies sind Details, die Gryphius aus Dürers Nemesis-Darstellung in seine Darstellung der Caritas übernommen hat.

Das *Olivetum* mit seiner Darstellung von Christi Gebetskampf im Garten Gethsemane blieb Gryphius' letztes Bibelepos. Zwar unterrichtet die Vorrede zum vierten, »Thränen über das Leiden JEsu Christi« überschriebenen Odenbuch von 1652 von einer weiteren Großdichtung, die als Golgatha-Epos die Kreuzigung des Heilands zur Darstellung bringen sollte:

> Denn weil ich hir nichts als die Andacht gesuchet / habe ich mich bekanter Melodien und der gemeinesten Weyse zu reden gebrauchen wollen. Wehm Poetische Erfindungen oder Farben in derogleichen heiligen Wercke beliben / den weise ich zu meinem Oliveto, Golgatha vnd Trauer-Spilen [...]. (*Od.* IV, S. 609)

Ob dieses Epos aber tatsächlich noch ins Werk gesetzt wurde, darf bezweifelt werden, hatte mit dem Westfälischen Frieden das Projekt einer auf der Bibel gründenden Zeitdichtung doch einen stimmigen Abschluß gefunden. Zudem fiel schon das *Olivetum* in eine Phase, da Gryphius sich vom lateinischen Epos abzuwenden und mit dem Trauerspiel ein literarisches Genre zu entdecken begann, das ihm über die Inszenierung auf dem Theater eine weitaus größere Öffentlichkeit garantierte als die deklamatorische Dichtung des Epos. *Leo Armenius*, Gryphius' erstes Trauerspiel, dürfte etwa zeitgleich mit der Ölberg-Dichtung entstanden sein.

II.3.2 Panegyrik

Zwischen den Herodes-Epen und dem *Olivetum* entstand mit dem *Parnassus renovatus* eine Dichtung, die sich gattungspoetologisch der Panegyrik zuordnet. Gryphius schrieb den *Parnassus* 1636, ein Jahr, bevor er von Georg Schönborner zum *poeta laureatus* gekrönt wurde. Mit der Verleihung des Dichterlorbeers verbunden war die Erhebung in den Adelsstand sowie die Promotion zum *magister artium*.[20] Der *Parnassus renovatus* versteht sich als Preisgedicht für einen Mann, der als schöngeistiger Gönner und Mäzen entscheidend dazu beitrug, daß sich der elternlos aufgewachsene Gryphius als neulateinischer Dichter profilieren konnte. Schönborner selbst gehörte zu jenen Rechtsgelehrten des frühen 17. Jahrhunderts, die ihre praktische Tätigkeit durch wissenschaftliche Veröffentlichungen begleiteten. Nachhaltig gewirkt hat er vor allem durch die 1610 geschriebenen und 1614 erstmals gedruckten *Politicorum libri septem*. Nach seiner Promotion 1608 in Basel hatte Schönborner zunächst als Kanzler am Hof Johann Georgs von Hohenzollern gewirkt, ehe er in gleicher Funktion in die Dienste von Johann Ulrich Graf von Schaffgotsch getreten war. Später wurde er Syndikus in Glogau und königlicher Fiskal von Niederschlesien und Lausitz. Von 1636 bis 1638 war Gryphius als Haus-

---

20 Vgl. Johannes Theodor Leubscher: De Claris Gryphiis Schediasma (1702) [163], S. 55–58.

lehrer seiner Kinder angestellt. Mit dem Tod des Grafen am 23. Dezember 1637 verlor der Dichter eine seiner wichtigsten Bezugspersonen.[21]

Gryphius' *Parnassus renovatus* setzt ein mit einer Götterversammlung, wie sie durchaus auch Teil eines Epos sein könnte: Traurig über das Darniederliegen der Künste, tritt Fama vor Phoebus und klagt über die Unfähigkeit der zeitgenössischen Dichter. Um zu beraten, wie man diesem Mißstand abhelfen könne, beruft dieser eine Versammlung ein, zu der neben den Tritonen, Faunen und Satyrn auch Merkur, Pan, Minerva, Diana, Venus und Cupido erscheinen. Als die Götter ihre Plätze eingenommen haben, gibt Phoebus Mars und seinen Unheilsscharen (*Par. ren.* 135) die Schuld am Niedergang der Dichtkunst, während Merkur als zweiter Redner die Dichter selbst dafür verantwortlich macht bzw. Phoebus, der nicht verhindert habe, daß zahllose unbegabte Dichter sich in den Vordergrund gedrängt hätten. Merkurs Vorschlag, diese Dilettanten fortzujagen, findet den Beifall der Versammlung. Doch kaum hat Venus Partei für die Liebesdichtung und ihre Poeten ergriffen, da kommt es zum Tumult. Diana erhebt sich gegen Venus, Pan wiederum nimmt die von der Liebesgöttin angegriffenen Satyrn in Schutz. Inzwischen ist Bacchus eingetreten und stört ob seiner Trunkenheit das Gespräch. Schließlich gelingt es Minerva, der Göttin der Weisheit, den Streit zu schlichten: Unter den Menschen finde sich mit Georg Schönborner ein Mann, der aufgrund seiner außerordentlichen Gelehrsamkeit imstande sei, den Musen zu neuem Glanz zu verhelfen. Phoebus bestimmt ihn daraufhin zu seinem Nachfolger. Schönborner wird den Parnaß hinaufgeführt und ist bereit, sich der ehrenvollen Aufgabe anzunehmen, sofern die Götter ihm ihre Unterstützung zusicherten. Einhellig und voller Freude erklären diese ihre Bereitschaft, während Phoebus Verse vorträgt, in denen er nicht nur Schönborner huldigt, sondern zugleich auch die Vision eines goldenen Zeitalters der Poesie beschwört.

Die panegyrische, zuweilen ins Adulatorische sich verlierende Sprechhaltung, die strikte Traditionsbindung bei gleichzeitigem Fehlen innovativer Elemente und die sprachliche Orientierung an Vergil haben dazu geführt, daß der *Parnassus renovatus* in der Literaturgeschichtsschreibung der ersten Hälfte des 20. Jahrhunderts dem Verdikt verfiel. »[G]edankliche Hohlheit und phantasielose Schilderung«[22] attestierte Friedrich-Wilhelm Wentzlaff-Eggebert der Dichtung, von einer »in der Erfindung unbedeutende[n] Göttergeschichte«, die übervoll an »Lobhudeleien« sei, hatte bereits Victor Manheimer gesprochen, den Versen zudem jeden »poetischen Wert« bestritten, ja sie sogar als »unerfreulich« erachtet.[23] Mehr als Gryphius' dichterisches Vermögen trifft diese Kritik allerdings die Spezifik des Genres. Ausgerichtet an der Genieästhetik, übersieht sie, daß sich der Wert einer Dichtung wie des

---

21 Vgl. Andreas Gryphius: Lateinische Kleinepik (Anm. 9), S. 146.
22 Wentzlaff-Eggebert (Anm. 1), S. 47.
23 Victor Manheimer: Die Lyrik des Andreas Gryphius (1904) [226], S. 226.

Parnassus für die Zeitgenossen vor allem nach dem Grad der Nachahmung von Vorbildern und der Einlösung verbindlicher poetischer Normen und Regeln bemaß. Gryphius hatte sich mit einem Preisgedicht seinem Gönner Schönborner empfehlen wollen. Das sinnreiche Spiel mit dem Namen des Bewidmeten, das Lob seiner Gelehrtheit und Feingeistigkeit sowie seines Dienstes an den Musen bilden ein Repertoire weitgehend invarianter Topoi, auf die der Dichter zwangsläufig zurückgreifen mußte, wollte er jene Anerkennung finden, die ihm dem Zeugnis der Geleitgedichte nach schließlich auch zuteil wurde. Indem Gryphius vornehmlich vergilische Diktion aufgreift, läßt er sein Verhältnis zu Schönborner als Abbild und Aktualisierung desjenigen zwischen Vergil und Maecenas erscheinen, dem Vertrauten des Augustus und Kunstförderer am Hof des römischen Kaisers.

II.3.3 Epigrammatik und Kasualdichtung

Mit der Epigrammatik betätigte sich Andreas Gryphius in einem in der Frühen Neuzeit von nahezu allen Dichtern sowohl in der Volks- als auch in der Gelehrtensprache intensiv gepflegten literarischen Genre. Sein *Epigrammatum liber I.* erschien 1643 in Leiden. Anders als der Titel es vermuten läßt, fand das Projekt keine Fortsetzung. Gryphius' neulateinische Epigramme sind ihrer Funktion nach vor allem Kasualdichtung; zu thematischen Zyklen formierte er sie nicht. Manche der insgesamt 68 Texte des *Epigrammatum liber I.* entstanden bereits in den Jahren um 1636 und sind Personen zugeeignet, die auch als Adressaten der ›Lissaer Sonette‹ sowie der deutschen Epigramme erscheinen. Analog zur Sammlung der deutschen Epigramme wird der Band durch geistliche Texte eröffnet, ehe er nach Kasualgedichten (insbes. Hochzeiten und Todesfälle), Geleitgedichten und Spottversen mit überzeitlicher Thematik mit einem Epigramm »Ad lectorem« schließt (*Ep.* I,68). In Form einer *captatio benevolentiae* versucht Gryphius den Leser zu beschwichtigen, daß die Texte ihm, wenn schon nichts Gutes, so doch zumindest auch nichts Schlechtes gebracht hätten. Inhaltlich nehmen manche von ihnen Bezug auf die Herodes-Epen und das *Olivetum*. So kündet das erste von der Glaubensgewißheit des Dichters, daß Satan vor der Macht Jesu zittere, während das zweite zur Betrachtung des blutigen Schweißes Christi im Garten Gethsemane und zur *compassio* anhält. Neben Familienangehörigen wie seinem älteren Bruder Paul (*Ep.* I,6.30.44) und seiner Schwester Anna Maria (*Ep.* I,45–46) ist eine größere Anzahl von Epigrammen Georg Schönborner gewidmet. Sie würdigen das Mäzenatentum des Rechtsgelehrten (*Ep.* I,31.33. 34) und betrauern seinen allzufrühen Tod (*Ep.* I,38–43). Formal sind Gryphius' Epigramme weitestgehend in dem genretypischen Versmaß des elegischen Distichons gehalten. Vereinzelt finden sich Hexameterpaare (*Ep.* I,13.25.54), Hendekasyllaben (*Ep.* I,49) und Phalaceen (*Ep.* I,65). Wo Gryphius sich satirisch bzw. spöttisch gibt – nach Opitz die vorrangige Intention des Epigramms – oder sogar schlüpfrig (*Ep.* I,62–63), stellt er sich in die Tradition Martials, wenngleich es Ovid ist, der sich am häufigsten im Zitat nachweisen läßt. Im Einzelfall läßt sich sogar die Rezeption der *Anthologia Graeca* belegen, die Epigramme von der Antike bis zum byzantinischen Reich enthält.

Die verstreute Überlieferung von Gryphius' lateinischen Kasualgedichten hat dazu geführt, daß bislang lediglich ein Bruchteil seiner tatsächlichen Produktion ermittelt werden konnte. Diese dürfte beträchtlich größer gewesen sein, als die rund zwei Dutzend erhaltenen Texte es vermuten lassen. Gryphius' Gelegenheitsgedichte entstanden zwischen 1637 und 1664 und dokumentieren seine anhaltende Übung in der lateinischen Dichtersprache. Beachtung verdienen insbesondere die Nänie für seine Stiefmutter Maria Rißmann (1637; Liss., S. 63–68), die Epithalamien anläßlich der Hochzeit von Christoph Nassau mit Anna Rothe (1637; Ep. I,47–49) und von Michael Eder mit Barbara Juliana Vechner (1638)[24] sowie die Acclamationes votivae genannten Gedichte für seinen Bruder Paul (1638),[25] da sie sich nicht nur durch ihre sprachlich vollendete Form auszeichnen, sondern auch Einblick in das nähere Lebensumfeld des Dichters gestatten. Dies gilt ebenso für den erst 2009 entdeckten Lessus, eine Totenklage für Wolfgang Jacob von Gera (1647),[26] den Gryphius allem Anschein nach in Straßburg kennengelernt hatte und dessen frühzeitiges Dahinscheiden er auch in mehreren deutschen Sonetten betrauert hat. Der Lessus erinnert an den Verstorbenen, würdigt seine Persönlichkeit und sucht den Hinterbliebenen Trost zu spenden. Darüber hinaus erlaubt er Rückschlüsse auf Route und Funktion der Kavaliersreise, die Gryphius zwischen 1644 und 1647 an der Seite des pommer-

---

24 Festivitati Nuptiarum Reverendi, Clarissimi, Doctissimi Viri, Domini M. Michaelis Ederi Ecclesiæ Gynæcopolitanæ Pastoris & Inspectoris Fidissimi vigilantissimi, Parentis æternùm colendiss. Virginisq; Genere, Virtute, Modestiâ Eminentissimæ Lectissimæque BARBARÆ JULIANÆ VECHNERIÆ, Votivè accinit Cum Pari Schonborniadum florentissimo, suæ institutioni commisso, ANDREAS GRYPHIUS Philosoph. & Poeta. AN. M DC XXXVIII, fol. Aiij^r–Av^v. Vgl. Andreas Gryphius: Lateinische Kleinepik (Anm. 9), S. 90–96.

25 I. N. I Πρὸς Φωνήματα εὐκτικά sive Acclamationes votivæ, congratulantes Novis Theologicis honoribus *VIRI* Reverendâ, pietate, præclarâ virtute, insignique sacræ orthodoxias Zelo conspicui Dn. M. PAULI GRYPHII, Ecclesiastis quondam Freistadiensium fidelissimi; post Christi Exulis afflictissimi; nunc Ecclesiæ ac Diœceseos Crosnensis Pastoris ac Superintendentis desideratissimi. *Cum Illustriss.* Electoris Brandeburgici jussu, is ad S. S. isthoc munus ritu solenni publicè inauguraretur D. 12 Augusti, Anno 1638. *Animitus fusæ & consignatæ* â Fautoribus & Amicis. Typisque excusæ *LESNÆ POLONORUM* â Wigando Funccio, fol. Dij^r–Diiij^r. Vgl. Andreas Gryphius: Lateinische Kleinepik (Anm. 9), S. 96–104.

26 Memoriæ & Perennitati Perillvstris & Generosissimi Domini Domini Wolfgangi Iacobi Domini De Gera Liberi Baronis in Eschelberg / Liechtenhaag & Wäxenberg etc. Qui Dum animo ad Virtutes & gloriam nato, conatu ad ardua quæq; indefesso, Omnium de se exspectationem concitasset; præcoci Fato Expectationem mortalium abrupit Votum immortalitatis explevit Anno ætatis XXII. Mens. VII. D. XXV. Æræ Christianæ MDC XLVI. Kal. Novembr. Iulian. ARAM Lacrumis solemnibus ac desiderio consecrant Superstites Amici. IV. Kal. Mart. Exequijs Illustribus dicto Argentorati. Typis hæredum Johannis Andreæ. M DC XLVII, fol. A3^v–B^r. Vgl. für Abdruck und Übersetzung Johannes Birgfeld: Trauer(arbeit) auf Reisen (2009) [140], S. 82–89.

schen Adligen Wilhelm Schlegel unternahm. Allem Anschein nach nutzte der Dichter die Reise auch zur persönlichen Trauerarbeit. Sein letztes bislang nachgewiesenes Kasualgedicht, ein Epigramm auf Samuel Schaf anläßlich der Hochzeit mit Anna Regina von Johnston und Ziebendorf, schrieb der Dichter wenige Wochen vor seinem Tod.[27] Gryphius gratuliert darin dem Bräutigam, mit der ältesten Tochter des Polyhistors Johann Johnston eine außergewöhnliche Frau heimgeführt zu haben, wobei er kunstvoll mit dem Namen der Braut, Regina, lat. ›Königin‹, spielt. Bereits mit ihrem Vater war Gryphius in inniger Freundschaft verbunden und hatte eine poetische subscriptio zu dessen Porträt in der Historia naturalis von 1660 beigesteuert.

---

27 VOTA EPITHALAMIA, VIRO *Nobilissimo & Politissimo*, DN. SAMUELI SCHAFIO, Patritio Vratislaviensi, SPONSO, & Virgini Natalium Splendore & Virtutibus Virgineis *Eminentissimæ*, ANNÆ REGINÆ JONSTONÆ, *VIRI Magnifici, Nobilissimi atque Excellentissimi*, DN. D. JOHANNIS IONSTONI, Toparchæ in Ciebendorff / Philosophi, Medici & Polyhistoris longe Celeberrimi & omni laude Majoris, filiæ unicæ, SPONSÆ, facta *ab* Amicis, Fautoribus & Cultoribus Jonstoniani Nominis *A. O. R.* CIƆ IƆC LXIV. *Die XV. Januari.* Steinoviæ ad Oderam, *Typis JOHANNIS KUNTZII.* Vgl. Andreas Gryphius: Lateinische Kleinepik (Anm. 9), S. 122.

II.4 Lyrik

II.4.1 Sonette
Von Thomas Borgstedt

Bedeutung

Während der dichterische Ruhm des Andreas Gryphius in seinem eigenen Jahrhundert vor allem auf seinem dramatischen Werk beruhte, liegt das Augenmerk seit der Romantik eher auf der Lyrik, und hier vor allem auf den Sonetten. Einige seiner Sonette über die menschliche Vergänglichkeit sowie das über die »Thränen des Vaterlandes« (*Son.* I,27), das von den Leiden des Dreißigjährigen Krieges handelt, zählen heute zu den bekanntesten deutschen Barockgedichten überhaupt.

Die Form des Sonetts spielte in der Frühen Neuzeit eine besondere Rolle für die Lyrik, da es sich um eine Gedichtform des italienischen Mittelalters und der Renaissance handelt, die anders als die Ode oder das Epigramm auf kein antikes Vorbild zurückgeht.[1] Berühmte italienische Autoren, darunter Dante Alighieri (1265–1321) und dann vor allem Francesco Petrarca (1304–1374), hatten ihr zu großem Ansehen verholfen. Seit dem 16. Jahrhundert galt die Beherrschung des Sonetts als ein Qualitätsmerkmal der nichtlateinischen, nationalen Dichtungssprachen. In Deutschland wurden Sonette erst mit dem *Buch von der Deutschen Poeterey* (1624) des Martin Opitz geläufig. Andreas Gryphius gehörte zu ihren ersten großen Meistern in deutscher Sprache.

Charakteristisch für Gryphius ist dabei zunächst wie in seinem sonstigen Werk die geistliche Ausrichtung seiner Dichtung. Er zeigt sich beeindruckt vom Vorbild der Jesuitenlyrik, die geistliche und christologische Themen in neulateinischen Elegien und Epigrammen behandelte.[2] Daran versucht er als Protestant in der Sprache Martin Luthers anzuknüpfen. Andere Orientierungspunkte bildet die volkssprachliche Sonettkunst in der Nachfolge Petrarcas, die von Martin Opitz in deutschen Alexandrinerversen vorgestellt worden war. Während es sich bei dessen Sonetten jedoch thematisch um weltliche Liebesdichtung, um satirische oder um moraldidaktische Dichtung handelte, bemüht sich Gryphius um eine von Grund auf geistliche

---

[1] Grundlegend für die Geschichte des Sonetts in der Frühen Neuzeit sind Heinrich Welti: Geschichte des Sonettes in der deutschen Dichtung (1884) [354], S. 54–140; Walter Mönch: Góngora und Gryphius (1953/54) [314]; ders.: Das Sonett. Gestalt und Geschichte. Heidelberg 1955, S. 147–163; Das deutsche Sonett. Dichtungen – Gattungspoetik – Dokumente. Hg. von Jörg-Ulrich Fechner. München 1969; Thomas Borgstedt: Topik des Sonetts (2009) [267], S. 211–362.

[2] Vgl. Max Wehrli: Gryphius und die Dichtung der Jesuiten (1964) [957]; Hans-Christoph Sasse: Spirit and Spirituality of the Counter-Reformation in Some Early Gryphius Sonnets (1976) [321].

Überformung der volkssprachlichen Lyriktradition. Bereits Paul Böckmann hat die Verbindung von humanistischem Formbewußtsein und biblisch-lutherischer Predigttradition als das übergreifende Merkmal der Gryphiusschen Dichtung beschrieben.[3] Die sakrale Überformung spiegelt sich gerade auch in der durchgängig zyklischen Anordnung seiner Sonette, die nach heilsgeschichtlichen Prinzipien zusammengestellt werden. Zugleich bedient er aber die vielfältigen Themen frühneuzeitlicher Sonettdichtung, von den besonders berühmt gewordenen Gedichten über die menschliche Vergänglichkeit über Kasualgedichte bis zu historisch-politischen, satirischen und Liebesgedichten.

Während man in der älteren Rezeption der Sonette meist die persönliche Betroffenheit des Dichters durch konkrete Zeiterfahrungen hervorgehoben hat, rückte die seit den 1960er Jahren dominierende traditionsgeschichtliche Forschung im Gegenzug vor allem die überpersönlichen frömmigkeits- und formgeschichtlichen Aspekte ins Zentrum. Neuere Arbeiten bemühen sich um einen Ausgleich der beiden Perspektiven, indem sie vor dem Hintergrund der gewonnenen Erkenntnisse erneut die Frage nach der Singularität und der ästhetischen Qualität der Texte stellen.

Entstehung/Editionsgeschichte

Andreas Gryphius hat an seinen Sonetten während seines gesamten Lebens weitergearbeitet. Er hat sie für die späteren Werkausgaben erweitert und sprachlich zum Teil stark verändert. Daraus ergibt sich ein komplexer Textbestand aus früheren und späteren Fassungen, der sich in unterschiedlichen modernen Ausgaben niedergeschlagen hat. So folgt die frühe Werkausgabe von Hermann Palm der posthumen, von Andreas Gryphius' Sohn Christian 1698 herausgegebenen Werkausgabe (*TG*), die nachträgliche Textbearbeitungen und einen späteren Sprachstand enthält und somit keine autorisierte Fassung darstellt.[4] Der von Marian Szyrocki 1963 im Rahmen der *Gesamtausgabe der deutschsprachigen Werke* herausgegebene Sonettband dagegen legt die jeweils frühesten Drucke der Gedichte zugrunde (*GA* I). Günther Weydt und Hans-Henrik Krummacher haben kritisch darauf hingewiesen, daß dem technischen Dichtungsverständnis der Frühen Neuzeit eher eine Bevorzugung der letzten vom Dichter autorisierten Fassung angemessen sei, und haben an zahlreichen Beispielen die Tendenz und den qualitativen Gewinn der Überarbeitungen

---

3 Paul Böckmann: Offenbarungsgehalt und Elegantiaideal in der Dichtung des Gryphius [204], S. 416–430.
4 Andreas Gryphius: Werke in drei Bänden (1961) [1].

aufgezeigt.⁵ Dieser Empfehlung folgen die von Adalbert Elschenbroich und von Thomas Borgstedt 1968 und 2012 herausgegebenen unterschiedlichen Auswahlausgaben der Gedichte im Reclam-Verlag, die als bislang einzige moderne Ausgaben die späten Textfassungen von 1663 wiedergeben.⁶

Andreas Gryphius' erster Gedichtband überhaupt waren die sogenannten ›Lissaer Sonette‹, die 1637 im polnischen Lissa erschienen.⁷ Die Sammlung dokumentiert bereits die Absicht des jungen Autors, eine geistliche Sonettsammlung in deutscher Sprache vorzulegen, und sie enthält frühe Fassungen bekannter Sonette wie »Es ist alles gantz eytel« (*Liss.*, S. 14f.), »Menschliches Elende« (*Liss.*, S. 18–20) oder »Trawrklage des verwüsteten Deutschlandes« (*Liss.*, S. 47–49). Etwa parallel entstanden sind die *Son- undt Feyrtags Sonnete*, die 1639 im niederländischen Leiden erstmals gedruckt wurden (*SuF*). Einen Eindruck einer frühen Gedichtfassung aus dieser Zeit gibt das auf das eigene Schreiben bezogene Abschlußsonett dieser Ausgabe, das in seiner späteren Fassung den aussagekräftigeren Titel »ANDREAS GRYPHIUS. Vber seine Sontag- und FeyrtagsSonnette« (*DG*, S. 116) tragen wird:

Beschlus SONNET.

Umbringt mitt höchster angst, vertäuft in grimme schmertzen,
   Besturtzt durch schwerdt undt fewr, durch libster freunde todt,
   Durch blutverwandter flucht undt elendt, da uns Gott
Sein wort, mein licht, entzog: als toller feinde schertzen
Als falscher zungen neidt drang rasendt mir zue hertzen,
   Schrib ich, was itz kombt vor, mir zwang die scharffe noth,
   Die federn in die faust. Doch lästermäuler spott
Ist als der erste rauch umb hell entbrandte kertzen.
   Ihr neider belt undt nagt, was nicht der windt anficht;
   Was nicht der regen netzt bringt selten reiffe frucht,
Die ros ist immer dar mitt dornen rings umbgeben.
   Manch baum, der itz die äst, hoch in die luft aufreckt,
   Lag als ein unnutz kern, zuvor mitt erdt bedeckt,
So, was ihr unterdruckt, wirdt wen ihr todt seidt leben. (*SuF* II,35)⁸

---

5 Günther Weydt: Sonettkunst des Barock (1965) [356]; Hans-Henrik Krummacher: Zur Kritik der neuen Gryphius-Ausgabe (1965), Rez. zu [2].
6 Mit einem Auswahlschwerpunkt auf der geistlichen Lyrik und vollständigem Abdruck der Sonn- und Feiertagssonette: Andreas Gryphius: Gedichte (1968) [61]; insgesamt erweitert, erstmals kommentiert und unter stärkerer Berücksichtigung der Vielfalt von Themen und Formen sowie mit vollständigem Abdruck der ersten beiden Sonettbücher in ihrer originalen Anordnung: Andreas Gryphius: Gedichte (2012) [67].
7 Zur Entstehungsgeschichte der Gryphiusschen Sonette allgemein Willi Flemming: Andreas Gryphius (1965) [112], S. 172–177; Eberhard Mannack: Andreas Gryphius (1986) [127], S. 38–41.
8 Vgl. Marian Szyrocki: Der junge Gryphius (1959) [134], S. 87; Hans-Georg Kemper: Deutsche Lyrik der frühen Neuzeit, Bd. 4/I (2006) [220], S. 282–284.

Ganz offensichtlich sind diese Verse von unmittelbarer Empörung und von aktuellen Auseinandersetzungen um die eigene dichterische und biographische Situation – um Kritiker und Neider – geprägt. Deren nähere Umstände lassen sich ebensowenig ermitteln, wie sich das Verhältnis von biographischem Anlaß und topischer Gestaltung aufschlüsseln läßt.[9] In der Überarbeitung von 1657 fällt die satirische Schärfe dieser frühen Verse jedenfalls weitgehend weg. Nicht mehr von der ›Feder in der Faust‹ ist dann die Rede, sondern vom Schreiben mit ›noch zu zarter Hand‹. Gryphius ersetzt in der Pointe dann den hier noch sehr selbstbewußt und kämpferisch formulierten Topos des späteren Nachruhms durch den distanzierteren Bescheidenheitstopos, der auf das eigene jugendliche Unvermögen seiner frühen Dichtung verweist: »Jch sag' es was mir fehlt | Daß meine Kindheit nicht gelehrt doch fromm gewesen« (*DG*, S. 117). Nach Günther Weydt ist in dieser Formulierung »der poetologische Grundgedanke stärker konturiert« worden.[10] Zugleich jedoch ist die unmittelbare Anlaßbezogenheit des Gedichts zugunsten einer überzeitlichen Geltung in den Hintergrund getreten.

Während seines sechsjährigen Studienaufenthalts in Leiden arbeitete Gryphius weiter an seinem lyrischen Werk und veröffentlichte daselbst 1643 ein gegenüber der Lissaer Sammlung erweitertes Buch mit Sonetten (Ausgabe B) neben jeweils einem Buch mit Oden sowie mit deutschen und lateinischen Epigrammen.[11] Während der Rückkehr von seiner großen Italienreise entwarf er in Straßburg sodann eine erste Gesamtausgabe seiner Werke, die zwei Bücher zu je 50 Sonetten und als drittes und viertes Buch die insgesamt 100 Sonn- und Feiertagssonette enthalten sollte. Aufgrund wirtschaftlicher Probleme des Verlagshauses Dietzel in Straßburg erschien die Ausgabe erst 1650 unautorisiert und in unvollständiger Form – nur die ersten beiden Sonettbücher und 58 der Sonntagssonette waren abgedruckt – bei Johann Hüttner in Frankfurt am Main (Ausgabe C).[12] Die erste autorisierte Gesamtausgabe mit allen vier intensiv überarbeiteten Büchern seiner Sonette brachte Gryphius 1657 bei Johann Lischke in Breslau heraus.[13] 1663

---

9 Vgl. dazu Conrad Wiedemann: Andreas Gryphius (1984) [137], S. 448.
10 Weydt (Anm. 5), S. 6.
11 ANDREÆ GRYPHII Sonnete. Das erste Buch. [Leyden 1643] (*Son. 1643*); ANDREÆ GRYPHII Oden. Das erste Buch. [Leyden 1643] (*Od. 1643*); ANDREÆ GRYPHII EPIGRAMMATUM. LIBER I. [Leyden 1643] (*Ep.* I); ANDREÆ GRYPHII Epigrammata. Das erste Buch. [Leyden 1643] (*Ep.* II).
12 Andreas Griphen Teutsche Reim-Gedichte Darein enthalten I. Ein Fürsten-Mörderisches Trawer-Spiel / genant. Leo Armenius. II. Zwey Bücher seiner ODEN III. Drey Bücher SONNETEN Denen zum Schluß die Geistvolle Opitianische Gedancken von der Ewigkeit hinbey gesetzet seyn. Alles auff die jetzt üb- vnd löbliche Teutsche Reim-Art verfasset. Jn Franckfurt am Mayn bey Johann Hüttnern / Buchführern. Jm Jahr. 1650 (*TR*).
13 ANDREÆ GRYPHII Deutscher Gedichte / Erster Theil. Breßlaw / Jn Verlegung Johann Lischkens / Buchhändlers. 1657 (*DG*).

erschien als ›Ausgabe letzter Hand‹ eine letztmalig vom Autor bearbeitete Werkausgabe in der gleichen, nunmehr verbindlichen Anordnung der Sonette (Ausgabe E).¹⁴ Die zahlenmäßige Begrenzung der publizierten Sonette auf zweimal 50 plus die 100 Sonn- und Feiertagssonette hatte dazu geführt, daß eine größere Zahl von Sonetten aus den Werkausgaben ausgeschlossen blieb. Dies korrigierte der Sohn des Dichters, Christian Gryphius, in der posthumen Gesamtausgabe, die er 1698 bei Fellgiebel in Breslau und Leipzig herausbrachte (Ausgabe F).¹⁵ Er hat die Zahl der Texte erweitert, hat diese überarbeitet und sprachlich modernisiert, so daß sie nicht mehr die originale Fassung des Autors darstellen. So enthält die Ausgabe insgesamt 71 bis dahin noch unveröffentlichte, zu einem eigenen ›Buch‹ zusammengefaßte Sonette, die ein thematisch breiteres Spektrum umfassen als die von Gryphius selbst publizierten. Sie werden als ›Sonette aus dem Nachlaß‹ (*SNa.*) bezeichnet.¹⁶

Zyklusbildung (›Lissaer Sonette‹, Sonn- und Feiertagssonette, Sonettbücher)

Von Beginn seines Sonettschaffens an bemühte sich Andreas Gryphius um eine zyklische Anordnung seiner Gedichte nach bestimmten heilsgeschichtlich-autoritativen und numerischen Ordnungsmustern. Er knüpft damit an die bis hinter Petrarca zurückreichende Gattungstradition an, gemäß der Sonettsammlungen oft sowohl narrativ-autobiographisch als auch nach heilsgeschichtlich signifikanten Motiven angeordnet waren. Zugleich folgt er nicht mehr dem noch von Martin Opitz und Paul Fleming gewählten Anordnungsprinzip der Silvae bzw. ›Poetischen Wälder‹, die sich vor allem für panegyrische Dichtungen und Casualia eigneten.¹⁷ Für Gryphius steht dagegen der geistliche Charakter seiner Anordnung im Vordergrund.¹⁸ Bereits die 31 ›Lissaer Sonette‹ geben das Schema vor, das auch in den späteren Sonettbüchern beibehalten wird. Man hat darüber hinaus für die Lissaer Ausgabe

---

14 ANDREÆ GRYPHII Freuden und Trauer-Spiele auch Oden und Sonnete. Jn Breßlau zu finden Bey Veit Jacob Treschern Buchhändl. Leipzig / Gedruckt bey Johann Erich Hahn. Jm Jahr 1663 (*FT*).
15 Gryphius: Teutsche Gedichte (*TG*); dazu: Blake Lee Spahr: Andreas Gryphius (1993) [132], S. 52f.
16 Sie sind auch vollständig abgedruckt in GA I,93–130.
17 Vgl. Wolfgang Adam: Poetische und kritische Wälder. Untersuchungen zu Geschichte und Formen des Schreibens ›bei Gelegenheit‹. Heidelberg 1988; Thomas Borgstedt: *Silvae* und *Poemata*. Martin Opitz' doppelte Einteilung seiner Gedichte und ihr Mißverständnis bei Druckern und Forschern. In: Wolfenbütteler Barock-Nachrichten 31 (2004), S. 41–48.
18 Vgl. für die Anordnung der Sonettbücher insgesamt Wolfram Mauser: Dichtung, Religion und Gesellschaft (1976) [311], S. 27–30.

elaborierte numerologische Ordnungsprinzipien nachzuweisen versucht, die auf einer Verwendung des Buchtitels *ANDREÆ GRYPHII, Sonnete* sowie der biblischen Formel »VANITAS, VANITATUM, ET OMNIA VANITAS« (*Liss.*, S. 14) beruhen sollten, was allerdings im einzelnen kaum verifizierbar ist und deshalb umstritten bleibt.[19] Gryphius eröffnet sein erstes Sonettbuch mit geistlichen Sonetten auf den dreieinigen Gott: so stehen in der Lissaer Ausgabe am Anfang ein bzw. in den späteren Ausgaben zwei Sonette auf den Heiligen Geist. Das stark mit anaphorischen Wiederholungsfiguren arbeitende Eröffnungssonett – hier in der Fassung letzter Hand von 1663 – verbindet die ausdrückliche Anrufung des dreieinigen Gottes mit der Funktion eines Musenanrufs, wenn der Dichter den »Meister aller Kunst« im letzten Vers um Erleuchtung bittet.

>   An GOtt den Heiligen Geist.
>
> O Feuer wahrer Lib! O Brunn der guten Gaben!
>   O Meister aller Kunst! O Höchste Heiligkeit!
>   O dreymal grosser GOtt! O Lust / die alles Leid
> Vertreibt! O keusche Taub! O Furcht der Höllen Raben!
> Die / eh das wüste Meer / mit Bergen rings umbgraben /
>   Eh Lufft und Erden ward / eh das gestirnte Kleid
>   Dem Himmel angelegt / vor Anbegin der Zeit /
> Die zwey / die gantz dir gleich / von sich gelassen haben:
>   O Weißheit ohne Maß; O reiner Seelen Gast!
>   O teure Gnaden-Quell' / O Trost in herber Last!
> O Regen / der in Angst mit Segen uns befeuchtet!
>   Ach laß ein Tröpfflein nur von deinem Lebens-Tau
>   Erfrischen meinen Geist! Hilff daß ich doch nur schau'
> Ein Füncklein deiner Glutt! so bin ich gantz erleuchtet. (*Son.* I,1)[20]

Auf die Anrufung des Heiligen Geistes folgen in den Zyklen jeweils mehrere Gedichte auf die Passion Christi (*Liss.*, S. 8–12; *Son.* I,3–6),[21] von denen zwei nach Epigrammen der Jesuitendichter Jakob Bidermann und Mathias Casimir Sarbiewski gestaltet sind, sowie das Sonett über das Weib Loths nach Bernardus Bauhusius

---

19 Vgl. Szyrocki (Anm. 8), S. 84–108; Karl Richter: Vanitas und Spiel (1972) [935], S. 133–138; Mauser (Anm. 18), S. 27f.; Günter Ott: Die ›Vier letzten Dinge‹ in der Lyrik des Andreas Gryphius (1985) [231], S. 153–168; Robert M. Browning: Towards a Determination of the Cyclic Structure (1985) [272]; Nicola Kaminski: Andreas Gryphius (1998) [122], S. 60–72; Stefanie Knöll: Gryphius' Erstes und Zweites Sonettbuch (1999) [298].
20 Vgl. Szyrocki (Anm. 8), S. 90–92; u.a. zur Funktion als Invocatio: Weydt (Anm. 5), S. 13; Blake Lee Spahr: Gryphius and the Holy Ghost (1973) [335]; Mauser (Anm. 18), S. 30–41, zur Bedeutung des Trinitätsmotivs ebd., S. 44–48; Spahr (Anm. 15), S. 25–28.
21 Zur gesamten Gruppe Mauser (Anm. 18), S. 78–100; vgl. auch Anm. 40.

(*Liss.*, S. 12f.; *Son.* I,7), das dem strafenden Gott des Alten Testaments Rechnung trägt.²²

Auf diese eschatologisch-trinitarische Eröffnung folgen eine Reihe von *vanitas*-Gedichten (*Liss.*, S. 14–20; *Son.* I,8–11) mit biblischen Bezügen, namentlich sind dies diejenigen mit den späteren Titeln »Es ist alles Eitel«, »Thränen in schwerer Kranckheit«, »Der Welt Wollust« und »Menschliches Elende«. Daran wiederum schließt sich eine größere Zahl von Kasualsonetten mit autobiographischen Bezügen zum Autor an. Das in der Lissaer Ausgabe an erster Stelle der Kasualgedichte stehende Sonett auf die eigene Geburt (*Liss.*, S. 20f.) fällt in den späteren Ausgaben weg. Es folgen jeweils die Gedichte auf das Grab von Vater und Mutter (*Liss.*, S. 21–25; *Son.* I,12–13), auf die Bibliothek seines Gönners Georg Schönborner (*Liss.*, S. 26f.; *Son.* I,14), auf den Bruder und den Stiefvater (*Liss.*, S. 31–36; *Son.* I,15–17), auf seinen Danziger Lehrer Peter Crüger und den dortigen Stadtsekretär Michael Borck (*Liss.*, S. 27–31; *Son.* I,18–19)²³ sowie auf das Grab eines ungenannten Juristen (*Liss.*, S. 36–38; *Son.* I,20).²⁴ Sodann schließen sich zwei petrarkisierende Gedichte des Schönheitslobs an, die später den Titel »An Eugenien« erhalten (*Liss.*, S. 38–41; *Son.* I,21–22), drei Hochzeits- bzw. Freundschaftssonette für Studienkollegen (*Liss.*, S. 41–46; *Son.* I,23–25) sowie eine Reihe satirischer Spottsonette (*Liss.*, S. 46–55; *Son.* I,26–31), unter denen sich auch die »Trawrklage des verwüsteten Deutschlandes« befindet. Den Abschluß der Lissaer Ausgabe bildet ebenfalls ein »Beschluß Sonnet«, das in den späteren Ausgaben wegfällt (*Liss.*, S. 55f.).

Das erste Sonettbuch der Ausgaben ab 1643 füllt den Bestand des Lissaer Bandes bis zur Zahl von 50 Sonetten mit aktuelleren Texten auf, ohne der Anordnung dabei im Detail besondere Aufmerksamkeit zu schenken. Hinzu kommen weitere Kasualsonette (*Son.* I,32,²⁵ 37–39), Sonette auf die Vergänglichkeit des Leibes (*Son.* I,33–34), Lobgedichte auf ›erhebende‹ Gegenstände wie die Märtyrertugend, die Tugend der Frau, den Anblick der Sterne,²⁶ das Gestorbensein, den ›freyen Sinn‹ der Wissenschaft oder die Freundschaft (*Son.* I,35–40), zwei erotische Scherzsonette (*Son.* I,41–42), ein Lob des »Königs-Spiel[s]«²⁷ und ein Hochzeitsscherz

---

22 Vgl. Mauser (Anm. 18), S. 106–108; Hans-Georg Kemper: Gottebenbildlichkeit und Naturnachahmung (1981) [219], Bd. 1, S. 275–310; Kaminski (Anm. 19), S. 45–50; Kemper (Anm. 8), S. 259–281.
23 Zu *Son.* I,18 »An Herrn Petrum Crügerum«: Mauser (Anm. 18), S. 55f.
24 Vgl. Claudia Benthien: »Itzt nun die Zunge fault« (2003) [873], S. 232–236.
25 Vgl. dazu Hans-Henrik Krummacher: Das barocke Epicedium (1974) [224], S. 146f.
26 Zu *Son.* I,36 »An die Sternen«: Erich Trunz: Andreas Gryphius' Gedicht »An die Sternen« (1965) [345]; Weydt (Anm. 5), S. 19–24; Dietrich Walter Jöns: Das »Sinnen-Bild« (1966) [907], S. 150–153; Vereni Fässler: Hell-Dunkel in der barocken Dichtung (1971) [887], S. 65–68; Bruno Rieder: Contemplatio coeli stellati (1991) [237], S. 119–167; Jochen Schmidt: Die Opposition von contemplatio und curiositas (2003) [329].
27 Vgl. dazu Michael Schilling: »Ebenbildt vnsers lebens« oder Das Königsspiel des Andreas Gryphius (1992) [324].

(*Son.* I,43–44). Den Abschluß bilden Gedichte auf die Vergänglichkeit des eigenen Lebens (*Son.* I,45–49) und schließlich auf das Grab von Andreas Gryphius' zwischen dem Lissaer und dem Leidener Druck 1640 früh verstorbenem Bruder Paul Gryphius (*Son.* I,50), so daß eine rudimentäre heilsgeschichtliche Struktur angestrebt bleibt.

Auch das zweite Sonettbuch, das bis 1646 fertiggestellt wurde und 1650 erstmals erschien, ist um eine in den Grundzügen heilsgeschichtliche Anordnung bemüht. Eröffnet wird es von dem sogenannten ›Tageszeitenzyklus‹ mit einer allegorisch-eschatologischen Perspektive auf den irdischen Zeitverlauf (*Son.* II,1–4).[28] Enthalten sind dann aber zahlreiche Sonette zu Bildungsthemen und Lektürefrüchten, so das an Petrarca angelehnte Sonett »Einsamkeit« (*Son.* II,6), ferner Widmungssonette, solche zu kasualen Anlässen, zu Erlebnissen auf der Kavaliersreise durch Frankreich und Italien seit 1644, zu historischen Begebenheiten, aber auch Liebes- und satirische Sonette. Den Abschluß des Buches bildet ein weiterer kleiner Zyklus zu den ›Vier Letzten Dingen‹ mit den Sonetten »Der Tod«, »Das Letzte Gerichte«, »Die Hölle«, »Ewige Freude der Außerwehlten« und »ELIAS« (*Son.* II, 46–50), wobei das letzte Sonett auf den biblischen Propheten Elias einen Bogen zurückschlägt zum Schlußgedicht des ersten Sonettbuchs auf den Tod des Bruders Paul Gryphius.[29]

Für die Sonn- und Feiertagssonette ist die zyklische Struktur durch die Perikopen des Kirchenjahrs vorgegeben, wobei Gryphius 64 Sonntagssonette und 36 Festtagssonette verfaßt, um auch hier auf die Gesamtzahl von 100 Sonetten zu kommen. Dabei sind die letzten drei der Festtagssonette nicht mehr auf Festtagsperikopen, sondern auf andere Bibelstellen und auf den Sonettzyklus selbst bezogen, was der Auffüllung der Zahl von 100 Sonetten dient.

Sonettform, Vers und Sprache

Die Sonettform orientiert sich bei Andreas Gryphius am Vorbild des Martin Opitz.[30] Es handelt sich in der Regel um Alexandrinersonette mit wechselndem Reimge-

---

28 Böckmann (Anm. 3), S. 429f.; Jöns (Anm. 26), S. 91–102, 153f., 167–183; Marvin S. Schindler: The Sonnets of Andreas Gryphius (1971) [327], S. 68–91 (*Abend*), 152–158; Fritz G. Cohen: The »Tageszeiten« Quartet of Andreas Gryphius (1978) [277]; Axel Vieregg: Vom Sinnbild zum sinnlichen Bild in Gryphius' »Abend«-Sonett (1987) [348]; Spahr (Anm. 15), S. 44f.
29 Vgl. zu dieser Gedichtgruppe Mauser (Anm. 18), S. 100–106; Ott (Anm. 19); Hans-Henrik Krummacher: »De quatuor novissimis« (1987) [300]; zu *Son.* II,46: Böckmann (Anm. 3), S. 418; Ferdinand van Ingen: Vanitas und Memento Mori (1966) [217], S. 95–97.
30 Zur Sonettform bei Gryphius: Welti (Anm. 1), S. 99–111; Mönch (1955) (Anm. 1), S. 155–160; Mauser (Anm. 18), S. 304–311; mein Nachwort in: Andreas Gryphius: Gedichte (2012) [67], S. 206–221, hier S. 214f.; Elisabeth Rothmund: Les sonnets d'Andreas Gryphius (2012) [320].

schlecht, die den französischen Reimschemata mit eröffnendem Terzettpaarreim ABBAABBA<u>CC</u>DEDE oder <u>CC</u>DEED folgen. Vorsichtige Variationen des Reimschemas in den Terzetten wie CDCEDE oder CDCDEE schließen daran an, finden sich aber nur vereinzelt vor allem in den Feiertagssonetten (*SuF* II,14.23.28) und den Sonetten aus dem Nachlaß (*SNa*. 39.68.69).[31] Typographisch werden nicht mehr wie in der romanischen Tradition und bei Opitz oder Fleming Quartette und Terzette durch hängenden Einzug markiert, sondern es werden wie bei Elegien oder Epigrammen die kürzeren, männlich reimenden Verse eingezogen, so daß sich ein blockartiges Druckbild der Sonette ergibt, das dem epigrammatischen Sonettverständnis der Zeit entspricht.[32]

Auch bei den Versarten hält sich Gryphius zunächst an die in Opitz' *Buch von der Deutschen Poeterey* empfohlenen Formen. So besteht das 1643 hinzugekommene zweite Sonett an den Heiligen Geist (*Son.* I,2) aus *vers communs* (mit Terzettreimen CDCEDE), wie sie Opitz neben dem Alexandriner vorgeschlagen hat. Seit der ersten Hälfte der 1640er Jahre erweitert Gryphius sein Repertoire, indem er daktylische Metren aufnimmt, sehr viel längere und kürzere Verse verwendet und manchmal verschiedenartige Verse innerhalb eines Sonetts mischt. Man vermutet, daß dies auf den Einfluß der Poetik Philipp von Zesens zurückzuführen ist, dessen *Deutscher Helicon* 1640/41 erschienen war und entsprechende Empfehlungen enthielt.[33]

Die metrischen Variationen der Sonettform bei Gryphius finden sich vor allem im zweiten Buch der Sonette, in den überarbeiteten Sonn- und Feiertagssonetten und in den Sonetten aus dem Nachlaß. Vereinzelt führen sie zu ausgesprochen experimentellen Formen. So besteht das Sonett »Mitternacht« (*Son.* II,4) am Anfang des zweiten Buches aus achthebigen Daktylen mit einer Mittelzäsur, also einem ungewöhnlich langen Vers. Überboten wird dies am Ende des Buches im Gedicht »Die Hölle« (*Son.* II,48). Das ›Höllensonett‹ kombiniert in den Quartetten zweihebige Trochäen aus nur drei Silben mit Alexandrinern und in den Terzetten achthebige Daktylen mit *vers communs*. Die so ausgespannte Form aus extrem langen und extrem kurzen Versen ist im Druck zudem unkonventionell zentriert gesetzt, was sie typographisch kaum noch als Sonett erkennbar macht (Abb. 2).[34] Diese exzentrische Ge-

---

31 Zur metrischen Varianz vgl. insbes. Rothmund (Anm. 30).
32 Zur Typographie der Sonette vgl. Borgstedt (Anm. 1), S. 260–262.
33 Für diese These insges. Rothmund (Anm. 30).
34 Der zentrierte Satz von *Son.* II,48 ist in den zeitgenössischen Drucken nicht leicht zu erkennen, da die langen Verse jeweils über eine Zeile hinauslaufen, was das Druckbild unübersichtlich macht; überdies sind die die Quartette rahmenden Kurzverse gegenüber der Mittelachse verschoben. Eine Wiedergabe des zentrierten Satzes findet sich in einer modernen Ausgabe erstmals in Andreas Gryphius: Gedichte (2012) [67], S. 62.

staltung soll offenbar die extremen Gegebenheiten der Hölle auch auf formaler Ebene abbilden.[35]

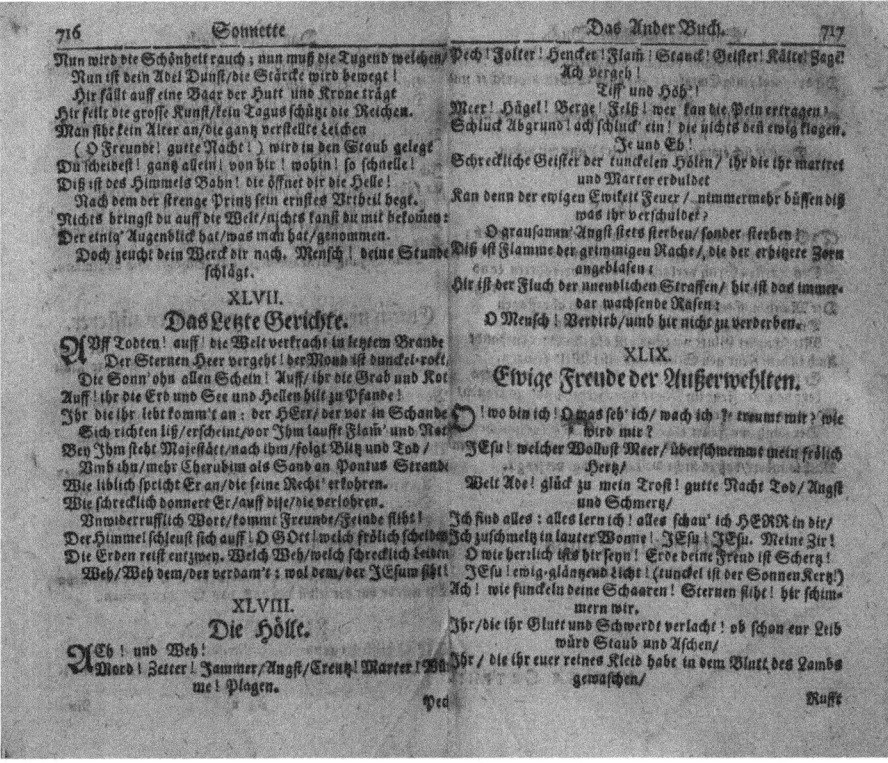

Abb. 2

Die Hölle.

ACh! und Weh!
Mord! Zetter! Jammer / Angst / Creutz! Marter! Würme! Plagen.
Pech! Folter! Hencker! Flamm! Stanck! Geister! Kälte! Zagen!
Ach vergeh!
Tiff' und Höh'!
Meer! Hügel! Berge! Felß! wer kan die Pein ertragen?
Schluck Abgrund! ach schluck' ein! die nichts denn ewig klagen.
Je und Eh!
Schreckliche Geister der tunckelen Hölen / ihr die ihr martret und Marter erduldet
Kan denn der ewigen Ewikeit Feuer / nimmermehr büssen diß was ihr verschuldet?

---

35 Interpretationen des vorliegenden Sonetts finden sich bei van Ingen (Anm. 29), S. 110f.; Schindler (Anm. 28), S. 145–148; Ott (Anm. 19), S. 198–228; ergänzend dazu: Krummacher (Anm. 29), S. 499–502, 534–540, 569–577.

> O grausamm' Angst stets sterben / sonder sterben!
> Diß ist Flamme der grimmigen Rache / die der erhitzete Zorn angeblasen:
> Hir ist der Fluch der unendlichen Straffen / hir ist das immerdar wachsende Rasen:
> O Mensch! Verdirb / umb hir nicht zu verderben. (*Son.* II,48)

Achthebige Langverse finden sich auch in den überarbeiteten Sonn- und Feiertagssonetten (*Son.* III,5.20.54), ebenso wie gemischtversige Formen (*Son.* III,11, IV,9). Ähnliches gilt für die Nachlaßsonette (z.B. *SNa.* 27.45.67.69).[36]

Die Behandlung des Alexandriners in Gryphius' Sonetten wird immer wieder als Beispiel für die antithetische Gestaltung dieses typischsten deutschen Barockverses genannt.[37] So werden die beiden durch Zäsur getrennten Hälften des Alexandriners von Gryphius gern mit aufeinander bezogenen rhetorischen Figuren besetzt. Typisch dafür sind Frage und Antwort (»Was sind wir Menschen doch? Ein Wohnhauß grimmer Schmertzen«, *Son.* I,11,1), paratraktische Reihung (»Ein Ball des falschen Glücks / ein Jrrlicht diser Zeit«, *Son.* I,11,2), Interjektionen und Wiederholungsfiguren (»Wir sind doch nunmehr gantz / ja mehr denn gantz verheeret!«, *Son.* I,27,1), hypotaktische (»Du falscher böser Mensch / aus dessen krummen Rachen«, *Son.* I,31,1) oder eben antithetische Konstruktionen (»Was diser heute baut / reist jener morgen ein«, *Son.* I,8,2). Die Parallelführung von rhetorischer und metrischer Struktur bewirkt eine starke Rhythmisierung und Eingängigkeit der Verse.[38] Zu dieser Eingängigkeit der Verse kommt hinzu, daß Gryphius die Affektwirkung durch ein aus biblischen und Predigtkontexten gespeistes, pathetisch intensiviertes Vokabular steigert – seine sprichwörtlichen ›Zentnerworte‹ (»Der frechen Völcker Schaar / die rasende Posaun | Das vom Blutt fette Schwerdt / die donnernde Carthaun«, *Son.* I,27,2f.; oder: »Ein Brand-Pfall und ein Rad / Pech / Folter / Bley und Zangen«, *Son.* I,34,1). Solche semantische Intensivierung sorgt für ein hohes Maß an Gravität der Gedichte.[39] Zu ihrer Lebendigkeit trägt bei, daß Gryphius häufig gerade zur Gedichteröffnung mit dialogischen Elementen und kommunikativen Sprechakten arbeitet, wie man es aus dem Bereich des religiösen Sprechens kennt, so mit Fragen, unmittelbaren Anreden (»Du falscher böser Mensch«, *Son.* I,31,1), Ausrufen (»ACh! und Weh!«, *Son.* II,48,1), Aufforderungen (»Auff Freunde!«, *Son.* II,2,1) und ähnlichem. Zugleich beherrscht Gryphius' Sprache die musikalische Modulation durch eine geschmeidige Variation des Versrhythmus. So wird die Periodenführung zum Sonettende hin nicht selten über die

---

36 Auch dazu Rothmund (Anm. 30).
37 Vgl. Wiedemann (Anm. 9), S. 442f.; zum Alexandriner im Drama: Rolf Tarot: Die Kunst des Alexandriners im barocken Trauerspiel (1997) [711]. Vgl. zudem unten ↗ Kap. II.10.11 zur Verstechnik.
38 Zu dieser stilistischen Eigenart des deutschen Barockverses Ulrich Schulz-Buschhaus: Emphase und Geometrie. Notizen zu Opitz' Sonettistik im Kontext des europäischen ›Petrarkismus‹. In: Martin Opitz (1597–1639). Nachahmungspoetik und Lebenswelt. Hg. von Thomas Borgstedt und Walter Schmitz. Tübingen 2002 (Frühe Neuzeit 63), S. 73–87, bes. S. 75–82.
39 Zur Intensivierung der rhetorischen Stilprinzipien Karl Otto Conrady: Die Intensivierung rhetorischer Formungen (1962) [210], S. 222–242, zu *Son.* I,34: S. 224–226.

Zäsur oder die Versgrenze hin gestreckt und der Leserhythmus somit verlangsamt, was ebenfalls eine Anhebung des Stilniveaus bewirkt (»Noch wil was Ewig ist kein einig Mensch betrachten«, *Son.* I,8,14; »itzt hab ich außgewacht | Vnd werde von dem Schlaff des Todes eingenommen«, *Son.* I,9,13f.).

Geistliche und Perikopensonette

Gryphius' Sonettbücher sind bei aller thematischen Heterogenität als exemplarisch geistliche Poemata angelegt. Dies macht schon allein die Anordnung deutlich, also die Rahmung durch heilsgeschichtlich signifikante Texte. So wird das erste Sonettbuch – und zuvor schon das Lissaer Sonettbuch – mit Gedichten auf den dreifaltigen Gott eröffnet. Im ersten Sonett »An GOtt den Heiligen Geist« heißt es (in kritischer Wendung auch gegen antitrinitarische Tendenzen der Zeit) »O dreymal grosser GOtt!« (*Son* I,1,3). Das zweite bezieht sich gezielt auf den Heiligen Geist (»Kom reiner Geist«) (*Son.* I,2,5), ab dem dritten geht es um Geburt, Leiden und Tod Christi.[40] In diesem Kontext stehen dann auch die ersten beiden Übersetzungen lateinischer Jesuitendichtung »Vber des HErrn Leiche« (*Son.* I,5) und »An den gecreutzigten JEsum« (*Son.* I,6) nach Bidermann und Sarbievius. Das an Sarbievius orientierte Kreuzigungssonett beschließt die Reihe der Christussonette und zeigt sehr deutlich die präsentisch-unmittelbare Gestaltung der Passionsbetrachtung.[41]

> An den gecreutzigten JEsum.
> Sarbievii: Hinc ut recedam.[42]
>
> HJr wil ich gantz nicht weg! laß alle Schwerdter klingen!
>   Greiff Spiß und Sebel an! brauch aller Waffen Macht
>   Vnd Flamm' / und was die Welt für unerträglich acht.
> Mich sol von disem Creutz kein Tod / kein Teufel dringen.

---

40 Vgl. Mauser (Anm. 18), S. 78–86; zu *Son.* I,3: Erich Trunz: Fünf Sonette des Andreas Gryphius (1949) [342], S. 181–186; erneut: ders.: Andreas Gryphius, »Über die Geburt Jesu« – »Thränen des Vaterlandes« – »Es ist alles eitel« (1956) [343], S. 133–138; Albrecht Weber: Lux in tenebris lucet (1956/57) [352], S. 13–16; Jöns (Anm. 26), S. 132–135; Schindler (Anm. 28), S. 52–67; Hugo Bekker: Andreas Gryphius (1973) [107], S. 61–63; Petrus W. Tax: Einige religiöse Sonette des Andreas Gryphius (1983) [341], S. 470–474.
41 Vgl. Szyrocki (Anm. 8), S. 58f.; Friedrich-Wilhelm Wentzlaff-Eggebert: Dichtung und Sprache des jungen Gryphius (1966) [958], S. 69–71; Conrady (Anm. 39), S. 239–242; Flora Kimmich: Nochmals zur Umarbeitung (1974) [295], S. 303–308; Mauser (Anm. 18), S. 86–100.
42 Das Sonett ist bezogen auf die 5. Epode »Ad pedes Christi in cruce morientis Auctor provolutus« aus den *Lyricorum libri IV. Epodon liber unus alterque Epigrammatum* von Matthias Casimir Sarbievius (Antwerpen 1632), S. 152. Der Text mit Übersetzung findet sich bei Conrady (Anm. 39), S. 239f., und bei Mauser (Anm. 18), S. 86–100, hier S. 89f. Das »Hinc ut recedam« übersetzt Mauser als »Hier sollt' ich weichen?«, ebd., Anm. 223; vgl. auch Szyrocki (Anm. 8), S. 92–95.

> Hir wil ich / wenn mich Ach und Angst und Leid umbringen /
>   Wenn Erd' und Meer auffreisst / ja wenn der Donner Macht /
>   Mit dunckel-rotem Blitz auff meinem Kopffe kracht /
> Ja wenn der Himmel fällt / hir wil ich frölich singen.
>   Weil mir die Brust noch klopfft / auch weder dort noch hir /
>   Vnd nun und ewig sol mich reissen nichts von dir.
> Hir wil ich / wenn ich soll / den matten Geist auffgeben.
>   Du aber / der du hoch am Holtz stehst auffgericht;
>   HErr JEsu / neig herab dein bluttig Angesicht /
> Vnd heiß durch deinen Tod im Tod mich ewig leben! (*Son.* I,6)

Mauser weist nach, daß der Bezug auf die Vorlagen der Jesuitendichter von Gryphius genutzt wird, um »theologisch-konfessionelle Positionsbestimmungen«[43] vorzunehmen und die Differenz der eigenen lutherischen Position zu der der Jesuiten herauszuarbeiten. Während nämlich bei Sarbievius in der Schlußpointe christusmystische Akzente gesetzt werden, bringt Gryphius in seinem paradoxalen, scharfsinnig-arguten Schlußvers den Kerngedanken der lutherischen Kreuzestheologie zum Ausdruck.

In den geistlichen Gedichten ist die Verbindung von humanistischer Formung, rhetorischer Intensivierung und theologischem Gehalt in der Nachfolge der lutherischen Predigttradition am deutlichsten sichtbar. So hat man unmittelbare Bezüge zur Tradition der lutherischen Kirchenlied- und Perikopendichtung eines Johann Arndt, Johann Heermann und anderer nachweisen können.[44] Direkt im Kontext liturgischer Traditionen stehen dabei die frühen Sonn- und Feiertagssonette, die in überarbeiteter Form als drittes und viertes Buch der Sonette in alle späteren Werkausgaben übernommen wurden. Diese sind jeweils auf bestimmte Bibelstellen bezogen und thematisch damit vorgeprägt. Wie Gryphius sich dabei um die szenische Lebendigkeit und dramatische Steigerung seiner Darstellung bei gleichzeitiger theologischer Akzentuierung bemüht, zeigt sehr schön etwa das Sonett auf den 4. Sonntag nach Epiphanias, das auf das Gleichnis von Jesu Stillung des Sturms (Mt 8,23–27) bezogen ist. Hier macht Gryphius gegenüber der biblischen Vorlage das Nebenmotiv des schlafenden Jesus zum metaphorischen Zentrum des Gedichts.[45] Auch dies hat eine theologische Konsequenz, denn so steht nicht die Wundertat Christi selbst, sondern der für das Luthertum wichtige Gedanke des ›verborgenen Gottes‹ – des *deus absconditus* – im Mittelpunkt des Perikopensonetts.

---

43 Mauser (Anm. 18), S. 93; dazu auch ders.: Andreas Gryphius – Philosoph und Poet unter dem Kreuz (1982) [228].
44 Vgl. Hans-Henrik Krummacher: Andreas Gryphius und Johann Arndt (1964) [299]; ders.: Der junge Gryphius und die Tradition (1976) [225], S. 228–267 u.ö.
45 Vgl. Krummacher (1976) (Anm. 44), S. 298–300; zum Schiff als Allegorie der Kirche hier auch Jöns (Anm. 26), S. 200f.; Kemper (Anm. 8), S. 284–286.

Auff den Sontag des schlummernden Helffers /
oder den IV. nach dem Fest der Weisen. Matth. 8.

AUff! Auff / wach auff HEr Christ / schau wie die Winde toben!
    Wie Mast und Ruder knackt / jtzt sinckt dein Schiff zu grund /
    Jtzt schaumt die wilde Flutt wo Flack und Segel stund
Vns fehlt's an Stärck und Rath! bald kracht die Lufft von oben /
Bald schluckt die Täuff uns ein! wird dich denn jmand loben
    Der ins Verderben fährt? Ist diß der feste Bund /
    Der stets uns hoffen hiß / wenn gleich der weite Schlund
Der Höllen riß' entzwey? wo hast du hin verschoben
    Was deine Treu versprach? hilff ehr der Kahn sich trenn't
    Hilff ehr das schwache Brett an jene Klippen renn't
Kan denn kein Zeter schrey'n dich aus dem Schlaff erwecken?
    Auff! auff! schilt Flutt und Meer! so bald du auff-wirst-stehn
    Wird Brausen / Sturm und Wind in einem nun vergehn /
Durch dein Wort muß / was uns mit Nöthen schreckt / erschrecken. (*Son.* III,14)

vanitas-Sonette

Zu den bekanntesten und wirkungsvollsten Sonetten von Gryphius zählen die Gedichte über die Vergänglichkeit des Irdischen. Er greift damit das im Zuge der Gegenreformation prominent gewordene und gerade auch von den Jesuitendichtern besonders betonte biblische Motiv »vanitas vanitatum & omnia vanitas« (Pred 1,2) auf.[46] Wörtlich geschieht dies im berühmten ersten Sonett dieser Reihe, das auf eben diese Vulgatastelle bezogen ist.[47]

    Es ist alles Eitel.

DV sihst / wohin du sihst nur Eitelkeit auff Erden.
    Was diser heute baut / reist jener morgen ein:
    Wo itzund Städte stehn / wird eine Wisen seyn /
Auff der ein Schäfers-Kind wird spilen mit den Herden:
Was itzund prächtig blüht / sol bald zutretten werden.
    Was itzt so pocht und trotzt ist Morgen Asch und Bein /
    Nichts ist / das ewig sey / kein Ertz / kein Marmorstein.

---

46 Vgl. dazu insgesamt van Ingen (Anm. 29).
47 Dazu Trunz (1956) (Anm. 40), S. 145–151; Szyrocki (Anm. 8), S. 95–99; Harry Gerald Haile: The Original and Revised Versions of Two Early Sonnets (1958) [289], S. 308–314; Joseph Leighton: On the Interpretation of Andreas Gryphius's Sonnet »Es ist alles eitel« (1965) [306]; Marvin S. Schindler: Interpretations of »Es ist alles eitel« (1967) [326]; Mauser (Anm. 18), S. 124–129; Ioana Craciun-Fischer: Barocke Rhetorik und protestantische Ethik (1997) [279]; Brigitte Kaute: Die Ordnung der Fiktion (2006) [293], S. 89–136; Thomas Vogel: Andreas Gryphius, »Es ist alles eitell« (2008) [349].

> Jtzt lacht das Glück uns an / bald donnern die Beschwerden.
> Der hohen Thaten Ruhm muß wie ein Traum vergehn.
> Soll denn das Spil der Zeit / der leichte Mensch bestehn?
> Ach! was ist alles diß / was wir vor köstlich achten /
>   Als schlechte Nichtikeit / als Schatten / Staub und Wind;
>   Als eine Wisen-Blum / die man nicht wider find't.
> Noch wil was Ewig ist kein einig Mensch betrachten! (*Son.* I,8)

Die Konfrontation von Vergänglichkeitsmahnung und irdischer Welt ist von der Dichtung des Andreas Gryphius wohl am stärksten im poetischen Gedächtnis geblieben. Ihre Aussage wirkt zeitübergreifend gültig. Man hat die kraftvolle Negativität der *vanitas*-Gedichte als eine ›Poetik der Klage‹ beschrieben, die über zeitgenössisch übliche theologische Positionen deutlich hinausgehe.[48] Das Eitelkeitssonett formuliert eine umfassende Negativierung alles diesseitig Wertvollen. Es schließt alle menschlichen Errungenschaften ein, die Monumente der Kunst ebenso wie den Nachruhm heldenhafter Taten, die höchsten Werte des humanistischen Denkens also. Zugleich sind die Bilder biblisch fundiert. Man hat zuletzt sogar darauf hingewiesen, daß auch das Motiv des mit den Herden spielenden Schäferkindes weniger bukolisch als biblisch-eschatologisch zu deuten sei.[49] Dem Vergänglichkeitsgedanken ist sowohl die heilsgeschichtliche als auch die Glaubensperspektive zugeordnet. Dabei ist es die sprachliche Einfachheit und Kraft, die gedankliche Radikalität und ihre Verbindung zu einer spezifischen Zeiterfahrung, die diese Gedichte aus ihrer Zeit heraushebt.

Das Thema der Vergänglichkeit behandeln zentral auch die *vanitas*-Oden I,5 und I,9, von den Sonetten auch »Thränen in schwerer Kranckheit«, »Der Welt Wollust« und »Menschliches Elende« mit dem bekannten Schlußvers »Was sag ich? wir vergehn wie Rauch von starcken Winden« (*Son.* I,11,14).[50] In den *vanitas*-Sonetten findet man auch die markantesten antithetisch konstruierten Verszeilen von Gryphius. Sie kehren die Vergänglichkeit alles Irdischen bezüglich der verschiedensten Kontexte hervor. Persönlicher klingen im Vergleich dazu die Sonette, die die Krankheit und Zerbrechlichkeit des eigenen Körpers betreffen und ebenfalls im Sinne der Vergänglichkeit interpretieren, das sind *Son.* I,9 (»daß diß mein schwaches Hauß | Der Leib zerbrechen wird / noch inner wenig Stunden«) und *Son.* I,45–49.[51] Letztere

---

48 Vgl. Wiedemann (Anm. 9), S. 442–456.
49 Vogel (Anm. 47).
50 Vgl. *Son.* I,8–11. Zu *Son.* I,10 »Der Welt Wollust«: Jöns (Anm. 26), S. 120f.; zu *Son.* I,11 »Menschliches Elende«: Szyrocki (Anm. 8), S. 99–101; Fritz G. Cohen: Andreas Gryphius' Sonnet »Menschliches Elende« (1968) [275]; Kaute (Anm. 47), S. 89–136.
51 Vgl. Mauser (Anm. 18), S. 132–147; zu *Son.* I,45: Erich Trunz: Andreas Gryphius: Tränen in schwerer Krankheit (1956) [346]; Wolfram Mauser: Was ist dies Leben doch? (1982) [312]; Wilhelm Kühlmann: Selbstverständigung im Leiden (1992) [302], S. 4–14; zu *Son.* I,49: Jöns (Anm. 26), S. 197–199.

wurden biographisch auf eine schwere Krankheit von Gryphius gedeutet.[52] In Sonett I,9 werden sehr plastisch konkrete Krankheitserfahrungen von starken Schmerzen bis hin zur Todeserwartung beschrieben. Auch außerhalb dieser der *vanitas* zentral gewidmeten Texte durchzieht das Motiv beinahe die gesamte Lyrik von Gryphius. Explizit taucht es immer wieder in den zahlreichen Grabsonetten auf. Eine zentrale Rolle spielt es aber auch in den wenigen petrarkisierenden Liebessonetten (s. dazu unten), so in *Son*. I,22 »An Eugenien« (mit dem Incipit »Was wundert ihr euch noch / Jhr Rose der Jungfrauen«), das die Vergänglichkeit der Schönheit thematisiert und mit der vanitasbezogenen Pointe »Nicht anders gehn wir fort / so bald wir sind geboren« schließt.[53] Zu erwähnen ist hier auch noch das unten zitierte, sehr drastische *Son*. I,33 »Vber die Gebeine der außgegrabenen Philosetten«. Auch das berühmte, an Petrarcas »Solo e pensoso« gemahnende Einsamkeitssonett von Gryphius betont vor allem das Thema der Vergänglichkeit (*Son*. II,6,6: »Betracht ich: wie der Mensch in Eitelkeit vergeh'«).[54] Das *vanitas*-Motiv wird von Gryphius systematisch gerade auch gegen die traditionelle humanistische Beschwörung von Gelehrsamkeit und Nachruhm ins Feld geführt, so in den Sonetten II,37–39 (z.B. in *Son*. II,38,8f.: »Ruhm ist ein blosser Wahn / den Todte nicht begehren. | Meynst du / daß diß Papir werd' unversehrt bestehn«).

Kasualsonette und weltliche Bezüge

Obwohl Gryphius' Sonette nach heilsgeschichtlichen Prinzipien angeordnet sind, enthalten die ersten beiden Bücher eine große Zahl von kasualen, erotischen und satirischen Gedichten. Man ist lange davon ausgegangen, daß es bei den Gelegenheitsgedichten weniger um persönliche Bezüge gehe als um die Vorführung allgemeingültiger Werte und musterhafter Lebensführung.[55] Dennoch fällt auf, daß die

---

52 Szyrocki (Anm. 8), S. 74.
53 Walter Naumann: Andreas Gryphius: Was wundert ihr euch noch, ihr Rose der Jungfrauen... (1966) [315]; Jöns (Anm. 26), S. 115–120; Kimmich (Anm. 41), S. 312–317.
54 Zu *Son*. II,6 »Einsamkeit« vgl. Herbert Cysarz: Deutsches Barock in der Lyrik (1936) [211], S. 79; Gerhard Fricke: Die Bildlichkeit in der Dichtung des Andreas Gryphius (1967) [889], S. 153–155; Jöns (Anm. 26), S. 85–91; Schindler (Anm. 28), S. 159–163; Mauser (Anm. 18), S. 61–63; Wolfram Mauser: Andreas Gryphius' »Einsamkeit« (1982) [313]; Helen Watanabe-O'Kelly: Melancholie und die melancholische Landschaft. Ein Beitrag zur Geistesgeschichte des 17. Jahrhunderts. Bern 1978 (Basler Studien zur deutschen Sprache und Literatur 54), S. 63–72; Wiedemann (Anm. 9), S. 456; Rudolf Drux: »In dieser Einsamkeit« (1993) [283]; Spahr (Anm. 15), S. 46f.; Loretta Lari: Commento a 40 sonetti (1994) [66], S. 425–443; erstmals zum Petrarca-Bezug Borgstedt (Anm. 1), S. 344–348.
55 Vgl. Mauser (Anm. 18), S. 196–224; eine Zusammenstellung der Gryphiusschen Gelegenheitssonette: S. 200, Anm. 507.

Kasualgedichte das Lebensumfeld des Autors abbilden und daß sie zumindest im ersten Sonettbuch nach der persönlichen Nähe der angedichteten Personen angeordnet sind. So beginnen die Casualia mit Sonetten auf die Gräber der längst verstorbenen Eltern des Dichters. Es folgen solche auf die Bibliothek seines Mäzens Georg Schönborner, dann auf den Bruder Paul und den Stiefvater, danach auf Lehrer usw. (*Son.* I,12–19). Während die Texte auf entferntere Personen weitgehend den üblichen Konventionen folgen, kommt im familiären Umfeld die persönliche Betroffenheit deutlich zur Sprache, so besonders eindrucksvoll im Sonett auf das Grab der Mutter.[56]

> ANNÆ ERHARDINÆ Optimæ Matris, A. Ætat. XXXVI.
> Christi cIɔ Iɔ CXXVIII. XXI. Martii, extinctæ tumulus.
>
> ACh Edle Tugend Blum / an welcher recht zu schauen
>   Was keusch / was unverzagt / was treu und heilig seyn /
>   O Spigel der Geduld in ungemeiner Pein
> O Andachts-volle Ros' / O Richtschnur keuscher Frauen!
> Hat euch die scharffe Seens des Todes abgehauen
>   Eh' als eur Mittag hin! deckt dieser Marmorstein
>   Die / durch Leid / Schwindsucht / Angst und Schmertz verzehrten Bein /
> Nach dem der Tod den Geist euch Gott hiß anvertrauen.
>   Gott riß euch von uns weg gleich als sein Grimm entbrant.
>   Als Seelen Noth und Krig verheerten Kirch und Land.
> Jtzt seht ihr Christum selbst mit süsser Freud umbfangen!
>   Wir schauen Glutt und Mord und Pest / und Sturm und Schwerdt
>   O Mutter / ihr seyd euch gar eben von der Erd!
> Mir aber gar zu früh / Ach gar zu früh entgangen. (*Son.* I,13)[57]

Neben Hochzeitsgedichten für Freunde (*Son.* I,23–25, II,21 und 29–32)[58] finden sich Kasualgedichte auf gelehrte und weltliche Gegenstände wie Abraham Ortels historischen Atlas (*Son.* I,38), das berühmte Sonett »An die Sternen« (I,36),[59] auf das »Königs-Spiel« (*Son.* I,43)[60] sowie auf Begebenheiten seiner Reise durch Frankreich und Italien, wo er vermutlich die Ankunft der aus England geflohenen Gattin König Karls I. in der Stadt Angers selbst erlebte (*Son.* II,16).[61] Ebenfalls im Rahmen der Rei-

---

56 Vgl. Mauser (Anm. 18), S. 64, 201–203; Thomas Borgstedt: Sozialgeschichte oder Autorinszenierung? (2010) [268], S. 239f.
57 Vgl. dazu Mauser (Anm. 18), S. 64, 201–203; zu *Son.* I,12–13: Krummacher (Anm. 25), S. 143–147.
58 Zu *Son.* I,24 »An Johannem Fridericum von Sack in Thirgarten«: Mauser (Anm. 18), S. 211f.
59 Vgl. Trunz (Anm. 26); Jöns (Anm. 26), S. 150–153; Schmidt (Anm. 26); Kemper (Anm. 8), S. 231–243.
60 Vgl. Jöns (Anm. 26), S. 233–235; Kemper (Anm. 8), S. 220–230. Zur Klärung der Bildreferenz Schilling (Anm. 27).
61 Vgl. Trunz (1949) (Anm. 40), S. 191–196; vgl. für die Datierungsproblematik der Reise Kaminski (Anm. 19), S. 34–37.

se widmet er der Stadt Rom je zwei Spott- und zwei Monumentsonette (*Son.* II, 39–42).[62]

Auffallend sind ferner Gedichte auf das eigene Werk als epigrammatische Geschenkbeigabe oder Danksagung (*Son.* I,19, II,19–20, *SNa.* 47.50.51), als Auszug seiner verlorenen Schrift namens *Meletomenus*[63] (*Son.* II,10–11) oder als Begleitschrift an seinen Verleger (*Son.* II,44). Einige Sonette beziehen sich direkt auf historische Begebenheiten wie etwa dasjenige auf den Tod des Herzogs von Buckingham (*Son.* II,34).

Die eigene Person tritt auch in einer Reihe von Gedichten auf den Jahreswechsel und auf den eigenen Geburtstag in den Mittelpunkt (Geburtstag: *SNa.* 22–25; Jahreswechsel: *Son.* II,13–15, *SNa.* 18–21).[64] Eine größere Anzahl von Sonetten auf persönliche Erlebnisse sowie auf Geburt und Schicksal der eigenen Kinder finden sich bei den Nachlaßgedichten (*SNa.* 29–37).[65] Besonders eindrucksvoll sind hier die Gedichte auf Naturereignisse, auf einen Schiffbruch, einen Sturm und einen verheerenden Brand (*SNa.* 26–28)[66] sowie das Bittgedicht anläßlich der plötzlichen Krankheit und schweren Behinderung seiner Tochter Anna Rosina (*SNa.* 37).

> Andencken eines auf der See ausgestandenen
> gefährlichen Sturms.
>
> O GOtt! was rauhe Noth / wie schaumt die schwartze See
> Und sprützt ihr grünes Saltz / wie reist der Zorn die Wellen
> Durch Nebel volle Lufft wie heult das wüste Bellen
> Der tollen Stürm uns an. Die Klippe kracht von Weh /
> Wir fliegen durch die Nacht und stürtzen von der Höh
> In den getrennten Grund die offten Stösse fällen
> Den halb-zuknickten Mast / die schwache Seiten prellen
> Auf die gespitzte Klipp. O Himmel ich vergeh!
> Der dicke Querbaum bricht und schlägt den Umgang ein.

---

62 Vgl. Dieter Breuer: Andreas Gryphius als Bewunderer und Mittler römischer Barockkunst (1998) [271]; Ralf G. Czapla: Zur Topik und Faktur postantiker Romgedichte (1998) [281], S. 171–183.
63 Der Name »Meletomenus« ist eine poetische Selbstbezeichnung von Gryphius, die er auch im *Weicher-Stein* verwendet, vgl. dazu Watanabe-O'Kelly (Anm. 54), S. 57–63; Kaminski (Anm. 19), S. 53–60. Bei der verschollenen größeren Schrift dieses Titels handelt es sich möglicherweise um einen autobiographischen Text, vgl. Szyrocki (Anm. 8), S. 129.
64 Zu *SNa.* 18 »Schluß des 1648sten Jahres«: Schindler (Anm. 28), S. 158f.; Theo A. Bungarten: »Schluß des 1648sten Jahres« (1972) [273]; zu »Der Autor vber seinen Geburts-Tag« (*Liss.*, S. 20f.): Tax (Anm. 40), S. 465–467; sowie insgesamt Rieder (Anm. 26), S. 155–167.
65 Zu *SNa.* 29 »Auf die Geburt seines ältesten Sohnes Christiani«: Schindler (Anm. 28), S. 41–51; Tax (Anm. 40), S. 462–465; zu Gryphius' Gedichten auf die Geburtsgefahren und den Tod Neugeborener Mirosława Czarnecka: Die Anthropologie der Angst (2003) [881].
66 Vgl. Tax (Anm. 40), S. 467–470; ohne Bezug auf die Sonette Dirk Niefanger: Affekt und Katastrophengedächtnis bei Andreas Gryphius (2005) [836].

Das Seegel flattert fort / der Schiffer steht allein
Und kan noch Boß-Mann mehr / noch Seil / noch Ruder zwingen /
Wir missen Glaß / Compaß / und Tag / und Stern / und Nacht /
Todt war ich vor dem Todt. Doch HErr du hasts gemacht
Daß ich dir lebend und errettet Lob kan singen. (*SNa.* 26)

»Thränen des Vaterlandes«

Besondere Berühmtheit hat das Sonett »Thränen des Vaterlandes / Anno 1636« (*Son.* I,27) erlangt, repräsentiert es doch beispielhaft die Erfahrungen des Dichters mit den Schrecken des Dreißigjährigen Krieges, die es auf eindrucksvolle Weise zur Darstellung bringt:

> Thränen des Vaterlandes / Anno 1636.
>
> WJr sind doch nunmehr gantz / ja mehr denn gantz verheeret!
>   Der frechen Völcker Schaar / die rasende Posaun
>   Das vom Blutt fette Schwerdt / die donnernde Carthaun /
> Hat aller Schweiß / und Fleiß / und Vorrath auffgezehret.
> Die Türme stehn in Glutt / die Kirch ist umgekehret.
>   Das Rathauß ligt im Grauß / die Starcken sind zerhaun /
>   Die Jungfern sind geschänd't / und wo wir hin nur schaun
> Jst Feuer / Pest / und Tod / der Hertz und Geist durchfähret.
>   Hir durch die Schantz und Stadt / rinnt allzeit frisches Blutt.
>   Dreymal sind schon sechs Jahr / als unser Ströme Flutt /
> Von Leichen fast verstopfft / sich langsam fort gedrungen
>   Doch schweig ich noch von dem / was ärger als der Tod /
>   Was grimmer denn die Pest / und Glutt und Hungersnoth
> Das auch der Seelen Schatz / so vilen abgezwungen. (*Son.* I,27)

Auch die starken rhetorischen und traditionellen Elemente des Sonetts wurden wiederholt hervorgehoben, insbesondere die im Vordergrund stehende Klagehaltung. Innerhalb des ersten Sonettbuchs steht es bei den satirischen Spottsonetten, was seinen weltlich-kritischen Charakter unterstreicht. Zahlreiche Verse sind eng an Verse aus Martin Opitz' *Trostgedichte in Widerwertigkeit deß Krieges* angelehnt,[67] andere scheinen auf Motive der biblischen Apokalypse bezogen zu sein. Der Schlußvers wendet sich scharf gegen im Rahmen der Gegenreformation erzwungene Konversionen. Das Sonett hat wie kaum ein anderes eine intensive Forschungsgeschichte, innerhalb deren das patriotisch-kämpferische,[68] das endzeitlich-apokalyptische

---

[67] Vgl. Weydt (Anm. 5), S. 15–19.
[68] Vgl. Herbert Cysarz: Drei barocke Meister (1942) [280].

und zugleich innerlich autonome,[69] das realistisch-wirklichkeitsbezogene, auch pazifistisch verstandene,[70] das allgemeinmenschliche im Sinne der christlichen Tradition,[71] das konfessionell-anklagende Moment[72] oder überzeitlich verstandene ästhetische Qualitäten[73] hervorgehoben wurden.

Satirische Spottsonette, antipetrarkistische und Liebessonette

Wie in der Tradition üblich, können die satirischen Tadel- und Schmähgedichte der Gryphiusschen Sonette (*Son.* I,20 und 26–31, II,39–40 und 45, *SNa.* 71) nicht persönlich zugeordnet werden, da sie auf fiktionale Anrednamen bezogen sind und Titel wie »An Furium« oder »An Jolinden« tragen.[74] Sie richten sich gern gegen Juristen (*Son.* I,20), gegen generell lasterhafte Personen (*Son.* I,31, II,45), sehr häufig aber gegen erotische Verfehlungen von Frauen. So wird ein Jurist für seine leichtlebige Ehefrau verspottet (*Son.* I,28), Frauen für traditionell negative Merkmale wie starke Schminke (*Son.* I,29)[75] oder übermäßige Schmähsucht (*Son.* I,30).

Erotische Motive kommen in den Sonetten von Gryphius nur am Rande vor. Das traditionelle Thema des petrarkistischen Schönheitslobs wird in den von ihm selbst veröffentlichten Sonettbüchern meist antipetrarkistisch oder, wie schon erwähnt, als *vanitas*-Mahnung gewendet (*Son.* I,22.26).[76] Sehr effektvoll verbindet Gryphius die Motivbereiche von Schönheit und Vergänglichkeit in der von Ekel beherrschten Betrachtung der Leiche einer schönen Frau »Vber die Gebeine der außgegrabenen Philosetten«, die wie ein Vorläufer von Gottfried Benns Morgue-Gedichten wirken kann.[77]

---

69 Vgl. Trunz (1949) (Anm. 40), S. 186–191; Trunz (1956) (Anm. 40), S. 139–144.
70 Vgl. Szyrocki (Anm. 8), S. 102–104 (zur Erstfassung).
71 Vgl. Mauser (Anm. 18), S. 147–149; ebenfalls traditionsgeschichtlich: Christian von Zimmermann: Andreas Gryphius' »Threnen des Vatterlandes / Anno 1636« (1999) [360].
72 Vgl. Nicola Kaminski: EX BELLO ARS (2004) [797], S. 273–317 (zur Erstfassung); Thomas Borgstedt: Andreas Gryphius' »Thränen des Vaterlandes / Anno 1636« (2012) [269].
73 Unter Bezug auf den Begriff der poetischen »Leerstelle«: Theodor Verweyen: »Thränen des Vaterlandes / Anno 1636« (1997) [347]; als mehrstimmige »Ich-Dissoziation«: Kaminski (Anm. 72); im Sinne des »Erhabenen«: Jürgen Landwehr: Ein poetisch inszenierter »Weltuntergang mit Zuschauer« (2009) [304].
74 Zu *Son.* I,31 »An Furium«: Mauser (Anm. 18), S. 214; zu *Son.* II,45 »Einem neydischen unnamhafften Lästerer«: Jöns (Anm. 26), S. 61–64.
75 Zur Schminkkritik Mirosława Czarnecka: Listen der (Un-)Aufrichtigkeit (2006) [882].
76 Daß die typisierenden Namen der petrarkisierenden Gedichte bei Gryphius auf die »Brüchigkeit des petrarkistischen Systems« verweisen, meint Jörg-Ulrich Fechner: Der Antipetrarkismus (1966) [284], S. 71.
77 Vgl. Gottfried Benn: Gedichte in der Fassung der Erstdrucke. Mit einer Einführung hg. von Bruno Hillebrand. Frankfurt a.M. 1982, S. 21–25; zu den Stilprinzipien hier bei Gryphius: Conrady (Anm. 39), S. 227f.

Vber die Gebeine der außgegrabenen Philosetten.

O Häßlich' Anblick! ach! wo sind die güldnen Haar!
Wo ist der Stirnen Schnee? wo ist der Glantz der Wangen?
Der Wangen / die mit Blut und Lilien ümbfangen?
  Der Rosen rote Mund! wo ist der Zähne Schaar?
  Wo sind die Sternen hin? Wo ist der Augen Paar
Mit den die Libe spilt? itzt flechten schwartze Schlangen
Sich umb das weite Maul / die Nasen ist vergangen
  Die keinem Helffenbein vorhin zu gleichen war.
Jst jmand der noch kan behertzt und sonder grauen
Der Ohren kalen Ort / der Augen Lucken schauen?
  Jst jmand / der sich nicht für diser Stirn entsetzt?
Der dencke / wie sich werd' alsdann sein Geist befinden.
Wenn er in kurtzem wird auff gleichen Schlag verschwinden?
  Weil schon der Tod auff ihn die schnellen Pfeile wetzt. (*Son.* I,33)

Hier werden die traditionellen Motive des petrarkistischen Schönheitslobs in ausgesprochen ›barocker‹ Weise auf das Totengerippe einer Frau appliziert, das zudem noch mit drastischen Bildern der Verwesung – den an das Schreckensantlitz der Medusa gemahnenden ›schwarzen Schlangen‹ – kombiniert ist. Und auch in diesem Fall korrespondiert der Vergänglichkeitsbetrachtung die Mahnung zu einer geistigen Reaktion: »Der dencke«.

Lediglich zweimal erlaubt sich Gryphius in seinen Sonetten eine erotisch-galante Pointe, so als wolle er zeigen, daß er auch dieses Motiv beherrscht (*Son.* I, 41–42).[78] Eine Reihe von Sonetten und Epigrammen ist mit der gleichlautenden fiktionalen Anrede »An Eugenien« überschrieben, was man als verschlüsselten Namen der Tochter seines Gönners Georg Schönborner, Elisabeth, gedeutet hat, da ›Eugenie‹ ›die Schöngeborene‹ bedeutet. Diese Gedichte zeichnen sich durch eine durchweg positiv formulierte Liebesrhetorik aus, indem sie etwa die traditionelle Verbindung von Schönheit und Tugend beschreiben (*Son.* I,21),[79] die Vergänglichkeit der Schönheit der Angedichteten herausstellen (*Son.* I,22), ein »Band / das ewig sey«, beschwören (*Son.* II,8)[80] oder eine erotische Pointe über den Brief der abwesenden Geliebten formulieren:

---

78 Vgl. Dieter Arendt: Andreas Gryphius' Eugenien-Gedichte (1968) [258]; Fritz G. Cohen: Two Early Sonnets (1971/72) [276]; Mauser (Anm. 18), S. 63f., 213f., 237; Andreas Solbach: Gryphius und die Liebe (2012) [334], S. 35f.
79 Dazu Weydt (Anm. 5), S. 9–13; Mauser (Anm. 18), S. 63f., 213f., 237; Solbach (Anm. 78), S. 37–42.
80 Vgl. Borgstedt (Anm. 1), S. 339f.

An *Eugenien*.

GLeich als ein Wandersmann / dafern die trübe Nacht /
Mit dicker Finsternüß / Lufft / Erd / und See verdecket /
Betrübt irr't hin und her / und mit vil Furcht erschrecket /
Nicht weiß wohin er geht / noch was er läst und macht:
So eben ists mit mir: doch wenn der Mond erwacht
Vnd seiner Stralen Kertz im Wolckenhauß anstecket;
Bald find't er Weg' und Rath: so wird mein Geist erwecket;
Nun mich der neue Trost aus eurem Brieff anlacht.
Doch / warumb heist ihr mich diß schöne Pfand verbrennen?
Wolt ihr in meiner Nacht mich bey der Glut' erkennen?
Diß / meines Hertzens Feu'r entdeckt ja wer ich sey.
Sol Schönste / diß Papir nur meine Brust berühren:
So wird es alsobald in Aschen sich verlieren /
Wo von der Flamm' es nicht wird durch mein Weinen frey. (*Son.* I, 42)

Ein solches Briefmotiv ist zwar nicht petrarkisch – niemals hat die originale petrarkische Dame sich zu einer solchen Zuwendung herabgelassen –, doch es ist als Motiv wechselseitiger Liebe geläufig, so etwa in den petrarkisierenden Sonetten Paul Flemings.[81] Überhaupt ist die erotische Kommunikation über ein Accessoire der Dame ein zeitgenössisch beliebtes Motiv epigrammatisierter petrarkistischer Sonette. Interessant ist am vorliegenden Gedicht, daß Gryphius im ersten Teil das Bild des melancholischen Wanderers aufgreift, das auf Petrarcas »Solo e pensoso« zurückgeht und das Gryphius in mehreren Sonetten eindringlich behandelt hat. Ähnlich wie in seinem Einsamkeitssonett gibt die Betrachtung der öden Natur dort, der nächtlichen Finsternis hier einer geistigen ›Erleuchtung‹ Raum, deren Sprache eschatologische Bedeutsamkeit ausstrahlt. Was im Bild des durch die Wolken brechenden Lichts allerdings bezeichnet wird, ist keine erbauliche Kontemplation über transzendente Wahrheiten, sondern der Brief der entfernten Geliebten. In den Terzetten wird dieses Liebespfand nun Gegenstand einer doppelten scharfsinnigarguten Figur, die die affektive Bindung des Sprechers an seine Geliebte auf scherzhaft-galante Weise bekräftigt. Die Koppelung von galantem Accessoire-Sonett mit der Innerlichkeit des Einsamkeitsmotivs generiert ein durchaus ungewöhnliches innerpetrarkistisches Spiel. Selbst auf dem für Gryphius untypischen Feld der galant-erotischen Liebesdichtung vollzieht er mithin eine melancholische Akzentuierung, die das scherzhafte Hauptmotiv herauszufordern, wenn nicht zu überlagern scheint.

---

81 Vgl. dazu Thomas Borgstedt: Paul Flemings stoizistische Liebesdichtung und die Latenz des Subjekts in der Frühen Neuzeit. In: Die Kunst der Aufrichtigkeit im 17. Jahrhundert. Hg. von Claudia Benthien und Steffen Martus. Tübingen 2006, S. 279–295; Borgstedt (Anm. 1), S. 315–332.

Die meisten der Eugenien-Sonette stehen unter den Nachlaßgedichten (*SNa.* 64–70). Darunter finden sich weitere traditionell petrarkisierende Motive der Trennung durch Abwesenheit, der Schmerzliebe (*SNa.* 64), eine weitere Adaption des petrarkischen Einsamkeitsmotivs (*SNa.* 68) oder ein Sonett über den Wunsch nach Seelenvereinigung mit der Geliebten (*SNa.* 70). Auch diese ›Liebessonette‹ strahlen durchweg eine gewisse Ernsthaftigkeit aus. Gleichwohl hat der Dichter sie aus seinem veröffentlichten Werk ausgeschlossen.

II.4.2 Oden

Von Benedikt Jeßing

Gryphius veröffentlichte seine Oden in vier – in ihrer Druckchronologie nicht die Abfolge ihrer Entstehung widerspiegelnden – Bänden: Das erste Buch der Oden erschien 1643 bei Elzevier in Leiden (*Od. 1643*), entstanden sind sie wohl während der Universitätszeit (vgl. *GA* II, S. VII). 1646 überließ Gryphius das zweite Buch der Oden dem Verleger Dietzel in Straßburg, der es aber, mitsamt einer größeren Sammlung von Gryphius' Dichtungen, nicht drucken konnte; erst 1650 wurde das zweite Oden-Buch zusammen mit dem ersten bei Johann Hüttner gedruckt (*TR*). Das dritte Buch der Oden wurde dann 1657 in *Andreæ Gryphii Deutscher Gedichte / Erster Theil* in Breslau publiziert (*DG*) – mitsamt auch dem vierten Buch der Oden, das allerdings schon 1652 in einem Separatdruck erschienen war (»Thränen über das Leiden des HERREN«).[1]

Buch 1–3 enthalten jeweils zwölf Oden, Buch 4 neunzehn. Formal orientiert Gryphius sich einerseits an Opitz' Zuordnung der Ode zu den »Lyrica oder getichte[n] die man zur Music sonderlich gebrauchen kan«:[2] Zwanzig der 36 Oden der ersten drei Bücher und alle 19 des vierten sind als strophische Lieder bzw. Gedichte verfaßt – von denen auch fünf »nach 1668 Aufnahme in Gesangbüchern« fanden.[3] Die anderen 16 Oden sind nach pindarischem Vorbild aus Satz, Gegensatz und Zusatz bzw. Abgesang aufgebaut. Opitz stand der pindarischen Ode distanziert gegenüber, sein *Buch von der Deutschen Poeterey* (siebtes Kapitel) liefert nur zwei Gelegenheitsgedichte, die allerdings als formales Muster fungierten: Die Versanzahl von Strophe, Gegenstrophe und Abgesang sollte (ohne daß Opitz dies explizit formuliert hätte) durch vier teilbar sein; Strophe und Gegenstrophe sollten jambisch, der Abgesang trochäisch sein.[4] Gryphius verdoppelt oder vervielfacht die Folge aus Strophe, Gegenstrophe und Abgesang gelegentlich (wie Opitz es auch schon implizierte), so daß komplexere Gedichtformen entstehen. Insbesondere aber hinsichtlich der Versanzahl, der Reimstrukturen und der Versformen zeigen die Texte eine hohe Vielfalt, verbleiben aber meist bei alternierenden Metren: »Das rhythmische Gefüge der Opitz'schen Musteroden ist bei Gryphius aufgelöst. Die sieben- oder achtsilbigen

---

1 Nach *GA* II, S. XI, lag Victor Manheimer 1904 dieser Einzeldruck noch vor, Szyrocki 1964 schon nicht mehr.
2 MARTINI OPITII Buch von der Deutschen Poeterey. Jn welchem alle jhre eigenschafft vnd zuegehör gründtlich erzehlet / vnd mit exempeln außgeführet wird. Gedruckt in der Fürstlichen Stadt Brieg / bey Augustino Gründern. Jn Verlegung David Müllers Buchhändlers in Breßlaw. 1624, fol. Diij^v.
3 Eberhard Mannack: Andreas Gryphius (²1986) [127], S. 41.
4 Vgl. Karl Viëtor: Geschichte der deutschen Ode (1923) [363], S. 74f.

Verse überwiegen zwar auch bei ihm, aber sonst ist die Mischung von Versarten sehr bunt. Alexandriner, ›vers communs‹, trochäische Octonare wechseln mit den beiden herkömmlichen Versarten ab, und die nicht mehr durchaus vierteilige Strophe hat dadurch eine ganz neue Bewegtheit bekommen«.[5] Auf besonders auffällige Strukturen wird in Behandlung der Einzeltexte einzugehen sein. Daß mit der Entfaltung der poetischen wie gedanklichen Möglichkeiten der pindarischen Ode bei Gryphius eine kunstvolle Gedankenführung im einzelnen Gedicht möglich wurde, konnte Viëtor wenigstens knapp an allen pindarischen Oden von Gryphius zeigen.[6]

Daß hier auf Viëtors mittlerweile über 90 Jahre alte Studie zur deutschen (!) Ode zurückgegriffen werden muß, um wenigstens das Verhältnis der Odenform und -metrik bei Gryphius zu Opitz aufzuzeigen, macht die praktische Nichtexistenz einer Forschung zu Gryphius' Odenschaffen evident. Einerseits scheint die literaturwissenschaftliche wie schulische Rezeption der Sonette in ihrer Dominanz die der Oden zu verhindern; andererseits sind die Oden als größerenteils Bibelparaphrasen oder ›geistliche‹ Gedichte anscheinend als ›uninteressant‹ markiert und fallen aus der Wahrnehmung des Lyrikers Gryphius bedauerlicherweise heraus.

Das vierte Buch der Oden

Das früheste, wahrscheinlich noch vor den *Son- undt Feyrtags Sonneten* (SuF, 1639) ca. 1635 entstandene, aber als vorletztes – 1652 als Einzeldruck – veröffentlichte vierte Buch der Oden (so bezeichnet in der Ausgabe 1657) ist Gryphius' Passionsdichtung »Thränen über das Leiden des HERREN«. Gryphius verweist in der Vorrede von 1652 selbst auf den sehr frühen Entstehungszeitpunkt, gibt vor – gewiß mehr als ein Bescheidenheitstopos –, mit den Oden als »wenigen und geringen Lidern gar nicht zu prangen« gesucht zu haben, sie lediglich »in erster Blüthe der noch kaum zeitigen Jugend dem Papir vertrauet« zu haben (*Od.* IV, S. 607f.). Die Veröffentlichung – sowohl im Einzeldruck als auch in der Werkausgabe – erscheine ihm allerdings notwendig, da der eine oder andere der Texte doch in Abschriften zirkuliere und es allemal besser sei, der gelegentlichen Entstellung durch Abschrift mit einer autorisierten Fassung zuvorzukommen.

Formal verwendet Gryphius die ›gemeine Ode‹, er dichtet strophisch – und zwar immer auf gängige Melodien des protestantischen Liedgebrauchs. Nichtsdestoweniger haben nur wenige dieser Oden Eingang in evangelische Gesangbücher gefunden,[7] möglicherweise, weil das ganze Odenbuch gewissermaßen als kontinuierliche

---

5 Ebd., S. 78.
6 Ebd., S. 78–80.
7 Vgl. Mannack (Anm. 3), S. 43.

Passionserzählung und -betrachtung komponiert ist, was der Herauslösung einzelner Texte entgegensteht.

Die Vorrede verweist einerseits darauf, daß die Lieder sich eng an die Worte der Heiligen Schrift hielten, extemporiert aber vor allem eine Poetik des geistlichen Liedes: Gegen jeden radikal-orthodoxen poetischen Ikonoklasmus, gegen die irrige »Meynung [...] / die alle Blumen der Wolredenheit und Schmuck der Dichtkunst aus Gottes Kirche bannet« (*Od.* IV, S. 609f.), behauptet Gryphius die Notwendigkeit, ja Gottgewolltheit der (geistlichen) Poesie und bietet eine Fülle von Zeugen aus der biblischen Überlieferung und der Geschichte des christlichen Bekenntnisses auf:

> Die allertrefflichsten Wolthaten des Höchsten / werden von den Alten nicht so wol beschrieben als besungen / die heilige Schwester des grossen Gesetzgebers brauchet zugleich Paucke und Zunge / da der Tyrann in dem roten Meer ertruncken / Moses selbst weiß dise wunderbare Errettung / nicht besser als auff solche Art herauszustreichen / und sein letzte Weissagung bestehet in seinem letzten Gesang. (*Od.* IV, S. 610)

Ezechiel, Jona, Maria und der Johannes der Offenbarung hätten gesungen, ebenso auch Apollinaris, Prudentius, Ambrosius und viele andere mehr: Weitaus legitimer sei geistliche Dichtung – selbst auf den Tod des Erlösers – als die scheinheilige Kasualdichtung seiner Zeitgenossen, »welche böse Leute durch prächtige Reimen oder wolklingende Reden heilig machen wollen« (*Od.* IV, S. 614). Dichtungen über einen tugendhaften Menschen könnten die Seelen ihrer Leser schon erheben – wieviel mehr dann Dichtungen über den Gottessohn (vgl. *Od.* IV, S. 615).

Gryphius greift in seinen Liedern auf die Passionserzählungen aller vier Evangelien zurück und wechselt innerhalb eines Liedes häufig mehrfach seine Bezugsquelle. Während die ersten Lieder noch eng an einem Evangelientext orientiert sind (I. »Die Einsetzung des Abendmahls«: v.a. Lk 22,7–20; II. »Vnsers Erlösers Fußwaschen«: Joh 13,1–16), beginnt Gryphius ab Ode III., »Der HERR offenbahret seinen Verräther und warnet Petrum vor Vermessenheit«, unterschiedliche, nicht nur synoptische Evangelien miteinander zu kombinieren: Die ersten acht Strophen der III. Ode verweisen auf Mt 26,21–33, die neunte bis zwölfte auf Lk 22,31–34. Die ersten beiden Strophen der IV. Ode, »Des HErren JEsus Gang über den Bach Kidron«, sind angelehnt an Joh 18,1, die dritte bis zwölfte greifen auf Mt 26,31–35 zurück, die dreizehnte als letzte Erzählstrophe auf Lk 22,39. In der V. Ode, »Des HErren Christi Todes-Angst und Blut-Schweiß in dem Oelberg«, untermischt Gryphius die Ölberg-Erzählung aus Mt 26,37–44 (dritte bis dreizehnte Strophe) mit motivischen Anleihen aus Lk 22,41 (fünfte Strophe), Mk 14,38 (achte Strophe) und Mk 14,41–42 und fügt die anteilnehmende Darstellung von Jesu Leid aus Lk 22,43–44 ein (elfte und zwölfte Strophe).

Die VI. Ode, »Des HErren Gefängnüß«, demonstriert den produktiven Kompilationsgestus von Gryphius auf radikale und auffällige Weise: Die Erzählung von der Gefangennahme Jesu folgt zunächst Joh 18,3–9 (Strophen 2–4), vom Judaskuß bis zu Jesu Verteidigungsrede und seiner Überantwortung an Kaiphas folgt sie im wesentlichen Mt 26,48–55 (Strophen 5–9), untermischt mit Anlehnungen an Lk 22,48 (Strophe 5, V. 2–6), Joh 18,10 (Strophe 6, V. 1–4), Lk 22,51–52 (Strophe 8, V. 1–4). Die letzte Erzählstrophe des Liedes folgt dann überraschenderweise Mk 14,50–52, da Gryphius nur hier die Episode über jenen Jüngling findet, der, bloß »[m]it schlechter Leinwand« bedeckt (*Od.* IV,6,75), dem abgeführten Jesus folgt, ergriffen wird von seinen Häschern und fliehend sein letztes Gewand in deren Händen zurückläßt.

Häufig folgt Gryphius in einem Lied einer Hauptquelle, die er aus anderen Evangelien lediglich ergänzt. So wird in der VII. Ode (»Christi Anklage vor dem Prister und Petri Fall«) die Haupterzählung aus Joh 18,13–23 ergänzt aus Mt 26,58 und 26,71–72; Ode IX (»Des HErren Christi Verspeyung«) folgt ganz Lk 22,63–72, die X. (»Judæ Verzweyffelung«) vollständig Mt 27,3–10; die XI. Ode (»Christus wird vor Pilato und Herode verklaget«) folgt zunächst Joh 18,28–31 (Strophen 1, 2, 4, 5), dort aber, wo die Volksmasse sich einschaltet (zunächst in Strophe 3), erscheint ihm Lk 23,2 die geeignetere Quelle, ebenso nach dem Verhör durch Pilatus: hier folgt der Text wiederum Lk 23,4–12; Ode XII (»Barrabas wird vor JEsu frey gelassen«) beginnt die Erzählung im Rückgriff auf Lk 23,13–16 (zweite und dritte Strophe), folgt dann aber im wesentlichen Mt 27,15–21 (Strophen 4–9). Lediglich das zweite Verspaar aus Strophe 5 verweist auf Mk 14,7 wegen eines nur hier auftauchenden Barrabas-Motivs (»Wolt ihr Barrabam machen loß / | Der nechst im Aufruhr Blut vergoß?«; *Od.* IV,12,19f.). Die abschließenden Erzählstrophen der Ode folgen wiederum Mk 14,12–14 und Lk 23,22–23; die XIII. und XIV. Ode ergänzen Rückgriffe auf das Johannes-Evangelium durch solche auf Matthäus: »Christi Geisselung und Krönung« folgt Mt 27,26–30 (Strophe 1, 3–4) und Joh 19,1–12 (Strophe 2, 5–9), »Des HErren JEsu Verdammung« nutzt zunächst Joh 19,14–16 (Strophe 2–4), dann jedoch Mt 27,24–26 (Strophe 5–6) als Quelle. Die XV. Ode (»Christi Gang zum Tode«) lehnt sich im wesentlichen an Lk 23,26–31 an (Strophen 3,6 und 7), eingeleitet allerdings wird die Erzählung durch einen Rückgriff auf Joh 19,17–18. In der dritten bis neunten Strophe der XVIII. Ode (»Die Wunder bey dem Tode Christi«) greift Gryphius im wesentlichen auf die Erzählung bei Mt 27,45–54 und die entsprechenden Stellen der anderen Synoptiker zurück (Lk 23,44–47; Mk 15,33–39), schließt die Erzählung aber in Anlehnung an Joh 19,31–36 (Strophen 10–11). Auch die Abschlußode des Zyklus folgt im wesentlichen *einer* biblischen Darstellung: Die Sorge des Joseph von Arimathia um das Begräbnis entnimmt die Ode eindeutig Mk 15,42–47 (nur hier liegt im Vergleich zu den anderen synoptischen Evangelien eine Tageszeitangabe vor: »Als der betrübte Tag zu Ende kommen«; *Od.* IV,19,1); lediglich die Einbalsamierung des Leichnams entlehnt die Ode aus Joh 19,39–41 (Strophen 4–8). Die Abschlußstrophe der Erzählung allerdings greift auf Mt 27,62–66 zurück: Nur hier wird die Sorge der Hohenpriester angesichts der ›angedrohten‹ Wiederauferstehung erwähnt.

Im Unterschied zu diesen vergleichsweise einfachen Quellenkompilationen ist in den übrigen Oden der Rückgriff auf die Quellen ähnlich vielfältig wie in der schon thematisierten Ode VI. Die VIII. Ode (»Christi Verdammung vor den Pristern / und Petri Verläugnung«) mischt in der Haupterzählung Mt 26,29–65 und Mk 14,56–71

(Strophen 2–11), greift bei der letzten Verleugnung durch Petrus aber auf Joh 28, 26–27 (Strophen 11–12) zurück, um die Erzählung dann unter Bezug auf Lk 22,61–62 zu schließen (Strophen 13–14). Fast undurchschaubar (und hier nicht extensiv darzustellen!) ist die Evangelien-Kompilation in den folgenden zwei Oden. In der XVI. (»Des HERREN JEsu Creutzigung«) sind Mk 15,23–32 (Strophen 3–7 und 11–14) und Joh 19,19–24 (Strophen 8–10) noch als Hauptquellen identifizierbar, untermischt mit Anspielungen auf Mt 27,34 und Mt 27,40–42 (Strophen 3, 12–14). Die Gegenstände der XVII. Ode – »Des HErren JEsu letzte Wort« – erzwingen gleichsam eine nochmals gesteigerte Kompilationsvielfalt, da die Ode alle aus den vier Passionserzählungen überlieferten ›letzten Worte‹ zusammen und in eine nachvollziehbare Chronologie bringen will. Jesu Verzeihensbitte für seine Mörder folgt Lk 23,34 (Strophe 3), die Hinwendung zum Mitgehängten Lk 23,42–43 (Strophe 4), die Überantwortung seiner Mutter an Johannes Joh 19,24–27 (Strophe 5), »GOtt / mein GOtt / mein GOtt je und eh / | Ach warumb hast du Mich! | Warumb hast du Mich allein | Verlassen in der Pein?« (*Od.* IV,17,33–36) greift auf Mt 27,46 bzw. Mk 15,34 zurück; Jesu »Mich dürstet« entstammt Joh 19,28–29, die letzte Verhöhnung im Namen des Elias aus Mt 27,47–49, das »Es ist vollbracht« – noch im selben Strophen- und Satzzusammenhang – aus Joh 19,30; die letzten Worte »Jn deine Händ | Befehl ich meinen Geist! | O Vater« (*Od.* IV,17,49–51) entnimmt Gryphius aus Lk 23,46, die Darstellung des Sterbens in der Formulierung »Er neigt sein Haupt« aus Joh 19,30.

Die Kompilation folgt einem einfachen, aber die Komplexität des Anlehnungsverfahrens begründenden Prinzip: Gryphius will die Vollständigkeit des Handlungsablaufs des Passionsgeschehens herstellen, eine poetische Erfassung aller bei den Evangelisten angeführten Episoden und Motive – und setzt damit eine Tradition fort, die schon in den mittelalterlichen Plenarien begann, insbesondere aber in der Passionsharmonie des Reformators Johannes Bugenhagen ihren Höhepunkt hatte. Zuweilen verschiebt er dabei die Chronologie, die die einzelne Evangelisten-Erzählung eigentlich vorgibt: Die Finsternis über dem ganzen Land in der Todesstunde Jesu (*Od.* IV,18,9–12; vgl. Mt 27,45) erfolgt bei Matthäus vor dem Ausruf »Mein Gott, mein Gott, warumb hastu mich verlassen« (Mt 27,46; vgl. *Od.* IV,17, 31–36); Gryphius ordnet die einzelnen Ereignisse hier den ›letzten Worten‹ bzw. den ›Wundern bei Jesu Tod‹ zu. Die Rückgriffe auf das Lukasevangelium sind an mindestens zwei Stellen gut begründet: Ode IX folgt ganz Lk 22,63–72, weil nur hier die Masse des Volkes aufgepeitscht und verführt agiert; ebenso sind die die Volksmasse wiederum thematisierenden Strophen 3 und 6–8 der XI. Ode auf Lk 23,2 bzw. 23, 4–12 gestützt. Den zentralen Augenblick der Einsetzung des Abendmahls gemäß Lk 22,20 dehnt Gryphius in der I. Ode weit über die epische Reihung der einzelnen Ereignisse hinaus: Die Strophen 13–15 ergänzen poetisch die Rede Jesu, die die Übernahme aller menschlichen Schuld im Kreuzesopfer ausführt. Ebenso wird der Augenblick – der bei Lukas nur einen Teilsatz ausmacht – der Tränen des Petrus (Lk 22,62 »und weinet bitterlich«) in Ode VIII auf die ganze vierzehnte Strophe gedehnt:

> Sein Hertze wil vor Angst und Pein
> Jn Tausend stücken brechen.
> Die Augen rinnen nach und nach!
> Die heissen Thränen flissen;
> Die Thränen / die gleich einer Bach
> Von beyden Wangen schissen. (*Od.* IV,8,107–112)

Die »Thränen über das Leiden des HERREN« im vierten Oden-Buch sind allerdings viel mehr als ein nur epischer Liederzyklus, der die Passionserzählungen schlicht in Strophen übertrüge: Die meisten der Oden (Ausnahmen: VIII, IX, XV) weisen am Ende Betrachtungsstrophen auf, die aus gläubiger Perspektive das gerade Berichtete deuten, die sich gebetsartig angesichts des Erzählten an Gott wenden (vgl. etwa *Od.* IV,4,53–60), die die allegorische oder anagogische Bedeutung der einzelnen Episode herausstellen – und somit den Charakter der Schriftauslegung im Sinne des Gläubigen erhalten. Ebenfalls weist mehr als die Hälfte der Texte zu Beginn anmoderierende, reflexive oder betrachtende Strophen auf, die einstimmen auf die folgende Begebenheit. Besonders eindrucksvoll ist dies in der XVIII. Ode, deren Strophen 1 und 2 das Jammerbild des Kreuzes noch einmal aufrufen – bevor die Erzählung der Wunder beim Tode Jesu beginnt:

> Reiß Erden! Himmel brich! ihr Fridens-Engel klaget!
> Der Fürst der Welt vergeht! saust Lüffte! Menschen zaget!
> Der alles trägt verfällt / die Ehre wird veracht!
> Der alle deckt ist nackt / der Tröster ist verschmacht.
>
> Der Höchste steht am Holtz genagelt an die Aeste.
> Die Hände sind durchbort / durch die die Wolcken Feste
> Jn ihren Standt gesetzt / der Leib ist eine Wund.
> Von Fuß auff / Scheitel ab / ist nichts an Jhm gesund. (*Od.* IV,18,1–8)

Gerade der im gesamten vierten Odenbuch nur hier verwendete Alexandriner macht die epische Klage und ausgreifende Reflexion des Kreuzesbildes besonders evident. Gelegentlich unterbricht auch gläubige Betrachtung die Passionserzählung: So schaltet Gryphius in Ode II angesichts der Fußwaschung durch Jesus eine Anrede an den Menschen, den Gläubigen ein: »O Mensch! O Erd! O Aschen! | Hat der / den GOtt gezeuget! | Sich dir so tiff gebeuget« (*Od.* IV,2,18–20).

Solche Anredestrukturen – Adressierungen des Menschen oder Gläubigen im allgemeinen, insbesondere aber der zuhörenden bzw. singenden Gemeinde – bilden zuweilen den Auftakt der Oden: Zwei Strophen lang warnt die III. Ode den einzelnen vor einem Schicksal wie dem des Judas; der Beginn der V. Ode richtet die Herzen und Augen der Gemeinde auf das Ölberg-Geschehen hin, der Beginn der XVI. Ode ruft die mitleidende Gemeinde zur Anteilnahme am letztlich erlösenden Kreuzestod Jesu auf. Die letzte Strophe der letzten Ode mündet, nach einer Anrede des zu Grabe getragenen Jesus, in einem persönlichen Gebet: »Der du zu Ruh dich nach der Angst begeben / | Laß meine Seel / durch dich in Ruhe schweben / | Wann man diß Fleisch nach überstandnen Plagen | Jns Grab wird tragen« (*Od.* IV,19,49–52).

Insgesamt sind die »Thränen über das Leiden des HERREN« ein lyrisch-epischer Passionszyklus, der möglichst vollständig aus den vier Evangelien kompiliert ist, der aber darüber hinaus in den ein- und/oder ausleitenden Betrachtungs- oder Gebetsstrophen, die entweder einen einzelnen Gläubigen oder auch die Gemeinde als Ansprechpartner oder Redesubjekt aufweisen, Auslegungscharakter bekommt – und so den lutherischen Umgang mit dem biblischen Text reformuliert.

Das erste Buch der Oden

Wie in den frühen Oden der Passionsdichtung versammelt Gryphius im ersten Buch der Oden weitgehend am biblischen Text orientierte lyrische Texte. Neben sehr getreuen Bibelparaphrasen (Ode I: Jes 49,14–16, einfache pindarische Form; Ode II: Jer 31,20, einfache pindarische Form) erweitert Gryphius verschiedentlich die Bibelparaphrase um für die Mitte des 17. Jahrhunderts gängige, aber virtuos gebrauchte Bilderfolgen: Ode III paraphrasiert Ps 126,5–6 (»Qui seminant in lacrumis«, verdoppelte pindarische Form) bildreich mit einer vielfältigen Reihe von Bildern der endlichen Welt; der Klage über die leidvolle Welt ist das göttliche Gnadenversprechen entgegengesetzt. Ebenfalls in verdoppelter pindarischer Form gestaltet Ode VI den Psalm 142,8 (»Educ è custodia animam meam«): Dem bildreich ausbuchstabierten Welt-Gefängnis wird im 2. Zusatz die persönlich gewendete Zusage der Seele beigefügt, den Herrn zu preisen.

Strophische Liedformen bieten die Oden VII bis IX (»DOMINE USQUE QUO?«, Ps 13,1–6; »PSALMVS CXX«, Ps 120,1–7; »Vanitas! Vanitatum Vanitas!«, Koh 1–7). Die letztere macht die gleichsam epochentypische Klage bzw. Mahnung gegenüber der Nichtigkeit der Welt in ihrem grundsätzlichen Bezug auf Koh 1–7 sichtbar und buchstabiert die bekannten Vergänglichkeitsbilder aus. Die Reimschemata dieser drei strophischen Oden zeigen hohe Variabilität bzw. die Experimentierfreude des Dichters: Ist die sechsversige jambische Strophe von IX einfach gebaut (AABCCB), zeigen die VII. und VIII. schon ein spannungsreicheres bzw. ungewohnteres Reimschema: ABBACCDEED bzw. AAABCCDDB.

Die drei verbleibenden Bibelparaphrasen des ersten Oden-Buches sind gewiß die kunstvollsten: Ode X geht auf Ps 116,7–9 zurück, sie trägt in den Ausgaben *TR*, *DG* und *FT*[8] den Titel »Sey nun wider zu friden / meine Seele!«. In verdoppelter pindarischer Form gestaltet der Text weit ausholend drei Psalm-Verse: Ruhe und Zufriedenheit werden zweimal in Satz und Gegensatz kontrastiert: 1. und 2. Satz thematisieren ein Vorher der Angst, des Zitterns, des Schmerzes und evozieren Bilder

---

8 In *GA* entsprechen dem die Siglen C, D und E.

der Krankheit; 1. und 2. Gegensatz buchstabieren das Nachher der Beruhigung im Herrn, den Trost im Herrn aus: »Die Wehmut / die dich drücket / | Die Geissel die dich schmeist und beist / | Hat GOTT nun weggerücket« (*Od.* I,10,12–14). Der 1. und 2. Zusatz entfalten dann das Lob des Herrn und schließlich die Zusage des Gläubigen, immerfort auf den Wegen des Herrn zu wandeln (vgl. Ps 116,9). Die XI. Ode greift nur einen einzigen Psalmvers auf: Ps 116,17 (= Vulgata Ps 115,8; in *TR*, *DG*, *FT* mit dem Titel »Tibi sacrificabo hostiam laudis«). Das strophische Lied (*vers communs* in neun Strophen, ABBACC) nutzt die Formulierung aus Ps 116,17 dazu, die Vielfältigkeit des Gotteslobs zu entfalten: die Ohnmächtigkeit des menschlichen Wortes, das Lob Gottes, seine Guttat und seinen Trost auszudrücken. Schon die erste Strophe benennt das menschliche Leid, Strophen 5 und 6 versehen es rhetorisch kunstvoll mit eindrucksvollen Bildern:

> Aus wie vil Weh / aus wie vil herbem Leid /
> Hast du bißher mich wunderlich geführet?
> Wie offt hatt mich der blasse Tod berühret?
> Wie offt fil ich in Grund der Traurikeit?
> Wie offt hat mich der raue Schmertz gefangen?
> Wie offt bin ich in Elend schir vergangen? (*Od.* I,11,25–30)

Da der Herr aber den Gläubigen aus dieser Tiefe herausgeführt hat, mündet das Lied in den letzten drei Strophen jeweils in einem fast gleichlautenden Refrain, der das immerwährende Lob des Herrn bestätigt und beglaubigt: »Drumb will ich / weil ich werd' ein Ader rühren | Dein wehrtes Lob in meinem Munde führen« (*Od.* I,11, 41f.47f.); die Schlußstrophe steigert den Refrain noch einmal: »Dein wehrtes Lob in Mund *und Hertzen* führen« (*Od.* I,11,54; meine Hervorhebung).

Ode XII, die in *TR*, *DG*, *FT* den Titel »Dominus respexit humilitatem meam« trägt, geht damit möglicherweise auf Lk 1,48 (Magnificat) zurück. Das strophische Lied (elf Strophen, vierhebige Trochäen in V. 1–4, vierhebige Jamben in V. 5–8, ABABCCDD) stellt eine ganz lose Anlehnung an das Loblied der Maria dar – gleichsam eine poetische Improvisation über das Motiv menschlicher Niedrigkeit (*humilitas*): die Niedrigkeit, auf die der Herr hingeblickt hat, wird in den ersten vier Strophen in (bekannten) Bildern der Bedrohung und Vergänglichkeit des menschlichen Lebens gestaltet (insbesondere Schiffahrt/Schiffbruch). Die Metapher wird in den Strophen 5–7 auf die eigene Situation des sprechenden Ichs übertragen: Krankheit, Trostlosigkeit und Abschied von der Welt. Der Situations- und Stimmungswechsel setzt in Strophe 8 ein: metaphorisch behebt die Sonne die Bedrohung des Schiffers, im eigentlichen Sinne Gottes Gnade die Seelenqual des Gläubigen, der jetzt zum ›magnificat‹ anhebt:

> Mein Geist wacht auff / das Hertze springt.
> Die Seele jauchtzt / die Zunge singt.
> Der Leib beginnt auffs neu zu leben;
> Mein Sinn muß Gottes Treu erheben. (*Od.* I,12,69–72)

Dieses Gotteslob vollziehen die letzten beiden Strophen – bis hin zur völligen Gnadengewißheit: »GOtt der die Seelen die ihn liben / | Vnd mich hat in die Hand geschriben« (*Od.* I,12,87f.). Mit dieser Gnadenzusage, die auf Jes 49,16 zurückgreift, endet das erste Buch der Oden.

Allerdings sind in die Folge bibelparaphrasierender Oden des ersten Buches zwei gleichsam ›weltliche‹ Oden eingefügt, die beide die Vergänglichkeitsthematik bildreich entfalten. Die strophische »Letzte Rede eines Gelehrten aus seinem Grabe« (Ode IV) evoziert Bilder des körperlichen Verfalls (Augen, Zunge, Hände), die mit dem Rückgriff auf Ps 103,15 in »der Mensch ist Graß« (*Od.* I,4,44) zusammengefaßt werden. Dem werden die Vergänglichkeit aller weltlichen Güter und des Namens und die Vergeblichkeit menschlichen Wissens zugefügt, das nur in seiner Gottbezogenheit Bestand erhält: »Er [Gott] wil zwar Weißheit mit vil Kronen: | Doch nur wenn sie ihm dint belohnen« (*Od.* I,4,65f.). Die Abschlußstrophe 12 formuliert ein neustoizistisches Valete: »Ade / diß mögt ihr von mir erben: | Die gröste Kunst ist können sterben« (*Od.* I,4,71f.). – Die Strophenform von Ode V (»Vanitas Mundi«) ist komplexer: zweihebige Jamben (V. 1, 3 und 6) sind mit Langversen (fünfhebigen Jamben) verschaltet (V. 2, 4 und 5). Die Vergleichsbilder für das vergängliche Leben sind analog zu den *vanitas*-Sonetten: »Ein leichter Wind« (*Od.* I,5,6), »Was itzund blüht / | Kan noch für Abend gantz zutretten werden« (*Od.* I,5,7f.), »Wie ohne Ruh' | Ein Schifflein wird bald her / bald hin geschmissen« (*Od.* I,5,31f.), Seidenraupe, Tulpe, Stand und Ruhm. Die Schiffahrtsmetapher liefert jedoch auch den Anschluß für das Gnadenversprechen der letzten Strophe:

> Wie selig ist
> Wer Schaden frey kan an den port einfahren!
> Wer ihm erkist /
> Den rechten Lauff der GOtt-ergebnen Scharen.
> Der kan / ob Wellen / Bergen gleich' auffstehn:
> Nicht untergehn! (*Od.* I,5,37–42)

Das zweite Buch der Oden

Die Anzahl der Bibelparaphrasen ist im zweiten und dritten Oden-Buch weitaus geringer – in beiden Büchern sind jeweils nur noch vier solcher Texte zu finden. Nichtsdestoweniger ist ein Großteil der nicht unmittelbar auf den biblischen Text zurückgehenden Texte geistlichen Gehalts – wie im Detail zu zeigen sein wird. Formal übersteigen sie im Einzelfall die früheren Odenbücher deutlich an Komplexität.

Die Bibel-Paraphrasen des zweiten Buches sind mit einer Ausnahme Psalm-Dichtungen. Ode I improvisiert gedanklich über »Psal. LXX. v. 20. Quantas ostendisti mihi tribulationes multas & magnas, & conversus vivificasti me!« (d.i. bei Luther Ps 71,20). Die einfach verwendete pindarische Form wird in einer komplexen Strophenform vor allem in Satz und Gegensatz aufgelöst, einer Mischung aus Alexandrinern, Alexandriner-Halbversen, *vers communs*, achthebigen Trochäen, vierhebigen Trochäen und Jamben. Im Satz wird zunächst ein Panorama der Schrecknisse der Welt – »Blitz und Ach und Noth / und Angst / und weh'« (*Od.* II,1,3) aufgerufen, bevor die Strophe zum fast unmittelbaren Psalm-Zitat gelangt, auf das sich die Ode bezieht: »Was lässet mich dein Grimm nicht sehen!« (*Od.* II,1,9). Der Gegensatz entfaltet dann in Bildern der Zuwendung Gottes und der Wendung allen Leides für den, der in Gottes Zuversicht ist, den zweiten Teil des Psalmverses: das Heraufführen des Gläubigen aus der »Tiffen / aus der unerschöpfften Klufft / | Aus der Hellen Hell'« (*Od.* II,1,28f.). Der Zusatz, als kürzere Strophe mit meist kürzeren Versen als Satz und Gegensatz, feiert die Zuwendung Gottes in einer paradox erscheinenden Fügung: »Mein Ach! mein Tod ist todt« (*Od.* II,1,35).

Ode VI (»Ach daß die Hülffe Sion über Jsrael käme / und der HErr sein gefangen Volck erlösete: So würde Jacob frölich seyn und Jsrael sich freuen / Ps. XIV, v. 7.«) entfaltet im Satz der einfachen pindarischen Form in Bildern von Sturm und Schiffbruch die Not menschlichen Lebens bis zum Tode – die drei letzten Verse sind getreue Paraphrase des Psalmspruchs, der Bitte an Gott, das Leid zu beheben: »Ach! möcht uns der doch Hülffe schicken / | Der sich in Sion hat verlibet | Vnd bricht was Jsrael betrübet« (*Od.* II,6,16–18). Der Gegensatz thematisiert, daß Gott selbst Elend, Gefangenschaft und Leid verhängt habe; der Schluß der Strophe variiert die Psalmbitte:

> Erlöser! möcht' es dir beliben.
> Daß wir / die deine Thaten kennen;
> Dich doch Erlöser solten nennen
> Daß wir / die dir nur dinen wolten |
> Nicht frembden Herren dinen solten. (*Od.* II,6,32–36)

Gryphius schließt hier an das Motiv der Gefangenschaft Israels in Babylon an, das der gedankliche Hintergrund des Psalms 14 ist – und die Zusatz-Strophe spielt unmittelbar auf dieses Motiv an (vgl. V. 45): Hier entfaltet der Text die Imagination der Befreiung von weltlichen Bedrängnissen, eine Imagination, die allerdings, da der lyrische Sprecher noch *in* der Welt ist, als »süsser Wahn« entlarvt wird (*Od.* II,6,53), jedoch in der Gewißheit der Erlösung: »Ach! kan die Hoffnung mich so ohne Maß' ergetzen! | Wie frölich werd' ich seyn / wenn GOtt mich wird entsetzen« (*Od.* II,6,55f.). Die VIII. Ode ist getreue »Paraphrasis Psalmi CXXV.« (d.i. bei Luther Psalm 126) (strophisches Lied, vier- und fünfhebige Jamben und Trochäen, acht Strophen à acht Versen, ABBACCDD). Ode V (»Freue dich nicht meine Feindin / daß ich niderlige«) greift auf den Bibelvers aus Micha 7,8 zurück. Die hieraus entlehnte Bedrohung durch die Feinde der Gläubigen wird durch die Zuversicht auf die Gnadenzusagen Gottes, mit einem innigen Glaubensbekenntnis und v.a. in der Haltung neustoizistischer Duldung weltlichen Leids kontrastiert. Das strophische Lied weist einen komplexen Strophenaufbau auf, die Verse 1–9 und 12–14 sind vierhebige

Trochäen, die Verse 10 und 11 ein Alexandriner-Paar; Verse 9 und 14 bilden einen Schweifreim um zwei Reimpaare, wodurch sich das auch ansonsten komplizierte Reimschema der Strophen ergibt: ABBCACDDEFFGGE.

Die übrigen acht Oden des zweiten Buches sind, ohne auf einen Bibelvers zurückzugehen, geistlich-reflexiven Gehalts – und insbesondere in ihrer Formenvielfalt bedeutsam. Ode II (»Verlangen nach den ewigen Hügeln«) folgt im Grundsatz dem pindarischen Muster aus Satz und Gegensatz, allerdings ohne Zusatz; die Ode weist insgesamt in der Reihung von Sätzen und Gegensätzen einen komplexen Aufbau auf: Auf die vier Strophen Satz I–IV folgen in der Fassung von 1650 (*TR*, S. 114–117) zunächst die Strophen Gegensatz I–IV, dann die Satz-Strophen V–VIII, schließlich die Gegensatz-Strophen V–VIII. Die Satz-Strophen sind jambisch, zwei männlich endende Verspaare mit drei realisierten Hebungen rahmen einen vierhebigen jambischen Vers ein. Die Reimendung des mittleren Verses wird erst im Mittelvers der Folgestrophe wiederaufgenommen: AABCC DDBEE (erste und zweite Strophe, analog dazu dritte und vierte). Die Gegensatz-Strophen stehen vierhebig trochäisch im Kreuzreim. Gegenstand der langen und kunstvollen Ode ist einerseits die Eitelkeit und Vergänglichkeit der Welt: »Was ist der Erden Saal? | Ein herber thränen Thal!« (*TR*, S. 115). Die ersten vier Gegensatz-Strophen wiederholen zunächst diese Welt-Bildlichkeit, allerdings tritt an die Stelle des generelleren »wir« der vorhergehenden Satz-Strophen ein »ich«, das sich im Gegensatz III und IV der Sonne Gottes zuwendet. Satz V scheint vehement zurückzufallen in die Anklage der eitlen Welt:

> O Burg der sterbligkeit!
> O Kercker voll von Leidt!
> O Erden Leichen-volle grufft!
> O Schlachtbanck / Stock vnd See /
> O Abgrund-tieffes weh'! (*TR*, S. 116)

In intensivem Gebetsgestus allerdings wenden sich die Sätze VII und VIII demjenigen Einzigen zu, der aus »dieser pein« erlösen kann (ebd.). Die abschließenden vier Gegensatz-Strophen setzen in Gegensatz V, VI und VII die gebetsartige Anrede an Gott fort, zunächst mit zwei Fragestrophen nach dem Zeitpunkt der erwünschten Erlösung. Im letzten Vers der zweiten Strophe aber wird der Übergang zur sehnsuchtsvollen Anrede in der dritten vorbereitet: »Komm' Erlöser brich doch ein! || [VII.] Kom gewündschter / laß mich küssen | Dein liebreiches Angesicht!« (*TR*, S. 117). Die VIII. Gegensatz-Strophe spricht nun die verachtete, leidvolle Welt an: »Gutte Nacht verfluchtes Leben!« (ebd.). Wer nur dieser Welt sich zuwende, habe niemals erkennen können, was das wirkliche Leben des Menschen sei.

Formal die kunstvollste Ode des zweiten Buches ist gewiß die III. (»Verleugnung der Welt«). Das strophische Lied steht in Alexandrinern, die allerdings nicht in Paarreimen, sondern im komplizierten Reimschema der Sestine angeordnet sind: ABCDEF FABCDE EFABCD DEFABC CDEFAB BCDEFA. Die sich reimenden Verse enden, der Strophenform entsprechend, nicht in bloßen Reimwörtern, sondern jeweils mit dem gleichen Wort in der entsprechenden Reimendung. Die ersten beiden Strophen entfalten die Nichtigkeit weltlicher Dinge, der Wissenschaft, Schönheit und Wollust – und die Todessehnsucht des lyrischen Sprechers. Die dritte Strophe eröffnet mit der Selbstaufforderung »Auff meine Seel / auff! auff! entwach aus disem Traum!« (*Od.* II,3,13) den Blick auf die Begrenztheit der irdischen Dinge, die in der vierten Strophe verabschiedet werden: »Ade! ich wil nunmehr auff freyen Füssen stehn | Vnd treten was mich tratt!« (*Od.* II,3,22f.). In an Seneca orientierter neustoizistischer Wendung erbittet sich die fünfte Strophe das Wissen um das rechte Sterben und die Entbindung von allem Weltlichen. Dadurch, daß Gryphius immer die gleichen Reimwörter benutzt, setzt er sie notwendigerweise in immer neue syntaktische wie semantische Zusammenhänge: Der »Tod« ist einerseits »diß Leben«, also die eitle, nichtige Welt, sogar »folter-harter Tod« (*Od.* II,3,6.21), andererseits aber auch, als Ende dieser Nichtigkeit, Gegenstand der Sehnsucht (V. 7), Gegenstand neustoizistischer Duldung und – letztlich – Übergang in ein neues Leben: »und laß nach disem Tod | Wenn hin / Dunst / Phantasie / Traum / Tod / mich ewig stehn« (*Od.* II,3,35f.). Insbesondere die Reimwörter »Dunst«, »Traum« und »Phantasie« werden über wechselnde Epitheta zu Synonymen der Verblendung, Flüchtigkeit und Nichtigkeit der Welt.

Mit ihrem Titel »MANET UNICA VIRTUS« greift die IV. Ode wohl auf eine Sinnspruchneuschöpfung durch humanistische Gelehrte oder Dichter zurück, die möglicherweise aus antiken Versatzstücken zusammengesetzt ist. Das »manet unica virtus« kommt einerseits einem Hexameterschluß bei Juvenal (Sat. 8,20) am nächsten,[9] andererseits verweist es möglicherweise auf eine Stelle bei Seneca (Epist. 74,24), wo es heißt: »quia omnis virtus & opus omne virtutis incorruptum manet«.[10] Vergänglichkeitsthematik und Weltverneinung werden in der Adressierung an fiktive, antikisierend benannte Frauenfiguren (Lælia, Syren) entfaltet, anstelle der vergänglichen weltlichen Güter Körper, Schönheit, Stand, Ehre und Kunst wird in den Strophen 5, 6 und 11 die himmlische Tugend besungen, die »lehrt was irrdisch ist verlachen« (*Od.* II,4,43) sowie den Gläubigen »zwingt mich aus mir selbst zu reissen. | Vnd was nicht ewig / hinzuschmeissen« (*Od.* II,4,23f.). Wie die IV. ist auch die VII. Ode (»Terra vale! Dominum vitæ stat adire TONANTEM«, Quelle unbekannt[11])

---

9 Vgl. D. IVN. IVVENALIS ET AVLI PERSII FLACCI SATYRÆ, *Cum annotat.* TH. FARNABII. Amstelædami. Typis IOANNIS BLAEV, *Sumptibus* Societatis. 1650, S. 81f.: »*Tota licet veteres exornent undique cera | Atria:* Nobilitas sola est, atque unica virtus« (V. 19f.).
10 L. ANNÆI SENECÆ PHILOSOPHI Tomus Secundus. *In quo* EPISTOLÆ, & QVÆSTIONES NATVRALES. *Lugdun. Batavor.* Ex Officinâ Elsevirianâ, CIƆ IƆ CXLIX., S. 218. Ich danke für diese Hinweise auf Juvenal und Seneca wie für die Vermutung, daß es sich bei der Titelformulierung um eine humanistische Neuschöpfung handeln könne, dem Bochumer Latinisten Reinhold Glei.
11 Eine ähnliche Formulierung verwendet Gryphius in *Ep.* I,6, einem ursprünglich als Geleitgedicht zu einer von seinem Halbbruder Paul Gryphius 1637 gehaltenen Leichenpredigt verfaßten

ein strophisches Lied und wurde in verschiedene evangelische Gesangbücher aufgenommen. Formal erscheinen die Strophen in ihren vierhebigen Jamben zunächst einfach, die siebenversigen Strophen werden jedoch kunstvoll über die Reimendungen des jeweils letzten Verses paarweise eng miteinander verkoppelt: ABABCCD EFEFGGD. Inhaltlich ist der Text eine bildreiche Variante des Abgesangs auf die Welt und deren Eitelkeit: Der sterbende Sprecher des Gedichts verabschiedet die Welt und die irdischen Menschen im Bewußtsein, er, im Eingang zum Reich Gottes, habe das wahre Leben. Die scharfe Kontrastierung des Ichs gegenüber den Anderen, der Welt gegenüber dem Reich Gottes, ist rhetorisch-poetische Besonderheit des Textes: »Jch lach' / ihr weint! / ich sig / ihr krigt! | Jch herrsch' ihr dint / ich steh' ihr ligt | Jch leb' ihr müst verschmachten« (*Od.* II,7,47–49), »Dort war der Kampff: hir ist der Lohn. | Dort war der Kercker: hir der Thron. | Dort wündschen: hir erlangen« (*Od.* II,7,61–63). Ebenfalls Abgesang auf die Welt – nur aus anderer Perspektive – ist die IX. Ode (»Ruhe des Gemühtes«); sie ist Loblied auf eine neustoizistische Haltung. Der »hohe Geist« (*Od.* II,9,1) des Stoikers, der das falsche Glück der Welt, Eitelkeit, Ehre, Krankheit des Leibes und Tod verachtet, der durch die Kraft seines Verstandes seine Begierden zu steuern weiß, wird in der letzten Strophe zum Wunschbild des sprechenden Ichs: »Ach! könt ich / was ich itzund rühm erlangen« (*Od.* II,9,46), eines Ichs, das allerdings noch von den Begierden der Welt klagvoll zurückgehalten zu werden scheint. Gryphius kombiniert in den Strophen des Liedes jeweils vier kreuzgereimte fünfhebige Jamben (ABAB) mit fünf zweihebigen jambischen Kurzversen (CDCDD).

Nach dem strophischen Weihnachtslied »Vber die Geburt des HErrn« (Ode X) steht die geistliche Ode »GOtt dem Heiligen Geiste« (XI) wiederum in verdoppelter pindarischer Form. 1. Satz und 1. Gegensatz eröffnen den Lobgesang auf den Heiligen Geist mit einem eindrucksvollen Naturbild: Die Verse 1–6 buchstabieren eine in erbarmungsloser Sonne dahinsiechende Natur aus, die Verse 7–12 übertragen dieses Bild auf die Furcht des Menschen vor Gottes versengendem Zorn. Rhetorisch ist die Strophe des 1. Satzes kunstvoll aufgebaut:

> WJe die Erden schmacht und brennet /
> Wie die Blume sinckt und fällt /
> Wie der Garten sich verstellt /
> Wie die Wise sich verkennet /
> Wenn die erhitzte Sonn mit ihren Mittags Flammen
> Den Kreyß der Welt ansteckt;
> So / wenn des Höchsten Zorn wil tödten und verdammen;
> Wenn uns die Angst erschreckt:

Epigramm (vgl. Lateinische Kleinepik, Epigrammatik und Kasualdichtung. Hg. von Beate Czapla und Ralf Georg Czapla (2001) [82], S. 88); auch hier spricht der Sterbende: »Terra VALE. Dominum vitæ stat adire beatæ; | Jam via recta patet. (devia Terra VALE.)«.

Wenn uns die heisse Noth verzehret
Wenn uns die bange Furcht beschweret:
Denn wil uns Krafft und Mutt verschwinden:
Denn ist kein Hertz in uns zu finden. (*Od.* II,11,1–12)

Über die beiden mittleren, gekreuzten Reimpaare werden Naturbild und Übertragung eng miteinander verkoppelt, das ›Wie – So‹ des ausgeführten Vergleichs wird kunstvoll bis in die Reimstruktur der Strophe überführt. Genau diese Struktur wird im 1. Gegensatz wiederaufgenommen. Der sanfte Regen, der die Natur wieder belebt (vgl. *Od.* II,11,13–15), wird mit dem göttlichen Trost verglichen: »So: wenn wir deinen Trost / GOtt / höchste Weißheit fühlen: | Dann lachen wir in Noth« (*Od.* II, 11,19f.). Die Wirkung des göttlichen Geistes, die Einfließung neustoizistischer Tugend in Gott, selbst bei Höllenangst und Folterqual, ist Thema im ersten Zusatz. 2. Satz und Gegensatz sind anders aufeinander verwiesen: Der 2. Satz ist variantenreiche, dem Heiligen Geist vielfaches Gutes zuschreibende Anrede, der dann im Gegensatz die Bittstrophe folgt: »Ach! Erwecke meine Seele: | Wende meinen Vnverstand« (*Od.* II,11,45f.). Im Bewußtsein der Schwachheit des Menschen wird im 2. Zusatz die Hingebung an den Willen des Herrn bekräftigt.

Gryphius schließt das zweite Oden-Buch mit einem Lied auf den »Beschluß des Jahrs« (Ode XII) ab – und schaltet schließlich ins dritte Buch ein gleichbetiteltes ein (dort Ode IX). Die erste dieser Oden ist formal kunstreicher: Das strophische Lied besteht aus neun Strophen in einfachen Reimpaaren AABBCC, wovon die ersten fünf vier vierhebige Jamben, die verbleibenden vier Strophen vier vierhebige Trochäen haben, woran sich jeweils zwei achthebige trochäische Langverse anschließen; Ode IX (drittes Buch) ist schlichter in sangbaren jambischen Vierhebern mit je zweimal klingender und abschließender stumpfer Kadenz (AABCCB). Inhaltlich variieren die beiden Oden dieselbe Thematik: Der Jahreswechsel wird zu einer variantenreichen Reflexion über Zeit, Zeitlichkeit und Ewigkeit genutzt. Die Begrenztheit des menschlichen Lebens wird der Ewigkeit Gottes entgegengesetzt; Ode XII (zweites Buch) betont das von Gott eingesetzte Zeitmaß, die Zeitlichkeit des Tagesablaufs und der Jahreszeiten, die Zeiten der seelischen Zustände (Wehmut, Angst und Kraftlosigkeit), Ode IX (drittes Buch) überführt die Erfahrung von Vergänglichkeit und Tod ins Bewußtsein des ewigen Gottes, der in der Menschwerdung Jesu die Zeitlichkeit bzw. Endlichkeit des Menschlichen erfahren hat (vgl. Strophe 8).

Das dritte Buch der Oden

Die ersten beiden Bibelparaphrasen des dritten Oden-Buches sind einfache bzw. doppelte pindarische Oden. Ode IV paraphrasiert den Psalmvers Ps 65,3: »Du erhörest Gebet / darumb kömt alles Fleisch zu dir«. Der Gottesanrede im Abgesang geht in Satz und Gegensatz die Ansprache der verzweifelten Menschen voraus: »Jhr / die die grimme Noth schir zum verzweiffeln brachte / | Jhr / die die Erd anspie' / ihr bißher höchst Verachte« (*Od.* III,4,2f.). Diesen wird zugesagt: »Euer Trost ist nah'« (*Od.* III,4,4). Der Gegensatz entfaltet zwar nochmals die Scheinbarkeit von Gebet und Flehen, beide Strophen sprechen aber die Gewißheit aus, Gott habe »längst eur Winseln / Ach / und Jammer Lid gehört« (*Od.* III,4,13). Schon der Satz begann mit dem Lobesruf »Halleluja«, der Abgesang ist einzige, vielbebilderte Gottesanrede: »Grosser König aller Götter« (*Od.* III,4,17), dessen belebende, Bedrohung abwendende, erbarmungsvolle Hinwendung zu den Menschen in die rhetorisch kunstvolle Paraphrase des Psalmverses mündet:

> Alles / alles Fleisch erscheinet:
> Alles alles / was hir weinet:
> Alles alles / was hir wachet /
> Alles alles / was hir lachet;
> Alles kömm't zu dir allein (*Od.* III,4,21–25).

Die Schlußverse greifen in Verdoppelung und Verdreifachung das Halleluja des ersten Verses wieder auf. Auf vier Verse aus Baruch 4 greift Ode VI zurück. Der Satz paraphrasiert Bar 4,19: den Abschied eines Mannes von seinen Kindern, der Gegensatz (Bar 4,20) das Ablegen des Freudenkleides und das gegenwärtige Trauerkleid: »raue Säcke [...] | Härin Tuch« (*Od.* III,6,23f.), der Abgesang schließlich, gemäß Bar 4,22.2, die nichtsdestoweniger hoffnungsvolle Hinwendung zur Gnade des Herrn. Analog zu Bar 4,21 fordern 2. Satz und Gegensatz die davonziehenden Kinder auf, mit dem Sprecher zu Gott zu rufen – in der Gewißheit, daß ihnen Hilfe widerfahren solle. Der 2. Abgesang formuliert wie Bar 4,23 die Gewißheit, daß »Gott der alles kan / wird mir euch wider geben | Mit immer-Freuden-schwanger Lust / | Daß ihr mit Wonn' umb diese Brust | Solt mit mir / und durch Gott / Gott rühmend ewig leben« (*Od.* III,6,69–72).

Das strophische Lied »Dimitte me! ut plangam paulum dolorem meum. Job. 10« (Ode VII) ist eine Paraphrase des Bibelverses Hiob 10,20. Die Strophen aus jambischen Lang- und Kurzversen inszenieren die eigene Todesnähe durch spannungsvolle Zeitgestaltung. Strophe 1 und 2 beginnen mit »bißher«: Der Sprecher habe sein Leid verhüllen, niemandem klagen wollen, doch »Nun fällt mein Abend ein! | Nun seh' ich / daß ich hab' umbsonst auff Trost geharrt« (*Od.* III,7,11f.). Die Todesnähe führt die Eitelkeit des eigenen Lebens wieder herauf ins Bewußtsein – und leitet über ins epochentypische »Ade Welt«-Motiv: »O Erden gute Nacht« (*Od.* III,7,25). Anstelle des Hiob, der im biblischen Ursprungstext klagt, wird aber hier das Sprecher-Ich als Dichter erkennbar:

> Jhr Bücher / meine Lust; gehabt euch itzund wol!
> Jhr Musen / meine Wonne!
> Vranie mein Licht!
> Du aller Künste Sonne.
> Was hillfft dein Vnterricht
> Nun mein betrübter Geist vom Leibe scheiden sol! (*Od.* III,7,31–36)

Die Strophen 7–9 entfalten, wie andere Oden (und Sonette), die Vergeblichkeit, Eitelkeit und Vergänglichkeit von Wissen, Besitz, Ehre, Anerkennung und Handeln und Dichten. Die Klage über den eigenen Tod (Strophe 10) jedoch wird in der Gewißheit Gottes aufgefangen (Strophe 11).

Das Gesangbuch-Lied »Quis avolvet nobis lapidem ab ostio monumenti« (Ode VIII) geht zurück auf Mk 16,3 und interpretiert metaphorisch die Situation der Frauen am Grab Jesu. Der Sprecher identifiziert sich mit den Frauen am Kreuz wie am Grab; das Osterereignis wird als Befreiungserlebnis inszeniert. Der Stein vor dem Grab Jesu wird ab Strophe 6 in verschiedenen übertragenen Bedeutungen als Motiv eingebaut: »Mich beschwert / ich muß es klagen: | Ein sehr ungeheurer Stein« (*Od.* III,8,31f.). Kummer, Wehmut und Finsternis sind durch das Osterereignis verdrängt, der Gläubige steht in Gewißheit: »Mein Erlöser steht mir bey« (*Od.* III,8, 53).

Aus den übrigen sieben Oden des dritten Buches fallen die XI. und XII. gewissermaßen heraus: Sie sind Gelegenheitsgedichte auf die Hochzeit von Gryphius mit Rosina Deutschländer im Januar 1649. Zwei sind geistlicher Natur, ohne unmittelbar auf Bibelverse bezogen zu sein (I und X), zwei sind möglicherweise sehr freie, allerdings natürlich geistliche Paraphrasen auf Bibelstellen (III, IV) – und die verbleibende greift auf ein Zitat aus Persius' Satiren zurück.

Die I. Ode, in einfacher pindarischer Form (ohne Titel, »WJe / wenn nach langer Angst«), ist eine Gotteslob-Ode, die in jedem Abgesang mit »Halleluja« anhebend die in Satz und Gegensatz jeweils entfalteten Attribute Gottes preist. 1. Satz und Gegensatz sind nicht, wie sonst meistens, in gewissem Sinne adversativ aufeinander bezogen, sondern entfalten in einem fast manieristischen Reigen von Vergleichen die Attribute Gottes. Lediglich in den Schlußwendungen der beiden Strophen wird ihre Komplementarität zueinander sichtbar: Heißt es im Satz – die vorhergehenden Vergleiche übersetzend – »So muß voll Wonne singen / | Mein Geist / HErr /der dich ehrt« (*Od.* III,1,13f.), so heißt es im Gegensatz: »So muß die Seele prangen | Wann Gott sich zu ihr wendt«.[12] Gottes Drohungen und harte Forderungen, aber auch sein Erbarmen, Beistand und die Hoffnung auf das ewige Leben (2. Satz/ Gegensatz/ Abgesang), menschliche Not und Krankheit, aber auch der von Gott gesetzte Sinn dieser Prüfungen (3.), seine Väterlichkeit und Gnade, aber die Notwendigkeit der gläubigen Zuwendung des Menschen mit der Aussicht auf die Wiederauferstehung sind die Momente des differenzierten wie ausführlichen Gotteslobes. Den Titel der X. Ode, »Excessus humanæ mentis ad Deum«, entnimmt Gryphius einer unbekannten Quelle, die Konstruktion aus Chor und Gegenchor erinnert an die pindarische Ode, verzichtet allerdings auf Zusatz oder Abgesang. Hier liegen eher tatsächliche Gesangsstrophen vor, die dann in der Schlußstrophe beide Chöre zusammenführen.

---

12 So der Wortlaut der ersten Fassung in *DG* (Oden III, S. 60, separate Paginierung). In *FT* lauten die Verse: »So muß die Seele prangen | Die sich errettet nennt« (*Od.* III,1,27f.).

Das Welt-Ade-Motiv wird wieder aufgegriffen, den Leiden und der Widerwärtigkeit der Welt wird die Süße des ewigen Wohnhauses entgegengesetzt. Dritter Chor und Gegenchor nehmen die Anschauung Gottes im Tode vorweg, begrüßen die Himmelsgeister – die mit beiden Chören zusammen in der Schlußstrophe den Lobpreis des Herrn anstimmen: »Wonne! Wonne über Wonne! | Gottes Lamb ist unser Sonne« (*Od.* III,10,41f.).

Die III. Ode, »JCh irre gantz allein«, ist möglicherweise eine ganz freie Paraphrase von Ps 55,2–6 in verdoppelter pindarischer Form. Der Text inszeniert einen Sprecher, der in Einsamkeit, Nacht, ohne Hilfe in die Irre geht; Verderben, Hölle und Gottes Drohung – in Bildern des Gewitters – behelligen den einzelnen: Doch was 1. Satz und Gegensatz entfalten, wird im 1. Abgesang durch das gläubige Vertrauen auf Gottes Erbarmen und Gnade beantwortet. Der 2. Satz entfaltet in Bildern der Verfolgung durch ungeheuerartige Feinde die Bedrohung von 1. Satz und Gegensatz weiter. Der 2. Gegensatz formuliert gebetartig die Bitte an Gott, dem lyrischen Sprecher gegen die »Feinde« zu helfen. Trotzig wendet sich der Sprecher schließlich im 2. Abgesang an seine Verfolger – in der Gewißheit, daß derjenige nicht untergehen könne, »[d]en ihr auff GOtt / dem Felß / seht stehen« (*Od.* III, 3,68). Gryphius bringt die Gewißheit von Gottes Gnade gegenüber dem Gläubigen in ein starkes Bild: »Der mich als einen Ring an seinem Finger träget« (*Od.* III, 3,64). »Tu extraxisti me de Ventre Matris meæ« (Ode V) zitiert aus unbekannter lateinischer Quelle, geht aber dem Inhalt und der Bildverwendung nach auf Jes 49,1 zurück (oder bezieht sich kontradiktorisch auf Hiob 10,18). Das strophische Lied in einfachen vierhebigen Trochäen (ABABCC), das Gesangbuchlied wurde, ist ebenfalls ein Gotteslob-Lied, das die Zuwendung Gottes, seine väterliche Erbarmung und die Verheißung des ewigen Lebens besingt – ein echtes Kirchenlied.

Mit dem Titel der II. Ode, »Scire Tuum nihil est!«, greift Gryphius auf Vers 27 der ersten *Satura* des römischen Satirikers Persius zurück. Die nichtstrophige achtzigversige Ode besteht aus Alexandriner-Halbversen und Alexandrinern im Wechsel, dem der Reimwechsel im Kreuzreim folgt. Inhaltlich liegt hier gewissermaßen eine Spezialvariante der Eitelkeit- bzw. *vanitas*-Gedichte vor, insofern »diser Feder Macht« (*Od.* III,2,9), das weltliche Begehren »vil gelehrter Sinnen« (*Od.* III,2,14) und »der wehrten Bücher Lust« (*Od.* III,2,18) als Insignien des Wissens und der Gelehrsamkeit vielfältigen Bildern der Vergänglichkeit zugeordnet werden (vgl. *Od.* III,2,21–53) – auch der Gelehrteste und mit ihm sein Wissen vergehe (letztlich), der Tod mache ihn mit allen andern gleich. Auf der Bildebene der Gelehrsamkeit, der Schrift und des Buchs wird die Alternative zum Vergehen – die einzig vorstellbare Alternative – eingeführt: Bestehen könne nur derjenige, »Den in des Lebens *Buch* der strenge Richter findet; | Jm Buch der Selikeit« (*Od.* III,2,60f.; meine Hervorhebung). Die Bildlichkeit der Einschreibung ins Lebensbuch durch Gott wird in der Schlußbitte des Gedichts in einer doppelten Schriftmetapher zu Ende geführt:

> Sprich / daß in deiner Hand
> Jch angezeichnet steh und nur dein Reich sol erben;
> So werd ich von der Schand
> Des schwartzen Sünden Buchs errettet / frölich sterben. (*Od.* III,2,77–80)

Der Rückgriff auf Jes 49,16 (wie in *Od.* I,1 und I,12) – Gott hat den Namen des Auserwählten in die Hand geschrieben – steht kontrastiv dem Sündenbuch gegenüber, das in der Logik der gesamten Ode dem weltlichen *scire* zugeordnet ist.

Die beiden Gelegenheitslieder zu Gryphius' eigener Hochzeit schließen das dritte Buch der Oden ab. »Fortis ut mors Dilectio. Auff seine und seiner Ehegelibten Vermählung« (Ode XI) greift auf einen Vers des Hohenliedes zurück (Hld 8,6): »Stark ist wie der Tod die Liebe«. Das Lied aus fünf einfachen Strophen in vierhebigen Trochäen (ABABCC) stellt eine variantenreiche Durchführung des Motivs der durch nichts bezwingbaren Liebe dar: Beben und Ungewitter, Trauer und Tod, Angst und Hölle, Wasserfluten können der besungenen Liebe nichts anhaben, die auch allen materiellen Gütern überlegen und durch sie nicht zu bezwingen sei (vgl. Strophe 5). In Ode XII, »Was Gott zusammen füget / sol Nimand scheiden. Halleluja!«, setzt Gryphius den trochäischen Strophen vierversige Gegenchor-Strophen hinzu, die den Refrain singen. Menschliche Liebe und Jesu/Gottes Liebe zu den Menschen (vgl. 2. Chor) sind die Quelle für Friede, Fröhlichkeit und Freude, überdauern den Tod und werden als Vorspiel »Ew'ger Wollust« (*Od.* III,12,22), insbesondere in den Refrainstrophen des Gegenchores, lobpreisend besungen.

Gryphius' Oden erweitern formal die Möglichkeiten der Gattung insbesondere im Blick auf die pindarische Form – ohne daß dies allerdings zu einem Impuls für die spätere Lyrik des 17. und frühen 18. Jahrhunderts geworden wäre: Gryphius bekleidet hier eine Sonderstellung. Inhaltlich greifen die Oden der ersten drei Bücher gewiß auf zeittypische, generalisierte Bilderrepertoires zurück, wie sie sich auch in den Sonetten finden. Darüber hinaus aber agieren sie damit sowie im Medium der poetischen Rede mitunter virtuos – ihre präzise Erforschung bleibt Desiderat.

II.4.3 Epigramme
Von Thomas Althaus

Gryphius greift mit seinen Epigrammen in die Entwicklung einer prägenden literarischen Kleinform der Barocklyrik ein. Das Barockepigramm ist »Prob und Lob der Teutschen Wolredenheit« in exzeptioneller Ausprägung: »Wann man nemlich nicht mehr Wort / als die Sache von nöthen hat / gebrauchet / selbe aber mit gebührlicher Schicklichkeit und sondrem Nachdruck zu Werke bringet.«[1] In Erfüllung des *brevitas*-Ideals leistet das Epigramm als literarisches Genre so auch viel für die Einbringung der rhetorischen Stillehre in die mit Opitz neu entstehende *Deutsche Poeterey* (1624). Das hat auch mit der im europäischen Vergleich zunächst ja durchaus noch strittigen Literaturfähigkeit der deutschen Sprache zu tun. Die Epigrammkultur in den Folgejahrzehnten der Opitzschen Reform bezeugt, wie sehr sich die deutschsprachige Barockdichtung eines prägnanten, pointierenden Ausdrucks befleißigen kann und wie sehr gerade ihre literarische Praxis aus den entsprechenden ästhetischen Bestimmungen »*DE ACVTA STYLI breuitate*« resultiert.[2]

Mit dieser Entwicklung hängt aber paradoxerweise auch zusammen, daß der Anteil von Gryphius daran lange geringgeschätzt worden ist. Seine frühe lateinische Epigrammatik sollte den »Tiefstand« einer »damals besonders hochentwickelten Gattung«, seine frühe deutsche Epigrammatik »den tiefsten Punkt in seiner Jugenddichtung« darstellen.[3] Der Grund dafür liegt in der Intention der älteren Barockforschung und gerade auch der älteren Gryphius-Forschung auf Kanonbildung und in ihrer Bindung an einen Werkbegriff, der sich möglichst weit von bloßer Schreibübung entfernt. Tatsächlich sind die Epigramme von Gryphius aber auch Schreibversuche, Einübungen in ein Genre, mit dem nun die alte Praxis der rhetorischen

---

1 Prob und Lob der Teutschen Wolredenheit. Das ist: deß Poetischen Trichters Dritter Theil / begreiffend: I. Hundert Betrachtungen / über die Teutsche Sprache. II. Kunstzierliche Beschreibungen fast aller Sachen / welche in ungebundner Schrifft-stellung fürzukommen pflegen. III. Zehen geistliche Geschichtreden in unterschiedlichen Reimarten verfasset. Zu nachrichtlichem Behuff Aller Redner / Poëten / Mahler / Bildhauer und Liebhaber unsrer löblichen Helden Sprache angewiesen / durch Ein Mitglied der Hochlöblichen Fruchtbringenden Gesellschaft. Nürnberg / Gedruckt bey Wolfgang Endter / dem Aeltern. M DC LIII, S. 67.
2 NICOLAI CAVSSINI, TRECENSIS, È SOCIETATE IESV, DE ELOQVENTIA SACRA ET HVMANA, *LIBRI XVI. Editio Tertia, non ignobili acceßione locupletata*, CVM ACCVRATIS INDICIBVS, TAM EORVM quæ vnoquoque Capite continentur, quàm Rerum & Verborum. LVTETIÆ PARISIORVM, Sumptibus Mathvrini Henavlt, Nicolai de la Vigne, Philippi Gavltier, & Nicolai de la Coste. M. DC. XXX., Lib. 2, S. 102–111 (»*DE ACVTA STYLI breuitate, sententiisque abruptis, & suspiciosis*«).
3 Friedrich-Wilhelm Wentzlaff-Eggebert in der Einleitung zum Ergänzungsband der Werkausgabe von Palm: Andreas Gryphius: Lateinische und deutsche Jugenddichtungen (1938) [1], S. IX–XXXIX, hier S. XXIV.

Progymnasmata in einer neuen literaturgeschichtlichen Situation auf die Poetik verschoben wird.

Aus dem Modellcharakter der epigrammatischen Reflexion resultiert die Eignung der Texte auch für die Gelegenheitsdichtung. Daraus folgt bei Gryphius aber weiter eine epigrammatische Kasualpoesie, der auch und schließlich sogar vornehmlich die eigene Biographie Anlässe liefert, mit Selbstthematisierungen wie dem Epigramm »Der Autor vber seine Geburtt« (*Ep.* II,41), für die es neben der berühmten Ausnahme von Paul Flemings Sonett »An Sich« in der Barockliteratur nur wenige Parallelen gibt. Von hierher wurde das kritische Urteil über den ›Tiefstand‹ der Epigramme (so letztlich noch bis zu Szyrockis Feststellung geringer »lyrische[r] Kraft«[4]) revidiert und in völliger Umwertung von einem Höhepunkt der Genreentwicklung gesprochen: daß es in der Epigrammkultur des Barock dies als Ausnahme gibt, »one only truly original body of epigrams and that their author is Andreas Gryphius«.[5] Damit wurde nun allerdings der Modellcharakter der epigrammatischen Reflexion gehörig unterschätzt. Das überschwengliche Urteil blendete die poetologischen und mentalitätsgeschichtlichen Bedingungen der Barockliteratur aus. Die partikuläre Erfahrung des (schreibenden) Subjekts gewinnt hier verbindlichen Ausdruck überhaupt erst über die Typik der Reflexion.

Schreibmodell Epigramm

Im Dichtungsprogramm von Opitz wird das Epigramm nur erst als Subgenre der Satire, als »kurtze Satyra«, mitgeführt. Allerdings erfährt es auch da schon eine umfänglichere Bestimmung als jene poetologische Bezugsgröße selbst. Es werden die für den scharfsinnigen Stil ohnehin zentralen und hier überdies gattungsbestimmenden Kriterien genau markiert: »die kürtze ist seine eigenschafft«, aber nicht ein Indiz für die Marginalität des Epigramms, »vnd die spitzfindigkeit gleichsam seine seele vnd gestallt; die sonderlich an dem ende erscheinet / das allezeit anders als wir verhoffet hetten gefallen soll«.[6] Den Hintergrund dieser Doppelbestimmung bilden die poetologischen Ausführungen Julius Caesar Scaligers[7] und Jacobus Ponta-

---

4 Marian Szyrocki: Andreas Gryphius (1964) [135], S. 74.
5 Ruth Angress: The Early German Epigram (1971) [365], S. 108.
6 MARTINI OPITII Buch von der Deutschen Poeterey. Jn welchem alle jhre eigenschafft vnd zuegehör gründtlich erzehlet / vnd mit exempeln außgeführet wird. Gedruckt in der Fürstlichen Stadt Brieg / bey Augustino Gründern. Jn Verlegung David Müllers Buchhändlers in Breßlaw. 1624, fol. Dij^v.
7 IVLII CAESARIS *SCALIGERI, VIRI* CLARISSIMI, Poetices libri septem: I, HISTORICVS II, HYLE III, IDEA IIII, PARASCEVE V, CRITICVS VI, HYPERCRITICVS VII, EPINOMIS, AD SYLVIVM FILIVM. APVD ANTONIVM VINCENTIVM. *M. D. LXI.*, Lib. III, S. 169–171 (»EPIGRAMMATA. CAPVT CXXVI.« [recte: CXXV.]), insbes. S. 170.

nus' Feier der »lumina« des Epigramms, eben »breuitas, & argutia«.[8] Seit Scaliger ist auch die Nachbarschaft des Epigramms zur Satire eine Prämisse der Gattungsreflexion. Sie folgt insgesamt aus der schon seit dem späten 15. Jahrhundert erstarkenden Rezeption des Satirikers und Epigrammatikers Martial. Noch John Owens *Epigrammata* (1606–22), das große neulateinische Vorbild für die Entwicklung des Genres im Barock, bestätigen die Relation »Epigramma. Satyra«.[9] Aber in die Textkultur, die dann entsteht, reicht – neben gnomischen und didaktischen Traditionen kurzer Lyrik – als zweiter großer Überlieferungszusammenhang auch eine Epigrammatik im Sinne der *Anthologia Graeca* hinein. Sie ergänzt das Satirische um zusätzliche Darstellungsoptionen, v.a. um Elegisches, ohne dafür freilich auf das »vornehmste / welches ein Epigramma recommendiret / [...] eine scharffsinnige Expression (Acumen)« Verzicht zu leisten.[10] Der »Expansionstrend«[11] ist in der konkreten Textproduktion zunächst nur für den Auf- und Ausbau einer religiösen Epigrammatik entschieden von Belang. Die damit gegebene Alternative Geistlicher und Weltlicher Epigrammatik erfüllt jedoch konzeptionell eine entscheidende Voraussetzung dafür, daß sich diese unscheinbare kleine Form des Epigramms als Gattungsparadigma etablieren kann. Weitere Faktoren tragen zur Paradigmatisierung des Epigramms bei. Die Position epigrammatischer Lyrik wird nicht wenig auch durch den Relevanzgewinn der Prosa gestärkt. Als prosanahe Poesie, die ihr Pendant in der Sentenzenliteratur, Spruchprosa und Apophthegmatik hat, rückt sie vom Rand des Gattungsspektrums der Lyrik in die Mitte eines literarischen Feldes, das sukzessiv um die ›ungebundene Rede‹ erweitert wird.[12]

---

8 *JACOBI PONTANI DE SOCIETATE IESV* POETICARVM INSTITVTIONVM LIBRI TRES. *Eiusdem* TYROCINIVM POETICVM. *Cum Gratia & Priuilegio Cæsareæ Maiestatis.* INGOLSTADII, *Ex Typographia* DAVIDIS SARTORII. Anno cIɔ. Iɔ. XCIV., Lib. 3, Cap. XI, S. 201. Vgl. zur Entwicklung der Epigrammtheorie: Ferdinand van Ingen: Poetik zwischen brevitas und argutia. Zu Friedrich von Logaus Epigrammatik. In: Salomo in Schlesien. Beiträge zum 400. Geburtstag Friedrich von Logaus (1605–2005). Hg. von Thomas Althaus und Sabine Seelbach. Amsterdam 2008, S. 23–45, sowie den grundlegenden Artikel »Epigramm« von Theodor Verweyen und Gunther Witting in: Historisches Wörterbuch der Rhetorik. Hg. von Gert Ueding. Bd. 2. Tübingen 1994, Sp. 1273–1283.
9 *EPIGRAMMATUM* JOANNIS OVVEN CAMBRO-BRITANNI, OXONIENSIS. COLLEGIJ B. MARIAE, *(quod vulgò* NOVUM *vocant) nuper Socij, Quæ hactenus prodierunt* LIBRI DECEM. 1617. LIPSIÆ, *Sumptibus* Hæred. Thomæ Schürer, Lib. II, Nr. 181.
10 [Johann Gottlieb Meister:] Unvorgreiffliche Gedancken Von Teutschen EPIGRAMMATIBUS, Jn deutlichen Regeln und annehmlichen Exempeln / nebst einen Vorbericht von dem Esprit der Teutschen / abgefaßet von M. M. Leipzig / bey Martin Theodor Heybey. 1698, S. 81. In den »Griegischen Epigrammata«, für sich betrachtet, »bestehet die Kunst mehr in der Kürtze / als in dem Acumine« (S. 180).
11 Jutta Weisz: Das deutsche Epigramm des 17. Jahrhunderts (1979) [367], S. 76.
12 Zum Konturgewinn barocker Prosa auch unter poetologischem Aspekt vgl. grundsätzlich: Spielregeln barocker Prosa. Historische Konzepte und theoriefähige Texturen ›ungebundener Rede‹ in der Literatur des 17. Jahrhunderts. Hg. von Thomas Althaus und Nicola Kaminski. Bern 2012, darin

Früher und noch entschiedener wirkt sich jedoch das Aufkommen der *argutia*-Bewegung in den 1630er und 1640er Jahren auf den Stellenwert der barocken Epigrammatik aus: Unter dem Einfluß dieser Entwicklung wird das Epigramm durch seine pointierte Kürze überhaupt zum Nukleus literarischer Reflexion. Das wiederum schließt eine genaue Verbindung zur Wissenskultur des Barock ein. Im Epigramm kommen die *loci topici* und die Inventionsquellen der Fontes-Lehre exemplarisch zur Anwendung. Der epigrammatischen Schlußfolgerung fehlt es an genauer Deduktion; sie ›endet dort, wo die conclusio beginnt‹,[13] ist aber eben deshalb auch für die Vorstellungsbildung primär und als »*Enthymema* auß 2. Sätzen« durch gedankliche Akzentuierung »je kürtzer«, »je kräfftiger und spitziger«.[14] Geradezu Baustein-Charakter gewinnt das Epigramm in seiner strukturellen Ausrichtung auf das paargereimte Alexandrinerdistichon und das kreuzgereimte Alexandrinerquartett. Mit dieser Ausrichtung entstehen hier *Teutsche Reimen-Sprüche* (so der Titel der ersten Epigrammsammlung Friedrich von Logaus, 1638) in monadischer Ausprägung der Verssprache von Trauerspiel, Epos, Sonett und Elegie, die zentral eben auch aus diesem Strukturgefüge entwickelt wird.

Es ist kennzeichnend für die literaturgeschichtliche und poetologische Situation, wenn Gryphius 1643 in einer Art früher Werkschau neben den Leidener *Sonneten* und *Oden* eine lateinische und eine erste deutschsprachige Sammlung von Epigrammen erscheinen läßt. Das sollen Ausgangspublikationen sein. Wie bei den anderen Leidener Sammlungen auch soll es sich in werkgeschichtlicher Ankündigung um jeweils *Das erste Buch*, *Liber I* dieser Art handeln. Das Projekt der lateinischen Epigrammatik wird dann aber nur noch von verstreut publizierter Kasualpoesie fortgesetzt. Hingegen wird das Projekt der deutschen Epigrammatik weiterverfolgt und die alte Sammlung zwanzig Jahre später zu *Andreæ Gryphii Epigrammata Oder Bey-Schrifften* (Breslau 1663) in drei Büchern ausgearbeitet. Mit dieser Sammlung genügt Gryphius von sich aus der um die Mitte des Jahrhunderts explosionsartig ansteigenden Epi-

---

speziell zur Überlagerung epigrammatischen und apophthegmatischen Schreibens: Thomas Althaus: Eine »artem Apophthegmaticam (wie ars Poëtica, Oratoria)« haben. Harsdörffers kompilatorische Arbeit an einer Prosapoetik des Barock im Klärungsbereich der Breviloquenz, S. 281–308.
13 ARS NOVA ARGUTIARUM Eruditæ & Honestæ RECREATIONIS, In duas Partes divisa. PRIMA EST EPIGRAMMATUM: ALTERA INSCRIPTIONUM Argutarum. *AUTHORE* R. P. JACOBO MASENIO è Societate JESU. *Editio nova auctior & elegantior.* COLONIÆ AGRIPPINÆ, Sumptibus HENRICI ROMMERSKIRCHEN Bibliopolæ, Anno M. DCC. XI. *Cum Privilegio Sac. Cæs. Majestatis*, PARS PRIMA. ARGUTIÆ EPIGRAMMATICÆ, Cap. I, Art. I, S. 11: »Epigrammatis conclusio non est semper, velut in Enthymemate, deducta ex ratione, sive Assumptione, sed non rarò Assumptio epigramma claudit, conclusio incipit.«
14 Daniel Georg Morhofens Unterricht von der Teutschen Sprache und Poesie / Deren Ursprung / Fortgang und Lehrsätzen / Sampt dessen Teutschen Gedichten / Jetzo von neuem vermehret und verbessert / und nach deß Seel. Autoris eigenem Exemplare übersehen / zum andern mahle / Von den Erben / herauß gegeben. Lübeck und Franckfurt / Jn Verlegung Johann Wiedemeyers / M. DCC., »Das XVII. Cap. Von den Epigrammatibus«, S. 692.

grammproduktion. »DAsjenige was Logau Sinngetichte / Fleming Uberschrifften / Schoch Denksprüche / Gryphius Beyschrifften / andere aber insonderheit Grabschrifften / Rätzel / Sprüch-Wörter / Schertz-Reden etc. heißen«,[15] wird nun zu Hunderten gezählt, in Centurien. Damit ist die letzte Voraussetzung für die Entwicklung des Epigramms zu einer prägenden literarischen Erscheinung erfüllt: »Meng vnd Uberfluß«[16] heben die fehlende Extension der Texte durch Quantität auf. Das Muster von jeweils einem Hundert an Epigrammen wirkt so stark, daß Gryphius die »Grabschrifft / die er ihm selbst in tödlicher Leibes Schwachheit aufgesetzet« als 101. Epigramm des zweiten Buches (*Ep.* III,II, S. 35) einfach nicht mitzählt, damit die Summe stimmt.

Das Parallelprojekt lateinischer und deutscher Epigrammatik von 1643

Bei dem Parallelprojekt von 1643 handelt es sich aber nicht um separat gedruckte *Epigrammata latino-germanica*, wie sie in der Zeit – etwa bei Georg Gloger (*Decas Latino-Germanicorum Epigrammatum*, 1631) oder Christoph Schwanmann (*Monosticha, Et Epigrammata sive suspiria Sacra, Latino-germanica*, 1632) – die Transfersituation der Barockliteratur zwischen Gelehrten- und Nationalsprache kennzeichnen und in der Übersetzungsleistung die deutschen Texte an ihre lateinischen Muster heranreichen lassen. Bis auf wenige thematische Näherungen, die durch den gemeinsamen Bezugspunkt Martial gegeben sind, lassen sich die Texte auch dort nicht aufeinander beziehen, wo sie demselben Anlaß geschuldet oder derselben Person gewidmet sind. Der Brand von Freystadt 1637 (*Ep.* I,34–37;[17] *Ep.* II,60.86), der Tod des Bruders Paul Gryphius 1640 (*Ep.* I,44; *Ep.* II,8) erfahren je und je eine andere epigrammatische Verhandlung. Da können die Texte tatsächlich »allezeit anders als wir verhoffet hetten gefallen«. Das ist hier jedoch weniger auf die poetologische Vorgabe als auf unterschiedliche epigrammatische Schreibweisen zurückzuführen.

---

15 Meister (Anm. 10), S. 71.
16 Salomons von Golaw Deutscher Sinn-Getichte Drey Tausend. Cum Gratiâ & Privilegio Sac. Cæs. Majestatis. Breßlaw / Jn Verlegung Caspar Kloßmanns / Gedruckt in der Baumannischen Druckerey durch Gottfried Gründern. Drittes Tausend, Zu-Gabe (vnter wehrendem Druck), S. 261, Nr. 254 (»Die Menge Menschlichen Fürhabens«).
17 Die Epigrammzählung und die deutsche Übersetzung der lateinischen *Epigrammata. Liber I* von 1643 folgen der Ausgabe von Beate und Ralf Georg Czapla: Andreas Gryphius: Lateinische Kleinepik, Epigrammatik und Kasualdichtung (2001) [82]. Diese Edition bietet die Texte, auch später verstreut Erscheinendes, zusammen mit dem *Parnassus renovatus* in sorgfältiger Übertragung. Die grundlegende Neuedition der lateinischen Sammlung von 1643 bildet immer noch Wentzlaff-Eggebert (Anm. 3), S. 169–190.

Die Verfahrensdifferenz läßt den Sprachwechsel tendenziell auch als Wechsel in eine andere kulturelle Praxis erkennen.

Die deutschsprachigen Epigramme konzentrieren sich stark auf die Realisierung der Gattungsintention. In dieser Hinsicht sind sie sogar genauer als die parallel gedruckte lateinische Sammlung auf lateinische und neulateinische Textvorgaben v.a. von Martial und Owen bezogen. Nur werden die Prätexte auch bei relativ genauer Aufnahme nicht eigentlich übersetzt. Vielmehr werden sie als satirisches (Figuren-)Konzept rezipiert und abgewandelt.[18] »Auff die vngluckliche Heyrath. D. V. Z. 1631« (*Ep.* II,81) ist in dieser Weise Owens Epigramm I,126 verpflichtet. Zum Beleg für die allgemeine Gültigkeit des epigrammatischen Modells lenkt es aber gleich vom Zitatverhältnis durch eine eigene verschlüsselte Adressierung ab (in *Ep.* III,II,73: »D. R. Z.«) und handelt dann der Vorlage gemäß von einer verkehrten Hochzeit (»DEr Huren-Jäger nimbt den keuschen Sinn zur eh'«, »Die grobheitt den verstand«), bei der es viel zu trauern gibt, aber nichts zu feiern:

> Du wilt ein hochzeit Liedt; ach neyn: dis dint dir nicht.
> Jm trawren schreibt man nur ein kläglich Leich-gedicht. (*Ep.* II,81, V. 5f.)

Übersetzung oder Nachdichtung bedeuten hier konkret, daß sich Gryphius von Owen her der Aufgabe stellt, die Intention auf einen überraschenden Schluß in besonders eklatanter Weise zu erfüllen: Der Perspektivenwechsel soll einen Genrewechsel einschließen und das Epithalamium schließlich ein Epicedium, »huic Epicedion«[19] sein.

Den Gesamteindruck prägen vergleichbar ausgeführte Texte nach Epigrammtiteln von Martial: »Auff Bavium«, »Auff Levinum«, »An Cajam«, »An Flaccum«, »An Læliam«... (*Ep.* II,9–14), »An Camillam«, »An Magnum«, »An Fuscum«, »An Balbum«, »An Serenum«... (*Ep.* II,55–59). »An Eugenien« (*Ep.* II,35) folgt zu neuer Pointierung einem Texteingang von Opitz (»DEn spiegel schenck ich euch / ô spie-

---

18 Vgl. die Aufstellung von Szyrocki in den Anmerkungen zu seiner Ausgabe (*GA* II, S. 218–221, hier S. 219) nach Richard Levy: Martial und die deutsche Epigrammatik des siebzehnten Jahrhunderts. Stuttgart 1903, und Erich Urban: Owenus und die deutschen Epigrammatiker des XVII. Jahrhunderts. Berlin 1899, S. 14f., der »Auff Cleandrum« (*Ep.* II,47) und »Rätzel an eine Brautt« (*Ep.* II,69) mit jeweils mehreren Epigrammen von Owen in Beziehung setzt: Owen (Anm. 9), I,45, III,191, [X],60 (bzw. 59) – II,141, III,19.163, [IV],85. Diese Texte sind also bereits an ihrem Herkunftsort unterschiedliche Modellierungen eines satirischen Konzepts. Zumal das Brauträtsel (wie »zwey werd eins bey nacht« und daraus »das dritte mög entstehn«?) wird in den satirischen Epithalamien unter den Barockepigrammen immer wieder neu durchgespielt. Vgl. etwa Logau (Anm. 16), Anderes Tausend, Sechstes Hundert, Nr. 6, »An die Bräute« über das »Wunder-Ding« einer Nacht, die von der Jungfernschaft in die Schwangerschaft wechseln läßt, »Die was da war«, jene Jungfernschaft, »zu nicht; vnd das was nicht war macht«, nämlich »auß zweyen drey«.
19 Owen (Anm. 9), I,126, »Ad Aulum, de Quintio sene«.

gel höchster zucht«[20]), »Grabschrifft eines gehenckten Seilers« (*Ep.* II,54) schließt sich den *epitaphia ioco-seria*, den scherzhaften Grabschriften, an, wie Opitz und Weckherlin sie für die deutschsprachige Epigrammatik geltend machen,[21] »Auff den Cnes« (*Ep.* II,94) dem Fazetien- und Apophthegmenmuster der Galgengeschichten.[22] Der Übeltäter Cinc' ist als zweiter an der Reihe. Als er den Richtplatz hinaufgezerrt wird und dort oben seinen Vordermann Cnes sterben sieht, vergehen ihm die Sinne – nur nicht vor Angst: Das soll »aus vngedult / vnd neid / vndt grim« ob solcher Zurücksetzung geschehen. Das Epigramm demonstriert die Absurdität des Lasters. Zugleich verzichtet es im letzten, nachkommenden Vers ostentativ darauf, dem noch irgendeine Perspektive abzuringen. So vermittelt diese Gryphius-Variante den Eindruck einer Kapitulation des Textes vor seinem Gegenstand. Es bleibt einfach dabei: gegen die hartnäckig bis in den Tod reichende Fixierung kommt kein Epigramm an.

Dergestalt folgen die deutschsprachigen Epigramme ihren Vorgaben in üblicher Weise und gleichzeitig mit dem Anspruch, dem so Bekannten immer noch wieder eine überraschende gedankliche Wendung abzutrotzen. (Auch das kann – wie im letzten Beispiel – überraschend geändert und der Verzicht hierauf zur Pointe werden.) Dieser variative Umgang mit Vorgaben setzt sich innerhalb der Sammlung fort. Da zieht dann nicht nur ein Epigramm ein anderes seiner Art nach sich (»Auff des Herren Jesu todt« [*Ep.* II,3], »Auff den todt JESV« [*Ep.* II,4]). Es entsteht auch aus einem geistlichen Epigramm »Vber die geburt des Herren Jesu« (*Ep.* II,1) das ›autobiographische‹ Epigramm »Der Autor vber seine Geburtt« (*Ep.* II,41). Das geschieht durch die produktive Verwendung eines *locus*, mit der sich diesmal nicht die Bedeutung verändert, sondern die Referenz: Eine Nacht wurde zum Tag, für die Menschheit bei der Geburt Christi (»WJlkommen süsse Nacht / [...] das licht ist von dem Himmel kommen«; *Ep.* II,1) und für den Autor dazu noch bei der eigenen: »DJe erden lag verhült mitt fünsternus vndt nacht | Als mich die welt empfing / der hellen

---

20 Vgl. MARTINI OPICII Teutsche Poëmata. vnd ARISTARCHUS Wieder die verachtung Teutscher Sprach, Item Verteutschung Danielis Heinsij Lobgesangs Iesu Christi, und Hymni in Bachum Sampt einem anhang Mehr auserleßener geticht anderer Teutscher Poëten. Der gleichen in dieser Sprach Hiebevor nicht auß kommen. Straßburg In verlegung Eberhard Zetzners. Anno 1624, S. 50f., »An seine Buhlschafft«: »DEn Spiegel send ich euch / Jhr Spiegel aller Frawen«.
21 Vgl. Opitz (Anm. 20), S. 94–96 (»vnderschiedliche Grabschrifften«): »Eines Kochs«, »Eines Blaßbalckmachers«, »Eines Kauffmans« usw.; oder Georg Rodolf Weckherlins Gaistliche und Weltliche Gedichte. AMSTERDAM *Bey Iohan Iansson Anno 1641*, S. 187, Nr. 27: »Georgen des Trometers Grabschrift«.
22 Vgl. dazu Thomas Althaus: Auf dem Weg zum Galgen. Literarisierte Exekutionsberichte als ein Archetyp frühneuzeitlichen Erzählens. In: Fortunatus, Melusine, Genofeva. Internationale Erzählstoffe in der deutschen und ungarischen Literatur der Frühen Neuzeit. Hg. von Dieter Breuer und Gábor Tüskés. Berlin 2010, S. 475–494; zur Adaption dieses Archetyps in der Epigrammatik des Barock ders.: Logaus Bezüge. In: Salomo in Schlesien. Beiträge zum 400. Geburtstag Friedrich von Logaus (1605–2005). Hg. von Thomas Althaus und Sabine Seelbach. Amsterdam 2008, S. 47–71.

lichter pracht« (*Ep.* II,41). Diesem Autor erlauben schließlich sogar eine elegische Grabschrift »Auff Hippolyten grab« (*Ep.* II,32) und jene satirische »Grabschrifft eines gehenckten Seilers« (*Ep.* II,54) vergleichbar und unvergleichbar ein solches Epigramm prospektiv ›auf sich selbst‹, eine »Grabschrift die er ihm in höchster lebens gefahr gemacht« (*Ep.* II,61) hat.

Hingegen stellen die lateinischen Epigramme durch eine Fülle genauer partikelhafter Zitate die Erudition des Autors aus. Dabei geht es um ein souveränes intertextuelles Verfügen über den literarischen Kanon und um eine auf ihn bezogene topische *inventio*, die Textstellen für die *copia verborum* nutzt, zunächst schlicht als Formulierungsmaterial für die Textkonstitution. Das vollzieht sich aber nur für einen Teil der Texte (*Ep.* II,7–24.32.53.58.62–63.66) in den Spuren der neulateinischen Epigrammatik und ihrer Martial-Rezeption. Daneben werden Stellen oder eher Partikel aus Ovid, hier zumal aus den *Metamorphosen*, Vergils *Aeneis* oder den Liebeselegien des Properz einbezogen. Die gemeinsame Sprache Latein ermöglicht eine direkte Konstitution der Texte aus dem Traditionsbestand, und gleichzeitig erfüllt bereits die Art der Teilhabe das Gattungskriterium scharfsinniger Rede: Mit der überraschenden Umwidmung der Anleihen im zitierenden Epigramm kommt es zu einer Pointenbildung potentiell überall im Text, wo immer so verfahren wird, wenn auch der Schluß der Epigramme als *acutum*, überraschender gedanklicher Ausgang, die bevorzugte Stelle einer solchen gegenwendigen *imitatio veterum* bleibt.

Grabschriften für Adam und Eva (*Ep.* I,4.5) nehmen hier den Herkunftsmythos der Gattung auf, wonach Epigramme ursprünglich Gedenksteinen als ›Inschrift eingeritzt‹ (griech. ἐπίγραμμα, ἐπιγραφή) worden seien. »Tumulus Adami«, »Tumulus Hevae Matris viventium« fingieren als Epitaphe der allerersten Toten dazu noch einen Archetyp. Grabschriften stellen in besonderer Weise die Intentionen des Barockepigramms aus. Sie demonstrieren die Hinfälligkeit des Lebens und fungieren hierbei als *memento mori*. Dafür inszenieren sie eine Lektüresituation, mit der eine möglichst direkte Leseransprache erreicht wird,[23] so in der Grabschrift Evas: ›Sei gewiß, Unglückliche[r], daß du dein eigenes Grab siehst‹ (»Te tumulum infelix crede videre Tuum«; *Ep.* I,5). Derartige Reflexionsanstöße sollen um so viel mehr, als das Epigramm ein sehr kurzer Text ist, »ferneres Nachsinnen verursachen«.[24] Dieses hier

---

23 Vgl. D: Paul Flemings Teütsche Poemata. Lübeck Jn Verlegung Laurentz Jauchen Buchhlr., »Buch Der Überschrifften«, S. 272f.: »Freund / was du liesest hier von mir / | hab' ich von andern offt gelesen« (»xjv. Grab-schrifft«), »Denck / Leser / der du itzt kanst stehn / | daß du auch must so liegen gehn.« (»xv. Eine Andere«).
24 Caspar Ziegler von den Madrigalen einer schönen und zur Musik beqvemesten Art Verse Wie sie nach der Jtalianer Manier in unserer Deutschen Sprache auszuarbeiten / nebenst etlichen Exempeln LEJPZJG / Verlegts Christian Kirchner / Gedruckt bey Johann Wittigaun / 1653, fol. Avj^r–Avj^v: »Denn das ist meines erachtens eines Epigrammatis und also auch eines Madrigals grösseste Zierde daß sie wenig Worte / und weitläufftige Meynungen mit sich führen / dadurch sie mit einer sonderbaren und artigen Spitzfindigkeit in den Gemüthern ein ferneres Nachsinnen verursachen.«

bezieht sich umgekehrt proportional zum Textumfang auf das ganze weitere Leben seiner Leser. Auch bezieht es die zwei Dimensionen barocker Lyrik, Geistliches und Weltliches, aufeinander. Außerdem vermittelt ja die Darstellungssituation den Eindruck von in Stein gemeißelter Schrift. Das impliziert für das Buchepigramm denkbar konkret den horazischen Anspruch auf eine Dichtung ›dauerhafter als Erz‹,[25] welcher Anspruch wiederum von den scherzhaften Grabschriften unterlaufen wird. Sie halten die Mitte zwischen ›Schimpf und Ernst‹. Dieser vielschichtigen Intention genügt die Grabschrift »Tumulus Adami« (*Ep.* I,4) dazu noch mit den Brechungen pointierender epigrammatischer Reflexion, indem sie nicht eigentlich das Grab Adams, sondern dessen völliges Verschwinden bezeichnet: »Jam nec reliquiae cinerum; non ossa super sunt| Nominis & sensim mortua fama perit.« (›Schon sind keine Reste von Asche, keine Knochen mehr übrig. Allmählich vergeht, erstorben, die Kunde des Namens.‹) Dies alles wird im Nebentitel des Epigramms kontrastiert mit Gen 3,5 »Eritis sicut Dii« (›Ihr sollt sein wie die Götter‹), dem Versprechen der Schlange vor dem Sündenfall. Das Grab Adams in seinem Zustand zeigt, wie sehr dies eine Lüge war: »auff diß eritis, ist erratis kommen«,[26] die Verbannung aus dem Paradies, die Sterblichkeit des Menschen, Verwesung und Vergessen. Das Epigramm legt es aber auf eine letzte ironische Abstrafung des ersten Menschen in seiner Hybris an. Gerade wegen des restlosen Verschwindens von Körper und Grab habe die Schlange nicht gelogen. Ihre Verheißung gilt über einen Stellenbezug auf die Apotheose des Herkules in den *Metamorphosen* Ovids als erfüllt. Bei Ovid verbrennt der Tirynther sich selbst, um seine irdische Hülle abzulegen (»*Sic ubi mortales Tirynthius exuit artus*«[27]). Danach richtet sich fadenscheinig auch das Epigramm:

---

[25] Vgl. MARTINI OPITII Weltliche Poëmata. Der Ander Theil. Zum vierdten mal vermehret vnd vbersehen herauß gegeben. Franckfurt / Jn Verlegung THOMÆ MATTHIÆ Götzen / Jm Jahr M. DC. XXXXIV, S. 64, »HORATII: EXEGI monumentum«: »JCh hab' ein Werck vollbracht dem Ertz nicht zu vergleichen«, in bezug auf Horaz, carm. 3,30.
[26] JUDAS Der Ertz-Schelm / Für ehrliche Leuth: Oder: Eigentlicher Entwurff / und Lebens-Beschreibung deß Jscariotischen Bößwicht. Worinnen unterschiedliche Discurs / sittliche Lehrs-Puncten / Gedicht und Geschicht / auch sehr reicher Vorrath Biblischer Concepten. Welche nicht allein einem Prediger auf der Cantzel sehr dienlich fallen / der jetzigen verkehrten / bethörrten / versehrten Welt die Warheit vnter die Nasen zu reiben: sondern es kan sich auch dessen ein Privat- vnd einsamer Leser zur ersprießlichen Zeit-Vertreibung / vnd gewünschten Seelen-Hail gebrauchen. Zusammen getragen Durch Pr. ABRAHAM à St. Clara, Augustiner Baarfüsser / Kayserlichen Prediger / und der Zeit durch Teutschland Provincalem, etc. Der Anderte Thail. *Cum Gratia, & Privil. S. C. M. speciali, & Permissu Superiorum.* Saltzburg / Gedruckt und verlegt bey Melchior Haan / Einer Hochlöblichen Landschafft / vnd Stadt-Buchdruckern vnd Handlern. Anno M. DC. XCIX., S. 302 (»Unser HErr und Heyland propheceyt vom Juda Iscarioth / daß er bald werde ein offentlicher Schelm werden«).
[27] PVBLII OVIDII NASONIS METAMORPHOSEΩN LIBRI XV. Ad fidem editionum optimarum & codicum Manuscriptorum examinati, animadversi, nec non notis illustrati. Operâ & studio THOMAE FARNABII. AMSTELODAMI Typis IOANNIS IANSSONII M. DC. XXXIX., S. 254 (IX,269; recte: 268).

»Quid lachrymas? sic ille hominem, sic exuit artus« (›Wozu Tränen? So legte er das Menschendasein, den Leib ab‹). Bei Ovid ist die Verwesung des Herkules gleichbedeutend mit seiner Vergöttlichung. Hier hingegen wird durch den Ovid-Bezug ironisch überspielt, daß der Tod den sündigen Menschen einfach nur in nichts verwandelt und alle seine Spuren tilgt.

Der Unterschied der Darstellungsintentionen zwischen gebendem und nehmendem Text markiert die im Vergleich zu den deutschen Epigrammen andere Strategie arguter Reflexion. Das hat allerdings kaum mit Parodie oder gar Travestie der alten Texte zu tun. Für eine solche Replik sind sie im neuen Text mit viel zu kurzen Wortaufnahmen präsent. Die Unangemessenheit des Ausdrucks, das fehlende *aptum*, zeigt vielmehr eine Unangemessenheit in der Sache an, und zwar in derjenigen, die das Epigramm hier und jetzt verhandelt. Die ironische Distanz, die so erzeugt wird, kommt z.B. der kritischen Einschätzung eines modewissenschaftlichen »Collegium Chiromanticum« zugute, das Gryphius 1643 mit mehreren anderen Kollegs an der Universität Leiden »angeschlagen« hat, aus schierer Geldnot wohl auch, aber zunächst doch um der Lust willen, »in des Menschen Leibe einen Außzug und Modell der grossen Welt zu sehen«.[28] Das Wissenschaftsepigramm »In dissertationum suarum Chiromanticarum opus« (›Auf das Werk seiner chiromantischen Erörterungen‹; *Ep.* I,61) ist mit Reminiszenzen an die römische Liebeselegie durchsetzt. An prominenter Stelle, eingangs, dann in anaphorischer Aufnahme und im Schluß, sind das Merkzeichen für eine epigrammatische Reflexion, die sich durch Fremdbezüge von dem theologischen und metaphysischen Zwangsargument freimacht: aus der Hand lesen hieße, »durch die Korrespondenz der Lineamenten, gleich als durch himmlische Zeichen« in die Zukunft sehen, »welche Gott und die Natur in uns gepflanzet«.[29]

---

28 Baltzer Siegmund von Stosch: Last- und Ehren- auch Daher immerbleibende Danck- und Denck-Seule (1665) [187], S. 32f.: »Jn dem 43. Jahr ist das erste Buch seiner Teutschen Epigrammatum, wie auch die Epigrammata Latina und Sonnette gedrucket worden. [...] Dieses Jahr hat er auch ein Collegium Chiromanticum angeschlagen [...].« Zur Studien- und Forschungssituation in Leiden und zu den näheren Umständen, warum Gryphius »ein so verwunderliches Thema« (Willi Flemming: Andreas Gryphius [1965] [112], S. 42) aufgegriffen hat, vgl. Eberhard Mannack: Andreas Gryphius (²1986) [127], S. 10f., sowie Nicola Kaminski: Andreas Gryphius (1998) [122], S. 31–33.

29 HENRICI CORNELII AGRIPPAE AB NETTESHEYM, De incertitudine & vanitate omnium scientiarum & artium liber, lectu plane jucundus & elegans. *Cum adjecto indice Capitum.* Accedunt duo ejusdem Auctoris libelli; quorum unus est de Nobilitate & præcellentia fœminei sexus, ejusdem supra virilem eminentia; Alter de matrimonio seu conjugio, lectu etiam jucundissimi. *LVGDVNI BATAVORVM*, Excudebat SEVERINVS MATTHÆI. Pro Officinis ABRAHAMI COMMELINI, DAVIDIS LOPES de HARO. CIƆ IƆ C XLIII., S. 82f., hier S. 82 (»CAPVT. XXXV. *De Chiromantia*«). Deutsche Übersetzung nach: Agrippa von Nettesheim: Die Eitelkeit und Unsicherheit der Wissenschaften und die Verteidigungsschrift. Hg. von Fritz Mauthner. 2 Bde. München 1913, Bd. 1, S. 140.

In dissertationum suarum Chiromanticarum opus.
QUae maneant te fata rogas? quae vota? quid obstet,
  Quid juvet, indicio noscere disce Tuo.
Quae maneant manus ipsa refert, quid suspicis astra,
  In manibus quisquis sidera quaeque geris?
Ipsa manus facinusque suum, mentisque recessus
  Explicat, & tectos detegit ipsa sinus.
Immanemque manum ac miseros vitare labores
  Admonet, ac saevas, tristia fata minas.
Arcanum videt omne DEUS, seriemque futuri;
  Haec homines hominis palma notata docet.
Magna quidem fecere manus, sed maxima laus est;
  Quod faciant homines quoslibet esse Deos. (*Ep.* I,61)

›Auf das Werk seiner chiromantischen Erörterungen.
Welche Geschicke dich erwarten, fragst du? Welche Wünsche? Was hinderlich ist, was hilfreich, lerne an deinen eigenen Zeichen zu erkennen! Was dich erwartet, sagt deine eigene Hand. Was blickst du zu den Sternen empor, der du in den Händen alle Sterne trägst? Die Hand zeigt selbst ihre Tat und verborgenen Geist und deckt verstecktes Innenleben auf. Eine unmenschliche Hand und elende Taten sowie wilde Drohungen und traurige Schicksale zu meiden, mahnt sie. Gott sieht jedes Geheimnis und den Ablauf der Zukunft. Dies lehrt die Menschen die mit Zeichen versehene Handfläche des Menschen. Großes zwar haben Hände getan, aber ihr größter Ruhm besteht darin, daß sie wohl einige Menschen Götter sein ließen.‹

In den Hintergrundtexten geht es um eine ganz andere Art der Vorausschau. Der Eingang »QUae maneant te fata rogas?« (›Welche Geschicke dich erwarten, fragst du?‹) erinnert zitatweise Tibulls Klage teils über den Unbestand der Liebe, teils über die Fesseln der Ehe, die dann wiederum halten möchten, bis die Liebe alt und grau geworden ist (»*Vincula quae maneant semper, dum tarda senectus | Inducat rugas, inficiatque comas*«[30]), daneben auch die Aussicht auf die Freuden, die bei Properz die launische Cynthia gewährt, vielleicht ja doch für ein ganzes Leben (»*mea gaudia* [...] *| Quæ maneant, dum me fata perire volent*«[31]). Der Handlesekunst ist so die Liebeskunst unterzitiert. Daraus ist für die Chiromantie an Zukunftsgewißheit aber nicht mehr zu folgern als auf der anderen Seite für die Aussichten der Liebe aus Torheiten aller Art, Laune und Willkür der Schönen, mögliche Selbstzweifel und schließlich den Verfall der Schönheit noch gar nicht eingerechnet. Diese Perspektivierung durch Textelemente der Liebeselegie schafft Raum für eine verläßliche Alternative: Das ›Judizieren‹ nach den ›Signis‹ auf der Hand bedarf einer ganz anderen, es im Grunde aufhebenden Gewährleistung, nämlich durch Taten, die hier ihre

---

30 CATVLLI, TIBVLLI, PROPERTĪ *NOVA EDITIO.* IOSEPHVS SCALIGER IVL. CÆSARIS F. recensuit. *Eiusdem in eosdem Castigationum Liber auctus & recognitus ab ipso auctore.* AD AMPLISSIMVM VIRVM CL. PVTEANVM Consiliarium Regium in suprema Curia Parisiensi. In Bibliopolio Commeliniano. 1600, S. 108 (Tibull, carm. II,2,19f.).
31 Ebd., S. 159 (Properz, carm. I,14,13f.).

Spuren hinterlassen haben. Mit einem erneuten ›Was dich erwartet‹ zielt die epigrammatische Reflexion auf den tatkräftigen Menschen, der sein eigenes Leben in die Hand nimmt (»Quae maneant manus ipsa refert«) und sich dadurch selbst wahrsagt. Das Epigramm endet erneut in einem Properz-Bezug, einem »esse Deos!«, mit dem sich bei Properz die Amouretten der Liebenden bemächtigen und sich als Schicksalsgötter aufwerfen: »*Intereat, qui nos non putat esse Deos*« (›Wir sind Götter, und wer uns nicht anerkennt, verdient den Tod.‹).[32] Hier hingegen verschiebt sich über den zweiten Properz-Bezug die Wahrnehmung nun endgültig von den Orakeln der Liebe und der spekulativen Wissenschaft auf die Zukunftsgewißheit handelnder Menschen. Was aus ihrem Leben wird, lassen sie sich nur durch solche Zeichen vorschreiben, die ihr eigenes Tun in ihre Hände gegraben hat. ›Größter Ruhm‹ bringt sie auf die andere Seite des »esse Deos!«, nach dorthin, wo Schicksal gemacht wird.

Die *Epigrammata Oder Bey-Schrifften* von 1663

In der großen Sammlung von 1663 mit ihren drei Centurien baut Gryphius seine deutschsprachige Epigrammatik nach dem beobachteten Verfahren der Variation nun vor allem eigener Texte aus. So enthält etwa das Erste Hundert der neuen Sammlung ausschließlich geistliche Epigrammatik, darunter acht entsprechende Epigramme aus der alten Sammlung von 1643, aber viele weitere Texte, die aus diesen entwickelt worden sind.[33] Allein aus dem ersten Epigramm beider Sammlungen, »Uber die Geburt des HErrn Jesu«, sind dies neun weitere Epigramme »Uber die Geburt des HErren« (*Ep.* III,I,8.10.15.18–22.35) mit dazu einer Fülle von Nebentexten, ob »Uber die Windeln Jesu« oder »Auf das Hew in der Krippen« (*Ep.* III,I,11.16). Dem zweiten Epigramm der alten und der neuen Sammlung, »An die Weisen aus Morgenland«, werden lediglich drei neue Texte entzogen (*Ep.* III,I,3.4.72), dem 41. der alten und dem 61. im Ersten Hundert der neuen, »Der Autor vber seine Geburtt«, wieder neun Texte »Auf dieselbige« (*Ep.* III,I,62–70). Auch solche Selbstzitate können jedoch jener besonderen Konkurrenz gerade durch Textnähe ausgesetzt sein, die für die Martial- und Owen-Rezeption bereits festzustellen war. Schon bloß die Aufnahme eigener alter Texte wird fallweise also zu einer Nachahmung, die sich eben nicht mit der *argutia*-Leistung der Vorlage begnügen kann, vielmehr in darauf bereits verengter Perspektive noch zu einer arguten Replik kommen muß. In dieser Weise wird

---

32 Ebd., S. 202 (Properz, carm. II,22,12). Deutsche Übersetzung nach: Properz. Tibull: Liebeselegien. Carmina. Lateinisch/Deutsch. Neu hg. und übers. von Georg Luck. Zürich/Düsseldorf 1976, S. 125 (carm. II,29A,12).
33 Vgl. hierzu und zum Folgenden Thomas Althaus: Epigrammatisches Barock (1996) [364], S. 158–165.

ein vierzeiliges Epigramm aus dem Zweiten Hundert zu einem Sechszeiler ausgebaut:

> Auff den Dorilas.
> Der arme Dorilas ward in den Kercker bracht /
> Daß er bey Flavien in jenem Thall geschlaffen /
> Ach schrie er: es ist falsch: Jch schwere bey den Schaffen /
> Ja selbst bey Flavien, ich habe nur gewacht.
> --
> Wol! wol / riff Flavie, wenn wer es denn geschehen?
> Dich Schläffer hab ich nicht recht munter ie gesehen. (*Ep.* II,96; III,II,85)

Das Gattungskriterium des Epigramms macht sich noch in der Selbstrezeption geltend. Sogar hier soll die »spitzfindigkeit [...] allezeit anders als wir verhoffet hetten gefallen«. Damit ist andererseits aber das Spannungsverhältnis zwischen Mustervorgaben und gedanklicher Wende auch dort unhintergehbar, wo der Eindruck individualisierten Schreibens entsteht: in den vielen Epigrammen über den eigenen Geburtstag, in »Uber seine Beschreibung des Freystädtischen Brandes. Jn dem 1637. Jahre« (*Ep.* III,II,50), »Auf seine verbrandte Disputation« (*Ep.* III,II,77), »Uber die Marter Catharine Königin von Georgien« (*Ep.* III,I,56) und also über sein eigenes Trauerspiel, im »Wundsch des Dichters als er umb die neue Jahr-Zeit verlobet 1649« (*Ep.* III,III,17) oder im Epigramm auf des Bruders »Pauli Gryphii zubrochen Grab« (*Ep.* III,II,26). Auch die autobiographischen Gehalte, diese sogar besonders merklich, werden zunächst in Wahrnehmungsschemata übersetzt. Der Erwartungsumbruch der epigrammatischen Reflexion besteht dann nicht in der Preisgabe dieser Schemata, vielmehr in einem auf sie bezogenen Überraschungseffekt, also gerade in einer topisch erzeugten Vorstellung. Auch in der »Grabschrifft Marianæ Gryphiæ seines Brudern Pauli Töchterlein« ist dies der verbindliche Modus persönlicher Trauer:

> Gebohren in der Flucht / umringt mit Schwerd und Brand /
> Schir in dem Rauch erstickt / der Mutter herbes Pfand /
> Des Vatern höchste Furcht / die an das Licht gedrungen /
> Als die ergrimmte Glutt mein Vaterland verschlungen.
> Jch habe dise Welt beschaut und bald gesegnet:
> Weil mir auff einen Tag all Angst der Welt begegnet.
> Wo ihr die Tage zehlt; so bin ich jung verschwunden /
> Sehr alt; wofern ihr schätzt / was ich für Angst empfunden. (*Ep.* III,III,50)

Der traurige Abriß dieses kurzen Lebens im Sommer 1637, mehr nicht als *Menschlichen Lebenß Traum* (vgl. *MLT*), ist vollständig typisiert. Er wird als Doppelklimax nach den Darstellungsanforderungen des Alexandriners, dem Zuschnitt von Vers und Zäsur, aufgebaut (V. 1–4) und läuft auf das Argumentationsmuster barocker Leichenpredigten und Epicedien für den ganz frühen Tod hinaus, daß er den tröstlichen Sinn einer ganz frühen Weltabkehr habe (V. 5–8). Nur ist diese Strukturvorgabe eben auch das Bedingungsgefüge für eine ›besondere‹ Entfaltung von Klage und Trost. Durch rhetorische Amplifikation werden die Schrecken des ganzen Dreißigjährigen Krieges an diesem kurzen Leben ausgemessen: Vertreibung – Brandschatzung – mehrere Todesarten – »Gebohren in der Flucht / umringt mit Schwerd und Brand / | Schir in dem Rauch erstickt«. Im Gewaltzusammenhang reduziert sich vorausschauende Erkenntnis, wie sie der *consolatio*-Topos fingiert (»Jch habe dise Welt beschaut [...]«), auf die geringe zeitliche Spanne zwischen Angst und Schmerz. Aber die unmittelbare Abfolge von Geburt und Tod unter solchen Bedingungen zählt dennoch als langes Leben, das kaum weit genug hinausreichen kann für so viel Angst, wie hier zusammenkommt. Die Fülle der Angst wird zu einem Übermaß an Erfahrung, was den allzufrühen Tod mit einem sinnvollen Erfahrungsabschluß gleichsetzt. So wird der Topos im Grunde durch Widerrede, mit dem *acutum* »[...] was ich für Angst empfunden« sogar im Punkt der äußersten Verschärfung dieser Widerrede berechtigt.

Die argute Reflexion versteht sich insbesondere darauf, Perspektiven unter Voraussetzungen zu schaffen, die das eigentlich gar nicht mehr zulassen. Der Scharfsinn weicht einer solchen Aporie auch nicht argumentativ aus, vielmehr beharrt er darauf mit letzter Konsequenz. Die Lösung resultiert dann aus der Aussichtslosigkeit direkt selbst. So demonstriert eines der neuen Epigramme aus der Sammlung von 1663 in spitzfindiger Überlegung, wieviel es an der großen Einsamkeit des Gekreuzigten noch zu deuten gibt, auch wenn das alles genau so stimmt:

> Des HErren Blöße an dem Creutze.
> Hier hängt der keusche Leib / entkleidet und verlacht /
> Doch nein: er ist verhült mit Blut und dicker Nacht. (*Ep.* III,I,7)

Sogar Gott hat den Mann am Kreuz verlassen (Mt 27,46; Mk 15,34). Ihm kommt nichts und niemand mehr zur Hilfe. Das betrifft – nach frühneuzeitlichen Hinrichtungsritualen – auch die Zurschaustellung der Malefiz-Person im Zustand der Strafe. Es gibt keine mitleidige Hand, die wenigstens doch vor solcher Ächtung schützte. Als dann eben nicht einmal mehr der geschundene nackte Leib vor blutlüsternen Blicken zu verbergen ist, nicht einmal die Scham, bedeckt in der arguten Reflexion das Leid Christi von sich aus den Leib Christi, das Blut des Herrn die Blöße des Herrn. Die Reflexion wird aber noch zu einer zweiten Pointe weitergeführt. Hier zieht das Epigramm auch noch daraus einen Argumentationsvorteil, daß sich mit dem Tod am Kreuz »ein Finsternis vber das gantze Land« legt; »die Sonne verlor jren schein« (Lk 23,44f.), zum Zeichen für das große Dunkel, in das die Welt durch diesen Tod gestürzt wird. Noch im voranstehenden Epigramm über »Des HErrn Sterbens Tag« ist dies der schwärzeste Moment der Weltgeschichte: »Tag / schwärtzer als die Nacht / in dem die Welt verlohren« (*Ep.* III,I,6), und nach einem späteren Epigramm bin deshalb »ich befleckter Mensch in Finsternüß verlohren« (»Auff dieselbige [meine Geburt]« [*Ep.* III,I,65]). Aber für das Epigramm über »Des HErren Blöße an dem Creutze« gilt das alles mit umgekehrtem Vorzeichen. Wie es nicht Sünden sind, sondern sein Blut ist, das den Körper nicht befleckt, sondern ihn bekleidet, so wirft die Finsternis um das Blutkleid dieses Körpers noch zusätzlich ihren Mantel, statt daß sie ihn verschlingt.

Die Perspektivenfähigkeit des Epigramms erweist sich an solchen aporetischen Konstellationen, an möglichst ungünstigen Bedingungen für eine Sinnöffnung. Insofern beeinträchtigen auch formelhafte Prägungen, der Zitatcharakter der Texte und Schreibübungen, die einen Blick in die literarische Werkstatt gewähren, als solche noch nicht die Eigenwertigkeit der epigrammatischen Reflexion. Im dichtungstheoretischen Zusammenhang und in der literarischen Praxis wird der Darstellungsanspruch des Epigramms durch Schematisierung und Abhängigkeit des Schreibens tatsächlich eher verstärkt als gemindert. Stellt hier die Orientierung an einem Maßstab überhaupt schon eine Anforderungssteigerung für das sekundäre Schreiben dar, wird ihm dadurch im ohnehin schon kleinen Text auch noch zusätzlich das operative Feld für die scharfsinnige Zuspitzung, für die Realisierung der Gattungsintention verengt. Die Engführung ist von grundsätzlicher Relevanz für die Bewährung des Genres in der Barockliteratur, aber auch für diese Literatur selbst und für das Werk von Gryphius insgesamt. Neue Dichtung entsteht hier durch Überbietung der Vorgaben. Zu solchem Zweck schafft die Epigrammatik in ihren kleinen Texten Konzentrationspunkte, die Gryphius für seine literarische Entwicklung nutzt. Die Variationskunst des Epigramms ist ihm Arbeit am Ausdruck im stärksten Sinne einer Hinlenkung des Deutschen auf die Scharfsinnpoetik: eine epigrammatische Perfektion des eigenen Ausdrucks und der eigenen Sprache. In dieser Hinsicht erprobt er an epigrammatischen Textkernen in nuce die Literatursprache des Barock.

II.4.4 Gedancken / Vber den Kirchhoff und Ruhestädte der Verstorbenen

Von Johann Anselm Steiger

Die *Gedancken / Vber den Kirchhoff*, bestehend aus 50 Strophen zu je acht Versen, wurden erstmals 1657 im ersten Teil von Gryphius' *Deutschen Gedichten* (*DG*) gedruckt und präsentieren Gryphius als *poeta doctus*, der eine Vielzahl von im Hinblick auf die *ars moriendi* einschlägigen Traditionslinien souverän und kunstvoll zu verarbeiten versteht. Die *Gedancken* sind Teil einer Textgruppe, die auf einem Zwischentitelblatt als *Kirchhoffs-Gedancken* bezeichnet werden. Diese mehrteilige kompositorische Einheit umfaßt neben Gryphius' eigenem Text den erstmaligen Abdruck seiner Übersetzung der beiden »Enthusiasmen« aus der Feder des prominenten Jesuiten Jakob Balde (1604–1668),[1] aus denen Gryphius wichtige Anregungen für die Abfassung seiner *Gedancken* bezog[2] und sich gleichwohl eindeutig konfessionell positionierte. Gryphius' deutsche Version von Baldes »ENTHUSIASMUS. IN COEMETERIO« (1642) trägt die Überschrift »Verzückung. Auff dem Kirchhoff«, während Baldes »ENTHVSIASMVS. *In Cœmeterio considerantis Mortem, ac Functorum ossa*« (1640) von Gryphius mit »Entzückung / als er auff dem Kirchhoff / den Tod vnd die Gebeine der Verstorbenen betrachtet«, betitelt wird. Es folgt die Übersetzung eines thematisch verwandten Balde-Gedichts von Johann Christoph von Schönborn.[3] Mit von Schönborn war Gryphius eng befreundet. Den insgesamt vier lyrischen Texten stellt Gryphius eine auf den 7. September 1656 datierte Widmungs-

---

1 Vgl. ENTHUSIASMUS. IN COEMETERIO, ANNO M. DC. XLII, *ipso die anniversario Fidelium Defunctorum*. ODE. In: IACOBI BALDE E SOCIETATE IESV SYLVÆ LYRICÆ Editio secunda. *auctior et emendatior*. COLONIÆ VBIORVM, Apud Iodocum Kalcovium. CIƆ IƆC XLVI., S. 202–205 (Silv. VII,7). ENTHVSIASMVS. *In Cœmeterio considerantis Mortem, ac Functorum ossa*. A. M. DC. XL. ODE XXXIX. In: JACOBI BALDE è SOCIETATE IESV LYRICORVM Lib. IV. EPODON Lib. vnus. MONACHII, Apud Heredes CORNELII LEYSERI, Electoralis Typographi, ANNO M. DC. XLIII., S. 111–114 (Lyr. II,39).
2 Vgl. Friedrich-Wilhelm Wentzlaff-Eggebert: Dichtung und Sprache des jungen Gryphius (²1966) [958], S. 92–103; Jürgen Galle: Die lateinische Lyrik Jacob Baldes und die Geschichte ihrer Übertragungen. Münster 1973 (Münstersche Beiträge zur deutschen Literaturwissenschaft 6), S. 32–38; Max Wehrli: Gryphius und die Dichtung der Jesuiten (1965) [957]. Vgl. zu den *Gedancken* weiter Friedrich-Wilhelm Wentzlaff-Eggebert: Der triumphierende und der besiegte Tod (1975) [959], S. 70–106; Fritz G. Cohen: The »Gedancken uber den Kirchhoff und Ruhestaedte der Verstorbenen« (1983) [368]; Nicola Kaminski: »Der Kirchhoff dein Parnaß« (1997) [370]; Johann Anselm Steiger: Schule des Sterbens (2000) [373]; Alexander Košenina: Anatomie, Vivisektion und Plastination (2009) [371], S. 63–76.
3 Zu Johann Christoph von Schönborn und dem nachfolgend genannten Johann Caspar von Gersdorff vgl. auch das ↗ Kap. II.4.5 zum in denselben Entstehungszusammenhang gehörenden *Weicher-Stein*.

vorrede voran, die er in »Schönborn« (*Kir.*, S. 481; zuerst *DG*, unpag.), d.h. als Gast auf dem ihm wohlvertrauten Schönbornschen Gutshof in der Nähe von Freystadt, abgefaßt hat, wohin er vor der in Glogau grassierenden Pest geflohen war. Die Vorrede richtet sich an den schlesischen Adligen Johann Caspar von Gersdorff, der im Herzogtum Crossen als Hof- und Justizrat fungierte und mit dem Gryphius als Syndikus der glogauischen Landstände eng verbunden war. Den Neudruck der *Kirchhoffs-Gedancken* in Gryphius' *Freuden und Trauer-Spielen auch Oden und Sonnetten* (*FT*, 1663) erweiterte der Dichter um Daniel von Czepkos »Red aus seinem Grabe« (*Kir.*, S. 509–516).

Die *Gedancken* haben einen durchdachten Aufbau. Teil A (Str. 1–3) beschreibt den Friedhof als den Ort, an dem die Reflexionen über Tod und Auferstehung stattfinden. Teil B (Str. 4–8) definiert den Friedhof als *schola*, in der der Meditierende anschaulich in der *ars moriendi* geschult wird, was durch die siebenmal rekurrierende *exclamatio* »O Schul« unterstrichen wird. Teil C (Str. 9–11) entfaltet die Hauptthematik des Gedichtes: die apokalyptisch geprägte Auferstehungsvision (Teil 1). Die Strophen 12–14 (Teil D) bieten eine Zwischenreflexion über die materielle Beschaffenheit der Särge, während die Strophen 15–36 (Teil E) die Auferstehungsvision in einer Reihe von Einzelbetrachtungen fortsetzen. Teil F (Str. 37–41,4) nimmt den Umstand in den Blick, daß die Auferstehung eine *resurrectio ad iudicium* ist, woraufhin Teil G (Str. 41,5–49) – freilich mit dem Vorangehenden sowohl kompositorisch als auch thematisch eng verflochten – das Jüngste Gericht in Szene setzt und beschreibt, wie der wiederkehrende Christus den letzten Prozeß eröffnet, um die einen zum ewigen Leben eingehen zu lassen, während die anderen zur ewigen Verdammnis verurteilt werden. Strophe 50 (Teil H) beschließt das Gedicht im Sinne eines Epilogs und faßt den wesentlichen Inhalt des in der *schola artis moriendi* Gelernten zusammen.

Die *Gedancken* beginnen mit einer Reihe von Fragen, die das meditative Selbstgespräch des lyrischen Ichs in Gang setzen, das selbstredend nicht platt mit Gryphius identifiziert werden sollte, wenngleich nicht aus dem Blick zu verlieren ist, daß es sich um den Text eines Autors handelt, der sich keineswegs nur hinter diesem verbirgt. Auffällig ist, daß die einleitende Frage nach dem Topos des Friedhofes »Wo find ich mich?« in Strophe 2 gleichlautend, wenngleich als *exclamatio*, wiederaufgenommen wird. Gryphius nennt den Kirchhof ein »Feld« (*Kir.*, S. 482), mithin ein Saatfeld, in das die Leichname eingepflanzt werden, um wie Saatkörner zu verfaulen, zu wachsen, Frucht zu bringen und zu neuem Leben aufzuerstehen (vgl. Joh 12,24; 1 Kor 15,37f.). Die von Gryphius betriebene *meditatio mortis* zielt auf die Einübung von *humilitas*, die aus der Einsicht erwächst, daß der Mensch Staub (vgl. Sir 17,31) und das Leben von *fugacitas* geprägt ist (vgl. Ps 37,2; 90,5). Was Gryphius mit den *Gedancken* vorlegt, ist eine breitangelegte lyrische Umsetzung des *memento mori* (Ps 90,12), hinsichtlich dessen es, worauf Gryphius in der Widmungsvorrede explizit hinweist, im 17. Jahrhundert einen starken interkonfessionellen Konsens gab. Freilich bestimmt Gryphius (anders als Balde) die zu erlernende *humilitas* paradoxerweise als »hohe Demutt« (*Kir.*, S. 482) näher, worin sich die mit Blick auf die Eschata herrschende genuin protestantisch-lutherische Gewißheit artikuliert.

In den Strophen 5 und 6 beschreibt Gryphius in fünf parallel konstruierten und jeweils mit der Wendung »O Schul! ob der [bzw. welcher]« anhebenden Sätzen den Umstand, daß der natürliche Mensch angesichts der Botschaft, der Weg zum ewigen Leben führe durch Tod, Auferstehung und Gericht, in Entsetzen gestürzt wird. Vor der Schule des Todes erschrecken die Weltweisen und diejenigen, die ihr Vertrauen auf »Ehr vnd Geld« gründen, die Gewissenlosen, die Gewaltherrscher (»Die mehr auff Stahl als Recht getraut«) und die Lüstlinge (*Kir.*, S. 483). In Strophe 7 artikuliert das lyrische Ich seine »begier / | Die wahre Weißheit zu ergründen«, sowie seine Bereitschaft, audiovisuelle Belehrung entgegenzunehmen. Deutlich ist hierbei, daß die philosophischen Trostgründe Platons, Aristoteles' (»der Stagirite«) und Anacharsis' (»der weise Scythe«) im Angesicht des Todes »nicht Stich« halten, womit Gryphius der barock-lutherischen Sicht beipflichtet, derzufolge mit Blick auf den Tod wie auch auf alle anderen existentiellen Anfechtungen nicht philosophisch-rationale Argumentation, sondern allein die göttliche, in der Bibel bezeugte Offenbarung wahren Trost (*consolatio*) zu stiften vermag.

Strophe 8 (»Wer aber ists / der mir erklär / | Was ich zu lernen mich bemühe?«) wirft die Frage nach dem Hermeneuten als demjenigen auf, der die biblische Offenbarung übersetzt und exegiert, der die »Gründe« darlegt, »feste Schlüsse« zieht und »alle meine Zweifel« auflöst. Gryphius' *Gedancken* zielen darauf, eben diese Aufgabe des Hermeneuten zu erfüllen, mithin die biblische Botschaft zu explizieren und damit das zu tun, was auch Zielsetzung der zeitgenössischen Predigt ist, nämlich die biblischen Verheißungen zur Aneignung durch die Glaubenden zu bringen, um Gewißheit zu stiften. Die »Einsamkeit allein«, die *amoenitas* auf dem Kirchhof, indes vermag dies nicht (*Kir.*, S. 484). Auch die vom lyrischen Ich mehrfach angesprochenen Toten befleißigen sich eines (wenngleich beredten) Schweigens, so daß das meditierende Ich zum betenden wird (Str. 35) und zum Dialog mit Gott, als dem »HErr[n] des Lebens« und dem Autor der Offenbarung, Zuflucht nimmt (*Kir.*, S. 492).

Teil C (Str. 9–11), der erste Teil der Auferstehungsvision, verarbeitet eine ganze Reihe von biblischen eschatologisch-apokalyptischen Motiven (Erdbeben, Finsternis u.a.). Das Erdbeben führt (wie in Mt 27,52f.) dazu, daß die Erde aufreißt und die Gräber freigelegt werden. Diese Motivik verbindet Gryphius (»rauscht ihr«; »Hör ich das rasseln dürrer Bein?«) wie Balde[4] mit Allusionen auf Ez 37,7 – einen Text, der seit der christlichen Antike als eine der wichtigsten alttestamentlichen Weissagun-

---

4 Vgl. *Kir.*, S. 497: »Wie? halt ich weiter ein? greifft nicht ein Göttlich Regen | Die faulen Glider an! ich fühle sein Bewegen.«

gen der *resurrectio mortuorum* entziffert wird und der in der Barockzeit u.a. als Grabinschrift gängig war.

Teil D (Str. 12–14) als Zwischenbetrachtung über die unterschiedlichen Beschaffenheiten der Särge expliziert einen bekannten (auch bei Balde begegnenden, vgl. *Kir.*, S. 501f.) Topos der Totentanztradition, demzufolge im Tod alle sozialen Unterschiede aufgehoben werden (vgl. Hi 1,21; 1 Tim 6,7). Zwar wird der Reichtum auch nach dem Tod darin sinnenfällig, daß Begüterte und Adlige sich in metallenen Särgen bestatten lassen und »Jn Gold und Marmor eingesencket« werden, doch in der visionär vorweggenommenen Auferstehung der Toten ist von diesem Merkmal sozialer Diskrepanz nichts übriggeblieben: »Wie find ich euch denn alle bloß?« Auch die ›soliden‹ Arten der prunkvollen Bestattung schützen vor Verwesung nicht, haben vielmehr ihren Nachteil darin, daß sie Grabräuber anziehen, durch deren Raffgier die Leichname in ihrer Ruhe gestört werden (*Kir.*, S. 485). Hieraus erhellt, daß die Totentanzmotivik bei Gryphius im Dienste lyrisch-eschatologischer Sozialkritik steht.

Der zweite Teil der Auferstehungsvision (Teil E, Str. 15–36) thematisiert den eigentlichen Prozeß der für den Jüngsten Tag geweissagten *resurrectio carnis* (»Hilff Gott! die Särge springen auff!«, *Kir.*, S. 485). Zunächst nimmt Gryphius die Machthaber in den Blick, die entweder durch rechtmäßige Amtstätigkeit in Erscheinung getreten sind oder – wie im von gewalttätigen Rekatholisierungsmaßnahmen geplagten Schlesien, worauf Gryphius freilich nur implizit eingeht – durch Machtmißbrauch (»Die stets gedruckt mit Stahl und Brand«, *Kir.*, S. 486). Strophe 17 beschreibt die Glaubenden, die sich in der *praxis pietatis*, in Gebet und Sündenbekenntnis geübt haben. Ihnen stellt Gryphius in Strophe 18 kontrastierend diejenigen gegenüber, die unzüchtig gelebt, das Recht gebeugt und sich gegen das Gesetz Gottes vergangen haben, während in Strophe 19 nochmals die Frommen thematisiert werden, die sich nicht den Lüsten der Welt ergeben haben, sondern vom Gebot der Nächstenliebe und vom Geist Gottes getrieben wurden. Die Frommen leben – hier verarbeitet Gryphius Mt 25,21.23 – in »ewig Freuden-vollem Frid«, sind mit »Schneelichten Kleidern« angetan und singen »umb das Lamb ein Freuden-Lid« (*Kir.*, S. 487), womit Gryphius Bezug auf Apk 7,9–13 nimmt und mit der zeitgenössischen lutherischen Eschatologie voraussetzt, daß die Frommen nicht erst *post iudicium*, sondern schon *post mortem* vor dem Angesicht Gottes und in ewiger Freude leben.

Vor allem in den Strophen 21–30 beschreibt Gryphius den entsetzlichen Anblick der Totengerippe in detaillierter Weise, wobei auffällt, daß er die Merkmale der Verwesung (ähnlich wie Balde, vgl. *Kir.*, S. 502) schrittweise topisch nachzeichnet, indem er beim Haupt beginnt und sich betrachtend an der Gestalt der Verwesten herabbewegt. Eine klimaktische Struktur prägt hier den Text, insofern Gryphius zunächst die bereits Verwesten (Str. 22–25), von Strophe 26 an (»Wie vil mehr häßlich ist die Schaar | Die noch mit der Verwesung ringet«) jedoch die Verwesenden zu Objekten der Betrachtung macht. Ähnlich drastisch wie Luthers Rede von der Vergänglichkeit und Hinfälligkeit des der Verwesung entgegengehenden menschlichen ›Madensackes‹[5] und dem zweiten Baldeschen »Enthusiasmus« in nichts nachstehend, hebt Gryphius hervor, daß der Mensch nach seinem Tode den »Maden« und »Würmer[n]« (Str. 31) zum Fraß wird (vgl. Jes 14,11 und Hi 24,20; 25,6). Es ist öfters behauptet worden, Gryphius übertreibe hier und verletze die Regeln des guten Geschmacks.[6] Diese Einschätzung nimmt freilich nicht wahr, daß Gryphius gerade aufgrund der ihn umtreibenden Gewißheit bezüglich der Auferstehung der Glaubenden zum ewigen Leben frei ist, den Tod ohne Verdrängungsmechanismen zu betrachten. Nur wer der Gewißheit ist, daß der Tod durch den Sühnetod Christi seinen Stachel verloren hat (1 Kor 15,55) und seither paradoxerweise Gehilfe des ewigen Lebens ist, verfügt über die Fähigkeit, die gleichwohl bis zum Jüngsten Tag bestehen bleibende Faktizität des Todes, das Vermodern des Leibes und den damit verbundenen Ekel zu ertragen.

Gryphius wendet sich mit seinem Gedicht an die Lebenden. Wenn er aber in den *Gedancken* nicht sogleich und vornehmlich das ewige Leben vor Augen stellt, sondern in viel breiterer Weise den Tod, dann befolgt er den Rat, den Luther als Sterbeseelsorger gegeben hat – nämlich im Leben das Bild des Todes intensiv zu betrachten, damit man im Sterben das Bild des Lebens, den gekreuzigten Christus, vor Augen haben möge.[7] *Ars moriendi* also ist *ars vivendi*, weswegen die *praeparatio ad mortem* nach reformatorischem Verständnis das ganze Leben zu begleiten hat. Gryphius' *Gedancken* sind nichts anderes als eine poetische Einübung in die Sterbekunst zu Lebzeiten im Kontext der ihrerseits lyrisch adaptierten katechetischen Belehrung über die vier letzten Dinge.

Teil F (Str. 37–41) schildert ein apokalyptisches Szenario vor Beginn des Jüngsten Gerichts, die kosmische Drangsal, die »Vorspill [...] Der vnbegräntzten Ewikeit« ist (*Kir.*, S. 492). Die von Gott »angesetzte Zeit«, deren genaue Terminierung dem Menschen jedoch unbekannt ist (vgl. Mk 3,32), wird gemäß der die Sehnsucht des Glaubens nach Heimat konkretisierenden Naherwartung »bald mit ungeheuren Krachen« kommen (*Kir.*, S. 492; vgl. 2 Petr 3,10). Das biblisch-apokalyptische und zugleich stoische Thema des Weltbrandes, das die lutherische Eschatologie eingehend abhandelt, schneidet Gryphius hier bereits an (»lichte[] Glutt«), um später ausführlicher darauf zurückzukommen (Str. 42). Strophe 38 und ihr Vorausblick auf »Gottes letztes Feld-geschrey«, auf das Vernehmbarwerden von »Blitzen und Trompeten« sowie die Tötung des Todes (»den Tod ertödten«), d.h. die Auferweckung der

---

5 Vgl. z.B. D. Martin Luthers Werke. Kritische Gesamtausgabe (Weimarer Ausgabe). Bd. 49. Weimar 1913, S. 202, Z. 27–30 (»Predigt am Tage Epiphaniä, nachmittags« [6. Januar 1541]).
6 Vgl. Hermann Palm: Vorwort. In: Andreas Gryphius: Werke in drei Bänden (1961) [1], Bd. 3, S. 336. Ähnlich Wentzlaff-Eggebert: Dichtung und Sprache (Anm. 2), S. 94.
7 Vgl. Eyn sermon von der bereytung zum sterben. Doctoris Martini Lutheri. Augustiner [1519], fol. Aij^v.

Toten, findet sich ähnlich auch in 1 Thess 4,16 – einem Text, der Gryphius als direkte Vorlage gedient haben dürfte.

Die von Gryphius zahlreich verarbeiteten apokalyptischen Motive begegnen großenteils auch in dem ersten »Enthusiasmus« Baldes. Ein Unterschied zwischen Gryphius und Balde besteht jedoch darin, daß letzterer das Ich bis an die beginnende Totenauferstehung heranführt (»Die Todten regen sich!« – »An jam moventur?«[8]), dann aber ein retardierendes Moment wirksam werden läßt, indem die Toten wiederholt (im lateinischen Original durch dreimaliges »sistite«[9]) aufgefordert werden, liegenzubleiben: »halt Geister! haltet innen! [...] | Schlafft Geister! haltet inn! schlafft Todten! haltet innen!« (*Kir.*, S. 499). Grund dafür ist Baldes konsequent futurische Eschatologie, der die Auffassung zugrundeliegt, daß die allgemeine Totenauferstehung und das Jüngste Gericht noch ausstehen und fern sind: »der letzte Tag der Erden | Schläfft noch in dicker Nacht« (»Extrema Mundo purpureo Dies | Implumis in nido Sororum | Stertit adhuc«).[10] Gryphius jedoch geht über den Punkt, an dem die Baldesche Vision auf dem Kirchhof abbricht, hinaus, indem er sich das noch Ausstehende, die Auferstehung und das Jüngste Gericht, proleptisch in visionärer Weise vollziehen läßt. Die Auferstandenen werden sodann Zeugen dessen, wie Christus *in statu gloriae* – in »höchster Herrligkeit« – wiederkehrt und sich auf den »ihm gesetzten Richters-Thron« setzt (*Kir.*, S. 493, vgl. Joh 5,22.27). Für den Glaubenden allerdings ist dieses *iudicium* nicht schrecklich, da er dessen gewiß sein darf, daß der Richter derjenige ist, der sich an Karfreitag anstelle der Sünder hat richten lassen, weswegen die Glaubenden aus dem Gericht herausgenommen sind (vgl. Joh 5,24; 3,18): »Der hir gerichtet ward vor mich / | Vmb mich nicht richtend zu beschweren« (*Kir.*, S. 493). Somit verarbeitet Gryphius den Skopos der genuin Lutherschen Versöhnungslehre, derzufolge der Sohn Gottes an Gründonnerstag im Garten Gethsemane und an Karfreitag, die Menschen stellvertretend, in das Jüngste Gericht vorgelaufen ist, um den gesamten Zorn Gottes und sämtliche Sündenstrafen auf sich zu nehmen. In der zeitgenössischen jesuitischen Predigt- und Erbauungsliteratur finden sich zwar verwandte Topoi, die jedoch keineswegs das Erleiden des Jüngsten Gerichtes durch Christus zum Deutungsprinzip der Passionsgeschichte erheben.

Gryphius' *Gedancken* sind demnach in konsequenter Weise soteriologisch geprägt. In Baldes »Enthusiasmen« ist das anders, denn in ihnen ist von Christus nicht die Rede. Bei aller engen Verwandtschaft, unter anderem was die *vanitas*-Motivik und die Topoi der Eschatologie angeht, besteht hierin der weitestreichende Unterschied zwischen den Texten beider Autoren. Allein die Tatsache, daß sich nach Lutherscher Überzeugung das Jüngste Gericht während der Passion und der Kreuzi-

---

8 *Kir.*, S. 499; Balde (Anm. 1), S. 204.
9 Ebd., S. 204f.
10 *Kir.*, S. 499; Balde (Anm. 1), S. 204.

gung des Gottessohnes bereits vollzogen hat und darum diejenigen, die an Christus glauben, durch das Gericht hindurchgedrungen sind, ermöglicht Gryphius den getrosten Blick in das gleichwohl bevorstehende *iudicium extremum*. Balde kann diesen Schritt nicht tun. Dies ist aufgrund seiner römisch-katholischen Vorgaben folgerichtig, da ihnen zufolge Christus am Kreuz nicht alle Sündenstrafen erlitten, sondern nur die Schuld der Erbsünde und der Aktualsünden der bisherigen Generationen getragen hat. Darin, daß Gryphius Baldes »Enthusiasmen« verdeutscht publizierte und darauf bedacht war, seine *Gedancken* mit diesen intertextuell zu vernetzen, wird man ein Phänomen interkonfessionellen Austausches erblicken dürfen, freilich eines solchen, der das konfessionelle Profil des barocken Luthertums nicht in Abrede stellt, sondern genauso deutlich wie unter Verzicht auf Polemik markiert.

Strophe 48 wiederholt die Erinnerung, daß trotz aller sozialen Unterschiede im irdischen Leben der »Tod doch alle gleiche mache«, woraufhin Gryphius seinem Leser die in der *ars-moriendi*-Literatur weitverbreitete Ermahnung des Propheten Jesaja weitergibt, die dieser an den todkranken König Hiskia richtete, nämlich sein Haus zu bestellen (Jes 38,1): »Geh und beschicke deine Sache«. Der Epilog in Strophe 50 bietet eine knappe Zusammenfassung des in der Schule der *ars moriendi* auf dem Friedhof Gelernten. Die in den Gräbern Liegenden lehren die wahre Standhaftigkeit, die nicht eine Tugend ist an sich, sondern als *constantia fidei* den Menschen »aus dem Tod' ins Leben« führt (*Kir.*, S. 496).

II.4.5 Der Weicher-Stein
Von Nicola Kaminski

Ist dem 1663 in zwei unterschiedlichen Sammelausgaben bei Gryphius' rechtmäßigem Verleger Veit Jacob Drescher (bzw. Trescher) erschienenen Textverbund unter dem Titel *Der Weicher-Stein*[1] Werkstatus zuzusprechen? In Spannung zu der Entscheidung, innerhalb des *Gryphius-Handbuchs* für den *Weicher-Stein* einen eigenen Artikel anzusetzen, bleibt diese Frage auf der Grundlage von Gryphius' eigener ›Werkpolitik‹ unentscheidbar. Sowohl die in Breslau als auch die in Jena verlegte Ausgabe versieht die zusammengestellten Werkeinheiten mit je eigenen Titelblättern (im ersten Fall für *Seug-Amme, Schwermenden Schäffer, Epigrammata Oder Bey-Schrifften* und *Weicher-Stein*, im zweiten für *Epigrammata* und *Weicher-Stein*). Daß das Binnentitelblatt zum *Weicher-Stein* nur diesen Titel, nicht den Autornamen Andreas Gryphius bietet, erscheint insofern schlüssig, als auf den so betitelten zwanzig Seiten der Einleitung zufolge Gedichte dreier Autoren versammelt sind, neben Gryphius' Beitrag auch je einer von (mutmaßlich) Johann Caspar von Gersdorff und Johann Christoph von Schönborn.[2] Spricht das eigene Titelblatt für intendierten Werkstatus der *Weicher-Stein*-Sammlung, so spricht andererseits dagegen die (beginnend bei den *Epigrammata Oder Bey-Schrifften*) durchgehende Paginierung,[3] die Mitberücksichtigung innerhalb der am Ende der Breslauer Ausgabe befindlichen Errata zu »gegenwärtige[n] Beyschrifften«[4] sowie der fehlende Ausweis auf den jeweiligen Gesamttitelblättern.[5] In diese Richtung deutet auch der letzte Satz der von Gryphius verantworteten Einleitung: »Dannenhero dise Gedichte erwachsen / wel-

---

1 ANDREÆ GRYPHII Seug-Amme oder untreues Gesind / Lust-Spiel. Schwermender Schäffer / Lust-Spiel. Deutsche Epigrammata. Breßlau / Bey Veit Jacob Dreschern / Buchhändl. Jm Jahr M. DC. LXJJJ., S. 57–79; ANDREÆ GRYPHII EPIGRAMMATA Oder Bey-Schrifften. Jehna / verlegt Von Veit Jacob Dreschern / Buchh. zu Breßlau. Jm Jahr M. DC. LXJJJ., S. 57–79. Trotz gleichlautender Seitenzahlen wurde neu gesetzt. Im folgenden wird der *Weicher-Stein*, falls nicht anders ausgewiesen, nach der Jenaer Ausgabe (*WS*) zitiert, die die Errata der Breslauer Edition bereits berücksichtigt. Vgl. zum nicht ganz durchsichtigen Nebeneinander von Breslauer und Jenaer Gryphius-Ausgaben im Verlag Drescher bzw. Trescher auch ↗ Kap. II.6.1 zur *Seugamme*, S. 302f.
2 Allerdings wird auf den Binnentitelblättern der *Kirchhoffs-Gedancken*, die ein in vergleichbarer Weise zusammengesetztes Gedichtcorpus vereinen, sowohl in *DG* als auch in *FT* Gryphius' Autorname genannt.
3 Die beiden Lustspiele in der Breslauer Ausgabe sind hingegen getrennt paginiert.
4 Ausgabe Breslau 1663 (Anm. 1), S. 81.
5 Gryphius' ›Werk(ausgaben)politik‹ seit 1657 wäre eine eigene Untersuchung wert, die – abgesehen von den editorischen Hinweisen in den Gryphius-Neuausgaben von Szyrocki/Powell und Mannack – ein Forschungsdesiderat darstellt. Ein lohnender Ausgangspunkt könnten in Hinsicht auf Werkstatus oder Autorisierung zweideutige Fälle wie der *Weicher-Stein* oder *Absurda Comica. Oder Herr Peter Squentz* sein.

che wegen Gleichheit des Zeugs ich nicht unbillig disen meinen Bey-Schrifften zugeben wollen« (*WS*, S. 60).

Mag ›der Zeug‹ (die *materia*),[6] wenn nicht gleich, so doch vergleichbar den vorausgehenden drei Centurien deutscher Epigramme sein – auch dort bildet nicht selten ein gegenständliches Konkretum, wie im vorliegenden Fall ein landschaftlich markanter, besonders geformter Stein, den Ausgangspunkt arguter Sinnfindung[7] –, mag die ›Beschriftung‹ eines Steins, wörtlich genommen, sogar eine gattungsgeschichtliche ›Urszene‹ von Epigramm aufrufen, so ergibt sich doch eine entscheidende Differenz durch die okkasionelle Rahmung, die den *Weicher-Stein*-Gedichten in einer »Ursach und Jnhalt diser Gedichte« überschriebenen Einleitung zuteil wird. Ein Ich, das sich dem Autor Andreas Gryphius zuordnen läßt und sich in dieser Funktion an den »hochgeehrte[n] Leser« wendet, exponiert die Gelegenheit der vorliegenden Gedichte, doch weniger in der Autor- oder Herausgeberrolle als narrativ,[8] indem es erzählt, wie

> ich auf ofters Anhalten meinen Hertzens Freund den Hoch-ädlen und Gestrengen Herrn Johann Casparn von Gersdorff / auf seinen Landgüttern ersuchet / da denn sich alsobald noch andere sehr wehrte Freunde in seine Behausung eingefunden / und wie den Tag in unvergleichlicher Lust / also ferner den Abend in allerhand Ergetzungen zugebracht. Mit dem Anbruch folgenden Tages erkoren wir in das Feld zu spatziren / und bey damahls eintrettendem Herbst die sich nach zu ihrer Winter-Ruhe bereitende Büsch und Wisen zu betrachten. Jndem wir daselbst von dem Zustand des gemeinen Vaterlandes: unserer selbst eigenen Vergänglikeit / Verlust viler herrlichen Mitglider und Stände dises Fürstenthums / uns unterreden: beginnet endlich Leonides dise Unterredung abzubrechen / wisset / saget er / Libste / daß wir nicht hieher kommen trauriger zu werden / sondern den Kummer einen Anstand zu geben. Weg derowegen mit ernsten Sachen! und folget mir anitzt / wo euch nichts lustigers einfällt. Zeucht hirmit ein Charten-Spil hervor / darauff wir uns ingesamt umb einen sehr großen Stein / welcher auf offener Wisen lag / mehr geleget denn gesetzet / und bey einer halben Stunden / nicht umb Gewinn / sondern Ergetzungs wegen / gespilet. Nach disem erinnerte Palamedes, es were etwas ungewöhnliches / daß auf disem Stein anitzt unterschidene Freunde / und solche zwar / die

---

6 Vgl. Der Teutschen Sprache Stammbaum und Fortwachs / oder Teutscher Sprachschatz / Worinnen alle und iede teutsche Wurzeln oder Stammwörter / so viel deren annoch bekant und ietzo im Gebrauch seyn / nebst ihrer Ankunft / abgeleiteten / duppelungen / und vornemsten Redarten / mit guter lateinischen Tolmetschung und kunstgegründeten Anmerkungen befindlich. Samt einer Hochteutschen Letterkunst / Nachschuß und teutschem Register. So Lehrenden als Lernenden / zu beider Sprachen Kundigkeit / nötig und nützlich / durch unermüdeten Fleiß in vielen Jahren gesamlet von dem Spaten. Nürnberg / in Verlegung Johann Hofmanns / Buch- und Kunsthändlers daselbst. Gedruckt zu Altdorf / von Heinrich Meyern / der löbl. Univ. Buchdruckern. Jm Jahr des HErrn 1691, Sp. 2626 s.v. ›Zeug / der‹.
7 Vgl. innerhalb der *Epigrammata Oder Bey-Schrifften*, auf die in beiden Ausgaben der *Weicher-Stein* folgt, z.B. *Ep.* III,I,11.16.34; *Ep.* III,II,30.32; *Ep.* III,III,24.25.46.97.
8 Und zwar in einer Weise, wie man sie von der Prosaekloge nach dem gattungsbegründenden Modell der Opitzschen *Schäfferey von der Nimfen Hercinie* (1630) oder der Rahmenerzählung von Johann Rists Anfang 1663 erschienener *Jänners-Unterredung* kennt.

aus vir benachbarten Fürstenthümern zusammen kommen / gespilet. Würde derowegen nicht übel kommen / wann zu einem Gedächtnüß diser Begebenheit etwas schrifftlichs von denen verfasset würde / welche sich zuweilen mit der Dicht-Kunst erlustigten. Welchem die andern alsobald zugefallen / und ihn den Hochädlen Palamedem selbst / wie auch den Fontan und mich solches zu thun verbunden. (*WS*, S. 59f.)[9]

Das von Palamedes, Deckname mutmaßlich des ebenfalls »Hochädlen« Gastgebers Johann Caspar von Gersdorff, formulierte Desiderat, »zu einem Gedächtnüß diser Begebenheit etwas schrifftlichs [...] [zu] verfasse[n]«, kann als geradezu prototypische Motivation barocker Gelegenheitsdichtung verstanden werden. Mißt man demnach den *Weicher-Stein* als aus diesem Appell resultierendes kollektives Elaborat an der von Wulf Segebrecht entwickelten Arbeitsdefinition von Kasuallyrik in deren breitenwirksam typischstem Sinn,[10] so fällt freilich auch hier eine markante Differenz ins Auge. Wenn Segebrecht nämlich die vier »konstituierende[n] Faktoren von Casuallyrik« – Gelegenheit, Gedicht, Autor und Adressat – in deren Öffentlichkeit und Publikumsbezogenheit konvergieren läßt, dann trifft das zwar dem *Gestus* nach auf den *Weicher-Stein* zu, nicht aber hinsichtlich der *Einlösung* des Postulats, das Kasualgedicht habe sich »vor ihm [dem Publikum] – nicht nur vor dem Adressaten – [...] zu bewähren, so daß man geradezu von einer kritischen Instanz sprechen kann, die das Publikum bei Gelegenheiten bildet«.[11] Denn selbst wenn man den historischen Abstand von gut dreieinhalb Jahrhunderten als Entdifferenzierungsfaktor in Rechnung stellt, der es beispielsweise unsicher bis unmöglich macht, die genauen Lebensdaten der an der Gemeinschaftsproduktion beteiligten Koautoren zu ermitteln,[12] so ist doch unübersehbar, daß die für die »Begebenheit«, deren »Gedächtnüß« öffentlich-repräsentativ tradiert werden soll, konstitutiven zeitlichen und räumlichen Koordinaten denkbar ungenau, schon zeitgenössisch nicht präzise referentialisierbar, gesetzt werden.

»ES sind bereits [...] vil Jahr verstrichen«, das ist, abgesehen von der Nennung der Jahreszeit, die einzige Angabe zur zeitlichen Situierung der Rahmenerzählung, wiewohl die Freunde sich über den »Zustand des gemeinen Vaterlandes« (Schlesien) und den »Verlust viler herrlichen Mitglider und Stände dises Fürstenthums« offenbar in einer konkreten (konfessions)politischen Situation austauschen; ob die *communis opinio* der (zum *Weicher-Stein* nahezu inexistenten) Forschung, die Gedichte seien »etwa 1656« entstanden und somit in zeitlicher Nähe zu einer Glogauer »Pestepidemie, [...] vor der G[ryphius] auf das Landgut der Schönborns geflüchtet

---

9 Zitate aus diesem Passus werden im folgenden nicht mehr einzeln nachgewiesen.
10 Vgl. Wulf Segebrecht: Das Gelegenheitsgedicht (1977) [245], S. 68–79.
11 Ebd., S. 68 und 76.
12 Zu dem wenigen, was sich über Johann Christoph von Schönborn noch herausfinden läßt, vgl. Marian Szyrocki: Der junge Gryphius (1959) [134], S. 115 mit den zugehörigen Anmerkungen (S. 152f.).

war«[13] (eine Annahme, die sich auf die vom 7. September 1656 datierende Widmungsvorrede der *Kirchhoffs-Gedancken* an Johann Caspar von Gersdorff stützen kann[14]), zutrifft, muß offenbleiben. Kaum weniger vage fällt die räumliche Situierung aus, die doch als wesentlich für Rahmung und gegenständlichen Bezugspunkt der bedichteten »Begebenheit« entworfen wird: Die Deiktik der Rede von »dise[m] Fürstenthum« suggeriert rhetorisch vor Augen Liegendes; doch geht für den Leser, sofern er nicht das (in heutiger Perspektive nurmehr aus der Widmung der *Kirchhoffs-Gedancken* zu gewinnende) Kontextwissen mitbringt, daß der »HochEdelgeborne[] [...] Herr[] Johann Caspar[] von Gerßdorff auff Weichaw / Hochwolverordnete[r] Churfürstl. Brandeburgischer [...] Durchläuchtigkeit / in dem Croßnischen Fürstenthum Geheime[r] Hoff- und Justitien Raht[]« ist (*Kir.*, S. 478), diese Deixis ins Leere. Und wer dieses Wissen hat, steht vor der Frage, ob »dises Fürstenthum« nun auf Crossen zu beziehen ist oder auf das ungenannt bleibende Fürstentum, in dem »auf offener Wisen« der »Weicher-Stein« liegt, der in beinahe noch zeitgenössischen oder zeitnahen Darstellungen wie Friedrich Lucaes *Schlesiens curieusen Denckwürdigkeiten* von 1689 oder Johannes Sinapius' *Schlesischen Curiositäten* von 1720/28 keine Spuren hinterlassen hat. Extrapoliert man den (womöglich in einer *ad-hoc*-Bildung so benannten) »Weicher-Stein« aus von Gersdorffs Adelssitz »Weichaw«, so erfährt man bei Sinapius, in welchem Fürstentum man zu suchen hat: »im Glogauischen«.[15]

Damit steht der durch das kasuallyrische Signalement zur Referentialisierung verleitete »hochgeehrte Leser« aber nur vor dem nächsten Rätsel: Erhebliche Bedeutsamkeit wird von dem das kollektive Dichten initiierenden Palamedes nämlich dem »ungewöhnliche[n]« Moment beigemessen, »daß auf disem Stein anitzt unterschidene Freunde / und solche zwar / die aus vir benachbarten Fürstenthümern zusammen kommen / gespilet«. So gut die vier Freunde aus vier benachbarten schlesischen Fürstentümern zum »Charten-Spil« mit seinen vier Farben passen, so undurchsichtig bleibt aus mehreren Gründen, von welchen vier Fürstentümern hier die Rede ist: Sicher referentialisierbar ist nur das Autor-Ich namens Andreas Gryphius, das den eigenen, unter dem Pseudonym »MELETOMENUS« präsentierten

---

13 Eberhard Mannack: Andreas Gryphius (²1986) [127], S. 46.
14 Die Unterschrift der Widmung lautet: »Schönborn / (quo nos Glogoviæ calamitas compulit) den VII. Septemb. A. cIɔ Iɔc LVI.« (*Kir.*, S. 481).
15 Schlesischer Curiositäten Erste Vorstellung, Darinnen die ansehnlichen Geschlechter Des Schlesischen Adels, Mit Erzehlung Des Ursprungs, der Wappen, Genealogien, der qualificirtesten Cavaliere, der Stamm-Häuser und Güter beschrieben, Und dabey viele, bißhero ermangelte Nachrichten von Edlen Rittern und löblichen Vor-Eltern, aus alten brieflichen Urkunden und bewährten MSCtis zum Vorschein gebracht werden, Ausgefertiget von JOHANNE SINAPIO Des vereinigten Gymnasii zu Lignitz Rectore. Auf Verlag des Autoris. Zu Leipzig im Großischen, wie auch zu Breßlau und Lignitz im Rohrlachischen Buchladen zu finden. Leipzig, gedruckt in der Fleischerischen Druckerey, 1720, S. 399f.

Beitrag am Ende mit vollem Namen zeichnet (*WS*, S. 74 und 79) und unter diesem Namen biographisch und seiner beruflichen Tätigkeit nach eindeutig der gleichnamigen Hauptstadt des Fürstentums Glogau zuzuordnen ist. Von den »wehrte[n] Freunde[n]« hingegen erfährt man entweder nichts oder Widersprüchliches: Der »Hoch-ädle und Gestrenge Herr Johann Caspar von Gersdorff« alias Palamedes[16] erfüllt die ›Spielregel‹ der vier Fürstentümer nur dann, wenn man von Crossen[17] als dem Raum seines politischen Wirkens ausgeht, denn seine »Landgütter« »auff Weichaw« liegen ebenso »im Glogauischen« wie Gryphius' Heimatstadt; wer sich hinter dem an zweiter Stelle genannten »Leonides« verbirgt, der den kummerträchtigen »ernsten Sachen« durch »ein Charten-Spil« Einhalt gebietet und als einziger nicht dichtet, bleibt gänzlich im dunkeln, ganz zu schweigen von der Frage, aus welchem Fürstentum er kommt; der zuletzt genannte Freund, der in der Einleitung »Fontan« heißt, in den poetischen Beiträgen »FONTANUS« und selbst als »J. C. V. S.« zeichnet (*WS*, S. 60, 61, 69, 73, 74), könnte Gryphius' Freund Johann Christoph von Schönborn sein,[18] Zweitgeborener von Gryphius' 1637 verstorbenem Gönner Georg Schönborner, dessen Gut Schönborn vor Freystadt liegt, somit einmal mehr im Fürstentum Glogau.[19] Sollte das Zusammenkommen »aus vir benachbarten Fürstenthümern« also womöglich nicht als Hinweis auf biographische oder politische Zugehörigkeit zu verstehen sein, sondern auf die situative Kontingenz der Anreiseorte hindeuten, die sich dem Leser, schon dem zeitgenössischen, durch nichts erschließen können?

Spätestens an diesem aporetischen Punkt liegt es nahe, über das Bedeutungspotential der an der Verschlüsselung maßgeblich beteiligten Pseudonyme nachzudenken; insbesondere darüber, ob es Zufall heißen kann, daß derjenige, der die durch Leonides im Namen von »Ergetzung« aus der geselligen Runde verbannte allegorische ›Betrachtung‹ im Zeichen von »Dicht-Kunst« wiedereinführt – und zwar nicht mehr allgemein auf die umgebende Natur bezogen, sondern speziell auf den

---

16 Gestärkt wird diese pseudonyme Gleichung durch die Unterzeichnung seines poetischen Beitrags mit den (zwar nicht vollkommen stimmigen, doch kompatiblen) Initialen »I. G. V. G.« (*WS*, S. 68).
17 Wenigstens wäre das Fürstentum Crossen sinnvoll als »benachbart« zu bezeichnen, indem es »[g]egen Morgen [...] mit dem Glogauischen [...] Fürstenthum [gräntzet]«. FRIDERICI LUCÆ Schlesiens Denckwürdigkeiten / oder vollkommener CHRONICA Andrer Theil. Franckfurt am Mäyn / Jn Verlegung Friedrich Knochen / Buchhändlern. M DC LXXXIX, S. 1543.
18 Das Pseudonym Fontan(us) wäre dann, in Analogie zur *inventio ex loco notationis* in der unter dem Titel *Brunnen-Discurs* auf Georg Schönborner gehaltenen Leichabdankung, als sprechendes vom Namen abgeleitet (zu Born = Brunnen, Quelle, lat. *fons*).
19 Vgl. NICOLAI HENELII AB HENNENFELD, Sac. Caes. Maiest. Consiliarii, JCti & Syndici olim Wratislauiensis, SILESIOGRAPHIA RENOVATA. NECESSARIIS SCHOLIIS, OBSERVATIONIBVS ET INDICE AVCTA. WRATISLAVIAE & LIPSIAE, APUD CHRISTIANVM BAVCHIVM, Bibliopolam. ANNO MDCCIV, Pars prior, S. 127, sowie das ↗ Kap. II.8.1 zur *Fewrigen Freystadt*.

bedeutsamen ›Spielstein‹ –, daß dieser Initiator der Vertextung des Steins zum *Weicher-Stein* sich Palamedes nennt. Nach Ausweis von Jakob Baldes 1643 veröffentlichter Ode III 13 firmiert Palamedes nämlich als Namengeber des »LVDVS PALAMEDIS sive LATRVNCVLORVM, VVLGO SCACCKVS«,[20] eine Angabe, die nur scheinbar eindeutig auf das Schachspiel führt, tatsächlich jedoch mittels der Alternativbezeichnungen und deren antiker Referenzen eine ganze Palette unterschiedlicher Spiele aufruft, deren einziger gemeinsamer Nenner die Verwendung von (im weitesten Sinne) Spielsteinen ist.[21] Georg Philipp Harsdörffers *Nathan und Jotham* geht 1650 sogar noch weiter, indem Palamedes vorgestellt wird als einer, der »manche Ergötzlichkeit gesuchet und gefunden / welche theils der Leibs Vbung / als Kegel-Pallenspiel / Tafelspiel / etc. betreffen / theils Glücks und Gewinnspiele / als Karten- Würffel- und Pretspiele / theils Kunstspiel / als Schach / Damm und Zahlspiele / den Verstand zu üben«.[22] Palamedes wird somit im umfassendsten Sinn als Archeget von Spiel lesbar. Allerdings ist diese Affinität sowohl bei Balde als auch bei Harsdörffer unauflösbar verbunden mit der Reflexion auf die Nichtigkeit solchen Spiels: In Baldes Ode spielt der »*Auctor*« unter den Augen seines Adressaten, eines jungen polnischen Adligen, um ihn »*ad contemptum terrenarum rerum, sub Fortunæ ludibriis, breuitate, ac viciβitudine vanescentium*« einzuladen;[23] und Harsdörffers Palamedes

---

20 JACOBI BALDE è SOCIETATE IESV LYRICORVM Lib. IV. EPODON Lib. vnus. *MONACHII*, Apud Heredes CORNELII LEYSERI, Electoralis Typographi, ANNO M. DC. XLIII., S. 143–146, hier S. 143.
21 Vgl. JACOBI BALDE LUDUS PALAMEDIS sive latrunculorum vulgo Scacchus. Das Schachspiel von Jakob Balde. Herausgegeben und erläutert von Franz von Paula Lechner, k. b. Professor an dem Gymnasium zu Neuburg. Als Einladungsschrift zu den Schlußfeierlichkeiten des Studienjahres 1842/43. Gedruckt mit Grießmayer'schen Schriften, S. 5, den Kommentar zu den ersten beiden Lemmata: »*Ludus Palamedis)* Daß Palamedes, des euböischen Königs Nauplius Sohn, während des trojanischen Krieges die tessera erfunden habe, berichtet der ältere Plinius, lib. 7. cap. 56 [...]. Offenbar spricht Plinius von der tessera militaris, worunter die Römer eine Art Marke, die als Erkennungszeichen u. dgl. diente, später auch die mündlichen Losungsworte, verstanden. Gleichwohl halten Einige ihn auch für den Erfinder der tessera lusoria. Diese war ein Würfel, wie die unsrigen mit 1, 2, 3, 4, 5, 6 bezeichnet. Drei solcher Würfel dienten bei den Römern zu einem Spiele, da[s] wohl mehr unserm Brettspiele, dem sogenannten langen Puff, als dem Damen- und Schachspiele glich. *latrunculorum)* Ludus latrunculorum hieß bei den Römern eine Art Kriegsspiel, daher der Name latrunculi, Räuber, Freibeuter. Solcher latrunculi, auch calculi genannt, da man Anfangs Steinchen dazu gebrauchte, hatte man 32, in zwei gleich große, durch zweierlei Farben unterschiedene Hälften getheilt, welche gegeneinander in Schlachtordnung aufgestellt wurden und die Bestimmung hatten, einander zu s c h l a g e n, capere, oder zu s p e r r e n, ligare. Das Spiel stand also unserm Schachspiel, mehr noch vielleicht dem Damenspiel, bedeutend näher als die tessera.«
22 NATHAN und JOTHAM: Das ist Geistliche und Weltliche Lehrgedichte / Zu sinnreicher Ausbildung der waaren Gottseligkeit / wie auch aller löblichen Sitten und Tugenden vorgestellet: Samt einer Zugabe / genennet SIMSON / Begreiffend hundert vierzeilige Rähtsel / Durch ein Mitglied der Hochlöblichen Fruchtbringenden Gesellschafft. Gedruckt zu Nürnberg / in Verlegung Michael Endters. Jm Jahr 1650, fol. Riiij^v.
23 Balde (Anm. 20), S. 143.

findet im Spiel »nichts als den Verlust der höchstschetzbaren Zeite / und zu letzt die Reue«.[24] Beide Palamedesfiguren konvergieren demnach, Pate stehend für den, der sich im *Weicher-Stein* dieses Pseudonyms bedient, in der von Leonides als kummerbringend verworfenen Reflexion – und damit im semantischen Potential des von Gryphius gewählten Decknamens Meletomenus (›der Meditierende‹).[25]

Über die Namen werden die in der Rahmenerzählung in Szene gesetzten Autoren somit selbst zu Spielfiguren, denen jeweils ein mehr oder weniger deutlich profiliertes Repertoire von Spielzügen eignet und für die in unterschiedlichem Grade Baldes argutes Diktum »ludimus & ludimur«[26] gilt: Leonides, der Nichtdichter, ist, wiewohl er das »Charten-Spil« aus der Tasche zieht, im poetischen Text nur Spielfigur, Palamedes und Fontanus spielen, indem sie jeweils ein Gedicht beisteuern, und werden gespielt, insofern sie einer höheren, im Rahmen des *Weicher-Stein*-Verbunds die narrative Regie führenden Spielinstanz als bedeutsame Spielfiguren dienen. Für Meletomenus schließlich gilt auf der Ebene der *histoire*, die die erzählte *discours*-Produktion der einzelnen Gedichte miteinschließt, ein Gleiches; auf der Ebene der diskursiven Textorganisation des *Weicher-Stein*-Ensembles aber ist Meletomenus, ›der Reflektierende‹, noch ein drittes Mal besetzt, eben als jene höhere, narrative Spielinstanz, die die thematische Selbstbezüglichkeit der von Leonides unterbundenen Reflexion in der erzählten Situation (über »unsere selbst eigene Vergänglichkeit«) in poetische Selbstreflexivität überführt.

Reflektiert das Poem des Palamedes, ausgehend vom Vergleich »unser[s] Stein[es]« mit einem »frommen Christen«, der sich durch »Pein« und »Ungewitters Macht« nicht anfechten läßt, in verdeckter Rede auf die »Glaubens Prüfung« in »höchstbetrübte[r] Zeit«, wie sie nach dem Westfälischen Friedensschluß und zumal seit der Kirchenreduktion 1653/54 den schlesischen Protestanten konfessions-

---

24 Harsdörffer (Anm. 22), fol. Riiij^v.
25 In der Forschung hat sich die Übersetzung »der Bekümmerte« eingebürgert, vgl. z.B. Wolfram Mauser: Andreas Gryphius' »Einsamkeit« (1982) [313], S. 240; Nicola Kaminski: Andreas Gryphius (1998) [122], S. 55. Unbeschadet dessen, daß Reflexion naheliegenderweise Kummer zeitigen kann, ist das durch die zeitgenössische Lexikographie nicht gedeckt. Vgl. LEXICON GRÆCO-LATINUM: *QVO* VOCES SI NON OMNES, USITATIORES CERTE QVÆVIS, CUM primæ, tùm omnium formarum derivatæ & compositæ, non minùs metricæ quàm solutæ orationis autoribus usurpatæ, additâ suâ quibusque significatione vel simplici vel, prout usus requirit, multiplici, breviter ac methodicè comprehenduntur: *ita*, UT EX PRÆSENTIBUS HISCE RELIQVARUM ETIAM, QVÆ HIC OMISSÆ sunt, forma & significatio perfacilè appareant; hujusque adeò opellæ adminiculo, quicquid autorum est Græcorum, per convenientem applicationem, haud difficulter resolvi, intelligi, & explanari possit. *Ex IOHANNIS SCAPVLÆ Lexico uberiori contractum. Cum INDICE VOCUM investigatu difficiliorum luculento. Operâ & studio* GREGORII Blech / Lubenavia-Lusati, Scholæ Luneburg. ad S. Michaelis Conrect. MDC LVII. *FRANCOFURTI*, Apud Mich. Cubachium, Bibliop. Luneburg., S. 262 s.v. ›ΜΕ´ΛΕΙ‹ und Ableitungen; für μελετάω gibt Blech »curo, meditor, me exerceo, declamo«.
26 Balde (Anm. 20), S. 143.

politisch aufgenötigt wurde (*WS*, S. 62, 63, 65);[27] reflektiert das Gedicht des Fontanus sodann im – darauf eigentlich gerade nicht passenden – Bild des Steins über das Dilemma des »Hofemann[s]«, der womöglich »Narben im Gewissen« davonträgt, weil er »Aus Sorge daß er Zeitlichers verlire; | [...] vil liber seinen Gott [verleuret]« (*WS*, S. 70, 72), ein Steckbrief, der sich kontextuell beinah liest wie ein verdecktes Portrait Georg Schönborners:[28] so macht der abschließende Beitrag des Meletomenus, indem er den Stein als »wahres Prüffe-Zeichen | Und Ebenbild der Welt« deutet, zum Gegenstand der Reflexion die Bedingungen der eigenen Möglichkeit. Denn als »Ebenbild der Welt« umfaßt der Stein nicht nur die bisher vorgeschlagenen Signifikate (standhafter Christ vs. verführbarer Höfling), deren komplementärer Konstellation er die Bühne gibt; als »die Welt« schließt er alles Irdische ein, erlaubt keine Position »ausser ihr«, von der aus poetische Rede *über* die Welt möglich wäre, ohne zugleich deren Nichtigkeit zu verfallen: »Was lifert dir die Welt? Rauch / Nebel und Gedichte« (*WS*, S. 75).[29] Wo »Warheit« und »erdichten« einen Gegensatz bilden, muß entweder der Dichter als solcher kapitulieren, wie Meletomenus es zu Beginn seines Gedichts – und also dichtend in performativem Widerspruch – im Kontrast zu seinen »spilend« in einer Metaposition sich glaubenden Freunden entwirft (*WS*, S. 76, 74). Oder er muß, da *in* der Welt eine transzendente Position nicht zu gewinnen ist, auf den unmöglichen Ort der eigenen Rede reflektieren, dessen Unmöglichkeit in als solches ausgestelltem Spiel zugleich vorzeigen *und* spielweise transzendieren. Das tut Meletomenus, indem er der zum Urteil befähigenden Jenseitsposition der aus der Welt Geschiedenen (»Wo iemand aus der Freud die immer blüht und stehet / | Ein Auge zu uns schlägt: und schaut wie diß vergehet | Dem er entgangen ist«) nicht den eigenen innerweltlichen Stand entgegen-

---

27 Auch wenn Palamedes' Gedicht dem Oberflächeneindruck nach unpolitisch-allgemein bleibt, sind vor dem konfessionspolitischen Hintergrund der Zeit seit 1653 (vgl. dazu ↗ Kap. II.8.2.1 zur *Seeligen Unfruchtbarkeit*) aktuelle Bezüge verdeckt allenthalben zu greifen, am deutlichsten in Strophe 10 (*WS*, S. 64f.): »Die gewündschte Ruh entfleugt; | Mitten in dem schwer-erlangten Fride. | Der behertzte Mund der schweigt; | Die getrosten Hände werden müde. | Auch der Feder Safft vertreugt [d.i. vertrocknet] | Jn dem mehrentheils geschribnen Lide.«
28 Zumal wenn man die folgenden Verse hinzunimmt: »Jn dem er glaubt zur Seeligkeit für Noht | Diß / was der Fürst und gantze Hoffstadt glaubet« (*WS*, S. 72). Zu Georg Schönborners unter habsburgischem Druck erfolgter Konversion zum Katholizismus und seiner Rückkehr zum Protestantismus vgl. ↗ Kap. II.8.2.b zum *Brunnen-Discurs*. Dafür, daß Johann Christoph von Schönborn verdeckt das Schicksal seines Vaters zum Thema macht, spricht zudem die auf das Leitmotiv des *Brunnen-Discurses* referierende bildliche Rede von seinem Gedicht als »Bach die ein Geräusche treibt / | Die hartte klopfft / die voller Kießling stecket« (*WS*, S. 69f.), und nicht zuletzt die auffällige Beteuerung am Ende des Textes, seine Feder habe »des Hofe-Lebens Schein« »nur ingemein | Berühret«, da »[d]ie Beyspil [...] verhasset« seien (*WS*, S. 73).
29 Ein für den Forschungsstand zum *Weicher-Stein* symptomatisches Kuriosum stellt der Beitrag von Konrad O. Kenkel: »Was liefert dir die Welt? Rauch, Nebel und Gedichte« (1980) [221] dar, in dem ungeachtet des Titelzitats der zitatgebende Text nicht einmal beiläufig erwähnt wird.

setzt, vielmehr die spielenden Freunde, und zwar alle vier in der dritten Person, als Spielkarten auf den Stein der Welt schickt:

> Vier Fürstenthümer schickten
> Die Freund auff einen Platz die wir beim Spil erblickten:
> Hir bringt der kalte Nord / und Blumen reiche West /
> Und der verbrandte Sud und Osten neue Gäst.
> Die schimpffend ihre Zeit in ernstem Schertz verschwenden.
> Der bricht mit Cronen vor der zuckt mit trotzen Händen /
> Den scharff gewetzten Stahl. Der libt ein Frauen-Bild /
> Und jener ist ein Knecht / doch wen [d.i. wenn] sein Glücke gilt
> Bebt vor ihm Thron und Fürst. Soll ich die Farben nennen:
> So wirst du deine Zeit in dem Gemäld erkennen. (*WS*, S. 76)

Statt jedoch ein referentialisierbares ›Zeitgemälde‹ zu liefern, portraitiert das Ich die Spieler, als gehörte es den vieren nicht an, als Spielkarten, für die die Vierzahl der Farben ebenso vorgegeben ist wie die der Bilder. Eben daraus aber erlangt es Spielraum: um zum einen Karten, Spieler, poetische Spielprodukte so zu konstellieren, daß im Zusammenspiel zeitgebunden-konkrete Deutungsoptionen herausspringen können, ohne doch restlos aufzugehen; und um zum andern die Grenzen des Spiels auszuloten, dessen Gewinn oder aber Verlust versuchsweise transzendent verbucht wird (bis hin zur Vernichtung, wenn von einem schlechten Verlierer die Karten »zustückt und gantz zurissen« werden, *WS*, S. 78). Eine endzeitliche Reflexion, die am Ende freilich auch den Metaspieler Meletomenus in ihren Sog zieht: »Ein Urtheil / daß wann ichs nur überhin erwege / | Mir Blitzen durch das Hertz und raue Donner-Schläge / | Durch Marck und Glider jagt / das den erschreckten Geist | Ertäubt und aus der Hand die leichte Feder schmeist« (*WS*, S. 79).

Als ›Zugabe‹ zu »[s]einen Bey-Schrifften« gelesen, nimmt sich die Konstellation der *Weicher-Stein*-Texte aus wie eine Einladung, mit den vorausgehenden Epigrammen reflexive Rahmungsproben durchzuspielen. Vielleicht läßt sich aber sogar noch weitergehen. Wenn irgend, dann wäre, so scheint mir, hier, teils explizit, vor allem aber performativ, im Zeichen von Spiel und Reflexion ›die Poetik‹ des Andreas Gryphius zu greifen.

II.5 Trauerspiele

II.5.1 *Felicitas*

Von Barbara Mahlmann-Bauer

Entstehung und Überlieferung

Eine kritische Ausgabe der Übersetzung von Nicolas Caussins Tragödie *Felicitas* verdanken wir Hugh Powell.[1] Nicolas Caussin (1583–1651), latinisiert Caussinus, aus Troyes gebürtig, trat 1607 in die Societas Jesu ein. Seit 1609 lehrte er am dortigen Jesuitenkolleg die Humaniora, seit 1614 war er Professor für Griechisch und Hebräisch in La Flèche. 1617 bis 1620 lehrte er Rhetorik am Collège Clermont in Paris. Dort erschien erstmals 1619 sein wiederholt aufgelegtes Rhetoriklehrbuch, die *Eloquentiae sacrae et humanae Parallela*, das wegen seiner vergleichenden Analyse antiker und neuzeitlicher Techniken rhetorischer Affekterregung in die Geschichte der Rhetorik eingegangen ist.[2] Caussins 1624 publizierte Abhandlung *La Cour Sainte*, ein Mittelding zwischen Adelsethik und Politiktheorie, geht auf Predigten zurück, die er in seiner Rolle als Hofprediger 1620 vor dem zweiten Stand des Königreichs, der *noblesse d'épé*, gehalten hat. Er setzte sich zum Ziel, den Adel für einen christlichen Humanismus zu begeistern, indem er ihn an das Standesbewußtsein erinnerte, das zu vorbildlichen moralisch-politischen Leistungen verpflichte.[3] Kardinal Richelieu wurde 1624 auf ihn aufmerksam. Ihm hat er seine Berufung zum Beichtiger Ludwigs XIII. 1637 zu verdanken. Caussin war ein unbequemer Mahner am Königshof. Gegen Antoine Arnauld verteidigte er die angeblich zu lasche Ethik seines Ordens, kritisierte Richelieus Außenpolitik und versuchte, den König vom Bündnis mit den protestantischen Fürsten Deutschlands abzuhalten. Daher wurde er im Dezember 1638 in die Bretagne nach Quimper verbannt.[4]

---

1 *GA* VI, S. 1–70. Eberhard Mannack erwähnt in seiner Ausgabe von Gryphius' Dramen (*D*) diese Übersetzungsarbeit nicht und erörtert in seinem entstehungsgeschichtlichen Kommentar etwaige Einflüsse Caussins auf Gryphius' poetische Entwicklung nicht.
2 Dazu Barbara Mahlmann-Bauer: Nicolaus Caussinus' Affekttheorie im Vergleich mit Descartes' *Traité sur les passions de l'âme*. In: Passion, Affekt und Leidenschaft in der Frühen Neuzeit. Hg. von Johann Anselm Steiger. Wiesbaden 2005, Bd. 1, S. 353–390.
3 Vgl. Marc Fumaroli: L'âge de l'éloquence. Paris 1983, S. 361f.
4 Vgl. Bibliothèque de la Compagnie de Jésus. Hg. von Augustin de Backer und Carlos Sommervogel. Brüssel 1891, Bd. II, Kap. 902–927; Jean-Marie Valentin: Le Théâtre des Jésuites dans les pays de langue allemande. Répertoire bibliographique. 2 Bde. Stuttgart 1983, Bd. 2, S. 1036; Camille de Rochemonteix: Nicolas Caussin, confesseur de Louis XIII et le Cardinal de Richelieu. Paris 1911.

Die Beredsamkeit charakterisiert Caussin als »flumen mentis, quod profecto sine istis numerorum vinculis fluit liberiùs, & quo minus habet affectatæ industriæ, mouet efficaciùs«.[5] Auf dem Titelkupfer zu den *Tragoediae sacrae* (Abb. 3) ist ein Strom zu sehen, der sich aus einer Öffnung unterhalb des Sockels ergießt, auf dem Chronos-Saturn seine Sense schwingt und Fortuna mit einem Segel in der Hand sich auf einem Ball fortzubewegen scheint. Der Strom reißt unter dem Diktat von Chronos und Fortuna die Insignien weltlicher Macht mit sich fort: drei Kronen, eine Mitra und einige Szepter. Der Redestrom des Dramatikers, welcher Leiden und Triumph christlicher Märtyrer darstellt, steht in Beziehung zum Fluß der Zeit, dem Sinnbild menschlicher und weltlicher Unbeständigkeit, dem die Symbole weltlicher Macht zum Opfer fallen. Der Strom der pathetischen Rede darf nicht zügellos sein, sondern majestätisch, würdevoll und vielseitig. Daher speist er sich aus verschiedensten Quellen der griechischen und lateinischen Beredsamkeit von den Vorsokratikern bis zu Dionysios Areopagita. Gryphius' Regieanweisungen zur ersten Abhandlung der *Catharina von Georgien* erinnern an die Darstellung auf dem Kupferstich der *Tragoediae sacrae* Caussins.

Die *Tragoediae sacrae* erschienen erstmals in Paris 1620. *Felicitas* ist die dritte von fünf *tragoediae sacrae*. Sie behandeln durchweg religiös-politische Themen: *Solyma* den Untergang des Zedekias und die Zerstörung Jerusalems, *Nabuchodonosor* den Hochmut und Fall Nebukadnezars auf der Grundlage des Buchs Daniel, *Theodoricus* die Hinrichtung des Boethius und des Symmachus und *Hermenigildus* die Geschichte eines Märtyrers, der das christliche Dogma gegen die Arianer verteidigt und im Kerker umgebracht wird.[6] Protagonisten in drei dieser *tragoediae sacrae* sind Könige oder Adelige, die wegen ihres christlichen Bekenntnisses das Martyrium erleiden. Aufführungen der fünf Tragödien sind in Augsburg 1623 und 1626, Köln 1629 und 1649, Freiburg im Breisgau 1628, Koblenz 1633, Burghausen 1653 und Hall in Tirol 1657 bezeugt.[7] Die *Felicitas* kam 1648 und 1669 in Klagenfurt, 1654 in Freiburg im Breisgau, 1688 in einer Bearbeitung von Franciscus Lang in München, 1745 in Münstereifel, 1749 in Münster, 1765 in Trier, 1767 in Jülich und 1771 in Aachen auf die Schulbühne, in den letzten dreißig Jahren des Jesuitenordens auch in deutscher Sprache.[8]

Gryphius lernte in Caussins Märtyrerdramen den Typus des stolz leidenden Königs oder Adeligen kennen, der um der Gerechtigkeit oder des Glaubens willen hin-

---

5 TRAGŒDIÆ SACRÆ AVTHORE P. NICOLAO CAVSSINO Trecensi Societatis IESV Presbytero. Olim ab eo Editæ. Parisijs. Apud Sebastianum Chappelet via Iacobæa Sub signo Rosarij 1620, S. 314; dazu Fumaroli (Anm. 3), S. 285.
6 Vgl. Jean-Marie Valentin: Le drame de martyr européen et le »Trauerspiel« (2004) [512], S. 430–434.
7 Vgl. ebd., S. 430.
8 Vgl. Valentin (Anm. 4), Bd. 2, Register, S. 984 s.v. ›Felicitas‹.

Abb. 3

gerichtet wird. Catharina stirbt indes nicht nur als christliche Bekennerin, sondern die Königin Georgiens ist politische Gegenspielerin des mächtigen persischen Chach und muß sich gleichzeitig gegen die »Reussen« behaupten. Papinian ist Mitglied des Kaiserhauses und potentieller Thronerbe. Vorbildlich war für Gryphius wie für Caussin der Typus des Glaubenszeugen, der seinen Glauben mit einer politischen Mission verbindet, aber diese im Verlauf der dramatischen *actio* für minderrangig im Vergleich zur Aussicht auf himmlischen Lohn erkennt. Ruhm, Macht und irdische Güter dünken den christlichen Bekenner *sub specie aeternitatis* eitel und nur von vorübergehendem Wert.

Wann Gryphius sich mit Caussins lateinischem Drama beschäftigte, entzieht sich unserer Kenntnis. Der Zeitraum von 1634 bis 1657 kommt in Frage. Der *terminus post quem* erklärt sich aufgrund eines Autographs. Das Exemplar der *Tragoediae sacrae* im Kölner Druck von 1621, das sich in der Universitätsbibliothek Breslau befindet, enthält von Gryphius' Hand eine Notiz: »Andreæ Gryphii Musis sacer A. 1634«.[9]

Gryphius nahm seine Übersetzung in die erste Breslauer Werkausgabe 1657 (*DG*) auf. Darin sind nach dem *Felicitas*-Text *Leo Armenius*, *Catharina von Georgien* und *Carolus Stuardus* (erste Fassung) abgedruckt. Auch in die vermehrte Ausgabe von 1663 (*FT*) wurde die *Felicitas*-Übersetzung aufgenommen.[10] Ein Nachdruck in der von Christian Gryphius 1698 veranstalteten Ausgabe von Gryphius' *Teutschen Gedichten* (*TG*) bietet keine neuen Lesarten. In der Widmung des *Papinianus* an die Senatoren der Stadt Breslau dankt Gryphius für die Schulaufführungen des *Leo Armenius*, der *Catharina* und *Felicitas* in dieser Stadt.[11] Von einer Aufführung im Gymnasium Elisabethanum 1658 zeugt ein Szenar mit Inhaltsangaben: »Beständige Mutter Oder Die Heylige FELICITAS, Auß dem Lateinischen Nicolai Causini Von ANDREA GRYPHIO übersetztes Trauer-Spiel / Durch die Studierende Jugend zu St. Elisabet in Breßlaw vorgestellet. ANNO 1658. Druckts Gottfried Gründer / Baumannischer Factor.«[12] Im gleichen Jahr wurde die *Felicitas* noch sechsmal auf die Bühne des Elisabeth-Gymnasiums gebracht.[13]

---

9 Vgl. *GA* VI, S. VIII, sowie Ulrich Seelbach und Martin Bircher: Autographen von Andreas Gryphius (1994) [184], S. 118f.
10 Vgl. *GA* VI, S. VIII. Powell verzeichnet die Varianten dieser Ausgabe im kritischen Apparat.
11 Vgl. *Pap.*, fol.)(3ᵛ. Dazu *D*, S. 1023; *GA* VI, S. IX; Marian Szyrocki: Der junge Gryphius (1959) [134], S. 166; Andreas Gryphius: Lateinische und deutsche Jugenddichtungen (1938) [1], S. 253.
12 Vgl. Konrad Gajek: Das Breslauer Schultheater im 17. und 18. Jahrhundert. Einladungsschriften zu den Schulactus und Szenare zu den Aufführungen ›förmlicher Comödien‹ an den protestantischen Gymnasien. Mit einem Nachwort. Tübingen 1994, S. 217–220, Zitat S. 217. Zu einer eventuellen Aufführung 1658 auf dem Liegnitzer Schultheater vgl. ↗ Kap. II.7.3 zu *Verliebtem Gespenste / Gelibter Dornrose*, S. 396f., Anm. 54.
13 Vgl. Gerhard Spellerberg: Szenare zu den Breslauer Aufführungen Gryphischer Trauerspiele (1978) [985], S. 257f.

Quellen

Am 23. November im 2. Jahrhundert, vielleicht im Jahr 162 unter der Herrschaft des Philosophenkaisers Marc Aurel, wurde in Rom die Christin Felicitas neben ihrem Sohn Silanus auf dem Coemeterium des Maximus an der Via Salaria beigesetzt. Ihre sieben Söhne sollen nach der Legende am 10. und 11. Juli getötet worden sein. Ihr standhaftes Leiden als christliche Bekenner wurde von Petrus Chrysologus (ca. 380/400–450), dem Metropolitan Ravennas, aufgezeichnet und das Martyrium auf das Jahr 175 datiert.[14] Während Caussin aus der Felicitas-Predigt des Chrysologus zitiert, nennt Gryphius außer dem 134. Sermon des Petrus Chrysologus noch Gregor den Großen. Dessen Predigt zu Mt 12,46–50 am Tag der Heiligen Felicitas faßt die Leidensgeschichte wie einen dramatischen Plot zusammen, der die Zuschauer zu Mitleid ebenso wie zur Bewunderung rühren konnte, den beiden Affekten, die nach Gregor die Voraussetzung für die *imitatio Christi* waren. Den Konflikt zwischen Mutterliebe und *amor coelestis* löste Felicitas, indem sie zwischen ›fleischlicher‹ und ›spiritueller‹ Liebe zur himmlischen Heimat unterschied und ihre Kinder mit Blick auf diesen kollektiven Zufluchtsort zur Überwindung ihrer Todesangst ermunterte.[15]

Eine dritte Quelle wird weder von Caussin noch von Gryphius erwähnt, ist aber mitzubedenken: die Schilderung in 2 Makk 7,1–42, wie eine jüdische Mutter mit ihren sieben Söhnen grausam gefoltert und dem König Antiochus IV. vorgeführt wird, weil sie sich weigert, gegen die jüdischen Gesetze zu verstoßen und Schweinefleisch zu essen. Die Gesetzestreue bedingt den politischen Ungehorsam, welcher König Antiochus erzürnt. Der Kompilator lobt die Selbstüberwindung der Mutter, einer schwachen Frau, da sie nach der Ermordung von fünf Söhnen die verbleibenden beiden tröstete und ihnen Mut zusprach (2 Makk 7,20–23); andererseits schildert er

---

14 Vgl. Martyrologium Romanum, ex decreto S. Oecumenici Concilii Vaticani II. instauratum auctoritate Ioannis Pauli PP II. promulgatum. Città del Vaticano 2001, S. 603; Maria Barbara von Stritzky: (Art.) Felicitas. In: Lexikon für Theologie und Kirche. Bd. 3. Freiburg i.Br. ³1995, Sp. 1216; Marianne Pierkarski: (Art.) Petrus Chrysologus. In: Lexikon für Theologie und Kirche. Bd. 8. Freiburg i.Br. ³1999, Sp. 117; Lexikon der Namen und Heiligen. Hg. von Otto Wimmer und Hartmann Melzer, neu bearbeitet von Josef Gelmi. Hamburg 1988, S. 275.
15 Vgl. DIVI GREGORII PApæ huius nominis primi, cognomento Magni, omnia quæ extant, opera, nunc iterum accuratiore diligentia à mendis multis repurgata. Quorum omnium elenchum in calce vitæ ipsius authoris habes. *Cum indice duplici, altero rerum & verborum: altero locorum sacræ scripturæ explicatorum.* Accessit insigne corollarium è Cartusia Parisiensi. *PARISIIS, Apud Audoënum Paruum, sub insigni floris lilij, via ad Diuum Iacobum. M. D. L. I.*, »LIBER. XL. HOMILIARVM BEATI GREgorij papæ«, fol. 99ʳ: »Actúmque est vt cruciatum martyrij nolendo voluisset [...]. Amauit ergo juxta carnem Felicitas filios suos: sed pro amore cœlestis patriæ mori etiam coram se voluit, quos amauit.« Die vierte Szene in der fünften Abhandlung demonstriert, wie sehr sich Gryphius an die Deutung Gregors des Großen gehalten hat.

Antiochus als tollen, rasenden Wüterich, den die unbeirrbare Ausrichtung der Juden auf Gottes Verheißung kränkte (2 Makk 7,38f.). Das Martyrium der Heiligen Felicitas fand auch Eingang in die protestantische Sammlung von Blutzeugen für den christlichen Glauben, die der Straßburger Münsterprediger und spätere Ulmer Superintendent Ludwig Rabus 1554 veranstaltete.[16]

Inhalt und Deutungsvorschläge

Eine dramatische Entwicklung findet in Gryphius' Übersetzung von Caussins *tragoedia sacra* im Leidensprozeß der Felicitas und ihrer Söhne nicht statt; die Fronten zwischen Heiden und Christen sind klar geschieden und ändern sich nicht. Nur kommentieren sie den grausigen Verlauf der Ereignisse, den sie willentlich herbeigeführt haben, mit schwankenden Gefühlen. Ihr Schwanken zwischen Anteilnahme und fanatischer Wut nimmt den Rezipienten mehr für sie ein, als wenn sie nur Träger einer Idee wären. Weder Felicitas noch Marc Aurel haben Schmerzen, Empörung und Entsetzen vollständig unter ihrer Kontrolle. Die Söhne verbergen nur erfolgreich ihre Angst, welche der Mutter gleichwohl bekannt ist, wie sie in Szene V,4 hervorhebt. Die Weigerung der Felicitas, Jupiter anzuerkennen, erzürnt den Priester, den Präfekten Publius und ihren heidnischen Liebhaber in der ersten Abhandlung. Sie bedrängen Kaiser Marc Aurel, die Gefangene mit ihren Söhnen zu töten. Marc Aurel nähert sich in der zweiten Abhandlung der schönen Adeligen; sie konfrontiert den Kaiser dagegen mit einem Religionsgespräch, in dem sie den Gekreuzigten zugleich als Schöpfer und allmächtigen Herrscher preist und Gott über den Kaiser stellt. Marc Aurel argwöhnt, hinter ihrer aufrührerischen Rede und der Weigerung, sich zu vermählen und die Götter zu verehren, stecke eine Rotte von Verschwörern. Felicitas fürchtet, daß ihre Söhne den Verführungen des Kaisers nicht standhalten und die Mutter in ihrem Widerstand alleinlassen könnten. Aber Alexander, Vitalis, Felix und Martial, danach Januarius, Philippus und Sylvanus wetteifern um die Ehre, das Martyrium zu erleiden, und schleudern Marc Aurel, der sie für wahnsinnig und verstockt hält, übermütig Kränkungen entgegen. Durch Marc

---

[16] Historien Der Heyligen Außerwölten Gottes Zeügen / Bekennern vnd Martyrern / so in Angehender ersten Kirchen / Altes vnd Neüwes Testament / zuo jeder zeyt gewesen seind. Auß H. Göttlicher / vnd der Alten Lehrer Glaubwürdigen Schrifften / Zuo gemeyner Auffbauwung vnnd Besserung der Angefochtenen Kirchen Teütscher Nation / warhafftig beschryben / Durch Ludouicum Rabum / von Memmingen / der H. Schrifft Doctorn / vnd Prediger der Kirchen zuo Straßburg. Der Erste Theyl. Getruckt zuo Straßburg / durch Samuel Emmel. M. D. LIIII., fol. xcv^r–xcv^v (»Foelicitas / sampt jren syben Sönen«). Es werden die Namen der Söhne der »Ersame[n] Frauw« und ihre Todesarten aufgezählt, zuletzt wird das einzigartig grausame Schicksal der Mutter hervorgehoben. Zu protestantischen Martyrologien und zu Rabus' Wirkungsgeschichte vgl. Ferdinand van Ingen: Die schlesische Märtyrertragödie im Kontext zeitgenössischer Vorbildliteratur (1999) [591].

Aurels Angebote, sie an den Kaiserhof zu ziehen, werden Felicitas' Söhne noch in ihrem Todesmut bestärkt. Felicitas beschwört sie, dieser Tod sei kein Untergang, sondern »des Himmels Thüre« (*Fel.* V,373). Im Zwiegespräch mit dem letzten überlebenden Sohn sucht sie ein neues Verständnis ihrer Mutterschaft: Martial sei nicht ihr Eigentum, sondern sie hat ihn dazu erzogen, sich Gott zu weihen, und dafür schulde er ihr Dank – »[w]eil Leichen itzt zu Gott zu Sprossen mir gedeyen« (*Fel.* V,487). Verstand und Gefühl befinden sich aber im Widerstreit. Sie kann »vor Angst die Augen kaum erheben« (*Fel.* V,500); die Mutterliebe brenne ihr in den Gliedern, der Geist scheint ausgelöscht zu sein vor Sehnsucht nach ihren Söhnen. Da erscheint »[d]er Geist Januarii aus der Wolcken« (*Fel.* V, nach 508) und spricht ihr Trost zu. Marc Aurel behält das letzte Wort mit einer Gewaltphantasie, welche Folterqualen Felicitas vor ihrem Tod noch erleiden solle.

In der Forschung kursieren mehrere Hypothesen, wieso der lutherische Pfarrerssohn Andreas Gryphius Nicolas Caussins gegenreformatorische *tragoedia sacra* übersetzt hat:

1. Die Übersetzung als Sprachübung eines Anfängers: Gryphius habe 1634 den Ausdrucksreichtum der deutschen Sprache testen wollen, indem er die humanistische *tragoedia sacra* übersetzte. »Ihn lockt es, die eigenartig unreale und doch höchst realistisch in dichterische Bilder gefaßte Welt des Jesuitendramas in seiner Muttersprache nachzubilden.«[17] Caussins *Tragoediae sacrae* sind nicht im asianischen Stil komponiert, sondern folgen der zeitgenössischen Mode, den Stil Senecas und Lucans zu imitieren. Caussin hielt sich mit *epitheta ornantia* zurück und neigte zur *brevitas* bei der Schilderung von Emotionen. Gryphius sei dem Wortlaut treu geblieben und habe sich um eine exakte Wiedergabe bemüht, oft durch Verwendung synonymischer Doppelformeln, nur bei der Steigerung der geschilderten Folterszenen zeige er erstmals Eigenständigkeit.[18] Wentzlaff-Eggebert sieht den *Felicitas*-Übersetzer noch nahe bei seinen lateinischen Bibelepen *Herodes* und *Olivetum* und folgt Karl Otto Conradys Beobachtung, daß sich Gryphius ebenso wie seine älteren Zeitgenossen in seinen lateinischen Dichtungen und bei der Erarbeitung seines typischen deutschen Stils durch Übersetzungen eher an der silbernen Latinität orientiert, sich aber in eigenen lyrischen Versuchen stärker als Opitz von der bewunderten lateinischen Tradition gelöst habe.[19]

---

17 Friedrich-Wilhelm Wentzlaff-Eggebert: Dichtung und Sprache des jungen Gryphius (²1966) [958], S. 51.
18 Vgl. ebd., S. 52–60. Conrad Wiedemann schließt sich der frühen Datierung an, wenn er schreibt, Gryphius habe im Danziger Gymnasium die Werke der Jesuiten Caussin, Balde und Sarbiewski kennengelernt. Conrad Wiedemann: Andreas Gryphius (1984) [137], S. 435–472.
19 Wentzlaff-Eggebert (Anm. 17), S. 139–141; Karl Otto Conrady: Die Intensivierung rhetorischer Formungen bei Andreas Gryphius (1962) [210].

2. Die *Felicitas*-Übersetzung als Vorbereitung für eigene Märtyrerdramen: Gryphius war nach Vollendung seiner *peregrinatio academica*, die ihn mit nationalsprachlichen Dichtungen in Leiden, Paris und Rom in Berührung brachte, 1646 auf der Höhe seines stilistischen Könnens, wovon Sprache und Stil seiner Übersetzung zeugen.[20] Die Übersetzung war nach Powells Ansicht eine Vorübung für die Komposition eines modernen Märtyrerdramas, der *Catharina von Georgien*, die mit *Felicitas* in einem Band erschienen ist. »Der Vorgang des Übersetzens zwang zur Auseinandersetzung mit Sprache und Stil der Vorlage und zur Besinnung über die Ausdrucksmöglichkeiten der eigenen Sprache« (*GA* VI, S. VII). Übungen dieser Art hatte Opitz empfohlen.[21] Zwar wissen wir nicht, wann Gryphius mit der Übersetzung begonnen hat. Henri Plard hält es aber für wahrscheinlich, daß er sie vor der Drucklegung und der Aufführung noch bearbeiten konnte. Daß er die Anmerkungen erst später hinzugefügt hat, wird daraus ersichtlich, daß er die *Abbilder Romae nouissimae* im Druck von 1659 erwähnt.[22] Plard behauptet, Gryphius habe hier »mehr als in seinen anderen Übersetzungen [...] seine Eigenart gegen eine Vorlage [behauptet], die ihm im Grunde nicht gemäß war«. Mit Bedacht habe er gerade die Tragödie gewählt, die »vor Greueldarstellungen strotzt«. Das »elegant-kühle[] Humanistenlatein« nach dem Vorbild Senecas habe Gryphius zu Erweiterungen provoziert. Seine *Felicitas* erscheint in einem barockisierten Gewand, was Plard an den Pathos erzeugenden Figuren der *exaggeratio*, *evidentia*, rhetorischen Fragen, *exclamationes* und Anaphern demonstriert.[23] An Caussins Theologie des Martyriums mit ihrer Leitidee der Nachfolge Christi, der Bewährung im Glauben, Aussicht auf himmlischen Lohn, aber ohne Engel, Teufel und himmlische Mächte hatte Gryphius offensichtlich nichts auszusetzen. Dafür haben Powell, Wentzlaff-Eggebert und Plard keine Erklärung, glauben sie doch, er sei eben vorwiegend an der sprachlich-stilistischen Herausforderung interessiert gewesen.

3. *Felicitas* und der Zyklus der deutschsprachigen Tragödien: Die Übersetzung der traditionellen Märtyrertragödie *Felicitas* diente nach Heinz-Werner Radtkes Auffassung dem schlesischen Dichter als Sprungbrett für seine fünf Tragödien, die im Vergleich mit den Jesuitentragödien nur mit Vorbehalt als Märtyrertragödien bezeichnet werden können. Eher sind sie als Repliken auf das jesuitische Modell anzusehen, das mit einfachen, bildkräftigen Gegensätzen arbeitete, und nehmen den

---

20 Vgl. *GA* VI, S. VII; Henri Plard: Beständige Mutter (1968) [527].
21 Vgl. MARTINI OPITII Buch von der Deutschen Poeterey. Jn welchem alle jhre eigenschafft vnd zuegehör gründtlich erzehlet / vnd mit exempeln außgeführet wird. Gedruckt in der Fürstlichen Stadt Brieg / bey Augustino Gründern. Jn Verlegung David Müllers Buchhändlers in Breßlaw. 1624, fol. Ciij^v und K^r.
22 Vgl. Plard (Anm. 20), S. 322f.
23 Ebd., S. 358.

Wettstreit mit ihm auf poetologischem Gebiet auf. Zum Traditionsbestand gehört der Gedanke von Verdienst, Lohn und himmlischer Strafe, mithin die Vorstellung, daß die »Marter-Cron« nur dem als Lohn winke, der seinen Christusglauben offensiv bekennt und dafür das Risiko der Verfolgung und Folterung auf sich nimmt. Gattungskonstitutiv ist darüber hinaus, daß die Christenverfolger ihre Grausamkeit und Selbstgerechtigkeit erst zu spät bereuen, wenn das Publikum sie im Höllenfeuer wehklagen hört. Die *Felicitas* sei noch uninteressant im Hinblick auf den Paradigmenwechsel, der mit Gryphius' konfessionell bedingter Abwehr des jesuitischen Modells zu tun habe. Die Protagonisten in den fünf Trauerspielen haben sich in ihrem Lebenskampf schuldig gemacht, bewähren sich aber in ihrem Glauben.[24] Einen stilistischen, dramaturgischen und dogmatischen Vergleich zwischen Gryphius' *Felicitas*-Übersetzung und dem Fünferzyklus seiner deutschen Trauerspiele bleibt Heinz-Werner Radtke allerdings schuldig.

4. Die *Felicitas*-Übersetzung und Corneilles *Polyeucte martyr*: In der Datierungsfrage führt allein eine intertextuelle Analyse weiter, die Gryphius' Belesenheit in den westlichen Nationalliteraturen ernst nimmt und mit dem Ehrgeiz des Dichters rechnet, namhafte französische Dichter auf dem Gebiet der Tragödienpoetik zu übertreffen und eine Gattung, die in Frankreich ihren Höhepunkt Mitte der vierziger Jahre überschritten hatte, auf ihre Eignung für die poetische Vermittlung protestantischer Glaubenslehren zu prüfen. Gryphius übte in der Vorrede zu *Leo Armenius* Kritik an einem ungenannten modernen Dramatiker, der in seine Märtyrertragödie, abweichend von seiner historischen Quelle, eine Liebeshandlung eingeführt habe, die größere Aufmerksamkeit beanspruche als die altkirchliche Märtyrerhandlung.[25] Gemeint ist Pierre Corneilles (1606–1684) *Polyeucte martyr*, den Gryphius während seines Aufenthalts in Paris 1644/45 gesehen oder gelesen haben könnte. Corneilles Tragödie wurde im Dezember 1642 erstmals aufgeführt und erschien im Oktober 1643 im Druck.[26]

Corneilles Quelle ist Simeon Metaphrastes, den Laurentius Surius im ersten Band seiner *Historiae probatae sanctorum* (1570) unter dem Datum des 9. Januar

---

24 Vgl. Heinz-Werner Radtke: Vom neuen, gerechten, freien Menschen (2011) [484], S. 20–22, 260–262 und 263–269.
25 »Die jenigen welche in diese Ketzerey gerathen / als könte kein Trauerspiel sonder Liebe und Bulerey vollkommen seyn: werden hierbey erinnert / daß wir diese / den Alten unbekandte Meinung noch nicht zu glauben gesonnen / und desselben Werck schlechten Ruhms würdig achten / welcher unlängst einen heiligen Märterer zu dem Kampff geführet / und demselben wider den Grund der Warheit eine Ehefrau zugeordnet / welche schier mehr mit ihrem Bulen / als der Gefangene mit dem Richter zu thun findet / und durch Mitwürckung ihres Vatern eher Braut als Wittbe wird« (*Leo*, fol. Aiij').
26 Vgl. Jean Calvet: Polyeucte de Corneille. Etude et analyse. Paris 1966, S. 294–296; Alain Niderst: Pierre Corneille. Théâtre complet. Tome II, Vol. 1. Rouen 1985, Introduction, S. 25f.

ausgewertet hat.[27] Die Geschichte spielt in Melitene (Armenien) unter Kaiser Decius um 250. Felix, bei Corneille Statthalter Armeniens, hat seine Tochter Pauline dem armenischen Adligen Polyeucte zur Frau gegeben. Dieser läßt sich unter dem Eindruck einer Traumvision zum Christentum bekehren. Felix hat den Auftrag, das Edikt des Kaisers gegen die Christen durchzusetzen. Polyeucte zertrümmert die Götzenbilder und erzürnt seinen Schwiegervater. In der Gefangenschaft widersetzt er sich dessen Drohungen und läßt sich auch von Paulines Tränen nicht zur Rückkehr zu den römischen Götterkulten bewegen. Corneille hat, als Ergänzung zu Polyeuctes Christusvision, einen Traum Paulines hinzuerfunden, ihr einen Liebhaber beigesellt, den armen Sévère, der von ihr auf Wunsch des Vaters zugunsten des reichen Polyeucte abgewiesen wurde, und den Taufakt Polyeuctes auf die Bühne gebracht. Sévère, Günstling des Kaisers Decius und erfolgreicher Militärführer, wird Zeuge, wie sich Polyeucte nach seiner Bekehrung und Taufe seiner Gemahlin entfremdet hat. Corneille mildert den Entschluß Polyeuctes zur Christusnachfolge, indem er Sévère im rechten Augenblick auftreten läßt, so daß ihm Polyeucte sogleich seine Gemahlin anvertrauen kann.[28] Mit Rücksicht auf das Ehegelöbnis Paulines verzichtet Sévère schweren Herzens, aber mit nobler Geste auf seine Ansprüche. Natürlich mißbilligt er die von Opportunismus und Ehrgeiz motivierte Hartherzigkeit des Statthalters, kann aber die Hinrichtung Polyeuctes ebensowenig wie Pauline verhindern.[29] Die Standhaftigkeit und der Enthusiasmus Polyeuctes bewegen auch Felix und Pauline zur Umkehr; in einer wunderbaren Wendung, durch Einwirken der Gnade, vollziehen auch sie den Schritt zum Christentum. Corneille rechtfertigt die Vermischung der Historie mit eigenen Erfindungen wirkungsästhetisch. Er glaubt sich zu seinen Lizenzen berechtigt mit Rücksicht auf die Erfordernisse der Bühnenkunst und die Erwartungen des Publikums, solange die Wahrheit dadurch nicht verfälscht werde.[30]

---

27 Vgl. POLYEUCTE MARTYR. TRAGEDIE. A PARIS, Chez ANTOINE DE SOMMAVILLE, en la Gallerie des Merciers, à l'Escu de France. & AVGVSTIN COVRBÉ, en la mesme Gallerie, à la Palme. Au Palais. M. DC. XLIII. *AVEC PRIVILEGE DV ROY*, »ABREGÉ DV MARTYRE DE S. POLYEVCTE ESCRIT PAR SIMEON METAphraste, & rapporté par Surius«, fol. éij^r–éiiij^r; Niderst (Anm. 26), S. 26; DE PROBATIS SANCTORVM HISTORIIS, PARTIM EX TOMIS ALOYSII LIPOMANI, DOCTISSIMI EPISCOPI, PARTIM ETIAM EX EGREGIIS MANVSCRIPTIS CODIcibus, quarum permultæ antehàc nunquàm in lucem prodière, nunc recèns optima fide collectis per F. LAVRENTIVM SVRIVM CARTHVSIANVM. TOMVS PRIMVS, COMPLECTENS SANCTOS MENSIVM IANVARII ET FEBRVARII. COLONIAE AGRIPPINAE. *Apud Geruinum Calenium & hæredes Quentelios Anno M. D. LXX.* Cum priuilegio PII V. Pontificis Maximi, & CAESAREAE Maiestatis in decennium, S. 188–192.
28 Vgl. Corneille (Anm. 27), Akt IV, Szene 5.
29 Vgl. ebd., IV,6.
30 Vgl. ebd., »ABREGÉ DV MARTYRE DE S. POLYEVCTE ESCRIT PAR SIMEON METAphraste, & rapporté par Surius«, fol. éij^r–éij^v und éiiij^v–éiiij^r.

Gryphius interpretierte den Schluß des *Polyeucte martyr* als eine ganz und gar unhistorische Versöhnung zwischen der »Wittbe«, ihrem Vater und dem verschmähten, aber einsichtsvollen humanen Liebhaber, dem Pauline endlich als »Braut« zufallen darf.[31] Dem modernen Votum Corneilles für Toleranz aus zartfühlender Liebe setzt Gryphius die Begierde des Chach Abas entgegen, die ihn zur Rache an Catharina treibt, nur weil sie ihrem Glauben treu bleibt und an der Autonomie Georgiens festhält, eine verderbenbringende Leidenschaft, welche die Vernunft des Herrschers außer Kraft setzt. Während der erfundene Liebhaber Sévère mit seinem Plädoyer für Toleranz und der Infragestellung des absoluten Anspruchs des Herrschers, die Religion seiner Untertanen zu bestimmen, in die Moderne weist, in der Märtyrer nicht mehr nötig seien, inszeniert Gryphius nach seiner *Felicitas* einen politischen Freiheitskampf, in welchem der Religionswechsel aus politischem Kalkül oder Zwang geboten erschien, als moderne Märtyrertragödie. Mindestens ebenso wichtig wie Catharinas Glaubenstreue ist ihr Beharren auf der Unabhängigkeit Georgiens; vor allem deswegen schlägt sie das Angebot aus, an der Seite eines Tyrannen über ein Großreich zu herrschen (*Cath.* IV,35–51).

Dazwischen steht die *Felicitas*-Übersetzung, eine Tragödie, in deren Personal Caussin auf seiten des heidnischen Kaisers den verschmähten Liebhaber Apollo einführt, den die Kränkung der siebenfachen Mutter zu kaum überbietbaren Gewaltphantasien beflügelt. Nicht nur *Leo Armenius* und *Catharina von Georgien* können als unterschiedlich akzentuierte Antworten auf Corneilles *Polyeucte martyr* gelten, sondern auch seine *Felicitas*-Übersetzung. Gryphius fand bei Caussin, wahrscheinlich schon in der nur in seiner deutschen Übersetzung genannten Homilie Gregors des Großen, den Antagonismus zwischen irdisch-körperlicher Liebe, die mit unbeherrschbaren Leidenschaften einhergeht, besonders wenn die Erfüllung aufgeschoben wird, und der nachhaltigeren spirituellen Liebe zu Gott, die entsagungsvolle Opfer fordert, aber die Mutter mit ihren Söhnen vereint.

Thomas Borgstedt,[32] Florent Gabaude[33] und Jean-Marie Valentin[34] heben hervor, daß Gryphius' indirekte Kritik an Corneilles *Polyeucte martyr* poetologisch motiviert sei. Während Borgstedt und Gabaude die Entstehung der *Felicitas*-Übersetzung nicht mit der Corneille-Kritik in Zusammenhang bringen, stellt Valentin einen solchen ausdrücklich her. Schon Caussin habe sich 1620 mit seinem Gattungsmodell der *tragoedia sacra* beim höfischen Publikum in der Defensive befunden. Es wollte auf der Bühne Liebeshandlungen sehen, Erbauliches bevorzugte es im Sakralraum oder bei stiller Lektüre. Die ältere Opposition in Frankreich zwischen Caussin, der die Beständigkeit einer adeligen Mutter in ihrem Glauben im Widerstreit mit dem

---

31 Vgl. oben Anm. 25 das Zitat aus der Vorrede zum *Leo Armenius*.
32 Thomas Borgstedt: Angst, Irrtum und Reue in der Märtyrertragödie (1999) [574], S. 571f.
33 Florent Gabaude: Andreas Gryphius, lecteur critique du premier Pierre Corneille (2007) [892].
34 Valentin (Anm. 6), S. 421–460.

heidnischen Herrscher inszeniert, und den Vertretern eines modernen, zeitgemäßen höfisch-sentimentalen Theaters entsprach nach Valentin der zwischen Gryphius, dem Übersetzer Caussins und Verfasser der *Catharina von Georgien*, und dem berühmten Hofdichter Pierre Corneille.[35] Gryphius nahm Anstoß am Gewicht, das die sentimentalische Liebeshandlung in Corneilles *Polyeucte* im Verhältnis zur Märtyrerproblematik erhielt, weil die Romanze nicht auf der Höhe des sakralen Sujets war. Auf der Suche nach einem Stoff, der die Christusnachfolge und den *amor spiritualis* in einen Gegensatz zum sinnlichen Begehren rückt, könnte er auf Caussins *Felicitas* aufmerksam geworden sein und den Plan zur Übersetzung gefaßt haben. Caussins Apollo-Figur bot dem Übersetzer Gelegenheit zur Ausmalung eines psychopathologischen Charakters von ähnlicher Triebstruktur wie Chach Abas. Triebhafte Leidenschaft, deren Erfüllung Felicitas boykottiert, stachelt ihn zu äußerstem Sadismus an und setzt sich über politische sowie moralische Rücksichten hinweg. Von der Charakterzeichnung Apollos lassen sich nicht nur Linien zu Chach Abas, sondern auch zum Thema der gefährlichen sinnlichen Leidenschaft in *Cardenio und Celinde* ziehen. Gryphius fand vielleicht, *Polyeucte martyr* vor Augen, in Caussins *tragoedia sacra* eine überzeugendere Inszenierung einer von Liebesleidenschaft motivierten Nebenhandlung: Apollo ist eifersüchtig auf den Himmelsbräutigam und will deswegen Felicitas töten, während Sévère viel zu vernünftig ist, um in Polyeucte einen Rivalen zu sehen. Als *terminus post quem* für die *Felicitas*-Übersetzung erscheint demnach 1643 nicht unwahrscheinlich.

    5. Der Kontext der Gegenreformation in Schlesien: Die Aktivitäten der Jesuiten in Breslau boten Gryphius möglicherweise einen Anlaß, Caussins *Felicitas* von Schülern des Elisabethanums in deutscher Übersetzung aufführen zu lassen. Die Gründungen der Jesuitengymnasien in Breslau, Brieg und Liegnitz in der ersten Hälfte des 17. Jahrhunderts waren Bestandteil kaiserlicher Religionspolitik. Mit der Aufführung der deutschen *Felicitas* und zweier eigener Dramen von Gryphius wollten die Leiter des Elisabethanums den Jesuiten vielleicht demonstrieren, daß das protestantische Schultheater in Breslau eine viel längere Tradition hatte.[36]

---

35 Ebd., S. 433.
36 Vgl. Klaus Garber: Das alte Breslau. Köln 2014, Kap. 8; auf S. 541 dort die ältere Literatur. Gerhard Spellerberg: Das schlesische Barockdrama und das Breslauer Schultheater. In: Die Welt des Daniel Casper von Lohenstein. Hg. von Peter Kleinschmidt, Gerhard Spellerberg und Hanns-Dietrich Schmidt. Köln 1978, S. 58–69; Max Hippe: Aus dem Tagebuch eines Breslauer Schulmannes (1902) [152]; Johann Caspar Arletius: Historischer Entwurf von den Verdiensten der Evangelischen Gymnasiorum in Breßlau um die deutsche Schaubühne. In: Sammlung der Jubelschriften, welche bey der Feyer des zweyhundertjährigen Andenken der Stiftung und Einweihung des Elisabetanischen Gymnasii zu Breslau am 29ten Tage des Jänners im Jahre 1762. von Lehrenden und Lernenden, theils vorgetragen, theils verfertiget, auch anderwertsher zugeschickt worden, nebst einer Vorrede Sr. Hochw. des Hrn. Oberconsistorialrath, Prof. und Jnspector Burg und einer kurzgefaßten Ge-

Gryphius' Bereitschaft, sich mit jesuitischer Dichtung kritisch und selbstbewußt auseinanderzusetzen, geht auf die Schulzeit zurück und war gewiß ästhetisch und sprachpatriotisch motiviert. Die Bekanntschaft mit zeitgenössischen Dichtungen römisch-katholischer Autoren und ihrem Theater in Paris und Rom dürfte den schlesischen Dichter zusätzlich zu Experimenten mit dem Modell der Märtyrertragödie angespornt haben. Mußte er in Paris den Eindruck bekommen, daß die *tragoedia sacra* beim höfischen Publikum als ›Auslaufmodell‹ galt, weil es unterhaltsamere amouröse Stoffe zu sehen wünschte, erlebte er in seiner Heimat, wie den Patres durch Initiativen der Habsburger die Wege geebnet wurden.[37] Der Frieden zu Münster und Osnabrück hatte Schlesien keinen Frieden gebracht. Ferdinand III. (1637–1657) führte die Rekatholisierungspolitik weiter. Einzig Breslau, Liegnitz-Brieg-Wohlau und Münsterberg-Oels erhielten mit Rücksicht auf den protestantischen, den Jesuiten gegenüber traditionell abweisenden Rat das Recht auf lutherische Religionsausübung. Die schwedischen Truppen boten den Protestanten vorübergehend Schutz. Ihrem Einfluß ist der Bau der drei Friedenskirchen außerhalb der Mauern von Schweidnitz, Jauer und Glogau zuzuschreiben. Nach dem Rückzug der Schweden 1650 wurde das Kirchenvermögen eingezogen, evangelische Gottesdienste und Unterricht wurden verweigert. Wer sich widersetzte, wurde inhaftiert. Allein Breslau, Brieg, Wohlau und Oels behielten ihre evangelischen Kirchen, ansonsten wurden die Gotteshäuser rekatholisiert, Prediger vertrieben und die Bevölkerung zur Konversion gezwungen. 1653/54 wurden 656 Kirchen »reduziert«, d.h. katholisiert, und 500 evangelische Pfarrer ausgewiesen; 1666 folgten die Lehrer. Der katholisch-habsburgische Reichsadel nahm mit Unterstützung des Kaisers Einfluß auf die katholische Konfessionspolitik in Schlesien. Die Jesuiten übernahmen auf Initiative des Kaisers die evangelischen Schulen: 1625 in Glogau, 1627 in Troppau, 1629 in Schweidnitz, Sagan und Hirschberg, 1649 in Deutsch Wartenberg, 1668 in Oppeln, 1670 in Teschen und 1681 in Brieg. Seit 1638 missionierten die Jesuiten in Breslau und betrieben ein Gymnasium, das in den vierziger Jahren erweitert wurde. Die Schülerzahl verdoppelte sich von 1638 bis 1641 auf 200. 1641 wurde erstmals im Gymnasium Theater gespielt. 1642 wurde der *Ägyptische Joseph* aufgeführt. Neben dem Breslauer Gymnasium entstand ein Konvikt für die Priesterausbildung und ein Haus für arme Studenten. Bemühungen des Kaisers, den Jesuiten eine dauerhafte Residenz zu garantieren, wurden vom Breslauer Rat vereitelt. Während der Westfälischen Friedensverhandlungen begehrten die Vertreter Breslaus mit Unterstützung der schwedischen Diplomaten, daß die Jesuiten aus der Stadt entfernt werden sollten. 1648 kam es zu Tumulten, als die kaiserliche Kammer das Kloster St. Dorothea

---

schichte dieses Musensitzes. Breslau, bey Johann Friedrich Korn dem ältern. 1762, S. 37–48. Anzuschließen ist zudem an die Forschung von Konrad Gajek (Anm. 12), vgl. dort das Nachwort.

37 Vgl. Eberhard Mannack: Die »verdeckte Fortsetzung des Dreißigjährigen Krieges« (2003) [816].

den Jesuiten übergeben wollte.[38] Am 26. September 1659 räumte Kaiser Leopold den Jesuiten schließlich die kaiserliche Burg als Residenz ein. Am 12. Oktober 1659 wurde dort – gegen Proteste der protestantischen Bürgerschaft – ein neues Jesuitengymnasium eröffnet.

Unter dem Druck der kaiserlich angeordneten Rekatholisierungsmaßnahmen könnten am Elisabethanum Elias Major (Rektor von 1631 bis 1669) und Christoph Köler (Konrektor von 1634 bis 1658) einen Wettstreit mit den Jesuiten um Stoffe, Themen, theologischen Gehalt und die sprachliche Gestalt entfacht haben. Möglicherweise war die deutsche *Felicitas* eine *captatio benevolentiae* gegenüber der habsburgischen Obrigkeit und ihren Beamten und sollte katholische Besucher anziehen, bevor *Papinian* und *Cardenio und Celinde* 1660 und 1661 aufgeführt wurden.

6. *Felicitas* und *Catharina*: Die *Felicitas*-Übersetzung bot Gryphius die Möglichkeit, eine Figurenkonstellation auszuprobieren, die er in *Catharina von Georgien* rhetorisch ausbaute.[39] Er konnte bei der affektiven Ausstattung der *Catharina von Georgien* Maß am Personal der *Felicitas* Caussins nehmen. Das spätere Märtyrerdrama mit einer Heldin aus der zeitgenössischen Geschichte – einem Streit um die Vorherrschaft zwischen Rußland und Persien auf Kosten von Georgien – zeigt ebenfalls:

- die unbeirrbare Dulderin auf der Bühne,
- Beamte, die dem Herrscher zum grausamen Vorgehen raten,
- einen gekränkten, von Liebesglut, Wut und Rachegelüsten getriebenen Liebhaber, dessen Wutphantasien durch die Zurückweisung der frommen Frau motiviert sind,
- einen wankelmütigen Machthaber, der auf seinen Priester und seinen Präfekten hört.

Zudem macht Gryphius deutlich, daß die persischen *nobiles* ein gänzlich anderes, rein diesseitiges Verständnis von Herrschaft, Macht- und Prachtentfaltung haben, im Unterschied zu den christlichen Georgiern, weswegen es dem Chach an Verständnis für die feinere Werteordnung Catharinas fehlt, die höhere Güter als irdische Liebe, Luxus und Herrschbegierde kennt – beispielsweise Mutterliebe, die sich regt, als sie in der dritten Abhandlung vom reußischen Gesandten die Freilassung des Prinzen Tamaras erfährt. Auch diese unterschiedliche Werteordnung hat in Caussins *Felicitas* ein Vorbild.

Gryphius' Bearbeitung der *tragoedia sacra* offenbart schon die Tendenz, sich von der Schwarz-Weiß-Figurenzeichnung der Jesuitentragödie zu lösen. Ähnlich verfuhr er auch bei der Gestaltung des armenischen Kaisers Leo, der hinsichtlich der

---

38 Vgl. Bernhard Duhr SJ: Zur Geschichte der Jesuiten in den Ländern deutscher Zunge. Bd. 2, 1. Teil. Freiburg i.Br. 1913, S. 353–375, hier S. 374.
39 Vgl. Plard (Anm. 20), S. 320.

illegitimen, gewaltsamen Herrschaftsusurpation mit Michael Balbus auf derselben Stufe steht, während Joseph Simon seinen Leo Armenus ganz und gar negativ gezeichnet und zum barbarischen Bilderstürmer dämonisiert hat.[40] Zwar ist in der deutschen *Felicitas* der Antagonismus zwischen verfolgten Christen und heidnischen Verfolgern klar strukturbildend. Es ist nicht erst aus Januarius' Aufmunterung in der Schlußszene klar, welcher Lohn der leidgeprüften Mutter mit ihren Söhnen in Aussicht steht, denn bereits in der ersten Szene frohlockt Papst Anicetus: »Die wird mit höchstem Ruhm und ewig steter Zir | Das Freuden-volle Schloß der Herrlikeit ersteigen« (*Fel.* I,66f.). Aber schon Caussin hat in der *Felicitas* und in *Solyma* den Bereich des Wunderbaren auf die Zertrümmerung der Götzenbilder eingeschränkt. Auch verschonte er die Leser mit Höllenszenen der Christenverfolger, erst recht mit rührseligen Bekehrungen, welche die Zuschauer des Martyriums Polyeuctes am Ende überraschen. Gryphius' Figuren sind weniger als in Caussins *tragoedia sacra* auf einen Affekt festgelegt, sondern eine schwankende Affektlage macht sie psychologisch interessant und ansatzweise mitleidfähig. Felicitas' Muttergefühle regen sich, als sie in der fünften Abhandlung angesichts der malträtierten Leichname ihrer Söhne auf ihr Leben und die Aufzucht ihrer Kinder zurückblickt. Der Kaiser und Publius vergleichen die Rabenmutter mit einem Tiger und einer Löwin. Sie sind entsetzt, wie die Rasende ihre Söhne animieren könne, in den Tod zu gehen, anstatt ihnen mütterlichen Schutz zu bieten. Gryphius malt, wie der Stilvergleich lehrt, die Fremdsicht der römischen ›Heiden‹ auf Felicitas kontrastreicher aus als Caussin. Apollo schwankt zwischen Begehren und Wut über die Zurücksetzung durch Felicitas, ähnlich wie Chach Abas. Marc Aurel pendelt zwischen humanen Regungen und Zorn angesichts des Leidens und rebellischen Ungehorsams Felicitas'. Die Opposition der Söhne gegen den Kaiser und seine Beamten äußert sich in Caussins und Gryphius' Reden in ausgesprochen vorlauten, aggressiven Anklagen.

Stilvergleich

Friedrich-Wilhelm Wentzlaff-Eggebert beginnt seine Untersuchung der dramatischen Sprache Caussins und Gryphius' mit der Beobachtung, bei Gryphius sei »überall [...] der Wille zur größeren sprachlichen Bewegtheit spürbar, um die Eindringlichkeit des Dialoges zu steigern«.[41] Caussins Text gab Gryphius reichlich Gelegenheit, die Schilderung von Greueltaten »durch sinnkräftigere und wirkungsstärkere Worte«[42] zu steigern. Der »Barockstil« des Schlesiers sei im Latein Caussins

---

40 Barbara Mahlmann-Bauer: »Leo Armenius« oder der Rückzug der Heilsgeschichte (2004) [551].
41 Wentzlaff-Eggebert (Anm. 17), S. 53.
42 Ebd.

schon vorgebildet gewesen. Dies demonstriert Wentzlaff-Eggebert der Reihe nach an Substantiv- und Verbhäufungen, am Komparativ- und Superlativgebrauch, an rhetorischen Fragen, Bildern und Vergleichen und insistierenden Nennungen. Henri Plard glaubt, Gryphius habe mit seinen Ausschmückungen und Zusätzen die Kürze und Zurückhaltung der an Seneca angelehnten Verse Caussins überbieten wollen. Sicher zwang die Wahl des Alexandriners zur Wiedergabe der jambischen Trimeter den Dichter zur *copia rerum ac verborum* im Deutschen. Bei Gryphius kämen »Tendenzen zum pathetischen Ausdruck, zur Bildhaftigkeit« zur Entfaltung, ja eigentlich »zum gewaltsamen Ausbruch«. Die poetische Auffassung des Schlesiers sei eine gänzlich andere als die »[d]er zurückhaltenden Kunst des Neulateiners, die auch die gräßlichsten Vorstellungen in *elegantia* hüllt«.[43]

Die folgenden Beobachtungen zu Gryphius' deutscher Bearbeitung bestätigen Plards treffliche Ergebnisse. Sie setzen aber bei der Affektdarstellung der Personen an, denn ich glaube, daß diese vor allem Gryphius' Talent herausforderte.

1. Nöte und Hoffnungen der verfolgten Christen: Die Sehnsucht der bedrohten Christenschar nach himmlischen Freuden wird in Gryphius' Version zur Verzükkung gesteigert; sie malt sich die künftige Lust bildreich sinnlich aus. Die Prophezeiung des »Christliche[n] Prister[s]« (*Fel.*, S. 186) Evagrius kontrastiert bei Gryphius krasser als in Caussins Versen mit der kreatürlichen Angst vor der Grausamkeit der Verfolger. Die Metapher »schwanger« ist Gryphius' Zutat; die Zustandsbeschreibung »stupet« wird zu einer angsterfüllten Flucht erweitert.[44]

[EVAG.] Optatus albis veniet euectus rotis	Es wird der **schöne Tag und die gewündschte Stunde**
Dies, dolorum meta, & auspicium boni	Das Ende **schwerer** Angst / **das Pflaster grimmer Wunde**
Dulce insequentis: fata si vatum manent	Der Anfang neuer Lust noch dringen **durch die Nacht** /
Immota, veniet inclytum terris caput,	(Wo kein Prophet uns treugt) sol die berühmte Macht
Princeps pudici mite præsidium chori,	Des Fürsten / der **durchs Creutz** den Feind wird überwinden /
qui Christianis ritè perfusus sacris,	Vnd durch **das reine Bad mit Christo** sich verbinden;
Græci furoris franget indomitas faces,	Außleschen dise Flamm' / und in die sanffte Schoß
Totamque gremio colliget Christi domum.	Auffnehmen dise Schar / **die itzt zwar arm und bloß**
Sic post feroces Africi ingentis minas,	**Vmbirrt** / gleich als nach Sturm und stoltzer Winde blasen /
Post nigra cœli prælia, & nimbos graues,	Nach schwartzer Wolcken Nacht **und schwerer Wetter rasen** /
Diffusa longis brachia extendit plagis,	Vnd dicker Regen-fall / der Bogen sich erstreckt
Pictos honores illigans Iris polo.	Vnd **grün' und Purpurot / die grauen Wolcken deckt**.
Sic quando missus fervet ex venis cruor,	Wie / wenn das **schnelle** Blutt aus **vollen** Adern dringet
Bullitque toto largius riuo fluens,	Vnd schäumend **durch die Lufft** aus offnen **Rhören** springet;

---

43 Plard (Anm. 20), S. 329.
44 Im folgenden sind in der rechten Spalte Gryphius' Abweichungen, die meist in Zusätzen bestehen, manchmal auch in Metaphern, die das lateinische Vorbild nicht hat, durch Fettdruck markiert.

Si forte Iaspin sedula admouit manus,	Wenn einer **dises Quäll** mit einem Jaspis streicht
Repente sistit sanguis, & sidit dolor.	Denn stillt sich Blutt und Schmertz. Schaut Crispus gantz
Sed ecce Crispus nubilo mœstus stupet.[45]	erbleicht
	Geht schwanger mit der Angst / und rennt von Leid getriben. (*Fel.* I,39–55)

2. Wechselseitige Vorhaltungen barbarischer Bestialität: Im zweiten und dritten Akt konfrontiert Marc Aurel Felicitas mit der Anklage und droht ihr, ihre Kinder hinzurichten. Felicitas fordert in der zweiten Abhandlung von ihren Söhnen Treue zum Glauben als Zeichen wahrer Mutterliebe. Sie warnt sie vor den Verführungen des Kaisers. Als gut erzogene Christen spotten die Knaben über Ehre, höfische Pracht und Wohlleben. Die Söhne reizen dadurch die Vertreter des Kaisers zum Äußersten; ihnen erscheint diese Mutter wie ein Monstrum. Der römische Statthalter Publius vergleicht in der dritten Abhandlung das Toben der Christenrotte mit dem Grimm eines Tigers (*Fel.* III,7–9). Aus Sicht der Römer rasen die Christen, sind Fanatiker und Aufrührer. Der »Lebens-Haß« der adligen Frau ist den Höflingen unverständlich. Als ein Blitz die Götzenbilder zerstört, beschuldigt Publius Felicitas der Zauberei und Hexerei (*Fel.* III,70 und 90). Als Publius Zeuge wird, wie die Mutter ihre Kinder aufhetzt (*Fel.* III,166), wirft er den Söhnen vor, hartherziger als junge Löwen und Tiger zu sein, die aus natürlichem Antrieb ihrer altersmüden Mutter zu essen brächten (*Fel.* III,172–175). Er begründet die Anwendung der Folter damit, daß er prüfen wolle, ob Felicitas »ein Leuen Hertz« oder ein Mutterherz besitze (*Fel.* III,199f.). Dagegen vergleicht sich Felicitas mit der Schwalbe, die sich beim Flug sorgt, ob ihre Kleinen ihr auch folgen können. Publius freilich ist selbst der wütende Barbar, der die Folterer dazu ermuntert, den Kindern die Glieder abzureißen und vor die Hunde zu schmeißen. Danach droht er Felicitas, ihr die zerfetzten Körperteile der mißhandelten Söhne wie rohe Fleischbrocken ins Gesicht zu werfen.

Gryphius hält sich getreu an Caussins Text, steigert aber in seinen Zusätzen, durch Caussins provozierende Tiervergleiche angeregt, die Gewaltorgien, die Publius an Christen verübt, die ihm wie Bestien vorkommen, ins Bestialische:

Pvb. Scelesta, incendis etiam liberos?	Pub. Hetzt noch die Mutter an?
Excipite plagis strenuè ingratum caput,	Schlagt grimmig ohn Verzug / stost / prügelt / schmeist /
Exerite gladios, latera fodite, occidite.	und streichet.
Diuulsa membris membra canibus spargite.	Bringt Schwerdter; hau't und stecht / **biß daß die Seele weichet /**
	Reist Glid von Glidern ab und werfft sie vor die Hund'
Felic. Vtinam ferires, præstò sum.	Felic. **Ich wündsch** und bin bereit zu sterben **jede Stund**. [...]

---

45 Caussinus (Anm. 5), S. 165.

[Pvb.] An sis leæna, an mater, experiar.	Pub. Jch wil **die Stunde** schauen
Citò	Ob hir ein Leuen **Hertz** / ob hir ein **Hertz der Frauen** /
	Vnd Mutter **Sinnen** sind / bald fast die Kinder an /
Nudate corpus liberûm, virgas date,	Entblöst sie und schlagt zu. Streicht **was man streichen kan.**
Laniate plagis, fodite, cædite, vellite.	Zutrennt **den gantzen Leib / und was man Glider heisset /**
	Vnd wenn die Haut zuspringt / und Sehn' und Ader reisset;
Carnisque frusta & virulentum sanguinem Porrigite matri...[46]	So werfft das rohe Fleisch der Mutter ins Gesicht. (*Fel.* III,166–170 und 199–205)

3. Felicitas spornt ihre Söhne an, die Folter standhaft zu ertragen. Bei Gryphius adressiert sie ihre Lieben als ihre »Wonn« und »Blumen«. Die Antithesen in adversativen Kola übersetzt Gryphius mit Komparativen so, daß der himmlische Lohn, die Krone und »ewig-stette Lust« ausdrücklich als kostbarere Güter empfohlen werden. Verben der Bewegung verleihen der deliberativen Rede Aufschwung. Sie suggeriert, wie ephemer die grausamen Leiden seien. Nicht die Sterne, sondern »das Schloß der Himmel« eroberten sich die Söhne dadurch.

Fel. Euisceratæ matris ô pia viscera, Nati, pudici gloria & lumen sinus, Estote fortes, per meas tædas rogo, Per & catenas, per patris manes, rogo,	Felic. O die ich nun mit Recht für eigen Blutt muß achten! Jhr numehr meine **Wonn!** O **Blumen** meiner Schoß! Jch bitte bleibt getrost. **Die Marter scheint wol groß / Doch grösser ist die Kron.** Jch bitte durch mein Leben / Vnd durch den Geist / den Gott / eu'r Vater / hat gegeben /
Estote fortes: arduum virtus iter Per dura tendit, vincere & tundi solet.	Vnd dise meine Band'; halt fest. Der Weg' ist schwer Doch Tugend dringt durch Noth / sie **rennt durch Schwerdt und Sper /**
Quidquid minarum nunc tonat, totum est leue.	Was itzt so kracht und plitzt; ist als ein Sturm des Mertzen.
Parat coronas dum parat vobis cruces, In astra fusus ducit heroës cruor.[47]	Die ewig-stette Lust **haufft** man durch kurtze Schmertzen. Ein Held **ersteigt das Schloß der Himmel durch sein Blutt.** (*Fel.* III,208–217)

4. Am Ende der dritten Abhandlung beschimpft Publius Felicitas als Tigerin, da sie bereit sei, ihre Kinder schlachten zu lassen. Sie lache angesichts der *caedes impia* ihrer Kinder. Felicitas antwortet: Du weißt nicht, was wahre Frömmigkeit hier befiehlt! Ihr Sohn pflichtet ihr bei: Der römische Folterer sei die *bellua impia*, die nach Blut dürste. Die Wortspiele mit der Bestie und der Opposition von *pietas – impietas*

---

46 Ebd., S. 198 und 199.
47 Ebd., S. 199; vgl. Plard (Anm. 20), S. 333.

übersetzt Gryphius geschickt und vertieft die Gegensätze durch Verdopplungen und Schilderungen zusätzlicher gegensätzlicher Affekte:

PVB. Quæ tibi leæna admouit vbera? quæ Tigris Hoc lacte sæuo finxit ingenium ferox; In liberorum cæde rides impia.	PUBL. Welch Tyger! welches Wild' hat dich mit seiner Brust Vnd Grausamkeit getränckt? du schöpffst die höchste Lust Aus deiner Kinder **Angst** / und lachst in ihrem Schmertzen! Steckt keine Mutter Treu / Gottloß' in deinem Hertzen?
FELICITAS. Nescis tyranne, vera quid pietas iubet.	FELIC. Es spüret kein Tyrann was rechte Treu uns heist!
MART. Bellua cruoris impia flagrans siti, En tibi tepentes sanguinis riui fluunt. Satiare tandem, si vlla te satias capit, Vel frusta carnis mande quâ rabie soles.[48]	MARTIAL. Komm nun blutdürstig Thir! **erquicke deinen Geist!** Schau wie die reichen Ström' aus so vil Wunden rinnen! Vnd wo du deinen Durst noch nicht hast stillen können! So friß die Glider auff **gleich als ein Leue** pflegt! (*Fel.* III,319–327)

Martials letzte Aufforderung geht an Maßlosigkeit über Caussins Text hinaus: Nicht Felicitas gleicht Agaue aus Euripides' *Bakchen*, die ihren Sohn Pentheus im Wahnsinn zerfleischt, sondern der kleine Martial schleudert Publius die Worte seines Abscheus ins Gericht, indem er ihn auffordert, sich an den zerstückelten Gliedmaßen der ermordeten Christen zu laben. Felicitas' zurückhaltende, formelhafte Aufforderung, Martial möge sich mäßigen (»macte virtute ô puer«[49]), wird von Gryphius zu einer aus fünf Versen bestehenden Suada erweitert, die ihm die Aussicht auf himmlischen Lohn verheißt: »[...] weit grösser ist der Lohn! | Als alle Pein der Welt! als aller Teuffel Hohn« (*Fel.* III,331f.). Felicitas' Rede zeigt, daß sie alles andere als eine Tigerin ist, vielmehr erweist sie sich als fürsorgliche Mutter, die ihrem Sohn Mut und Trost zuspricht. Hier dient die Erweiterung des Textes der psychologischen Vertiefung der Mutterfigur.

5. Extreme Gegensätze zwischen Kerker, Gruft und Christus im Himmel, die Gryphius in seinen Alexandrinern ergänzt, weisen auf den Zwiespalt der Affekte hin; ihr Fluchtpunkt ist die Aussicht auf himmlische Errettung, die um so phantastischer erscheint, je bedrohlicher die Gewalt des Tyrannen ist:

O Martialis floscule intacti gregis, Animula dulcis, debitum cœlo caput, Rabies tyranni funditus per te occidit. Actum est, cadendo surgimus supra polos. *Cœli per artus liberûm explicui viam*[50]	Mein **trau'ter** Martial / Du hast das **tolle** Pochen / Vnd des Tyrannen **Grimm' und wilden Mutt** gebrochen! Wolan! es ist vollbracht / wir steigen durch den Fall Vnd aus der **KerckerGrufft** in den **besternten Sall** Weil Leichen itzt zu Gott zu Sprossen mir gedeyen! (*Fel.* V,483–487)

---

48 Caussinus (Anm. 5), S. 203.
49 Ebd.
50 Ebd., S. 236f.

6. Der Chor, der zur fünften Abhandlung überleitet, wird von Gryphius als Personifikation der streitenden Kirche gedeutet. Gryphius verlängert die Verse, je intensiver die Kirche Felicitas beschwört. Ecclesia verzichtet in direkter Ansprache ihrer Gegner auf die Beschwörung von Mars und Zyklopen und bekräftigt bildreicher als bei Caussin ihre Standfestigkeit in einer Katastrophe kosmischen Ausmaßes.

[CHORVS:]	[DIE STREITENDE KIRCHE:]
Non me fusa globis flamma voracibus	Nicht hell' entbrandte Glutt mit brasselnd' hartem Krachen.
Non me stricta seges Martia terreat.	**Last** ein gewaffnet Heer voll Grimm sich an mich machen;
In me cuncta crepent tela Cyclopea,	**Last** alle **Donner-Strall** auff mich zugleich abgehn!
Conuulsisque ruat machina sedibus,	Ja **werfft** den Himmel ein / ich wil großmüttig stehn;
Spectabo impauidus sydera labier.[51]	Jch wil **großmüttig** stehn! und unter dem Geknall
	Mit unversetztem Mutt sehn nach der Sternen Fall!
	(*Fel.* IV,337–342)

7. Der gekränkte Liebhaber Apollo: Die Übertragung von Apollos Rachephantasien macht aus dem Liebhaber einen von widerstreitenden Gefühlen zerrissenen Wüterich, der sich vor sich selbst fürchtet.[52] Die Verszahl der Wutrede des verschmähten Freiers (Caussin nennt ihn Apollo Procus) ist im Lateinischen und Deutschen gleich. Caussins Charakterzeichnung wird von Gryphius übernommen. Wenn weltliche Liebe im Märtyrerschauspiel Raum haben soll, dann darf der Liebhaber ein verblendeter Triebmensch sein, der mit der Rache die unerreichbar hohe Geliebte und sich selbst ins Verderben bringt. Caussin führt Apollo vor, wie er sich von einem Liebhaber, der seiner verflossenen Liebe nachtrauert, in einen Rächer aus gekränkter Eitelkeit wandelt. Die Eifersucht auf die Götter, deren Liebesbund Felicitas vorziehe, treibt ihn dazu, ihren Tod zu wünschen und aus den Hochzeitsfackeln Todesfackeln zu machen. Felicitas möge Augenzeugin der Hinrichtung ihrer Söhne sein! Die Figur des blindwütigen, weil gekränkten Liebhabers ist psychologisch von anderem Kaliber als Corneilles Sévère, der edelmütig auf Pauline verzichtet und das fanatische Blutvergießen aus religiösen Gründen verabscheut. Mit diesem rachelüsternen Scheusal lenken Caussin und Gryphius die Sympathie der Zuschauer: Kein Begehren, das sich auf irdische Objekte richtet, kann mit der himmlischen Liebe konkurrieren. Irdische Brunst wirkt sich in Caussins Figurenzeichnung nur als Quelle sadistischer Grausamkeit aus.

Apollo schwankt zwischen unbändiger Wut und Gram, bei Caussin wie bei Gryphius. Während Caussin vom »dulcis furor«[53] spricht, fügt Gryphius aber noch einen

---

51 Ebd., S. 219.
52 Vgl. Caussinus (Anm. 5), S. 167f., Szene I,2, mit *Fel.* I,102–142.
53 Caussinus (Anm. 5), S. 168.

dritten Affekt hinzu, welcher Apollo zu zerreißen droht, die Furcht. Vielleicht meint er die Furcht vor einer Affekthandlung, die das Objekt seiner Begierde zerstören könnte. Er wechselt von der Selbstansprache zur Anrede an Felicitas:

> Felicitas du bists die mir **die Angst** bereitet!
> Du bists! Jch folge denn wohin der Grimm mich leitet! (*Fel.* I,139f.)

Caussin hat darauf folgende Verse:

> Per latera septem liberûm in matrem impiam
> Ferrum exigatur: non leuem ludum apparo.[54]

Bei Gryphius dagegen malt sich der gekränkte Freier aus, wie er der Mutter das Schwert in die Brust stoßen werde (*Fel.* I,141f.).

In der vierten Abhandlung tritt Apollo nochmals auf. Der Starrsinn der Mutter und ihrer Söhne hat ihn bis aufs äußerste erbost. Nicht nur Marc Aurel sei zu weichherzig, auch der Gott Phöbus (sein Namensvetter), der sich Niobes erbarmt habe. Dagegen feuert Apollo sein Schwert an, kräftig dreinzuschlagen. Apollos Rede wird grobianisch und darin zur Kontrafaktur der Märtyrerrede: »Der Himmel stinckt mich an!« (*Fel.* IV,93).[55] Der Zorn der von Felicitas beleidigten obrigkeitlichen Christenverfolger müsse noch denjenigen Phöbus Apolls übertreffen – Gryphius ergänzt: »unser Zorn wird nur durch aller Tod gestillt« (*Fel.* IV,101). Der verschmähte Liebhaber überragt mit seinem Gemisch aus Zorn, Rache und gekränkter Eitelkeit die Wut der übrigen.

8. Mutterliebe im Konflikt mit der Christusnachfolge: Die fünfte Abhandlung mutet den Lesern Schilderungen der malträtierten Kinderleichen zu. Stolz und Trauer, Abscheu und Zärtlichkeit gehen in Felicitas' Reden eine kühne Mischung ein. Gryphius hat die Selbstbefragung mit »Nein!« und rhetorischer Frage lebendiger und eindringlicher gestaltet. Die Anspielung auf das Schicksal der Niobe, die zu Marmor erstarrt weint,[56] ersetzt Gryphius, an die Tigerin- und Löwin-Vergleiche anschließend, durch den Vergleich mit Tieren, denen Trauer um ihre Jungen nicht fremd sei.

---

54 Ebd.
55 Vgl. ebd., S. 210: »sordet polus«. Diese Wendung benutzt Gryphius u.a. in der Rede der Catharina bedienenden Jungfrau, allerdings mit einem bezeichnenden Subjektwechsel: »Die Erden stinckt uns an« (*Cath.* IV,427).
56 Vgl. PVBLII OVIDII NASONIS METAMORPHOSEΩN LIBRI XV. Ad fidem editionum optimarum & codicum Manuscriptorum examinati, animadversi, nec non notis illustrati. Operâ & studio THOMAE FARNABII. AMSTELODAMI Typis IOANNIS IANSSONII M. DC. XXXIX., S. 158 (VI,302–313).

FEL. Agnosco nostra viscera, & teneo sinu.	FELIC. Jch kenne sie; **sie sinds** die meine Schoß getragen?
Fœlix corona martyrum! vos lugeam?	Solt ich **umb euren Tod** hoch-heil'ge Märtrer klagen?
Lugere iniquum est, queis morti votum fuit.	**Nein!** Nimand klagt umb die: die solchen Tod begehrt!
Non flere durum est, saxa luxerunt prius.	Nicht klagen? das ist hart und **Thiren unverwehrt**.
Humanitatis lachrymas dare quis vetat?[57]	Solt' **als ein Mensch** mit Recht ich nicht **umb Menschen** weinen? (*Fel.* V,187–191)

Die Zuschauer werden Zeugen eines wehmütigen Rückblicks der Mutter auf ihre Freuden und Leiden bei der Geburt und Aufzucht ihrer Kinder, während sie die drei geschundenen Kinderkörper betrachtet (vgl. *Fel.* V,192–231).[58] Sie erinnert sich, wie ihre ersten drei Söhne sie erstmals mit »Mutter« ansprachen (*Fel.* V,193). Gryphius weitet dieses Bild aus: »Die umb die Brust gespillt und disen Mund geküsst« (*Fel.* V,194). Sie vergleicht allein in Gryphius' Text ihren Schmerz angesichts eines Todes, den sie gewünscht habe, ja der ihr geboten gewesen sei, mit der Trauer einer Mutter, die ein totes Kind zur Welt gebracht hat (*Fel.* V,199–204). Während jener der Tod das Neugeborene wegstiehlt, hat ihr der Glaube an die himmlische Auferstehung das Opfer ihrer Kinder befohlen. Obwohl sie nur noch einzelne, von Wunden entstellte, blutbesudelte Körperteile sieht, identifiziert sie diese aus Mutterliebe, die unter unzähligen sogleich die ihrigen erkenne. Gryphius' Felicitas schildert nicht nur, was sie mit Entsetzen sieht, sondern sie befühlt die Leichenteile, um die ungeheuer große Seele zu entdecken, die sich durch so viele Gliedmaßen die Tür (nicht nur den Weg) zum Himmel gesucht habe. Diese Phantasie droht ihr das Herz zu brechen. Sie gesteht ihren rasenden Schmerz ein. Was die mutigen, trotzigen Reden der Knaben unterdrückten, weiß die liebende Mutter: wie nämlich die Kinder von Angst gepeinigt wurden. Nun dürfen sie ausruhen, auch von ihrer nicht gezeigten Angst. Nur Gryphius' Felicitas erinnert daran, daß Christus in seinem Leiden der erste Märtyrer war, dem die irdischen Märtyrer nachzufolgen streben (*Fel.* V,230f.).

Fazit

Das Schauspiel des achtfachen Martyriums ist eine Studie vermischter, gegensätzlicher, widersprüchlicher Empfindungen. Gryphius hat die Gefühlsäußerungen ergänzt und ihnen durch Bilder und Vergleiche Authentizität zu verleihen versucht. Die christliche Familie ist nicht statisch: Mutter und Söhne reagieren emotional; sie flattern wie Blätter im Wind. Zwar kennen sie die Spielregeln des römischen Machtapparats, doch schaudern sie angesichts der unmenschlichen Qualen und Lust ihrer Peiniger vor Entsetzen. Felicitas hat Gelegenheit, ihre Muttergefühle zu zeigen,

---

57 Caussinus (Anm. 5), S. 227.
58 Vgl. damit Caussinus (Anm. 5), S. 228.

wenn sie angesichts der Kinderleichen trauert. Marc Aurel läßt sich sogar vom Leid der Mutter rühren. Glaubwürdig klingt seine Beschwörung, er wolle nicht weiter mit dem Kindermord fortfahren. Aber sobald er den Widerstand der Christen spürt, gibt er den Folterknechten Befehle. Als Marc Aurel mit seinen Appellen auch beim letzten Sohn, dem kleinen Martial, nichts ausrichtet, bricht er in Verwünschungen gegen die verstockte, rasende Mutter aus, ähnlich wie Antiochus in 2 Makk 7. Bei Gryphius beschwören Apollo und Felicitas ihr feindliches Gegenüber mit Imperativen. Ihre Rede geht in Stammeln über, wenn sie von ihren Gefühlen überwältigt werden.

Gryphius' *Felicitas*-Übersetzung ähnelt Aktstudien, durch welche ein Maler und Zeichner Übung in der Darstellung der Anatomie gewinnt. Je genauer die Darstellung der Proportionen und Formen des Körpers ist, desto leichter wird es dem Maler fallen, auch bekleidete Körper in unterschiedlichen Stellungen zu malen. Gryphius hat sich, von Caussins zurückhaltender Ekphrasis ermuntert, eine flexible muttersprachliche Beredsamkeit erarbeitet und die Psychopathologie seiner Dramenfiguren ausgelotet.

II.5.2 *Leo Armenius*
Von Albrecht Koschorke

Entstehungskontext

Gryphius' erstes Trauerspiel *Leo Armenius* entstand während einer insgesamt dreijährigen Reise durch Frankreich und Italien und wurde Ende 1646 in Straßburg abgeschlossen. Der volle Titel der Erstausgabe von 1650 in der (nachträglich deautorisierten) Ausgabe der *Teutschen Reim-Gedichte* (*TR*) lautet *Ein Fürsten-Mörderisches Trawer-Spiel / genant. Leo Armenius*. Noch deutlicher ist der in barocker Manier zweigeteilte Titel des Nachdrucks von 1652: *Leo Armenius / oder Jämmerlichen Fürsten-Mords Trauer-Spiel*.[1] Das Drama behandelt einen historischen Stoff, nämlich den Tod des byzantinischen Kaisers Leo V., der 813 n.Chr. als General im Dienst Michaels I. durch einen Putsch an die Macht kam. Am Weihnachtsabend des Jahres 820 fiel Leo jedoch seinerseits einer Revolte zum Opfer. Mit der theatralischen Darstellung dieser Begebenheit ist das Leitthema intoniert, das Gryphius auch in den nachfolgenden Herrscherdramen beschäftigen wird. Alle vier Trauerspiele kreisen um einen tödlichen Konflikt zwischen dem Alleinherrscher und seinem Antagonisten, wobei die Opferpositionen im Gesamtwerk symmetrisch verteilt sind: zweimal kommt der Herrscher zu Fall (*Leo Armenius*, *Carolus Stuardus*), zweimal führt er einen ihm unterlegenen Widersacher einem grausamen Hinrichtungsspektakel zu (*Catharina von Georgien*, *Papinianus*).

Als Vorlage diente Gryphius das lateinische Jesuitendrama *Leo Armenus* von Joseph Simon, wie sich aus einer Reihe von Textabhängigkeiten erschließen läßt.[2] Beide fußen auf denselben historiographischen Quellen, auf die Gryphius in seiner Vorrede an den Leser ausdrücklich hinweist: den byzantinischen Historikern Cedrenus und Zonaras aus dem 12. Jahrhundert.[3] Doch verleiht Gryphius dem Geschehen einen gegenüber dem Jesuitendrama entgegengesetzten Akzent. Für Simon ist Kai-

---

[1] Andreas Gryphen Leo Armenius, oder Jämmerlichen Fürsten-Mords Trauer-Spiel, worbey Zwey Bücher seiner Oden zusamt Drey Bücher der Sonneten. auff jetz gebräuchlich teutsche Reim-art auffgesetzt, vnd zum andern mahl getruckt. Strasburg, Bey Johann-Peter von der Heyden. Jm Jahr MDC LJJ. Titelaufnahme nach der Bibliographie in Marian Szyrocki: Der junge Gryphius (1959) [134], S. 163, Nr. 28. Das dort für die BU Wrocław verzeichnete Exemplar ist nach Auskunft der Abteilung für Alte Drucke nicht mehr vorhanden; elektronisch nachweisen lassen sich ein Exemplar in der Bibliothèque nationale et universitaire de Strasbourg sowie ein kriegsbedingt aus der Berliner Staatsbibliothek in die Biblioteka Jagiellońska in Krakau verlagertes Exemplar.
[2] Vgl. Willi Harring: Andreas Gryphius und das Drama der Jesuiten (1907) [388], S. 53–74. Den Forschungsstand zur Quellenlage faßt Eberhard Mannacks Werkkommentar (*D*, S. 881f. und 887f.) bündig zusammen.
[3] Vgl. August Heisenberg: Die byzantinischen Quellen von Gryphius' »Leo Armenius« (1895) [544].

ser Leo wegen seiner Rolle im byzantinischen Bilderstreit ein ikonoklastischer Ketzer, der sich zudem durch seine brutale Verfolgung der Anhänger des Bilderkultes in Mißkredit setzt. Dies läßt die Insurgenten als Verfechter des rechten Glaubens erscheinen (vgl. *D*, S. 890). Gryphius dagegen rückt den verbrecherischen Charakter der Verschwörung gegen Leo in Szene. Neben der politisch-rechtlichen Dimension, die vor allem die im Zeitalter des Absolutismus heftig umstrittene Frage nach der Legitimität des Tyrannenmordes betrifft, verleihen also auch die konfessionellen Auseinandersetzungen des 17. Jahrhunderts dem Stoff des Dramas Aktualität und Brisanz. Obwohl Gryphius den religionspolitischen Hintergrund der Dramenhandlung weitgehend im dunkeln hält, hat die Forschung deutliche Hinweise auf seine konfessionelle Parteinahme erkannt. Elida Maria Szarota zufolge ist das Trauerspiel »ein polemisches Stück gegen die Jesuiten überhaupt«, die einen Kaisermörder glorifizierten, während Gryphius die Figur des Leo Armenius »in sehr diskreter Weise als eine Art Vorläufer der Lutheraner« habe zeichnen wollen.[4] Die Frage, ob und inwiefern es sich bei Gryphius' Trauerspiel um eine Art Tendenzdrama handelt, kann jedoch erst im Licht einer Strukturanalyse des Stückes genauer beantwortet werden.

Paratexte

Jedem Leser barocker Trauerspiele fällt der Umfang der Paratexte ins Auge, von denen die eigentliche Dramenhandlung umgeben ist, so auch in diesem Fall. An den Titel samt Gattungsbezeichnung schließt im Erstdruck eine lateinische Widmung an Guilielmus Schlegelius alias Wilhelm Schlegel an (*TR*, fol.)?(ᵛ), mit dem Gryphius auf Reisen war. Dieser sozialen Kontextuierung im kleinen, die in den späteren Sammelausgaben 1657 und 1663 wegfällt, folgt die berühmte Vorrede an den »Großgünstige[n] Leser«, in der Gryphius auf die aktuelle politische Situation in Deutschland Bezug nimmt:

> JNdem unser gantzes Vaterland sich nuhmer in seine eigene Aschen verscharret / und in einen Schauplatz der Eitelkeit verwandelt; bin ich geflissen dir die Vergänglichkeit Menschlicher Sachen in gegenwertigem / und etlich folgenden Trauerspilen vorzustellen. Nicht zwar / weil ich nicht etwas anders und dir villeicht angenehmers unter Händen habe: Sondern weil mir noch dieses mal etwas anders vorzubringen so wenig geliebet / als erlaubet. Die Alten gleichwol haben diese Art zu schreiben nicht so gar geringe gehalten / sondern als ein bequemes Mittel menschliche Gemütter von allerhand unartigen und schädlichen Neigungen zu säubern / gerühmet [...]. (*Leo*, fol. Aijʳ)

---

[4] Elida Maria Szarota: Geschichte, Politik und Gesellschaft im Drama des 17. Jahrhunderts (1976) [509], S. 127–129.

Die Eröffnungssequenz der Vorrede erfüllt drei Funktionen. Sie dient Gryphius zunächst offenkundig dazu, sich als ein Autor zu annoncieren, von dem noch andere und dem Lesergeschmack gemäßere Werke zu erwarten sind. Sie bietet zweitens eine in barocke *vanitas*-Topoi gekleidete Zeitdiagnose, die das Stück in den Rang eines Sinnbildes erhebt. Und schließlich schreibt sich Gryphius damit in eine poetologische Tradition ein, die auf den Begriff der Katharsis bei Aristoteles rekurriert. Doch bleibt unausgesprochen, welcher Art die Säuberung des Gemüts sein soll, die durch eine Aufführung heilloser Vorgänge inmitten einer heillosen politischen Lebenswirklichkeit bewirkt wird.[5]

Auffällig ist, wie stark der an die Dramenhandlung angefügte Textapparat die Treue gegenüber der historischen Vorlage betont und damit den Charakter des *Leo Armenius* als Geschichtsdrama unterstreicht. Schon in der Vorrede benennt Gryphius seine historiographischen Quellen und rechtfertigt die wenigen poetischen Freiheiten, die er sich herausnimmt – am deutlichsten in dem Handlungsdetail, daß er seinen Titelhelden an demselben Kreuz wie Christus sterben läßt und damit zwischen den beiden einen über das Symbolische noch hinausgehenden physischen Zusammenhang stiftet (*Leo*, fol. Aij^v–Aiij^r). Auch die Inhaltsangabe, die dem Schauspiel vorangestellt ist, nimmt auf die byzantinischen Gewährsmänner Bezug. Die am Schluß angefügte »Erklärung etlicher dunckeln Oerter« ist wie ein Fußnotenapparat organisiert, der einzelne Handlungszüge verdeutlicht und textphilologisch auf der Basis einer breiten Belesenheit zumal in antiken Schriften absichert. Diese Verbindung einer theatralischen Präsentation mit Elementen einer wissenschaftlichen Abhandlung ist insgesamt für die Trauerspiele des protestantischen Barocks kennzeichnend, die ja vorwiegend an Gymnasien als den Ausbildungsstätten künftiger Verwaltungseliten aufgeführt wurden und insofern zur Aufführung gebrachte Lernstoffe sind. Die Stücke sollen *exempla* darbieten, in der ganzen Spannbreite dieses Begriffs: einerseits dem historischen Material zugewandt, aus dem sie den lehrhaften Einzelfall nehmen; andererseits auf sinnbildliche Überhöhung und damit auf die Zeichendimension des Geschehens hin angelegt. Da aber der Sinn von Handlungen und Ereignissen immer eine Frage der Auslegung bleibt, rückt das Trauerspiel nicht so sehr einen historisch rekonstruierbaren Machtkonflikt als vielmehr den damit verknüpften Deutungskampf der Protagonisten vor Augen.

Aufbau des Dramas

Leo Armenius folgt dem klassischen Formschema eines Dramas aus fünf Akten, die bei Gryphius »Abhandlungen« heißen. Die Einheit der Zeit, eines der aristotelischen

---

[5] Zur barocken Umdeutung der aristotelischen Katharsislehre vgl. Hans-Jürgen Schings: Consolatio Tragoediae (^{3}1980) [494], dort bes. S. 22f.

Gattungserfordernisse, wird gewahrt: »Dieses Trauerspiel beginnet den Mittag vor dem heiligen Christtage; wehret durch die Nacht / und endet sich vor Auffgang der Sonnen«, heißt es in der vorangestellten Inhaltsübersicht (*Leo*, fol. Aiij^v). Der Schauplatz ist dagegen geteilt, entsprechend der antithetischen Struktur des Konflikts. Die Haupthandlung trägt sich in der kaiserlichen Burg zu, aber als Gegenschauplatz dient die Stadt, wo gleich eingangs ein konspiratives Treffen stattfindet. In den Reden der Verschwörer erscheint Kaiser Leo in denkbar schlechtem Licht. Er wird als Usurpator, »Bluthund« und »Tyrann« beschimpft (*Leo* I,71), während sich die Konspirateure als Retter des Reiches fühlen:

> Jhr Helden / wacht doch auff! kan eure Faust gestehen;
> Daß Reich und Land und Statt / so wil zu Grunde gehen /
> Weil Leo sich im Blut der Vnterthanen wäscht
> Vnd seinen Geldtdurst stets mit unsern Gütern lescht?
> Was ist der Hof nunmehr als eine Mördergruben?
> Als ein Verräther Platz? ein Wohnhauß schlimmer Buben? (*Leo* I,19–24)

In den Reden der Männer, die sich um den Feldherrn Michael Balbus scharen, klingt deren Verbitterung darüber durch, daß ihre Verdienste um den Thron nicht hinreichend gewürdigt würden:

> Was ist ein Printz? ein Mensch! und ich so gut als er!
> Was mehr noch! Wann nicht ich / wenn nicht mein Degen wär;
> Wo bliebe seine Cron? die lichten Diamanten /
> Das purpur güldne Kleidt / die Schaaren der Trabanten /
> Der Zepter Tockenwerck / ist eine leere Pracht.
> Ein unverzagter Arm ists / der den Fürsten macht /
> Vnd wo es noth / entsetzt. (*Leo* I,41–47)

Damit ist ein Grundproblem monarchischer Herrschaft nicht nur in der Dichtung, sondern auch realhistorisch umrissen: daß die Macht des nominellen Herrschers im Innern und nach außen auf seinen militärischen Befehlshabern beruht, die zugleich seine ärgsten potentiellen Konkurrenten darstellen. Wenn es hart auf hart kommt, dann wird die *symbolische* Amtsgewalt des Monarchen mitsamt ihren Insignien und der zur Schau gestellten Pracht vor der *physischen* Gewalt illoyaler Militärführer zunichte. Das ist ein wiederkehrender Vorgang, der nicht zuletzt die Geschichte des römischen Kaiserreiches skandiert und entsprechenden Stoff für literarische Verarbeitungen bot, aber als politische Möglichkeit auch in Gryphius' unmittelbarer Gegenwart vor Augen stand.

Der Monarch befindet sich dabei in dem Dilemma, daß er sein Reich nicht mit den Mitteln nackter Gewalt beherrschen darf, ohne alle Legitimität und Achtung einzubüßen, andererseits jedoch der rücksichtslosen Gewaltbereitschaft der Gegenseite gewärtig sein muß. In genau dieses Dilemma sieht sich Leo Armenius verstrickt. Sein mutloser Auftritt in der zweiten Szene hat wenig mit dem von den Aufrührern gezeichneten Bild eines Tyrannen gemein. Er ist auch nicht so sehr, nach der einflußreichen Lesart in Walter Benjamins Trauerspielbuch, einer charakterlichen Disposition zur Melancholie geschuldet als vielmehr einer strukturellen Paradoxie, die dazu führt, daß sich der Mann an der Spitze der Machtpyramide, dem äußeren Anschein entgegen, als in seiner Rolle gefangen und ohnmächtig empfinden muß. Leos Klagemonolog wurde von der älteren Forschung zu einem Paradebeispiel barocker *vanitas*-Motivik erklärt – entsprechend der allgemeinen Maßregel, daß der »Fall des Mächtigen« exemplarisch für die *conditio humana* überhaupt, nämlich für die »menschliche Hinfälligkeit«, sei.[6] Die Klage des bedrängten Herrschers ist jedoch sehr viel präziser analysierbar, wenn man ihre Einbettung in den konkreten machtpolitischen Zusammenhang des Stückes im Auge behält.[7] Sie erscheint dann als Teil einer Bemühung um Sinnstiftung und Deutungshoheit, die sich auf ein hochgradig instabiles System der Herrschaftsausübung richtet und aus wechselnden Akteursperspektiven das Drama als ganzes durchzieht:

> Was ist ein Printz doch mehr als ein gekrönter Knecht?
> Den jeden Augenblick was hoch / was tiff / was schlecht /
> Was mächtig: trotzt und höhnt / den stäts von beyden Seitten
> Neyd / Vntrew' / Argwohn / Haß / Schmertz / Angst und Furcht bestreitten /
> [...]
> Wehn nimt er auff den Hoff? den der sein Leben wagt
> Bald für / bald wider ihn / und ihn vom Hofe jagt /
> Wenn sich das Spill verkehrt. Man muß den Todfeind ehren /
> Mit blinden Augen sehn / mit tauben Ohren hören. (*Leo* I,153–164)

Der Fortgang der Handlung wird durch Leos Schwanken innerhalb seiner dilemmatischen Lage bestimmt. Erst sieht es danach aus, daß der Kaiser die Initiative zurückgewinnt: Exabolius, der kaiserliche Geheimrat, lockt Michael Balbus in eine Falle und bringt ihn dazu, seine aufrührerischen Absichten zu verraten, was unmittelbar seine Verhaftung nach sich zieht. Der an die erste Abhandlung anschließende »Reyen der Höfflinge« spielt das Motiv der gefährlich-zweideutigen Macht der Rede noch einmal sentenzenhaft durch.

In der zweiten Abhandlung scheint sich Leos Triumph über seinen Widersacher zunächst zu bestätigen. Über Michael Balbus wird im Beisein des Kaisers Gericht gehalten; das Urteil lautet auf einen qualvollen Flammentod. Leos Monolog im vierten Eingang zeigt ihn auf der Höhe seiner Macht. Aber die Kaiserin Theodosia bestürmt ihn, Gnade walten zu lassen und die Hinrichtung aufzuschieben, weil sie fatale politische Konsequenzen fürchtet und zudem die Christnacht nicht entweiht

---

6 Dies in Übernahme einer Formulierung von Schings (Anm. 5), S. 21.
7 Grundlegend hierzu Lothar Bornscheuer: Diskurs-Synkretismus im Zerfall der Politischen Theologie (1997) [438].

sehen will. Voll düsterer Vorahnungen gibt Leo ihrem Wunsch nach. Seine Vorahnungen bestätigen sich, als er in der dritten Abhandlung, von ängstigenden Traumvisionen geweckt, Michaels Gefängnis aufsucht und sehen muß, daß diesem mitten im Palast ein fürstliches Lager bereitet wurde. Der Kaiser hat die Kontrolle sogar über seine Palastwache verloren, die in der Gestalt des Papias vielmehr seinem Widersacher huldigt. Einmal mehr wechselt daraufhin, in der Mitte des dritten Akts, die Darstellung auf die Gegenseite: Wir erfahren, mit welchem Mittel – einem in Wachs verschlossenen und im Mund des Boten beförderten Brief – Michael Kontakt zu den Verschwörern in der Stadt sucht. Dieser Handlungsstrang wird in der vierten Abhandlung wiederaufgenommen, die ganz im konspirativen Milieu der Aufrührer spielt und sie bei der Beratschlagung ihres Komplotts zeigt. Nach vielen Reden kommen sie überein, sich als Priester zu verkleiden und ihre Schwerter in ausgehöhlten Kerzen zu verbergen. Der frommen Scheu, die Leo auf Drängen Theodosias dazu brachte, Weihnachten nicht mit einer Hinrichtung zu überschatten, steht die Ruchlosigkeit der Insurgenten antitypisch gegenüber. Die fünfte Abhandlung läßt keinen Zweifel daran, welches Sakrileg die Aufständischen begehen, wenn sie sich während der sakralen Handlung auf den Kaiser stürzen, der sich zu seiner Verteidigung an das Christuskreuz klammert. Auch hier wird indessen die Dramatik des Geschehens noch überboten durch eine Dramatik des Deutungskampfes, der in wechselnden Konstellationen vor sich geht. Im Zentrum steht nun die Kaiserin Theodosia: erst im Streitgespräch mit einem Priester, der das Geschehene als Willen Gottes auszugeben versucht; dann mit den Verschworenen, denen sie jegliches höhere Recht abspricht; und schließlich mit Michael Balbus, der dem Dialog ein gewaltsames Ende setzt, um sich sogleich zum neuen Herrscher ausrufen zu lassen.

Herrscher und Insurgent: Eine spekuläre Beziehung

Vom Titel des Trauerspiels bis zur Schlußszene, in der sich Michael Balbus zum neuen Kaiser erklärt, scheint Gryphius keinen Zweifel daran zu lassen, in welchem Licht er den Fürstenmord betrachtet wissen will und wie seine Sympathien verteilt sind. Während Kaiser und Kaiserin in ihrer Angst und Betrübnis vorgeführt werden, läßt das Drama die Aufrührer aus Machthunger und anderen niedrigen Beweggründen handeln. Daß sie sich in einer düsteren Szene Rat bei einem Magier holen und schließlich durch das Gemetzel in der Weihnachtsnacht ein Sakrileg höchsten Ausmaßes begehen, vervollständigt dieses Bild.

Als Tendenzstück gelesen, sind in *Leo Armenius* Licht und Schatten, Gut und Böse eindeutig verteilt: Die Verschwörer in ihrem Aufstiegsdrang stehen mit satanischen Mächten im Bunde, während der Kaiser in die Nachfolge Christi gerückt und so noch durch seine Erniedrigung erhöht scheint. Diese schon in Gryphius' erstem Trauerspiel ausgelegte martyrologische Spur hat viele Interpretationen beeinflußt, die allerdings von den im Stück selbst artikulierten Zweifeln an einer heilsgeschichtlichen Deutbarkeit des Geschehens absehen müssen.

Das Problem ist aber, daß die Gegensätzlichkeit der Wertungen durch eine *strukturelle Symmetrie* zwischen den beiden Konfliktparteien im Stück verunsichert, ja geradezu konterkariert wird.[8] Zwischen dem melancholisch zaghaften Kaiser Leo und dem gewalttätig zupackenden Feldherrn Michael herrschen mehr Ähnlichkeiten, als ihre typologische Gegenüberstellung erwarten ließe. In dem Machtanspruch des Michael Balbus begegnet Leo dem Grund oder vielmehr Ungrund seiner eigenen Macht. Auch er ist nämlich durch den gewaltsamen Sturz des rechtmäßigen Kaisers auf den Thron gelangt, und es akzentuiert das zyklische Muster von Aufstieg und Fall, daß der von ihm verdrängte Herrscher ebenfalls Michael hieß. Wenn die Verschworenen daran erinnern, wie der damalige Heerführer Leo seinen Vorgänger ins Exil trieb und dessen Söhne verschnitt,[9] um die gesamte kaiserliche Dynastie auszulöschen, dann ist ihre Schlußfolgerung, ihn als »Tyrann[en]« zu titulieren und seinen »Frevel rechen« zu wollen (*Leo* I,71), nicht unbegründet. Ihr Fazit »Er leide was er that!« (*Leo* I,73) bringt diese Zirkelhaftigkeit in einer denkbar knappen Formel zum Ausdruck.

Der Kaiser agierte also einst genauso brutal wie der jetzige Insurgent. Der verborgene, von den Monarchomachen aufgedeckte Ursprung seiner eigenen Herrschaft ist die *Usurpation*. Sein Bemühen, diese Herkunft als Usurpator vergessen zu machen und sich die Rolle eines auf Recht und Mäßigung besonnenen Fürsten zu übereignen, hängt mit einer Art Zwei-Phasen-Modell der Alleinherrschaft zusammen:[10] Gewaltsam errungen, strebt sie nach einem legalistischen Rahmen, um nicht

---

8 Das Folgende beruht auf: Albrecht Koschorke: Das Problem der souveränen Entscheidung im barocken Trauerspiel (2006) [549]. Dieser Aufsatz entstand seinerzeit noch in Unkenntnis der ganz ähnlich gelagerten Argumentation von Peter J. Burgard: König der Doppeldeutigkeit (2001) [539].
9 Ein Detail, dessen historische Richtigkeit Gryphius in der »Erklärung etlicher duncklen Oerter« am Ende des Dramas eigens bezeugt (*Leo*, S. 81). Die Rede der Verschwörer entbehrt nicht der Drastik:
    Sein Sohn Theophilact! was hat er nicht gefühlet?
    Als man was mänlich war von seinen Lenden riß
    Vnd ihm des Brudern Glid ins Angesichte schmiß! (*Leo* I,64–66)
10 »Macht*eroberung* einerseits und Macht*erhaltung* andererseits scheinen – so geht aus dem Dargestellten hervor – verschiedene Methoden und Verhaltensweisen zu erfordern, verschieden vor allem hinsichtlich ihrer moralischen Qualität. Als Leo den Thron an sich riß, da war sein Handeln gekennzeichnet von skrupelloser Gewaltanwendung, Treubruch und Mord, d.h. von der Absage an die moralischen Prinzipien, die Voraussetzung für die Schaffung sozialer Beziehungen sind. Um aber regieren zu können, d.h. der errungenen Herrschaft Dauer zu verleihen, brauchte es eine Orientierung auf Ruhe, Ordnung und Sicherheit, deren Grundlagen gegenseitiges Vertrauen und die Anerkennung gemeinsamer Rechts- und Moralnormen bilden. In diesem Sinne versucht Leo auf Legalität zu bauen […]. Er unternimmt den Versuch, das Wolfsgesetz (homo homini lupus), das ihn zum Herrschaftsgewinn getrieben hat und das den Herrscher zum gehaßten Tyrannen macht, aus

als Tyrannei angreifbar zu sein, und wird dabei doch immer von einem schlechten Gewissen der Macht und ihrer verbrecherischen Wurzeln getrieben (vgl. *Leo* III, Szene 2). Die berühmte Melancholie der Herrscherfiguren im barocken Trauerspiel läßt sich aus diesem Dilemma erklären. Sie hat keine charakterlichen, sondern konstitutionelle Ursachen und bildet insofern einen Teil der herrscherlichen *persona*.[11] Leo war, wie Michael ist. Zwischen beiden besteht, phasenverschoben, ein *spekuläres* Verhältnis.[12] Wenn der Herrscher mit der Bürde seiner Macht hadert und davor zurückscheut, seine Befehlsgewalt auszuschöpfen, dann liegt das an seinem Bemühen, aus dem Gefängnis dieser Spiegelbildlichkeit auszubrechen. Und genau das versetzt ihn gegenüber dem Tatmenschentum des Usurpators in die Defensive.

Es handelt sich hier um ein im 17. Jahrhundert hochaktuelles Thema, um eine tiefe und unlösbare Komplikation im Innersten der absolutistischen Herrschaftsform. Denn der absolutistische Autokrat, der sich über die Großen des Reiches erhob und eine für sie unerreichbare und von ihnen unkontrollierte Macht beanspruchte, hat immer mit dem Vorwurf der Usurpation der Macht kämpfen müssen. Um diesem Vorwurf zu begegnen, muß er sich durch Milde bewähren, das heißt, auf einen Teil seiner Machtmittel verzichten. Nur durch diesen Verzicht kann er sich von seinem

---

der Umgebung des Thrones zu verbannen. Der Verlauf des Geschehens zeigt nun, daß dieser Versuch Leos zum Scheitern verurteilt ist.« Werner Lenk: Absolutismus, staatspolitisches Denken, politisches Drama (1984) [470], S. 314.

11 »Leos gewaltsame Machtergreifung bleibt in der Argumentation der kaiserlichen Vertrauten der schwächste Punkt: auf ihn konzentrieren sich Michaels Einwände. Sie arbeiten den Widerspruch heraus, in den sich verwickelt, wer die Bürde des hohen Amtes lebhaft beklagt [...], ohne ernstlich eine Abdankung in Erwägung zu ziehen, und wer den Umsturz verdammt, der ihn selbst an die Macht getragen hat. Unter wirkungspolitischem Aspekt erweist sich in der Tat die Melancholie des Fürsten ambivalent: für den adligen Zuschauer oder Leser kann die Entwertung der Herrschaft eine Selbstbesinnung einleiten, die ihn vor Überheblichkeit und verantwortungsloser Regierungsführung schützt; den Untertanen tröstet der fürstliche Weltüberdruß über seine politische Ohnmacht hinweg: er sieht bestätigt, daß jeder Stand seine eigene Last zu tragen habe. Die irenische, Souverän und Untertan versöhnende Tendenz der Herrschermelancholie bei Gryphius liefe in ideologiekritischer Sicht auf eine Stabilisierung absolutistischer Herrschaftsansprüche hinaus, deuteten sich nicht in Michaels Einwänden dem Zuschauer Kritikmöglichkeiten an der Ständeunterschiede beschönigenden These der Kaiserpartei an.« Manfred Beetz: Disputatorik und Argumentation in Andreas Gryphius' Trauerspiel »Leo Armenius« (1980) [532], S. 188.

12 Marie S. South geht in ihrer Deutung des Stücks sogar noch weiter und findet in einem Vergleich mit den historiographischen Quellen »Beweise dafür [...], daß Gryphius in ›Leo Armenius‹ die Technik der Figurenkonstellation mit schwarz-weißen Wertungskontrasten durch eine Struktur der sukzessiven Parallelität in Charakter wie Situation ersetzt« (M. S. South: Leo Armenius oder die Häresie des Andreas Gryphius (1975) [559], S. 166). Infolgedessen sieht sie das Drama »durch die spiegelbildliche Wechselbeziehung der zwei Protagonisten und ihrer jeweiligen Umgebung« bestimmt (ebd., S. 172). Allerdings zielt ihre figurale Deutung auf den Befund einer »existentiellen Sinnlosigkeit des menschlichen Daseins« (S. 182) und nicht auf eine Blockade politischer Legitimationsstrategien ab.

häßlichen Double, dem Tyrannen, absetzen. Aber wenn er nach dieser Seite vermeidet, sozusagen in die Falle des Machiavellismus zu laufen – wie kann er verhindern, daß die Ausübung von Milde zu den Geboten politischer Klugheit und Staatsraison, wie Machiavelli sie lehrt, in Widerspruch tritt?

In *Leo Armenius* wird die Spiegelsymmetrie zwischen den Kontrahenten dadurch verstärkt, daß Gryphius das Drama weitgehend um die aus den Quellen verfügbaren historischen Zusammenhänge verkürzt. Auch wenn er gegen eine jesuitische Vorlage anschreibt, macht er doch von dem Stoff keinen offenen konfessionellen Gebrauch. Das Thema des byzantinischen Bildersturms wird von Gryphius mit keinem Wort angesprochen,[13] infolgedessen auch die mögliche Parallele zum Ikonoklasmus der Reformationszeit und zu den europäischen Religionskriegen des 16. und 17. Jahrhunderts nicht ausgeführt. Diese Abdunkelung der historischen Kontexte hat den Effekt, daß sich die Behauptungen der Konfliktparteien des Dramas auf einem Abstraktionsniveau begegnen, auf dem sie sich wechselseitig neutralisieren. Die Anklagen gegen den Kaiser, die in der ersten Abhandlung vorgebracht werden, scheinen durch seinen Klagemonolog in der zweiten Abhandlung widerlegt – mit der Folge, daß sich im Hin- und Widerspiel der Rede überhaupt alle greifbaren Fakten zersetzen. In der Sicht der Verschworenen war Leo von Anfang an »auff nichts entbrandt als Mord und Spott« (*Leo* I,58); nach seinen eigenen Worten wurde er dagegen zur Machtübernahme »mit entblöß'tem Degen« gezwungen (*Leo* II,51). Leo wäscht sich im Blut der Untertanen, sagen die Aufrührer (*Leo* I,21); er straft nur die Schuldigen und regiert mit Nachsicht, sagt er selbst (*Leo* II,67–72). Leo ist Michaels Geschöpf, denn er wurde durch ihn auf den Thron gehoben (*Leo* II,117) und militärisch geschützt, wie umgekehrt Michael Leos Geschöpf ist, nämlich als dessen Günstling (*Leo* I,146). So stehen sich in genauer Entsprechung zwei unversöhnliche Perspektiven und Herrschaftsansprüche gegenüber.[14]

Deutungskämpfe. Das Löwenemblem

Von der ersten Szene an wird in Gryphius' Erstlingsdrama das Problem der *Arbitrarität* aller Deutungen und Sichtweisen exponiert. Unter den versammelten Verschwörern gegen den byzantinischen Kaiser kommt einer auf ein »unbekandtes Werck voll Malerey« zu sprechen, das sich in einem Prachgemach der kaiserlichen Burg befin-

---

13 Vgl. Gerhard F. Strasser: Andreas Gryphius' »Leo Armenius« (1976) [560], S. 9.
14 »Man könnte dieses Spiel widersprechender Behauptungen als Beispiel für die Art antithetischer Formulierungen betrachten, von denen die barocken Dichter fasziniert waren. Es fehlt jedoch die Synthese, die *conclusio*. Gryphius liefert uns keinerlei Hinweis, wem wir letztlich Glauben schenken sollen.« Burgard (Anm. 8), S. 129. Dadurch werde, so Burgard, der »Leser/Zuschauer im Zustand der Unschlüssigkeit« gehalten (ebd.).

det (*Leo* I,98). Da dieses Buch die Chronik aller bisherigen und die Prophezeiung aller künftigen Herrscher in sich birgt, stellt es nicht weniger als eine Staatsenzyklopädie dar – wie ja auch sein Aufbewahrungsort einem Staatsarchiv gleicht, in dem die *arcana imperii* gehütet werden. Das kostbare Buch enthält das »Ebenbild« eines gejagten Löwen (*Leo* I,107), das indessen mehr ist als eine bloße Illustration, sondern in der Rede des Verschwörers den Charakter eines regelgerechten Emblems gewinnt.[15] An die *pictura*, die hier in der sprachlichen Form der Ekphrasis übermittelt wird, schließt die allegorische Entzifferung des Verschwörers wie eine *subscriptio* an. Sie lautet:

> Was mag wol klärer seyn? den starcken Rücken zihret
> Ein purpur rothes Creutz / Der schlaue Jäger führet
> Jn mehr denn schneller Faust ein scharff geschliffen Schwerdt /
> Das durch Creutz / Haut und Fleisch ins Löwen Hertz einfährt.
> Jhr kennt das rauhe Thier: das Creutz ist Christus Zeichen:
> Ehr sein Geburtstag hin / wird unser Löw erbleichen. (*Leo* I,115–120)

»Jch wil der Jäger seyn«, fügt Michael Balbus, das Haupt der Insurgenten, hinzu (*Leo* I,121). Er beglaubigt damit die allegorische Deutung seines Gefährten, die den gejagten Löwen mit Kaiser Leo identifiziert und dessen nahen Tod vorherbestimmt sieht, was auf eine darüber hinausgehende Entsprechung hinweist: Wie der Löwe »ein biblisches Teufelssymbol« darstellt, ist »der Kaiser für die Verschwörer eine teuflische Gestalt«.[16] Aus ihrer Sicht wäre es also eine Heilstat, Leo Armenius zu ermorden.

Nun ist aber der Löwe auch ein Christussymbol, und das Kreuz auf seinem Rücken ist »Christus Zeichen«, wie der Verschwörer selbst bekundet. Durch seine blinde monarchomachische Rede klingt eine andere, stumme Rede hindurch, die den Tod des Kaisers am Kreuz in das Licht seiner Christusnachfolge und damit in die Nähe eines Glaubensmartyriums rückt. Die ›Lektüre‹ des Emblems durch den Redner stellt sich so als ein Akt gewaltsamer, voluntaristischer Aneignung heraus, wie die Verschworenen sich ja überhaupt im Bannkreis einer Tier-, Jagd- und Gewaltmetaphorik bewegen. In Gestalt einer versteckten Botschaft spielt der Sprechtext dem Zuschauer/Leser eine alternative Lesart zu, derzufolge der gemarterte Kaiser eine Apotheose als Stellvertreter Christi erfährt. Die Mordszene am Ende des Dramas, bei der Leo in der Christmesse sterbend das Kreuz von Golgatha umklammert, folgt diesem alternativen Skript; sie ist »nichts anderes als ein Rearrangement

---

15 Vgl. hierzu und zum folgenden die einläßliche Analyse des Löwenemblems in dem *Leo Armenius* betreffenden Kapitel von Nicola Kaminski: Andreas Gryphius (1998) [122], S. 84–93.
16 Gerhard Kaiser: Leo Armenius (1968) [546], S. 26.

des Löwenemblems und seiner Auslegung«[17] – einer Auslegung, wie sie im fünften Akt die Gefolgsleute des Kaisers vornehmen.

Die konträre Deutbarkeit des Emblems, das Figuren wie Rezipienten in ein »hermeneutisches Dilemma«[18] stürzt, läßt sich jedoch nicht allein der Parteilichkeit der jeweiligen Interpreten anlasten. Wenn ein Löwe Christus und den Teufel gleichermaßen symbolisch darstellen kann, dann zeigt dies die Überdeterminiertheit des allegorischen Bedeutungsuniversums an, aus dessen Fundus sich tausendfache und oft divergente Analogiereihen herstellen lassen. Den »emblematischen Sinnbildern«, die Albrecht Schönes klassischer Untersuchung zufolge den barocken Helden zur »Wahrheitsbestimmung und Urteilsfindung«[19] dienen sollen, ist also schon ihrer Entstehungsart nach ein Moment von Willkür eingepflanzt, das zu ihrer kontroversen Verwendung einlädt.

Rede und Widerrede. Blockierte Dialoge

In besonderer Weise ist *Leo Armenius*, darüber ist sich die Forschung einig, ein Drama über die »Macht der Rede«.[20] Offensichtlich geht es aber in den auf der Bühne dargebotenen Reden nicht darum, Argumente auf empirische Evidenz im modernen Verständnis zu gründen. Vielmehr gehorchen die Protagonisten in ihrem Streit den Gesetzmäßigkeiten einer rhetorischen Kommunikation, die sich über Topoi, über verbindende Wendungen, über *loci communes* abwickelt. Im System dieser Gemeinplätze können sich die Streitpartner treffen und ihren Dissens ausfechten, indem sie ihnen im Rededuell jeweils eine konträre Richtung verleihen. Der Streit spitzt sich zu in einem stichomythischen Schlagabtausch Vers gegen Vers, der eines der formalen Charakteristika der barocken Dialogtechnik bildet. Ein Beispiel findet sich in der dritten Abhandlung, als Leo seinen Ratgebern Exabolius und Nicander von einem ihm Unglück verheißenden Traum berichtet – was eine Erörterung der Frage nach sich zieht, ob man solchen Träumen Glauben schenken soll:

---

17 Heinz J. Drügh: »Was mag wol klärer seyn?« (2000) [540], S. 1026. Vgl. Strasser (Anm. 13), S. 10: »We can indeed consider the report of Leo's murder as the enactment of the emblem, or, to use a term that appears appropriate in the particular context of this tragic play, as the ›incarnation‹ of this emblem.«
18 Kaminski (Anm. 15), S. 89.
19 Albrecht Schöne: Emblematik und Drama im Zeitalter des Barock (³1993) [498], S. 90.
20 Wilfried Barner: Gryphius und die Macht der Rede (1968) [531]. Vgl. Christopher J. Wild: Speaking in Double Tongues. Gryphius, Erasmus, and the Embodiment of Language. Unveröffentl. Typoskript. Chapel Hill/N.C., ca. 2003.

> Leo. Vns hat noch kurtz vorhin Traum oder Geist beschweret.
> Nicand. Der schafft ihm selber Angst der sich an Träume kehret.
> Leo. Der Himmel hat durch Träum' offt grosse Ding entdeckt.
> Exab. Der Wahn hat offt durch Träum' ein müdes Hertz erschreckt.
> Leo. Der Traum von Phocas hat dem Mauritz nicht gelogen.
> Exab. Wer vil auff Träume bau't[21] / wird allzuvil betrogen. (*Leo* III,279–284)

In diesem Stil gehen praktisch alle dramatischen Auseinandersetzungen vor sich. Der eine behauptet im allgemeinen die divinatorische Kraft von Träumen, der andere gibt ebenso allgemein zu bedenken, daß Traumahnungen häufig trügerisch sind. Sprecher 1 nennt einen historischen Präzedenzfall, Sprecher 2 einen anderen Fall, der das Gegenteil belegt. Ist das historische Register erschöpft, kann man in das naturgeschichtliche wechseln und Analogien aus dem Naturreich für die eigene These geltend machen. Gewöhnlich finden sich solche Analogien aber auch für die konträre Auffassung. So lassen sich beide Positionen durchhalten, ohne daß einer der Sprecher seinen Kontrahenten überzeugt. Am Ende streben die Disputanten ohne Resultat auseinander – jeder hat seine Sache verteidigt, keiner einen Zuwachs oder eine Minderung seines Gesichtspunkts erfahren.

Im zweiten Akt des *Leo Armenius* scheint der Konflikt zugunsten des Kaisers entschieden. Michael Balbus hat sich durch die Unvorsichtigkeit seiner Zunge verraten, er wurde gefangengenommen, seine Hinrichtung ist beschlossen. Da greift die Kaiserin Theodosia ein und plädiert angesichts des anbrechenden Weihnachtstages für Gnade. In einer Schlüsselszene für das gesamte Drama tritt sie mit Leo in einen seitenlangen Disput:

> [...] Theo. Was hat mein Fürst beschlossen?
> Ach leyder! ist nunmehr nicht Bluts genung vergossen?
> Leo. Nicht Bluts genung / wenn man nach unserm Blutte tracht.
> Theod. Durch Blut wird unser Thron befleckt und glatt gemacht.
> Leo. So trägt ein Frembder Schew denselben zu besteigen.
> Theod. So muß er endlich sich auff nassen Grunde neigen.
> Leo. Die Nässe trucknet man mit Flamm' und Aschen aus.
> Theo. Die leichtlich unser Hauß verkehrt in Staub und Grauß.
> [...]
> Theo. Wer kan der Fürsten Zeit / wenn Gott nicht wil / verkürtzen?
> Leo. Gott wacht für uns / und heist uns selbst auch wache seyn.
> Theo. Wenn Gott nicht selber wacht / schläfft jeder Wächter ein!
> Leo. Ja freylich schläft der Fürst der nicht den Ernst läst schauen.
> Theod. Wo gar zu grosser Ernst / ist nichts als Furcht und Grauen.
> Leo. Der Ernst ist nicht zu groß / ohn den kein Reich besteht.
> Theo. Der Ernst ist vil zu groß / durch den das Reich vergeht.
> [...]

---

21 Verbessert aus »ba'ut«.

Theo. Das Recht hat seinen Gang / last Gnad ihm nun begegnen.
Leo. Der Himmel wil das Haupt / das Laster abstrafft segnen.
Theo. Vnd disem günstig seyn / das leicht die Schuld vergibt.
Leo. Nicht[22] dem / der Gott und Mich und Dich so hoch betrübt.
Theo. Wie herrlich stehts / wenn man Guts thut und Böses leidet!
Leo. Wie thörlich! wenn man sich die Gurgel selbst abschneidet.
[...]
Theo. Bedenckt den hohen Tag der alle Welt erfreut.
Leo. Vnd mich / wenn nun der Wind des Feindes Asch umbstreut.
Theo. Stöß't ihr den Holtzstoß auff / nun JEsus wird geboren!
Leo. Dem / der auff JEsu Kirch' und Glider sich verschworen.
Theo. Woll't ihr mit Mord befleckt zu JEsu Taffel gehn?
Leo. Man richtet Feinde hin die bey Altären stehn. (*Leo* II, 447–522)

»Sentenzenreihen«[23] werden nach einem Ausdruck Albrecht Schönes in solchen Rededuellen abgearbeitet. Manfred Beetz bringt die Schuldramen der schlesischen Dichter mit dem »extensiven Disputationsbetrieb«[24] innerhalb der damaligen akademischen Ausbildung in Beziehung. Wie in der *disputatio* stünden sich Defendent und Opponent im Beharren auf ihrem Dissens gegenüber: »[A]uf dem Diskussionspodium herrscht Konsensverbot, denn nicht die Synthese der Standpunkte ist angestrebt, sondern das antagonistische Behaupten der eigenen Position bei genauer Bezugnahme auf die vom Gegner vorgelegte Argumentation. [...] Unter didaktischem Aspekt mutet die antithetische Dialogkonfrontation dem Zuschauer die Betrachtung eines Streitfalls von verschiedenen Seiten zu, sowie das Abwägen der Triftigkeit gegensätzlicher Argumente.«[25] Allerdings hat dieses Arrangement den Effekt, daß die Rollen im Dialog von den Personen ablösbar und austauschbar werden, wie ja auch Leo und Michael im Verlauf des Stückes in wechselnden Rollen auftreten.[26]

Was jedoch für den Disputier- und Deklamationsbetrieb in schlesischen Gymnasien zweckmäßig gewesen sein mag, erscheint in einer Haupt- und Staatsaktion, in der es um Leben und Tod geht, als eigentümlich dysfunktional. Welchen Nutzen

---

22 Verbessert aus »nicht«.
23 Schöne (Anm. 19), S. 151.
24 Beetz (Anm. 11), S. 179.
25 Ebd., S. 180.
26 »Zur wiederholten Thematisierung des Theaters im *Leo Armenius* gehört die prinzipielle Austauschbarkeit der Rollen, die Leo und sein Gegenspieler Michael innerhalb der historisch verbürgten Handlung spielen. Die stark schematisierte Einrichtung der Hauptrollen bleibt im wesentlichen konstant; was mit jeder geschichtlichen Neuinszenierung wechselt, ist die Rollenverteilung auf die individuellen Akteure. In der dramatischen, engagierten *disputatio* des Welttheaters nahm Leo die Opponentenrolle gegenüber seinem Vorgänger Michael Rhangabe ein, bevor er in die Verteidigung des ihm übertragenen Kaisertums gedrängt wurde. Michael Balbus tauscht am Schluß des Stücks gleichfalls die Opponenten- mit der Defendentenrolle, dessen Ende wiederum mehrere Vorausdeutungen ab[ ]sehen lassen.« Ebd., S. 181.

sollte ein Herrscher davon haben, wenn sich seine Ratgeber – fast immer sind es zwei, die gegensätzliche Positionen einnehmen – um jede aufkommende Frage einen ebenso elaborierten wie ergebnislosen Sentenzenkrieg liefern? Und welche Lehren sollen die Zuschauer ziehen, wenn ihnen vorgeführt wird, daß die Behandlung politischer Konflikte regelmäßig auf ein argumentatives Patt hinausläuft?

Unter den Interpreten von *Leo Armenius* hat Gerhard Kaiser diesen Sachverhalt am genauesten dargelegt. Während man vom klassischen Drama erwarte, daß es die Figurenrede aus den jeweiligen Situationen und persönlichen Umständen heraus entwickelt, stoße bei Gryphius »Sentenz an Sentenz, und für die Entfaltung individualisierender Dialogabschnitte bleibt kein Raum. In solcher Isolierung ist jede dieser Sentenzen so wahr und unwahr, so richtig und falsch wie die andere, denn alle greifen viel weniger das Einmalige als das Allgemeine des Falles, der, abstrakt gesehen, natürlich alle entgegengesetzten Möglichkeiten in sich tragen muß, so daß die Wechselrede theoretisch ins Unendliche weiterlaufen könnte.«[27] Dazu paßt der Befund, daß Gryphius Situationen der Entscheidung im dramatischen Ablauf geradezu systematisch vermeidet. So bringt das Drama zwar »die breite Auseinandersetzung zwischen Kaiser und Kaiserin um eine Begnadigung Michaels, aber es enthält nicht den für den gesamten weiteren Verlauf der Handlung entscheidenden Moment der Umstimmung des Kaisers. Zur Hinrichtung entschlossen geht er ab; mit dem Befehl zum Aufschub erscheint er in der folgenden Szene wieder.«[28] Der Sinneswandel als der eigentliche Augenblick souveräner Entscheidung – allerdings einer Entscheidung unter dem Einfluß Theodosias, die letztlich seinen Untergang herbeiführt – läßt sich *in actu* offenbar nicht präsentieren; er findet in der Lücke zwischen den Auftritten statt. Um souverän zu sein, muß der Herrscher die Bühne verlassen.

Unentscheidbarkeit als Strukturproblem

Auch die Szene der größten souveränen Machtausübung, nämlich des Todesurteils gegen den Anführer der Insurgenten, ist von einer Dynamik der Auslassung geprägt. Die Beweislage gegen Michael Balbus, der durch eine List zum Sprechen gebracht wurde, scheint erdrückend; das einzige, was die versammelten Richter des Kaisers entbehren, ist ein volles Geständnis der beabsichtigten Tat. Ihre Beratung dreht sich um zwei Fragen: um den Vorteil und Nachteil der Folter sowie um Opportunitätserwägungen, die den Ort und Zeitpunkt der Hinrichtung betreffen. Dabei kommt ein weiterer Akteur ins Spiel, der in der barocken Tragödie weder Gesicht noch Stimme erhält und doch im Bewußtsein der Machthaber allgegenwärtig ist: »das leichte

---

27 Kaiser (Anm. 16), S. 31.
28 Ebd., S. 27.

Volck« (*Leo* II,241), wahlweise »das bewegte Volck« (*Leo* II,246), dessen stets befürchtete Stimmungsumschwünge einen wichtigen Faktor im Machtkalkül bilden.

Das Gerichtsverfahren ist ein Lehrstück dafür, wie auf einem Niveau geringer institutioneller Stabilität ein Okkasionalismus von Fall zu Fall das politische Handeln diktiert. Wenn die Richter aus ihrer Debatte über das Foltern unvermittelt in eine hastige Einstimmigkeit des Todesurteils einschwenken, ist einmal mehr der Moment der Entscheidung im Drama verfehlt:[29]

> [...] III. Richt. Mit kurtzem; was ihr thut /
> Thut stracks / bald Anfangs lescht vilmehr ein Tropffen Blut
> Denn eine Flutt zu letzt. I. Richt. Jch stimm' es. II. Jch. III. Wir alle.
> IV. Vnd wir. V. Wer sich zu hoch erheben wil / der falle.
> VII. Setzt ihm den Holtzstoß auff. VIII. Dem Mörder! IX. auff die Glutt!
> I. Er brenn' und seine Pracht / der Lastervolle Mutt
> Vergeh' in Asch. II. Er brenn'. III. Er brenn'. IV. Er brenn' und schwinde!
> V. Vnd werd ein Dampff der Lufft und Gauckelspill der Winde!
> Leo. Jhr schlisset seinen Tod? VI. den längst verdinten Lohn.
> Leo. Verfasst den Spruch! [...] (*Leo* II,325–334)

Es ist offenkundig, daß die Richter nicht durch geregelte juristische Urteilsfindung, sondern angetrieben von einer Mischung aus Diensteifer, Angst und Rachsucht, noch dazu im Beisein des schweigenden Souveräns, zu ihrem Urteil gelangen. An die Stelle einer förmlichen Abstimmung tritt eine Kaskade von Verdammungen, deren Erregtheit, formal gespiegelt in den aufgelösten Versen, eher zu einem Lynchmord passen würde. Dem Beschluß als solchem geht kein Innehalten, keine symbolische Zäsur, kein Intervall eines zeremoniellen Verstummens voraus, um ihn als Willensakt höherer Ordnung aus dem Drängen der Umstände herauszuheben; er ist Teil der Kette überstürzter Handlungen, in der alle Protagonisten fremdbestimmt und, wenn man den begrifflichen Anachronismus riskiert, subjektlos scheinen.

Nach Gerhard Kaisers Resümee »enthält das Stück, trotz reichlicher Gelegenheit dazu, nicht eine einzige Entscheidungsszene, die in den ideellen Grund des Dramas und die Mitte der Figuren hineinreichte«.[30] Das hat, wie gezeigt wurde, nicht so sehr mit einer mangelnden psychologischen Ausstattung der individuellen Akteure wie mit Problemen der Legitimität und Deutungshoheit innerhalb der politischen Logik

---

[29] Vgl. ebd.: »Die Gerichtsszene über den Aufrührer Michael (II,1–326) verhandelt einen so eindeutigen Tatbestand, daß prinzipielle Gegensätze der Beurteilung nicht entstehen können, und selbst die rein praktische Diskussion über die Art des Strafvollzugs bricht aus der Meinungsverschiedenheit der Richter ganz unerwartet in Einstimmigkeit um.«
[30] Ebd.

jener Epoche zu tun – mit der Tatsache, daß sich im Machtkampf der Dialoge prinzipiell gleichgeartete Ansprüche begegnen und wechselseitig blockieren. Diese Blockade manifestiert sich indessen auf einem noch elementareren Niveau, nämlich dem Niveau der Sprache.

Das Barockdrama verleiht seinen Helden zwar eine gewisse Art der Eloquenz, aber es unterwirft sie damit zugleich einer Grammatik, die ihnen Handlungsrationalität nicht zuschreibt, sondern entzieht. Das ewige Unentschieden der auswuchernden[31] Stichomythien verdoppelt nur die berüchtigt starre und unauflösliche Antithetik des Alexandrinerverses. Die Amplifikation[32] durch rhetorische Topoi schafft keine Gewißheit im Einzelfall, weil sich alle Topoi in entgegengesetzte Richtungen wenden lassen und dadurch, auf einzelnes bezogen, vieldeutig werden. Das emblematische Argumentieren schließlich, die Krone der barocken Sinnstiftungsverfahren, soll dem jeweiligen Sprecher »als Grundlage einer Beziehung des Aktuellen auf das Typische und Normative, einer Orientierung des Besonderen am Grundsätzlichen, einer Erhebung des Vereinzelten, Isolierten ins Allgemeine und Immergültige«[33] dienen. So Albrecht Schöne, der aber gleich darauf all die Wege auflistet, auf denen diese Verbürgungsstruktur in den Dramen selbst unterlaufen wird: entweder aufgrund des Deutungsspielraums, den die Emblemata für sich genommen bieten, oder kraft der Möglichkeit, ihre präformierende Kraft durch empirische Gegenbeispiele in Zweifel zu ziehen.[34]

All diese Figuren der Rede fügen sich zu einem Sinngebäude zusammen, das nur um den Preis der Generalisierung, nur in der markierten Distanz vom irdischen Lauf der Dinge intakt bleibt. Anders ausgedrückt: solange die Redefiguren das Sprechen beherrschen und auf ihre Art der Sinnstiftung verpflichten, verhindern sie, daß es die Dimension der Entscheidung jemals erreicht, weil es seiner formularischen Beschaffenheit nach überhaupt nicht bis zu der akuten Einzigartigkeit der gegebenen Situation vordringen kann. Sie gehören, um eine scholastische Unterscheidung in Anschlag zu bringen, der Ordnung der Spiritualia, nicht der Temporalia an. In der Welt des barocken Trauerspiels ist die Prämisse erschüttert, daß beide Ordnungen harmonieren. Ihr Personal steht vor der Erfahrung, daß sich die zeitli-

---

31 Vgl. ebd., S. 30.
32 Zur rhetorischen Technik der »generalisierenden Amplifikation« vgl. Niklas Luhmann: Gesellschaftsstruktur und Semantik. 3 Bde. Frankfurt a.M. 1980–1989, Bd. 3, S. 173f.
33 Schöne (Anm. 18), S. 90.
34 Insofern Emblemdeutungen empirisch angezweifelt oder gar widerlegt werden können, legen sie »Zeugnis ab über die verwirrte, aus den emblematischen Fugen geratene Welt. Das widerlegte Emblem verkündet die Ungeheuerlichkeit, das ganz und gar Unfaßliche dessen, was hier geschehen ist« (ebd., S. 98). Doch nicht nur die Empirie ist zuweilen ein Feind des Emblems, auch Fortuna (oder, modern gesprochen, die Kontingenz historischer Prozesse) setzt ihm zu: »Wo die emblematischen Exempla eintreten in den dramatischen Text, in die ungesicherte Fortunawelt der Trauerspiele, da werden Spannungen sichtbar zwischen der a priori-Verkündigung der Paradigmen und dem, was dann tatsächlich auf der Bühne geschieht. Das Emblem verliert seine Unschuld« (ebd., S. 101).

chen Dinge oft anders fügen, als es der heilsgeschichtliche Plan will, allegorisch ausgedrückt: daß Fortuna sich über die Providenz des christlichen Heilsplans scheinbar nach ihrem Belieben hinwegsetzt. Die Handlung von *Leo Armenius* gipfelt ja in dem Paradox, daß der Herrscher durch ein von Gott geduldetes Sakrileg (die Entweihung der Christnacht) zu Tode kommt, gerade weil er gottesfürchtig genug war, um seinerseits ein solches Sakrileg nicht zu begehen. Wenn Gott überhaupt durch Zeichen in den weltlichen Gang der Dinge eingreift, dann sind diese Zeichen aufs äußerste arbiträr.[35]

Leere Dezision

Daß sich im Barockdrama Staatsaktion und Heilsgeschichte, Politik und Religion nicht aufeinander abbilden lassen, ist der letzte, metaphysische Grund dafür, daß die Sinnproduktion der Reden ins Leere greift. Es wäre jedoch unangemessen, dies nur aus einer Perspektive des Verlusts, nach Art der in der Moderne so beliebten sentimentalischen Erzählungen, zu beobachten. Vielmehr gibt es im Drama selbst ein *Beharren auf Heillosigkeit*, das wiederum politisch motiviert ist.

Im fünften Akt tritt der Herrscher nicht mehr persönlich auf; von seinem Tod erfahren Leser und Zuschauer über Botenberichte. Um so stärker rückt die Kaiserin Theodosia ins Zentrum, die diese Berichte entgegennimmt und durch ihre Reaktionen maßgeblichen Anteil an der Interpretation des Geschehens hat. Sie tut dies in der gewohnten Form des Wortgefechts. Den Aufständischen, die Leo ermordet haben, hält sie die fehlende Legitimationsgrundlage ihrer Gewalttat vor: »wer setzt euch in die Macht?« (*Leo* V,250). Sie stellt sich ihnen gegenüber auf den Standpunkt des *divine right*, daß der Souverän nur Gott selbst und keiner irdischen Instanz verantwortlich sei.

> 1. Versch[worener]. Man strafft die Schuld mit Recht / Theod. Wer gibt euch dise Macht?
> Ein Fürst fäll't dem allein / der in den Wolcken wacht.
> Der in den Thron uns setzt / kan aus dem Thron uns bannen. (*Leo* V,285–287)

Ein klassischer royalistischer Topos, der jedem Recht auf Widerstand und jedem Versuch, diesen Widerstand als gottgewollt erscheinen zu lassen, den Boden entzieht. Spricht sich Theodosia darum aber für die Deutungsmöglichkeit aus, daß Leo in seinem Tun und Erleiden einer höheren Heilssphäre als seine Widersacher angehört – daß er in königlicher Stellvertretung Christi als Märtyrer gestorben sei? Das

---

35 Zum allgemeinen Problemzusammenhang: Albrecht Koschorke: Götterzeichen und Gründungsverbrechen. Die zwei Anfänge des Staates. In: Neue Rundschau, Heft 1/2004: Facetten des Heiligen, S. 40–55.

könnte ja eine Konsequenz daraus sein, daß sie den Aufrührern ihren beanspruchten Rekurs auf Gott und damit den Heilsbezug ihrer Mordtat streitig macht. Aber im Gespräch mit dem Priester in der ersten Szene der fünften Abhandlung argumentiert sie nicht so. Der Priester will sie trösten, indem er Leos erbärmlichen Tod in der Christnacht als Gottes Willen ausgibt. Theodosia dagegen besteht auf ihrer Untröstlichkeit. Mehr noch, sie erinnert an die politischen Konsequenzen, die sich ergäben, würde man den Königsmord als ein höheres Gericht Gottes auffassen:

> Prist. Kan wer / der sterblich ist wol sein Gericht begreiffen?
> Theod. Sprecht so! und lehrt das Volck vom Throne Printzen schleiffen! (*Leo* V,211f.)

Wer der Ermordung des Königs keine nachträgliche und falsche Legitimation zukommen lassen will, muß die Heilsferne, die theologische Unrettbarkeit des Geschehens behaupten. Die Aufrührer handeln heillos und von Gott verlassen. Doch auch der Tod des Herrschers ist kein Tod in Gott; er läßt sich folglich auch nicht in eine martyrologisch gewendete Heilsgeschichte einfügen, sondern steht außerhalb jeder möglichen Sinnzuweisung. Sieht man Theodosias Schmerzensrede als dramatische Leseanweisung an, dann darf man das Trauerspiel also gerade nicht emblematisch ausdeuten.[36]

Indessen kann nicht einmal die Frage, ob die Kaiserin gleichsam die Rolle einer intendierten Leserin des Trauerspieltextes einnimmt, unzweideutig beantwortet werden. Als sie am Ende aus dem Übermaß des Schmerzes in Verzückung gerät und den ermordeten Herrscher zu neuem Leben erweckt sieht, bleibt unentschieden, ob sie eine Vision empfängt (was die martyrologische Lesart wieder instandsetzen würde) oder verrückt geworden ist (wie es die Verschworenen glauben). Auf der Stufe einer Metareflexion kommt hier das Prinzip der Unentscheidbarkeit nochmals zur Geltung und behauptet sich, wenn man so sprechen kann, in letzter Instanz.

Wo sich nämlich der theologische Deutungsprimat vom Geschäft der Macht zurückzieht, wächst der Spielraum des Politischen ins Grenzenlose. Im Angesicht einer unenträtselbaren, sich niemals erklärenden Transzendenz gewinnt jede Handlung den Charakter des Absoluten und Inkommensurablen, das sich auf keine höhere Rationalität stützen kann. Damit rückt schlechthin alles politische Tun ins Zeichen einer rückhaltlosen, sich selbst ermächtigenden, im Maß der Souveränsetzung zugleich entleerenden Dezision. Eben das führt Gryphius' Trauerspiel vor, aber nicht auf triumphalistische Weise, sondern in der Trauer über einen haltlosen Dezisionismus, der auf eine ebenso entleerte Arbitrarität des Göttlichen trifft.

---

36 Zu einem entgegengesetzten Befund gelangt Karina M. Ash: Theodosia in Andreas Gryphius' »Leo Armenius« (2006) [529], die aber Teile ihrer Argumentation auf eine Fehllektüre von Gryphius' Vorrede stützt.

II.5.3 Catharina von Georgien
Von Joachim Harst

»DJe von mir öffters begehrte Catharine tritt nunmehr auff den Schauplatz unsers Vaterlandes / und stellet dir dar in ihrem Leib' und Leiden ein in diser Zeit kaum erhöretes Beyspill unaussprechlicher Beständigkeit [...]« (*Cath.*, S. 89). Mit diesen Worten leitet Gryphius die Vorrede zum Trauerspiel *Catharina von Georgien* ein; in ihrem Anspruch, ein unerhörtes »Beyspill« zu liefern, aber auch in ihrer Verschränkung von geschichtlicher Wirklichkeit und dichterischem Schauspiel (der veröffentlichte Text wird mit einer Theaterfigur, das »Vaterland« mit einer Bühne identifiziert) legen sie eine Frage nahe: Was kann es bedeuten, ein Theaterstück derart prononciert als »Beyspill« zu präsentieren? Diese Frage soll hier als Leitfaden dienen, sich der komplexen Problematik des Trauerspiels zu nähern, indem drei Aspekte des Beispielhaften herausgearbeitet werden: Zunächst soll gezeigt werden, wie Gryphius einen historischen Stoff zum heilsgeschichtlichen Exempel gestaltet – und welche Konsequenzen diese Gestaltung für das Verständnis von Heilsgeschichte mit sich bringt. Sodann soll die rhetorisch-stilistische Dimension des Spiels herausgestellt werden, die es als Exemplar einer sich poetologisch bestimmenden Gattung und Ergebnis einer regelgeleiteten *imitatio* auszeichnet, wobei die rhetorische Form stellenweise in Konflikt mit der inhaltlichen Aussage geraten kann. Abschließend sollen die genuin theatralen Instanzen aufgezeigt werden, mit denen Gryphius dem präsentierten Stoff eine verbindliche Deutung zu geben sucht. Dabei bringt es die vom Spiel auf mehreren Ebenen beanspruchte Exemplarität mit sich, die genaue Auseinandersetzung mit dem einzelnen Text vor dem Hintergrund einer allgemeineren Gattungsproblematik zu führen. Denn das protestantische Barockspiel stellt sich zwar poetologisch in die Tradition der antiken Tragödie, bildet aber gerade in seinem Anspruch der Beispielhaftigkeit durchaus eigenartige Züge heraus, so daß ausgerechnet das als Exempel verstandene Stück eine neue Gattungsregel zu begründen scheint.[1]

---

1 Zur Problematik des »Beispiels« vgl. die Einleitung der Herausgeber in: Das Beispiel. Zur Epistemologie des Exemplarischen. Hg. von Jens Ruchatz, Stefan Willer und Nicolas Pethes, Berlin 2007, S. 7–59, hier besonders die Ausführungen zum »normativen«, eine allgemeine Regel begründenden Beispiel S. 40–55. Während die Herausgeber das normative Beispiel allein im moralischen Sinn diskutieren, lege ich einen weiteren Akzent auf dessen rhetorische bzw. poetologische Dimension: Erst die Selbstpräsentation des Trauerspiels als beispielhaft (im Sinne der imitativen Erfüllung rhetorischer Forderungen) konstituiert die Gattung, der es anzugehören vorgibt. Zum Begriff des Beispiels bzw. Exempels vgl. ferner Josef Klein: (Art.) Exemplum. In: Historisches Wörterbuch der Rhetorik. Hg. von Gert Ueding. Bd. 3. Tübingen 1996, S. 60–70; eine interessante Lektüre der Vorrede von *Catharina von Georgien* legt Christopher J. Wild: Hypotypose (2004) [520] vor. Zum Wortfeld »Beyspill« vgl. auch Joachim Harst: Heilstheater (2012) [456], S. 65–69, sowie in rhetorischer Perspektive ders.: Aristoteles und »Papinian« (2010) [696].

Historisch-theologisches Exempel

Betrachtet man den Stoff, den Gryphius in *Catharina von Georgien* zum Trauerspiel gestaltet, so fallen zunächst einige markante Unterschiede zu zeitgenössischen Dichtern auf. Die Spiele, die Gryphius im Zuge einer autodidaktischen Ausbildung zum Dichter von Nicolaus Caussinus SJ und Joost van den Vondel übersetzte, beruhten auf einer Heiligenlegende (*Felicitas*) bzw. einer biblischen Erzählung (*Gebroeders*); Stoffe also, die bereits an sich einen exemplarischen Status beanspruchen. Mit *Catharina von Georgien* hingegen greift Gryphius nicht eine überlieferte Legende, sondern ein geschichtliches Ereignis der unmittelbaren Vergangenheit auf: Die Geschehnisse, die Gryphius aus der Sammlung *Histoires tragiques de nostre temps* von Claude Malingre (Rouen 1641, zuerst 1635) übernimmt,[2] haben sich 1624 zugetragen; 1657 erscheint das Trauerspiel, wobei Gryphius andeutet, daß er die Arbeit an ihm bereits einige Jahre zuvor abgeschlossen habe. Der Umstand, daß Gryphius für seine selbständig verfaßten Trauerspiele weder einen durch seinen Ursprung (Bibel) noch durch seinen Gegenstand (Hagiographie) geheiligten Stoff wählt, ist bemerkenswert; er scheint auf seinen Willen zu deuten, Ereignisse aus der unmittelbaren Zeitgeschichte durch seine dichterische Gestaltung in den Rang eines überzeitlichen »Beyspill[s]« zu heben.

Freilich legt das von Malingre berichtete Geschehen in vielen Zügen tatsächlich eine Deutung im Sinne eines »Beyspill[s] unaußsprechlicher Beständigkeit« nahe. Berichtet wird von der georgischen Königin Catharine, die von dem persischen Tyrannen Cha-Abas gefangengehalten wird; zu ihren Gunsten spricht ein Gesandter aus Rußland vor, dem Cha-Abas die Freilassung der Königin zusagt, doch im letzten Moment ändert der Perser seine Meinung: Da er unsterblich in sie verliebt sei, könne er die Königin nur vor die Wahl stellen, entweder den muslimischen Glauben anzunehmen und ihn zu heiraten oder den Martertod zu sterben. Catharine schlägt das Angebot als gute Christin, aber auch unter Verweis auf ihre Vorbildfunktion als Königin aus und erduldet demütig das Martyrium.[3]

---

2 HISTOIRES TRAGIQVES DE NOSTRE TEMPS. DANS LESQVELLES SE voyent plusieurs belles maximes d'Estat, & quantité d'exemples fort memorables, de constance, de courage, de generosité, de regrets, & repentances. A ROVEN, Chez DAVID FERRAND, & THOMAS DARÉ, prés le Palais. M. DC. XXXXI. AVEC PRIVILEGE DV ROY, S. 469–532 (»DE CATHERINE ROYNE DE GEORGIE, & des Princes Georgiens, mis à mort par commandement de Cha-Abas Roy de Perse«). Vgl. dazu Eugène Susini: Claude Malingre (1968) [608] mit Abdruck des Quellentextes; ferner Keith Leopold: Andreas Gryphius and the Sieur de Saint-Lazare (1985) [596] und *D*, S. 927f.
3 Die bei Malingre erzählte Geschichte ist natürlich komplexer als diese Zusammenfassung, ohne daß die zusätzlichen Details für die Handlung des Spiels von Bedeutung wären; es ist allerdings bemerkenswert, daß sie von Gryphius sämtlich übernommen werden – und zu einer langen Rede Catharinas (in der dritten Abhandlung) verarbeitet werden, die gewissermaßen eine Binnenerzählung bildet.

Auch wenn Gryphius seiner Vorlage im ganzen derart treu ist, daß er selbst unbedeutende Details übernimmt, bringt er einige Änderungen an, die Catharina noch deutlicher als »Beyspill« hervorheben: Er streicht beispielsweise die Bemerkung, daß Catharine »Chrestienne schismatique & heretique Grecque de Religion« gewesen sei und sich erst beim nahenden Tod zur »Foy Catholique« bekehrt habe;[4] bei ihm erscheint Catharina von Anfang an als vorbildliche Christin. Auf der anderen Seite wird die Liebe des Tyrannen, die bei Malingre mehr strategische Simulation als echtes Gefühl zu sein scheint,[5] bei Gryphius als unbeherrschbare Leidenschaft dargestellt, der Chach Abas ohnmächtig unterliegt. So werden die Fronten zwischen Gut und Böse, Beständigkeit und Ohnmacht bereits in den Abhandlungen unmißverständlich nachgezeichnet. Zudem durchsetzt Gryphius die Darstellung mit einigen das Geschehen deutenden Momenten: So berichtet Catharina in der ersten Abhandlung von einem Traum, der sich im Fortgang der Handlung als Ankündigung ihres Martyriums entpuppt (*Cath.* I,323–352); die Rückeroberung des Reichs durch ihren Sohn, von der Catharina darauf hört (*Cath.* I,353–361), wird von ihr als göttliches Gnadenzeichen interpretiert, das im Martyrium dankbar angenommen werden muß (*Cath.* I,394–408); und am Ende des Spiels steht die Apotheose der Märtyrerin, die, in den Himmel erhoben, den reuevollen Tyrannen – er hat mittlerweile eingesehen, daß er im Unrecht war – mit einem furchtbaren Fluch belegt (*Cath.* V, 345–448). So wird sichergestellt, daß Catharinas Martyrium nicht nur als individueller Leidensweg, sondern zugleich als in der göttlichen Vorsehung aufgehoben erscheint: Sie erduldet, was Gott ihr als Prüfung auferlegt hat, und wird dafür mit der (nach biblischem Vorbild gestalteten) Verherrlichung belohnt.

An diesen Modifikationen seiner französischen Vorlage wird deutlich, daß Gryphius nicht an der Wiedergabe ›historischer‹ Wahrheit interessiert war – und tatsächlich schließt die Rede von einem »Beyspill« ja bereits ein, daß in dem dargestellten Fall eine allgemeine Regel anschaulich werden, seine Bedeutung also das konkret Vorgefallene überschreiten muß. Allerdings bleibt im vorliegenden Spiel – trotz aller vereindeutigenden Eingriffe seitens Gryphius' – offen, für welche Regel Catharina ein Beispiel darstellen, wie man ihre Beständigkeit auslegen soll. So könnte die zeitliche Nähe der dargestellten Ereignisse zu Gryphius' Gegenwart es nahelegen, in ihnen einen Kommentar zur Zeitgeschichte und besonders zur Konfessionsfrage zu sehen. In diesem Sinn hat Elida Maria Szarota das Märtyrerspiel

---

4 Malingre (Anm. 2), S. 528.
5 Vgl. ebd., S. 507: »Cha-Abas voyant la Roine Mere Catherine, dissimula d'estre plus amoureux qu'en colere […].« Es ist in diesem Zusammenhang vielleicht bemerkenswert, daß für Malingre nicht Catherine, sondern Cha-Abas die Exempelfigur ist: Sein Schicksal soll offensichtlich die Eröffnungssentenz der Geschichte – »L'Amovr jette de si fortes racines dans les cœurs des hommes […] qu'il les oblige de se captiuer au char de sa tyrannie […]« (ebd., S. 472) – beweisen, auch wenn das nicht ganz widerspruchsfrei erscheint.

gelesen; sie betont die Rolle, die der lutherische Freiheitsbegriff in *Catharina von Georgien* als Grundlage von Beständigkeit und damit als Vermittlung zwischen Vergänglichkeit und Ewigkeit einnimmt. So erscheine z.B. die Beteuerung, Catharina habe, »ob sie gleich gebunden / | Reich / und sich / in sich gefunden« (*Cath.* III, 513f.), als Ausdruck protestantischer Innerlichkeit,[6] der auch eine religionspolitische Bedeutung zukomme: »Natürlich ging es dabei letzten Endes um die Glaubensfreiheit, genau wie im Traktat des Westfälischen Friedens.«[7] Von hier aus läßt sich das Spiel auch als direkter Kommentar zur Zeitgeschichte verstehen, so daß »Georgien« als »Spiegelbild« Schlesiens und seines (konfessions)politischen Schicksals zu deuten wäre[8] – hier wäre besonders an die lange Darstellung der Situation Georgiens in der dritten Abhandlung zu denken, die sich in einigen Punkten auf Schlesien übertragen läßt. Catharinas Beständigkeit und Duldsamkeit würden damit zu einem innerlichen »Rebellentum«, das der zeitgenössische Zuschauer als »Protest gegen den Gewissenszwang, gegen die Politik der Habsburger auf konfessionellem Gebiet und auch gegen ihre Schlesienpolitik«[9] verstanden habe. Dann wäre die Märtyrerfigur – die ja zunächst dem katholischen Heiligenkult, gegen den sich Luther wandte, verbunden zu sein scheint[10] – im Grunde als Fürsprecherin des Protestantismus und der mit ihm ferner einhergehenden Politisierung und ›Säkularisierung‹ von Religion zu verstehen.

Weiter noch geht die Interpretation von Peter Brenner, die das Verhältnis zwischen Märtyrer und Tyrann vor dem Hintergrund der zeitgenössischen Rechtspraxis umkehrt: Brenner sieht in dem Umstand, daß die Folterhandlung juristisch »formalisiert« durchgeführt werde, einen Hinweis darauf, daß der Tyrann die »moderne Staatsraison« verkörpere, die dem Märtyrer mit Recht entgegentrete.[11] »Die Gestaltung der Hinrichtungsszenen, ihre staatsrechtliche Begründung und schließlich die freiwillige Unterwerfung unter das Urteil setzen den Märtyrer ins Unrecht, weil er sich gegen den juristisch legalen und legitimen Machtanspruch des Staates stellt.«[12] Die religiöse Gewissensfreiheit, für die Catharina nach Szarota eintritt, ist in Brenners Interpretation »ihres transzendenten Gehaltes entkleidet«, so daß der Glaubenskampf als Konflikt »zwischen Individuum und Staat«, »als ein säkularer Vorgang« erscheint.[13]

---

6 Vgl. Elida Maria Szarota: Gryphius' »Catharina von Georgien« (1967) [609], S. 198f.
7 Ebd., S. 206.
8 Ebd., S. 207.
9 Ebd., S. 208.
10 Vgl. ebd., S. 198 mit Anm. 24. Szarota nimmt dort die Beobachtung auf, daß Gryphius' Stoffwahl von dem Wunsch bestimmt war, »als Lutheraner die römische Kirche zu vermeiden und dennoch Märtyrerdramen schreiben zu können«.
11 Peter J. Brenner: Der Tod des Märtyrers (1988) [440], S. 255f.
12 Ebd., S. 256.
13 Ebd., S. 260.

Es wird mithin deutlich, daß das unzweifelhafte Eintreten der Märtyrerin für ihren Glauben nicht unbedingt im Sinne eines religiösen Lehrstücks gedeutet werden muß. Doch selbst Interpretationen, die ihren Schwerpunkt auf den im Stück durchaus präsenten theologischen Gehalt legen, werden mit der Frage der Säkularisation konfrontiert, wenn sie sich ihnen auch deutlich differenzierter stellt. So legt der Umstand, daß Gryphius eine historische Person zur Märtyrerin gestaltet und ihren himmlischen Triumph in einer theatralischen Apotheose demonstriert, eine heilsgeschichtliche Deutung nahe: Dann würde es dem Dichter nicht zuerst um ein historisches Ereignis, sondern um dessen Beispielhaftigkeit in bezug auf das christliche Heilsversprechen gehen; das geschichtliche Ereignis dürfte nur insofern Anspruch auf eine überzeitliche Wahrheit erheben, als Catharinas Märtyrertod sich als Re-Präsentation von Jesu Kreuzestod und dem mit ihm verbundenen Heilsversprechen deuten läßt. In diesem Sinne gilt auch für *Catharina von Georgien*: »Ein Stück Geschichte wird dichterisch gestaltet, das heißt: in die richtige, dem wahren Wesen der Ereignisse entsprechende und sie offenbar machende Form gebracht.«[14] Gerade diese heilsgeschichtliche Umgestaltung führt allerdings, wie sich im folgenden zeigen wird, zu dem Problem der Säkularisation zurück.

Für ein derartiges Geschichtsverständnis gibt es im Spiel deutliche Hinweise; so stellt sich Catharina selbst in die Nachfolge Jesu, wenn sie gegenüber einer Jungfrau ausruft: »Auff! Gott schenckt uns die Cron / wenn wir / wie Er gestorben!« (*Cath.* IV,370). Zugleich greift die Rede von der zu erwartenden »Cron« eine Metapher auf, die das Beschriebene einer heilsgeschichtlichen Logik einschreibt: Die georgische Königin mußte ihre Fürstenkrone gegen die »Marter-Cron« (*Cath.* IV,336) vertauschen, um durch ihr »auff Gott-vertrauen« die »Ehren-Cron« (*Cath.* I,863f.) zu erwerben.[15] Die Beständigkeit der Märtyrerin wäre damit nicht nur Vorbild für individuelles Verhalten, sondern zugleich Beweis dafür, daß das christliche Heilsversprechen die Vergänglichkeit alles Irdischen überdauert.

Albrecht Schöne, der die zentrale Rolle der »Kronen-Trias« für die figurale Strategie des Trauerspiels zuerst betonte, sah in ihr vor allem ein dichterisches Gestaltungsmittel, durch das sich die kontingente Faktizität der Geschichte in einen überzeitlichen Rahmen einfügen ließe; insofern eine solche Bearbeitung des Geschichtlichen einen künstlerischen Gestaltungswillen voraussetzt, der über Geschichte und religiöse Metaphorik gleichermaßen souverän verfügt, erschien ihm die sogenannte »Postfiguration« als Anzeichen einer einsetzenden »Säkularisation« – ursprünglich religiöse Interpretationsmuster würden von Gryphius als »dichterisches Gestaltungsmittel« verwendet: Während »Figura« und »Erfüllung« in

---

14 Albrecht Schöne: Carolus Stuardus (1968) [645], S. 161.
15 Zu dieser dreistufigen Kronenmetapher, die Gryphius ebenfalls in *Carolus Stuardus* und der Leichabdankung *Magnetische Verbindung* einsetzt, vgl. ebd., bes. S. 128f. und 134–139; im Anschluß daran differenzierend Harst 2012 (Anm. 1), S. 97–121.

der Bibelexegese als »Stadien der Heilsgeschichte« erschienen, »[tritt] Gryphius' Darstellung [...] aus dem teleologischen Verlauf heraus« und »entfremdet so das figurale Prinzip seinem ursprünglichen religiösen Sinne«.[16] Allerdings könnte man auch umgekehrt argumentieren, daß die figurale Nachgestaltung von Geschichte – die in der Praxis weit vor Gryphius zurückreicht – nicht von einer Entfremdung zwischen Religion und Dichtung, sondern von einer im Vergleich zum frühen Christentum fundamental veränderten Religiosität zeugt, deren Ursprung letztlich bereits im Ausbleiben der erwarteten Wiederkunft Christi liegt: Das Offen-Bleiben des Heilsversprechens fordert seine beständige Bekräftigung durch die figurale Transformation von Geschichte in Heilsgeschichte heraus.[17]

Der Effekt dieser Verschiebung von der Naherwartung zur Wiederholung eines unerfüllten Versprechens läßt sich konkret an der Leichabdankung *Folter Menschliches Lebens* ablesen, deren allegorischer Konstruktion Catharinas Geschichte als Vorlage dient (vgl. *FML*, fol A^v–Aij^r).[18] Hier wird der Lebensweg der verstorbenen Barbara Gerlach nach dem Muster der königlichen Märtyrerin gestaltet, indem kurzerhand das Leben schlichtweg als Folter gedeutet wird: »Ihr gantzes Leben« sei »nichts denn ein stetes Weh / eine jmmerwehrende Folter / eine hefftige Marter gewesen«; da sie aber »Gedult und unbewegte Großmüttigkeit« gezeigt habe, dürfe geschlossen werden, daß ihr ebenso wie dem königlichen Vorbild das Himmelreich offenstehe (*FML*, fol. Aij^r). Ja, Gryphius kann den allegorischen Schluß sogar noch auf die gesamte Menschheit ausweiten, da schon Seneca geschrieben habe, »daß unser Leben doch nichts anders als eine stete Folter« sei, die man beständig zu bestehen habe (*FML*, fol. Aij^v). So wird im Rückschluß auch der natürliche Tod zum heilsbringenden Märtyrertod umgedeutet; eine Konsequenz, die Gryphius an anderer Stelle ausdrücklich zieht, wenn er sinnentstellend aus Paulus' Brief an die Römer zitiert: »wer gestorben ist [...] der ist gerechtfertigt von der Sünde« (*TA* Cij^r; vgl. Röm 6,7). Doch während Paulus an dieser Stelle von dem symbolischen Tod spricht, den der Gläubige in der Taufe erleidet, um sich als Christ bereits im diesseitigen Leben zu den Erlösten zählen zu dürfen, gilt für Gryphius nur der tatsächlich Verstorbene als heilsfähig. Das singuläre Opfer Jesu, das den geschichtlichen

---

16 Vgl. zusammenfassend Schöne (Anm. 14), S. 169.
17 Vgl. für eine diskursanalytische Fundierung dieses Arguments Joachim Küpper: Diskurs-Renovatio bei Lope de Vega und Calderón: Untersuchungen zum spanischen Barockdrama. Mit einer Skizze zur Evolution der Diskurse in Mittelalter, Renaissance und Manierismus. Tübingen 1990, bes. S. 230–304. Als ein (spätes!) Beispiel »postfiguraler« Gestaltung von Geschichte nennt Küpper die *Chanson de Roland*. – Im Grunde ist der Gedanke der »Postfiguration« bereits jedem Märtyrer vertraut, der sich durch seinen Tod bewußt in ein imitatives Verhältnis zu Jesus setzt, um sterbend dessen Heilsversprechen zu bekräftigen. Vgl. dazu am Beispiel von *Catharina* Christopher J. Wild: Fleischgewordener Sinn (2001) [616].
18 Zur allegorischen Konstruktion der Leichabdankungen allgemein vgl. Nicola Kaminski: Andreas Gryphius (1998) [122], S. 202–231.

Schuldzusammenhang lösen sollte, wird so in die ewige Wiederholung eines allgegenwärtigen Todes zurückgeholt, gerade wo es imitativ-figural bestärkt wird.[19] So verwandelt sich Geschichte selbst in den Schauplatz eines unendlich wiederholten Trauerspiels. Man muß daher nicht von »häretischen Zügen«[20] der »postfiguralen« Gestaltung sprechen, um den zutiefst unerlösten Status der sich in ihr aussprechenden Religiosität zu erkennen.

Die hier herausgearbeitete soteriologische Aporie gewinnt noch schärfere Züge, wenn man ihre politischen Verstrickungen bedenkt. Im Kontext einer Religiosität, die am Jenseits nur durch die blutig nachgezogene Grenze, durch die konsequente Negation alles Irdischen festhalten kann, muß die Erlösung katastrophische Ausprägung erhalten; sie wird folglich als Jüngster Tag gedacht, dessen zugleich vernichtende und heilsbringende Gewalt sich nur unter der Bedingung seines Aufschubs vorstellen läßt. An dieser Stelle tritt der weltliche Tyrann in die Dynamik des Trauerspiels ein, dessen Souveränität nach Benjamin gerade darin bemessen ist, den »Ausnahmezustand« auszuschließen, das Hereinbrechen der »Katastrophe« aufzuhalten.[21] Das wird im vorliegenden Trauerspiel konkret vorgeführt: Hier verkörpert Chach Abas unzweifelhaft die Verderbtheit irdischer Macht wie die Unerlöstheit der ungläubigen Welt an sich – und macht gerade in dieser Funktion die Darstellung des Martyriums überhaupt erst möglich. Ja, auch die antizipierende Repräsentation des Jüngsten Gerichts in der Apotheose Catharinas verdankt sich dem Aufschub des endgültigen Urteils: Das Spiel bewährt das Recht der Märtyrerin bezeichnenderweise nicht mit der Vernichtung des Tyrannen, sondern mit einem Fluch, für dessen Realisation das Fortleben des Tyrannen und mithin das provisorische Fortbestehen weltlicher Macht erste Voraussetzung ist. Der ewige Schauplatz des Trauerspiels verdankt sich seinem aktiven Aufschub des Heils. Das Trauerspiel *Catharina von Georgien* führt damit exemplarisch vor, was für das ›Heilstheater‹ des Gryphius im allgemeinen gilt: Erlösung läßt sich nur dann theatral demonstrieren, wenn sie zum Fluch verkehrt wird.

Rhetorisches Exempel

Bekanntlich hat sich Gryphius nicht nur an einer historischen Stoffvorlage orientiert, sondern sich auch dramatische Vorbilder gesucht, die ihm als Folie dienen: Kontrastiv setzt er sich von Corneilles *Polyeucte martyr* ab, dessen Handlung »Liebe und Bulerey« zu sehr in den Mittelpunkt stelle (*Leo*, fol. Aiij^r), während ihm das Ar-

---

19 Vgl. dazu ausführlicher Harst 2012 (Anm. 1), S. 134–142.
20 Schöne (Anm. 14), S. 169.
21 Vgl. Walter Benjamin: Ursprung des deutschen Trauerspiels (1928) [432a], S. 55f., und Joachim Harst: Deus ex machina (2013) [457].

rangement von Vondels *Maeghden*, denen er »die zentrale Konstellation und den Konflikt des Tyrannen zwischen Liebe und Mordimpuls«[22] entnimmt, als positives Muster dient. Schon hieraus läßt sich erkennen, daß das Trauerspiel nicht originelle Dichtung, sondern exemplarische Erfüllung rhetorischer und poetologischer Regeln anstrebt, wie sie in den zahlreichen Pamphleten und Handbüchern der Zeit diskutiert werden; Regeln, die die inhaltliche Gestaltung mit bestimmten formalen Charakteristika verbinden. So wird das Trauerspiel als erhabene Gattung verstanden, die ihren Rang vor allem durch den hohen Stand ihres Personals und die Schrecklichkeit von deren Schicksalen behauptet;[23] dem entspricht auf formaler Seite die Forderung, ein erhabenes Stilregister zu pflegen: »Denn wie ein anderer habit einem könige / ein anderer einer priuatperson gebühret / [...]: so muß man auch nicht von allen dingen auff einerley weise reden [...].«[24] Zwischen Stoff und rhetorischer Form soll also eine einfache Entsprechung herrschen.

Dieser poetologischen Forderung kann das Trauerspiel nur teilweise entsprechen.[25] Sicherlich stehen mit Königin und Tyrann zwei erhabene Figuren auf der Bühne, die als solche die Standesforderung erfüllen; Gefangenschaft, Folter und qualvoller Tod dagegen sind zwar grausam, stehen aber eher mit der niedrigen Sphäre des Verbrechens in Verbindung: »Das lange zappeln in den Schmertzen / | Wenn man uns Darm und Zung entrückte« (*Cath.* II,398f.), von dem der »Reye der von Chach Abas erwürgeten Fürsten« singt, steht keinem erhabenen Helden gut an, schließlich ist bereits die Tatsache der Verurteilung und Hinrichtung allgemein als ein »Schand'- ein Laster-Mahl« angesehen, das nur der Christ zum »Märtrer Schmuck« umdeuten kann (*Fel.* V,210f.). So steht der Königsdiener Imanculi im (topischen) Religionsstreit der vierten Abhandlung verständnislos vor dem Beharren Catharinas, der Ehe mit dem Tyrannen den Tod im Namen Jesu vorzuziehen:

> Jman. Sie libt was Creutzer gibt / und hass't was Cronen schenckt.
> Cath. Diß Creutz gibt uns die Cron die Nimand nimbt noch kränckt. (*Cath.* IV,215f.)

Während der Perser Imanculi in der Stichomythie offenkundig (ständische) Erhabenheit mit der Fürstenkrone verbindet, vertritt Catharina die christliche Auffassung, daß sich die (religiöse) Erhabenheit erst in der Erniedrigung durch das Kreuz

---

22 Thomas Borgstedt: Angst, Irrtum und Reue in der Märtyrertragödie (1999) [574], S. 572.
23 Vgl. MARTINI OPITII Buch von der Deutschen Poeterey. Jn welchem alle jhre eigenschafft vnd zuegehör gründtlich erzehlet / vnd mit exempeln außgeführt wird. Gedruckt in der Fürstlichen Stadt Brieg / bey Augustino Gründern. Jn Verlegung David Müllers Buchhändlers in Breßlaw. 1624, fol. Dij^r–Dij^v.
24 Ebd., fol. F^r.
25 Vgl. für die folgende Argumentation auch Harst 2012 (Anm. 1), S. 84–96, und ders.: Zur Trauerspielsprache bei Gryphius (2013) [458].

bewährt; die von Imanculi vorausgesetzte Antithese von »Creutz« und »Crone« wird von Catharina als dialektische Verschränkung gedacht. Sie bezieht sich inhaltlich auf das Paradox, daß sich Jesus gerade im Moment seiner tiefsten Erniedrigung (»Creutz«) als der »Gesalbte« (»Crone«) offenbart; ein Paradox, das sich formal in der Stilkategorie des *sermo humilis* fassen läßt, der gerade durch scheinbar niedrige Sprache seinem erhabenen Gegenstand gerecht zu werden sucht und sich u.a. durch das Oxymoron als zentrale Stilfigur auszeichnet.[26] In diesem Sinn spricht auch Paulus von einem Gegensatz zwischen christlichem »Creutz« und irdischer »Crone«, der sich rhetorisch darin zeigt, daß sich vom Kreuz »[n]icht mit klugen worten« (1 Kor 1,17), sondern nur in scheinbarer Torheit sprechen läßt: »Denn das wort vom Creutz ist eine torheit / denen / die verloren werden / Vns aber / die wir selig werden / ists eine Gottes krafft« (1 Kor 1,18). Stilistisch gesehen stünde das Märtyrerspiel also vor dem Dilemma, entweder die poetologische Forderung eines erhabenen Stils zu enttäuschen oder die christliche Relevanz der erniedrigenden Passion zu verraten.[27]

Gryphius begegnet diesem Problem, indem er im Trauerspiel beide Stillagen imitiert und ihnen verschiedene semantische Funktionen zuweist. Erhaben gibt sich die aufmunternde, an ihre Jungfrauen gerichtete Rede der Königin, die dem Tod unerschrocken entgegensieht und sich dabei ihrer Vorbildfunktion deutlich bewußt ist:

Was? würd ein schwaches Kind / ein zartes Fräulin dencken /
Sol mich die grimme Pein biß zu dem Mord-Pfahl krencken?
[...]

---

26 Vgl. dazu grundlegend: Erich Auerbach: Sermo humilis. In: Literatursprache und Publikum in der lateinischen Spätantike und im Mittelalter. Bern 1958, S. 25–63. Auerbach versteht das Verhältnis zwischen Gegenstand und Stil nicht als bloße Entsprechung, sondern als wechselseitig produktiv: Der unerhörte Gedanke von Inkarnation und Passion läßt sich nur im *sermo humilis* fassen. – Das Oxymoron ist auch begrifflich als Paradigma des *sermo humilis* zu verstehen, insofern es üblicherweise als Kompositum der griechischen Vokabeln *oxús* (scharf, scharfsinnig) und *mōrós* (dumm, töricht) erklärt wird: Die Predigt im *sermo humilis* ist jene Rede, deren (auch rhetorisch-stilistische) Torheit sich als Weisheit erweist. Zum Oxymoron als Sprach- und Denkfigur vgl. Hans Jürgen Scheuer: (Art.) Oxymoron. In: Historisches Wörterbuch der Rhetorik. Hg. von Gert Ueding u.a. Bd. 6. Tübingen 2003, S. 469–475.
27 Die stilistische Annahme, daß dem religiösen Gegenstand nur eine rhetorisch schmucklose und in diesem Sinne niedrige Ausdrucksform genügen kann, ist auch bei Gryphius zu spüren, wenn er betont, daß seine »Thränen über das Leiden Jesu Christi« stilistisch »auff das schlechteste« gehalten und »so vil möglich / an die Worte der heiligsten Geschichte gebunden« seien: »Denn weil ich hir nichts als die Andacht gesuchet / habe ich mich bekanter Melodien und der gemeinesten Weyse zu reden gebrauchen wollen« (*Od.* IV, S. 609). Vgl. dazu Hans-Henrik Krummacher: Der junge Gryphius und die Tradition (1976) [225], S. 393f.; allgemein zum *sermo humilis* im Barock ebd., S. 395–400 (Lyrik), S. 400–402 (Prosa), S. 402–406 (Rhetorik).

> Nein Libsten! da euch ja die Angst solt' überfallen;
> Sucht euer Königin standhafftig nachzuwallen.
> Nemmt Kercker für Paläst / für Freyheit; Ketten an
> [...]
> Küst Schwerdter die man euch durch Brust und Gurgel treibt!
> Wenn euch der eine Schatz des heilgen Glaubens bleibt! (*Cath.* IV,169–180)

Im Alexandriner – dem erhabenen Versmaß des Trauerspiels – nimmt Catharina hier eine antithetische Vertauschung von Freiheit und Gefangenschaft vor, durch die sie als in Wahrheit freie, starke und unberührbare Königin erscheint: Als Vorbild kann sie es sich nicht leisten, demütig oder gar ängstlich zu erscheinen; mit Emphase verwirft sie die irdische Wirklichkeit als Schein, der nur in absoluter Verkehrung auf die himmlische Wahrheit verweist – und auch dies nur so lange, wie man den »Schatz des heilgen Glauben« besitzt, und das bedeutet: qualvoll zu sterben bereit ist.

Derartigen, an Bühnenpublikum wie Zuschauer gerichteten Reden, die in ihrem blutrünstigen Heroismus an das jesuitische Märtyrerspiel erinnern, stellt Gryphius das einsame Gebet der Königin gegenüber, das deutlich zurückhaltender wirkt. Diese monologischen Einlagen nähern sich metrisch dem schlichten Gemeindelied an und sind auch inhaltlich betont demütig gestaltet – sie suchen offensichtlich »nichts als die Andacht«.[28] In direkter Anrede an Jesus bittet die Königin:

> Beut du mir selbst die Faust und hilff mir überwinden
>   Alleine bin ich vil zu schwach /
>   Mit dir wil ich durch Angst und Ach
> Den Sig / das Licht / den Weg / zu dir / Erlöser / finden. (*Cath.* IV,293–296)

Anders als viele Märtyrer des Jesuitentheaters, die dem Tod gleich einem Spiel entgegensehen und dadurch überheblich wirken können,[29] nimmt ihn Catharina sehr

---

28 Vgl. das Gryphius-Zitat in Anm. 27. – Eine ganz der Rolle des Gebets gewidmete Untersuchung hat vorgelegt Franka Marquardt: Unerhört. Funktionen des Gebets in Andreas Gryphius' »Catharina von Georgien« (2008) [599]. Marquardt zeigt auf, wie das »Gebet« – nicht nur der Protagonistin, sondern auch der Nebenfigur Salome und des Antagonisten Chach Abas – die Spannung des Trauerspiels zwischen »Immanenz« und »Transzendenz« auch insofern artikuliert, als es poetologische und theologische Funktionen übernimmt: Gryphius orientiert sich nach Marquardt an alttestamentlichen Psalmen und Klageliedern, um dramentechnische Erfordernisse zu erfüllen. Diesen Befund möchte ich um die Dimension der rhetorischen *imitatio* ergänzen, die hier ebenfalls theologische Bedeutung gewinnt.

29 Vgl. zum jesuitischen Helden knapp charakterisierend Borgstedt (Anm. 22), S. 567f. Als ein konkretes Beispiel kann Corneilles Polyeucte genannt werden, der die Verurteilung zum Märtyrertod bewußt herausfordert; als sein Taufvater ihn mit dem Argument davon abzuhalten sucht, daß der Christ duldend zu leben habe, aber nicht seinen Tod suchen solle (»*Par vne sainte vie il la* [*la palme*]

wohl ernst und zeigt sich darin menschlich – sie kann die Marter nur dank des Beistands Jesu auf sich nehmen, der seine Stärke in der Erniedrigung unter Beweis gestellt hat: »Denn die göttliche Torheit ist weiser denn die Menschen sind / vnd die göttliche Schwacheit ist stercker denn die Menschen sind« (1 Kor 1,25). So wird hier stilistisch und inhaltlich auf den paulinischen *sermo humilis* verwiesen; dem majestätischen Äußeren wird auch rhetorisch eine (protestantische) Innerlichkeit verliehen, die öffentliche Außenansicht durch eine private Innensicht ergänzt: Die Königin, die sich gegenüber den Untertanen pflichtschuldig erhaben zeigte, findet im Gebet in die Rolle der demütigen Märtyrerin.

Die beiden genannten Stilregister werden nicht nur nebeneinander eingesetzt, sondern in der finalen Marterszene ausdrücklich ineinander verschränkt. Sie wird von Gryphius als Botenbericht gestaltet, in dem die Marterhandlungen von Augenzeuginnen berichtet, zugleich aber auch die Gebete der Königin in direkter Rede mitgeteilt werden; so können die zunächst isoliert aufgetretenen Stilregister zusammengeführt und die Erhabenheit der Königin in ihrer Demut aufgezeigt werden. Adressat des Berichts ist »das Frauen Zimmer«, eine chorartige Gruppe von Jungfrauen, die – mit deutlichem Seitenblick auf die Zuschauer – die Analogie zwischen Catharinas und Jesu Tod herausstreichen:

> Seren. Man riß die Kleider hin.
> [...]
> Die Jungfr. So hat ihr Heyland selbst entblöst erblassen müssen. (*Cath.* V,61 und 65)

Die schrecklich genaue Beschreibung der anschließenden Marterqualen nimmt den Topos von Jesu zerstörter Schönheit auf und bedient gleichzeitig die gattungsmäßig geforderte *atrocitas*, die jedoch in der totalen Auflösung der körperlichen Gestalt über das Maß des Erhabenen hinausgeht. Catharina stirbt nicht mit dem selbstbewußt-souveränen Gestus des stoischen Helden, sondern mit einer demütigen Bitte um »Geduld« (*Cath.* V,79); ihr Triumph zeigt sich weniger in der Beherrschung des Körpers als in dem radikalen Auseinandertreten von »zarte[m] Fleisch« und »frische[m] Geist« (*Cath.* IV,273 und 275). Dieser Gegensatz wird noch betont durch das formvollendete Gebet, das Catharina an Jesus richtet, während man »von der Armen Röhr die flachen Mausen rückte« (*Cath.* V,78) – dem Leib, der in der Marter seine Gestalt verliert, steht der wohlgestaltete Ausdruck »tif'ster Demut« gegenüber:

---

faut meriter«), versetzt Polyeucte: »*Mes crimes en viuant me la pourroient oster, | Pourquoy mettre au hazard ce que la mort asseure?*« POLYEUCTE MARTYR. TRAGEDIE. A PARIS, Chez Antoine de Sommaville, en la Gallerie des Merciers, à l'Escu de France. & Avgvstin Covrbé, en la mesme Gallerie, à la Palme. Au Palais. M. DC. XLIII. *AVEC PRIVILEGE DV ROY*, S. 46 (Akt II, Szene 6). Der Tod kommt hier nurmehr als spielerischer Einsatz in Betracht. Vgl. auch ↗ Kap. II.5.1 zu Gryphius' *Felicitas*-Übersetzung.

> Erlöser gib Geduld!
> Jch nehme dises Pfand der ewig-treuen Huld
> Jn tif'ster Demut an / Jch / die mit offnen Sünden
> Die Flammen / die dein Zorn unendlich heist entzünden /
> Durch meine Schuld erwarb / bin nicht der Gnade werth
> Zu leiden für dein' Ehr (*Cath.* V,79–84)

Die Märtyrerin rühmt sich nicht ihrer Standhaftigkeit, sondern betont vielmehr demütig ihre Schuld und Niedrigkeit, in der ihr der Tod als »Gnade« und »Pfand« erscheint; sogar die Marterqualen versucht sie herunterzuspielen, denn im Vergleich zu Jesu Schmerzen am Kreuz müssen sie als gering erscheinen:

> Was fühl'te nicht dein Geist? als du vor mich entschlaffen /
> Als deine Seel in Fluch und Todes Angst verfil
> Vnd sich verlassen fand? mein Schmertz ist Kinderspil! (*Cath.* V,86–88)

Worauf der Jungfrauen-Chor sofort einfällt: »So läst sich GOttes Krafft in Gottes Kindern mercken« (*Cath.* V,89). Wie die fromme Christin den Märtyrertod nur dank des Beistands Jesu auf sich nehmen kann, so wird die Darstellung ihres Leidens von rahmenden Kommentaren gestützt, die sicherstellen, daß ihre Demut im rechten Licht, und das heißt eigentlich: als in der Erniedrigung erhaben, von »GOttes Krafft« beseelt erscheint. Die Dialektik, die den christlichen Passionsgedanken und den entsprechenden *sermo humilis* ausmacht, wird bei Gryphius durch das Ineinander zweier Stilregister nachgeahmt, in der Nachahmung aber auch wieder aufgelöst: Während es bei Paulus heißt, »wenn ich schwach bin / so bin ich starck« (2 Kor 12,10), der Akzent also auf der paradoxen Gleichzeitigkeit des Gegensatzes liegt, stellt ihn das Trauerspiel als Unterschied zwischen subjektiver und objektiver Wahrnehmung dar.

Daß diese rhetorische *imitatio* sich letztlich deutlich von ihrem Vorbild unterscheidet, läßt sich an einer weiteren stilistischen Beobachtung festmachen. Sie hängt mit der für das Trauerspiel zentralen Rolle der Liebe und ihrer rhetorischen Gestaltung zusammen. Catharina weiß, daß sie im Märtyrertod »[d]er blinden Libe Joch / des Todes Pfeil zubrochen« (*Cath.* IV,422) haben wird, und ist dementsprechend unberührbar für das fleischliche Verlangen des Tyrannen; zugleich spricht sie Jesus als ihren »Bräutgam« (*Cath.* IV,282; IV,336) an und deutet damit auf ein spirituelles Liebesverhältnis – das zwischen ›Jesus und den in ihn verliebten Seelen‹,[30] das vom ersten Reyen der Jungfrauen bündig auf den Punkt gebracht wird:

---

30 In Anlehnung an den Titel der Leichabdankung auf Mariane von Popschitz *Magnetische Verbindung Des HErren JESU / und der in Jh[n] verliebten Seelen* (*MV*).

»Ein Gott verlobter Geist verleurt nichts wenn die Welt | Gleich über hauffen fält!« (*Cath.* I, 867 f.).[31]

Der Gedanke, die Beziehung zwischen Jesus und der Gläubigen als Liebe zu fassen, hängt u.a. mit der neutestamentlichen Beschreibung zusammen, daß Gott aus Liebe zu den Menschen seinen Sohn opferte;[32] daß er sich also – in einer topischen Metaphorik gesprochen – vom Pfeil der Liebe verletzen ließ, um mit ihr den Tod zu überwinden (vgl. *Cath.* IV, 455 f.: »Diser Pfeil der durch das Hertz | Gottes selber drang [...]«). Dieser Gedanke setzt, ähnlich wie Inkarnation und Passion, ein paradoxes Ineinander von Göttlichem und Menschlichem, Erhabenem und Niedrigem voraus, das eine klare Scheidung von irdischer und himmlischer Liebe nicht zuläßt – die Nächsten- und Feindesliebe beispielsweise gilt ja vielmehr als irdische Beziehung, in der sich christliche *humilitas* und göttliche Liebe zugleich realisieren. Die Ambivalenz einer solchen Liebe läßt es zum einen zu, auch die Beziehung zu Jesus zu erotisieren, wie es in der Liebesmystik mit ihrem ekstatischen Sprachgestus der Fall ist; sie läßt es aber ebenso zu, die irdische Liebe als Passion darzustellen: Hier ließe sich Petrarcas *Canzoniere* als stilprägendes Beispiel nennen.[33] Beide Traditionen haben einen je charakteristischen Stil ausgeprägt, der freilich im häufigen Gebrauch von Oxymora und Paradoxa übereinkommt – und beide Traditionen werden bei Gryphius rhetorisch nachgeahmt. So spricht der in Liebe entbrannte Tyrann im petrarkistischen Stil, wenn er seine Geliebte zur Göttin erhebt, sich selbst, den Machthaber, als ihren Gefangenen bezeichnet und Catharina als »Holdseligste Feindin« (*Cath.* II, 49) apostrophiert.[34] Catharinas Anspielungen auf eine Hochzeit mit dem himmlischen Bräutigam verweisen dagegen auf eine Liebesmystik, deren Paradoxa im letzten Reyen des Stücks in schlichter Liedform anschaulich vor Augen geführt werden.[35] Dort läßt Gryphius Tod und Liebe auftreten, um deren widersprüchliches Ineinander an der Einheit des allegorischen Gegenstands, des Pfeils, aufzuzeigen:

---

31 Zum Bild der Bluthochzeit vgl. Hans-Jürgen Schings: Catharina von Georgien (1968) [605], S. 68–70.
32 Vgl. Röm 5, 8; Gal 2, 20; Joh 3, 16; Hebr 4, 9 f.; dieser Gedanke wird in *Cath.* IV, 519 f. wiederholt.
33 Vgl. dazu Erich Auerbach: Gloria Passionis. In: Literatursprache und Publikum in der lateinischen Spätantike und im Mittelalter. Bern 1958, S. 54–63; der Aufsatz führt die »irdische« und »himmlische« Ausgestaltung der christlichen Liebespassion schon dadurch auf den *sermo humilis* zurück, daß er in der genannten Ausgabe als ergänzender Anhang zu Auerbachs »Sermo humilis« (Auerbach [Anm. 26]) präsentiert wird.
34 Vgl. dazu allgemein den Kommentar von Mannack in der Ausgabe des Klassikerverlags (*D*, S. 934 f.).
35 Zu diesem Reyen im Kontext der Liebesmystik vgl. Hans-Jürgen Schings: Die patristische und stoische Tradition (1966) [939], S. 271–277.

> Tod. Diser Pfeil der mit dem Blut
> Gottes selbst genetzt /
> Der mich umbfing euch zu gutt
> Heilt wenn er verletzt!
> Libe. Diser Pfeil der durch das Hertz
> Gottes selber drang /
> Tödtet Furcht / und Qual / und Schmertz
> Vnd der Folter Zwang. (*Cath.* IV,451–458)

Der Todespfeil »heilt wenn er verletzt« – und besonders der Märtyrertod darf, wie Catharina sich ausdrückt, als »Pfand« der Gnade (*Cath.* V,80) gelten; doch das gilt nur, wenn er zugleich Liebespfeil ist, wenn der Tod also nicht als heroische Tat, sondern als liebende Hingabe verstanden wird. Eben dies ist freilich auch in der petrarkischen Liebeslyrik die Pointe, wenn das unstillbare Liebesverlangen als »uiua morte«[36] beschrieben wird – himmlische und irdische Liebe kämen sich in ihrer grundsätzlichen Verflechtung von Liebe und Tod also noch einmal (rhetorisch) nahe. Um so charakteristischer ist es für das Trauerspiel, diese Ambivalenz aufzulösen, die himmlische eindeutig und endgültig von der irdischen Liebe trennen zu wollen:[37] Darum besteht der Reyen auf der Bewährung der Liebe durch den – realen und unmetaphorischen – Tod (vgl. *Cath.* IV,516); ein Beharren, das vom letzten Akt des Trauerspiels anschaulich in Szene gesetzt und mit der Apotheose der Märtyrerin nochmals unterstrichen wird: Im Angesicht der in den Himmel erhobenen Christin muß Chach Abas erkennen, daß »[d]er süssen Libe Fackel [...] nie dises harte Hertz berühret« hat und daß er folglich von der »Rach in ihrem Schein« bzw. den »Scharen aus der Hellen« verführt wurde (*Cath.* V,369–371). So wird das Paradox einer Liebe, die Himmlisches und Irdisches verbindet, zum demonstrativen Gegensatz von Schein und Sein vereindeutigt. Es ist daher konsequent, wenn Catharina ihre letzten Worte als erhabene Richterin spricht; allerdings wird damit auch deutlich, daß das Trauerspiel christliche *humilitas* stets nur als subjektiven und rhetorischen Schein zeigen kann, der von der ewigen Wahrheit zum erhabenen Exempel korrigiert zu werden hat. Seine ›Vorlage‹, die Passion Christi, muß das Trauerspiel folglich auch in rhetorischer Hinsicht verfehlen.

Theatrales Exempel

Der Wille zur Vereindeutigung spricht nicht nur aus dem stilistischen Arrangement des Textes, sondern auch aus den anschaulich-theatralen Strukturen, die ihm ein-

---

36 Vgl. IL PETRARCA CON L'ESPOSITIONE DI M. ALESSANDRO VELVTELLO. Di nuouo ristampato con le Figure a i Trionfi, con le Apostille, e con piu cose utili aggiunte. IN VENETIA, M D LXXIX., fol. 22^v–23^r, hier fol. 23^r (Nr. 132: »S'amor non è«, V. 7).
37 Den Willen zur strengen Unterscheidung betont auch Schings (Anm. 35), S. 275.

geschrieben sind, um mit dem Geschehen zugleich seine Deutung vorzuführen und somit sicherzustellen, daß das »Beyspill« auch richtig verstanden wird. Zu diesen Elementen zählt beispielsweise der Prolog der »Ewigkeit«, der sich direkt an das Publikum wendet und ihm zu verstehen gibt, daß alles, was auf dem »Schauplatz der Sterblikeit« (*Cath.* I,81) erscheint, nichtig ist – ausgenommen, so muß man annehmen, die Erscheinung der Ewigkeit selbst, die kurz darauf in den Theaterhimmel gehoben wird. Schon aus diesem Beispiel theatraler Demonstration wird deutlich, daß der Wille zur anschaulichen Eindeutigkeit unfreiwillig das Gegenteil erreichen kann, indem er auch die Explikation der zu demonstrierenden Wahrheit allegorisch präsentiert und folglich einem erneuten Deutungsprozeß aussetzt.[38]

Diese Problematik bricht vor allem dort auf, wo Deutendes und Gedeutetes sich nicht mehr – wie es noch im Verhältnis zwischen Prolog und Abhandlung der Fall ist – strukturell unterscheiden lassen, sondern sich in einer zirkulären Bewegung gegenseitig bedingen. Den Einsatzpunkt einer solchen Bewegung bildet jener Moment, in dem die Dienerin Salome der Königin eine Rose als hoffnungsvolles »Sommers-Zeichen« (*Cath.* I,301) überbringt, Catharina in ihr aber nichts als ein Sinnbild der Vergänglichkeit erkennen kann (*Cath.* I,303–318). So wird auf der Bühne derjenige allegorische Blick eingeübt, den auch das Publikum nachvollziehen soll. Deutlich wird dabei freilich auch, daß derselbe Gegenstand verschiedene Deutungen zuläßt. Während Salome auf den Kreislauf der Jahreszeiten verweist, der eine Wiederkehr der Blüte verspricht (*Cath.* I,319–322), beharrt Catharinas winterliches Gemüt auf dem Bild der Vergänglichkeit: Die Rose erinnert sie an die »verdorrte[n] Rosen-Aest« (*Cath.* I,337), die ihr in einem bösen Traum gleich einer Dornenkrone auf die blutende Stirn gedrückt wurden, bevor sie ein »frembder Mann [...] mehr denn etwas raw' umb beyde Brüst' ergriff« (*Cath.* I,343f.). Allerdings wurde sie tatsächlich im Traum nach diesem schrecklichen Moment – »Jch fil gantz von mir selbst« (*Cath.* I,345) – wiederhergestellt: »Doch als die Furcht vergangen: | Fand ich mich Salome! O mit was Lust! umbfangen« (*Cath.* I,345f.). Diesen Traum deutet Salome als Hinweis auf eine künftige Freilassung der Königin; ein gutes Omen, das sie durch die Nachricht von der Befreiung Tamaras' stützen kann. Catharina selbst freilich legt den Traum später neuerlich und anders, nämlich in bezug auf Martyrium und ewiges Leben, aus: Der fremde Mann sei »(Zweifels ohn) der Tod«, während die Lust »auff das sel'ge Reich das JEsus uns erworben [zilt]« (*Cath.* IV,367–369). Aus dieser Re-Lektüre des Traums kann sie sodann den erlösenden Schluß ziehen: »Auff! Gott schenkt uns die Cron / wenn wir / wie Er gestorben« (*Cath.* IV,370).

So baut das Spiel einen allegorischen Deutungsapparat auf, der vom emblematischen Gegenstand über die kontextualisierende Traumdeutung bis hin zur figura-

---

38 Vgl. zu diesem Aspekt Nicola Kaminski: Martyrogenese als theatrales Ereignis (1999) [547] und Harst 2012 (Anm. 1), S. 65–74; m.E. weniger präzise Peter Rusterholz: Theatrum vitae humanae (1970) [405], S. 68–77.

tiven Heilssicherung fortschreitet: Catharina ist der Eingang ins »sel'ge Reich« sicher, wenn sie in der *imitatio Christi* gestorben ist. Bemerkenswert ist allerdings auch, daß dieses Gefüge anschaulicher Korrelationen jeweils von einzelnen Figuren des Spiels hervorgehoben wird, die Deutung also auf derselben Ebene liegt wie das Gedeutete. Wenn die Deutenden aber selbst im Spiel begriffen sind, kann ihre Deutung ebenso hinfällig sein wie alles übrige Irdische. Diese Konsequenz gilt im vorliegenden Trauerspiel sogar für die ansonsten deutlich vom Spiel geschiedene Deutungsinstanz des Reyens: Sein Personal wird in *Catharina* u.a. von den Jungfrauen gestellt, die im Gefolge der Königin auch in den Abhandlungen auftreten. Die Folgen dieser darstellerischen Grenzüberschreitung sind bitter: In der dritten Abhandlung zeichnet sich die Freilassung der Königin dank der Fürsprache eines russischen Gesandten ab; in der Schlußszene, die Chach Abas alleine zeigt, widerruft der Tyrann allerdings seine Entscheidung. Die Jungfrauen hingegen preisen in dem anschließenden Reyen die Großmut des Herrschers und die Fürsorge Gottes, da sie von der letzten Wendung der Dinge nichts wissen können. Die unfreiwillige und bittere Ironie, die dem Zuschauer in diesem Lobgesang entgegenschlägt, macht auch die Grenze deutlich, die der deutenden Rahmung des Reyens gezogen ist. Solange sein Personal nicht aus Geistern geschöpft ist, die mit der Autorität und Allwissenheit des Jenseits die Handlung kommentieren können, sind seine Aussagen ebenso fehlbar wie die in den Abhandlungen fallenden.[39]

So wird der Wille zur eindeutigen Demonstration vom Prozeß theatraler Veranschaulichung – der allegorischen Deutung im Spiel – gebrochen. Dabei ist bemerkenswert, daß die gleichberechtigte, wechselseitige Bezogenheit von Deutendem und Gedeutetem strukturell dem Spiel im Spiel – einer besonders vom Jesuitenspiel favorisierten Form der Theatralität – vergleichbar ist;[40] wie sich die Grenze zwischen Wirklichkeit und Schein im gedoppelten Spiel aufzulösen beginnt, so treten bei Gryphius deutende Elemente in der Abhandlung auf, um die Deutung selbst wiederum zum Teil des Spiels zu machen. Darum ist eine Scheidung, die zu einem eindeutigen Ergebnis führen soll, nur durch den Märtyrertod zu erreichen, der seinerseits nicht mehr als (metaphorisches oder theatrales) ›Spiel‹ verstanden werden darf, sondern eine absolute Grenze zu markieren hat: Daher die Insistenz, mit der

---

39 Man kann daher m.E. nicht von einer »emblematischen Struktur« des Trauerspiels reden, wenn man damit wie Schöne eine eindeutige, hierarchische Bezogenheit von *pictura* (Abhandlung) und *subscriptio* (Reyen) meint. Vgl. Albrecht Schöne: Emblematik und Drama im Zeitalter des Barock (^{3}1993) [498] und differenzierend Hans-Werner Nieschmidt: Emblematische Szenengestaltung (1971) [478].
40 Zu diesem Vergleich Kaminski (Anm. 38), S. 617–620. Es ist in diesem Zusammenhang bezeichnend, daß Gryphius die Technik des Spiels im Spiel durchaus kannte und in seinen Komödien wie z.B. *Absurda Comica. Oder Herr Peter Squentz* versiert einsetzte, sie aber offenkundig als dem erhabenen Trauerspiel nicht angemessen einschätzte. Das Jesuitentheater dagegen spielt sich oft im Grenzbereich zwischen Komödie und Tragödie ab.

das Trauerspiel die entstellte Leiche bzw. das »verbrandte[ ] Haubt der Königin«[41] im Sinne eines ›Pfands der Unsterblichkeit‹[42] vorweist. Daß die Gefangenschaft Catharinas in Wahrheit als Freiheit zu verstehen ist, kann zwar wörtlich mit dem »Schatz des heilgen Glaubens« (*Cath.* IV,180) begründet werden; anschaulich zu bewähren ist diese letzte Feststellung des Deutungsprozesses jedoch nur durch die Hinrichtung der Glaubenden und die Ausstellung ihrer Leiche.

Die geisterhafte Wiederkehr der Märtyrerin und ihre Erhebung in den Theaterhimmel, aus dem sie, zur beispielgebenden Richterin erhoben, nun selbst über Schein und Sein entscheidet, öffnet hingegen gerade in der ausdrücklichen Verneinung das Dargestellte erneut einer theatralen Bewegung. Das wird im Vergleich mit ähnlichen Szenen aus dem Jesuitentheater deutlich:[43] Während dort oft der erlösende Schluß durch das Herabsteigen eines Engels gezogen wird, steht bei Gryphius für ihn die Erhebung des Märtyrers ein. So wird zwar sichergestellt, daß die letzte Rahmung der Deutung – die göttliche Vorsehung – selbst nicht zum Teil des Spiels, der »Schauplatz der Sterblikeit« nicht bis ins Jenseits ausgeweitet werden kann; daraus folgt aber auch, daß die erlösende Pointe des Jesuitentheaters – in dem selbst der Tod seine Rolle als Teil eines entgrenzten Welttheaters spielt, die Vergänglichkeit irdischer Erscheinung ihren Ort im himmlischen Schauplatz erhält – nicht erfolgen kann. Statt dessen muß die Theatermaschinerie zur schlußendlichen Verleugnung von Theatralität dienen, wenn der in den Himmel erhobene Geist seinen Fluch über die Welt des Scheins ausspricht. So führt der Wille, ein eindeutiges (und das heißt: endgültig gedeutetes) »Beyspill« vorzustellen, zur Unterdrückung jener Theatralität, der er seine Möglichkeit verdankt.

In diesem Sinn kann die in der Vorrede betonte Beispielhaftigkeit des Spiels *Catharina von Georgien* als Brennpunkt einer Problematik gelten, die für das Trauerspiel des Gryphius und die in ihm entwickelten heilsbewährenden Strukturen charakteristisch ist: Inhaltlich stellt es sich als Nachbildung der *figura Christi* dar, durch die das Heilsversprechen des Kreuzes aufschiebend vergegenwärtigt und folglich in die stumpfe Wiederholung der allgemeinen Sterblichkeit zurückgeholt wird; rhetorisch ahmt es die Dialektik des *sermo humilis* nach, indem es erhabene und demütige Stilregister einsetzt, löst deren paradoxe Verbindung jedoch zum Gegenüber von subjektiver Wahrnehmung (Schwäche) und göttlicher Wahrheit (Stärke) auf – und

---

41 Szenenanweisung vor *Cath.* V,175.
42 Vgl. *AML*, fol. C[r], wo Gryphius über die »Unverständige[n]« spricht: »Sie sehen die überbleibungen der Verweseten an als eytele Denckzeichen eines vorweilen blühenden Leibes: Schätzen Sie aber vor anzeigungen einer verlohrnen Hoffnung / und betrachten Sie mit nichten / als pfänder der Unsterbligkeit.«
43 Zum Vergleich zwischen Gryphius und dem Jesuitentheater siehe Kaminski (Anm. 38), S. 623 mit Anm. 28, und ausführlicher Wild (Anm. 17), der *Catharina von Georgien* und Bidermanns *Philemon Martyr* gegenüberstellt.

läßt damit die Dynamik des *sermo humilis* zugunsten eines beständigen Exempels erstarren; und schließlich verneint es um einer endgültigen Deutung willen jene Theatralität, der es seine Heilsvorstellung verdankt. Diese Phänomene sind nicht als direkter Ausdruck wankender Religiosität zu verstehen; umgekehrt prägt das Märtyrerspiel bei Gryphius eine eigenartige, an die Trauerspielform gebundene Christlichkeit aus, die in einer Geschichte theatraler Anschauungsformen zu kontextualisieren wäre. Sein Gattungsmerkmal aber wäre eine weltverlorene Trauer, die sich unsterblich gemacht hat.

II.5.4 *Carolus Stuardus* (A-Fassung)
Von Dirk Niefanger

Das Drama *Ermordete Majestät. Oder Carolus Stuardus König von Groß Brittannien* folgt den Regeln des schlesischen Trauerspiels.[1] Die vorliegenden Drucke beider Fassungen (A von 1657, B von 1663),[2] die jeweils in Sammelausgaben zusammen mit anderen Texten des Autors zum ersten Mal erschienen sind, dienten nicht als Spielvorlagen, sondern der Lektüre. Auch beim zeitgenössischen Lesen dieser Dramen wird aufgrund der Nebentexte vermutlich nicht allein die dramatisierte Geschichte rezipiert, sondern auch seine im Lesetext antizipierte Bühnengestalt. Anders als die B-Fassung und die meisten anderen schlesischen Trauerspiele enthält das vorliegende Drama relativ wenige Paratexte (z.B. keine Widmungen, Vorreden und Anmerkungen). Sein zweigeteilter Titel, der ein zweites Mal als sinnsetzendes Entree zwischen Personenverzeichnis und den eigentlichen Szenen gedruckt wird, verweist auf den Exempelcharakter der historisch verbürgten Hinrichtung des Königs. Dessen Status – König von Großbritannien – wird im Untertitel hervorgehoben. Dieser erinnert an seine legitime Herrschaft über England *und* Schottland, macht die Ungeheuerlichkeit des historischen Vorgangs – Bürgerkrieg, Gerichtsverhandlung, Hinrichtung – von vornherein klar und weist insofern auch die folgende Handlung als überlieferungswürdig aus.

Im Personenverzeichnis, das gewöhnlich die gesellschaftliche Stellung der Rollen im Drama markiert, taucht der Protagonist, anders als es sein Status als König von Großbritannien nahelegen würde, überraschender Weise erst an vierter Stelle der Reihung auf. Anders verfährt etwa das Drama *Catharina von Georgien* von Gryphius; hier findet sich die königliche Protagonistin selbstverständlich an erster Stelle. Leuchtet noch ein, daß der Geist Maria Stuarts zu Beginn erscheint, befremdet die Nennung der Geister Lauds und Wentworts, da sie gesellschaftlich niedriger stehen als der König. Auch der Geisterstatus allein rechtfertigt die Listung nicht, da in *Cardenio und Celinde* von Gryphius die Geisterrollen am Ende des Personenverzeichnisses angeführt werden. Die ungewöhnliche Reihung kann einerseits mit dem umstrittenen Status des hingerichteten Monarchen, andererseits mit der besonderen Funktion des Geistervorspiels im ersten Akt erklärt werden. Die Geister, die dem König im Schlaf erscheinen, sprechen aus der Perspektive des Jenseits, ihre Worte

---

1 Vgl. Dirk Niefanger: Barock. In: Handbuch Drama. Theorie, Analyse, Geschichte. Hg. von Peter W. Marx. Stuttgart 2012, S. 230–243, bes. S. 239f., und ders.: Barock. Stuttgart ³2012 (¹2000) (Lehrbuch Germanistik), S. 151–199.
2 Die Bezeichnung A- und B-Fassung orientiert sich an Hugh Powells Einleitung in *GA* IV, S. VIII, und an Hans Wageners editorischer Bemerkung in seiner *Carolus*-Ausgabe (Andreas Gryphius: Carolus Stuardus (1972) [17], S. 143).

haben deshalb einen anderen Wahrheitsstatus als die der noch lebenden Figuren. Ihre Aussagen stehen außerhalb aller weltlichen Intrigen und Interessen.

Das Drama hat fünf Akte mit zwischengeschalteten Reyen, die das Geschehen kommentieren und die szenische Darstellung auch relativieren.[3] Das vorherrschende Versmaß ist der paargereimte Alexandriner. Eingerahmt wird das Spiel durch die historisierenden Geisterauftritte: Das Schauspiel beginnt mit den drei Monologen der Geister Staffords, Lauds und Maria Stuarts, also mit Analepsen, die aber immer wieder Ausblicke auf das kommende Geschehen geben. Die Bühnenhandlung schließt mit einer Art Reyen, worin sich Geister der ermordeten Könige zeigen, um Rache zu fordern. Ihnen antwortet ein Monolog der allegorisierten Rache mit einer Prolepse. Diese Rahmung stellt insofern das Geschehen in ein historisches Kontinuum hinein, das, anders als eine rein heilsgeschichtliche Deutung der Geschichte, von einer tatsächlichen historischen Veränderung ausgeht. Karl II. schließt zwar an seinen Vater an, indem er seine Stellung einnimmt, die Rache über den Hinrichtungsfrevel trägt aber den Nimbus des Besonderen.

Der Text reagiert insofern auf ein unerhörtes zeithistorisches Ereignis, die Hinrichtung Karl Stuarts (Charles I., Carolus Stuardus) am 30. Januar 1649 in London. Einzelne Reden und Vorgänge beziehen sich recht genau auf entsprechende Quellen.[4] Nicht zuletzt die Geschichtsreflexionen in den Reyen und der Geister-Rahmung lassen das Stück als ambitioniertes, typisch frühneuzeitliches Geschichtsdrama erscheinen.[5] Das Stück referiert aber auch auf das barocke Gattungsmodell des Märtyrerdramas: Carls Lebensweg und -ende erscheint als eine *imitatio Christi*, sein Handeln versteht er selbst als sinngebende Wiederholung der Passionsgeschichte. Deshalb tauscht Carl gedanklich bei der Hinrichtung seine irdische Herrscherkrone mit der »Ewigkeiten Cron« (Car_A, S. 55) des Martyriums. Carls christologische Selbstinterpretation übernehmen oder verstärken seine Parteigänger. Das Drama stellt damit ein seinerzeit markantes und für die spätere politische Diskussion überaus bedeutsames »Self-Fashioning« des Königs heraus.[6] Die (Selbst-)Stilisierung zum Märtyrer wird – aufgrund einschlägiger, zum Teil neuer Quellen – von Gryphius in der B-Fassung noch deutlicher herausgearbeitet. Aber schon in der A-Fassung erscheint das religiöse Märtyrer-Modell als ein zitiertes bzw. von Menschenhand zur Erklärung des ungeheuerlichen historischen Vorgangs herangezogenes. Seine pro-

---

3 Vgl. hierzu zuletzt Romy Günthart: Metamorphosen der Nacht (2008) [630].
4 Vgl. Günter Berghaus: Die Quellen zu Andreas Gryphius' Trauerspiel »Carolus Stuardus« (1984) [623]; Karl-Heinz Habersetzer: »Tragicum Theatrum Londini« (1972) [631]; Gustav Schönle: Das Trauerspiel »Carolus Stuardus« (1933) [646].
5 Vgl. Dirk Niefanger: Geschichtsdrama der Frühen Neuzeit (2005) [477], S. 151–192.
6 Stephan Greenblatt: Renaissance Self-Fashioning: From More to Shakespeare. Chicago 1980. Vgl. im hier diskutierten Zusammenhang auch: Jayne D. Mansfield: The Self-Fashioning of Oliver Cromwell. An Analysis of the Letters and Speeches of Oliver Cromwell. Saarbrücken 2008.

blematische einseitig-parteiliche »Instrumentalisierbarkeit«[7] kann so und durch Passagen, in denen sich auch die Gegner Carls auf den christlichen Gott berufen (etwa Car_A, S. 18–21), sichtbar werden.

Karl Stuart wurde am 19. November 1600 in Dunfermline geboren; von 1625 bis 1649 regierte er als König England, Schottland und Irland. Politisch folgte er der Theorie des *Divine Right of Kings*, nach dem das Herrschaftsrecht der Könige sich allein aus Gottes Gnade herleitet. Diesem widersprach der Mitwirkungsanspruch des englischen Parlaments, den Karl als Verletzung dieses göttlichen Rechts ansah. Daher glaubte er sich in selbstgefälliger Manier über den Machtanspruch und die Beschlüsse des Parlaments hinwegsetzen zu dürfen. Seine Versuche, die Kirchen von England und Schottland durch ein striktes Vorgehen anzugleichen und mit absolutistischer Intention gegen das Parlament zu regieren, lösten den Englischen Bürgerkrieg aus, der mit Karls Enthauptung auf Beschluß des Parlaments und der damit verbundenen zeitweiligen Abschaffung der Monarchie endete. Sein Gegenspieler war der Puritaner Oliver Cromwell, der als Lordprotektor die Regierung übernahm.

Karls meist als ungeheuerlich und illegitim empfundene Verurteilung löste in ganz Europa zum Teil heftige journalistische, literarische und politische Reaktionen aus. Zu diesen gehörten auch die beiden Versionen des Trauerspiels. Trotzdem sind die Dramen keineswegs als »entrüstete Diatribe[n] gegen den Königsmord« zu lesen,[8] wie es die ältere Forschung noch vorschlägt, sondern als differenzierte Stellungnahmen im Kontext eines komplexen politischen und historischen Diskurses, der sich auch auf politische Grundsatzfragen bezieht (Widerstandsrecht, Legitimation von Herrschaft, Staatsrecht usw.).[9] Deshalb wird auch die bis heute immer mal wieder zu lesende Auffassung, das Drama sei als »politisches Tendenzstück« zu lesen, der komplexen Anlage des Trauerspiels kaum gerecht.[10] Die argumentierende Form des szenischen Sprechens, die sprechende Struktur des Trauerspiels (etwa das Schweigen des Königs im zentralen dritten Akt), die im Stück breit zugelassenen Ausführungen der Königsgegner (etwa im dritten Akt) und die differenziert argumentierenden Reyen charakterisieren das Stück eher als polyphone Äußerung, die eine eindeutige Tendenz vermeidet oder zumindest mit unterschiedlichen Mitteln

---

7 Nicola Kaminski: Andreas Gryphius (1998) [122], S. 121.
8 Friedrich Gundolf: Andreas Gryphius (1927) [117], S. 41.
9 Zur generellen Bezogenheit des Barockdramas auf diesen Diskurs vgl. Werner Wilhelm Schnabel: Herrscherliche Willkür und ihre Opfer – Handlungsmuster und Wertehorizonte im voraufklärerischen Drama. In: Menschen- und Bürgerrechte. Perspektiven der Region. Hg. von Petra Bendel und Thomas Fischer. Erlangen 2004 (Zentralinstitut für Regionalforschung, Arbeitspapier 7), S. 569–588.
10 Volker Meid: Die deutsche Literatur im Zeitalter des Barock. Vom Späthumanismus zur Frühaufklärung. München 2009, S. 413; vgl. zur Diskussion auch Günter Berghaus: Andreas Gryphius' »Carolus Stuardus« – Formkunstwerk oder politisches Lehrstück? (1984) [622] und Herbert Jaumann: Andreas Gryphius, »Carolus Stuardus« (2000) [637], S. 79.

immer wieder unterläuft.[11] Gerade der König wird als Figur inszeniert, die unablässig um eine geschönte – politische wie religiöse – Selbstdarstellung bemüht ist; dieses Bemühen – diese typisch barocke *simulatio* – macht das Trauerspiel mit metatheatralen Mitteln immer wieder sichtbar.

Damit nimmt das Trauerspiel zentrale Funktionen des Dramas im 17. Jahrhundert wahr. Denn im Theater repräsentierte sich mit dem Rollenspiel[12] eine Verhaltensform innerhalb der barocken Welt- und Lebensauffassung, die sich ganz konkret in alltäglichem Verhalten zeigte. So waren das Sich-Verstellen, die eingeübte Pose, die angemessene (Ver-)Kleidung oder die rhetorisch treffende Rede keineswegs als lediglich verbrämende Mittel der Persuasion verpönt, sondern gehörten zum schicklichen Repertoire des wohlerzogenen und sozial kompetenten Menschen. Insofern handelt das Drama zwar vornehmlich vom Exempelfall einer ›ermordeten Majestät‹, es stellt aber auch einen typischen Modus der Welt- und Gottbegegnung aus: das alltägliche Theaterspielen. Von dieser Einsicht ins *theatrum mundi* ausgehend, erzählt das Drama im wesentlichen von Carls Selbstinszenierungen in der Extremsituation seiner nahen und von ihm und seinen Zeitgenossen als historisch bedeutend wahrgenommenen Hinrichtung, und zwar einerseits als politischer »König von Groß Brittannien« (Untertitel des Dramas), andererseits als

> [...] König [...] / der selbst ein Creutz betrat
> Verhast von seinem Volck / verlacht von seinen Scharen
> Verkennt von Ländern die auff jhn vertröstet waren /
> Den Freund / wie vns verrith / den Feind / wie vns verklagt /
> Vnd kränckt vmb frembde Schuld / vnd biß zum Tode plagt. (*Car$_A$*, S. 8).

Diese zwei ›Königsrollen‹ – Herrscher und Märtyrer – komplettiert im Drama die, wenn auch eher marginale, gleichwohl überraschende Darstellung des Menschen Carl, etwa in der zentralen Familienszene (*Car$_A$*, S. 11–15), die den ersten Akt abschließt.[13]

Erst nach den Geistererscheinungen, den vom König gesehenen Trug- und Traumbildern, setzt in der A-Fassung die eigentliche Gegenwart der Dramenhandlung ein. Dann hört man Carolus Stuardus als erste ›reale‹ Person des Stückes angstvoll sprechen: »Halt / halt betrübter Geist! wohin so bald verschwunden?« (*Car$_A$*, S. 8). An seinem verzweifelten Rufen merkt man deutlich, wie sehr er die Traumwelt der historischen Realität vorzieht. Schon in seinen ersten Worten wird

---

[11] Hierzu vgl. ausführlich Niefanger (Anm. 5), S. 151–192.
[12] Vgl. Heinz Otto Burger: Dasein heißt eine Rolle spielen. Studien zur deutschen Literaturgeschichte. München 1963, S. 75–93.
[13] Zur doppelten Gestalt des Königs als Herrscher und Mensch vgl. Ernst H. Kantorowicz: The King's Two Bodies. A Study in Medieval Political Theology. Princeton 1957, und zu seiner barocken Variante Peter-André Alt: Der Tod der Königin (2004) [424].

deutlich, daß der scheiternde König sich nicht mehr in dieser Welt sieht und sich lieber seinen tröstenden Imaginationen hingibt.

Maria Stuart erscheint nicht zufällig als historische Referenz. Denn sie war die Heldin eines Trauerspiels des berühmten niederländischen Dramatikers Joost van den Vondel, das wenige Jahre vor der Hinrichtung Karls, 1646, erschien. Gryphius könnte von dem Skandalstück kurz nach seinem Holland-Aufenthalt gehört haben, weil dessen Aufführung kurz nach der Buchpublikation vom Magistrat der Stadt verboten wurde und es deshalb für heftige Diskussionen unter den Theaterfreunden in Amsterdam gesorgt hat. Möglicherweise hat er es später gelesen oder schon ein Jahr früher eine illegale, nicht überlieferte Aufführung des zu diesem Zeitpunkt freilich noch nicht gedruckten Dramas gesehen. Daß Christoph Kormart es 1672 ins Deutsche überträgt, zeugt von der Popularität des niederländischen Stücks im deutschsprachigen Bereich. In seiner Vorrede zitiert Kormart Marias Geisterrede aus dem *Carolus Stuardus* (Car_A, S. 7; Car_B II,213–220); so huldigt er Gryphius, seinem großen Vorbild, dem er ausdrücklich bescheinigt, mit seinem Stück die Darstellung größtmöglicher historischer Wahrheit zu verfolgen.[14] Vondels *Treurspel* hat wie der *Carolus Stuardus* einen zweigeteilten Haupttitel, der aber Exempel und Referenz in anderer Reihenfolge als Gryphius bringt: *Maria Stuart of gemartelde Majesteit*. Betont das Stück *Ermordete Majestät. Oder Carolus Stuardus* also die Exempelhaftigkeit des Königs, rückt Vondels Titel stärker die Einzigartigkeit der Königin ins Zentrum. Der Deutungsfokus der Hauptfigur bleibt aber analog: Denn auch Maria stirbt für den Glauben und das göttliche Recht auf den schottischen Thron. So wundert es nicht, daß Marias Geist in Gryphius' Stück zunächst die bevorstehende Hinrichtung Karls in die historische Reihe ermordeter britischer Monarchen einreiht, zu der auch sie – spätestens seit Vondels Stück – zu rechnen ist, um dann vom besseren Jenseits und der zukünftigen Wiederherstellung der politischen Ordnung zu sprechen. Dieses präfigurale Eingehen in die Geschichte rechtfertigt zu keinem geringen Teil die oben zitierte postfigurale Gestaltung des Königs als eines christlichen Märtyrers, ja, rechtfertigt zudem überhaupt das vorliegende Geschichtsdrama selbst. Denn erst die Einordung des zeitgenössischen Vorfalls in die große, tragische Geschichte Englands legitimiert die Behandlung des Stoffs als Historie im hohen Trauerspiel. Die doppelte heroische Traumwelt Karls – als Geschichtsheld und Märtyrer – erleichtert es insofern, den eigenen Niedergang stoisch hinzunehmen; er wird von ihm als Übergang – als *rite de passage* – in eine bessere Welt mit adäquater Wertschätzung seiner selbst gedeutet. Poetologisch rechtfertigt der Traum zudem nicht weniger als die Gattungswahl; die prognostizierte Hinrichtung Karls erhält im einleitenden

---

14 Vgl. Maria Stuart: Oder Gemarterte Majestät / Nach dem Holländischen Jost Van Vondels, Auf Anleitung und Beschaffenheit der Schaubühne einer Studierenden Gesellschafft in Leipzig ehemahls Auffgeführet Von Christophoro Kormarten, Lips. Hall / Jn Verlegung / Joh. Fickens Witbe. Anno M. DC. LXXII, fol. A6^r–A6^v.

Geistermonolog Marias den Status eines zentralen historischen Ereignisses, das – wie vergleichbare Ereignisse der englischen Geschichte – zur theatralen Behandlung taugt: »Der Greuel sol an jtzt viel tausend Augen weiden« (Car$_A$, S. 5). Zwar mag hiermit auch auf das Vergnügen des Volkes an Hinrichtungen und die Funktion dieser öffentlichen Akte für die (vermeintliche) Wiederherstellung der Ordnung angespielt werden, zweifellos hat diese Passage aber auch eine selbstreflexive Funktion: Mit unverkennbarem Verweis auf die poetologisch bedeutsame Vorrede zur Musterübersetzung der senecaischen *Trojanerinnen* von Martin Opitz bestimmt sie die historisch verbürgten Greuel als wirkungsästhetisches Moment des Theaters: »Wer wird nicht mit grösserem Gemüthe als zuvor seines Vaterlandes Verderb vnd Schaden / den er nicht verhüten mag / ertragen / wann er die gewaltige Statt Troja [...] sihet im Fewer stehen / vnd zu Staube vnd Asche werden?«[15] Analog verhält es sich mit der Hinrichtung von Carolus Stuardus, ungeachtet seiner rechtlichen oder moralischen Legitimation.

Zum offensichtlichen Self-Fashioning des Königs paßt das prekäre Setting der proxemisch ausdifferenzierten Anfangsszene wenig: Hat man die vielen repräsentativen Portraits des Königs im Kopf, etwa die zeitgenössischen Gemälde der englischen Hofmaler,[16] so macht seine ganz unheroische Haltung in seiner ersten Szene des Trauerspiels deutlich, daß er sich eigentlich in einer wenig königlichen Lage befindet. Nicht selten wird Karl auf Gemälden zu Pferde oder zumindest in räumlich ausgedrücktem Kontrast zu dienendem Personal[17] abgebildet (Abb. 4). Anders im Drama, hier erscheint der König dem Publikum »auff dem Bette« (Car$_A$, S. 8), und zwar offensichtlich kurz nach dem Erwachen, während die hinzukommenden Edelleute und der Bischof in offiziellem Ornat sich selbstverständlich stehend plazieren. Gängige Bildvorstellungen vom König verkehren sich also in der ersten ›realen‹ Szene des Dramas. Die Bettstatt als ikonisches Zeichen seiner tatsächlichen politischen Lage zu interpretieren, liegt darum durchaus nahe. Zudem verraten seine von der Glückseligkeit des Traums vernebelten ersten Worte im Trauerspiel, da die Geistererscheinungen allein dem König gegolten haben, den privaten Charakter des Erwachens. Der anwesende Bischof Juxon muß dem König bei der religionsgerech-

---

15 L. ANNÆI SENECÆ TROJANERJNNEN; Deutsch übersetzet / vnd mit leichter Außlegung erkleret; Durch MARTINUM OPITIUM. Wittenberg / Jn verlegung Zachariæ Schürers Buchführers / Gedruckt bey Augusto Boreck / Jm Jahr M. DC. XXV., fol. Aiiij^r.
16 Vgl. etwa Daniel Mijtens: *Portrait Karl I*, 1631 (National Portrait Gallery, London), Anthonis van Dyck: *Porträt Karl des I., König von England* [von drei Seiten], 1635–1636 (London, Royal Art Collection), Anthonis van Dyck: *Porträt Karl I., König von England*, 1635–1640 (Madrid, Museo del Prado).
17 Vgl. etwa Anthonis van Dyck: *Porträt Karl I., König von England zu Pferd*, 1. Drittel 17. Jahrhundert, (London, National Gallery), Anthonis van Dyck: *Porträt Karl I., König von England* [stehend neben seinem Pferd], 1. Drittel 17. Jahrhundert (Paris, Louvre), Anthonis van Dyck: *Porträt Karl I., König von England zu Pferd mit seinem Stallmeister St. Antoine*, 1633 (London, Royal Art Collection).

Abb. 4

ten Auslegung der Erscheinung helfen, wobei er naturgemäß auf den höchst subjektiven Bericht des Träumers angewiesen ist. Hier, gleich am Anfang des Stücks, bietet Carl selbst zum ersten Mal die oben zitierte *imitatio Christi* als Verständnisrahmen der Vorfälle an.[18] Dieses Ordnungssystem nimmt dann der Bischof dankbar auf und bestärkt den König im Laufe des Dramas immer wieder in dieser seelisch beschwichtigenden Selbstinterpretation. Wichtigste Quelle der Christus-Figuration ist die zeitgenössische Schrift *Eikón Basiliké* (1649), die Selbstdeutungen des Königs enthalten soll. Festzuhalten gilt es aber, daß die *imitatio-Christi*-Interpretation in der A-Fassung des Dramas keineswegs theologischen Ursprungs ist, sondern auf Karls eigener Traumdeutung beruht. Die offizielle theologische Sanktionierung erhofft der König beim Erwachen vom anwesenden Bischof, seinem ausdrücklichen Parteigänger. Doch dieser entgegnet nur mit Allgemeinplätzen über die Macht Gottes, *vanitas* und das Fallhöhe-Prinzip, die ganz deutlich auch eine andere Deutung des Traumes zulassen:

---

18 Vgl. hierzu Mary E. Gilbert: »Carolus Stuardus« (1949/50) [626] und Albrecht Schöne: Carolus Stuardus (1968) [645].

> [...] man stürtzt' als von der höh'
> Jn die vertiffte Klufft / man siht nicht was man sihet
> Jn dem so jehen Fall / wie man sich träumend mühet
> Vmb ein / ich weis nicht was / vnd wenn der Schlaff verschwind /
> Kaum ein Gedächtnüß mehr deß Schatten-Bildes find[.] (*Car*$_A$, S. 9)

Natürlich muß man die bischöfliche Evokation zweier Welten – Traumwelt und Realität – auf die Bereiche des Irdisch-Scheinhaften und die höhere Eigentlichkeit des Himmlischen beziehen, doch läßt die Bettstatt-Szene, in der der Dialog zwischen König und Bischof ja stattfindet, eben auch an die ›nur‹ geträumte historische und christliche Aufwertung des Erlebten im starken Kontrast zu seinem tatsächlichen ›Fall‹ denken. Insofern kann von einer eindeutig ›auktorialen‹ Deutung der Hinrichtung wohl kaum gesprochen werden.

Vielmehr läßt sich sagen, daß die indirekte, quasi durch Geisterhand gestaltete Exposition mit ihrem lustvollen Übergang vom Träumen über das Wachen zum vagen Deuten die Grundidee des Stücks in mehrfacher Hinsicht deutlich macht: 1. Nicht der König selbst ist Gegenstand des Dramas, sondern sein je unterschiedliches Selbst- und Fremdbild. 2. Die Frage nach Schuld und Verantwortung des Königs unterliegt von Anfang an einem historischen, religiösen und politischen Perspektivismus und der dadurch bedingten, mitunter differenten Ausdeutung. 3. Die Zuschauer oder Leser erleben im Drama nicht die historische Realität selbst, sondern einen heilsgeschichtlich gedeuteten Geschichtsraum: eine Art Geistererzählung der Zeitgeschichte also. Im folgenden sollen diese drei Aspekte kurz anhand einiger weiterer Beispielszenen expliziert werden.

1. Schon die nächste Szene – wieder mit einem ›privaten‹ Setting – zeigt den König als je unterschiedliches Produkt eigener Inszenierung und fremder Projektion: die pathetische Verabschiedung von seinen Kindern. Das Familienbild erscheint für ein barockes Herrscherdrama erstaunlich ›bürgerlich‹ und durch Affektausbrüche der Beteiligten moduliert, ohne aber das *decorum* des standesgerechten Trauerspiels nachhaltig in Frage zu stellen. So zeigt die Begrüßung zu Beginn der Szene zwar eine auf unterschiedliche Sprecher verteilte elliptische und affektive Sprache mit schwebenden Betonungen, die den standesgemäßen Alexandriner und damit die angemessene Rede des Trauerspiels stört; hier könnte man so etwas wie eine echte Angst der Kinder um den Vater spüren:

> [CARL.] O liebste Schmertzen Gäst! HERTZ. [Sohn Carls] Ach! CARL. Ach! verweiste Kinder!
> HERTZ. Ach! CARL. Hertzog sonder Land! HERTZ. Ach! JUX[ON]. Printz nichts desto minder.
> (*Car*$_A$, S. 11)

Doch drängen die in der folgenden Szene dominierenden, geradezu selbstgefälligen Monologe Carls nicht nur die Regungen der Kinder in den Hintergrund, sondern liefern Bilder einer göttlichen Ordnung, in der am Ende nur der König, nicht der von Affekten bestimmte Vater einen rechtmäßigen Platz hat. Ausdrücklich räumt er ein, daß das Agieren des Königs nicht identisch ist mit den Regungen des väterlichen Herzens (vgl. *Car*$_A$, S. 13). Am Ende bleibt ihm weder die eine noch die andere Rolle. In seinem zum Selbstgespräch geratenden Abschied von den Kindern dominiert schließlich – wie im ganzen Stück – die Selbststilisierung zum Märtyrer, die sogar vom eigenen Sohn eine geradezu unmenschliche Affektkontrolle fordert:

> Princess nimm vnsern Tod so hefftig nicht zu Herzen /
> Vns rufft ein grösser Reich! Ade geliebter Sohn! (ebd.)

Doch Karl II. bleibt hartnäckig bei seinem Carolus-Bild. Für ihn bleiben Vater und König untrennbar; und von einem besseren Jenseits will er nichts wissen. »Ach König!«, sagt er geradezu familiär, »schaw ich Jhn! schaw ich Jhn Vater leiden!« (ebd.). Seiner Perspektive wird nicht nur Raum gegeben; sie wird auch als eigenständige Sicht der Dinge herausgehoben. Deshalb wundert es auch nicht, daß beide Kinder, bis sie auf Geheiß des Königs weggeführt werden, bei ihrem Jammer bleiben. Sie sind offenbar weniger als der König an das höfische und theologisch vorgegebene Rollenspiel gebunden. In der B-Fassung des Dramas wird diese Szene aufgrund zusätzlich zu Rate gezogener Quellen noch ergänzt. Eine längere Ermahnung an den Sohn und Thronfolger tritt nun hinzu. Sie ist durch den jetzt bekannten erneuten Machtwechsel in England bestimmt.

2. Der historische und politische Perspektivismus zeigt sich sehr gut im zentralen Dialog zwischen Fairfax und Cromwell am Anfang der zweiten Abhandlung. Neue Erkenntnisse über einen Versuch zur Rettung des Königs zwangen in der B-Fassung zu einer Umgestaltung der Fairfax-Rolle. Im Dialog mit Cromwell wurden die Redeparts deshalb einfach vertauscht. Offenbar fungieren diese Figuren im Drama also nur als »Sprachrohr[e] für Argumente« und sind nicht als »individuelle Gestalten« zu sehen.[19] Überraschend an diesem Dialog ist, daß er beiden Parteien – den Königsgegnern und den Königsgetreuen – eine christliche Rechtfertigung ihres Handelns zugesteht. Nachdem die Begrenztheit menschlicher Einsicht in die göttliche Vorsehung betont wird (*Car*$_A$, S. 18), folgen theologische Rechtfertigungen beider Seiten, wobei den Kontrahenten – wie in der ganzen stichomythisch gestalteten Szene – genau die gleiche Redezeit zugestanden wird:

> FAIRF. Es kan nicht übel gehn. Wir stehn für Kirch vnd Hütten.
> CROM. Diß gab auch Stuard vor / auff den wir jtzund wütten. (ebd.)

Mit gleicher Technik arbeitet der im Kern stichomythisch angelegte Dialog zweier englischer Grafen zu Beginn der dritten Abhandlung, die unterschiedliche politi-

---

[19] Wagener (Anm. 2), S. 158.

sche Positionen und Einschätzungen der historischen Situation vertreten. Sie werden in den Sprecherangaben einzig durch römische Ziffern unterschieden. Das einzelne Argument rückt so wie im Dialog von Cromwell und Fairfax an die Stelle der wirklichen Person. Daß diese Grafen nicht Bestandteil der historischen Überlieferung sind, sondern lediglich fiktionale, aber keineswegs frei erfundene Träger historischer Positionen, versteht sich von selbst. Sie repräsentieren damals mögliche Ansichten eines Grafen über das historische Geschehen.

Auch der Eingang der vierten Abhandlung läßt an der alleinigen Rechtmäßigkeit von Carls Perspektive zweifeln. Er zeigt Carl im Gebet, das durch einen Boten gestört wird. Dieser bringt ein Rettungsangebot seines Sohns in Schottland, das Karl ablehnt, weil ihm seine Märtyrerrolle inzwischen gefälliger erscheint als der pure Kampf ums Überleben. Die historisch überlieferte Entscheidung, in London zu bleiben, wirkt politisch unklug, zumindest wenn man die Perspektive der Dramenhandlung annimmt. Da Karl II. später ins vorübergehende Exil fliehen konnte, hätte diese Möglichkeit wohl auch seinem Vater offengestanden. Selbst eine spätere Rückkehr auf den Thron wäre insofern denkbar gewesen.

Die offensichtlich falsche politische Entscheidung rechtfertigt Carl durch die Selbststilisierung zum Märtyrer. Der Hinwendung zum himmlischen Vater entspricht die Abwendung vom irdischen Sohn und Thronfolger. Dabei erscheint das Eingangsgebet Carls wenig demütig mit seiner Forderung an Gott, seinem Geist jenen heiligen Eifer zu spenden, der hilft, die »Ehren-volle Schmach« der Hinrichtung zu ertragen (Car_A, S. 38). Damit erinnert das Gebet vor der Hinrichtung zwar an die Gethsemane-Szene, wo Christus seinen Vater um Stärkung und Hoffnung bittet. Anders als Carolus zeigt Christus hier allerdings eine geradezu menschliche, jedenfalls nachvollziehbare Schwäche, wenn er seinen Vater bittet, den Kelch doch an ihm vorübergehen zu lassen (Lk 22,44, Mt 26,42). Von einer solchen Demut, die die eigene Schwäche thematisiert und so eine Differenz zum allmächtigen Gottvater erzeugt, ist beim König nichts zu spüren. Er hat sich vom Menschlichen und damit letztlich auch vom Theaterzuschauer oder Leser schon weit entfernt.

Die Christus-Parallele wird erst durch seine Sprechhandlung erzeugt. Sie kann am Ende der Szene zwar durch den affirmativen Zuspruch des Bischofs noch als gestärkt erscheinen, sie ergibt sich aber nicht notwendig aus der Dramenhandlung. Für den Fortgang des Dramas ist die Parallele denn auch unerheblich. Hierfür ist allein der ausgeschlagene letzte Rettungsplan entscheidend. Dieser hat in der A-Fassung insofern eine größere Bedeutung für die Handlung als in der B-Fassung, als hier noch nicht die Gegenintrige von Fairfax als Nebenhandlung eingeführt wurde und sich deshalb die Fluchthilfe durch den Sohn als die zwar einzige, zu diesem Zeitpunkt aber noch nicht verbaute Rettungsmöglichkeit darstellt. Die bewußte Ablehnung des Rettungsversuchs muß, anders als in der späteren Version des Dramas, als klare Entscheidung für die Märtyrerrolle gesehen werden. Denn in der B-Fassung weiß der Zuschauer bzw. Leser schon vom Scheitern der Gegenintrige und entsprechenden Maßnahmen der Independenten; dort hat Carl im Grunde keine Wahl mehr.

In diesem Zusammenhang ist eine Textstelle bemerkenswert, die einen Außenblick auf Carl erlaubt. Hier wird von Carls Entschluß berichtet, das Rettungsangebot auszuschlagen und sich Gott zuzuwenden. Sie ist – ab dem dritten und bis zum vorletzten zitierten Vers – nur in der A-Fassung des Dramas zu finden:

> HOFFM[EISTER]. Wie geht der grosse Fürst entgegen seiner Noht?
> GRAFF. Mit vnerschöpfftem Mutt! er höhnt den blassen Todt!
> Vnd tritt die Eytelkeit mit vnverwandten Füssen /
> Alsbald das Licht sich fand die trübe Welt zu grüssen /
> Schlug er was jrdisch ist / auß dem beherzten Mutt /
> Vnd forderte das Pfand daß der / der durch sein Blutt
> Der Menschen Schuld abwusch / zum Denckmal seiner Schmertzen /
> Vnd Zeichen teurer Huld liß den gekränckten Hertzen /
> Sein Geist / in dem er sich auffs new mit GOtt verband /
> Schien mehr erquickt zu seyn. (Car$_A$, S. 47)

Weitere biographische Quellen, die Gryphius nach Abfassung der A-Fassung zugänglich waren, gaben die Möglichkeit, Carls Nachfolge Christi in der B-Fassung anhand konkreter Ereignisse vor der Hinrichtung zu belegen. Nicht die historisch verbürgte Nähe zur Passionsgeschichte bestimmt aber in der A-Fassung die Darstellung Carls, sondern dessen bewußte Entscheidung für eine *imitatio Christi*. Davon berichtet der Graf in A, nicht aber von der tatsächlichen Nähe zu Christus wie entsprechende Passagen in B. In der eigenen Stilisierung – so kann man den Grafen verstehen – konnte der König seinem Schicksal einen transzendenten Sinn geben, unabhängig davon, ob dieser Sinn theologisch korrekt und von Gott gewollt ist.

3. Die Interpretation der Geschichte als Parallelhandlung des Heilsgeschehens wird in vielen Szenen des Dramas vorgeführt. Dabei erscheint stets die Sichtweise des Königs, seine Inszenierung als Nachfolger Christi, als Ausgangspunkt der dramatischen Deutung. Immer wieder wird das historische Geschehen dabei im Sinne der *theatrum-mundi*-Vorstellung als Spiel oder gar als »Traurspil« aufgefaßt (Car$_A$, S. 22 und passim), so daß mühelos auch auf die Theatralität des Gesehenen selbst geschlossen werden kann. Diese metadramatische Perspektive des Stücks wird besonders deutlich bei der Inszenierung des »letzte[n] Traur-gerüst[es]« (Car$_A$, S. 40), also bei der Hinrichtung Carls. Die Szene beginnt mit dem deiktischen Ausruf der Jungfrauen an den Fenstern: »O schrecklich Schaw-Gerüst!« (Car$_A$, S. 49). Die Frauen fungieren in dieser Szene einerseits als Stellvertreterinnen des unschuldigen, aber auch naiven »Volck[s]« (ebd.), andererseits als jene des Publikums im Theater. Das Schauspiel der Hinrichtung[20] als Schlußstein des Trauerspiels stellt insofern als Spiel im Spiel nochmals eine Verbindung zum *theatrum mundi* außerhalb des Thea-

---

20 Vgl. Richard van Dülmen: Theater des Schreckens. Gerichtspraxis und Strafrituale in der frühen Neuzeit. München 1995.

ters her und schließt an die Gattungsreflexion des Geistervorspiels an. Daß die Affektregungen der Jungfrauen die eigentliche Handlung des Stücks beschließen, verweist nicht nur auf die Ungeheuerlichkeit des historischen Augenblicks, sondern eben auch auf die mitunter schwer zu berechnenden Wirkungsmöglichkeiten des Theaters als Affektproduzenten. Darauf hatte der Geist Maria Stuarts schon zu Beginn hingewiesen. Nur in der A-Fassung des Stücks wird dieser poetologische Rahmen erkennbar. Hier hatte der Geist auf die ambivalente Wirkung des ›verfluchten Stücks‹ (vgl. Car_A, S. 6) hingewiesen. Für die einen ist die Hinrichtung ein »Lustspil«, für die anderen ein unerhörter Schrecken (ebd.).

Johann Rist hat die Schwierigkeit des Schauspielers, die richtigen Affekte zu erzeugen, wenige Jahre nach Erscheinen der 1663er Fassung des Dramas im vierten Band seiner *Monatsunterredungen* (1666) reflektiert; auch wenn Rists Schauspieltheorie erst kurz nach der B-Fassung des Stücks herauskommt, zeigt sie doch, wie zu dieser Zeit die theatrale Affektmodulation problematisiert wurde:

> Es ist trauen kein geringes / das ein Mensch den anderen durch seine Rede / Sitten und Bewegung kan zwingen / daß er seine Neigung nach des Spielers eigenen Belieben muß richten / und mit demselben Lachen / wenn er lachet / mit jhme Weinen / wenn er weinet / mit jhm Zürnen / wenn er zürnet / mit ihme verliebet sein / wenn er sich verliebet stellet / mit ihme kranck sein / wenn er sich kranck gebehrdet / mit ihme Hüpffen und Tantzen / wenn er springet / und in Summa / Jhme fast in allen Dingen muß nachaffen.[21]

Als Publikumsstellvertreter führen die Frauen an den Fenstern des Hinrichtungstheaters die Affektsteuerung des Stücks auf einer anderen Ebene vor und machen sie gewissermaßen zum Gegenstand theatraler Reflexion. Bedenkt man zudem die selbstreflexiven Passagen des Geistervorspiels, die sich ja auch auf das Hinrichtungstheater beziehen, kann die A-Fassung des *Carolus Stuardus* als metadramatisches Stück über die Möglichkeiten politischer Theatralität (wie der öffentlichen Hinrichtung) und des politischen Theaters (wie das gezeigte Stück selbst) verstanden werden.

---

21 Die AllerEdelste Belustigung Kunst- und Tugendliebender Gemühter / Vermittelst eines anmuhtigen und erbaulichen Gespräches Welches ist dieser Ahrt / Die Vierte / und zwahr Eine Aprilens-Unterredung Beschrieben und fürgestellet von Dem Rüstigen. Hamburg / Jn Verlegung Joh. Naumanns Buchh. Jm Jahr / 1666, S. 87.

II.5.5 Cardenio und Celinde
Von Barbara Mahlmann-Bauer

Einleitung

In seinem vierten Trauerspiel probiert Gryphius einen neuen Ansatz aus, eine Liebesgeschichte zur tragischen Handlung umzuformen, nachdem er in der Vorrede zu *Leo Armenius* Liebeshandlungen in einer Märtyrertragödie noch als unpassend abgelehnt und in *Catharina von Georgien* allein die verderbliche sinnliche Leidenschaft als Motiv eingeführt hat, das die tragische *actio* in Gang bringt. Wie Leidenschaft in der Ehe domestiziert werden kann und welche Gefahren Triebverfallenheit und Kontrollverlust bergen, führen in einem »Traur-Spiegel« die Beispiele Cardenios und Celindes bzw. Olympies und Lysanders vor (*Card.*, S. 259).

Die dramatische *actio* inszeniert eine doppelte Bekehrung. Zwei Liebende, die sklavisch ihren Leidenschaften folgten und zu strafwürdigen Verbrechen bereit waren, gelangen noch rechtzeitig unter dem Eindruck einer übernatürlichen Gespenstererscheinung zur Vernunft. Cardenio führt die Rache am erfolgreichen Nebenbuhler Lysander, die schon in der ersten Abhandlung beschlossen und in der vierten bekräftigt wird, nicht aus; Celindes Schändung der Leiche des Marcellus wird durch dessen Geist verhütet. Das Drama endet weder tragisch mit dem Tod noch komödiantisch mit der Versöhnung und Heirat der Protagonisten, sondern nach einer doppelten Bekehrung eher wie ein pikaresker Roman der Gegenreformation mit Askese und Weltabkehr.[1]

Jedes der Trauerspiele von Andreas Gryphius ist ein Experiment mit der Form der Märtyrertragödie. Keines entspricht dem jesuitischen Prototyp, der sich um 1600 auf den Schulbühnen durchsetzte und dank multimedialer Gestaltung, durch Einsatz von Chören, Instrumentalmusik, kunstvollen Allegorien und modernster Bühnentechnik fürstliche Zuschauer anzog. Diesen Typus lernte Gryphius in den Tragödien Nicolas Caussins kennen. Auch bei *Cardenio und Celinde* fallen Familienähnlichkeiten mit der Märtyrertragödie ins Auge. Eine Gemeinsamkeit aller Gryphius-Tragödien sieht Nicola Kaminski in der Art, wie Welt und Gott im Handeln der Menschen aufeinander bezogen sind, dualistisch-antithetisch oder gradualistisch. Während diese Sphären im Märtyrerdrama unversöhnlich auseinanderklaffen, weil die Märtyrer ihr ewiges Heil irdischer Macht und Wohlleben vorziehen, liegt den wahnsinnig Verliebten der Gedanke ans Seelenheil und Strafgericht ganz fern, bis die übernatürlichen Erscheinungen sie zur Einsicht bringen und sie sich darauf be-

---
1 Vgl. Horst Turk: Cardenio und Celinde (1968) [685], S. 75.

sinnen, daß sie einstmals vor dem »gerechten Thron des höchsten Richters« stehen werden (*Card.* V,226).[2] »Der Tod besiegt Amor«, nachdem die betörende Liebe für Cardenio und Celinde drei Akte lang alle anderen Ziele in den Hintergrund gedrängt hat.[3] Der Tod fungiert dramaturgisch als »Operator«, in der Märtyrertragödie freilich anders als im Bekehrungsdrama: Die Gruft eines Toten und die Stimme seines Geists weisen Celinde und Cardenio »den Weg zum Leben« und zur Rettung ihrer Seele (*Card.* IV,384), wohingegen der Märtyrertod Durchgangsstadium zum ewigen Leben ist.[4] Eine andere Gemeinsamkeit von *Cardenio und Celinde* mit den übrigen Trauerspielen ist in der Vertrautheit des Dichters mit patristischen Argumentationsmustern sowie in der Anverwandlung der modernen stoizistischen Ethik und Affekttheorie zu sehen.[5] Gemessen an Nicolas Caussins *Felicitas*, fällt aber nicht nur *Cardenio und Celinde* aus dem Rahmen der für die jesuitische Schulbühne geschaffenen Märtyrertragödie. Ebenso sind *Leo Armenius*, *Catharina von Georgien*, *Papinianus* und *Carolus Stuardus* Ausnahme-Märtyrerdramen, die gerade nicht die von Jesuitendichtern geschaffenen Konstellationen zwischen römischen Tyrannenkaisern und frühchristlichen Bekennern übernehmen. Sie sind Experimente[6] mit einer Gattung, deren Regeln man in Aristoteles' Poetik zu finden glaubte, der allerdings den völlig tugendhaften Helden als ungeeignet für die Tragödie ansah.[7] In deutscher Sprache gab es noch keine verbindlichen Regeln für die Verfertigung von Tragödien, allenfalls einige zeitgenössische Muster in anderen Nationalsprachen.

2 Vgl. Nicola Kaminski: Der Liebe Eisen=harte Noth (1992) [674], S. 17–26 und 95–124.
3 Helmut Göbel: Andreas Gryphius' »Cardenio und Celinde« im Spannungsfeld französischer und deutscher Spanien-Rezeption (1992) [668], S. 21.
4 Kaminski (Anm. 2), S. 100; vgl. Michael Titzmann: Gryphius' »Cardenio und Celinde, oder unglücklich Verliebete« (1993) [684].
5 Vgl. Hans-Jürgen Schings: Die patristische und stoische Tradition (1966) [939]; Ferdinand van Ingen: Wahn und Vernunft (1982) [672], S. 255f. und 267–275.
6 Die Forschung hat mehrfach diesen Experimentcharakter hervorgehoben und dabei auf die Sonderstellung von *Cardenio und Celinde* in der Reihe von Gryphius' Dramen hingewiesen, die tatsächlich mit einem Martyrium enden. Vgl. Blake Lee Spahr: Cardenio und Celinde (1981) [682], S. 131–137; van Ingen (Anm. 5), S. 253f.; Titzmann (Anm. 4), S. 99. Zum Begriff des poetologischen Spielraums vgl. Stefanie Stockhorst: Reformpoetik. Kodifizierte Genuspoetik des Barock und alternative Normenbildung in poetologischen Paratexten. Tübingen 2008, und Wilfried Barner: Spielräume. Was Poetik und Rhetorik nicht lehren. In: Künste und Natur in Diskursen der Frühen Neuzeit. Hg. von Hartmut Laufhütte. Wiesbaden 2000, S. 33–67.
7 Vgl. ARS POETICA SIVE INSTITVTIONVM ARTIS POETICÆ Libri Tres. AVTORE R. P. ALEXANDRO DONATO Senensi, è Soc. Iesu. Coloniae Agrippinae, sub Monocerote. Anno M. DC. XXXIII, S. 116–119; PALAESTRA Eloquentiæ Ligatæ. DRAMATICA. Pars III. & vltima. QVÆ COMPLECTITVR Poësin Comicam, Tragicam, Comico-Tragicam. Præceptis & Historijs rarioribus, cum Exemplis singulorum Poëmatum illustrata. AVTORE R. P. IACOBO MASENIO, è Societate Iesv. Coloniæ Agrippinæ, Apud Ioannem Busæum. Anno M. DC. LVII. Cum priuilegio Superiorum, S. 5f. Ein *vir fortis* sei an sich nicht mitleidfähig, aber einer, der den Tod nicht verdient, ihn dennoch tapfer erleidet, wird die Zuschauer durch die Gräßlichkeit der Strafe erschrecken und ihre Bewunderung erregen.

Als Gryphius während seiner Studienreise nach Frankreich und Italien damit begann, Dramen zu schreiben, lagen Opitz' Poetik, seine Gedichte und Übersetzungen bereits vor. In Frankreich war Gryphius mit dem Theater Corneilles bekannt geworden.[8] In Rom hatte er wahrscheinlich die Tragödie *Leo Armenus* von Joseph Simon (ca. 1593–1671) gelesen oder gesehen, die von Schülern des Collegium anglicum aufgeführt wurde.[9] Die Bekanntschaft mit solchen Dichtungen römisch-katholischer Autoren, sowohl mit Novellen berühmter Spanier in französischer oder italienischer Übersetzung als auch mit dem Theater in Paris und Rom, hat den schlesischen Dichter gewiß dazu gereizt, Spielräume der tragischen Kunst auszuloten. Die *Novelas* des Geistlichen Juan Pérez de Montalván (1601–1638) lernte Gryphius wahrscheinlich in italienischer oder französischer Übersetzung auf seiner *peregrinatio academica* kennen.[10] Die zweite der Novellen, »La fuerça del desengaño«, lieferte ihm die Vorlage für *Cardenio und Celinde*. Mußte er in Paris den Eindruck bekommen, daß die *tragoedia sacra* beim höfischen Publikum als ›Auslaufmodell‹ galt, weil es unterhaltsamere, amouröse Stoffe zu sehen wünschte, wurde er in seiner schlesischen Heimat Zeuge, wie im Breslauer Jesuitengymnasium Theater gespielt wurde und die Märtyrertragödie zu neuen Ehren kam.[11] Sie war Gegenstand konfessioneller Polemik – in Frankreich auf andere Weise als in Schlesien. Gryphius' Eindrücke während seiner *peregrinatio academica* und die Begegnung mit dem Jesuitentheater in Breslau nach Einführung der Gegenreformation sind bei der Interpretation der Vorrede zu *Cardenio und Celinde* mit zu berücksichtigen. Gefragt waren Alternativen zum (oder Abwandlungen vom) Modell der jesuitischen Märtyrertragödie. Wieso die moralische Erzählung als Vorlage für ein Trauerspiel attraktiv schien, soll im folgenden erläutert werden. Was daraus für Gryphius' Verständnis eines Trauerspiels folgt, hat Walter Benjamin im Kontrast mit der von Aristoteles beschriebenen Tragödie herausgearbeitet. Benjamin folgend verwende ich daher bevorzugt Gryphius' eigene Gattungsbezeichnung, ordne seine Trauerspiel-Auffassung aber genauer, als Benjamin es vermochte, in das breite Spektrum der zeitgenössischen Diskussion über die vermeintlich aristotelischen Gattungskonstituenten ein.[12]

---

8 Vgl. *Leo*, fol. Aiij^r, und Mannacks Kommentar (*D*, S. 929); vgl. außerdem ↗ Kap. II.5.1 zur *Felicitas*, S. 170–173.
9 Zur Entstehungsgeschichte vgl. Barbara Mahlmann-Bauer: Leo Armenius oder der Rückzug der Heilsgeschichte (2004) [551], bes. S. 424f.
10 Vgl. *D*, S. 967; *GA* V, S. XIII. Die italienische Übersetzung stammt von P. D. Biasio Cialdini (1628), die französische von Philippe Daniel Rampalle (1644).
11 Vgl. Eberhard Mannack: Die »verdeckte Fortsetzung des Dreißigjährigen Krieges« (2003) [816].
12 Walter Benjamin: Ursprung des deutschen Trauerspiels (1928) [432a], S. 45–154. Zu Benjamins Gryphius-Deutung vgl. Jane O. Newman: Benjamin's Library. Modernity, Nation, and the Baroque. Ithaca 2011, bes. S. 23–76; Dominik Finkelde: The Presence of the Baroque: Benjamin's »Ursprung des deutschen Trauerspiels« in Contemporary Contexts. In: A Companion to the Works of Walter Benjamin. Hg. von Rolf J. Goebel. Rochester 2009, S. 46–69.

Als Entstehungszeit von *Cardenio und Celinde* kommen die Jahre 1647–1657 in Frage. Im Sommer 1647 hat Gryphius, eigenen Angaben der Vorrede zufolge, die Geschichte der beiden Verliebten in Amsterdam seinen Freunden zuerst erzählt. Publiziert wurde das Drama erstmals 1657.[13] Die beiden Werkausgaben ordnen die Trauerspiele in der Folge ihrer Entstehung an. *Cardenio und Celinde* wurde in die Erstausgabe der Trauerspiele von 1657 an vierter Stelle nach *Leo Armenius*, *Catharina von Georgien* und *Carolus Stuardus* aufgenommen, dessen erste Fassung am 11. März 1650 abgeschlossen vorlag. In der Ausgabe letzter Hand von 1663 erscheint *Cardenio und Celinde* an dritter Stelle vor der zwischen 1660 und 1663 überarbeiteten Fassung des *Carolus Stuardus* (vgl. *D*, S. 876 und 963). Dieser Anordnung folgte Christian Gryphius in seiner sonst textidentischen Ausgabe 1698 (*TG*).[14] Die poetologische Leservorrede kann nicht vor 1654 verfaßt worden sein, weil Pierre Gassendis Biographie Tycho de Brahes angeführt wird, die 1654 im Druck erschien.[15] Von *Felicitas*, *Papinianus* und *Cardenio und Celinde* sind Szenare überliefert, die Aufführungen dieser Schauspiele 1658, 1660 und 1661 am Elisabethanum bezeugen.[16] *Cardenio und Celinde* wurde während der Fastnachtstage am 1. und 3. März, dann wieder am 8. März 1661 aufgeführt. Am 2. März wohnte der Brieger Herzog einer Aufführung von Lohensteins *Cleopatra* bei, am 3. März sah er Gryphius' »Trauer-Spiel« einer keuschen und einer rasenden Liebe.[17] Wegen der begrenzten, in Anbetracht der Laienschauspieler bescheidenen Wirkungsmöglichkeiten wird Gryphius an der Verbreitung seiner Trauerspiele als Lesedramen interessiert gewesen sein.

Vorredenpoetik

Gryphius macht in der Leservorrede zu *Cardenio und Celinde* der Reihe nach auf mehrere poetologische Besonderheiten aufmerksam, die zum einen das Verhältnis

---

13 Vgl. Rolf Tarot: Nachwort. In: Andreas Gryphius: Cardenio und Celinde (1968) [20], S. 95f.
14 *Cardenio und Celinde* ist dort auf S. 181–250 abgedruckt, nach *Catharina von Georgien* und vor *Carolus Stuardus*.
15 TYCHONIS BRAHEI, EQVITIS DANI, Astronomorum Coryphæi VITA. *Authore PETRO GASSENDO Regio Matheseos Professore* ACCESSIT NICOLAI COPERNICI, GEORGII PEVRBACHII, & IOANNIS REGIOMONTANI Astronomorum celebrium VITA. PARISIIS, Apud Viduam MATHVRINI DVPVIS, viâ Iacobæâ, sub signo Coronæ Aureæ. M. DC. LIV. *CVM PRIVILEGIO REGIS*. Die von Gryphius erwähnte Stelle auf S. 229f.
16 Vgl. Konrad Gajek: Das Breslauer Schultheater im 17. und 18. Jahrhundert. Einladungsschriften zu den Schulactus und Szenare zu den Aufführungen ›förmlicher Comödien‹ an den protestantischen Gymnasien. Mit einem Nachwort. Tübingen 1994, S. 217–228.
17 Gerhard Spellerberg: Szenare zu den Breslauer Aufführungen Gryphischer Trauerspiele (1978) [985], S. 257f.

zu Aristoteles' Poetik bzw. zu deren modernen Kommentaren thematisieren und zum andern Eigentümlichkeiten der Erzählvorlage betreffen:

1. Gryphius hat den Stoff einer Erzählung, mit der er seine niederländischen Freunde auf dem nächtlichen Nachhauseweg beeindruckte, in dramatische Form umgegossen. Er hat »stat einer begehrten Geschicht-Beschreibung gegenwärtiges Trauer-Spiel auffgesetzt«. Dadurch sei er davor bewahrt worden, eine »Thorheit zu begehen« (*Card.*, S. 258).
2. Gryphius verschweigt die literarische Quelle. Er behauptet, das Schicksal Cardenios sei ihm »in Jtalien vor eine warhaffte Geschicht mitgetheilet« worden (ebd.).
3. Das gegenwärtige Trauerspiel muß sich gegen manch »scharffes Vrtheil« behaupten (ebd.). Gryphius weist darauf hin, daß es von den (wahrscheinlich aus Aristoteles und Horaz abstrahierten) Regeln für Trauerspiele abweicht. Mit dem scharfen Urteil können Aussagen über Personal, Aufbau und Dramaturgie einer Tragödie gemeint sein, die in den Poetiken von Heinsius, Donato, d'Aubignac oder Corneille vorkommen. Die *personae dramatis* seien nämlich »fast zu nidrig vor ein Traur-Spiel« (ebd.). Daran wollte Gryphius aber nichts ändern, aus Respekt vor der historischen Wahrheit.
4. Auch der Stil kommt der »gemeine[n]« »Art zu reden« nahe (ebd.). Hitzige, stechende Worte entsprachen allerdings dem Temperament und dem Affektzustand der *dramatis personae*. Gleichwohl ist die Stillage höher und ernster als in der verwendeten *Novela* Montalváns.
5. Gryphius nahm sich vor, »zweyerley Libe: Eine keusche / sitsame und doch inbrünstige in Olympien: Eine rasende / tolle und verzweifflende in Celinden, abzubilden« (*Card.*, S. 259). Den beiden Verliebten wird in der vierten Abhandlung der »schreckliche Traur-Spiegel« vorgehalten (ebd.). Diese ›Vorhaltung‹ endet aber nicht mit dem Untergang oder der Bestrafung, sondern mit Reue und Umkehr. Der erhoffte Eindruck, den der Trauerspiegel auf die verkehrt Liebenden und auf die Leser/Zuschauer macht, dient Gryphius zur Rechtfertigung der Abweichung von dem, was Zuschauer und Kenner der Poetikkommentare erwarteten.
6. Fehler der vier Liebenden liegen in ihrer Leidenschaft und werden schließlich durch »Vernunfft / Tugend und Verstand ersetzet«. Olympia wandelt sich zuerst, indem sie auf ihre »Ehre als de[n] einigen Zweck zilet« (ebd.). Sie erkennt auch Lysanders Reue und Willen zur Besserung an. Celindes Fehler besteht darin, daß sie auf Tyches gefährliche Ratschläge hört. Sie »muß alhir [...] bewehren«, daß zauberische Mittel »Gottlos / der Gebrauch gefährlich / die Würckung unglücklich« sei (*Card.*, S. 260). Die vier Verliebten sind also weder über alle Anfechtungen erhabene Tugendbolde noch abscheuliche, abgefeimte Bösewichter. Um sie zu mittleren Helden zu modellieren, die auf das Mitgefühl der Zuschauer rechnen dürfen, hat Gryphius verschiedene soziale und moralische Makel behoben, mit denen Montalván seine Figuren ausstat-

tete, um komische Verwicklungen und Entlarvungen (*desengaño*) herbeizuführen.[18]
7. Die antike Tragödie kennt die Lösung durch einen *deus ex machina*, wenngleich Aristoteles diese Form der Lysis nicht besonders schätzt. Gryphius ersetzt den »Gott aus dem Gerüste« durch einen »Geist aus dem Grabe«, fürchtet aber, man könnte ihm vorwerfen, einen veralteten Aberglauben wiederzubeleben (ebd.). Die Einführung zweier Gespenster werde allerdings keinem »ungereimt« vorkommen, der die aus der Spätantike überlieferten Erzählungen kennt, wonach Leichenschänder von ihren Opfern gerügt und zur Sühne genötigt werden.
8. Daß das »Trauer-Spiel« ein Bekehrungsdrama mit glücklichem Ausgang ist, wird von Gryphius nicht als Regelverstoß bewertet. Er nennt seine Bearbeitung des Novellenstoffs ausdrücklich »Trauer-Spiel« und vermeidet es, die Situationskomik der Vorlage auf die Bühne zu bringen.
9. Die Warnung vor Leichtgläubigkeit und davor, daß magische Praktiken »[g]ottlos« seien (ebd.), sowie die Erzählung zweier Geschichten, wie der Geist einer Leiche, die schamlos exhumiert und beraubt wurde, entfuhr und sich rächte, nehmen zwei Drittel der Leservorrede ein. Johannes begründet seinen Entschluß, ins Kloster zu gehen und der Welt zu entsagen, mit dem Bekenntnis seiner Leichenschändung. Die von Johannes in direkter Rede geschilderte Geistererscheinung löste Todesangst aus und macht seinen frommen Entschluß plausibel. Analog sei die Kehrtwende Cardenios und Celindes plausibel, auch ohne den Glauben an übernatürliche Erscheinungen.

Die Struktur der dramatischen Fabel konfrontiert zwei Paare miteinander: Olympia–Lysander, Cardenio–Celinde. Vor der rasenden, tollen Liebe zu warnen, die vor Verbrechen nicht zurückschreckt, um Befriedigung zu erlangen, ist Gryphius' didaktisches Ziel. Warum er dies in einer Tragödie tut und wieso er eine »Thorheit« begangen hätte, wenn er eine bloße »Geschicht-Beschreibung« daraus gemacht hätte, wurde bisher noch nicht gefragt.

Aristoteles' Poetik auf dem Prüfstand – Gryphius und die poetologischen Diskurse in Frankreich und Italien

Die Praxis des jesuitischen Schultheaters war den Zielen der Sprecherziehung und Persönlichkeitsbildung unterworfen und nahm Rücksicht auf fürstliche Zuschauer.

---

18 Sie werden später aufgezählt: die Schwängerung Narcisas, die sozial anrüchige Herkunft Celindes als frivoler, um ihren Ruf unbekümmerter Lebedame; Teodoro mußte zur Klärung einer Erbangelegenheit zu seinem Vater reisen; Gryphius läßt Cardenio zu seinem an einer Seuche erkrankten Vater reisen (vgl. *Card.* I,261).

Die Konformität der Schulstücke mit aristotelischen Regeln wurde erst nachträglich von Theoretikern erwiesen. Jakob Pontanus, Alexander Donatus und Jakob Masen setzten sich mit den italienischen Aristoteleskommentaren und den Poetiken von Scaliger, Daniel Heinsius und Gerard Joannes Vossius auseinander. Pontanus begann damit, das Schultheater mit Hilfe der aus Aristoteles' Poetik abstrahierten Normen zu legitimieren und die multimediale Kunst jesuitischer Choragi zu nobilitieren. Ziel der jesuitischen Theoretiker war es, Anleitungen für die theatralische Praxis zu geben und Neuerungen im Vergleich mit antiken Tragödien, aber gegebenenfalls auch im Kontrast mit Aristoteles' Anforderungen zu rechtfertigen. Die italienischen Poetik-Kommentare hatten das Bewußtsein dafür geschärft, wie groß der Abstand war, der Schauspiele der Renaissance – gleich, ob in der Volkssprache oder auf Latein – von den athenischen Theateraufführungen trennte.[19]

Mitte des 17. Jahrhunderts, in der ›vorklassischen‹ Zeit, waren im deutschen Sprachraum, in den Niederlanden, Frankreich und Italien Regelpoetiken zur Anleitung für die Bühnenkunst gewünscht. Die Kommentare italienischer Gelehrter und Scaligers zur aristotelischen Poetik waren dafür ungeeignet. Mehrere Tragödientheorien stritten um den Anspruch, mit einer zeitgemäßen Deutung der aristotelischen Poetik der Praxis des höfischen Theaters und dem mutmaßlichen Publikumsgeschmack Rechnung zu tragen. Die Leservorrede enthält Indizien dafür, daß sich Gryphius in diese Verhandlungen mit dem Vorschlag einer Tragödie mit glücklichem Ausgang einmischen wollte.

In der ersten Hälfte und der Mitte des 17. Jahrhunderts bemühten sich Heinsius, Donatus, Vossius, Masen, der Abbé d'Aubignac und Corneille – um nur diejenigen zu nennen, die Gryphius hat zur Kenntnis nehmen können – darum, Regeln für die Bühnenkunst mit Verweis auf Aristoteles' Poetik zu begründen.[20] Sie wollten das

---

[19] Jean-Marie Valentin: Le théâtre des Jésuites dans les pays de langue allemande (1554–1680), 3 Bde. Bern 1978, zur Rhetorik und Poetik Band I; ders.: Les jésuites et le théâtre (1554–1680). Contribution à l'histoire culturelle du monde catholique dans le Saint-Empire roman germanique. Paris 2001, Kap. I–VIII; mit Blick auf die Verhältnisse in Bayern: Triumphus Divi Michaelis Archangeli Bavarici. Edition mit Kommentar. Hg. von Barbara Bauer und Jürgen Leonhardt. Regensburg 1999, vgl. die Einleitung; mit Blick auf die Verhältnisse in Paderborn: P. Augustinus Turrianus SJ: Comoedia de Divi Augustini pueritia et adolescentia. Komödie über die Kindheit und Jugend des Hl. Augustinus (Paderborn 1604). Mit Einleitung, Übersetzung und Kommentar hg. von Peter Martin Maier. Aachen 2006; zur Situation in Frankreich: Marc Fumaroli: L'âge de l'éloquence. Rhétorique et res literaria de la Renaissance au seuil de l'époque classique. Paris 1994; für die Theaterpraxis in Italien: Giovanna Zanlonghi: Teatri di Formazione. Actio, parola e immagine nella scena gesuitica del Sei-Settecento a Milano. Mailand 2002; Stephanus Tuccius S.J.: Christus Nascens. Christus Patiens. Christus Iudex Tragoediae. Edizione, Introduzione, Traduzione. Hg. von Mirella Saulini. Rom 2011.

[20] DAN. HEINSII DE TRAGŒDIÆ CONSTITVTIONE LIBER. IN QVO INTER CÆTERA tota de hac Aristotelis sententia dilucide explicatur. Editio auctior multo. Cui & Aristotelis De Poëtica libellus, cum ejusdem Notis & Interpretatione, accedit. LVGD. BATAV. Ex Officinâ Elsevirianâ. CIƆ IƆC XLIII;

Niveau der Schauspiele heben, suchten aber auch nach antiken Anweisungen, um die Tauglichkeit der tragischen Kunst für die Einübung moralischer Normen zu beweisen und die von den Kirchenvätern geübte Kritik an der Bühnenkunst zu entkräften. Für ihr Anliegen, Theaterspiel als nützliche Tätigkeit und den ethisch-erzieherischen Wert der präsentierten Inhalte zu demonstrieren, dünkte sie vor allem die von Aristoteles beschriebene Wirkungskategorie der Katharsis geeignet.

Umdeutung der Katharsis

Hans-Jürgen Schings hat die dramentheoretischen Umdeutungen der aristotelischen Katharsis-Lehre in den Poetiken des konfessionellen Zeitalters nachgezeichnet, um zu erklären, wieso Gryphius sich mit *Leo Armenius* vornahm, nach dem Vorbild der »Alten« »menschliche Gemütter von allerhand unartigen und schädlichen Neigungen zu säubern« (*Leo*, fol. Aij).[21] Mit Schings' Hilfe kann die Dramaturgie des Gryphius in Begriffen aus den lateinischen Paraphrasen des berühmten § 6 der Poetik rekonstruiert werden: *expiatio* nennen Minturno und Heinsius das, was durch die Vorführung starker Affekte mit denen der Zuschauer geschehen soll. Verwandte Explanantia für die aristotelische Katharsis sind *(re)purgatio*, *moderatio* und *temperatio* schädlicher Leidenschaften. Um sich die von Gryphius gewählte Form- und Wirkungsstruktur klar zu machen, in der zwei Geistererscheinungen den Umschlag der Handlung herbeiführen, ist es hilfreich, die lateinischen Begriffe zu verwenden, mit denen Tragödientheoretiker oder -praktiker Begriffe aus Aristoteles' Poetik paraphrasieren oder übersetzen, um mit ihrer Hilfe vor allem moderne Tragödien im Vergleich mit (im Kontrast zu, am Maßstab von) antiken Tragödien zu analysieren.

GERARDI JOANNIS VOSSII POETICARUM INSTITUTIONUM, *LIBRI TRES. AMSTELODAMI*, Apud Ludovicum Elzevirium, cIɔ Iɔc XLVII; Donatus (Anm. 7); Masen (Anm. 7); LA PRATIQVE DV THEATRE *OEVVRE TRES-NECESSAIRE A tous ceux qui veulent s'appliquer à la Composition des Poëmes Dramatiques, qui font profession de les Reciter en public, ou qui prennent plaisir d'en voir les Representations*. A PARIS, Chez ANTOINE DE SOMMAVILLE, au Palais, sur le deuxième Perron, allant à la Saincte-Chapelle, à l'Escu de France. M. DC. LVII. *AVEC PRIVILEGE DV ROY*. Abbé d'Aubignac verfaßte diese Abhandlung als Reaktion vor allem auf Corneilles Theater schon zu Lebzeiten des Kardinals Richelieu, sie war Gegenstand lebhafter Diskussionen. Vgl. Hélène Babys Einleitung zur kritischen Ausgabe: François-Hédelin d'Aubignac: La pratique du théâtre. Paris 2001, S. 11–16. Vgl. LE THEATRE DE P. CORNEILLE. *Reueu & corrigé par l'Autheur*. II. PARTIE. *Imprimé à ROVEN, Et se vend A PARIS*, Chez Avgvstin Covrbé, au Palais, en la Gallerie des Merciers, à la Palme. Et Gvillavme de Lvyne, Libraire Iuré, dans la mesme Gallerie, à la Iustice. M. DC. LX. *AVEC PRIVILEGE DV ROY*, S. v–lxv (»DISCOVRS DE LA TRAGEDIE, Et des moyens de la traiter, selon le vray-semblable ou le necessaire«); auch Corneilles *Discours* sind Zeugnisse von Diskussionen, die sich an früheren Aufführungen seiner Tragödien entzündeten.

21 Hans-Jürgen Schings: Consolatio Tragoediae (1980) [494], S. 19.

Ein gutes Beispiel für die von Schings beobachtete Umdeutung der Katharsis ist Alessandro Donatos Tragödientheorie. ›Die Tragödie reinigt durch die Erregung von Mitleid und Furcht eben diese Affekte.‹ Affekte wie *cupiditas, amor, odium* werden ›sediert‹.[22] Die therapeutische Wirkung bestehe darin zu lernen, das, was uns Furcht einjagt, klug zu vermeiden.[23] Affekte werden nicht beseitigt und abgetötet, sondern geheilt, temperiert.[24] Theater war Psychohygiene durch Schocktherapie.

Um dem von Gryphius avisierten Wirkungsmodell und seinem Einsatz von *spectra* auf die Spur zu kommen, sei daran erinnert, wie in der anonymen »Praemonitio ad lectorem« zu Jakob Bidermanns *Ludi theatrales sacri* (1666) die erschütternde Wirkung der *Cenodoxus*-Aufführung erklärt wurde. Ziel ist *percellere*; die Erschütterung über das Gesehene sollte den Entschluß herbeiführen, das Leben zu ändern, einem Orden beizutreten oder sich wenigstens für die *Exercitia spiritualia* anzumelden. Der Auftritt des Oberteufels Panurgus, der Cenodoxus verführt hat und für seinen Höllensturz verantwortlich ist, löst, physiologisch sichtbar, *horror* aus und provoziert die Zuschauer zur Gewissenserforschung.[25] Die sprechende Leiche macht schon auf den Augenzeugen Bruno einen kathartischen Eindruck und bewegt ihn zur Weltabkehr.[26] Er nimmt auf der Bühne die vom Anonymus geschilderte Wirkung auf die *spectatores* vorweg. Cenodoxus endet tragisch; sein Beispiel lehrt die Schüler, sich vor Hypokrisie zu hüten, um ihm nicht ähnlich zu werden.

Analoges vollzieht sich an den Wendepunkten von *Cardenio und Celinde*. Im Anblick der furchterregenden Gespenster, konfrontiert mit dem Pfeil, den Olympias »Geist [...] grimmig auff mich zilt'« (*Card.* V,201f.), und erschüttert durch die mahnenden Worte, die der tote Marcellus an Celinde richtet (*Card.* V,381–384), erkennen beide jäh den Irrtum ihrer Gefühle und die Gefahr, die ihrem Seelenheil am Tag des Gerichts droht. Der Horror Cardenios im Augenblick, als er gewaltsam den Schleier der Erscheinung lupft, und das Entsetzen Celindes und Cardenios, als sich Marcellus dem Grabe zubewegt, sind Höhe- und Wendepunkte der *actio*. Das Olym-

---

22 Donatus (Anm. 7), S. 106f.: »excitando misericordiam, & timorem, eos affectus Tragœdia repurgat. [...] sedantur affectus vt cupiditas, amor, odium.«
23 Ebd., S. 107: »in tragica conuersione fortunæ quid nos timere deceat addiscimus. [...] tum commiserando, fortunæ nostræ prospicimus, ne paria terroris, & commiserationis exempla præbeamus. [...] Quo fit, vt ea solùm metuamus, quibus iure laudabiliterque commoueri debemus.«
24 Ebd.: »Hoc autem est purgare misericordiam, & timorem. non enim debent ista per Tragœdiam penitus auelli, sed curari. Quod autem curatur non extinguitur.«
25 LUDI THEATRALES SACRI. *SIVE* OPERA COMICA POSTHUMA à R. P. JACOBO BIDERMANNO SOC. JESU THEOLOGO OLIM CONSCRIPTA, ET CUM PLAUSU *IN THEATRVM PRODVCTA*, NUNC BONO JUVENTUTIS IN PUBLICUM DATA, *PARS PRIMA*. IN QUA BELISARIUS, COMICO-TRAGOEDIA. CENODOXUS, COMICO-TRAGOEDIA. COSMARCHIA, COMOEDIA. JOSEPHUS, COMOEDIA. MACARIUS ROMANUS, COMOEDIA. *Permissu Superiorum, & cum Privilegio Cæsareo Speciali*. Operâ & impensis JOANNIS WAGNERI Civis & Bibliopolæ Monacensis. *Typis* JOANNIS WILHELMI SCHELL. MONACHII, *Anno M. DC. LXVI.*, »PRÆMONITIO *AD* LECTOREM«, fol. (††)[r]. Vgl. Schings (Anm. 21), S. 22f.
26 Bidermann (Anm. 25), *Cenodoxus*, Akt V, Szenen 2, 4, 6 und 8.

pia-Gespenst lenkt Cardenio von der Ausführung seines Racheplans ab, als er just im Begriff ist, ins Haus einzudringen und Lysander umzubringen (*Card.* V,137–143). Das Entsetzen fördert die Umkehr: »ich bin genesen!« (*Card.* V,74); »meine Wunden | Von Grund aus sind verheilt« (*Card.* V,178f.). Analog hält die wandelnde und sprechende Leiche des Marcellus Celinde davon ab, seine Brust aufzuschneiden.

Wie die Worte des Gespensts auf die Fliehenden wirken, erfahren wir erst in der fünften Abhandlung. Im Schlußgespräch schildern Cardenio und Celinde das Erlebte. Was von einigen Forschern als langatmige Wiederholung des längst Geschauten gerügt wurde,[27] hat im dramaturgischen Prozedere des Gryphius seine Logik: Um die Wucht der durch den *horror* erfolgten *agnitio* zu ermessen, müssen die Zuschauer oder Leser die physiologische und seelische Wirkung der Gespenstererscheinungen direkt aus ihrem eigenen Mund erfahren. Erst ihre Erzählung, wie sie die Geistererscheinungen als himmlischen Wink wahrnahmen, macht den *laetus exitus* nachvollziehbar: ihre *conversio* mitsamt dem Entschluß zur Entsagung, der aus Sicht Olympias, Lysanders oder Virens, die ein festgefügtes Bild von Cardenio und seinem Temperament haben, völlig überraschend kommt.

Genau dies forderten Alessandro Donato und d'Aubignac von einer Tragödie. Die Zuschauer müssen in Hochspannung versetzt und durch die Auflösung, eine unvorhersehbare Wendung, zu Hochgefühlen überrumpelt werden. Die überraschende Glückswende garantiert eine größere Wirkung, als wenn die Handelnden ihren Leidenschaften blind folgen und so in eine klar vorhersehbare Katastrophe schlittern.[28]

Wenn Cardenio und Celinde über ihren Todesschrecken berichten, begründen sie die Wirkung der Gespenster mit der Furcht vor dem Jüngsten Gericht, dem »gerechten Thron des höchsten Richters« (*Card.* V,226).

Celinde gesteht, sie werde nie mehr Marcellus' blassen Mund und seine heisere Stimme vergessen können. Dieses Trauma dämpfe ihre Liebesglut für immer. Von aller Angst vor Tod und Gericht entbunden, sagt sie ihrer unreinen Leidenschaft Lebwohl, die sie beinahe zur Leichenschändung verleitet hätte. Diese unreine Flamme erscheint ihr, eingedenk der redenden Leiche, nun als »Vorbild höllscher Glut«: »Celinde wil verdammen / | Was ihr Verdammen würckt« (*Card.* V,350f.). Nachdem die Reyen schon längst Furcht vor dem himmlischen Strafgericht geweckt haben, das den Triebhaften in Aussicht gestellt wird, erwarten die Zuschauer Cardenios Umsetzung des Racheplans, in der Gewißheit, daß ihm göttliche Strafe drohe. Die Umkehr wird auf spektakuläre Weise überraschend ausgelöst und die Publikumserwartung düpiert. Anstatt ihren unsteten Lebenswandel fortzusetzen und zur nächsten Befriedigung zu eilen, sind sich Cardenio und Celinde mit Olympia,

---

27 Stellvertretend Spahr (Anm. 6), S. 147.
28 Donatus (Anm. 7), Kap. 14 und 27, S. 134–137 und 164; Aubignac (Anm. 20), Buch II, Kap. 9, S. 174f.

Lysander, Viren und Pamphilius einig in der Sorge, der übermächtigen Todesangst künftig vorzubeugen. Sie beschwichtigen sie mit Maximen eines gottgefälligen, auf die ewigen Güter ausgerichteten Lebens: »Wol dem; der seine Zeit / (nimmt Weil noch Zeit) in acht!« usw. (*Card.* V,423–428).

Cardenio und Celinde bezeichnen die Einsicht und Selbsterkenntnis, zu der sie die Geister als Werkzeuge von »Des Allerhöchsten Faust« (*Card.* V,121) gebracht haben, als Heilung von Wahn und Blindheit. Oft umschreibt Cardenio diesen Klärungsprozeß in medizinischer Metaphorik:

> Jch bin Cardenio! nicht der ich bin gewesen
> Mehr toll als tolle sind! nein! nein! ich bin genesen!
> Von Hoffen / Wahn und Pein / und was man Libe nennt (*Card.* V,73–75)

Das »Traur-Gespenst« habe ihn »erweckt« (*Card.* V,214 und 220) und ihn zur Einsicht geführt »[z]u dencken wer ich sey« (*Card.* V,223).

Die tolle Leidenschaft Cardenios und Celindes wird durch die übernatürlichen Erscheinungen ausgelöscht. Sie läutert sich zur Sehnsucht nach der Ewigkeit, nachdem Olympia und Lysander in der Ehe schon eine weniger radikale Kur durchgemacht haben. Der Erkenntnis geht ein Schock voraus, an dem die Zuschauer teilhaben, wenn sich das verschleierte Bild in die verwesende Frau Welt verwandelt und der Leichnam des Ritters an der Säule sich zu regen beginnt.

Die Gespenster halten den durch Leidenschaften Betörten einen »Traur-Spiegel« vor, in dem sie ihren sittlichen Verfallszustand wie Fratzen erkennen können, um alsbald dafür zu sorgen, weiteren Schaden zu verhüten. Gryphius gebraucht diesen Begriff ähnlich wie Opitz in seiner Vorrede zur Übersetzung der *Trojanerinnen* Senecas. Die Konfrontation mit dem Schicksal der Trojanerinnen wird den Zuschauer darin einüben, »mit grösserem Gemüthe als zuvor seines Vaterlandes Verderb vnd Schaden« zu ertragen, »wann er die gewaltige Statt Troja / [...] sihet im Fewer stehen«.[29] Kriegsgewohnte und kriegsmüde Zuschauer können sich im Schicksal der Trojanerinnen gespiegelt sehen und finden im Untergang Trojas »beständige[] Exempel[]«, um ihr »Gemüthe« gegen Trauer und Leid zu verwahren.[30]

---

29 L. ANNÆI SENECÆ TROJANERJNNEN; Deutsch übersetzet / vnd mit leichter Außlegung erkleret; Durch MARTINUM OPITIUM. Wittenberg / Jn verlegung Zachariæ Schürers Buchführers / Gedruckt bey Augusto Boreck / Jm Jahr M. DC. XXV., fol. Aiiij^r; zitiert ebenfalls von Schings (Anm. 21), S. 34, und in Mannacks Kommentar (*D*, S. 859).
30 Opitz (Anm. 29), fol. Aiiij^r, dort auch der Verweis auf Epiktet (fol. Aiij^v). Opitz bezeichnet Senecas *Troades* deswegen als schönste der römischen Tragödien, weil sie »sich auch auff jetzige Zeiten / da es von nöthen seyn will / daß man das Gemüthe mit beständigen Exempeln verwahre / am allerbesten zu fügen scheinet« (fol. Aiiij^r).

Gryphius' Wirkungsmodell gemäß Aristoteles und in den Begriffen seiner Ausleger

Die Schlußszenen von Gryphius' vierter Abhandlung führen die Wende herbei, haben also die Funktion der Peripetie (lat. *conversio, mutatio fortunae*). Daniel Heinsius definiert sie als »subitam fortunæ in contrarium mutationem«.[31] Donatus betont, daß mit der überraschenden »fortunæ conuersio«[32] der Ausgang keineswegs feststehe. Für d'Aubignac ist die Peripetie »vecteur de surprise« und »élement-clé du plaisir dramatique«.[33] Genau betrachtet, wird die Wende des Schicksals der Protagonisten durch *agnitio* (Anagnorisis) ausgelöst. Die *agnitio* bezieht sich auf den durch die Leidenschaften verursachten Irrtum, die Blindheit der Vernunft, und ist Selbsterkenntnis. Sie bringt Gryphius' Liebende zur Besinnung und führt zum Bekenntnis, das Leben zu ändern.

In § 11 seiner Poetik (1452a 22–24) handelt Aristoteles vom Wendepunkt, an dem die Handlung in das Gegenteil dessen, was intendiert war, umschlägt, zum Rettenden oder zum Katastrophalen, zu neuem Leben oder zur Vernichtung.[34] Zu beidem kann die Anagnorisis helfen. Die Wiedererkennung ermöglicht den Übergang vom Zustand der Unwissenheit zum Wissen. Sie kann, wie Aristoteles erklärt, zur Freundschaft führen bei Handelnden, die zum Glück bestimmt sind, oder zu Haß und Feindschaft bei *personae dramatis*, die zum katastrophalen Unglück prädestiniert sind.[35] Nach Aristoteles ist eine Anagnorisis kunstgemäß optimal, die mit der Peripetie koinzidiert. In § 10 und 11 macht Aristoteles klar, was eine einheitliche Handlung, also eine stringente Dramaturgie, auszeichnet. Sie muß einen Umschlagpunkt haben, der starke Affekte bei den Handelnden freisetzt und ins Glück oder ins Unglück führt, damit sich die Katharsis im Zuschauer ereignen kann. Aristoteles läßt in § 11 explizit beide *exitus* zu. Die Peripetie einer verwickelten, mehrsträngigen Handlung löst durch Anagnorisis Glück oder Unglück aus.[36] Die

---

31 Heinsius (Anm. 20), S. 26.
32 Donatus (Anm. 7), S. 164.
33 Vgl. d'Aubignac (Anm. 20), Buch II, Kap. 9, S. 174f.; die Charakterisierung stammt von Baby (Anm. 20), S. 203.
34 In Daniel Heinsius' lateinischer Übersetzung: »in contrarium eorum quæ aguntur mutatio«. ARISTOTELIS DE POETICA *LIBER*. DANIEL HEINSIVS recensuit, ordini suo restituit, Latine vertit, Notas addidit. *Accedit eiusdem* DE TRAGICA CONSTITVTIONE LIBER. *In quo præter cætera, tota de hac Aristotelis sententia dilucide explicatur.* LVGDVNI BATAVORVM. Apud IOANNEM BALDUINUM. *Prostat in Bibliopolio* Ludouici Elzevirij. ANNO CIƆ IƆC. XI., Kap. 12, S. 23.
35 Ebd., Kap. 12, S. 23 (= 1452a 30–32): »Agnitio autem est [...] ex ignoratione in cognitionem mutatio, quæ ad amicitiam aut simultatum inter eos tendit, qui vel ad felicitatem, vel infelicitatem ordinati ibi ac dispositi sunt.«
36 Ebd., Kap. 12, S. 24 (= 1452b 2): »Talis quippe agnitio [...] aut cómiserationem mouebit aut terrorem [...]. Præterea aut infelicitas aut felicitas e talibus nascetur.«

Peripetie am Ende der vierten Abhandlung von *Cardenio und Celinde* koinzidiert mit der doppelten *agnitio*, ein Kunstgriff, den Aristoteles ausdrücklich lobt. Cardenios und Celindes Erkenntnis, daß Gott ihnen die Geister als Werkzeuge der Umkehr geschickt habe, und die Selbsterkenntnis ihrer heillosen Triebbesessenheit haben just den Effekt, den Aristoteles in § 14 beschreibt. Aristoteles fragt hier, wie die tragischen Handlungsverläufe beschaffen sein müssen, damit sie als bedrohlich und mitleiderregend empfunden werden. Von den vier Möglichkeiten, wie man mit oder ohne Wissen etwas Verhängnisvolles tun oder nicht tun kann, erfüllt die dritte auf ideale Weise die Bedingung dafür, daß Furcht und Mitleid im Zuschauer entstehen: Einer tut etwas Schreckliches, ohne Absicht und Wissen. Erst als er erkennt, was er blind angerichtet hat oder zu vollziehen im Begriff war, erschüttert ihn die Einsicht zutiefst und die Zuschauer gleichermaßen (1453b 30–33). Aristoteles findet aber die vierte Möglichkeit am besten: Einer erkennt gerade noch rechtzeitig, daß das, was er zu tun im Begriff war, sein Heil und Wohlergehen für immer untergraben hätte (1453b 34f.). Als Beispiel nennt er Euripides' verlorenes Drama *Kresphontes*, in dem Merope beinahe den eigenen Sohn erschlagen hätte, der zu ihr in der Maske dessen, der vorgab, ihn ermordet zu haben, geschlichen war. Aber gerade noch rechtzeitig gibt sich Kresphontes der Mutter zu erkennen, und so können sie sich verständigen und gemeinsam handeln.[37] Wieso aber lobt Aristoteles diese Wende zum Guten? Nach Aristoteles hielte exzessives Leiden auf der Bühne die Aufmerksamkeit der Zuschauer so gefesselt, daß Furcht und Mitleid übertönt würden. Diese würden nur ausgelöst, solange die Zuschauer klar urteilen und das Bedrohliche und Unverdiente begreifen könnten.[38]

Die Anagnorisis kann sich nach Aristoteles wiederum auf verschiedene Art ereignen. Er hält diejenige für die der tragischen Kunst und Wirkung gemäßeste, die sich aus den Umständen der Handlung, aus den Verwicklungen selbst ergibt, ohne daß ein Zeichen, etwas Äußeres, Künstliches nötig ist. Gut geeignet ist nach Aristoteles die jähe Besinnung aufgrund einer Schlußfolgerung *per analogiam*, wonach der Reflektierende aus früher Erlebtem auf das Künftige schließt und plötzlich sein Gegenüber oder sich selbst erkennt. Genau diese Wirkung haben die Worte des toten Marcellus in IV,381–384. Den Fall Cardenios, der sich zur Ausführung des Ra-

---

37 Vgl. Schmitts Kommentar in: Aristoteles. Werke in deutscher Übersetzung. Bd. 5: Poetik. Übersetzt und erläutert von Arbogast Schmitt. Darmstadt 2008, S. 516–527, hier S. 516–518 (zu 1454a 5–7). Aristoteles führt auch *Iphigenie bei den Taurern* an, weil Iphigenies Anagnorisis ihres Bruders sie davon abhält, das gesetzlich geforderte Opfer an Artemis zu vollziehen. Vgl. in Heinsius' lateinischer Übersetzung (Anm. 34), Kap. 15, S. 33. Aristoteles' Hochschätzung der Merope hat moderne Merope-Tragödien veranlasst und die Kommentatoren perplex gemacht. Siehe dazu Rosmarie Zeller: Die Rezeption des antiken Dramas im 18. Jahrhundert. Das Beispiel der Merope (Maffei, Voltaire, Lessing). In: Tragödie. Idee und Transformation. Hg. von Hellmut Flashar. Stuttgart 1997, S. 142–160, bes. 145–147.
38 Schmitt (Anm. 37), S. 518 (Kommentar zur Poetik § 14).

cheplans anschickt, aber von der verschleierten Frauengestalt in Bann gezogen und zur gewaltsamen Entschleierung provoziert wird, berücksichtigt Aristoteles' Klassifikation nur am Rande, als Möglichkeit der Anagnorisis durch einen Fehlschluß (1455a 4–16): Cardenio verkennt zunächst die Verschleierte als seine geliebte Olympia. Er muß erkennen, was aus ihr nach ihrem Tod wird, sobald er den Schleier hebt. Dabei durchfährt ihn die Einsicht: dieser Zustand steht auch ihm selbst bevor! Insofern bewirkt die Erkenntnis der Vergänglichkeit betörender Schönheit auch die Selbsterkenntnis über das Trügerische seiner Liebesleidenschaft.

In § 18 beschreibt Aristoteles, wie sich Verwicklung (Desis) und Lösung (Lysis) zueinander verhalten (1455b 24–30). Die Verwicklung kulminiert nach einer Steigerung bis zum Punkt der Peripetie, wo der Glückswechsel erfolgt. Der Moment der Geistererscheinung ist (nach Aristoteles' Maßstäben) kunstvoll gewählt, nämlich just als sich Cardenio anschickt, seinen Racheplan auszuführen. Die Auflösung der Spannung ist selbst der »Weg, auf dem sich vom Übergang aus die Verkettung, die das Unglück aufgebaut hatte, zum Guten oder Schlechten hin löst«.[39]

Die *agnitio* als Kulmination der Peripetie, als Umschlagpunkt, der ein Höchstmaß an Affekten beim Protagonisten und Zuschauer freisetzt, wird von Heinsius, Vossius, Donatus und d'Aubignac als entscheidend für einen legitimen Glückswechsel des Dramas hin zum Besseren angesehen. Die Theorie der *agnitio*, die mit der Peripetie koinzidiert, sich mithin auf der Schwelle zu diesem Umschlagpunkt ereignet, steht in funktionalem Zusammenhang mit der Verteidigung eines Tragödienlösungstyps, den es in der Antike schon gab, den aber einige Neuerer zu Unrecht nur als Komödienschluß gebilligt hätten. Durch rechtzeitige Erkenntnis wird die Eskalation von Gewalt und Brutalität, also weitere *scelera* des Protagonisten, verhindert. Ein durch Anagnorisis herbeigeführter Glückswechsel müsse aus der immanenten Struktur der Fabel hervorgehen, forderten Heinsius, Donatus und d'Aubignac, mithin in der Psyche und Affektlage der Protagonisten als möglich angelegt sein. Gleichwohl wird er von den Zuschauern nur dann mit Erleichterung und Befriedigung erlebt, wenn er überraschend und unvorhergesehen sich ereignet.

Vossius wirft Scaliger vor, in seiner Definition der Tragödie von Aristoteles abzuweichen, indem er ein unglückliches Ende zur Bedingung machte.[40] Für die Unterscheidung der Tragödie von der Komödie sei nicht das Ende wesentlich, sondern die Art der Handlung und das Personal. *Graves actiones* kennzeichnen die Tragödie, eine *infelix conditio* der Handelnden und bedrohliche Gefahren, aber die Peripetie

---

39 Ebd., S. 556.
40 Vossius (Anm. 20), Lib. II, cap. 11, S. 47; IVLII CAESARIS *SCALIGERI, VIRI* CLARISSIMI, Poetices libri septem: I, HISTORICVS II, HYLE III, IDEA IIII, PARASCEVE V, CRITICVS VI, HYPERCRITICVS VII, EPINOMIS, AD SYLVIVM FILIVM. APVD ANTONIVM VINCENTIVM. *M. D. LXI.*, Lib. 1, S. 11. Im dritten Buch, Kapitel 97, gibt Scaliger gleichwohl zu, daß es schon in der Antike Tragödien mit glücklichem Ausgang gegeben habe (S. 145).

kann auch ein glückliches Ende einleiten.⁴¹ Donatus und d'Aubignac folgen Aristoteles' Analyse der Peripetie und Anagnorisis, indem sie sich fragen, wann ein glücklicher Ausgang vorteilhaft sei und zwingend erfolge. Aristoteles halte eine Peripetie für die kunstgemäßeste, wenn eine geplante Greueltat zur Überraschung der Zuschauer glücklich abgewendet wird. Heutzutage wünschten sich die Zuschauer lieber ein gutes Ende, als im Entsetzen über Greuel und Mord entlassen zu werden.⁴²

Wenn d'Aubignac ebenfalls mit Rücksicht auf die Erwartung des Publikums einem glücklichen Ausgang anstelle einer Anhäufung von entsetzlichen Untaten und Leid das Wort redet, leistet er der Erwartung christlicher Moralität Genüge, denn das Gerechtigkeitsgefühl der Zuschauer wird am besten befriedigt, wenn ein Übeltäter auf der Bühne schon seine Strafe erfährt. Außerdem bestehe die Kunst des Dramatikers darin, die Zuschauer mit einer glücklichen Wende einer Verkettung unglücklicher Handlungen zu überraschen. Auf den Schluß müsse der Dichter sein Augenmerk richten. Hier zeige sich seine Kunst, weil auf das *dénouement* alle sehnlich warteten. Die Auflösung müsse überraschen und befriedigen. Alle Verwicklungen, mit denen der Dramatiker die Handlung zu Knoten schürzt, seien nur Kunststücke, um eine wirkungsvolle Auflösung zu erreichen. Um diesen Überraschungseffekt kunstvoll zu erzielen, könne er sich in der aristotelischen Poetik Rat holen. Diese Wirkung werde allerdings vereitelt, wenn der Dramatiker mit Rücksicht auf den Schluß sein Schauspiel als Tragikomödie bezeichnet. Dann würden es die Zuschauer aufgeben, mit dem leidenden Helden zu fühlen. Spannung und Identifikation wären dahin.⁴³ Damit zielt d'Aubignac auf Neuerer wie Jakob Masen, die für tragische Handlungen mit glücklichem Ausgang eine eigene Gattung definierten, die Tragikomödie.⁴⁴

Genau eine solche dramaturgische Wende zum Glück – die Anagnorisis, verstanden als Erkenntnis des Irrtums und Selbsterkenntnis, als Gipfel der Peripetie und Voraussetzung für ein glimpfliches Ende – führt Gryphius mit Hilfe der Gespenstererscheinungen herbei. Aristoteles hat sie in § 14 als optimale Auflösung einer tragischen Verwicklung bezeichnet, die Furcht und Schrecken zu angenehmen Affekten wandelt, also diese temperiert und purgiert.

---

41 Vossius (Anm. 20), Lib. II, cap. 13, S. 69f.
42 Donatus (Anm. 7), S. 135f.
43 D'Aubignac über *dénouement* und *catastrophe* sowie *tragi-comédie* in der *Pratique* (Anm. 20), S. 174–181 und 188–190; ähnlich auch Corneilles *Discours de la Tragedie* (Anm. 20).
44 Masen (Anm. 7), § 4, S. 11. Auch Donatus definiert die Tragikomödie, versteht sie aber als doppelsträngige Handlung von hohen Standespersonen und niederem Personal, wofür Bidermanns *Cenodoxus* und Pichous *Cardenio et Célinde* treffliche Beispiele sind (zu Pichous Tragicomédie siehe unten, Anm. 76). Donatus schreibt dem Dramatiker nicht den Gattungswechsel vor, wenn er *graves actiones* mit einem glücklichen Ende gestalten will, sondern erachtet die tragische *actio* mit dem vom Publikum erwünschten guten Ausgang als legitim und etwas völlig anderes als eine Komödie. Donatus (Anm. 7), S. 136 und 247–249.

Dabei treten die Gespenster, wie Gryphius erklärt, an die Stelle des *deus ex machina*, der als antiker Tragödienschluß zwar vorkommt, aber von Aristoteles in § 18 nur dann als ästhetisch und affektiv geglückt bewertet wird, wenn der Gott nicht völlig unmotiviert erscheint, sondern wenn die Fabel diese Lösung erzwingt oder das künftige Schicksal der Protagonisten enthüllt werden muß.[45] Für Gryphius bestand die Herausforderung darin, die Gespenster eng mit der psychischen Disposition der verkehrt Liebenden zu verknüpfen und sie zu glaubwürdigen Werkzeugen ihrer Läuterung zu machen. Sie sollten mehr sein als bloß modischer Ersatz für einen *deus ex machina*: Daher führen sie bereits vor der Peripetie zur Anagnorisis und leiten die Lysis ein, die aus der Perspektive der Geheilten in der fünften Abhandlung rekapituliert wird.

Donatus begründet einen glücklichen Tragödienausgang, der aufgrund einer effektvoll inszenierten *agnitio* möglich wird, ausdrücklich und erörtert die Variante, daß ein modernes Pendant der antiken Götter, ein *daimon*, ins Schicksal eingreift,[46] genau so, wie Gryphius die Gespensterauftritte ersinnt. Dazu brauchte er lediglich die *Novela* Montalváns in die von Aristoteles erlaubte Form der Lysis zu gießen. Bei den antiken Tragikern führten Götter eine Schicksalswende herbei oder verhießen den Ausblick in eine glückliche Zukunft. Heute könne man diesen Effekt besser durch Geister oder durch Furien, als Veranschaulichung des schlechten Gewissens, herbeiführen. Donatus denkt an Repräsentationen, welche den Zuschauern die Seele der Handelnden, ihre geheimsten Regungen und Gefühle, vor Augen führen, wodurch sie bloßgestellt und an der Ausführung weiterer Untaten gehindert werden.[47]

Gryphius konstruiert eine dramatische *actio*, die den besonderen Fall eines *laetus exitus* in einer verwickelten Handlung mit Peripetie und Anagnorisis (*mutatio*, *conversio* und *agnitio*) und durch den Showeffekt zweier Geistererscheinungen vorführt. Davor hat er Cardenio und Celinde von Charakterfehlern, die sie bei Montalván hatten, dergestalt entlastet, daß ihr einseitiges Rasen, ihre Leidenschaft, zur *hamartia* wird. Cardenios Enttäuschung über den Betrug des Lysander und die schroffe Abwendung Olympias sind verständlich. Aufgrund seines leicht erhitzbaren Temperaments erscheinen seine Rachegedanken plausibel. Seine Klagen gegenüber Pamphilius, sein Wüten und sein Plan, Lysander am frühen Morgen im Haus der Olympia zu töten, machen ihn daher mitleidfähig. Wenn Cardenio und Celinde vor Furcht angesichts der Geistererscheinungen starr sind, überträgt sich

---

45 Den schärfsten Tadel erteilte Heinsius Dramatikern, die Götter auftreten lassen, nur um Verwicklungen aufzulösen. Dies sei ein Armutsbekenntnis der »poëtæ inepti«, die nicht fähig seien, Lösungen zu ersinnen, die sich aus der charakterlichen Beschaffenheit der Handelnden ergeben. Heinsius (Anm. 20), S. 65–73 und 96–110, Zitat S. 69.
46 Donatus (Anm. 7), S. 164f.
47 Ebd., S. 165f. Vgl. d'Aubignac (Anm. 20), Buch IV, Kap. 9, S. 460f.

diese Furcht auf die Zuschauer. Der *laetus exitus*, der durch sie möglich und von den Protagonisten gefühlvoll begründet wird, führt bei den Zuschauern oder Lesern zu einer Sublimierung der sinnlichen Leidenschaften, er bewirkt die Purgation von unkeuscher Liebe. Der emotionale Schock von Cardenio und Celinde, der ihrer *conversio* vorausgeht, soll bühnenwirksam eine ebensolche *conversio* bei den Zuschauern auslösen. Was der glückliche Ausgang ermöglicht, ist eine durch Schockwirkung herbeigeführte Konversion.

Damit sind die Thesen 3, 5, 7 und 8 aus Gryphius' Vorrede im Lichte der tragödientheoretischen Diskurse erklärt.

Gryphius' spanische Vorlage und der Stil der Übersetzungen

Es bleiben die Punkte 1 und 2 (mündliche Quelle, Verhütung einer »Thorheit«), 4 (unangemessener Stil), 6 (Charakter der Antagonisten) und 9 (Bedeutung der Geistererscheinungen in der poetischen Fiktion, obwohl der Gespensterglaube doch ein antiquierter Aberglaube sei). Wenn wir Gryphius' Umgang mit seiner Hauptquelle, Montalváns *Novela*, untersuchen, können wir verstehen, was den protestantischen Tragicus an der *Novela* reizte und weswegen und durch welche Modifikationen der Charaktere er die *Novela* zum Trauerspiel umformte.

Warum bezeichnet es Gryphius als »Thorheit«, die Novelle, die er angeblich nach einer mündlichen Vorlage, in Wirklichkeit aber aus Montalváns *Novelas* kennenlernte, in eben dieser erzählerischen Form aufzuschreiben? Wieso zieht er die Verwandlung des Erzählstoffs in niederer Schreibart in eine Tragödie, für die nach Scaligers Definition eigentlich königliches Personal und *stilus grandis* vorgeschrieben waren, die hier aber nur im *genus medium* vollführt wird, der getreuen Wiedergabe von Montalváns Geschichte in einer moralischen Erzählung vor? Wieso verschweigt er seine Quelle?

Die Publikation seiner Trauerspiele und Gedichte im Jahr 1657 begründet Gryphius' Ruhm und verhilft ihm 1662 unter dem Namen »Der Unsterbliche« zur Aufnahme in die Fruchtbringende Gesellschaft.[48] Das Trauerspiel gilt (neben dem lateinischen Bibelepos) als höchste poetische Gattung. Viele Mitglieder der Frucht-

---

48 Vgl. Der Neu-Sprossende Teutsche Palmbaum. Oder Ausführlicher Bericht / Von der Hochlöblichen Fruchtbringenden Gesellschaft Anfang / Absehn / Satzungen / Eigenschaft / und deroselben Fortpflantzung / mit schönen Kupfern ausgeziehret / samt einem vollkommenen Verzeichnüß / aller / dieses Palmen-Ordens Mitglieder Derer Nahmen / Gewächsen und Worten / hervorgegeben Von dem Sprossenden. Zufinden bey Joh. Hoffman Kunsth. in Nürnb. Drukkts / Joachim. Heinrich. Schmid in Weinmar / F.S. Hof-Buchdr., S. 416; im Mitgliederverzeichnis ist Gryphius dort unter Nr. 788 zu finden. Vgl. ↗ Kap. III.1. zur zeitgenössischen Rezeption im 17. Jahrhundert, S. 767 mit Anm. 1.

bringenden Gesellschaft profilieren sich durch Übersetzungen ausländischer Muster ins Deutsche als Dichter.[49] Dies empfiehlt schon Martin Opitz im vierten Kapitel seines *Buchs von der Deutschen Poeterey*. Eine gelungene Übersetzung erfordere eine angemessene Übertragung des Vorbilds in die Kultur und Formensprache des deutschen Sprachraums. Möglicherweise hielt Gryphius eine Nacherzählung der Gespenstergeschichte eines spanischen Geistlichen (oder eines libertinistischen italienischen Abbés) in Prosa und in gedruckter Form für unangemessen und rufschädigend. Die Transformation einer Liebesgeschichte in ein Bekehrungsdrama kann dagegen von zeitgenössischen Lesern, die mit protestantischer Erbauungsliteratur und moralischen Anweisungen vertraut sind, als gelungene Übernahme eines fremdländischen Musters geschätzt werden. Es ist im späten 16. und im 17. Jahrhundert keine Besonderheit, aus dem Stoff einer novellesken Erzählung eine tragische Handlung zu formen. Beispiele sind Marlowes Faust-Tragödie, ein Cardenio-Drama Lope de Vegas, eine Tragikomödie von Pichou, die Cardenios Schicksal mit dem Don Quixotes konfrontiert, und Shakespeares *Romeo and Juliet*.[50]

Gryphius gibt vor, die Geschichte in Italien mündlich gehört zu haben. Es ist rätselhaft, wieso er nicht die literarische Vorlage für die dramatische *actio* angibt, die er in der italienischen oder französischen Übersetzung hat lesen können. Gemeint ist, wie wir wissen, die zweite Erzählung aus Juan Pérez de Montalváns *Sucessos y prodigios de amor, en ocho novelas exemplares*, »La fuerça del desengaño«.[51] *Engaño* und *desengaño*, Bezauberung und Desillusionierung, Mystifikation und Dekonstruktion, sind die Ingredienzen, die im spanischen Pikaroroman für Spannung, Komik und lustvolle Unterhaltung sorgen.[52] Entsprechend changiert der Stil zwischen Ausbrüchen exaltierter Leidenschaft in den Liebeserklärungen, Ständchen und Briefchen und Situationskomik, die durch Verwechslungen, überraschende Begegnungen oder ein wenig ritterliches Ungeschick zustande kommt. *Desengaño* heilt die leidenschaftlich Liebenden Teodoro, Narcisa, Valerio und Lucrezia von ihrer Betörung. Zwei übernatürliche Geistererscheinungen – die Begegnung Teodoros mit der »vigorosa imagine della morte«, die auf ihn den Pfeil ge-

---

49 Vgl. Ulrike Gleixner: Sprachreform durch Übersetzen. Die Fruchtbringende Gesellschaft und ihre »Verdeutschungsleistung« in der ersten Hälfte des 17. Jahrhunderts. In: Werkstatt Geschichte 17 (2008), S. 7–23.
50 Vgl. Göbel (Anm. 3), S. 15; zu Pichou siehe unten Anm. 76; Thomas Borgstedt: Gryphius' Umkehrung der novellistischen Liebestragödie (2003) [661].
51 Vgl. Karl Neubauer: Zur Quellenfrage von Andreas Gryphius' »Cardenio und Celinde« (1902) [679]; Eduard Castle: Zur Stoffgeschichte von »Cardenio und Celinde« (1939) [663]; zusammenfassend Mannack in seinem Kommentar (*D*, S. 967).
52 Vgl. Hansgerd Schulte: El desengaño. Wort und Thema in der spanischen Literatur des goldenen Zeitalters. Diss. München 1969; Guillaume van Gemert: (Art.) Schelmenroman. In: Killys Literaturlexikon. Gütersloh 1993, Bd. 14, S. 341–344, hier S. 342.

richtet habe,⁵³ und die Konfrontation Lucrezias mit dem Leichnam ihres verflossenen Liebhabers, der ihr wegen seiner Ruhestörung heftige Vorwürfe machte⁵⁴ – bringen kurz vor Ende der Erzählung die Verliebten zur Vernunft und treiben sie ins Kloster. Auf diese Lösung verwendet der Dichter keine besonderen Kunstgriffe; sie wird nicht als Höhepunkt einer Verkettung von Täuschungen dargestellt, sondern bringt die genüßlich zu lesende Serie von Verwicklungen aus Liebesleidenschaft zu einem Abschluß, wie ihn Liebhaber pikaresker Bekehrungsgeschichten erwarteten.⁵⁵

Juan Pérez de Montalván war ein routinierter, virtuoser Produzent von Schauspielen und Novellen. Früh gefördert von Lope de Vega, seinem Onkel, beteiligte sich Juan Pérez an literarischen Wettbewerben, schon bevor er an der Universität Alcalà den Doktorgrad erwarb, im Mai 1625 zum Priester geweiht wurde, in die Kongregation des Heiligen Pedro von Madrid eintrat und Mitglied der Inquisition wurde.⁵⁶ Die acht Novellen *Sucessos y prodigios de amor* erschienen 1624. Zwölf weitere Ausgaben in spanischer Sprache kamen zu Gryphius' Lebenszeit zwischen 1626 und 1656 heraus.⁵⁷ Montalváns *Novelas* wurden auch übersetzt und in anderen Sprachen nachgeahmt. Wie erwähnt, lernte Gryphius Montalváns Novelle in italienischer oder französischer Übersetzung kennen.⁵⁸

Sein französischer Übersetzer Daniel Rampalle rühmt Montalván 1644 als »plus fameux Escriuain de tous les Espagnols modernes«.⁵⁹ Dennoch findet Rampalle einiges an ihm, dem Angehörigen einer im Vergleich mit der französischen anti-

---

53 PRODIGI D'AMORE RAPPRESENTATI IN VARIE NOVELLE DAL *DOTTORE MONTALBANO*. E traportati dallo Spagnolo in Italiano DAL P. D. BIASIO CIALDINI. Consecrati all'Illustrissimo Signor RINALDO RINALDI. VENETIA M DC XXVIII, »la forza del disinganno«, S. 83.
54 Vgl. ebd., S. 89.
55 Aus Teodoro wird bei Gryphius Cardenio, aus Narcisa Olympia, aus Lucrezia Celinde und aus Valerio Lysander. Der folgende Stilvergleich berücksichtigt nur die französische und italienische Übersetzung.
56 Vgl. George William Bacon: The Life and Dramatic Works of Doctor Juan Pérez de Montalván (1602–1638). In: Revue hispanique 26 (1912), Nachdruck 1963, S. 4–9.
57 Zehn Ausgaben erschienen in Spanien, eine in Brüssel, eine weitere in Coimbra. Vgl. Bacon (Anm. 56), S. 1–51, zu den *Sucessos y prodigios de amor* S. 13; Neubauer (Anm. 51), S. 435.
58 Cialdini (Anm. 53), S. 53–91; LES NOVVELLES DE MONTALVAN. *Traduites d'Espagnol*, Par le Sieur de RAMPALLE. A PARIS, Chez Pierre Rocolet, Imprimeur & Libr. ordin. du Roy, au Palais, aux Armes du Roy, & de la Ville. M. DC. XLIV. *Auec Priuilege de sa Majesté*, »La raison destrompée«, S. 109–206; hier heißt Lucrezia (= Celinde) Luciane, Teodoro Theodore, Narcisa Narcisse und Valerio Valère. Einzelheiten aus Cialdinis Übersetzung waren es, die Gryphius' szenische Gestaltung anregten, z.B. das Bild des exhumierten Leichnams, der an der Wand lehnt (*Card.* IV,332f. und V,267f.), während die französische Fassung dagegen das Totenhemd, mit dem er bekleidet ist, erwähnt. Vgl. Cialdini (Anm. 53), S. 85; Rampalle, S. 185.
59 Rampalle (Anm. 58), »Advertissement av lectevr«, fol. Aᵛ; vgl. Jean F.-A. Ricci: L'histoire de Cardenio et Célinde dans le théâtre allemand (1947) [681], S. 9.

quierten Kultur, auszusetzen und begründet eigene Eingriffe in den Text, wenn die *bienséance* und *vraisemblance* es erforderten. Bei Romanen, poetischen Fiktionen, sei dies erlaubt. Rampalle macht den Lesern den Unterschied zwischen französischem und spanischem Stil bewußt: Der Franzose achtet mehr auf Klarheit und Stimmigkeit, wo der Spanier mehr den Eingebungen der Gefühle folge. Auch Cialdini legt den Lesern offen, auf welche Weise er sich das spanische Original angeeignet habe. Die Novellen seien nicht völlig die seinigen, aber in italienischem Gewand doch mit seinem Stil bekleidet. Die zeitübliche *delicatezza* des Italienischen habe dem iberischen Stil Würze gegeben; nur manchmal habe sich ihm die Feder gegen die »violenza del Genio« des Spaniers gesträubt.[60] Die Vorreden beider Übersetzer lassen große Vertrautheit mit moderner spanischer Literatur und den Eigenheiten spanischer Romanciers erkennen. Sie begründen, ja rühmen mit Nonchalance ihre Eingriffe in den auktorialen Text, während Gryphius ihn wie eine historische Erzählung achtet.

Die französische Fassung ist ausführlicher als die italienische, weil der Übersetzer die Gefühlswelten der Figuren aus ihrer Perspektive ausleuchtet. Pater Cialdini läßt sich mit der Miene des Libertins und Connaisseurs im Mönchsgewand[61] in maliziösen Sentenzen und Bonmots über gegenwärtige Bräuche der Beziehungsanbahnung aus.[62] Der Erzähler kommuniziert mit den Lesern, indem er sich von Narcisas und Teodoros Verhalten distanziert, wenn er es ungeschickt oder lächerlich findet. Die Sympathie mit Theodore leitet hingegen Rampalle. Der Erzähler versucht dessen leidenschaftliches, impulsives Handeln psychologisch verständlich zu machen. Der Erzähler hat Verständnis dafür, daß Narcisses herablassende Behandlung ihn aus dem Häuschen bringt, so daß er sich zu Handlungen herablasse, die »honteuses & indignes de luy«[63] seien. Damit bereitet der Erzähler den Leser auf die folgende Episode vor, die als Posse geschildert wird, welche den *ingaño* des gekränkten, von Rachegedanken erfüllten Theodore bloßstellt. Er begegnet Luciane ausgerechnet an einem Abend, als ein Spötter Musiker engagiert hat, um in seinem falschen Ständchen die Unbeständigkeit (*inconstance*) dieser Lebedame anzuprangern, und entschließt sich, als Lucianes Ritter die Spötter mit dem Schwert in die Flucht zu schlagen. Während Theodore die Schwerter und Kappen der Flüchtenden einsammelt, fällt Luciane in Ohnmacht.[64] Solche Situationskomik regiert auch die vergeblichen Annäherungen und Beschwörungen des Liebhabers und das schnippische, opportunistische Verhalten Narcisses.

---

60 Cialdini (Anm. 53), »Il Cialdini a chi legge«, fol. a4^r.
61 Cialdini gehörte zur Accademia degli Incogniti. Vgl. Giulio Ferroni: Storia della letteratura italiana. Dal Cinquecento al Settecento. Milano 1991, S. 192 und 274.
62 Cialdini (Anm. 53), Beispiele solcher Sentenzen auf S. 57, 62, 69, 73, 76 oder 79.
63 Rampalle (Anm. 58), S. 167.
64 Ebd., S. 169–173. Die komische Szene fehlt bei Cialdini.

In Gryphius' »Trauer-Spiel« fehlt die Situationskomik, welche Teodoro ebenso wie seinen Gegenspieler Valerio zu typischen Pikaros stempelt. Den preziösen Stil Rampalles und die mokanten, überheblichen Kommentare Cialdinis fand Gryphius für sein Vorhaben ungeeignet. Die Reyen kommentieren die Gefahren sinnlicher Liebe im Angesicht der Ewigkeit und des Richters. Die allegorischen Zwischenspiele heben daher die Geschichte der zwei wahnhaft Liebenden auf das Niveau, das Scaliger zufolge der tragischen Behandlung angemessen ist.[65] Die Figuren reden, entweder vom Wahn betört oder, dank den Gespenstern, reumütig und ernst über ihre Verblendung und vernünftige Einsicht. Ihre einmütigen Ratschläge am Schluß »Wol dem; der...« setzt Gryphius an die Stelle der frivolen Erzählerkommentare über die Unbeständigkeit der Frauen oder die Tücken erotischer Attraktion (*Card.* V,423–428).

Gryphius gab den pikaresk modellierten Charakteren der *Novela* psychologische Tiefenschärfe,[66] mit dem Ziel, Cardenio mitleidfähig zu machen und Verständnis für sein Unglück und seine emotionale Befindlichkeit zu wecken, Olympia zu einer lernfähigen, mustergültig treuen Ehefrau aufzuwerten, Lysander zu entlasten und Celinde von einer Kurtisane, die von einem törichten Alten ausgehalten wird, zu einer frühverwaisten Adligen zu nobilitieren, der sich ein Ordensritter in Liebe und Fürsorge zuwendet, die er freilich cachieren muß. Gryphius' Cardenio betont, daß Olympia und er von gleichem Stamm und Adel seien: »Jhr tapfferes Geschlecht gab meinem nichts bevor« (*Card.* I,87), ja auch ihr Vater schätzt die adlige Abstammung des Werbers (*Card.* I,94f.). In der *Novela* muß Teodoro/Theodore wegen einer Erbangelegenheit zum Vater reisen. Gryphius motiviert die Unumgänglichkeit der Entfernung Cardenios von Olympia mit der Krankheit des Vaters (*Card.* I,260–263). In der Vorlage ist es die Schwangerschaft Narcisas (»grossesse«[67]), welche die Heirat nötig macht und Valerio zur öffentlichen Verkündigung motiviert. Dieses pikareske Motiv entfällt im Trauerspiel. Während Olympia vergeblich auf Nachricht von Cardenio wartet, wandelt sich ihr Gefühl für Lysander in Liebe, die Olympia als Geschenk des Himmels deutet (*Card.* I,317–320). Celinde erhält von Gryphius eine Vorgeschichte, die sie des Mitgefühls wert macht: »von altem Stamm' und edlen Blutt geboren«, verlor sie Eltern und ihren Besitz durch falsche Freunde, »Krig / Mangel / Haß und Noth« (*Card.* I,409–413). Die arme Waise sucht sich aus unwürdigen Ver-

---

[65] Vgl. die Aufzählung der würdigen *res tragicae* in Scaligers Poetik (Anm. 40), Buch III, S. 144. Kaminski (Anm. 2) betrachtet die Reyen daher wegen der allegorisch eröffneten Perspektive auf Tod, Hölle, Gericht und Ewigkeit als Schlüssel zum theologischen Verständnis von *Cardenio und Celinde*.
[66] Ricci analysiert die Abweichungen in Gryphius' Tragödie von Cialdinis Übersetzung. Vgl. Ricci (Anm. 59), S. 30–51, bes. S. 38.
[67] Rampalle (Anm. 58), S. 149; zum spanischen Original vgl. Spahr (Anm. 6), S. 137 und 149.

hältnissen zu befreien und Schutz beim Ordensritter Marcellus.[68] Während Luciane Theodore erst nach der Begegnung am Grab von Andronique (Vorlage für Marcellus) offenbart, daß sie auf Rat ihrer Freundinnen eine alte Hexe, eine »vieille Megere«, um Rat gefragt und darauf den Plan gefaßt habe, ihrem ehemaligen Liebhaber und Wohltäter das Herz aus dem Leib zu schneiden,[69] läßt Gryphius Tyche auftreten und gibt ihr teuflische Züge.[70] Am wichtigsten ist Gryphius' Verlegung der Gespenstererscheinungen vom peripheren Schluß der *Novela* ins Zentrum des dramatischen Geschehens, wo sie die Peripetie einleiten.[71] Die Zuschauer erhalten keine Erklärung, wie es möglich ist, daß Olympia daheim sei, in Erwartung der Rückkehr Lysanders, gleichzeitig jedoch als Gespenst Cardenio in Entfernung vom Haus erscheinen und ihn in eine ferne Einöde geleiten könne. Der Erzähler erklärt in Cialdinis Version nachdrücklich die »gelosia« als Grund und Ursache für die monströse Einbildung Teodoros, der sie für wirklich hält und an sie glaubt, weil er sie mit eigenen Augen zu sehen vermeint.[72] Tyche preist in der zweiten, von Gryphius neu erfundenen Abhandlung ihre magischen Künste Celinde mit dem Argument an, sie habe schon anderen unglücklich Liebenden geholfen, die sich weniger als sie ein Gewissen daraus machten, da »die Eisen-harte Noth« sie zur Magie treibe, um das Unmögliche zu erzwingen (*Card.* II,171.175–224.226–232). Tyche verführt Celinde zu etwas, das ihr widerstrebt, und steht mit dem Kirchendiener Cleon im Bunde. In der *Novela* offenbart Lucrezia selbst dem entsetzten Teodoro, was sie zum Mittel der Leichenfledderung bewogen habe. Cialdinis Übersetzung weckt mit mehreren Sentenzen über die Psychopathologie verschmähter Liebhaberinnen Verständnis für die Strategie Lucrezias, die um jeden Preis das Herz Teodoros erobern will und sich von einer Hexe Rat und Hilfe holt. Das Ende des »disinganno« Teodoros und der Lucrezia, »disingannata della maliziosa sua vita«, wird auf einer halben Seite von Cialdini zusammengefaßt.[73] Teodoro schließt sich melancholisch in sein Haus ein, legt eine Generalbeichte ab, begibt sich in ein Kloster der Barfüßer (»un Conuento di Religiosi scalzi«) und wandelt sich zu einem mustergültigen Mönch. Lucrezia verkauft ihre Besitztümer und opfert ihre Schönheit einer ewigen Klausur. Ihre asketische Fröm-

---

68 Vgl. Neubauer (Anm. 51), S. 446; Marian R. Sperberg-McQueen: Deceitful Symmetry in Gryphius's »Cardenio und Celinde« (1994) [683], S. 283; Mary E. Gilbert: Gryphius' »Cardenio und Celinde« (1965) [666], S. 24.
69 Rampalle (Anm. 58) S. 193–197, Zitat S. 195.
70 Vgl. Thomas W. Best: Gryphius's »Cardenio und Celinde« in Its European Context (1991) [659], S. 69; Hans-Georg Kemper: Beglaubigung und Bekämpfung der schwarzen Magie (1992) [675], S. 898; Eberhard Mannack: Schwarze Magie in Gryphs »Cardenio und Celinde« (1997) [676].
71 Montalván schildert die Begegnung mit Narcisas Gespenst im letzten Fünftel der Erzählung; bei Rampalle (Anm. 58) auf S. 181–186. Die Leiche in der Kirche wird S. 189–191 beschrieben. Cialdini (Anm. 53) bringt beide Geistererscheinungen nacheinander auf S. 81–86.
72 Cialdini (Anm. 53), S. 82. Vgl. Rampalle (Anm. 58), S. 184.
73 Cialdini (Anm. 53), S. 90f.

migkeit wird von der Furcht motiviert, Gott könnte ihr seine Barmherzigkeit verweigern. Noch in der Todesstunde setzt sie ihr Vertrauen betend auf Gottes Güte, so als müßte sie nicht sein gerechtes Urteil fürchten. Askese wird als Form der Werkgerechtigkeit gekennzeichnet, die das Mißtrauen gegenüber Gott, der nicht zugleich gut und gerecht sein könne, kompensieren will.[74]

Die Verwandlung des konventionellen Schlusses der spanischen Bekehrungsgeschichte zu einem glücklich endenden Trauerspiel war für den Protestanten eine gewaltige Herausforderung. Ziel war, die Zuschauer mit einer gänzlich unerwarteten charakterlichen Umwandlung zu überraschen, die trotzdem glaubwürdig schien. Cardenio und Celinde bekennen ihre Schuld vor dem überraschten Ehepaar und seinen Begleitern Pamphilius und Viren. Nachdem Cardenio sein Verbrechen eingestanden hat, macht Lysander ihm ein Friedensangebot, weil er sich selbst anklagt (*Card*. V,100–105). Nicht ein Priester erteilt Cardenio Absolution, sondern er und Celinde lieben reumütig einzig »den höchsten Gott« (*Card*. V,128) und wissen sich unter dem Eindruck der Geistererscheinung mit Olympia, Viren und Lysander einig in der Ausrichtung auf ein Leben nach dem Tod, welches Wissen um die *vanitas* und *contemptus mundi* mit Blick auf ein gottgefälliges Lebensende zur Voraussetzung hat. Die offene Verständigung und Einigkeit in der Gottesfurcht entwirft, wie die Forschung herausgestellt hat, eine soziale Utopie.[75]

Gryphius' Erklärung, wieso er den Erzählstoff aus der Romania in Form eines Dramas, und zwar eines »Traur-Spiegels«, bearbeitet hat, legt die Vermutung nahe, daß er außer der französischen oder italienischen Prosa-Übersetzung Montalváns auch Pichous Tragi-Comédie *Les folies de Cardenio*, eine burleske dramatische Bearbeitung der Cardenio-Episode nach Cervantes' *Don Quixote*, vielleicht auch diesen Roman selbst kannte.[76] Die Geschichte des liebeskranken Cardenio, der sich nach Luscinde verzehrt, um deren Hand sein Freund bei ihrem Vater angehalten und der zuliebe er die ihm gefügige Dorotea treulos verlassen hat, wird von Cervantes in den Romankapiteln 23 bis 27 erzählt.[77] Beide Erzähler, Montalván und Cervantes, und ihre Übersetzer arbeiteten sich intensiver an der »rasende[n] / tolle[n] und verzweifflende[n]« Liebe als an der Darstellung eines keusch-züchtigen Liebesverhältnisses in der Ehe ab, weil jene größeres Potential für die dichterische Ausmalung

---

74 Ebd., S. 91. Vgl. Rampalle (Anm. 58), S. 204.
75 Vgl. Göbel (Anm. 3), S. 19.
76 LES FOLIES DE CARDENIO. TRAGI-COMEDIE. *DEDIEE A MONSIEVR DE SAINCT SIMON. Par le Sieur PICHOV*. A PARIS, Chez FRANÇOIS TARGA, au premier Pilier de la grand' Salle du Palais, deuant les Consultations. M. DC. XXX. *Auec Priuilege du Roy*. Vgl. Pichou: Les folies de Cardenio. Tragi-Comédie [1630] suivie des autres oeuvres poétiques. Hg. von Jean-Pierre Leroy. Genf 1989, Introduction, S. XVIIf. Zur Verknüpfung der Don Quixote-Geschichte mit dem Cardenio-Stoff bei Cervantes, Lope de Vega und Montalván vgl. Göbel (Anm. 3), S. 14–17; Castle (Anm. 51), S. 243–246.
77 Castle (Anm. 51), S. 242–271.

mit den Mitteln der Situationskomik und elegischer oder pastoraler Herzensergüsse bot als die »keusche / sitsame und doch inbrünstige« Liebe (*Card.*, S. 259).

Die breite Darstellung der sinnlichen Liebe und ihrer Folgen (Betörung, Wahn, Verkennung der Realität) in einer burlesken tragikomischen Handlung wird Gryphius, der sich über Liebeshandlungen in der Tragödie in seiner Vorrede zu *Leo Armenius* Gedanken gemacht hat, nicht befriedigt haben. Montalváns Übersetzer behandelten die Geschichte der beiden Liebespaare Teodoro–Lucrezia und Narcisa–Valerio in der für den niederen Roman typischen niederen Stilart, die Gryphius zur dramatischen *aemulatio* provoziert haben muß. Pichou fand es reizvoll, sexuelles Begehren, Liebeswahn, Eifersucht und Raserei der vier ›tragischen‹ Hauptpersonen Fernant, Dorotee, Cardenio und Luscinde mit der fixen Idee Don Quixotes und dem Spott seines Dieners zu konfrontieren, ohne Fernants erotische Eroberungssucht und Unbeständigkeit moralisch zu bewerten. Er vereinte beide Stränge zu einer Tragicomédie, an deren Ende zwei glückliche Paare stehen. Diese Mischform war in Frankreich in den 1630er und 1640er Jahren besonders beliebt.[78] Sie eignete sich für die Inszenierung erotischer Leidenschaft, deren Befriedigung durch Gewalt, Widerstand der Eltern, Eifersucht und Betrug vielfach verhindert und aufgeschoben wird. Sie bot zugleich Spielräume für komische Digressionen und war weniger als die *haute tragédie* an die Einheiten gebunden. Die Leidenschaften der vier ›tragischen‹ Hauptpersonen werden allein durch erotische Reize oder ihren Wahn erregt. Anstatt sie mit religiösen Empfindungen, Reue, Todesfurcht oder Angst vor dem Jüngsten Gericht auszustatten, läßt Pichou sie mit dem Ritter von der traurigen Gestalt und dessen Diener zusammenprallen. Gryphius' Trauerspiel präsentiert sich also wie ein Gegenentwurf zu Pichous Tragicomédie.

Der Geisterglaube, eine »Thorheit«?

Auf der Bühne waren Geistererscheinungen, die durch ihre Entblößung oder redend Schaudern auslösen, bewährte *coups de théâtre*, geeignet dazu, den Horror der Augenzeugen auf die Zuschauer zu übertragen. Die übernatürlichen Erscheinungen legitimieren sich durch ihre schockierende und disziplinierende Wirkung. Außerdem dringen ihre vorwurfsvollen Worte direkt ins Herz und machen Cardenio und Celinde für die *conversio* empfänglich. Sie machen in ihrem Reuebekenntnis ihre Umkehr glaubhaft, indem sie den erlebten Horror schildern und ihre Angstvisionen vom strafenden Richter ausmalen. Auch Olympia, Lysander und Viren deuten die Gespenstererscheinungen, von denen Cardenio und Celinde berichten, ohne daß

---

78 Vgl. Leroy (Anm. 76), S. XXIII. Daher wurde diese Gattung in die zeitgenössischen Poetiken aufgenommen.

der Autor sich zu einer Gespenster- und Geistertheorie bekennen müßte. Entweder Gott selbst oder das schlechte Gewissen müsse Cardenio und Celinde zur moralischen Kehrtwende geführt haben. Geister und Gespenster als treibende Kräfte werden nicht ins Kalkül gezogen. Olympia erwartete gerade die Rückkehr ihres Gemahls im Haus, als Cardenio auf dem Weg war, um ihn zu ermorden, und plötzlich glaubte, ihrem Geist zu begegnen. Mit Cardenios Geständnis konfrontiert, neigt sie zu einer psychologischen Erklärung, da sie beteuert, während Cardenios Erscheinung leibhaftig im Hause bei Lysander gewesen zu sein. Ihre wunderbare Verdopplung als Geist, von der Cardenio berichtet, kommt ihr unwahrscheinlich vor. Cardenio gibt ihr recht, indem er ihr die »Noth« seines verirrten Geistes klarzumachen versucht. Er habe sich in seinem Wahn getäuscht: Nicht Olympia habe er vor sich gehabt, sondern »ein Todten-Bild / ohn Aug / ohn Lipp und Wangen / | Ohn Adern / Haut und Fleisch / gehärt mit grünen Schlangen« (*Card.* V,197f.). Als es auf ihn zielte, sei er ohnmächtig geworden. Lysander deutet diese Erscheinung als einen Wink, »daß Gott selbst den Vnfall wollen wenden« (*Card.* V,206). Viren führt die Wirkung der Erscheinung auf »ein kranck Gewissen« zurück (*Card.* V,233), Olympia auf schwermütige Gedanken und Träume (*Card.* V,145–147). Die Vorstellung, daß seine Geliebte der Vergänglichkeit unterworfen sei, habe seine unvernünftige Liebe ausgelöscht, vermutet Olympia später (*Card.* V,404–419). Als Cardenio in der Kirche Celinde am offenen Grab sah, wähnte er, sie sei ein ähnliches Gespenst wie der Geist Olympias, wodurch Gott ihm Strafe androhe (*Card.* V,260–262).

Celinde ist ebenfalls bereit, ihren Wahn, ihre Schuld und ihre frevelhafte Leichenschändung den Anwesenden zu bekennen, um sich zu erleichtern. Der Leichnam habe sich aufgerichtet und ihr vorgeworfen, seine Totenruhe zu stören (*Card.* V,220–228). Das Entsetzen über Marcellus' Gespenst habe ihr Liebesfeuer abgekühlt. Marcellus' blasser Mund habe sie gelehrt, die »verfälschte Lust« fortan fahren zu lassen, ein gefährliches »Vorbild höllscher Glut« (*Card.* V,349f.).

Die Personenreden, Regieanweisungen, in denen »Gespenster« angekündigt werden, und die Worte der Geistererscheinungen in *Cardenio und Celinde* lassen keinen Schluß auf Gryphius' Stellung zu zeitgenössischen Geistertheorien, etwa zur Astralgeisttheorie, zu, noch kann aus ihnen gefolgert werden, daß Gryphius an Gespenster glaubte.[79] Für die Erscheinung des Geistes des Marcellus neben dem eröffneten Grab wird keine physikalische oder pneumatologische Erklärung gegeben. Die Worte des Geistes enthalten eine moralische Verurteilung von Celindes Grabfrevel im Namen des obersten Richters (*Card.* IV,381–383).

Wer Gespensterbegegnungen *erzählt*, muß dagegen deren Auftritt, auch die Existenz und Substantialität als Wiedergänger u.ä. erklären. Katholische Autoren

---

[79] Gegen Kemper (Anm. 70), der überzeugt ist, daß Gryphius den Geister- und Hexenglauben seiner Zeit teilte, und daher glaubt, der Hinweis auf die Funktion der Gespenster als dramaturgische, fiktionale Mittel sei eine Schutzbehauptung (S. 900 und 912). Ähnlich auch Mannack (Anm. 70).

wie der Geistliche Montalván setzten eine Metaphysik und Pneumatologie voraus, wonach Frau Welt Allegorie der Vergänglichkeit körperlicher Schönheit oder Projektion eines kranken Hirns sei, während der Geist des Marcellus ein unerlöstes, von seiner Hülle noch nicht befreites Wesen gewesen sei, das in einem Zwischenreich, dem Purgatorium, auf Erlösung durch einen guten Menschen wartete. Der Wiedergänger trägt noch die Schuld mit sich, daß er, als greiser Narr, eine Konkubine unterhielt und ihrem Geliebten, seinem Nebenbuhler, aus Eifersucht und Besitzerstolz Gewalt antun wollte. Verständlicherweise lehnten protestantische Gelehrte die Annahme eines Purgatoriums ab, in dem Seelen im Wartezustand auf Entsühnung westen, denn der Glaube an erlösungsbedürftige Wiedergänger würde Christi Erlösungstod sein soteriologisches Gewicht nehmen. Die Leidener Dissertation eines brandenburgischen Jura-Studenten aus dem Jahr 1646 stellt klar, daß Geistererscheinungen meist als gefallene Engel des Lichts teuflischen Ursprungs seien und wahrhaft Gläubigen nichts anhaben könnten.[80] Er distanziert sich von magischen Geisterbeschwörungen und den Mitteln, wie sie der Jesuitengelehrte Martin Delrio im Kampf gegen böse Geister empfohlen habe. Heiden und römische Katholiken seien für derartige *phasmata* anfälliger als evangelische Gläubige. Der Verfasser ist wie Melanchthon, Caspar Peucer und Ludwig Lavater der Überzeugung, daß Gott Sünder durch übernatürliche Erscheinungen vor dem Jüngsten Gericht warne.[81] Dieses Mittel verfängt bei Cardenio und Celinde, ohne daß der Autor ein Bekenntnis zum Gespensterglauben ablegen muß. Gryphius' bekehrte Verliebte deuten die übernatürlichen Gesichter selbst als Fingerzeige göttlicher Providenz, die sie vor dem Höllentod gerettet hätten. Gryphius gebraucht die Erscheinungen als göttliche Werkzeuge, die die Katharsis bewirken, als dramaturgisches Äquivalent des *deus ex machina*. Die Umwandlung der *Novela* in ein Trauerspiel bewahrte Gryphius also vor der »Thorheit«, der Theorie vom Purgatorium zuzustimmen und sich zur Frage zu äußern, wie Olympia zugleich zu Hause und als bereits Gestorbene in der Einöde sein könne, da Ubiquität allein eine göttliche Eigenschaft des in den Himmel aufgefahrenen Gottessohns war. Gryphius relativiert in der Leservorrede die Frage nach der Existenz von Gespenstern, indem er folgert: Wer den beiden hier wiedergegebenen Gespenstergeschichten Glauben schenken kann, dem wird auch sein Trauerspiel »nicht so ungereimet« vorkommen (*Card.*, S. 266)! Die Frage, ob Geistererscheinungen von Verstorbenen real vorkommen können, ist nebensächlich in

---

80 Vgl. *M. F. S. B. Jurium Studiosi* Recentissimum Monimentum DE SPECTRIS AD Nobilem ac Doctißimum Virum DOMINVM CHRISTOPHORUM SCHONBECK *Tacit. lib. 3 Annalium*. Mihi quanto plura recentium seu veterum revolvo, tanto magis ludibria rerum mortalium, quæ hodie adhuc contigunt obversantur. *Salvo melius ac rectius sentientium judicio* Exarabantur. Lugduni Batavorum. Typis Marsianis Anno Salvatoris nostri CIƆ IƆ C XLVI., S. 7 und 13.
81 Vgl. ebd., S. 17. Zur protestantischen Dämonologie vgl. Barbara Mahlmann-Bauer: Grimmelshausens Gespenster. In: Simpliciana 26 (2004), S. 105–140.

einem Trauerspiel, das mit zeitgemäßen dramaturgischen Mitteln erschüttern und bessern wollte. Die Gespenster erfüllen so als »Erscheinungen aus dem Reiche der Trauer«, »durch den Trauernden, den Grübler über Zeichen und Zukunft«, dieselbe pathossteigernde Funktion wie die Personifikationen in den Reyen.[82]

---

[82] Benjamin (Anm. 12), S. 193.

II.5.6 *Carolus Stuardus* (B-Fassung)
Von Dirk Niefanger

Die B-Fassung[1] des Königsdramas, die in der Ausgabe letzter Hand (*FT*) zu finden ist, unterscheidet sich erheblich von der nur sechs Jahre vorher erschienenen A-Fassung in der ersten Ausgabe gesammelter Werke des Dichters 1657 (*DG*). Hugh Powell konstatiert 1964 in seinem Vorwort zur Gesamtausgabe, »daß mit dem Erscheinen von *B* zwei Dramen vorlagen« (*GA* IV, S. VIII). Diesem Diktum folgt die separate Behandlung beider Fassungen im vorliegenden Handbuch. In der Forschung geht man davon aus, daß neue Quellen zu den Hintergründen der Hinrichtung[2] und die speziell in England, Deutschland und Holland, dem ehemaligen Exilland des dynastisch legitimierten Thronfolgers Karl II., intensivierte Diskussion des Falls zu einer Umarbeitung des Trauerspiels führten. Für das Verständnis der B-Fassung sind folgende sieben Veränderungen gegenüber der A-Fassung relevant:[3]

1. Nachdem bekannt geworden ist, daß General Fairfax und seine Gemahlin eine Rettung Karls geplant hatten, bekommt die B-Fassung einen völlig neuen ersten Akt, in dem eine Befreiungsaktion entworfen und diskutiert wird. Als neue Figur kommt Lady Fairfax hinzu, die großen Anteil am Rettungsversuch gehabt haben soll. Ihr als Gebet lesbarer Monolog eröffnet das Drama, der sich mit metadramatisch auslegbaren Sätzen auch an ein imaginäres Publikum wendet: »Bebt die ihr herscht und schafft! bebt ob dem Trauerspill!« (*Car*$_B$ I,11). Die beiden Sätze beziehen sich auf das *theatrum mundi*, also auf die beabsichtigte ungeheure Hinrichtung, nämlich auf das tatsächliche historische Schauspiel, somit auch auf die in den Widmungstexten[4] (einschließlich eines handschriftlich überlieferten Sonetts »An einen höchstberühmten Feldherrn / bey Uberreichung des Carl Stuards« [*SNa.* 47][5]) angesprochenen aktiven Politiker, und natürlich auf das vorliegende »Traur-Spil« (*Car*$_B$, S. 341) selbst, dessen gleichlautende Gattungsangabe nur wenige Zeilen oberhalb des Zitats zu lesen ist. Die hier gezeigten Veränderungen der Weltge-

---

1 Die Bezeichnung A- und B-Fassung orientiert sich an Hugh Powells Einleitung in *GA* IV, S. VIII, und an Hans Wageners editorischer Bemerkung in seiner *Carolus*-Ausgabe (Andreas Gryphius: Carolus Stuardus (1972) [17], S. 143).
2 Vgl. Günter Berghaus: Die Quellen zu Andreas Gryphius' Trauerspiel »Carolus Stuardus« (1984) [623]; Karl-Heinz Habersetzer: »Tragicum Theatrum Londini« (1972) [631]; Gustav Schönle: Das Trauerspiel »Carolus Stuardus« (1933) [646].
3 Ergänzt wird Wageners Nachwort (Anm. 1), S. 158f.
4 Dort heißt es etwa: »Mirare tragica mortalium ludibria« (*Car*$_B$, S. 338, »EPITAPHIUM CROMWELLII«).
5 Vgl. Ulrich Seelbach: Andreas Gryphius' Sonett »An einen höchstberühmten Feldherrn / bey Uberreichung des Carl Stuards« (1988) [333].

schichte erfordern in hohem Maße die Aufmerksamkeit und Empathie des Rezipienten. Er soll das gegenwärtige Trauerspiel mit der betrüblichen Geschichte des eigenen »Vaterland[es]« (*Leo*, fol. Aij^r), wie es in der Vorrede zum *Leo Armenius* markant heißt, zusammenbringen.

Am Ende ihres Monologs ersinnt Lady Fairfax konkret die Rettung des Königs, die ihr zum »Ruhm« und Britannien zu »Heil« und »Ehr« gereichen soll (*Car$_B$* I,33f.). Erst sehr viel später und jenseits der Bühne, geradezu versteckt in den Anmerkungen zum vierten Akt, wird die tragische Märtyrergeschichte der Lady zu Ende erzählt:[6] Als alle Bemühungen scheitern, »betrübte sie sich so hoch darüber / daß sie in höchster Wehmutt [...] ihr Leben ließ« (*Car$_B$*, S. 449); sie starb, weil Carl nicht gerettet werden konnte. Ihr Trauerspiel wird auf die Nebenbühne der Anmerkungen verlagert, um Carls eigene Stilisierung zum Märtyrer nicht allzu offen zu relativieren.

Den Abschluß der ersten Abhandlung bildet in B eine Szene der Königsgegner. Durch diese Szene wird die Rolle von Hugo Peter[7] – in der Anmerkung wird er jetzt als »vornehmste[r] Stiffter« der Independenten geführt (*Car$_B$*, S. 427) – gestärkt; er erscheint schon hier mit seinen ostentativen Berufungen auf »Gottes Richt-Axt« (*Car$_B$* I,254) als ideologischer Kopf der Königsgegner. Später wird er wie der König ausdrücklich selbst zitiert (vgl. *Car$_B$*, S. 448) und in den »Anmerckungen« nachgewiesen. Einerseits folgt das Drama damit der hehren Doktrin, bei historischen Gegenständen, wie es Martin Opitz formuliert, »nicht der zeiten« zu vergessen »vnd in jhrer warheit« nicht zu irren.[8] Andererseits stärkt das quellengemäße Zitieren auch die Stimme der Königsgegner, zumal wenn sie sich wie der König selbst auf den Willen Gottes berufen. Durch das jeweils wörtliche Zitieren der beiden Parteien werden zumindest im Hinblick auf die ohnehin letztlich unsichere historische Wahrheit ihre Einschätzungen gleichgestellt.

Die Exposition der Neufassung spart einen leibhaftigen Auftritt des Königs völlig aus, bietet aber durch die Rettungsintrige und die erste Unterredung der Independenten eine indirekte und polyphone Präsentation des Protagonisten und der unterschiedlichen politischen Positionen. Der späte Auftritt Carls steigert die Publikumserwartung an seine Selbstpräsentation. Ähnlich verfahren so berühmte Geschichtsdramen wie Schillers *Wallenstein* oder Goethes *Egmont*. Die Passivität des Königs bei seinem ersten Auftritt »auff dem Bette« (*Car$_B$*, S. 357) erscheint durch den relativ lebhaften ersten Akt und die dort in Gang gesetzten Intrigen besonders deut-

---

6 Vgl. Dirk Niefanger: Geschichtsdrama der Frühen Neuzeit (2005) [477], S. 177–183.
7 Vgl. Alan Menhennet: The Three Functions of Hugo Peter in Gryphius's »Carolus Stuardus« (1973) [639].
8 MARTINI OPITII Buch von der Deutschen Poeterey. Jn welchem alle jhre eigenschafft vnd zuegehör gründtlich erzehlet / vnd mit exempeln außgeführet wird. Gedruckt in der Fürstlichen Stadt Brieg / bey Augustino Gründern. Jn Verlegung David Müllers Buchhändlers in Breßlaw. 1624, fol. Dij^r.

lich. Der Kontrast zu den Rettungs- und Vernichtungsbemühungen verstärkt sich in der B-Fassung durch den neuen ersten Akt. Auch werden durch das Liegen »auff dem Bette« nun zusätzlich die im ersten Akt geschürten hohen Erwartungen an den Königsauftritt enttäuscht. Die Diskrepanz zwischen den engagierten Rettern und den tatwilligen Königsgegnern auf der einen Seite und dem träumenden König auf der anderen könnte kaum größer sein. Durch den Kontrast wirkt der zweite Akt in B deutlich retardierender als in A.

2. Durch die Einfügung des neuen ersten Aktes und weiterer kleinerer Änderungen entsteht in B eine symmetrische, vor allem ›sprechende‹ Struktur des Dramas. Auffällig ist nicht allein die Abwesenheit des Königs im ersten und dritten Akt, sondern der Rhythmus aus handlungsstärkeren Intrigenakten und handlungsschwächeren Königsakten:

Strukturübersicht zu Andreas Gryphius: *Carolus Stuardus* **(B-Fassung)**[9]

    I   Akt der Gegenintrige: *Bewegung / Aktion*
          Exposition der dramatischen Handlung (Gegenintrige – Intrige)

    II   1. Königsakt: *Ruhe / Passion*
          Retardierende Monologe und historiographische Erzählungen

    III Akt der Independenten: *Bewegung / Aktion*
          1. Höhepunkt der dramatischen Handlung (Scheitern der Gegenintrige)
          Höhepunkt der ›sprachlichen Handlung‹: Disputationen

    IV 2. Königsakt: *Ruhe / Passion*
          Retardierende Monologe und historiographische Erzählungen
          Ketzer-Monolog Peters
          Sprachlosigkeit der Gegenintrige
          Lady Fairfax als ›verdeckte‹ Märtyrerin

    V   Hinrichtungsakt: *Bewegung / Aktion*
          2. Höhe- und Schlußpunkt der dramatischen Handlung
          Wahnsinnsmonolog Polehs
          Hinrichtung Carls
          Carolus Stuardus als Märtyrer

Die symmetrische Struktur mit dem markanten Ausblenden des Königs in der Exposition und im zentralen dritten Akt, der ganz den politischen Auseinandersetzungen überlassen wird, kann man als Votum für eine differenzierte Sicht der Hinrichtung und ihrer divergierenden Begründungen lesen. Zumindest macht die neuentstandene Struktur deutlich, daß die Umarbeitung des Dramas auch ästhetische Gründe hatte.

---

9 Niefanger (Anm. 6), S. 185.

3. Von der Umstrukturierung des Stückes sind insofern die ersten beiden Reyen besonders betroffen, als sie nun anderen Akten – und das heißt: anderen Kontexten – zugeordnet sind. Der »Chor der ermordeten Engelländischen Könige« (Car_B I,305–354) erhält den Charakter eines Zwischenaktes, der einen thematischen Übergang vom Menetekel der Hugo-Peter-Szene zu den Geistererscheinungen zu Beginn des zweiten Aktes herstellt. Auch der »Chor der Syrenen« (Car_B II,533–564) bekommt in der B-Fassung zusätzliche Funktionen. Die egomanische Selbstinszenierung des Königs im zweiten Akt wird jetzt durch die Vergleiche mit anderen zeitgenössischen Herrschern (Christian IV., Władysław IV., Ibrahim I. usw.) und ihren Staatskrisen relativiert. Auch die Frage, ob sich des »Höchsten [...] Geist auff was bedacht | Das kein Gemütt ersinnen kan?« (Car_B II,545–548), vermittelt auf der Kommentarebene des Stücks zumindest leise Zweifel an der einen heilsgeschichtlichen Interpretation des Herrschers. Und schließlich wirkt Carls Bitte um eine angemessene Bestattung in der Familienszene, die dem Reyen unmittelbar vorhergeht, angesichts der inzwischen ergangenen Leichenschändung an seinem Widersacher (Exhumation der Leiche, symbolische Hinrichtung und öffentliche Ausstellung des Kopfes vor Westminster Hall) mindestens makaber. Der im »Gegen-Chor« evozierte Sturm (Car_B II,539–544) kann insofern durchaus auf die verwerfliche Gewalt *beider* Seiten bezogen werden. Das Ende Cromwells wird in B (etwa Car_B V,213–215) mehrfach und mit zum Teil drastischen Theatereffekten evoziert. Das Recht auf eine christliche Bestattung und eine angemessene Totenruhe hätte natürlich nicht nur Carl, sondern auch Cromwell zugestanden.

4. Fairfax gehörte in der A-Fassung zu den radikalen Königsgegnern, während Cromwell eher differenziert argumentierte. Diese Rollen werden in B vertauscht. Oliver Cromwell (1599–1658), der spätere Lordprotektor (das offizielle republikanische Staatsoberhaupt) von England, Schottland und Irland sowie im Bürgerkrieg der Hauptverfechter der Republik, wird nun – historisch sinnvoll – zum aktiven Antagonisten des passiven Königs. Allerdings trifft er im Drama nie, weder im dritten Akt noch in der Hinrichtungsszene, mit diesem zusammen. Den Abschluß des dritten Aktes bildet wie in A ein kurzer Dialog Cromwells mit Hugo Peter, der durch die radikalere Gestaltung beider Figuren mehr Gewicht bekommt. An der Brutalität ihres Hinrichtungsplans und der Überzeugung, gottgerecht damit zu handeln, mag jetzt kaum jemand zweifeln. Hugo Peters Diktum, daß »der verdammte Carl der Straffe« nicht entgehen soll (Car_B III,800), beendet den zentralen Akt.

Im darauf folgenden Reyen der »Engelländischen Frauen und Jungfrauen« (Car_B III,801–848) wird »die Ambiguität sprachlicher Zeichen und Bilder (insbesondere der Nacht)«[10] explizit, wie Romy Günthart dargelegt hat. Als entscheidend für das Verständnis dieses zentralen Reyens erscheint die Auslegung der Sonne als

---

10 Romy Günthart: Metamorphosen der Nacht (2008) [630], S. 433.

Herrschaftsallegorie, wie wir sie prominent im 17. Jahrhundert etwa vom Sonnenkönig Ludwig XIV. kennen. Auch die Jungfrauen sehen die Sonderstellung der Sonne, zeigen sich aber über ihre Passivität erstaunt:

> Wie daß nicht dein Glantz verfält?
> Kanst du ob dem Greuel stehn?
> Wilst du nicht in Wolcken gehn?
> Vnd mit Donner-schwartzen Flecken:
> Dein bestürztes Antlitz decken? (Car_B III,804–808)

Der gestürzte Carl präsentiert sich in der Tat wenig bestürzt, da er sich durch seine Passion eine angemessene Aufwertung im Jenseits erhofft. Günthart weist zu Recht darauf hin, daß durch die zweimalige Verwendung des Wortes »Antlitz«, einmal auf die Sonne, einmal auf Karl bezogen (Car_B III,838), eine Verbindung des Königs zum zentralen Fixstern geschaffen wird. Allerdings wäre es wohl zu einfach, hier allein Herrscher und Sonne aufeinander zu beziehen, kann der Himmelskörper doch auch als Symbol Christi (»Jch bin das Liecht«, Joh 8,12) gedeutet werden. Doch auch hier bietet Carls *imitatio Christi* eine deutliche Brücke. Die zweite Strophe des Reyens gilt – kontrastiv – der Nacht und ihren Schrecken:

> Nacht komm in den Tag gezogen:
> Komm du ungeheure Nacht (Car_B III,809f.)

Die ›engelländischen Frauen‹, die – anders als die Jungfrauen – unter der Geschichte gelitten haben, erbitten hier – in Reaktion auf die ›Passivität‹ der Sonne – eine angemessene Reaktion auf den historischen Fall. Ihre Geschichtserfahrungen berechtigen sie zu dieser Forderung, die ganz konkret genannt werden. Denn die Hinrichtungen von Karl und Maria Stuart werden, wie schon zu Beginn des zweiten Aktes, analog gesehen. Gleichermaßen bieten sich hier biblische Konnotationen[11] und viele Bezüge zu anderen Werken des Dichters an.[12] Etwas salopp könnte man schlußfolgern, daß der König, statt sich egomanisch als Lichtgestalt zu inszenieren, endlich ans große Ganze der Geschichte denken und Verantwortung für sein Volk übernehmen sollte. Sicher bleibt diese Kritik am passiven König angesichts der restlichen Strophen des Reyens nicht eindeutig, und vielleicht schleicht sich in eine solche Lektüre der Verse auch ein wenig modernes Denken ein. Die Kritik am König wird – wie so oft in diesem Drama – wohl eher verdeckt vorgebracht. Doch bleibt selbst in der Schlußstrophe der ›engelländischen Frauen‹, die an der grundsätzlichen Sympathie für den König kaum einen Zweifel lassen, ein Vorbehalt gegenüber der einfach hingenommenen Hinrichtung bestehen. Denn diese zieht weitere

---

11 Vgl. etwa die Finsternis an Karfreitag: Mt 27,45.
12 Vgl. Günthart (Anm. 10), S. 447–451.

Schrecken nach sich. Das Blut des Königs erlöst nicht von den Sünden, sondern vermehrt sie. Britanniens Heil »[w]ird inn deinem Blut ertrincken« (*Car*$_B$ III,848).[13] Diese eindringlichen Worte richten sich an einen König, der im folgenden vierten Akt wieder nichts weiter fertigbringt, als sich im Lichte seiner erhofften späteren Erhöhung zu inszenieren. Dessen Anfangsworte zu Beginn des vierten Aktes wenden sich deshalb an Gott und nicht an sein leidendes, sein »hoch-verführtes Volck« (*Car*$_B$ IV,8), von dem er sich im Laufe des Dramas immer weiter entfremdet.[14]

5. Nachdem das Parlament 1660 Karl II. zum König ernannt hat und den an Malaria gestorbenen Oliver Cromwell 1661 aus Westminster Abbey exhumieren und den Leichnam öffentlich als Verbrecher hinrichten ließ, konnte die B-Fassung des Dramas perspektivisch auf die Restitution der Stuart-Monarchie verweisen, etwa in den Traumsequenzen (vgl. *Car*$_B$ II,141–160), die sich nun im zweiten Akt finden, und in der Familienszene, die jetzt eine Mahnrede an den zukünftigen Thronfolger enthält (vgl. *Car*$_B$ II,426–464). Auch in bezug auf die zweifellos unchristliche Leichenschändung durch die Königstreuen, die beim Geist Lauds in B eine eindringliche und natürlich nicht gutheißende Erwähnung findet, ist von einem »Traurspill« (*Car*$_B$ II,143) die Rede, das durch eine historische Anmerkung beglaubigt wird. Diese offensichtlich übersteigerte Rache wird im Trauerspiel zu einer Art Leitmotiv; an ihm wird das fatale Hochschaukeln exzessiver staatlicher Gewalt und Gegengewalt in fast schon shakespearehafter Manier exemplifiziert.[15] Als Schlußstein der ständigen Problematisierung politischer Rache im Drama erscheint der letzte Reyen, insbesondere der abschließende Monolog der Rache-Allegorie. Mit den letzten Sätzen des Trauerspiels bezeugt diese, daß erst ein Ausbrechen aus der Gewaltspirale politischer Rache und eine Umkehr zu Trauer, Demut und Reue – Tränen statt Blut – zu staatlichem Frieden, Wohlstand und allgemeiner Ordnung führe. Daß am Ende dieser letzten Rede des Trauerspiels nicht das Blut des Königs, sondern die Tränen stehen, läßt – bei aller Trauer über die Ereignisse – die Hoffnung auf ein Ende der illegitimen Gewalt zu. Zwar nehmen die Blutmetapher und das Bild vom im Blut ersaufenden Albion den zweifelnden Impetus des dritten Reyens noch einmal mit verstärkenden Worten auf, um nun aber im allerletzten Vers dieser grausamen Perspektive vernichtender Gewalt nach Carls Hinrichtung die Umkehr zu Reuetränen entgegenzustellen. Auf »ersefft« reimt sich nun als letztes Bühnenwort »verteufft« (*Car*$_B$ V,543f.). Das frühneuzeitliche Verb ›teufen‹ bezeichnet ein aktives ›in die Tiefe senken‹, verlangt also eine andere Haltung als die des hingerichteten passiven Königs. Der Gewaltspirale kann man nur entkommen, wenn man dem Blut die Tränen

---

13 Vgl. Henri Plard: Le sang sacré du roi dans le »Carolus Stuardus« d'Andreas Gryphius (1993) [643].
14 Zum Kontext vgl. Arnd Beise: Geschichte, Politik und das Volk im Drama des 16. bis 18. Jahrhunderts. Berlin 2010.
15 Vorbild könnte etwa der auf deutschen Wanderbühnen gespielte *Titus Andronicus* sein.

und der Rache die Reue entgegensetzt. Zudem klingt damit bildlich und lautlich das Motiv der christlichen Taufe an, das als Hoffnung auf Erneuerung gedeutet werden kann. Das Ende des Trauerspiels kann insofern auch als Kritik an der unchristlichen und maßlosen Rache der Königstreuen nach dem Ende der Independenten gelesen werden.

6. Der klare Ausgang der historischen Ereignisse ließ gleichwohl eine stärkere Stilisierung der *imitatio Christi* Carls in B zu. Was sich auf den ersten Blick lediglich als Ausstaffierung einer Siegergeschichte liest, erscheint bei näherem Hinsehen aber als überdeutliche Erfüllung eines allseits bekannten Lektüreschemas. Dieses wird durch seine ostentative, mitunter überpointierte Ausstellung als allzu naheliegender Zugang zur Geschichte wenn nicht relativiert, so doch zumindest dadurch als Verfahren thematisiert.

Vor allem im fünften Akt wurden – durch Quellenhinweise in den Anmerkungen abgesicherte – Passagen eingefügt, die eine Nähe der letzten Lebenstage Carls zur Passionsgeschichte aufzeigen. Einzelne Figuren wurden hinsichtlich der christlichen Leidensgeschichte neu eingeführt, etwa der Richter Poleh als Judas-Figur, oder entsprechend gestärkt, etwa Fairfax als Pilatus. Über ›Poleh‹ wird in den Anmerkungen gesagt, es sei ein Deckname für eine bekannte historische Figur (vgl. *Car$_B$*, S. 451).[16]

Polehs Wahnsinnsmonolog gehört zu den experimentellsten Dramenpassagen, die Gryphius je geschrieben hat. Dies hängt sicherlich mit der hier ausgiebig realisierten, für das 17. Jahrhundert aber eher überraschenden Körperperformanz zusammen, die mit visuellen Theatereffekten auf der Hinterbühne kombiniert wird. In eigenen Fußnoten wird – wie später von Lohenstein in seiner *Sophonisbe* (Reyen nach der zweiten Abhandlung) für ein höfisches Zeremoniell kopiert – ein gestisches, mimisches und proxemisches Theaterspiel mit ›natürlich‹ wirkender Körpersprache inauguriert. Es korrespondiert mit dem nicht kontrollierten sprachlichen Affektgebaren Polehs und den effektvollen, wohl ›personal‹ gedachten Visionen im Hintergrund. Als Schreckbilder tauchen hier zum Beispiel wiederum die geschändeten Leichen Cromwells und seiner Getreuen als Spiel im Spiel, als späteres »Schand- und Schau-Spil« der Königsfreunde nämlich, auf (*Car$_B$* V,216).

Das Zusammenspiel von Gebärdenregie und sprachlichen Äußerungen Polehs eröffnet dem Leser oder Zuschauer die oft übersehenen anthropologischen Grundlagen[17] der Gryphiusschen Theaterästhetik. Gerade an dieser für den Autor gewiß ungewöhnlichen Szene kann man die Konsequenzen des *theatrum-mundi*-Modells für das konkrete Theaterspielen studieren. Aus vielen Sonetten von Gryphius wissen

---

16 Vgl. R. J. Alexander: A Possible Historical Source for the Figure of Poleh (1974) [621] und Janifer Gerl Stackhouse: The Mysterious Regicide in Gryphius' Stuart Drama (1974) [652].
17 Vgl. hierzu Dirk Niefanger: Barock. In: Handbuch Drama. Theorie, Analyse, Geschichte. Hg. von Peter W. Marx. Stuttgart 2012, S. 230–243.

wir, daß sich gerade am menschlichen Körper[18] – wie auf der Bühne – Zeichen des Leids, Affekte des Grauens und Merkmale der Vergänglichkeit zeigen; und zwar, ob wir das wollen oder nicht. Der gewissermaßen unhintergehbare Körper gibt nämlich gerade in der Barockzeit Auskunft über die Angemessenheit des Spiels im Welttheater und seine sukzessive Vergänglichkeit im Diesseits. Dem Zuschauer teilt sich folglich am rasenden Körper und den zerrissenen Kleidern Polehs, an seinen Gesten, bangen Ausrufen und hektischen Bewegungen unmittelbar jener Affektsturm mit, den sein Versagen im Welttheater ausgelöst hat. Sein gerechter Verfall wird im Sprechen und Handeln, an Körper und Geist anschaulich. Die Theaterzeichen, die dies deutlich machen sollen, sind in dieser Hinsicht keineswegs ›künstlich‹ oder arbiträr konzipiert,[19] sondern sollen sich konsequent, man möchte sagen ›natürlich‹, aus dem unstatthaften Spiel Polehs im *theatrum mundi* ergeben. Aus Sicht einer historisch argumentierenden Anthropologie zeigt insofern gerade die Poleh-Szene, daß in Gryphius' Theaterwelt neben dem rhetorischen Exerzitium auch Platz für eine natürliche – oder besser: angemessene – Theaterrealisierung der Weltordnung ist. Am ›ganzen‹ Menschen, an seinen Reden *und* seinen Körperzeichen kann der Kundige die Spielfähigkeit und den notwendigen Ort der Figur im Welttheater ablesen. »Denn wie ein anderer habit einem könige / ein anderer einer priuatperson gebühret / vnd ein Kriegesman so / ein Bawer anders / ein Kauffmann wieder anders hergehen soll: so muß man auch nicht von allen dingen auff einerley weise reden […].«[20] Die Poleh-Szene zeigt diese schon von Martin Opitz geforderte Kongruenz von Verhalten, Körperzeichen, Kleidung und Sprache als eine Repräsentation der quasi ›natürlichen‹ Ordnung der Welt im Theater.

Im sprachlich und gestisch nachgeahmten und eben nicht diegetisch gemeinten Schießen Polehs zeigt sich exemplarisch, wie dieses Theater funktionieren könnte. Einerseits markiert es einen durchaus mimetischen Anspruch, andererseits ein schon vorhandenes Verständnis der doppelten Valenz von Theaterzeichen, die nach Fischer-Lichte ja stets »Zeichen von Zeichen« sind:[21]

> Trarara! Trarara / Tra / tra / tra / ra / ra / ra!
> *Er geberdet sich mit dem Stock als einer Trompeten.*
> Tra trara *Als mit einem Feur-Rohr.* paff / paff / puff! paff! […]
> (*Car*$_B$ V,175f. mit eingeschalteten Fußnoten des Dramas)

---

18 Vgl. etwa die Sonette »An sich selbst« (*Son.* I,48), »Ebenbild unsers Lebens« (*Son.* I,43), »Menschliches Elende« (*Son.* I,11) und »Thränen in schwerer Kranckheit« (*Son.* I,45).
19 Anders argumentiert für das ganze Barock Erika Fischer-Lichte: Semiotik des Theaters. Eine Einführung. Tübingen ³1994, Bd. 2: Vom »künstlichen« zum »natürlichen« Zeichen. Theater des Barock und der Aufklärung.
20 Opitz (Anm. 8), fol. F^r.
21 Fischer-Lichte (Anm. 19), Bd. 1, S. 19.

Die Lautdiktion der Kriegsmimesis erinnert dabei deutlich an Harsdörffers lautmalerische Kriegslyrik und vor allem auch an seine entsprechende Poetologie.[22] Insofern wird der zeitgenössische Rezipient von der Kriegsdarstellung der Passage nicht sonderlich überrascht gewesen sein. Er wird sie aber als ästhetisch ambitioniert und selbstreflexiv angelegt interpretiert haben. Denn unter dem Lemma »Krieg«[23] heißt es im dritten Band des *Poetischen Trichters* (1653):

> Die freye Feldtrommeten blässt taratantara das Knallen der Musqueten / das Spielen der Kartaunen / der Trommel Würbelklang macht hermen und erstaunen / der Krieg brennt helle Loh.[24]

Im Härmen und Erstaunen klingen bei Harsdörffer nicht nur theaterfähige Affekte an, sondern auch eine strikt am Zuschauer bzw. Leser orientierte Wirkungsästhetik, die Gryphius animiert haben könnte, bei der sprachlichen und performativen Ausgestaltung seiner Poleh-Szene im Stile der Nürnberger Poetik zu verfahren.

Direkt nach dem Schreckenstheater der Poleh-Szene mit seinen Ausblicken auf die Grausamkeiten der Cromwell-Nachfolger folgt die Hinrichtung Carls als zweites großes ›Spiel im Spiel‹.[25] Das Hinrichtungsschauspiel erscheint – da auch die Geister Wentworts und Lauds als hingerichtete, schuldige Königstreue in der vorangegangenen Poleh-Szene gezeigt wurden – nun als lediglich ein, wenn auch sehr markantes Glied einer furchtbaren Abfolge von Gewalt, Machtusurpation und angemaßter Inthronisation im Welttheater.

7. Die vielleicht auffälligste Änderung in B ist die Ergänzung des Dramentextes durch Paratexte, wie die ausführlichen Anmerkungen und die teils programmatischen, in lateinischer Sprache verfaßten Widmungsvorreden und Gedichte. Nicht zuletzt durch die Verflechtung von Haupt- und Paratexten verstärkt sich der Charakter eines Lesetextes, der bei B also wesentlich stärker ausgeprägt erscheint als bei A.

---

22 Vgl. Dirk Niefanger: Poetisches *Taratantariren*. Kriegsbilder in der Nürnberger Barockdichtung. In: Kriegs/Bilder in Mittelalter und Früher Neuzeit. Hg. von Birgit Emich und Gabriela Signori. Berlin 2009 (Zeitschrift für Historische Forschung, Beiheft 42), S. 277–293.
23 Prob und Lob der Teutschen Wolredenheit. Das ist: deß Poetischen Trichters Dritter Theil / begreiffend: I. Hundert Betrachtungen / über die Teutsche Sprache. II. Kunstzierliche Beschreibungen fast aller Sachen / welche in ungebundner Schrifft-stellung fürzukommen pflegen. III. Zehen geistliche Geschichtreden in unterschiedlichen Reimarten verfasset. Zu nachrichtlichem Behuff Aller Redner / Poëten / Mahler / Bildhauer und Liebhaber unsrer löblichen Helden Sprache angewiesen / durch Ein Mitglied der Hochlöblichen Fruchtbringenden Gesellschaft. Nürnberg / Gedruckt bey Wolfgang Endter / dem Aeltern. M DC LIII, S. 298–301.
24 Ebd., S. 299.
25 Zu den metadramatischen Aspekten vgl. Nicola Kaminski: Andreas Gryphius (1998) [122], S. 121, sowie dies.: Martyrogenese als theatrales Ereignis (1999) [547].

Ausdrücklich wird etwa zu Beginn der Anmerkungen mehrmals der »Leser« als primärer Rezipient angesprochen.

Die genannten Theatereffekte – etwa in der Poleh-Szene – spielen sich insofern weitestgehend im Kopf ab, wo sie vermutlich sogar besser gelingen können als auf der Schulbühne in Breslau. Denn die lediglich imaginierten und nicht gespielten Greuel entsprechen dem im 17. Jahrhundert geltenden *Medea*-Paradigma des Horaz:[26] Entweder könne, so setzt dessen *Ars poetica* an, etwas auf der Bühne aufgeführt oder berichtet werden. Das lediglich Berichtete errege den Zuschauer weniger als die unmittelbare Bühnenpräsentation. Infolgedessen solle der Poet – so hat man Horaz zumindest im Barock verstanden[27] – bei der Darstellung von Grausamkeiten und anderen schwer zu realisierenden Vorgängen eher die indirekte Form wählen:

> *non tamen intus*
> *Digna geri, promes in scenam; multaque tolles*
> *Ex oculis, quae mox narret facundia praesens.*
> *Nec pueros coram populo Medea trucidet;*[28]

In dieser Horaz-Passage geht es nicht nur um die Vermeidung des Schrecklichen, sondern ausdrücklich auch um die Frage der Glaubwürdigkeit der Szene. Denn der entsprechende Passus schließt mit den Worten »*incredulus odi*«[29]. Hier wird das *Unglaubliche* und nicht das Grausame verabscheut. Dieses wird nur in einer bestimmten Form der unglaubwürdigen Präsentation negiert: »*Quodcumque ostendis mihi*

---

26 Vgl. hierzu Carsten Zelle: Angenehmes Grauen. Literaturhistorische Beiträge zur Ästhetik des Schrecklichen im achtzehnten Jahrhundert. Hamburg 1987, S. 1–16, und Niefanger (Anm. 6), S. 173f.
27 Vgl. etwa Poetischen Trichters zweyter Theil. Handlend: I. Von der Poeterey Eigenschaft / Wolund Mißlaut der Reimen. II. Von der Poetischen Erfindungen / so aus dem Namen herrühren. III. Von Poetischen Erfindungen / so aus den Sachen und ihren Umständen herfliessen. IV. Von den Poetischen Gleichnissen. V. Von den Schauspielen ins gemein / und absonderlich von den Trauerspielen. VI. Von den Freuden- und Hirtenspielen. Samt einem Anhang von der Teutschen Sprache: durch ein Mitglied Der Hochlöblichen Fruchtbringenden Gesellschafft. Nürnberg / Jn Verlegung Wolffgang Endters. M.DC.XLVIII., S. 82.
28 IN Q. HORATII. FLACCI VENVSINI Librum DE. ARTE. POETICA ALDI. MANVTII PAVLLI. F. ALDI. N. Commentarius. Ad Bartholomaeum Capram, Io. Francisci F. Iurisconsultum. VENETIIS. ∞. D. LXXVI Apud Aldum, S. 39 (V. 182–185). Vgl. die deutsche Übersetzung von Andreas Henrich Bucholtz: »Doch was man nicht kan dülden / | vnd billich in geheim vnd Winckeln wird verricht / | soll auff dem freyen Platz des Spiels bey Leibe nicht | im offenem geschehn. Du must viel Dinges reumen | weit auß den Augen weg vnd dich hernach nicht seumen | daß du es recht erzehlst[.] Medea soll jhr Kind | nicht für des Volcks Gesicht abschlachten wie ein Rind [...].« Andreas Henrich Bucholtz verteutschte vnd mit kurtzen Noten erklärte Poetereykunst Des vortreflichen Römischen Poeten Q. Horatius Flaccus. Rinteln / Druckts vnd verlegts Peter Lucius. 1639, S. 27.
29 Horaz (Anm. 28), S. 39 (V. 188).

sic«[30]. Vor dem Hintergrund dieses Glaubwürdigkeitsproblems bei der Bühnendarstellung erscheint die tendenzielle Umarbeitung des *Carolus Stuardus* zum Lesetext in der B-Fassung nur konsequent. Die durch das *Medea*-Paradigma unmittelbar berührte Hinrichtung Carls auf offener oder imaginierter Bühne des Lesetextes erscheint zwar auch jetzt nicht unproblematisch, kann aber in den Paratexten kommentiert, als bloßes Theaterereignis identifiziert und dadurch abgemildert werden; zur Königsrede kurz vor der Hinrichtung heißt es:

> Mir würde unschwer gefallen seyn [...] / wie sonsten in den Traur-Spilen gebräuchlich / dises alles durch einen Boten vorzubringen: Jch habe aber darvor gehalten / man könne dises blutige Jammer-Spil nicht beweglicher abbilden / als wenn man disen abgekränckten Fürsten / also dem Zuschauer und Leser vorstellete / wie er sich selbst mit seinen eigenen Farben außgestrichen / in dem Anblick des Todes / da alle Schmincke und Gleißnerey ein Ende nimt / und als Dunst verschwindet. (*Car$_B$*, S. 452)

Die Anmerkung verweist vehement auf den fiktionalen Charakter des dargestellten historischen Ereignisses und vermerkt geschickt die sich bietenden Darstellungsspielräume. Gleichgültig, ob Karl bei der Hinrichtung gesprochen hat oder nicht; das Ereignis könnte im Trauerspiel auch durch Boten berichtet werden. Die Wirkungsabsicht allein bestimmt aber die Darstellungsform. Die Hinrichtung des Königs auf offener Bühne dient dazu, den Zuschauer oder Leser emotional zu bewegen, indem die Selbststilisierungen des Königs durch die Hinrichtung beendet werden. Denn erst jetzt, im Tode, hat »alle Schmincke und Gleißnerey ein Ende«, und Gott entscheidet – außerhalb des Theaters – über die Angemessenheit des Spiels. Im Stück selbst ist die Hinrichtung erlaubt, weil sie ausdrücklich als fiktionales Theaterspiel in den Anmerkungen identifiziert, kommentiert und deshalb vom Zuschauer und Leser nicht allein und unmittelbar erlebt wird. Auch im Stück selbst wird, etwa durch das ostentative Herrichten des Königs für den Hinrichtungsakt und die Präsenz von Zuschauern auf der Bühne, auf die theatrale Valenz des Geschehens verwiesen und ihm so seine Brisanz wenigstens partiell genommen. Der Aufwand dramaturgischer und kommentierender Mittel verweist generell auf den Geltungsanspruch des *Medea*-Paradigmas, den das Drama geschickt unterläuft.

Natürlich kann das Trauerspiel *Carolus Stuardus* auch gelesen werden, ohne auf die Veränderungen gegenüber A zu achten. Struktur, Figurenführung, Handlungsverlauf, Motivketten, poetologische Reflexionen oder die sprachliche Gestalt des Textes und seine kulturhistorische Kontextualisierung erschließen sich selbstverständlich auch ohne Kenntnis der früheren Fassung, wenn auch nicht immer mit gleicher Intensität. Mit A existiert aber ein Prätext, der – wenn man B kennt – ein

---

[30] Ebd. Vgl. Bucholtz (Anm. 28), S. 28: »ja was du mir also wirst zeigen / werd' ich hassen / | weil es mein Glaube nicht / als wahr zu sein / kan fassen.«

zeitgenössisches Kommentierungs- und Verdeutlichungsdefizit erkennen läßt, das kulturhistorisch aufschlußreich ist. Es zeigt, wie unsicher die Literatur im Barock hinsichtlich ihrer Wirkungen und ihres rechten Verständnisses war. Deshalb bietet es sich an, auf der einen Seite die beiden Fassungen des Trauerspiels als dramaturgische Äußerungen innerhalb eines komplexen politischen und kulturellen Diskurses gemeinsam zu diskutieren, auf der anderen Seite sollten beide Texte aber auch als eigenständige dramatische Versuche verstanden werden, auf ein als elementar erachtetes historisches Ereignis literarisch angemessen zu reagieren.

II.5.7 *Papinianus*
Von Armin Schäfer

Andreas Gryphius' Trauerspiel *Großmüttiger Rechts-Gelehrter / Oder Sterbender Æmilius Paulus Papinianus* wurde erstmals 1659 veröffentlicht. Das Titelblatt der in Breslau »durch Gottfried Gründern / Baumannischen Factor« gedruckten Erstausgabe trägt keine Jahreszahl; die lateinische Widmungsvorrede ist auf »IX. Calend. Octobr. Anno cIɔ Iɔ CLIX.«, d.i. den 23. September 1659, datiert (*Pap.*, fol.)(4ᵛ). Der Erstdruck enthält ein Titelkupfer von Johann Baptista Paravincini (1634–ca. 1676), das die Enthauptung des Papinian darstellt, sowie sieben weitere Kupferstiche, die nach Gemmen und antiken Münzen gestochen sind und die Portraits von Papinian, seiner Gattin Plautia, dem Kaiser Septimius Severus, dessen Gattin Iulia Domna, den Söhnen des Kaisers, Bassian, genannt Caracalla, und Geta, sowie die Totenurne des Papinian zeigen.[1] Weitere Drucke des Trauerspiels kamen 1679 und 1698 in Wolfenbüttel heraus; 1680 und 1681 erschienen Drucke »mit einem erheblich bearbeiteten Text« (*D*, S. 1000). Auf der Schulbühne des Breslauer Elisabeth-Gymnasiums ist eine Aufführung für den 9. Februar 1660 belegt. Szenare sind zu den Aufführungen 1660 in Breslau, 1661 in Halle und 1680 in St. Gallen überliefert, ferner ist eine stark bearbeitete Fassung des Trauerspiels für eine Wanderbühne erhalten.[2]

Das Trauerspiel ist für eine Illusionsbühne geschrieben, die Aufführungen von Stücken mit zahlreichen Auftritten und raschem Szenenwechsel zwischen Vorderbühne und Hinterbühne erlaubt.[3] Die Bühne wird durch einen Mittelvorhang oder einen Schnürrahmen unterteilt; die zentralen Szenen spielen auf der Hinterbühne; die Auftritte erfolgen aus Gängen zwischen den Kulissen oder aus Türen, die in die Seitendekorationen eingelassen sind. Zusätzliche Auftrittsmöglichkeiten eröffnen Versenkungen in der Bühne sowie ein Flugapparat, der es erlaubt, Figuren auf die Bühne niedersteigen oder von ihr entschweben zu lassen.

Den Stoff des Trauerspiels hat Gryphius, der die Figur des Papinian auch in den Leichabdankungen *Flucht Menschlicher Tage* (1652) und *Seelige Unfruchtbarkeit* (1653) anführt, der Geschichte des severischen Kaiserhauses entnommen, wie sie durch Cassius Dio, Herodian und die *Historia Augusta* überliefert ist.[4] Nach dem Tod des römischen Kaisers Septimius Severus treten dessen Söhne Bassian, der aus

---
[1] Vgl. die acht vor dem Titelblatt der Ausgabe unpaginiert und unfoliiert eingeschalteten Kupfertafeln.
[2] Vgl. Barbara Drygulski Wright: Kunstdrama und Wanderbühne (1979) [693]; Willi Flemming: Andreas Gryphius und die Bühne (1921) [383], S. 270–277.
[3] Ebd., S. 195–213 und 270–277.
[4] Vgl. *D*, S. 1007f.; zur Überlieferungsgeschichte des Stoffs siehe Okko Behrends: Papinians Verweigerung (1996) [692], S. 253–268.

erster Ehe stammt, und Geta, der aus der zweiten Ehe des Kaisers mit Iulia Domna stammt, gemeinsam die Nachfolge an. Die Stiefbrüder rivalisieren um die alleinige Herrschaft. Bassian ermordet Geta und versucht Papinian für eine Rechtfertigung seiner Tat zu gewinnen. Papinian hat als Präfekt der in Rom stationierten militärischen Truppen, der Prätorianer, als oberster Jurist des Reichs, dem die Rechtsprechung untersteht, und als Schwager des Kaisers eine Stellung erlangt, in der er selbst die Herrschaft ergreifen könnte. Jedoch weigert er sich standhaft, eine Apologie des Mords zu verfassen, und zieht es statt dessen vor, sich hinrichten zu lassen.

In der Forschung werden hauptsächlich vier Aspekte diskutiert. Erstens wird das Trauerspiel als Auseinandersetzung mit der absolutistischen Souveränitätskonzeption gelesen, die den Souverän als *legibus solutus* definiert,[5] aber offenläßt, ob gegen einen Herrscher, der sich als Tyrann entpuppt, aktiv Widerstand geleistet werden darf oder nicht. In den juristischen und politischen Diskursen des 16. und 17. Jahrhunderts war der Fall des römischen Juristen ausführlich diskutiert worden und zum topischen Argument geronnen. Das Beispiel diente als ein »Konfliktmodell absolutistischer Politik«,[6] an dem diskutiert wurde, welche Formen der Widerstand gegen einen Tyrannen annehmen soll. Entweder galt Papinian als ein herausragendes Exempel für die stoische Haltung der Beständigkeit. So schreibt Justus Lipsius in *De Constantia* (1584): »Der Papinianus ist von dem Tyrannen Caracalla vmgebracht: Aber durch sein Exempel werden wir noch heut zu tage ermahnet / das wir ohn bedenken umb der Gerechtigkeit willen den Todt leiden sollen.«[7] Oder Papinian galt als ein *consiliarius*, der durch sein Selbstopfer dem Staat letztlich mehr geschadet als genutzt hatte. Gryphius lehnt in Übereinstimmung mit einem lutherisch geprägten politischen Diskurs jegliches Widerstandsrecht ab: Man muß einen Tyrannen aushalten und darf nicht einmal in den Freitod flüchten, der gegen das christliche Gebot verstößt.[8] Strittig ist, ob der Konflikt zwischen Kaiser und Papinian durch den Gegensatz von »Politik versus Individual-Ethik«[9] zu fassen und wie die

---

5 Vgl. Dieter Wyduckel: Princeps Legibus Solutus. Eine Untersuchung zur frühmodernen Rechts- und Staatslehre. Berlin 1979 (Schriften zur Verfassungsgeschichte 30), S. 138–168.
6 Wilhelm Kühlmann: Der Fall Papinian (1981) [701], S. 251.
7 IVSTI LIPSII Von der Bestendigkeit Zwey Bücher. Darinnen das höchste Stück Menschlicher weisheit gehandelt wird. Jetzt außm Latein ins Teutsche bracht / Durch ANDREAM VIRITIVM. Sampt etlichen vorhergedruckten Episteln *Iusti Lipsii vnd D. Chytræi*, von dieser deutschen version. Leiptzigk Jn verlegung Henning Grossen / Buchhändlers doselbsten. CVM PRIVILEGIO, fol. 95ʳ.
8 Vgl. Udo Bermbach: Widerstandsrecht, Souveränität, Kirche und Staat: Frankreich und Spanien im 16. Jahrhundert. In: Pipers Handbuch der politischen Ideen. Bd. 3: Neuzeit: Von den Konfessionskriegen bis zur Aufklärung. Hg. von Iring Fetscher und Herfried Münkler. München 1985, S. 101–162, bes. S. 107–124; Gustav Klemens Schmelzeisen: Staatsrechtliches in den Trauerspielen des Andreas Gryphius (1971) [497], S. 123f.
9 Wolfgang Braungart: Vertrauen und Opfer (2005) [439], S. 286.

Beamtenstellung der Hauptfigur, die eine Unterscheidung zwischen Amt und privater Person impliziert, zu bewerten sei.

Zweitens stand in der älteren Forschung zur Debatte, ob das Trauerspiel eine transzendente oder immanente Ausrichtung besitze und wie die Sphären von Transzendenz und Immanenz aufeinander zu beziehen seien. Benjamin hat für das barocke Trauerspiel eine »verzögernde Überspannung der Transzendenz« herausgestellt, »die all den provokatorischen Diesseitsakzenten des Barock zugrunde«[10] liege. Er versucht zu zeigen, daß der »Widerstreit zwischen dem Unendlichen und dem Endlichen«[11] in den Trauerspielen nicht in der Heilsgeschichte oder im sprachlichen Symbol aufgelöst wird, sondern vielmehr persistiert und ausgestellt wird. In einer verkürzten Auseinandersetzung mit Benjamin wurde ein vermeintlicher Gegensatz zweier Lesarten konstruiert. Das Trauerspiel wurde entweder als ein »Bild menschlicher Daseinsart«[12] angesehen, dessen Handlung durch anthropologische, soziale und politische Gesetzmäßigkeiten bestimmt werde, oder aber es wurde in eine heilsgeschichtliche Perspektive eingerückt. Neuere Forschungen reklamieren den Einbruch der Transzendenz in »die Immanenz politischer Aktionen«[13] oder behaupten einen »Verlust heilsgeschichtlicher Evidenz im Raum der politischen Realität«.[14] Da die Handlung des *Papinianus* in einer paganen Welt angesiedelt ist, ist die Frage aufgeworfen, wie die Transzendenz codiert ist, welche Semantik ihr verliehen wird und wie das Martyrium des Papinian und dessen Nachruhm[15] zu bewerten seien.

Drittens wird diskutiert, ob das Trauerspiel in das Genre des Märtyrerdramas einzuordnen und wie dieses überhaupt zu definieren sei.[16] Der Schluß von der Konzeption der Figur des Papinian auf eine immanente oder transzendente Ausrichtung des Trauerspiels ist ebenso problematisch wie der Schluß von der Ausrichtung auf die Märtyrerfigur.[17] Zwar stimmt Papinian nicht mit dem Typus des Märtyrers, wie ihn das Jesuitendrama ausgebildet hat,[18] überein, doch formt Gryphius aus dem Stoff ein Trauerspiel mit einem »martyrologischen Grundriß«[19] und präsentiert den Heiden Papinian als eine mit christlichen Zügen ausgestattete Figur, die von vorn-

---

10 Walter Benjamin: Ursprung des deutschen Trauerspiels (1928) [432a], S. 56.
11 Benjamin (Anm. 10), S. 162.
12 Herbert Heckmann: Elemente des barocken Trauerspiels (1959) [697], S. 105.
13 Hans-Jürgen Schings: Großmüttiger Rechts=Gelehrter (1968) [707], S. 178.
14 Lothar Bornscheuer: Diskurs-Synkretismus im Zerfall der Politischen Theologie (1977) [438], S. 496. Vgl. Peter J. Brenner: Der Tod des Märtyrers (1988) [440], S. 247.
15 Vgl. Elke Dubbels: Gryphius' Papinian (2013) [694].
16 Bornscheuer (Anm. 14), S. 490.
17 Vgl. hingegen Brenner (Anm. 14), S. 265.
18 Vgl. Elida Maria Szarota: Geschichte, Politik und Gesellschaft im Drama des 17. Jahrhunderts (1976) [509], S. 134; Bornscheuer (Anm. 14), S. 491.
19 Nicola Kaminski: Andreas Gryphius (1998) [122], S. 143.

herein die Haltung des Märtyrers eingenommen hat, im Gang der Handlung einer Reihe von Versuchungen und Prüfungen ausgesetzt ist, die sie durch Nichthandeln und Duldung besteht, und schließlich ein Selbstopfer vollbringt. Eine postfigurale Deutung des Papinian nach dem Vorbild Christi kann bis auf die patristische und stoische Tradition zurückverfolgt werden.[20] Seit Boethius, der Papinian in *De consolatione Philosophiae* anführt, gilt der römische Jurist als Exemplum tugendhafter Haltung.[21] Dennoch ist die Figur weder auf eine Antizipation christlichen Märtyrertums oder eine Exemplifizierung christlich-stoischer Grundsätze zu beschränken, noch erfordert die Märtyrerhandlung eine explizite Darstellung des Brudermords. Insofern gewinnen Lesarten an Relevanz, die auf die konfessionelle Ausprägung der politisch-juristischen Theorie und auf die Institutionen der Herrschaft abstellen, die in Papinian den Vertreter bzw. die Verkörperung der lutherischen Amtsethik ausmachen.[22]

Viertens wird nach der Einheit des Stücks gefragt,[23] das sowohl durch eine zweifache Fabel gekennzeichnet ist als auch »im Zeichen einheitsgefährdender Zweiheit«[24] steht, die den Grundriß der Handlung sowie den Antagonismus von Tyrann und Märtyrer umspielt. Die Lektüren fokussieren auf die »Wahl des Mediums Trauerspiel«[25] und nehmen sowohl die Eigenart der Nachahmung einer Handlung in und durch Sprache als auch die spezifische Theaterpraxis des Barock in den Blick. Diese theaterhermeneutische[26] und medienhistorische Perspektive optiert weniger für eine heilsgeschichtlich-theologische oder eine geschichtlich-politische Deutung, sondern lenkt das Augenmerk auf die Aufspaltung der transzendenten Themis, die Polysemie der Zeichen sowie die Theatralität und Medialität des Stücks.

Das Trauerspiel besteht aus fünf »Abhandelungen«, die jeweils mit einem Reyen schließen: »Das Trauer-Spil beginnet mit dem Anbruch deß Tages / wehret durch den Tag / und endet sich mit Anfang der Nacht. Der Schaw-Platz bildet ab die Käyserliche Burg / und Papiniani Wohnung« (*Pap.*, fol.)(6ᵛ). Die Handlung setzt damit

---

20 Vgl. Hans-Jürgen Schings: Die patristische und stoische Tradition (1966) [939]; Wilhelm Voßkamp: Untersuchungen zur Zeit- und Geschichtsauffassung im 17. Jahrhundert (1967) [513], S. 152–159; Szarota (Anm. 18), S. 76–78.
21 Zum Exempel des Papinian bei Boethius siehe Schings (Anm. 13), S. 182f. Vgl. AN. MANL. SEVER. BOETII CONSOLATIONIS PHILOSOPHIÆ LIBRI V. *Eiusdem opuscula sacra auctiora* RENATVS VALLINVS *recensuit, & Notis illustrauit. Lugd. Batauorum, & veneunt.* PARISIIS, Apud Thomam Iolly, viâ veteris enodationis iuxta terminum Pontis diui Michaëlis, sub signo Scuti Hollandici. M. DC LVI., S. 59 (Liber tertius, prosa 5).
22 Vgl. Friedrich Vollhardt: Klug handeln? (2010) [712]; Rüdiger Campe: Theater der Institution (2000) [441].
23 Vgl. Werner Kellers Nachwort in seiner *Papinianus*-Ausgabe (1985) [22], S. 146.
24 Kaminski (Anm. 19), S. 148.
25 Ebd.
26 Vgl. Nicola Kaminski: Martyrogenese als theatrales Ereignis (1999) [547], S. 616.

ein, daß, wie es in dem »Kurtze[n] Begriff der Abhandlungen« heißt, Papinian »über die wider Jhn entstehende heimlich und offentliche Verfolgung« klagt (*Pap.*, fol.)(5ᵛ). Gryphius hat in Abweichung von der historischen Überlieferung die Figur des Papinian überdeterminiert und deren Stellung nicht allein durch rechtliche und politische, sondern auch durch familiäre Merkmale gekennzeichnet: Papinian ist im Trauerspiel als Gatte der Plautia, der Tochter seines Vorgängers im Amt des Prätorianerpräfekten, eben auch der Schwager Bassians, der seinerseits die Schwester Plautias, Plautilla, geheiratet, aber danach verstoßen hat.[27] Papinian hat als, wie es in der Anzeige des »Jnhalt[s] deß Trauer-Spils« heißt, »deß Römischen Käysers Severi geheimer Freund / Käysers Bassiani Schwager / seines Brudern Käysers Getæ Verwandter / aller dreyer Oberster Reichs-Hofemeister oder Prætorii Præfectus« (*Pap.*, fol.)(5ʳ) »die Spitz erreicht« (*Pap.* I,21). Trotz der Machtfülle, die er besitzt, muß er sich »vor Freund und Frembden hütten« (*Pap.* I,72). Er ist Verleumdungen ausgesetzt – »Und hierumb hat man längst das Volck auff mich verhetzet / | Und Lügen umbgestreut / und meinen Ruhm verletzet« (*Pap.* I,59f.) –, die sowenig wie der periodisch in Rom einfallende Scirocco neutralisiert werden können: »Bald saust der rauhe Nord / und steht er dem zu fest | So bringt der faule Sud die ungeheure Pest | Die man Verläumbdung heist!« (*Pap.* I,17–19). Anlässe für die Verleumdung sind unter anderem Papinians Duldung der Christen (*Pap.* I,85–98) und sein Vorschlag, angesichts der nicht zu befriedenden Rivalität der Brüder das Reich zu teilen: »Noch ferner sprengt man auß / als ring' ich nach dem Thron / | Und sucht auß diesem Zwist[28] der Antoninen Kron« (*Pap.* I,113f.). Es besteht für Papinian keine Möglichkeit zur effektiven Gegenwehr, da die Verleumdung kein einmaliges Ereignis ist, sondern die Situation von Rede und Gegenrede überdauert: »Auffrichtig hab ich stets zu wandeln mich beflissen | Nie der Verläumbder Mund (das niemand kan) zu schlissen« (*Pap.* I,175f.). Angesichts der Verleumdungen sieht er seinen eigenen Tod voraus: »Verläumbdung schliff das Beil / das durch den Hals wird gehn | Wenn mir der heisse Neid wird über Haupte stehn« (*Pap.* I,57f.). Papinian spricht seine stoische Haltung im Eingangsmonolog explizit aus, wobei dieser mittels seiner rhetorischen Form ein Handlungsprogramm ankündigt: Der Monolog ergeht in der spezifischen Form des *dialogismos*, d.h. eines Monologs, der einen Dialog fingiert und eingangs einen unbestimmten Dritten adressiert, demgegenüber Papinian sich bindet, so wie er gegenüber dem Souverän durch sein Amt gebunden ist.[29]

Die Handlung schwenkt in der zweiten und dritten Abhandlung auf eine höfische Intrige um, die ihren Ausgang von dem »geheime[n] Rath« (*Pap.*, fol.)(6ᵛ) Lae-

---

[27] Vgl. Dieter Nörr: Papinian und Gryphius (1966) [703], S. 317.
[28] Verbessert aus »Geist«. Siehe dazu das Druckfehlerverzeichnis (*Pap.*, fol. Hijᵛ).
[29] Vgl. Campe (Anm. 22), S. 278–283.

tus nimmt, der die Rivalität zwischen den Brüdern zu vertiefen sucht, Bassian zum Brudermord anreizt und hofft, selbst den Thron usurpieren zu können. Diese Intrige ist interaktionistisch nicht mit der Märtyrerhandlung verzahnt. Es findet keine Begegnung zwischen Papinian und Laetus statt, der als »geheimer Rivale Papinians«[30] hoffen darf, wie Bassian ihm in Aussicht stellt, dessen Nachfolger zu werden: »Wanckt er / so ist vor dich sein Ehren-Stand erkist« (*Pap.* II,102). Ausgangspunkt der Intrige ist eine Situation der Beratung.

In einer Stichomythie wird die machiavellistische Position des Rats mit der absolutistischen Auffassung, die Bassian vertritt, konfrontiert: Während Laetus die Sonderstellung des Souveräns als schrankenlose Freiheit auslegt – »Ein Fürst ist von dem Recht und allen Banden frey« (*Pap.* II,69) –, erkennt Bassian zunächst die Teilung der Herrschaft an und erklärt sich zum Ausgleich mit dem Bruder bereit. Während der Rat ihn auffordert, die Alleinherrschaft anzustreben, sieht Bassian das Kaisertum rechtlich, ethisch und religiös gebunden: »Jhn bindt der Götter Furcht. Diß Band geht nicht entzwey« (*Pap.* II,70). Aus der Konfrontation der Positionen, die zwar füreinander durchschaubar, aber unverrückbar sind, resultiert eine aporetische Situation, die im Rahmen der Stichomythie nicht aufzulösen ist, da es keinem Akteur gelingt, den anderen mit seinen Formulierungen zu überzeugen und als Sieger aus dem Wortgefecht hervorzugehen. Die Streitführung in Sentenzen und Zitaten blockiert vielmehr das Handeln, verhindert eine Vermittlung und vertieft den bestehenden Antagonismus.

Die Beratung geht zu einer Probe auf die Haltung des Kaisers über. Zwar ist Bassian zum Kompromiß bereit und willigt zunächst in den Vorschlag Papinians ein, das Reich zu teilen: »Wir lassen Rom Jhm selbst / er bleib allhier! Wir zihn | Wo seinem Ubermut und Vorsatz zu entflihn« (*Pap.* II,133f.). Doch verdächtigt er, einer Insinuation des Laetus folgend, seine Stiefmutter Iulia Domna, daß sie ihren leiblichen Sohn ihm vorziehe:

> Sie siht auff einem Thron zwey Jhrer Söhne blühen /
> Der Ein ist ja jhr Kind / durch Sorg und aufferziehn /
> Der Ander durch Geburt. Sie herrscht durch beyder Macht /
> Wolan! Sie nehme beyd' auff gleiche Weis' in acht.
> Geh' auß dem Mittelweg nicht auff die eine Seiten /
> Sie laß Jhr eigen Fleisch sich nicht in jrre leiten. (*Pap.* II,215–220)

Hingegen reklamiert Iulia Domna, daß sie strikt die Neutralität wahre, und erklärt, daß die Anschuldigung, sie habe die Brüder ungleich behandelt, eine Verleumdung sei, die von einem Intriganten gestreut wurde:

---

[30] Wolfgang Martens: Der patriotische Minister. Fürstendiener in der Literatur der Aufklärungszeit. Weimar u.a. 1966 (Kontext. Studien zur Literatur und Kulturgeschichte der Neuzeit 1), S. 47.

> Ein Hof-Verläumbder hat uns in diß Netz gebracht.
> Ein toller frecher Mann / der Euer beider Leben
> Verfolgt / und sich selb-selbst wil auff den Thron erheben. (*Pap.* II,234–236)

Laetus insinuiert in der Gemengelage von Argumenten, wie die Gleichheitsforderung einzulösen sei, daß Bassian eine Ehrbeleidigung erfahren habe – »Verträgt der Fürst den Hohn?« (*Pap.* II,261) –, und reizt im Herrscher den Affekt des Zorns an, der diesen sprunghaft besetzt. Ausgelöst wird der Zorn nicht durch eine Gesetzesübertretung, sondern durch eine (vermeintliche) Beleidigung der Ehre. Im Zorn des Bassian werden der private Körper des Herrschers und das Amt miteinander kurzgeschlossen und vermischt: Wenn der Zorn ursprünglich ein Ausweis von Stärke und Überlegenheit des Kriegers war, der, wie etwa Achill, jenseits des Rechts im Affekt seine Kraft ausagierte,[31] gilt hingegen der Zorn des Herrschers, dessen rechtliche Ausnahmestellung es ihm ermöglicht, seinen Affekt auszuagieren und seine persönliche Beleidigung zu sühnen, als Ausweis mangelnder Selbstbeherrschung, die zur Ungerechtigkeit und nicht zuletzt zur Tyrannei tendiert. Dementsprechend hat die stoische Tradition den Zorn auch aus der Ausübung der Herrschaft ausgeschlossen und die Befähigung zum Herrschen durch das Vermögen zur Selbstbeherrschung definiert.[32]

Der Hof erscheint in der Intrige als ein Schauplatz korrupter Kommunikation, welche die Form des Dialogs überschreitet und durch eine Verkettung von Sprechakten gekennzeichnet ist, die Verleumdung, »Lügen« (*Pap.* I,116), »Verrätherey« (*Pap.* I,120), »Meyneid« (ebd.) hervorbringen. Angetrieben wird die Dramaturgie der Intrige von der indirekten Rede (vgl. *Pap.* I,243; III,142–145), die es erlaubt, Äußerungen so zu verknüpfen, daß das Äußerungssubjekt unkenntlich wird und nicht mehr einer Person zuzurechnen ist. In der Konstellation der indirekten Rede ist jene Rollenverteilung der Intrige angelegt, die soziologisch als Interaktion von Intrigant, Intrigenopfer und Intrigenvollstrecker gefaßt werden kann.[33] Der Intrigant geht hierbei auf indirekte Weise gegen das Intrigenopfer vor und versucht, den Intrigenvollstrecker für sich zu gewinnen, der die Machtüberlegenheit besitzt, über die der Intrigant selbst nicht verfügt. Die Motivation, gegen das Intrigenopfer vorzugehen, wird dem Intrigenvollstrecker vom Intriganten geliefert, dessen eigene Motivation wiederum eine ganz andere ist. Sowohl die Intrigen des Laetus, der im Zuge des Brudermords selbst die Macht zu ergreifen versucht, als auch die Intrige der Iulia

---

31 Vgl. Johannes F. Lehmann: Im Abgrund der Wut. Zur Kultur- und Literaturgeschichte des Zorns. Freiburg i. Br. 2012, S. 71–80.
32 Vgl. L. ANNÆI SENECÆ PHILOSOPHI Opera omnia: *Ex ult:* I. Lipsii *emendatione* et M. ANNÆI SENECÆ RHETORIS quæ exstant: *Ex And: Schotti recens.* Lugd. Batav. *Apud* Elzevirios. *1640*, S. 1–96.
33 Vgl. Richard Utz: Soziologie der Intrige. Der geheime Streit der Triade. Empirisch untersucht an drei historischen Fällen. Berlin 1997 (Soziologische Schriften 66), S. 23–28.

Domna, die ihren leiblichen Sohn zum Alleinherrscher machen will, scheitern, wenden sich gegen die Intriganten und reißen einen Unbeteiligten, Papinian, mit. Jedoch sind solch eine feste Rollenverteilung und eine Zuordnung von Täterschaft und Opferrolle fragwürdig, da das Geschehen nicht mehr einem einzelnen Akteur zurechenbar ist, der die Handlungsmacht innehätte, sondern entlang einer Kette von Akteuren verteilt ist. Von Iulia Domna wird berichtet:

> Fürst Geta, (sprach sie) ligt /
> Nicht durch deß Brudern Faust. O nein! Er ward bekrigt
> Durch Meuchelmörder ränck. Es war deß Lætus zungen /
> (Nicht Antoninus Stahl) die Jhm die Brust durchdrungen. (*Pap.* III,141–144)

Die höfische Intrige zieht die juridische Konzeption der Souveränität auf das Feld des historischen, konkreten Vollzugs von Herrschaft. Wenn die Komplexität des interaktionistischen Geschehens die Intentionen und Kalküle der (irdischen) Akteure übersteigt, bezeichnet die Intrige zum einen die grundsätzliche Kontingenz eines Weltlaufs, der von einer unverfügbaren Transzendenz nach einem uneinsehbaren Plan gelenkt wird; zum anderen tritt in der Intrige die störanfällige Medialität eines Handelns hervor, das in und mit der Sprache vollzogen wird.

Die absolutistische Konzeption von Souveränität und Mandat unterscheidet zwischen dem Amt und der Person, die es innehat. Sie sieht das Ziel der Regierung nicht in der persönlichen Machtausübung des Herrschers und einer Verwirklichung von dessen persönlichen Interessen, sondern in der Stärkung des Staates selbst. Auch wenn der Souverän absolut ist, ist der konkrete Vollzug von Herrschaft auf Ratgeber angewiesen, die institutionalisiert werden. Während die Bindung des Amtsträgers gegenüber dem Kaiser unter Absehung von der Person erfolgt, die das Herrscheramt jeweils ausübt, besetzt der Kaiser die Ämter und Mandate gerade im Hinblick auf die jeweiligen Personen. In der lutherisch geprägten Auffassung von Souveränität, die für Gryphius maßgeblich war, erwächst aus der Unterscheidung von Amt und Person für den Untertan jedoch keinerlei Möglichkeit, sich seiner Gehorsamsverpflichtung gegenüber dem Herrscher zu entziehen: Weder kann er die Person des Herrschers gegen dessen Amt ausspielen noch für sich selbst die Unterscheidung zwischen Person und Amt reklamieren. Die Szene der Beratung wirft die Frage auf, welchen Spielraum der Untertan gegenüber dem Herrscher überhaupt besitzt. Der Ratgeber kann nämlich ebenfalls zwischen Person und Amt des Herrschers unterscheiden und muß entscheiden, wem er das Primat einräumt: Der Rat zielt dann gegebenenfalls nicht darauf, dem Souverän zu sagen, was das Beste für dessen Person ist, sondern was er als das Beste für das Amt und für den Staat erachtet.

Gryphius' Trauerspiel exponiert konkrete Umstände, unter denen die lutherisch geprägte Auffassung herausgefordert und auf die Probe gestellt wird. Papinian ist als Freund des ehemaligen Kaisers Severus, Verwandter des Kaiserhauses und Politiker, der »die Spitz« (*Pap.* I,21) erreicht hat, einer Reihe von Versuchungen, selbst die Macht zu ergreifen, ausgesetzt, in denen er seine standfeste Haltung wahren muß. Der Aufstieg des aus Afrika stammenden Severus hatte demonstriert, daß über das Amt des Kaisers in einem Geflecht von Machtbeziehungen entschieden wurde und ein Herrscher jederzeit gestürzt und ein Höfling oder Militär die Macht erringen konnte. Insofern ist die Stellung des Prätorianerpräfekten wie keine andere geeignet, einen Putsch zu unternehmen und den Thron zu usurpieren. In der vierten und fünften Abhandlung wird Papinian von den Militärs angetragen, daß er die Herrschaft übernehme, sowie von der Kaiserinmutter Iulia Domna, daß er sie eheliche:

> Sie beut Jhm Jhre Recht': Er reich' Jhr seine Hand /
> Und rette Sie und sich Jhr beyder Heil und Stand /
> [...]. Jhm steht das Läger offen;
> Sie hat durch Jhn den Thron und Er die Cron zu hoffen. (*Pap.* V,9–12)

Während die Hauptleute argumentieren, daß sie von ihrem Eid auf die Person des Kaisers entbunden seien, weil der den »Bund« (*Pap.* IV,401) gebrochen habe, schließt Papinian jegliches Widerstandsrecht aus:

> [HAUBTLEUTE.] Der Fürst hat was uns band und hilt nun[34] fast zubrochen.
> PAPINIAN. Jhr jrrt ach Libst / Jhr irrt. Der Fürst ists der uns schafft.
> Gesetzt auch daß Er feil. Ein unbepfählte Krafft
> Kan zwar (es ist nicht ohn) in tiffste Laster rennen:
> Doch darff ob seiner Schuld kein Unterthan erkennen.
> Die Götter sitzen nur (dafern Sie was verbricht
> Und auß den Schrancken reist) vollmächtig Blut-Gericht.
> Wer einen Eingriff hir sich unterstund zu wagen;
> Hat Blitz und Untergang zur Außbeut hingetragen. (*Pap.* IV,404–412)

Die absolute Herrschaft ist auf Stellvertreter, ausführende Organe und Ratgeber ebenso angewiesen wie auf militärische Stärke. Dennoch kann weder die Einsetzung von Stellvertretern und Mandatsträgern noch die Inanspruchnahme von Beratung, noch eine geteilte Herrschaft den Geltungsraum der Herrschaft einschränken oder gar das transzendent verankerte Prinzip absoluter Souveränität widerlegen: Jeder Schluß von einer empirischen Ausgestaltung der Herrschaft auf ihre Legitimität ist unzulässig.

Diese Sachlage erfährt im Trauerspiel ihre Verkomplizierung, insofern die Tyrannei des Bassian in ein reflexives Stadium eintritt, das ohne hohen Schauwert ist und keine Szenen der *atrocitas* oder der Dezision abwirft. Die dritte Abhandlung

---

34 Verbessert aus »und«.

setzt mit einem Monolog Bassians ein, der seinen Mord reflektiert, dessen Folgen
abschätzt und ein Handlungsprogramm zur Machterhaltung entwirft. Auch wenn er
seine Tat als einen politischen Fehler bedauert, artikuliert er keine Gewissensbisse
oder Reue, sondern projiziert seine Person und Tat in eine vorgestellte Öffentlichkeit:

> was wird das ferne Land /
> Wie wird das weite Reich die Unthat überlegen!
> Was frembde Völcker wird nicht diser Schlag bewegen? (*Pap.* III,6–8)

Bassian beklagt, daß er jegliches Vertrauen verlieren werde (*Pap.* III,23) und Rache
fürchten müsse (*Pap.* III,27). Die Rechtfertigung, die er ersinnt, erklärt, daß sein Affekt Ausdruck einer passiven Aktivität gewesen sei und die Tat nicht dem Täter,
sondern den Umständen zugerechnet werden müsse. In einer Verkehrung der traditionellen stoischen Argumentation wendet er die mangelnde Selbstbeherrschung,
wie sie der Affekt des Zorns anzeigt, in eine Rechtfertigung seiner Tat: »Es war zwar
unser Schuld / doch wurden wir getrieben / | Durch die / die Eigen-nutz mehr denn
den Fürsten liben« (*Pap.* III,31f.). Der Kaiser weist seinen »Bedineten« (*Pap.*, fol.)
(6ᵛ) an, er solle Papinian befehlen, eine Rechtfertigung des Mords zu verfassen:

> Cleander zeig jhm an
> Daß Er / (auf dessen Trew wir einig uns verlassen)
> Uns bald die Red' an Rath und Läger woll' abfassen. (*Pap.* III,210–212)

Cleander fordert Papinian auf, dem Exempel des Seneca zu folgen: So wie Bassians
Mord an Geta Neros Mord an Britannicus wiederhole, so kehrten in Papinian der
Philosoph Seneca und der Prätorianerpräfekt Burrus wieder, die Neros Taten gegenüber dem Volk und der Armee rechtfertigten: »Doch setzt Annæus auff daß es
mit Recht geschehen« (*Pap.* III,461). Während Nero die Züge eines Wahnsinnigen
trägt und sich nicht um die Abwicklung der Folgen seiner Morde kümmert, ist Bassian zu Reflexion, Eigeninitiative und selbständigem Handeln fähig. Der Tyrann
verhängt gerade keinen Ausnahmezustand, in dem das Recht außer Kraft gesetzt
wird.[35] Vielmehr verschleiert er seine Entscheidungen, bezieht die Intrige in sein
Kalkül mit ein und agiert wie ein virtuoser Höfling, der die Komplexität der Kommunikation steigert, um einen Überschuß an Handlungsmöglichkeiten zu erzeugen,
den er für seine persönlichen Interessen zu nutzen weiß: Bassian läßt verbreiten,
daß Papinian sich gegen ihn verschworen habe, und kann das Gerücht in der Offerte
des Militärs, gegen den Kaiser zu putschen, im nachhinein bestätigt finden.

---

35 Zur Rolle und Funktion des Ausnahmezustands (im Trauerspiel) siehe Benjamin (Anm. 10),
S. 55; Giorgio Agamben: Ausnahmezustand (Homo sacer II.1). Frankfurt a.M. 2004, S. 66–69.

Dieser reflexiven Form der Tyrannis, die sich immunisiert hat, tritt Papinian als ein integrer Stoiker gegenüber, der die kommunikative Strategie des Tyrannen durchschaut: »Verleumbdung hat allein diß Traur-Stück abgespilt« (*Pap.* IV,166). Weder hat er sich für die Begnadigung von Freunden und Verwandten eingesetzt noch Reichtümer angehäuft, noch sich an einem Putschversuch wie der Pisonischen Verschwörung beteiligt. Während Seneca es versäumt hat, im rechten Moment Nero zu widerstehen, und sein (erzwungener) Freitod zu einem Zeitpunkt erfolgte, als Nero schon ungezügelt seine Tyrannis ausübte, ist Papinian von rigoroser Tugendhaftigkeit und, im Unterschied zu Seneca, ohne Makel, wie Gryphius in den Anmerkungen herausstellt:

> Wo jemals Seneca seinem Ruhm zu nahe getreten / seiner Weißheit einen Schandfleck angehangen[36] / und von der Nach-Welt unsterblichen Verweiß verdinet; so ist es durch dise Entschuldigung (welche er Neroni, den Mutter-Mord zu beschönen / auffgesetzet /) geschehen (*Pap.*, fol. Gjv^v).

Papinian erweist seine *constantia* aber nicht nur dadurch, daß er den Versuchungen widersteht, sich durch die Drohungen des Kaisers nicht einschüchtern läßt und sogar hinnimmt, daß sein Sohn vor seinen Augen hingerichtet wird, sondern auch dadurch, daß er eine »intellektuelle«, eine »andere Bewährungsprobe« besteht.[37] Diese Herausforderung liegt darin, daß er seine Berufung auf das Gewissen und seine Trennung von persönlichen Interessen und Amt sachlich begründen und argumentativ verteidigen muß. Auch wenn das Hofleben korrupt, die Mordtat zweifelsfrei und die Tyrannei offenkundig ist, verlangt die Haltung des Märtyrers nach einer Rechtfertigung und verlangen die Grundbegriffe des Rechts, die einen uneindeutigen und unendlichen Inhalt besitzen, eine Auslegung. Auf die Probe gestellt wird die Berufung auf das Gewissen als unhintergehbare Instanz durch zwei komplementäre Argumentationen, und zwar einerseits von seiten des Kaisers, der der *ratio status* das Primat gegenüber dem Recht zuspricht, und andererseits von Papinians Vater Hostilius, der seinem Sohn ein pragmatisch kluges Handeln und die Orientierung am Gemeinwohl empfiehlt.

Der Absolutismus geht nicht mehr davon aus, daß eine Regierung aus sich heraus gerecht und gut ist, weil die Menschen der Führung bedürfen, sondern er versucht, durch rationale Beobachtung zuallererst die Regeln zu entdecken, wie am besten zu regieren und die Staatstätigkeit auszuüben sei: Das Ziel der Herrschaft besteht in der Erhaltung und Stärkung des Staates selbst. Papinian hält Cleander, der argumentiert, daß die *ratio status* (die Gryphius als »Stat-Sucht« übersetzt) das Primat habe gegenüber dem *ius gentium*, das jene elementaren Rechte kodifiziert,

---

36 Verbessert aus »augehangen«.
37 Peter Michelsen: Vom Recht auf Widerstand (1995) [702], S. 50.

die selbst den Nichtrömern gewährt werden müssen, entgegen: »Wo Stat-Sucht herrscht; verfällt der Fürsten Stul und Haus« (*Pap.* III,492). Hostilius vertritt die zur *ratio status* komplementäre Position, die Argumente von Jean Bodin aufnimmt, der forderte, »die Beamtenschaft sollte erkennen, wieweit sie die Sünden der Fürsten, die nicht rückgängig gemacht werden können, ertragen muß«.[38] Hostilius unterscheidet zwischen Recht und Tugend, empfiehlt nachzugeben und sieht den Staat durch den klugen Kompromiß mit dem Tyrannen gestärkt:

> Denn rettet man sich selbst / bringt Länder auß verterben.
> Schützt Völcker / bauet Städt / und zeucht auß Fall und Sterben
> Wornach der Tod schon griff (*Pap.* V,111–113).

Die »besondere Raffinesse« der Argumentation liegt zum einen darin, daß mittels rhetorischer Operationen die Haltung der »reaktiven, widerstehenden ›constantia‹ in das aktive, staatsrettende und somit tugendhafte Handeln transponiert«[39] wird:

> Schön ists / mit einem Wort / den Geist vors Recht hingeben /
> Doch schöner Recht und Reich erretten durch sein Leben.
> Wer vor die Tugend fällt: thut wol. Der noch vilmehr
> Der vor die Tugend steht. (*Pap.* V,87–90)

Zum anderen identifiziert der Vater den Staat mit dem Gemeinwohl, dem »Heil der sorgenden Gemein« (*Pap.* V,110). Papinian hingegen beruft sich einerseits, die paulinische Formel von den Heiden zitierend,[40] »die das Gesetz nicht haben / vnd doch von natur thun des Gesetzes werck«, weil »des Gesetzes werck sey beschrieben in jrem hertzen« (Röm 2,14f.), auf sein Gewissen, das ihm keinen Kompromiß erlaubt:

> Umb das Jch nicht verletze
> Das allgemeine Recht daß der die grosse Welt
> Hat in Jhr Wesen bracht und in dem Stand erhält /
> Nicht jrgend auff[41] Papir / auff stetes Ertz getriben /
> Nein / sondern das er hat der Seelen eingeschriben. (*Pap.* IV,336–340)

Andererseits verbürgt er seine Aufrichtigkeit nicht nur durch das, was er sagt, sondern durch das Risiko, das er mit seinen Reden eingeht. Seine *magnanimitas*, d.h. die Großmütigkeit, welche die einzelnen Tugenden überwölbt und zu einer konsi-

---

38 Kühlmann (Anm. 6), S. 250; vgl. auch Gerhard Spellerberg: Barockdrama und Politik (1983) [501], S. 154f.
39 Wilfried Barner: Der Jurist als Märtyrer (1996) [691], S. 236.
40 Michelsen (Anm. 37), S. 53.
41 Verbessert aus »auß«.

stenten Haltung zusammenschließt,⁴² liegt in der reflexiven Beziehung, die er zur Wahrheit und seinem eigenen Leben aufnimmt, um ein Selbstverhältnis auszubilden (das auch als Individualität gedeutet wurde).⁴³ Dieses Selbstverhältnis tritt aus dem Spiel wechselseitiger Interaktion und Beobachtungen heraus und richtet sich an die unverfügbare Instanz der Themis, die Papinian wiederholt und auch bei seiner Hinrichtung anruft:

> Heilge Themis die du Sitten
> Jns Geblütt hast eingepflantzet;
> Die der grimmen Völcker wütten /
> Durch gemeines Recht umbschantzet;
> Und durch diß was du gesetzt
> Dein gelibtes Rom ergetzt;
> Gönne daß Jch dir zu Ehren
> Dir / die Jch jtzt sterbend grüsse;
> Die Jch annoch sterbend libe;
> Mein nicht schuldig Blutt vergisse.
> Und / (wo Jch was bitten kan)
> Schaw diß Reich heilwertig an! (*Pap.* V,343–354)

In dieser Anrufung bzw. diesem Gebet, das durch die vierhebigen Trochäen auch metrisch herausgestellt ist, bietet sich Papinian als »rein Sün-opffer« (*Pap.* V,318) dar und appelliert an Einsetzung und Vollzug eines göttlichen Rechts. Anrufung und Sterbeszene nehmen ein Motto aus den *Annalen* des Tacitus auf, das dem Trauerspiel vorangestellt ist und aus der Sterbeszene des Paetus Thrasea zitiert, die wiederum nach dem Freitod des Seneca modelliert ist.⁴⁴ Während die zitierten stoischen

---

42 Zur »magnanimité stoïcienne« siehe Réne-Antoine Gauthier: L'idéal de grandeur dans la philosophie païenne et dans la théologie chrétienne. Paris 1951 (Bibliothèque Thomiste XXVIII), S. 119–176.
43 Zur Unterscheidung von (stoischem) Selbstverhältnis und Individualität siehe Michel Foucault: Hermeneutik des Subjekts. Vorlesungen am Collège de France (1981/82). Frankfurt a.M. 2004.
44 »Paetus Thrasea Ore C. Cornelii Taciti, Lib. XVI. Annal. SPECTA. JUVENIS. ET. OMEN. QUIDEM. DII. PROHIBEANT. CETERUM. IN. EA. TEMPORA. NATUS. ES. QUIBUS. FIRMARE. ANIMUM. EXPEDIT. CONSTANTIBUS. EXEMPLIS.« (*Pap.*, fol.)(1ᵛ). Vgl. die Übersetzung des Jacobus Micyllus: »Vnd du jüngling wöllest hie zůsehen vnd eyn exempel nemen / Wiewol die götter darfür sein wollen daß dir solches keyn weissagung oder zeychen gleiches vnglücks oder sterbens sein woll / Dann du ja zů disen zeitten geboren vnd herkommen bist / daß dir wol von nöten ist daß du dein gemüt vnd hertz mit dapffern vnd bestendigen exempeln beuestigst.« Der Römischen Keyser Historien: von dem abgang des Augusti an: biß auff Titum vnd Vespasianum / von jar zů jar / durch Cornelium Tacitum beschriben / Jn welchen nit alleyn die ding / so sich zů Rom zů den selben zeitten begeben / sonder auch vil anderer vnd frembder Nation / sonderlich aber der Teutschen geschicht / angezogen vnd erzelet werden. Jtem das Büchlein von der alten Teutschen brauch vnnd leben / auch durch den selben Cornelium Tacitum beschriben. Getruckt zů Meyntz bei Juo Schöffern mit Keyserlicher freiheyt / Jmm jar M. D. xxxv., fol. CCLXXXIIIIʳ (Tac. Ann. 16,35).

Vorbilder Seneca und Paetus Thrasea ihren erzwungenen Freitod, mit dem sie der Tyrannis des Nero entfliehen, als eine subjektive Befreiung inszenieren,[45] widmet Papinian seinen Tod einer transzendenten Instanz, die allenfalls im Nachleben des Märtyrers aufscheint: »Vielleicht wird (wenn ich hin) noch jemand frey von Neid / | Erwegen; wer ich war« (*Pap.* I,329f.). Allerdings verbürgt der Tod des Märtyrers bzw. dessen Leiche nicht schon die Einheit von irdischem Geschehen und Transzendenz.[46] Vielmehr wird mit der Leiche »›dargestellt‹, daß die Darstellung *nicht* verkörpernd einzuschließen vermag, was sie vermeintlich darstellt«, sondern die Darstellung »unvollendet an ein *in* ihr nicht eingeschlossenes, durch sie nicht verkörpertes, Anderes, Anderswo verwiesen ist«.[47]

Die Funktion der Reyen besteht nicht allein in der bloßen Unterbrechung und Gliederung der dramatischen Handlung. Der Reyen der ersten Abhandlung entwirft das zurückgezogene Landleben als eine Alternative zur höfischen Welt, die in den Abhandlungen selbst jedoch nicht thematisch wird. Der Reyen der zweiten Abhandlung stellt sich dar als eine Nahtstelle von Immanenz und Transzendenz. Der Reyen der dritten Abhandlung kommentiert, ob und wie die von der göttlichen Themis verhängten Strafen überhaupt zu erkennen seien. Die vierte Abhandlung präsentiert einen Reyen, in dem die Rasereyen, d.h. die Furien Alecto, Megära und Tisiphone, dem Geist des Severus erscheinen. Die fünfte Abhandlung wird durch einen Reyen der Frauen beschlossen, der das Gedenken an die *magnanimitas* Papinians an dessen Leiche knüpft. Der Reyen hat rahmende, kommentierende und bezeugende Funktionen inne, aber er produziert in seinem Verhältnis zu den Abhandlungen zugleich Austauschbeziehungen und Übergänge von Kommentar und Handlung, so daß Immanenz und Abgeschlossenheit der dramatischen Handlung in Frage gestellt werden. Die »Kurtze[n] Anmerckungen« (*Pap.*, fol. G^r–Hij^r), die Gryphius dem Trauerspiel anfügt, verwischen ebenfalls die formal geschnittenen Grenzen der dramatischen Handlung, da sie nicht nur eine Erläuterung von »Dunckelheiten oder Geheimnüsse[n]« geben (*Pap.*, fol. G^r), sondern die Handlung supplementieren (vgl. *Pap.*, fol. G^v–Gij^r die Anm. zu I,45) und in ein intertextuelles Geflecht einweben.

Das Verhältnis von Reyen und Abhandlung erschließt auch die Relation von intradiegetischem Geschehen und Transzendenz. Die im Trauerspiel vielfach angerufene Themis greift nicht unmittelbar in die Handlung ein und tritt in den Abhandlungen des Trauerspiels nicht auf, weshalb auch geschlossen wurde, daß sie

---

45 Vgl. Jürgen von Stackelberg: Senecas Tod (Tacitus, Montaigne, Mascaron, Tristan l'Hermite, Diderot). In: Senecas Tod und andere Rezeptionsfolgen in den romanischen Literaturen der frühen Neuzeit. Tübingen 1992 (Mimesis 14), S. 3–17, bes. S. 7.
46 Vgl. Dubbels (Anm. 15), S. 43.
47 Bettine Menke: Das Trauerspiel-Buch. Der Souverän – das Trauerspiel – Konstellationen – Ruinen. Bielefeld 2010, S. 178.

»machtlos«[48] sei. Sie tritt jedoch im Reyen der zweiten Abhandlung als Akteurin aus einem Off, das als Transzendenz codiert ist, zusammen mit den »Rasereyen« auf. Sie steigt »auß den Wolcken auff die Erden« (*Pap.*, fol. C^r), indem sie (mit einem Kran) auf die Bühne herabgelassen wird, und »steiget unter dem Trompeten-Schall wider in die Wolcken« (*Pap.*, fol. Cij^r). Die Themis verkündet in ihrem Auftritt zunächst, daß nach dem Brudermord Rache geübt werde:

> Der Greuel ist vollbracht
> Der ernsten Rache macht
> Soll auff die That einbrechen! (*Pap.* II,517–519)

Und sie erklärt dann, daß die Rache als ein Trauerspiel vollzogen werde:

> Jch werd ein Traur-spil stifften:
> Das mit gewalt und leid /
> Wird die bestürtzte Zeit /
> Erschrecken und vergifften. (*Pap.* II,525–528)

Der extradiegetische Kommentar der Themis zur intradiegetischen Welt spricht aus, daß und wie Immanenz und Transzendenz gekoppelt sind: sie sind gekoppelt, insofern eine Transzendenz das immanente Geschehen stiftet und auf eine Demonstration göttlicher Gerechtigkeit verpflichtet. Und sie sind entkoppelt, insofern die Transzendenz weder unmittelbar noch punktuell in die immanente Welt eingreift und den irdischen Akteuren unverfügbar bleibt, auch wenn sie von Iulia Domna und wiederholt von Papinian angerufen wird. Diese Koppelung wird dramaturgisch im Eintritt der Instanz der Themis als ihre eigene Theaterfigur und temporal als Hysteron-Proteron entfaltet: Die Themis tritt als eine Theaterfigur auf, die erklärt, daß sie ein Trauerspiel stiften werde, das sie als Instanz bereits gestiftet hat.

Diese paradoxe Bestimmung des Verhältnisses von Transzendenz und Immanenz ist in der neustoizistischen Theaterpoetik verankert.[49] Der neustoizistischen Theaterpoetik, wie sie Justus Lipsius in *De constantia* skizziert, diente die antike Tragödie zur Veranschaulichung göttlicher Gerechtigkeit. So wie der Zuschauer einer Tragödie darauf rechnen kann, daß ein guter Dichter die Regeln der Gattung einhält, so kann der Zuschauer des Weltlaufs auch darauf vertrauen, daß Gott seine gerechte Rache üben werde. Die göttliche Rache folgt, wie Lipsius erklärt, der Dramaturgie einer Tragödie:

---

48 Harald Steinhagen: Wirklichkeit und Handeln im barocken Drama (1977) [506], S. 235.
49 Vgl. Schings (Anm. 13), S. 180.

Sage mir / wann du eine Tragœdiam spielen sehest / woltu dichs auch jrren lassen / wenn etwa ein Atreus, Thyestes, Nero in dem ersten vnd andern Act hoch hereinher prangete / stoltzirete / herrschete / drewete / geböte vnd verböte? Wie ich meine / so wirstu dessenhalben nicht zornig werden / weil dir wissend / das diese glückseligkeit nit lange weeren wird / vnd du erwarten kanst / das er bald in dem letzten Act gar schendlich gestürzt wird / vnd jemmerlich vmb den Hals kömpt.⁵⁰

So wie die Tragödien zeigen, daß die Tyrannen bestraft werden, so wird auch Gott seine Gerechtigkeit erweisen: »Dann vnser Herr Gott ist ein guter Poet / vnd wird die Leges dieser Tragœdien nicht leichtlich brechen.«⁵¹ Allerdings muß der Zuschauer aushalten, daß die göttliche Gerechtigkeit nicht immer unmittelbar zu erkennen ist,⁵² weil Transzendenz und Immanenz eben auch entkoppelt sind. Daß die Ausübung der Rache einer Handlungslogik und Zeitbegriffen folgt, die den Zuschauern unverfügbar sind und ihnen zumeist uneinsichtig bleiben, weil sie die Tyrannen sogleich bestraft sehen wollen, stellt Lipsius heraus:

Den Caligulam hat Gott in dem ersten Lauff seiner Tyranney weggenommen: Den Neronem hat er ein wenig lenger wüten lassen: am allerlengsten den Tiberium. Vnd soltu nit zweiffeln / das solches alles zu dero besten / die zu der zeit geklaget vnd geancket [d.i. geächzt] haben / geschehen ist. Vnsere böse vnd vngebesserte Sitten bedörffen öffters einer langwirigen Peitschen / vnd wir wollen aber / das dieselbige von stund an sol weggenomen / vnd ins Fewer geworffen werden.⁵³

Welchen Inhalt der Begriff *einer* göttlichen Gerechtigkeit besitzt, ist in irdischen Rechtsbegriffen jedoch nicht darzulegen.

Das Trauerspiel verwirklicht seine konsolatorische Wirkungsabsicht⁵⁴ durch eine paradoxe Kopplung von immanenter und transzendenter Sphäre, die durch das spezifische Verhältnis von On und Off der Bühne, durch die Auftrittsform der Themis und eine Dramaturgie der Rache in Szene gesetzt wird. Themis übt auf dem irdischen Schauplatz eine nur partielle Gerechtigkeit aus, die später nachgebessert wird: »Die hir das Recht erwischt die strafft es kurtze Zeit; | Dort quält die ewig' Ewigkeit« (*Pap.* III,709f.). Das Trauerspiel oder auch Dantes »Gedichte der Höllen« (*Pap.*, fol. Gvjʳ), das, wie Gryphius in der Anmerkung erläutert, die »Gewaltthäter und Tyrannen in eine bluttig-sidende See« (ebd.) stellt, können immer nur im ästhetischen Modus versprechen, daß es für den Tyrannen eine gerechte Strafe geben wird. Genährt wird diese Aussicht, wenn Bassian nach der Enthauptung des Papi-

---

50 Lipsius (Anm. 7), fol. 109ᵛ.
51 Ebd., fol. 110ʳ.
52 Vgl. ebd., fol. 109ᵛ–110ᵛ.
53 Ebd., S. 109ʳ.
54 Vgl. Hans-Jürgen Schings: Consolatio Tragoediae (³1980) [494].

nian von den Rasereyen verfolgt wird und seine Gewissensqualen ausspricht: »Wie wir durch Beil und Stahl zu wütten sind geflissen | So wüttet in uns selbst ein rasend toll Gewissen« (*Pap.* V,363f.).

Während aus der Perspektive einer neustoizistischen Theaterpoetik die heilige Themis »nichts anderes als die allegorische Repräsentation der Providentia Dei«[55] ist, bemerken semiologische, theaterhermeneutische und dekonstruktive Lektüren, daß das Trauerspiel nicht auf eine Umsetzung dieser Poetik zu reduzieren ist, sondern durch Spiegelung, Doppelung und Wiederholung von Themen, Motiven und Situationen die Ambiguität, Dissemination und Überdetermination eines Sinns erzeugt wird. Diese Prozessualität erfaßt den vermeintlich klaren Antagonismus von Tyrann und Märtyrer, verleiht der transzendenten Instanz der Themis eine Vieldeutigkeit und zieht die (dramatische) Einheit des Trauerspiels in Zweifel. So ist auch die Figuraldeutung des Märtyrers nach dem Vorbild Christi keine bruchlose Übertragung der *figura* Christi auf das *implementum* Papinian, sondern als rhetorische Operation in vieldeutigen semiotischen Prozessen fundiert und durch »die Spannung von Wiederholung und Differenz zwischen *typos* und *anti-typos*, *figura* und *implementum*«[56] gekennzeichnet. Dem Paradox der Souveränität ist die konkrete Praxis der Machtausübung zur Seite zu stellen; es ist zu diskutieren, inwiefern das Trauerspiel überhaupt den Regeln des politisch-juridischen Diskurses folgt, wenn etwa der Kaiser eine »rückwirkende Legitimierung [...] durch den ›Beamten‹, der im Namen des Kaisers Recht spricht«,[57] erheischt. Die theologische Paradoxie, daß die Rache, die durch Gott geübt werde, zwar gerecht, aber mit irdischen Maßstäben nicht zu fassen sei, ist durch die »Doppelregie«[58] der Themis konterkariert, die nicht nur das Trauerspiel stiftet, sondern – nach ihrer Anrufung durch Iulia Domna – auch eine »Laetus-Tragödie«[59], in der am Intriganten die Rache durch die mit der Instanz der Themis überblendete Kaisermutter geübt wird. Schließlich sind auch Materialität und Medialität des Stücks in den Blick zu nehmen und ist die vermeintlich ästhetisch verbürgte Einheit in Frage zu stellen. Insofern das Trauerspiel seine eigenen rhetorischen Techniken, performativen Verfahren und theatralen Strategien nicht illusionär vergessen macht, sondern sie ostentativ ausstellt, ist das Augenmerk sowohl auf seine disseminierenden, Totalität und Ganzheit widerstreitenden Züge als auch auf die materiellen, technischen und medialen Voraussetzungen, wie die Bühnenausstattung und die Aufführungspraktiken eines prädramatischen Theaters, zu richten.

---

55 Schings (Anm. 13), S. 181.
56 Vgl. Menke (Anm. 47), S. 91.
57 Campe (Anm. 22), S. 281.
58 Kaminski (Anm. 19), S. 153.
59 Ebd.

II.5.8 Die Gibeoniter
Von Hans Kuhn

Der dritte Band der von Hugh Powell herausgegebenen Trauerspiele (*GA* VI) enthält neben der *Catharina von Georgien* zwei Übersetzungen, die *Felicitas* von Nicolas Caussin und *Die sieben Brüder, oder Die Gibeoniter*[1] nach Vondels *Gebroeders*.[2] Während *Felicitas* noch zu Lebzeiten des Dichters in zwei Sammelausgaben erschien, werden *Die Gibeoniter* erst ein Vierteljahrhundert nach seinem Tod, in der von Gryphius' Sohn Christian besorgten Ausgabe der *Teutschen Gedichte* (1698), greifbar; dieser nennt sie in der Vorrede eine »in Eyl gesetzte Dollmetschung« (*TG*, fol.)(2ᵛ). Die Forschung ist sich einig, daß das Werk ein ›Lehrstück‹ aus den frühen 1640er Jahren ist, also aus Gryphius' niederländischer Zeit, wahrscheinlich unter dem Eindruck einer von ihm selbst gesehenen Aufführung entstanden, wenn das Jahr der Niederschrift auch umstritten ist.[3] Gryphius' Übersetzung wurde 1652 auf dem Theater des Elisabethanums in Breslau aufgeführt (vgl. *GA* VI, S. XI). Außerdem nennt aber Christian Gryphius neben anderen verlorenen Dramen (*Heinrich der Fromme*, *Ibrahim*) als eigenständige Bearbeitung des Stoffes durch seinen Vater »die Gibeoniter / welche biß auf die fünffte Abhandelung verfertiget« (*TG*, fol.)(2ʳ). Powell vermutet, daß dieses Stück einem ebenfalls in der Vorrede erwähnten Brand in Glogau zum Opfer fiel (*GA* VI, S. IX).

Joost van den Vondel (1587–1679) war neben seiner literarischen Tätigkeit immer auch Geschäftsmann (und zuletzt Beamter am städtischen Pfandhaus), aber seine Dramen mit antiken, biblischen und einheimischen Stoffen sicherten ihm eine führende Stellung in der niederländischen Literatur seiner Zeit. Mit *Gijsbrecht van Amstel* wurde 1637 das neuerbaute Amsterdamer Theater (Schouwburg) eröffnet. Daß Vondel, aus einer mennonitischen Familie stammend, 1643 zum Katholizismus übertrat, tat seiner Stellung in der Öffentlichkeit keinen Abbruch.

Der Stoff der *Gebroeders* ist die in 2 Sam 21,1–14 geschilderte Rache der Gibeoniter an den Nachkommen des toten Königs Saul, der 85 aus ihrem Geschlecht getötet hatte, weil er sie verdächtigte, zu David zu halten (1 Sam 22,11–23). Vondels Stück ist ein Trauerspiel für die im Titel genannten Nachkommen König Sauls.[4] Die Haupt-

---

1 Im Text erscheint der Untertitel durchwegs als Haupttitel.
2 J. V. VONDELS GEBROEDERS. TREURSPEL. Fuimus Troës. t' Amsterdam, by Dominicus vander Stichel. Voor Abraham de Wees, Boeckverkooper op den Middel-Dam, in 't Nieuwe Testament. ANNO 1640. Zitate aus dieser Ausgabe werden im folgenden in Klammern im Haupttext nachgewiesen.
3 Egbert Krispyn gibt in seiner Edition einen Überblick über die vorgeschlagenen Datierungen (vgl. Vondel: Gebroeders, Gryphius: Gibeoniter, Heidenreich: Rache zu Gibeon (1987) [27], S. 23*f., Anm. 34).
4 Genaugenommen sind es nicht Brüder (auch nicht Stiefbrüder), sondern sie gehören zwei Generationen an. Vondel wird den Titel nicht nur wegen seiner prägnanten Kürze gewählt haben, sondern auch, um ihren Zusammenhalt und ihr gemeinsames Schicksal zu betonen.

person des Stücks ist David, und das Hauptthema sind die sowohl rechtlichen als auch menschlichen Verpflichtungen, durch die er gebunden ist: der ihm durch den Hohenpriester vermittelte Wille Gottes, daß das von Saul begangene Unrecht gesühnt werde, und sein Freundschaftseid gegenüber Jonathan, der ihn verpflichtet, auch dessen Nachkommen zu schützen; schließlich war er als Ehemann auch Sauls Tochter Michal verbunden. Es ist nicht so sehr eine Haupt- und Staatsaktion als ein Rechtsfall, das Dilemma eines gerechten Herrschers im Widerstreit der Pflichten, vor die er sich gestellt sieht, was Vondel als Freund des größten niederländischen Juristen seiner Zeit, Hugo Grotius, besonders interessieren mußte. Eine gründlichere Kenntnis jüdischer Rechtstraditionen fand er in den *Antiquitates Judaicae* des Flavius Josephus.[5] Saul/David-Dramen hatten im 16. und 17. Jahrhundert Konjunktur,[6] aber es sind nur wenige Stücke bekannt, die sich auf die Rache der Gibeoniter konzentrieren.[7]

Das 1639 geschriebene Stück erschien 1640 im Druck und bereits im folgenden Jahr in einer revidierten Fassung. Dort ist Joab der Feldhauptmann König Davids, 1640 ist es Benajas. Gryphius hat offenbar den Text der Erstausgabe benutzt, das Gleiche gilt für David Elias Heidenreichs Prosabearbeitung des Dramas von 1662.[8] Alle drei Texte wurden von Egbert Krispyn zugänglich gemacht,[9] mit ausführlicher Einleitung. Die Einbeziehung von Heidenreichs Text gibt eine klarere Vorstellung der entscheidenden Bedeutung, die das holländische Vorbild für Gryphius' Tragödien haben sollte.[10]

---

5 FLAVII IOSEPHI ANTIQVITATVM IVDAICARVM LIBRI XX. ad uetera exemplaria diligenter recogniti DE BELLO IVDAICO libri VII ex collatione Græcorum codicum castigatiores quàm unquam ante redditi. CONTRA APIONEM libri II. pro corruptiss. antea, iam ex Græco itidem non solum emendati, sed etiam suppleti. DE IMPERIO RATIONIS siue DE MACHABAEIS liber unus à DES. ERASMO Roterodamo recognitus. Cum Indice copiosissimo. BASILEAE IN OFFICINA FROBENIANA ANNO M. D. XL., S. 190–192 (Lib. VII, cap. xii).
6 Vgl. Elisabeth Frenzel: Stoffe der Weltliteratur. Stuttgart ³1970, S. 661–663.
7 In Jean de la Tailles *La Famine ou les Gibeonites* (1573) sind die unschuldig gezeichneten Brüder Hauptperson, nicht David.
8 D. E. Heidenreichs Rache zu Gibeon Oder Die sieben Brüder aus dem Hause Sauls. Trauer-Spiel. Meist nach dem Holländischen Josts van Vondel. Jn Verlegung JOHANNI CUNDISII, Buchhändler in Görlitz. Leipzig / Gedruckt bey Christian Michael. M. DC. LXII. Zitate aus dieser Ausgabe werden im folgenden in Klammern im Haupttext nachgewiesen.
9 Vgl. Krispyn (Anm. 3). Verwirrend für den Benutzer ist eine Fehldatierung der Drucke sowohl auf dem Gesamttitelblatt des Buchs als auch auf den Einzeltitelblättern vor dem jeweiligen Faksimile: für Vondel wird irrtümlich 1648 angegeben statt 1640, für Gryphius' Übersetzung 1690 statt 1698.
10 Aus Platzgründen muß darauf verzichtet werden, alle diese drei Stücke berührenden Arbeiten aufzuführen. Nützlich sind einige neuere Übersichten, in denen ältere Arbeiten referiert und diskutiert werden, am umfassendsten Krispyn (Anm. 3). Zu Vondel namentlich W. A. P. Smit: Van Pascha tot Noah. Zwolle 1956 (über die *Gebroeders* S. 265–302); Kåre Langvik-Johannessen: Zwischen Himmel und Hölle. Oslo/Zwolle 1963 (Nacherzählung und Interpretation der *Gebroeders*, S. 118–132); eingehender ders.: De christelijke tragiek in *Gebroeders*. In: Joost van den Vondel: Gebroeders.

Gryphius' eigener Beitrag zur Vondel-Übersetzung ist das Erscheinen von Sauls Geist am Anfang (92 Verse, *Gib.*, S. 546–548) und am Schluß (6 Verse, *Gib.*, S. 604).[11] Motiviert wird diese Totenerscheinung durch die Forderung der Gibeoniter, daß Sauls Geschlecht zur Sühne ausgerottet werde. Sie erinnert an Sauls Vergehen und seinen Tod von eigener Hand (vgl. 1 Sam 31,1–6; 2 Sam 1,1–10; 1 Chr 10,1–6). Selbst die Sternbilder schwinden (vgl. *Gib.*, S. 546f.); die Erde bebt, er hört Zetergeschrei, macht seinem Grimm gegen David Luft, der ihm Sohn (Jonathan) und Tochter (Michal) abspenstig gemacht habe. Seine Rede ist wohl gedacht als abschreckendes Speculum für blutrünstige Herrscher; das wird deutlich in den abschließenden Versen des Epilogs: »Mensch! O spiegel dich an mir / | Was mich schlug / daß dreuet dir« (*Gib.*, S. 604).[12]

David Elias Heidenreich[13] (1638–1688) war Jurist, hoher Beamter und Gelegenheitsdichter am Weißenburger Hof, wo das Theater in allen Formen gepflegt wurde. Hier ist offensichtlich ein Praktiker am Werk. Die rhetorisch geprägten ›Standreden‹ werden zuweilen gekürzt, zuweilen auf verschiedene Personen verteilt; die Wechselreden verlieren durch die durchweg herrschende Prosa ihre stichomythische Schärfe und Regelmäßigkeit. Die Kollektive (Priester, Leviten, Gibeoniter, Gebrüder) werden weitgehend individualisiert, die Gibeoniter, die als sechs Älteste auftreten, durchwegs. Individualisiert und hinzugedichtet wird vor allem dort, wo es um die Nachkommen Sauls (die »Prinzen«, die denn auch die deutschen Umgangsformen des höfischen 17. Jahrhunderts gebrauchen) geht. Ob Heidenreich Gryphius' Übersetzung gekannt und benutzt hat, ob Gryphius' erst viel später veröffentlichter Text Kenntnis von Heidenreichs Bearbeitung verrät, ist

---

Treurspel. Hg. von Kåre Langvik-Johannessen und Karel Porteman. Leuven ²1983 (¹1975) (Leuvense studien en tekstuitgaven 5), S. 9–35. Zu den *Gibeonitern*: Stefan Kiedroń: Andreas Gryphius und die Niederlande (1993) [123], bes. S. 62–70; Henri Plard: Die sieben Brüder (1968) [764]; die Grazer Dissertation von Kurt Bengler: Die Gibeoniter des Andreas Gryphius (1914) [715] war mir nicht zugänglich. Vergleichend vor allem Ferdinand van Ingen: Die Übersetzung als Rezeptionsdokument (1978) [858], der auf S. 144–153 an erster Stelle Heidenreich charakterisiert. Die recht umfangreiche Literatur über Vondel und die deutsche Literatur des 17. Jahrhunderts wirft sonst für die *Gibeoniter* verhältnismäßig wenig ab; auch Willi Flemmings dreiteiliger Aufsatz (Vondels Einfluß auf die Trauerspiele des Andreas Gryphius (1928/29) [448]) erwähnt die *Gebroeders* nur am Rande (S. 190), ebenso der den *Carolus Stuardus* betreffende Artikel von Edward Verhofstadt: Vondel und Gryphius (1969) [415], S. 291f.; bei Theodoor Weevers: Vondel's Influence on German Literature (1937) [418] geht es um metrische Detailfragen (zu den *Gebroeders* S. 10–12); Clarence K. Pott: Holland-German Literary Relations (1948) [930] behandelt Vondel auf S. 133–138.
11 Paul Stachel: Seneca und das deutsche Renaissancedrama (1907) [737], S. 373, will darin Reste von Gryphius' verlorenem eigenen Gibeoniter-Drama sehen.
12 Van Ingen (Anm. 10), S. 152, stellt Gryphius in eine Tradition deutscher Saul-Dramen.
13 Vgl. Egbert Krispyn: David Elias Heidenreich: Zur Biographie einer literarischen Randfigur. In: Daphnis 13 (1984), S. 275–298.

kontrovers.[14] Die Namensformen Gabaon (Vondel) vs. Gibeon (Gryphius/Heidenreich) spiegeln verschiedene Bibelübersetzungen. Auch die Regieanweisungen bei den Deutschen sind kein triftiger Grund für Beeinflussung; sie sind nicht identisch und erscheinen teilweise an verschiedenen Stellen. Auffallender ist, daß die Forderung der Prinzen an Michol und Rizpe, nicht bei den Gibeonitern um ihr Leben zu bitten, bei Vondel (fol. Giij^r–Giij^v) von ihrem Kollektiv ausgesprochen wird, bei Heidenreich (S. 80–82) und Gryphius (*Gib.*, S. 591f.) dagegen von Armoni, dem staatsmännischsten der Saul-Nachkommen, der als einziger auch bei Vondel (fol. Hij^v, im Botenbericht der Leviten über die Hinrichtung) mit Namen genannt wird.

Vondels Vorbild waren die klassischen griechischen Autoren; er hat drei Tragödien des Sophokles und eine des Euripides übersetzt. So sind auch seine eigenen Tragödien in fünf Akte gegliedert und verwenden durchweg Verse, er übernimmt den Chor zur Kommentierung des Geschehens auf und hinter der Bühne und die Stilisierung des Dialogs in rhetorisch geprägte längere Reden und Stichomythien, er vermeidet die Einfärbung durch historische oder geographische Gegebenheiten, und er sucht die drei aristotelischen Einheiten der Handlung, der Zeit und des Ortes zu bewahren. Dies mag mit ein Grund dafür gewesen sein, daß er den für das Volk Israel glücklichen Ausgang (Gott versöhnt, Ende der Hungersnot) nicht mehr auf die Bühne brachte. Dieser hochstilisierten Darstellung eines gewalttätigen Geschehens wird Gryphius auch in seinen eigenen Trauerspielen treu bleiben; es geht nicht um Aktionen auf der Bühne, sondern um konzentrierte, feierliche Rhetorik.

Erste Abhandelung: Die Not des Landes fordert den Herrscher

Der erste Akt gibt die Exposition der folgenden Handlung und des Konfliktes, dessen Auflösung den Inhalt des Stückes bildet, in dramatischer Form. Es ist das dritte Jahr, daß Israel von Dürre heimgesucht wird. Der Hohepriester Abjathar beschreibt das Anbrechen eines neuen heißen Tages und kündigt die Ankunft Davids an, der bei der Bundeslade von Gott Rat suchen wird. Die Leviten schildern die Ankunft des Hohenpriesters, in der Pracht seiner Insignien, und seiner Priester. David begrüßt ihn und fragt nach der Ursache seiner Sorge. Der Hohepriester schildert die Leiden der Bevölkerung; wenn es so weitergehe, drohe das Land, das David seinem Volk gesichert hat, wieder verlorenzugehen. David ist sich der verzweifelten Lage bewußt, aber er ist kein Gott, dem die Natur untertan ist, und um demütig Gottes Wei-

---

14 Wenn Vondels ›Aufruhr [...] zum Verderben und Untergang des Reichs‹ (fol. Eij^r) bei Heidenreich als »Auffruhr wieder alle drey Stände« (S. 50) erscheint, ist man versucht, darin einen Reflex von Gryphius' »Tempel und Altar und Thron und Land« (*Gib.*, S. 572) zu sehen, aber die Handlung macht es offensichtlich, daß hier Königsmacht, Priestertum und Armee die drei »Stände« bilden.

sung zu erbitten, ist er nach Gibea gekommen.[15] Im abschließenden »Reyhen der Priester« (*Gib.*, S. 553f.) geben »Chor« und »Gegen-Chor« Sauls Besuch bei der Hexe von Endor (vgl. 1 Sam 18) und die vernichtende Voraussage des heraufbeschworenen Samuel wieder, der Abgesang schildert den demütig Gottes Willen für die Zukunft erforschenden David und schließt: »Wer GOtt vertraut sitzt unverzagt« (*Gib.*, S. 554).

Heidenreich dichtet dazu, kürzt, stellt um, alles, um das Geschehen auf der Bühne zu beleben, zuweilen auch, um es plausibler zu machen; im übrigen hält er sich, abgesehen von den durch die Umsetzung in Prosa bedingten Änderungen, kaum weniger eng an Vondels Wortlaut als Gryphius (bis hin zur Wiederholung einzelner Reime). Die besonders im Lande Benjamin, der Heimat Sauls, herrschende Hungersnot wird nicht, wie bei Vondel und Gryphius, von dem aus Jerusalem herbeigereisten Hohenpriester geschildert, sondern von drei namentlich genannten Einheimischen, die sie, in Gestalt der hungernden Einheimischen, am Ende der Szene durch Öffnen einer inneren Bühne auch sichtbar machen. Ihnen gesellen sich die sechs gibeonitischen Ältesten bei, die bei Gryphius und Vondel erst im zweiten Akt erscheinen;[16] sie haben verschiedene Ideen, wie der Not abzuhelfen sei. In der Folge übernimmt Benajas die Rederolle des Levitenchors; David unterbricht Abathjar mitten im Satz; der Chor am Schluß des Aktes fällt ganz weg.

Zweite Abhandelung: Das Verfahren wird eröffnet

Auch im zweiten Akt folgt Vondel antiker Tradition, indem er das, was im Zelt der Bundeslade bei der Befragung Gottes vorgeht, nicht auf der Bühne zeigt, sondern in Form eines Botenberichts rapportieren läßt. Die Gibeoniter sind angekommen und befragen die Priester, erst in stichomythischem Wortwechsel, dann beschreibt der ›Chor‹, was er mitangehört bzw. mitangesehen hat. An übernatürlichen Lichterscheinungen steht das Geschilderte Sauls Erlebnis in Endor nicht nach, nur ist es hier der Widerschein Gottes, der sich dem Hohenpriester offenbart. David scheint sich gegen dessen Deutung und Anweisungen zu wehren, aber er stellt sich schließlich den Gibeonitern, die ihm ihre Forderung vorbringen, das Geschlecht Sauls sei auszurotten als Sühne für die durch Sauls Gehilfen Doëg an ihrem Stamm begangene Mordtat.

---

15 Langvik-Johannessen betont in seinem Aufsatz in der *Gebroeders*-Ausgabe (Anm. 10), S. 24f., die Landschaftssymbolik: Irdisches und geistliches Regiment treffen sich auf halber Höhe und besteigen gemeinsam den ›Berg‹, wo Gott seinen Willen kundtut.
16 Dies kritisiert Weevers (Anm. 10), S. 11: »The audience thus learns the content of the oracle at first hand, whereby the next scene, King David revealing the divine will to the Gibeonites [...] is robbed of its point.«

Was nun folgt, ist wie eine Verhandlung vor Gericht. Angeklagt ist der tote König Saul, für den seine Nachkommen haftbar gemacht werden. Die klagende Partei sind die Gibeoniter; Klerus (Abjathar) und Heer (Benajas) sind ihre Advokaten, denn beide plädieren dafür, dem Begehren stattzugeben.[17] David ist als König zwar in erster Linie Richter, der das Urteil sprechen muß, aber indem er zu Milde rät, auch ein wenig Verteidiger; die Untat ist zwar nicht zu bestreiten, aber er plädiert mit Respekt vor dem König als dem Gesalbten Gottes, den er selbst als von Saul Verfolgter bewahrte, und gegen das Prinzip der Blutrache bis ins dritte und vierte Glied. Tatsächlich ist er selbst Partei (Verschwägerung mit Sauls Familie, beschworener Schutz für Jonathans Nachkommen). Ihm wird entgegengehalten, der Not des Volkes sei nur durch die Erfüllung der Forderung abzuhelfen, und Davids Milde habe sich für das Volk Israel nicht ausgezahlt; als Beispiele werden die Verhöhnung durch Simei (2 Sam 16,5–14; 19,19–24) und Sebas Aufstand (2 Sam 20) angeführt.

Der Schlußchor, von Vondel konsequent den Priestern zugewiesen, erscheint bei Gryphius als »Reyhen des Jordans und der Nymfen« (*Gib.*, S. 564–566). In der Anfangsstrophe (»Chor«) wird der zu einem kümmerlichen Rinnsal zusammengeschmolzene Jordan angesprochen und beklagt bei der Erinnerung an seine frühere Fülle und segensreiche Kraft. Im »Gegen-Chor« antwortet der Fluß; vergebens habe er den Libanon angefleht, ihm mehr Wasser zu geben, aber dieser sei selbst verdorrt und von Vögeln und Vieh verlassen. Auch hier ist der »Abgesang« ein Ausdruck der Zuversicht, nämlich die Erinnerung, wie Gott sein auserwähltes Volk während der vierzig Jahre dauernden Wanderung durch die Wüste wunderbar ernährt und erhalten habe; hier paßt Gryphius' Überschrift »Der Jordan und die Nymfen« (*Gib.*, S. 566) entschieden nicht zum Inhalt.[18]

Auch in diesem Akt zeigt sich bei Heidenreich das Bestreben, von Vondel nur Berichtetes anschaulich auf die Bühne zu stellen, so das Gebet des knienden Königs (Vondel: fol. C^r–C^v; Gryphius: *Gib.*, S. 555) oder Davids Ablehnung des geforderten Blutvergießens (Vondel: fol. Cij^r; Gryphius: *Gib.*, S. 556); Vondels »De kopren hemel dreunt. zijn sloten springen open« (fol. C^v) bzw. Gryphius' »Der ehrne Himmel kracht / sein eisern Thor steht offen« (*Gib.*, S. 556) wird in Theatereffekte umgesetzt (Bühnenanmerkung bei Heidenreich, S. 15: »Hier wird bey Donnern und Blitzen geredet«). Der fünfte Auftritt, in dem sich die Gibeoniter lebhaft beraten, was sie als Sühne akzeptieren wollen (Freiheit? Reichtum aus Sauls Besitz?), hat leicht komische Züge; sie streiten sich, wieviele Männer es noch von Sauls Familie gebe, bleiben bei sieben.

---

[17] Insofern spielt es keine Rolle, daß die Verteilung der Plädoyers auf Priester und Kriegsmann in den Fassungen von 1640 und 1641 nicht übereinstimmt.
[18] Van Ingen (Anm. 10), S. 151, meint, Gryphius sei darin durch ein Drama Hoofts inspiriert.

Dritte Abhandelung: Staatliche und menschliche Pflichten

Im dritten Akt kommt die angeklagte Partei zu Wort, oder vielmehr die Angehörigen des toten Angeklagten Saul; es kann sich nur darum handeln, durch Argumentieren und Bitten das drohende Unheil abzuwenden. Den Anfang macht »Rizpa / mit ihrem Frauenzimmer«, d.h. die greise Nebenfrau des toten Königs; sie beklagt ihr Los und das ihrer Söhne in fünffüßigen Jamben und berichtet von einem Traum, in welchem »ein schneller Falck schoß sieben Tauben nach« (*Gib.*, S. 566f.), welche sich in ihren Schoß zu flüchten versuchten, aber Opfer des Raubvogels werden.[19] Als dieser erscheint der auftretende Befehlshaber von Davids Leibwache, Benajas. Rizpa bittet Michal, als Tochter Sauls und Gattin Davids die gewichtigere Person, für die Opfer das Wort zu führen. Ihre Rede ist sowohl Klage als auch Bericht über die im Palast geschehene Jagd auf Sauls Nachkommen. Für Benajas ist die Ausführung von Davids Befehl eine saure Pflicht; er fordert Michal auf, das Los der Opfer nicht durch unbedachte Worte zu erschweren. Als Michal hört, daß David das Urteil »aus Abjathars und Gottes reiffem Rath« (*Gib.*, S. 569) fällen werde, hat sie neuen Grund zur Sorge, denn auch gegen die Familie des Priesters hat Saul unbedacht gewütet. Die Plädoyers gehen in Stichomythie über, in der die Reden, auf zwei bis eine halbe Zeile verkürzt, sentenzenartig konfrontiert werden.

Ausführlicher und dramatischer wird das Plädoyer der beiden Frauen, als David (der weiß, was auf ihn zukommt) ihnen Gehör gibt, denn nun können sie ihm vorhalten, was sie für ihn getan und gelitten haben. Auch hier kommt Rizpa zuerst zu Wort, während, nach der Zuspitzung zur Stichomythie, Michal als seine langjährige, loyale Gattin die Hauptrolle übernimmt im Erinnern an ihre vermittelnde und aufopfernde Rolle als Tochter und Ehefrau, im Bitten und im Klagen. David ist denn auch zu Tränen gerührt und hofft noch einen Ausweg zu finden, der die Kinder der beiden Frauen schont. Diese haben ihn besonders an seine Verpflichtung gegenüber Jonathan erinnert, und dies wird denn auch im kurzen dritten Auftritt, wo Abjathar und Benajas auf die Ausführung des Tötungsbegehrens drängen, ihr Verhängnis: Die Gibeoniter verlangen sieben Opfer, mit Jonathans fußlahmem Sohn Melphisobeth und dessen Kind Micha gibt es neun Nachkommen Sauls; der König kann also seiner Verpflichtung als Herrscher nachkommen, ohne seinen Freundschaftseid zu brechen.

Den Abschluß bildet der lyrische »Reyhen der Priester« (*Gib.*, S. 581–583), den Gryphius wiederum recht frei behandelt und etwas ausbaut. Im einleitenden »Satz«

---

19 Das Fehlen einer Reimpaar-Entsprechung zu »Versucht ob man noch was erhalten kan« (*Gib.* 567) kann auf ein Versehen des Druckers oder des Autors zurückgehen. Powell (GA VI, S. 95) gibt die entsprechende holländische Stelle, aber ohne Verständnishilfe; die ersten vier Verse bedeuten: »Dort kommt der Falke, der uns unsere Tauber [die Söhne] raubt; er ist es, der auf diese Schleckerei/Delikatesse erpicht ist und es auf einen frischen Mord abgesehen hat.«

wird der Ungehorsam der Menschen beklagt; kaum hatten die Israeliten in dem ihnen versprochenen Land Fuß gefaßt, so brachen Streit und Übermut aus. Im »Gegen-Satz« wird die Fruchtbarkeit Kanaans ausgemalt, wie sie die mitgebrachten Feldfrüchte der von Josua ausgesandten Kundschafter augenfällig machten, was zu Völlerei und angemaßter Herrschaft führte. Der »Abgesang« preist den Herrscher, der von den Fehlern der Vorfahren lernt und in Übereinstimmung mit seinem göttlichen Herrn regiert; zugleich wird die armselige Behausung der Bundeslade beklagt und die Errichtung des salomonischen Tempels antizipiert.

Auch hier bestrebt sich Heidenreich, bloße Beschreibungen (Einfangen der Prinzen und Jagdmetapher; Vondel: fol. Diij^v; Gryphius: *Gib.*, S. 567) durch Aktion auf der Bühne und Individualisierung zu beleben. Heidenreich eröffnet den Akt mit einer Szene, wo die Prinzen Mutmaßungen anstellen über die Ursache ihrer Festnahme; ihre Reaktionen reichen von kindlichem Trotz und Standesdünkel bis zu den Aussichten ihrer Anhänger auf einen Umschwung. Diese persönlichen Reaktionen verstärken sich im zweiten Auftritt, als Benajas ihnen – sehr respektvoll – mitteilt, sie würden – bis auf Mephiboseth und sein Söhnchen – den Gibeonitern übergeben. Im sechsten Auftritt erweist sich eine Abweichung als Interpretation. Als Rispe und Michol David anflehen, Sauls Nachkommen zu schonen, fragt Rispe den König rhetorisch, ob er das ›Geschrei‹ der hart geprüften Frauen »versmaden zonder pijn«, ›verschmähen‹ (im Sinne von ›ignorieren‹) könne, ohne selbst Schmerz zu empfinden (Vondel: fol. Eiiij^v–F^r). Heidenreich bezieht den Ausdruck auf Rispes Verlust von zwei Ehemännern und ändert sinngemäß zu »die ein doppeltes Trauren sonder Trost verschmertzen muß« (S. 58).

Vierte Abhandelung: Alte und neue Opfer der Gewalt

Im vierten Akt tragen Rizpa[20] und Michal ihre Bitten und Klagen den Priestern vor. Auch hier finden sie durchaus Verständnis für ihre Not. Wie moderne Therapeuten fordern die Priester sie auf, ihrem Kummer und ihren Tränen freien Lauf zu lassen, um so ihre Herzen zu erleichtern. In der Sache geben sie freilich vorerst nicht nach: Es gibt keinen anderen Weg, das unter der Dürre leidende Volk zu retten, als die Erfüllung von Gottes Willen. Nachdem Rizpa beredt für Barmherzigkeit als göttliche Kardinaltugend plädiert hat, gehen die Priester ab mit den Worten »Wir gehn den Augenblick zu suchen was wir können« (*Gib.*, S. 587), aber Michal zweifelt, ob sich noch etwas ausrichten läßt; sie führt ein Gebet an, in welchem Gott um ein Ende der Hungersnot oder Hilfe im Ertragen der Leiden angerufen wird.

---

20 Eine Abweichung von Vondels Text in *Gib.*, S. 586 (»Ach GOtt! Sie schreit umsonst die vor die Todten schreit«), beruht auf Flüchtigkeit; hier hat Gryphius nl. *doven* (die Tauben) als *doden* verlesen.

Nun kommen die Gibeoniter mit den gefangenen sieben Prinzen; es ist das erste Mal, daß drei nicht auswechselbare Parteien auf der Bühne interagieren, und um so dramatischer gestaltet sich ihre Auseinandersetzung: die Konfrontation zwischen den Gibeonitern, die nun als siegreiche Prozeßpartei ihr Rachebedürfnis ausleben dürfen, den Prinzen, die diesen Pöbel verachten und nicht wollen, daß man bei ihnen um ihr Leben bettelt, und den Frauen, die mit elementarem Mutterinstinkt nichts unversucht lassen, um die Frucht ihres Leibes zu retten. In den stichomythischen Partien werden die Reden der Kollektive auf »1.« und »2. Printz« bzw. »1.«, »2.« und »3. Gib.« aufgeteilt. Den Abschluß der Szene bilden eine Klage der Michal und eine Phantasmagorie der Rizpa, die, seelisch vernichtet, plötzlich ihre beiden Ehemänner (Saul und Abner) vor sich zu sehen glaubt.[21] Im »Reyhen der Priester« (*Gib.*, S. 595f.) wird das Wüten Sauls gegen den Priester Abimelech und 84 weitere Opfer (»Satz«) und in der Stadt Nob(e) (»Gegen-Satz«) geschildert, und in dem wiederum optimistischen »Abgesang« wird Abjathar beglückwünscht, daß nun seine Stunde gekommen sei; Gottes Hilfe gilt seinem Priestertum, nicht einem sich in Schuld verstrickenden Königsgeschlecht.

Daß die Hauptfigur David im ganzen Akt nicht auftritt und die leidende Mutterliebe eine so dominierende Rolle spielt, nennt Smit »kompositorisch unglücklich«;[22] Langvik-Johannessen rechtfertigt das damit, daß Davids Seelenstreit am Schluß des dritten Akts ausgekämpft sei, daß aber gerade diese leidenschaftlichen Szenen in Erinnerung riefen, wie schwer ihm als fühlendem Individuum die Entscheidung habe fallen müssen.[23]

Heidenreich gibt auch in diesem Akt den Prinzen eine größere Rolle; sie eröffnen ihn, gefangen und entwaffnet, aber noch alle neune, und beschließen ihn, nun als sieben zur Hinrichtung Bestimmte, im Gefängnis. Sie behalten ihre früher profilierte Individualität, aber angesichts des sicheren Todes wachsen sie an innerer Größe; im Sinne einer ›realistischen‹ Interpretation des Geschehens wird hier ein Entwicklungsprozeß gezeichnet.

---

21 In den meisten Vondel-Ausgaben – vgl. im Leuvener Text (Anm. 10) die Anm. zu V. 1494 – folgt dann noch ein abschließender Kommentar der »Gabaonners« (4 Verse) und ein 14zeiliger Mitleidsgesang der »Staatsjuffers« (Ehrenjungfrauen) für Michol. Dabei handelt es sich offenbar um eine spätere Hinzufügung Vondels, die Gryphius nicht vorlag; sie fehlt in der Erstausgabe von 1640.
22 Smit (Anm. 10), S. 302.
23 Vgl. Langvik-Johannessens Aufsatz in seiner *Gebroeders*-Ausgabe (Anm. 10), S. 31.

Fünfte Abhandelung: Das Gericht nimmt seinen Lauf; Aussicht auf Erlösung und Versöhnung

Der fünfte Akt, der kürzeste des Stücks, besteht aus bloß zwei Szenen, in welchen sich David, als König und Richter, über die Ausführung des Urteils berichten läßt und Mephiboseth und dessen Kind Micha (stumme Rolle) als letzte männliche Überlebende von Sauls Familie empfängt. Als Überbringer des langen, aber sehr lebendigen und anschaulichen Botenberichtes erscheinen »die Leviten«; sicher war es auf der Bühne ein Einzelsprecher. Er schildert die rachetrunkenen plebejischen Gibeoniter, wie sie die angeketteten Prinzen zum Richtplatz auf einer Anhöhe schleppen. Diese behalten ihre vornehme stoische Beherrschung angesichts des sie umbrandenden Hohns. Die Exekution hat, wie in älteren Zeiten üblich, viele Schaulustige angezogen, aber bevor die Opfer an sieben hölzernen Pfeilern gehenkt werden, darf Armoni ein Wort an die Menge richten. Er akzeptiert im Namen der Sieben den Tod als Dienst am Volk; »Wo diß euch aus dem Schlund der schwartzen Hungers-Noth | Kan retten / opffert uns / und lebt durch unsern Todt« (*Gib.*, S. 599). Aber dann spricht er einen Fluch aus über David, der seinen Aufstieg Saul verdankte, und über dessen Familie; über die Priester, die die Ausrottung von Sauls Nachkommen befürworteten; und über die Gibeoniter, die sie forderten; Königshaus und Priestertum werden innerem Streit und der Zerstreuung unter den Feinden Israels geweiht. Als die Hinrichtung schon ausgeführt ist, erscheint eine »Traur-Caroß'« (*Gib.*, S. 600) mit Rizpa, die bei ihren fünf toten Söhnen wachen will, damit sie nicht das Opfer von Raubtieren oder Aasvögeln werden.

David zeigt in seinen Reaktionen Sympathie für die Opfer und Verständnis für das Leid der Mütter, aber rechtfertigt sein Handeln in den kurzen Reden, die den Bericht unterbrechen. Nun kommt Mephiboseth, einerseits, um für seine Verschonung zu danken, andererseits mit der Bitte, die Toten herunterzunehmen und gebührend bestatten zu lassen. David sagt dies zu für den Augenblick, da Gott durch Regen seine Zufriedenheit kundgebe; dann werde er auch für »Jonathans und Sauls Geripp' und Beine« (*Gib.*, S. 603) eine würdige Grabstätte finden. Mit der Versicherung, daß sich Mephiboseth auch in Zukunft auf Davids Gunst verlassen könne, schließt das Stück, dem bei Gryphius noch der kurze Epilog von Sauls Geist folgt.

Auch hier setzt Heidenreich Botenbericht in Dialog um, zwischen den Prinzen und den gibeonitischen Ältesten und mit Armonis Abschiedsrede und Fluch; Benajas als ›Bote‹ schildert David das übrige Geschehen am Richtplatz. Das letzte Wort hat hier nicht David, sondern Benajas, nachdem er der Gesichter sehenden Rizpe zugesprochen hat. Es wird, zum Publikum gewendet, zu einer Philippika gegen die Tyrannei, zu einem drastischen Fürstenspiegel (S. 121).

So hat denn die Geschichte einer späten Ahndung begangenen Unrechts ein versöhnliches Ende genommen. Es ist ein Thema mit starken Anklängen an die griechische Tragödie; auch die Vorstellung vom Rad der Fortuna ist im Verhältnis

Saul-David präsent, und in einer biblischen Geschichte muß natürlich das Vergehen als ein Zuwiderhandeln gegen Gottes Willen erklärbar sein, auch wenn der eifernde israelische Stammesgott des Alten Testaments einer neueren Zeit als willkürlicher, unbarmherziger Herrscher erscheinen mag. Aber für Vondel und Gryphius waren die absoluten Ansprüche von Staat und Kirche eine Realität, der nicht zu entkommen war.

Deutungen: Christliche Elektra; Präfiguration Christi

Wie sehr Vondels Beschäftigung mit der griechischen Tragödie in den späteren 1630er Jahren formal entscheidend geworden ist, wurde bereits angedeutet. Seit Smits Vondel-Buch von 1956 ist man auch auf inhaltliche Parallelen aufmerksam geworden. In *Gebroeders* wie in *Elektra* geht es um die späte Sühnung einer Gewalttat, der Ermordung der 84 Gibeoniter bzw. des aus Troja heimkehrenden Agamemnon; die christliche Wendung wäre gerade, daß David die Hinrichtung der ›Gebrüder‹ schweren Herzens geschehen läßt, während sich Elektra über die endlich vollzogene Rache freut.

Die Präfigurationsidee stützt sich auf eine Passage in Vondels langem Widmungsschreiben an seinen Gönner Gerhard Vossius (fol. Aij^r–Aiiij^v), in welchem er Christus am Ölberg ›den allervollkommensten und gehorsamsten David‹ nennt (fol. Aiiij^r); er vergleicht David auch mit Abraham, der seinen Sohn Isaak opfern soll. In jedem Fall geht es um die Ausführung eines göttlichen Befehls, der dem Empfinden eines guten, gottgefälligen Menschen widerspricht. Wieweit man Davids Gehorsam als ›Sühnopfer‹ bezeichnen darf, ist fraglich; tatsächlich sind es ja die durchaus nicht guten und gottgefälligen Nachkommen Sauls, die geopfert werden. Für beide Thesen hat sich vor allem Langvik-Johannessen stark gemacht.[24]

Die *Gebroeders* waren vermutlich das erste vulgärsprachliche Trauerspiel, mit dem sich Gryphius intensiv beschäftigt hat zu einem Zeitpunkt, als es noch offenstand, ob er sich als lateinischer oder deutscher Autor profilieren wolle. Das Stück ist wegweisend für ihn geworden, in der Stoffwahl, in der dramatischen Umsetzung, in den verwendeten *genera dicendi*; auch in seinen eigenen Tragödien plädiert und argumentiert man wie vor Gericht oder klagt man im Angesicht der Angehörigen, der Widersacher oder Gottes.

---

24 Ebd., S. 29f.

II.6 Lustspiele

II.6.1 *Seugamme*
Von Stefanie Stockhorst

Entstehung

Mit seinem frühesten Lustspiel *Seugamme oder Untreues Hausgesinde* legte Gryphius eine deutschsprachige Übersetzung der italienischen Komödie *La Balia*[1] (1560) von Girolamo Razzi (1527–1611) vor. Dieser mit dem Künstlerbiographen Giorgio Vasari befreundete Florentiner Gelehrte verfaßte außerdem als jüngerer Mann die Komödien *La Cecca* (1556) und *Della Gostanza* (1565) sowie die Tragödie *La Gismonda* (1569). Später folgten Biographien und religiöse Schriften.[2] Sein Verleger Filippo Giunti teilt in der Vorrede zur *Balia* mit, er habe das Manuskript von Razzis Freund Zanobi Paccalli erhalten, nachdem Razzi sich unter dem Namen Silvano als Mönch in das Kamaldulenserkloster Santa Maria degli Angeli zurückgezogen habe. Darüber, wann und wie Gryphius auf Razzis Komödie gestoßen ist, gibt es keine Informationen. In seiner lateinischen Widmungsvorrede an Johann Matthias Kettelbutter und Johann Röber berichtet Gryphius, er habe schon als Jugendlicher daran gearbeitet. Sein Stück entstand also vermutlich bereits vor seiner Italienreise, die ihn im April 1646 auch nach Florenz führte, denn einen Mann Ende Zwanzig würde man schwerlich noch als »adolescen[s]« bezeichnen (*Seug.*, fol. A4ʳ). Razzi war jedoch auch außerhalb Italiens bekannt, denn Pierre de Larivey legte französische Übersetzungen von *La Cecca* (*Les Écoliers*, 1579) und *Della Gostanza* (*La Constance*, 1611) vor. Als Motivation für seine Übersetzung gibt Gryphius den Wunsch nach Zeitvertreib und Ablenkung von der Trauer über den Tod eines Freundes an. Indes leuchtet Mannacks Vermutung ein, der »eigentliche Anstoß« für Gryphius' Beschäftigung mit dem Stück liege inhaltlich begründet in dessen »religiös-moralisierende[r] Tendenz, die in der Konfrontation von unordentlicher Fortunawelt und ewiger Gottesordnung gipfelt«.[3]

---

[1] LA BALIA COMEDIA DI M. GIROLAMO Razzi. Nuouamente stampata. IN FIORENZA APPRESSO I GIVNTI, 1560. Für Hinweise zur italienischen Vorlage danke ich Tobias Leuker.
[2] Vgl. Jean Balsamo unter Mitarb. von Franco Tomasi: De Dante à Chiabrera. Poètes italiens dans la bibliothèque de la Fondation Barbier-Mueller. Genf 2007, Bd. 1, S. 111f.
[3] Eberhard Mannack: Andreas Gryphius (²1986) [127], S. 99.

Übersetzung und Vorlage

Nach dem Verständnis des 17. Jahrhunderts besaßen Übersetzungen literarischer Texte nach Maßgabe der *imitatio* bzw. *aemulatio* einen eigenständigen künstlerischen Wert.[4] Als Nach- und Neuschöpfungen konnten sie ohne weiteres sprachlich, inhaltlich und formal von der Vorlage abweichen, doch macht Gryphius in der *Seugamme* kaum von dieser Lizenz Gebrauch, sondern fertigt eine nahezu wortgetreue Übersetzung an. Seine deutsche Fassung folgt der Erstausgabe der *Balia* von 1560, jedoch unter Berücksichtigung des Druckfehlerverzeichnisses in der zweiten Ausgabe von 1564 (vgl. *GA* VII, S. XIV). Nur selten finden sich geringfügige Abweichungen vom Ausgangstext wie etwa die Wiedergabe italienischer Einzelwörter durch Zwillingsformeln im Deutschen, die Paraphrasierung von Substantiven mit dem Effekt einer etwas stärkeren Rhetorisierung sowie der Austausch von Metaphern und die Einfügung von Wortspielen (vgl. *GA* VII, S. XIVf.). Typischerweise übersetzt Gryphius selbst Redewendungen wortwörtlich, statt sie durch deutsche Pendants zu ersetzen. Die Personennamen übernimmt er in eingedeutschter Form, nur die Magd Baccia heißt bei ihm in den *dramatis personae* abweichend Barbara, was er aber im Stück selbst mit ›Bäsche‹ klanglich an das Original annähert.

Über das Verhältnis der *Seugamme* zu ihrer italienischen Vorlage wurden in der Forschung einige schwer nachvollziehbare Aussagen getroffen. Als völlig haltlos erweisen sich die Spekulationen Palms, der allerdings Razzis Text nach eigenem Bekunden gar nicht eingesehen hat.[5] Unklar erscheint, was Powell meint, wenn er sagt, das Stück sei »durch und durch schlesisch gefärbt« (*GA* VII, S. XV), da keine der Personen Dialekt spricht. Als einzige Besonderheit, die ohnedies nicht zwingend als Silesianismus zu werten ist, wird durchgängig ›nu‹ statt ›nun‹ gesagt, was im Vergleich etwa mit den dialektalen Partien in der Doppelkomödie *Verlibtes Gespenste / Die gelibte Dornrose* unerheblich wirkt. Einer sachlichen Grundlage entbehren auch manche Beobachtungen bei Lunding, z.B. daß bei Gryphius die »Personen immer wieder in bunt schillernden, wortmächtigen Tiraden aneinander vorbeisprechen«[6], was es bei Razzi nicht gebe. Tatsächlich finden sich derartige Kunstgriffe auch bei Gryphius ebensowenig wie eine »barocke Schwellung«[7] des Stils, der tatsächlich recht schmucklos anmutet. Lundings wegen veralteter Gattungs- und Epochenbegriffe weitgehend überholte Deutung der *Seugamme* verzeichnet im punktuellen Vergleich zwischen italienischer Vorlage und Übersetzung eine Gryphiussche

---

4 Vgl. Richard Alewyn: Vorbarocker Klassizismus und antike Tragödie. Analyse der ›Antigone‹-Übersetzung des Martin Opitz. In: Neue Heidelberger Jahrbücher, NF (1926), S. 3–63, bes. S. 13.
5 Vgl. Hermann Palm: Vorwort des Herausgebers. In: Andreas Gryphius. Werke in drei Bänden (1961) [1], Bd. 1, S. 439–442.
6 Erik Lunding: Assimilierung und Eigenschöpfung (1962) [731], S. 82.
7 Ebd., S. 84.

»Vorliebe für zweigliedrige Formeln«, die gelegentliche »Superlativierung« von Wendungen Razzis, die »freie[ ] Übertragung italienischer Flüche« sowie die beherzte Wiedergabe von Vulgärsprache.[8] Umgekehrt nahm Gryphius jedoch auch Abmilderungen gegenüber Razzis insgesamt höchst vereinzelten Derbheiten vor, so daß Schulze die Auswahl und Interpretation der Belegstellen bei Lunding zu Recht kritisierte.[9]

Zeitgenössische Drucke

Der Erstdruck der *Seugamme* erfolgte im Jahr 1663 in zwei Ausgaben mit übereinstimmender Seiten- und Bogenzahl, jedoch mit unterschiedlichen Typen und abweichenden Schreibungen. Als Druckort nennt das Titelblatt der einen Ausgabe Breslau, das der anderen Jena. Beide Drucke wurden laut Impressum durch den Breslauer Verlagsbuchhändler Veit Jacob Drescher (Trescher) vertrieben. Über die Gründe für die merkwürdige Doppelung der Drucke gibt es verschiedene Mutmaßungen, wenngleich eine definitive Klärung noch aussteht. Ein Raubdruck erscheint insofern unwahrscheinlich, als zum einen verschiedene Exemplare von Gryphius' letzthändig besorgter Gesamtausgabe (*FT*, 1663) »bald den einen, bald den anderen Druck« enthalten (*GA* VII, S. XV); zum anderen legte Christian Gryphius den Jenaer Druck, der gegebenenfalls eher als der Breslauer für illegitim anzusehen wäre, der Sammelausgabe der Gryphiusschen Werke von 1698 zugrunde, was für seinen rechtmäßigen Status spricht. Indes hält Manheimer eine »betrügerische Manipulation des Verlegers«[10] für denkbar. Unter Verweis auf andere Breslauer Verleger, die damals in Jena drucken ließen, vermutet Powell einen über das Buchhandelszentrum Leipzig nach Jena vermittelten Paralleldruck (*GA* VII, S. XVf.). Dünnhaupt hingegen meint, der »ungenannte Druckort der zweiten Auflage« sei »ebenfalls Jena«, da es »1663 außer Baumann, der für T's Konkurrenten Fellgiebel druckte, in Breslau keine einzige Druckerei gab – in Jena hingegen fünf«.[11] Allerdings ist der Druckort der fraglichen Ausgabe keineswegs ungenannt, sondern mit »Breßlau« auf der Titelseite angegeben, und es gibt keinen Hinweis darauf, daß es sich bei diesem Druck um eine Zweitauflage handeln könnte. Darüber hinaus erschien das Stück 1663 sowohl in Breslau als auch in Jena mit eigener Paginierung als Teil von Sammelausgaben bei Trescher, und ein dritter Druck im Rahmen einer Sammelausgabe

---

8 Ebd., S. 84f.
9 Vgl. Joachim Schulze: Seugamme, Oder Untreues Hausgesinde (1968) [743], bes. S. 339f., Anm. 3.
10 Vgl. Victor Manheimer: Gryphius-Bibliographie (1904) [97], S. 710–712, das Zitat S. 712.
11 Gerhard Dünnhaupt: Personalbibliographien zu den Drucken des Barock. Stuttgart ²1991, Tl. 3, S. 1879.

erfolgte ohne Jahr in Breslau bei Veit Jacob Treschers Erben. Eine zeitgenössische Aufführung des Stücks läßt sich nicht nachweisen.

Form und Gattungsfrage

Wie ihre italienische Vorlage in Prosa abgefaßt, gliedert sich die *Seugamme* in fünf ›Abhandelungen‹ (Akte), die jeweils unterteilt sind in drei bis zehn ›Eingänge‹ (Szenen). Das Stück gehört zum Genre der »Intrigenkomödie«.[12] Aikin stellt sie in diesem Sinne dem *Peter Squentz* an die Seite, den sie als Musterbeispiel einer ›romantischen‹ Komödientradition interpretiert, welche die »virtuous deeds, troubles, and happy outcomes in the lives of admirable persons of any social class«[13] vorführe. Walter Hinck betont ferner die Nähe zur *commedia dell'arte*, weil wie dort der »Vorrang des Liebesthemas und eines wirbelnden Verkleidungs-, Verwechslungs- und Intrigenspiels vor allen Rücksichten auf psychologische Wahrscheinlichkeit und die Gebote einer moralisch geordneten Welt«[14] bestehe. Allerdings trägt er mit der Erwartung von Psychologisierung oder Wahrscheinlichkeit ebenso anachronistische Maßstäbe an das Stück heran wie der von ihm gerügte Gryphius-Editor Palm. Dieser wollte der *Seugamme* den »charakter eines lustspiels absprechen«, weil er vielmehr Züge eines »bürgerlichen Schauspiels«[15] darin sah, was in der Tat »sowohl die italienische Komödie des 16. und 17. Jahrhunderts wie das Lustspiel des Gryphius [mißversteht]«.[16]

Von Gryphius' Originallustspielen unterscheidet sich die *Seugamme* insofern, als ihr der polyglotte Wortwitz, der insbesondere *Herr Peter Squentz* und *Horribilicribrifax* prägt, ebenso fehlt wie Situationskomik oder satirische Verlachmomente. Gleichwohl weist sie in ihrer Faktur wesentliche Merkmale eines frühneuzeitlichen Lustspiels auf. Bei ihrem Stoff handelt es sich nicht um eine ›Haupt- und Staatsaktion‹, sondern um moralisch fragwürdiges Verhalten aller Handlungsträger, das den Anlaß für selbstreferentielle Äußerungen zur Gattungsfrage im Stück bietet. So rekapituliert Gismund: »Wenn einer alle Sachen auffgezeichnet hätte / welche mir begegnet / seyd ich von Pisa hieherkommen / hätte er eine Geschicht-Erzehlung oder ein Lust-Spiel daraus machen können« (*Seug.*, S. 115). Wegen der Moralproblematik der Geschehnisse ergänzt sein Diener Musca beiseite: »oder wohl ein Trauerspiel / wo sich das Glück nicht ändert« (ebd.). Die Ständeklausel wird im Florenti-

---

12 Schulze (Anm. 9), S. 341; sowie Lunding (Anm. 6), S. 82.
13 Judith P. Aikin: The Comedies of Andreas Gryphius (1988) [718], bes. S. 116, das Zitat S. 114.
14 Walter Hinck: Das deutsche Lustspiel des 17. und 18. Jahrhunderts und die italienische Komödie (1965) [728], S. 105.
15 Palm (Anm. 5), S. 441.
16 Hinck (Anm. 14), S. 106.

ner Kaufmannsmilieu eingehalten, und die Stilhöhe nähert sich, wie es die Drei-Stile-Theorie im *genus humile* für ein Lustspiel verlangt, der Alltagssprache an, wobei der Duktus je nach sozialer Position der sprechenden Person vereinzelt derb ausfällt. Der turbulente Verlauf mit Verkleidungen einschließlich *cross-dressing*, Verwechslungen, Täuschungsmanövern und betrogenen Betrügern darf ebenso als lustspieltypisch gelten wie das glückliche Ende, das mit der Aussicht gleich auf eine dreifache Komödienhochzeit das Kriterium des guten Ausgangs erfüllt.

Dem gängigen poetologischen Lustspielverständnis im deutschsprachigen Barock entspricht die *Seugamme* insbesondere durch die Wiederherstellung einer durcheinandergeratenen guten Ordnung. Denn zeitgenössische Dichtungstheorie verlangt den Stücken selbst bei vordergründiger Heiterkeit in erster Linie eine moralische Wirkungsintention ab, die auf eine exemplarische Vorführung der zweiwertigen Ethik von Tugend (*bonum*) und Laster (*malum*) abzielt.[17] Nicht von ungefähr erfolgt daher in der *Seugamme* eine durchgängige *moralisatio* durch Diener, die nicht nur im Dialog ihre Herren sowohl auf die Risiken als auch auf die ethische Unzulänglichkeit ihrer Handlungen hinweisen, sondern das Stück außerdem für das Publikum auch durch monologartig vorgetragene Reflexionen und Beiseitesprechen kommentieren. In diesem Punkt trifft sich die *Seugamme* wiederum mit den übrigen Gryphiusschen Lustspielen, in denen die »Unzulänglichkeit der komischen Figuren [...] immer wieder die Diskrepanz zwischen angemasstem Schein und wahrem Sein deutlich [macht]«.[18]

Personal und Konflikt

Das Intrigenspiel der *Seugamme* entspinnt sich in den Florentiner Familien um Hieronymus Goletti und Constantia Guasconcini mit ihren Dienstboten. Sämtliche Figuren besitzen typenhafte Züge, so etwa Gismund als junger Liebhaber, Livius als Freund und Rivale, Silvia als törichte Jungfrau, Hieronymus als lüsterner Alter, Ginefra als Kupplerin und nicht zuletzt die titelgebende Amme als saumselige Magd.[19] In dieser Ausprägung begegnet die Amme schon in der römischen Komödientradition, gehört aber wie Hausmädchen, Zofe und Köchin auch zu den weiblichen Dienertypen der *commedia dell'arte*. Desgleichen entsprechen die übrigen Dienstboten

---

17 Vgl. Stefanie Stockhorst: Lachen als Nebenwirkung der Barockkomödie. Zur Dominanz der Tugendlehre über das Komische in der Komödientheorie des 17. Jahrhunderts. In: Anthropologie und Medialität des Komischen im 17. Jahrhundert (1580–1730). Hg. von Stefanie Arend, Thomas Borgstedt, Nicola Kaminski und Dirk Niefanger. Amsterdam 2008 (Chloe 40), S. 27–48, bes. S. 48.
18 Vgl. Daniela Toscan: Form und Funktion des Komischen in den Komödien von Andreas Gryphius (2000) [739], S. 236–241, das Zitat S. 239.
19 Vgl. Schulze (Anm. 9), S. 340f.; sowie Hinck (Anm. 14), S. 120.

in der *Seugamme* den römischen Figurenmodellen des rechtschaffenen und loyalen Dieners (*servus frugi*) bzw. des gewitzten, intriganten oder auch verantwortungslosen *servus callidus*. Sie fungieren nicht nur als handlungs- und bühnenfunktional notwendige Nebenfiguren, sondern auch als moraldidaktisch ergiebige Kontrastphänomene zu ihren lasterhaften Herren. Indes tragen sie wider besseres Wissen das Fehlverhalten ihrer Herren mit, deren Integrität sie wenigstens dem Schein nach zu wahren trachten, um nicht mit ihnen zugrundezugehen.

Das Stück beruht auf drei Hauptintrigen, die zu Konfliktsituationen mit einem Gegenspieler von außen, mit der Gerichtsbarkeit sowie mit gängigen Moralvorstellungen führen. Wichtige Triebfedern für die Handlung bilden dabei die Interessen von Gismund, Livius und Silvia. Gismund hat Lesbia von Paganin geraubt, während dieser sie zurückfordert. Livius verliebt sich ebenfalls in Lesbia und möchte sie Gismund abspenstig machen, was insofern als eigener Intrigenstrang lesbar ist, als sich diese Konstellation in Niccolò Secchis *L'Interesse* (1581) auch verselbständigt nachweisen läßt.[20] Silvia schließlich liebt Gismund und versucht, ihn sich durch vorehelichen Beischlaf zu verpflichten, was mit Unterstützung der Amme unbeabsichtigt zu einem vermeintlichen Inzest, dem moralischen Angelpunkt des Stücks, führt.

Handlung

I. Abhandelung: Der Jurastudent Gismund bringt Lesbia, die er mit ihrem Einverständnis aus der Obhut des Kaufmanns Paganin entführt hat, nach Florenz. Dort erklärt sich sein Freund Livius bereit, Lesbia vorübergehend unter Aufsicht der Amme in einer Kammer seines Hauses zu verstecken, und findet ebenfalls Gefallen an der jungen Frau, als diese in Männerkleidung eintrifft.

II. Abhandelung: Paganin ist empört über die Entführung, da er Lesbia in der Hoffnung auf angemessene Belohnung in ihr vornehmes Elternhaus zurückbringen wollte, nachdem er sie als Kind von Seeräubern gekauft und aufgezogen hatte. Beobachtet von Gismunds Diener Musca, macht er sich auf die Suche nach Gismunds Onkel Hieronymus, um eine außergerichtliche Lösung zu versuchen, trifft jedoch nur dessen Diener Broscus an, der ihn wieder fortschickt. Broscus äußert sich verständnislos über die Promiskuität seines alternden Herrn. Nach Hause zurückgekehrt, klagt Hieronymus über Gismunds Lebenswandel, erklärt jedoch, ihn wie einen Sohn zu lieben. Musca und Gismund malen sich die Konsequenzen einer etwaigen gerichtlichen Verfolgung durch Paganin aus und beschließen, diesem vorzugaukeln, er bekäme eine Aufwandsentschädigung, um Zeit für die Vorbereitung einer Flucht mit Lesbia zu gewinnen.

---

20 Vgl. Schulze (Anm. 9), S. 343.

III. Abhandelung: Livius' Schwester Silvia, deren Liebe Gismund nicht erwidert, versteckt sich an Lesbias Stelle in der Kammer. Die Amme versucht, dies zu verhindern, unterstützt das Vorhaben jedoch letztlich, weil Silvia sich nicht umstimmen läßt. Die Magd Barbara warnt die Amme vergeblich vor den Folgen der Kuppelei und des Vertrauensbruchs. Gismund plant, Lesbia vorübergehend bei der Kupplerin Ginefra unterzubringen, wovor Livius ihn warnt. Paganin geht zu Hieronymus' Haus, wo er Broscus antrifft, der sich auf Betreiben von Gismund und Musca als Hieronymus verkleidet. Der falsche Hieronymus weist die Sache zunächst von sich, lenkt aber ein, er werde am Abend mit Gismund eine Lösung finden, bittet Paganin, vorerst von rechtlichen Schritten abzusehen, und stellt ihm als Pfand einen Wechsel über 500 Dukaten aus. Livius beschließt, seine Treue gegenüber Gismund zu brechen, da er sich in Lesbia verliebt hat. Als Paganin merkt, daß sein Wechsel unbrauchbar ist, stellt er nunmehr den echten Hieronymus zur Rede. Gismund und Musca weisen alle Vorwürfe zurück. Hieronymus trifft Ginefra, die anbietet, ihm die ihr anvertraute Lesbia zuzuführen. Im Gewissenskonflikt zwischen Liebe und Freundschaft gesteht Livius seinem Diener Brozzi, daß er Lesbia an Gismunds Stelle in der Kammer aufgesucht und sich mit ihr vereinigt habe. Während Gismund weiterhin plant, Lesbia bei Ginefra zu verstecken, bietet Livius an, ihm bei der Vorbereitung zur Flucht zu helfen.

IV. Abhandelung: Broscus teilt Hieronymus mit, daß Gismund auf Betreiben Paganins gerichtlich gesucht werde. Auf sein Bitten bricht Hieronymus auf, um seinem Neffen zu helfen, während Broscus auf Ginefra und Lesbia warten soll. Livius will Ginefra überreden, ihn in Lesbias neues Versteck zu bringen. Gismund berichtet Musca, er habe von Lesbia erfahren, daß die Amme sie vorübergehend in ein anderes Zimmer gebracht habe, während sich eine andere Frau mit einem Besucher geräuschvoll vergnügt habe. Enttäuscht über den Vertrauensbruch seines Freundes Livius, vermutet er richtig, daß es sich dabei um Silvia und Livius handelte. Da Paganin die rechtliche Durchsetzung seiner Interessen kompliziert erscheint, zieht er eine finanzielle Einigung mit Hieronymus in Betracht, zumal er argwöhnt, er werde Lesbia nicht als Jungfrau zurückerhalten, was sie für ihn wertlos macht. Livius beabsichtigt, sich mit Ginefras Unterstützung in Gismunds Kleidern bei Lesbia einzuschleichen, wovor ihn Brozzi eindringlich warnt. Aufgrund seiner Verkleidung wird er irrtümlich anstelle von Gismund verhaftet. Als sein Herr sich gegenüber allen moralischen Vorhaltungen verschließt, plant er mit ihm eine Entführung Lesbias. Während diese in seinem Haus wartet, bezahlt Hieronymus Ginefra für ihre Dienste. Brozzi rekapituliert die moralische Problematik der Lage und rät Musca, mit Gismund zu fliehen. Die Amme, die eine Strafe für ihr Vergehen fürchtet und gegenüber Brozzi ihr Gewissen erleichtert, will sich bei einer Freundin verstecken. Brozzi rät davon ab, um Livius zu schützen, dem wegen des Inzests die Todesstrafe drohe, verspricht der Amme jedoch Unterstützung, wenn sie vor Ort bleibe. Er erwägt, Livius mit Gismunds Hilfe aus dem Gefängnis zu befreien, wenngleich er bezweifelt, daß dieser die Tat des Freundes decken würde, zumal er dann Silvia heiraten müßte.

V. Abhandelung: Brozzi bittet Gismund, Silvias Aussage zu bestätigen, daß sie mit ihm, Gismund, nicht mit ihrem Bruder geschlafen habe, und sie zu heiraten. Er werde die Amme dann überreden, dies zu bezeugen. Gismund will die Absicht vortäuschen, Silvia zu heiraten, um tatsächlich mit Lesbia zu fliehen. Da er gerichtlich gesucht wird, erscheint die Flucht unmöglich und eine zumindest vorgetäuschte Einigung mit Paganin nötig. Hieronymus staunt über die Standhaftigkeit der Lesbia, die ihre Ehre um keinen Preis aufs Spiel gesetzt hat. Gismund will den Schmuck seiner verstorbenen Mutter, den Hieronymus für ihn verwahrt, entwenden, um ihn Paganin als Pfand zu geben, das Hieronymus später auslösen solle. Er findet in dessen Schreibzimmer nicht nur den Schmuck, sondern auch Lesbia. Hieronymus begegnet Paganin mit dem Schmuckkästchen. Er will ihn zunächst als Dieb stellen, erfährt aber, daß er und Gismund nicht nur den ganzen Tag unter polizeilicher Beobachtung gestanden haben, sondern daß er durch seine Händel mit Lesbia jetzt auch selbst in die Affäre verstrickt ist. Constantia, die Mutter des Livius und der Silvia, spricht mit ihrem Bruder Lapus über die mutmaßlichen Vorfälle in ihrem Haus, die allgemein bekannt zu werden drohen. Lapus schlägt vor, Silvia ins Kloster zu schicken, und verwünscht Livius. Constantia hat Mitleid mit ihm, da er zum einen nicht absichtlich mit Silvia geschlafen habe und zum anderen gar nicht ihr leiblicher Bruder sei, sondern ein Adoptivkind, das ihr verstorbener Mann Leonhardo aus Palermo mitgebracht habe. Paganin, der Hieronymus seine Unschuld dargelegt hat, verlangt das ihm zustehende Geld. Hieronymus läßt Constantia rufen. Paganin berichtet, wie er vor etlichen Jahren in Palermo einen Jungen namens Livius und ein Mädchen namens Lucretia mitsamt ihrer Amme von Seeräubern gekauft habe. Die Amme sei bald darauf gestorben, habe aber noch die wirklichen Namen der Kinder, Gerhardin und Lucretia, mitgeteilt. Das Mädchen habe Paganins inzwischen ebenfalls verstorbene Frau behalten wollen, den Jungen habe er seinem Freund Leonhardo überlassen. Hieronymus erkennt in Livius/Gerhardin seinen leiblichen Sohn, Constantia in Lesbia/Lucretia ihre leibliche Tochter. Beide Kinder waren während eines Ausflugs mit der Amme geraubt worden. In höchster Wiedersehensfreude vergibt man sich gegenseitig alle Missetaten, und es werden drei Eheschließungen besiegelt: Gismund mit Lesbia, Livius mit Silvia und Hieronymus mit Constantia. Paganin erhält sein Geld und wird eingeladen, als Bruder in den Hausstand des Hieronymus einzutreten.

Deutungsaspekte

Auf der Ebene der Paratexte, mit denen er Razzis Stück in neue Deutungszusammenhänge stellt, zeigt Gryphius klare thematische Interessen an dem in künstlerischer Hinsicht nicht eben aufsehenerregenden Lustspiel. So erweitert er den originalen Titel *La Balia* zu dem barocktypischen Doppeltitel *Seugamme oder Untreues Hausgesinde,* der als *inscriptio* eines emblematisch lesbaren Dramenaufbaus zumindest auf den ersten Blick die inhaltliche Stoßrichtung des Stückes vorzugeben scheint.[21] Deren Entfaltung findet in der Widmungsvorrede statt, in der Gryphius, ausgehend von der Diagnose weitreichender materieller und sittlicher Verheerungen infolge des Dreißigjährigen Krieges, die besondere Verkommenheit der Dienstboten thematisiert. Eine solche Schelte ist bei Razzi nicht angelegt, der in seiner Vorrede lediglich ein Lob der antiken Komödie vorträgt, deren Nutzenprogrammatik des *prodesse et delectare* noch immer helfe, Grundsätze gottgefälliger Lebensführung an die ungebildetere Bevölkerung zu vermitteln, darunter freilich neben vielen anderen auch »i serui, & le serue«.[22]

Warum Gryphius die destabilisierten Ordnungen von Sittlichkeit und Gesellschaft durchaus eifernd und gerade anhand der Dienstboten vergegenwärtigt, läßt sich womöglich durch einen persönlichen Hintergrund erklären. Bei seiner Tochter Anna Rosina war nach der Entlassung einer pflichtvergessenen Amme eine Infektionskrankheit aufgetreten, die das Mädchen zeitlebens schwer beeinträchtigte. Eine ausführliche Darstellung des Vorfalles bietet Christian Gryphius in der Vorbemerkung zu seinem Epicedium »Uber seiner Schwester / Jungfer Annä Rosinä Gryphien / Absterben«.[23] Ohne ersichtlichen Grund verlor demnach das als besonders aufgeweckt und talentiert beschriebene Mädchen, das als einzige von drei Gryphius-Töchtern die Kindheit überlebte, im Alter von vier Jahren »nach und nach das Gedächtnis / es entfiel allgemählich die Sprache«, sie soll schwer verständlich im Schlaf gesagt haben, »es hätte eine von den Eltern des Dienstes erlassene Weibes-Person / welche das Kind vorher heftig geliebet / sie aber dessen sich mercklich überhoben / und allen Trotz und Mutwillen ausgeübt / ihr das Vortuch [sc. die Schürze] weggenommen«. Als das Mädchen fünfzehn Jahre alt war, traten außerdem die »heftigsten Convulsiones« auf, und in einem Anfall wurde »der eine Schenckel gebrochen«. Da seit frühester Kindheit ohnehin schon »eine Verrenckung und Schwachheit am andern Schenckel« bestand, war Anna Rosina dann »vollends auf beyde gelähmet«.[24] Dem Bericht des Bruders Christian zufolge ließen sich letztlich weder die Art der Krankheit noch die Frage nach einem etwaigen Zusammenhang mit dem Dienstende der Amme klären. Ohne Quellenangabe behauptet hingegen der Biograph Christian Stieff, die Beschwerden seien aufgetreten, nachdem die »wegen Frechheit« entlassene Amme »bey ihrem Ab-

---

21 Vgl. Schulze (Anm. 9), S. 360, im Rekurs auf Albrecht Schöne: Emblematik und Drama im Zeitalter des Barock. München 1964, S. 188–196.
22 Razzi (Anm. 1), fol. Aiij'.
23 Vgl. Christiani Gryphii Poetische Wälder. Mit Königl. Polnischem und Chur-Sächsischem Privilegio. Franckfurt und Leipzig / Verlegts Christian Bauch. Anno 1698, S. 597f., das Epicedium S. 598–601.
24 Ebd., S. 598.

schiede dem armen Mägdlein einen schönen mit etwas geschmierten Apfel zu essen gegeben«[25] hatte.

Allerdings sind der *Seugamme* selbst paratextuell keinerlei subjektive Züge eingeschrieben, so daß es trotz der offensichtlichen Affinität zur Biographie zuvörderst als exemplarischer Gefühlsausdruck und Aktualisierung der topischen Klage über die Schwierigkeit, gutes Personal zu finden, gelten muß, wenn die Magd Bäsche im Stück jammert: »Erbarm es Gott / wem vertrauet man itzund die Töchter« (*Seug.*, S. 54). Zudem fällt auf, daß die Amme als einzige Person keinen Eigennamen, äußerst geringe Redeanteile und überhaupt nur drei Auftritte (III,1; IV,10; V,10) erhält. Offenbar steht sie trotz ihrer Titelrolle nicht im Mittelpunkt des Stückes, sondern bietet lediglich den Anlaß für die dramatische Ver-Handlung eines moralischen Vergehens, indem sie dieses ermöglicht. In der Rüge ihrer Tat durch Brozzi wird die grundsätzliche Dimension der Ammen-Problematik sinnfällig:

> Du bist dahin gebracht du Schandhure / da deine Schelmereyen verdienet / du hast die guten Tage / welche du in diesem Hause / (da du über Güter und Leute gestellet) genossen / nicht ertragen können. [...] O elendes / O biß auff den Grund verderbtes Hauß / wie fält man so in einem Augenblick von dem höchsten Glück / in das schmertzlichste Elend! Mit kurtzem / solche Händel sollen uns zu Gemüthe führen / daß hier nicht unsere Wohnung / und daß wir nicht nur wegen der Welt erschaffen / als in welcher nur stete Arbeit / und weder Ruhe noch einige Erquickung. (*Seug.*, S. 105)

Durch seine Wortwahl erzeugt Gryphius hier »einen deutlicheren Anklang, als er bei Razzi zu spüren ist, an gewisse Bibelstellen [sc. Mt 24,45–51; Mi 7,4; Mt 10,34–36, 2 Kor 5,1f.], an denen vom Gesinde eines Hauses, oder genauer, vom ›untreuen Hausgesinde‹ die Rede ist«.[26] Als Symptom aus den Fugen geratener häuslicher Verhältnisse verweist die Sittenlosigkeit der Dienstboten in diesen Bibelstellen nicht nur auf das Fehlen des *pater familias*, das zu Beginn auch die Häuser der Goletti und Guasconcini kennzeichnet, sondern steht beispielhaft für die sittliche Unordnung in der Welt. Somit wird hier das typologische Grundmuster von biblischer Präfiguration und ihrer Erfüllung in der (fiktiven) Geschichte realisiert.[27] Entsprechend konstatiert Paganin die Mißstände nicht nur bei einzelnen Personen und Häusern, sondern schließlich sogar für die ganze Stadt Florenz: »Nun / es sey Gott befohlen / sie haben doch endlich sich auffs meiste verunehret / eine von ihrem Vaterlande betrogen / und wie man sagt / ihr eigen Nest besudelt« (*Seug.*, S. 90). Aufgehoben wird die weitreichende Misere durch den Schluß, der als Allegorie auf die »Konfrontierung der vordergründigen Fortunawelt mit einer dahinter stehenden Welt der

---

25 Christian Stieff: Andreæ Gryphii Lebens-Lauff (1737) [186], S. 822.
26 Schulze (Anm. 9), S. 352f.
27 Vgl. ebd., S. 360.

Ordnung und Gerechtigkeit, der Welt Gottes«,[28] lesbar ist. Die abschließende Sinnstiftung in der Herstellung einer einzigen Familie bringt die Opposition von weltlicher und göttlicher Ordnung in Einklang und vollzieht gleichsam, wie es oft in frühneuzeitlichen Liebes- und Intrigenkomödien der Fall ist, einen gedanklichen Brückenschlag von der *comoedia humana* zur *comoedia divina*.[29]

Eine paratextuelle Konkretisierung dieses Sinnangebotes nimmt Gryphius in den »Anmerckungen« am Ende des Stücks vor. Dort vermerkt er italienische Besonderheiten in Anrede, Gerichtsbarkeit und Sprache, wobei der mit rund sieben Druckseiten bei weitem größte Anteil auf die Erläuterung der Doppeldeutigkeit des Begriffs ›Mitra‹, auf den Brozzi (»O Schandmütze«; *Seug.*, S. 102) und Musca (»zugespitzte Mütze«; *Seug.*, S. 141) anspielen, als Bischofs- und Schandzeichen entfällt. Gryphius illustriert den schmalen Grat zwischen Heil und Verderben anhand langer Zitate über Enea Silvio Piccolomini, der als Pius II. Papst wurde, aus Antoine Aubérys *Histoire générale des cardinaux* (1642) sowie über den Geistlichen Wilhelm Edelin, der als Verbündeter des Teufels hingerichtet wurde, aus den *Chroniques de Monstrelet* (15. Jahrhundert). Indem die Mitra sowohl für die Gottesfürchtigkeit als auch für die Sünde stehen kann, versinnbildlicht sie als Schlüsselmetapher des Stücks die beiden Wege, zwischen denen der Mensch bei freiem Willen trotz göttlicher Providenz zu wählen hat.

In dieses unmittelbar eingängige Wertesystem, das bereits in Razzis Stück angelegt ist, zieht Gryphius mit seinen paratextuellen Zutaten, welche so das ›untreue Hausgesinde‹ fokussieren, einen doppelten Boden ein. Denn die Dienstboten erweisen sich keineswegs als untreu, sondern sie treten immer wieder als mahnende Sachwalter von Gottesfurcht, Anstand und Moral auf. Die Ursache ihrer gleichwohl devianten Handlungsweisen liegt in der Loyalität gegenüber ihren Herrschaften, deren lustorientierten Lebenswandel sie freilich durchaus eigennützig decken, da ihr gesellschaftlicher Status von dem ihrer Arbeitgeber abhängt. Selbst der moralisch leichtsinnigen Amme ist schwerlich Untreue anzulasten, da sie ihren kapitalen Fehler begeht, um zur Erfüllung der Wünsche ihrer Herrin beizutragen. Durch den Widerspruch zwischen Gryphius' Gesindeschelte und der drameninternen Wirklichkeit gewinnt das Stück insofern erheblich an Komplexität gegenüber der Vorlage, als pauschale Verurteilungen ebenso ausgehebelt werden wie das naheliegende moraldidaktische Schwarz-Weiß-Schema mit eindeutigen Zuweisungen von ›gut‹ und ›böse‹. Nicht zuletzt unterläuft Gryphius in letzter Konsequenz auch seine eigene Position, da das Stück die in den Paratexten inszenierten Dienstboten-Ressentiments relativiert.

In der *Seugamme* kommt der glückliche Ausgang freilich nicht durch Einsicht, Reue oder gutes Handeln zustande, sondern durch bloßen Zufall. Während die Per-

---

28 Vgl. ebd., S. 357–359, das Zitat S. 359.
29 Vgl. mit weiterführenden Belegen Aikin (Anm. 13), S. 114.

sonen des Stücks am Schluß insofern »durch Schaden nicht klüger geworden«[30] sind, als für sie schlimmer als die Tat deren Entdeckung bleibt, werden dem Publikum immer wieder sentenzenhafte Verstehensanweisungen erteilt, welche die Risiken von Sittenlosigkeit und bloßem Schein verdeutlichen. Als moraldidaktische Quintessenz des Stücks darf es gelten, wenn Brozzi sagt: »MEnschen kan man ja leicht betrügen / und ihnen mit Worten eine andere Sache vorstellen / als in dem Hertzen steckt: aber nicht Gott den allerhöchsten der in das Geheim unser Gewissen siehet« (*Seug.*, S. 96).

An mehreren Stellen zeigt sich in der Entlarvung des Scheinhaften eine neustoizistische Grundierung. Diese Denktradition verortet menschliches Handeln im Spannungsverhältnis von *vanitas* und *fortuna*, das Musca mit dem Hinweis auf das Ausgeliefertsein an die Willkür des Schicksals akzentuiert: »ES scheinet es sey die Warheit / daß der Mensch keinen Anschlag machen könne / da nicht das Glücke einen gegen Anschlag vorbringe« (*Seug.*, S. 64). Die ethische Zentralforderung nach Affektkontrolle zeigt sich in Livius' Erwähnung der »Vernunft / welche die Führerin und Leiterin unserer Sinnen« sei (*Seug.*, S. 60), obgleich er sich, wie die meisten anderen Personen im Stück, von Lust, Begierde und Furcht leiten läßt. Broscus erinnert an die neustoizistische Empfehlung, das Unabänderliche mit Gelassenheit zu ertragen: »Gewiß / ich lebe frölich genung / weil ich mir an meinem Zustande begnügen lasse« (*Seug.*, S. 41). Im Dialog zwischen Musca und Broscus wird die Seefahrtsmetaphorik als unverkennbares Signal ausgespielt, wenn von »Meer«, »Ungewitter« und »Magnetrose« die Rede ist sowie davon, »daß / wo möglich / das Schiff sicher Lände« (*Seug.*, S. 45). Während Constantia, die einen sprechenden Namen (lat. *constantia*: Beständigkeit) trägt, immerhin die gute Wendung im Handlungsgang herbeiführt, erbringt Lesbia durch die konsequente Standhaftigkeit, mit der sie ihre Ehre verteidigt, die einzige aktive Tugendleistung innerhalb des ganzen Stücks:

> Jch werde das Leben keinmahl höher achten als die Ehre / denn ob man wohl jenes lieben sol / muß man dennoch diese nicht so geringe schätzen / daß man sie dem Leben wolle hintansetzen. Denn das Leben sonder Ehre bey einer Frawen / ist nicht Leben / sondern Tod / und eine Fraw sonder Ehre / ist keine Fraw. (*Seug.*, S. 92)

Zugleich verkörpert sie damit einen Gegenentwurf zu der im Stück vorherrschenden Misogynie, die weibliche Treue bestenfalls als Mangel an Gelegenheit begreift, denn, so Musca, »unter zehn Frawen welche durch die Lüste des Fleisches gefället / sind neune durch Gelegenheit / welche ihnen an die Hand gegeben / verführet« (*Seug.*, S. 21). Ginefra verkündet noch radikaler, daß »kein Weib / (daß ich nicht

---

30 Schulze (Anm. 9), S. 345.

sage Hure) auff der Welt ist / die nicht beraube / betrüge / und ieden / der ihr trauet / besudele« (*Seug.*, S. 71). Während Musca die Tat der Amme auf eine prinzipielle Unzuverlässigkeit der Frauen zurückführt (»O Gott! geh / geh / verlaß dich auff die Weiber!«; *Seug.*, S. 87), lenkt Gismund die Spitze gezielt auf weibliche Dienstboten, indem er anfügt: »Und vornemlich auff Mägdlin / liederlich Gesinde und Dorffvolck« (ebd.). Durch diesen Zusatz erlangt die Titelthematik des Stücks beiläufig eine genderspezifische Orientierung.

II.6.2 Absurda Comica. Oder Herr Peter Squentz

Von Bernhard Greiner

Das Stück rahmt in seinem Titel – *Absurda Comica. Oder Herr Peter Squentz / Schimpff-Spiel* – den Namen seiner Hauptfigur durch zwei Gattungsverweise ein. Erwartbar ist die Gattungsangabe im Untertitel, für den der auch zeitgenössisch wenig verbreitete Begriff »Schimpff-Spiel« gewählt ist. Grimms *Deutsches Wörterbuch* gibt für das 16. Jahrhundert als einzigen Beleg den Titel einer Teilausgabe von Werken des Hans Sachs an (»kurtze schimpfspiele, mancherley art«[1], 1561), für das 17. Jahrhundert den Titel der Gryphius-Komödie. Angezeigt wird damit ein ›kurzweiliges‹ Spiel oder ›Scherzspiel‹, im Rückgang auf die im Alt-, Mittel- und Frühneuhochdeutschen gegebene, dann aber zurücktretende Hauptbedeutung von ›Schimpf‹: »*scherz, spasz, kurzweil*«, »*lustbarkeit*«,[2] wie Squentz in seiner Vorstellung der Figuren zum gespielten Selbstmord Thisbes betont: »Sie ersticht sich nicht / es ist nur Schimpff! | Wir wollen schon brauchen Glimpff [d.i. angemessenes Benehmen]« (*Squ.*, S. 19). Zu dieser Hauptbedeutung von ›Schimpf‹ treten als weitere »*boshafter scherz, spott, verhöhnung*« hinzu, bis hin zu »*ehrverletzung, schmach, schande*«, die sich dann als alleinige Bedeutung erhalten haben.[3] So zeigt das Stück mit dem Gattungsbegriff »Schimpff-Spiel« an, daß hier kurzweilige, möglicherweise auch boshafte und ehrverletzende Scherze getrieben werden, die man allererst auf den im Titel genannten Peter Squentz beziehen wird, die jedoch auch den einschließen können – Hans Sachs –, der den Begriff offenbar als Gattungsbegriff eingeführt hat: lustige und böse Scherze also mit der städtischen Kultur des Meistersangs, für die im Stück der von Gryphius gegenüber Shakespeare neu eingeführte »Leinweber und Meister Sänger« (*Squ.*, fol. Aiij^r) Lollinger steht, der dann vorschlagen wird, dem König eine Liste mit Stücken zur Auswahl vorzulegen, wobei sich zu acht der angeführten elf Stücke (vgl. *Squ.*, S. 11) Entsprechungen bei Hans Sachs finden lassen (vgl. *D*, S. 1160). Der ›Schimpff‹ kann sich darüber hinaus und – der Reihung im Titel nach – zuerst auch auf die »Absurda Comica« beziehen, auf das Komische resp. die Komödie, zu der dann angezeigt wird, daß mit ihr solcher Scherz getrieben werden soll, daß sie ›mißklingend‹, ja ›abgeschmackt‹ und ›ungereimt‹, wenn nicht gar ›unbrauchbar‹ wird: alles Bedeutungen des lateinischen *absurdus*. Eine Komödie über die Komödie ist damit angekündigt und, da die Handlung dieser

---

1 Deutsches Wörterbuch von Jacob Grimm und Wilhelm Grimm. Neunter Band. Schiefeln–Seele. Bearbeitet von Moriz Heyne, Rudolf Meiszner, Henry Seedorf und Heinrich Meyer. Leipzig 1899, Sp. 185 s.v. ›SCHIMPFSPIEL‹.
2 Ebd., Sp. 166 und 167, s.v. ›SCHIMPF 1‹.
3 Ebd., Sp. 172 und 173.

Komödie darin besteht, daß auf dem Theater Theaterspiel vorbereitet, aufgeführt und von Zuschauern kommentiert wird, zugleich ein Theaterspiel über Theaterspielen.[4] Diese Selbstreferentialität der Komik wie des Theaterspielens scheint mit dem Attribut des Mißklingenden/Absurden in Verlachkomik ihren Perspektivpunkt zu haben, insofern diese im Innewerden eines Mißverhältnisses gründet, was einen sicheren Maßstab voraussetzt, an dem das Ungenügen manifest wird. Als dieser Maßstab ist im vorliegenden Stück das richtige Handhaben der beiden Ebenen jeder theatralischen Veranstaltung in ihrem Verhältnis zueinander anzusetzen, d.i. die der vorgestellten Welt und die der Wirklichkeit des Theaterspielens. Die Handwerker vermengen sie falsch, beziehen der vorgestellten Welt Zugehöriges immer wieder auf ihre Wirklichkeit als hier und jetzt agierende Personen, während sie umgekehrt den höfischen Zuschauern unterstellen, immer neu einer Belehrung über das Unterscheiden zwischen beiden Ebenen zu bedürfen. Eben solches ›Unterbrechen‹ des vom Spieler wie Zuschauer in jeder theatralischen Veranstaltung zu leistenden Inneseins beider Ebenen macht nun allerdings, seit ihrer Begründung im 5. Jahrhundert v.Chr. in Athen, das Herzstück der Gattung Komödie aus: die ›Parabase‹, das Heraustreten (in der attischen ›Alten Komödie‹: des Chors) aus der vorgestellten Welt, die Unterbrechung der Spiel-Illusion in direkten Anreden an die Zuschauer. Das Stück unterstreicht diese Verbindung von Unterbrechung, als Wechsel auf die jeweils andere Ebene des theatralischen Geschehens, mit Komödie, indem es die typisierte komische Figur der englischen Wanderbühne, den Pickelhering, zum Agenten der Unterbrechungen macht. Das Personenverzeichnis des Stücks bestimmt ihn als »des Königes lustige[n] Rath« (*Squ.*, fol. Aiij'), d.h. er agiert entweder auf Anweisung des Königs oder doch in Ausübung seiner Funktion als Hofnarr, wenn er sich den Handwerkern zugesellt und diese möglicherweise zu dem Plan inspiriert hat, vor dem König und dem Hof ein Spiel um Pyramus und Thisbe aufzuführen, in dem er dann die Hauptrolle (des Pyramus) übernimmt und dabei den größten Teil (acht von zehn in der Zählung des Squentz) der ›Unfälle‹ oder Fehler im Spiel, der »Säue«, wie Peter Squentz selbst sie nennt, eben der ›Mißklänge‹ oder ›Absurditäten‹ provoziert, durch die die Handwerker sich vor dem Hof zum Narren machen, ohne daß sie dessen inne werden. Die Inkarnation der Komödie, die stehende komische Figur, treibt die Komödie über die Komödie in die Mißklänge des Absurden. Wenn dies für die fiktiven höfischen Zuschauer lustvoll ist – »ich habe gelacht / daß mir die Augen übergehen« (*Squ.*, S. 38), versichert die Königin, »wir sind müder vom Lachen / als vom Zusehen« (*Squ.*, S. 42), resümiert der König –, begnügen sie sich entweder mit wohlfeilem Überlegenheitsgefühl über dilettierende Schauspieler, die in Fallen tappen, die sie, die Höflinge, durch ihren Agenten oder die dieser ihnen zu willen gestellt hat. Oder die Komödie macht gerade die ›Unfälle‹

---

4 Vgl. ausführlicher zu metatheatralischen Aspekten der Dramaturgie des Gryphius ↗ Kap. II.10.6 über »Metatheater, Spiel im Spiel«.

der Aufführung zum Bedeutungsträger, derart, daß die Mißklänge, in denen die Komödie über die Komödie immer wieder kulminiert, zum Gleichnis werden oder sich in ihnen noch eine ganz andere Art Komik als nur die des Verlachens entfaltet, d.i. eine Komik umfassender Übertretung resp. Entgrenzung – oder beides zugleich, obwohl dies nicht zusammengeht, was zu einem hybriden Mißklang nun auf der Ebene der Bedeutungskonstitution führt.

Solcher Komödie der Komödie, die die konstitutiven Regeln theatralischen Geschehens – daß auf zwei Ebenen, der vorgestellten Welt wie der Wirklichkeit des Spielens, zugleich agiert wird und beide zugleich bewußt sein müssen – immer wieder bricht, wird konsequent auch der Halt in der Position eines Autors entzogen, in dem das theatralische Geschehen seinen letzten und sicheren Grund hätte. Mit dem Thema des Stücks, seiner Problemstellung und strukturellen Eigenart, wie diese sich aus dem Titel und der Funktion der im Zentrum stehenden komischen Figur ergeben, ist ein Betrachtungshorizont geschaffen, in dem sich das Spiel erst erschließt, das der für den Druck des Stücks verantwortlich zeichnende »Philip-Gregori[us] Riesentod« (*Squ.*, fol. Aij^v) über den Vater, also Autor, dieser Komödie veranstaltet. Die kryptischen Angaben des Vorworts und die Veröffentlichungspraxis des Stücks zu Lebzeiten des Gryphius – das Stück erschien erstmals 1657 und 1658 in einer Teilsammlung der Werke des Gryphius nachgebunden mit separater Paginierung, und 1663 in der Werkausgabe letzter Hand wieder nachgebunden mit eigener Paginierung – haben durchaus begründete Zweifel aufkommen lassen, ob die vorliegende Komödie überhaupt ein eigenständiges Werk des Gryphius sei oder nur die Bearbeitung einer Vorlage, wenn nicht gar nur die letztere, und zwar des Professors für orientalische Sprachen und Mathematik an der Universität Altdorf bei Nürnberg Daniel Schwenter (1588–1636).[5] Offenkundig treibt der Verfasser der Vorrede ein Verwirrspiel um den Verfasser der Komödie.

Der Vorredner übergibt den »seiner Meynung nach Hochberühmbte[n] Herr[n] Peter Squentz«, der schon auf verschiedenen Schauplätzen die Zuschauer belustigt habe, dem Leser. So spricht er von der vorgestellten Figur (mit Verweis auf deren Eigendünkel) und zugleich vom Stück über diese, so daß in den nachfolgenden Ausführungen im einen immer das andere mitgemeint ist. Er betont, daß aufgrund der Erfolge des *Peter Squentz* sich »hier und dar Gemütter gefunden / welche sich vor gar seinen Vater auszugeben weder Scheu noch Bedencken getragen« (*Squ.*, fol. Aij^r). Dieses Konkurrieren um Vaterschaft vergleicht der Vorredner mit deren Bestreitung im Falle »etwas zu frühe an[ge]kommen[er]« Kinder (ebd.), so daß letzteres auch für Figur und Komödie des *Peter Squentz* gelten muß. Daß Kinder ›zu

---

5 So Peter Michelsen: Zur Frage der Verfasserschaft des »Peter Squentz« (1969) [768]. Die Argumente gegen die Verfasserschaft des Gryphius faßt Eberhard Mannack in seiner Ausgabe nochmals zusammen (vgl. *D*, S. 1138–1140), überzeugend entkräftet Nicola Kaminski (Andreas Gryphius (1998) [122], S. 159–164) diese als Trugschlüsse.

früh‹ kommen, stellen Väter fest, die zurückrechnen und daraufhin zweifeln, daß sie das Kind gezeugt haben, oder die nach Argumenten suchen, Verantwortung als Vater von sich zu weisen. Solch ein rechnender Vater ist offenbar der Vorredner. Das Kind, dem er nicht Vater sein will, weist er einem anderen Vater zu, dem »in allerhand Sprachen und Mathematischen Wissenschaften ausgeübte[n] Mann / Daniel Schwenter« (ebd.). Man muß rechnen können und verschiedene Sprachen beherrschen, sagt er damit, um als Vater dieses Kindes in Frage zu kommen.[6] Der deklarierte Vater könnte aber auch ein untergeschobener Vater sein; offenbar genügte der deklarierte Vater nicht zufriedenstellend, da der Vorredner noch seinen »liebsten Freund[ ]« bemüht, »welcher ihn [Squentz] besser ausgerüstet / mit neuen Personen vermehret / und nebens einem seiner Traurspiele aller Augen und Vrtheil vorstellen lassen« (*Squ.*, fol. Aij^v).[7] Von diesem Freund, der wegen anderer Geschäfte zur Drucklegung des Stücks nicht gekommen sei, so der Vorredner Riesentod, habe er den *Squentz* erbeten und den Druck besorgt. Wenn ein Kind nur ›zu früh gekommen‹ ist, kann dies an Vaterschaft zweifeln lassen, erweist das Kind sich dabei aber als ›zu wenig ausgerüstet‹, also als Frühgeburt, kann dies den Vater hinsichtlich seiner Au(c)torschaft auch wieder beruhigen, da er dann einen anderen Zeitpunkt der Zeugung ansetzen muß. So schwächt der Vorredner seine Zuweisung der Vaterschaft an einen anderen selbst wieder ab. Vom reklamierten Schwenter ist keine Komödie überliefert oder belegt, jedenfalls nicht in den noch in dessen Todesjahr (1636) erschienenen Leichenreden, sondern erstmals 1728 in einer Sammlung von Viten Altdorfer Professoren, die sehr gut von der Vorrede des *Peter Squentz* beeinflußt sein kann.[8] Schwenter hätte als anerkannter Mathematiker die ihm untergeschobene Vaterschaft zurückweisen können, wäre sie nicht über zwanzig Jahre nach seinem Tod erfolgt. Daß man wie Schwenter auch in Sprachen bewandert sein muß, um als Vater des ›absurden‹ Kindes *Peter Squentz* in Frage zu kommen, verweist auf fremdsprachliche Quellen: das Latein des Ovid, das Englische, aus dem die Komödianten der Wanderbühne ihre Stoffe entnahmen, die sie in Deutschland allerdings in deutscher Sprache spielten. Darunter Dramatisierungen des Pyramus-und-Thisbe-Stoffes, wozu indes auch deutsche Dramatisierungen

---

6 Oder eher als Mutter? Von Schwenter wird gesagt, er habe den »Peter Squentz« als erster »zu Altdorff auff den Schauplatz geführet« (*Squ.*, fol. Aij^r–Aij^v), was den Sinn von ›dem Theater zugeführt‹ haben kann; nimmt man Theater aber im Sinne barocker Weltsicht als die Welt selbst, ist damit weiter gesagt, er habe den *Squentz* zur Welt gebracht, was der Part der Mutter wäre.
7 Diese Bemerkung hat zur Annahme geführt, die *Absurda Comica* seien zusammen mit Gryphius' Trauerspiel *Cardenio und Celinde* aufgeführt worden, was dann auch zu Vergleichen zwischen beiden Stücken angeregt hat: Lernen die Figuren der *Absurda Comica* nicht, ihre Affekte zu beherrschen, so gelangen die Hauptfiguren in *Cardenio und Celinde* eben hierzu. Ausführlicher dazu: Judith P. Aikin: Genre Definition and Genre Confusion (1983) [658].
8 Detaillierte Belege hierzu bei Kaminski (Anm. 5), S. 161f.

hinzukommen,[9] nicht zuletzt die des im Elsaß lebenden Pfarrhelfers und Schuldieners, dann Organisten und zuletzt Pfarrers Samuel Israel (gest. 1633), von der wörtliche Übernahmen in die *Absurda Comica* festgestellt werden konnten.[10] Dieser Dramatisierung fehlt allerdings die sonst übliche Spiel-im-Spiel-Struktur. Daß »Riesentod«, der als Verfasser der Vorrede auftritt, ein Dichterpseudonym des Gryphius ist, wurde durch ein »Hirten-Gespräch« erwiesen, für das einmal, anläßlich der Hochzeitsfeier des kurfürstlich-brandenburgischen Hofrates Gabriel Luther, Riesentod als Verfasser zeichnet, bei einer nochmaligen Verwendung anläßlich einer anderen Hochzeit Gryphius selbst.[11] Der Dichter Gryphius hat dem seit Mai 1650 als Glogauer Syndikus politisch tätigen Gryphius den *Squentz* abgefordert und diesen 1657/58 zum Druck gebracht, wobei ersterer, wohl ehe sein Amt seine ungeteilte Aufmerksamkeit forderte, die ›Frühgeburt‹ dieses Stücks, sei es eine selbsterzeugte, sei es die Vorlage eines anderen, tiefgreifend bearbeitet hat: Schält sich das als die nicht allzuschwer ermittelbare Kerninformation der Vorrede über die Verfasserschaft des Stücks heraus, bleibt zu fragen, was das hier inszenierte und als solches auch angedeutete Vexierspiel um Vaterschaft an diesem Stück anzeigen will. Setzt man, wie dargelegt, daß die Mißklänge, das Absurde dieser Komödie daraus erwachsen, daß die Ebenen der vorgestellten Welt und der Wirklichkeit des Vorstellens falsch zusammengebracht werden, und dies auf dem gespielten Theater wie als Struktur der den Theatern sich darbietenden Komödie, so zeigt das Verwirrspiel um die Verfasserschaft an, daß das mißklingende Hineindringen der einen Ebene in die andere auch vor der Frage der Autorschaft nicht haltmacht. Das vorgestellte, fehlgehende Zusammenbringen von Fiktion und Wirklichkeit des Fingierens breitet sich als Verwirrung um untergeschobene und nachweisbare Verfasserschaft auch auf der Ebene aus, die gegenüber den absurden/mißklingenden Verbindungen einen sicheren Halt für Beurteilungen verspricht, d.i. der Ebene des Autors. Das Konstitutionsprinzip des entgrenzenden Eindringens der einen Ebene

---

9 Zu Pyramus-und-Thisbe-Dramatisierungen im 16. und 17. Jahrhundert vgl. Alfred Schaer: Die Peter-Squentz-Komödien (1909) [775]; Drei deutsche Pyramus-Thisbe-Spiele 1581–1607. Hg. von Alfred Schaer. Tübingen 1911 (Bibliothek des Litterarischen Vereins Stuttgart 255).
10 Tragœdia DE PYRAMI ET THYSbes amoribus. Das ist. Eine TRAGOEDIA von der grossen Vnausprechlichen [sic] Lieb zweyer Menschen / Pyrami vnd Thysbes, auch von dem Kläglichen vnd Jämmerlichen außgang derselben / genommen zum theil auß dem Ovidio, Reimensweiß in ein Spiel verfasset vnnd beschrieben / Durch SAMVEL ISRAEL von Straßburg / Jetziger zeit Organisten / vnnd Schuldienern zu Lohr im Breyßgaw. Gedruckt zu Straßburg / bey Jost Martin am Kornmarckt / ANNO M. DCI. Das Stück ist erstmals 1601 gedruckt, 1616 in dritter Auflage; Gryphius konnte während seines Straßburg-Aufenthaltes – Oktober 1646 bis Mai 1647 – davon Kenntnis erhalten haben. Zu Übereinstimmungen mit dem *Peter Squentz* vgl. Mannacks Kommentar (*D*, S. 1147f.) und Gerhard Kaiser: Absurda Comica (1968) [759], S. 223f.
11 Vgl. Karl-Heinz Habersetzer: Politische Typologie und dramatisches Exemplum (1985) [454], S. 58f.

in die andere kann per definitionem nicht eingegrenzt werden. Es gibt mithin keinen sicheren Maßstab der Beurteilung, von dem aus Mißlingen im Zusammenbringen der beiden konstitutiven Ebenen jeden Theaterspiels wie jeden schöpferischen Gestaltens eindeutig bestimmt werden könnte. Wer daher, das zeigt die Vorrede mit ihrem Vexierspiel an, die nachfolgende Komödie als reine Verlachkomödie aufnimmt, zielt an ihrer Grundstruktur vorbei. Die Mißklänge im Zusammenbringen der beiden Ebenen theatralischer Produktion werden offenbar nicht nur dargeboten, um die zu verlachen, die sie produzieren; sie sind statt dessen als eigene Bedeutungsträger zu befragen. Weiter zeigen sie Komik der Entgrenzung als wesentliches Moment dieser Komödie an.[12]

Über die Zeit der Entstehung des Stücks gibt es keine sicheren Belege. Hält man sich an die Informationen der Vorrede, muß sie vor der politischen Tätigkeit des *alter ego* Riesentods angesetzt werden; das führt zur Zeit zwischen Gryphius' Rückkehr nach Schlesien 1647 und seinem Amtsantritt in Glogau 1650.[13] Aufführungen des Stücks sind bezeugt in Breslau (1668), am Dresdener Hof (1672), in Görlitz (1672 und 1674), auf dem Schloß zu Torgau (1680), auf dem Heidelberger Schloß (1730);[14] für die literarische Wirkung des Stücks zeugt Christian Weises analog als Spiel im Spiel konzipierte Komödie *Lustiges Nachspiel / Wie etwann vor diesem von Peter Squentz aufgeführet worden / von Tobias und der Schwalbe / gehalten den 12. Febr. 1682.*[15]

Auch die Frage nach Quellen des Stücks ist hinsichtlich des wesentlichen Vorläufers, des Spiels im Spiel der Handwerker im *Midsummer Night's Dream* Shakespeares, nicht eindeutig zu beantworten. Die Pyramus-und-Thisbe-Erzählung Ovids im vierten Buch der *Metamorphosen* (IV,36–168) wird als Quelle, wenn auch verballhornt, von Squentz im Stück selbst benannt (*Squ.*, S. 3). Der Pyramus-und-Thisbe-Stoff war im 17. Jahrhundert auf dem Theater beliebt,[16] zu Aufführungen einiger Dramatisierungen gibt es Zeugnisse.[17] Mögliche Bezüge zu Gryphius' *Absur-*

---

12 Zu Verlachkomik und Komik der Entgrenzung als den beiden Grundformen des Komischen vgl. Bernhard Greiner: Komik-Theorien. In: ders.: Die Komödie. Eine theatralische Sendung. Grundlagen und Interpretationen. Tübingen ²2006 (¹1992), S. 87–113.
13 Ausführlicher hierzu Mannack im Kommentar seiner Gryphius-Ausgabe (*D*, S. 1140–1142).
14 Vgl. Willi Flemming: Andreas Gryphius und die Bühne (1921) [383], S. 45.
15 Hierzu Volkhard Wels: Der theologische Horizont von Andreas Gryphius' »Absurda Comica« (2008) [781], S. 399–402.
16 Vgl. Schaer 1909 (Anm. 8).
17 Die Aller Edelste Belustigung Kunst- und Tugendliebender Gemühter / Vermittelst eines anmühtigen und erbaulichen Gespräches Welches ist dieser Ahrt / die Vierte / und zwahr Eine Aprilens Vnterredung / beschrieben und fürgestellet von Dem Rüstigen. Franckfurt / bey Joh. Georg Schiele / 1666, S. 97–128; Lehrreiche Schrifften / Deren sich beyds Geist- als Weltliche / wes Standes und Alters sie auch sind / nützlich gebrauchen können / verfertiget von dem Weiland Hoch- und Wol-Ehrwürdigen / Edlen und Hochgelehrten Herrn Joh. Balthas. Schuppen / der Heil. Schrifft D. Com. Pal. Cæsar. Fürstl. Hessen-Darmbstädtischen Consistorial-Rath / und treu-eifrigen Seelsorgern zu

da Comica beschränken sich auf Einzelheiten (s.o. die Bemerkungen zum Stück Samuel Israels), wenig bedacht ist in der Forschung, was diesen Stoff gerade im 17. Jahrhundert so attraktiv hat erscheinen lassen können. Das Unglück der Liebenden gründet in falschem Lesen der Zeichen, zur Debatte steht mithin Verfallen an einen suggestiv sich aufdrängenden Schein, dem mit dem selbstgewählten Tod blutig geopfert wird – wenn Pyramus am vereinbarten Platz des Stelldicheins statt Thisbe nur deren zerrissenen und blutverschmierten Mantel vorfindet, muß er annehmen, daß sie Beute eines wilden Tiers oder gewalttätigen Menschen geworden ist, worauf er einen Liebestod in der Nachfolge der Geliebten zelebriert, den die von ihrer Flucht vor dem Löwen zurückgekehrte Thisbe an der Leiche des Geliebten wiederholt. So kann dem Stoff das barocke Grundthema des Verfallens an den Schein und der Aufgabe, diesen ideell zu überwinden (was im Liebestod angedeutet wird), abgelesen werden. Der Bezug zu Ovids Erzählung muß für Gryphius nicht über Dramatisierungen des Stoffes vermittelt sein, eine gute Kenntnis der *Metamorphosen*, die zeitgenössisch Bestandteil des Lateinunterrichts waren, ist beim Autor vorauszusetzen. Entsprechend wird Gryphius nicht entgangen sein, daß schon Ovid die Pyramus-und-Thisbe-Geschichte in eine Rahmenhandlung eingebettet hat, wobei die Orientierung von Rahmen- und Binnenhandlung sich widerspricht, also auch schon einen Mißklang produziert. In der Zeit, da die Priester den Frauen gebieten, das Fest zu Ehren des Dionysos zu feiern, die heiligen Handlungen im Gefolge des Gottes zu vollziehen, also die Zeichen des nahen Gottes anzuerkennen, bleiben die Töchter des Minyas verstockt. Sie mißachten die Zeichen, bleiben in ihrer Wirklichkeit der Arbeit – sie spinnen und weben – und versüßen sich diese durch das Erzählen von Geschichten, von denen die erste die des Pyramus und der Thisbe ist, eine Geschichte der schrecklichen Folgen falschen Lesens der Zeichen. Zuletzt tritt der in den Zeichen des heiligen Festes sich nähernde Gott in die gegen ihn verschlossene Welt der Minyas-Töchter ein, ihre Webstühle werden zu Rebstöcken, das Gewobene zu Efeulaub, sie selbst zu Fledermäusen. Die Metamorphose zum häßlichen Tier ist Strafe für die nicht geleistete zeitlich begrenzte Metamorphose: das Eintreten in ein anderes, vom Gott erfülltes Sein, gegenüber dem die lebensweltliche Wirklichkeit zur Schattenwelt wird. Entsprechend kann auch das Theater als begrenzte (kalkulierte) Metamorphose verstanden werden, und es erscheint überaus stimmig, daß es aus dem Dionysoskult hervorgegangen ist. Diese letztere Perspektive lag nicht im Wissenshorizont des 17. Jahrhunderts, wohl aber, daß die Pyramus-und-Thisbe-Geschichte samt Rahmenhandlung vom richtigen Umgang mit Schein und Sein und mit Welten verschiedenen Seinsranges handelt. Löst Ovid die Fraktu-

---

St. Jacob in Hamburg. Jn förmliche Ordnung zusammen getragen / und mit zwey Registern versehen. Franckfurt am Mäyn / Drucks und Verlags Balthasar Christoph Wusts / Jm Jahr Christi 1677, Teil 2, S. 239f.

ren zwischen beiden im Motiv der Metamorphose auf, behauptet sich in Gryphius' *Absurda Comica* immer neu der Mißklang.

Opinio communis der Gryphius-Forschung war lange, daß der Autor eine originale Kenntnis des *Midsummer Night's Dream* nicht gehabt haben kann, da die Dramen Shakespeares in Deutschland wie in allen anderen Ländern, in denen Gryphius sich aufgehalten hat – den Niederlanden, Frankreich, Italien –, im 17. Jahrhundert nicht rezipiert wurden, eine Bekanntschaft mit dem Stück also nur in entstellter und vor allem simplifizierter Form über Aufführungen der englischen Wanderbühne möglich gewesen sei. Die Anlage der *Absurda Comica* bestätigt das, da vom komplexen Gewebe vier verschiedener, wechselseitig sich spiegelnder Handlungsebenen bei Shakespeare – der mythischen Welt des Theseus und der Hyppolita, der bürgerlichen junger Liebender, der Feenwelt Oberons, Titanias und Pucks und der Welt der Handwerker – nur zwei bleiben, die der Handwerker und die der höfischen Zuschauer. Die Spiel-im-Spiel-Struktur der Shakespeare-Komödie bleibt dabei allerdings gewahrt, darüber hinaus wird, wie erläutert, durch die Einführung der zusätzlichen Figur des Pickelhäring, der in der Rolle des Hofnarren und zugleich als typisierte komische Figur die Unterhaltungsinteressen des Hofes bei den Handwerkern betreibt, ein neues Feld der Interaktion zwischen beiden Welten und Spielebenen geschaffen. Der Verarmung des Spiels gegenüber demjenigen Shakespeares steht also durchaus eine Bereicherung gegenüber, was die Vorrede herausstellt, wenn sie an der Bearbeitung des als ›Frühgeburt‹ charakterisierten ursprünglichen Stücks vor allem betont, daß das *alter ego* Riesentods das Stück »mit neuen Personen vermehret« habe (*Squ.*, fol. Aij^v). Die Spiel-im-Spiel-Handlung ist bei Shakespeare und Gryphius in analoge Phasen gegliedert, wenn auch Teilstücke verschieden plaziert sind. Im *Midsummer Night's Dream*: Titelangabe des zu spielenden Stücks (mit Gattungsangabe: »the most lamentable Comedy, and most cruell death of *Pyramus* and *Thisbie*«; S. 147a[18]) und Verteilung der Rollen – Spielprobe mit Reflexionen über Illusionierungsprobleme, die durch Heraustreten aus der Rolle und Selbstkommentar der Spieler gelöst werden sollen – Aufführung vor dem Herzog und dem Hof mit Kommentaren der Zuschauer zum Spiel, worauf die Schauspieler partiell antworten. Die Phasengliederung des Spiels im Spiel in Gryphius' *Absurda Comica*: Vorstellung des Stücks, Verteilung der Rollen, Erörterung von Illusionierungsproblemen und Lösungsvorschläge wie bei Shakespeare, Gattungsreflexion – anstelle der Spielprobe steht die Verhandlung des Squentz mit dem König über das auszuwählende Stück gemäß der vorgelegten Stückeliste – Aufführung vor dem

---

[18] A MIDSOMMER Nights Dreame. In: MR. WILLIAM SHAKESPEARES COMEDIES, HISTORIES, & TRAGEDIES. Published according to the True Originall Copies. *LONDON* Printed by Isaac Iaggard, and Ed. Blount. 1623, S. 145–162. Zitate aus dem *Midsummer Night's Dream* werden nach dieser Ausgabe (der *First folio edition*) im Text durch Seiten- und Spaltenangabe (linke Spalte: a, rechte Spalte: b) nachgewiesen.

König und dem Hof mit vielen Kommentaren der Zuschauer und vielen Unfällen (›Säuen‹) des Spiels, die vor allem Pickelhäring veranlaßt. Die Gliederung der Handlung in diese drei Teile ergibt sich schlüssig aus dem Vorhaben eines Theaterspiels, kann also nicht als Indiz für eine genauere Kenntnis des Shakespeare-Stücks aufgefaßt werden. Für solch eine Kenntnis hat zuletzt Nicola Kaminski vehement plädiert, wobei sie andere Indizien geltend macht.[19] Übereinstimmung von Namen: Peter Quince – Peter Squentz; Bottom, dessen Vorname Nick ist, der jedoch an einer Stelle, zu Beginn der Spielprobe, von Quince »bully *Bottome*« (im Sinne von: ›große Reden schwingender, einschüchternder Bottom‹) angesprochen wird (S. 151b), eben an der Stelle, an der Bottom dann vorschlagen wird, den Zuschauern in einem Prolog zu erklären, daß der im Spiel sich tötende Pyramus sich nicht wirklich töten werde, weiter, daß einige Figuren darlegen sollen, wer sie in der Wirklichkeit des Spielens sind; diesem »bully *Bottome*« entspricht bei Gryphius deutlich der Name des Blasbalgmachers: Bulla Butäin.[20] Über die strukturelle Analogie des Spiels im Spiel und vergleichbare Späße, bei denen die Figuren aus ihrer Rolle hinaustreten, macht Kaminski vor allem die in beiden Stücken entfaltete gattungstheoretische Reflexion geltend, die in beiden Fällen um Vermengung von Tragödie und Komödie kreist.[21] Quince charakterisiert sein Stück gegenüber den Handwerkern als »most lamentable Comedy« (S. 147a), den Stücktitel, den er dem Herzog vorgelegt hat, kommentieren dieser und der Hofmann Egeus:

> Lis[ander]. A tedious breefe Scene of yong *Piramus*,
> And his loue *Thisby*; very tragicall mirth.
> The[seus]. Merry and tragicall? Tedious and briefe? That is, hot ice, and wondrous strange snow. How shall wee finde the concord of this discord?
> Ege[eus]. A play there is [...],
> [...]
> And tragicall my noble Lord it is: for *Piramus*,
> Therein doth kill himselfe. Which when I saw
> Rehearst, I must confesse, made mine eyes water:
> But more merrie teares, the passion of loud laughter
> Never shed. (S. 159b)

Die Erläuterung des Egeus ist im *Peter Squentz* auf zwei Figuren verteilt. Der Meistersinger Lollinger argumentiert, das Stück sei eine Tragödie, weil zwei Figuren sich erstechen, Pickelhäring plädiert für Komödie wegen des guten Ausgangs, den

---

[19] Kaminski (Anm. 5), S. 166–170; vgl. auch Ernst Keppler: Andreas Gryphius und Shakespeare (1921) [429], S. 19–39; Ralf Haekel: Von Bottom zu Pickelhering (2008) [757].
[20] Die Charakterisierung »bully Bottom« wird noch ein weiteres Mal von Flute gebraucht (IV,2,18), wenn die Handwerker sehnlichst auf den verschwundenen Bottom warten, da ohne ihn das Spiel nicht aufgeführt werden kann.
[21] Zu diesem Ineinander im *Peter Squentz* vgl. Aikin (Anm. 6).

er allerdings in der Wirklichkeit des Spielens situiert: »die Todten werden wieder lebendig / setzen sich zusammen / und trincken einen guten Rausch« (*Squ.*, S. 9). Der dem Herzog vorgelegte Stücktitel – »ein schön Spiel lustig und traurig / kurtz und lang / schrecklich und erfreulich. Von Piramus und Thisbe« (*Squ.*, S. 11) – zitiert aus den Shakespeare-Passagen nahezu wörtlich: »tedious breefe« – »kurtz und lang«, »[m]erry and tragical« – »lustig und traurig«, »lamentable Comedy« – »schrecklich und erfreulich«. Die Entsprechungen sind erstaunlich, und da bei den intellektuell eher anspruchslosen Spielen der englischen Wanderbühne eine Tradierung dieser gattungstheoretischen Reflexion kaum anzusetzen ist, legt sich eine Kenntnis des *Midsummer Night's Dream* bei Gryphius trotz aller Gegenargumente doch nahe, wobei der Weg, auf dem Gryphius hierzu gelangt sein kann, dunkel bleibt. Weitere Argumente Kaminskis für einen direkten Bezug zur Komödie Shakespeares scheinen eher Folgerungen aus der nun als wahrscheinlich angenommenen Kenntnis zu sein. Die von Gryphius neu eingeführte Figur des Pickelhäring wird, als eine stehende Figur der Wanderbühne, als bewußt gesetzte Repräsentation der Vermittlung Shakespeares gedeutet, die Unfälle im Spiel der Handwerker, die er provoziert, entsprechend als Verweise auf die Entstellungen des Shakespeare-Stücks durch die Tradierung der Wanderbühne. Schwenter, dem in der Vorrede das ›zu früh gekommene‹ Kind *Peter Squentz* untergeschoben wird, offenbart sich in diesem Horizont als »Deckname für den im Deutschland des 17. Jahrhunderts noch nicht rezipierbaren Shakespeare«.[22]

Die nicht restlos sichere Verfasserschaft und die viele Dunkelheiten belassende Quellenfrage haben viel Forschungsenergie zu den *Absurda Comica* gebunden. Die literarische Qualität des Stücks rechtfertigt diesen Aufwand aber durchaus: als Komödie über Komödie, Theaterspiel und Repräsentation, als theologisches Gleichnis sowie in seiner Entfaltung einer umfassenden Komik der Entgrenzung.

Die zentrale Funktion im Stück übt nicht Squentz, sondern Pickelhäring aus, die typisierte komische Figur der englischen Wanderbühne. 1618 von Robert Reynolds, dem Leiter einer englischen Komödiantentruppe, erfunden, löste der Pickelhering den bisher bei den englischen Wandertruppen üblichen John ab. Er trägt ein bizarres Kostüm, möglicherweise eine Maske und bewegt sich übertrieben, paart Dummheit und Selbstüberhebung, sein Part ist auch, direkte Beziehungen zwischen Bühne und Publikum herzustellen.[23] Letzteres vor allem macht Gryphius produktiv,

---

[22] Kaminski (Anm. 5), S. 169. In »Schwenter«, so Kaminski, klinge der bei Ulrich von Liechtenstein belegte Name »Swendenwalt« nach, der seinerseits hyperbolisch, statt eines einzelnen Speers einen ganzen Wald berufend, für »sper swenden« [Speere verschwenden] stehe, dessen englisches Pendant ›shake-spear‹ sei (ebd., S. 169f. mit Anm. 22): diese Eindeutung Shakespeares wirkt sehr bemüht.

[23] Vgl. (Art.) Lustige Person. In: Christoph Trilse, Klaus Hammer und Rolf Kabel: Theaterlexikon. Berlin 1977, S. 343–345, hier S. 344.

während er die Verbindung von Dummheit und Selbstüberhebung auf die Figur des Squentz verschoben hat. Daß Gryphius' Pickelhäring in Maske zu agieren hätte, wird im Text nirgends angezeigt; als »des Königes lustiger Rath« hätte er ein Narrenkostüm zu tragen, was im Stück seine Sonderstellung unter den Handwerkern jederzeit sinnlich sichtbar machte. Squentz eröffnet seinen Plan, ein Theaterstück aufzuführen, mit dem Hinweis, ihm sei berichtet worden, der König sei ein »grosser Liebhaber von allerley lustigen Tragœdien und prächtigen Comœdien« (*Squ.*, S. 3); über Vorlieben des Königs kann ihm am ehesten berichten, wer sich in dessen Nähe aufhält, wie der Hofnarr, zu dessen Rolle auch die widersprüchlichen Gattungsbezeichnungen, die königlichen Vorlieben betreffend, passen. So ist Pickelhäring als Initiator des Theaterprojekts anzusehen; er malt dann bei der Vorbereitung des Spiels viele Schwierigkeiten der Inszenierung aus, verbunden mit dem Rat, die Figuren sollten sich selbst erläutern und dabei sich in ihrer Wirklichkeit als Spieler vorstellen. Während der Aufführung provoziert er acht der zehn Brüche im Spiel: Übertragungen von Aussagen, die die vorgestellte Welt betreffen, auf die Wirklichkeit des Spiels und der Spieler. So ist es vor allem sein Werk, daß das Spiel im Spiel für die fiktiven wie die realen Zuschauer und Leser Relevanz nicht durch das im Spiel Vorgestellte, sondern in der Wirklichkeit des Spielens insbesondere durch die dabei unterlaufenden Fehler gewinnt. Für den höfischen Zuschauer spielen die Handwerker, wenn sie in ihrer Wirklichkeit des Spielens zu agieren scheinen, im Theaterstück, das Pickelhäring inszeniert; sie spielen ihre Rollen hier allerdings, ohne sich dessen inne zu sein, d.h. in einem Theater der Präsenz, in dem sie im wahrsten Sinne des Wortes ihre eigene Haut zu Markte tragen. Pickelhäring agiert als Autor und Regisseur eines potenzierten Theaters im Theater, das sich, vom realen Zuschauer oder Leser aus betrachtet, als ein Spiel (Gryphius' Komödie) darstellt, in dem Pickelhäring eine böse Komödie mit den Handwerkern spielt, indem diese eine ›Tragödie‹ aufführen: ein Spiel im Spiel also dritter Potenz. Pickelhäring agiert so als Spaßmacher des Hofes, wobei der Hof entweder schon vorgegeben hat oder durch das vom Narren angezettelte Spiel dazu angeregt wird, daß er sich auf die durch das Spiel der Handwerker vorgestellte Welt gar nicht einläßt, also eine Grundregel des theatralischen Paktes – die theatralische Illusion anzuerkennen – nicht erfüllt. Die Zuschauer beziehen sich in allen Kommentaren und Eingriffen immer nur auf die Ebene, die für die Handwerker die Wirklichkeit ihres Theaterspielens ist, sie finden ihr Ergötzen an einem Theater, das die Wirklichkeit zu sein scheint, bzw. an dieser Wirklichkeit, die sie als Theater erkennen. Da sie das Theaterspielen auf dieser Ebene interessiert, werden die Handwerker am Ende für ihre Unfälle im Spiel bezahlt, da diese sie immer wieder aus ihrer gespielten Welt in die Wirklichkeit ihres Spielens gestoßen und darin festgehalten haben. Die Handwerker haben kein Wissen um ihr Theaterspielen auf dieser Ebene; die Chance, ein solches Wissen zu gewinnen, wird ihnen am Ende eröffnet, wenn sie für ihre »Säue« (*Squ.*, S. 42) bezahlt werden. Da sie jedoch als von Affekten beherrscht gezeigt werden, wozu auch Habgier zählt, wird die Deutung nahegelegt, daß der materielle Gewinn ihnen genügt, ja daß dieser geradezu eine höhere Einsicht über das Theater, das stattgefunden hat, verhindert.

Die Unfälle im Spiel der Handwerker bestehen darin, daß sie die beiden Ebenen des Theaterspiels verwirren: Klagen, die in der vorgestellten Welt einer Figur oder einem Requisit gelten (z.B. der Wand), nehmen die Darsteller als Beleidigung ihrer Person; ein Spieler bleibt in der Rolle, die er verkörpert hat, auf der Bühne, obwohl sein Part zu Ende ist, d.h. nicht mehr als Figur, sondern als Zuschauer des weiteren Spiels; eine Figur antwortet einer anderen nicht auf der Ebene der vorgestellten Welt, sondern in der Wirklichkeit des Spielens, findet dort aber gerade das Reimwort, so daß der Zusammenklang des Reims zwei ontologisch prinzipiell geschiedene Ebenen verbindet, also zugleich Mißklang ist (Thisbe bittet an der Leiche des Piramus: »Ey sage mir doch [...] / Nur noch ein einiges Wörtlein«, worauf der im Spiel schon tote Piramus, den die Sprecherbezeichnung hier noch mit diesem Namen nennt, obwohl sie den Darsteller Pickelhäring angeben müßte, antwortet: »Jch habe nichts mehr in meinem Zedelein«; *Squ.*, S. 37); reziprok ist es wieder Pickelhäring, der spielt, seinen Text vergessen zu haben, von Squentz sein Stichwort erbittet und dessen spontanen Seufzer »Das ist die ander Sau« als Rollenrede wiederholt (*Squ.*, S. 21). Während sich die höfischen Zuschauer nur auf die Wirklichkeit des Spielens der Handwerker beziehen, unterstellen diese jenen völlige Illusionierung und glauben, von ihrer jeweils verkörperten Figur auf ihre Wirklichkeit als Spieler weisen zu müssen. Die Verwirrung der Ebenen greift aber auch auf das Drama insgesamt resp. den Autor über, wenn mehrfach Figuren, deren Part vorbei ist, in den Sprecherbezeichnungen bei ihren weiteren Aktionen immer noch mit ihren Figurennamen geführt werden, statt nun mit dem Namen des Darstellers der Figur (so bei den Aktionen der im Spiel schon toten Figuren Piramus und Thisbe).

Das Ergötzen, das die Zuschauer am Spiel der Handwerker haben, ist allererst eines des Verlachens, das im Innewerden eines Mißverhältnisses von Anspruch und Wirklichkeit gründet, wobei der Maßstab des Richtigen angemessener Umgang mit den beiden Ebenen des Theaterspiels ist. Pickelhäring veranlaßt in seiner Funktion als Hofnarr die meisten Spielunfälle der Handwerker. Vom Hofnarren werden traditionell jedoch hintergründigere oder tiefsinnigere Späße erwartet als wohlfeiles Bereitstellen von Gelegenheiten für ein gebildetes Publikum, über einen inkompetenten, maßlos sich überschätzenden Dorfschullehrer und biedere Handwerker zu lachen, die sich auf das ihnen fremde Feld des Theaterspielens begeben haben. Im vorliegenden Stück entspricht die komische Figur dieser Erwartung durchaus, da sie die Aufgabe des Rollenspiels in richtigem Zusammenbringen von Vorgestelltem und Wirklichkeit des Vorstellens in das Dasein der Zuschauer hineinspiegelt. Pickelhäring bleibt als Person, die diese komische Figur vorstellt, durch das gesamte Stück hindurch ungreifbar, auf jeder Ebene der theatralischen Veranstaltung ist er Figur; als solche macht er die Wirklichkeit des Spielens der Handwerker selbst wieder zu Rollenspiel vor den höfischen Zuschauern. Mithin ist er – immer Figur bleibend, nie als deren Darsteller kenntlich werdend – die Instanz, die jede Wirklichkeit zu einer (gewollten oder ungewollten) Theatervorstellung macht, also auch für die Zuschauer. Am Agieren des Hofnarren als komischer Figur müssen auch sie sich fragen, ob sie sich, vom Hofnarren in die Lage versetzt, dilettierende Schauspieler zu verlachen, nicht auch ihrerseits in einem von der komischen Figur inszenierten Schauspiel als Spieler befinden. Und selbstverständlich ist dies zu bejahen, da das Grundgesetz ihres Daseins Repräsentation ist, d.i. etwas vorzustellen, wobei die Wirklichkeit des Vorstellens, die höfische Welt, selbst wieder eine theatralische ist, so daß hinter der Maske nie ein Gesicht resp. ein Ich aufscheint, sondern immer nur eine andere Maske. An den Handwerkern können die höfischen Zuschauer sich selbst betrachten, ihr Agieren unter Rollenzwang, der verlangt, die Ebenen der Vorstellung und der Wirklichkeit des Vorstellens nicht zu verwirren. Da die Handwerker dem Druck richtigen ›Repräsentierens‹ nicht genügen, ihn in den Unfällen ihres Spiels vielmehr aufbrechen, können die Zuschauer, in diesem Spiel mitagierend, solange es währt, sich vom Druck des Rollenspiels befreien. So ist die Lust, die das Spiel der Dilettanten für die fiktiven Zuschauer eröffnet, nicht nur eine des Verlachens im Innewerden eigener Überlegenheit, sondern auch eine der Befreiung vom Druck, den das Rollenspiel mit seiner Forderung auferlegt, der verschiedenen Ebenen des Repräsentierens stets inne zu sein, d.h. sie gegeneinander abzugrenzen. In diesem Sinne ist die eröffnete Lust eine der Entgrenzung.

Die Frage nach der Art der Komik der *Absurda Comica* ist aber nicht nur für die fiktiven Zuschauer am potenzierten Spiel im Spiel zu stellen, sondern auch für den Zuschauer außerhalb des Stücks und den Leser der Komödie. Komik und Lust auf dieser Ebene erschließen sich darin, daß das Verwirren der Spielebenen sowie die Potenzierung des Theaterspiels, insofern jede Wirklichkeit des Spielens wieder als Rollenspiel auf einem Theater der nächsthöheren Betrachtungsebene anzusetzen ist, als Gleichnis angezeigt wird, das über den Horizont des höfischen Daseins der fiktiven Zuschauer hinausweist. Berufen ist damit die dem Barock geläufige Rede- und Denkfigur des Welttheaters, in der die Welt insgesamt als Bühne, menschliches Handeln als Rollenspiel vorgestellt werden.[24] Die Denkfigur des Welttheaters setzt sich aus den Komponenten Autor, Spielleiter, Spielgeschehen, Akteure und Zuschauer zusammen. Autor des Spielgeschehens, das Dasein als Rolle-Spielen zeigt, ist in Gryphius' *Absurda Comica* Pickelhäring, auf dem Welt-Theater in barocker Vorstellung Gott, so daß die Komödie mit ihrer Perspektivierung zum Topos ›Welttheater‹ die komische Figur in den Umkreis Gottes rückt, umgekehrt diesen auch in den Umkreis von jener. Spielleiter, der die Rollen vergibt und wieder zurücknimmt, ist in den *Absurda Comica* Squentz, aber hierbei nicht ohne Pickelhäring zu denken,

---

24 Siehe hierzu das ↗ Kap. II.10.6 über »Metatheater, Spiel im Spiel« sowie Bernhard Greiner: (Art.) Welttheater. In: Reallexikon der deutschen Literaturwissenschaft. Hg. von Jan-Dirk Müller. Berlin 2003, Bd. 3, S. 827–830; Wilfried Barner: ›Theatrum mundi‹. Der Mensch als Schauspieler. In: ders.: Barockrhetorik. Tübingen 1970, S. 86–131; Peter Rusterholz: Theatrum vitae humanae (1970) [405].

auf dem Welt-Theater als Perspektivpunkt der *Absurda Comia* kommt diese Position aufgrund deutlich theologischer Anspielungen wieder Gott zu. Spielgeschehen ist im Binnenspiel der Komödie das Handeln des Menschen als närrisches Treiben, im Rahmenspiel das Dasein des höfischen Menschen unter dem Gesetz der Repräsentation, auf dem Welt-Theater wäre es der Weltlauf als ganzer. Akteure sind im Binnenspiel die dilettantischen Spieler, die, ohne dies zu erkennen, wie Puppen von der komischen Figur bewegt werden, im Rahmenspiel sind es die höfischen Menschen, die ihr Handeln selbst zu verantworten haben, auf dem Welt-Theater ist dies der Mensch generell als für sein Handeln Verantwortlicher. Zuschauer und Richter des Theaterspielens der Handwerker ist der König mit seiner Familie, auf dem Theater der Welt als ganzer ist dies wieder Gott, dem aber noch weitere Zuschauer und Richter, z.B. Christus als Erlöser, beigesellt sein können. Ihren besonderen Akzent hat die Denkfigur des Welttheaters in Gryphius' *Absurda Comica* darin, daß sie ein Umspringen der Vorstellung von Tragödie und Komödie bereithält, damit einen sowohl tröstlichen als auch warnenden Gehalt, gerade wenn der Topos in einen theologischen Deutungshorizont eingerückt wird.

Das Umspringen von Tragödie zu Komödie begründet Pickelhäring im Rekurs auf die theatralische Dopplung: die in der vorgestellten Welt zu Tode kommenden Figuren würden als Spieler wieder lebendig (vgl. *Squ.*, S. 9). Der Umschwung ist an dieser Stelle rein innerweltlich gedacht; von den Toten, die so lebendig werden, wird nur gesagt, daß sie sich »einen guten Rausch« antrinken würden, worin, als Phantasie dessen, der in diesem Spiel für die komische Figur schlechthin steht, ein Verweis auf dionysische/bacchantische Entgrenzung mitgehört werden kann. Das Drama zielt jedoch auf einen weitergehenden theologischen Gehalt, da es dieses Lebendig-Werden mit der Vorstellung von ›Auferstehung‹ verbindet. Das wird zuerst als Vorgang sinnlich vorgeführt. Nachdem im Binnenspiel Piramus und Thisbe sich getötet haben, fragt die Prinzessin »wer wird denn die Toten begraben?«, worauf Piramus, eigentlich jedoch Pickelhäring, da Piramus im Spiel schon tot ist, antwortet: »Wenn die Comœdianten abgegangen sind / wil ich Thisben selber weg tragen« (*Squ.*, S. 38). Eben dies wird dann auch sogleich vollzogen. Die Regiebemerkung hält nach dieser Replik fest: »Der Mond und Brunnen gehen stille davon / Piramus stehet auff / Thisbe springet ihm auff die Achseln / Piramus trägt sie mit hinweg« (*Squ.*, S. 39). Die Vorstellung einer veritablen Auferstehung von den Toten – statt eines bloßen Wechsels von der Ebene der Figur zu der des Schauspielers – suggeriert das Drama hier dadurch, daß es bei der Beschreibung des Auferstehungsaktes immer noch die Figurennamen gebraucht, wo die Darsteller der Figuren benannt werden müßten. Squentz stellt dann im unmittelbar anschließenden Epilog diesen christlich-eschatologischen Horizont des Lebendig-Werdens der Toten als Effekt theatralischen Geschehens pointiert heraus, wenn er als Lehre des abgelaufenen Spiels u.a. festhält: »es sey schön / | Wenn man die Todten siht auffstehn« (ebd.). Wird das Theaterspiel so zum Versprechen und zur Vorwegnahme einer Auferstehung von den Toten am Ende aller Tage, so ist hierin auch die gegenläufige, blasphemische Lesart[25] enthalten: Auferstehung von den Toten als ein bloßer Theatereffekt auf der Weltbühne.

Dem transzendent orientierten, beglückenden, zumindest tröstlichen Gedanken vom Lebendig-Werden der Toten als Perspektive eines religiös gedachten Welttheaters stellt das Drama allerdings, wohl als Warnung, die Vorstellung eines immanent bleibenden Lebendig-Werdens von Toten entgegen, derart, daß die Toten als Tote Wirkungen wie Lebende zeitigen. Squentz resümiert über das Ende des Spiels – daß Piramus Thisbe, genauer: daß der Darsteller des Piramus den Darsteller der Thisbe wegetragen hat –, er habe »getichtet [...] | Daß ein Todter den andern begräbt« (*Squ.*, S. 40). Squentz hat dies keineswegs gedichtet, es war vielmehr die Frage der Prinzessin, wer die Toten begraben werde, die Pickelhäring als Piramus die Gelegenheit eröffnete, eine theatralische Auferstehung von der toten Figur zum lebendigen Schauspieler vorzuführen. Squentz rückt diesen Vorgang durch ein eigenes Beispiel, wie »ein Todter den andern begräbt«, in einen weiteren theologischen Horizont. Denn nur im Rekurs auf die Bibel ist der Fall, den er erzählt, überhaupt passend, da vordergründig der tote Jude, in dem Christen, der ihn geschultert hat und den er durch sein Übergewicht in einen Brunnen stürzen läßt, einen Lebendigen begräbt. Christus antwortet einem auserkorenen Jünger, der bereit ist, ihm zu folgen, zuvor jedoch noch seinen Vater begraben will: »Las die Todten jre Todten begraben / Gehe du aber hin vnd verkündige das reich Gottes« (Lk 9,60, analog Mt 8,22).[26] Zu den Toten gehört laut diesem Wort, wer weltliche Forderungen höher einschätzt als den Ruf Christi. Letzterem folgen die Juden nicht, darum erscheint der Jude in Squentz' Geschichte als Toter, der dann auch in seinen Tod hineinzieht, wem weltliche Angelegenheiten wichtiger sind als das Reich Gottes. Gefangen-Bleiben im Irdischen, vor allem Sinnlichen, zeigt nun aber gerade das Handwerkerspiel: sowohl das aufgeführte Stück, das die tödlichen Folgen für die vorführt, die nur von ihren Affekten bestimmt werden, zugleich Zeichen falsch lesen, also im Schein befangen sind, als auch das Verhalten der Handwerker bei der Aufführung. Auch sie haben ihre Affekte nicht unter Kontrolle, überschätzen sich wahnhaft, haben allein materiellen Gewinn vor Augen. Indem die *Absurda Comica* solches Verfallen-Sein an den Schein zeigen, zugleich ein Sich-zum-Narren-Machen, das dessen nicht einmal inne wird und die Zuschauer lustvoll – die Narren verlachend, auf deren entgrenzendes Handeln sich aber auch einlassend – hieran teilhaben läßt, zeigen sie sich der Institution der Fastnacht wie der seit dem Spätmittelalter gebräuchlichen Fastnachtspiele verbunden. Fastnacht bietet Gelegenheit, sich der verkehrten sündhaften Welt zu überlassen, was das Fastnachtspiel dann auch vorstellt, um den

---

25 Eine »auf der Grenze zur Blasphemie sich bewegende eschatologische Dimension« erkennt Kaminski (Anm. 5), S. 176, dem Spiel zu.
26 Die Anspielung auf diese Bibelstelle erläutert ausführlich Wels (Anm. 14), der mit Blick auf den theologischen Gehalt des Stücks dieses in die Tradition der Fastnachtspiele einreiht.

Menschen seiner Verstrickung in die Sünden der Welt sich bewußt werden zu lassen und ihm die Augen für sein wahres Heil zu öffnen. Solche Aschermittwochs-Einsicht und -Umkehr zeigen die Handwerker nun allerdings nicht, wie auf der anderen Seite die protestantische Theologie Werke und Bußrituale verwirft, da allein der Glaube an die Gnade Gottes zum Heil führen könne. Einzig den fiktiven Zuschauern, die sich dem närrischen Treiben der Handwerker hingeben, es noch weiter anstacheln, könnte Einsicht zugebilligt werden, etwa darin sich manifestierend, daß der König die Handwerker für das Mißlingen ihres Spiels, nicht für das Gelingen bezahlt: als Bekräftigung barocker Sicht der *vanitas mundi* wie des theologischen Wissens um die zu leistende Umdeutung von Weisheit und Narrheit gemäß dem Paulus-Wort »Niemand betriege sich selbs. Welcher sich vnter euch düncket Weise sein / der werde ein Narr in dieser welt / das er möge weise sein. Denn dieser welt weisheit ist torheit bey Gott« (1 Kor 3,18f.). Es spricht einiges dafür, die *Absurda Comica* in die Tradition der Fastnachtspiele einzuordnen – gerade durch die Ambivalenz, die das Entfalten beider Grundarten der Komik ermöglicht: Verfallen-Sein an die irdischsündhafte Welt, Narrentum in der Komik der Entgrenzung mitzuvollziehen und dabei mit der Komik des Verlachens zugleich zu geißeln. Aber der Nachweis einer protestantischen Umbildung des theologischen Gehalts dieser Spiele, der im Falle des Autors Gryphius erbracht werden müßte, bleibt heikel. Daß die Spieler mangelnde Einsicht zeigen, damit theologisch in der Sünde verharren, und daß sie für ihre Fehler von einem König bezahlt werden, der in seinem Namen (Theodor) auf Gott verweist, muß dann als Verweis auf den lutherischen Gedanken genügen, daß der Mensch immer Sünder und Gerechter zugleich sei.

Gegenüber Schwierigkeiten, die *Absurda Comica* dezidiert protestantisch-theologischem Denken zuzuordnen, ist die theologisch-eschatologische Perspektivierung des potenzierten Theaterspiels sinnfällig und fraglos. In diesem Horizont darf der Autor der Vorlage des Binnenspiels, Ovid, zu einem »Heil.[igen] alte[n] Kirchen-Lehrer«, sein Buch zu einem »*Memorium phosis*« werden (*Squ.*, S. 3), zu verstehen als ›Erinnerung des Lichts‹ der frohen Botschaft, daß Tote wieder lebendig werden: auf dem kleinen Theater dilettierender Schauspieler wie auf dem großen Theater der Welt vor Gott. Ist Entgrenzung der Motor der *Absurda Comica*: als Verwirren der Ebenen des Theaterspiels, ebenso der Rangstufen des Seins (im ständisch-sozialen wie religiösen Sinn) und des Wissens (also der Narrheit und der Weisheit), das sich als mißklingend/absurd darbietet, zugleich aber auch die Heilsbotschaft vom Auferstehen der Toten bereithält, so verdankt diese Entgrenzung sich im wesentlichen der komischen Figur, nicht dem Autor; im Binnenspiel mithin nicht Peter Squentz, der in hohem Maße von Pickelhäring gelenkt erscheint, was Kreise bis zur Komödie als ganzer zieht (da Entgrenzung nur eine solche bleibt, wenn sie jede Grenze überspielt), insofern deren Autorschaft in einer scherz-, also komödienhaften Vorrede zwischen verschiedenen Vätern hin- und hergeschoben wird, so daß sie sich jeder endgültigen Festlegung entzieht. Die *Absurda Comica* halten die beiden Grundformen des Komischen dem Betrachter bereit und entfalten sie selbst schon in ihrer

Welt, die Komik des Grenzen setzenden Verlachens aus einer Position der Überlegenheit wie die des einstimmenden Mitlachens in einer Bewegung der Entgrenzung. Sie leisten dies in einem Spiel über Tragödie und Komödie, über deren Ineinander-Umspringen, das zugleich Spiel über das Theaterspielen ist und Spiel im weiten Horizont des Welttheaters und das aus dem Zugleich beider, aus dem umspringenden, Grenzen verwischenden Wechseln zwischen beiden eine heilsgeschichtliche Perspektive entwickelt. Die Komödie, die all dies leistet, darf wohl als eine der gelungensten der deutschen Literatur erkannt werden.

II.6.3 *Horribilicribrifax Teutsch*
Von Daniel Fulda

Entstehung, Druck und frühe Aufführungen

Der *Horribilicribrifax* entstand zwischen 1648 und 1650, parallel zum oder kurz nach dem *Peter Squentz*. Im nach dem fünften Aufzug abgedruckten »Heyraths-Contract« wird ein Peter Sqventz nach Sempronius und Cyrilla als Zeuge angeführt (*Horr.*, S. 96). Die Handlung setzt voraus, daß der Dreißigjährige Krieg vorüber ist und der Kaiser mit dem »König in Schweden« Frieden geschlossen hat (*Horr.*, S. 15), was historisch am 24. Oktober 1648 geschah. Als *terminus ante quem* gilt Gryphius' Amtsantritt in Glogau im Jahr 1650, da sich der Autor in der vorangestellten Vorrede des Daradiridatumtarides als von dieser Figur Angesprochener inszeniert, der sich wundert, daß man »die Thorheiten seiner Jugend von ihm begehret[]« und zum Druck befördern möchte (*Horr.*, fol. Aiiij^r). Subtile Bezüge auf die Situation in Schlesien nach dem beendeten, aber noch massiv nachwirkenden Krieg hat Nicola Kaminski herausgearbeitet.[1]

Zuerst veröffentlicht wurde der *Horribilicribrifax* als Anhang zur Ausgabe letzter Hand von 1663 (*FT*). Weitere Drucke erschienen 1665, um 1695 (ohne Jahresangabe) sowie 1698. Die gängigen Ausgaben (von Powell [*GA* VII], Dünnhaupt [40] und Mannack [D]) folgen dem Erstdruck. Aufführungen im 17. Jahrhundert sind lediglich für 1674 im Gymnasium Altenburg sowie für 1686 in Görlitz bezeugt. Kaminski argumentiert, daß eine »Aufführung in Glogau um 1648« oder kurz danach »dem Scherzspiel als textkonstitutive Implikatur eingeschrieben« sei, weil es so vielfältig auf die lokalen Kriegserfahrungen anspielt.[2]

Dramaturgie, Gattungstraditionen und Quellen

Dramaturgisch ist das Stück durch das »Prinzip der Verdopplung«[3] geprägt. Bereits dem Titel tritt vor dem eigentlichen Dramentext, also nach der Vorrede des Daradiridatumtarides und dem Personenverzeichnis, ein zweiter Titel zur Seite: *Wehlende Liebhaber*, zusätzlich akzentuiert durch die Gattungsangabe »Schertz-Spiel« (*Horr.*, S. 1). Zusammengenommen verweisen die beiden Titel darauf, daß hier zwei unterschiedliche Komödienmodelle, an denen das Stück gleichermaßen Anteil hat, für eine ›teutsche‹ Szenerie adaptiert werden: »While the first part – the pompous Latin

---

1 Vgl. Nicola Kaminski: EX BELLO ARS (2004) [797], S. 351–362.
2 Ebd., S. 353, Anm. 37.
3 Nicola Kaminski: Andreas Gryphius (1998) [122], S. 180.

name of one of the ridiculous *capitano*-figures – would hint that the play is a satirical comedy that ridicules a particular comic type all too prevalent in post-war German society, the second part implies that the piece is a romantic comedy involving multiple pairs of lovers that will end happily in multiple marriages.«[4] Der *Horribilicribrifax* zielt nicht bloß auf das satirische Verlachen sozial niedriger und/oder moralisch defizienter Figuren gemäß der Opitzschen Norm (»Die Comedie bestehet in schlechtem wesen vnnd personen: redet von [...] ruhmrätigen Landtsknechten / buhlersachen / leichtfertigkeit der jugend / geitze des alters / kupplerey vnd solchen sachen / die täglich vnter gemeinen Leuten vorlauffen«[5]). Vielmehr steht er ebenso in einer alternativen Gattungstradition italienischer Herkunft, »that treats the virtuous deeds, troubles, and happy outcomes in the lives of admirable persons of any social class, but often from the nobility and royalty«.[6]

Verdopplungen sind ebenso kennzeichnend für die Figurenkonstellation: Nicht nur Horribilicribrifax, sondern auch Daradiridatumtarides ist ein nach dem Krieg beschäftigungsloser Hauptmann, der in der Tradition des *Miles gloriosus* (Plautus, 204 v.Chr.) sowie des *capitano* der *commedia dell'arte* mit seinen angeblichen Heldentaten prahlt, ohne jedoch durch wirkliche Leistungen oder Tugenden auf Reputation Anspruch machen zu können. Die doppelte Besetzung des Figurentyps mit zwei *capitani* ermöglicht es, die Leere ihrer Prätentionen durch Konfrontation mit ihresgleichen zu erweisen. Die Begegnung der beiden Prahler zögert Gryphius bis in den fünften Aufzug hinaus; um so größer ist dann der »komische Effekt eines geräuschvollen Zusammenpralls zweier Vakua«.[7] Doch unterscheiden sich die beiden *capitani* auch voneinander: Während sich Daradiridatumtarides als handfester Betrüger betätigt (er spiegelt Reichtum vor, um eine wohlhabende Braut zu gewinnen), ist Horribilicribrifax' bloße Behauptung kriegsentscheidender Heldentaten harmlos. Hinzu kommt eine sprachliche Differenzierung: Während Horribilicribrifax gerne italienische Phrasen in seine ausladenden Reden streut, radebrecht Daradiridatumtarides französisch. Damit verweisen die beiden Hauptleute zugleich auf die beiden Kriegsparteien: einerseits auf den Kaiser mit seinen italienischen Beziehungen und Generälen, andererseits auf dessen Gegner.[8] Man kann in ihrem Fremdsprachenge-

---

4 Judith P. Aikin: The Comedies of Andreas Gryphius (1988) [718], S. 116. Ähnlich schon Walter Hinck: Das deutsche Lustspiel des 17. und 18. Jahrhunderts und die italienische Komödie (1965) [728], S. 121 und 124.
5 MARTINI OPITII Buch von der Deutschen Poeterey. Jn welchem alle jhre eigenschafft vnd zuegehör gründtlich erzehlet / vnd mit exempeln außgeführet wird. Gedruckt in der Fürstlichen Stadt Brieg / bey Augustino Gründern. Jn Verlegung David Müllers Buchhändlers in Breßlaw. 1624, fol. Dij^v.
6 Aikin (Anm. 4), S. 114.
7 Hinck (Anm. 4), S. 115.
8 Gekämpft hat Daradiridatumtarides allerdings auch auf kaiserlicher, nicht nur auf schwedischer Seite, vgl. Kaminski (Anm. 1), S. 372–377.

brauch überdies einen poetologisch-selbstreflexiven Verweis auf die italienische Herkunft des Figurentypus sowie die Pariser Adaption des *Théâtre italien* sehen;[9] zu den Quellen des Stücks zählt neben Francesco Andreinis *Le bravure del Capitano Spavento* (1607) – daraus stammen fast alle italienischen Phrasen des Horribilicribrifax und weitere Dialogpartien sowie das ironische Verhältnis der Dienerfiguren zu ihren unfähigen Herren – auch Pierre Corneilles *L'Illusion comique* (1635).[10]

Zu einem Unterschied ums Ganze gesteigert ist das Kontrastprinzip bei einer Reihe weiterer Figurenpaare. Auf die Frage, wie ein Überleben in der verarmten und moralisch korrumpierten Nachkriegsgesellschaft möglich ist, reagieren Sophia und Selene ganz unterschiedlich. Komödientypisch geht es für beide darum, sich zu verheiraten, doch während die kluge Jungfrau ihre Tugend unbedingt bewahren will, achtet die törichte allein auf das (angebliche) Vermögen ihrer Bewerber (beides exponiert in zwei direkt aufeinanderfolgenden Szenen des ersten Aufzugs). Als klug und töricht sind auch die Mütter der beiden Jungfrauen kontrastiert (Flaccilla und Antonia), und zwar invers, so daß das kluge Achten auf dauerhafte, ›innere‹ Werte und die törichte Bevorzugung des scheinhaften Mammons bei jedem Mutter-Tochter-Paar noch einmal aufeinanderprallen. Unter den männlichen Figuren bilden der wegen seines gelehrten Pedantismus fast kommunikationsunfähige Schulmeister Sempronius sowie der ebenfalls gelehrte, aber vollkommen soziale Palladius ein weiteres Kontrastpaar.[11]

Ständische (Neu-)Ordnung

Das soziale Spektrum der beteiligten Figuren reicht von einer Kupplerin und gewesenen Prostituierten (Cyrilla) bis zum – natürlich adligen – Statthalter des Fürsten (Cleander). Die poetologische Norm der Epoche, die das Lustspiel in »des gemeinen

---

9 Vgl. Kaminski (Anm. 3), S. 185.
10 Zu den italienischen Quellen vgl. Hinck (Anm. 4), S. 105–129, sowie Armin Schlienger: Das Komische in den Komödien des Andreas Gryphius (1970) [736], S. 147–157, zu den französischen Florent Gabaude: Les comédies d'Andreas Gryphius (2004) [624], S. 67–80. Schlienger und Gabaude weisen die wörtlichen Entlehnungen im Detail nach. Kaminski (Anm. 1), S. 357, sieht in der Wahl einer *capitano*-Figur als Titelheld überdies die »erschreckend unmetaphorische Bestätigung« jener »Engführung von Krieg und Ästhetik« bei Opitz, die den Ausgangspunkt der deutschen Barockliteratur bilde.
11 Zur Pedantensatire sowie zum Gelehrsamkeitsideal, das Palladius verkörpert, vgl. Wilhelm Kühlmann: Gelehrtenrepublik und Fürstenstaat (1982) [800], S. 405f., 408f., 413–418. In den nachfolgenden Text eingegangen sind Teile meiner *Horribilicribrifax*-Analysen in Daniel Fulda: Falsches Kleid und bare Münze (2000) [789] und ders.: Schau-Spiele des Geldes (2005) [790], S. 121–151.

Bürgermanns Leben«[12] ansiedelte, wird mithin nach oben ebenso wie nach unten überschritten und scheint gesprengt. Doch hebt Gryphius' Ausweitung des zulässigen Personals die ständische Differenzierung der Figuren nicht auf. Vielmehr wird sie von der Komödie neu untermauert. Doch bemißt sich die Hierarchie der Figuren am Ende nicht nach deren Ansprüchen, sondern nach moralischer Qualifikation.

Mit einer Reverenz vor dem adligen Stand der Titelfigur beginnt das Stück (*Horr.*, fol. Aij^r), und mit der Beschreibung von sieben Wappen unter dem angefügten »Heyraths-Contract« haben die Formeln ständischen Anspruchs – wenngleich parodiert – auch das letzte Wort (*Horr.*, S. 95–98). Nicht weniger achtet das erste ›Liebespaar‹ des Stücks auf seinen Rang: »Bey meinem adelichen Ehren« (*Horr.*, S. 3), reißt sich der großsprecherische Daradiridatumtarides zusammen, als ihn seine Furcht zu weit von der unerhörten Tapferkeit, deren er sich rühmt, zu entfernen droht. Die von ihm umworbene Selene – »eine Dame von Qualität« (*Horr.*, S. 5), aber völlig verarmt – hält sich ebenfalls an den Stand desjenigen, den sie zum Bräutigam erwählt hat: Einen Gelehrten wie Palladius, und sei er auch reich und bei Hofe gut angeschrieben, will sie nicht, denn »ein Land-Juncker stünde mir besser an« (*Horr.*, S. 6). All das sind natürlich Prätentionen, die komisch wirken sollen, weil sie substanzlos sind – ebenso wie der von den beiden *capitani* beanspruchte Kriegsruhm.

Zur Standeszugehörigkeit der vorbildlichen Figuren werden dagegen erstaunlich wenige Angaben gemacht – schon das kann man als Hinweis verstehen, daß der Stand im Sinne institutionalisierter Vorrechte im Wertesystem des Stücks nicht entscheidend ist. Über Cleanders Herkunft erfahren wir praktisch nichts, über die des Palladius so wenig Bestimmtes, daß die Interpreten sich nicht einig sind, ob er als »akademisch gebildeter, dadurch adelsgleicher Bürger« zu identifizieren ist oder aus »niederem Adel« stammt.[13] Kaum leichter ist es, die beigeordnete Figur der Coelestina jenseits oder diesseits der für die Sozialstruktur der Zeit maßgeblichen Grenze zwischen Adel und Bürgertum zu verorten.[14] Häuft sich ständische Indifferenz aber derart unter den vorbildlichen Figuren, so steht zu vermuten, daß sie Methode hat. Gryphius' Drama entwirft eine Ständegesellschaft, die weitgehend auf die vor-

---

12 Poetischen Trichters zweyter Theil. Handlend: I. Von der Poeterey Eigenschaft / Wol- und Mißlaut der Reimen. II. Von der Poetischen Erfindungen / so aus den Namen herrühren. III. Von Poetischen Erfindungen / so aus den Sachen und ihren Umständen herfliessen. IV. Von den Poetischen Gleichnissen. V. Von den Schauspielen ins gemein / und absonderlich von den Trauerspielen. VI. Von den Freuden- und Hirtenspielen. Samt einem Anhang von der Teutschen Sprache: durch ein Mitglied Der Hochlöblichen Fruchtbringenden Gesellschafft. Nürnberg / Jn Verlegung Wolffgang Endters. M. DC. XLVJJJ., S. 71 (»Die eilffte Stund«). Zur Stellung des *Horribilicribrifax* im Kontext der zeitgenössischen Poetik vgl. v. a. Jolanda Lötscher: Andreae Gryphii Horribilicribrifax Teutsch (1994) [801], S. 34–61.
13 Gerhard Kaiser: Horribilicribrifax Teutsch (1968) [796], S. 240 (Bürger); Ingrid Schiewek: Ein altes Scherzspiel im Kontext des 17. Jahrhunderts (1980) [806], S. 82 (Adel).
14 Kaiser (Anm. 13) wie Schiewek (Anm. 13) ordnen sie dem Bürgertum zu; daß sie Güter besitzt und einen Haushalt mit Pagen unterhält (vgl. *Horr.*, S. 17 und 24), weist jedoch eher auf den Adel.

gegebene Ständegliederung verzichtet. Denn das Gegebene soll nicht affirmiert, sondern transzendiert werden. Ihrerseits achten die vorbildlichen Figuren ebenfalls nicht auf den Stand, sondern auf Tugend (Sophia und Cleander), oder sie nehmen diese Haltung zumindest im Laufe des Stücks an (Coelestina und Palladius, vgl. *Horr.*, S. 59–61). Sophia stammt zwar »aus einem der berühmtesten Geschlechter« des Landes (*Horr.*, S. 56), bedient sich aber nirgends der Standeskategorie. Denn Perspektivpunkt ihrer Weltwahrnehmung ist die Fürsorge Gottes, auf die man sich unbedingt verlassen könne (*Horr.*, S. 7). Cleander verhält sich dem kongenial, indem er Sophias Bereitschaft prüft, ihr standesunabhängiges Verdienst – ihre Keuschheit – bis in den Tod zu bewahren; eine Szene, die als Anzitieren von Tragödie und deren Ernsthaftigkeit verstanden werden kann.[15]

An diesem äußersten Punkt wird ständisches Denken jedoch nicht nur ausgelöscht, sondern zugleich restituiert – als Aufmerksamkeit für jene rechte Ordnung, die sich nicht nach Geburt und Besitz, sondern nach moralischem Verdienst bemißt: »[B]ringet Kleider / Perlen und Demante / um meine Schöneste also außzukleiden / wie ihre Tugend und unser Stand erfordert« (*Horr.*, S. 87), weist Cleander nun seine Diener an. Die vorbildliche Figur wirft erst dort ihren Stand in die Waagschale, wo er der moralischen, Gott verpflichteten Ordnung entspricht, wo die formelhafte Einheit »GOtt / und Stand« (*Horr.*, S. 8) realisiert ist. Hat der besondere Stand einer Figur die längste Zeit des Stücks als Verblendungsfaktor gewirkt, weil er den Blick vom entscheidenden Maßstab der Tugend ablenkte, so ist in den Hochzeiten des Komödienschlusses die ständische Ordnung wieder gerechtfertigt, weil reformiert auf der Basis erwiesener Tugend. »In der Verteilung der ›erotischen Prämie‹ wird das Drama zum Lehrstück hergestellter gerechter Ordnung, zu einer beglaubigten Soziodike, in der im Schein des Spiels die Identität von moralischer und sozialer Hierarchie behauptet wird.«[16]

An der Spitze stehen nun Cleander und Sophia, jener als Statthalter an der Spitze der gesellschaftlichen Hierarchie, diese als Muster »großmüthige[r] Keuschheit« (*Horr.*, S. 89). Bonosus und Eudoxia schließen sich an, die als Nebenfiguren allerdings nur mit groben Strichen zwischen das erste und das nächste Paar, Palladius und Coelestina, gestellt werden (vgl. *Horr.*, S. 36f., 57f.). Als Marschall hat Palladius ein hohes Hofamt inne, während Coelestina sich durch »beständige Anmuth« (*Horr.*, S. 89), also eine deutlich weltlichere Tugend als Sophia, auszeichnet. Soweit die moralisch und sozial hochgestellten bzw. erhöhten Paare. Dann folgen nicht die prätentiösen Narren des Krieges und der Gelehrsamkeit, sondern die Dienerpaare. Durchweg ein Bestrafungsmoment enthalten die Hochzeiten des Daradiridatumtari-

---

15 Vgl. Kaminski (Anm. 3), S. 186f.
16 Kühlmann (Anm. 11), S. 411. Als Gesellschaftsmodelle werden Gryphius' Komödien auch in der neueren, leider wenig konzisen Studie von Miodrag Vukčević: Sozialsystem Literatur und Gegentext (2012) [741], S. 15–110, verstanden.

des mit Selene, des Horribilicribrifax mit einer der Vollständigkeit halber rasch herbeigeschafften »grosse[n] / dicke[n] / derbe[n] / alte[n] / vierschrötige[n] / ungehobelte[n] / trieffäugichte[n] / spitznäsichte[n] / schlüsseltragende[n] Schleusserin« (ebd.) sowie des Sempronius mit der Kupplerin Cyrilla. Bei den beiden Hauptleuten kommt ihre Ausstattung mit einem Kommando hinzu, das so gering ist, daß sie nun zwar besoldet, aber faktisch degradiert werden.[17] Was die Hierarchie innerhalb dieser Gruppe betrifft, scheint Gryphius eine Differenzierung vorzunehmen, wenn er den bloß großsprecherischen, anders als Daradiridatumtarides aber nicht aus Habgier betrügerischen Horribilicribrifax am Ende mit der ein wenig größeren Garnison (»in der Vorstadt« gegenüber der »gvarnison in dem nechsten Flecken«; *Horr.*, S. 88) ausstattet. Daß der Dorfschulmeister nach wie vor ganz unten steht, läßt sich mit der einem Alten unangemessenen Liebesgier sowie seinen Handgreiflichkeiten gegenüber Cyrilla erklären, schließlich auch damit, daß er seine Gelehrsamkeit für niedere Zwecke mißbraucht hat.[18] Daß der Schluß des Stücks Harmonie inszeniert, ist Komödienkonvention; daß sich das gute Ende plötzlich ergibt und pragmatisch wenig motiviert ist, wurde in der neuesten Forschung jedoch auch als Markierung seiner Brüchigkeit gedeutet.[19]

Sprachmacht und Sprachskepsis

Auf die ständische Ordnung, und zwar die empirische wie die ideale, ist auch die Sprache bezogen, deren sich die Figuren in jeweils spezifischer und für ihren Charakter höchst bezeichnender Weise bedienen, so daß der *Horribilicribrifax* zu Recht als »ein Drama der Sprache« bezeichnet wurde.[20] Die Selbstbezogenheit, Selbstüberschätzung und mangelnde Affektkontrolle der drei Narrenfiguren kommt zu stärkstem Ausdruck in ihrem ungehemmten, auf Substanz und Situationsangemessenheit keinerlei Rücksicht nehmenden Redefluß (»Sprachrausch«[21]), ebenso die Maskenhaftigkeit ihrer Existenz in ihrer Vorliebe für fremdsprachliche Wendungen (bei Sempronius vor allem für die alten Sprachen). Aber auch Palladius' perfekt kontrollierte, die Höflichkeit der Hofkommunikation repräsentierende Sprache stellt sich als problematisch dar, wenn sie den anderen mit Floskeln auf Distanz hält

---

17 Vgl. Kaiser (Anm. 13), S. 229. Kaminski (Anm. 1), S. 360, sieht in dem neuen Kommando dagegen ein »bedrohliches Potential«, so daß sie nur von einem »vermeintlich versöhnlichen Komödienschluß« spricht.
18 Vgl. Schlienger (Anm. 10), S. 215.
19 Vgl. Kaminski (Anm. 3), S. 187.
20 Kühlmann (Anm. 11), S. 412. Ausführlich zur Sprachgestaltung und Sprachproblematik im *Horribilicribrifax* vgl. Kaiser (Anm. 13), S. 245–255; Klaus Haberkamm: Scherz-Spiel als Sprech-Spiel (1988) [794]; Susan L. Clark: »Ihr verstehet mich nicht recht« (1992) [787].
21 Kaiser (Anm. 13), S. 251.

und den Sprecher un(an)greifbar macht. Sie tendiert dazu, alles zu mäßigen, auch existentielle Nöte (wie Coelestinas unerfüllte Liebe), und auf den nivellierten Ton der sozialen Norm zu stimmen (»O kalte Worte!«; *Horr.*, S. 60). Der Verbindung von Palladius mit Coelestina steht diese Sprache lange Zeit im Wege. Selbst wenn Palladius das Gegenteil beteuert (»Bey mir ist Hertz und Zunge in guter Vertreuligkeit. Sie reden beyde eine Sprache«; *Horr.*, S. 22), kann ihm dies noch zur Täuschung und Abschottung statt zur Öffnung durch Aufrichtigkeit dienen.

Gryphius' Komödie macht den instrumentellen Charakter der Sprache deutlich, der ohne weiteres so zum Einsatz kommen kann, daß Sprache Kommunikation nicht ermöglicht, sondern behindert. Folgerichtig wünscht sich Coelestina: »O daß nu meine Augen reden könten« (*Horr.*, S. 21), so wie Cleander – die vorbildlichste Figur – kein Mann vieler Worte ist. Den Beweis für Sophias Tugend erkennt er in dem »blossen Messer«, das sie gegen sich zückt, als er sie auf die Probe stellt und bedrängt (*Horr.*, S. 87; auf weitere Requisiten, die zuverlässiger Auskunft geben über ihre Träger als deren Worte, ist weiter unten noch einzugehen). An der Spitze der moralisch begründeten Gesellschaftsordnung, die der Komödienschluß herstellt, wird am wenigsten und am vorsichtigsten gesprochen, überschäumend dagegen an deren unterem Ende. Gryphius zieht im *Horribilicribrifax* alle Register des sprachlichen Ausdrucks (einschließlich sieben oder acht Fremdsprachen), zeigt sich jedoch sprachskeptisch. Das ist kein Widerspruch; vielmehr begründet sich seine Sprachskepsis eben aus der vorgeführten Macht, die Sprache insbesondere dann haben kann, wenn sie zum Instrument der Verstellung wird.

Religiöse Idealität und politisch-sozialer Realitätsgehalt

Bestrafung *und* Belohnung: Die achtfache Hochzeit am Ende des *Horribilicribrifax* wirkt wie ein Gericht, das sowohl durch die doppelte Sanktion als auch durch das Anlegen religiös verankerter Maßstäbe als Herstellung der rechten, gottnahen Ordnung ausgewiesen wird. Die nach christlichem Verdienst bemessene Ordnung hat die transfaktische Qualität eines »Himmels auff der Erden« (*GD*, S. 74), wie es der Hochzeitsgott Hymen im Schlußreyen von Gryphius' Doppelkomödie *Verlibtes Gespenste / Die gelibte Dornrose* wörtlich ausspricht.[22] Kaminski hat dagegen eingewandt, das unmögliche Datum des »Heyraths-Contracts« (der »30 Februarii, dieses tausend sechshundert acht und viertzigsten Jahres«; *Horr.*, S. 90) weise darauf hin, daß es nur an einem »utopischen Ort« zu einer so harmonischen Lösung kommen könnte.[23] In der Tat hebt diese Datierung die Handlung und besonders ihren Hoch-

---

22 Vgl. Mannacks Kommentar in *D*, S. 848.
23 Kaminski (Anm. 3), S. 201. ›Surreal‹ erscheint diese Datierung überdies dadurch, daß der Osnabrücker Friedensvertrag, der als abgeschlossen vorausgesetzt wird, erst acht Monate später folgte.

zeitsschluß aus der Realität heraus, und daß es gerade der März (*Martius mensis*) ist, der hier nicht anbricht, kann als Verwahrung gegen den Kriegsgott Mars verstanden werden.[24] Gegen die religiöse Sinnbildlichkeit der Schlußordnung spricht dieses Herausgehobensein jedoch keineswegs, vielmehr unterstreicht es den Transzendenzverweis.

Die Hoffnung auf eine religiös normierte, moralisch fundierte Ordnung hat ihren Platz gleichwohl *in* der Welt und ist ein historisches Phänomen von durchaus politischer Relevanz. An einer gesellschaftlichen Ordnung zu arbeiten, deren Prinzipien göttlicher Stiftung entstammen, beanspruchte auch die habsburgische Herrschaft, unter der Gryphius lebte. Dementsprechend wird die gute Schlußordnung in seiner Komödie vom Hof garantiert, von einem fürstlichen Statthalter, der Ämter, Dienststellen und Belohnungen, Lebensunterhalt und Sozialprestige verteilt. Diese Ausrichtung entspricht den Machtverhältnissen der Zeit, denn die notwendige Führung beim Wiederaufbau nach dem Dreißigjährigen Krieg stärkte zuallererst die fürstlichen Zentralen. Doch pocht der angehende Syndikus der Glogauer Landstände zugleich auf den ständischen Unterbau der fürstlichen Herrschaft und – vor allem – auf jene moralischen Qualifikationen und Zwecksetzungen, welche die höfisch dominierte Ordnung erst legitimierten.

In beiden Hinsichten formuliert der *Horribilicribrifax* einen Vorbehalt gegen den Entwicklungstrend der Zeit. Realiter stand der Bewahrung ständischer Ansprüche die kriegsbedingte Geldnot und Kreditkrise der ständischen Selbstverwaltung entgegen,[25] ein Umstand, der – in den Figuren verarmter Adliger – auch in Gryphius' Komödie nicht zu übersehen ist. Um so mehr stellt der *Horribilicribrifax* die moralische Qualifikation der höheren Stände heraus. In den zeitgenössischen Ständelehren war ihre Bedeutung umstritten; jene Mehrheit von Adelstheorien, die primär politisch-juristisch argumentierte, lehnte sie sogar ab. Die *virtus*, auf die der Adel sein Selbstverständnis baute, deckt sich nicht mit der moralischen Fundierung von ständischem Vorrang, die Gryphius am Beispiel Sophias modelliert. Die politisch-juristische Adelslehre betonte vielmehr die ›männliche Bewährung‹ als Tugendbeweis, wobei administrativ verwertbares Fachwissen noch höher geschätzt wurde als kriegerische Fähigkeiten.[26] Spielte Gott in diesem dominanten Diskurs trotzdem eine Rolle als Legitimationsinstanz des gesellschaftlichen *ordo*, so wurde die bestehende Ständeordnung damit zusätzlich gerechtfertigt, nicht aber ihre Reformation nach Maßgabe religiöser Normen gefordert.

---

24 So Kaminski (Anm. 1), S. 389f.
25 Vgl. Volker Press: Soziale Folgen des Dreißigjährigen Krieges. In: Ständische Gesellschaft und soziale Mobilität. Hg. von Winfried Schulze und Helmut Gabel. München 1988 (Schriften des Historischen Kollegs: Kolloquien 12), S. 237–268, hier S. 244.
26 Vgl. Klaus Bleek und Jörn Garber: Nobilitas: Standes- und Privilegienlegitimation in deutschen Adelstheorien des 16. und 17. Jahrhunderts. In: Daphnis 11 (1982), S. 49–114, hier S. 69 und 72.

Gryphius hingegen läßt es bei solcher politisch-juristischen Begründung und Absicherung eines ständischen Vorrangs nicht bewenden. Zwar ist die Tugend der männlichen Vorbildfiguren um einiges ›politischer‹ als Sophias Tugend: Cleander präsentiert sich als Muster höfischer Gewandtheit und Großzügigkeit (vgl. *Horr.*, S. 52); Palladius zeichnet sich durch seinen ebenso rational-geschickten wie eleganten Umgang mit Sprache aus. Diese politische Kompetenz hindert ihn zunächst, Coelestinas »Sprache des Herzens«[27] zu dechiffrieren, befördert aber seinen sozialen Aufstieg, die Erhebung zum Marschall, also in eines der vornehmsten Hofämter (vgl. *Horr.*, S. 38). Der Fall ist exemplarisch für die zeitgenössisch einzig anerkannte Möglichkeit der Nobilitierung: Nicht bewiesene Moralität, sondern Palladius' akademische Ausbildung (vgl. *Horr.*, S. 5) und rhetorische Gewandtheit bilden die Voraussetzung seiner Aufnahme in die »höfische Verwaltungsaristokratie«, und allein dem Fürsten kommt ihr Vollzug zu.[28] Die faktisch gültigen Normen ständischer Gliederung gelten demnach auch in Gryphius' Komödie. Vertreten von den Frauenfiguren, wird ihren Nutznießern jedoch eine moralischere Variante adliger *virtus* an die Seite gestellt, die in der Schlußszene sogar entschieden in den Vordergrund tritt. Der *Horribilicribrifax* gibt damit ein Ideal-Modell der existierenden Gesellschaft, das deren christliche Normen trotz des Vordringens fürstenstaatlicher Funktionen geltend macht. Nach Ausweis der Komödienhandlung ist ein Ausgleich beider Prinzipien möglich, führt sie hoforientierte Männer und tugendhafte Frauen doch in die Harmonie der Ehe.

Moralisch beurteilende Komik

Wie zentral die doppelt, höfisch und moralisch, abgesicherte Hierarchie der Figuren für den *Horribilicribrifax* ist, macht auch der Anteil des Komischen an ihrer Modellierung deutlich. Zwar dient die vielfältige, von der Prügel-, Fäkal- und Sexualkomik bis zum Sprachwitz reichende Komik der Gryphiusschen Komödien keineswegs nur dazu, Fehlverhalten zu markieren, sondern erlaubt dem Leser/Zuschauer nicht selten ein lachendes Einschwingen in die Ungehemmtheit der Normverletzer.[29] Gleichwohl trägt die Komik des *Horribilicribrifax* zur Hierarchisierung der Figuren bei, denn nicht vor allem *eine* lasterhafte Figur bildet den Gegenstand komischer Be- bzw. Verurteilung, sondern nahezu das ganze Ensemble, und zwar in feiner Abstufung. Durchgehend lächerlich erscheinen die drei Großsprecher, die Hauptleute mit ihrem ebenso übertriebenen wie leeren Kriegsruhm und der Schulmeister mit seinem Gelehrtenprunk. Zusammen mit der Kupplerin und lüsternen Alten Cyrilla

---

27 Kaiser (Anm. 13), S. 246.
28 Vgl. Kühlmann (Anm. 11), S. 409–411, das Zitat S. 409.
29 Vgl. ↗ Kap. II.10.4 zur »Komik«.

stellen sie die eigentlichen Komödienfiguren dar, deren satirische Zeichnung aus einem internationalen Fundus komischer Typen schöpft.[30] Coelestina und Palladius sind dagegen nur leicht komisch in ihrer lange erfolglosen Liebesfixierung bzw. seiner Blindheit dieser gegenüber; aus ihrer Rolle als unglücklich Liebende vermag Coelestina ihrerseits die höhere Komik des Sprachwitzes zu schlagen (vgl. *Horr.*, S. 31). Cleander und Sophia sind dem Tadel des Komischen (fast) ganz entrückt, wobei der Frau dadurch ein »Rest von Komik« bleibt, daß sie bei ihrer Entführung tragisch nimmt, wovon der Zuschauer weiß, daß es sich um eine inszenierte, letztlich ungefährliche Prüfungssituation handelt.[31] Die Sonderstellung eines von komischer Relativierung ganz freigehaltenen normativen Fixpunktes hat Cleander.

Analogische Beglaubigung der Werte / Substanzwert vs. Tauschwert

Eine Prüfung des eigentlichen, ›inneren‹ Werts nimmt nicht allein Cleander mit Sophia vor. Auf ihren Wert geprüft, und das in gleich mehreren Szenen, werden auch Schmuck und Münzen. Dabei erweist sich Coelestinas Geld als ebenso substantiell wie ihre Liebe; sie zahlt mit »abgewogen Gold« (*Horr.*, S. 26), soll heißen, daß der ›innere‹, auf den Materialwert des Metalls gegründete Wert ihres Dukatens dessen Nominalwert entspricht. Unterstrichen wird die Parallelität von materieller und immaterieller Substanz durch die Metaphorik, die Cleander wählt, als er Sophias Keuschheit geprüft hat: Sie habe alle Anfechtungen »wie ein lauteres Gold« bestanden (*Horr.*, S. 87).

Auf den *Wesensgehalt*, von Geld und Gut wie der Liebe, kommt es demnach an. Bemerkenswert ist das vom glücklichen Handlungsverlauf des Scherzspiels approbierte Vertrauen, den – stabilen – Referenten einer tugendhaften Haltung oder eines materiellen Wertversprechens *erkennen* zu können, also den beweglichen Schein, der beides nur sein könnte, zu durchstoßen. Dramaturgisch sind es vor allem einige von den Figuren getauschte Requisiten, die Schein und Sein als unterscheidbar ausweisen.[32] Als Geschenke sollen sie Liebe beweisen, doch indem sie sich als falsch herausstellen, decken sie das nur materielle Interesse auf, das der Geber am anderen hat. Am deutlichsten wird dieser Mechanismus an der »güldenen Kette[]«, die Daradiridatumtarides mit seiner »Göttin« Selene verbinden soll, sowie dem »Demant«, den diese ihm »als ein Zeichen meines standhafftigen Gemüths und reinen

---

30 Vgl. Hinck (Anm. 4), S. 106–115 und 119f.
31 Vgl. Kaiser (Anm. 13), S. 239f., das Zitat S. 240. Die detailliertesten Untersuchungen zu den vielfältigen Formen der Komik enthalten Lötscher (Anm. 12), S. 211–294, und Gabaude (Anm. 10); vgl. daneben Schlienger (Anm. 10), S. 214–223.
32 Vgl. Schiewek (Anm. 13), S. 96.

Hertzens« wiederschenkt (*Horr.*, S. 34f.). Die Geschenke sind sinnreich ausgewählt: die Kette vom reinsten und edelsten Metall als Zeichen der Verbundenheit, der ebenso harte wie klare Diamant als zeitgenössisch geläufige *pictura* der *constantia*. Der Zuschauer freilich weiß bereits bzw. bekommt im Laufe der Szene bestätigt, daß diese Kostbarkeiten nicht echt sind, da weder Braut noch Bräutigam über die erforderlichen Geldmittel verfügen.

Derartig allegorische Requisiten gibt es viele im *Horribilicribrifax*, häufig in kontrastiven Konstellationen, die sie leichter lesbar machen: Prächtig, aber geborgt sind die Kleider Selenes und Cyrillas, als diese sich zur Übertölpelung des Schulmeisters aufmacht (vgl. *Horr.*, S. 4 und 76). Die einzige Zierde der tugendhaften Sophia ist dagegen ihr eigenes Haar mit den »Thränen der Keuschesten« darin (*Horr.*, S. 53), während Selene sich mit – geliehenen – »Perlen und Geschmeide« schmückt (*Horr.*, S. 4). Echt ist hinwieder das Geschmeide, das Coelestina und Palladius tauschen (vgl. *Horr.*, S. 64f.). Wie alles Irdische unterliegt solches Repräsentationsgut – denn um nach außen gewendeten Besitz handelt es sich – grundsätzlich dem *vanitas*-Verdikt, das, in den hebräischen Urtext verschlüsselt, auch wirklich ausgesprochen wird (vgl. *Horr.*, S. 50: »col hefel hefalim« = Koh 1,2). Dementsprechend versäumt es der vorbildliche Liebesdiskurs nicht, den Ausblick auf die göttliche »Vollkommenheit der Liebe« im Jenseits zu eröffnen (*Horr.*, S. 76). Trotzdem helfen Besitztümer der angeführten Art wesentlich bei der Orientierung auf dieses Endziel hin, weil sie, richtig gelesen, Aufschluß über das (moralische) Wesen ihrer Träger geben.[33] Die transzendente Rückbindung des rechten ›Stands‹, der sich am Ende der Komödie ergibt, läßt dessen materieller Fassade durchaus eine Funktion.

Der materielle Wert solcher Requisiten wird in deren Verweisfunktion allerdings annihiliert. Die allegorische Weltvernetzung funktioniert ›vertikal‹. Gegeneinander verhalten jene Requisiten sich nach den Prinzipien von Parallele oder Kontrast, sie stehen aber nicht in einem ›horizontalen‹ Austausch, d.h., es wird nicht mit ihnen gehandelt, obwohl mit Cyrilla und dem Pfandleiher Isaschar zwei dafür prädestinierte Figuren auftreten. Wo sich Sophia und ihre Mutter in einen Handel begeben müssen, weil sie nur noch durch den Verkauf des Kopfhaars überleben zu können meinen, schlägt er augenblicklich um in Interesse an der Person (*Horr.*, S. 56: »Cleander. Was treibet euch solchen Handel zu führen?«). Vollends negativ besetzt ist die Marktsphäre, wo die falsche, weil das Wesen der Liebe verfehlende Eheanbahnung als Geschäft mit »Jungfern Fleisch« erscheint (*Horr.*, S. 4). Ebenso bezeichnend ist die Funktion, die dem Geld zugewiesen wird: Von Interesse ist allein seine – stets gefährdete – Beständigkeit, nicht seine Zirkulation, derentwegen es als Vermittler von allem mit allem gilt.[34] Wie Geld ›richtig‹ zu gebrauchen ist, führt

---

33 Vgl. Schlienger (Anm. 10), S. 203f.
34 So fast gleichzeitig bei Thomas Hobbes, vgl. LEVIATHAN, OR The Matter, Forme, & Power OF A COMMON-WEALTH ECCLESIASTICALL AND CIVILL. *By* THOMAS HOBBES *of* Malmesbury. LONDON, Print-

Cleander vor, nämlich in einer seiner Tugend und sozialen Stellung angemessenen Weise, will sagen, zu caritativen oder Repräsentationszwecken, welche die damit verbundenen Geld-Waren-Zirkulationen in den Hintergrund treten lassen (vgl. *Horr.*, S. 52 und 56).

In nennenswerte Zirkulation kommt lediglich der falsche Diamantring, den Selene als Beweis ihrer Treue verschenkt (vgl. *Horr.*, S. 35). Was er auf seinem Weg bewirkt, ist jedoch nichts als Täuschung: Von Cyrilla als Pfand eines – erst später und faktisch nie – zu zahlenden Darlehens angenommen, wird er von der Kupplerin als ein Liebeszeichen Coelestinas ausgegeben, mit dem diese den Schulmeister zu einem Schäferstündchen einlade, bei welchem Rendezvous Sempronius sich schließlich in den Armen der Alten wiederfindet (vgl. *Horr.*, S. 67–70 und 83–85). Diesem fortgesetzten Verstoß gegen die Normen des Stücks entsprechend, führt die Bewegung des Rings noch weiter nach unten als der soziale Abstieg jener Figur, von der er stammt.

Tektonik / syntagmatische Struktur

Diese Abwertung von ›Bewegung‹ entspricht der Geringschätzung der Tauschmittelfunktion des Geldes zugunsten von dessen statisch gedachtem Materialwert (»abgewogen Gold«; *Horr.*, S. 26). Unterstrichen wird diese doppelt statische Option durch die syntagmatische Struktur der Komödie.[35] Die Kontinuität der Handlung ist gering und durch häufigen Schauplatz- und Personenwechsel geprägt. Selbst wenn man einzelne Handlungsstränge herauszupräparieren sich bemüht – fünf werden üblicherweise gezählt –, stellt sich nirgends der Eindruck ein, eines gehe aus dem anderen hervor nach Maßgabe einer pragmatischen Logik. Vielmehr wären Szenenumstellungen in gewissem Umfang möglich. Ebensowenig gibt es eine Zentralfigur, deren Schicksal vor allem verfolgt würde und deren Beziehungen zu den anderen Figuren diese anbinden würden an einen Haupthandlungsstrang, wie dies in der

---

ed for ANDREW CROOKE, at the Green Dragon in St. *Paul's* Church-yard, 1651, S. 130 (»CHAP. XXIV. *Of the* NUTRITION, *and* PROCREATION *of a Common-wealth*«).

35 In der Forschung scheinen die Befunde zur Tektonik weit auseinanderzugehen. Während Kaiser einen »strengen Bauplan« ausmacht, welcher der »scheinbar kunstlos-willkürlichen Fügung der Szenen« zugrundeliege, betont Schiewek das Fehlen einer »schlüssigen Handlung mit kausalen Verknüpfungen in linear voranschreitender innerer Entwicklung«, was Spahr noch verschärft: »Gryphius' plot is ragged, consisting often of disconnected and ill-planned, badly motivated scenes in a helter-skelter distribution.« Kaiser (Anm. 13), S. 241; Schiewek (Anm. 13), S. 82; Blake Lee Spahr: Andreas Gryphius (1992) [132], S. 117. Bedenkt man, daß ein strenger Bau nicht notwendig pragmatische Konsequenz bedeutet, so ergänzen sich zumindest die Befunde von Kaiser und Schiewek mehr, als daß sie sich widersprechen.

satirischen Verlachkomödie traditionell der Fall ist. Gerade die Titelfigur hat kaum Einfluß auf den Gang der Handlung(en).

Bauprinzipien sind vielmehr »Parallele und Kontrast«.[36] Die einzelne Szene bezieht sich auf frühere und folgende, indem sie dasselbe Grundmotiv – die Bewährung von Tugend gegen die Irrtümer des Scheins – sowie einige wiederkehrende Motive oder Requisitallegorien aufnimmt und auf eine Weise gestaltet, welche die jeweils beteiligten Figuren abhebt vom Verhalten der anderen:

> Der Zuschauer sieht ein Kaleidoskop von Problemsituationen; nicht deren Zustandekommen interessiert, sondern die damit verbundene jeweilige Gedankenkonstellation. Der Ablauf der Ereignisse erscheint nur insofern wichtig, als sich dadurch etwas zeigen läßt. Das Geschehen schiebt sich blockhaft voran von Stufe zu Stufe, seine Einheit liegt im Ideellen, in der thematischen Verklammerung der einzelnen Stationen. Es ist Lehrtheater, nicht unbedingt »episches« Theater im neueren Sinne, aber in jedem Falle ein »argumentierendes«, um mit Brecht zu sprechen.[37]

Die Ordnung der Gryphiusschen Komödie ist primär sinnhaft – nicht anders als die Ständeordnung innerhalb des Stücks –, nicht pragmatisch. Darin steht sie »der metaphysischen Tragödie des Barock«[38] näher als den wenig späteren Molièreschen Komödien. Und sie zeigt eine – gemessen daran, daß es sich um die Verlaufsdimension handelt – erstaunliche Statik. Das betrifft nicht allein den sozialkonservierenden Schluß mit acht Heiraten, sondern bereits die Ausgangslage des *Horribilicribrifax*. Zwar steigen oder fallen die meisten Figuren im Verlauf des Stücks, doch ist selbst diese Bewegung von Anfang an festgeschrieben: Mit ihren sprechenden Namen nehmen die *dramatis personae* die Schlußordnung nahezu vorweg. Palladius ist nach Ausweis seines Namens von Anfang an dem Hof zugeordnet, obwohl er erst im dritten Akt zum Marschall erhoben wird;[39] Selene, die (nach dem Attribut der Mondgöttin) Unbeständige, Coelestina, die Himmlische, Sophia, die Weisheit, Eudoxia, der Ruhm, die Ehre, das Ansehen, oder Bonosus, der an guten Eigenschaften oder/und Gütern Reiche: alle diese Namen kündigen ebenso den ›wahren‹ und schlußendlichen Stand ihrer Träger an, wie die vollständigen Titel der beiden Offiziere auf die Nichtigkeit des Anspruchs aufmerksam machen, den ihre Hauptnamen

---

36 Kaiser (Anm. 13), S. 241; vgl. schon Hans Emmerling: Untersuchungen zur Handlungsstruktur der deutschen Barockkomödie (1961) [721], S. 99–101.
37 Schiewek (Anm. 13), S. 82.
38 Gerhard Kaiser: Verliebtes Gespenste – Die gelibte Dornrose (1968) [828], S. 266.
39 Vgl. Kühlmann (Anm. 11), S. 408. Der höfische Bezug stellt sich über den Anklang an ›Paladin‹, einen im 17. Jahrhundert aus dem Französischen übernommenen Hofritter, sowie an ›Palatin‹ = Pfalzgraf her (vgl. Deutsches Wörterbuch von Jacob Grimm und Wilhelm Grimm. Siebenter Band. N. O. P. Q. Bearbeitet von Matthias von Lexer. Leipzig 1889, Sp. 1409 s.v. ›PALADIN‹ und Sp. 1411 s.v. ›PALATIN‹). Aber auch die eigentliche Bedeutung von Palladius = ›der Pallas Athene zugehörig‹ ist signifikant, läßt sie sich doch als Verweis auf gelehrte Bildung lesen.

großsprecherisch erheben – »Horribilicribrifax [d.h. ›schrecklicher Siebmacher‹], von Donnerkeil / auff Wüsthausen« (*Horr.*, fol. Aij^r) und »*Daradiridatumtarides*[40] Windbrecher / von Tausend Mord / auff N. N. N. Erbherr / in und zu Windloch« (*Horr.*, fol. Av^v).

Das gute Ende aber verdankt sich dem Eingreifen einer Figur – Cleanders –, die Züge des göttlichen Lenkers und Retters trägt. Der *Horribilicribrifax* endet mit einer Art himmlischen Gerichts, denn während weltliche Gerichte nur zu strafen haben, teilt der Statthalter – wessen Statthalter?, darf man hier über die handlungsinterne Angabe (»unsers gnädigsten Fürsten«; *Horr.*, S. 38) hinaus fragen – Strafen und Belohnungen aus. »Verlasset euch auff mich!« sind seine Worte (*Horr.*, S. 56), die die Wende des Stücks einleiten und als bestätigende Antwort auf Sophias christliche Zuversicht – »GOtt sorget dennoch für uns / und hat mehr als ein Mittel / die Seinigen zu erhalten« (*Horr.*, S. 7) – zu verstehen sind.

Krise der Ähnlichkeit?

Der von Gerhard Kaiser und Wilhelm Kühlmann vorgetragenen Lesart, daß ein letztgültiger Transzendenzbezug sowie approbiertes Providenzvertrauen das Sinnzentrum des *Horribilicribrifax* bilden, widerstreitet die Tendenz der jüngsten Barockforschung, bereits in den Texten des 17. Jahrhunderts den Verlust letzter Gewißheiten zu diagnostizieren bzw. die Unmöglichkeit, diese darzustellen. Rüdiger Scholz und Lothar Bornscheuer haben argumentiert, daß Gryphius' Dramen nicht mehr von einem christlichen Weltbild getragen werden.[41] Als epistemologiekritische Fundierung dieser Thesen kann Waltraud Wiethölters Untersuchung der im 17. Jahrhundert explodierenden Schwierigkeiten einer allegorischen Lektüre und Erkenntnis der Welt gelesen werden.[42] Konnten Gryphius' Dramen eine religiös abgesicherte Konfliktlösung plausibilisieren, wenn »die Entzifferung der heilsgeschichtlich bedeutsamen Zeichen Gottes« nicht mehr funktionierte, wenn die Ordnung der Welt nicht mehr durchschaubar war?

Was hier zur Debatte steht, sind nicht weniger als die Episteme der barocken Weltdarstellung und die spezifische Theatralität von Gryphius' Komödie. Michel Fou-

---

40 In der Forschung wird der Name unterschiedlich gedeutet. Powell (*GA* VII, S. 233) liest ihn als Kombination von pers. *Darâ* ›König‹, lat. *dirus* ›entsetzlich‹ und Datis, dem Namen eines persischen Feldherrn.
41 Rüdiger Scholz: Dialektik, Parteilichkeit und Tragik des historisch-politischen Dramas »Carolus Stuardus« (1998) [647]; Lothar Bornscheuer: Diskurs-Synkretismus im Zerfall der Politischen Theologie (1997) [438].
42 Vgl. Waltraud Wiethölter: »Schwartz und Weiß auß einer Feder« oder Allegorische Lektüren im 17. Jahrhundert (1998/99) [688]. Wiethölter bezieht ihre These auch auf Gryphius' Komödien, wenngleich sie den *Horribilicribrifax* ausspart (vgl. S. 561–565). Das folgende Zitat ebd., S. 548.

cault zufolge »hört das Denken« zu Beginn des 17. Jahrhunderts »auf, sich in dem Element der Ähnlichkeit zu bewegen. Die Ähnlichkeit ist nicht mehr die Form des Wissens, sondern die Gelegenheit des Irrtums [...].«[43] Die Welt werde nun nicht mehr als ein Kosmos von Zeichen verstanden, die qua Analogie aufeinander sowie auf den göttlichen Grund aller Phänomene verweisen. Repräsentation werde vielmehr zum arbiträren Akt, und Bedeutung ergebe sich lediglich aus jener Relation der Zeichen untereinander, die sich in einer quasi protostrukturalistischen, »in Termini der Identität und des Unterschiedes erstellten Analyse« ermitteln lasse.[44] Der Bezug auf ein transzendentes Signifikat sei dagegen unsicher geworden. Nach wie vor wird verglichen, nun aber zur Feststellung von innersystemischen Unterschieden.

Erika Fischer-Lichte zufolge verändert der epistemische Übergang vom analogischen zum repräsentationellen Denken auch das Verständnis von theatraler Darstellung in epochaler Weise:

> Der Theaterbegriff, der sich herausbildet, ordnet die performativen Funktionen den referentiellen unter. Alle Handlungen, die auf der Bühne vollzogen werden, haben die Funktion, Handlungen fiktiver Rollenfiguren zu bedeuten und den Ort, auf dem sie vollzogen werden, als einen fiktiven Ort in einer fiktiven Welt auszuweisen. [...] Die Handlungen werden zu Zeichen, in denen die semantische Funktion überwiegt; allerdings nicht zu Zeichen im Sinne der Signaturen aus der Lehre der Ähnlichkeiten, sondern im Sinne eines neuen binären Zeichenmodells, wie es erst Descartes, die Logique de Port Royal oder Leibniz ausformulieren werden.[45]

Tatsächlich ist die protestantische Schulbühne, auf der die meisten von Gryphius' Dramen ihren genuinen Ort haben, kein performatives Theater mehr, wie die Jesuiten es zur gleichen Zeit noch erstrebten, wenn sie auf religiöse Wirkung zielten, im Idealfall eine Bekehrung. Aus der praktischen Arbitrarität der Theatersituation darf jedoch nicht ohne weiteres geschlossen werden, daß sich das *in* einem aufgeführten Stück exponierte Weltmodell ebenfalls vom Analogiedenken und dessen substantialistischen Prämissen verabschiedet hat. Denn auch die unverkennbar künstlichen Zeichen des Theaters konnten »just dazu in Anspruch genommen [werden], die Wahrheit jener anderen Ordnung des Symbolischen« zu erweisen.[46]

---

43 Vgl. Michel Foucault: Die Ordnung der Dinge. Eine Archäologie der Humanwissenschaften. Frankfurt a.M. 1974 (stw 96), S. 83.
44 Ebd., S. 87.
45 Erika Fischer-Lichte: Einleitung. In: Theatralität und die Krisen der Repräsentation. Hg. von Erika Fischer-Lichte. Stuttgart/Weimar 2001 (Germanistische Symposien-Berichtsbände 22), S. 1–18, hier S. 6.
46 Andreas Kablitz: Einleitung. In: Theatralität und die Krisen der Repräsentation (Anm. 45), S. 23–27, hier S. 25 (über den Beitrag von Joachim Küpper). Vgl. auch Joachim Küpper: Diskurs-Renovatio bei Lope de Vega und Calderón. Untersuchungen zum spanischen Barockdrama, mit einer Skizze zur Evolution der Diskurse in Mittelalter, Renaissance und Manierismus. Tübingen 1990 (Romanica Monacensia 32).

Daß Zeichen nicht eindeutig oder nur undeutlich auf anderes zu verweisen scheinen, bildet ein Hauptmotiv des *Horribilicribrifax*. So verkennen Selene wie Daradiridatumtarides die Wertlosigkeit des jeweils anderen, und der Gelehrte Sempronius fällt auf den falschen Schmuck und das falsche Kleid einer Kuppelhure herein (vgl. *Horr.*, S. 69f. und 76). Daß die Figuren dabei als komisch erscheinen, setzt freilich voraus, daß nicht eine prinzipielle Unlesbarkeit der Welt – hier: der zur Schau gestellten ›Kostbarkeiten‹ – das Problem ist, sondern individuelle Verblendung. Denn komisch ist die Leichtgläubigkeit einiger Figuren nur vor dem Hintergrund des besseren Wissens, über das der Zuschauer oder Leser verfügt. Die spezifische Handlungskonstruktion von Gryphius' Komödie basiert zwar auf (zeitweiligen) Schwierigkeiten, die ›allegorischen Requisiten‹ der anderen Akteure richtig zu deuten, enthält zugleich aber das Versprechen, daß die »sinnorientierte, auch handlungsbefähigende Lektüre«, die Wiethölter »auf der Kippe« stehen sieht,[47] grundsätzlich möglich ist. In diesem Sinne muß sich Selene von ihrer Mutter sagen lassen: »Wer aber etwas genauer auff uns acht giebet / wird wol erkennen / daß nicht alles Gold / was gleisset« (*Horr.*, S. 4). Im Grunde gesteht Gryphius' Komödie den Zeichen nicht einmal die Mehrdeutigkeit, weil Arbitrarität und metonymische Struktur zu, der die Allegorie seit jeher unterliegt.[48] Die Kostbarkeiten, mit denen Selene und Daradiridatumtarides einander einzufangen versuchen, *sind* falsch oder nur geliehen; die Ähnlichkeitsbeziehung zu dem, was sie bedeuten, ist eindeutig: Weder Schmuck, Gut und Kleider noch die Reden und die Person ihrer Träger haben die Substanz, die sie vorspiegeln. Als Spiel um Verkleidungen und Verstellungen, die letztlich aufgedeckt werden bzw. nicht zu täuschen vermögen, bekundet die Komödie ihr gut lutherisches Vertrauen, daß hinter der Larve des Irdischen einst die göttliche Ordnung hervortreten wird, die jetzt noch verhüllt ist.[49]

Unvermeidliche Merkantilität

Trotzdem wird die Bedrohung der ›moralständischen‹ Ordnung durch Betrug, falschen Schein, Käuflichkeit und Händlerlist nicht so schlüssig abgewiesen, wie der harmonische Schluß glauben machen will. Denn auf dem (Affekt-)Höhepunkt des *Horribilicribrifax*, Sophias Bedrohung durch eine gespielte Entführung, läßt sich ausgerechnet Cleanders Rolle als die eines feilschenden Händlers lesen, der an den Angaben seines Gegenübers zweifelt, um zu einem günstigen Geschäft zu kommen: »Meinet ihr«, bedrängt er die um ihre Keuschheit besorgte Sophia, »daß wir euren verstelleten Thränen und falschen Geberden so viel Glauben geben? Wir kennen der

---

47 Wiethölter (Anm. 42), S. 544.
48 Vgl. ebd., S. 541.
49 Peter Rusterholz: Theatrum vitae humanae (1970) [405], S. 62–67.

Weibes Personen Art und wissen / wie heilig sie sich stellen / wenn sie ihre Wahre hoch außbringen wollen« (*Horr.*, S. 86). Gewiß, es geht hier um die Ermittlung eines moralischen Wertes, doch die bedient sich einer Taktik, deren merkantile Herkunft Cleanders Wortwahl selbst offenbart. Selbst und gerade die tugendhafte Vorbildfigur folgt der Maxime des Prudentialisten Baltasar Gracián, der kluge Mann müsse »etwas vom Kaufmann an sich [...] haben, gerade so viel, als hinreicht, um nicht betrogen und sogar ausgelacht zu werden«.[50]

Bei Selene und Daradiridatumtarides, dem Kontrastpaar, ist die Wende in ihrem gegenseitigen Verhältnis ebenfalls nicht von der Handelssphäre zu trennen: Daß der großsprecherische Offizier nur falschen Schmuck zu verschenken hat, enthüllt sich der Brautmutter, als sie die vermeintliche Goldkette zum Pfandleiher trägt, der ihr »zwey oder dreyhundert Reichsthaler[]« dafür geben soll (*Horr.*, S. 50). Ausgerechnet der berufsmäßige Händler ist es, der den wahren Wert, und zwar nicht nur jenes Schmucks von Messing und Glas – »[f]ünff Silbergroschen« (ebd.) –, sondern auch des vorgeblich großzügigen Schenkers zu erkennen weiß (vgl. *Horr.*, S. 51).[51] Der wahre Wert ist hier vom Warenwert bzw. der Kaufkraft nicht zu trennen. Zumindest augenblicksweise steht der Händler weniger unter dem Verdacht, sich an nachrangige Werte zu verlieren, denn als derjenige da, dessen Gewohnheit zu rechnen einen Betrug platzen läßt. Denn auch unter antimerkantilen Bewußtseinsverhältnissen lassen sich materielle Werte nur marktförmig ermitteln. Diese Einsicht zu vermitteln ist schwerlich Gryphius' Absicht gewesen: sein Pfandleiher ist Jude, was weniger als akkurate Abbildung des seinerzeit Üblichen zu verstehen ist denn als Hinweis darauf, daß die von Isaschar beanspruchte Vernunft und Einsicht (vgl. *Horr.*, S. 49f.) nur begrenzte Geltung hat, da sie nämlich die letztlich maßgeblichen Wahrheiten des christlichen Glaubens verfehlt. Indem Gryphius die Händlerposition mit einem Juden besetzt (auch wenn er bei dessen Zeichnung auf Gehässigkeiten verzichtet), wahrt er seinen prinzipiellen Vorbehalt gegen das Materielle und den Markt – ohne ihn jedoch ganz ausschließen zu können.

---

50 ORACVLO MANVAL, Y ARTE DE PRVDENCIA. Sacada De los Aforismos que se discurren en las obras de LORENÇO GRACIAN. Publicala D. VINCENCIO IVAN DE LASTANOSA. Y la dedica Al Excelentissimo Señor D. LUIS MENDEZ DE HARO. *Con licencia*. A AMSTERDAM, En casa de IVAN BLAEV. M DC LIX., S. 159 (»Tener un punto de negociante. [...] procure pues el varon sabio tener algo de negociante, lo que baste para no ser engañado, y aun reido«). Deutsche Übersetzung nach Balthasar Gracián: Handorakel und Kunst der Weltklugheit. Aus dessen Werken gezogen von D. Vincencio Juan de Lastanosa und aus dem spanischen Original treu und sorgfältig übersetzt von Arthur Schopenhauer. Mit einem Nachwort hg. von Arthur Hübscher. Stuttgart 1990 (Reclams Universal-Bibliothek 2771), S. 116 (Maxime Nr. 232).
51 Vgl. Schiewek (Anm. 13), S. 97.

II.6.4 *Der Schwermende Schäffer*
Von Bernhard Jahn

Gryphius' Lustspiel *Der Schwermende Schäffer* entstand 1661 als Auftragswerk des Brieger Piastenhofes, um den ersten Geburtstag des Thronerben der Piasten Georg Wilhelm in Ohlau zu feiern. Obwohl die Aufführung durch einen Brieger Druck im selben Jahr dokumentiert wurde (Sch_A), scheint Gryphius das Thema weiter beschäftigt zu haben, jedenfalls erschien zwei Jahre später in Breslau eine stark erweiterte Neuausgabe (Sch_B). Im selben Jahr 1663 gelangte in Königsberg eine Bearbeitung von Gryphius' Lustspiel durch Johann Röling in der Vertonung von Johann Sebastiani anläßlich der Hochzeit eines Dönhoffschen Grafen zur Aufführung.[1] Die Kasustauglichkeit des Werkes wirkt auf den ersten Blick nicht verwunderlich, enthält es doch eine Reihe von pointensicher angelegten Szenen, die an die Hauptfigur des närrischen Schäfers Lysis geknüpft sind. Noch 1697 erwähnt Benjamin Neukirch den *Schwermenden Schäffer* als gelungenes Beispiel für eine Komödie.[2]

Gryphius' Text stellt die Übersetzung von Thomas Corneilles »Pastorale Burlesque« *Le Berger extravagante* dar, basierend auf der Druckausgabe von 1653,[3] die ihrerseits wiederum auf einer Dramatisierung einzelner Kapitel von Charles Sorels gleichnamigem Roman aus den Jahren 1627/28 beruht. Während die Breslauer Ausgabe von 1663 das französische Werk ungekürzt enthält, kürzen die anlaßgebundenen Fassungen den Text jeweils um rund ein Viertel. Die Kürzungen betreffen vor allem die Rahmenhandlung, in der sich bei Corneille die Liebesintrige dreier adliger

---

[1] Textdruck und Partitur sind von Michael Maul herausgegeben worden: Johann Sebastiani: Pastorello musicale oder Verliebtes Schäferspiel. Beeskow 2005. Maul hat nicht nur Partitur und Textdruck wiederentdeckt, sondern auch nachgewiesen, daß der Bearbeiter des Textes nicht, wie in der Forschung bisher angenommen, Jacob Reich, sondern Johann Röling, der Nachfolger Simon Dachs auf dem Lehrstuhl für Poesie an der Königsberger Universität, war. Ferner gelang es Maul zu zeigen (ebd., S. VII–IX), wie eng sich Röling trotz seiner Umarbeitung des Textes an die Breslauer Fassung von 1663 hielt.
[2] »Was man aber am meisten an diesem manne bewundern muß / ist / daß er in lustigen sachen eben so glücklich gewesen ist / als in traurigen. Welches sein schwärmender schäfer / Horribilicribrifax, Dorn-rose und andere wercke gnug bezeugen.« Herrn von Hoffmannswaldau und andrer Deutschen auserlesene und bißher ungedruckte Gedichte / nebenst einer Vorrede von der deutschen Poesie. Mit Churfl. Sächs. Gn. PRIVILEGIO. LEJPZJG / Bey J. Thomas Fritsch. 1695, fol. b3ʳ. Zum *Schwermenden Schäffer* vgl. die umfassende Interpretation des Werks durch Christiane Caemmerer: Siegender Cupido oder Triumphierende Keuschheit. Deutsche Schäferspiele des 17. Jahrhunderts dargestellt in einzelnen Untersuchungen. Stuttgart/Bad Cannstatt 1998, S. 343–393.
[3] Vgl. LE BERGER EXTRAVAGANT, PASTORALE BVRLESQVE. A ROVEN, Par LAVRENS MAVRRY, pres le Palais. *Et se vend A PARIS*, Chez GVILLAVME DE LVYNE, au Palais, sous la montée de la Cour des Aydes. M. DC. LIII. *AVEC PRIVILEGE DV ROY*. Zur Übersetzung vgl. Henri Plard: Der Schwermende Schäffer (1968) [813].

Liebespaare entfaltet. Wie Christiane Caemmerer für die Fassung von 1661 zeigen konnte, verändert sich durch die Kürzungen die Aussage des Lustspiels gravierend.[4] Im folgenden wird zunächst in Anlehnung an Caemmerer kurz die Aussage der Fassung von 1661 skizziert, bevor dann die erweiterte Fassung eingehender im Hinblick auf drei Aspekte interpretiert werden soll: Der *Schwermende Schäffer* kann erstens als Krankengeschichte im Zusammenhang mit der sich im 17. Jahrhundert entfaltenden Debatte über Vernunft und Wahnsinn gelesen werden, er stellt zweitens eine metatheatrale Reflexion über die Analogien von Theater und gesellschaftlichem Verhalten dar. Und er zeigt drittens schließlich den Nutzen der Schäferdichtung bzw. der fiktionalen Literatur im allgemeinen: sie stellen Codes bereit, die es ermöglichen, Liebe zu kommunizieren.

Die Schäfermode beschränkte sich im 16. und 17. Jahrhundert nicht auf das Gebiet des Literarischen, sondern bildete einen zentralen Bestandteil höfischer Divertissementpraxis.[5] Daher kann, wie Caemmerer zu Recht feststellt, die kasusgebundene Aufführung des *Schwermenden Schäffers* in Ohlau (wie auch in Königsberg) nicht als Kritik an der adligen Schäferbegeisterung verstanden werden.[6] Da nun die Rahmenhandlung bei den beiden Festversionen des Lustspiels stark gekürzt wird, so daß der Charakter der Binnenhandlung als Spiel im Spiel fast nicht mehr erkennbar bleibt, entfallen der Aspekt der metatheatralen Reflexion und die Frage nach den Liebescodes. In der Königsberger Fassung wird die komplexe Behandlung der Liebesthematik durch neu eingefügte Auftritte von Cupido und Venus auf eine weniger komplexe Ebene verlagert.[7] Erhalten bleibt in beiden Festfassungen somit vor allem die Krankengeschichte des Lysis, die von Caemmerer als Plädoyer für das Einhalten der Ständeordnung gedeutet wird.[8] Lysis, der Sohn eines reichen »Handelßman[s]« (*Sch*$_A$, fol. Bij^v), spielt adlige Spiele, die ihm von Standes wegen verboten sind, und versäumt darüber seine bürgerliche Ausbildung zu einem nützlichen Glied der Gesellschaft. Die Adligen treiben nun ihrerseits ein Spiel mit ihm, nicht um ihn zu heilen, sondern um ihn vorzuführen.[9] Daß die ständische Differenz unhintergehbar ist und gerade auch im Schäferspiel nicht nivelliert wird, zeigt sich in jener Szene, in der Lysis von Clarimond und Anselm wegen eines (fingierten) Liebesstreits um Charite zum Duell gefordert wird (vgl. *Sch*$_A$, fol. Eij^r–Eiij^r). Die Adligen verbergen in ihren Hirtenstäben Degen – der Hirtenstab dient lediglich zur Bemän-

---

4 Vgl. Caemmerer (Anm. 2), S. 349. Die von Caemmerer für die Fassung von 1661 gemachten Beobachtungen gelten auch für die Königsberger Fassung.
5 Vgl. Claudia Schnitzer: Höfische Maskeraden. Funktion und Ausstattung von Verkleidungsdivertissements an deutschen Höfen der Frühen Neuzeit. Tübingen 1999 (Frühe Neuzeit 53), S. 250–253 sowie Abb. 7–15.
6 Vgl. Caemmerer (Anm. 2), S. 349.
7 Vgl. Sebastiani (Anm. 1), S. XX und XXIXf.
8 Vgl. Caemmerer (Anm. 2), S. 357.
9 Vgl. ebd., S. 351.

telung ihres adligen Standes-Zeichens –, wohingegen Lysis nur über seinen echten Hirtenstab verfügt. Nachdem er die Verwendung des Degens in der Schäferwelt gar als Verstoß gegen die Spielregeln reklamiert, wird er seinerseits aus der Schäferwelt verstoßen (vgl. *Sch*$_A$, fol. Eiij^v–Eiiij^v). Lysis insistiert auf Spielregeln, kennt dabei aber die basale Spielregel, daß nur Adlige am Spiel teilnehmen dürfen, nicht. Als Selbstvergewisserung einer adligen Gesellschaft, die über das Wissen um die Spielregeln verfügt, erhält der *Schwermende Schäffer* mit Lysis als Sündenbock jene gemeinschaftsstiftende Funktion, die für ein höfisches Fest allemal erwünscht ist. Freilich hatte sich in den großen Städten des Reiches auch in bürgerlichen Kreisen die Schäfermode ab der Mitte des Jahrhunderts schon so stark etabliert, daß der Abgrenzungsversuch eher wie ein Rückzugsgefecht wirkt.

Ihre volle Komplexität entfaltet Corneilles *Pastorale Burlesque* indes erst in der vollständigen Übersetzung von 1663, da nur dort die notwendige Balance zwischen Binnen- und Rahmenhandlung gewahrt bleibt. Dies betrifft als erstes die Krankengeschichte des Lysis sowie die Therapieversuche der adligen Gesellschaft.[10] Corneilles Drama, in dem der Therapieversuch einer Gesellschaft im Mittelpunkt steht, die theaterspielend auf die Wahnvorstellungen eines Kranken eingeht, folgt einem Modell, das sich im französischen Theater des frühen 17. Jahrhunderts häufiger findet, so etwa in Jean de Rotrous 1631 erschienener Tragi-Comédie *L'Hypochondriaque ou le Mort Amoureux*.[11] Der Held in Rotrous Stück glaubt seine (tatsächlich noch lebende) Geliebte gestorben und wird durch das gezielte Theaterspiel seiner Mitmenschen therapiert, so daß er die Geliebte am Ende heiraten kann. Goethe, der Rotrous Werk kannte, hat in seinem Festspiel *Lila* (1777) dieses Handlungsmodell ebenfalls aufgegriffen.[12] Vor dem Hintergrund von Michel Foucaults Studie *Folie et déraison*[13] fällt auf, daß in beiden Stücken die Wahnsinnigen nicht weggesperrt werden, sondern daß der Therapieversuch innerhalb der adligen Gesellschaft stattfindet. Das Einsperren des Wahnsinnigen ist als Option allerdings im *Schwermenden Schäffer* ständig präsent, diese Möglichkeit wird aber ausschließlich durch den Bürger Adrian vertreten (vgl. *Sch*$_B$, S. 13 und 16). Inwiefern sich hier Reflexe eines unterschiedlichen Umgangs mit dem Wahnsinn in der gesellschaftlichen Praxis Frankreichs greifen lassen, bliebe zu untersuchen.

---

10 Vgl. dazu Erika A. Metzger und Michael M. Metzger: Die Heilung des »Schwermenden Schäfers« durch das Wunderbare (1997) [812].
11 Vgl. L'HYPOCONDRIAQVE, OV LE MORT AMOVREVX, TRAGI-COMEDIE. Dediée à Monseigneur le COMTE DE SOISSONS. Par le S^R ROTROV. A PARIS, Chez TOVSSAINCTS DV BRAY, ruë S. Iacques aux Espicsmeurs. M. DC. XXXI. *AVEC PRIVILEGE DV ROY*.
12 Vgl. Martin Huber: Inszenierte Körper. Theater als Kulturmodell in Goethes Festspiel »Lila«. In: Theater im Kulturwandel des 18. Jahrhunderts. Inszenierung und Wahrnehmung von Körper – Musik – Sprache. Hg. von Erika Fischer-Lichte und Jörg Schönert. Göttingen 1999, S. 133–150.
13 Michel Foucault: Wahnsinn und Gesellschaft: Eine Geschichte des Wahns im Zeitalter der Vernunft. Aus dem Französischen von Ulrich Köppen. Frankfurt a.M. 1969.

Die Anamnese des Falls Lysis ist nach dem Modell des *Don Quixote* gebildet. Lysis hat durch seine zu intensive und zu extensive Lektüre von Schäferromanen Schwierigkeiten, zwischen der fiktionalen Schäferwelt und der Realität zu unterscheiden. Er zieht aufs Land, um hier als Schäfer leben zu können, was den heutigen Leser eher wie die Handlung eines Aussteigers als die eines Wahnsinnigen anmutet. Gegenüber Adrian argumentiert er in diesem Sinne:

> Sagt mir was in der Stadt der Unraht nütze sey
> Von Aembtern / Kauffmansschafft / Rechtshändeln / sagt es frey (*Sch$_B$*, S. 14)

Sich nicht den Berufswünschen des Vaters fügen zu wollen, gilt im 17. Jahrhundert als Ungehorsam, noch nicht als Wahnsinn.

Clarimond geht denn auch anfänglich gegenüber Adrian von einer leichten Therapierbarkeit des Falles aus:

> Last ihn das Spiell vollzihn das er begonnen hat.
> Wenn seine Sinnen nur den freyen Gang gewinnen;
> Dörfft in acht Tagen wol die Thorheit gantz zerrinnen.
> Zumahl wo er die Lust die sein Gemüthe rührt
> Nicht bey der Schäfferey nach allem Wundsch verspürt /
> Denn kan man sonder Müh ihm zu verstehen geben
> Daß Schäffer anders hir als in den Büchern leben. (*Sch$_B$*, S. 17)

Clarimond setzt also darauf, daß das harte Alltagsleben in der tatsächlichen Schäferwelt dem Patienten die Differenz zwischen Realität und literarischer Fiktion erhellen werde. Das therapeutische Theater, das Clarimond und sein adliger Kreis daraufhin inszenieren, läuft diesem Konzept nun allerdings stracks entgegen, da sie dem Patienten auf dem Lande eine rein literarische Schäferwelt vorspielen. Der therapeutische Erfolg bleibt denn auch aus, und Lysis' Leiden verschlimmert sich. Der Realitätsverlust nimmt zu: er hält sich für die Schäferin Amarillis, zum Schluß gar für einen Baum. Am Ende des Stücks trösten ihn die Adligen damit, ihn als Baum in den Garten Angelices zu verpflanzen. Eine Heilung ist nicht in Sicht.[14]

Das Lustspiel unterläuft nun allerdings die klare Trennung zwischen realer und fiktionaler Welt, so daß sich Lysis' Wahnsinn wieder relativiert. Denn die Welt des Wahnsinns, in der Lysis lebt, ist nicht kategorial von der Welt der Gesunden verschieden, sondern untrennbar und notwendigerweise mit ihr vermischt. Auch die Gesunden nutzen, wie noch zu zeigen sein wird, die Modelle der Wahnwelt, ja sie müssen sie nutzen, weil nur diese Modelle ihnen das Sprechen über Liebe ermögli-

---

14 Gegen die Deutung von Metzger/Metzger (Anm. 10), S. 175–178.

chen. Es wird deutlich, daß das Lustspiel die plane Dichotomie Realität–Fiktionalität, die der Bürger Adrian behauptet, als zu einfach zurückweist. Ob Corneille (respektive Gryphius) auf diese Weise die beginnende Praxis der Ausgrenzung der Wahnsinnigen kritisiert, kann nicht entschieden werden. Zu Recht haben Erika und Michael Metzger darauf hingewiesen, daß das von den Adligen inszenierte therapeutische Theater kein Theater der Vernunft ist,[15] sondern eines der Affekte. Lysis soll nicht zur Vernunft gebracht werden – das entspräche dem neuen Modell –, sondern lernen, durch Rollenspiel seinen Affekthaushalt zu regulieren.

In der vollständigen Fassung von 1663 erweist sich der *Schwermende Schäffer* aufgrund der Spiel-im-Spiel-Struktur als ein ausgefeiltes Metadrama. Dabei dient der metatheatrale Charakter nicht so sehr der Reflexion über das Wesen des Theatralen, sondern in erster Linie dem Aufweis, daß gesellschaftliches Verhalten theatralen Gesetzen gehorcht, ein für die Frühe Neuzeit geläufiger Gedanke, der auf der *theatrum-mundi*-Metapher basiert.[16] Freilich wird er selten im Theater des 17. Jahrhunderts so zwingend wie im *Schwermenden Schäffer* ins Werk gesetzt. Dies beginnt schon damit, daß die Trennung zwischen Rahmenspiel und Binnenspiel systematisch verunklart wird. Der *Schwermende Schäffer* gleicht aufgrund seiner Tendenzen, Binnen- und Rahmenhandlung untrennbar zu vermischen, nicht so sehr dem *Peter Squentz*, bei dem klar zwischen dem Spiel auf erster und zweiter Ebene getrennt wird, sondern eher Arthur Schnitzlers Groteske *Der Grüne Kakadu* (1899).

Nur für die adligen Liebespaare stellt die Binnenhandlung – wenigstens zunächst – ein Spiel im Spiel dar, das sie bewußt inszenieren, um Lysis zu therapieren, später dann auch, um ihn zu ärgern. Für Lysis selbst gibt es kein Spiel im Spiel. Für ihn fallen Binnen- und Rahmenhandlung in eins. Lysis ist die einzige Figur des Lustspiels, die nicht um die Rollenhaftigkeit der gesellschaftlichen Existenz des Menschen weiß. Wenn man, wie oben dargelegt, Lysis' Therapie als Versuch begreift, ihm gewaltsam das Rollenspiel nahezubringen – er wird zunächst von Hircan in die Schäferin Amarillis verwandelt, später, wie er glaubt, von den Göttern, in einen Baum –, dann scheitert diese Therapie auf ganzer Linie, denn Lysis versteht diese Verwandlungen nicht als Angebot, sich im Rollenspiel zu üben, sondern faßt sie als Existenzwandel im ontologischen Sinne auf: Da er jeweils die Schäferin bzw. der Baum *ist*, muß er nicht spielen.

ADR. So glaubst du Narr daß man (zihlt dein Anschlag dahin)
Für einen Baum dich hält?
LYSIS. 　　　　　　　　Jn Warheit! weil ichs bin (Sch_B, S. 67)

---

15 Vgl. ebd., S. 176f.
16 Vgl. Peter Rusterholz: Theatrum vitae humanae (1970) [405] sowie das ↗ Kap. II.10.6 über »Metatheater, Spiel im Spiel«.

Ähnlich rollenunbewußt wie Lysis handelt im *Schwermenden Schäffer* nur noch sein Vetter, der Kaufmann Adrian. Er nimmt an den Rollenspielen der Schäferei nicht teil und ist somit der einzige, der seine Rolle nicht wechselt. Er bleibt der rationale Kaufmann, der dem Verhalten seines Vetters schlechterdings nichts abgewinnen kann.

Für die adlige Schäfergesellschaft verwischt sich die Differenz zwischen Binnen- und Rahmenhandlung aus anderen Gründen als für Lysis. Da für beide Ebenen dieselben Gesetze gelten, die Gesetze des Rollenspiels, liegt es für die Adligen nahe, näher als für den Kaufmann Adrian, dem Bürger Lysis eine Lektion zu erteilen. Während Lysis an einem ontologischen Fundamentalismus laboriert – er kennt nur ungeteiltes Sein, keine Rollen –, leiden die Adligen an ihrem in Rollen geteilten Sein, dem es an Identität mangelt. In dem Dialog zwischen Clarimond (als Schäfer Philiris) und Charite (als Schäferin Sylvie) zeigen sich die Probleme dieses Auseinanderbrechens der Subjekte in unvereinbare Rollen. Nach einer Liebeserklärung an Sylvie/Charite antwortet diese:

> Last uns aus Mißverstand uns selbst nicht irre machen.
> Jhr redet frey wie ich / drum zeug ich euch den Grund /
> Man sondre Philiris fern ab von Clarimund.
> CLAR. Wie mag zu handeln euch auff solch ein Art beliben
> Jhr gebet jenem Trost / den sucht ihr zu betrüben.
> CHAR. Mit Recht! denn Clarimund der ist ein Hoffemann.
> Doch Philiris weiß nichts als was ein Schäffer kan. (*Sch$_B$*, S. 58)

Der Wahrheitsgehalt von Clarimonds Liebeserklärung ist an seine Rolle als Schäfer gebunden. Da die Schäferrolle nur eine unter mehreren in Clarimonds Repertoire darstellt, relativiert sich die Wahrheit.

Aufgrund der unhintergehbaren Rollenhaftigkeit des Seins ist das Theater für die Adligen das Gesellschaftsmodell schlechthin und Clarimonds Gedanke, Lysis mit den Mitteln des Theaters zu therapieren, nur konsequent. Corneille und, ihm folgend, Gryphius verstärken die Theatralität der Therapie noch gegenüber der Romanvorlage Sorels. So erscheint Hircan als »Druide« verkleidet »auff einem Wagen in der Lufft mit Blitz und Krachen« (*Sch$_B$*, S. 51), um seinen Schützling Lysis, der sich in Amarillis verwandelt glaubt, zu retten. In Sorels Roman erschien Hircan dagegen weniger theatralisch in einer gewöhnlichen Kutsche.[17] Der *Schwermende Schäffer* wird so zu einem ABC des modernen Maschinentheaters italienischer Provenienz,

---

17 Vgl. den Kommentar zu Corneilles Szene III,7 von Francis Bar in seiner kritischen Edition: Thomas Corneille: Le Berger extravagant. Pastorale Burlesque. Edition critique. Hg. von Francis Bar. Genf/Paris 1960, S. 157, sowie LE BERGER EXTRAVAGANT. OV PARMY DES FANTAISIES AMOVREVSES on void les impertinences des Romans & de Poësie. A PARIS, Chez TOVSSAINCT DV BRAY, ruë S. Iacques aux Epics meurs. M. DC. XXVII. *Avec Priuilege du Roy*, Liure IV, S. 248f.

referiert daneben aber auch mit dem *gender crossing* Lysis–Amarillis auf Komödienstandards des 16. und 17. Jahrhunderts. Der sich in einen Baum verwandelt glaubende Lysis evoziert parodistisch den Daphne-Mythos und damit das Musiktheater, was vor allem in Deutschland, wo mit Opitz' *Dafne* ein Referenztext vorlag, als Anspielung verstanden worden sein dürfte.

Betrachtet man die affektiven Wirkungen, die das therapeutische Theater der Adligen bei Lysis beabsichtigt, so ergeben sich Verweise auf weitere theatrale Gattungen. Vor allem der dritte Aufzug, in dem drei Satyrn Amarillis/Lysis der »Buhlerei« bezichtigen und von ihr die Unschuldsprobe mit einem glühenden Eisen fordern (*Sch$_B$*, S. 49f.), evoziert den Topos der angeklagten Unschuld und damit das Trauerspiel in der spezifisch barocken Variante des Märtyrerdramas. Wohl in kathartischer Absicht versuchen die Adligen in dieser und weiteren Szenen, Lysis in Furcht und Schrecken zu versetzen. Ihre Therapie als Affekttherapie ist von der Funktionsweise her wie das aristotelische Tragödienkonzept angelegt. Der *Schwermende Schäffer* als Metatheater gibt auf diese Weise mit dem Spiel im Spiel nicht nur einen Überblick über die in der ersten Hälfte des 17. Jahrhunderts relevanten theatralen Gattungen, sondern auch über die Wirkungsmöglichkeiten des Theaters. Daß es bei Lysis nun gerade nicht zu einer Katharsis kommt, daß er ferner die Rollenhaftigkeit des Daseins nicht begreift, kann als ironische Brechung der theatralen Wirkungsabsichten von Theater gedeutet werden.

Die Betrachtung von Lysis' Wahnsinn und die Analyse des Spiels im Spiel haben gezeigt, daß im *Schwermenden Schäffer* weder eine Trennung von Fiktion und Realität noch eine Scheidung von Theaterspiel und gesellschaftlichem Handeln problemlos möglich ist. Auf paradoxe Weise wird das Spiel im Spiel nicht nur von der Rahmenhandlung eingegrenzt, sondern bricht gleichzeitig diese Rahmung und grenzt seinerseits die Rahmenhandlung ein. Dies läßt sich vor allem an der Liebesthematik verdeutlichen, der Geschichte dreier Liebespaare: Anselm ist in Angelice verliebt, Clarimond in Charide und Montenor in Lucide. Angelice und Montenor sind dabei ebenso Geschwister wie Lucide und Hircan, Charide ist eine enge Verwandte von Angelice und Montenor. Die Rahmenhandlung zeigt den für das Affektkonzept der Frühen Neuzeit typischen *rite de passage* vom emotionalisierten Geschwisterbund[18] in den emotional ungesicherten Ehebund, wobei der *Schwermende Schäffer* allerdings komödienuntypisch nicht mit einer dreifachen Hochzeit endet. Theaterspiel dient den Adligen dazu, Affekte zu modellieren und zu kommunizie-

---

18 Vgl. dazu grundlegend Sophie Ruppel: Verbündete Rivalen. Geschwisterbeziehungen im Hochadel des 17. Jahrhunderts. Köln 2006. Zur Rolle des Theaters für die affektive Bindung der Geschwister vgl. Bernhard Jahn: Getanzte Emotionen. Funktionen des höfischen Balletts am Beispiel des Weißenfelser Hofes (1678–1700). In: Adel in Sachsen-Anhalt. Höfische Kultur zwischen Repräsentation, Unternehmertum und Familie. Hg. von Eva Labouvie. Köln 2007, S. 245–266.

ren.[19] Das Werk wird so zu einem sprachkritischen Metatext über die Möglichkeiten, Gefühle (und hier vor allem im Zusammenhang mit Liebe) zu kommunizieren. Die manierierte Sprechweise des Lysis, die aber die anderen Figuren im Schäferspiel dann übernehmen, mag bei Corneille vorrangig als Kritik an den Précieux gedacht sein,[20] doch verdeutlichen die zahlreichen Wortneuschöpfungen im Französischen wie im Deutschen,[21] daß hier tatsächlich ein Code neu produziert wird.

Die sprachtheoretischen Erörterungen über die Möglichkeit, Liebe zu kommunizieren, werden in der Rahmenhandlung präsentiert, so etwa zu Beginn des zweiten Aufzugs. In dem Gespräch zwischen Lucide und Montenor wird die nonverbale Sprache des Körpers, die stumme Beredsamkeit,[22] als Sprache der Liebe herausgestellt:

> LUC[IDE]. Lib hat ihr eigne Sprach und Kunst / was zu verstehn /
> Sie redet / sie bewegt / und schweigt doch iede Zeitt /
> All ihre Regungen sind voll Beredsamkeit.
> [...]
> MONT[ENOR]. Jsts war daß sich das Hertz auff solche Sprach versteh:
> Wie komts dann daß ich Ier mit meiner Glutt außgeh?
> Hat mein Hertz nicht geseufftzt vor euch vil tausend mal?
> Hab ich nicht durch mein Angst entdeckt die Seelen Quall
> Die stumme Lippe schwig / die Zunge dörffte nicht
> Der Dolmetsch war mein Aug.
> [...]
> LUC[IDE]. Diß wird der Mangel sein / daß ich diß nicht verstund
> Was ihr mir habt entdeckt mit reden-leerem Mund
> Doch zwey drey Seuffzer sind auff unverfälschten Brand /
> (Wie sehnlich sie auch gehn) ein ungewisses Pfand
> Und weil ihr spürt daß ich der Sprach unkündig sey:
> Wolt ihr mir itzt villeicht zu eurem Vortheil bey. (*Sch_B*, S. 23)

Obwohl die nonverbale Sprache des Körpers im 17. Jahrhundert im Vergleich zur verbalen Sprache in der Regel als weniger täuschungsanfällig gilt,[23] ist sie, wie der Dialogausschnitt zeigt, keine vollkomme Sprache: Auch in ihr sind Mißverständ-

---

19 Vgl. Doris Kolesch: Theater der Emotionen. Ästhetik und Politik zur Zeit Ludwigs XIV. Frankfurt a.M. 2006.
20 Vgl. Plard (Anm. 3), S. 371.
21 Vgl. Plard (Anm. 3), der die sprachschöpferische Kreativität von Gryphius' Übersetzung betont, etwa S. 370.
22 Vgl. Claudia Benthien: Barockes Schweigen. Rhetorik und Performativität des Sprachlosen im 17. Jahrhundert. München 2006, S. 300–304, und Bernhard Jahn: Die Sinne und die Oper. Sinnlichkeit und das Problem ihrer Versprachlichung im Musiktheater des nord- und mitteldeutschen Raumes (1680–1740). Tübingen 2005, S. 105–125.
23 Vgl. Jahn (Anm. 22), S. 107.

nisse und Täuschungen möglich. Die Frage nach der Möglichkeit, wie Gefühle wahrhaftig zu kommunizieren seien, wird durch den Verweis auf die stumme Sprache des Körpers jedenfalls nicht beantwortet. Was pragmatischerweise bleibt, wenn absolute Wahrheit bei der Kommunikation über Gefühle nicht zu erlangen ist, sind kommunikative Codes, die die Dichter mit ihren Dichtungen stiften. Dies macht Clarimond im vierten Aufzug deutlich. (Schäfer-)Dichtung, wie lächerlich sie dem dichtungsfeindlichen Blick auch immer erscheinen mag, ist unverzichtbar, denn nur in ihrer Sprache sind Affekte kommunizierbar. Clarimond vermag nicht zu formulieren, was er als Schäfer Philiris äußern kann:

> Es wird doch Clarimund sein Leiden stets verstecken;
> Wenn Philiris nicht will als Dollmetsch es entdecken
> Er öffnet euch sein Hertz / er zeigt der Seelen Grund /
> Und spricht (ob wohl der Nam entlehnt) aus eignem Mund
> Sein unverfälschte Brunst die nun aufs höchste kommen /
> Libt in der That was sie zu liben vorgenommen. (*Sch$_B$*, S. 59)

Da die Schäfersprache als Sprache der Liebe für die adlige Gesellschaft der Rahmenhandlung von essentieller Bedeutung ist, wird die Differenz zwischen Binnen- und Rahmenhandlung auch in einem dritten Punkt eingeebnet: hinsichtlich der Kommunikationssituation. Die Kommunikationsbedingungen sind, wenn über Liebe gesprochen wird, in Binnen- wie Rahmenhandlung dieselben, das Scheitern der Kommunikation ist hier wie dort immer wieder greifbar. Besonders in der Binnenhandlung ist die scheiternde Kommunikation von Gefühlen der Normalfall und geht soweit, auch den vorgeblich natürlichen Dialog, wie er durch das Echo[24] erzeugt wird, als Spiel gesellschaftlicher Konventionen zu entlarven. Charite verstößt gegen die Gesprächsmaximen des Echodialogs, wenn sie, aus der Rolle fallend, nicht das Echo-Wort wiederholt, sondern ihre eigenen Ansichten formuliert:

> Lys[is]. [...] Trifft mich des Vnfals Tück /
> Daß in verzweifeln ich mich härter nicht verstrick?
> Char[ite]. Der Strick. Lys. Was? Strick? es wird villeicht die Schnure sein
> Jn die Cupido wandt die Pfeil und Bogen ein:
> Sag Echo. Char. Nein / ich mein an deinen Halß den Strang
> Lys. Du Närrin was ist dis? du plauderst toll und lang! (*Sch$_B$*, S. 20)

Die in der Frühen Neuzeit geläufige topische Verknüpfung von Liebe und Wahnsinn wird im *Schwermenden Schäffer* über die Sprachproblematik hergestellt. Liebe und

---

24 Zur Bedeutung des Echos im 17. Jahrhundert vgl. Jörg Jochen Berns: Die Jagd auf die Nymphe Echo. Künstliche Echoeffekte in Poesie, Musik und Architektur der Frühen Neuzeit. In: ders.: Die Jagd nach der Nymphe Echo. Zur Technisierung der Wahrnehmung in der Frühen Neuzeit. Bremen 2011, S. 139–158.

Wahnsinn sind beides Sprachen, die schwer zu verstehen oder gar unverständlich sind. Aufgrund dieser Analogie ergibt sich ein in zweifacher Hinsicht offener Schluß: So ungewiß es bleibt, ob bei Lysis irgendwelche Hoffnung auf Heilung besteht, so ungewiß bleibt auch, ob die adligen Liebespaare der Rahmenhandlung zueinanderfinden werden.

Ob die kasusgebundenen Aufführungen des *Schwermenden Schäffers* auf die Rahmenhandlung verzichteten, weil die Komplexität des Themas für den Festanlaß untauglich war, oder ob schlicht pragmatische Gründe wie die Länge des Stücks den Ausschlag für die Kürzungen gaben, muß hier nicht entschieden werden. Wenn Gryphius mit dem von ihm initiierten zweiten Druck ein nachdrückliches Plädoyer für die vollständige Fassung abgab, dann zeigt das, daß ihm die von Corneille vorgenommenen Problematisierungen zentraler Differenzen wie Vernunft–Wahnsinn oder Fiktion–Realität auch für den deutschen Sprachraum aktuell erschienen.

II.7 Festspiele

II.7.1 *Majuma*
Von Bernhard Jahn

Die mit dem Herrscherlob einhergehende Dialektik,[1] die dazu führt, daß der Herrscher nicht nur gelobt, sondern auch in die Pflicht genommen, ja implizit kritisiert wird, findet sich wohl nur in wenigen frühneuzeitlichen Bühnenwerken derart auf die Spitze getrieben wie in Gryphius' kleinem Freudenspiel.[2] Im Mai 1653 war Ferdinand IV., der Sohn Kaiser Ferdinands III., in Augsburg zum römischen König gewählt und im darauffolgenden Monat in Regensburg gekrönt worden. Der potentielle Nachfolger auf dem Kaiserthron verstarb allerdings schon im Jahr darauf, ohne die Kaiserwürde erlangt zu haben. *Majuma* wurde wahrscheinlich am 24. Juni 1653 in Glogau anläßlich der Krönung Ferdinands IV. aufgeführt.[3] Über die näheren Umstände der Aufführung liegen keine Quellen vor. Auch die Frage, ob denn der kaiserliche Hof in Wien von der Aufführung erfahren habe, kann nicht geklärt werden. Zur Aufführung wurde kein eigener Druck des Werkes verlegt, der an den Wiener Hof hätte gesandt werden können. *Majuma* erschien lediglich in den beiden Sammelausgaben Gryphiusscher Werke von 1657 und 1663 (*DG* und *FT*, vgl. *GA* VIII, S. VIII). Die im Verlauf der zweiten Hälfte des 17. Jahrhunderts dann übliche und medienstrategisch stimmige Praxis, Drucke der aufgeführten Werke an alle wichtigen Höfe zu verschicken,[4] begann sich um die Mitte des Jahrhunderts gerade zu etablieren. Auch wenn somit ungeklärt bleiben muß, inwieweit Gryphius' Stück den Kaiserhof tatsächlich erreichte, bilden Ferdinand IV. und sein Vater doch die expliziten Adressaten, die im Schlußchor apostrophiert werden. Zu diesen expliziten Adressaten treten zudem die impliziten Adressaten, die tatsächlichen Zuschauer der Aufführung in Glogau: das protestantische Bürgertum der Stadt sowie die Piastenfürsten. Implizite und explizite Adressaten stehen in einem Spannungsverhältnis

---

1 Vgl. Der Fürst und sein Volk. Herrscherlob und Herrscherkritik in den habsburgischen Ländern der frühen Neuzeit. Hg. von Pierre Béhar und Herbert Schneider. St. Ingbert 2004, darin besonders Jörg Jochen Berns: Herrscherlob und Herrscherkritik in habsburgischen Fürstenspiegeln zu Beginn des 16. Jahrhunderts: Maximilian I. und Erasmus, S. 25–44, außerdem Herbert Schneider: »La Monarchia Latina Trionfante« von Antonio Draghi, ›Festa Musicale‹ zur Geburt des Erbprinzen Joseph (1678) oder Wie legitim ist Lob und Kritik in der höfischen Panegyrik?, S. 169–144, und Pierre Béhar: Der Widerstand gegen die Habsburger im Werk Daniel Caspers von Lohenstein, S. 269–291.
2 Zur Entstehung von *Majuma* vgl. den Kommentar von Eberhard Mannack (*D*, S. 1217–1234). An neuerer Literatur vgl. vor allem Nicola Kaminski: EX BELLO ARS (2004) [797], S. 104–109.
3 Vgl. Dietrich Walter Jöns: Majuma, Piastus (1968) [815], S. 287, außerdem *D*, S. 1219.
4 Für Wien vgl. Susanne Rode-Breymann: Musiktheater eines Kaiserpaars. Wien 1677–1705. Hildesheim 2010, S. 33.

zueinander, das sich aus der politischen Situation in Schlesien nach dem Ende des Dreißigjährigen Krieges ergab. Wie zuletzt vor allem von Eberhard Mannack dargelegt, war Schlesien, sieht man von der Stadt Breslau und den Gebieten der Piastenfürstentümer ab, massiven Rekatholisierungsbemühungen der Habsburger ausgesetzt.[5] Als Syndikus der Landstände in Glogau befand sich Gryphius im Zentrum der konfessionellen Auseinandersetzungen mit den Habsburgern und wurde in diesem Zusammenhang 1653 sogar verhaftet.[6] Vor Glogauer Publikum den künftigen Habsburger Kaiser zu loben, war demnach kein leichtes Unterfangen. Gryphius gibt dem Kaiser, was des Kaisers ist, ohne die protestantischen Interessen zu vernachlässigen. Erweist der Glogauer Syndikus sich, wie im folgenden zu zeigen sein wird, auf der Ebene der Gattungstraditionen als origineller Diener zweier Herren und entfacht ein virtuoses Spiel mit theatralen Genres, so sorgt die Dialektik des Herrscherlobs doch schlußendlich dafür, daß Ferdinand IV. gehörig in die Pflicht genommen wird. Die doppelte Adressatenschaft, die die Kommunikationsstruktur des Freudenspiels bestimmt, prägt dabei, wie gezeigt werden soll, auch seine formale Gestalt. *Majuma* erweist sich als Überblendung zweier Gattungstraditionen, zum einen der protestantisch konnotierten und um 1650 populären Friedensspiele, zum andern der am Wiener Hof gepflegten Oper venezianischer Prägung, und wird so zu einer besonderen Art von Mischspiel. Der Charakter des Mischspiels ist freilich bei *Majuma* verdeckter als bei dem ebenfalls kasusgebundenen Mischspiel *Verlibtes Gespenste / Gesang-Spil. Die gelibte Dornrose Schertz-Spill* von 1660, wo die Doppelung schon im Titel explizit gemacht wird. Erst eine Lektüre vor dem Hintergrund verschiedener Gattungskonventionen läßt den Mischspielcharakter deutlich zutagetreten.

Majuma und die Friedensspiele

Die intertextuellen Bezüge zwischen *Majuma* und den Friedensspielen sind schon früh bemerkt worden,[7] vor allem die Parallelen zu Ernst Stapels und Johann Rists *Irenaromachia* von 1630, die ihrerseits wieder auf den 1627 anonym publizierten Dialog *Senatvs deorvm* zurückgeht.[8] Wesentliches Strukturelement dieser Spiele sind die allegorischen oder mythologischen Figuren des Krieges (Mars) und des Friedens (Irene), denen weitere allegorische und mythologische Figuren zugeordnet

---

5 Vgl. Eberhard Mannack: Die »verdeckte Fortsetzung des Dreißigjährigen Krieges« (2003) [816], S. 110.
6 Vgl. Eberhard Mannack: Andreas Gryphius (²1986) [127], S. 18.
7 Vgl. Eberhard Mannack: Andreas Gryphius' Lustspiele (1964) [732], S. 16–18 und 28.
8 Vgl. Otto Heins: Johann Rist und das niederdeutsche Drama des 17. Jahrhunderts. Marburg 1930, S. 26f. Zu den Friedensspielen vgl. ferner Josef Jansen: Patriotismus und Nationalethos in den Flugschriften und Friedensspielen des Dreißigjährigen Krieges. Diss. Köln 1964.

werden.⁹ Aus der Bedeutung der Figuren heraus entwickelt sich die Handlung, die auf eine Bändigung der Figur des Krieges hinausläuft und entweder durch einen Gerichtsprozeß oder eine zeremonielle Neuordnung ins Werk gesetzt wird. Gryphius verwendet wie Stapel/Rist das Gerichtsmodell, um den Frieden herbeizuführen. Die Klage der Nymphe Chloris in der zweiten Abhandelung über die Verwüstung ihres Gartens durch Mars gipfelt in einem Appell an die Götter:

> Recht Götter! schafft mir Recht! ist die Gewalt zu loben?
> Recht Götter! schafft mir Recht! steurt disem grimmen Toben (*Maj.* II,77f.)

Die Bitten der Nymphe werden erhört, und im Auftrag Jupiters erscheint Mercurius, um Mars zur Rede zu stellen. Im Rahmen des Gerichtsmodells erhält er Raum für eine umfangreiche Verteidigungsrede, in der er die in den Friedensspielen topischen Argumente *pro domo* anführt. Auch wenn die Verteidigungsrede des Mars von Zephyrus als mißlungen abgetan wird (»Besser reden kan er nicht«; *Maj.* II,162), enthalten die sechzig daktylischen Verse doch nicht nur in nuce die wesentlichen protestantischen Positionen zum Krieg, wie etwa den Gedanken, der Krieg sei ein Strafgericht Gottes für die sündigen Menschen (»Daß ich der Nemesis Straffambt verwalte«; *Maj.* II,132), sondern demonstrieren auch die besonders von den Nürnbergern entwickelten poetischen Verfahren, um die affektive Gewalt des Krieges klanglich zum Ausdruck zu bringen:¹⁰

> Hör ich den Klang der beherzten Trompeten
> So wacht mein Anmut zu fechten und tödten;
> Hör ich die Kupfernen Drummeln sich regen;
> Wenn sich die Kleppel der Paucken bewegen:
> Wall't mein Geblüte / die Augen entbrennen /
> Daß ich für Eyfer mich selbst nicht kan kennen.
> Hör ich das Kreischen der scheumenden Rosse
> Kenn' ich die Spitzen vom feindlichen Schlosse;
> Knörsch ich in Eisen / ergreiff ich die Klingen;
> So wil diß Hertze für Künheit zuspringen. (*Maj.* II,99–108)

---

9 Vgl. Hartmut Laufhütte: Der gebändigte Mars. Kriegsallegorie und Kriegsverständnis im deutschen Schauspiel um 1648. In: Ares und Dionysos: Das Furchtbare und das Lächerliche in der europäischen Literatur. Hg. von Hans-Jörg Horn und Hartmut Laufhütte. Heidelberg 1981, S. 121–135. Zu den allegorischen Figuren auf der Bühne vgl. Claudia Spanily: Allegorie und Psychologie. Personifikationen auf der Bühne des Spätmittelalters und der Frühen Neuzeit. Münster 2010, bes. S. 325–336.
10 Vgl. immer noch Wolfgang Kayser: Die Klangmalerei bei Harsdörffer. Ein Beitrag zur Geschichte der Literatur, Poetik und Sprachtheorie der Barockzeit. Leipzig 1932, S. 64f.

Damit konzentriert Gryphius in wenigen Verszeilen, was in den Friedensspielen in umfangreichen Prosapassagen breit entfaltet wird.

Mars' Plädoyer für den Krieg ist freilich, der Logik der Friedensspiele gemäß, vergebens, und so wird zu Beginn des dritten Aufzugs im Rat der Götter das Urteil gefällt, Mars zu entwaffnen und ihn zur gärtnerischen Wiederaufbauarbeit in Chloris' Garten zu verpflichten.

Das Gerichtsverfahren als Weg zum Frieden, wie es in Stapels/Rists frühem Friedensspiel von 1630 vorgeschlagen wird, setzt freilich eine übergeordnete Ordnungsmacht voraus, die die Durchführung des Gerichtsverfahrens zu garantieren vermag. Die Herausbildung einer solchen Siegermacht zeichnete sich im Verlauf des Dreißigjährigen Kriegs jedoch nicht ab. Daher bedurfte es eines Verfahrens, das mehrere in etwa gleichstarke Mächte an den Verhandlungstisch bringen konnte. Ein solches Verhaltensmodell stellte das sich seit dem Spätmittelalter in Europa immer stärker verfeinernde Regelwerk des Zeremoniells bereit.[11] Das Zeremoniell bot die Basis, es schuf die Möglichkeit, miteinander zu verhandeln, noch bevor die Rechtsfragen geklärt waren. So greifen die Friedensspiele nach 1648 alle auf zeremonielle Modelle zur Friedensgestaltung zurück.[12]

Ob es der Glaube an die Kraft juristischer Verfahren gewesen ist, der Gryphius am überkommenen Modell hat festhalten lassen, sein wenige Jahre später erschienener *Papinianus* deutet darauf hin, oder ob das zeremonielle Verfahren bei der Modellierung der Schlußpointe als störend empfunden wurde, muß hier nicht entschieden werden. Der Anspielungshorizont auf die Friedensspiele bleibt in dem einen wie dem andern Fall gewahrt.

Noch ein weiteres für die Friedensspiele konstitutives Gattungssignal wird in *Majuma* eingesetzt: die im Soldaten- oder Bauernmilieu spielende komische Nebenhandlung, die es ermöglicht, die Auseinandersetzung zwischen Krieg und Frieden aus einer weiteren, meist ökonomischen Perspektive zu beleuchten. In *Majuma* beginnt die komische Nebenhandlung relativ unvermittelt im letzten Aufzug mit dem Auftritt eines »verlähmete[n] Soldat[en]« (*Maj.*, vor III,41). Mag diese Figur auch letztlich von der *commedia dell'arte* herstammen, schon Hinck äußert sich diesbe-

---

11 Vgl. Bernhard Jahn: Ceremoniel und Friedensordnung. Das Ceremoniel als Störfaktor und Katalysator bei den Verhandlungen zum Westfälischen Frieden. In: Erfahrung und Deutung von Krieg und Frieden. Religion – Geschlechter – Natur und Kultur. Hg. von Klaus Garber, Jutta Held, Friedhelm Jürgensmeier, Friedhelm Krüger und Ute Széll. München 2001, S. 969–980.
12 So etwa Rist 1653 im *Friedejauchtzenden Teutschland*: Das Friedejauch[tz]ende Teutschland / Welches / Vermittelst eines neuen Schauspieles / theils in ungebundener / theils in gebundener Rede und anmuthigen Liederen Mit neuen / von Herrn Michael Jakobi / bey der löblichen Stadt Lüneburg wolbestelltem Cantore und fürtrefflichem Musico, künst- und lieblich gesetzten Melodeien / Denen / mit guter Ruhe und Frieden nunmehr wolbeseligten Teutschen / Teutsch und treumeinentlich vorstellet Johann Rist. Nürnberg / Jn Verlegung Wolffgang deß Jüngern / und Johann Andreæ Endtern. *1653.*

züglich allerdings skeptisch,[13] so festigt ihr Auftritt in *Majuma* den intertextuellen Bezug des Freudenspiels zur Gattung Friedensspiel. Die direkten schädlichen Folgen des Krieges können auf der komischen Ebene drastisch vor Augen geführt werden. Der Logik des Komischen folgend, zeigen sich die Auswirkungen des Krieges am menschlichen Körper:

> Ob ich gleich krum und lam geschlagen /
> Vnd Narben mehr als Glider zeig';
> Ob ich vor einen Palmen-Zweig
> Muß Arm und Fuß gebunden tragen;
> So dencke doch / das diß mich zire.
> Ob ich den Stab umbsonst nicht führe;
> So dencke doch / daß er mir nütze /
> Weil ich mit dem mein' Ehre stütze. (*Maj.* III,73–80)

Allerdings dienen die komischen Zwischenspiele in den Friedensspielen vor allem bei Rist nicht so sehr dazu, die Not der bäuerlichen Unterschichten zu zeigen, sondern deren fehlende Affektkontrolle. In dieser Funktion wird auch der ›verlähmte Soldat‹ bei Gryphius eingesetzt. Indem der Soldat sein Lied in eine Liebeserklärung an die ranghöhere Nymphe Chloris münden läßt, zeigt er seine mangelnde Affektbeherrschung. Chloris ist ob der *decorum*-Verletzung empört:

> O Vbermut! was gibst du Blinder an?
> Jst nimand der den Wahnwitz straffen kan!
>
> Der Soldat wird von den Wald-Göttern erwischt und mit vilem Geschrey weggetragen. (*Maj.* III,89f. und nach III,90)

Der ›verlähmte Soldat‹ ist jedoch nicht nur über das Strukturschema der Friedensspiele in die Haupthandlung integriert, sondern zudem über ein parallelgeführtes Handlungsmoment. Denn unmittelbar anschließend an die komische Szene erleben die Zuschauer den Kriegsgott »Mars in Gestalt eines Gärtners« (*Maj.*, vor III,91), der Chloris ebenfalls eine Liebeserklärung macht. Mit Mars als Liebendem und der sich daran anschließenden Verwandlung der Akteure öffnet sich der Anspielungshorizont hin zum Musiktheater. Bevor dieser Dimension des Freudenspiels weiter nachgegangen werden soll, seien noch einige Überlegungen hinsichtlich der Funktion der Friedensspielhandlung angestellt.

Noch im gesamten Verlauf der 1650er Jahre werden die Friedensspiele im deutschen Sprachraum aufgeführt.[14] Insofern bedarf es zunächst keiner besonderen

---

[13] Vgl. Walter Hinck: Das deutsche Lustspiel des 17. und 18. Jahrhunderts und die italienische Komödie (1965) [728], S. 128.
[14] Dies gilt vor allem für die Stücke Rists.

Rechtfertigung, daß Gryphius noch 1653 das Thema aufgreift. Allerdings hat Eberhard Mannack zu Recht darauf verwiesen, daß in Schlesien die religiösen Spannungen für eine »verdeckte Fortsetzung des Dreißigjährigen Krieges«[15] sorgten. Obwohl in *Majuma* an keiner Stelle die konfessionellen Spannungen angesprochen werden – die Verlagerung der Handlung in den Bereich der antiken Mythologie sorgt hier für konsequente Transkonfessionalität –, macht das Freudenspiel durch das Festhalten an der Friedensspielthematik dennoch unmißverständlich deutlich, daß der Zustand des Friedens noch eigentlich nicht erreicht ist.

Die zeitgenössischen Leser der beiden ab 1657 erscheinenden Drucke des Dramas dürften eines der Handlungselemente des Plots sogar als eine versteckte Anspielung auf die schwierige konfessionspolitische Situation in Glogau gelesen haben: Der von Aeolus ins Gefängnis geworfene Zephir konnte von ihnen in diesem Sinne als eine Allusion auf die Inhaftierung von Gryphius selbst und mehrerer Mitglieder der Glogauer Stände im Juli 1653[16] kurz nach der Uraufführung des Werks gedeutet werden. Zephir beklagt sich in diesem Zusammenhang nicht nur über die Unzuverlässigkeit der »besten Freunde« (*Maj.* I,124), sondern über die Unbeständigkeit fürstlicher Gunst:

> Ach Fürsten Hold ist Glaß!
> Wie plötzlich fält sie hin! wie schwer wird sie erworben!
> Vnd wenn sie untergeht /
> Bleibt kaum aus Tausenden / ein Freund / der bey vns steht. (*Maj.* I,129–132)

Die Klage ist topisch genug, um Anspielungen auf die aktuelle politische Situation geschickt abzudämpfen, läßt die Möglichkeit einer politischen Kontextualisierung aber durchaus zu.

Die Friedensspielhandlung endet in der ersten Szene der dritten Abhandlung mit der Entwaffnung des Mars. Dessen Schwert wird, begleitet von einer Apostrophe des Mercurius, an Ferdinand IV. übergeben. Diese Apostrophe akzentuiert nun nicht, wie die noch zu behandelnde große Schluß-Apostrophe, das Lob des Herrscherhauses, sondern nimmt die Habsburger in die Pflicht: Mars solle sein Schwert an Ferdinand IV. abgeben, damit dieser als potentieller Kaiser außenpolitisch gegen die Feinde des Reiches kämpfen könne:

> Du Schrecken Thraciens; ich spüre den Gewin;
> Den dir die Ewikeit durch meinen Mund verspricht.
> Jch schaue / daß dein Arm des Bosphers Bogen bricht. (*Maj.* III,26–28)

---

15 Mannack (Anm. 5).
16 Zu den zeitgeschichtlichen Hintergründen vgl. Sibylle Rusterholz: Rostra, Sarg und Predigtstuhl (1974) [842], S. 137f.

Aufgrund der Friedensspielhandlung bleibt bei dieser Aufforderung implizit mitzudenken, daß der Kaiser nicht im Innern des Reiches Krieg führen soll (keine Rekatholisierung Schlesiens), sondern außerhalb des Reiches gegen die Türken kämpfen möge.

Majuma und das habsburgische Musiktheater

Liegt der intertextuelle Bezug zu den um 1650 aktuellen Friedensspielen auf der Hand, so ist der Bezug zum Musiktheater weniger deutlich auszumachen. Dies hängt nicht zuletzt damit zusammen, daß sich deutlich erkennbare Gattungstraditionen, etwa das *dramma per musica* venezianischer Prägung, gerade erst jenseits der Alpen in Innsbruck und Wien zu etablieren begannen.[17] Erst mit dem Regierungsantritt Leopolds I. werden die Konturen des kaiserlichen Musiktheaters klar erkennbar und entfalten ihre volle politische Wirkung.[18] Wenn *Majuma* als Anspielung auf die theatralen Konventionen des Wiener Hofes gelesen werden soll, dann stellt sich zunächst die Frage, inwieweit Gryphius hier überhaupt mit einem spezifischen Anspielungshorizont operieren konnte. Ferdinand III. legte ab den 1650er Jahren verstärkt Wert auf eine musiktheatrale Repräsentation kaiserlicher Majestät. So ließ er 1653 für den Reichstag in Regensburg ein eigenes Theater errichten, um dort das »Dramma rappresentato in musica« *L'inganno d'amore* aufführen zu lassen.[19] Im August desselben Jahres wird bei seinem Besuch in München zur Feier der Krönung von Ferdinand IV. die »Festa musicale« *L'arpa festante* aufgeführt, mit der die Münchner Operntradition einsetzt.[20] Von der Regensburger Opernaufführung wurden ein repräsentativer Druck des italienischen Librettos mit Kupferstichen sowie eine deutsche Übersetzung publiziert. Wie Herbert Seifert betont, liegt mit *L'inganno d'amore* zudem der neue Typus der venezianischen Oper vor, eine als Verkleidungs- und Intrigendrama gestaltete mehrfache Liebeshandlung.[21] Spätestens ab Februar 1653 dürfte sich also die Verbindung zwischen dem Kaiserhof und dem Musiktheater als bevorzugtem Medium kaiserlicher Repräsentation im

---

17 Die frühe Phase italienischer Opernrezeption am Hof Władysławs IV. war mit dessen Tod 1648 zunächst wieder beendet. Mögliche Einflüsse auf Gryphius können gleichwohl auch von Warschau ausgegangen sein.
18 Unter der inzwischen zahlreichen Literatur zur Oper am Wiener Kaiserhof vgl. (immer noch als Standardwerk) Herbert Seifert: Die Oper am Wiener Kaiserhof im 17. Jahrhundert. Tutzing 1985 (Wiener Veröffentlichungen zur Musikgeschichte 25), ferner Rode-Breymann (Anm. 4) und Jutta Schumann: Die andere Sonne. Kaiserbild und Medienstrategien im Zeitalter Leopolds I. Berlin 2003.
19 Vgl. Seifert (Anm. 18), S. 374 und 441.
20 Vgl. Hubertus Bolongaro-Crevenna: L'Arpa Festante. Die Münchner Oper 1651–1825. Von den Anfängen bis zum »Freyschützen«. München 1963, S. 28f.
21 Seifert (Anm. 18), S. 212.

deutschen Reich verfestigt haben. Ob Gryphius bei seinem Venedigaufenthalt[22] im Jahre 1646 venezianische Opern kennengelernt hat, ist fraglich, da die Spielzeit im Sommer, als der Dichter sich in der Stadt aufhielt, schon beendet war. Die Rezeption venezianischer Librettodrucke schließt das freilich nicht aus.

Eine deutsche, von der italienischen unabhängige Musiktheater-Tradition hatte sich in den englisch beeinflußten sogenannten Singe-Spielen herausgebildet,[23] bei der das Strophenlied im Zentrum stand. Mit dieser Tradition dürfte Gryphius vertraut gewesen sein. Während er für seine späteren musiktheatralen Werke *Piastus* und *Verlibtes Gespenste* die Gattungsbezeichnung »Gesang-Spil« verwendet, was sowohl als eine gesungene Aufführung im allgemeinen wie auch als eine Anspielung auf die Singe-Spiel-Tradition im besonderen zu verstehen sein kann, bleibt die Gattungsbezeichnung bei Gryphius' frühestem Beitrag für das Musiktheater im Hinblick auf das spezifisch Musiktheatrale recht tastend: »Gesangsweise vorgestellet« (*Maj.*, Titelblatt). Was man sich darunter vorzustellen hat, ist unklar, da die Musik verloren ist und eine zwingende Verbindung zwischen metrischer Struktur und Vertonung in der ersten Hälfte des 17. Jahrhunderts, worauf Irmgard Scheitler jüngst nachdrücklich hingewiesen hat,[24] nicht besteht.

Gryphius greift mit *Majuma* weder die aktuellen venezianischen (und damit kaiserlichen) Formen des Musiktheaters noch auch die älteren Singe-Spiel-Traditionen auf, vielmehr scheint er sich, dies aber durchaus im Sinne einer Huldigung an die musiktheatralen Präferenzen des Kaisers, auf die frühen italienischen Opernversuche zu beziehen, die durch die Übersetzung von Rinuccinis *La Dafne* (1598) durch Martin Opitz (1627) für die Schlesier präsent waren. Während die mythologischen Stoffe in Venedig und Wien, wenn sie nicht schon durch historische ersetzt wurden, vor allem komisch gebrochen oder drastisch parodiert auf die Bühne gelangten – Cicogninis/Cavallis *Giasone*[25] bildet hier das Paradigma –, werden sie vom schlesischen Autor noch ganz ungebrochen als Gattungsmodell begriffen. Dieses Festhalten am älteren Modell kann aus Unkenntnis der neuen Formen geschehen sein, es kann sich hierin jedoch auch eine Bezugnahme auf das kaiserliche Musiktheater und eine Distanzierung zugleich äußern.

---

22 Vgl. Mannack (Anm. 6), S. 15.
23 Vgl. Johannes Bolte: Die Singspiele der englischen Komödianten und ihrer Nachfolger in Deutschland, Holland und Skandinavien. Hamburg 1893 (Theatergeschichtliche Forschungen 7).
24 Irmgard Scheitler: Martin Opitz und Heinrich Schütz: Dafne – ein Schauspiel. In: Archiv für Musikwissenschaft 68 (2011), S. 205–226.
25 Die Oper wurde möglicherweise 1650 auch in Wien gespielt. So jedenfalls nach Alexander von Weilen: Die vom Jahre 1629 bis zum Jahre 1740 am Wiener Hofe zur Aufführung gelangten Werke theatralischen Charakters und Oratorien. Wien 1901, S. 6.

Für das ältere Modell, das durch Rinuccinis *Dafne* und seine *L'Euridice* (1600) etabliert wurde,[26] ist für den Plot des Librettos neben der Liebesthematik die Verwandlung zentral. Das führte ganz naheliegend dazu, daß Ovids *Metamorphosen* zum Stoffgeber schlechthin für die frühe (mythologische) Oper wurden. Die Kategorie der Verwandlung ist, sieht man einmal von ihren neuplatonischen Aspekten ab,[27] aber auch Ausdruck des dem Musiktheater zugrundeliegenden zentralen ästhetischen Prinzips: Das statische Bühnenbild des bisherigen Theaters weicht den dynamischen Kulissen, die den Wechsel des Bühnenbildes ermöglichen. Hinzu tritt der Einsatz diverser Bühnenmaschinen, die das Bühnengeschehen ebenfalls dynamisieren. Das frühe Musiktheater definiert sich daher mindestens so sehr über das neue Bühnenkonzept wie über die Rolle der Musik. Daß in den Drucken neben dem Libretto häufig auch Kupferstiche zu finden sind, die die eingesetzten Szenentypen dokumentieren, ist daher kein Zufall.[28]

Gryphius greift in *Majuma* all diese Elemente auf und variiert sie zum Teil sehr eigenständig. Das auf Ovids *Fasti* zurückgehende mythologische Sujet[29] bietet eine kondensierte Liebeshandlung, die die Darstellung gegensätzlicher Affekte ermöglicht. Die erste Abhandelung eröffnet mit einer Liebesklage der Chloris, die sich von ihrem Zephirus verlassen glaubt. Maja und Mercurius suchen sie zu trösten, wobei der Götterbote zunächst mit dem operntypischen Argument der Unbeständigkeit Cupidos einsetzt:

> So gehts! Cupido fleugt und wechselt für und für.
> Jtzt brennt er in der See / bald sucht er Feur allhir.
> Wenn er die Götter trifft / steckt auch der Gifft sie an:
> Daß keiner eine Nympff beständig liben kan. (*Maj.* I,49–52)

Danach stimmt Mercurius jedoch in eine für die venezianische Oper eher untypische und allenfalls im Zusammenhang mit der Figur der alten Amme anzutreffende *vanitas*-Klage ein, bei der die Vergänglichkeit der Rose mit der Vergänglichkeit der weiblichen Schönheit verglichen wird. Zephirus tritt nun auf, und nachdem die Vorwürfe der Chloris ausgeräumt sind, findet das Liebespaar am Ende der ersten Abhandelung wieder zusammen. Damit endet die Liebesintrige in Gryphius' Freudenspiel auch schon, die zweite Abhandelung referiert von der Handlungsführung her gesehen auf die Friedensspiele. Erst gegen Ende des dritten Aufzugs setzen die Referen-

---

26 Vgl. Robert Donington: The Rise of Opera. London/Boston 1981, S. 103–126.
27 Vgl. ebd., S. 32–34.
28 So etwa auch bei *L'inganno d'amore*. Vgl. Seifert (Anm. 18), S. 373f.
29 Vgl. P. OVIDII NASONIS OPERVM TOMVS III. In quo Fastorum Lib VI. Tristium V. De Ponto IV. Diræ in Ibin, &c. ACCEDVNT *Breves Notæ ex Scaligeri, Palatinis, & aliis codicibus*. LVGDVNI BATAVORVM, Ex Officina ELZEVIRIANA. ANNO CIƆ IƆ C XXIX., S. 105–107 (*fast.* V,195–258).

zen auf das Musiktheater wieder ein. Die Zuschauer erleben eine doppelte Verwandlung. Zunächst – und dies bildet die Schnittstelle zwischen Musiktheater und Friedensspiel – tritt Mars als Gärtner auf:

> Welche Veränderung! sehet ich baue?
> Pflantze / begüsse / versetze / behaue!
> Wer hätte vermeinet / daß ich im Garten
> Solte der wachsenden Blumen abwarten? (*Maj.* III,91–94)

Ursache für die Verwandlung des Kriegsgottes in einen Gärtner ist seine Liebe zu Chloris. Damit wird der antike Topos »Militiæ species amor est« aus Ovids *Ars amatoria*[30] bzw. »MILITAT omnis amans« aus der neunten Elegie der *Amores*[31] evoziert. Dieser Topos spielt in der Habsburger Panegyrik eine wichtige Rolle. Er ist nicht nur in den Wiener Opern der 1640er und 50er Jahre präsent,[32] sondern auch die musikgeschichtlich wichtigste Widmung dieser Zeit an die Habsburger, Claudio Monteverdis *Madrigali guerrieri et amorosi* (1638 mit einer Widmung an Ferdinand III.), ist ganz aus diesem Topos heraus konstruiert. Ob Gryphius hier den Topos bewußt einsetzt, kann dahingestellt bleiben, *Majuma* wäre am Habsburger Hof auf jeden Fall in diesem Sinne verstanden worden.

Der Verwandlung des Mars folgt die große Verwandlung und panegyrische Pointe des Freudenspiels: »Zephir / Chloris / Maja werden in Käyser Kronen. Mars in einen Adler verwandelt« (*Maj.*, Regieanweisung zu III,103). Auch wenn offen bleiben muß, wie diese Verwandlung in Glogau szenisch realisiert worden ist – wohl eher mit einfachen Mitteln und nicht mit dem neuesten Maschinenpark der Oper –, so bleibt sie von der Anlage her ein typischer Musiktheater-Effekt. Die Wirkung des Effekts resultiert dabei nicht nur aus der optisch-technischen Verwandlung selbst, sondern die argute Erfindung der Verwandlung, für die es in der Mythologie keine Vorlage gibt, sorgt für einen zweiten, nun intellektuellen Effekt. Die blühenden Pflanzen evozieren aufgrund der Bedeutung ihres Namens (Königskerze, Kaiserkrone) den Kasus und spielen auf das blühende Haus Habsburg an, das von Mars, der als Adler über den Blumen schwebt, beschützt wird (vgl. *D*, S. 741). Die Verwandlung bildet die Brücke zur direkten Apostrophe an den Herrscher. Diese Technik, den Mythos zu panegyrischen Zwecken pointiert abzuändern, ist typisch für das Musiktheater am Wiener Hof. Das bekannteste Beispiel stellt *Il pomo d'oro* dar, jene Hochzeitsoper, in der das Urteil des Paris revidiert wird, indem nun nicht mehr eine der drei griechischen Göttinnen, sondern die habsburgische Kaiserin Margarita Te-

---

30 PVB: OVIDII NASONIS OPERA. DANIEL HEINSIVS textum recensuit. *Accedunt* Breves Notæ ex collatione codd. SCALIGERI et Palatinis IANI GRVTERI. LVGD: BATAVORVM, Ex officina Elzeviriana. ANNO CIƆ IƆC XXIX., S. 235 (*ars* II,233).
31 Ebd., S. 144 (*am*. I,9,1).
32 In *L'inganno d'amore* etwa in der Figur des liebenden Feldherrn Iraspe.

resa den goldenen Apfel erhält, wodurch auf den trojanischen Krieg verzichtet werden kann.

Endete die Friedensspielhandlung mit einer Apostrophe, die den potentiellen Kaiser in die Pflicht nahm, so schließt die Opernhandlung mit einem unumschränkten Lob des Kaiserhauses. Erst beide Handlungen zusammengenommen demonstrieren die ganze Bandbreite barocker Panegyrik, in ihrem Gegeneinanderwirken veranschaulichen sie die Dialektik des barocken Fürstenlobs.

II.7.2 *Piastus*

Von Robert Schütze

Wer versucht, Gryphius' »Lust- und Gesang-Spiel« ins Koordinatensystem kasusgebundener Dichtung einzutragen, wird rasch feststellen, daß der *Piastus* ganz im Zeichen des Defizitären, des Mangels, der Lücke steht. So sehr das Gattungskonzept des Gelegenheitsgedichts einen klar umrissenen Adressatenkreis, einen definierten Redeanlaß und ein rhetorisches Wirkziel erfordert, also üblicherweise die Gestalt eines ›Wunsches‹ annimmt, so sorgfältig konstelliert Gryphius' Schauspiel als Festspiel diese Parameter um eine Dunkelstelle herum: Wenn Gryphius' Sohn Christian es angesichts seiner posthumen Werkausgabe 1698 »vor rathsam befunden«, »die Lustspiele mit dem noch nie gedruckten Piast zu vermehren« (*TG*, fol.)(2ᵛ), geht mit der Erstpublikation nach Gryphius' Tod und den Weihen des Werkstatus einher, daß das Stück seinen Mangel an ›Gelegenheit‹ offenlegt. Denn schon der buchmedialen Relikte des Sprechanlasses – Widmung oder kontextualisierender, adressatenbezogener Vorrede – entbehrt der *Piastus*, nicht einmal über ein Personenverzeichnis oder ein *argumentum* verfügt der Druck. Diese ›Blöße‹ im Darbietungsmodus sticht um so deutlicher hervor, als das Schauspiel in peritextuell hochgerüsteter Gesellschaft das Licht der Welt erblickt, plazieren ihn die *Um ein mercklich vermehrten Teutschen Gedichte* (*TG*) doch zwischen der dem habsburgisch-katholischen Ferdinand IV. zugeeigneten *Majuma*[1] und dem widmungspolitisch ebenfalls katholisch imprägnierten *Schwermenden Schäffer*.[2] Zwar gibt sich diese über ein

---

1 Vorrede: »Mercurius [...] berichtet daß ihre Hungarische und Böheimische Majestät zum Römischen Könige gekrönet. Siehet diese Veränderung der Göttinnen und Götter an / und schleust aus solcher die glückseligste Regierung Ferdinandi IV. welchem er / wie auch dem höchstlöblichen Ertzhauß von Oesterreich / mit einem Freuden-Liede / so die Reyen der Nymphen und Wald-Götter wiederholen / Glücke wünschet« (*TG*, S. 609).

2 In seiner frühen Fassung ist der *Schwermende Schäffer* über den Aufführungsanlaß mit dem protestantischen Piastenhaus verknüpft, wird er doch »Auf Deß Durchlauchten Hochgebornen Fürsten und Herren / Herren Georg Wilhelm Hertzogens in Schlesien zur Lignitz / Brieg und Wohlau / Höchsterfreulichen geburtstag (welcher ist der 29. September Anno 1660.) vorgestellet in einem Lust-Spiele auf der Fürstlichen Residentz in Olau / Den 29. September Anno 1661« (*Sch_A*, Titelblatt). In der umfangreicheren Spätfassung, die auch Christian Gryphius 1698 abdruckt, wird dieser Bezug gelöst. Dafür findet sich nun ein an Christoph Leopold Schaffgotsch gerichtetes Widmungsgedicht (*TG*, S. 649f.). Schaffgotsch war in »der catholischen Religion erzogen« und ein mit Kriegsmeriten wohlverzierter kaiserlicher Primus: 1645 »trat er in Kayserl. Kriegsdienste, und legte unter andern zu Eger eine sonderbare Probe seiner Treue ab«. Grosses vollständiges *UNJVERSAL-LEXJCON Aller Wissenschafften und Künste, Welche bishero durch menschlichen Verstand und Witz erfunden und verbessert worden.* [...] Vier und Dreyßigster Band Sao–Schla. Leipzig und Halle, Verlegts Johann Heinrich Zedler. 1742, Sp. 795f. Denn »als A. 1647. die Stadt Eger an die Cron Schweden übergangen, [ist] er der eintzige ob zwar jüngste Hauptmann von der Besatzung gewesen, der den von dem Fein-

Zwischentitelblatt denkbar schwach abgegrenzte Enklave, ein nachträglicher Einschub Christian Gryphius' ins Werk des Vaters, scheinbar als protestantisches Territorium zu erkennen – die Engel apostrophieren abschließend die Piastenherzogin Luise, die »durch gebähren« (*Pi.*, S. 645) die Dynastie und mit ihr (implizit) das protestantische Schlesien rette –, doch liefert selbst diese vage zeitliche Verortung bestenfalls ungefähre Hinweise auf kasualpoetisch dingfest zu machende ›Wirklichkeitsbezüge‹.[3] Die Entstehung des *Piastus* bleibt letztlich ebenso rätselhaft wie das Schicksal seiner Aufführung. Obwohl er die markanten Züge eines Festspiels trägt, gibt es bislang keine Zeugnisse, die über auch nur eine einzige Inszenierung im 17. Jahrhundert unterrichteten.[4] Vielmehr spekuliert die Gryphius-Forschung seit längerem über mögliche Gründe, warum das Stück gerade nicht aufgeführt werden konnte.[5]

---

de angebotenen Accord nicht unterschreiben wollen, sondern die Compagnie angemuthiget, sich biß auf den letzten Bluts-Tropffen zu wehren: Wiewohl er nun wegen des von andern gemachten Schlusses genöthiget worden, mit der Gvarnison auszuziehen, so ist er doch gantz allein bey Jhro Maj. Ankunfft wegen dieser ruhmwürdigen Tapfferkeit zu Deroselben beruffen / und reichlich belohnet, die übrigen aber sehr ungnädig angesehen worden.« Des Schlesischen Adels Anderer Theil / Oder Fortsetzung Schlesischer Curiositäten, Darinnen Die Gräflichen, Freyherrlichen und Adelichen Geschlechter / So wohl Schlesischer Extraction, Als auch Die aus andern Königreichen und Ländern in Schlesien kommen / Und entweder darinnen noch floriren, oder bereits ausgangen, Jn völligem Abrisse dargestellet werden, Nebst einer nöthigen Vorrede und Register, ausgefertiget von JOHANNE SINAPIO. Leipzig und Breßlau, bey Michael Rohrlach, S. 202.
3 Paur favorisiert als Entstehungszeitraum die Jahre 1660–1663, vgl. Theodor Paur: Über den »Piastus« des Andreas Gryphius (1858/59) [821], S. 176–181. Der Text könne gut zur Taufe oder zum Geburtstag Georg Wilhelms geschrieben sein. Allerdings spricht dagegen der aufmunternde Glückwunsch an Luise, der darauf hindeutet, daß sie zum Zeitpunkt der Abfassung schwanger war. Die früheren Schwangerschaften (1652 und 1657) will Paur ausschließen, weil die dynastische Situation der Piasten sich erst mit dem Tod von Georgs erster Frau 1659 ganz dramatisch verschlechtert habe – und die Bemerkung, Luise »rette[ ] durch gebähren«, nur zu diesen »Zeitumständen« passe (ebd., S. 180). Tatsächlich fordert Gryphius aber auch die Brüder zum ›Mitbauen‹ auf (*Pi.*, S. 645). Die Hoffnung richtet sich nicht ausschließlich auf Christians Haus Wohlau und seine Gemahlin Luise. Vgl. zusammenfassend Mannacks Kommentar (*D*, S. 1235–1237), der den Entstehungszeitraum auf Anfang 1660 eingrenzt. Zwingend sind all diese Schlußfolgerungen nicht.
4 Ohne Beleg bleibt die Behauptung einer »Erstinszenierung« in Ohlau bei Ewa Pietrzak: Andreas Gryphius und die schlesischen Piasten (1993) [174], S. 234. Vgl. dagegen Eugeniusz Klin: Zeitkritik und Friedensbotschaft im »Piastus« von Andreas Gryphius (2003) [820], S. 103, der die ebensowenig zweifelsfrei verifizierbare Gegenthese vertritt, das Stück »erregte [...] den Widerspruch des Herzogs [Christian] sowie der protestantischen Geistlichkeit und konnte somit nicht aufgeführt werden«. Zuzustimmen ist – jedenfalls beim gegenwärtigen Kenntnisstand – seinem Eingeständnis, man bleibe »in bezug auf dieses Singspiel weitgehend auf Deduktionen und Hypothesen angewiesen«. Eugeniusz Klin: Das Singspiel »Piastus« von Andreas Gryphius (1995) [818], S. 15f.
5 Vgl. Knut Kiesant: Andreas Gryphius' Festspiel »Piastus« (1989) [817], S. 39; Klin 1995 (Anm. 4), S. 15; Klin 2003 (Anm. 4), S. 103.

Eine Gelegenheitsdichtung ohne Gelegenheit, ein Festspiel ohne Fest – das jedenfalls ist der Ausblick, der sich den Erstlesern des »noch nie gedruckten Piast« im Jahr 1698 bieten muß, und zwar von jenem werkbegründenden Verbund der *Vermehrten Teutschen Gedichte* aus, hinter den es für den *Piastus* kein Zurückgehen gibt, existiert doch vor jenem öffentlichkeitsstiftenden Moment, vor Christian Gryphius' Entschluß, den *Piastus* »der Presse zu untergeben« (*TG*, fol.)(2ʳ), weder der gattungskonstitutive Sprechmodus einer dezidiert öffentlichen Rede,[6] noch vermöchte man einen »Unterzeichner« zu identifizieren, der »die spezifisch poetische Form des Wunsches persönlich verantwortet«.[7] Erst das Arrangement der posthumen Werkausgabe verleiht dem nachdrücklich nichtunterzeichneten *Piastus* gleichsam eine Original-Unterschrift von fremder Hand, derjenigen des Sohnes, und macht die glückwünschenden Engel im Stück (»Glück zu Loyse«; *Pi*., S. 646) zu Stellvertretern eines gleichermaßen ›abwesenden‹ (väterlichen) Autors.

Komplettiert wird die Irritation eines ›verhinderten Festspiels‹, eines um ein leeres Zentrum kreisenden Kasualpoems durch eine irritierende Zeitlogik: Was als Abstammungssage die Legitimität des piastischen Herrscherhauses argumentativ begründen und somit anschaulich machen soll, daß sich des Stammvaters »werthes Haus« erhalten wird, »biß sich die Welt wird neigen« (*Pi*., S. 645), wurde 1698 längst von der politischen ›Wirklichkeit‹ eingeholt. Das Schauspiel erzählt die Vergangenheit einer selbst historisch gewordenen Gegenwart als glatten, jedem ›Zuschauer‹ geradewegs eröffneten Vollzug des göttlichen Rache- und Heilsplans, vollstreckt von »[z]wey Engel[n]« (*Pi*., S. 626):

> Jch soll euch ein Schauspiel zeigen / das den weit-entfernten Jahren
> Wird mit schütterndem Entsetzen durch bestürtzte Sinnen fahren;
> Bebt / und ehrt des Höchsten Macht!
> Starrt ihr Völcker! man beginnet
> Ein sehr hohes Haus zu stürtzen / ein nicht hohes zu erheben. (*Pi*., S. 626)

›Stürzen‹ und ›Erheben‹ der Souveräne – einer der auffälligsten Handlungszüge gerade des Gryphiusschen *Trauer*spiels – bringt das »Lust- und Gesang-Spiel« in eine streng zwiefältige Architektur, deren Grundgerüst Gryphius bereits in der chronikalen Überlieferung der Piastensage vorfinden konnte. In den ersten beiden Abhandlungen unterziehen die göttlichen ›Vollzugsbeamten‹ die Staatsführung des sarmatischen Tyrannen Popiel einer doppelten Prüfung: Nachdem eingangs seine Dienerschaft sich gegen das Gebot der Gastfreundschaft versündigt, die in Anlehnung an Gen 18 als Pilger verkleideten Engel vor der »starck besetzet[en]« (*Pi*.,

---

6 »Das Casualgedicht ist [...] ›öffentlich‹, d.h. es ist so organisiert, daß es über den direkt Angesprochenen hinaus weitere Leser erreicht oder doch erreichen könnte.« Wulf Segebrecht: Das Gelegenheitsgedicht (1977) [245], S. 69.
7 Ebd.

S. 628) Schloßbrücke »mit Hunden« davongejagt und damit der »armen Recht [...] verletzt« hat (*Pi.*, S. 629), enthüllt auch Popiel vor den nun unsichtbaren Beobachtern die gräßliche Fratze des ungezügelten Gewaltherrschers, der mit mißliebigen Handlangern ebenso skrupellos verfährt wie mit der Witwe seines bereits hingeschlachteten Widersachers. Als er am Höhepunkt maßloser Hybris sogar den »Himmel« herausfordert, ist der »Bosheit Ziel« erreicht (*Pi.*, S. 632), die göttliche »Langmuth« (*Pi.*, S. 626) endgültig erschöpft, und die »Rache« hält »in einem Feuer-Wercke« Einzug:

> Erden-Wurm / wen trotzest du? den / der Reich und Thron erhält?
> Den / dem Flammen zu Gebot / dem der Blitz zu Dienste steht;
> Den / der Printzen unterwirfft? Fürsten aus dem Staub erhöht.
> Forderst du den auf den Kampff / vor dem Erd und Himmel kracht.
> Den / der aus der Ewigkeit deinen tollen Wahn verlacht! (*Pi.*, S. 632f.)

Die rasche Abfertigung des *rex iniquus* in zwei knappen, (wie gelegentlich für das Schauspiel als ganzes vermerkt worden ist) skizzenhaften Szenen (vgl. *D*, S. 1237) scheint auf den ersten Blick kaum mehr zu bieten als eine ›Dramatisierung‹ der ›Historie‹, genauer: ihrer etablierten Deutung durch das Perspektiv göttlicher Momentanintervention. Schon Schickfuß – eine der von Gryphius konsultierten Quellen[8] – scheut sich nicht, das Exemplarische des Falls in aller Schärfe zu benennen: Popiel sei »ein böser Mensch gewesen / [...] darumb haben jhn sampt Weib vnd Kind / seinen beyden Söhnen Lecho vnd Popielo letzlich durch Gottes Verhengnüs zur Straffe die Meuse vnd Ratten gefressen / wie starck man auch stewren vnd wehren wollen. Diß ist auch ein Exempel göttliches Zorns vnd billicher Straffe begangener schrecklicher Sünden vnd Vbelthaten«.[9] Straft »Gottes Verhengnüs« das Laster, belohnt es umgekehrt die Tugend. Entsprechend übersichtlich nimmt sich der Katalog der Vorzüge aus, mit denen Historiographie und Festspiel Popiels Antipoden, den verehrten Stammvater Piastus, in den letzten vier Abhandlungen ausstatten. Gastfreundlich gewährt er den Besuchern Kost und Logis, ein Speisewunder veranschaulicht die göttliche Gunst und das ›englische‹ Mehrwissen um seine Erwählung,[10] schließ-

---

8 Zu weiteren Quellen vgl. die Ausführungen bei Pietrzak (Anm. 4), S. 237f.
9 New Vermehrete Schlesische CHRONICA vnnd Landes Beschreibung, Darinnen Weyland H. Joach. CURÆUS Der Artzney D. Einen Grundt geleget. Jtzo Biß an das 1619 Jahr / da sich dero Oesterreichischen Wienerischen LINIEN Regierung gantz endet. Mit sehr vielen nothwendigen Sachen vermehret vnnd gebessert. Auch in Vier vnterschiedlich Bücher abgetheylet. Von Jacobo Schickfusio. I. V. D. Röm: Kay: auch zu Hungern vnd Böhaimb Königl: May: Rath CammerFiscaln in OberSchlesien / auch Fürstl. Liegnitzschen Rath. Mit sonderbaren Röm: Käyserlich Vnd Churfürstl. Sächsischen Privilegiis. Leipzigk. Jnn Verlegung Zachar: Schürers Vnd Matth: Götzens Buchhändler, S. 27.
10 Vgl. Joh 2,3–9 und 6,5–13. Offen bezieht zeitgenössisch Friedrich Lucae dieses Sagenelement auf den biblischen Kontext von 1 Kön 17,8–16: Die Vermehrung der Speisen im Hause Piasts sei »ein grosses Wunder«, zu vergleichen »mit dem Oelkrug der Wittwe zu Sarepta« und ein Beweis für

lich verheißen ihm die Engel die Thronfolge (»Glaub / es sollen von dem an / nicht vier Sonnen untergehn / | Biß des tollen Popels Crone wird auf deinen Haaren stehn«; *Pi.*, S. 644), bevor in der narrativ entfalteten Revue der piastischen Nachkommen bis auf Christian und Luise von Wohlau das Affektkalkül der Engelsrhetorik vollends aufgeht. Die genealogische Totalität steht Piastus »entzückt« vor Augen:

> PIASTUS. Was hör ich? Wie mein Hertze wird entzückt /
> Jch höre nicht / ich hab es als erblickt /
> Was du mir sagst. O letzter Jahre Zier!
> Mein Aug und Geist Loyse starrt ob dir. (*Pi.*, S. 646)

Popiels »Straffe« und Piasts Erwählung – das stellen barocke Geschichtsschreibung und Gryphius' Schauspiel einvernehmlich heraus – kennen nur einen Urheber: »Gott begnadigte diesen frommen Mann mit diesem herrlichen Wunder [...]. Also kam die Erwehlung nit von Menschen her / [...] sondern es war ein sichtbares Werck / des Allmächtigen Gottes / dessen Wege nicht wie der Menschen Wege seyn.«[11] Doch während der ›Wahrheitsgehalt‹ der historiographischen Schilderung – sie bleibt menschlicher Sprechakt, ihre Referenz ein abgeschlossenes Geschehen – nicht zwingend von der politischen Realität korrumpiert wird, verstrickt sich das Festspiel in Widersprüche, wenn es die Engel als Agenten der göttlichen Providenz zum scheinbar direkten Eingriff ermächtigt. Der ›rückwärts gewandten Prophetie‹ des Historikers setzen sie ihre geradewegs auf Künftiges gerichtete Offenbarung entgegen:

> Zage nicht! Er [Johann Christian] wird mit frischen Aesten
> Und neuer Blum und Frucht den alten Ruhm befesten.
> Sein Sohn dem Vater gleich an Nahmen / Muth und Sinnen /
> Wird durch des höchsten Gunst gewünschter Erben innen /
> Durch die dein werthes Haus / biß sich die Welt wird neigen!
> Baut Brüder![12] bauet mit! wird an die Wolcken steigen. (*Pi.*, S. 645)

»die Göttliche Allmacht«. Schlesische Fürsten-Krone / Oder Eigentliche / warhaffte Beschreibung Ober- und Nieder-Schlesiens / Sowol Von seinen Grentzen / Benamungen / Ober-Regenten / Religions-Beschaffenheiten / Fürstenthümern / Freyen Standes-Herrschafften / Ströhmen / Bergen / Fruchtbarkeiten / Regiments-Wesen / Fürsten-Tagen / Rent-Kammern / Lebens-Arten / Sitten / und Gewohnheiten ins gemein / Also auch insonderheit Von Den Fürstenthümern Lignitz / Brieg und Wohlau / sammt ihren Herrligkeiten / Stamm-Registern / Leben / Thaten / und Absterben aller Herzogen / von Piasto an / biß auf den letzten Herzog Jn XX. Discursen abgehandelt Durch Fridrich Lichtstern. Mit Churfürstl. Sächsisch. gnädigst. Privilegio. Franckfurt am Mayn / Jn Verlegung Fridrich Knochens. Anno M. DC. LXXXV, S. 30.
11 Ebd.
12 Verbessert aus »Bruder«.

Und die »Welt« neigt sich – hält man es mit den Engelszungen –, jedem realen Leser des *Piastus* nach 1698 unverkennbar, exakt 1675. Der plötzliche Tod des jugendlichen Herzogs Georg Wilhelm bedeutet zugleich das Ende der Piasten. Mit dem Untergang der Dynastie verlieren die schlesischen Protestanten, deren »Fürstenthümer mit Land und Leuten« im Nu »dem Käyser als dem rechtmässigen Lehns-Herrn [...] anheim«[13] fallen, einen entscheidenden Rückhalt in konfessionellen Belangen.[14] ›Gestiegen‹ ist das »werthe[ ] Haus« im Augenblick seines Verschwindens da allenfalls bis in jene »lichten Wolcken«, die die Besucher des Begräbniszeremoniells zu Ehren des letzten Piasten in der Brieger Schloßkirche am 30. Januar 1676 zu Gesicht bekommen. Gemalte Wolken sind das, vor deren Hintergrund Gottes Arm Gottes Wort, wie es der *Piastus* als Verheißung einer ewigwährenden Dynastie verkündet, demonstrativ ›abbricht‹:

> Jn der Kirche ward die Leiche auff einem erhabenem Thron ins Chor / oder Castrum Doloris, welcher mit einem von silber gestückten Tuch beleget / unter gemeldten Himmel gesetzet; Der Chor war von unten mit schwartzen Tuch / bis oben an daß hohe Gewölbe überzogen / und dasselbe umschrencketet der Piastische Stamm-Baum gar zierlich. Jedweder Name war durch einen Schild geschnitten / und hinter jedem hieng eine Lampe / wodurch man die Namen gar deutlich lesen konte. Unten an der Wurtzel des Stamm-Baums / lag der Stamm-Vater Piastus, dessen Posterität noch vor dem Jagellone / das Königreich Pohlen und Schlesien beherrschete / in einem Küraß von zierlicher Bildschnitzer Arbeit / in Lebens größe und gantz übergüldet / oben aber stunde der Zweig und Schild / worauff der Name George Wilhelm zusehen war / in einem perspectiv von lichten Wolcken / aus denen sich ein blosser Arm zeigte / welcher gemeldten Namen / George Wilhelm abbrach.[15]

Das Zeremoniell durchkreuzt auf diese Weise die legitimatorische Pointe der Abstammungssage, macht den *Piastus* im Jahr 1698 zum Anachronismus, zu verspäteter Panegyrik. Noch bis in die 1670er Jahre hinein vermochte der Mythos freilich als nie versiegendes Reservoir zu dienen, aus dem eine dezidiert protestantische ›Gegentradition‹ zum habsburgisch-katholischen Kaisertum zu schöpfen wußte. Zwar gestattet der genealogische Speicher ebenso den Anschluß ans Kaisertum – nämlich über Karl den Großen, »der die Keyserliche Hoheit zum ersten auff die Deutschen gebracht / vnd welcher der Liegnitzschen Fürsten Mütterlicher Anherr ist«.[16] Doch

---

13 Lucae (Anm. 10), S. 594.
14 Vgl. Pietrzak (Anm. 4), S. 229.
15 Lucae (Anm. 10), S. 600f.
16 GYNAECEUM SILESIACUM LIGIO-BREGENSE. Kurtze Historische Beschreibung und Außführung der Stamlinien von den Hochlöblichen Ahnen / etlicher Fürstlicher Frewlin in Schlesien / die an kayserliche / Königliche / Chur und Fürstliche / Gräffliche Herrliche Stammen und Häuser ausserhalb Landes verheurat worden, und im gegentheyl / etzlicher Kayserlicher Königlicher / Chur unnd Fürstlicher Gräfflicher Frewlein ausserhalb Landes / So ins Landt und Hertzogthumb Schlesien Behahret / und etlichen Schlesischen Fürsten Beygelegt worden. Bestellet durch Danielem

wird das kaiserliche Erbe seit dem frühen 17. Jahrhundert – befeuert von den mehr und mehr kriegsförmig ausgetragenen religiösen wie ständischen Konflikten – zunehmend verleugnet.[17] Als (konfessions)politisch wirksamer erweist sich der Parallelrekurs auf den ›Bauernkönig‹ Piast. Immerhin eine Option, die die Differenz Macht/Tugend als Abgrenzungskriterium verfügbar macht: Karls des Großen überragende Machtposition konterkariert und supplementiert Piasts ›Tugendadel‹. Der legendäre Stammvater sei »zwar geringes herkommens / von Tugend aber herrlich vnd hoch berühmbt«[18] gewesen. Die spezifische Leistung der Genealogie besteht dann darin, evident zu machen, wie sich diese Tugend – und mit ihr gerade das Proprium, das die Dynastie von Habsburg unterscheidet – »von einer Zeit zu der andern / vnverruckt continuiret vnd erhalten«[19] hat. Der letzte Fürst des Stamms ist – nach einer Formulierung Daniel Caspers von Lohenstein – kaum mehr als »das Wachs / oder der Gips / darein« die »vortreffliche[n] Thaten« der Ahnen »gedrückt waren«.[20]

Nun gibt sich Lohensteins mnemotechnische Analogie – der Fürst als »Wachs«, in dem die genealogisch repräsentierte Vergangenheit sicher aufgehoben ist – wenig Mühe, den Mangel an ›eigenen Taten‹ zu verdecken, der – argumentativ folgerichtig – Georg Wilhelm zur Last gelegt werden müßte. Die »Kriegs-Wissenschafft« – ein angesichts der grandiosen militärischen Bedeutungslosigkeit der letzten Piasten besonders pikantes Feld – hätten bereits »Unsers Hertzogs Geschlechts-Ahnen in Uberflusse besessen«.[21] Das entbinde Georg Wilhelm glücklicherweise von der Verpflichtung, Militärgewalt ›eigenhändig‹ zu demonstrieren. Die Gesamtheit des ›Hauses‹ ersetzt also *totum pro parte*, was sich an seinen einzelnen Exponenten *pars pro toto* nicht mehr zeigen mag. Da der Fürst selbst, seine »zarte Seele«,[22] gemäß diesem Modell dynastischer Repräsentation als ›Speichermedium‹ den wesentlichen, in der Herkunft begründeten ›Unterschied‹ zur Habsburger Gegenpartei konserviert, erlischt mit der Präsenz des Mediums, mit dem Tod des letzten Piasten, auch die Repräsentation des Unterschieds. Sie wandelt sich zur – politisch sofort entschärften –

Zepken. Sampt einem hierbey Außführlichen Stammbaum von Piasto her biß uff ietzige Zeit. inn Kupffer gebracht. Jnn Verlegung David Müllers Buchhändlers in Breßlaw. Gedruckt zu Leipzig. Anno 1626, fol. aiij[r].
17 Eine bewußte »Retuschierung der bisherigen Tradition« vermutet Conrads seit den 1620er Jahren. Norbert Conrads: Abstammungssage und dynastische Tradition der schlesischen Piasten. In: Schlesien in der Frühmoderne. Zur politischen und geistigen Kultur eines Habsburgischen Landes. Hg. von Joachim Bahlcke. Köln 2009, S. 70–76, hier S. 74.
18 Czepko (Anm. 16), fol. aiij[r].
19 Ebd., fol. aij[v].
20 Lob-Schrifft / Deß Weyland Durchlauchtigen Fürsten und Herrn / Herrn George Wilhelms / Hertzogens in Schlesien / zu Liegnitz / Brieg und Wohlau / Christ-mildesten Andenckens, fol. Dij[v].
21 Ebd., fol. C[v].
22 Ebd., fol. Dij[v].

Repräsentation der Repräsentation in einer »Lob-Schrifft«. Letztere »sichert« gewiß, indem sie weiterhin »Teilhabe am System der Genealogie« bedeutet, »ewige Memoria«,[23] doch dient sie sich zugleich einem radikalen politischen Kurswechsel, der Annäherung an den neuen Landesherrn, an. Es fällt Lohenstein am Ende einer Ära deshalb leicht, das Lob der Piasten, die als »Symbol für die Selbstbehauptung des schlesischen Protestantismus«[24] schlechthin gelten mochten, mit der nachgerade aufdringlichen Betonung ihrer Kaisertreue zu verknüpfen.[25]

Gegenüber dem Präsenzmodell, wie es die Lohensteinsche »Lob-Schrifft« abschließend archiviert, operiert der *Piastus*-Druck 1698 unter dem Paradigma der Abwesenheit. Fehlt dem Mythos jetzt der ihn aktualisierende Fürst, läßt der Text umgekehrt die jüngste Vergangenheit in den (abwesenden) Mythos ein. Szyrockis Andeutung, der *Piastus* zeichne im Antagonismus Popiel/Piastus anspielungsweise den Kontrast der »Liegnitzer Fürsten« zum »Gegenbeispiel der absolutistischen Tyrannei« nach,[26] wird gestützt durch die Beobachtung, daß sich *die* Piasten bis auf Georg Wilhelm – wie gezeigt – liebend gern auf das im Schauspiel in Aktion präsentierte Tugenderbe *des* Piasten berufen, sobald Distinktion von der Habsburger Zentralgewalt gefragt ist. Die Rückprojektion einer 1698 ihrerseits vergangenen Konfliktlage auf eine ebenfalls ›erloschene‹ Vorvergangenheit verweist darüber hinaus vor allem auf eine dem Drama inhärente Asynchronizität. Schon der Prolog der Engel dissoziiert in diesem Sinne vorbereitend auf befremdliche Weise die temporale Identität des Publikums: »Jch soll euch ein Schauspiel zeigen / das den weitentfernten Jahren | Wird mit schütterndem Entsetzen durch bestürzte Sinnen fahren« (*Pi.*, S. 626). Zeugen des »Schauspiel[s]« (»euch«) und seine eigentlich unverzüglich zu erwartende perhorreszierende Wirkung liegen offenkundig nicht auf derselben Zeitebene. Ähnlich asynchron choreographiert das Drama die Details: Daß Popiel Klageschreiben auf »Papier« (*Pi.*, S. 631) dem Feuer übergibt,[27] ist für eine im 9. Jahrhundert angesiedelte Handlung ein solch schreiender Anachronismus, daß er

---

23 Bernhard Jahn: Vergeßliche Helden und die Stiftung von Gedächtnis. Probleme der Memoria im synästhetischen Verbund der Künste in der Oper (1640–1740). In: Erkennen und Erinnern in Kunst und Literatur. Kolloquium Reisensburg, 4.–7. Januar 1996. Hg. von Wolfgang Frühwald, Dietmar Peil, Michael Schilling und Peter Strohschneider. Berlin 1998, S. 383–418, hier S. 405.
24 Joachim Bahlcke: Deutsche Kultur mit polnischen Traditionen. Die Piastenherzöge Schlesiens in der Frühen Neuzeit. In: Deutschlands Osten – Polens Westen. Vergleichende Studien zur geschichtlichen Landeskunde. Hg. von Matthias Weber. Frankfurt a.M. 2001, S. 83–112, hier S. 109.
25 Georg Wilhelm habe unter anderem an »deß Allergütigsten Kaisers Vater-Hertze [...] ein Muster Seinen Fürstenthümern vorzustehen / genommen«. Lohenstein (Anm. 20), fol. Jij^r. Vgl. außerdem fol. Diij^r, Giiij^v und Kiij^r.
26 Marian Szyrocki: Andreas Gryphius (1964) [135], S. 113. ›Gegenwartsbezüge‹ reklamieren auch Kiesant (Anm. 5), S. 43f., und Klin 2003 (Anm. 4), S. 106.
27 Vgl. dazu auch schon Klin 2003 (Anm. 4), S. 105, der selbst für den Fall, man wollte »Papier« großzügig durch die weniger ›schiefen‹ Pergamente ersetzen, zu bedenken gibt: »Pergamente und Pergamine waren zu Popiels Zeiten viel zu kostbar, um sie achtlos ins Feuer zu werfen.«

angesichts der historischen Akribie frühneuzeitlicher Dichtung[28] schwerlich als Lapsus durchgehen kann. Und auch das ›Synchronisierungsdilemma‹, einen heidnischen Bauern zum christlichen Stammvater umdeklarieren zu müssen, löst das Schauspiel – anders als die Chroniken – gerade nicht »im Sinne der natürlichen Theologie«,[29] sondern überhaupt nicht. Der konfrontativ die unmögliche Bekehrung doch dringend gebietenden Mahnung der Engel – letzte Rede des Dramas: »auf! bet' einen GOtt nur an / | Der in einem Wesen dreyfach!« (Pi., S. 646) – begegnet der Protagonist ratlos, wortlos, unschlüssig davonlaufend: »Die Engel verschwinden mit einen Feuerwerck / Piastus stehet eine lange Weile bestürtzet / geberdet sich / als entzuckt / und verwundert / endlich gehet er hinein« (ebd.).[30] Just im Moment der unzweideutigen, jeden Glauben erübrigenden Enthüllung göttlicher Präsenz erweist sich das Schauspiel im vollen Sinne als ›verkehrt‹:

> 2. ENGEL: Daß du sehst hier sey kein triegen / schau uns ohn verkleiden an;
> Weg mit Haaren / Rock und Stäben! Gott der einig alles kan:
> Läßt dir diß durch uns verkunden: ob wir itzt auch von dir gehn /
> Werden wir ohn alles weichen doch unsichtbar bey dir stehn. (ebd.)

Kein Leser kann nun umhin, das Engelswort als *vaticinium ex eventu*, mithin als Falschaussage zu verstehen: Die historische Lüge, das »werthe[ ] Haus« der Piasten werde »an die Wolcken steigen«, »biß sich die Welt wird neigen« (Pi., S. 645), entlarvt die Himmelsboten schlechterdings als Pseudopropheten. Oder anders gewendet: Der »noch nie gedruckte[ ] Piast« mochte den Heilsplan des *deus absconditus* gleichsam als ›oratio recta‹ menschlichen Augen unlesbar verwahren, »der Presse [...] untergeben«, offenbart sich dieser Plan indes in der ›oratio obliqua‹, der »Spiegelschrift«[31] eines ›Lust- und Gesang-Spiels‹, unter umgekehrten Vorzeichen, versteckt in der Panegyrik einer verschwundenen Dynastie, als protestantische Spur unter der Oberfläche einer – wie Schlesien – katholisch okkupierten Form. Erstaunlich geradlinig nämlich macht sich der *Piastus* die theatrale Klaviatur des Jesuitendramas zueigen. Bereits die heimlichen Protagonisten des Spiels, die als Perspektivfiguren des Zuschauers Blick lenkenden, beide Handlungsstränge verkoppelnden Engel, behaupten sich als echte Fremdkörper in der Gryphiusschen Dramenpoetik. Nirgends sonst greift Transzendenz derart ›unvermittelt‹ und auf dem »Heil« behar-

---

28 Man denke nur an die detailversessenen Anmerkungen, die Gryphius seinen Trauerspielen *Leo Armenius*, *Carolus Stuardus* oder *Papinianus* beigibt.
29 Eberhard Mannack: Andreas Gryphius (²1986) [127], S. 96.
30 Vgl. Dietrich Walter Jöns: Majuma, Piastus (1968) [815], S. 301, der die Szene ähnlich ratlos als »Unstimmigkeit[ ]« abtut.
31 So Gerhard Kaiser anläßlich des *Verlibten Gespenstes*. Gerhard Kaiser: Verlibtes Gespenste – Die gelibte Dornrose (1968) [828], S. 263.

rend (*Pi.*, S. 627),³² seinen Urheber, »Gott der einig alles kan«, »ohn verkleiden« auf die Bühne führend, ins Geschehen ein (*Pi.*, S. 646). In der *Catharina von Georgien* ersetzt den handlungssteuernden Einspruch der Engel, den Gryphius leicht einem seiner Prätexte, Vondels *Maeghden*, hätte entnehmen können, das »geschichtsimmanente Zeichen«³³ eines Angsttraums. Und auch dort, wo Gryphius – wie im Falle des *Leo Armenius* – sich explizit an einer konfessionell ›scharfen‹, jesuitischen Vorlage abarbeitet, wird sein Schauspiel nicht zuletzt dadurch zur »ideologische[n] und strukturelle[n] Umkehrung«,³⁴ daß es den Blick ins Jenseits im semiotischen Vexierspiegel bricht.³⁵ Im *Piastus*, so könnte man zuspitzen, blickt dieses Jenseits zurück auf das Trauerspiel der Geschichte, zerstört in einer ganz und gar unlutherischen Wendung damit aber paradoxerweise die Glaubensgewißheit gegenüber der »göttlichen Präsenz in der Geschichte«.³⁶ Denn getragen wird das »Heil« hier nur noch von der Apparatur des Jesuitentheaters als Vehikel einer ›falschen‹ Botschaft. Aus diesem Blickwinkel scheint auch das Übergewicht, das – zuungunsten des Wortes – der *opsis*, dem Bühneneffekt, dem Schauwert beigemessen wird, mehr anzuzeigen als harmlose »opernhafte[] Züge« (*D*, S. 1239): Vielmehr findet der exuberante Einsatz visuell-akustisch pompöser Theatertricks – Feuerwerke in der zweiten und in der sechsten Abhandlung, das von Gesang begleitete Zeremoniell der Tonsur, ein »Schauessen« (*D*, S. 1239), »Ballet« und Säbeltanz (*Pi.*, S. 646) – seine Entsprechung in den wohlbekannten Überzeugungsmitteln jesuitischer Bühnenpraxis. Engel, Teufel, himmlische Gesandte oder die personifizierte »Religio Christiana«³⁷ haben als Handelnde (nicht nur als Prologsprecher) in den Inszenierungen des Ordens ebenso ihren Stammplatz wie die obligaten Feuerwerke, »Wunderzeichen«,³⁸ von »Weyhrauch« umhüllten »Götzenopffer«,³⁹ Tanz und Mu-

---

32 Dies in Umkehrung einer trefflichen Formulierung Koschorkes, der im *Leo Armenius* ein »*Beharren auf Heillosigkeit*« beobachtet. Albrecht Koschorke: Das Problem der souveränen Entscheidung im barocken Trauerspiel (2006) [549], S. 193.
33 Thomas Borgstedt: Angst, Irrtum und Reue in der Märtyrertragödie (1999) [574], S. 577.
34 Elida Maria Szarota: Geschichte, Politik und Gesellschaft im Drama des 17. Jahrhunderts (1976) [509], S. 63.
35 Vgl. Heinz J. Drügh: »Was mag wol klärer seyn?« (2000) [540] und Nicola Kaminski: Martyrogenese als theatrales Ereignis (1999) [547].
36 Borgstedt (Anm. 33), S. 577.
37 Elida Maria Szarota: Das Jesuitendrama im deutschen Sprachgebiet. Eine Periochen-Edition. Texte und Kommentare. Bd. 1: Vita humana und Transzendenz, Teil 2, S. 1151 und 1154. Von den genannten Eigenarten zeugen die überlieferten Periochen nahezu durchgängig. Den hier angeführten Belegen eignet somit ein gewisses Maß an Beliebigkeit. Kaum je ein Jesuitendrama scheint beispielsweise ohne Engel auszukommen. Vgl. dazu ebd. die Sektion »Angelus Custos« (S. 1317–1414), zum Teufel S. 1415–1546.
38 Ebd., S. 1130.
39 Ebd., S. 1161.

sik.[40] Die an der Textoberfläche durchaus *nicht* kontrafazierende, scheinbar ›affirmative‹ Aneignung eines der katholischen Gegenreformation entlehnten Dramentyps setzt sich fort in der ebenfalls unlutherischen Betonung der Willensfreiheit des geprüften Tyrannen Popiel. Mehrfach verweisen die Engel auf die Zukunftsoffenheit des göttlichen »Gebott[s]«: Popiel habe »noch Gedult zu hoffen / | Wo er sich und dich [d.i. Gott] erkennet / steht ihm Heil und Segen offen!« (*Pi.*, S. 626). »Läst er willig ein / | Und höret Warnung an / | So dörfft er noch der Rach entgehn« (*Pi.*, S. 627). Dieser »Rach« nicht zu »entgehn« ist Konsequenz seiner eignen »Schuld« (*Pi.*, S. 633), die möglichst eindeutig und sichtbar vorzuführen sich das Engelstheater der ersten beiden Abhandlungen zur Aufgabe macht. So wird der Souverän in einer Drastik zum bekehrungauslösenden Negativexempel ausstaffiert (»Daß sich ander an dir spiegeln / und vor Gottes Antlitz schmiegen«; *Pi.*, S. 633), daß es der für Gryphius' Märtyrerdramen sonst kennzeichnenden ›Janusköpfigkeit‹ von Märtyrer und Tyrann[41] geradewegs Hohn spricht. Aufgerufen ist unterdessen das Gegenmodell: Ein »Schwarz oder Weiß«,[42] ein Gegeneinander von Tugend und Laster, das seine Moraldidaxe in aller abbreviatorischen Schärfe – der *Piastus* ist, wiewohl in Versen geschrieben, kaum umfangreicher als manche Jesuiten-Perioche – ganz ohne Kon-

---

40 Verdichtet mag man die Bedeutung, die das Jesuitendrama sinnlicher Vergegenwärtigung und Anschaulichkeit beimißt, der Perioche eines Heinrich-Dramas aus dem Jahr 1722 abnehmen: Post Sex. SIVE *PROVIDENTIA* DIVINA. IN PROPHETIS SUIS GLORIOSA. Das ist / Erwählung deß Heil. HENRICI Zu dem Römischen Käyserthumb. Da auß Hoch-Fürstlicher Munificenz Deß Hochwürdigisten deß Heil. Röm: Reichs Fürsten und Herrn / Herrn JOANNIS ANTONII Bischoffen zu Aychstätt / N. N. Der studierenden Jugend die Prœmia außgetheilt wurden; Vorgestellet Von dem Hochfl: Academischen Gymnasio der Soc. JESU allda. Den 2. und 4. Herbst-Monat Anno 1722. Gedruckt bey Francisco Strauß / Hochfl: Bischöfl: Buchdruck- und Handlern. Abgedruckt bei Szarota (Anm. 37), S. 1043–1050. Selbst Heinrich II., der meint, er müsse innerhalb von sechs Tagen sterben, wird, als er sich »umb aller diversion zuentgehen [...] unter den finstern Schatten der Bäumen« im »Hof-Garten« verborgen hat, »alldorten höflich gezwungen einigen Dantz seiner Hof-Gärtner zuzusehen« (ebd., S. 1045). Im zweiten Akt soll er einem »Schauspihl« beiwohnen (ebd., S. 1046), im dritten bereiten sich »welsche Comœdianten« vor, »eine Opera zuspihlen / um Henricum zuergötzen«. Dazu treten gleichfalls »Frantzösische Täntzer« auf, und man trifft Vorbereitungen »zu einer kostbaren / und wegen rarer Taffel-Music ergötzlichen / Mahlzeit« (ebd., S. 1047). Der vierte Akt endet mit einem Duell (ebd., S. 1048). Im fünften Akt wird Heinrich gar auf der Bühne im Beisein der »Chur-Fürsten« feierlich zum »Römischen Käyser« ernannt (ebd., S. 1048). Gryphius' »Lust- und Gesang-Spiel« beschließt analog das »Ballet«, in dem »Piasto [...] von den zwölff Fürsten die Cron angetragen wird« (*Pi.*, S. 646).
41 »Tyrann und Märtyrer sind im Barock die Janushäupter des Gekrönten. Sie sind die notwendig extremen Ausprägungen des fürstlichen Wesens.« Walter Benjamin: Ursprung des deutschen Trauerspiels (1928) [432a], S. 59.
42 »Es fehlen nämlich im ganzen Jesuitendrama die Übergänge, die Halbtöne, Kompromißlösungen, wärmeren Pastellfarben oder das typisch barocke *chiaroscuro*; es ist immer ein Entweder–Oder, ein Schwarz oder Weiß; es gibt kein Zögern, kein Wanken, geschweige denn den Zweifel. Es klingt wie eine Ironie, daß Descartes, der Erfinder des methodischen Zweifels, ein Jesuitenzögling war.« Szarota (Anm. 34), S. 37.

fliktstruktur zu vermitteln weiß. Popiel und Piastus, *rex iniquus* und *rex iustus*, der Tyrann und sein Nachfolger – sie begegnen sich nicht.

Während die Regie der Engel für ein »Schauspiel« (*Pi.*, S. 626) verantwortlich zeichnet, das deutlich genug das Jesuitendrama alludiert, spielt die Textkonstellation der *Vermehrten Teutschen Getichte* im Jahr 1698 die protestantische Gegenstimme dazu ein. Sie muß sich gegen die orchestrierte Wucht der aus dem Jenseits ins Diesseits der Bühne gerückten Instanzen ›bewähren‹, denn gemessen am Präsenzgebot dynastischen Fortbestehens fällt die gescheiterte ›Heldin‹ Luise von Wohlau einer katholischen Form zum Opfer, der es schlechterdings nicht gelingen will, ein ›wahres‹ Urteil über die Herzogin zu sprechen:

> [1. Eng.] Glück zu Loyse Glück! du rettest durch gebähren
> Was niemand retten kan / mit Fahnen / Stahl und Wehren.
> Glück zu Loyse / Glück! das heißt die schnelle Zeiten
> Einschreiben auf der Welt ins Buch der Ewigkeiten. (*Pi.*, S. 645f.)

Was »auf der Welt« irreversibel mißlungen ist – nämlich »mit« oder ohne »Fahnen / Stahl und Wehren« ein protestantisches Refugium vor dem habsburgischen Zugriff zu sichern –, biegt der *Piastus* in einen heimlichen Sieg um, indem er sich des aus den Märtyrerdramen bekannten Gegensatzes von »schnelle[n] Zeiten« und »Ewigkeit[ ]« bedient (vgl. z.B. *Cath.* I, 1–88). Erst im Tod – das weiß Catharina von Georgien ebenso wie Carolus Stuardus – triumphiert der Märtyrer über eine »Welt«, die »niemand retten kan«. Und genau das, Märtyrerin, ist Luise von Wohlau da längst geworden. Seine *Deutschen Gedichte* widmet Gryphius 1657 einer Herrscherin, der er poetisch anspielungsreich die Märtyrerkrone aufs Haupt setzt, einer Herrscherin, die sich wie Catharina der »Ewigkeit verknüpfft«, ja »Zwang / Kärcker / Ach vnd Tod« getrotzt habe:

> PRincesse, Licht der Welt / nicht nur deß Vater-Landes /
> Jn der die Tugend lebt / vnd herrscht / vnd Laster schreckt /
> Der Weißheit Sich / vnd Kunst / vnd Zeit / vnd GOtt entdeckt /
> Zweyg höchst-gekrönten Stamms / doch Fürstin Stamms vnd Standes:
> Die Jhr durch heilig seyn / statt Demant-festen Bandes
> Die Ewigkeit verknüpfft / vnd stäten Ruhm erweckt
> Durch Thaten / die die Ehr Jhr selbst zum Ziel außsteckt
> Nim gnädigst an diß Theil dir längst verlobten Pfandes /
> Hier trotzt / wer herrscht vnd liebt / Zwang / Kärcker / Ach vnd Tod /
> Wirff ein Mitleidend' Aug' auff grosser Seelen Noth /
> O / die du Fischer auch genädigst wollen hören /
> Hier stimmt mein bebend Mund ein traurig Klag-Lied an /
> Vnd starrt ob deiner Zier / die nichts erreichen kan /
> Durchläuchtigst! ach! man muß was himmlisch / schweigend ehren. (*DG*, fol. Aij^r–Aij^v)[43]

---

[43] Die Stilisierung Luises zur Märtyrerin registriert schon Eberhard Mannack: Die »verdeckte Fortsetzung des Dreißigjährigen Krieges« (2003) [816], S. 114.

Da sich der Sieg des Märtyrers im Tod ereignet, des Märtyrers Macht mithin eine Macht in Abwesenheit ist, muß das peritextuell 1657 bezeugte, 1663 bestätigte⁴⁴ ›Martyrium‹ 1698 als Leerstelle ins Werk gesetzt, das heißt, als manifester Peritext gerade nicht ins Werk gesetzt werden. Entsprechend wäre in die gleichsam klaffende peritextuelle Seitenwunde der *Vermehrten Teutschen Getichte* die Widmung an eine nun auch realiter verstorbene Märtyrerin, die »himmlisch[e]« Luise, zu ›legen‹; immerhin erweisen sich die *Vermehrten Teutschen Getichte* dem Titel nach als ›Vermehrung‹ der noch offen Luise gewidmeten *Deutschen Gedichte* und dürfen mit einigem Recht – jedenfalls gerade im ›vermehrend‹ Hinzugesetzten wie dem *Piastus* – als der versprochene zweite »Theil dir längst verlobten Pfandes«⁴⁵ gelten. Es ist die »Bewehrete Beständikeit« (*Cath.*, S. 87) einer in der ›falschen‹ Form ›aufgehobenen‹ Märtyrerin, aus der das posthume Textarrangement um den *Piastus* das konfessionelle Widerstandspotential ›historischer Verlierer‹ schöpft. Wer mag es da als Zufall verbuchen, daß Christian Gryphius den »Werth« dieses Nachlasses ausgerechnet unter Rekurs auf Gryphius' »Namen« in der Fruchtbringenden Gesellschaft begründet (*TG*, fol.)(3ʳ)? Ein Name, den er »bey Leben nimmermehr geführt haben würde« (*TG*, fol.)(3ᵛ), der gleichwohl im Moment der ›Taufe‹ eine ›Wirksamkeit‹ zu entfalten vermag, die ihn zum in der Zeitlogik ebenso unmöglichen und doch ›wahren‹ Gegensatz des Engelswortes macht. »Da doch merckwürdig / daß kurtz nach Ertheilung dieser Ehre / der werthe Mann / durch einen seligen Hintritt / warhafftig unsterblich worden« (ebd.): »Andreas Gryphius. Der Unsterbliche«. Sein Motto: »Wegen verborgener Kraft«.⁴⁶

---

44 Die Ausgabe der *Freuden und Trauer-Spiele auch Oden und Sonnette* (*FT*) wiederholt die Widmung.
45 Eine wörtlich als solche deklarierte Ausgabe ›ANDREÆ GRYPHII Deutscher Gedichte / Zweiter Theil‹ gibt es nicht.
46 Der Neu-Sprossende Teutsche Palmbaum. Oder Ausführlicher Bericht / Von der Hochlöblichen Fruchtbringenden Gesellschaft Anfang / Absehn / Satzungen / Eigenschaft / und deroselben Fortpflanzung / mit schönen Kupfern ausgeziehret / samt einem vollkommenen Verzeichnüß / aller / dieses Palmen-Ordens Mitglieder Derer Nahmen / Gewächsen und Worten / hervorgegeben Von dem Sprossenden. Zufinden bey Joh. Hoffman Kunsth. in Nürnb. Drukkts / Joachim. Heinrich. Schmid in Weinmar / F. S. Hof-Buchdr., S. 416.

II.7.3 Verlibtes Gespenste / Die gelibte Dornrose

Von Robert Schütze

»auff dem Schaw-Platz zu Glogaw«: Die Aufgabe

Lustspiele pflegen mit Hochzeiten zu enden. Wir schreiben das Jahr 1660, als sich Georg III., jüngst verwitweter Herzog zu Liegnitz und Brieg, »nach außgehaltener Trauer-Zeit«[1] erneut auf Brautschau begibt. »[A]uff Einrathen vieler hohen Alliirten«,[2] genauer: »hoher Chur-Fürstl. Anverwandten«,[3] fällt seine Wahl auf Elisabeth Maria Charlotte, Pfalzgräfin zu Simmern, die sich »samt dero Frau Mutter / Frauen Maria Eleonora / gebohrner Princessin aus dem Chur-Hause Brandenburg«[4] zur selben Zeit in Crossen aufhält. Rasch sind die »allbereit entworfene[n] Ehe-Pacten« ratifiziert, bevor im Frühherbst eine prächtig ausgestattete Gesandtschaft »samt dem kostbaren Brat-Wagen [sic] / nach Crossen« zieht, die Braut heimzuholen. Also »erhub sie sich / samt der Frauen Mutter / mit einer zimlichen starcken Suite von Adelichem Frauenzimmer und Cavallieren / unter denen etliche vornehme Chur-Brandenburgische Ministri waren«,[5] gen Brieg. Was nun der zeitgenössischen Historiographie nach folgt, ist eine mit »allen ersinnlichen Divertissementen« gespickte Vergnügungstour durch Schlesien – »Ehrbezeugungen«, »fliegende[] Fahnen«, Kanonensalven, eine »Glückwündschungs-Predigt«, Theatervorstellungen.[6] In Liegnitz lauscht man Stolles *Charimunde*,[7] in Glogau Gryphius' wohl eigens für diesen Anlaß »[a]uffgesetzt[em]«

---

1 FRIDERICI LUCÆ Schlesiens curieuser Denckwürdigkeiten / oder vollkommener CHRONICA Andrer Theil. Franckfurt am Mäyn / Jn Verlegung Fridrich Knochen / Buchhändlern. M DC LXXXIX, S. 1488.
2 Ebd.
3 Geistliche Ritterschaft. Das ist Der Christen-Ritter Lehre und Ehre. Auß Apoc. 3. v. 5. Bey Hoch-Fürstlichem Leich-Begängnüß Des weiland Durchleuchtigen / Hochgebornen Fürsten und Herren / Herren Georgen / Hertzogs in Schlesien / zur Lignitz und Brieg / Der Röm. Kaiserl. auch zu Hungarn und Böheim Königl. Majest. Geheimen Rhats / Cämmerers / und Obristen Hauptmans des Hertzogthums Ober- und Nider-Schlesien: Glorwürdigsten Andenckens: Fürgetragen und gezeiget den 8. Octobr. An. 1664. von Johann Gualthern Biermann / Fürstl. Briegischen Hofe-Prediger / und selbigen Fürstenthums *Superintendenten*. Gedruckt zum Brieg durch Christoph Tschorn, fol. Ssij^r.
4 Lucae (Anm. 1), S. 1489.
5 Ebd.
6 Ebd., S. 1490.
7 Chronik von Liegnitz. Zweiter Theil, zweite Abtheilung. Vom Tode Friedrichs II. bis zum Aussterben des Piastenhauses 1547–1675. Von Dr. Adalbert Herrmann Kraffert, Gymnasial-Oberlehrer. Liegnitz, 1871. Druck der H. Krumbhaar'schen Buchdruckerei, S. 248.

›Mischspiel‹[8] *Verlibtes Gespenste / Die gelibte Dornrose* (*GD*, Widmung). Näher rückt schließlich das Ziel der Reise, die herzogliche Residenz in Brieg, wo die Hochzeitsgesellschaft sodann »unter Nachfolge und Aufwartung viel Hundert wol montirter Cavagliers, Reuter und Carozzen, statlich empfangen / und in die Fürstl. Residents eingeführet« wird, so daß »den 19. Octobr. Anno 1660. die Zusammen-Treuung / in Beyseyn Kaiserlicher / Chur- und Fürstl. Herren Abgesandten / und Hoch-Fürstl. Gefreundten geschehen / und also das Fürstl. Beylager in Frölichkeit verbracht«[9] werden kann. Gryphius' doppeltes Schauspiel, nicht selten als seine »reifste Leistung auf dem Felde des Lustspiels«[10] gefeiert, bliebe demnach – vom Entstehungs- und Aufführungskontext »Anno 1660.« her gelesen – Episode eines ›Lustspiels‹ eigener Art, eines anderen ›Lustspiels‹, der Einholung der Braut, und wäre so eine Hochzeitsgabe auf der Durchreise.

Tatsächlich betont das große mediale Echo, das die pompösen Feierlichkeiten der zweiten Eheschließung Georgs III. begleitet,[11] aber gerade die Kehrseite jener »Frölichkeit«, nämlich ein sie grundierendes dynastisches Bedrohungsszenario, die überaus bedenkliche Lage, in der sich die schlesischen Piastenherzöge 1660 befinden: Die drei Brüder Georg III., Ludwig IV. und Christian sind mit Söhnen – und das heißt: mit männlichen Erben – nicht eben reich gesegnet. Ludwigs einziger Sohn stirbt, nicht einmal einjährig, 1652, Georgs erster Ehe entstammt (unter dynastischem Gesichtspunkt: nur) eine Tochter, und Christian zeugt erst wenige Wochen vor besagter Hochzeit, im September 1660, den lange erhofften männlichen Nachkommen. An Schärfe gewinnt die Notlage, führt man sich vor Augen, daß die Piasten – konfessioneller Reibungen zwischen calvinistischen Landesherrn und

---

8 Zur Entstehungsgeschichte siehe unten Anm. 54. Die Bezeichnung ›Mischspiel‹ ist in der Gryphius-Forschung mittlerweile etabliert, während die überlieferten Drucke im Titel zwischen »Gesang-Spil« und »Schertz-Spill« unterscheiden, ja in den Folgeauflagen (der Erstdruck des Gesamttexts gilt als verloren) sogar explizit »[b]eyde« [!] als »auffs neue übersehen« deklarieren. Sie in der Rubrik ›Lustspiele‹ einzusortieren ist mit Blick auf den in gewisser Hinsicht »frölichen Ausgang« (*GD*, fol. Aij^r) des *Verlibten Gespenstes* nicht unbegründet, kassiert aber eine gattungstypologische Disparität, vgl. z.B. Gerhard Kaiser: Verlibtes Gespenste – Die gelibte Dornrose (1968) [828], der vom »lustspielhaften ›Verlibten Gespenste‹« spricht (S. 262), und Nicola Kaminski: Andreas Gryphius (1998) [122], S. 178–201. Greiner kann es – in der Sache freilich reflektiert – in seine Monographie zur Komödie aufnehmen (Bernhard Greiner: »Verlibtes Gespenste / Gesang-Spil. Die gelibte Dornrose / Schertz-Spill« (²2006) [826]). Auch Mannacks Edition (Andreas Gryphius: Verliebtes Gespenst. Gesangspiel. – Die geliebte Dornrose. Scherzspiel (1963) [46]) erscheint in einer Reihe unter dem Titel »Deutsche Lustspiele«.
9 Biermann (Anm. 3), fol. Ssiij^r.
10 Kaiser (Anm. 8), S. 256. Ähnlich Mannacks Kommentar in *D*, S. 1270.
11 »Zumindest was die Anzahl der von dieser Hochzeit noch erhaltenen Gratulationsschriften betrifft, schien sie größer als bei früheren piastischen Verbindungen mit Fürstinnen aus dem Alten Reich gewesen zu sein.« Matthias Weber: Das Verhältnis Schlesiens zum Alten Reich in der frühen Neuzeit. Köln 1992, S. 142.

lutherischer Bevölkerung ungeachtet[12] – im Nachkriegsschlesien gleichsam die letzte Bastion des Protestantismus bilden.[13] Artikel V des Westfälischen Friedens sichert innerhalb Schlesiens neben der Stadt Breslau lediglich den piastischen Herzogtümern Liegnitz, Brieg und Oels freie Religionsausübung zu.[14] Im 1660 durchaus absehbaren Fall des Aussterbens der Piasten fiele dieser »Rückhalt aller Protestanten Schlesiens«[15] der Böhmischen Krone zu, die sich seit 1526 fest in der Hand des katholischen Hauses Habsburg befindet. Vor diesem Hintergrund erhält die Deixis des Eros im Prolog zum *Verlibten Gespenste* eine über das Stück hinausweisende Nebenbedeutung: »Schaut [...] Wie durch mich / kranck' erqvickt und sterbende genesen« (*GD*, S. 1): »kranck[]« und »sterbend[]« – das ist 1660 vor allem »Piastu Stamm-Baum« (*GD*, S. 75).

›Erquickung‹ und ›Genesung‹ indes werden als Effekte eines Ehebündnisses in Aussicht gestellt, das ausgerechnet die ›Gespenster‹ der Vergangenheit wachruft, ist doch Elisabeth Maria Charlotte, Georgs künftige Braut und zudem die prononcierte Widmungsadressatin von Gryphius' Schauspiel, eine Nichte des ›Winterkönigs‹ Friedrich V. Ihr Vater, Ludwig Philipp von Simmern, gilt als vehementer Unterstützer der aggressiven Politik seines Bruders, so daß der kurfürstlich eingefädelte Eheschluß sich als Fortsetzung einer markant »antihabsburgische[n] Tendenz« erweist und von »Vorsicht oder Zurückhaltung der Piasten in ihrer dynastischen Politik nach dem Dreißigjährigen Krieg [...] nicht gesprochen werden« kann.[16] Gut vierzig Jahre zuvor, 1620, hat Georgs Vater Johann Christian noch den calvinistischen

---

12 Vgl. Die Piasten zum Briege oder Geschichte der Stadt und des Fürstenthums Brieg von K. F. Schönwälder. Drittes Bändchen: Von Verleihung des Majestätsbriefes bis zum Erlöschen des Fürstenhauses 1609–1675. Mit einem Anhange über die kaiserliche Regierung 1675–1741 und die alte Verfassung des Landes. Brieg. Commissions-Verlag von Adolf Bänder. 1856, S. 171–183.
13 Vgl. Joachim Bahlcke: Deutsche Kultur mit polnischen Traditionen. Die Piastenherzöge Schlesiens in der Frühen Neuzeit. In: Deutschlands Osten – Polens Westen. Vergleichende Studien zur geschichtlichen Landeskunde. Hg. von Matthias Weber. Frankfurt a.M. 2001, S. 83–112, hier S. 102.
14 Vgl. Norbert Conrads: Die Bedeutung des Westfälischen Friedens von 1648 für die schlesische Geschichte. In: Schlesien in der Frühmoderne. Zur politischen und geistigen Kultur eines Habsburgischen Landes. Hg. von Joachim Bahlcke. Köln 2009, S. 53–69, der die konfessionspolitische Innovativität dieses Modells und damit die Sonderrolle der piastischen Herzogtümer herausstreicht: Verglichen mit dem sonst im Alten Reich dominierenden »geschlossenen Konfessionsstaat [...] war die schlesische Lösung geradezu ein Einbruch in die bisherige Staatsdoktrin«. Es handelte sich – zumindest rechtlich – um die »Sanktionierung der Bikonfessionalität« (ebd., S. 68f.). Die parenthetische Einschränkung ist nicht unerheblich, denn gegen den rechtlichen Durchbruch sind freilich zahlreiche gegenreformatorische Gewaltsamkeiten in Schlesien aufzurechnen: von der Einziehung Hunderter evangelischer Kirchen über die Amtsenthebung protestantischer Pfarrer, massive Nachteile bei der Vergabe öffentlicher Ämter bis hin zur Zwangskatholisierung von Waisen. Vgl. dazu auch Winfried Irgang, Werner Bein und Helmut Neubach: Schlesien. Geschichte, Kultur und Wirtschaft. Köln 1995, S. 97f.
15 Bahlcke (Anm. 13), S. 102.
16 Weber (Anm. 11), S. 141f.

Kurfürsten von der Pfalz zur Huldigung in Breslau empfangen und mit der (damals in Schlesien überaus umstrittenen) Unterstützung Friedrichs einen – retrospektiv betrachtet – schmerzhaften Weg einschlagen, der über den Amtsverlust als Oberlandeshauptmann bis ins Exil nach Polen führte. Es sind die späten Konsequenzen dieser politisch-militärisch erfolglosen Bündnispolitik, mit denen sich Georg III. als ›Nachkriegsherzog‹ eines vom totalen Bedeutungsverlust akut bedrohten Herrscherhauses auseinanderzusetzen hat. Und er tut dies durch heiratspolitische Annäherung an die Pfalzgrafen.

Gryphius' doppeltes Schauspiel findet sich – »auff dem Schaw-Platz zu Glogaw vorgestellet den X. Octob. dises cIɔ Iɔc LX. Jahres« (*GD*, Widmung) – damit eingerückt in eine Position doppelter Liminalität: Einerseits plaziert es sich als *performance* auf der Schwelle zur Ehe genau *zwischen* Trennungs- und Angliederungsritual,[17] dem ›Sich-Erheben‹ der Braut in Crossen und der ›Einführung‹ »in die Fürstl. Residents«, zwischen dem Schreckensbild der »[e]indorren[den]« Dynastie (*Pi.*, S. 645) und dem erhofften ›Leben‹, ›Wachsen‹ und ›Blühen‹ von »Piastus Hauß« (*GD*, S. 75). Andererseits markiert es am Höhepunkt habsburgischer Rekatholisierungspolitik und protestantischen Widerstands *nach* dem Dreißigjährigen Krieg die Schwelle zwischen Kriegs- und Friedensordnung, zwischen dem, »was die Zwitracht theilt«, und dem, was »durch Einigkeit ergetz« (*GD*, S. 1).[18] Beide ›Übergänge‹ sind gefährdet – der letzte durch die politischen Implikationen der Herkunft der Braut, der erste durch die Ungewißheit, ob Söhne aus der Ehe hervorgehen werden –, beide ›Übergänge‹ bedürften daher, sollten sie als gelungen ausgewiesen werden, besonderer Strategien theatraler Beglaubigung.

Rites de passage: Zur Handlung

Im *mythos* beider Stücke scheint der Schwellencharakter der Schausituation sich zunächst nur zu spiegeln: Der erste Akt widmet sich expositorisch der jeweils ›alten Ordnung‹. Im *Verlibten Gespenste* nimmt sie die Gestalt der ›falschen Liebesordnung‹ an, wenn Sulpicius über seine Stellung zwischen der verliebten Cornelia und der geliebten Chloris klagt, »daß ich gar zu trew die mein nicht acht geliebet / | Vnd

---

17 Vgl. Arnold van Gennep: Übergangsriten. Aus dem Französischen von Klaus Schomburg und Sylvia M. Schomburg-Scherff. Frankfurt a.M. 1999, bes. S. 120–135.

18 Die Relevanz des Aufführungskontexts für die textuelle Bedeutungskonstitution wird gern unterschätzt: »Freilich geht von dem eigentlichen Anlaß wenig in das Spiel ein«, schreibt Dietrich Walter Jöns: Majuma, Piastus (1968) [815], S. 286. »Die Handlung selbst, die das alte Thema der alles überwindenden Macht der Liebe darstellt, bleibt davon unberührt. So kann dies Doppelspiel sich frei entfalten, ohne durch Rückgriffe auf die autobiographische Realität der zu feiernden Persönlichkeiten oder sonstige Fakten des Anlasses in seiner künstlerischen Eigenständigkeit beschränkt zu werden. Es ist nur ein Rahmen, durch den sich dieses Stück als Festspiel ausweist« (ebd.).

die nicht liben kan die mir das Hertze gibet« (*GD*, S. 5). Dem entspricht die ›Verkehrtheit‹ der dörflichen Familienfehde in der *Dornrose*, die anfangs als Hindernis[19] der Werbung Kornblumes um Dornrose ins Spiel gebracht wird. Matz Aschewedels gescheiterter ›Brautraub‹ im zweiten Akt steigert nicht nur den Wert des Liebesobjekts,[20] sondern bewirkt – insofern Kornblume durch sein Eingreifen bedingte ›Ansprüche‹ auf Dornrose erwachsen[21] – auch die Ablösung von der ›alten Ordnung‹, während das »Gesang-Spil« sein Trennungsritual ganz unverhüllt mit dem Scheintod Sulpicius' austrägt:

> SULPICE. Fahrt Chloris ewig wol! ob das geschwinde Zil /
> Vns hir *getrennet* wil!
> So wird die Libe doch / wo nichts als Lust zu finden /
> Auff ewig uns *verbinden*! (*GD*, S. 28, meine Hervorhebungen)

Der »Durchbruch« ist damit sowohl literal (als Durchgang zwischen den Häusern) wie metaphorisch »bereit« (*GD*, S. 25), der gespenstische Auftritt des Totgeglaubten, ein ›verbindender‹ Angliederungsritus, braucht ihn nur noch in den ›Klartext‹ der ›rechten Ordnung‹ transponieren:

> CORNELIA. Mit ihm zu leben hilt ich vor mein höchstes Heil.
> SULPICE. Die Schickung wil es nicht. Sie ist Levinus Theil. (*GD*, S. 44)

So stellt das Wort der »Schickung« das Itinerar zum Weg in die Ehe – einem Weg, der für die Dramenfiguren und die reale Braut gleichermaßen das Hinauskommen über einen liminalen Schwebezustand bedeutet. Verstärkt wird die abstrakte strukturelle Korrespondenz zwischen dem Aufführungskontext der Brauteinholung und dem *mythos* des ›Festspiels‹ dadurch, daß beide eine prekäre generationelle Komponente aufweisen. Mit anderen Worten: die ›alte Ordnung‹ ist eine Ordnung der Alten. In der *Dornrose* betätigen sich die verfeindeten Nachbarn, »Vetter« bzw. »Vater« des künftigen Brautpaars, als Konfliktauslöser, im *Verlibten Gespenste* wandert der Liebhaber aus den Fängen der Mutter in die Arme der Tochter. Daß dieser Grundtenor am 10. Oktober 1660 in Glogau einen durchaus vernehmlichen Beiklang mitführen mag, wo doch Tochter und Mutter, gemeinsam reisend und so vermutlich

---

19 Zur Bedeutung des Hindernisses beim hochzeitlichen Übergangsritus vgl. van Gennep (Anm. 17), S. 128.
20 Bei den »Raub- und Entführungsriten« nimmt der Widerstand zu, »je höher der dem scheidenden Gruppenmitglied beigemessene Wert ist«. Ebd., S. 122. Im Mißlingen von Aschewedels Vergewaltigungsversuch offenbart sich entsprechend das Maß des dörflichen Widerstands und implizit der »Wert« des »Gruppenmitglied[s]« Dornrose.
21 »Derzu se isse e alt rächt in unsern Durffe / wen inner inne Jungfer bey ihren hilfft derhalden: so sool se seene sein. Wen se ok suste wil« (*GD*, S. 65).

auch gemeinsam der Inszenierung folgend, Zeugen eines theatral vermittelten ›Generationenwechsels‹ werden, gewinnt an Evidenz, wenn man bedenkt, daß beide Paare – Sulpicius und Chloris im Spiel wie auch Georg und Elisabeth Maria Charlotte durch den an die Zuschauer sich richtenden Brautgott Hymen am Ende – nahezu bis aufs Wort mit demselben Glückwunsch bedacht werden:[22]

> [CORNELIA:] Es grüne beyder Stamm
> Biß sich der Zeiten Zeit in Ewigkeit verkehrt (*GD*, S. 56)

> [HYMEN:] Piastu Stamm-Baum sproß und grün:
> Biß sich die Ewigkeit bemühet
> Den Lauff der Zeiten einzuzihn. (*GD*, S. 75)

Die sanfte, im Glückwunsch versteckte Überblendung von *dramatis personae* und realem Brautpaar wird ergänzt durch die Bearbeitung der zweiten, mit der realen Vermählungszeremonie verbundenen Problemkonstellation, des Übergangs von der Kriegs- zur Friedensordnung.[23] Metaphorisierend bewerkstelligt den *passage* zunächst der »Fridemacher[]« Gregor Kornblume (*GD*, S. 49). Seine Einschätzung des initialen Nachbarschaftsstreits – Jockel Dreyeck und Bartel Klotzmann ergehen sich in Schuldzuweisungen wegen eines verletzten Hahns und eines malträtierten Hundes (vgl. *GD*, S. 9–15) – ist dabei keineswegs rein rhetorische Amplifikation im Stile der bramarbasierend-weltumspannenden »Hauptleute« des *Horribilicribrifax* (vgl. *Horr.*, S. 1f.). Vielmehr benennt er einen innerhalb der Parameter des Scherzspiels nur zu ernsten Konflikt in treffenden Ausmaßen: »Nu warn Handel über Händel warden. Iß wird noch a Krig aus dam Dinge / int stihn / dar grüsser als der Tartersche und Türcksche« (*GD*, S. 10). Diese in der Tat eintretenden »Händel« multiplizieren sich im Fortgang durch den Übergriff Aschewedels auf Dornrose und die Verstrickung Salomes in den Schändungsversuch derart, daß schließlich »a gantz Durff« (*GD*, S. 60) – und das ist für das »Schertz-Spill« ja durchaus die ganze ›Welt‹ – als Beschwerdeführer vor den als Richter auftretenden Pächter Wilhelm von ho-

---

22 Diese Beobachtung macht auch Kaiser (Anm. 8), S. 257, deutet sie allerdings im Sinne einer Standesgrenzen ›überwölbenden‹ »Weltharmonie der Liebe« (ebd., S. 258). Das Provokante der Konstellation verkennt gleichfalls Best, wenn er die bewußte Ersetzung des adligen Nebenbuhlers aus Gryphius' Prätext, Quinaults *Le fantôme amoureux*, durch eine Mutterfigur als *Ent*schärfungsmanöver deutet: »Gryphius switched his authority figure from a political ruler to a parent because he composed *Verlibtes Gespenste*, together with *Die gelibte Dornrose*, for the nuptials of a duke (Herzog Georg zu Liegnitz und Brieg). Another Ferdinand or Federico would have offended Gryphius' audience.« Thomas W. Best: Calderón's »Galán fantasma«, Quinault's »Fantôme amoureux«, and Gryphius' »Verlibtes Gespenste« (1992) [825], S. 288.

23 Georgs erste Hochzeit (1638) fällt in die lange Endphase des Dreißigjährigen Krieges, und in der Person Maria Eleonoras als Schwägerin des ›Winterkönigs‹ wirft dieser gleichsam seinen langen Schatten auch noch auf die Feierlichkeiten zur zweiten Heirat.

hen Sinnen gelangt und dieser in einem Zwist »Fride [...] stifften« muß (*GD*, S. 69), der – wenn auch kein »Krig« im Wortsinn – gleichwohl das »grüsser[e]« Übel darstellt, wie Jockel in seinem Appell an den Richter erläutert:

> wen er key Einsahn drein hott / se wird uff de letzte nimand mit seme Kinde in seen vier Pfälen sicher sein können. Siß ju Gott lob unde danck Fride im Lande / siß och im Krige sey lättige su bund nie hargegangen. (*GD*, S. 64)

Ein Friede, der ärger ist als der Krieg und die Kriegsgefahr noch im Frieden präsent hält, sei es als metaphorischer ›Krieg‹ eines in Aufruhr geratenen Dorfes oder als Fluchtpunkt der brauträuberischen Träume Aschewedels! Das Spiel auf der Schwelle scheint jederzeit in beide Richtungen kippen zu können:

> [ASCHEW.] Wenn er nicht wällt doß ich a Paur bleebe: se will ich euch ze gefollen a Landsknaicht waren. [...] Ze Johre ward ich den a Gefreeter / a Capperall / a Feldwabel / a Leutenanter / a Fanrich / den a Obirster Wachmeester und ze letzte gor a Oberster / denckt wie wirds euch a su sanfte thun / wen ech die Paure warn Conterbution schicken / unde de Städter sprechen / guten Tag Frau Auberste Aschwedeln. (*GD*, S. 32f.)

So spaltet sich der liminale Möglichkeitsraum des Lustspiels bifurkal in eine ›neue Ordnung‹, die den »Himmel auff der Erden« realisiert (*GD*, S. 74), und eine zweite ›neue Ordnung‹, die der alten gleicht: Letztere kennt den Frieden nur als Besatzung, als drückende, von Kontributionszahlungen geprägte (Nach-)Kriegsrealität, kennt die Ehe als ›Frucht‹ eines Gewaltakts. Genau diese Schwelle ist es dann, auf die sich die spielexterne Hochzeitsgesellschaft gesetzt findet, wenn Kornblume sich wiederholt ans Publikum wendet. Elisabeth Maria Charlotte und Begleitung werden illusionsbrechend als »schüne Leute« (*GD*, S. 8) und später als Hochzeitsgäste (vgl. *GD*, S. 72), die zugleich »Hochzeitsgäste darstellen *und* Hochzeitsgäste sind«,[24] zu Figuren einer Komödienwelt, die nicht im Irgendwo angesiedelt ist, sich durch den »neiderländisch-glogauischen Stadtdialekt«[25] seiner Einwohner vielmehr als schlesisches Hier und Jetzt zu erkennen gibt.

›Frembde Wort‹: Die Prätexte

Schon oberflächlich ist die *Gelibte Dornrose* also auf gar nicht so »friedlichem Komödienboden situiert«.[26] Und der Eindruck verfestigt sich, wirft man einen Blick auf

---

24 Kaminski (Anm. 8), S. 197; vgl. auch Greiner (Anm. 8), S. 126f.
25 Peter Wiesinger: Der schlesische Dialekt im Scherzspiel »Die geliebte Dornrose« (2006) [831], S. 108.
26 Kaminski (Anm. 8), S. 196.

die charakteristischen Verfahren, mit denen das Doppelschauspiel sich seine mutmaßlichen ›Vorlagen‹ aneignet. Die neuere Forschung ist zur Einsicht gelangt, daß es sich bei beiden Stücken um »weitgehend selbständige Schöpfungen des Dichters handelt« (D, S. 1250), womit nur der vorläufige Endpunkt einer Forschungsgeschichte en miniature bezeichnet ist, die über weite Strecken geradewegs das Gegenteil proklamierte: Die *Gelibte Dornrose* galt ihr als Bearbeitung des niederländischen »Lantspels« *Leeuwendalers* (1647) von Joost van den Vondel, das *Verlibte Gespenste* wurde gelegentlich gar als Übersetzung der Tragikomödie *Le fantôme amoureux* (1658) des Philippe Quinault ausgegeben.[27] Nicht zuletzt mit Blick auf eine – als Forschungsdesiderat im Raum stehende – allgemeine Typologie barocker Intertextualität ist es allerdings aufschlußreich, daß Gryphius sich weder im Wortmaterial noch in der Handlungsstruktur signifikant an seine Prätexte anlehnt, vielmehr einzelne Elemente herausgreift, die de- und rekontextualisiert ebenso einer Resemantisierung unterliegen. Viel Aufmerksamkeit hat hier insbesondere die Streitszene der verfeindeten Bauern auf sich gezogen, die Gryphius, während er sich gerade in den letzten beiden Akten der *Gelibten Dornrose* deutlich von Vondels Drama entfernt, »nahezu wörtlich« (D, S. 1252) aus den *Leeuwendalers* übernimmt.[28] Solche punktuellen intertextuellen Rückgriffe spielen – wie sich an diesem Beispiel zeigt – subtextuelle Nebenbedeutungen ins »Schertz-Spill« ein, die geeignet sind, den ›Schertz‹ des ›Spills‹ empfindlich zu stören: Denn Vondels Stück ist, anders als die Frieden und Krieg gegeneinander aufwiegende *Dornrose*, ganz manifest ein Nachkriegsschauspiel, das der »Verherrlichung des zu schliessenden Friedens [diente], welcher den achtzigjährigen Freiheitskampf der Holländer zum Abschluss bringen sollte«.[29] Die niederländischen Pendants zu Gryphius' Bartel und Jockel, die

---

27 Vgl. *GA* VIII, S. XIIIf. Noch Tittmann wußte dagegen, daß bis auf das Gespenst-Spiel des Protagonisten »die Handlung [des *Verlibten Gespenstes*] selbst keine Spur von Anlehnung« an Quinaults Drama aufweist. Julius Tittmann: Andreas Gryphius. In: Dramatische Dichtungen von Andreas Gryphius. Hg. von Julius Tittmann. Leipzig 1870, S. V–LX, hier S. LII. Daraus wird kurz darauf bei Kollewijn in einem Referat der Position Tittmanns die lakonisch-verfälschende Aussage: »Das Verliebte Gespenst (1660) fusst auf einer Komödie des *Quinault*, Le fantôme amoureux«, von wo aus das Vorurteil sich wiedergängerisch seinen Weg durch die frühe Gryphius-Forschung bahnt. R. A. Kollewijn: Über den Einfluß des holländischen Dramas auf Andreas Gryphius (1880) [394], S. 43. Vgl. für die These eines starken Einflusses Quinaults auf Gryphius auch Erik Lunding: Assimilierung und Eigenschöpfung (1962) [731].
28 Eine Gegenüberstellung findet sich bei Kollewijn (Anm. 27), S. 54–61. Vgl. außerdem Roeland Anthonie Kollewijn: Gryphius' »Dornrose« und Vondels »Leeuwendalers« (1880) [829], Stefan Kiedroń: Andreas Gryphius und die Niederlande (1993) [123], S. 80–84, und Egbert Krispyn: Vondel's »Leeuwendalers« as a Source of Gryphius' »Horribilicribrifax« and »Gelibte Dornrose« (1962) [799].
29 Kollewijn (Anm. 27), S. 48.

beiden »Huismans«[30] Warner und Govert, repräsentieren als Vertreter der »Noortzijde« und der »Zuidtzijde« ganz offen einen Konflikt von nicht mehr dörflicher, sondern geradewegs nationaler, ja internationaler Größe, nämlich die langwährenden Auseinandersetzungen der in spanisch-katholischen Süden und nördliche Generalstaaten geteilten Niederlande. Da sie bezeichnenderweise von der allegorischen Auflösung dieses Konflikts in Vondels ›Friedensspiel‹ – der Hochzeit von Adelaert und Hageroos – ausgeschlossen werden, »unversöhnt, mit einem Todeswunsch auf den Lippen [...], voneinander scheiden«,[31] transportieren sie als unverarbeitete Relikte die kriegerische Ausgangskonstellation des »Lantspels« in das »Schertz-Spill«. Die ›alte Ordnung‹ von 1647 gleicht »nahezu wörtlich« der ›alten Ordnung‹ des Spiels von 1660, den scheinbaren Frieden grundiert subtextuell der Krieg.

Die modifizierende Wiederholung läßt einmal Zweifel am Gelingen des Übergangsrituals aufkommen – immerhin weist sie zurück auf eine bereits überschritten geglaubte Schwelle. Insofern dieser Krieg in der *Dornrose* gleichzeitig (manifest) abwesend und (intertextuell) anwesend ist, führt er zugleich auf die Spur einer tieferliegenden semiotischen Strategie, die das Doppelschauspiel kennzeichnet.

Spektralität/Skepsis: Zur Semiotik des Spiels

Als Festspiel bezieht es zunächst die spielexterne ›Rahmenhandlung‹ der Piastenhochzeit und die Dramenhandlung im Modus des Exempels aufeinander:

> [EROS:] Durch mich wird beyder Stamm und Herrschaft stets bestehn,
> Schaut / (wo ihr zweiffeln könt) auff diß was vor wird gehn,
> Wie durch mich / kranck' erquickt und sterbende genesen. (*GD*, S. 1)

Dem *Schau*spiel teilt Eros im Prolog die Funktion eines Bildbeweises zu, der die naheliegenden Vorbehalte gegenüber der Vision von der aufblühenden Dynastie durch visuelle Insistenz zu zerstreuen beabsichtigt. Was sich auf der Glogauer Bühne als ›Heilsgeschehen‹ ereignet, demonstriert stellvertretend jene Macht des Eros, die sich noch am Piastenhaus bewähren wird. Die Beweisstrategie wäre demnach die einer einfachen Repräsentation, die in Eros' Zeigegestus Bezeichnendes und Bezeichnetes miteinander verknüpft. Dazu müßte der allegorische Vorredner mit seiner Ankündigung allerdings tatsächlich auf etwas verweisen, das im Spiel »vor wird

---

30 I. V. Vondels Leeuwendalers. Lantspel. Pax optima rerum. t'Amsterdam, Gedruckt by Jacob Lescaille. Voor Abraham de Wees, Boeckverkooper op den Middeldam, in 't nieuwe Testament, in 't jaer M. D. C. XLVII., S. 2.
31 Kaminski (Anm. 8), S. 195.

gehn«. Nur sieht unterdessen, wer ›schaut‹, im folgenden gerade nicht, daß durch die Liebe »kranck' erquickt und sterbende genesen«. Er findet – spiegelverkehrt – einen eingangs liebeskrank an sein Bett gefesselten Sulpicius, dessen Rekonvaleszenz im Laufe des Stückes einem eindeutigen Verursacher (»durch mich«) mitnichten zuzuschreiben ist: sie verdankt sich – das bleibt bedeutungsvoll unklar – vielleicht dem Plan der Intrige, vielleicht einem unbeabsichtigten Zufall. Er sieht ferner einen anscheinend bloß zum Schein »sterbende[n] genesen«.[32] Ist die Macht der Liebe, von der doch das Beweisziel des Stückes abhängt, folglich eine reine Macht zum Schein, eine Macht, die sich nur unter den medialen Bedingungen des Illusionstheaters Geltung verschafft?

Nicht zwingend. Daß im *Verlibten Gespenste* nur scheinbar gestorben wird, macht die Möglichkeit, den ›Himmel auf Erden‹ zu realisieren, nicht schon von sich aus zur Täuschung. Zwar ist das ›Wahre‹ barocker Diesseitsentwertung gemäß nur als Jenseitiges zu denken, vom der Vergänglichkeit preisgegebenen Irdischen durch eine strikte Grenze geschieden, die als *ultima linea mortis* allein im Tode passierbar wird. Auch der Scheintod jedoch vermag in der »Spiegelschrift«[33] der Komödie das echte Happy-End nach sich zu ziehen, wo er wenigstens im Spiel für wahr genommen wird.[34] Am für echt *gehaltenen* Tod würde sich jene Transzendenz, die das barocke Trauerspiel als absolute Grenze der Repräsentation im Spiel nicht mehr ungebrochen darzustellen wagt, noch in es hineinziehen lassen. Der »Durchgang durch den Tod«[35] wäre selbst Teil des Lebens. Doch diesen Ausweg, das Jenseits schon in der Gegenwart des diesseitigen Liebeshimmels, eben der Ehe, greifbar zu machen, verstellt sich das Drama, indem es gleichfalls die Gewißheit des *Schein*todes verwehrt.

Der Zweifel regiert allenthalben: Sulpicius' Skepsis gegenüber der Durchführbarkeit der Intrige (»Glaub iemand mich vor tod wie solt ich denn erstehn?«; *GD*, S. 7) entspricht der wiederholt über Cornelia hereinbrechende Unglaube an ebendas, was sich ihr unbezweifelbar zeigen soll.[36] Weder ist das Zeugnis des vor ihren Augen ›sterbenden‹ Helden – nur vorläufig beschlossen durch einen reyenartigen *vanitas*-Klagegesang aller (*GD*, S. 29) – augenscheinlich genug noch der Auftritt des Geist Spielenden:

---

32 Leerstelle ist in beiden Fällen der (wirkliche oder gespielte) Wahn, der Sulpicius befällt, nachdem er die vergiftete Frucht ergriffen hat: Eine Vision des »Eliser-Feld[es]« (*GD*, S. 27) führt ihn bis an die Grenze des Todes und macht ihn zum wahnhaft »sterbende[n]«.
33 Kaiser (Anm. 8), S. 263.
34 Für diese Argumentation vgl. Greiner (Anm. 8), S. 124–129.
35 Ebd., S. 123.
36 Cornelias Zweifel sieht schon Best (Anm. 22), S. 293, in Analogie zum am auferstandenen Erlöser zweifelnden Thomas (vgl. Joh 20,25).

[CORNELIA.] Jst dieses ein Gesicht? Jsts Trüg? Wer weiß und weist
Was bey dem Werck zu thun? Sulpic. ist leider hin /
Jch seh ihn vor mir stehn! betreugt mich woll Levin!
Wie könt es möglich seyn! wol / last uns selbst hingehn /
Vnd bey Sulpices Leich der Sachen Grund verstehn.
Man forder stracks Levin. Es zeige sein Gesicht /
Es lehre sein Geleit / ob etwas hir erticht. (*GD*, S. 44)

Analog der Empfehlung des Eros, als Remedium wider den Zweifel einfach mal hinzuschauen, versuchen sich die Charaktere immer wieder vergeblich an der visuellen Beglaubigung des Unglaublichen: An der »Leich der Sachen Grund« wirklich zu erkennen, hindert Cornelia das Bewußtsein der »eigne[n] Schuld«. Sie schaut nicht, sie schaudert ob des eignen »Jrrthumb[s]« (*GD*, S. 46). Und im vorausgehenden Akt wird Cassanders ›häretischer‹ Versuch, das polyseme Zeichen des ohnmächtigen oder simulierenden oder wirklich toten Sulpicius durch einen Nadelstich in optische Eindeutigkeit zu übersetzen, durch den Zugriff der anderen – unmittelbar vor dem enthüllenden Augenblick – unterbunden (vgl. *GD*, S. 28). Damit perpetuiert das Schauspiel – indem es die Schau verwehrt und doch fordert – die Skepsis, also ein prüfendes, urteilsaufschiebendes Betrachten, die Schau von Zeichen, deren Referenzfestlegung aufgeschoben wird. Am nachdrücklichsten manifestiert sich dieser Aufschub in den letzten Worten des ›Sterbenden‹, in einem nicht mehr ausgesprochenen Appell an Cornelia, sie möge – so die gespenstische Weiterführung im Folgeakt – »uns an Levin kein ferner Traur-Spill sehn« lassen (*GD*, S. 44). Weil diese letzten Worte vorerst ungesagt bleiben, unterläuft die ›Sterbeszene‹ den positiven Sinn des Spiels, den geglückten Übergang zur ›rechten Liebesordnung‹ durch den Abbruch, durch eine Unterbrechung: »Gilt ja mein bitten noch / so nehme sie in acht; | Jch sterbe! gute Nacht!« (*GD*, S. 28). Es ist überhaupt erst dieser Abbruch, der die titelgebende und eingangs gar nicht projektierte Geisterstunde erforderlich macht,[37] so aber auch die testamentarische Autorität der letzten Worte eines Sterbenden verspielt, ja verschleppt, bis sie nur noch gesprochen werden können von einer Instanz, die per se alle Zweifel anzieht. Denn die Schwelle zwischen beiden Versen besetzt als Ersatzsprecher mit dem Gespenst ein ohnehin epistemisch fragwürdiges Wesen,[38] das sich ferner in einem ›Jenseits‹ verortet, das jenseits der Räume liegt, die ihm die theologischen Diskurse der Zeit zuzuweisen gewohnt sind:

---

37 Ursprünglich beabsichtigt Sulpicius – angeregt von Levin – lediglich, seinen eigenen Tod vorzutäuschen, damit Cornelia sich von ihm ab- und Levin zuwendet. Chloris soll vorher »in geheim« eingeweiht werden (*GD*, S. 7), weshalb er sich über einen eigens ausgehobenen Kellerzugang Zutritt zum Nachbarhaus verschaffen will. Dieses zu einfache Spiel entgleitet dem ahnungsvoll zaudernden Sulpicius (»Wir spilen mit dem Tod; ich fürcht er sey verhanden«; *GD*, S. 25) nach und nach.
38 Vgl. zu Gryphius' Haltung betreffend die *spectra* ↗ Kap. II.5.5 zu *Cardenio und Celinde* sowie ↗ Kap. II.10.9 über »Schwarze Magie«.

FLAVIA. Seyd ihr im Fegefeur / im Himmel oder Höllen?
SULPICE. Verlibten gibt man ein gar sonderliche Stellen. (*GD*, S. 45)

Der gespenstische Sprechakt, der die letzten Worte zu postmortalen umwidmet, entwertet mit dem plötzlichen Wechsel des Sprechersubjekts die Bitte, provoziert sodann auch Cornelias Zweifel an der Verläßlichkeit des Nachrichtenkanals, verlagert die Urteilsnotwendigkeit vom Inhalt, dem ›Was‹ der Botschaft, auf die Identität des Sprechers, das ›Wer‹, und seinen eigentümlichen Ort, seine »sonderliche Stelle[]«. Diese aber ist gekennzeichnet durch Nicht-Identität, ein ›Weder... noch‹: Weder sucht ein solches Gespenst die Lebenden – wie es die katholische Spektrologie will – als »im Fegefeuer noch begriffene / oder verdammte Seele eines Verstorbenen« heim, noch handelt es sich – einer protestantischen Lesart folgend – um »verdammte Teufels-Geister«,[39] um ›Höllenwerk‹. Wenn die »sonderliche Stelle[]« ein »Himmel« ist, dann freilich derjenige der Immanenz des Spiels, der wahrlich »Verlibten« versprochene »Himmel auff der Erden«. Damit wäre indes auch das Gespenst ›außer sich‹, ein Scheingespenst, dessen spektrale Identität schauend geglaubt werden möge – sechs Mal befestigt Flavia mit der stereotypen Anrufung »Herr Geist« seine Identität (*GD*, S. 45) – und das seine Glaubwürdigkeit im selben Moment dementiert: derweil es sich ins sichtbare *hic et nunc* versetzt, reklamiert es einen Nicht-Ort für sich. Gespenster wohnen nicht in dieser Welt.

Statt die »theologische Definition« des Gespensts durch »nachdrückliche, sensorisch überwältigende Präsenz« zu »überwinden«,[40] unterzieht das Drama sowohl Theologie als auch Theatralität der Geistererscheinung skeptischer Prüfung, vermehrt das Spiel Zug um Zug den Zweifel: Selbst der in den Ausgangsplan noch eingeweihte Levin »kan« Sulpicius' Auftritt *post mortem* »kaum glauben«, schreibt den Sinnentrug nun Flavias »Einsamkeit und Finsternüs« zu (*GD*, S. 46f.). Als »Einge-

---

[39] Der Höllische Proteus / oder Tausendkünstige Versteller / vermittelst Erzehlung der vielfältigen Bild-Verwechslungen Erscheinender Gespenster / Werffender und poltrender Geister / gespenstischer Vorzeichen der Todes-Fälle / Wie auch Andrer abentheurlicher Händel / arglistiger Possen / und seltsamer Aufzüge dieses verdammten Schauspielers / und Von theils Gelehrten / für den menschlichen Lebens-Geist irrig-angesehenen Betriegers / (nebenst vorberichtlichem Grund-Beweis der Gewißheit / daß es würcklich Gespenster gebe) abgebildet durch Erasmum Francisci / Hochgräfl. Hohenloh-Langenburgischen Raht. Nürnberg / Jn Verlegung Wolffgang Moritz Endters. Anno M. DC. XC, fol.):( ):(vi^v. Vgl. zu den konfessionellen Differenzen auf breiterer Quellenbasis Miriam Rieger: Der Teufel im Pfarrhaus. Gespenster, Geisterglaube und Besessenheit im Luthertum der Frühen Neuzeit. Stuttgart 2011.

[40] Natalie Binczek: Die Bannung des Geistes (2009) [660], S. 72. Da das Drama die ›theologischen Definitionen‹ selbstredend ebensowenig bestätigt, gilt andererseits auch nicht, daß Gryphius mit seinen Geistererscheinungen schlicht – wie Rühle fürs Trauerspiel beobachtet – »den Blick auf den christlichen Gott lenkt« und sich so als »konservativ[er]« Anhänger der »alten Ordnungen«, d.h. einer pränaszimentalen universalen Einbindung des Menschen in die göttliche Schöpfungsordnung, erweist. Günther Rühle: Träume und Geistererscheinungen (1952) [489], S. 7.

bung, Beredung, Verlockung, Versuchung, Schatten, Blendwerk, Täuschung, Trugbild, im Gegensatz zum Wahren Stehendes«[41] ist das Gespenst dank seiner Etymologie zugerüstet, modellhaft für eine Reihe flottierender Signifikanten einzustehen, die auf den »*blosze[n] schein*«[42] abheben. Während das Gespenst im »Gesang-Spil« den Übergang zur ›rechten Liebesordnung‹ nur zu moderieren vermag, indem es seinen ontologischen Status der Hinterfragung preisgibt, erhält es im »Schertz-Spill« sein funktionales Äquivalent in einer Figur, die sich in mehrfacher Hinsicht dem spektralen Kerngeschäft – »Blendwerk« und »Täuschung« – verschrieben hat: Wilhelm von hohen Sinnen scheint auf den ersten Blick als Ordnungsstifter ganz aus dem Typenarsenal des barocken Lustspiels gezimmert zu sein, bemerkenswerterweise aber gerade jene Figuren zu beerben, die der zu ordnenden Komödienwelt das Material liefern, an dem für gewöhnlich der ›Lasterspiegel‹ seine Leistungsfähigkeit beweist. Sprachlich operiert er näher an den prätentiösen Capitani des *Horribilicribrifax* als am ›guten Richter‹[43] Cleander, und bereits sein Name entwertet die moralische Superiorität, deren es bedürfte, die Scheinwelt des Lustspiels in Ordnung zu bringen, zur bloßen Anmaßung.[44] Stärker noch als diese erwartbare ›Mitgift‹ einer kompilatorisch organisierten Gattung Komödie[45] belastet die funktionale Rolle Wilhelms allerdings, daß er derselben Paradoxie unterliegt, die das ›Gespenst‹ Sulpicius stellvertretend und damit skeptischer Betrachtung öffnend letzte Worte

---

41 Wolfgang Neuber: Die Theologie der Geister in der Frühen Neuzeit. In: Gespenster. Erscheinungen – Medien – Theorien. Hg. von Moritz Baßler, Bettina Gruber und Martina Wagner-Egelhaaf. Würzburg 2005, S. 25–38, hier S. 27.
42 Deutsches Wörterbuch von Jacob Grimm und Wilhelm Grimm. Vierten Bandes erste Abtheilung Zweiter Theil. Gefoppe–Getreibs. Bearbeitet von Rudolf Hildebrand und Hermann Wunderlich. Leipzig 1897, Sp. 4140–4146 s.v. ›GESPENST‹, hier Sp. 4142. Ganz auf den Trug fixiert auch Stielers Erläuterung: »*Hodie tamen* Gespenst *dicitur* spectrum, larva, apparitio, fascinatio oculorum, & mentis.« Der Teutschen Sprache Stammbaum und Fortwachs / oder Teutscher Sprachschatz / Worinnen alle und iede teutsche Wurzeln oder Stammwörter / so viel deren annoch bekant und ietzo im Gebrauch seyn / nebst ihrer Ankunft / abgeleiteten / duppelungen / und vornemsten Redarten / mit guter lateinischen Tolmetschung und kunstgegründeten Anmerkungen befindlich. Samt einer Hochteutschen Letterkunst / Nachschuß und teutschem Register. So Lehrenden als Lernenden / zu beider Sprachen Kundigkeit / nötig und nützlich / durch unermüdeten Fleiß in vielen Jahren gesamlet von dem Spaten. Nürnberg / in Verlegung Johann Hofmanns / Buch- und Kunsthändlers daselbst. Gedruckt zu Altdorf / von Heinrich Meyern / der löbl. Univ. Buchdruckern. Jm Jahr des HErrn 1691, Sp. 2069 s.v. ›Span‹.
43 Mannack (Anm. 8), S. 89, verweist daher zu Recht auf die insbesondere im 16. und frühen 17. Jahrhundert auch in Tragödien populäre Dramengestalt des »ungerechte[n] und bestechliche[n] Richters«, dem gegenüber Wilhelm eine »Sonderstellung« einnehme. Ob sich diese tatsächlich etwaigen »positiven Eigenschaften« verdankt und nicht vielmehr der Funktion, die das Scherzspiel ihm zuweist, mag man allerdings dann doch fragen.
44 »Hochsinnigkeit / fastus, ferocitas, sublatio animi«; Stieler (Anm. 42), Sp. 2032 s.v. ›Sinnlichkeit‹.
45 Vgl. Thomas Althaus: Topik und Komödie (2015) [783], S. 165f.

sprechen ließ: Auch Wilhelm ist genötigt, um der Ordnung willen eine Autorität zu beanspruchen, die ihm das Spiel emphatisch vorenthält. »Wilhelm von hohen Sinnen Arendator des Gutts Vildünckel« (*GD*, S. 57) – das ist Schein in der dritten Potenz: ein ›hochsinniger‹ Arendator (Pächter), der als solcher nicht »Herr dieses Dorffs«, nur sein Stellvertreter ist und sich dennoch als »Herr« aufspielt, der zudem eine Welt einrenkt, die die Verblendung im Namen führt, ja sie einrenkt durch das Verhängen von Scheinstrafen. Seine Autorität bezieht auch er aus einem ›Übergang‹, dem Amtswechsel vom »Scholtze[n]« (ebd.) zum Pächter, und doch büßt er das Kapital des objektiven Kompetenz- und Machtgewinns ein durch den ›hohen Sinn‹, ein »kleiner Fürste« (ebd.) sein und das Dorf mit der Allmacht eines unangefochtenen Weltenrichters regieren zu wollen:

> Vor dises muste iedesmal ein gantzer Tisch voll Sessoren allhier sein / wenn die geringsten Händelichen vorgingen: Nun aber empeschire ich alles allein / und halffe allen causibus sonder Schöppen / Procurator, Affocaten und wie die Kerlen alle heissen auff einmahl ab. (*GD*, S. 58)

Derlei unmöglicher, alles »auff einmahl« entscheidender Urteilsspruch muß – wie die vom Gespenst verkündeten ›letzten Worte‹ – zwangsläufig aus einer notorisch unsicheren, ja gespaltenen Sprecherposition ergehen. Folgerichtig bleibt Wilhelm in den ›ungläubigen‹ Augen seiner ›Untertanen‹ das, was er war: »Herr Scholtze« (ebd.), ein »gemeiner Richter, den ein Herr einer Stadt oder eines Fleckens an seine Statt zum Unterricht verordnet«.[46] Selbst sein Insistieren auf der Statusänderung führt dann nicht mehr zur stabilen Rolle des Arendators, sondern zum fluiden Nonsens prozessierender Verballhornungen, die ihn gar gefährlich nahe an den Pickelhäring rücken: »Aringnater«, »Harengarius«, »Haringerias«, »Häringesser« (*GD*, S. 59). Der »Schertz« exponiert somit – in den genremäßig geläufigen Formen des Wortspiels und des Typenschatzes – einen Bruch zwischen dem ›tragischen‹ Ernst der Lage[47] und der komödiantischen Entschärfung der Machtinstanz, der dem Bruch korreliert, in den das »Gesang-Spil« das ordnungstiftende Urteil des ›sterbenden‹ Sulpicius versenkt. Denn dessen mißratene Machtdemonstration, die verkehrte Welt der Liebesverwirrungen mit dem Tod spielend ins Eheparadies zu verwandeln, mündet – wie er nach seinem Erwachen von Fabricius erfährt – in ein letztlich nicht einmal für ihn selbst durchschaubares Szenario aus Ohnmacht, Traum und Irrtum:

---

46 Grosses vollständiges *UNJVERSAL LEXJCON* Aller Wissenschafften und Künste, Welche bishero durch menschlichen Verstand und Witz erfunden und verbessert worden. [...] Fünf und Dreyßigster Band Schle–Schwa. Leipzig und Halle, Verlegts Johann Heinrich Zedler. Anno 1743, Sp. 1580 s.v. ›Schultheiß‹.
47 Vgl. Greiner (Anm. 8), S. 119, und Kaminski (Anm. 8), S. 193–195.

SULPIT. Wol / was geheim ist diß? Was Noth hält mich gefangen?
FABRIC. Man glaubt durchaus er sey in Ohnmacht vor vergangen /
SULPIT. Jn Ohnmacht! ich weis nichts daß Ohnmacht auff mich kam.
FABRIC. Weiß nicht mein Herr wie er von allen abschid nam?
Wie jhn Levin betraur? Wie hoch sich Chloris gräme?
Cornelie beklag und ob dem Vorsatz schäme?
SULPIT. Es kömt / als träumend / mir etwas dergleichen vor /
FABRIC. Auch daß er von der Frucht die Citronat erkor /
Er hatte sie kaum recht in seine Faust bekommen:
Als plötzlich sein Verstand / durch Jrrthum eingenommen
Jn frembde Wort ausfil. (*GD*, S. 36)

Zwischenspiel, Unterbrechung, Mischspiel

Spaltung, Bruch und Aufschub charakterisieren Gryphius' Doppelschauspiel zudem auf formaler Ebene, verschränkt es doch zwei ihrem Umfang nach gleichwertige Stücke Akt für Akt ineinander. Damit scheint es ans Ende einer Gattungsevolution des Zwischenspiels zu rücken.[48] In eine ›ernste‹ Haupthandlung eingeschobene ›lustige‹ Bauern- oder Bürgerpossen kennt bereits das mittelalterliche Passionsspiel, und noch im 17. Jahrhundert dürfen – wie etwa in Johann Rists *Perseus* – die hohen Charaktere des Trauerspiels zwischen den Akten Narren und subalternen Dörflern die Bühne räumen. Allerdings untersteht das komische Treiben hier stets der strengen Auflage, sich in einen qualitativ (Stilhöhe, Beschaffenheit der Charaktere) und quantitativ eindeutig untergeordneten Zwischenraum hineinzuzwängen, untersteht ferner einer peinlich genauen poetologischen Observanz. Die Dichtungslehren der Zeit pflegen über Legitimität und Zweck solcher Unterbrechungen ausführlich, obschon nicht immer d'accord, Rechenschaft abzulegen: Erlaubt sei ein »schickliches Zwischenspiel [...]: um / zumal / wann daß Hauptspiel etwas traurig laufet / den Spielschauer damit in etwas wieder zu belustigen«, weiß Sigmund von Birken und fügt hinzu: »Diese Zwischenspiele / sind etwan wol kleine Comödien [...].«[49] Plausibel in Anschlag zu bringen ist die von den Poetiken favorisierte »affektbezogene *Ausgleichsfunktion*«[50] natürlich nur, wo es etwas auszugleichen gibt, also das

---

48 In Hammes' Geschichte des Zwischenspiels ist konsequenterweise »die geliebte Dornrose schon über das hinausgewachsen [...], was wir aufgrund dieser Untersuchung als Zwischenspiel bezeichnen müssen«. Fritz Hammes: Das Zwischenspiel im deutschen Drama von seinen Anfängen bis auf Gottsched, vornehmlich der Jahre 1500–1660. Ein Beitrag zur Geschichte des deutschen Dramas. Nachdruck der Ausgabe Berlin 1911. Nendeln 1977 (Literarhistorische Forschungen 45), S. 179.
49 Teutsche Rede-bind- und Dicht-Kunst / oder Kurze Anweisung zur Teutschen Poesy / mit Geistlichen Exempeln: verfasset durch Ein Mitglied der höchstlöblichen Fruchtbringenden Gesellschaft Den Erwachsenen. Samt dem Schauspiel Psyche und Einem Hirten-Gedichte. Nürnberg / Verlegt durch Christof Riegel. Gedruckt bey Christof Gerhard. A. C. M DC LXXIX, S. 327.
50 Jörg Wesche: Literarische Diversität (2004) [516], S. 207.

»Hauptspiel« auch wirklich »etwas traurig laufet«. Das wirft Licht auf den »latent tragische[n] Boden«[51] des *Verlibten Gespenstes*, das ja ein Spiel mit dem Tod ist. Eine – sei es durch Reyen, sei es durch Zwischenspiele – unterbrochene dezidierte Komödie wird man im Gryphiusschen Œuvre dagegen vergeblich suchen.

Gewiß tritt diese in der Gattungstradition verankerte Funktion des Zwischenspiels als *comic relief* hier allein schon zurück hinter der Emanzipation der *Dornrose* zur selbständigen Komödie.[52] Dem *Verlibten Gespenste* beigeordnet ist sie überdies durch ein Netz motivischer Korrespondenzen, das beide Stücke verklammert und jedes zum »metaphernbildenden Kontext«[53] des anderen macht. Verbunden sind sie offensichtlich durch das gemeinsame Thema, die ihrerseits »verbinde[nde]« »Macht« der Liebe (*GD*, S. 1). Diese soll sich – wenigstens dem ostentativ vorgetragenen Anspruch nach – in den wechselseitig gespiegelten Figurenkonstellationen als gleichermaßen alle Stände durchwaltendes und lenkendes Prinzip bewähren: Hier ist es der Mann zwischen zwei Frauen, das *ver*liebte Gespenst, dort die Frau zwischen zwei Männern, die *ge*liebte Dornrose, die sich – ebenso wie die ordnungsstörenden Antagonisten (Cornelia, Matz Aschewedel, Salome) – unter den Auspizien des Eros dem sanften »Joch[ ]« der Ehe beugen. Die Analogien zwischen den Dramen reichen dabei so weit[54] – etwa bis in die Ähnlichkeit der (magischen) Mittel

---

51 Kaminski (Anm. 8), S. 194.
52 Daß die in der Forschung unisono betonte Ebenbürtigkeit beider Dramen nichtsdestoweniger einen typographisch zwiespältigen Darstellungsmodus harmonisiert, zeigt sich zum einen am Titelblatt: »Verlibtes Gespenste« ist deutlich größer gesetzt als »Die gelibte Dornrose«, die nachgerade zwischen den Gattungsbezeichnungen wegzurutschen droht. Zum anderen kündigen die Kolumnentitel durchgängig das »Gesang-Spil« (rechts) »Verlibtes Gespenste« (links) an. Eine eigene Aktnumerierung erhält die *Dornrose* ebensowenig wie ein *argumentum*. Durch diese Auszeichnungen wird ihre ›Unterordnung‹ aktualisiert und zugleich in der ›Mischung‹ beider Spiele aufgelöst.
53 Greiner (Anm. 8), S. 128.
54 Eine detaillierte Analyse bietet Mannacks Kommentar (Anm. 8), bes. S. 90f. Üblicherweise dient die »höchst kunstvolle Komposition« (ebd., S. 81) als Hauptargument für die entstehungsgeschichtliche *communis opinio*, Gryphius' habe beide Stücke eigens für die Hochzeit direkt im Frühjahr oder Sommer 1660 geschrieben. Möglich ist aber gleichermaßen, daß wenigstens eines, wenn nicht beide Dramen in einer ungedruckten ›Urfassung‹ deutlich früher entstanden sind, für die Festivitäten überarbeitet und mit den anlaßbezogenen Rahmentexten versehen wurden. Otto Brandt: Zur Liegnitzer Theatergeschichte: III. Vom Spielplan des Liegnitzer Schultheaters. In: Liegnitzer Heimatbrief 5 (1953), S. 55f., hier S. 55, berichtet von einer Aufführung der *Felicitas* im Liegnitzer Schultheater am 19. April 1658, der »als Nachspiel [!] das selbst heute noch bekannte Scherzspiel ›Von der geliebten Dorn-Rose und Kornblume‹ desselben Autors angehängt wurde«. Brandt wertet einige Einladungsschreiben zu Liegnitzer Schulaufführungen aus, die der Breslauer Stadtbibliothek, dem Liegnitzer Stadtarchiv und den Liegnitzer Schulamts-Kassenakten entnommen sind. Eine exakte Standortangabe fehlt. Ist der Auskunft zu trauen, so wäre der Entstehungszeitraum der *Dornrose* nach vorn zu verlegen: Als *terminus post quem* wäre dann 1647, das Jahr, in dem Vondels *Leeuwendalers* erscheinen, anzusetzen, als *terminus ante quem* 1658. Allerdings bleibt dieses Zeugnis einer frühen Aufführung singulär. Die *Felicitas*-Inszenierung am Breslauer Elisabethgymnasium im sel-

hinein, mit denen sich Cornelia und Aschewedel die Zuneigung der widerstrebenden Geliebten erzwingen wollen –, daß die Versuchung naheliegt, die Beziehung beider Stücke als rein affirmative, sich im ›Aussagegehalt‹ bekräftigende zu lesen.

Demgegenüber hat Bernhard Greiner berechtigterweise Bedenken erhoben: »Ist die Leistung der aktweisen Verschränkung beider Stücke aber nur, sich wechselseitig zu bestätigen und zu verstärken? Außer Acht bleibt dann die spezifische Komik der Unterbrechung, die aus der Verschränkung entsteht.«[55] Letztere sprengt zum einen die geschlossene Illusion auf (am sichtbarsten in Kornblumes Zuschaueransprache im ersten Akt), kehrt so den Spielcharakter hervor und schafft zum anderen einen Zwischenraum, in dem sich semantische Kollateraleffekte entfalten: Die Gegenwart des Todes im Gesangspiel strahlt – vermittelt über das Vehikel der Motivparallelen und die zeitliche/räumliche Kontiguität auf der Bühne – aus auf die Dorfwelt des Scherzspiels, die ihrerseits Durchblicke auf die durchaus ›komisch‹ gebrochene Konfliktlösung des *Gespenstes* gewährt. Vor allem aber gefährdet das zerstückelte Handlungskontinuum – die ›Zweiheit‹ der Handlung – das Übergangsritual im mehrmaligen Aufschub, in der buchstäblichen Vertagung der Neuordnung: Zur mutmaßlichen Leiche versprechen Mutter und Tochter am Ende des zweiten Akts zurückzukehren, »[s]o bald der Tag anbricht« (*GD*, S. 29). Der dritte Akt des *Gespenstes* endet in der ›ratlosen‹ Ausflucht Cornelias: »Wir wollen was zu thun / mein Herr / nach Rath umbfragen. | Er such uns ferner heim / so früh es nur wil tagen« (*GD*, S. 47) – eine Ratlosigkeit übrigens, die die *Dornrose* unmittelbar wiederholend aufgreift, wenn sie Kornblume in Rat- und Ortlosigkeit, auf der Wanderschaft, also ganz wörtlich in ungewissem Übergang gefangenhält: »Ische wil a mohl für de lange weele zu Mutter Salmen gihn / unde will um Roth froyn / woß ich machen soll / denne vu meeme Vetter ho ich müssen stertzen s schad aber nischte« (ebd.). Die mißmutigen ›Eheverhandlungen‹ zwischen Salome und Kornblume schließen den dritten Akt der *Dornrose* abermals hinauszögernd: »S iß noch um a Bedencken zu thun« (*GD*, S. 53). Anbahnung und Aufschub machen dergestalt mit einem poetologischen Normbruch Ernst, wie ihn die Gegner ausufernder Zwischenaktformen – deren affektiver Entlastungsfunktion zum Trotz – gelegentlich anprangern: Statt dem Publikum die Möglichkeit zu belassen, »frey« zu »besinnen[]«, was in den Abhandlungen vor sich geht, werde in der semantischen Unterbrechung (des Zwischenspiels oder Chors) der »Geist [...] gezwängt / wenn des Gesanges Sinn er [der Zuschauer, R.S.] mühsam überdenkt / und drob des Spiels vergißt«.[56] In der

---

ben Jahr scheint ohne ein ausdrücklich angekündigtes Nachspiel auszukommen; vgl. Die Breslauer Schultheater im 17. und 18. Jahrhundert. Hg. von Konrad Gajek. Tübingen 1994 (Rara ex bibliothecis Silesiis 3), S. 217–220.
55 Greiner (Anm. 8), S. 127.
56 Kaspar Stieler: Die Dichtkunst des Spaten. 1685. Hg. von Herbert Zeman. Wien 1975 (Wiener Neudrucke 5), S. 81.

Doppelkonstruktion »vergißt« nicht nur der Zuschauer potentiell den aufgeschobenen Abschluß, unterliegt also einem ›Wiederholungszwang‹, sondern es »vergißt« sich das Spiel gleichsam selbst. Die Unterbrechung ist demnach ein formales Korrelat der Skepsis, hier der Unfähigkeit, den vom Eros avisierten »Ausgang« (*GD*, fol. Aij^r) zu finden.

Das »Wunder der Libe«

Das durch die Anlage des Stücks und die Semiotik des Zweifels inszenierte Festhängen auf der Schwelle zum ›Eheparadies‹ ist schließlich nur noch durch einen ›Sprung‹ in die neue Ordnung, eine reine, gewissermaßen ›grundlose‹ Performanz aufzuheben. Immerhin erreicht die Skepsis ihre Klimax, wo noch das aus Gryphius' Trauerspielen bekannte Beglaubigungsverfahren der *imitatio Christi* an seiner Aufgabe zerbricht, Gewißheit zu erzeugen: Vorbereitet durch Flavias Kommentar, sich zu Sulpicius' geisterhafter ›Auferstehung‹ nicht zu äußern, »biß drey Nächt und Tag auffs Ende kommen« (*GD*, S. 47) – ein Verweis auf Mt 27,63[57] –, erinnern die im letzten Akt (*GD*, S. 53f.) vorgetragenen »Klagen am Totenbett [...] im Wortlaut an Passionsbetrachtungen der christlichen Seele«[58] und verdichten den Verdacht, hier werde eine »verwegene Christusanspielung«[59] gegeben. Allein, es stiftet selbst das alludierte Vorbild Jesu nicht den (freilich verkehrten) Glauben an ein wirkliches Auferstehungsgeschehen im Spiel, vielmehr erstarrt der Glaube in der schieren Potentialität einer Frage:

> CORNELIA. Jsts möglich daß / O mein Verlangen /
> Du nun bist Tod und Grab entgangen /
> Soll mit liebreicher Seel vertrauen
> Jch dich als mein Sohn anschauen? (*GD*, S. 55)

»Ja / möglich ists«, versichert sich Cornelia. Und möglich ist – wie der Logiker weiß – dasjenige, dessen Gegenteil ebenso möglich ist.[60] Erst im dezisionistischen Akt – »umbfang uns beyd / sie als ein Bräutigam / | Mich als ein libster Sohn« (*GD*,

---

57 Vgl. auch Mk 8,31; 9,31; 10,34.
58 Kaiser (Anm. 8), S. 271.
59 Ebd., S. 270.
60 Vgl. z.B. Gottfried Wilhelm Leibniz: Les principes de la philosophie ou la Monadologie. / Prinzipien der Philosophie oder die Monadologie. In: Kleine Schriften zur Metaphysik. Philosophische Schriften, Band 1. Französisch und deutsch. Hg. und übersetzt von Hans Heinz Holz. Frankfurt a.M. ²2000, S. 439–483, bes. § 33, S. 452f., und im selben Band: De contingentia / Über die Kontingenz, S. 178–187.

S. 56) – kommt die sich fortpflanzende Skepsis an ein Ende. Einen hinreichenden ›Glaubensgrund‹ für das glückliche Wirken des Eros verweigert das Spiel seinen Akteuren bis zuletzt und reproduziert so exakt die nahezu aporetische Situation des realen Hochzeitspaars, die 1660 kaum noch ›glaubhaft‹ zu machende Rettung der Piastendynastie. Ob die Liebe »lebe« oder – wie der widerredende Cassander im finalen Wortwechsel des Gesangspiels dagegenhält – »sterbe«, ob das Menetekel des in Gewalt versinkenden Dorfes durch Wilhelms Urteil, die »Straffe [...] nur auff[zu]schieben« (*GD*, S. 69), endgültig gebannt ist, darauf gibt das Doppelspiel keine Antwort. Seine schlagende Lösung besteht darin, gerade *gegen* alle Skepsis den Übergang in die neue Ordnung als bereits gemachten Schritt vorzuführen, performativ einzufangen, was sich argumentativ nicht einholen läßt: Der reine Vollzug des Hochzeit-Machens, wie er im Stück gezeigt wird, spiegelt sich als Inauguration der ›rechten Ordnung‹ in der ›unterbrochenen‹ Hochzeitsreise Elisabeth Maria Charlottes. Aus den Zuschauern werden im Schlußtableau Hochzeitsgäste, aus den Hochzeitsgästen in der rahmenden Reise ›Schauspieler‹ des Übergangsrituals. Dessen »gewündscht Ende« (*GD*, S. 72) aber ist im als *mise en abyme* in die Reise eingelassenen Spiel vorweggenommen.

II.8 Prosa

II.8.1 *Fewrige Freystadt*
Von Nicola Kaminski

Werktypologische Einordnung

Kann der *Prosa*autor Gryphius gegenüber dem Lyriker und Dramatiker ohnehin als der ›unbekannte Gryphius‹ bezeichnet werden, so gilt das für die – im übrigen wie vielfach auch die Leichabdankungen nicht ausschließlich aus Prosa bestehende – *Fewrige Freystadt* in besonderem Maße. Das hat verschiedene, zum Teil einander bedingende Gründe. Die Weichen unterschiedlicher Tradierung werden bereits zeitgenössisch gestellt. Zieht zu Gryphius' Lebzeiten vor allem seine Versproduktion überregionale Wahrnehmung auf sich, so wird erst sein Tod zum Anlaß einer Bestandsaufnahme auch seiner Prosaschriften; und zwar auf bezeichnende Weise.

In Baltzer Siegmund von Stoschs im Anschluß an seine Leichabdankung auf Gryphius unter der Überschrift »MEMORIA BEATISSIME DEFUNCTI DN. ANDREÆ GRYPHII« 1665 gedrucktem »Christliche[n] Lebens-Lauff« werden im Zuge der Darstellung von des Verstorbenen Bildungsweg nicht nur sukzessive seine poetischen Elaborate biographisch kontextualisiert, sondern auch, jedenfalls exemplarisch, seine prosaische Produktion. Dabei macht den Auftakt sein 1636 entstandenes lateinisches Lobgedicht auf Georg Schönborner, als eigentliches Aufbruchsjahr des *litteratus* Gryphius modelliert Stosch aber 1637:

> Hier ließ er abermal etliche seiner schönen Geburten in die Welt fliegen / in deme er vor eines seine teutsche Gedichte / durch des Druckers Hand / dem Leser mittheilete [gemeint sind die ›Lissaer Sonette‹; N.K.] / und auch als den 8. Brachmonats am Tage Medardi die Freystadt in die Asche geleget ward / diese Feuersbrunst nach allen Umbständen auffs zierlichste / beschrieben / ans Tag-Licht gelangen ließ.[1]

Während jedoch Gryphius' *opera poetica* auch im Fortgang dieser Bildungsbiographie immer wieder in die Darstellung eingeflochten werden, »das erste Buch seiner Teutschen Epigrammatum, wie auch die Epigrammata Latina und Sonnette«,[2] »sein[] Leo[] Armeniu[s]«, »die Catherina[]«[3], bleibt die *Fewrige Freystadt* solitär;

---

1 Baltzer Siegmund von Stosch: Last- und Ehren- auch Daher immerbleibende Danck- und Denck-Seule (1665) [187], S. 19–48, hier S. 30. »Christlicher Lebens-Lauff« lautet der Kolumnentitel der »MEMORIA«. Seit 1666 ist Stoschs »Abdanckungs-Sermon« den Ausgaben von Gryphius' Leichabdankungen (*LA*) angehängt.
2 Ebd., S. 32.
3 Ebd., S. 37.

die andern Prosatexte, insbesondere die Leichabdankungen, sind allenfalls unter den nicht genannten »übrigen« »Himmelschmeckende[n] Schrifften«[4] mitzudenken. Bei Stosch – wie auch in den seiner Publikation angehängten Epicedien – wird der *Dichter* Gryphius noch nicht vom *Gelehrten*, vom *Familienvater*, vor allem aber vom lebensweltlich fest im Fürstentum Glogau verankerten *Diplomaten* geschieden; Nennung und damit Überführung in die überzeitliche *memoria* verdienen aber offenbar primär die *poetischen* Schriften.

Diese Sonderung setzt sich exakt hundert Jahre nach der *Fewrigen Freystadt* in Christian Stieffs *Schlesischem Historischen Labyrinth* fort: Auch er gibt im seine Kompilation beschließenden 100. Kapitel unter dem Titel »Andreæ Gryphii Lebens-Lauff« biographisch eingebettet Nachricht von dessen poetischen *und* prosaischen Werken, führt als Exempel für letztere jedoch den »Brunnen-Discurs« an, »eine herrliche Parentation [...], die unter seinen Abdanckungen die allererste ist«;[5] an die Biographie im eigentlichen Sinn aber schließt Stieff eine ausführliche Würdigung und literaturgeschichtliche Verteidigung von Gryphius' Werk an, als welches seine »beweglichsten Trauer-Spiele und andre vortrefliche Gedichte« firmieren,[6] ehe unter dem Vorzeichen bibliographischer Vollständigkeit auch seine übrigen »Oratorische[n], Poetische[n], Juristische[n] und Historische[n] Neben-Arbeiten« nachgetragen werden, darunter auch die Beschreibung der »Freystädtische[n] erbärmliche[n] Einäscherung [...] Anno 1637«.[7] Beinah zeitgleich verbucht Zedlers *Universal-Lexicon* im Artikel ›Gryphius, (*Andreas*)‹ als sein Werk »viele Poëmata, [...] Freuden- und Trauerspiele«, außerdem wiederum *eine*, offenbar unter gelehrtem Gesichtspunkt nennenswert erscheinende Prosaschrift, den »Tractat de Mumiis Wratislauiensibus, Breßlau 1662.«.[8]

Dabei ist es nicht so, daß entlang dieser Scheidelinie bereits nicht Tradierenswertes vom eigentlichen Werk des »Unsterblichen« abgesondert würde. Mitte des 18. Jahrhunderts ist die *Fewrige Freystadt* als Referenz durchaus noch präsent. Stieff gründet 1737 auf sie das 99. Kapitel seines *Schlesischen Historischen Labyrinths*, das aber eben keinen autor-, sondern einen ereignisbezogenen Titel trägt: »Von der im Jahr 1637. den 9. Junii plötzlich erregten Feuers-Brunst in Freystadt«.[9] Gottfried

---

4 Ebd., S. 40.
5 Christian Stieff: Andreæ Gryphii Lebens-Lauff (1737) [186], S. 809.
6 Vgl. ebd., S. 814–816, hier S. 814.
7 Ebd., S. 816 und 818.
8 Grosses vollständiges UNJVERSAL LEXJCON Aller Wissenschafften und Künste, Welche bißhero durch menschlichen Verstand und Witz erfunden und verbessert worden. [...] Eilfter Band, Gm.–Gz. Halle und Leipzig, Jm Verlag Johann Heinrich Zedlers, Anno 1735, Sp. 1160 s.v. ›Gryphius, (*Andreas*)‹.
9 Schlesisches Historisches Labyrinth Oder Kurtzgefaste Sammlung Von hundert Historien Allerhand denckwürdiger Nahmen, Oerter, Personen, Gebräuche, Solennitäten und Begebenheiten Jn Schlesien Aus den weitläufftigen gedruckten Chroniken und vielen geschriebenen Uhrkunden zum

Förster weist im Kapitel »Von den Stadt-Bränden und Beschaffenheit der vorigen Stadt« seiner *Analecta Freystadiensia* 1751 angelegentlich auf des »gelehrte[n] Andr. Gryphi[i] [...] merckwürdige Beschreibung: das Feurige Freystadt genant« hin, »die ohne Wehmuth nicht kan gelesen werden«, und führt ihn auch an andern Stellen der Chronik zum Jahr 1637 als unbedingt glaubwürdige Autorität an.[10] Doch ist es nun das Ressort der Landes- bzw. Stadtgeschichte, für das die Schrift über den konkreten Gelegenheitsbezug auf den 8./9. Juni 1637 hinaus überzeitlichen Wert erhält. Gryphius firmiert hier als Zeuge, der »dieses grosse Unglück mit Augen gesehen«,[11] nicht als barocker Dichter. In dieser Traditionslinie erscheint es konsequent, daß die *Fewrige Freystadt* in einer jüngeren stadtgeschichtlichen Untersuchung eingehendere Würdigung erfahren hat.[12]

Unter umgekehrten Vorzeichen hat genau diese Verbuchung als stadtgeschichtliche Quelle Gryphius' *Fewrige Freystadt* lange Zeit überhaupt nicht oder allenfalls en passant in biographischem Zusammenhang in den Fokus der germanistischen Forschung rücken lassen.[13] Der erste der *Fewrigen Freystadt* gewidmete Aufsatz stammt aus dem Jahr 1970,[14] ein weiterer, der wichtige überlieferungsgeschichtliche Klärungen bietet, von der Forschung jedoch nicht rezipiert wurde, von 1998;[15] 2000

Vergnügen allerhand Liebhaber Schlesischer Geschichte, in einem kürtzern und bessern Zusammenhange mit vielfältigen neuen Beyträgen zu der alten und neuen Schlesischen Historie / verfertiget. Breßlau und Leipzig, Bey Michael Hubert 1737, S. 786–805, hier S. 786. Gryphius' *Freystadt* als Quelle wird erst am Ende der Brandbeschreibung und bevor die handschriftlich ebenfalls durch ihn tradierten Zeugenaussagen eingeschaltet werden, auf S. 800 genannt.

10 ANALECTA FREYSTADIENSIA, Oder Freystädtische Chronica, Theils aus denen in vielen Jahren gesammleten Miscellaneis Herrn M. Johann Gottfried Axts, Weyl. Wohlverdienten Rectoris der Land- und Stadt-Schule vor Freystadt; Theils aus unterschiednen Archiven und güttigem Beytrage Vieler Gönner und Freunde, Auf unabläßliches Verlangen, Sowohl wegen der darinnen vorkommenden alten Uhrkunden des Fürstenthums Glogau bey denen ehmahls zu Freystadt residirenden Hertzogen, Als auch der neuern Merckwürdigkeiten unter der vorigen Römisch-Kayserl. und itziger Königl. Preußischen Regierung in diesem Fürstenthume zur Freystädtischen Chronicke gehörig, Nach der Eintheilung einer besondern Politischen- Kirchen- und Gelehrten-Historie, Vornehmlich zu Freystadt biß auf itzige Zeit, Jn nachstehende Ordnung gebracht, von *M.* Gottfried Förstern. *Frideberg. Siles.* Vorhin gewesnen Schul-Collegen zu Freystadt, und zur Zeit Con-Rectore der Evangel. Luth. Schule zu Lissa. LJSSA, Gedruckt bey Michael Lorentz Pressern, S. 78. Vgl. etwa auch, mit teils wörtlichen Paraphrasen aus der *Fewrigen Freystadt*, S. 75 oder S. 172.
11 Ebd., S. 78.
12 Vgl. Marie Luisa Allemeyer: Fewersnoth und Flammenschwert. Stadtbrände in der Frühen Neuzeit. Göttingen 2007, S. 102–108.
13 Bemerkenswert ausführlich Victor Manheimer: Die Lyrik des Andreas Gryphius (1904) [226], S. 230–232, und Marian Szyrocki: Der junge Gryphius (1959) [134], S. 116–120; vgl. außerdem Marian Szyrocki: Andreas Gryphius (1964) [135], S. 26–28 und S. 115f.; Eberhard Mannack: Andreas Gryphius (^{2}1986) [127], S. 101f.
14 Marian Szyrocki: Gryphius' »Fewrige Freystadt« (1970) [837].
15 Konrad Gajek: Gryphius' Abschrift der Ratsprotokolle von Freystadt (1998) [832a].

erschien die erste im eigentlichen Sinn literaturwissenschaftliche Analyse, die die Poetik des Textes zu rekonstruieren versucht.[16] Schuld an dieser forschungsgeschichtlich unbefriedigenden Sachlage ist die (wiederum auch im fachlichen Desinteresse gründende) prekäre Überlieferungssituation, der eine 2006 publizierte Neuedition der *Fewrigen Freystadt*[17] nur scheinbar abhilft; tatsächlich hat sie den Blick folgenreich verstellt.

Überlieferung

Nachdem von 1945 (nach der Zerstörung der alten Breslauer Stadtbibliothek und der weitgehenden Vernichtung der Bestände der Universitätsbibliothek) bis in die 1960er Jahre der 1637 »zur Polnischen Lissa / bey Wigand Funcken«[18] erschienene Druck der *Fewrigen Freystadt* als nurmehr in einem einzigen Exemplar erhalten galt,[19] hat Marian Szyrocki 1970 den von da an gültigen überlieferungsgeschichtlichen Status quo formuliert: »daß das Büchlein nur in zwei Exemplaren […] im Besitz der Universitätsbibliotheken Wrocław und Heidelberg« überliefert ist.[20] Konrad Gajeks 1998 dokumentierte Auffindung des im Januar 1945 aus der Breslauer Stadtbibliothek evakuierten Exemplars, dem »Gryphs eigenhändige Abschrift der Ratsprotokolle von Freystadt« angebunden war,[21] in der Handschriftenabteilung der Staatsbibliothek zu Berlin-Preußischer Kulturbesitz im sog. »Depositum Breslau« hätte zu einer Revision dieses Wissensstandes führen müssen; dies ist jedoch nicht geschehen, nicht zuletzt, weil die *Germanistik*, die *Bibliographie der deutschen Sprach- und Literaturwissenschaft* und die *MLA International Bibliography* Gajeks Aufsatz nicht verzeichnet haben, die Bibliographie der *Wolfenbütteler Barock-Nachrichten* mit erheblicher Verspätung erst 2001. Beträchtliche Forschungsaufmerksamkeit hat hingegen Johannes Birgfelds Neuedition der *Fewrigen Freystadt* 2006 auf sich gezogen, die diese überholten überlieferungsgeschichtlichen Voraussetzungen nicht nur fortschreibt, sondern darüber hinaus mit der vermeintlichen Entdeckung von Gryphius-Autographen aufwartet und daran unhaltbare entste-

---

16 Dirk Niefanger: »Fewrige Freystadt« – eine Gedächtnisschrift (2000) [835].
17 Andreas Gryphius: Fewrige Freystadt (2006) [75].
18 Fewrige Freystadt / ANDREÆ GRYPHII. Gedruckt zur Polnischen Lissa / bey Wigand Funcken. Jm Jahr 1637, S. 111. Zitiert wird nach dem Exemplar der Biblioteka Uniwersytecka we Wrocławiu (Signatur: 305072), im folgenden unter der Sigle *FF*.
19 Vgl. die Werkbibliographie in Szyrocki 1959 (Anm. 13), S. 158, Nr. 5, wo ein Druck für die UB Heidelberg verzeichnet wird sowie eine Abschrift (vgl. dazu unten Anm. 22) für die BU Wrocław.
20 Szyrocki (Anm. 14), S. 102.
21 Gajek (Anm. 15), S. 183. Auf dieses Exemplar bezieht sich Manheimer (Anm. 13), S. 231.

hungs- und überlieferungsgeschichtliche Hypothesen knüpft.²² Aus diesem Grund ebenso wie mit Blick auf philologische Unzuverlässigkeit und editorische Unzulänglichkeiten dieser Ausgabe empfiehlt es sich, für die weitere Beschäftigung mit der *Fewrigen Freystadt* auf die alten Drucke oder deren Digitalisate in den Digitalen Bibliotheken der BU Wrocław und der UB Heidelberg zurückzugreifen. Ein Digitalisat des von Gajek in der Handschriftenabteilung der Berliner Staatsbibliothek wiederentdeckten Exemplars²³ soll in näherer Zukunft in die Deutsche Digitale Bibliothek aufgenommen werden; das im Katalog der Staatsbibliothek aufgeführte Exemplar mit der Signatur Tb 2512 ist als Kriegsverlust bestätigt worden.

Lesarten: ein polyphoner Text

Dem ersten Anschein nach stellt Gryphius' Bericht über das im niederschlesischen Freystadt (heute Kożuchów) im Fürstentum Glogau in der Nacht vom 8. auf den 9. Juni 1637²⁴ um ein Uhr ausgebrochene Feuer, das innerhalb von vier Stunden beinahe die ganze Stadt und Teile der Vorstädte in Asche legte, nichts Außergewöhnliches dar. Stadtbrände gehören in der Frühen Neuzeit als »normaler Ausnahmefall« ebenso zum Alltag wie die daraus resultierenden »Schriften [...]: Flugblätter, Gedenkschriften, Chroniken, obrigkeitliche Mandate und technische Traktate [, ...] Predigten und Tagebuchaufzeichnungen«.²⁵ Allein für das 17. Jahrhundert verzeichnen die *Analecta Freystadiensia* fünf Stadtbrände, darunter zwei verheerende (1637 und 1692).²⁶ In diesem Wahrnehmungshorizont scheint die Besonderheit von Gry-

---

22 Demnach soll das in der BU Wrocław aufbewahrte Handschriftenkonvolut Akc. 1950/711 das – bereits 1996 von Gajek in Berlin wiedergefundene – Autograph der Protokollabschrift sowie die entweder in Gryphius' Auftrag oder von ihm selbst geschriebene Druckvorlage der *Fewrigen Freystadt* enthalten; tatsächlich handelt es sich um Abschriften aus dem frühen 18. Jahrhundert, wie das Wrocławer Akzessionsregister ebenso weiß wie (ohne eigene Begründung) Szyrocki 1959 (Anm. 13), S. 153, Anm. 136, und S. 158, Nr. 5, Szyrocki (Anm. 14), S. 102, Gajek (Anm. 15), S. 185f., Anm. 6, und auch Ulrich Seelbach und Martin Bircher: Autographen von Andreas Gryphius (1994) [184], S. 121, Nr. 7. Hierzu ausführlich Nicola Kaminski: Gryphius' *Fewrige Freystadt* und die Forschung (2014) [834].
23 Signatur: Dep. Breslau 23; als Bestand der Handschriftenabteilung nicht im online-Katalog verzeichnet.
24 Aus unerfindlichen Gründen datieren die polnischen Germanisten den Brand einhellig auf den 8./9. Juli 1637, von wo dieses falsche Datum z.T. auch in die weitere Forschungsliteratur geraten ist. Vgl. Szyrocki 1959 (Anm. 13), S. 116; Szyrocki 1964 (Anm. 13), S. 26; Szyrocki (Anm. 14), S. 102; Mannack (Anm. 13), S. 101; Gajek (Anm. 15), S. 185, Anm. 6; Nicola Kaminski: Andreas Gryphius (1998) [122], S. 205; Mirosława Czarnecka: Anthropologie der Angst (2003) [881], S. 198.
25 Vgl. die instruktive Einleitung »Der Stadtbrand – ein ›normaler Ausnahmefall‹ der Frühen Neuzeit« von Allemeyer (Anm. 12), S. 7–18.
26 Analecta (Anm. 10), S. 78f.

phius' Gelegenheitsschrift *Fewrige Freystadt* allein im retrospektiven Mehrwissen um seine spätere Entwicklung zu einem der wichtigsten deutschen Autoren des 17. Jahrhunderts begründet. Wiewohl dieser Wissensvorbehalt hermeneutisch unhintergehbar ist, weist bei näherer Untersuchung die *Fewrige Freystadt*, verglichen mit anderen Brandberichten der Zeit, auch hinsichtlich ihrer textuellen Faktur Besonderheiten auf.

Marie Luisa Allemeyer hat in ihrer stadtgeschichtlichen Untersuchung für das Spektrum der auf frühneuzeitliche Stadtbrände reagierenden Schriftzeugnisse unterschiedliche Deutungsmuster identifiziert. Als »Extrempole[]« bestimmt sie einerseits die häufig von Geistlichen vertretene »religiöse Deutung des Stadtbrandes« als Strafe Gottes, andererseits die in »Brandschutzordnungen und Traktaten zu technischen Erfindungen« vorherrschende Deutung des Stadtbrandes als ein »Unheil«, das natürlichen Ursachen zuzuschreiben ist und »das es mittels bestimmter Vorkehrungen und Maßnahmen zu verhindern oder zumindest in seiner Wirkung zu beschränken galt«.[27] Diese differenten Perspektivierungen scheinen nicht nur textsorten-, sondern auch referenzbedingt: Der pragmatische Umgang der »Techniker und Technokraten«[28] mit dem Kasus Stadtbrand ist nicht rückblickend auf einen aktuell eingetretenen Fall bezogen, sondern allgemein zukunftsorientiert. Dazwischen macht Allemeyer einen Bereich aus, in dem »differierende Lesarten des Ereignisses und daraus resultierende divergierende Handlungsanweisungen« aufeinandertreffen und die Frage aufwerfen, ob die Spannung als »konflikthaft oder integrierbar erlebt«[29] wurde. Zu dieser letzten Gruppe rechnet sie auch Gryphius' *Fewrige Freystadt*. Vergleicht man vor diesem Horizont Gryphius' Text mit den anderen untersuchten ›Brandschriften‹, so fällt zum einen auf, daß die *Fewrige Freystadt*, abweichend von den dominanten Deutungsmustern für einen in der jüngsten Vergangenheit liegenden konkreten Fall, als Brandursache menschliches Versagen (Nachlässigkeit und Fehlverhalten) benennt; zum andern, daß die alternative Deutung des Feuers als Strafe Gottes ebenfalls namhaft gemacht wird, *ohne* daß eine der beiden Lesarten der andern als weniger zutreffend oder gar falsch untergeordnet würde. Die *Fewrige Freystadt* bietet, unmittelbar funktional sich zunächst nicht erschließend, ein ahierarchisches Nebeneinander der Deutungen.

Mit Dirk Niefanger ist darum die »Stimmenvielfalt des Werkes«[30] als Spezifikum seiner textuellen Faktur hervorzuheben, eine Überdeterminiertheit, wie sie nach modernem Begriff nur noch in engerem Sinn literarischen Texten eignet. Allerdings verdankt diese polyphone Textur sich weniger dem (im idealtypisch-Schöneschen

---

27 Allemeyer (Anm. 12), S. 16 und 17.
28 Ebd., S. 17.
29 Ebd., S. 61.
30 Niefanger (Anm. 16), S. 496.

Verständnis³¹) emblematischen Zusammenspiel der einzelnen Bestandteile des Textensembles *Fewrige Freystadt* – dreier lateinischer Epigramme (*FF*, fol. Aᵛ–Aijʳ), zweier Vorreden (*FF*, fol. Aijᵛ–5ʳ, 6–13), des Prosaberichts »Freystädtische Fewerstädt« (*FF*, S. 14–102) und eines Gedichts aus 96 Alexandrinern (*FF*, S. 102–111);³² vielmehr entfaltet sie sich quer zu den Binnentextgrenzen und überhaupt über den *Text*rahmen hinaus vor dem Hintergrund der historischen Kommunikationssituation unter den Bedingungen der habsburgischen Rekatholisierungspolitik in Schlesien seit 1628/29. Wie etwa aus Johann Adam Hensels ausführlicher *Protestantischer Kirchen-Geschichte* von 1768 zu erfahren ist, setzte die Ende 1628 in Glogau beginnende und, forciert durch militärischen Druck und ausgesucht grausamen (Psycho-)Terror, systematisch betriebene Gegenreformation einerseits bei jedem einzelnen protestantischen Bürger der Stadt an, andererseits bei den Amtsträgern der jeweiligen Stadtobrigkeit.³³ In diesem Zusammenhang schildert Hensel aus Freystadt folgende Szenen:

> Zu Freystadt kam der Oberste Mumrinke mit seinen Soldaten an; dahero musten am Tage Matthiä [24.2.1629; N.K.] der ganze Rath und die Aeltesten der Stadt bey der Messe das heilige Abendmahl catholisch empfangen; eine alte verstorbene lutherische Bürgerwittwe aber, Namens Weigelin ließ man nicht mehr auf gewöhnliche Art ehrlich begraben, sondern sie wurde ohne Glockenklang in ihren eigenen Weinberg beerdigt; doch begleiteten sie eine Menge Mitbürger, und sungen vier Lieder dabey. [...] Zum Zeugniß der neuen Bekehrung kam der Burggraf von Dohna 1630 selbst, nebst andern Grossen in Freystadt an, und hielten daselbst den 2 April eine solenne Proceßion vom Rathhause in die Kirche, bey welcher Herr Smaland der erste catholische Pfarrer worden war; bey dieser Proceßion muste der ganze neubekehrte Rath, samt den Aeltesten und allen andern Bürgern, so viel ihrer den Glauben angenommen hatten, zu Ehren mit erscheinen.³⁴

Diese handstreichartig konzertierte Aktion, so Hensels (unverkennbar protestantisch perspektivierte) Darstellung, greift aber nicht nur in individuelle Schicksale ein (»viele [...] seufzeten des Abfals wegen in Gewissensangst bis zur Verzweife-

---

31 Vgl. Albrecht Schöne: Emblematik und Drama im Zeitalter des Barock (³1993) [498].
32 So Niefanger (Anm. 16), S. 494f.
33 Vgl. Johann Adam Hensels, Predigers bey der evangelischen Gemeine zu Neudorf am Grätzberge, Protestantische Kirchen-Geschichte der Gemeinen in Schlesien Nach allen Fürstenthümern, vornehmsten Städten und Oertern dieses Landes, und zwar vom Anfange der Bekehrung zum christlichen Glauben vor und nach Hußi, Lutheri und Calvini Zeiten bis auf das gegenwärtige 1768ste Jahr, Nebst einem vollständigem Verzeichniß aller itzt lebenden Geistlichen bey der evangelischen Kirchen, in acht Abschnitten abgefasset und mit einer Vorrede versehen von Friedrich Eberhard Rambach, Königlich Preußischem Ober-Consistorialrath und Jnspector der Kirchen und Schulen in Schlesien. Mit gnädigster Freyheit. Leipzig und Liegnitz, Jm Verlag David Siegerts, 1768, S. 273–290, die Darstellung der schlesischen Rekatholisierung von 1628 bis zum im vorliegenden Zusammenhang relevanten Jahr 1637.
34 Ebd., S. 274.

lung«[35]), sondern hat auch weitreichende strukturelle Konsequenzen. »Jn allen diesen zur Religion gezwungenen Städten« nämlich

> war hernach ein schlechter Zustand, theils, weil die Bürger entwichen, theils weil die neuen Rathsherrn gröstentheils schlechte Conduite und Geschicklichkeit oder Verstand hatten. Dieses kam daher, weil man diejenigen, die am willigsten waren Catholisch worden, gleich in diese Ehrenstellen setzte, ob sie gleich eben nicht sonderliche Leute und Rathspersonen abgeben konten, damit andere nur durch solche Beförderung desto eher zur Nachfolge gereitzet werden möchten. Da, wo vor der Reformation [d.i. der Gegenreformation; N.K.] geschickte und gelehrte Bürgermeister und Rathsherrn waren, da sahe man itzo mehrentheils schlechte Handwerksleute, welche die Religion angenommen hatten, die obrigkeitlichen Aemter verwalten, welche auf nichts weiter bedacht waren, als die noch in der evangelischen Religion beständigen Bürger und Einwohner zu drücken, weil diese schlechte Achtung für sie im Gehorsam des Glaubens bezeigten.[36]

Wenn Gryphius seine *Fewrige Freystadt* am 22. September 1637 (vgl. *FF*, S. 13) »Denen Edelen / WolEhrenfesten / GroßAchtbarn / Hochgelahrten / Wolweisen / HochWolbenamten / Ehrsamen / Vorsichtigen Herren DOCTORIBUS, Bürgermeister / Rathmannen / Richtern vnd Schöppen / Geschworen vnd Eltesten / Auch allen sämptlichen Bürgern vnd Einwohnern der Käyserl: vnnd Königl: Stadt Freystadt« (*FF*, fol. Aij^v) widmet, dann wendet er sich demnach – entgegen dem oberflächlich homogenen Anschein – an ein zutiefst gespaltenes Kollektiv: eine kaiserlich zwangsverordnete Stadtobrigkeit, die sich aus Katholiken sowie freiwillig zum Katholizismus Konvertierten rekrutiert, und eine Bürgerschaft, bestehend teils aus katholischen, teils aus unter gegenreformatorischem Druck katholisch gewordenen, teils aus protestantisch gebliebenen Bürgern.[37] Und als wäre dieser an erster Stelle namhaft gemachte Widmungsempfänger nicht schon so disparat, daß es schwerfällt, den zu Beginn der auf die Dedikation folgenden »Vor-Schrifft an den Leser« angesprochenen »Großgunstige[n] Leser[38]« (*FF*, S. 6) noch als kollektiven Singular zu denken, kommt am Ende des Prosaberichts als ranghöchster Adressat – im Bild »vnserer Sonnen«, deren »Landsväterliche[] vnd gnädigste[] Resolutions-Stralen« man erwarte (*FF*, S. 101) – auch noch die »Käyserl: vnd Königl: Majestät« (*FF*, S. 102) ins Spiel, Ferdinand III., treibende Kraft hinter der von seinem Vater begonnenen militanten Rekatholisierungspolitik. Nichts weniger als neutral ist aber auch die Sprechposition des Autors Gryphius, Stiefbruder des Freystädter lutherischen Pfarrers Paul Gryphius, der seit Ende 1635 gezwungen war, den Gottesdienst außerhalb

---

35 Ebd., S. 280.
36 Ebd., S. 279f.
37 Nach Jörg Deventer: Gegenreformation in Schlesien (2003) [145], S. 112, »betrug [...] das Zahlenverhältnis von Protestanten zu Katholiken im Jahre 1581 in und um Glogau vier zu eins«.
38 Verbessert aus »Lerer«.

der Stadt auf dem »Kirchhofe zur Heil. Dreyfaltigkeit« zu halten;[39] das gilt weniger, jedenfalls vorderhand, für den betont um konfessionelle Indifferenz bemühten Darstellungsgestus als für die ihrerseits zwiespältige zeitgenössische Fremdwahrnehmung des Schreibenden. Mochte er über seinen Stiefbruder wie auch über seinen Vater, lutherischer Pfarrer in Glogau, der 1621 im Zuge der auf den böhmischen Aufstand reagierenden habsburgischen Gegenoffensive ums Leben gekommen war, eindeutig im protestantischen Lager zu situieren sein, so machte ihn doch sein Aufenthalt auf dem vor Freystadt gelegenen Gut von Georg Schönborner in protestantischen Augen verdächtig (und umgekehrt in katholischen womöglich weniger verdächtig). War Schönborner doch eine konfessionell ambivalente Figur, indem er zu den Katholischgewordenen der ersten Stunde, bereits am 4. Februar 1629, gehörte[40] und durch seine Konversion bis 1635 eine steile Karriere in habsburgischen Diensten gemacht hatte;[41] und dies für die Freystädter Bürgerschaft durchaus sichtbar: am 2. April 1630 hat jener vom Grafen von Dohna, dem führenden Kopf der schlesischen Gegenreformation, veranstalteten Prozession durch Freystadt »auch D. Schönborner [...] mit beygewohnet«.[42]

Derart im Prisma konfessioneller und konfessionspolitischer Wahrnehmung zerlegt, wird potentiell jeder Satz, jedes Wort mehrstimmig, mit Ausnahme der den Text beschließenden deutschen Alexandriner, die zwar implizit, doch unmißverständlich ein Bekenntnis zu Opitz' protestantisch imprägnierter Vers- und Dichtungsreform ablegen.[43] Das gilt schon für die drei eröffnenden lateinischen Epigramme, allem Anschein nach nichts weiter als das übliche humanistische Beiwerk (als solches verteidigt Gryphius sie denn auch, nachdem seine Schrift äußerst kontrovers aufgenommen worden war): ein Anagramm, das »FREISTADIUM« buchstäblich zerlegt und in »I Ardet Fimus« (›Geh, es brennt der Unrat‹) verkehrt (*FF*, fol. A^v), dabei jedoch, indem es materialiter verfährt wie das Feuer, Freystadts Wiedererstehung anvisiert, und zwei Chronogramme, die Monat, Tag und Stunde des Brandausbruchs nennen und durch typographisch markierte Zahlbuchstaben das Jahr lesbar machen. Doch ist ein »breve & innoxium carmen«[44] (gemeint ist das Anagramm) im vorliegenden Kommunikationszusammenhang nicht unschuldig, wenn es von jenem konfessionspolitisch zwielichtigen, zwischenzeitlich konvertierten Schönborner stammt, der den katholischen Adressaten ob seiner Rückkehr zum pro-

---

39 Analecta (Anm. 10), S. 157.
40 Vgl. ebd., S. 367.
41 Vgl. Szyrocki 1959 (Anm. 13), S. 112f.
42 Analecta (Anm. 10), S. 155.
43 Vgl. dazu ausführlich Nicola Kaminski: EX BELLO ARS (2004) [797], bes. S. 16–52 und 69–80. Vgl. auch ↗ Kap. II.2.d zum *Buch von der Deutschen Poeterey*.
44 So Gryphius 1646 rückblickend in der Widmungsvorrede zum 1650 erschienenen zweiten Buch seiner *Oden* an Schönborners Sohn Johann Christoph (*TR*, S. 111).

testantischen Bekenntnis suspekt sein mußte, den protestantischen Lesern ob des Glaubensverrats und der Kollaboration mit dem habsburgischen Regime. In solcher Gesellschaft müssen sich unversehens auch Gryphius' Chronogramme die Frage gefallen lassen, ob die Wahl des Lateinischen womöglich prokatholisch motiviert ist?[45] Und warum sie – wie auch die nachfolgende Prosadarstellung – den Brand nach dem »Newen«, dem gregorianischen, »Calender« »auff den 8. Brachmonat [...] Montags nach dem Fest der H. H. Dreyeinigkeit« (*FF*, S. 33f.) datieren und nicht nach dem julianischen Kalender auf den 29. Mai, nach der alten (protestantisch codierten) Zeitrechnung der Pfingstmontag? Oder tun sie das subtextuell gerade, pfingstliches Reden in (vielen) Zungen und das Kommen des Heiligen Geistes im Feuer performativ kurzschließend?

Solche Vielstimmigkeit, kennzeichnend schon für die Situation nach dem Brand selbst, wurden doch über dessen Ursache »so mancherley Meynungen vnd Bedencken hin vnd wider vmbgesprenget« (*FF*, S. 84), bestimmt den Text auch in seinem Fortgang. Während in der »Vor-Schrifft an den Leser« (*FF*, S. 6) der Autor Gryphius sich in Hinsicht auf zu erwartende Anfeindungen mit Justus Lipsius, zweifachem Konvertiten wie Schönborner (nur in umgekehrte Richtung: vom Katholizismus zum Calvinismus zum Katholizismus), und dem Jesuiten Carolus Scribanus vergleicht (vgl. *FF*, S. 8), eröffnet den eigentlichen Brandbericht eine zwar nicht explizit ausbuchstabierte, doch kontextuell eindeutig antikatholische (An-)Klage,[46] betreffend die »vbermässige[]« (*FF*, S. 25) und »vnerträgliche Einqvartirung / sampt schweren vnd vnablößlichen Schatzungen« (*FF*, S. 21) in »vnser[m] Schlesien« (*FF*, S. 19). Erstere verweist nicht nur allgemein auf die schikanöse Praxis der kaiserlich-gegenreformatorischen Truppen,[47] sondern auch speziell auf den wahrscheinlichen Brandverursacher, einen bei dem Bäcker Neidlinger »eingeleget[en]« »Soldat[en]« (*FF*, S. 85), letztere aber auf die drückende habsburgische Steuerpolitik, für deren Durchführung seit 1627 als »Schlesischer [...] Fiscal«[48] Schönborner verantwortlich war. Bezogen auf das Geschehen in Freystadt selbst vermeidet der Text – abgesehen von der Nennung erst des »Ehrwürdigen / Hochachtbaren vnd Wolgelahrten Herren M. Paul[i] Gryphi[i] / wolverordneten vnd trewfleissigsten Pfarren[s] der Evangelischen Gemeine allhier« (*FF*, S. 37), dann »Herren Jacobi Schmallandts Catholischen Pfarrens« (*FF*, S. 70) – konsequent jeglichen direkten konfessionellen Marker, führt aber in großer Zahl Namen an: Namen, die für die evangelisch gebliebenen, katholisch gewordenen oder altgläubigen Freystädter Bürger ausnahmslos konfessionell

---

45 Zur konfessionellen Codierung der Sprachenwahl vgl. Heribert Raab: »Lutherisch-Deutsch«. Ein Kapitel Sprach- und Kulturkampf in den katholischen Territorien des Reiches. In: Zeitschrift für bayerische Landesgeschichte 47 (1984), S. 15–42.
46 Diese Deutung setzt Allemeyer (Anm. 12), S. 106–108, für den gesamten Text an.
47 Vgl. dazu Deventer (Anm. 37), S. 180–192.
48 Analecta (Anm. 10), S. 366.

transparent gewesen sein werden, mit zunehmendem räumlichen (und zeitlichen) Abstand hingegen nur noch da, wo ihre Träger eine gewisse politische oder gelehrte Prominenz erlangt haben. Etwa der Name des »Herr[n] Bartholomæus Psichholtz Philosophiæ vnd Medicinæ D. jtzo regierende[n] Bürgermeister[s]« (*FF*, S. 18), von dem die *Analecta Freystadiensia* noch über hundert Jahre später wissen, daß er »1635. von denen Kayserl. Commissariis, welche die Kirche wegnahmen zum Burger-Meister gesetzt«[49] wurde, und den die *Fewrige Freystadt* durch Verweis auf ein von ihm »zu mehrermahlen vnter wehrendem Catholischen Gottesdienst« wahrgenommenes Vorzeichen konfessionell markiert. Oder der von »Frideric[us] Krug«, laut *Analecta* einer der »2. Aeltesten der [evangelischen] Gemeine«,[50] der vergeblich »Fewrleitern« bringt (*FF*, S. 47). Oder der des »WolEdlen / Gestrengen Herrn Hans George von Stentzsches auff Prittag / Kessel / etc. vnnd Käyserlichen Burglehns Pfandsherrns« (*FF*, S. 49), der dafür sorgt, daß das wenig geliebte Burglehn schließlich doch noch gerettet wird.[51] Andere Namen werden indirekt konfessionell verortbar, etwa der des einzigen nicht auf seinem Posten eingeschlafenen Wächters Georg Unglaube, eines der beiden Opfer des Brandes, dessen »gantz durchbrenneter vnnd ausgedorreter Cörper« zwar auf des (katholischen) »Herren Bürgermeisters ansinnen / zur Erden bestattet«, jedoch »vom H. M. Paulo Gryphio der Evangelischen Gemeine wolverordneten Pfarren« ausgesegnet wird (*FF*, S. 59f.). Ebenso nahe liegt, daß die zu »Herrn M. Gryphii Ehegemahlin [...] bestalte Wehmutter Dorothea[ ] Grossin« (*FF*, S. 39), die als eine der ersten das Feuer entdeckt und Alarm schlägt, Protestantin ist. Wieder andere bleiben, mutmaßlich schon zeitgenössisch jenseits der Grenzen Freystadts, konfessionell opak.

Bemerkenswerterweise ohne jeden Hinweis auf konfessionelle Zugehörigkeit kommt die ausführliche Schilderung der völligen Einäscherung ›der‹ »Kirche[ ]« (*FF*, S. 62), ›des‹ »Thumb[s]« (*FF*, S. 64) aus (vgl. *FF*, S. 61–69); bemerkenswert vor dem zeitgenössisch präsenten Hintergrund, daß »von 1524. biß 1628. [...] diese Kirche unverrückt unter Lutherischer Stadt-Obrigkeit, Priester- und Burger-Händen gewesen«,[52] ehe von 1629 an mit der gegenreformatorischen Installation des »Herr[n] Jacobus Schmaland [...] nebst einem Capellan und 2. Capucinern« ein anhaltendes Ringen um die »Pfarr-Kirche« einsetzt: »1631. musten sie die Kirche wieder räumen«, 1632 wird »Herr M. Paulus Gryphius den 19. Decemb. zu einem Capellan, 1633. aber zum Pastorat beruffen«, »da denn Herr M. Friedrich Gigas und Herr Joa-

---

49 Ebd., S. 346.
50 Ebd., S. 156.
51 Den *Analecta* zufolge hat seit dem frühen 17. Jahrhundert »geraume Jahre [...] die Stadt Freystadt, wegen des dortigen Burg-Lehns viel Ungemach ertragen, mit deren Theils gewesnen Herren Possessoren kostbare verdrüßliche Proceße führen, und gemeine Stadt dadurch enerviren müssen«. Ebd., S. 70.
52 Ebd., S. 171.

chim Rothe Diaconi geworden, welchem Herr Nicolaus Rothe gefolget«, »1635. bekam der Catholische Parochus Herr Schmaland die Pfarr-Kirche wieder«, der sie auch 1637 noch hat, erst »1638 und 1642.« muß er »wieder weichen«.[53] Gryphius' Brandbericht hingegen bilanziert den Verlust ausschließlich architekturgeschichtlich an der »seidt nechster M CCCC LXXXIX Jähriger einäscherung der Stadt« (FF, S. 63) vorhanden gewesenen Bausubstanz. Daß mit dem vorreformatorischen »Gebäwde« (FF, S. 62) die »unverrückt« lutherische Hauptkirche Freystadts niedergebrannt ist, die als solche den »Nachkommen« (FF, S. 65) überliefert werden soll, wird allein durch die Namen derer kenntlich, die »vor und nach andern« als »bekandte[] vnnd Hochgelehrte[] Theologi« hier »gelehret« – »Johannes Gigas / Adamus Thilo / der damals berühmte Chronologus Abrahamus Bucholtzerus / Mattheus Mencelius« (FF, S. 63), allesamt Pastoren und Diakone an der evangelischen Pfarrkirche zwischen 1545 und 1592.[54]

Doch ist es auch nicht einfach so, daß das von Gryphius in der »Vor-Schrifft an den Leser« explizit gemachte Nennungskriterium – »anzuzeigen / wer in diesem fall dem Vaterlande in etwas were behülfflich oder hinderlich gewesen / vnnd welche vor andern am hefftigsten mit dessen Vntergang vberschüttet worden« (FF, S. 10) – mit der Konfessionszugehörigkeit korrelierte.[55] Zwar sind unter denen, die »behülfflich« waren oder als Opfer genannt werden, viele Protestanten, allen voran Paul Gryphius; doch werden auch auf katholischer Seite aktive Brandbekämpfer (Psichholtz, Schmallandt, Stentzsch, die Verwandten des kaiserlichen Notars und »Stadtschreibers« Samuel Peler [FF, S. 52][56]) ebenso namhaft gemacht wie besonders schwer Betroffene (erneut der Bürgermeister sowie als erste unter denen, die ihre Bibliothek verloren haben, Caspar John und Söhne [vgl. FF, S. 93f.], alles Juristen und als »Stadt-Richter«, »Syndicus«, »Raths-Herr« Mitglieder von Psichholtz' Stadtregiment[57]). Eigens herausgestellt werden konfessionell komplexe Tableaus wie die

---

53 Ebd., S. 181.
54 Vgl. ebd., S. 278–284 (zu Gigas), S. 377f. (zu Thilo), S. 246–251 (zu Bucholtzer), S. 337f. (zu Mentzel).
55 So Allemeyer (Anm. 12), S. 106f., im Anschluß an Szyrocki (Anm. 14), S. 111.
56 Vgl. Analecta (Anm. 10), S. 341 und 108.
57 Ebd., S. 310; vgl. S. 107f. Die konfessionelle Zugehörigkeit wird in der Liste der »Obrigkeitlichen- und Magistrats-Personen zu Freystadt« (ebd., S. 106) nicht eigens ausgewiesen; der Zusatz »war Evangelisch« beim 1647 verstorbenen Bürgermeister Paul Becker sowie das Notat zum Jahr 1741 (»Beym Anfange der Königl. Preußischen Regierung wurden von den Raths-Gliedern Theils etliche behalten, Theils auch etliche neue verordnet, die alten waren Catholischer- die neuen Evangelischer Religion«) (ebd., S. 108) lassen den Schluß zu, daß von 1629 an den Normalfall für die Freystädter Obrigkeit die katholische Konfession darstellt. Allerdings weist Deventer (Anm. 37), S. 217, für das Fürstentum Glogau darauf hin, daß, »[o]bwohl Ferdinand III. unablässig darum bemüht war, städtische und landständische Ämter [...] ausschließlich mit loyalen Katholiken zu besetzen, [...] mangels geeigneter Personen und angesichts des Widerstands der städtischen Obrigkeiten und Landstände gegen diese Besetzungspolitik in allen Verwaltungsbehörden weiterhin Protestanten tätig« waren.

von Psichholtz veranlaßte und von Paul Gryphius vollzogene Bestattung des verbrannten Turmwächters oder die Rettung des »Pfarr Hauß[es] [...] nebenst dem damaligen Deutschen Schulhause / durch fleissigstes zuthun (titul) Herren Jacobi Schmallandts Catholischen Pfarrens / auch Herren Henrici Fischers / Deutschen Evangelischen Schulhalters / vnnd der Lessendorffischen Bawrschafft« (*FF*, S. 69f.). Der Hinweis auf den zunächst verweigerten Einsatz für das kaiserliche Burglehn zeigt aber auch, daß die akute Bedrohung keineswegs notwendig konfessionelle Gegensätze überbrückt. Vielmehr stellt sich die konfessionell gespaltene Freystädter Bürgerschaft als ebenso sperrig unberechenbar bald die Rettung befördernd, bald sie paralysierend dar, wie der Text – entgegen dem expliziten Anspruch, *eine* »der Warheit vnd Vernunft [...] gleichförmige[]« Brandursache zu benennen (*FF*, S. 86) – konkurrierende Deutungsmuster aufeinander losläßt.

Reflektiert wird dieses Verfahren selbstwidersprüchlicher Performanz, die hinter dem aktuellen Brandfall ein noch weit schlimmeres Unheil aufscheinen läßt, an der Stelle, an der die *Fewrige Freystadt* am entschiedensten funktionaler Sprechakt zu werden vorgibt: im den Brandbericht beschließenden Gnadengesuch an Kaiser Ferdinand III., »welcher nechst Gott alleine mit Landsväterlichen vnd gnädigsten Resolutions-Stralen / nicht allein den betrübten Zustandt des Evangelischen Wesens zu erqvicken / Sondern auch diß auff zurichten vermag / was vielleicht darumb in Graus vnd Aschen gefallen / daß es von so hohen Händen / vnd schier Göttlicher Gunst / möchte erhaben vnd ernewert werden« (*FF*, S. 101). Das nämlich, was die landesväterliche »Sonne[]« (ebd.) mit ihren »Resolutions-Stralen« erquicken soll – das zerstörte, teils evangelische Freystadt –, wird in ein Bild gefaßt: es sei »nun die vorige Freystadt recht einem Baum zu gleichen / dessen Este von Blitz abgesenget / dessen Stock von Donnerstraalen zurschellet vnnd zerscheitert: Dessen Wurtzel nicht nur berühret / sondern hefftig getroffen / vnd vmb ein zimbliches Jhrer lebenden Seele beraubet« (*FF*, S. 100f.). Ein stimmiges Bild, was die kaiserlichen Sonnenstrahlen anbetrifft; doch fällt die *Fewrige Freystadt* – wie sie es ihrerseits im poetischen Abschluß Freystadt als selbstmörderisches Tun vorhält[58] – sich damit selbst ins Wort, hatte sie doch gerade derer »Vnwarheit« (*FF*, S. 86), »Jrrthumb[]« und »Wahn« (*FF*, S. 87) erschöpfend widerlegt, die sich als Brandursache »Plitz vnd Donner-Pfeile hierbey eingebildet« (*FF*, S. 89).

Auf die Angehörigen der Familie John trifft dies möglicherweise zu, vgl. ↗ Kap. II.8.2.k zur Leichabdankung *Außländische Jn dem Vaterland* auf Barbara Hoffmann, geb. John.

58 »Jst diß dein Vntergang? must du dir selbst anzünden | Das letzte Todten-Fewr / drin Zier vnd Gutt verschwinden? | Hat doch des Himmels Zorn / hat doch das blancke Schwerdt / | Vnd wilder Feinde Grim dich nie so vmbgekehrt. | Wie du jtzt selber thust« (*FF*, S. 105f.). Die unmittelbare Weiterführung – »Was wünschen wir die Sonnen?« (*FF*, S. 106) –, die denotativ darin begründet ist, daß man auch ohne Tageslicht den unermeßlichen Schaden schon erahnen könne, kann konnotativ als Hinweis auf den Bruch im Schlußbild gelesen werden.

Gemessen an pragmatischen Zielsetzungen, hat Gryphius' *Fewrige Freystadt* 1637 keinen Erfolg gehabt: Weder haben die Freystädter sie ihm gedankt, noch richtete der Kaiser die zerstörte Stadt und das gegenreformatorisch unterdrückte »Evangelische[] Wesen[]« auf. Vielmehr mußte noch im selben Jahr »der Evangel. Gottesdienst in Häusern gehalten« werden, »biß er den 1. Nov. gar auf einige Zeit geendiget ward«;[59] »die schöne Stadt« aber blieb bis nach Kriegsende eine »Einöde« mit 278 »Non-Entia«, d.i. »wüsten Plätze[n] [...] die nach dem Brande 1637. nicht bebauet worden«.[60]

---

[59] Analecta (Anm. 10), S. 157.
[60] Ebd., S. 78f.

II.8.2 Leichabdankungen
Von Nicola Kaminski

Werktypologische Einordnung

Gryphius' Leichabdankungen – ein rhetorisches Prosacorpus, das mit knapp 700 Seiten in der posthumen Sammelausgabe der *Dissertationes funebres* (LA, 1666 u.ö.) hinsichtlich des Umfangs dem poetischen (lyrischen und dramatischen) Werk des Andreas Gryphius beinahe äquivalent ist – haben in der Forschung überhaupt erst seit den ausgehenden 1960er Jahren eingehendere Untersuchung erfahren, zuerst bei Schings unter einflußgeschichtlich-systematischer Perspektive, sodann in den gattungs- und funktionsgeschichtlich orientierten Dissertationen von Fürstenwald und Rusterholz[1] sowie in einigen zeitlich daran anschließenden Aufsätzen. Dabei ist nahezu durchweg das Gesamtcorpus der *Dissertationes funebres* Referenz; Studien zu einzelnen Leichabdankungen – wo es sie gibt (und es gibt nur wenige und zu wenigen Leichabdankungen) – treten fast immer mit dem Anspruch des Exemplarischen an.[2]

Paradox ist das insofern, als gerade die Leichabdankungen[3] als *ein* ›Werk‹ des Autors Andreas Gryphius – anders als etwa die von ihm selbst in Werkausgaben zusammengestellten Trauerspiele oder lyrischen Corpora – überhaupt erst nach seinem Tod Kontur gewinnen. Erst in der posthum 1666 von einem anonymen Herausgeber komponierten Ausgabe ANDREÆ GRYPHII DISSERTATIONES FUNEBRES, Oder Leich-Abdanckungen werden die dreizehn Leichabdankungen, die gedruckt vorlagen bzw. deren Einzeldrucke zu diesem Zeitpunkt noch greifbar waren, zum ›Werk‹

---

1 Hans-Jürgen Schings: Die patristische und stoische Tradition (1966) [939]; Maria Fürstenwald: Dissertationes Funebres (1967) [838]; Sibylle Rusterholz: Rostra, Sarg und Predigtstuhl (1974) [842].
2 Vgl. die drei Kapitel zum *Brunnen-Discurs*, zur *Flucht Menschlicher Tage* und zur *Seeligen Unfruchtbarkeit* bei Rusterholz (Anm. 1), die ihre Entscheidung für »Detailinterpretationen ganzer Reden« (S. 12) so konkretisiert (S. 62): »Wir haben grundsätzlich solche Exempla Gryphscher Redekunst ausgewählt, die gleichsam Extrempunkte Gryphscher Möglichkeiten repräsentieren, und zwar deshalb, weil das so gewonnene Koordinatensystem erleichtert, in einem den Einzelinterpretationen angefügten Ausblick die Stellung der übrigen, nicht ausführlich behandelten Abdankungen im Rahmen des Ganzen zu bestimmen.« Oder die Einzeluntersuchung zum *Brunnen-Discurs* von Karl-Heinz Habersetzer: Mors Vitae Testimonium (1979) [847], S. 261, der erklärt, »die folgende Interpretation« wolle »exemplarisch die Integration von Rhetorik, Biographie und theologischer Intention am Beispiel einer Leichabdankung von ANDREAS GRYPHIUS aufzeigen«.
3 Zur Gattung Leichabdankung und ihrem funktionsgeschichtlichen Ort um die Mitte des 17. Jahrhunderts vgl. die orientierende Skizze bei Ralf Georg Bogner: Der Autor im Nachruf (2006) [142], S. 156–161. Zum spezifischen Sprechgestus der Leichabdankung als weltlicher Trauerrede am offenen Grab auf der Schwelle von Leben und Tod, Diesseits und Jenseits vgl. Nicola Kaminski: Andreas Gryphius (1998) [122], S. 203–205.

vereinigt, das es – rubriziert unter dem Autornamen – über den unmittelbaren Anlaß hinaus zu tradieren gilt. In diesem Referenzwechsel – vom Trauerfall zum Trauerredner als gedrucktem Autor – wird paradigmatisch Werkgenese beobachtbar, die den textuellen ›Aggregatzustand‹ der Leichabdankungen ändert: Richtete sich der in zeitlicher Nähe zum Begräbnis erscheinende Einzeldruck einer Leichabdankung, wenngleich im öffentlich-repräsentativen Medium der Publikation, primär an die Hinterbliebenen, somit an einen nicht anonym zu denkenden distinkten Adressatenkreis, so gibt die spätere Sammelausgabe die exklusive Bindung an die primären Adressaten und an die Gelegenheit auf, um statt dessen autorbezogene Interessen der gelehrten Öffentlichkeit zu bedienen.[4] Entsprechend fallen hier die gelegenheitsbezogenen Peritexte[5] weg. Funktional an ihre Stelle treten neue Peritexte, die auf den ›überzeitlichen‹ Werkcharakter zielen: darauf, das rhetorische Werk des Autors Andreas Gryphius repräsentativ zu dokumentieren. So rahmt die *Dissertationes funebres* ein Portraitstich des Autors »Andreas Gryphius«, der epigrammatisch als von der »felix Germania« bewunderter »Tragicu[s] [...] Vate[s]« gefeiert wird,[6] auf

---

[4] Vgl. hierzu auch Rusterholz (Anm. 1), S. 55. Analoges gilt unter anderem (regionalgeschichtlichem, gattungsbezogenem) Blickwinkel für die schon 1665 im Breslauer Verlag von Esaias Fellgiebel zusammengestellte Anthologie: Schatz-Kammer Unterschiedener Glückseelig-erfundener / hertzdringender Trauer-Reden und Abdanckungen / Welche Bey Hoch-Erlauchten / Wohl-Adelicher / und anderer Personen Leich-Begängnüssen Theils Vornehme THEOLOGI und dann Berühmte POLITICI in Schlesien / gehalten. Auf Gutachten und Einrathen gelährter Leute nunmehr zusammen getragen / mit nützlichen Registern versehen / und zum Druck beföderat von Esaias Fellgiebeln / Buchh. in Breßlau. Jm Jahr Christi / M DCLXV. Die *Schatz-Kammer* bringt in ihrem zweiten Teil (»Abdanckungen bey Vornehmen Adelichen und anderer Personen Leich-Begängnüssen / gehalten von Vornehmen POLITICIS«) sieben Leichabdankungen von Gryphius: *Brunnen-Discurs* (S. 108–139), *Schlesiens Stern in der Nacht* (S. 139–152), *Hingang durch die Welt* (S. 153–171), *Seelige Vnfruchtbarkeit* (S. 171–196), *Vberdruß Menschlicher Dinge* (S. 197–219), *Außländische in dem Vaterland* (S. 219–242), *Der Tod als Artzt der Sterblichen* (S. 243–262). Auch hier zählt freilich die ›Berühmtheit‹ des Redners, den Bogner (Anm. 3), S. 143, als »bereits in frühen Jahren hochkanonisierte Autorpersönlichkeit« bezeichnet, zu den Auswahlkriterien; entsprechend erfolgt, wie der Verleger in seiner Vorrede erklärt, die »Ordnung dieses Wercks nach der Herren Authorum Nahmen« (fol.)a(4ᵛ).
[5] Zur theoretischen Begründung der Entscheidung, für das rahmende ›Beiwerk‹ eines Textes nicht ›Paratext‹, sondern den von Gérard Genette ebenfalls angebotenen Terminus ›Peritext‹ zu verwenden und demgegenüber ›Paratext‹ für Textnachbarschaften in nichtmonographischen Publikationsverbünden wie Journalen, Sammelausgaben, Anthologien u.ä. zu reservieren, vgl. Nicola Kaminski, Nora Ramtke und Carsten Zelle: Zeitschriftenliteratur/Fortsetzungsliteratur: Problemaufriß. In: Zeitschriftenliteratur/Fortsetzungsliteratur. Hg. von Nicola Kaminski, Nora Ramtke und Carsten Zelle. Hannover 2014, S. 7–39, bes. S. 32–37.
[6] Dieses nicht foliierte, das Oktavformat des Buchs überschreitende ausklappbare Autorportrait wurde nach dem Druckvorgang eingefügt; in den noch erhaltenen Exemplaren des Erstdrucks von 1666 und der Titelauflage von 1667 variiert die Position allem Anschein nach (z.B. zwischen Herausgebervorrede und erster Leichabdankung im Exemplar von 1666 der Herzogin Anna Amalia Biblio-

dem Titelblatt steht an dessen Kopf erneut der Autorname, es schließt sich eine Herausgeber-»Vorrede« an, in der die nachfolgende Sammlung dem Leser als »ein Mahl der Weißheit« vorgestellt wird, »welches des seligen Herrn Gryphii feuriger Verstand / und in allen Wissenschafften durchtriebener Geist freyen Gemüthern zubereitet« habe; die »Gedancken / so gedachter Autor bey den Gräbern gehabt«, seien »aus mehr denn menschlichem Gehirn entsprossen« (*LA*, fol.)(iij^v–)(iiij^r). Geschlossen wird diese autorbezogene Werkrahmung, indem den Abschluß die vollständige ›Gedenkausgabe‹,[7] nun inklusive aller gelegenheitsbezogenen Peritexte, auf Andreas Gryphius bildet, somit der Autor Eingang in sein Abdankungswerk findet.

Kompositorische Fragen

Für die einzelne Leichabdankung bedeutet die posthume Werkkonstitution einen Statuswechsel: Während im ursprünglichen Gebrauchskontext die jeweilige Abdankung (samt Peritexten und ggf. gelegenheitsbezogenen Paratexten) für sich stand und ihre Funktion innerhalb des okkasionellen Rahmens erfüllte, findet nun im Namen des Autors gleichwertig nebeneinandergeordnet unter *einem* textuellen Dach zusammen, was zuvor – selbst wenn es im Einzelfall familiäre und, dadurch bedingt, referentielle oder intertextuelle Bezüge gab – in keinerlei kompositorischer Verbindung innerhalb eines Werkzusammenhangs konzipiert war. Zwar hat der Autor Gryphius den für die Werkmodellierung maßgeblichen Operationen Selektion und Kanonisierung schon in der primären Rezeptionssituation weichenstellend vorgearbeitet durch die (von den jeweiligen Auftraggebern mitbestimmte) Entscheidung, die mündlich vorgetragene Abdankung zur Publikation auszuarbeiten.[8] Doch ist die Kom-position – im wörtlichen Sinn von ›Zusammenstellung‹ – Effekt erst der

---

thek Weimar, vor dem Titelblatt im Exemplar von 1667 im Besitz der Herausgeberin des Handbuchs).

[7] Terminus im Sinne von Fürstenwald (Anm. 1), S. 3, für »ein aus Widmung, Predigt, Abdankung, Lebenslauf, Gedichten etc. bestehendes Sammelwerk«.

[8] In der Vorrede zum (nicht erhaltenen) Erstdruck des *Brunnen-Discurses* beruft Gryphius sich zum einen auf das »bitten« von Freunden des Verstorbenen, zum andern auf das »vermahnen« der Witwe, während er in eigener Sache grundsätzliche Bedenken gegenüber der Transformation mündlicher Rede in Schrift formuliert (»weil mir [...] sat bewust das mehrentheils die eusserlichen Bewegungen vnndt Geberden / (welche ein recht entzündetes Hertzen Leidt woll zu regiren weiß /) einer Rede Geist vnndt Leben geben / da sie ohn die / wie trefflich sie jmmer / todt vnd nichtig scheinet«; *GA* IX, S. 334). Christian Stieff berichtet 1737, daß »13. Stück Leich-Abdanckungen im Druck liegen, aber mehr als doppelt so viel in kurtzen Conceptern, und nur in der ersten Disposition geblieben«, da Gryphius »meistens extemporaliter perorirete«. Christian Stieff: Andreæ Gryphii Lebens-Lauff (1737) [186], S. 818. Das allein überlieferte fragmentarische Manuskript von *Menschlichen Lebenß Traum* (*MLT*) legt davon exemplarisch Zeugnis ab.

anonymen Herausgabe der *Dissertationes funebres*. *Daß* von einer solchen auch in konzeptuellem Verständnis zu sprechen sei, gilt der Forschung freilich keineswegs als ausgemacht. Grund für die Annahme des Fehlens eines »einheitliche[n] Editionsprinzip[s]«[9] ist – erneut paradox – die Abweichung vom chronologischen *ordo naturalis*:[10] »Wenn man die der [...] Chronologie entsprechenden Zahlen zugrunde legen wollte, dann erschiene das folgende bunte Bild: No. 1, 3, 12, 6, 9, 4, 2, 11, 13, 10, 7, 5, 8.«[11] Auch naheliegende artifizielle Ordnungsraster wie Alphabet oder Stand der Verstorbenen greifen nicht. Doch erscheint es vorschnell, daraus schon auf das Resultieren der Anordnung aus »heute nicht mehr erklärbaren Zufälligkeiten« zu schließen.[12] Vielmehr sollte die Frage nach dem der Ausgabe zugrundeliegenden Anordnungsprinzip im Sinne eines kompositorischen *ordo artificialis* als Forschungsproblem wahrgenommen werden.[13]

Zur Vorgehensweise

Für das *Gryphius-Handbuch* ergibt sich aus der umrissenen Überlieferungs- und Forschungssituation in zweifacher Hinsicht Entscheidungsbedarf: *Dissertationes funebres* oder Erstdrucke? Einheitliche Topik für die einzelnen Handbuchartikel oder individuelle analytische Zugriffe? In beiden Fragen haben sich die Herausgeber für die jeweils zweite Option entschieden, im Fall der ersten allerdings, unterschiedlichen Desideraten gleichzeitig Rechnung tragend, gleichsam schizophren. Die nachfolgenden Kapitel präsentieren Gryphius' Leichabdankungen nicht chronologisch, sondern in der werkkonstitutiven Reihenfolge der *Dissertationes funebres*, deren Werkcharakter die Behandlung dieser Gelegenheitsschriften im vorliegenden Handbuch erst eigentlich rechtfertigt.[14] Gleichwohl bleibt, da das Handbuch – auch im Zusammenspiel der Artikel – seiner Anlage nach nur Einzeldeutungen von Gry-

---

9 Fürstenwald (Anm. 1), S. 28.
10 Entsprechend begründet der Verleger Fellgiebel die Wahl chronologischer Anordnung innerhalb der einzelnen Autorsektionen der *Schatz-Kammer* (Anm. 4) gerade mit ihrer Neutralität: »Jch habe mich auch so viel möglich beflissen niemanden an seinen Stand und Würden zu nahe zu gehen / und dannenhero die Ordnung dieses Wercks nach der Herren Authorum Nahmen und folgende nach dem Jahre verfasset« (fol.)a(4ᵛ).
11 Fürstenwald (Anm. 1), S. 28.
12 Lothar Mundt: Rez. zu Andreas Gryphius: Gesamtausgabe der deutschsprachigen Werke. Bd. 9: Dissertationes funebres oder Leichabdankungen. Hrsg. von Johann Anselm Steiger. Tübingen: Max Niemeyer 2007. In: Daphnis 26 (2007), S. 732–746, hier S. 735.
13 Ansätze in diese Richtung bei Kaminski (Anm. 3), S. 205–209.
14 Ausnahmen von dieser grundsätzlichen Entscheidung bilden das Kapitel II.8.2.a zur nur handschriftlich überlieferten Leichabdankung *Menschlichen Lebenß Traum* sowie die Einbeziehung des im Erstdruck von 1660 flankierend zur *Magnetischen Verbindung* erschienenen *Letzten Ehren-Gedächtnüsses* in Kapitel II.8.2.d.

phius' Leichabdankungen zu bieten vermag, das Desiderat einer Werkdeutung der *Dissertationes funebres*, als solches kenntlich gemacht, bestehen. Entsprechend stellen die Erstdrucke der einzelnen Leichabdankungen (sofern erhalten) für die Analyse grundsätzlich die primäre Referenz dar; problemorientiert wird im Einzelfall der Text der *Dissertationes funebres* von 1666 mit herangezogen oder auch vornehmlich zugrundegelegt. Die Entscheidung, den Einzelartikeln kein topisches Raster vorzugeben, ist – im Wissen, daß dies um den Preis größerer Einheitlichkeit geschieht, wie sie von einem Handbuch möglicherweise gerade für ein solches Corpus zu erwarten ist – darin begründet, daß uns vor dem Hintergrund eines zu exemplarisch-repräsentativen Aussagen tendierenden Forschungsstands die Vielfalt differenter analytischer Zugänge wünschenswerter erschien als benutzerfreundliche Schematisierung.

II.8.2.a *Menschlichen Lebenß Traum*
Von Nicola Kaminski

Der überlieferungsgeschichtliche Ausnahmefall als gattungstheoretische Quelle

Gryphius' auf den Juli 1637 zu datierende Leichabdankung *Menschlichen Lebenß Traum*, deren Entstehungsbeginn zeitgleich mit der Arbeit an der *Fewrigen Freystadt* zu denken ist, deren Abschluß aber anlaßbedingt früher anzusetzen ist,[1] kann, von der Fertigstellung her gedacht, als der »erste überlieferte Prosatext des Dichters überhaupt« bezeichnet werden ebenso wie mutmaßlich als seine früheste Abdankungsrede (*GA* IX, S. 417). Gegenüber Gryphius' weiteren Leichabdankungen stellt sie sich nicht nur insofern als Ausnahmefall dar, als sie allein handschriftlich überliefert ist[2] (von den übrigen Abdankungen existieren ausnahmslos nur anlaßnahe Einzeldrucke und/oder der posthume Druck der *Dissertationes funebres*); Ausnahme ist sie auch darin, daß sie von ihrem Verfasser nicht für die Veröffentlichung vorgesehen wurde, weder in einer der verstorbenen Mariana Gryphius zu widmenden Gedenkausgabe noch in einem andern Rahmen. Insofern hat *Menschlichen Lebenß Traum* nicht nur einen anderen medialen Aggregatzustand als die veröffentlichten Leichabdankungen, sondern auch einen differenten Werkstatus; ›Werk eines Dichters‹ ist der Text nämlich strenggenommen nicht. Daß er nicht in die nach Gryphius' Tod zuerst 1666 anonym herausgegebene Sammelausgabe der *Dissertationes funebres* gefunden hat, obwohl zu vermuten ist, daß er dem der Familie wohl nahestehenden Herausgeber zugänglich hätte sein können, ergibt sich daraus als überlieferungsgeschichtliche Konsequenz ebenso wie sein nurmehr fragmentarischer Erhaltungszustand.[3]

---

[1] Zur Datierung von *Menschlichen Lebenß Traum* vgl. Gerhard Hay (Hg.): »Menschlichen Lebenss Traum« (1971) [71], S. 2f., allerdings – bedingt durch die in weiten Teilen der Forschung falsche Datierung des Brandes von Freystadt auf den 8./9. Juli (vgl. ↗ Kap. II.8.1 zur *Fewrigen Freystadt*, S. 404, Anm. 24) – um einen Monat zu spät. Tatsächlich brannte Freystadt in der Nacht vom 8. auf den 9. Juni 1637 nieder; Mariana Gryphius wurde am 10. Juni (nicht 10. Juli) geboren und starb einen Monat später.
[2] Das Manuskript wurde 1970 vom Deutschen Literaturarchiv Marbach »aus dem Familienbesitz der Nachkommen von Paul Gryphius« erworben; Hay (Anm. 1), S. 1, dort genauere Hinweise zur familiären Tradierung. Es wird unter der Signatur 70.558 in Marbach aufbewahrt.
[3] Das Manuskript besteht aus sechzehn, mit Ausnahme des ersten und des letzten beidseitig beschriebenen Blättern, von denen die ersten zwölf und das letzte vollständig überliefert sind, während sich von fol. 13–15, d.h. sechs Seiten des dreißig Seiten umfassenden Textes, nur Reste erhalten haben.

Ihren ›Sitz im Leben‹ hat die Leichabdankung *Menschlichen Lebenß Traum* vielmehr in einem privat-familiären Gedächtnisrahmen.[4] Die Handschrift, eine Reinschrift,[5] wurde von den Eltern, Gryphius' Halbbruder Paul, lutherischem Pfarrer von Freystadt, bis durch eine Verfügung Kaiser Ferdinands III. »der Evangelische Gottesdienst [...] den 1. Nov. [1637] gar auf einige Zeit geendigt ward«[6] und die protestantischen Pfarrer das Land verlassen mußten, und dessen Frau Maria, aufbewahrt und ist entsprechend im Familienbesitz überliefert. Daß der Todesfall als solcher Gryphius nicht aufgrund von Geringfügigkeit publikationsunwürdig erschien, zeigt zum einen die ausführliche, konfessionspolitisch gerahmte Darstellung des Schicksals der Mariana und ihrer Mutter in der im September 1637 abgeschlossenen *Fewrigen Freystadt* (vgl. *FF*, S. 37f., 39f., 77–79), zum andern die Aufnahme des die Leichabdankung einleitenden Sonetts an die Mutter in das erste Buch der *Sonnete* von 1643 (*Son. 1643*, fol. B4^v–C^r). Es handelt sich vielmehr um alternativ zur Verfügung stehende Register öffentlicher und privater Trauer. Bedenkt man die von seinem Biographen Christian Stieff überlieferte Aussage, Gryphius habe »mehr als doppelt so viel« wie die im Druck überlieferten »13. Stück Leich-Abdankungen« nur »in kurtzen Conceptern« und »der ersten Disposition« fixiert,[7] so stellt der überlieferungsgeschichtliche Ausnahmefall zeitgenössisch wohl eher die Regel dar und ist das Faktum, daß solch ein privates Familienerbstück die Nachwelt erreicht, dem mittlerweile berühmten Familiennamen geschuldet. Gerade aufgrund dieses überlieferungsgeschichtlich erst entstandenen Ausnahmestatus von *Menschlichen Lebenß Traum* ermöglicht dieser Text aber Aufschluß über den ›Normalfall‹ von Leichabdankung *vor* der Veröffentlichung im Druck und vermag differentiell das gattungstheoretische Profil gedruckter Leichabdankungen zu schärfen. Die Diffe-

---

4 Zu den familiären Rahmenbedingungen vgl. Hay (Anm. 1), S. 3–5.
5 »Eigenhändig ist nur die vierzeilige Widmung des Dichters. Der Text selbst, das Sonett *An Fraw Mariam Richterin* und die Leichabdankung *Menschlichen Lebenß Traum*, ist eine teilweise kalligraphisch gehaltene Handschrift von fremder Hand.« Gerhard Hay (Hg.): Menschlichen Lebenß Traum (1972) [72], S. VII. Bei Ulrich Seelbach und Martin Bircher: Autographen von Andreas Gryphius (1994) [184], S. 121, Nr. 5.
6 ANALECTA FREYSTADIENSIA, Oder Freystädtische Chronica, Theils aus denen in vielen Jahren gesammleten Miscellaneis Herrn M. Johann Gottfried Axts, Weyl. Wohlverdienten Rectoris der Land- und Stadt-Schule vor Freystadt; Theils aus unterschiednen Archiven und güttigem Beytrage Vieler Gönner und Freunde, Auf unabläßliches Verlangen, Sowohl wegen der darinnen vorkommenden alten Uhrkunden des Fürstenthums Glogau bey denen ehmahls zu Freystadt residirenden Hertzogen, Als auch der neuern Merckwürdigkeiten unter der vorigen Römisch-Kayserl. und itziger Königl. Preußischen Regierung in diesem Fürstenthume zur Freystädtischen Chronicke gehörig, Nach der Eintheilung einer besondern Politischen- Kirchen- und Gelehrten-Historie, Vornehmlich zu Freystadt biß auf itzige Zeit, Jn nachstehende Ordnung gebracht, von *M*. Gottfried Förstern. *Frideberg. Siles*. Vorhin gewesnen Schul-Collegen zu Freystadt, und zur Zeit Con-Rectore der Evangel. Luth. Schule zu Lissa. LJSSA, Gedruckt bey Michael Lorentz Pressern, S. 157.
7 Christian Stieff: Andreæ Gryphii Lebens-Lauff (1737) [186], S. 818.

renz stellt sich dabei (beispielsweise in Hinsicht auf die gelehrte Bewehrung von Trostargumenten durch Zitate und *exempla*) als eher quantitative denn qualitative dar. Die im Vergleich mit Gryphius' nachfolgenden Leichabdankungen zu beobachtende Dominanz geistlicher, insbesondere biblischer Referenzen vor weltlichen[8] könnte demgegenüber zum einen dem Umstand geschuldet sein, daß der Adressat hier (und nur hier) Theologe ist, zum andern auch situationsbezogen eine konfessionspolitische Dimension haben: wo dem bestallten Pfarrer den »Evangelische[n] GOttesdienst weiter zuhalten [...] nicht verstattet« ist,[9] verschafft der dem zum Schweigen Gebrachten familiär verbundene Laie Gottes Wort, Zentrum des protestantischen Gottesdienstes, Gehör.

Rede über ein ungelebtes Leben

Hinsichtlich der zeitgenössischen Entstehungs- und Rezeptionsbedingungen, insbesondere des konfessionspolitisch aufgeladenen Klimas im gewaltsam rekatholisierten Freystadt, ist die Leichabdankung *Menschlichen Lebenß Traum* ähnlich zu kontextualisieren wie die im September 1637 publizierte *Fewrige Freystadt* und die Ende Dezember 1637 gehaltene Leichabdankung *Brunnen-Discurs* auf Georg Schönborner.[10] Gerade der Vergleich mit dem *Brunnen-Discurs*, der mutmaßlich vor personell teilweise identischem, wenn auch größerem Publikum vorgetragen wurde,[11] läßt jedoch eine Besonderheit der Leichabdankung auf Mariana hervortreten, die nicht in der medialen Differenz zwischen Druck- und ausschließlich mündlicher Veröffentlichung begründet ist, auch nicht in der größeren politischen Brisanz des *Brunnen-Discurses*, sondern in der prinzipiellen Differenz der zugrundeliegenden Gelegenheit. Für beide Leichabdankungen ist strukturbildend das jeweils im Titel

---

8 Sechs weltlich-antiken Referenzen (»heyden«; *MLT*, fol. 3ʳ) und einer weiteren, die ausdrücklich zurückgewiesen wird (vgl. *MLT*, fol. 4ʳ), stehen – im erhaltenen Text des Fragments – vierundzwanzig geistliche Referenzen gegenüber, davon sechzehn Zitate aus der Bibel, drei aus Kirchenvätern, eines von Luther und eines von einem niederländischen Jesuiten des frühen 17. Jahrhunderts. Vgl. die Zitatnachweise in *MLT*.
9 Analecta (Anm. 6), S. 293.
10 Vgl. hierzu ↗ Kap. II.8.1 (*Fewrige Freystadt*) und ↗ Kap. II.8.2.b (*Brunnen-Discurs*).
11 Vgl. dazu ↗ Kap. II.8.2.b zum *Brunnen-Discurs*. Auch wenn die beiden Leichabdankungen sich nach dem Kriterium öffentliche vs. private Trauer differenzieren lassen, ist doch auch für den Tod der Mariana ein öffentliches Interesse anzunehmen, insofern ihr Vater, der zu diesem Zeitpunkt noch nicht aus Freystadt vertriebene lutherische Pfarrer Paul Gryphius, gegen die habsburgische Rekatholisierungspolitik die protestantische Sache in Freystadt verficht. Von der örtlichen politischen Prominenz sind auf jeden Fall Georg Schönborner, auf dessen vor Freystadt gelegenem Gut Andreas Gryphius seit August 1636 als Hauslehrer tätig war, und dessen Frau Eva Schönborner als anwesend anzunehmen. Bei letzterer fand die hochschwangere Mutter in den Freystädter Brandwirren nach Auskunft der *Fewrigen Freystadt* (*FF*, S. 78f.) Unterkunft und wurde Mariana geboren.

benannte metaphorische Leitmotiv, das einmal dem *locus notationis* abgewonnen wird (Schön*borne*r > »Brunnen«), das andere Mal dem *locus circumstantiarum* (»Menschlichen Lebenß Traum« als Resümee der ungemeinen Kürze von Marianas Leben);[12] eine Struktur, die anders als in allen späteren Gryphiusschen Leichabdankungen auch durch eine explizite Gliederung kenntlich gemacht wird.[13] Hält man nun aber diese beiden Gliederungen – im *Brunnen-Discurs* von a–x und parallel von I–XXI, in *Menschlichen Lebenß Traum* von I–VI[14] und innerhalb dieser Abschnitte teilweise binnengegliedert durch arabische Ziffern – vergleichend nebeneinander, so fällt ein markanter Unterschied ins Auge. Im *Brunnen-Discurs* ist vom ersten Gliederungspunkt an (»*a* Fons Enatus«[15]) Fluchtpunkt der allegorischen Ausdeutung der Verstorbene, in *Menschlichen Lebenß Traum* hingegen kommt die Verstorbene überhaupt erst im sechsten und letzten römisch gezählten Abschnitt ins Spiel, der das Titelmotiv abschließend eschatologisch entfaltet (das Leben werde »nicht übel verglichen einem traume, wegen dieser dinge die sich hernach mitt vns begeben«; *MLT*, fol. 10ʳ).[16] »Dahien nun auch« – in die »herrligkeit, welcher die Ewigkeit nichts abthun; viell mehr aber Zu thun soll«, nämlich – »gelanget, das numehr seelig abgeleibete Seelichen Jungfrewlins Mariana Des woll Ehrwürdigen achtbaren sonders wolgelehrtten Herren Magistri Pauli Grÿphii. der Evangelischen gemeine alhier Trewfleissigsten Pastoris, meines Hochgeehrtten Herrenn Brudern vnd Patroni[17], vielgeliebten Töchterlins, deren leben freÿlich nichts anders gewesen alß ein traum« (*MLT*, fol. 10ᵛ). Der Grund ist leicht einzusehen: Mariana, am 10. Juni 1637 geboren und einen Monat später schon gestorben, hat kein Leben gelebt, das sich individuell erzählen ließe, hat demnach keine Biographie. Bedenkt man, daß wesentliches Gerüst, wenn auch nicht inhaltliches Zentrum einer Leichabdankung die Biographie des/der Verstorbenen bildet[18] – gerade der Vergleich mit dem *Brunnen-Discurs*

---

12 Zur topischen Organisation vgl. Wulf Segebrecht: Das Gelegenheitsgedicht (1977) [245], S. 111–138, bes. S. 115–119 und 122–126.
13 Das hebt auch Hay (Anm. 1), S. 7, hervor.
14 Explizit ist die römische Gliederung erst ab »II« (*MLT*, fol. 5ᵛ) durchgeführt. Der erste Abschnitt, dessen Beginn auf fol. 4ʳ da anzusetzen ist, wo aus der Vielzahl vorstellbarer Metaphern für das menschliche Leben mit Berufung auf Hiob 20,8 die Titelmetapher ausgewählt wird, wird sichtbar erst mit der auf derselben Seite anfangenden arabischen Binnengliederung.
15 *LA*, S. 9. Auch hier fehlt übrigens die ab »b. II. Fons devotus« (*LA*, S. 12) regelmäßig beigegebene römische Gliederung in der ersten Position.
16 Hay (Anm. 1), S. 6, weist darauf hin, daß »die kleine Tote nur zwei Mal kurz erwähnt« wird, ohne das jedoch als Besonderheit dieser Leichabdankung zu werten. Zu bedenken ist freilich der den Eindruck vom Gesamtumfang der Rede verzerrende fragmentarische Überlieferungszustand: Nach der auf der zwanzigsten Seite erfolgenden Nennung Marianas folgen noch elf weitere, allerdings teilweise nahezu vollständig zerstörte Seiten.
17 Mit Hay verbessert aus »Pratroni«.
18 Vgl. dazu den Abschnitt »Schlesische Vitae als Exempla« in Maria Fürstenwald: Dissertationes Funebres (1967) [838], S. 116–128.

macht das überdeutlich[19] –, so stellt sich die Aufgabe des Abdankungsredners Gryphius zunächst einmal unter dem Vorzeichen eines elementaren Defizits dar: Marianas Leben ist nicht nur ein ›unbeschriebenes Blatt‹, sondern auch ein unbeschreibbares. Wie geht Gryphius mit dieser für den Redner prekären Situation um?

Der Schlüssel der Nacht

Das *exordium* seiner Rede breitet vor den Zuhörern, naheliegend genug angesichts von Marianas kurzem Leben, ein ganzes Füllhorn von *vanitas*-Bildern aus: »Diß leben« sei »einem Schiff auf Meerßwogen, das leicht versincken kan, Einem Nebell der baldt verschwindet, einem taue der schnell vergehet, einer leicht hienfallenden Rosen, vnd andere[n] vieltausendt Nicht: vnd Flichtigkeiten, mit einem Munde [zu] vergleichen« (*MLT*, fol. 2ʳ). An die eröffnende Aufzählung schließen sich, elaborierter, weitere Bildangebote an: »Ein irrlicht dieser Zeitt«, »eine Phantasie der Jahre«, »Ein gefleischtes nichts«, »Ein ball des glücks«, »Eine Stätte-Henckereÿ«, »Eine Stätte Reÿse Zum Tode« (*MLT*, fol. 2ᵛ), »eine blume vnd baldt welckesgraß«, »Ein Elendt iämmerlich ding« (*MLT*, fol. 3ᵛ), ehe schließlich, ausgehend von einem Hiobwort, die Vorstellung, »dis leben« sei »nichts anders alß ein traum« (fol. 4ʳ), aus der Bilderfülle ausgewählt und zum Leitmotiv der Rede privilegiert wird. Warum gerade dieses Bild?

Folgt man der Bildlogik, so ist das als Traum vorgestellte Leben in der Nacht zu denken und kann sich genaugenommen auch längstens über *eine* Nacht erstrecken. Dem ersten Anschein nach paßt das aus gleich zwei Gründen recht gut auf die in der Leichabdankung zu verhandelnde Gelegenheit: Zum einen läßt sich ein Leben, das gerade einmal einen Monat gewährt hat, metaphorisch mit Fug und Recht der Kürze einer Nacht vergleichen.[20] Zum andern ist Mariana – diesen Eindruck jedenfalls vermittelt der Text der Leichabdankung – in der Nacht auf die Welt gekommen: auf »Die Nacht des schreckens vnd trübsall in welchem sie geboren« (*MLT*, fol. 10ᵛ–11ʳ) lenkt der Sprecher die Aufmerksamkeit seiner Zuhörer. Kongruenz kann sich freilich nur bei (überdies nicht ganz exakter) immanenter *Lektüre* einstellen – ein Rezeptionsmodus, der für die handschriftlich überlieferte Leichabdankung *Menschlichen Lebenß Traum* nicht vorgesehen ist. Für die Trauergemeinde ist hingegen, selbst wenn die Zuhörer den Relativsatz »in welchem…« nicht grammatisch präzise auf »schrecken vnd trübsall« bezogen haben sollten, klar, was für den nicht lebenswelt-

---

[19] Allerdings stellt die regelrecht planmäßige Integration von Georg Schönborners Biographie in die Leichabdankung ihrerseits einen Sonderfall dar, vgl. dazu ↗ Kap. II.8.2.b, S. 428.
[20] Zumal einer Sommernacht: Mariana, zwei Wochen vor der Sommersonnenwende geboren, stirbt in zeitlicher Nähe zur kürzesten Nacht des Jahres.

lich mit der Gelegenheit vertrauten nachgeborenen *Leser* erst aus dem Bericht der *Fewrigen Freystadt* rekonstruierbar wird: daß Mariana *nicht* nachts geboren wurde. Vielmehr heißt es in der *Fewrigen Freystadt* zum zeitlichen Hergang, beginnend bei der Brandnacht vom 8. auf den 9. Juni:

> Ob zwar wolgedachter Herrn M. Gryphii Ehgemahlin Geburts-Schmertzen / mit zunehmendem Fewr nicht abgelassen: Hat sie doch nach Anruffung Göttliches Beystandes / das Hauß vnd Stadt zu fuß verlassen / vnd bey einer ziemblichen weile von einer Vorstad zur ander herumb gejrret / nicht ohne sondere Furcht vnnd Betrübniß der Jhrigen: Von welchen sie bey etlichen Stunden vergebens gesuchet wurde. Biß sie endlichen von der Edelen / VielTugendt- vnd Ehrenreichen Frawen Eva Gebornen Pezeltin inn Jhre Behausung aufgenommen / worauff sich bald die im ersten Schrecken vergessene Wehtage wider eingestellet / vnd selbigen Tag auch folgende Nacht vnd andere helfte des Tages so hefftig bey Jhr angehalten / daß Jederman / Sie auch endlich selbst / sich Jhres Lebens begeben / vnd die Jhrigen / als willigst zum Abschied / mit bedachtsamben Worten gesegnet. Als es aber gar verzweiffelt / vnd auß mit Jhr schien / entbandt sie gleich zu Mittag der Allerhöchste / vnnd segnete Jhr hartes / daß sie zwyfach von der Handt Gottes empfangen / mit einer gesunden Tochter / welche Er doch nach Außgang eines Monats wider von Jhr abgefordert. (*FF*, S. 77–79)

Nicht in der Nacht des Freystädtischen Brandes kam Mariana Gryphius zur Welt, sondern anderthalb Tage danach, am hellen Mittag. Warum aber legt es Gryphius' Rede auf diese für den zeitgenössischen Rezipienten, die Mutter zumal, unübersehbare Diskrepanz zur tatsächlichen Ereignisfolge an?

Einen Fingerzeig gibt die in der Leichabdankung gewählte Formulierung für das Geschehen der ersten, pränatalen Nacht, der Nacht des Freystädter Brandes, die die Schwangere und mit ihr das Ungeborene zu heimatlos umherirrenden Flüchtlingen macht:

> Vnnd wie man im Traum vielerhandt Zufelle erleidet, also muste vnsere Seelige Mariana auch nicht in lautter freuden alhier leben. Den, gleich wie man oft im traum, einen von einem ortte zum andern schleppet vnd träget, so ging es auch mit ihr, vnd muste sie bei wehrendem wütten der Feurflammen, durch die Stadt, vnd vmb die Stadt, noch in Mutterleibe, von einem ortt ans ander mit schmertzen getragen werden. Eines Menschen Schlafhauß ist auch gemeiniglich nichts anders als eine herbrige, Weill Er solches sich des tages zu enthalten pflegett. Eben dieser ortt, an dehm sie geboren, mit schmertzen gelebet, vnd endlich Erblasset, ist ein frembder ortt, vnd in der that eine herbrige, weill in der eingeäscherten Stadt kein Räumlin mehr übrig, da sie ihr haubt hätte hinlegen mögen. (*MLT*, fol. 12ᵛ)

Wo der Bericht der *Fewrigen Freystadt* von Aufnahme in die Schönbornersche »Behausung« spricht, ruft die wiederholte Rede von der gefundenen »herbrige« an »frembde[m] ortt«, »weill in der [...] Stadt kein Räumlin mehr übrig« gewesen sei, die einschlägige christologische Referenz aus dem Lukasevangelium auf: »Vnd sie gebar jren ersten Son / vnd wickelt jn in Windeln / vnd leget jn in eine Krippen / Denn sie hatten sonst keinen raum in der Herberge« (Lk 2,7). Mit der durch die Wortwahl evozierten Überblendung von Marianas in Wirklichkeit mittäglicher Geburt mit der Geburt Christi in der Heiligen Nacht aber vollzieht sich ein gleich doppelter Kurzschluß, dessen frappantestes Resultat darin besteht, daß mit einem Mal Marianas allem Anschein nach ungelebtes Leben kein ›unbeschriebenes Blatt‹ mehr ist, sondern als entscheidender Moment der Heilsgeschichte kenntlich wird: als der eschatologische Umschlag von dem einem Traum vergleichbaren Leben zu »diese[n] dinge[n] die sich hernach mitt vns begeben« (*MLT*, fol. 10ʳ). Indem für Mariana das traumhaft unwirkliche ›Davor‹ mit dem »Hernach« des Aufwachens (»Wen der traum fürüber machet man sich aus den betten«; ebd.), der Auferstehung, zusammenfällt, ihr Leben von Anfang an ganz Eschaton ist, läßt sich ihr mit der Geburt kurzgeschlossener Tod auf die Heilige Nacht von Christi Geburt abbilden, die wiederum in nuce bereits Christi Tod und Auferstehung in sich trägt. »Nacht mehr den lichte nacht! nacht lichter als der tag / | Nacht heller als die Sonn' / in der das licht gebohren / | Das Gott / der licht wohnhafftig / ihmb erkohren: | O nacht / die alle nächt' vndt tage trotzen mag« (*Son. 1643*, fol. A2ᵛ), so formuliert diesen heilbringenden Kurzschluß in zeitlicher Nähe Gryphius' Sonett »Vber die Geburt Jesu«[21] und macht in der – nur in menschlicher Wahrnehmung paradoxen – Engführung von »Nacht« und »licht« poetisch nachvollziehbar, daß das irdische »recht der zeitt« als Nacheinander zu denken nötigt, was in der eschatologischen Perspektive der »ewikeitt« von Anfang an eins ist (ebd.).

Bildet man, von dieser eschatologischen Ineinssetzung ausgehend, nun wiederum die irdischen Geburtsumstände dieser beiden von einer umherirrenden Maria geborenen Kinder aufeinander ab, so zielt die Leichabdankung *Menschlichen Lebenß Traum* weniger darauf, »die Vergänglichkeit alles Lebens [...] an dem Ereignis eines Kindestodes [zu] exemplifizier[en]«.[22] Vielmehr wird Mariana, die Tochter des unbeirrt seinen lutherischen Glauben im rekatholisierten Freystadt bekennenden Pfarrers Paul Gryphius, zum christologisch beglaubigten Modell einer auch in Zeiten der Verfolgung ›lebbaren‹, radikal eschatologisch ausgerichteten christlichen – und das heißt gemäß der konfessionspolitischen Rollenverteilung dieser Gleichsetzung: protestantischen[23] – Existenz. Nicht zu vergessen gilt es allerdings, daß *Menschli*-

---

21 In der auf den »xx April. dieses cIↃ Iↄ XLIII Jahres« datierten Widmungsvorrede bezeichnet Gryphius die im »Erste[n] Buch« seiner *Sonete* abgedruckten Gedichte als »handt voll blumen meiner ersten jahre«, die allein der »grimmige brandt« des »Vaterlandes« (wofür als wörtliches *pars pro toto* gewiß der Freystädter Brand gelten darf) ihm »zugelassen« habe. Der Zeitpunkt der Veröffentlichung wird dagegen abgesetzt (»Die bey nuhmer etwas reifferem Verstande mir nicht beliebet zu verwerffen«; *Son. 1643*, fol. Aᵛ).
22 Hay (Anm. 1), S. 8.
23 Die konfessionspolitische Rollenzuschreibung ergibt sich im Zuge der Gleichung von Christus und Mariana beinah von selbst: Wo Christi Geburt dem Matthäusevangelium zufolge sich unter der Drohung von Herodes' Kindermordbefehl vollzieht, der die Flucht nach Ägypten zur Folge hat, wird Mariana unter den Bedingungen schärfster gegenreformatorischer Repression geboren, auf die sich der Freystädter Brand durchaus zurückführen läßt. Vgl. zu letzterem ↗ Kap. II.8.1, bes. S. 409.

chen Lebenß Traum in ungewollter Performativität selbst Zeugnis nicht nur protestantischen Widerstands im Wort, sondern auch der Vergänglichkeit von dessen Überlieferungsträger ablegt; das letzte Wort bei der Überführung eines ›unbeschriebenen Blattes‹ ins Buch des Lebens enthält das Fragment vor.

II.8.2.b *Brunnen-Discurs*
Von Nicola Kaminski

Nach der am 22. September 1637 abgeschlossenen Brandbeschreibung *Fewrige Freystadt* ist die *Brunnen-Discurs* betitelte Leichabdankung auf den am 23. Dezember 1637 verstorbenen Georg Schönborner Gryphius' zweite im Druck erschienene Prosaschrift. Der wohl anlaßnah 1638 herausgekommene Erstdruck ist, mit Ausnahme der indirekt überlieferten Widmungsvorrede an die Witwe und die drei Kinder,[1] nicht erhalten. Die Deutung dieser entschieden aus der zeitgenössischen Sprechsituation ihre rhetorische Strategie entwickelnden Rede ist somit – methodisch nicht unproblematisch – ganz auf die posthume Tradierung in den *Dissertationes funebres* (*LA*) sowie einer weiteren Sammelausgabe von 1665[2] verwiesen (vgl. *GA* IX, S. 399).

Der Sonderfall als Paradebeispiel

Innerhalb der *Dissertationes funebres* kommt dem *Brunnen-Discurs*, Gryphius' erster *veröffentlichter* Leichabdankung, in mehrfacher Hinsicht eine Sonderstellung zu. Erstens eröffnet sie die Sammelausgabe, was sich in Anbetracht dessen, daß der Abdruck der versammelten Leichabdankungen *nicht* chronologisch erfolgt,[3] nicht von selbst versteht. Zweitens wird der *Brunnen-Discurs* hinsichtlich seiner rhetorischen Faktur, der vollständigen Durchführung der topisch auf den *locus notationis* rückführbaren Titelallegorie,[4] die Georg Schönborner unter 21 Einzelaspekten als »Schöne[n] Brunn« (*LA*, S. 12 u.ö.) erweist, als Gattungsmuster präsentiert. Dies geschieht nicht explizit, sondern indem der ohnehin luzide Aufbau der Rede durch eine doppelte Gliederung (a–x, I–XXI) und korrespondierende lateinische Marginalien, die begrifflich und optisch strukturierend die Eigenschaften des leitmotivischen Brunnens herausstreichen, lehrbuchartig transparent gemacht wird.[5] Fast liest sich der *Brunnen-Discurs* – ein Effekt freilich auch der nachträglichen Zusammenstellung – wie eine rhetorische Lektüreanleitung für die nachfolgenden Abdan-

---

1 Vgl. Victor Manheimer: Gryphius-Bibliographie (1904) [97], S. 410f., sowie auf dieser Grundlage *GA* IX, S. 333–335.
2 Vgl. ↗ Kap. II.8.2 zu Gryphius' Leichabdankungen allgemein, S. 415, Anm. 4.
3 Vgl. Maria Fürstenwald: Dissertationes Funebres (1967) [838], S. 28.
4 Zum die rhetorische *inventio* strukturierenden topischen System grundlegend Wulf Segebrecht: Das Gelegenheitsgedicht (1977) [245], S. 111–138, zum *locus notationis* S. 115–119; mit Bezug auf den *Brunnen-Discurs* Karl-Heinz Habersetzer: Mors Vitae Testimonium (1979) [847], S. 266–278.
5 Diese Evidenz geht in Steigers Neuedition (*GA* IX, S. 6–35) verloren, da sie durch die Überführung der Marginalien in Fußnoten das auf die topische Gliederung transparente Erscheinungsbild des *Brunnen-Discurses* zerstört.

kungen, die ihre Gliederung nicht eigens ausweisen. Versteht man das vom Namen Schönborner abgeleitete topische Leitmotiv des Brunnens, als dessen lateinische Entsprechung Gryphius nicht *puteus* (›Brunnen‹) wählt, sondern *fons* (›Quelle‹),[6] zugleich als Reflex auf die in der zeitgenössischen Rhetoriktheorie geläufige Rede von den *fontes inventionis*,[7] den ›Brunnquellen der Erfindung‹,[8] so trägt der *Brunnen-Discurs* diesen paradigmatischen Anspruch in seinem konzeptionellen Zentrum. Drittens nimmt der *Brunnen-Discurs* (zusammen mit dem *Winter-Tag Menschlichen Lebens* auf Schönborners Gattin von 1653) eine Sonderstellung unter den gedruckten Leichabdankungen durch die private Bindung des Redners Gryphius an den Verstorbenen und dessen Familie ein. Seit August 1636 lebte der damals Neunzehnjährige als Hauslehrer der beiden Söhne auf Gut Schönborn bei Freystadt, durfte Georg Schönborners umfassende Bibliothek benutzen und fand in ihm eine Art Vaterfigur.[9] Viertens schließlich unterscheidet sich der *Brunnen-Discurs* (zusammen mit dem *Winter-Tag Menschlichen Lebens*) von Gryphius' übrigen Leichabdankungen dadurch, daß Gryphius aufgrund der konfessionspolitisch motivierten »Ausweisung aller protestantischen Pfarrer« (so 1637 auch seines Halbbruders Paul, Freystädter Pfarrers und Seelsorgers von Schönborner) »sowohl die Funktion des Pfarrers als auch die des weltlichen Leichenredners zu erfüllen« hatte.[10] Die Abdankung integriert daher zum einen die Biographie des Verstorbenen, zum andern argumentiert sie auch theologisch.

Die enge Verbindung mit dem *Winter-Tag Menschlichen Lebens* ist aber nicht bloß äußerlich bedingt. Vielmehr *bedarf* der *Brunnen-Discurs* der Rechtfertigung und Entlastung durch den *Winter-Tag*; denn mag er rhetorisch auch noch so mustergültig konzipiert und durchgeführt sein, steht er doch von Anfang an vor einem Problem, das sich am Ende der Rede trotz (oder sogar wegen) aller rhetorischen und poetischen Kunstfertigkeit als unauflösbar erweist.

---

6 Darauf weist hin Sibylle Rusterholz: Rostra, Sarg und Predigtstuhl (1974) [842], S. 69, Anm. 14.
7 Vgl. etwa NICOLAI CAVSSINI, TRECENSIS, E SOCIETATE IESV, DE ELOQVENTIA SACRA ET HVMANA LIBRI XVI. *Editio Tertia, non ignobili acceßione locupletata.* CVM ACCVRATIS INDICIBVS, TAM EORVM QVÆ vnoquoque Capite continentur, quàm Rerum & Verborum. PARISIIS, apud SEBASTIANVM CHAPPELET, viâ Iacobæâ, sub signo Rosarij. M. DC XXVII. *CVM PRIVILEGIO REGIS* (zuerst 1619), S. 184–198, die Aufzählung der zehn *fontes inventionis* im vierten Buch (»DE INVENTIONE, ET LOCIS«).
8 Vgl. Segebrecht (Anm. 4), S. 115 u.ö.
9 Vgl. *GA* IX, S. 400, und Marian Szyrocki: Der junge Gryphius (1959) [134], S. 122f., der zugleich das Einflußpotential der für Schönborners letzte Lebensjahre diagnostizierten »Geisteskrankheit« (ebd., S. 113) betont.
10 *GA* IX, S. 402 und 408. Zur konfessionspolitischen Situation vgl. auch Kap. II.8.1. zur *Fewrigen Freystadt*.

Laudatio als Problem, der Redner als Anwalt

Zu den *officia* des Abdankungsredners gehört – neben der *consolatio* an die Adresse und der *gratiarum actio* im Namen der Hinterbliebenen – die *laudatio*, das lobende Gedächtnis des Verstorbenen.[11] Diese rhetorische Pflicht stellt nun aber im Fall von Georg Schönborner den Redner vor ein Problem. Denn die zu Beginn der Rede namhaft gemachte Situation konfessionspolitischer Repression, die ein ordentliches Begräbnis unter der Regie eines lutherischen Pfarrers ebensowenig zuläßt wie die »Freyheit zu reden« (*LA*, S. 6), resultiert aus eben jenem gegenreformatorischen Regime, in dessen Dienst Georg Schönborner sich zeitweilig begeben hatte. Nachdem Schönborner – wie viele Schlesier – bis zur Niederlage des nachmaligen ›Winterkönigs‹ klar den böhmisch-pfälzischen Kurs in Richtung auf ein von Habsburg unabhängiges protestantisches Deutschland unterstützt hatte, zog er sich nach der Schlacht am Weißen Berg im November 1620 zunächst ganz aus der Politik zurück. Als er 1627 die politische Bühne erneut betritt, tut er dies – nun im katholisch-habsburgisch besetzten Schlesien – im Dienst der neuen Machthaber, übernimmt 1627 das Amt des schlesischen, 1630 das des lausitzischen Fiskals (somit die für die besetzten Territorien drückende Steuer- und Finanzverwaltung) und arbeitet in dieser Funktion eng mit Carl Hannibal von Dohna zusammen, dem führenden Kopf der militanten habsburgischen Rekatholisierungspolitik in Schlesien. Und nicht nur politisch wechselt er die Seiten, sondern auch konfessionell: Bedrängt vom kaiserlichen Beichtvater, konvertiert Schönborner am 4. Februar 1629 zum Katholizismus, im selben Jahr erhält er das Amt eines Kaiserlichen Rats und wird in den Ritterstand erhoben, 1633 verleiht ihm der Kaiser die Würde eines Kaiserlichen Hofpfalzgrafen. Eine steile Karriere, die den lutherischen Pfarrerssohn im seit Ende 1628 unter massivem gegenreformatorischen Druck stehenden Freystadt denjenigen verdächtig, wenn nicht verhaßt machen mußte, die trotz der Repressalien am protestantischen Bekenntnis festgehalten hatten.[12] Zwar habe er »seinen begangenen Fehler bald mit

---

11 Vgl. Maria Fürstenwald: Zur Theorie und Funktion der Barockabdankung (1975) [839], S. 379–385.
12 Zu den biographischen Hintergründen vgl. *GA* IX, S. 400–402; Habersetzer (Anm. 4), S. 273; Rusterholz (Anm. 6), S. 65–67; Szyrocki (Anm. 9), S. 110–113; ANALECTA FREYSTADIENSIA, Oder Freystädtische Chronica, Theils aus denen in vielen Jahren gesammleten Miscellaneis Herrn M. Johann Gottfried Axts, Weyl. Wohlverdienten Rectoris der Land- und Stadt-Schule vor Freystadt; Theils aus unterschiednen Archiven und güttigem Beytrage Vieler Gönner und Freunde, Auf unabläßliches Verlangen, Sowohl wegen der darinnen vorkommenden alten Uhrkunden des Fürstenthums Glogau bey denen ehmahls zu Freystadt residirenden Hertzogen, Als auch der neuern Merckwürdigkeiten unter der vorigen Römisch-Kayserl. und itziger Königl. Preußischen Regierung in diesem Fürstenthume zur Freystädtischen Chronicke gehörig, Nach der Eintheilung einer besondern Politischen- Kirchen- und Gelehrten-Historie, Vornehmlich zu Freystadt biß auf itzige Zeit, Jn nachstehende Ordnung gebracht, von *M.* Gottfried Förstern. *Frideberg. Siles.* Vorhin gewesnen

unaußsprechlichem Trauren bereuet«, sei »bald« wieder ›aufgestanden‹ (*LA*, S. 31), d.h. zum rechten Glauben zurückgekehrt, so Gryphius' Versuch, die Konversion in die *laudatio* zu integrieren, doch ein Datum nennt er nicht. Da Schönborner erst 1635, im Kontext des Prager Separatfriedens, aus kaiserlichem Dienst schied oder entlassen wurde,[13] liegt es nahe, dies mehrfache »bald« nicht allzubald anzusetzen.

Daß der *laudator* Gryphius sich dem aus Schönborners konfessionspolitisch unbeständiger Biographie resultierenden Problem stellt, läßt die Auseinandersetzung mit jenem »Fehler« erkennen. Daß ihm in der zeitgenössischen Sprechsituation auch gar nichts anderes übrig geblieben wäre, zeigt Gryphius' direkte, bemerkenswert scharfe Anrede an die »über Verhoffen grosse[] und hoch ansehnliche[] Zusammenkunfft« (*LA*, S. 5):

> Kommt mir auch vor / daß vielleicht unter Umstehenden es wol an solchen nicht mangele / die ihren leichtfertigen Muth / der längst aller Tugend abgesaget / nur über unserm Leid ergetzen / und vielleicht als Feinde sich freuen / daß dieser nieder liegt / den seine Redlichkeit stets erhoben; So kan ich nicht laugnen / daß mir Seel und Kräffte beben. Denn wie solte ich mich einiger Freyheit zu reden vor denen brauchen / die auch so hohe Tugend / die schon Tod und Welt unter sich als überwundene liegen schauet / mit ihrem Natterngifft zu besprützen keine Scheu tragen dürffen. (*LA*, S. 6)

Ein (ehemaliger) Angehöriger der politischen Führungsschicht wie Schönborner wird, selbst wenn die aktuellen politischen Verhältnisse kein offizielles protestantisches Begräbnis zulassen, nicht privat im engsten Familienkreis beerdigt, sondern als öffentliche Person. Und dies unter in doppelter Hinsicht zwiespältigen Umständen. Denn wie Schönborners Vita durch die Konversion zwielichtig geworden ist, so ist es, gebrochen daran, auch die Zusammensetzung der Trauergemeinde, in der die Protestantischgebliebenen mutmaßlich an des Verstorbenen Glaubensübertritt zum Katholizismus Anstoß nehmen, während ebenfalls Konvertierte, denen die konfessionelle Rückkehr aber nicht gelungen ist, und vielleicht sogar ehemalige katholische Parteigänger sich mit dem erneuten Wechsel zum protestantischen Bekenntnis schwertun. Die Sprechposition des Abdankungsredners Andreas Gryphius, der als Sohn eines konfessionspolitisch standhaften lutherischen Pfarrers und Halbbruder des vertriebenen Freystädter Pfarrers Paul Gryphius biographisch sicher im Luther-

---

Schul-Collegen zu Freystadt, und zur Zeit Con-Rectore der Evangel. Luth. Schule zu Lissa. LJSSA, Gedruckt bey Michael Lorentz Pressern, S. 364–368.

13 Habersetzer (Anm. 4), S. 273, deutet den Vorgang so: »Einer der vielen politischen Umschwünge im Verlauf des 30jährigen Kriegs, diesmal zugunsten der protestantischen Sache in Schlesien, brachte SCHÖNBORNER als Günstling HABSBURGS in eine schwierige Position; 1635 schied er aus dem kaiserlichen Dienst aus und zog sich verbittert auf sein Gut zurück.« Szyrocki (Anm. 9), S. 113, zufolge wurde er »im Jahr 1635 [...] aus dem Staatsdienst entlassen und schied in Unfrieden von seinen Vorgesetzten«.

tum verankert ist, verschiebt sich so bereits an diesem frühen Punkt rhetorisch signifikant: vom eigentlich situationsangemessenen *genus demonstrativum*, der Lobrede, zum situativ, von der Zusammensetzung des Publikums her, gebotenen *genus iudiciale*, der Gerichtsrede. Gryphius spricht vor einem Publikum, das potentiell den Part der Anklage übernimmt, als Anwalt Schönborners, und dies nicht nur in weltlichen Fragen, sondern, mangels des *ex officio* Zuständigen, auch in geistlich-eschatologischen. »Solt ir gewesenes Wunder höchster Weißheit und Liecht unsers Schlesiens so hingetragen werden / als einer / der wider sein Vaterland gesündiget« (*LA*, S. 8), wendet er sich, die politische Anklage offensiv antizipierend, direkt an den Verstorbenen, um sich sodann selbst als dessen Verteidiger einzusetzen: »auff [s]ein selbst eigen Gutachten« sei er, Gryphius, »entschlossen«, Schönborner »auff diesem Platz [...] den letzten Ehrendienst zu leisten« (ebd.).

In dieser selbstmodellierten Anwaltsrolle verfährt Gryphius sowohl in weltlichen als auch in geistlichen Belangen rhetorisch außerordentlich geschickt. Sein grundlegender Kunstgriff zur politisch-moralischen Entlastung des im zeitgenössischen Publikumshorizont ›Angeklagten‹ besteht in einer Entscheidung auf der Ebene der *dispositio*: der Entscheidung nämlich, die strukturbildende Biographie Schönborners aufzuteilen »in den rein faktitiven Lebenslauf und in eine davon getrennte moralisch-ethische Ebene des Werturteils«.[14] So erscheinen die im Kontext konfessionspolitischen Seitenwechsels kompromittierenden politischen Stationen ab 1627 im Abschnitt »*f* VI. Fons irriguus« (*LA*, S. 21) dekontextualisiert in einer ganz auf die berufliche Laufbahn konzentrierten Reihe, die ihn 1609 als »Hoff-Cantzler« beim (reformierten) »Johann Georgio Graff zu HohenZollern« zeigt, »hernach« im »Cancellariat« beim (ebenfalls reformierten) »Herrn von Schaffgutsch«, ab 1614 im (lutherischen) »Großglogauischen Syndicat« (*LA*, S. 23) – und nach dem (allem Anschein nach selbstbestimmten) Entschluß 1620, »den Rest seiner Jahre im Privat-Leben zuzubringen« (*LA*, S. 23f.), durch »sonderbare Schickung« des »Allerhöchsten« von 1627 an doch wieder in »hohen Verwaltungen« (*LA*, S. 24). Nun freilich im Dienst der (katholischen) »Käyserliche[n] auch zu Hungarn und Boheim Königliche[n] Majestät«: im »Schlesische[n] und [...] Laußnitze[n] Fiscal-Amt« sowie in der »Würde des Käyserlichen Consiliarii actualis« (ebd.). Von Vergünstigungen für Schönborners Entscheidung, ins kaiserliche Lager zu wechseln, ist hier nicht die Rede (sondern, dem Thema des Abschnitts entsprechend, nur von seinem »Wundsch / allen / nach Art eines schönen Brunnen der iederman zu gut fleust / nütz zu seyn«; *LA*, S. 23). Diese finden vielmehr unter dem nächsten, seinen Auszeichnungen gewidmeten Punkt »*g* VII. Fons coronatus« (*LA*, S. 26) Erwähnung, in

---

14 Habersetzer (Anm. 4), S. 271. Habersetzer (S. 277f.) und Rusterholz (Anm. 6), Beilage, bieten im Detail differierende Gliederungen des *Brunnen-Discurses*, die aber hinsichtlich der entscheidenden Zäsur nach Abschnitt »*h* VIII. Fons fæcundus« (*LA*, S. 27) übereinstimmen.

einer neuen Reihe, die im Jahr 1603 bei seinem »Notoriat« und der Krönung »mit dem Poetischen Lorberkrantz« (ebd.) beginnt, darauf den 1608 im (reformierten) Basel erworbenen »Gradu[s] Doctoris in utroqve Jure« folgen läßt, um dann die Erhebung »in den Ritterstand« und »zu einem Gliedmaß der Herren Land-Stände« im (inzwischen katholisch regierten) »Glogauischen Fürstenthum[ ]« durch »Jhre Römische Käyserliche / zu Hungarn und Boheim Königliche Majestät« 1629 anzuschließen sowie die Verleihung der »Würde der Käyserlichen Hoff- und Pfaltzgrafen« 1633 (*LA*, S. 27). In beiden biographischen Reihen wird Schönborners Konfessionswechsel nicht explizit; die Konversion kommt vielmehr erst im Abschnitt »*i* IX. Fons arduus« (*LA*, S. 29) zur Sprache, und zwar als ausschließlich moralisch – nicht politisch – zu verrechnender Makel:[15]

> Zwar ich kan nicht läugnen / daß auch offt die stärckesten Qvellen / wenn selbige gar zu hoch durch die Lufft wollen / von dem rasenden Winde etwas auff die Seiten / oder ja gar zur Erden getrieben werden / welche sich doch bald mit mehrer Macht wieder erheben [...]. Nicht anders muste unser Herr Schönborn auch bey cIɔ Iɔc xxix. Jahr vorgehender Verfolgung ein Exempel Menschlicher Schwachheit seyn. Und mit seinem Hintritt darthun / daß in Entziehung Himlischen Beystandes auch grosse Leute (Psal. 62. v. 10.) fehlen können. Wie nun an solch und dergleichen Fällen sich billich iedweder fleischlicher Schwachheit zu erinnern hat: Also ist mehr als leichtfertig / wenn man sich mit andern Fehlern kützeln wil; sintemal ein iedweder / wenn er in seinem Busen fühlen solte / leicht empfinden würde / daß wir alle auff dem Orte stehen / da er gefallen / nicht aber alle so / und so ernst / und so bald auffzustehen vermögen / wie er durch sondern Antrieb des heiligen Geistes gethan. (*LA*, S. 30f.)

In christlichen Koordinaten (»Wer vnter euch on sunde ist / der werffe den ersten stein«, Joh 8,7) ist so über Schönborner kaum noch zu urteilen, zumal Gryphius, auch aus eigener Erinnerung (vgl. *LA*, S. 31),[16] sogleich die tiefe Reue und die ungebrochene, gut lutherisch an der Heiligen Schrift und der Augsburgischen Konfession orientierte Frömmigkeit des ›Angeklagten‹ betont (vgl. *LA*, S. 32f.). Damit sind rhetorisch die Weichen gestellt für das Finale, in dem Gryphius unter Punkt »*n* XX. Fons arefactus« (*LA*, S. 55), nun in der Rolle des Seelsorgers und geistlichen Beistands (die er nach lutherischem Verständnis als Laie übernehmen kann), Schönborners rechtgläubiges Sterben bezeugt.

---

15 Daß das Bedingungsverhältnis von steilem (politischen) Aufstieg und tiefem (konfessionspolitischen) Fall gleichwohl im Blick ist, zeigt die nicht nur (explizit) *ent*lastende, sondern auch (implizit) *be*lastende Verhandlung unter dem Punkt »Fons arduus« an.
16 Wodurch implizit das »bald« der Umkehr relativiert wird, denn Gryphius kennt Schönborner persönlich erst seit Sommer 1636.

Prekäre Sprechposition des Poeten

Gerade in der eschatologisch entscheidenden Sterbeszene verschränken sich aber auf bemerkenswerte Weise theologische und poetisch-gelehrte Autorität des Abdankungsredners. Gerahmt nämlich durch theologische Zurüstungen des Sterbenden – das von Gryphius »vorgesprochene«, von Schönborner »bekräftigte« und nochmals wiederholte »Glaubens-Bekäntnüß« (*LA*, S. 58), die ›Erzehlung‹ von »Jesu Wort / (Johan. 5. v 24.) in welchen er hoch betheuret / daß der an ihn gläube / das ewige Leben habe / und nicht ins Gericht komme / sondern vom Tode zum Leben hindurch dringe« (*LA*, S. 60), die Applikation auf den Sterbenden –, entfaltet er folgenden Wortwechsel:

> Als er [Schönborner] aber hierauff des heiligsten Testaments und letztere Wegzehrung hinscheidender Seelen / embsig begehret: Wurde[17] er von mir ermahnet; daß er dem Willen deß HErrn / der über uns solche Drangsal / in der kein Lehrer mehr lehret / verhangen; geduldigst sich ergeben solte: Der gewissen Zuversicht / daß ihn sein JEsus / wie itzt unserer Verfolgung / bald auch deß Lohns aller Verfolgten theilhafft machen / und nun an die Himmlische Taffel zum Abendmahl des Lams (Apocal. 19. v. 9.) beruffen werde. (*LA*, S. 58f.)

Der Sterbende bittet um das letzte Abendmahl, Gryphius als bloßer Stellvertreter vermag zwar tröstend auf das himmlische Mahl zu verweisen, das Sakrament erteilen darf er jedoch nicht. Doch dann bedient er sich in einem neuerlichen Anlauf der nicht geborgten Autorität des gelehrt-humanistischen Dichters, der über die christliche Spätantike ebenso souverän verfügt wie zuvor über Tacitus, Seneca (vgl. *LA*, S. 2) und andere Autoren der paganen Antike:

> Worneben auch die Wort Augustini (so aus dem 25. und 26. tractat in Johannem gezogen) ihm beygebracht: Crede & manducasti, Credere enim in eum hoc est panem & vinum manducare, qvi credit in eum, manducat eum &c. (*LA*, S. 59)

Wo der Laie an die Grenze seiner theologischen Befugnis stößt, vermag der Gelehrte nicht nur im Hier und Jetzt der Sterbeszene aus Worten ein Abendmahlsäquivalent zu erschaffen, sondern münzt zudem die in der konfessionspolitischen Unterdrückung gründende Mangelsituation um in einen pointierten Glaubenserweis im Sinne des lutherischen *sola fide*: Indem Schönborner *glaubt, hat* er das Abendmahl empfangen. Aus dieser im Diesseits unter Beweis gestellten Glaubenskraft des Sterbenden aber erwächst dem Abdankungsredner, dem als Nichttheologen eschatologische Gewißheitsaussagen eigentlich verwehrt sind, nach Joh 5,24 (»Warlich / warlich / sage ich euch / Wer mein Wort höret / vnd gleubet Dem / der mich gesand

---

[17] Verbessert aus »Würde«.

hat / der hat das ewige Leben / Vnd kompt nicht in das Gerichte / Sondern er ist vom Tode zum Leben hin durch gedrungen«) die quasitheologische Autorität festzustellen: »Darauff«, eben auf die Applikation von Joh 5,24, »antwortet er mit lautem ja / schloß die Augen selbst / gab ohne einiges Seufftzen oder Bewegen Augenblicklich die müde Seele in die Hände seines Gottes / und drang durch Tod und Gerichte ins ewige Leben / Mitwochs den 23. 13. Decembr. nach Mittage zwischen 2. und 3. Uhr« (*LA*, S. 61).

An diesem Punkt scheint die prekäre rhetorische Aufgabe, die den Abdankungsredner Gryphius in die Rolle des weltlichen und geistlichen Anwalts manövriert hatte, bewältigt. Der letzte Abschnitt, »*x* XXI. Fons redivivus« (*LA*, S. 62), vollzieht folgerichtig exemplarisch den tropologischen Umschwung von der durchaus persönlich ausgestalteten Trauer des »verlassen einsam[en]« »Jch« (*LA*, S. 65) zur – nun aus eigenem Glauben zu leistenden – freudigen Zuversicht auf die Wiedervereinigung im Jenseits (vgl. *LA*, S. 66). Wäre da nicht der letzte Satz, der der gesamten vorherigen Argumentation den Boden entzieht und die Unlösbarkeit des Problems einer stichfesten Leichabdankung auf Georg Schönborner kenntlich macht.

Mit einem »Unterdessen« kehrt der Redner aus der Jenseitsimagination ins diesseitige »hier« zurück (ebd.), um seine Leichabdankung so zu beschließen:

> So wird auch meine Hand / für den mir von euch ertheileten Lorbeer-Krantz / euer Grab mit Cypressen / die ihr eines mehr als grossen Ruhms würdig geachtet / unnachlässig umwinden; Ja / ich wil euer Gesicht / Reden / Gebärde / Freundligkeit / eure Liebe / Treu / Auffrichtigkeit und Demuth / euer Gedächtnüß / ja euch gantz / in diesem Hertzen tragen / weil mich die Erde träget. (*LA*, S. 66f.)

Eine Geste der Gegenseitigkeit wird in floraler Metaphorik entworfen: des Verstorbenen Grab rhetorisch umwindende »Cypressen« werden getauscht gegen den dem Ich von Schönborner »ertheileten Lorbeer-Krantz« des *poeta laureatus*. Die Leichabdankung thematisiert sich im poetischen Bild der »Cypressen« selbst und bestimmt sich als Gegengabe für die Gryphius »am 30. November 1637« zuteilgewordene »Dichterkrönung« (*GA* IX, S. 400). Damit aber legt der Sprecher offen, daß er dem von ihm gewürdigten Verstorbenen nicht nur persönlich verpflichtet ist, sondern ihm die offizielle Beglaubigung der ihn zum Abdankungsredner qualifizierenden poetischen und rhetorischen Kompetenz verdankt. Mehr noch: er legt offen, daß die feierliche Promotion zum *poeta laureatus* Frucht von Schönborners Konversion zum Katholizismus ist. Allein die Pfalzgrafenwürde nämlich, 1633 vom Kaiser als Gegengabe für Schönborners Glaubensübertritt verliehen, berechtigte ihn zur Dichterkrönung. Mit dem letzten Satz des *Brunnen-Discurses* kompromittiert der ›Anwalt‹ Gryphius im ›Fall Schönborner‹ sich selbst als Komplizen. Eben das, was ihn im Zeichen lutherischer Glaubenstheologie zur geistlichen Entlastungszeugenschaft befähigt – die intime Nähe zu Schönborner –, bringt seine Glaubwürdigkeit im konfessionspolitischen Hier und Jetzt zu Fall.

Der ›Fall Schönborner‹ in der Revision

Daß der ›Fall Schönborner‹ im *Brunnen-Discurs* auf komplizierte Weise ungelöst bleibt, bezeugt die am 12. März 1653 am gleichen Ort, vor (tendenziell) gleichem Publikum, unter vergleichbaren konfessionspolitischen Umständen[18] von Gryphius auf Eva Schönborner gehaltene Leichabdankung *Winter-Tag Menschlichen Lebens*. Zweierlei fällt auf an dieser Rede, die den *laudator* – weil »das gemeine Geschrey / welches doch selten sonder Neyd«, den »Nachruhm« der Verstorbenen einhellig verbürgt (*WML*, S. 24) – vor keinerlei Probleme stellt: die mit einigem rhetorischen Aufwand hergestellte Verbindung zu dem »funffzehn Jahr« zurückliegenden »Leichbegängnüß« auf Georg Schönborner »An. 1637. die XXIX. Decembr.« (*WML*, S. 4 mit Marginalie);[19] und die Häufung von Unstimmigkeiten, als gälte es mit impliziter Gewalt Aufmerksamkeit zu erregen. Der offensichtlichste Widerspruch zielt ins rhetorische Zentrum der Rede und betrifft die *inventio* des Titelmotivs: »Keines der aus den Umständen des Todesfalls sich ergebenden Daten (Name, Ort, Zeit, Beruf usw.) führt in diesem Fall, konfrontiert mit den *Loci*, unmittelbar«[20] auf den »Winter-Tag« als den »kürtzeste[n] Tag der winterlichen Sonnenwende« (*WML*, S. 10). Weder ist Eva Schönborner um den kürzesten Tag des Jahres geboren (sondern am 21. April) noch gestorben (sondern am 20. Februar), erst recht nicht begraben (vielmehr am 12. März, der am Ende der Rede in eschatologischer Wendung als Vorbote des nahenden »Sommer[s] des Reiches GOttes« gedeutet wird; *WML*, S. 45); auch ist sie nicht besonders jung oder unfruchtbar gestorben (sondern als vierfache Mutter mit beinahe 51 Jahren). Zwar läßt sich ihr Leben allegorisch, vermittelt über die Mühsal menschlichen Lebens überhaupt, auf den »Winter-Tag« beziehen; doch zeigt sich dessen topische Unzulänglichkeit immer da, wo spezifisch auf die Verstorbene eingegangen werden soll, am augenfälligsten in der ausgeklügelten Datierung des (über den *locus notationis* aufgerufenen) Sündenfalls »auff die rawen Tage des ausgehenden Herbsts oder angehenden Winters« (*WML*, S. 12). Denn mag sich derart auch der Winter zum Namen der Verstorbenen fügen, so paßt »[d]iese unsere erbliche Eva« mit ihren uneingeschränkt gelobten »hohe[n] Tugenden« doch wenig zu »unserer ersten Mutter / welche stat des Lebens den Tod auff uns geerbet« (*WML*, S. 10f. und 19).

Warum aber sollte sich ein rhetorisch so sorgfältig verfahrender Redner wie Gryphius solche Patzer erlauben? Den Schlüssel bieten die im Redeeingang so osti-

---

18 Vgl. *GA* IX, S. 407f., sowie Rusterholz (Anm. 6), S. 176 und 136–138 (bei Rusterholz ist das Rededatum für den *Winter-Tag* an beiden Stellen ungenau oder falsch angesetzt).
19 Gryphius appelliert an dieser Stelle ausdrücklich an die Erinnerung des (weitgehend identisch zu denkenden) Publikums an die damalige Sprechsituation.
20 Segebrecht (Anm. 4), S. 127. Der bei Segebrecht umrissene Fall ist der des *locus comparationis*, der aber letztlich doch ein *tertium comparationis* zeitigt; dazu sowie zu seiner Sonderstellung im System der *loci* ebd., S. 126–134.

nat betonten »Parallela der Sterbligkeit« (WML, S. 6). Während das zweite – der parallel zu Eva Schönborners Tod entfaltete zeitgleiche Todesfall von Gryphius' jüngstem Sohn (vgl. WML, S. 5–7) – nachdrücklich, bis an die Grenze des *decorum*, darauf hinweist, wie wenig die »Winter-Tag«-*inventio* auf die vergleichsweise langlebige Verstorbene paßt (denn »Jhre Frau Mutter hat gelebet / da mein Kind noch leben solte«; WML, S. 6), bringt das erste einen Kandidaten ins Spiel, auf den sie exakt paßt: Georg Schönborner. »Wie wol kommet über ein«, so parallelisiert Gryphius der beiden Schönborners »letzten Hintritt auß dieser Welt« im Hinblick auf die demütige Angleichung des je eigenen Sterbens an Christi Leben und Tod,

> daß Er ein par Tage vor der Freudenreichen Betrachtung der Geburt des HErrn in das Reich der Ewigkeit versetzet; gleich als hette Er in diesem Thal der Thränen keine Frewde mehr zu hoffen: und wolte durch den Todt new in den Himmel gebohren werden / umb den alldort zu finden / der Jhn zusuchen in dise Welt gebohren; Sie hergegen ein par Tage vor der zeit / in welcher die Christliche Kirche den Tod Jhres Bräutigams bejammert / unns gutte Nacht gesaget / als wenn Sie den Lebendigen nicht mehr bey den Todten zu beseufftzen / sondern unter den Unsterblichen zu grüssen / sich entschlossen! (WML, S. 3f.)

Was für ›Ihn‹ stimmt (er stirbt am 23. Dezember, »ein par Tage« vor Weihnachten), stimmt für ›Sie‹ unübersehbar *nicht* (sie stirbt am 20. Februar, Karfreitag fällt 1653 nach gregorianischem Kalender auf den 11. April, nach julianischem auf den 8.). Der Todestag Georg Schönborners ›stimmt‹ aber nicht nur in dieser christologischen Gleichung; der »23. Christmonats« gilt zugleich auch (konkurrierend mit dem Tag der »Geburt des HErrn«, dem 25. Dezember) als »der kürzeste Tag der winterlichen Sonnenwende« (WML, S. 27 und 10).[21] Als heimlicher Protagonist des *Winter-Tags Menschlichen Lebens* wird so Georg Schönborner kenntlich, dessen vom frischgebackenen *poeta laureatus* Gryphius 1637 nicht aufzulösenden ›Fall‹ die untadelige Eva Schönborner als Entlastungszeugin ein für allemal beizulegen vermag. »Wie oft hat diser Hof als eine gemeine Zuflucht und Freystad geängsteter und bekümmerter Gemütter Tag und Nacht offen gestanden«, so rühmt der Abdankungsredner ihr tätiges Engagement für Verfolgte, um sodann durch zeitliche Situierung – »als die Stad gantz in der Aschen gelegen«, »als umbher die gantze Landschafft vor dem Rasen des Kriges gezittert« – diese Aussage konfessionspolitisch zu konkretisieren, auf die Jahre 1637ff. (WML, S. 23f.). Und just an dieser Stelle (und nur hier) nennt Gryphius ›Sie‹ »diser Schöne Brunn« (WML, S. 23).

---

21 Vgl. R. P. SEBASTIANI BARRADII, OLISIPONENSIS, E SOCIETATE IESV DOCTORIS THEOLOGI, In Eborensi Academia quondam sacrarum literar. professoris, COMMENTARIA IN CONCORDIAM ET HISTORIAM EVANGELICAM. MOGVNTIAE Sumptibus HERMANNI MYLII BIRCKMANNI *Excudebat Balthasar Lippius. Cum gratia et priuileg. Sacræ Cæsareæ Maiestatis*, S. 390f., »CAPVT X. *In quod anni tempus Domini natalis dies inciderit? An in solstitium hybernum?*«

II.8.2.c Schlesiens Stern in der Nacht
Von Volker Mergenthaler

Am 10. Oktober 1649 ist Sigismund Müller »in der Stadt Görlitz zwischen 3. und 4. Vhr nach Mittage in Christo JEsu Seelig eingeschlaffen / und den 31. Octob. zu Grossen Glogaw in sein zubereitetes Ruhekämmerlein / in der Evangel. Kirchen / zum Schifflein CHristi / mit Christlichen Ceremonien beygesetzet worden«.[1] Die Leichenpredigt DULCE FIDELIS ANIMÆ REFRIGERIUM hielt der Geistliche Caspar Knorr.[2] Müllers »Ruhekämmerlein« indes verdient angesichts des für die letzte Ruhe ausersehenen Ortes seinen Namen kaum: Gut sechs Jahre vor seiner Beisetzung erst, »im Mai 1643«, ist der lutherischen Gemeinde Glogaus »ein verwüstetes Haus am Ringe« als Kirche, »das Schifflein Christi« genannt, zur Verfügung gestellt worden. Zwei Jahre später, »[n]achdem im Westphäl. Frieden die Bewilligung zum Bau einer K. v o r Glogau verheißen war ›sobald man darum bitten würde,‹ ward 1651 am 3. Febr. das Schifflein Christi geschlossen, alles Kirchenvermögen weggen. u. die beiden Geistl.«, »Past. Pürscher u. Diac. Knorr«, »mußten nach Gramschütz ziehen«.[3] Von Beginn an, seit Maximilian II. 1564 erstmals einen lutherischen Gottesdienst in Glogau zuließ, bestimmt die Suche nach einem verläßlich und dauerhaft zugesicherten Kirchengebäude die Geschichte der Gemeinde. Und das Problem verschärft sich, als Schlesien zum Schauplatz des Dreißigjährigen Krieges wird: 1628 verliert die Gemeinde ihre seit gut zwei Jahrzehnten genutzte Kirche, vier Jahre später erhält sie sie vom schwedischen General Arnheim wieder zurück, allerdings nur bis 1634. Bis 1643, so verzeichnet die Chronik, findet der »ev. Gottesdienst im [...] Schul- u. [...] im Tanzhause« statt.[4]

---

1 DULCE FIDELIS ANIMÆ REFRIGERIUM. Einer Gläubigen Seelen Kräfftiges Labsal / Auß der I. Epistel Petri c. i. v. 3. usque ad v. 9. Bey Christlicher / Volckreicher und Ansehnlicher Leichbestattung Des Wol-Edlen / Gestrengen / Mannhafften und Hochgelahrten Herren SIGISMVNDI MVLLERI Jhr Königl. May. und Cron Schweden / im Herzogthumb Schlesien bestallten Ober-Kriegs Commissarij, Welcher nach geschlossenen Tractaten auff der Rück-Reise von Nürnberg d. 10. Octobr. S. N. war der 19. Sontag nach Trinit. in der Stadt Görlitz zwischen 3. und 4. Vhr nach Mittage in Christo JEsu Seelig eingeschlaffen / und den 31. Octob. zu Grossen Glogaw in sein zubereitetes Ruhekämmerlein / in der Evangel. Kirchen / zum Schifflein CHristi / mit Christlichen Ceremonien beygesetzet worden. Betrachtet / und auff begehren zu Papier gebracht von CASPARO CNORRIO, der Evangel. Gemeinde Augspurgischer Confession zu Glogaw Diac. Jm Jahr M DC XLIX. Jn Lissa bey Daniel Vettern.
2 Zu Caspar Knorr vgl. ausführlich ↗ Kap. II.8.2.j zum *Abend Menschlichen Lebens*.
3 [David Ludwig] Köhler: Kirchen-Kreis Glogau. In: Statistik der Evangelischen Kirche in Schlesien, verfaßt von F[riedrich]. G[ottlob]. E[duard]. Anders, drittem Pastor am Schifflein Christi in Glogau, ordentl. Mitgl. des Vereins für Geschichte und Alterthum Schlesiens. Glogau 1848. Verlag von Hugo Wagner, S. 360–387, hier S. 360f. Ausführlich hierzu Jörg Deventer: Gegenreformation in Schlesien (2003) [145], S. 106–135, 146–155 und 213–220.
4 Köhler (Anm. 3), S. 360.

Die »Kriegs Troublen«[5] waren es auch, die den in der »Memoria Piè defuncti« festgehaltenen Lebensweg Sigismund Müllers bestimmt haben.[6] Müller wurde 1612 »im Städtlein Primbkenaw 3. Meilen von Glogaw gelegen«[7] geboren. Er ist »anfangs in Patria zur Schulen«[8] gegangen, später auf das »Gymnasium zu Beuthen«, bis 1628 »die unseelige Reformation [d.i. die Gegenreformation; V.M.] das Land Schlesien auch ergriffen« und zur »dissipirung der Professoren und Scholaren«[9] geführt hatte. 1630 hat Müller sich »auff die Universitet nacher Franckfurt an der Oder begeben«, wo er »continuirlich 3. Jahr zugebracht«.[10] Vom Plan der »peregrination und erlernung frembder sprachen« im Ausland mußte er indes zurücktreten, »weiln wegen der in gantz Deutschland und sonderlich auch im Lande Schlesien damahln brennenden Kriegesflammen / Er keine mittel von hause haben können«.[11] Statt dessen ließ er sich »bey dem Churfürstlichen Brandeburgischen Rathe / und Newmärckischen Cantzlern / Herren Joachim von Köckeritz in Cüstrin zu seines Sohnes Ephoro [...] bestellen«[12] und ging Anfang 1636 zurück nach Frankfurt an der Oder, um an der Universität Kollegien zu halten. Noch im selben Jahr trat er in die Dienste des katholischen »Freyherren von Sprintzenstein in Schlesien«, wurde 1637 Syndikus der Stände des Kreises Grünberg, mußte das Land aber verlassen, als Ende 1639 »die Stallhansische Armee, ins Fürstenthumb Glogaw kommen«.[13] Als er, so schließt Knorr seine Darstellung des Lebensweges,

> gesehen / daß die Kriegs Troublen schwerlich so bald zu stillen seyn / sein liebes Vatterland aber darüber zugrunde gehen würde / hat Er sich endlich resolviret, togam cum sago zu conjungieren, und Anfangs die Secretariat stelle / bey dem Schlesischen Kriegs Estat, welche Jhm von dem damahligen Kriegs und Assistentz Rathe (Tit.) Herrn Nicodem Lilienstrom auffgetragen worden / acceptiret, welcher Charge Er denn auch so lange vorgestanden / bis hierauff bemeldter Herr Lilienström gefangen worden / da er Jhn dann / wie auch hernachmals der Herr General Stallhans zu den Commissionibus bellicis in Schlesien gebrauchet / bis Jhm endlich von des Herrn Feld-Marschalles Torstensohnes Excell. das Ober-Commissariat in Ober und Nieder Schlesien auffgetragen worden.[14]

---

5   Knorr (Anm. 1), S. 61.
6   Vgl. ebd., S. 56–67.
7   Ebd., S. 56.
8   Ebd., S. 57.
9   Ebd., S. 58.
10 Ebd., S. 59.
11 Ebd.
12 Ebd.
13 Ebd., S. 60.
14 Ebd., S. 61.

Seine letzten Dienstgeschäfte führen den Ober-Kriegskommissar[15] Sigismund Müller nach Prag und zum Nürnberger Exekutionstag.[16] Er stirbt, wenige Tage nachdem mit dem kaiserlich-schwedischen Interimsrezeß ein wichtiger Fortschritt in der Friedenssicherung erzielt und am 25. September 1649 mit dem Nürnberger Friedensmahl festlich begangen worden ist.

Eben diese Koinzidenz zweier Schwellensituationen, des Übergangs vom Krieg zum Frieden und desjenigen vom Leben zum Tod, stellt Andreas Gryphius ins argumentative Zentrum seiner bisher noch nicht eingehend untersuchten[17] Leichabdankung *Schlesiens Stern in der Nacht*. »Der Hochansehnlichen Versammlung« der Trauernden »vorgestellet« wurde sie dem Titelblatt des Einzeldruckes von 1649 (*SSN*) zufolge während der Beisetzung Müllers, »als dessen erblichener Cörper in seine Ruhe-Kammer versetzet« worden ist.[18] An diesem 10. Oktober 1649 hätte es für die Zuhörer der Rede noch keiner allzugroßen Anstrengung bedurft, sich die »trübseligen zeiten« (*SSN*, fol. A^r) in Erinnerung zu rufen, da sie der in »gantz Deutschland« und in Schlesien zumal »noch wehrende[n] noht« unschwer abzulesen waren (*SSN*, fol. A^v). Gryphius spricht sie gleichwohl an, und zwar in einer Ausführlichkeit, die vermuten läßt, daß die geschichtlichen Rahmenbedingungen nicht nur kurz benannt, sondern in der Vorstellung der Rezipienten umfassend evoziert werden sollten:

---

15 Zu Stellung und Aufgaben eines Ober-Kriegskommissars vgl. Grosses vollständiges *UNJVERSAL-LEXJCON* Aller Wissenschafften und Künste, Welche bishero durch menschlichen Verstand und Witz erfunden und verbessert worden. [...] Fünf und Zwantzigster Band, O. Leipzig und Halle, Verlegts Johann Heinrich Zedler. 1740, Sp. 54f. s.v. ›Ober-Commissarius, oder Ober-Kriegs-Commissarius‹; außerdem Grosses vollständiges *UNJVERSAL-LEXJCON* Aller Wissenschafften und Künste, Welche bißhero durch menschlichen Verstand und Witz erfunden und verbessert worden. [...] Funfzehender Band, K. Halle und Leipzig, Verlegts Johann Heinrich Zedler. ANNO 1737, Sp. 1905–1909 s.v. ›Kriegs-Commissarius‹.
16 Vgl. hierzu ausführlich Antje Oschmann: Der Nürnberger Exekutionstag 1649–1650. Das Ende des Dreißigjährigen Krieges in Deutschland. Münster 1991.
17 Eine Einzelanalyse von *Schlesiens Stern in der Nacht* ist in den einschlägigen, in die Bibliographie aufgenommenen Findmitteln nicht verzeichnet. Punktuell gehen auf die Abdankung u.a. ein: Hans-Jürgen Schings: Die patristische und stoische Tradition (1966) [939], S. 69f. (zur Bacon-Rezeption), S. 101 (zum allegorischen Verfahren), S. 134 (zum Kriegshintergrund); Maria Fürstenwald: Dissertationes Funebres (1967) [838], S. 31f. (zum allegorischen Verfahren), S. 118f. (zum Stellenwert idealen menschlichen Verhaltens); Osamu Kutsuwada: Versuch über »Dissertationes Funebres« (1969) [840], S. 485f. (zur Emblematik); Derek Jensen: The Science of the Stars in Danzig from Rheticus to Hevelius. Diss. San Diego 2006, S. 100–103 (zu den sternkundlichen Implikationen).
18 Die Gedenkausgabe (Herzog August Bibliothek Wolfenbüttel, Sammlung Stolberg, Nr. 17023) umfaßt die von Caspar Knorr gehaltene »Christliche Leich-Predigt« (S. 1–56), die »Memoria Piè defuncti« (S. 56–67), zwei lateinische Zitate (aus Justus Lipsius' selbstverfaßter Grabschrift und Senecas Trostschrift *Ad Polybium*) samt deutscher Übersetzung (S. [68] und [69]), Gryphius' Leichabdankung (S. [71]–[100]) sowie sieben Epicedien (S. [101]–[106]).

> [W]ir stellen nun der grossen welt dieses grande patientiæ documentum [...] dreyssig und ein jahr vor / die in dem anfang dieses sturms blühende Manschafft ist längst in die gräber verscharret / die damals erwachsene sind nuhmehr mit grawen haaren verstellet / wo man auch noch jrgend greise Haupter sihet / weil ja der Kummer / wenig ihr funfzigstes jahr erreichen lassen. Wir unter wehrender angst gebohrene haben den besten theil der jahre Grande mortalis ævi Spatium in dieser nacht verlohren. Jn dieser nacht sage ich / welche voll verwirrung / unordnung und schrecken / in welcher feind vor freund / und freund vor Feind verkennet / in welcher wir bey den Flammen der verlodernden Städte / welche wir mit bürgerlichem blutt geleschet / nichts als leichen / mord und grauß / und an Mütterlichen brüsten verschmachtende kinder / auff väterlichem leichnam geschändete Jungfrawen / ja auff ihren Altaren ermordete Prister schawen können. (*SSN*, fol. A2^r–A2^v)

Was hier allem Anschein nach noch wie beiläufig geschieht, daß der Krieg zwei Mal unmittelbar hintereinander als »Nacht« angesprochen und somit in eine Metapher überführt wird (*Schritt 1*), bildet den Ausgangspunkt der komplizierten Argumentation.[19] Der nächste Schritt besteht in einer subtilen Ausdifferenzierung, einer Bedeutungsanreicherung und -verschiebung der Nachtmetapher. »Dieses tunckel« habe man sich nicht als undifferenziertes Einerlei vorzustellen; es sei vielmehr »nie so heftig gewesen daß nicht dadurch etliche vornehme lichter geschittert haben solten« (*SSN*, fol. A2^v) (*Schritt 2*), womit die Rede vom Krieg als Nacht moralisch aufgeladen wird (*Schritt 3*). Der nächste Schritt fungiert gleichsam als Kameraschwenk vom geschichtlichen Ereignis des Krieges, von der »nacht« mit »vornehme[n] lichter[n]«, zum physikalischen Nachthimmel (*Schritt 4*) und soll klären helfen, ob besagte »lichter« sich den finsteren Zeiten erst verdanken oder im »tunckel« des Kontrastes wegen nur besonders gut zur Geltung kommen, ob also der moralische Vorbildcharakter einzelner Zeitgenossen als Effekt des Krieges anzusprechen sei oder unter den Bedingungen des Krieges nur schärfer hervortrete: »Dem himmel mangelts niemals an sternen / doch werden dieselbigen bey hellem tage nicht gesehen / und bey heyteren nächten weniger unterschieden« (*SSN*, fol. A3^r). Sobald aber – nächster, die Sterne nach Maßgabe ihrer Strahlkraft nun hierarchisierender Schritt (*Schritt 5*) – »die erden mit wolcken umbhüllet« ist, »verschwinden gleichsam die kleinern und nebelichten gestirne / die grösseren hergegen / stehen allein / und scheinen annehmlicher durch die schwärtze der Finsternuß« (ebd.). Fast ein Fünftel der Abdankung ist bereits gehalten, als Gryphius das freilich nur unzureichend verschleierte Telos dieser sprachlichen Operationen mitteilt: »Ein solcher hell-leüchtender und hervorbrechender Stern hat dem betrübten Vaterland in seiner nacht gedienet / welcher nun bey auffgehender / morgenrötte des Friedens / untergehet / [...] Sigismund Müller, welchen ich nicht ohn ursach nennen mag einen recht Himlischen Stern« (ebd.). In einer weiteren metaphorischen Operation

---

[19] Knappe Zusammenfassungen der Argumentation liefern Fürstenwald (Anm. 17), S. 31f., und Kutsuwada (Anm. 17), S. 485f.

(*Schritt 6*) wird der Verstorbene in die bis dahin etablierte Ordnung eingesetzt[20] und zugleich das im Titel der Leichabdankung entworfene Bildsystem – *Schlesiens Stern in der Nacht* – komplettiert und konkretisiert.

Fortan steht, wie die semantische Verschiebung des Epithetons ›himmlisch‹ vom zunächst eingeführten Feld der Physik auf dasjenige der Metaphysik (*Schritt 7*) deutlich macht, nichts Geringeres zur Disposition als das Seelenheil des Verblichenen und – daran geknüpft – die *consolatio* der Hinterbliebenen. Was für die Sterne gelte, daß sie »himlischen wesens« sind, gelte (*Schritt 8*) geradeso für »des Menschen Seele«, über die »man nicht weniger streits geführet« und doch habe »bekennen müssen / das sie nicht irdisch / sondern himlisch« (*SSN*, fol. A3ʳ–A3ᵛ) sei. Zwar folgt die Abdankung mit ihrem konsolatorischen Anliegen der rhetorischen Genrekonvention, doch bescheidet sie sich hierfür weder mit einer in das kollektive Gedächtnis sich einschreibenden »Würdigung der Verdienste Sigismund Müllers«[21] noch damit, die Trauergesellschaft zu versichern, daß »der Seligst-Verstorbene [...] mit der Welt gestritten, [...] ihren Unwert richtig gesehen«, »das Ewige« gesucht und sein Abscheiden daher freudig begrüßet habe.[22] Auch geht es ihr nicht nur darum, bei den »Zuhörer[n]« selbst »die ›Sehnsucht nach der Ewigkeit‹ hervorzurufen«.[23] Die Abdankung sucht vielmehr, und zwar auf der Basis des kunstvoll eingeführten leitenden Bildsystems, im Modus poetischen Sprechens für die Trauernden sicherzustellen, sinnlich evident zu machen, daß die Seele des Verstorbenen ins Reich Gottes eingegangen ist. Mit dieser Zielsetzung verläßt die Abdankung ihr angestammtes Terrain, rührt an Problemkreise, die in das Aufgabengebiet eines Geistlichen, nicht aber in dasjenige eines Laien fallen; *Schlesiens Stern in der Nacht* betritt – und über-

---

20 Leitend mag hierfür die in Ciceros *Somnium Scipionis* entfaltete (ihrerseits auf Platons Pamphylier Er zurückgehende) Ordnung gewesen sein: Tugenden, allen voran Verdienste um das Vaterland, stellen einen Platz im Himmel in Aussicht, im Kreis der bereits verstorbenen Tugendhaften, die als Gestirne am Himmel stehen. Vgl. *M. T. Ciceronis ex sexto libro De Republicâ SOMNIUM SCIPIONIS Latino-germanicum & Macrobij, Ludovici Vivis, & Hieronymi VVolffii Commentariis, Et inprimis ex CL. & de re literariâ meritissimi Viri Dn. M. Johannis Friderici, Professoris Academici Dictatis publicis sic illustratum, Ut elegantioris literaturæ studiosis magnam philosophicæ eruditionis copiam polliceri possit, Editum operâ & studio M. JOHANNIS RHENII. Cum Privilegio Sac. Cæs. Majest. & Sereniss. Elect. Saxon. LIPSIÆ, Sumptibus hæred. Zachariæ Schüreri, Matthiæ Götzij, & Friderici Lanckisch Excudebat Fridericus Lanckisch. An. 1630*, S. 5–8 (Kap. 13–16).
21 Sibylle Rusterholz: Rostra, Sarg und Predigtstuhl (1974) [842], S. 178. Vgl. hierzu auch Klaus Manger: Nekrolog als Biographie. Lohensteins Rede von 1679 auf Hofmannswaldau. In: Biographie zwischen Renaissance und Barock. Zwölf Studien. Hg. von Walter Berschin. Heidelberg 1993, S. 277–309, hier S. 290: »Indem des Verstorbenen gedacht wird, lebt sein Erinnerungsbild auf, und er tritt in den Raum der Geschichte. Aus dem Vollzug dieses Übergangs lebt der Nekrolog. Es ist ein ritualisierter, feierlicher Akt [...].«
22 So argumentiert Fürstenwald (Anm. 17), S. 119. Die Argumentation folgt derjenigen der Leichenpredigt Knorrs (Anm. 1).
23 Kutsuwada (Anm. 17), S. 487.

schreitet – auf diese Weise selbst eine Schwelle, diejenige zwischen profaner Erinnerungsarbeit und religiöser Heilsversicherung, zwischen kommemorativem und soteriologischem Auftrag.[24]

Mit den folgenden Ausführungen sucht die Abdankung ihre zentrale Behauptung zu untermauern, den Beweis dafür anzutreten, daß sie Sigismund Müllers Seele nicht »ohn ursach« einen nun nicht mehr nur im physikalischen, sondern zudem im metaphysischen Sinne »Himlischen Stern« nennt. Diese transzendente Qualität komme ihr (*Schritt 9*) aufgrund der zahlreichen Tugenden zu,[25] die an Sigismund Müller »gefünckelt als in einem Vortrefflichen Stern« (*SSN*, fol. A4[r]).[26] In moralischer Hinsicht rage der Verstorbene aus der »menge der Menschen« heraus wie die mit Eigennamen ausgezeichneten »vornehmere[n] Sterne[]« aus der Vielzahl der Mitte des 17. Jahrhunderts bekannten oder spekulativ gesetzten Himmelskörper (*SSN*, fol. A4[v]). Dies plausibel zu machen, bedurfte es im Falle Müllers, der »bey frembden und Feinden« (*SSN*, fol. B2[v]), in schwedischen wie in katholischen Diensten gestanden hatte, offenbar eines größeren, nahezu ein Viertel der ganzen Abdankung einnehmenden argumentativen Aufwandes.[27] Obwohl er für »des vaterlandes Feinde[]« (*SSN*, fol. B2[r]) tätig war – zu denen die Glogauer Protestanten freilich auch die schwedische ›Schutzmacht‹ zählen mußten, unter der »unterschiedslos geraubt und gebrandschatzt wurde«[28] –, habe der zuletzt in schwedischen Diensten stehende Sigismund Müller doch als »wirckende[r]« (*SSN*, fol. B3[r]), »gutthätiger« (*SSN*, fol. B3[v]), »[s]iegreicher Stern« (*SSN*, fol. C2[r]), soweit irgend möglich, Gryphius wird dies zu betonen nicht müde, »dem vaterland zu nutz« (*SSN*, fol. B2[r]) gehandelt, »seinem in angst schmachtenden Vaterland […] zu hülffe kommen wollen« (*SSN*, fol. B4[r]–B4[v]), sich nach Kräften »für des Vaterlandes Heil« (*SSN*, fol. B4[v]) eingesetzt, »seinem Schlesien die vortheil [zu] erhalten […] embsig gesuchet« (*SSN*, fol. C[r]). Er heißt daher, es wird zwar nicht ausgesprochen, gleichwohl aber mit Nachdruck suggeriert, nicht nur »Stern«, sondern mit Fug und Recht eben »Schlesiens Stern«. Vor diesem Hintergrund gewinnt die Rede von der »Nacht« freilich einen subtilen Doppelsinn, da mit ihr nicht mehr nur der durch den Friedensschluß endende Krieg

---

24 »Von der Leichenpredigt unterscheidet sich die Trauerrede durch Form und Intention. Der barocke Redner ist nicht – wie der Pastor – ein Exeget der Heiligen Schrift, sondern er ist ein ›interpres publicae tristitiae‹, ein ›Dolmetscher der allgemeinen Trauer‹.« Maria Fürstenwald: Zur Theorie und Funktion der Barockabdankung (1975) [839], S. 377. »Potenzierten Schwellencharakter« in diesem Sinne attestiert der »Gattung Leichabdankung« bereits Nicola Kaminski: Andreas Gryphius (1998) [122], S. 205.
25 Zur Bedeutung des »Ideal[s] menschlichen Verhaltens« in den Trauerreden von Gryphius vgl. Fürstenwald (Anm. 17), S. 119.
26 Vgl. hierzu bereits Jensen (Anm. 17), S. 100–103.
27 Vgl. hierzu bereits Rusterholz (Anm. 21), S. 177, die davon ausgeht, daß Müller »starken Anfeindungen von Seiten der eigenen Landsleute und Glaubensbrüder ausgesetzt« war.
28 Deventer (Anm. 3), S. 234.

gemeint ist, sondern zugleich auch die »Mitternächtische[n] völcker«[29] (*SSN*, fol. A^v), deren Abzug aus Schlesien 1649 zwar noch nicht erfolgt,[30] im Friedensvertrag aber festgelegt war. »Schlesiens Stern in der Nacht« heißt Sigismund Müller vor diesem Hintergrund also auch, weil er, obschon im Dienst der »Mitternächtische[n] völcker« stehend, ein »Jnländischer Stern« (*SSN*, fol. B4^r) geblieben ist, sich als »Nordstern« (*SSN*, fol. C^v) von der schwedischen ›Mitternacht‹ signifikant abgehoben und »seinem Vaterland« wertvolle »hülffe [...] geleistet« hat (*SSN*, fol. B4^r). Gryphius gelingt es so, Sigismund Müllers in schlesischer Perspektive als Makel zu bestimmendes Engagement in schwedischen Diensten als Anwalt des Verstorbenen aufzuwerten, es in der Logik des für seine Rede ausgewählten, zu dieser Zeit durchaus noch nicht topischen Bildsystems[31] mit gleichsam physikalischer Notwendigkeit als vorbildliches Handeln zu interpretieren.

So zahlreich »tugenden« an Sigismund Müller »gefünckelt« (*SSN*, fol. A4^r) und ihn als moralisches Musterbeispiel, als Orientierung stiftenden »Nordstern« haben erscheinen lassen, er war, wie Gryphius gegen Ende seiner Abdankung unterstreicht, »ein Mensch und Menschlichen fehlern unterworffen« (*SSN*, fol. C4^r). Dieser Sachverhalt tut der allegorischen Konsistenz der Rede von *Schlesiens Stern in der*

---

[29] Diese Verknüpfung findet sich z.B. in: Der Mitternächtige Post-Reuter / Vnd seine vnvergreiffliche fünfffache Post- vnd Schrifft-Zeitung. Auch Jubel-frewdiges Religions-Gespräch. Die I. Frewden-Post / Aus Vsedom gegen Strahlsund / auffs Evangelische Jubel-Fest / Vom 25. 26. vnd 27. Junii / Anno 1630; Ein Löw aus Mitternacht / Jer. 4. v. 7. c. 5. v. 6. c. 6. v. 1. c. 50. v. 44. In: Des Mitternächtigen Post-Reutters Adeliches vnnd Vntadeliches dreyfaches Paßport / Darinnen seine bißher vnterschiedliche abgelegte Frewdenposten Mit mehr als hundert vnd zwantzig / Theils vhralten vber drey tausend Jährigen: theils alten etlich hundert Jährigen: theils aber gantz spannewen / vnd fast Weltkündigen göttlichen Weissagungen vnd Wunder-Zeichen ausführlich beglaubt vnd bestärket werden. Gedruckt in der erlöseten Magdeburg / *Anno, quo* Leo SeptentrIonaLIs, VerItatIs VInDeX, Iò trIVMphat!, S. 75–78. Zu dieser Topik vgl. außerdem in zeitlicher Nähe zu Gryphius' Abdankung Harsdörffers *Poetischen Trichter*: Prob und Lob der Teutschen Wolredenheit. Das ist: deß Poetischen Trichters Dritter Theil / begreiffend: I. Hundert Betrachtungen / über die Teutsche Sprache. II. Kunstzierliche Beschreibungen fast aller Sachen / welche in ungebundner Schrifft-stellung fürzukommen pflegen. III. Zehen geistliche Geschichtreden in unterschiedlichen Reimarten verfasset. Zu nachrichtlichem Behuff Aller Redner / Poëten / Mahler / Bildhauer und Liebhaber unsrer löblichen Helden Sprache angewiesen / durch Ein Mitglied der Hochlöblichen Fruchtbringenden Gesellschaft. Nürnberg / Gedruckt bey Wolfgang Endter / dem Aeltern. M DC LIII, S. 347, Nr. 306 (»Mitternacht«): »Die Mitternächtischen Landschafften bildet man durch einen grossen Kriegsmann / trotziges Angesichtes / in vollem Harnisch mit halbausgezogenem Gewehre [...].«

[30] Der Rückzug der Schweden erfolgte in der zweiten Hälfte des Jahres 1650.

[31] Zur Topik des Krieges vgl. Harsdörffer (Anm. 29), S. 298–301. Weder die »Beschreibung« (S. 299) noch die Hinweise auf die Darstellungsformen des Krieges stellen eine Verbindung zur Nacht her. »Der Krieg wird« vielmehr »gebildet durch einen tapfern Mann (oder eine Furiam) mit gläntzenden und blutbetrieffenden Waffen angethan. Das Gewand / oder der Harnisch-Schurtz ist rot / in der Hand einen Spieß / oder eine brennende Fackel. Jn dem Schild ein Wolffskopf führend / sitzend auf einem tapfern Pferd« (S. 301).

Nacht indes keinen Abbruch – im Gegenteil, die Verknüpfung wird argumentativ gestützt, da »man auch flecken in der reinesten Sonnen findet«, da die »Sternen [...] nicht ohne tadel« sind, »wenn sie das schärffeste Auge der Göttlichen Gerechtigkeit durchsihet« (ebd.). Gleichwohl überstrahlt das Licht der Gestirne, auch wenn sie »vol dunckeler und schwartzer maale«, »voll tieffen und höhen« sind, die jeweiligen »unvolkommenheiten« geradeso, Gryphius bleibt auch hier unbeirrt im leitenden allegorischen Bildsystem, wie »vortreffliche tugenden [...] grosser Leute geringe mängel [bedecken]« (*SSN*, fol. C4ᵛ). Beschlossen wird die so gelehrte[32] wie poetisch raffinierte ›Beweisführung‹ mit einem Hinweis auf die Vergänglichkeit nicht nur des Menschen, sondern auch der Sterne, deren einige »gantz verschwunden / wie wir an der Cassiope, dem Schwan und dem fuß des Schlangenträgers jnnen worden« (ebd.). Ihr Verschwinden ist allerdings nicht von Dauer, da der »Allgewaltige« die »Lichter« zwar »dahin[reisset]«, die menschlichen wie die stellaren, »dieselben« aber »unversehens widerkommen / weil jhr glantz doch nur von jhm herrühret« (*SSN*, fol. C4ᵛ–Dʳ).

Seine Überzeugungskraft bezieht dieses Verfahren aus der Stichhaltigkeit der einzelnen, aneinandergereihten Äquivalenzen, wobei weder die Rede über die Sterne noch diejenige über Sigismund Müller und die Menschen im allgemeinen befremdlich wirkt. Gryphius arbeitet, wenn er über die »menge der Menschen« und die »menge« der Sterne (*SSN*, fol. A4ᵛ) oder über beider »verschw[i]nden« (*SSN*, fol. C4ᵛ) spricht, wenn er der Oberfläche von Himmelskörpern und dem Verhalten des Verstorbenen »mängel«, »tieffen und höhen« (ebd.) attestiert oder die Zeit des Krieges wie den nächtlichen Himmel als »finsternus« (*SSN*, fol. Dʳ) und »tunckel« (*SSN*, fol. A2ᵛ) bezeichnet, mit Abstrakta und Metaphern, die für die Charakterisierung beider Gegenstände durchaus gebräuchlich sind. Die wenigen den üblichen Sprachgebrauch überschreitenden Zuschreibungen, wie z.B. die Rede von den »Sternen«, die wie die Menschen auch »nicht ohne tadel« (*SSN*, fol. C4ʳ) seien, fallen vor dem Hintergrund der Plausibilität der gesamten Ordnung kaum ins Auge.

Mit dieser letzten, das Verschwinden von Sternen mit demjenigen Müllers parallelisierenden Volte spielt Gryphius die konsequent Äquivalenz an Äquivalenz reihende Engführung von Stern und Mensch wieder in den Bereich der Metaphysik und bereitet dem entscheidenden Auferstehungsargument und damit dem konsolatorischen Anliegen den Boden:

> Die Sternen verlieren sich oft gegen Morgen / wenn sie die nacht über geschienen. Seeligste Seele! der Allerhöchste nimmt dich bey dem anbruch der Morgenröte des Friedens dahin / und lässet dich die ruhe / die du uns mit erwerben müssen / nicht geniessen / weil dir der Frie-

---

32 Fürstenwald (Anm. 17), S. 99, attestiert den Gryphiusschen Leichabdankungen den Gestus eines »*versachlichenden Lehrbeweis[es]*«.

den dieser Erden zu geringe und GOtt dir eine mehr sichere Lust als uns bereitet. Bisweilen gehen die Sterne unter mit dem aufgang der nacht / wer kan wissen was für eine finsternus noch über uns verhangen! was für eine Barbarey noch dieses Land bedecken sol! weil bey dem hinfall vortrefflicher Leute nichts als unordnung und schrecken zu fürchten. Die Sternen werden auch für unsern Augen verborgen / wenn sie der Sonnen Cörper zu Nahe kommen. Du bist nun / Wehrteste Seele / bey dem wahren Licht / bey der Sonnen des Lebens / mit welcher du mehr und mehr vereiniget wirst / bis zu dem anbruch des grossen Tages / in welchem du deinen Leib / nach abgelegter last der sterbligkeit und aller unvolkommenheiten wieder annehmen wirst / welcher in ewiger verklärung ohne untergang mit dir leuchten wird / heller als die Sternen / unauffhörlich.

Vnterdessen legen wir den rest deines Cörpers / deine erstarrete und verwesende Leichen / in diese noch von dem in grauß-verfallenen Vatterland / übrige grüfft / und wündschen / das sie in derselben sicher liege / bis sie durch die Posaun der Engel / zu der newen herligkeit hervor geruffen werde. Wir behalten deine Gebeine statt deiner / den wir gantz und lebend bey uns begehret / weil du zwar dir und deinem Lob / nicht aber dir und den deinigen genug gelebet. (*SSN*, fol. D^r–D^v)

Sigismund Müllers »Seeligste Seele« ist »unsern Augen verborgen« – der ›Stern‹ ist nicht verschwunden, nicht erloschen, sondern, so lautet das Argument, den Sinnen lediglich entzogen. Damit nimmt Gryphius das eingangs erwähnte Motiv vom »Himlischen Stern« Sigismund Müller neuerlich auf, »welcher nun«, nach der »Nacht« des Krieges und angesichts des bevorstehenden Abzugs der »Mitternächtische[n] völcker« (*SSN*, fol. A^v) aus Schlesien, »bey auffgehender morgenröte [...] untergehet« (*SSN*, fol. A3^r). Am Ende der Abdankung wird dieses Untergehen zunächst physikalisch bestimmt: »Die Sternen werden auch für unsern Augen verborgen / wenn sie der Sonnen Cörper zu Nahe kommen« (*SSN*, fol. D^r). Im nächsten Schritt wird dieser Vorgang auf das Feld der Metaphysik verschoben: Die durch die Abdankung mühevoll als himmlischer Stern etablierte Seele Sigismund Müllers ist den Sinnen der Trauergemeinde entzogen, weil sie sich »dem wahren Licht / [...] der Sonnen des Lebens«, dem »Allerhöchste[n]« angenähert und mit ihm »mehr und mehr vereiniget« hat (ebd.). Folglich hätte Sigismund Müller aufgrund seiner vorbildlichen Lebensführung und seiner Verdienste im politischen wie im privaten Bereich nicht nur »einen unsterblichen Namen [...] bekommen«, »Ewiges Gedächtnüs bey seinen nachkommen« erreicht (*SSN*, fol. B^v), ihm wäre nicht nur eine profane, gleichsam relative ›Unsterblichkeit‹ im kollektiven Gedächtnis Schlesiens,[33] sondern darüber hinaus das ewige Leben im emphatisch-heilsgeschichtlichen Sinne verheißen. Gry-

---

33 Diese Form der ›Unsterblichkeit‹ wird als kommunikatives Gedächtnis durch die mündliche Überlieferung und durch die im »Gemüt« der Hinterbliebenen errichteten »denckzeichen« (*SSN*, fol. D^v) gesichert. Im kulturellen Gedächtnis wird sie durch die Leichenpredigt, »Memoria Piè defuncti«, Abdankung und mehrere Epicedien versammelnde Gedenkausgabe (vgl. oben Anm. 18) erzielt. Manger (Anm. 21), S. 290, bezeichnet dies als Eintritt »in den Raum der Geschichte«. Vgl. hierzu auch Kaminski (Anm. 24), S. 203f.

phius' Leichabdankung geht daher über eine bloße »Würdigung der Verdienste Sigismund Müllers«[34] weit hinaus; Würdigung ist nicht Ziel der Rede, sondern Mittel zum Zweck. Und sie tritt in Konkurrenz zur autorisierten geistlichen Rede Caspar Knorrs, der die Trauer der Hinterbliebenen zu zerstreuen sucht, indem er die Seele des Verstorbenen kraft seines Amtes dem Schöpfer überantwortet, dem Verstorbenen und damit zugleich auch den noch lebenden Trauernden den Gnadenstand in Aussicht stellt:

> Nun wie es dem HErren gefallen / also ist es geschehen / der Nahme des HErren sey gelobet. Der Vatter der Wäysen und GOtt des trostes versorge die Vatter und Mutterlosen Wäysen / er tröste sie / die Frawen Schwestern und Freunde kräfftiglich / er lasse den Leib der Erden anvertrawt / wol ruhen / erwecke Jhn am tage alles fleisches herrlich / und verleyhe uns allen / wenn es sein gnädiger wille seyn wird / ein seeliges Ende / AMEN.[35]

Welcher Stellenwert, welche Überzeugungskraft aber kommt der von Gryphius ohne die Autorität des geistlichen Amtes vorgetragenen Behauptung zu? Von entscheidender Bedeutung ist hierfür zum einen der von Gryphius für die Erlösung angegebene Zeitpunkt: »Du bist *nun* / Wehrteste Seele / bey dem wahren Licht / bey der Sonnen des Lebens« (*SSN*, fol. D^r; meine Hervorhebung); zum anderen die Frage, in welcher Relation zeitliche Verortung und konsolatorisches Sprechen stehen, ob eine bloße Koinzidenz von Rede und Geschehen vorliegt oder Kausalität. Eine solche Ambivalenz liegt vor, weil »im deutschen [...] neben den temporalen begriff auch ein causaler getreten« ist,

> *indem* nun *mit seiner andeutung der gegenwart auch einen zusammenhang mit dem vorausgehenden oder vorausgesetzten verbindet und auf diese weise aus dem temporalen adverb der gegenwart zu einem adverb und bindewort der zeitfolge und der ursächlichkeit sich erweitert, da in der sprache häufig die zeitverhältnisse als verhältnisse von grund und wirkung aufgefaszt werden [...].*[36]

---

34 Rusterholz (Anm. 21), S. 178.
35 Knorr (Anm. 1), S. 67.
36 Deutsches Wörterbuch von Jacob Grimm und Wilhelm Grimm. Bd. 13. Leipzig 1889, Sp. 982–995 s.v. ›nun‹, hier Sp. 983. Daß das Adverb ›nun‹ »eine kausale Bedeutung angenommen hat« und »in dieser Bedeutung schon im Gothischen« gebraucht worden sei, legt Karl Ferdinand Becker: Ausführliche deutsche Grammatik als Kommentar zur Schulgrammatik. Zweite neubearbeitete Ausgabe. Bd. 1. Frankfurt a.M. 1842, S. 391, dar. Ein zeitgenössischer Nachweis für den kausalen Gebrauch von ›nun‹ findet sich in Kaspar Stielers *Teutschem Sprachschatz*: »Als nu / cum, postqvam. Da nu / wenn nu / wo nu / wofern nu / qvando, si igitur. [...] Nu dann / postqvam itaqve.« Der Teutschen Sprache Stammbaum und Fortwachs / oder Teutscher Sprachschatz / Worinnen alle und iede teutsche Wurzeln oder Stammwörter / so viel deren annoch bekant und ietzo im Gebrauch seyn / nebst ihrer Ankunft / abgeleiteten / duppelungen / und vornemsten Redarten / mit guter lateinischen Tolmetschung und kunstgegründeten Anmerkungen befindlich. Samt einer Hochteutschen Letterkunst / Nachschuß und teutschem Register. So Lehrenden als Lernenden / zu beider Sprachen Kun-

›Nun‹ kann demnach heißen: während des Sprechens. ›Nun‹ kann aber auch heißen: aufgrund des Sprechens. Sigismund Müllers Seele träte in einer solchen performativen Deutung des Adverbs nicht nur im Moment des Sprechens, sondern *aufgrund*, *infolge* des Sprechens in das Reich Gottes ein. Nach der »nacht« des Krieges, »bey auffgehender morgenrötte« (*SSN*, fol. A3ʳ) des Friedens und im während der Bestattung strahlenden, auch die hellsten Sterne zum Verschwinden bringenden Licht des Tages ist diese – freilich nur im Sprachspiel der Trauerrede erreichte – Erlösung nach Maßgabe der von der Abdankung etablierten Metapher mehr als eine bloße Behauptung; sie ist sinnlich evident. Während der Geistliche Caspar Knorr auf die Autorität seines Amtes, auf die Autorität der Heiligen Schrift und auf die Unerschütterlichkeit des christlichen Glaubens bauen kann, hat Gryphius' Abdankung im Medium poetischen Sprechens Zweifel und Trauer zerstreut.

---

digkeit / nötig und nützlich / durch unermüdeten Fleiß in vielen Jahren gesamlet von dem Spaten. Nürnberg / in Verlegung Johann Hofmanns / Buch- und Kunsthändlers daselbst. Gedruckt zu Altdorf / von Heinrich Meyern / der löbl. Univ. Buchdruckern. Jm Jahr des HErrn 1691, Sp. 1367f. s.v. ›Nu / & Nun‹.

II.8.2.d *Magnetische Verbindung Des HErren JESU / und der in Jhn verliebten Seelen* und *Letztes Ehren-Gedächtnüß*

Vorbemerkung

Von Nicola Kaminski

Zwar bildet das Vorliegen einer Gedenkausgabe[1] bei Gelegenheit eines (protestantischen) Todesfalls im 17. Jahrhundert nicht die Ausnahme; auch unter den von Andreas Gryphius mit Leichabdankungen bedachten Verstorbenen sind – in bescheidenem Umfang – einige durch ein solches polygraphes Textensemble gewürdigt worden (Sigismund Müller, Dorothea Elisabeth Textor, Barbara Hoffmann, Heinrich Fierling und Anna Knorr).[2] Singulär ist mit Blick auf Gryphius' Autorschaft die Gedenkausgabe für Mariane von Popschitz allerdings insofern, als in ihr – abgesehen von Sigmund Pirschers Leichenpredigt samt Lebenslauf der Verstorbenen, Abkündigung und Epicedien – alle Bestandteile, nicht nur die Abdankungsrede, ›quasimonographisch‹ von Gryphius stammen. Dieser Umstand rechtfertigt im Rahmen des *Gryphius-Handbuchs* eine doppelt perspektivierte Darstellung: aus der Perspektive der Dokumentation des Begräbnisses (d.h. der zu dessen Gestaltung beigesteuerten Text- und Bildbeiträge) in Kapitel II.8.2.d.α und aus der Perspektive der Gedenkausgabe (unter besonderer Berücksichtigung desjenigen Beitrags, der weniger dokumentiert denn neu konfiguriert: des *Letzten Ehren-Gedächtnüsses*) in Kapitel II.8.2.d.β.

---

1 Zum Begriff vgl. Maria Fürstenwald: Dissertationes Funebres (1967) [838], S. 11–18, bes. S. 15–17.
2 Vgl. die Dokumentation in *GA* IX, S. 402f., 411, 412f., 413f. und 414f. Darauf, daß die einzelnen Bestandteile einer solchen Gedenkausgabe – unbeschadet gesonderter Titelblätter – als Druckverbund konzipiert waren, deutet auch bei getrennter Überlieferung das Moment durchweg identischen Formats sowie Erscheinens im jeweils gleichen Verlag hin.

II.8.2.d.α *Magnetische Verbindung* und *Letztes Ehren-Gedächtnüß*: Emblemprogramm und Begräbnisritual

Von Michael Schilling

Überlieferung

Im Jahr 1660 erschien bei Johann Kunz in Steinau an der Oder ein Sammelband mit verschiedenen Texten, die anläßlich des Begräbnisses der Mariane von Popschitz verfaßt worden waren. Im einzelnen handelt es sich um
- die Leichenpredigt Sigismund Pirschers (LAMPAS perenni flammâ coruscans. Das ist: Lampe und Flamme Bey dem Hochansehnlichen / Volckreichen / und Ruhmwürdigen Leichbegängnüß Der Hoch-Edlen Gebohrnen / Hoch-Tugend und Viel-Ehrenreichen numehr seeligsten Jungfr. Marianen gebohrnen von Popschitzin auff Krantz und Gröditz / etc. Welche den 25. [recte: 5.] May³ / morgends umb 3. Uhr bey hervorbrechenden Morgenröthe / als der vortrefflichste Meyen-Blumen eine in Kinder-Blättern / von der Hand Gottes abgebrochen / und in Himmel genommen; Hernach Dienstags den 23. Novembris des 1660. Jahres Jhren Hochzeit-Tag gehalten / an welchem Jhr mit dieser Leichpredigt die letzte Ehre bezeiget worden. Præsentiret, auffgesetzet und auff begehren überreichet Von Sigmund Pirschern / der Evangelischen Lutherischen Kirchen Pastore, & Inspectore bey der Hütten Gottes vor Glogaw. Gedruckt zur Steinaw an der Oder / bey Johann Kuntzen; S. 1–48), an die sich die Vita (»Leben und Abschied der Seelig-Verstorbenen«; S. 49–62), die Abkündigung (S. 63–66) und sieben Epicedien (S. 67–90) anschließen,
- sodann, erneut bei 1 beginnend mit durchgehender Paginierung, ein »Letztes Ehren-Gedächtnüß Der Hoch-Edelgebohrnen Hoch-Tugend-Zucht und Ehrenreichen Jungfrawen Jungf. Marianen von Popschitz aus dem Hause Crantz; auff Gröditz v. d. g. Welche den Tag vor der Himmelfahrt / des Erlösers der Welt Jn dem XV. [recte: V.] Tag des Mey Monats / des CIƆ IƆ CLX. Jahres Seeligst die Welt gesegnet auffgesetzet von ANDREA GRYPHIO. Gedruckt zur Steinaw an der Oder / bey Johann Kuntzen« (S. 1–31),

---

3 Das korrekte Sterbedatum – der Tag vor Himmelfahrt 1660 – ist nach Neuem Stil der 5. Mai (nach Altem Stil wäre es der 25. April, Himmelfahrt fällt dort jedoch auf den 31. Mai). Vgl. Hermann Grotefend: Taschenbuch der Zeitrechnung des deutschen Mittelalters und der Neuzeit. Hannover ¹³1991, S. 156 (Kalender 7) und S. 206 (Kalender 32). Vgl. auch die Sargaufschrift im *Letzten Ehren-Gedächtnüß* (*EG*, S. 7).

- desselben Leichabdankung »Magnetische Verbindung Des HErren JESU / und der in Jhr [!] verliebten Seelen Als die Seeligst-erblichene Leiche Der weyland Hoch-Edelgebohrnen / Höchst-Tugend Zucht und Ehrenreichen Jungfrauen / Jungfr. Marianen gebohrnen von Popschitz / Den XXIII. Wintermonats / des cIɔ Iɔ cLX. Jahres. auß Dero Väterlichen und Bruderlichen Hoch-Adelichen Rittersitz Gröditz Zu Jhrer Beerdigung abgeführet. Der Höchstansehlichen Versammelung vorgestellet Von ANDREA GRYPHIO. Gedruckt zur Steinau an der Oder / bey Johann Kuntzen« (S. 33–99) und
- das sich daran anschließende Gedicht »Abschids-Worte / Der weyland Hoch-Edel-Gebornen / Hoch-Tugend- und Viel-Ehrenreichen / nunmehr Seeligsten Jungfrauen Marianen / Gebornen von Popschitz / Auß dem Hause Popschitz / An Jhre Höchstbetrübte Fraw Mutter« von demselben (S. 100–105).

Die *Magnetische Verbindung* und die »Abschids-Worte« wurden in die *Dissertationes funebres* (*LA*) aufgenommen. Die Texte von Gryphius liegen in zwei modernen Ausgaben vor;[4] das *Ehren-Gedächtnüß* wurde zudem vollständig abgebildet.[5]

Biographisches

Mariane von Popschitz war das jüngste Kind des königlichen Verwalters, Gerichtsbeisitzers und Landesältesten des Fürstentums Glogau Leonhard von Popschitz († 1652) und seiner Frau Elisabeth, geb. Poser. Sie kam am 29. Dezember 1644 in Brausendorf, wo die Familie im polnischen Exil lebte, zur Welt und wurde am 2. Januar 1645 getauft. Nach dem Ende des Dreißigjährigen Krieges kehrte die Familie auf ihre schlesischen Güter Kranz, Gröditz und Schmarse zurück und widmete sich deren Wiederherstellung. Im April 1660 wurde Mariane von den Kindsblattern (Pocken, *Variola*) befallen; sie starb am 5. Mai auf dem Familiengut Gröditz. Aufgrund der konfessionellen Regelungen nach dem Westfälischen Frieden konnte ein evangelischer Begräbnisgottesdienst nur in einer der drei sog. Friedenskirchen in Jauer, Schweidnitz und Glogau erfolgen. Daher fanden Trauerfeier und Begräbnis erst am 23. November vor den Toren Glogaus statt.

Gryphius richtet seine Abdankungsrede, die Worte der Verstorbenen und die Widmung des *Ehren-Gedächtnüsses* an Marianes Mutter, die zuvor bereits ihren

---

4 Maria Fürstenwald (Hg.): Trauerreden des Barock (1973) [73], S. 131–202 und 480–482; *GA* IX, S. 51–93 und 338–370.
5 Friedrich-Wilhelm Wentzlaff-Eggebert: Der triumphierende und der besiegte Tod (1975) [959], Tafel 22–66 (die wie üblich frei gelassenen Rückseiten der wegen des Tiefdruckverfahrens gesondert hergestellten und in einem zweiten Arbeitsgang eingefügten Kupferstich-Blätter sind nicht wiedergegeben).

Mann und vier weitere Kinder verloren hatte (*EG*, S. 5). Die Anrede »Gevatterin« (z.B. *EG*, fol. A^v), die Gryphius mehrfach wählt, läßt auf ein weitläufiges Verwandtschaftsverhältnis schließen. Marianes Halbbruder[6] Wolfgang (1619–1686) begleitete Gryphius auf dessen Studienreisen in die Niederlande und nach Frankreich; das zweite Buch der *Sonette* ist ihm gewidmet.

Magnetische Verbindung

Gryphius beginnt seine Leichabdankung mit der Vorstellung und Deutung einer römischen Münze, auf der eine Personifikation der Hoffnung in Gestalt eines jungen Mädchens abgebildet war. Das Attribut der Lilien, die unversehens, und ohne zur Frucht zu gelangen, »verwelcken / so bald sie nur eine umb etwas stärckere Sonne bestralet« (*MV*, S. 38), und die Devise »Mors Ultima« des Papstes Gregor XII. dienen als Überleitung, den Tod der fünfzehnjährigen Mariane als schmerzhaftes und endgültiges Ereignis für die Hinterbliebenen aufzurufen. Gryphius bedient sich des *locus a tempore*, wenn er die im Mai Verstorbene mit einer vom unzeitigen Hagel zerstörten Blüte vergleicht und daran erinnert, daß im selben Monat die unverheirateten Mädchen mit Kränzen beschenkt würden: So habe auch Christus der Seele Marianes einen Kranz von Rosen, aber auch Dornen auf den Kopf gesetzt. Der Tod habe »diese MarterCron« in den »Ehren-Crantz der Unsterbligkeit« gewandelt (*MV*, S. 40) und die Dornenkrone der Mutter des Mädchens hinterlassen.

Die Kranzbildlichkeit verbindet die Passion Christi (Dornenkrone) mit dem Leiden Marianes und ihrer Mutter sowie den Brauch der Brautwerbung mit dem Motiv der Gottesbrautschaft. Der Kranz gibt aber auch das unausgesprochene poetologische Prinzip vor, nach dem Gryphius seine *Magnetische Verbindung* abgefaßt hat. Die durchgehende florale Metaphorik und die in variierenden Formen unter wiederholter Zitation des Hohenliedes vorgetragene Thematik der Gottesbrautschaft halten dabei den Kranz der Rede zusammen. Das wird besonders deutlich am Schluß, als der Autor explizit noch einmal das einleitende Bild der ›Hoffnungslilien‹ aufgreift und auf diese Weise Anfang und Ende seines ›Redekranzes‹ zusammenschließt. In die Parentation sind gewissermaßen als Blumendekor (*flores rhetorici*) nicht nur zahllose rhetorische Figuren und Tropen eingeflochten, sondern auch ein dichtes Netz von historischen, mythologischen und biblischen Exempla sowie von Zitaten aus Bibel, antiker und patristischer Literatur und modernen Motti- und Devisen-Sammlungen.

---

6 Im *Ehren-Gedächtnüß* heißt es unmißverständlich, daß mit Marianes Tod die Mutter »nunmehr aller Jhrer Kinder beraubet« sei (*EG*, S. 29). Daraus ist zu schließen, daß Wolfgang von Popschitz ein Kind aus einer früheren Ehe des Vaters gewesen ist.

Das zentrale Motiv der *Magnetischen Verbindung*, das im Gegensatz zur eher losen Abfolge der übrigen Redeteile Ansätze eines systematischen Aufbaus zeigt, ist die Behandlung des Verhältnisses von Gott und den Menschen im Bild des Magnetismus. Gryphius greift dabei auf den zeitgenössischen Stand der Wissenschaft zurück.[7] Er schreibt dem Magneten drei Kräfte zu. Die »*Virtus porrectiva*« (*MV*, S. 52) bewirke die Nordausrichtung des Magneten und wird für eine doppelte allegorische Bedeutungszuschreibung gebraucht. Zum einen verweise sie auf Gottes Liebe zu den Menschen, die im Norden eines »euersten und unvergleichlichen Elendes« (*MV*, S. 53), in der Finsternis unvollkommenen und unzuverlässigen Wissens und in der Kälte erloschener Liebe lebten. Zum andern diene diese Kraft den Menschen als Vorbild, sich an »dem rechten Angelstern unnd dem Nord der ewigen Ruhe« auszurichten (*MV*, S. 58), wie es die Verstorbene getan habe, die »das Schieff Jhres Leibes« mit dem »Compas der Liebe des Höchsten« über das Meer der Welt in den »Port des Lebens« gelenkt habe (*MV*, S. 60). Außer der namensetymologischen Anspielung (Schiffahrt, Meer alludieren mit lat. *mare* Mariane) verwendet Gryphius auch das Popschitzsche Wappen zur Illustration der »*Virtus porrectiva*«; der nach unten weisende Pfeil bezeichne die Liebe Gottes zur Seele der Verstorbenen, während die beiden nach oben gerichteten Pfeile Gebet und Verlangen der Seele nach dem Erlöser bedeuteten (vgl. *MV*, S. 60–62).[8]

Als zweite Kraft des Magneten benennt Gryphius die »*Virtus Radiativa*« (*MV*, S. 64), welche je nach Position der Pole anziehe oder abstoße. In übertragener Bedeutung verweise diese Kraft auf Christus, der als »lebendige[r] Stein« (1 Petr 2,4) die Gemeinde der Gläubigen zusammenhalte und als »Stein des an stossens« (1 Petr 2,8) die Gottesfeinde in Furcht und Schrecken versetze. Eine lange Reihe von Märtyrern und Märtyrerinnen soll die Anziehungskraft Christi belegen, der die Gläubigen durch die Taufe, Eucharistie, Weisheit und Gerechtigkeit, aber auch durch Trübsal, Leid und Tod an sich binde, wie er es mit der Verstorbenen getan habe, die als Braut zu ihm gerufen worden sei.

Die dritte Kraft sei die »*Virtus unitiva*« (*MV*, S. 87), mittels deren der Magnet die von ihm angezogenen Eisenteile festhalte und sich angleiche. In eben dieser Weise habe sich Marianes Seele mit Christus vereint und lebe nun im Glanze Gottes. Mit

---

7 Vgl. Misia Sophia Doms: Die ›Wirklichkeit‹ der Transzendenz (2009) [849].
8 Zu dem Motiv der auf Gott gerichteten Liebespfeile der Seele vgl. Franz Reitinger: Schüsse, die ihn nicht erreichten. Zur Motivgeschichte des Gottesattentats. Paderborn 1997. Es erscheint auch an programmatischer Stelle in dem weltweit und überkonfessionell verbreiteten Emblembuch *Pia Desideria* des belgischen Jesuiten Hermann Hugo; vgl. PIA DESIDERIA Emblematis Elegiis & affectibus SS. PATRVM. illustrata AUTHORE HERMANNO HVGONE Societatis Iesu. AD VRBANVM VIII. PONT. MAX. Vulgauit Boëtius a Bolswert Typis Henrici Aertssenii ANTVERPIÆ M.DC.XXIIII., fol. **6ᵛ (Eröffnungsemblem vor Buch I). Zur Verbreitung des Büchleins vgl. Michael Schilling: »Der rechte Teutsche Hugo«. Deutschsprachige Übersetzungen und Bearbeitungen der »Pia Desideria« Hermann Hugos SJ. In: Germanisch-Romanische Monatsschrift 70 (1989), S. 283–300.

den drei Kräften des Magneten schließt Gryphius an den von Dionysos Areopagita geprägten und von Bonaventura populär gemachten mystischen Dreischritt der *via purgativa*, *via illuminativa* und *via unitiva* an, den die menschliche Seele zu durchlaufen habe, um zu Gott zu gelangen.[9] Anlaßgemäß verzichtete er allerdings auf die erste Stufe, da die Forderung nach Umkehr, Reue und Buße für ein fünfzehnjähriges Mädchen unangemessen erschien und der Gedächtnis- und Vorbildfunktion der Parentation widersprach. Statt dessen verdoppelte er die Stufe der Einsicht und Erleuchtung, indem er die vorbildgebende Erkenntnis der Liebe Gottes und des Glaubens auf die beiden ersten Kräfte des Magneten verteilte.

»Abschids-Worte«

Als authentifizierende Zugabe seiner Leichabdankung hat Gryphius ein Gedicht von 136 Alexandrinern verfaßt, das er der Verstorbenen in den Mund legt und als Ansprache an die trauernde Mutter inszeniert. Mit dem Bild von der Schiffahrt des Lebens über »die wüste See | Der rasend-tollen Welt« (*MV*, S. 101) setzt der Text ein und greift damit ein Motiv auf, das schon in der *Magnetischen Verbindung* angeklungen war. Auch die Deutung der Pockennarben und Wundmale als Passionszeichen in der Nachfolge Christi war schon in der Leichabdankung vorgegeben. Und das Thema der Gottesbrautschaft durchzieht alle Texte, die zum Tod des Mädchens erschienen.

Indem das Gedicht die von Mariane erlangte und bezeugte Seligkeit im Angesicht Gottes mit den Gefahren, der Scheinhaftigkeit und Vergänglichkeit der Welt kontrastiert, entfaltet Gryphius eine Zeitklage über die Bedrohungen durch Krieg, Seuchen und Hungersnöte, über moralische Mißstände (auch über die heillose Lage der Kunst) und über die körperlichen, seelischen und geistigen Beschwernisse (vgl. *MV*, S. 102f.).

Insgesamt erfüllen die Worte der Verstorbenen mehrere Aufgaben: Zunächst bestätigen sie aus dem Munde der Betroffenen, daß Mariane in den Himmel aufgenommen wurde und einen Platz unter den Seligen erhalten hat. Der Gegensatz zur Nichtigkeit der Welt und des menschlichen Lebens läßt diese Aussage als trostreiche Vergewisserung der Hinterbliebenen erscheinen, dereinst das Mädchen wiedersehen zu können. Auch soll die Beschreibung der neugewonnenen Schönheit der

---

[9] SANCTI BONAVENTVRAE EX ORDINE MINORVM S. R. E. EPISCOPI CARD. ALBANEN. EXIMII ECCLESIAE DOCTORIS Operum TOMVS SEPTIMVS. Complectens tertiam, & quartam partem Opusculorum AD S. D. N. CLEMENTEM VIII. PONTIF. MAX. Opuscula tomi huius indicat. Pag. III. *CVM PRIVILEGIIS*. ROMÆ Ex Typographia Vaticana. M. D. XCVI., S. 197–204 (»S. BONAVENTVRAE EXIMII ECCLESIAE DOCTORIS Opusculum, quod inscribitur *INCENDIVM AMORIS*«).

Verstorbenen die Erinnerung an den Anblick der von Blattern entstellten Mariane löschen und übermalen:

> Frau Mutter! ach daß Euch erlaubt mich itzt zu sehen!
> Jtzt nu die Ewigkeit mir ihren Schmuck umgiebt /
> Nun sich die Schönheit selbst in meine Zier verliebt /
> Jtzt nun die Morgenstern diß Angesicht umschlissen /
> Und Sonnen sich vor mir und Monden schämen müssen! (*MV*, S. 104f.)

Und schließlich bestätigt die Ansprache die in der Leichabdankung gepriesene Frömmigkeit, Klugheit und Tugendhaftigkeit der Verstorbenen, die somit ihren verdienten Lohn im Himmel erhalten habe und der Nachwelt als Vorbild dienen kann.

Letztes Ehren-Gedächtnüß

Dem *Ehren-Gedächtnüß* kommt im Œuvre des Andreas Gryphius eine besondere Bedeutung zu, weil er sich hier nicht nur wie sonst als Kenner der Emblematik erweist, sondern selbst als Emblematiker hervortritt, der einen doppelten, aufeinander abgestimmten Zyklus von insgesamt zwölf Emblemen konzipiert und in Kupfer hat stechen lassen.[10] Zwar ist das *Ehren-Gedächtnüß* durch den gemeinsamen Anlaß und durch seine Aufgaben der Erinnerung, der erbaulichen Belehrung und Tröstung mit den umgebenden Texten der Gedenkschrift verbunden, doch weist es keinen engeren kompositorischen Zusammenhang mit diesen auf. Rückgriffe oder Vorausweisungen wie Motiv-Responsionen bleiben punktuell, wenn etwa die Schiffahrtsbildlichkeit oder Anspielungen auf die Familienwappen emblematisch umgesetzt werden; lediglich die Gottesbrautschaft knüpft ein festeres Band zu den anderen Texten. Die Eigenständigkeit des *Ehren-Gedächtnüsses* kommt buchtechnisch durch ein eigenes Titelblatt, Frontispiz, eine selbständige Widmung, Vorrede und Bogenzählung zum Ausdruck und wird durch die fehlende Berücksichtigung in der Sammelausgabe der *Dissertationes funebres* unterstrichen.[11]

Das Bildprogramm besteht aus der Sargdekoration und den Emblemen auf dem Sargtuch. Das erste Bild des *Ehren-Gedächtnüsses* zeigt eine Gesamtansicht des Sarges. Zu erkennen sind an der Längsseite zwei von Tugendpersonifikationen flankierte Embleme und an der Kopfseite eine Darstellung des Gleichnisses von den klugen und törichten Jungfrauen (Mt 25,1–13). Familienwappen und Schriftfelder über den

---

10 Vgl. zum Folgenden Michael Schilling: Gryphius als Emblematiker (1993) [852].
11 Zu interpretatorischen Aspekten der medialen Transformation des Emblemprogramms ins Buch vgl. unten, S. 460–471, den Abschnitt ↗ II.8.2.d.β »*Magnetische Verbindung* und *Letztes Ehren-Gedächtnüß* aus der Perspektive der Gedenkausgabe«.

Emblemen zieren die abgeschrägten Seiten des Sargdeckels. Oben auf dem Sarg liegt über einer größeren Schrifttafel ein Crucifixus.

Die anschließenden Embleme weisen eine einheitliche Grundstruktur auf: Nummer des Emblems, wobei die beiden Zyklen gesondert gezählt wurden; Positionsangabe; lateinisches und deutsches Motto; vierzeiliges Epigramm (Alexandriner in umarmenden Reimen), das mit Ausnahme des letzten der Verstorbenen in den Mund gelegt ist; eine »Erklärung des Sinnenbildes« in Prosa. Die *picturae* wurden ohne Seitenzählung einzeln jeweils rechts gegenüber den zugehörigen Textabschnitten eingeklebt.

Das erste Emblem des Sargzyklus zeigt die der Öffentlichkeit verborgene Bundeslade (vgl. Ex 26,7–14). Das Motto »IGNOTA PROFANIS« (»Unheilgen nicht bekannt«; *EG*, S. 8) ist auf die *res significans* und die Bedeutungsebene gleichermaßen zu beziehen, die den Bildgegenstand auf die innere Frömmigkeit und Reinheit der Verstorbenen auslegt. Die flankierenden Tugenden der *Fides* und *Caritas* werden als Grundlage der »wahre[n] Gottesfurcht« Marianes bezeichnet (*EG*, S. 9). Auf dem zweiten Emblem, das sich neben dem ersten auf der linken Seite des Sarges (vom Fußende her gesehen) befand, vertreibt die mit einem Pfeilbündel und Bogen bewaffnete Göttin Diana allerlei dämonische Lastertiere und eilt aus einer mit Prachtbauten geschmückten Stadt auf einen fernen Berg zu; das beigegebene Motto lautet »VALIDIS QVIA TUTA SAGITTIS« (»Vergebens angerannt«; *EG*, S. 10). Die Darstellung verweist auf den erfolgreichen Kampf Marianes gegen die Laster und Eitelkeiten der Welt, wobei die Pfeile auf das Popschitzsche Wappen anspielen. Geduld und Hoffnung, die als Personifikationen die *pictura* einrahmen, hätten den Sieg über die Laster und Anfechtungen gewährleistet. Die beiden Embleme sind durch den Reim der deutschen Motti miteinander verbunden. Auch die Personifikationen bilden eine zusammengehörige Gruppe aus der um die protestantische Haupttugend Geduld erweiterten Trias der theologischen Kardinaltugenden Glaube, Liebe, Hoffnung.

Die Embleme auf der rechten Seite des Sarges ergeben ebenfalls ein Paar. Das eine zeigt unter dem Motto »VARIO NON MERSA TUMULTU[12]« (»Geschmissen nicht verletzt«; *EG*, S. 12) ein Schiff im Sturm, das der Kommentar unter ausgiebiger Zitation eines Gedichts von Johannes Plavius auf die gefahrvolle, aber glücklich beendete Lebensfahrt der Verstorbenen bezieht.[13] Die Personifikationen der Gerechtigkeit und Beständigkeit rahmen die *pictura*. Auf dem benachbarten Emblem mit dem

---

12 Verbessert aus »TUMUTLU«.
13 Gryphius zitiert die erste Strophe und die ersten sechs Verse der ersten Antistrophe aus Plavius' »Trawrgedicht« »Auf des woledlen vnd vesten herrn Jacob Schachmanns auf Brunaw vnd Bolschaw erbgesessen / tödlichen abgang«. M. Johannes Plavii Trawrgedichte [Danzig 1630], fol. a4ᵛ–a5ᵛ, hier fol. a4ᵛ. Zitiert nach der Mikrofiche-Ausgabe im Besitz der HAB Wolfenbüttel, die das einzige noch nachweisbare Exemplar (Biblioteka Jagiellońska Krakau, Signatur: Yi 401) reproduziert. Textabdruck in: Danziger Barockdichtung. Hg. von Heinz Kindermann. Leipzig 1939, S. 108.

Motto »SPLENDIDIORA SEQUOR« (»Ein grösser Licht ergetzt«; *EG*, S. 14) fliegt ein Adler der aufgehenden Sonne entgegen und läßt den Mond, eine brennende Kerze und fünf Fledermäuse hinter sich. Die von der naturkundlichen Tradition verbürgte Fähigkeit des Adlers, in die Sonne blicken und sich im Flug zu ihr verjüngen zu können,[14] nutzt Gryphius zu einer Auslegung auf Mariane, deren Wappen von mütterlicher Seite einen Adler im Schild trägt, und ihre Orientierung an Gott. Auch hier werden die flankierenden Tugenden zum Emblem in Beziehung gesetzt, wenn die Keuschheit Lilien trägt, die nur im Sonnenlicht aufblühen, und die *Providentia* auf das »stetswehrende künfftige« blickt (*EG*, S. 15). Nur kurz werden abschließend die bildlichen Darstellungen am Kopf- und Fußende des Sarges erwähnt (fünf kluge Jungfrauen; Auferweckung der Tochter des Jairus).

Das Bildprogramm des Sarges wird wesentlich von der Anordnung der einzelnen Elemente bestimmt. Auf der linken Seite sind die theologischen, rechts die weltlichen Tugenden versammelt, welche der Verstorbenen zugesprochen werden. Marianes vorbildlichen Lebenswandel betonen auch die beiden Emblempaare, in denen die gottesfürchtige Frömmigkeit und die erfolgreich abgewehrte weltliche Anfechtung gegenübergestellt werden. Soweit erfüllt das Programm memorative Aufgaben, wobei die Idealisierung der Verstorbenen zugleich der Trauergemeinde beispielhaft und in didaktischer Absicht die christliche Lebensführung eines unverheirateten Mädchens vor Augen führt. Die Mittelachse des Sarges verbindet diese memorativen und didaktischen Aussagen der Embleme und Personifikationen mit theologischen Grundaussagen. Die Darstellungen der klugen Jungfrauen und der Tochter des Jairus (vgl. Mk 5,35–43) betonen die Vorbereitung und Gewißheit der Auferstehung, für die der Tod Christi am Kreuz (präsent in Gestalt des Crucifixus auf dem Sarg) die Voraussetzung geschaffen habe. Die theologischen Aspekte der Sargdekoration sind bereits deutlich von konsolatorischen Funktionen geprägt und leiten über zu dem Bildprogramm, das Gryphius auf dem Sargtuch ausgeführt hat.

Der Zyklus auf dem Sargtuch umfaßt acht Embleme, die ebenfalls paarweise durch den Reim der deutschen Motti verbunden sind. Gryphius beginnt mit dem Paar, das am Kopf- bzw. Fußende des Tuchs angebracht war. Auf dem oberen Emblem mit dem Motto »DEVICTA EX MORTE« (»Nach überwundnem Tod«; *EG*, S. 16) liegt am Fuß eines Grabhügels, auf dem ein Siegesmal aus einer zerbrochenen Lanze und mehreren Pfeilbündeln errichtet ist, der Tod, den Schädel mit melancholischem Gestus in die Knochenhand gestützt. Die christliche Paradoxie, daß die Verstorbene durch ihren Tod den Tod besiegt habe, wird dadurch ins Bild gesetzt, daß die heraldischen Attribute Marianes (Pfeile, Lanze) als Beutestücke vom siegreichen Tod zu einem Tropaion arrangiert sind, der Sieger aber zugleich als Besiegter unter

---

14 Vgl. Dietrich Schmidtke: Geistliche Tierinterpretation in der deutschsprachigen Literatur des Mittelalters (1100–1500). Diss. Berlin 1968, S. 231–234.

dem Siegesmal daniederliegt.[15] Das untere Emblem zeigt unter dem Motto »QVO DEUS IPSE PRAEIT« (»Wohin voran ging GOTT«; *EG*, S. 18) den zum Himmel auffahrenden Christus, dem ein Adler folgt. Unter Anspielung auf den Adler im Poserschen Wappen und auf das Sterbedatum am Vortag des Himmelfahrtstages verweise das Bild auf die glückliche Aufnahme der Verstorbenen im Himmel.

Die folgenden Emblempaare sind jeweils links und rechts des Sarges angeordnet. Die Reihe beginnt links oben (vom Fußende her gesehen) mit dem Tod als Maler, der das Portrait der Verstorbenen schwarz übermalt. Das Motto »TRACTU DECOR INCLITUS UNO« (»Verwischt durch einen Strich«; *EG*, S. 20) hebt auf die schonungslose Gewalt und den unvermuteten Eintritt des Todes ab, während der Prosakommentar die Vergänglichkeit menschlicher Schönheit mit Zitaten aus den Dramen *Leo Armenius* (Leo II,657–660)[16] und *Cardenio und Celinde* (Card. V,408–419) betont. Das gegenüberliegende Emblem gilt der Erlösung der Seele im *fons vitae*, gefaßt in das Bild des von Schlangen geplagten Hirsches, der zur rettenden Quelle eilt. Das Motto lautet: »TOT QVOT SUNT CORPORE MORTES« (»Durch alle tödtlich siech«; *EG*, S. 22). In seiner »Erklärung« führt Gryphius die Psalmenverse Ps 42,2f., die der Motivgeschichte des dürstenden Hirsches zugrundeliegen, in der Versbearbeitung von Martin Opitz an.[17]

Das mittlere Emblempaar thematisiert auf der linken Seite wiederum die Vergänglichkeit. Unter dem Motto »NEC OPINO TURBINE« (»Eh als man sichs versehn«; *EG*, S. 24) ist eine Tulpe, die beliebteste Blume des Barockzeitalters, zu sehen, die von einem Hagelsturm mit schädelförmigen Körnern geknickt wurde. Die Wahl einer Frühlingsblume als *res significans* erfolgte in Hinblick auf das jugendliche Alter der Verstorbenen und mit Bezug auf den Sterbetag im Mai. Das Emblem gegenüber mit dem Motto »ORTU SUBDUCOR IN IPSO« (»Kommt Tag / so ists geschehn!«; *EG*, S. 26) bezieht das Verblassen des Morgensterns bei Sonnenaufgang auf den Tod Marianes, deren Glanz im Leben nunmehr im helleren Licht der göttlichen Sonne aufgegangen sei. Dabei spielt Gryphius auch auf die Sterbestunde um drei Uhr morgens an.

Das letzte Emblempaar behandelt zunächst die Klage der Mutter, die der Tod des fünften und jüngsten ihrer Kinder beraubt hat. Sie sitzt im Trauerhabit in einer dunklen Kammer an einem Tisch, auf dem vier bereits erloschene Kerzen stehen;

---

15 Vgl. Nicola Kaminski: Andreas Gryphius (1998) [122], S. 219–221.
16 Gryphius verändert die letzte Zeile, die in der Ausgabe von 1657 »Heist ein schlechtes feber flihn« lautet (*DG*, S. 38), zu »Heist ein schlechter Frost verblühn« und paßt damit das Zitat an die vorherrschende Pflanzen- und Jahreszeiten-Metaphorik an. Diese Änderung wird in die 1663er Ausgabe (*FT*) des *Leo Armenius* übernommen.
17 MARTINI OPITII Geistliche Poëmata, Von jhm selbst anjetzo zusammen gelesen / verbessert vnd absonderlich herauß gegeben. Jn Verlegung David Müllers Buchhändlers S. Erben. M. DC. XXXVIII., S. 211.

eine fünfte bläst der Tod aus. Das Motto »MOESTAE LUX UNICA NOCTIS« (»Das Letzte Licht der Nacht«; *EG*, S. 28) bezieht sich auf diese Szene. Auch das gegenüberliegende Emblem stimmt eine Klage über die Verstorbene an, auf deren Grab man nun Blumen streue. Die *pictura* zeigt zwei junge Frauen in einem höfischen Barockgarten beim Blumensammeln. Diese friedliche Szene dementiert das Motto »SPARGITE SED TUMULIS« (»Wohin wir nie gedacht«; *EG*, S. 30), indem es die heitere Gartenidylle ins Begräbnisritual des Blumenstreuens umwandelt. Der Kommentar gewinnt dem Blumenmotiv allerdings – ähnlich wie das Ende der *Magnetischen Verbindung* – eine Hoffnungsperspektive ab, wenn es heißt, daß »die blasse Leich« (*EG*, S. 31) am Tag des Jüngsten Gerichts wieder erblühen werde.

Wie schon die Bilder auf dem Sarg beziehen sich auch die Embleme des Sargtuchs immer wieder auf die Person der Verstorbenen, sei es, daß heraldische und namensetymologische Anspielungen erfolgen, sei es, daß die Krankheit, das Alter und der Todeszeitpunkt eine Rolle spielen oder daß die Situation der hinterbliebenen Mutter angesprochen wird. Dennoch setzt das Bildprogramm des Tuchs deutlich andere Akzente. Ging es auf dem Sarg vornehmlich darum, die Verstorbene mit ihren Tugenden der Nachwelt als Vorbild in Erinnerung zu halten, so wendet sich Gryphius hier der Aufgabe zu, der Trauergemeinde Trost und Erbauung zu spenden. Dabei bildet auch hier die Anordnung der Embleme den Schlüssel zum Verständnis des Bildprogramms. Die Embleme auf der linken Seite thematisieren Tod und Vergänglichkeit und beklagen den frühzeitigen Verlust Marianes. Die durch den Reim zugehörigen Embleme auf der rechten Seite vermitteln dem Betrachter hingegen die tröstliche Zuversicht, daß die Verstorbene den besseren Teil gewählt und als von Christus Erlöste das ewige Leben im Angesicht Gottes gewonnen habe. Der Gegensatz vom Tod in der nichtigen Welt und dem Leben in der Ewigkeit hat auch die Gestaltung der Bildrahmen bestimmt, wenn Totenschädel und Engelsköpfe die unteren bzw. oberen Knotenpunkte der einfassenden Gebinde bilden. Die Hoffnung auf das ewige Leben gründet im christlichen Wissen, daß Christus den Tod überwunden habe und auferstanden sei. Eben diese Überzeugung, die gewissermaßen den Umschlagpunkt zwischen irdischer Todesverfallenheit und himmlischem Leben markiert, ist auf der Mittelachse, also zwischen linker und rechter Tuchseite, zur Darstellung gebracht.

Die beiden emblematischen Zyklen von Sarg und Sargtuch ergeben aber nicht nur jeder für sich ein Bildprogramm, sondern sind auch aufeinander und zudem auf den Ablauf des Begräbnisses abgestimmt. Die verschiedenen Schwerpunkte – Tugenden auf dem Sarg, Gegenüberstellung von Diesseits und Jenseits auf dem Tuch – lassen zunächst an ein komplementäres Verhältnis denken, in dem die Funktionen barocker Trauertexte auf die beiden Emblemsequenzen verteilt erscheinen: einerseits Andenken an die Tote und moralische Unterweisung der Nachwelt, auf der anderen Seite Klage über den Tod und Tröstung der Hinterbliebenen. Zugleich läßt sich feststellen, daß der zweite Zyklus auf dem ersten aufbaut. Das betrifft zum einen die Mittelachsen, bei denen das Thema der Auferstehung auf dem Sarg indirekt (kluge Jungfrauen, Tochter des Jairus) und auf dem Tuch dann explizit behandelt wird (Himmelfahrt Christi und Marianes). Das betrifft zum anderen die auf dem Sarg dargestellten Tugenden, die es der Verstorbenen ermöglichten, die Welt geringzuschätzen und das Leben ganz auf Gott auszurichten. Die Frömmigkeit, Heilserwartung und Erlösungshoffnung des Mädchens hätten sich bewährt und verstärkt durch irdische Leiden und Anfechtungen. Diese Einstellung beschreibt Gryphius aber nicht nur zum rühmenden Gedenken der Verstorbenen, sondern auch als Mahnung an die Lebenden. Das Vorbild Marianes lehrt die Trauergemeinde und alle Leser des *Ehren-Gedächtnüsses* eine christliche Lebenshaltung, die sich sogleich in der Trauer um die Tote bewähren kann und soll. Denn eben diese Haltung, die das Mädchen in exemplarischer Weise vorgelebt habe, bekundet sich in der Gegenüberstellung von Tod im Diesseits und Leben im Jenseits, von Vergänglichkeit und Ewigkeit im Bildprogramm des Sargtuchs und soll helfen, den Schmerz um den Verlust Marianes zu bewältigen. Indem die Trauergemeinde sich die Verstorbene zum Vorbild nimmt (erster Zyklus), wird sie in die Lage versetzt, den Tod des Mädchens nicht nur zu beklagen, sondern auch zu Trost und Erbauung zu nutzen (zweiter Zyklus).

Nicht zuletzt hat Gryphius in seiner Konzeption der beiden Emblemfolgen auch den Ablauf des Begräbnisrituals berücksichtigt. Während der Trauerfeier in der Kirche war der Sarg auf einer Bahre zur Schau gestellt und mittels Baldachin, seitlicher Vorhänge und eines an einer Kette herabhängenden Sterns, dessen Spitzen Weihrauch entströmte, zu einem schlichten Castrum Doloris arrangiert.[18] Die Ausstellung des Sarges mit seinem Bildschmuck bot somit ein letztes Mal Gelegenheit, von den sterblichen Überresten der Verstorbenen Abschied zu nehmen und sich das Leben Marianes in Erinnerung zu rufen. Der Sarg – und damit der Leichnam wie auch die an das irdische Leben gemahnenden Embleme – wurde vom Sargtuch verhüllt, als man die Bahre aufhob, um Mariane von Popschitz zu ihrer letzten Ruhestätte zu bringen. Eben dieser Weg aus Welt und Zeitlichkeit hin zu jenem Ort, an dem die Tote ihre Auferstehung im Jenseits erwartete, findet in den Emblemen der Sargdecke seinen sinnbildlichen Ausdruck. Daß Gryphius sein Bildprogramm auf den Ablauf des Begräbnisses abgestimmt hat, tritt im letzten Emblempaar ganz unmittelbar zutage. Über dem offenen Grab wendet sich das vorletzte Emblem noch einmal an die Mutter als die Hauptleidtragende, um mit ihr den Tod des Mädchens zu beklagen. Das letzte Emblem thematisiert schließlich mit dem Streuen der Blumen auf das Grab den letzten Akt des Begräbnisses und entläßt die Trauernden in der tröstlichen Hoffnung, daß Mariane mit ihrem Tod das ewige Leben erworben habe.

---

18 Vgl. das Frontispiz des *Ehren-Gedächtnüsses*.

II.8.2.d.β *Magnetische Verbindung* und *Letztes Ehren-Gedächtnüß* aus der Perspektive der Gedenkausgabe

Von Nicola Kaminski

Überlieferungs- und Forschungsgeschichte

Anders als die *Magnetische Verbindung* und die daran anschließenden »Abschids-Worte« der Verstorbenen wurde das *Letzte Ehren-Gedächtnüß*, Gryphius' dritter – oder in der Abfolge der Gedenkausgabe von 1660 eigentlich erster – Beitrag zur Bestattung der Mariane von Popschitz am 23. November 1660, nicht in die posthumen *Dissertationes funebres* (*LA*) aufgenommen. Dafür lassen sich, angefangen bei der editorischen Entscheidung, sich auf Gryphius' »Leichen-Reden« bzw. »Traur-Sermone[]« zu beschränken (*LA*, fol.)(iiij^r und)(v^r), unterschiedliche Gründe denken; ein wesentlicher dürfte gewesen sein, daß in einer (vom eingeklebten Autorportrait abgesehen) ausschließlich Wortbeiträge versammelnden Ausgabe das konstitutiv aus Wort *und* Bild seine Aussagen entwickelnde *Letzte Ehren-Gedächtnüß* nicht ›funktioniert‹ hätte. Gemäß dieser medialen *differentia specifica* ist das *Letzte Ehren-Gedächtnüß* – in den wenigen Forschungsbeiträgen, die sich ihm widmen[19] – zum einen dominant von der bildlichen Komponente her, vier Emblemen auf dem Sarg und acht auf dem »Leichen-Tuch« (*EG*, S. 16), untersucht worden, zum andern als innerhalb der Gedenkausgabe ›relativ selbständiger‹ Bestandteil.[20] Überdies wird es, wiewohl es dort *vor* der *Magnetischen Verbindung* und den »Abschids-Worten« abgedruckt ist, in der Regel wie eine Art Appendix zu Gryphius' Leichabdankung behandelt, die in einzigartiger Weise Aufschluß über des Autors traditionsgeschichtliches, poetologisches und ikonographisches Verhältnis zu Allegorie und Emblematik gebe. Das von Michael Schilling herausgearbeitete emblematische Bildprogramm von Sarg und Sargtuch sowie die Rekonstruktion von dessen ›Sitz im Leben‹ innerhalb des Begräbnisrituals[21] haben dabei ihren Bezugspunkt in der historischen Wirklichkeit, die das *Letzte Ehren-Gedächtnüß* abbildend dokumentiert. Komplementär dazu soll hier das buchförmige Memorialmedium *Letztes Ehren-Gedächtnüß*

---

[19] Wentzlaff-Eggebert (Anm. 5), S. 122–145; Gerd Hillen: Das Ehren-Gedächtnüss (1977) [850]; Schilling (Anm. 10).

[20] Vgl. Schilling (Anm. 10), S. 712: »Die relative Selbständigkeit des EG unterstreichen ein eigenes Titelblatt, Frontispiz, eine eigene Widmung, Vorrede, Seiten- und Bogenzählung; auch der Verzicht auf das EG in den *Dissertationes funebres* zeigt, daß man die Teile der Gedenkschrift als voneinander unabhängig erachtete.« Die Aussage ist nicht ganz korrekt, insofern die Paginierung des *Letzten Ehren-Gedächtnüsses* in der *Magnetischen Verbindung* weiterläuft.

[21] Vgl. Schilling (Anm. 10), S. 720f., sowie oben S. 459.

und die materialphilologisch aus ihm erschließbare Dramaturgie seiner zeitgenössischen Rezeption akzentuiert werden.

Wort und Bild im Buch

Das *Letzte Ehren-Gedächtnüß*, das nurmehr zwei Exemplare vollständig überliefern,[22] ist in seiner buchmedialen Erscheinungsform – obwohl (oder weil) drei Neueditionen vorliegen, darunter eine mit »Faksimile«-Anspruch[23] – nicht wahrgenommen worden. Das liegt nicht zuletzt daran, daß das vorgebliche Faksimile von Wentzlaff-Eggebert, dessen Dissimilität sich allein in den Unregelmäßigkeiten der gespiegelten Seitenzählung verrät, wesentliche Wort-Bild-Bezüge dadurch verstellt, daß die leeren Rückseiten der in einem zweiten Arbeitsschritt unpaginiert eingefügten Kupferstichblätter nicht mitreproduziert wurden.[24] Auf diese Weise stehen sich ein ums andre Mal Doppelseiten gegenüber, die im Originaldruck nicht zugleich zu sehen waren, bzw. werden originale Doppelseiten auseinandergerissen; zudem erscheinen die im Original durchweg auf *recto*-Seiten abgedruckten Bilder solcherart abwechselnd *recto* und *verso*. Das aber hat einschneidende Folgen für die Bedeutungskonstitution, die wahrnehmbar werden, sowie man das *Letzte Ehren-Gedächtnüß* als buchmediales Objekt ernst nimmt, d.h. Lesen als durch das Umblättern skandierten visuellen Erkenntnisprozeß begreift.

Vertraut man sich – nach Titelkupfer, Titelblatt, Widmung und Vorrede – dem römisch gezählten Wort-Bild-Parcours des *Letzten Ehren-Gedächtnüsses* lesend, sehend, blätternd an, so fällt von der auf Seite 6 annoncierten Nr. I an ein eigentümlich deviater Umgang mit der vertrauten Kompositoptik emblematischer Texturen auf; und zwar sowohl hinsichtlich der gattungstypischen Bestandteile als auch ihrer

---

22 Vgl. den Editionsbericht in *GA* IX, S. 405. Als komplett verzeichnet werden die beiden Exemplare der Biblioteka Uniwersytecka Wrocław (Sign.: 385521 und 443062–98). Auf das erstgenannte stützt sich die folgende Argumentation.
23 Als Neudruck mit Reproduktion von Titelblatt und -kupfer sowie der *picturae* der zwölf Embleme mit integrierter *inscriptio* in Fürstenwald (Anm. 4), S. 133–161; dasselbe, allerdings unter Vertauschung der Reihenfolge von Titelblatt und Widmung/Vorrede, dafür mit eingefügter originaler Seitenzählung in *GA* IX, S. 338–370; sowie (vorgeblich) als Faksimile (vgl. S. 177, Anm. 2) bei Wentzlaff-Eggebert (Anm. 5), Tafel 22–66, unter Vertauschung der Reihenfolge von Titelkupfer und Titelblatt. Fürstenwald (Anm. 1), S. 137–143, reproduziert die Gesamtansicht des Sarges sowie die *picturae* der zwölf Embleme und gibt im Neudruck jeweils die poetischen *subscriptiones* bei.
24 Daß diese Dissimilierung nicht ausschließlich reproduktionstechnisch dadurch bedingt ist, daß teure Hochglanztafeln nicht für Leerseiten verschwendet werden sollen, ist daran erkennbar, daß gleich die zweite Abbildung (die Gesamtansicht des Sarges) ohne Not mit der gegenüberliegenden ursprünglichen *verso*-Seite den Platz tauscht (vgl. Wentzlaff-Eggebert [Anm. 5], Tafel 28 und 29), wobei der Sarg gespiegelt abgebildet und so der den Sargdeckel zierende Crucifixus auf den Kopf gestellt wird.

Anordnung. Nr. I und Nr. II übernehmen dabei die Exposition des Verfahrens wie auch seiner semantischen Aufladung. Die erste Doppelseite nach der peritextuellen Rahmung – die *verso*-Seite 6 sowie die unpaginiert gegenüberliegende Gesamtansicht des Sarges von (von der Toten aus gesehen) rechts (Abb. 5) – bietet Wort-Bild-

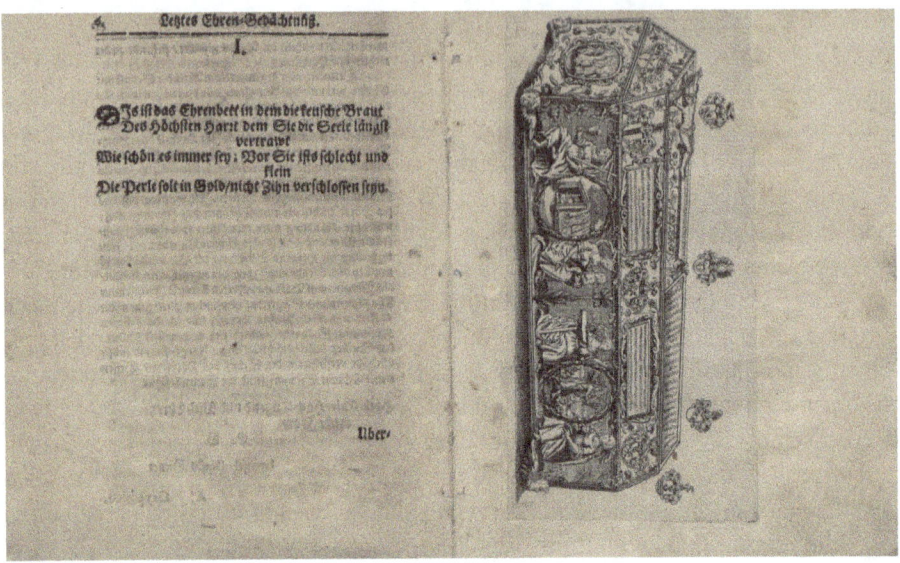

Abb. 5

Elemente eines Emblems, jedoch in ungewohnter Abfolge und allem Anschein nach unvollständig: vier paargereimte Alexandriner, die sich bildauslegend deiktisch wie eine *subscriptio* auf die Sargansicht der *recto*-Seite beziehen, der sie als solche jedoch eigentlich nicht vorangehen, sondern folgen müßten; die formal erwartbare *inscriptio* aber fehlt. Jedenfalls solange, bis der Leser, womöglich suchend, umblättert. Dann bietet sie sich ihm – als »Uberschrifft des Sarges« (*EG*, S. 7) in ihrer Funktion sich selbst thematisierend – auf der nächsten *recto*-Seite dar (Abb. 6). Und dies für eine *inscriptio* nicht nur bemerkenswert ausführlich (nämlich seitenfüllend), sondern auch mit markanter Akzentsetzung, was die Inszenierung emblematischer Sinnstiftung betrifft. Im Umblättern vom auf den ersten Blick defizitären Eröffnungsemblem zu dessen fehlender »Uberschrifft« vollzieht sich nämlich ein Sprecherwechsel, der potentielle Sinnleere in evidente Sinnfülle umschlagen läßt: Ist die Sprechinstanz der vorausgeschickten *subscriptio* – »DJs ist das Ehrenbett in dem die keusche Braut | Des Höchsten Harrt [...]« (*EG*, S. 6) – ein Dritter, der *über* die »keusche Braut« spricht, ihr die Brautschaft Christi von außen *zu*spricht, so ist es in der buchmedial nachgetragenen *inscriptio* »Jch MARIANA geborne Popschitzin« selbst, die aus dem Sarg ihre Stimme erhebt und mit den auf Christus bezogenen Worten »damit Jch durch meinen Tod mit Jhm vermählet würde« (*EG*, S. 7) die Zuschreibung jenes Dritten, des »bereitschuldigste[n] Diener[s] A. Gryphius« (*EG*, S. 5), beglaubigt.

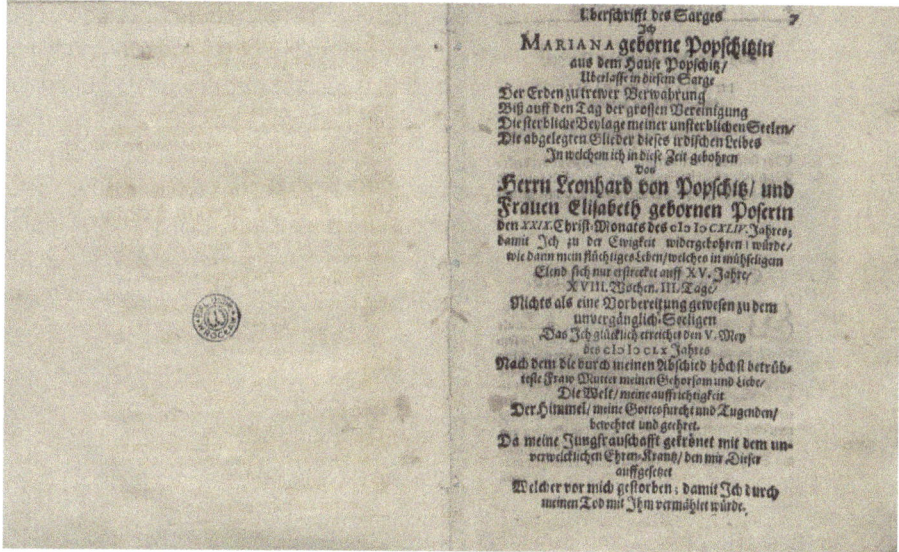

Abb. 6

Dieser medial, im Umblättern, vom Leser sinnstiftend aktivierte Beglaubigungsakt gilt nicht nur punktuell. Vielmehr erweist er sich von Nr. II an Blatt für Blatt als strukturbildend. Die auf die Gesamtansicht folgenden vier Embleme auf dem Sarg und acht auf dem Sargtuch sind nämlich – anders als Nr. I – durchweg von vornherein vollständig, bestehend aus Positionsangabe (z.B. bei Nr. II, vgl. Abb. 7, »Auff

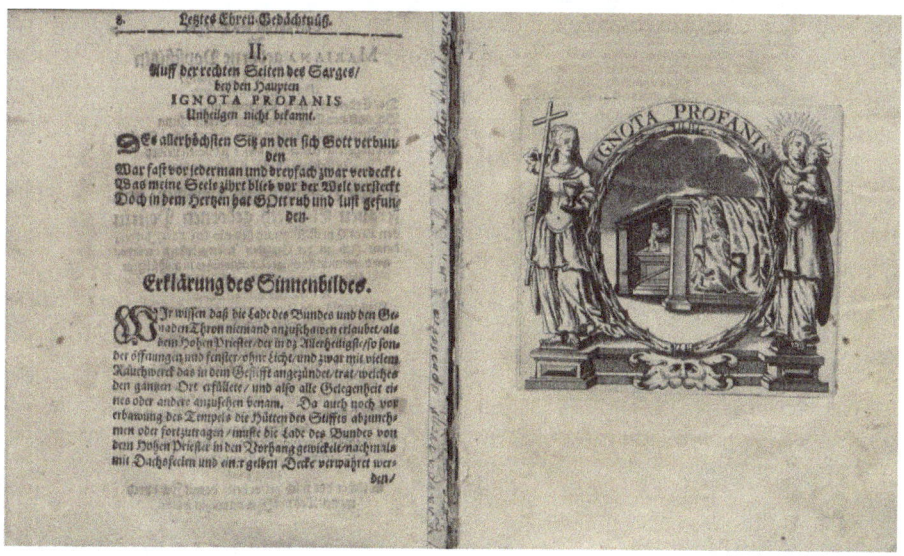

Abb. 7

der rechten Seiten des Sarges / bey den Haupten«; *EG*, S. 8), lateinischer und deutscher *inscriptio*, vierzeiliger deutscher Alexandriner-*subscriptio* sowie »Erklärung des Sinnenbildes« jeweils auf der *verso*-Seite und *pictura* mit nochmals lateinisch integrierter *inscriptio* auf der *recto*-Seite. Das Emblem Nr. II etabliert aber darüber hinaus auch eine von Nr. I her gültige, jenen ersten Beglaubigungsakt wiederholend erneuernde Sprecherverteilung. Hatte das erste Emblem, um ein solches zu werden, durch eine von der Stimme der Toten nachgetragene *inscriptio* erst vervollständigt werden müssen, so ist es in Nr. II von vornherein das Ich der Verstorbenen, das als Sprecherin die Vers-*subscriptio* – und mit ihr die zweisprachig vorangestellte *inscriptio*[25] – verantwortet:

> DEs allerhöchsten Sitz an den sich Gott verbunden
> War fast vor jederman und dreyfach zwar verdeckt:
> Was *meine* Seele zihrt blieb vor der Welt versteckt
> Doch in dem Hertzen hat GOtt ruh und lust gefunden (*EG*, S. 8; meine Hervorhebung).

Das Ich des »Gryphius«, im kollektiven »WJr« (ebd. u.ö.)[26] das Außen der »Welt« repräsentierend, übernimmt hingegen nun jeweils die Prosa-»Erklärung des Sinnenbildes« (ebd. u.ö.). Der Innensicht Marianes, die notwendig »vor der Welt versteckt« bleiben muß, tritt so komplementär die Außensicht des gelehrten Auslegers zur Seite – oder genaugenommen auch wieder nicht. Denn jedes der zwölf Embleme umfaßt, aufgrund jener »Erklärung«, nicht eine simultan wahrnehmbare Doppelseite, sondern untypischerweise *drei*, eine *verso*- und zwei *recto*-Seiten. So stehen sich in Emblem Nr. II zwar *inscriptio* plus *subscriptio* links und *inscriptio* plus *pictura* rechts beziehungsreich gegenüber, doch setzen sie verbal wie bildlich nur Verhülltes, dem Auge des Lesers im eigentlichen wie im übertragenen Sinn sich nicht Erschließendes in Szene: »Was meine Seele zihrt« zur Linken, ein verhülltes, von links perspektivisch wenig Einblick gewährendes kastenförmiges Bauwerk, in dem außer einer kleinen geflügelten Figur nur ein verschlossener Kasten sichtbar wird, zur Rechten. Von Anschauungsverbot und verschiedenen Invisibilisierungsmaßnahmen spricht auch die »Erklärung des Sinnenbildes«, wenngleich für das Bildsujet und das erste Verspaar der *subscriptio* immerhin ein Identifizierungshinweis gegeben wird (»Hütten des Stiffts«; ebd.). Den Zusammenhang dieser allgemeinen Ex-

---

25 Daß der Stimme der Verstorbenen auch die *inscriptio* zuzuordnen ist, geht aus dem exponierenden Emblem Nr. II noch nicht zwingend hervor; als Strukturkonstante wird diese Sprecherverteilung jedoch im weiteren Verlauf in lateinischen *inscriptiones* in der ersten Person kenntlich, vgl. Sargemblem Nr. V (»SPLENDIDIORA SEQUOR«; *EG*, S. 14) und Sargtuchemblem Nr. VI (»ORTU SUBDUCOR IN IPSO«; *EG*, S. 26).
26 Nur an einer Stelle meldet sich der Ausleger als Ich zu Wort (»daß Jch Mich der Wort Mosis gebrauche«; *EG*, S. 19), in der nächsten »Erklärung« bezieht er sich – formal im Plural (majestatis) – auf »unsere Reyen der Hofeleutte in dem Leone Armenio« (*EG*, S. 21).

egese mit dem Tod der Mariane von Popschitz aber läßt die »Erklärung« – *gegen* den begrifflichen Anspruch, zu erhellen, Licht in das Geheimnis zu bringen – »ohne Licht« (ebd.). Jedenfalls, solange man nicht weiter als bis zum Ende der *verso*-Seite liest. An diesem Punkt bricht die »Erklärung« mitten im Satz ab, *unter*bricht die Lektüre, weil das unpaginierte Kupferstichblatt dazwischengeschaltet ist. Blättert der Leser, um den abgebrochenen Satz zuendezulesen, aber um, so erhält er – dies die in seine Hand gelegte Enthüllungsdramaturgie – nicht nur syntaktische Erhellung, sondern, aus der Perspektive des Bildproduzenten formuliert, auch Aufschluß, worauf »dieses Sinnenbild« »ziehlet« (*EG*, S. 9) (Abb. 8). Allerdings um den Preis, daß *durch* das erhellende Umblättern eben jenes Bild, die *pictura*, seinem Blick nun entzogen ist.

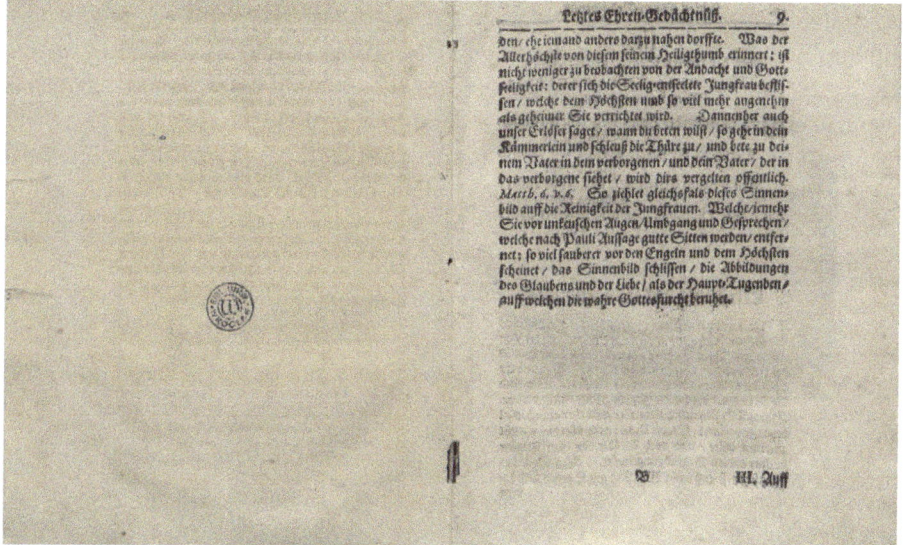

Abb. 8

Diese Wort-Bild-Dramaturgie mit verteilten Stimmen, die im Akt des Umblätterns zwischen *Ent*hüllung und *Ver*hüllung die Konstruktion von Sinn im Sinnlosen des Todes als fragile Operation medial erfahrbar werden läßt, bestimmt auch die weiteren Embleme des *Letzten Ehren-Gedächtnüsses* und fördert im *verso-recto-recto*-Rhythmus sukzessive eine Trostbotschaft zutage:[27] vom den Augen der Welt entzogenen Innern der Verstorbenen wird der Blick Schritt für Schritt aufs Jenseits zu gelenkt, das als nichtirdisches »Licht« und »Sonne« dem »trübe[n]« und »dunckele[n]«

---

27 Die Verkettung der Emblemfolge zu *einer* ›Botschaft‹ wird formal nahegelegt durch die Reimverkettung der deutschen *inscriptiones*; darauf hat zuerst Wentzlaff-Eggebert (Anm. 5), S. 144f., hingewiesen.

Thal des Todes« »dieser Erden« (*EG*, S. 15) entgegengesetzt wird. Diese vom umblätternden Leser selbst vollzogene mediale Tröstungsstrategie funktioniert bruchlos in den vier Emblemen der Sarges und setzt sich, wenngleich nicht durchweg unangefochten,[28] auch in den Emblemen des »Leichen-Tuch[s]« fort, mit dem der Sarg »verhüllt« wurde, »als man die Bahre aufhob, um Mariane von Popschitz« aus der Kirche »zu ihrer letzten Ruhestätte zu bringen«.[29] Zunächst jedenfalls.

Denn nach den ersten zwei Sargtuchemblemen verliert sich das Jenseits aus dem Blick, das dritte expliziert das vermeintlich erhellende Blättern im Vollzug (»ein solches Bild / das [Umblättern] sich in einem Augenblick / in dem wir erwachen / verleuret«; *EG*, S. 20/21) als Bild*verlust*, der mit dem emblematisch in Szene gesetzten verwischenden »Striech« des Todes (*EG*, S. 20) assoziiert wird,[30] im vierten verkehrt sich vollends die enthüllend-verhüllende Dramaturgie des Umblätterns.[31] Nach dem siebten aber kommt es jäh zu einem Abbruch: Es zeigt sich, daß die Verhüllung der auf Transzendenz zielenden Sargembleme durch das Tuch nicht folgenlos bleibt. Während nämlich die *pictura* des achten und letzten Sargtuchemblems (Abb. 9) eine amöne Gartenszene zeigt, darin zwei festlich gekleidete, lächelnd mit Blumen(girlanden) hantierende junge Frauen, negiert die gegenüberliegende *verso*-Seite verbal dieses liebliche Frühlingsensemble, indem sie das sinistre Potential des in der Bildrahmung exakt unter den beiden Mädchen eingelassenen Totenkopfs akzentuiert:

---

[28] Gleich im ersten Leichentuchemblem (auf *EG*, S. 16/17 und dem Kupferstichblatt dazwischen) unter der *inscriptio* »DEVICTA EX MORTE«, dem die in die *pictura* integrierte *inscriptio* noch das Wort »TROPHÆUM« nachträgt, wird eben dies nach antikem Brauch errichtete »Sieges-Zeichen oder trophæ[um]« (*EG*, S. 17) in seiner durch die »Erklärung« offengelegten Semantik ambig. Denn wenn es Mariane als »Uberwinderin des Todes« bezeugen soll, muß das »Sieges-Zeichen« aus »dessen zubrochene[m] Speer und geraubete[n] Pfeile[n]« bestehen; laut »Erklärung« sind es aber die »in *Jhrem* angebohrnen Waffen enthaltene[n] Pfeile und zubrochene Lantze«, die die *pictura* motivieren (ebd.; meine Hervorhebungen). Vgl. Kaminski (Anm. 15), S. 219–221.

[29] Schilling (Anm. 10), S. 720f.

[30] Damit korrespondiert in der Rede des Auslegers ein signifikanter Verlust autoritativer Bekräftigung seiner doch eigentlich auf Trost zielenden »Erklärung«: Kaum ist mit dem Umblättern das emblematische Bild »[v]erwischt« (*EG*, S. 20), so erscheint das im ›Wir‹ kenntlich werdende weltliche Autor-Ich eine ganze Seite lang auf die eigenen Trauerspiele zurückgeworfen, auf Zitat-»rest[e]« aus dem *Leo Armenius* und *Cardenio und Celinde*, deren *vanitas*-Rede (»Dann such er meinen rest was ihm der Sarg wird zeigen | Jn den man Mich verschloß / das schätz' er vor mein eigen | Das ander war enlehnt – – – «; *EG*, S. 21) zu reflexiver Selbstanwendung auf das exegetische Verfahren des diesseitigen Emblemauslegers einlädt.

[31] Schon vor dem Umblättern des Kupferstichblatts (zwischen *EG*, S. 22 und 23) liegt der Bezug des Emblems »TOT QVOT SUNT CORPORE MORTES« auf Mariane offener da, als dem trostsuchenden Leser lieb sein kann (»Der gantze Leib der Seelig-Verstorbenen Jungfrauen / war durch die auffschissenden Flecke der ansteckenden Blattern verstellet«; *EG*, S. 22). Begreift man das Suchen nach »Erklärung« als Impuls weiterzublättern, so droht hier die Rezeption in der körperlichen Misere zu versinken.

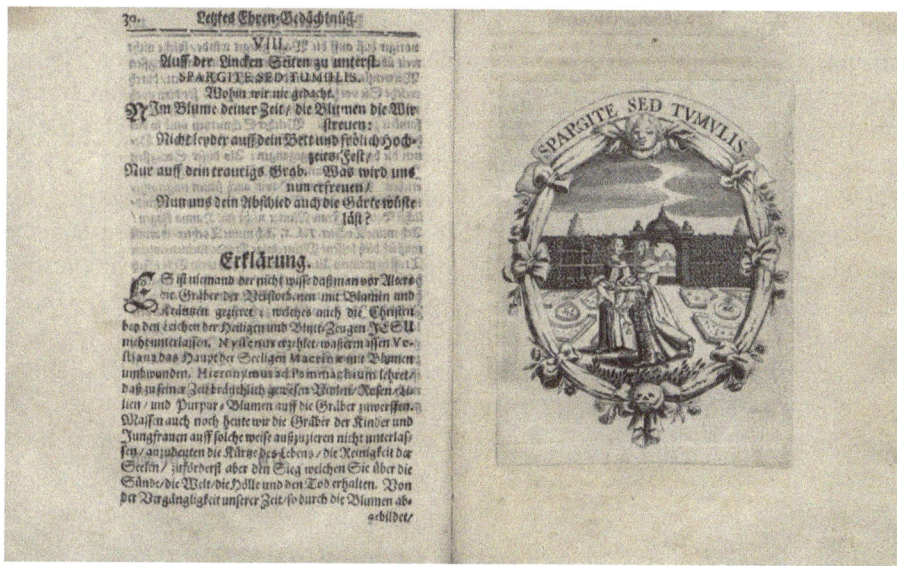

Abb. 9

SPARGITE SED TUMULIS.
   Wohin wir nie gedacht.

NJm Blume deiner Zeit / die Blumen die Wir streuen:
   Nicht leyder auff dein Bett und frölich Hochzeits-Fest /
   Nur auff dein traurigs Grab. Was wird uns nun erfreuen /
   Nun uns dein Abschied auch die Gärte wüste läst? (*EG*, S. 30)

Und was noch schlimmer ist: die trostspendende Stimme Marianes aus dem Jenseits ist verstummt, *subscriptio* und *inscriptio* werden vom »Wir« des die Hinterbliebenen repräsentierenden »Gryphius« gesprochen.[32] Auch die vom gleichen »Wir« verant-

---

[32] Dieser Umschlag von der *consolatio* ins Desolate bereitet sich in den vorausgehenden Sargtuchemblemen Nr. VI und Nr. VII bereits vor: Im sechsten Emblem spricht die Verstorbene und vermag Transzendenz in Gestalt der »Sonn« (*EG*, S. 26), wenngleich im Gewahrwerden des Selbstverlusts, offenbar in den Blick zu bekommen; allerdings zeichnet das transzendente Licht sich für die Hinterbliebenen dadurch aus, daß – pointiert im mit dem Seitenende abbrechenden und durch das Umblättern des Kupferstichblatts vervollständigten Satz vollzogen – das »Licht« ihren »Augen benommen« wird: »So bald aber die Fackel der Welt sich über die Erden erhoben und mit Jhren Stralen das Land erleuchtet / wird in so grossem Licht [Umblättern] das liebreiche Licht dieses Sterns unsern Augen benommen« (*EG*, S. 26/27). In Emblem Nr. VII, dessen *pictura* in nächtlicher Kammer eine einsame, bis auf die Augen verhüllte, ins Leere schauende Frau zeigt, hinter deren Rücken ein Totengerippe die letzte von fünf Kerzen auslöscht, wird die *subscriptio* ebenfalls noch von der Verstorbenen gesprochen, nun sogar in direkter Anrede der »Fraw Mutter«, allerdings ohne jede Trostperspektive den Verlust konstatierend: »SO ist nun alles hin / was bißher Euch geschienen! | Fraw

wortete »Erklärung« hat keine in die Transzendenz weisende Trostperspektive mehr anzubieten, zumal nach dem sonst so erhellenden Umblättern nicht. Statt dessen werden antik-pagane Referenzen dafür beigebracht, »daß Kräntze bey den Traum-Außlegern den Siechen den Tod bedeuten« und »daß von den Todten Rosen oder Salben empfangen das Ende des Menschen voranzeige« (*EG*, S. 31). Den Schluß des *Letzten Ehren-Gedächtnüsses* bildet ein Szenario ungeschönter Trostlosigkeit: »Wir streuen denn gleichsfals auff die erkaltete Leichen der numehr Seeligen Mariane auch diese wenige Blumen unseres Gemüttes / welche wir / nach Menschen Art zureden / billicher Jhrem Heyraths-Tage hätten zueignen sollen« (ebd.). Dem korrespondiert als – gegenüber der textkonstitutiven Präsenz von Marianes Stimme – schwaches konsolatorisches Gegengewicht ein »seufftzend« beigegebenes allerletztes Wort, die bloß verweisende Zukunftshoffnung »Auch wird die blasse Leich auß Jhrer Grufft herblühen; | Wenn JEsus in die Welt wird zum Gericht einziehen« (ebd.).

Dramaturgie der Trauer(bewältigung)

Angesichts solch irritierender Störung der gattungskonstitutiven Konsolatorik, die von der bisherigen Forschung – mangels Aufmerksamkeit auf das buchmedial inszenierte Nacheinander erinnernder Lektüre – nicht gesehen wurde, stellt sich die Frage nach deren Funktion. Aufschluß gibt der Stellenwert des *Letzten Ehren-Gedächtnüsses* innerhalb der Gedenkausgabe für Mariane von Popschitz, die das Gedenken an die Tote vom Ablauf des Begräbnisrituals her topisch choreographiert, d.h. die Bewegungen im Gedächtnisraum in buchmedialer Übersetzung nachzeichnet. Dabei ist nicht nur zu beachten, daß »während der Begräbnisfeier« »die beiden Emblemzyklen nicht gleichzeitig, sondern nacheinander wahrgenommen wurden«;[33] Nacheinanderwahrnehmung erlegt vielmehr auch die buchmediale Darbietung der Gedenkausgabe dem erinnernden Leser auf. Und zwar sowohl auf der Mikroebene der beiden Emblemfolgen des *Letzten Ehren-Gedächtnüsses* – wobei bezeichnenderweise nur die Sargembleme in ›realistischem‹ Rundgang um den Sarg evoziert werden, während die Embleme auf dem »Leichen-Tuch« in ständigem

---

Mutter! misset Jhr auch mich Eur letztes Licht? | Wer wird Euch nun mit Trost / mit Rath / mit Beystand dienen | Jn dem die Parce Mir die sterbend Augen bricht« (*EG*, S. 28). Die Antwort ›Gott‹, die auf diese Frage eigentlich erfolgen müßte, gibt auch die »Erklärung« nicht; statt dessen untermauert sie die »Schmertzen« der »schmertzempfindlichst Betrübten Fraw Mutter« durch biblische Exempla und eröffnet am Ende allenfalls eine vage Wiedersehensperspektive (»Jhr einiger Trost ist die Hoffnung Sie dermaleins wider zu sehen / welche noch wie ein dunckeles Monden-Licht / Sie in etwas ergetzet«; *EG*, S. 29), die in der Performanz des *Letzten Ehren-Gedächtnüsses* mit dem Ausfall von Marianes Stimme im Folgeemblem freilich zunächst einmal enttäuscht wird.

33 Schilling (Anm. 10), S. 720.

Seitenwechsel von der »rechten Seiten« (*EG*, S. 24) zur »lincken Seiten« (*EG*, S. 26) präsentiert werden und so den medial ausschlaggebenden *recto-verso*-Wechsel akzentuieren – als auch auf der Makroebene der Textabfolge innerhalb der Gedenkausgabe.

Dem solcherart buchmedial erinnerten Begräbnisparcours, der mit der geistlichen »Leichpredigt [...] Von Sigmund Pirschern / der Evangelischen Lutherischen Kirchen Pastore«, in der Glogauer Friedenskirche »Hütte[] Gottes« begann[34] und mit der vom weltlichen Redner Andreas Gryphius am offenen Grab gehaltenen Leichabdankung *Magnetische Verbindung* auf dem Friedhof endete, entspricht aber ein ›psychagogischer‹ Erinnerungsweg, dessen exklusive, wiewohl öffentliche Adressatin die trauernde Mutter ist. Deren jedes ›normale‹ Maß übersteigende Trauer ist nicht nur realgeschichtlich nachvollziehbar – es stirbt das letzte Kind einer Witwe –, sondern wird vom Abdankungsredner Gryphius eigens zum Ausgangspunkt einer rhetorisch ungewöhnlichen mehrfachen Sinnstiftungs- und Tröstungsstrategie gemacht. Denn um die »itzt in Hertzensleid ersterbende« (*MV*, S. 38), »in Thränen schmachtende Frau Mutter« (*MV*, S. 40), »welcher Gebeine zumalmet; welcher Augen von weinen geschwunden / welcher der Donnerstral unvergleichlicher Schmertzen durch die von Angst zurissenen Glieder biß an die Seele gewüttet« (*MV*, S. 42), zu trösten, genügt es nicht, den Tod ihrer Tochter metaphorisch als »Vereinigung des HErren JESU und Seiner Geliebten« (*MV*, S. 44) zu inszenieren und diese Hochzeit typologisch zu fundieren.[35] Vielmehr bedarf es noch eines *zweiten* leitmotivisch strukturierenden Themas, das der Redner – nach einem knappen Viertel des (schriftlich ausgearbeiteten) Vortrags – in die Abdankung einführt:

> Ja Jch darff mich erkühnen / Sie Gnädigste und allerseits Höchstgeehrteste Zuhörer dadurch von Jhrem Kummer abzuführen / in dem ich mich unterwinde mit gar wenigem Jhnen die Geheimnüß dieser Verbündnüß des HErren JEsu und Seiner Geliebten / als eine Magnetische Vereinigung vorzustellen [...]. (*MV*, S. 50)

Die ›Kühnheit‹ der physikalischen Metapher gegenüber der typologisch fundierten von der Brautschaft Christi besteht darin, daß sie im Bild des das Eisen mit naturgesetzlicher Unausweichlichkeit polarisierenden Magneten unwiderstehliche Anziehungskraft auch *gegen* den Willen der Angezogenen konzeptualisiert;[36] ein ›Ausweg‹, der es der trauernden Mutter ermöglicht, Marianes Entscheidung *für* Christus

---

[34] So auf dem Titelblatt der die Gedenkausgabe eröffnenden Leichenpredigt *LAMPAS perenni flammâ coruscans. Das ist: Lampe und Flamme*. Vgl. die vollständige Titelaufnahme oben, S. 449.
[35] Vgl. *MV*, S. 44f., den zwischen Jesus und der »Jhm verknüpffte[n] Braut« inszenierten Dialog, in dem *sie* alttestamentlich Verse aus dem Hohenlied 8 spricht und *er* neutestamentlich mit dem Johannesevangelium 14 und 16 respondiert.
[36] Vgl. die Beispiele der gegen ihren Willen von Christus Angezogenen *MV*, S. 69–76.

nicht als Entscheidung *gegen* die Zurückgelassene zu lesen. Daß freilich selbst diese theologisch gewagte Umdeutung der Gottesbrautschaft als Trostargument nicht hinreicht, die Trauer der Mutter in demütiges Einverständnis zu wenden, zeigt die in ihrer Schroffheit beinah fordernde Rollenerinnerung am Schluß der Abdankungsrede: »Jch zweifele nicht«, so der Redner direkt an die Adresse der Mutter,

> wann wir an diesem Ort uns versamlet hetten / unserer Seeligsten Jungfrauen Marianen ein fröliches Geleitte auß Jhrer Frauen Mutter Hause zu einem mit Standes / Gemuts und Glücksgaben beseeligten Bräutigam / es würde dieser Hintrit (ob Er zwar auch nicht sonder Bewegung des Mütterlichen Hertzens gewesen were /) dannoch der Hochwehrtesten Frawen Mutter nicht unerträglich gefallen seyn. Warumb betrübt Sie sich dann nunmehr unendlich / daß der König aller Könige / der Sohn / des Höchsten / welcher alle und alles übertrifft / ihr Kind mit sich hinweg führet. (*MV*, S. 93f.)

Zugleich erkennt Gryphius' Abdankungsrede aber an, daß »die von stetem weinen erstarreten Augen der höchstbetrübtesten Frauen Mutter [...] anitzt vor höchster Wehmuth nichts sehen / als eine erstarrete Leiche«, daß sie in der Begräbnissituation blind sind für die »herrlichste Braut des Allerhöchsten« (*MV*, S. 86). Folgerichtig endet sie nicht wie eine ›normale‹ Leichabdankung mit der *gratiarum actio*, sondern schließt – dem Begräbnisdatum Rechnung tragend – mit einer dramatischen Beschwörung von Präsenz, wie sie das Kirchenjahr als »Advent oder [...] Zukunfft Christi« (*MV*, S. 99) vorsieht.[37] Einer Präsenz, die, da die Augen der Mutter blindgeweint sind, nur über die Stimme realisiert werden kann, wie sie der an die *Magnetische Verbindung* anschließende und die Gedenkausgabe beschließende dritte Text von Gryphius – ein 136 Alexandriner umfassendes Gedicht unter dem Titel »Abschids-Worte / Der weyland Hoch-Edel-Gebohrnen / Hoch-Tugend- und Viel-Ehrenreichen / nunmehr Seeligsten Jungfrauen Marianen / Gebornen von Popschitz / Auß dem Hause Popschitz / An Jhre Höchstbetrübte Fraw Mutter« (*MV*, S. 100) – hörbar macht.

In diesem ›psychagogischen‹ Erinnerungsparcours nimmt das *Letzte Ehren-Gedächtnüß*, das – anders als Leichenpredigt, Leichabdankung und »Abschids-Worte« – nicht in der Begräbnissituation vorgetragen, sondern als repräsentierender »Abriß« aus »Papir« nachträglich »auß[ge]fertig[t]« wurde (*EG*, S. 5), eine Schwellenposition ein. Räumlich dem Weg von der Kirche zum Friedhof zugeordnet, vermittelt es zwischen dem geistlichen Trost der in der Kirche gehaltenen Leichenpredigt – ihm korrespondieren die transzendenzgewissen Embleme auf dem Sarg – und der auf dem Gang zum Grab sukzessive gleichwohl sich wieder einstellenden Trostlosigkeit, bis hin zu dem Punkt, da die Stimme der Verstorbenen versiegt und die einsame Mutter beinah ohne Perspektive zurückbleibt. Dieser schonungslos in

---

[37] Das Begräbnis fand am 23. November 1660 statt, der erste Advent war am 28. November; vgl. Grotefend (Anm. 3), S. 157.

Szene gesetzte Tiefpunkt zollt – als buchmediales *simulacrum* des Moments, da der »ermüdete Leichnam« in sein »Schlaffgemach« (*MV*, S. 99) versenkt wird und ein Vakuum hinterläßt – der unendlichen Trauer der Mutter ohne Beschönigung Respekt und wird zugleich zum Ausgangspunkt für die Leichabdankung, deren Druckfassung der lesenden Widmungsadressatin Gryphius' Rede am offenen Grab reaktualisiert. Was das *Letzte Ehren-Gedächtnüß* nach dem allmählichen Verblassen des geistlichen Trostes am Ende entzieht – die Präsenz der Verstorbenen in der Stimme –, das erstattet die *Magnetische Verbindung*, nachdem sie der »unendlich schwere[n]« Trauer (*MV*, S. 97) rhetorisch Raum gegeben *und* Grenzen gezogen hat, zuletzt in Überfülle zurück: anstelle einer vierzeiligen *subscriptio* »Abschids-Worte« in vierunddreißig mal vier Alexandrinern, die die Mutter ›unmittelbar‹ aus dem Jenseits der transzendenten Gegenwart ihrer Tochter versichern. »Jch bin des HERREN Braut!« (*MV*, S. 104), verkündet nun nicht mehr metaphorisch der Ausleger, sondern unbildlich ›sie selbst‹.

II.8.2.e *Winter-Tag Menschlichen Lebens*
Von Thomas Vogel

Kontext

Eva Schönborner starb am 20. Februar 1653 und wurde am 12. März 1653 beerdigt. Wenige Wochen zuvor war die Glogauer Landeskirche und damit die protestantische Religionsausübung durch den Kaiser als Landesherrn verboten worden.[1] Den Rahmen der Leichabdankung auf Eva Schönborner bildete infolgedessen nicht ein Trauergottesdienst oder »ein herkömmliches kirchliches Begräbnis«,[2] sondern eine private Veranstaltung »auf dem Schönbornerschen Gutshof« (*GA* IX, S. 408). Der Redner Gryphius ergänzt damit nicht die Predigt und den liturgischen Rahmen, sondern erfüllt »in ermangelung anderer LeichCeremonien« (*WML*, Titel) »gleichzeitig die Funktionen des Pfarrers und des Abdankungsredners«[3] – ebenso wie bereits im Fall der Leichabdankung auf den mehr als fünfzehn Jahre zuvor verstorbenen Ehemann Georg Schönborner (des *Brunnen-Discurses*). Diese Tatsache bildet im Text der Leichabdankung den Ankerpunkt eines autobiographischen Rückverweises des Redners, der zugleich aus der Betonung der Zusammengehörigkeit und der Schicksalsidentität des Ehepaars Schönborner erwächst. Gryphius war 1636 als Erzieher in die Dienste Georg Schönborners getreten, hatte auf diesen 1637 seine erste gedruckte Leichabdankung gehalten und hatte dessen Söhne 1638 zum Studium nach Leiden begleitet. Auch nach seiner Rückkehr nach Glogau scheint er der Familie Schönborner freundschaftlich verbunden geblieben zu sein. Die an die Kinder der Verstorbenen gerichtete Zueignung des Erstdrucks ist auf den 21. September 1653 datiert.

Argumentationsstruktur

Den argumentativen Rahmen der Leichabdankung bildet der mehrfache Hinweis auf das vorbildhaft fromme Sterben Eva Schönborners. Im *exordium* ist dieses Motiv verbunden mit der Inszenierung der Lebensläufe des Ehepaars Schönborner als Parallelbiographie. Wo aber die letzten Worte Georg Schönborners an Christus gerichtet sind, bittet die Ehefrau »den Höchsten umb ein reines Hertz unnd newen gewissen Geist« (*WML*, S. 3f.) und zitiert damit Ps 51,12. Rhetorisch relevant ist dieser Prätext vor dem Hintergrund der Passionsberichte als strukturelle *imitatio Christi*.

---

1 Vgl. Sibylle Rusterholz: Rostra, Sarg und Predigtstuhl (1974) [842], S. 137.
2 Ebd., S. 176.
3 Ebd.; vgl. auch *GA* IX, S. 408.

Ausgehend von der zuvor als *vanitas*-Motiv entwickelten Titelmetapher, stellt der erste Hauptteil des Textes den »Winter-Tag Menschlichen Lebens« als eine Abfolge einzelner Tageszeiten und damit einzelner Lebensabschnitte dar. Formal ist dieser Komplex konzentrisch um die *laudatio* auf Eva Schönborner organisiert, die sich im Abschnitt ›Mittag‹ im Rahmen eines ausführlichen Tugendkatalogs findet. Den Zielpunkt der einzelnen argumentativen Abschnitte stellt die Anwendung des zuvor anhand naturwissenschaftlicher Beobachtungen oder historischer Exempel Herausgearbeiteten auf das Leben der Verstorbenen dar,[4] die biographischen Daten sind dabei konkret und detailliert aufgeführt. Die *applicatio* des Gesagten auf Eva Schönborner entspricht dem Zweck und dem Anlaß der Leichabdankung. Auffällig ist allerdings, daß der konkrete Bezug auf die Betrauerte in den meisten Fällen in die inhaltliche Argumentation des Abschnitts eingebunden ist. Indem die *applicatio* jeweils aus dem dominanten *vanitas*-Diskurs ausschert und die Lebensdaten Eva Schönborners heilsgeschichtlich deutet, ist der expliziten *laudatio* ein der rhetorischen Textur eingeschriebenes Lob an die Seite gestellt: Im Rahmen des metaphorisch ausgeführten Wintertags verbürgt allein das Beispiel der Verstorbenen die Möglichkeit eines sinnvollen Lebens in der Welt.

Den Abschluß des ersten Hauptteils bildet die erneute Betrachtung des Sterbens Eva Schönborners, die die im *exordium* entwickelten Motive aufgreift und ausführt. Damit ist zum einen der metaphorisch gedeutete Wintertag gerahmt, zum andern bildet die summarische Aufschlüsselung der Lebenszeit den Ausgangspunkt des Folgenden.

Der zweite Hauptteil des Textes besteht aus einer kaum systematisch angeordneten Reihung von Begleiterscheinungen des Winters und ihrer allegorischen Ausdeutung. Der Redeanlaß, der Tod Eva Schönborners, ist in diesem Abschnitt nicht im Blick. Angesprochen sind die Anwesenden nicht als konkrete Trauergemeinde, sondern als zu belehrende und zu erbauende Gemeinde.

Die abschließende *consolatio* kontrastiert das Motiv des Wintertags mit dem Ausblick auf den »Sommer des Reiches GOttes« (*WML*, S. 45), der die vorausgehende Belehrung konkretisiert und zugleich die Trauernden durch den Hinweis tröstet, daß die Verstorbene diesen Sommer bereits erreicht habe. Der Tod ist dabei nicht wie im ersten Hauptteil als Lebensende im Blick, sondern als freudig zu erwartender Beginn der Ewigkeit.

---

[4] Sibylle Rusterholz (Anm. 1), S. 173, spricht von einer »Stufung Naturphänomen – explicatio – applicatio, wobei [...] das Hauptgewicht nicht auf der ›explicatio‹ [...], sondern auf der ›applicatio‹ und damit auf dem besonderen Leben der Verstorbenen« liege. Die weitere Darstellung wird zeigen, daß dieses Modell nicht konsequent anwendbar ist. Eine trennscharfe Unterscheidung von Schilderung und *explicatio* ist nicht in jedem Fall möglich, die *applicatio* ist jeweils in ihrem Umfang markiert, sie bildet aber nicht in jedem Fall den Abschluß eines Abschnitts.

Text

Die dem Erstdruck voranstehende Zueignung wendet sich an die drei überlebenden Kinder Eva Schönborners. Das Widmungsgedicht variiert einen gängigen Bescheidenheitstopos, indem es die – zu diesem Zwecke zunächst festgestellte – mangelnde Qualität des Werkes nicht mit der Unzulänglichkeit, sondern mit der persönlichen Betroffenheit des Verfassers entschuldigt: »Der Abriß ist zu schlecht / fragt nicht / wie Mir geschehn! | Ein weinend Auge kan nicht recht durch Thränen sehn« (*WML*, Widmung). Die hier aufgeworfene Frage nach der Befähigung eines Trauernden zur Trostspendung wird in ähnlicher Stoßrichtung auch im Text der Leichabdankung diskutiert.

Das Thema des ersten Teils der Einleitung wird vom Allgemeinen zum Besonderen entwickelt. Ausgangspunkt ist dabei die Feststellung, »daß nicht selten Personen gefunden / welche durchauß / ehe sie einander recht kennen können / doch einander lieben müssen; Welche durchauß eines Willens und Sinnes gewesen; ja welche eine Würde / ein Stand / ein Fortgang erhaben / und einerley Unglück / Leiden und Tod gedrücket« (*WML*, S. 2). Ausgeführt wird diese These anhand einer Reihe historischer Exempel, deren Erwähnung zugleich für redundant erklärt wird. Vorbereitet wird durch diese rhetorische Figur das eigentlich zu entfaltende Exempel, die Geistes- und Schicksalsverwandtschaft des Ehepaars Schönborner. Indem trotz des Vorbehalts drei Exempel konkret genannt werden und zudem auf »[g]antze Bücher [...] solcher Beyspil« (ebd.) verwiesen wird, wird das Ehepaar Schönborner als idealtypische Verkörperung des beschriebenen Sachverhalts herausgehoben. Im genannten Sinne parallel und zugleich vorbildhaft als Glaubenszeugnis ist dabei das jeweilige Sterben. Neben den letzten – an Christus bzw. im Psalmzitat an Gott gerichteten – Worten werden auch die Todesdaten in die Reflexion einbezogen: Georg Schönborner stirbt unmittelbar vor Weihnachten, »gleich als [...] wolte [er] durch den Todt new in den Himmel gebohren werden« (*WML*, S. 4); Eva Schönborner stirbt eine knappe Woche vor Beginn der Fastenzeit, »als wenn Sie den Lebendigen nicht mehr bey Todten zu beseufftzen / sondern unter den Unsterblichen zu grüssen / sich entschlossen« (ebd.). Den Bezugsrahmen bildet nicht das Kalenderjahr – das immerhin beide Sterbedaten als ›Wintertage‹ identifizierbar machte –, sondern das Kirchenjahr. In diesem Sinne ist hier nicht der Tod an sich im Blick, der Redner als »Dolmetscher der allgemeinen Trauer«[5] deutet das »mit gleicher Gedult« (*WML*, S. 3) ertragene Sterben vielmehr im Rückblick auf das gläubig-fromm gelebte irdische Leben als Beginn des himmlischen Weiterlebens. Diese Perspektive sowohl im Blick auf die Trauer um die bereits erlöste Eva Schönborner als auch im Blick auf

---

5 Maria Fürstenwald: Zur Theorie und Funktion der Barockabdankung (1975) [839], S. 377.

das erwartbare eigene Sterben wird am Ende der Leichabdankung erneut formuliert und bildet damit den Rahmen der Argumentation.

Die Erinnerung an das »Leichbegängnüß« (*WML*, S. 4) Georg Schönborners bezieht den Trauerredner Gryphius[6] ein in die Parallelität des Sterbens der Eheleute. Der Redner ist dabei zugleich Konstante der konkreten Trauerfälle und Allegorie der Vergänglichkeit: »Soll denn nach so vil Widerwertigkeiten / und auß so entlegenen Orten Jch darumb nur mein Vaterland wider gefunden haben / daß Jch darinnen den verlust aller so werthen Freunde beklage?« (ebd.). Der Perspektivenwechsel rückt entgegen der zuvor geschilderten Vorbildhaftigkeit des rechten Sterbens die negative Kontinuität des Todes in den Fokus. Daß es, ganz im Sinne Kohelets, »nichts newes vnter der Sonnen« gebe (Koh 1,9), zeigt sich an den historischen Umständen, aufgrund deren »Jhr Begräbnüß nichts anders bestellet werden kan [...] als das Seinige« (*WML*, S. 4f.). Ergänzt wird der historisch-exemplarische Vergleich durch eine weitere, aktuelle Analogie: am gleichen Tag wie Eva Schönborner ist auch ein Sohn des Redners gestorben. An diese Tatsache sind zwei Diskurse gebunden. Im Zentrum steht die vergleichende Deutung beider Todesfälle, die im Sinne einer *explicatio* als Belege für »die Parallela der Sterbligkeit und Menschlichen Unglücks« (*WML*, S. 6) dargestellt werden. Betont werden dabei sowohl die Unterschiede (diese vor allem im Blick auf das Leben der Verstorbenen selbst: »Mit kurtzem / Jhre Fraw Mutter hat gelebet / da mein Kind noch leben solte«; ebd.) als auch die Gemeinsamkeiten (die aus der Perspektive der Hinterbliebenen ersichtlich sind: »Hie wird die treweste Freundin verlohren [...]. Mir wird der Trost und Stab künfftigen Alters weggeraubet«; ebd.) beider Fälle. Gerahmt ist die Betrachtung der »Parallela« durch die Problematisierung der Sprecherrolle. Für den Redner als in beiden Fällen persönlich Betroffenen wird der »Schmertz nicht wenig vermehret / in dem er zweyfach getheilet!« (*WML*, S. 5). Dieser empathischen und zugleich selbst empfundenen Trauer steht die in ihrer rhetorisch-rituellen Funktion klar umrissene Rolle des Abdankungsredners gegenüber, in deren Sinne »diese WolAdeliche und Hochbetrübte Freundschafft nicht meine Thränen; Sondern was viel schwerer / meinen Trost begehret« (*WML*, S. 7). Die Auflösung dieses Rollenkonflikts erfolgt auf der Grundlage der humanistisch-gelehrten Tradition: Die Schwierigkeit einer Trostspendung durch selbst (Mit-)Leidende wird anhand eines biblischen und eines antiken Zitats dargelegt; das Gegenargument stellen zwei historisch-legendarische Exempel dar, in denen bereits Verstorbene ihren trauernden Hinterbliebenen im

---

6 Auch wenn im Sinne des Genres Leichabdankung kein grundlegend vom Autor zu unterscheidendes ›lyrisches (Redner-)Ich‹ anzunehmen ist, sind im Blick auf die besonders in diesem Abschnitt argumentativ aufgenommenen Ich-Aussagen die rhetorische Absicht und der damit verbundene Inszenierungswille zu beachten. So folgen beispielsweise die Rückkehr Gryphius' und der Tod Eva Schönborners nicht, wie es der Text nahelegt, unmittelbar aufeinander, sondern im Abstand von beinahe drei Jahren.

Traum Trost zusprechen. Analog dazu, so das rhetorisch entwickelte Fazit, sei es auch den »vor wehmutt halb Todte[n]« zuzutrauen und zuzumuten, »einander mit Trost zu erqvicken« (*WML*, S. 9). Ansatzpunkt des Trostes ist der Verweis auf die Gegenstandslosigkeit der Trauer: Vor dem Hintergrund der *vanitas mundi* ist der Tod Eva Schönborners nicht als Verlust zu betrauern, sondern als bereits erfolgte Rettung zu begreifen.

Aus der Vergänglichkeitsreflexion erwächst auch die erste Hinführung zum Titelmotiv der Predigt. Ps 90,6 vergleicht das Leben mit dem Gras, »[d]as da früe blüet / vnd bald welck wird / Vnd des abends abgehawen wird vnd verdorret«. Der Text der Leichabdankung überbietet die Metapher, indem er das Welken und Verdorren »noch vor Abends« (*WML*, S. 10) annimmt. Im gleichen Sinne wird auch die Metapher des spätantiken Dichters Ausonius korrigiert: »Nur in disem jrret Ausonius, daß er den längsten Tag des Sommers zu seiner vergleichung brauchet / da wegen so vilen und grossen Jammers / der uns häufig überfällt: wegen des gar zu kurtzen Morgens und nahen Abends weit beqvemer der kürtzeste Tag der winterlichen Sonnenwende« (ebd.).[7] Aus dieser Perspektive betrachtet, speist sich das thematische Leitmotiv des Textes damit aus biblischen und antiken Quellen.

Ausgehend vom Vornamen der Verstorbenen, entwickelt ein zweiter Anlauf das Motiv des Wintertags aus den Schöpfungs- und Paradieserzählungen. Unter Verweis auf theologische Spekulationen über die Jahreszeit der Schöpfung sowie über den zeitlichen Abstand zwischen der Erschaffung des Menschen und der Vertreibung aus dem Paradies datiert der Redner dabei die letztere »auff die rawen Tage des ausgehenden Herbsts oder angehenden Winters« (*WML*, S. 12). Entscheidend für diese Annahme ist letztlich nicht die Anzahl oder Bedeutung entsprechender Quellen,[8] sondern die allegorische Valenz einer solchen Datierung: Die Vertreibung aus dem Paradies ist »ein Vorbild gewesen des Jammers / der uns vertribene Kinder Evæ in dem Elend unseres Lebens überfallen solte / welches freylich ein rechter Winter-Tag« (ebd.). Der winterliche Vertreibungstag, ab dem der Mensch »[j]m schweis [s]eines Angesichts [...] [s]ein Brot essen« (Gen 3,19) muß, stellt damit das typologische Deutungsmuster des Lebens dar.

---

7 Indem Gryphius die antike Vergänglichkeitsmetapher verschärft, indem er also den Tod der im ausgehenden Winter verstorbenen und im beinahe beginnenden Frühling beerdigten Eva Schönborner unter der Perspektive des frühwinterlichen Sonnenwendtages deutet, verweist er zugleich erneut auf den bereits mehrfach als parallel dargestellten Todesfall des Ehemanns Georg Schönborner, der tatsächlich am »kürzeste[n] Tag« des Jahres, nämlich am 23. Dezember 1637, verstorben ist. Vgl. dazu ↗ Kap. II.8.2.b zum *Brunnen-Discurs*, S. 435f.

8 Für die Annahme einer Schöpfung im Frühjahr werden als Quelle vier Kirchenväter angeführt, für die letztlich unterstützte Gegenannahme die Aussage (anonymer) »andere[r] mit unzweifelhaften Gründen« (*WML*, S. 11); im gleichen Sinne folgt der Redner in der Frage der Verweildauer im Paradies der ebenfalls nicht einer konkreten Quelle zugeordneten »schöneste[n] und anmuttigste[n] Meynung« (*WML*, S. 12).

Die metaphorische Valenz der den ›Winter-Tag‹ eröffnenden »Morgenröthe« (ebd.) im Blick auf den Beginn des menschlichen Lebens knüpft sich an zwei Motive: die freudige Erwartung des Morgens, »welcher sich Winterszeit mit schir mehr denn gewöhnlicher Röthe zeiget«, sowie die morgendliche Gewitterneigung, aufgrund deren »alle gezeigete Schönheit mit schrecklichen Ungewittern / Sturmwinden: Schnee und Reiffen abwechselt« (ebd.). In gleichem Sinne ambivalent »[g]ehets [...] mit uns Sterblichen« (ebd.) – so führt die *explicatio* anhand gängiger *vanitas*-Topoi (das Leben als »Schawplatz«, der mit »wolgehawenen Saulen [und] [...] Königlichen Throne[n]« ausgestattet ist, der aber entweder »bald [...] mit abschewlichem Mord / Rasen und Blut beflecket« wird oder »de[n] arme[n] Mensch[en] selbst zu einem Schawplatz« für Krankheiten und Anfechtungen macht; *WML*, S. 13) und historisch-legendarischer Exempel (Geburtsorakel als »dunckeler Jnhalt des Schreckens / welches Jhr Leben in dieser Zeit umbgeben wird«; *WML*, S. 14) vor. Bereits der unmittelbare Beginn des Lebens steht damit im Zeichen der Sünde: »mit unserer Geburt / wird die auff uns geerbte Schuld unserer Vor-Eltern geboren« (*WML*, S. 16). Während Salomo per Bibelzitat (Weish 7,1.3.5) in diese Sündenautomatik hineingenommen wird, wird in der *applicatio* anhand des liturgisch verorteten Geburtsdatums Eva Schönborner als Gegenbeispiel präsentiert: »den Ein und Zwantzigsten Tag des Aprils [...] der damals eben auff den Sontag des guten Hirten gefallen: anzudeuten / daß Sie / als ein trewes Schaf des HErrn nicht verlohren werden / sondern der ewigen Barmhertzigkeit des Höchsten geniessen solte« (*WML*, S. 17). Anders als die theologisch suspekten »Vorspilungen« (*WML*, S. 14) ist damit der deutende Ausblick im Falle der Verstorbenen biblisch-liturgisch legitimiert.

Explizit heilsgeschichtlich perspektiviert ist die als Scharnier zum folgenden Abschnitt fungierende Rede von der Taufe Eva Schönborners. Nicht das christliche Taufsakrament an sich bildet den Kontrast zum historischen Negativexempel (»jhrer eigenen Kinder / Opffer[]«; *WML*, S. 17), sondern der konkrete Fall: »Dieses damals neugeborne Kind ward der rechten Sonnen [...] auffgeopffert / und durch seine Christliche Eltern [...] nachmals von dem Morgen Jhrer Jugend an zu Christlichen Tugenden und unbefleckten Sitten gezogen« (ebd.). Die Motive dieser ersten *applicatio* nimmt der Redner am Ende des Abschnitts auf und umrahmt damit die allgemeine Auslegung des »Morgen[s] unsers Lebens« (ebd.): Die Taufe dient als Beleg und als Voraussetzung »guter Zucht« (ebd.) und der im Falle der Verstorbenen daraus folgenden »hohe[n] Tugenden« (*WML*, S. 19), für die wiederum das Wirken der Eltern entscheidend ist. Die *explicatio* diskutiert in diesem Sinne die Notwendigkeit von Erziehung metaphorisch (das »Gemütt« als »fruchtbarer Acker«, der »wo nicht herrlich- und köstliche Früchte / doch gifftige Kräuter und Disteln und Hecken trägt«; *WML*, S. 18f.), historisch und zeitkritisch (»daß die unbewahrte Jugend in disem abscheulichen Krige von vilen / unter lauter Lastern aufferzogen«; *WML*, S. 18).

Die Auflistung der Tugenden stimmt in weiten Teilen mit der *laudatio* überein. Während das erzieherische Handeln der Eltern allerdings »im Verborgenen« stattfindet, steht der »Mittag« für den Zeitraum der öffentlichen Wirksamkeit, in deren Sinne »der Mensch von dem Allerhöchsten auß dem Verborgenen in das Licht gebracht wird« (*WML*, S. 19). Dieser *explicatio* nachgelagert ist die metaphorische Begründung der Analogie: »Wie nun die Sternseher nie mit höhern Fleiß auff die Sonne mercken; als wenn Sie unter dem MittagsCirckel [...]; Nicht anders schlagen alle Jhr Gesicht auff dise / die eine herrliche Ehe / ein trefliches Ambt / oder andere Verhengnüß hervorzeucht« (ebd.). Die folgende Exempelreihe leitet die Wirk*möglichkeit* der vorgestellten Frauen aus durch Heirat erworbenen Einflußpositionen ab, ohne daß sich das *Wirken* selbst in der Erfüllung ehelicher Pflichten erschöpfte: Vorrangig bemerkenswert am Beispiel der »Helene« ist »nicht nur / daß Sie schwanger w[u]rde mit dem grossen Constantin: sondern mehr / daß Sie des HErrn Creutz / welches sie zu Jerusalem auffgerichtet / in viler Tausend Menschen Hertzen setzete« (*WML*, S. 20). *Applicatio* und *laudatio* sind argumentativ voneinander getrennt, bilden aber gemeinsam den abschließenden Teil der Exempelreihe. Die durch die »sondere Schickung des Allerhöchsten« beförderte Hochzeit ist die Voraussetzung für fast zwanzig Jahre »unzertrenneter und unverfälschter Liebe«, die Ehe ist darüber hinaus »mit zweyen Söhnen und zwey Töchtern gesegnet« (*WML*, S. 21). Dieser quantitativen Zusammenfassung von »Ehestand[]« und »Ehebette« (ebd.) – dem ›nicht nur‹ – stellt der Redner – ›sondern mehr‹ – den auch im Umfang deutlich gewichtigeren Tugendkatalog zur Seite. Ausgangs- und Zielpunkt ist dabei die Betonung der Demut Eva Schönborners, die weder mit ihren Tugenden »auff Phariseisch vor der Welt« (*WML*, S. 22) geprahlt noch sich »mit eyteler Pracht / tewren Geschmeiden / Jndianischen Gesteinen: oder andern derogleichen Köstlikeiten« (*WML*, S. 24) geschmückt habe. Das Lob erwächst in diesem Sinne aus der direkten (obwohl die Gottesfurcht »in dem innersten des Hertzens verborgen« ist, ist sie »in allen Jhren Reden / Geberden und Thaten« erkennbar; *WML*, S. 22) oder indirekten Beobachtung (daß sie ihren Kindern »die beste Treue / die beste Vorsorge« hat angedeihen lassen, »saget [den Zuhörern] selbst (ob dise Lippen schweigen) Jhre Seele: und Jhre Threnen entdecken es den Anwesenden!«; *WML*, S. 23). Die Darstellungsdramaturgie entwickelt sich parallel dazu vom privat-religiösen (Gottesfurcht, Beständigkeit, Frömmigkeit) zum öffentlichen Wirken (Sorge für die Familie, Wohltätigkeit »Unterthanen« und »Armen«[9], aber auch »im Verlauf der gewalttätigen habsburgischen Rekatholisierungs-Maßnahmen verfolgten Protestanten« gegenüber; *GA* IX, S. 407). Nennt der Redner zu Beginn seine »heilige[] (wie wol kurtze[]) Freundschafft« (*WML*, S. 22) mit der Verstorbenen als Voraussetzung seines Lobs, verweist er abschließend auf die am »gemeine[n] Geschrey« abzulesende öffentliche Wertschätzung: »jedweder / der Sie gekennet [...]; hat Jhr disen Nachruhm zuge-

---

9 Als Witwe gehört Eva Schönborner nach biblischen Maßstäben zur genuinen Empfängergruppe von Almosen; daß sie als Witwe Almosengeberin ist, steigert in diesem Sinne das Lob noch.

standen: daß Sie eine ehrliche trew- und offenhertzige und demüttige Fraw gewesen« (*WML*, S. 24).

In der Logik der Metapher wie des *vanitas*-Diskurses stehen die beiden folgenden Abschnitte: Auf den »Mittag der Ehren« (*WML*, S. 25) folgt der Abstieg und schließlich der »Untergang der Sonnen«, der »Abend unsers Lebens als der gewisse Tod« (*WML*, S. 28). In die exemplarische Darlegung dieser Vergehensautomatik ist auch Eva Schönborner einbezogen, indem detailliert die »Donnerschläge / die auff Sie insonderheit gewüttet« (*WML*, S. 27), aufgezählt werden. Während die allgemeine Feststellung, »nichts in der Welt [sei] beständig« (*WML*, S. 25), ganz in der gängigen *vanitas*-Topik aufgeht, leitet der Redner das Exempel der Verstorbenen mit einem Deutungsangebot ein: Wo »Verlust und Widerwertikeit« Mittel göttlicher Pädagogik sind, in deren Sinne »wir / wo wir Gold / bewähret und geläutert: wo Eisen / gesaubert und außgehärtet werden«, stellt die konkret berichtete »Hertzbedrängnüß« Eva Schönborners Beispiel und Beleg dieses Vorgangs dar (*WML*, S. 26). Die »beständige[] Unbeständikeit« (ebd.) setzt sich in dieser Blickrichtung konsequent in körperlichen Gebrechen fort: »Biß sich endlich nicht nur Jhr Glück geneiget / sondern auch der Abend dises Lebens mit allerhand Schwachheiten und Kranckheiten Sie überfallen« (*WML*, S. 27). Der Tod ist auf zweifache Weise biblisch-heilsgeschichtlich perspektiviert. Zunächst verweist der Redner zurück auf die im *exordium* genannten, Ps 51,12 zitierenden letzten Worte und schließt damit den argumentativen Bogen der *applicatio* der Metapher des Wintertages auf das exemplarisch vorgeführte Leben Eva Schönborners. Hinzu tritt eine auf die konkrete Todesstunde (»umb die 7. Stunde des Nachts«; *WML*, S. 29) gegründete biblische[10] Analogie, die das Sterben als das Ende »alle[r] Schmertzen / alle[r] Seuchen diser Welt« (*WML*, S. 30) deutet. Diese Perspektivenverschiebung vom Tod zum (Weiter-)Leben verweist voraus auf die die Leichabdankung beschließende *consolatio*.

Der erste Hauptteil endet mit einer summarischen Zusammenfassung der Lebenszeit der Verstorbenen. Das zuvor konkret und detailliert geschilderte Leben wird abstrahiert und so in eine objektiv faß- und vergleichbare Größe überführt: Im Sinne des *vanitas*-Diskurses ist gerade »dieses«, die arithmetisch gefaßte *summa vitæ*, »die Zeit / die wir so hoch und köstlich schätzen« (ebd.). Der zweite Hauptteil besteht aus einer Reihe allegorischer Auslegungen im weitesten Sinne winterlicher Naturphänomene,[11] die Absicht besteht dabei in der exemplarischen »Betrachtung

---

10 Vgl. Joh 4,47–54: Die (Fern-)Heilung findet statt, während Jesus sie zusagt, nämlich »vmb die siebende stunde«.
11 Die von Rusterholz unter Verweis auf Hans-Jürgen Schings konstatierte Abhängigkeit der Gegenstände und ihrer Deutung von den »patristischen Quellen der Auslegung, wie sie [in dem berühmten *Liber formularum spiritalis intelligentiae* des Eucherius von Lyon] gesammelt vorliegen«, konnte im Rahmen einer Stichprobe anhand eines Digitalisats der BSB München nicht nachvollzogen werden. Rusterholz (Anm. 1), S. 174f.

Menschlichen Lebens« (ebd.) und der daraus entwickelten Belehrung, die jeweils in der den Redner wie die Gemeinde einbeziehenden ersten Person Plural formuliert ist. Die Rede vom »hefftigsten unnd beissenden Rauch des Neydes« (*WML*, S. 34) beispielsweise knüpft auf der metaphorischen wie der Deutungsebene an den vorausgehenden Vergleich der Tugenden mit »den hin und wider angezündeten Feuern« an (*WML*, S. 33). Die Verwerflichkeit des Neides wird theologisch (Augustinus: Neid als »des Teuffels Laster / welches jhn in verdammung / ja auch ewige verstossung gebracht«; *WML*, S. 34), historisch (der Neid als Ursache des Sturzes »vill der Mächtigsten« sowie »gantze[r] Regimenter und Länder«; *WML*, S. 35) und biblisch (vgl. Jer 20,14–18) begründet. Eine zusätzliche metaphorische Ebene eröffnet der Verweis auf die naturwissenschaftlich belegte Möglichkeit, »vermöge eines sonderbaren Rauchs« verzerrte Spiegelungen herbeizuführen (*WML*, S. 35); analog dazu sind es die »[n]eydische[n] Geister«, die wider besseres Wissen die »Tugenden berühmbter Gemütter« (ebd.) durch Verleumdung unkenntlich machen. Der Problembeschreibung folgt die Mahnung zur Gelassenheit (»wir müssen nur die Thränen / die dieser Rauch uns herauß treibet / abwischen«; ebd.) und zur Geduld (»biß die neydischen Verleumbder selbst sich verlieren werden / wie der Rauch vergehet«; ebd.). Die Aussicht auf das Vergehen der Neider nimmt Ps 37,20[12] auf und stellt die konkrete Zusage damit in den Kontext der Heilsgeschichte.

Der zweite Hauptteil schließt mit der konsequenten – und dabei konkret zeitkritischen – Zusammenfassung des *vanitas*-Diskurses: »wie der Winter alles verödet / verterbet und verwüstet: so ist dieses Leben / welches nichts denn Ach und Elend über uns geführt / Unsere Städte mit Grauß / unsere Kirchen mit Aschen / unsere Päläste mit zerfallenen Steinen bedecket / unnd unsere Felder mit Blutt und Todtenbeinen verunreiniget« (*WML*, S. 42). Dieser Schilderung der lebensfeindlichen, vergänglichen und somit »unerträglich[en]« (*WML*, S. 43) Welt stellt der Redner als Gegenbild und Verheißung den »Sommer des Reiches GOttes« gegenüber (*WML*, S. 45). Ein erstes Trostmotiv verweist zurück auf den Anlaß der Leichabdankung. Während »wir« – die versammelte Trauergemeinde – »dir« – der betrauerten Eva Schönborner – »mit so vil Zähren nachruffen« und sie damit »wider in dieses Thränenthal zurück fordern«, wird sie zugleich von der »Stimme des Bräutigams« – von Christus[13] – aufgefordert (*WML*, S. 43): »Komm meine Freundin / komm meine Schöne! denn sihe / der Winter ist vergangen / der Regen ist weg unnd dahin« (ebd.).[14] Damit ist das Deutungsparadigma – ganz im Sinne der den ersten Hauptteil

---

12 »Denn die Gottlosen werden vmbkomen / Vnd die Feinde des HERRn Wenn sie gleich sind wie eine köstliche Awe / werden sie doch vergehen / wie der Rauch vergehet.«
13 Sowohl die Sprecherbezeichnung als auch die folgende Anrede zitieren das Hohelied und stehen damit in einer mystischen Tradition, die die männliche Stimme des Hohenlieds mit Christus und die weibliche Stimme mit der Seele des einzelnen Gläubigen gleichsetzt.
14 Zitiert ist beinahe wörtlich Hld 2,10f.

umrahmenden Sterbensbeschreibungen – der Tod nicht als Ende des irdischen Lebens, sondern als Beginn des eschatologischen Weiterlebens. Bekräftigt wird dieses Motiv mit Hilfe einer Reihe in gleichem Sinne hyperbolisch konstruierter Exempelpaare: Während sich »die Wonne Josephs« ob seiner Freilassung und Beförderung kaum »recht ermessen« läßt, ist »[d]ort« – im eschatologischen Gottesreich – »mehr zu erwarten als der Stul des Egyptischen Königes« (*WML*, S. 44), nämlich, so wäre durch den Zuhörer bzw. Leser zu ergänzen, »der stuel Gottes vnd des Lambs« (Offb 22,3).

Dieser *consolatio* stellt der Redner abschließend eine pädagogische Aufforderung an die Seite. Wie zu Beginn der Leichabdankung die Todesdaten des Ehepaars Schönborner zur Deutung des Sterbens herangezogen wurden, so wird nun das aktuelle Datum,[15] das »nach der Alten ZeitRechnung / den Früling einführet«, zum Hinweis auf den »nahen Sommer[]« (*WML*, S. 45). Unabhängig davon, ob dieser Verweis als eschatologische Naherwartung oder als individuelles *memento mori* zu verstehen ist, folgt daraus die Mahnung zur bereiten Wachsamkeit. Daß der Tod als Erlösung zu begreifen sei, gilt in diesem Sinne nicht nur für den konkret betrauerten Todesfall, sondern auch für die individuellen Trauergäste. Trauer und Lehre gehen dabei ineinander über, das den Text beschließende Christuswort[16] »Was Jch aber Euch sage / das sage Jch allen: Wachet!« (*WML*, S. 46) wird in dieser Komposition zur von Eva Schönborner durch ihr Sterben vermittelten Lehre.

---

[15] Auch hier ist das Kirchenjahr die entscheidende Deutungsschablone, indem »heute« als »Tag Gregorii« (*WML*, S. 45), als Gedenktag Gregors des Großen, vorgestellt wird. Die Etymologie des Namens Gregor ist daneben ein Ansatz der folgenden Aufforderung zum Wachen.
[16] Mk 13,37. Die Druckausgaben geben durchgängig Mk 12,37 an.

II.8.2.f *Uberdruß Menschlicher Dinge*
Von Nicola Kaminski

Consolatio in extremis

Nimmt man die von Gryphius gehaltenen Leichabdankungen vergleichend in den Blick,[1] so stellt den Ausgangspunkt für die Rede *Uberdruß Menschlicher Dinge*, wiewohl extreme Konstellationen auch sonst begegnen,[2] ein konsolatorisch kaum abzufedernder Extremfall dar. Das spricht der Abdankungsredner nach dem ersten Drittel seiner Rede auf den am 23. Mai 1655 dreiunddreißigjährig beerdigten Fraustädter Arzt, Scholarchen[3] und Bürgermeister Adam Henning[4] (* 15. Dezember 1621, † 17. Mai 1655)[5] denn auch drastisch aus: »Unser Seeligsterblichener träget den letzten Nahmen der Hännige mit in die Gruben / und der gantze Stamm der Weber ist sehr verdorret« (*UMD*, fol. Biij^r). Mit dem »Stamm der Weber« ist die Familie der ersten Frau, Ursula Henning, geb. Weber, gemeint, auf die, eine Achtzehnjährige, Gryphius beinah genau drei Jahre zuvor die Leichabdankung *Hingang durch die Welt* gehalten hatte. Schon dort hatte er »die Augen« der Trauergemeinde »auff dieses betrübte Hauß unnd Geschlecht des numehr Seeligen Herren Webers« gelenkt,

---

1 Eine Perspektive freilich, die in der je zeitgenössischen Sprechsituation den Adressaten nur begrenzt zu Gebote stand. Unter den im Druck überlieferten Leichabdankungen gilt das in den drei Fällen, in denen Gryphius zwei Leichabdankungen auf Mitglieder ein und derselben Familie hält: *Brunnen-Discurs* (1637) und *Winter-Tag Menschlichen Lebens* (1653) auf Georg Schönborner und seine Frau Eva Schönborner, *Flucht Menschlicher Tage* (1652) und *Mutua Amantium Fuga* (1654) auf Hans George von Stosch und seine Schwester Helena von Bibran, geb. von Stosch, *Hingang durch die Welt* (1652) und *Uberdruß Menschlicher Dinge* (1655) auf Ursula Henning und ihren Gatten Adam Henning. Im ersten und im letzten Fall wird explizit auf den je früheren Todesfall Bezug genommen.
2 Etwa im Fall von *Menschlichen Lebenß Traum* auf eine Neugeborene, die nur einen Monat gelebt hat, oder bei der Leichabdankung *Magnetische Verbindung des Herrn Jesu und der in Jhn verliebten Seelen* auf den Tod einer Fünfzehnjährigen, letztes Kind einer Witwe.
3 »[E]iner, der einer Schule vorstehet, ein [...] Schul-Aufseher, [...] Schul-Jnspector«. Grosses vollständiges *UNJVERSAL LEXJCON* Aller Wissenschafften und Künste, Welche bishero durch menschlichen Verstand und Witz erfunden und verbessert worden. [...] Fünf und Dreyßigster Band Schle–Schwa. Leipzig und Halle, Verlegts Johann Heinrich Zedler. 1743, Sp. 915 s.v. ›SCHOLARCHA‹.
4 Bei Gryphius selbst wie auch in der zeitgenössischen Referenzliteratur begegnen unterschiedliche Namensformen: Henning, Hanning(ius), Hänning, Hännig.
5 Die Angaben in *GA* IX, S. 408 (»geb. 1622, beerd. 23.5.1655«), sind gemäß dem der Leichabdankung vorangestellten, ebenfalls von Gryphius verfaßten lateinischen Epitaph zu korrigieren und zu ergänzen. Dort wird Hennings Tod (und implizit damit auch die Geburt) folgendermaßen datiert: »Anno æræ Christian. CIƆ IƆ CLV. XVI. Kal. Jun. hor. VIII. p. m. Ætatis. XXXIII. mens. V. dier. II.« (*UMD*, fol. A^v). Zur Entschlüsselung der römischen Datierung vgl. Hermann Grotefend: Taschenbuch der Zeitrechnung des deutschen Mittelalters und der Neuzeit. Hannover ^{13}1991, S. 16f.

> welches so bald / so unversehens / unnd wider aller Menschen Einbildung verfallen / und gleichsam verschwinden muß / daß es schier das ansehen gewonnen / als wenn die Kirchhöfe nur vor diese Freundtschafft / und die Gräber auff deren Glieder allein bestellet / welche so häuffig nacheinander dahin gerissen / nicht jrgend durch das Schwerdt eines Tyrannen; Nicht durch eines Meyneidigen Freundes unversehene Gifft; Nicht durch rasenden Krieg oder geschwinde Pestilentzen / sondern durch die unbegreiffliche Abforderung des natürlichen Todes. (*HW*, S. 4)

Und dann folgt, in genealogisch ebenso dichter wie unübersichtlicher Verkettung, eine regelrechte Kaskade ein und dieselbe Familie treffender Todesfälle:

> Wie lang ists / daß unser Seeligst-Erblichenen GroßEltern gesegnet? Jhr Leichbegängnüß war noch in frischer Gedächtnüß / als der nun auch hinbegleiteten Frawen Schwester Töchterlin der Mutter voran gieng! Bald folgete Jhr Herr Vater selbst / unnd als man seine Baare beschicket / abermals der Schwester Sohn! Die Schwester selbst ward von Jhrer Seiten hinweg gerissen! Und gieng dahin; Als ob sie Jhre vorangesendete Leibesfrüchte besuchen / unnd der noch übrigen einen Wohnplatz bereiten wolte / [...] und verließ hier nichts / nach dem Sie Jhr in letzter Todes Angst gebohrnes Kindlin bald nach sich geruffen / ausser einem heiligen Gedächtnüß. Wer solte nicht vermeynen / daß unsere Seeligverschiedene mehr denn zuviel von den Schmertzen des Todes umbgeben? Aber nein! Damit Sie desto besser sterben lernete; muste Sie die erste Frucht des Keuschen Ehebettes verlieren / und also auch lebend in Jhrem eigenen Fleische den Todt empfinden. Noch ists nicht genug! Sondern Sie gesegnet selbst / unnd scheidet auß diesem Hause / in welchem nur Todt und Scheiden eine Zeitlang geherschet. (*HW*, S. 4f.)

Diese selbst für die Mitte des 17. Jahrhunderts ungewöhnliche Häufung, die Gryphius im *Uberdruß Menschlicher Dinge* in der Formulierung, »der gantze Stamm der Weber« sei »sehr verdorret«, resümiert, erfährt drei Jahre später abermals eine Steigerung, indem nun die Familie des seinerzeit Hauptleidtragenden radikaler noch dezimiert, der Stamm »der Hännige« gänzlich zu Grabe getragen wird. Fast könnte man meinen, die Leichabdankung auf Adam Henning erreiche gar keinen familiären Adressaten mehr.

Doch sind es die ›namenlosen‹ Familienmitglieder, die den Stammnamen nicht weitergebenden oder weiterführenden Frauen, auf die Gryphius' Rede trifft und die sie wie ein Echo zurückwerfen: die »höchst verlassene Frau Weberin«, die Schwiegermutter, »die numehr keinen Tröster hat« und nicht weiß, worauf sie »Jhr Alter stützen« soll, das »höchst verwäysete[]Kind«, dessen Taufnamen nur das lateinische Epitaph nennt,[6] und die ebenfalls anonym bleibende zweite Frau, die, eben noch »Braut«, »durch den Todt geschieden[] erschrickt unnd [...] sich über dem Nahmen einer Witwen« verwundert, »weil Sie in der Ehe über ein Jahr so wenig

---

6 »REGINAM prioris Matrimonii Filiam unicam destituit« (*UMD*, fol. Aᵛ).

Monden zu zehlen gehabt« (*UMD*, fol. Aiij^v–Aiv^r).[7] »Trawrig ists und erwecket in mir nicht geringe Wehemuth / wenn Jch dieses Hauß beschaue / aus welchen jnner so wenig Jahren / so viel Leichen fort geschicket« (*UMD*, fol. Aiij^v), so hallt im *Uberdruß Menschlicher Dinge* die Klage über das »betrübte Hauß unnd Geschlecht des numehr Seeligen Herren Webers« wider, und das »höchst verwäysete[]« Töchterchen sieht sich, in beiden Reden direkt angesprochen, mit einem pervertierten, nicht kürzer, sondern länger werdenden Echo des Verlusts konfrontiert. »Liebestes Kind / das die hinweggerissene Fraw Mutter kaum gegeben / und verlassen«, hatte sich im *Hingang durch die Welt* Gryphius an die allenfalls Einjährige gewandt,[8] »[w]irst du mit der Zeit deine Mutter nirgends als in einem Grabe suchen und auß einem Bilde kennen?« (*HW*, S. 7). »[S]olst du höchst verwäysetes Kind nach Verlust der so zeitlich gerauboten Frauen Mutter«, so potenziert er im *Uberdruß Menschlicher Dinge* die Verlustanzeige, »in dem anfang deiner reden den lieblichen Nahmen des Vaters nicht auff die Zunge bringen? Wird man dir nach etlichen Jahren von deinen Eltern nichts zu weisen haben als ein schlechtes Grab und ein häufflin Erden / unter welchem dein höchstes und dein bestes verborgen?« (*UMD*, fol. Aiij^v).

Man hat mit aller Vorsicht – im grundsätzlichen Wissen um das Aporetische einer Grenzziehung zwischen »literarisch-rhetorische[r] Tradition« und ›echtem Erleben‹, das sich in Gryphius' Leichabdankungen womöglich als »Zeugnisse[n] der Erschütterung, des Glaubens, des Zweifels, der Demut, des Stolzes, der Hoffnung und der Verzweiflung« ausdrücke[9] – den Abdankungen auf das Ehepaar Henning einen besonders persönlichen Ton attestiert[10] und diesen Befund kontextuell zu objektivieren versucht: durch Hinweis auf »die sehr persönlich gehaltenen lateinischen und deutschen Verse [...], die der Dichter im Jahre 1649 zu beider Hochzeit überreicht hatte«;[11] durch die biographisch nicht unplausible Vermutung, daß

---

[7] Auch ihren Namen bietet nur das Epitaph: »II. thalamo Geniali ELISABETÆ WALTERIÆ *Ad tumulum raptus*« (ebd.).

[8] Das ergibt sich aus den Angaben im »Lebenslauff der Seelig-Verschiedenen«, daß ihre am 24. August 1649 mit Adam Henning geschlossene Ehe »2. Jahr / 35. Wochen / unnd 3. Tage« gewährt und daß sie ihm »zwey Töchterlein« geboren hat, »deren das erste der Frawen Mutter vorangegangen / das andere in diesem Thränen-Thal viel zu frühe und unzeitig doch des Allerhöchsten Vorsorge verlassen« (*HW*, S. 32f.).

[9] Maria Fürstenwald: Dissertationes Funebres (1967) [838], S. 33f.

[10] Vgl. Sibylle Rusterholz: Rostra, Sarg und Predigtstuhl (1974) [842], S. 181.

[11] Ebd. Bereits hier ist, im deutschen »Hochzeit-Scherz« (*HG*, S. 72f.), den »[a]uß Danzig [...] in eyl Philipp Gregorius Riesentodt« »vberschicket« (*GA* III, S. 207; der Einzeldruck gilt als verloren), spielerisch-peritextuell, in den lateinischen Distichen durchaus ernst (der Beginn lautet: »FERREA MORS, ARCU RIGIDISQUE TREMENDA SAGITTIS, | SOEVIIT IN VESTRAS CAEDE RECENTE DOMOS.«), der Tod motivisch gegenwärtig. GENIO ac AMORI SPONSORUM NOBILL: LECTISS: AMANTISS: ADAMI HENNINGI Philos: & Medic: DOCTORIS EXCELLENTISSIMI. URSULÆ WEBERIÆ VIRGINIS PUDENTISS: EX VOTO PLAUDIT ADFECTUS AMICORUM FRAUSTADII IX. Cal: Sept: ANNO

Adam Henning und Gryphius sich als Studenten »1643 in Leiden [...] kennengelernt haben dürfte[n]« und »sich gemeinsam in Rom auf[hielten]« (*GA* IX, S. 408); schließlich durch den daraus wiederum (zirkulär) gefolgerten Schluß, daß Gryphius »mit Ursula und Adam Henning [...] eng befreundet« war.[12] Einen weniger personenbezogen denn topographisch aus der eigenen Jugend sich herschreibenden Nähehinweis gibt Gryphius selbst zu Beginn des *Hingangs durch die Welt*: im unmittelbar an der Grenze zu Schlesien gelegenen polnischen Fraustadt, Heimat und Wirkungsort der Hennings und Zuflucht für die seit Oktober 1628 durch die gewaltsame Rekatholisierung aus dem Fürstentum Glogau vertriebenen Protestanten, hatte Gryphius von Juni 1632 bis Mai 1634 zwei bildungsbiographisch wichtige Jahre verbracht.[13] Entsprechend inszeniert er in *Hingang durch die Welt* seine Ankunft als Abdankungsredner in Fraustadt als Heimkehr, freilich unter unverhofft traurigen Vorzeichen:

> Bey dieser meiner längstgewündtschten / aber numehr über Wundtsch und Verhoffen trawriger Ankunfft in diese wehrte Stadt / welche Jch wegen vieler mir erwiesenen Wolthaten billich als mein ander Vaterland ehren / und als den Ort / in welchem der Ursprung meiner Liebe [gemeint ist Gryphius' in Fraustadt geborene Frau Rosina Deutschländer; N.K.] / lieben muß; Erinnert mich der Zustandt selbst der sonderlichen Worte / welcher sich Seneca in einem Sendebrieff an seinen Lucilium gebrauchet / in dem Er erwehnet / daß Er ohngefehr nach Mittag auff den Schawplatz gerathen *lusus expectans ac sales atque aliquid laxamenti quo hominum oculi ab humano cruore acquiescant*. Setzet aber / es were Jhm das Widerspiel begegnet; Weil Er nichts als Blut / und Mordt und Todt daselbst angetroffen: Nichts anders muß Jch bekennen / daß Jch den Tag von Hertzen begehret / in welchem Jch vermeynet / die Leiche des Vaterlandes / und dessen durch Schwerdt und Flammen vernichteten Cörper umb etwas auß den Augen zu setzen / und hier mich mit meinen noch anwesenden Freunden zu erquicken: Befindt aber / nicht nur daß diese Hoffnung gantz eitel worden: Sondern daß die Wehmut und das Betrübnüß so Jch allhier antreffe / schier unser Elend [...] übersteigen wil. (*HW*, S. 1f.)

Auch für *Uberdruß Menschlicher Dinge*, wiewohl das nicht ausdrücklich gesagt wird, ist Fraustadt als Begräbnis- und Abdankungsort anzusetzen. Nunmehr aber stellt Gryphius' »ander Vaterland«, in dem, jenseits der Grenze zu Schlesien, der Sprecher Abstand zur »Leiche des Vaterlandes / [...] dessen durch Schwerdt und Flammen vernichtete[m] Cörper« zu gewinnen hoffte, sich als gänzlich leere Bühne dar.

CIƆ IƆ CXLIX. *LESNÆ, TYPIS FUNCCIANIS*; vgl. Andreas Gryphius: Lateinische Kleinepik, Epigrammatik und Kasualdichtung (2001) [82], S. 112.
12 *GA* IX, S. 409. Analog erschließt auch schon Rusterholz (Anm. 10), S. 181, »eine besonders enge Freundschaft« zwischen Gryphius und dem Ehepaar Henning. Im »Hochzeit-Scherz« spricht das Ich den Adressaten immerhin als »Wehrter Freund / mein ander Hertz / | Offt mein Trost in meinem Schmertz« an (*HG*, S. 73).
13 Vgl. Nicola Kaminski: Andreas Gryphius (1998) [122], S. 24f.

Angesichts solcher Heimkehr ins Leere einerseits, der vielfältig widerhallenden Totenklage im stammhalterlosen Hause Henning, das es mit der erneuten Heirat der jungen Witwe, mit der in ferner Zukunft allenfalls zu erhoffenden Verheiratung der kleinen Vollwaise nicht mehr geben wird, andererseits überrascht das von Gryphius gewählte, von Hiob 7,16 (»Jch begere nicht mehr zu leben. HOre auff von mir / denn meine tage sind vergeblich gewest«) seinen Ausgang nehmende Thema der Rede vorderhand nicht: »Und dieses giebt mir anlaß bey dieser betrübten und höchst beschwerlichen Zeit in welcher das gantze Land vor Furcht und Warten künfftiger Dinge schmachtet / zu reden von dem Uberdruß Menschlichen Lebens« (*UMD*, fol. Aiv\`). Wo die irdische Perspektive »künfftiger Dinge« von der Wurzel her gekappt ist, bleibt nur die gänzliche Entwertung menschlicher Existenz. Für *consolatio* allerdings, zentrale Aufgabe des Trauerredners, scheint das kein vielversprechender Ansatz.

Lebensüberdruß: eine theologische Gratwanderung

Nicht weniger als sechs der vierzehn von Gryphius überlieferten Leichabdankungen führen im Titel das ›menschliche Leben‹ oder eine synonyme Formulierung: außer der Abdankung auf Adam Henning sind dies *Menschlichen Lebenß Traum*, *Folter Menschliches Lebens*, *Flucht Menschlicher Tage*, *Winter-Tag Menschlichen Lebens* und *Abend Menschlichen Lebens*.[14] Was auf den ersten Blick gruppenbildend erscheint, erweist sich jedoch bei näherem Hinsehen als differenzbegründend. Denn anders als die aufgezählten Reden, die das menschliche Leben allegorisch ausdeuten – als Traum, Folter, flüchtig-vergänglich wie Adler und Seeblume, Wintertag, Abend und somit unter dem Aspekt der Unwirklichkeit, Qual oder Kürze als Manifestationen von *vanitas* –, stellt der »Uberdruß Menschlichen Lebens« keine allegorische Zuschreibung dar, ist nicht Produkt rhetorischer *Kunst*. Vielmehr spricht dieses Thema nüchternen Klartext, bilanziert eine aus umfassendster ›Eytelkeit‹ und ›Vergeblichkeit‹ gewonnene *Haltung* gegenüber dem menschlichen Leben (vgl. *UMD*, fol. Aiv\`); eine Haltung, die der Redner, so hat es den Anschein, zuallererst als eigene Quintessenz vorstellt, sodann aber auch als diejenige des Verstorbenen sowie, mit exemplarischem Anspruch, der »heiligsten Leute«, die »dergleichen überdruß bey sich empfinden«, wie David, Elias, Jacob, Salomon, »[z]uförderst« aber »der abgemarterte und abgemattete Hiob« (ebd.).

---

14 Ähnlich Fürstenwald (Anm. 9), S. 53, die feststellt, Gryphius wähle »für fünf Abdankungen (2, 4, 5, 6, 9) [...] die Darstellung des Lebens als Hauptthema« und lasse »es als Folter, kurzen Gang, Flucht, Wintertag und Fremde erscheinen«. Allerdings rechnet sie den *Hingang durch die Welt* hinzu, *Abend Menschlichen Lebens* hingegen merkwürdigerweise nicht (*Menschlichen Lebenß Traum* war 1967 noch nicht entdeckt).

Eine Haltung freilich auch, daran erinnert Luther in seiner »Auslegung des dritten gebots«, die in theologischer Perspektive nicht unbedenklich ist: »Denn das ist eben die Sünde / so man bisher vnter die todsünde gezelet hat / vnd heisset / Akidia / das ist / tragheit oder vberdrus / ein feindselige / schedliche plage / damit der Teufel vieler Hertzen bezeubert vnd betreugt / auff das er vns vbereile / vnd das Wort Gottes wider heimlich entziehe.«[15] Zwar ist hier die Rede von »ekelen Geister[n]«, die des Gottesworts »satt vnd vberdrus« sind,[16] doch gilt Luthers scharfe Verurteilung als widergöttlich nicht minder dem Lebensüberdruß. In seiner Trostschrift »An einen vom Adel / mit vberdrus des Lebens angefochten« vom 27. November 1532 schreibt er:

> Mir ist von guten Freunden angezeigt / wie euch der böse Feind hertiglich anficht mit vberdrus des Lebens / vnd begirde des Tods. O mein lieber Freund / hie ist hohe zeit / das jr ewern gedancken ja nicht trawet noch folget / sondern höret andere leute / die solcher anfechtung frey sind. Ja / bindet ewre ohren feste an vnsern Mund / vnd lasset vnser wort in ewer hertz gehen / so wird Gott durch vnser wort / euch trösten vnd stercken.
>
> ERstlich wisset jr / das man sol vnd mus Gotte gehorsam sein / vnd vleissig sich hüten für vngehorsam seines willens. Weil jr denn gewis seid vnd greiffen müsset / das euch Gott das Leben gibt / so sollen solchem göttlichen willen ewer gedancken weichen / vnd jr jm williglich gehorsam sein / vnd keinen zweiuel haben / das solche gedancken / als dem willen Gottes vngehorsam / gewislich vom Teuffel in ewer hertz mit gewalt geschossen vnd gedrungen sind. Derhalben jr müsset fest dawider stehen / vnd widerumb mit gewalt sie leiden / oder angreiffen.[17]

Zu solcher Selbsttherapie empfiehlt Luther dem Adressaten nicht nur protreptische Reden »gegen euch selbs«[18] und Zurückweisung des Teufels »mit groben / vnhöf-

---

15 Der Sechste Teil der Bücher des Ehrwirdigen Herrn Doctoris Martini Lutheri / darinnen begriffen etliche auslegung der heiligen Schrifft im newen Testament / Auch die Bücher vom Ehestand / Kauffshendel vnd Wucher / Vermanung vnd Trostschrifften / Historien etlicher Merterer zu dieser zeit / Antwort auff etliche Fragen / Streitbücher / auch die Bücher von weltlicher Oberkeit / nach anzeigung des Registers / so nach der Vorrede verzeichnet. Witteberg. Gedruckt zu Witteberg durch Peter Seitz. 1559, fol. 59ʳ.
16 Ebd.
17 Etliche Trostschrifften vnd Predigten des Ehrwirdig. Herrn Doct. Mart. Luth. für die / so in Todes / vnd ander Not vnd Anfechtung sind / Erstlich anno 1545. zusamen gebracht / vnd in Druck gegeben / durch D. Caspar Creutziger. Jtzt aber von newen zugericht / vnd mit vielen schönen herrlichen Trost / vnd andern Schrifften / gemehret / durch Georgium Rorarium. Allen Gottseligen nützlich vnd tröstlich zu lesen. Die Titel der Schrifften sind am folgenden blat / in der Vorrede des Herrn Niclas von Amsdorff / in gemein kurtzlich angezeigt. Gedruckt zu Jhena / durch Christian Rödinger. Anno. 1554, fol. 9ʳ.
18 Ebd., fol. 9ᵛ: »Darumb müsset jr ein hertz vnd trotz fassen / gegen euch selbs / vnd mit zorn zu euch selbs sprechen / Nein gesell / Wenn du noch so vngerne lebetest / so soltu leben / vnd musst mir leben. Denn so wils mein Gott / so wil ichs / haben. Hebt euch jr Teuffels gedancken in abgrund der Helle / mit sterben vnd Tod / hie habt jr nichts zuschaffen.« Auch die im *Uberdruß Menschlicher*

lichen worten«,[19] sondern, als Vorwand gegenüber dem Versucher, auch ganz ausdrücklich irdische, weltliche Ablenkung: »Wolan Teuffel / Las mich vngeheiet / ich kan jtzund nicht deiner gedancken warten. Jch mus reiten / fahren / essen / trincken / dis / oder das / thun. Jtem ich mus jtzund frölich sein / kom morgen wider etc. Vnd was ir sonst kündet fürnemen / spielen / vnd derglichen / damit jr solche gedancken nur frey vnd wol verachtet / vnd von euch weiset [...].«[20]

Liest man Gryphius' Leichabdankung *Uberdruß Menschlicher Dinge* vor dem Hintergrund dieser bemerkenswert lebenszugewandten Trostschrift, so wird ein performativer Widerspruch deutlich, der die Rede *als* Rede charakterisiert: eine Rede, die im Druck vierunddreißig enggesetzte Seiten umfaßt, kann nur jemand halten, der selbst »solcher anfechtung frey« ist. Andernfalls würde ihn bereits nach den ersten Worten ein unwiderstehlicher Ekel am Weitersprechen hindern. Die Sprechinstanz muß demnach, ungeachtet des Anscheins, auch in eigener Überzeugung »zu reden von dem Uberdruß Menschlichen Lebens«, eine Position außerhalb dieses allumfassenden Deutungsmusters behaupten, so wie im *Hingang durch die Welt* der Ortswechsel vom schlesischen Glogau ins polnische Fraustadt als – freilich gescheiterter – Versuch vorgestellt worden war, zur »Leiche des Vaterlandes« zeitweilig auf Distanz zu gehen (*HW*, S. 2).

Der archimedische Punkt konsolatorischer Rede

Daß die Rede *Uberdruß Menschlicher Dinge*, deren Fluchtpunkt gattungs- und situationsgemäß *consolatio* zu sein hat und nicht *taedium vitae*, eine solche Position außerhalb zu gewinnen sucht, läßt bereits eine Auffälligkeit ihres Titels erkennen, die im Corpus von Gryphius' Leichabdankungen einzigartig ist. Sowohl im Einzeldruck von 1655 als auch in der posthumen Ausgabe der *Dissertationes funebres* (*LA*) stellt sich der Titel der Abdankung auf Adam Henning nämlich merkwürdig instabil dar: hier wie dort lautet die eigentliche Titelformulierung *Uberdruß Menschlicher Dinge* (*UMD*, fol. A^r; *LA*, S. 257), die Kolumnentitel hingegen zeigen Seite für Seite

---

Dinge angeführten »heiligsten Leute« (*UMD*, fol. Aiv^r) werden als Kronzeugen des Lebensüberdrusses nicht anerkannt, vielmehr als »Exempel« dagegen aufgestellt: »Es war vnserm HErrn Christo das Leben auch sawr vnd bitter / noch wolt er nicht sterben / on seines Vatern willen / vnd flohe den Tod / hielte das Leben / wo er kunde / vnd sprach / Mein stündlin ist noch nicht komen. Vnd Elia / Jona / vnd mehr Propheten ruffen vnd schreien nach dem Tod für grossem wehe / vnd vngedult des lebens / vnd verfluchen dazu jr geburt / tag / vnd leben / Noch müssen sie leben / vnd solch vberdrus mit aller macht vnd onmacht tragen / bis jr stündlin kam.« Etliche Trostschrifften (Anm. 17), fol. 9^r.
19 Vgl. ebd., fol. 10^r: »Als / Lieber Teuffel / komstu mir neher / so lecke etc. / Jch kan dein jtzund nicht warten.«
20 Ebd.

das an, was der Redner *in* der Rede zu seinem Thema erklärt, »Uberdruß Menschlichen Lebens« (*UMD*, fol. Aiv^r; *LA*, S. 263). Die Differenz ist nicht unerheblich: dem allumfassend Ganzen menschlicher Existenz, das zu transzendieren der irdischen Sprechinstanz nicht gegeben ist, steht mit der Wendung »Menschliche[ ] Dinge« ein zwar weitgefaßter Bereich gegenüber, der gleichwohl dem Menschen selbst ein Außerhalb zu besetzen gestattet.

In strukturell ähnlicher Weise charakterisiert auch den Eingang der Abdankung ein impliziter Widerspruch zwischen Teil und Ganzem, der – als Pendant zum menschlichen Leben – räumlich entfaltet wird: als Rede vom irdischen Lebens*raum* des Menschen, der Erde. »Man hat vor alters unter die erschrecklichsten und abscheulichsten Oerter der Erden / die Höle Trophonii gesetzet« (*UMD*, fol. Aij^r), so beginnt der Redner, um sodann noch zwölf weitere, teils topographisch konkretisierte, teils allgemein-abstrakte entsetzliche »Oerter der Erden« aufzuführen: »der Griechen ἀγέλαστος πέτρα« (*UMD*, fol. Aij^r),[21] die »Egyptischen Kirchen«, »die Baseler Gruft«, »die Hoffstadt des Tyrannen Draculæ«, »das Toletonische Schloß«, »das Grab Beli«, »das verzauberte Palast Radbodi«, »der Messenier Gefängniß oder Thesaurus« (*UMD*, fol. Aij^v), »das Americanische Gebürge« (*UMD*, fol. Aij^v–Aiij^r), »ein grosses und weitläufftiges Beinhauß«, eine »Folter-Kammer« und schließlich, gleichsam ein ›Ort‹ im Miniaturformat, »das Geschirr Pandoræ aus welchem alles übel gedrungen / und in welchem wir kaum die Hoffnung / übrig behalten« (*UMD*, fol. Aiij^r). Schon nach dem zweiten der aufgezählten Dystopoi aber wird gesagt, was es vergleichsweise durch diese topische Serie zu illustrieren gilt: »Diese Höle / Hochgeehrte Zuhörer / dieser Stein auff welchem niemand lachen wird ist die Welt / welche wir mit Thränen beschreitten / mit Unwissenheit betreten / mit Verdruß / Unmuth / Widerwertigkeit / Abscheu und Angst durchwandeln / mit Wehmuth und Trauren gesegnen« (*UMD*, fol. Aij^r–Aij^v). »Es ist die Welt...«, »Es ist die Welt...«, »Sie ist...« setzt sich die Reihung nach dieser ausbuchstabierten metaphorischen Gleichung denn auch fort (*UMD*, fol. Aij^v–Aiij^r). »[D]ie Welt« ist demnach ein besonders ›erschrecklicher und abscheulicher‹ *Teil* der Welt, wodurch im Sinne der Bildlogik die übrigen, weniger ›erschrecklichen und abscheulichen‹ »Oerter der Erden« als Position außerhalb erhalten bleiben; als Position somit, von wo aus der Sprecher den »Uberdruß Menschlicher Dinge« artikulieren kann, ohne doch einem universellen »Uberdruß Menschlichen Lebens« anheimzufallen.

Daß diese Sprechposition nicht mehr ist als ein schmaler Grat, daß sie über weite Strecken – wäre da nicht die Rede selbst als performativer Gegenbeweis – beinah zu verwechseln ist mit jener »Welt«, die Gryphius als ganze »la plus vilaine[22] la plus

---

21 Das Griechische korrigiert nach *LA*, S. 258.
22 Korrigiert aus »vieaine« nach: LES HISTOIRES TRAGIQVES DE NOSTRE TEMPS. Où sont contenuës les morts funestes & lamentables de plusieurs personnes, arriuées par leurs ambitions, amours déreiglées, sortileges, vols, rapines, & par autres accidents diuers & memorables. Composées par

puante & la plus infecte, charogne« nennt, macht die Leichabdankung *Uberdruß Menschlicher Dinge* zu einem theologischen Wagnis, hart am Rande der *acedia*. Eben darin besteht aber auch ihr konsolatorisches Potential in jenem rhetorischen Ausnahmezustand, für die Hinterbliebenen kein Wort des Trostes mehr zu haben. Indem der Abdankungsredner, beglaubigt durch die persönliche Betroffenheit als Wahl-Fraustädter sowie Freund des Verstorbenen und dessen verstorbener erster Frau, bis kurz vor Ende seiner Rede nahezu rückhaltlos den »Uberdruß Menschlichen Lebens« ausspricht und ihn, allem Anschein nach, auch dem verstorbenen Adam Henning attestiert,[23] teilt er mit den namenlosen Relikten der Familie Henning und den bürgermeisterlosen Fraustädtern die ungemilderte, zukunftslose Verzweiflung der Trauer, bis hin zur als »unzulässig[]« verworfenen »Begierde Hand an sich [zu] []lege[n]« (*UMD*, fol. Div^v). »Jn solchen Gedancken« (daß wir uns nämlich »so lange«, *zu* lange schon, »auff Erden auffgehalten«; *UMD*, fol. E^r), mit dieser anaphorisch wiederholten, je neu exemplifizierten Wendung gelangt Gryphius' Rede kurz vor Ende an ihren lebensüberdrüssigen Tiefpunkt, scheinbar ohne jeden Fortschritt erneut zu einem Hiobwort (7,15), einen Vers *vor* demjenigen, von dem die Abdankung ihren Ausgang genommen hatte: »Jn solchen Gedancken hat Job als er seinen würmichten Leib betrachtet / elende gewinselt: Meine Seele wünschet erhangen zu seyn. Und (wie die Hebreer reden:) erwehlet den Tod vor meinen Gebeinen« (*UMD*, fol. E^r–E^v). Just dieser tiefste Punkt aber wird, nach einer nurmehr konjunktivisch zu denkenden nochmaligen Steigerung, vom der Anfechtung des Lebensüberdrusses *nicht* erliegenden Redner zum archimedischen Punkt einer Umdeutung des Titelbegriffs gemacht:

F. DE ROSSET, & dediées à FEV MONSEIGNEVR LE CHEVALIER DE GVISE. Derniere Edition, reueuë, corrigée & augmentée de plusieurs Histoires dignes de remarque. A LYON, Chez IACQVES CARTERON, aux trois Eglans, proche de Confort. M. DC. XLIII, S. 204.

23 Vgl. *UMD*, fol. Biv^v–C^r: »Unserm Seelig Verstorbenen hat nichts gemangelt zu gutter aufferzihung / es sey daß man erwege die treffliche Vorsorge seiner Eltern / den wehrten Fleiß seiner Herren Vormunden: Die geschickte Unterrichtung seiner Lehrmeister / welche in eine Fruchtbare und feine Seele gerahten / Er hat so viel übertreffliche Land und Hohe-Schulen nicht sonder außübung seines Gemüttes besuchet: Der umbgang mit den berühmtesten und verständigsten Geistern hat herrlich in Jhm gewürcket / und von seinen Reisen hat er ein mehres mit nach Hause gebracht als ein frembdes Kleid und verfälschete Sitten / dennoch hat Er entlich zustehen müssen / daß auch dieses eytel / daß er nicht mehr lernen können / als daß recht sterben mögen / die Höchste wissenschafft. Daß viel Sachen schön von aussen glänzten aber inwendig leer oder abschewlich. Und daß in der Frembde / wenn man die köstlichsten Wunder der Gärte und Palläste beschawet / der Thürhütter allezeit zu letzte eine Verehrung abfodere und die Thüre hinter uns versperre / das man viel Sachen finde / die weit geringer als sie uns gepriesen werden; Daß in allen Orten / wo eine Versamlung der Menschen / auch eine unzehliche Anzahl der Gräber anzutreffen / und daß auch die Wissenschafften und Künste selbst zuletzte uns verdrüßlich vorkommen.«

Und würde freylich dieser überdruß noch viel grösser und unerträglicher werden / wenn uns einen einigen Blick in jenes Leben und in dem frewden-völligsten Zustand der ewigen Wollüste zuthun vergönnet wäre. Ein überdruß ist eigentlich nichts anders als eine Ungedult über gegenwertigem Zustande und ein sehnliches verlangen eines besseren. (*UMD*, fol. E^v)[24]

Und an diesem Punkt, da der lähmende Überdruß sich unversehens zur zielgerichteten Sehnsucht gewandelt hat, kann denn auch, scheinbar beiläufig in seiner Eigenschaft als Bibelübersetzer, Luther namentlich angeführt werden:

[W]er erquicket nicht sein Hertze mit dem Desiderio Collium æternorum dem Verlangen der ewigen Hügel! oder wie es Lutherus gegeben mit dem Wuntsch der hohen in der Welt; Wohin unser numehr seligsterblasseter / nach dem Er die Jhme beschwerliche Last des Leibes glücklich abgeleget / glückseeliger gelanget. Hie hat Er vergebens Ruh und Lust gesuchet: Weil Sie nirgends als dort oben anzutreffen. Dort hat Er Sie gefunden und erhalten / in dem wir allhier unter Sturm und Wellen schweben / Wenn die Trübsal angehet (also warnet unser Erlöser /) als denn flihe wer in dem Lande ist auff das Gebirge / und wer mitten drinnen ist der weiche herauß. (ebd.)

Am Ende lenkt der Redner, da es aus »gegenwertigem Zustande« nach einem »besseren« Ausschau zu halten gilt, den Blick der Trauergemeinde eschatologisch auf das Jenseits, das ›Dort oben‹, nachdem im »Hie« der Verstorbene »Ruh und Lust« nicht habe finden können. Doch greift er dabei die doppelte topographische Buchführung des Redeeingangs wieder auf, indem bei angehender »Trübsal« der Fluchtpunkt nicht eindeutig *jenseits* der Welt (»herauß«), sondern zugleich auch *in* der Welt (»auff das Gebirge«) bestimmt wird. Kronzeuge dafür ist folgerichtig eine Stelle nicht aus dem Neuen, sondern aus dem Alten Testament, der letzte Vers von Jacobs Segnung Josephs (Gen. 49,26), ein »etwas dunckel[er]« »Text«, wie Luther in seiner *Auslegung vber das erste Buch Mosi* ausdrücklich feststellt.[25] Statt aber dem Klärungsversuch Luthers zu folgen,[26] dessen Übersetzung (»dem Wuntsch der hohen in

---

24 Als »›dialektisches Gelenk‹ [...], welches ›Verzweiflung in Hoffnung, irdisches Ausgestoßensein in das Bewußtsein der überirdischen Bestimmung‹ umschlagen lasse«, bestimmt im Anschluß an Hans-Jürgen Schings bereits Rusterholz (Anm. 10), S. 182 mit Anm. 30, diese Stelle.
25 Der Eilffte Teil der Bücher des Ehrwirdigen Herrn D. Martini Lutheri / Nemlich / die herrliche Auslegung vber das erste Buch Mosi / welchs ein Quell vnd vrsprung ist aller Prophetischen vnd Apostolischen Schrifften / Vom Anfang des XXV. Capitels / bis zum ende. Wittemberg. Cum Priuilegio. 1572, fol. 366^v. Luther gibt den biblischen Text ebd. folgendermaßen: »DEr Segen deinem Vater / vnd meinen Voreltern verheissen / gehet starck / nach wundsch der hohen in der Welt / Aus Joseph sollen Heubter werden / vnd Oberste Naserer vnter seinen Brüdern.«
26 Vgl. ebd., fol. 367^v: »DJe Höhen aber werden durch ein gleichnis genomen vnd verstanden fur Könige vnd Königreich der Welt / Vnd Jacob wil so viel sagen / Ephraim / Dein Reich ist gleich wie ein Reich dieser Welt / [...]. Gleich aber wie die hohen in der Welt / wündschen vnd begeren / das sie reichthumb / glückseliges Regiment vnd ein fruchtbar land mögen haben / mit aller notdurfft / so zu diesem leben gehöret / Also / sagt Jacob / hastu auch ein solches Reich / nach wundsch der Ho-

der Welt«) er alternativ zur Vulgataversion (»dem Desiderio Collium æternorum«) doch anführt, unternimmt Gryphius abermals eine kühne Umdeutung, indem er ohne Rücksicht auf den biblischen Kontext den Vulgatatext in seiner räumlichen Logik beim Wort nimmt (»dem Verlangen der ewigen Hügel«), dabei den *genitivus subiectivus* (biblisch wünschen die Hügel bzw. bei Luther die »hohen«) zum *genitivus obiectivus* macht (verstanden als Verlangen *nach* den ewigen Hügeln) und dann auch noch semantische Äquivalenz zwischen der eigenen und Luthers Übersetzung behauptet.

Warum aber ein derart theologisch gewagtes Umdeutungsmanöver? Um *gegen* Luther *mit* Luther die im Lateinischen den (durchaus irdischen) Hügeln attestierte ›Ewigkeit‹ ineinszusetzen mit einer Position »in der Welt«; Luthers *Auslegung* nämlich, die Gryphius links liegenläßt, geht sogar noch weiter, indem sie die ›Ewigkeit‹ bereits aus der Vulgata tilgt (»Derhalben haben wir dis stück also geben im latin / Vsqve ad desiderium collium in mundo, das ist / Nach wundsch der Höhen in der Welt«).[27] Und um sodann, nun ganz *mit* Luther, für eine dem Jenseits sehnsüchtig, aber nicht lebensüberdrüssig zugewandte Haltung zu sprechen, den zukunftlos Trauernden alternativ zum ›Herausweichen‹ ein »Gebirge«, einen Raum »in der Welt« wieder zuzusprechen.

---

hen in der Welt / Vnd in Summa / Joseph wird das haben werden / das die weltlichen Herrschafften wündschen vnd begeren [...].«
27 Ebd.

II.8.2.g *Hingang durch die Welt*
Von Robert Schütze

Den »Schawplatz« Fraustadt (*HW*, S. 2) betritt – jenseits der polnischen Grenze und damit außerhalb des kriegsversehrten, von der Rekatholisierung heimgesuchten Schlesien – 1652 kein Leichenredner, sondern Gryphius, der Trauerspieldichter. In der Vorrede zum zwei Jahre zuvor erstveröffentlichten *Leo Armenius* hatte dieser Dichter einen Gutteil seines eigenen Beitrags zur (sich deutschsprachig in der Opitz-Nachfolge gerade erst etablierenden) Gattung Trauerspiel nicht nur als Kriegsgeburt verbucht, sondern auch thematisch, mit Blick auf die *res*, klar umgrenzt: »JN dem vnser gantzes Vatterland sich nuhmehr in seine eigene Aschen verscharret / vnd in einen Schawplatz der Eitelkeit verwandelt; bin ich geflissen dir die vergänglichkeit menschlicher sachen in gegenwertigem / vnd etlich folgenden Trawerspielen vorzustellen« (*TR*, fol.)?(ij^r). Das Trauerspiel der Geschichte, der »Schawplatz der Eitelkeit«, *vanitas* und Krieg werden programmatisch dabei weniger als Konstituenten denn als historische Möglichkeitsbedingungen des *Leo Armenius* und einiger Folgedramen eingeführt. Wenn Gryphius 1652 nach Fraustadt reist, um ebendort seine Leichabdankung auf die nicht einmal neunzehnjährig verstorbene Ursula Henning, geb. Weber (* 25. September 1633, † 28. April 1652), die erste Ehefrau des Arztes, örtlichen Schulvorstehers und Bürgermeisters Adam Henning, zu halten,[1] so holt ihn ein Trauerspiel ein, aus dem herauszutreten er »von Hertzen begehret« (*HW*, S. 2), das jedoch stets – selbst in der Abkehr – nur neue Trauerspiele erzeugt: Zwar verknüpft Gryphius seine Rückkehr in dieselbe Stadt, in der er zwischen 1632 und 1634 als Jugendlicher zwei überaus friedliche Jahre an der Fraustädter Schule verbracht hat,[2] mit der eitlen Hoffnung, das einmal erlebte Refugium wenigstens für die kurze Zeit eines Zwischenstops abermals auskosten zu dürfen, ja die »Leiche des Vaterlandes / und dessen durch Schwerdt unnd Flammen vernichteten Cörper«, also gerade das, was als diskursiver Rahmen die deutschsprachig junge Gattung Trauerspiel nahezu vom Gründungsmoment an prägt, »umb etwas auß den Augen zu setzen« (ebd.). Im Horizont des *Hingangs durch die Welt* bedeutet dieser Eskapismus aber schlicht, sich von einem »Elend« abzuwenden, das – in seiner affektiven Zugkraft schal geworden – seine Tauglichkeit als trauerspielgenerierendes Anschauungsobjekt 1652 schon wieder eingebüßt hat, da es »numehr uns gantz eingenommen / übertöbet / unnd derhalben als nicht mehr newe / wenig bewegen kan« (ebd.). »[D]ie Wehmut und das Betrübnüß«, denen Gryphius wider Erwarten in

---

1 Vgl. für die biographischen Hintergründe, die Gryphius' Beziehung zum Ehepaar Henning erhellen, das ↗ Kap. II.8.2.f zum *Uberdruß Menschlicher Dinge*, S. 482–486.
2 Vgl. ↗ Kap. I zu Gryphius' Leben, S. 8, sowie das ↗ Kap. II.8.2.k zur Leichabdankung *Außländische in dem Vaterland*.

Fraustadt begegnet, kommen dagegen ›neu‹ und überraschend genug, um als Peripetie einen Zuschauer zu fesseln, dem statt erwünschter Zerstreuung »ab humano cruore [...] das Widerspiel begegnet« (*HW*, S. 1). Die vermeintliche Flucht vor dem Trauerspiel erweist sich somit als Flucht ins Trauerspiel – nämlich in dasjenige, das »mein ander Vaterland« (ebd.) zum besten gibt.

Und tatsächlich taugt das durch Pest und Feuer im 17. Jahrhundert mehrfach versehrte Fraustadt[3] durchaus zur Kulisse des vom »Allerhöchste[n]« (*HW*, S. 2) initiierten Welttheaters. Dieses ›Theater des Schreckens‹ malt das *exordium* der Abdankung – im schönsten Kontrast zur Erwartungshaltung des ›Erquickung‹ suchenden ›Flüchtlings‹ – unter Aufbietung aller Grausamkeiten, die die an Grausamkeiten reichen Nachkriegsjahre nur bereithalten: »Himmlische[] Flammen«, die »anstekkenden Funcken der grausamen Seuche«, die »lebendige[n] Leichen« der von »höchster Schwermuth« oder Wahnsinn befallenen »Gelehrte[n]«, Eltern, die ihre eigenen Kinder zu Grabe tragen (*HW*, S. 3). Protagonisten des Fraustädter Trauerspiels sind – wie es die poetologische Gesetzgebung seit Opitz' überaus wirkungsmächtiger Epiktet-Rezeption immer wieder vorschreibt – jene, denen die »Unbeständigkeit des Glücks [...] den Rücken bietet« (ebd.).[4] Daß Fraustadt trotz des apokalyptisch umrissenen Szenarios nicht vollends dem »Verterb« zum Opfer fällt, scheint ein reiner Akt göttlicher Gnade:

> unnd weil der unsterbliche GOtt noch seine Gnade nicht gantz auff die seiten setzen wollen: Hat er dieses / was ohne der gantzen Gegend Verterb nicht allhier zu schawen gewesen / anderswo / wie in einem Wolbestelleten Trawerspiel / ubi non palam in scena coquit exta etc. vorgehen lassen. Hergegen die Einwohner dieser Stadt durch jhren Handel dahin geruffen / daß sie da selbst ansehen unnd hier erzehlen solten / wie die Felder in diesem Jnnenländischen Kriege / dort mit halb verfauleten Cörpern der jämmerlich Ermordeten überdecket: Und da die Städte mit den Leichen der Erhungerten angefüllet! (*HW*, S. 4)

---

3 Eine Chronik der Stadtbrände bietet Samuel Friedrich Lauterbach. Besonders gravierende Folgen hatte eine Feuersbrunst im Juli 1644, in der auch die protestantische Kirche der Stadt, »das liebe Kripplein Christi, das erstemahl zu Asche ward«. Fraustädtisches Zion. Das ist Historische Erzehlung, desjenigen, Was sich von An. 1500. biß 1700. im Kirch-Wesen zu Fraustadt in der Cron Pohlen, zugetragen, Dabey so wohl fernerer Bericht, vom Kripplein Christi, und den andern Lutherischen Kirchen allhier, als auch die Lebens-Beschreibungen aller Evangelischen Prediger dieses Orts, samt denen Schul-Bedienten, und was inzwischen denck- und merckwürdiges vorgefallen, So daß es für den 2. Theil des ausgegangenen Lebens, VALERII Herbergers, Welches zugleich umb ein gutes vermehret wird, dienen kan. Mit Mühe und Fleiß aufgesetzt von Samuel Friedrich Lauterbach, am Kripplein Christi Prediger. LEJPZJG, 1711. Bey Joh. Friedrich Gleditsch und Sohn, S. 447f. und 473–476, das Zitat S. 475.

4 Auf genau diesem »Rücken« ›fußt‹ das Tragödienpersonal: »Dann eine Tragedie / wie Epictetus sol gesagt haben / ist nichts anders als ein Spiegel derer / die in allem jhrem thun vnd lassen auff das blosse Glück fussen.« L. ANNÆI SENECÆ TROJANERJNNEN; Deutsch übersetzet / vnd mit leichter Außlegung erkleret; Durch MARTINUM OPITIUM. Wittenberg / Jn verlegung Zachariæ Schürers Buchführers / Gedruckt bey Augusto Boreck / Jm Jahr M.DC.XXV., fol. Aiij[v] (»An den Leser«).

Die erklärende Rückführung des göttlichen Eingreifens auf eine ausdrücklich poetologische Argumentation ist weniger bemerkenswert wegen der dadurch nahegelegten Strukturhomologie, des gleichen Regelwerks, dem offensichtlich *theatrum mundi* und menschengemachtes Trauerspiel gehorchen sollen, so daß letzteres zur Leseanweisung des ersten taugt: Gott hat Horaz gelesen. Bemerkenswerter ist vielmehr, daß das verkürzte *Ars-poetica*-Zitat eine Pointe mitführt, die auch das von Gott gestiftete Trauerspiel *poetologisch* in die Pflicht nimmt, will es ›wolbestellt‹ sein. Und an diese poetologische Regelkonformität ist, wie ein Blick auf den trügerisch und unscheinbar im »etc.« vergrabenen Zitatkontext zeigt, nicht weniger als das Heil selbst, schlechthin der Glaube an die Geschichte als *Heils*geschichte gehängt:

> Aut agitur res in scenis, aut acta refertur.
> Segnius irritant animos demissa per aurem,
> Quam quæ sunt oculis subjecta fidelibus, & quæ
> Ipse sibi tradit spectator. non tamen intus
> Digna geri, promes in scenam: multaque tolles,
> Ex oculis, quæ mox narret facundia præsens.
> Nec pueros coram populo Medea trucidet:
> Aut humana palam coquat exta nefarius Atreus:
> Aut in auem Progne vertatur, Cadmus in anguem.
> Quodcunque ostendis[5] mihi sic, *incredulus* odi.[6]

Verzichtete das Trauerspiel auf die Technik des ›Botenberichts‹, den die handelsreisenden »Einwohner dieser Stadt« überbringen, und stellte statt dessen die »verfauleten Cörper[] der jämmerlich Ermordeten« unmittelbar vor Augen, hätte dies nicht allein den völligen »Verterb« zur Folge, es (»[q]uodcunque ostendis mihi sic«) würde zuvörderst – so muß man Horaz vervollständigend hinzulesen – die *Glaubwür-*

---

5 Verbessert aus »ostendit«.
6 QVINTVS HORATIVS FLACCVS. *Accedunt nunc* DANIELIS HEINSII *De Satyra Horatiana Libri duo, in quibus totum Poëtæ institutum & genius expenditur. Cum ejusdem in omnia Poëtæ Animaduersionibus, longe auctioribus.* LVGDVNI BATAVORVM, Ex Officina ELZEVIRIANA. ANNO CIƆ IƆ C XXIX., S. 221–235 (»Q. HORATII FLACCI AD PISONES EPISTOLA, SVO ORDINE DISPOSITA«), hier S. 226f. (ars poet. 179–188), meine Hervorhebung. »Bey öffentlichen Spielen | Bringt würcklich etwas man auf des Gerüstes Dielen | Dem Volck ins Angesicht, etwas erzehlt man nur; | Doch sagen klebt nicht so, wie würcklich die Figur, | Davon das Auge zeugt, und den Verstand belehret. | Was doch der Wohlstand dir ans Licht zu bringen wehret, | Halt hinter dem Verdeck. Erforderts Ort und Zeit, | So sag es zierlich her und mit Bescheidenheit. | Medeens Kinder-Mord muß heimlich nur geschehen. | Wer mag wol Menschen-Fleisch den Atreus kochen sehen? | Daß Progne Federn kriegt und Cadmus Schlangen-Haut, | Dient in die Augen nicht; und wer dergleichen schaut, | Vermaledeyet es, und kan es doch nicht glauben.« H. A. E. G. v. D. Poetische Neben-Stunden / bestehend in Satyrischen- Ehren- und vermischten Gedichten. Braunschweig, Verlegts Ludolph Schröder. 1721, S. 1–17 (»HORATIUS Von der Dicht-Kunst, ins Teutsche übersetzet. 1718.«), hier S. 7.

digkeit der Geschichte als Trauerspiel torpedieren. ›Schauen‹ (»quæ sunt oculis subjecta fidelibus«) und ›Berichten‹ (»demissa per aurem«) geraten in einen Gegensatz, der überdies die Trauerspielbühne des *exordium* mit der Redesituation und den Redezielen der Leichabdankung verklammert. Wie das ›erste Vaterland‹ Schlesien, man könnte sagen: aus Gründen der ›Affektverflachung‹, als Trauerspielbühne funktionslos geworden ist, so schlingert das Trauerspiel des »ander[en] Vaterland[es]« hart an den Rand der Unglaubwürdigkeit, ist – indem es sich zeigt – eben nicht mehr »[w]olbestellet[ ]«. Denn zum einen massiert der »Schawplatz« Fraustadt die »wunderbare[n] Fälle und Veränderungen [...] so zusammen gehäuffet« (*HW*, S. 2), daß sie »etwas mehr als ein gemeines Nachdencken erfordern« und die Kehrtwende ins »Wolbestellte[ ] Trawerspiel« als gerade noch rechtzeitig »vor der gantzen Gegend Verterb« (*HW*, S. 3f.) intervenierenden Handstreich eines *deus ex machina*[7] ausweisen. Zum andern vermag auch die Betrachtung des konkreten Kasus, der der Abdankung zugrundeliegt (»wende mit mir die Augen auff dieses betrübte Hauß unnd Geschlecht des numehr Seeligen Herren Webers«; *HW*, S. 4), das Unbegreifliche der Todesfälle, die nachgerade die gesamte Familie der Verstorbenen in kürzester Zeit haben »verfallen / und gleichsam verschwinden« lassen (ebd.),[8] nur in markanter Differenz zum Trauerspiel begreiflich zu machen. Es habe

> schier das ansehen gewonnen / als wenn die Kirchhöfe nur vor diese Freundtschafft / und die Gräber auff deren Glieder allein bestellet / welche so häuffig nacheinander dahin gerissen / nicht jrgend durch das Schwerdt eines Tyrannen; Nicht durch eines Meyneidigen Freundes unversehene Gifft; Nicht durch rasenden Krieg oder geschwinde Pestilentzen / sondern durch die unbegreiffliche Abforderung des natürlichen Todes.[9] (ebd.)

Was sich den »Augen«, den »oculi [...] fidel[es]«, »unversehens« zeigt, bekommt nicht nur das »ansehen«, »wider aller Menschen Einbildung«, sprich: »unbegreifflich[ ]« zu sein (ebd.). Es rückt auch explizit aus der seit Opitz' *Buch von der Deutschen Poeterey* fixierten Menge trauerspielwürdiger *res* heraus.[10] Das sichtlich Unfaßbare bedarf, soll

---

7 Der in den Poetiken vielgeschmähte *deus ex machina* ist seinerseits *nicht* Bestandteil des »Wolbestelleten Trawerspiel[s]«. Vgl. das ↗ Kap. II.5.5 zu *Cardenio und Celinde*, S. 248 mit Anm. 45.
8 Vgl. dazu auch das ↗ Kap. II.8.2.f zum *Uberdruß Menschlicher Dinge*.
9 Der Schlußteil der Abdankung rekapituliert den Tod Ursula Hennings ebenfalls ex negativo als Element einer Häufung ungewöhnlich ›gewöhnlicher‹ Todesfälle in einer Kette von Negationen: »Sie ist nicht in dem Brande Jhres Vaterlandes erstiket! Sie ist von Ewrer Seiten nicht durch einen Rauberischen Feind in frembdes Elend und Barbarische Dinstbarkeit gerissen! Nicht in Hunger und Mangel verschmachtet. Nicht durch allerhand Qual und gifftige Seuchen auffgelöset / welche Unglückseeligkeit viel / viel Hundert / auch hohen Stammes und Standes Frawen und Jungfrawen / in dem bey uns kaum nach dreyßig Jahren geendetem / und bey Euch angesponnenem Bürgerlichem Kriege betroffen« (*HW*, S. 27).
10 »Die Tragedie« handelt »nur von Königlichem willen / Todtschlägen / verzweiffelungen / Kinder- vnd Vätermörden / brande / blutschanden / kriege vnd auffruhr / klagen / heulen / seuffzen

es als Bestandstück des immerhin unter göttlicher Regie sich wissenden Trauerspiels der Geschichte erfahrbar werden, derjenigen Zurichtung, die Horaz dem Dichter anempfiehlt: es muß narrativ vermittelt werden. Von Horaz her gelesen, schafft sich Gryphius im *Hingang durch die Welt* als Abdankungsredner exordial exakt die Sprecherposition, die allein es ihm erlaubt, konsolatorisch überzeugend noch an der unglaublichen ›Häufung‹ des Schreckens die Integrationskraft eines – dem Anschein zum Trotz – »[w]olbestelleten« Welttheaters zu beweisen: Er macht sich selbst zum Boten, ruft die »Leiche des Vaterlandes«, die ihm – aus Schlesien anreisend – im Moment des Vortrags ebenso »auß den Augen« gesetzt ist wie seiner Fraustädter Zuhörerschaft, im Modus des Botenberichts in Erinnerung. Im Abdankungsredner Gryphius vereinen sich insofern – bedingt durch die spezifische Berichts- und Beobachtungslage über die Landesgrenzen hinweg – »Dolmetscher der allgemeinen Trauer«[11] und Dolmetscher des ›allgemeinen Trauerspiels‹, des *theatrum mundi*.

Diese Doppelfunktion hat Konsequenzen für die Aufgabe, die sich Gryphius in der *propositio* stellt: der »Seeligsterblichenen Hingang durch die Welt« zu schildern (*HW*, S. 9). Denn ihr »Hingang« ist, wie schnell deutlich wird, gerade kein Hingang durch die eingangs hochauflösend vermessene Topographie zerstörter Landschaften. Im krassen Gegensatz zu den weitgehend referentialisierbaren Hinweisen auf die schlesische Heimat des Autors und sein Fraustädter ›Exil‹ durchwandert die »Seeligst Erblichene« von Beginn an biblisch-allegorisches Terrain.[12] Ein ganzes Höhenpanorama alt- wie neutestamentlicher Topoi, das sich erstreckt von den Bergen, über die die »Allerheyligsten Jungfrawen« hinwegschreiten, bis nach »Amana«, »Seir unnd Hermon«, von wo »die Braut im hohen Liede kommet« (*HW*, S. 13), zitiert die Rede herbei und versetzt Ursula Henning aus dem Setting des flammen- und pestreichen *exordium* hinaus in eine nur im Glaubensvollzug ›begehbare‹ Geographie:

Wer kan die Berge übersehen / die unsre Seeligst Erblichene überstiegen? Trieb Sie Jhre Andacht auff den Libanon / auff den Weyrauchberg des Gebethes: So ward Jhr Glaube auff dem Gipffel Amana versuchet durch allerhand einfallende Zweyffel. Von Seir sahe Sie durch den Dunst der Weltlichen Eitelkeit / und betrachtete den auffsteigenden Rauch unendlicher Qual. (*HW*, S. 14)

---

vnd dergleichen«. MARTINI OPITII Buch von der Deutschen Poeterey. Jn welchem alle jhre eigenschafft vnd zuegehör gründtlich erzehlet / vnd mit exempeln außgeführt wird. Gedruckt in der Fürstlichen Stadt Brieg / bey Augustino Gründern. Jn Verlegung David Müllers Buchhändlers in Breßlaw. 1624, fol. Dij^r–Dij^v.
11 So Maria Fürstenwald: Zur Theorie und Funktion der Barockabdankung (1975) [839], S. 377, in Übersetzung einer Formulierung von Lauremberg, der vom »*Interpres publicæ tristitiæ*« spricht. CASTRUM DOLORIS, *In quo Condita repostaque* QUINQUE FUNERA *Ducum Megapolensium; Funeribusque singulis dicata, & publicitus dicta*. SACRA EXEQUIALIA, Ore ac stylo, PETR. LAUREMBERGI. ROSTOCHI, *Apud* JOHANNEM HALLERVORDIVM *Bibliopolam*, ANNO M. DC. XXXIIX., fol. A7^r (»Lectori S.«).
12 Vgl. zur »allegorische[n] Methode der Leichabdankungen« auch Hans-Jürgen Schings: Die patristische und stoische Tradition (1966) [939], S. 91–110.

So erstreitet der Verstorbenen der ›glaubwürdige‹ Bote Gryphius einen Ausguck, der im ›Hingang durch die Welt‹ bereits außer ihr liegt und der Wandernden »noch auff dem Wege / das ist in diesem Leben«, erlaubt (*HW*, S. 16), durch das Reich der *vanitas* ›hindurchzusehen‹, es zu durchschauen. ›Geführt‹ wird sie auf ihrer Reise von »Jhrem Bräutigam« Christus (ebd.), dem sie – ganz in der Tradition der Hohelied-Exegese – als *sponsa* angetraut ist. Ursula Hennings *curriculum vitae* formt die Rede dabei jenseits der Anschaulichkeit zur *imitatio Christi* – und zwar, als gelte es die Beweiskraft des narrativen Verfahrens in der *laudatio* einer Extremprobe zu unterziehen – auf der Grundlage vergleichsweise schmaler *tertia comparationis*. Ihr unspezifisch bleibender Fleiß, der Wille, »embsig zu seyn«, sich der »Schul- und Hand-Arbeit« oder der »Ehe und Haußhaltung« zu widmen, kann für sich genommen kaum glaubhaft machen, daß sie Christi »Ebenbilde gleich / und seine Nachfolgerin würde« (*HW*, S. 12). Gleiches gilt für die – wiederum biographisch nicht unterfütterten – »Anfechtungen«, die den Erlöser und seine ›Braut‹ in analoger Weise getroffen hätten (*HW*, S. 15f.), oder die eher eine *conditio humana* anzeigende Einsamkeit des »Gang[s]« durch das Leben (*HW*, S. 19). Die starke Betonung der »Geburts-Arbeit« als »Berühmteste[r]« Verrichtung des »Weiblichen Geschlecht[s]« ist schließlich von besonderer Brisanz (*HW*, S. 13). Zwar mögen die »am Creutz« empfundenen »Schmertzen des Todes« der »Angst des geböhrens« ähneln, die final ausgerichtete Verknüpfung von Erlösungstat und Geburt – »damit durch sein Sterben andre auß Jhr leben möchten« (*HW*, S. 12) – führt jedoch in biographisch ambivalentes Gebiet: immerhin starb Ursula Hennings erste Tochter Theodora kurz nach der Geburt.[13] Der im Zusammenhang der Christus-*imitatio* mit imperativischem Druck beladene Versuch, »GOtt vor die Seele die Er gegeben / gleichsam eine andere Seele wider[zu]geben« und das »sterbliche Geschlecht der Menschen« in der Generationenfolge zu erhalten (*HW*, S. 13), nimmt erst in der Wiederholung, mit der Geburt der zweiten, zum Todeszeitpunkt der Mutter wohl rund einjährigen Tochter Regina ein erfolgreiches Ende.

Gewiß erklärt sich der auffällige Kurswechsel von der exordialen Wirklichkeitskulisse des deutsch-polnischen Grenzgebiets zum dezidiert allegorischen ›Lebenslauff‹ zum Teil aus Gattungskonventionen der Leichabdankung, zum Teil aus einem Mangel an ›Realia‹, auf die sich die *laudatio* angesichts eines besonders kurzen Lebens, einer »kurtze[n]« (*HW*, S. 21), genau »18 Jahr / 31 Wochen unnd 3 Tage« (*HW*, S. 34) dauernden »Reise« (*HW*, S. 21), nicht berufen kann. Zusätzliche Signifikanz erhält dieser Kurswechsel aber vor allem dadurch, daß sich mit ihm die ›Entrückung‹ Ursula Hennings aus der Welt noch in der Welt vollziehen läßt: Der Hingang durch die Welt ist kein Hingang durch die Katastrophenszenerie Fraustadts, sondern ein »Gang in dem Traum Menschliches Lebens« (ebd.) – eine Bewegung,

---

13 Vgl. dazu den »Lebenslauff der Seelig-Verschiedenen«, der der Leichabdankung angehängt ist (*HW*, S. 33), und die Grabschrift auf der Rückseite des Titelblatts (unpag.).

die den verlockend-gefährlichen »Blick« auf die »ewigen Hügel«, »in jenes Leben und in dem frewden-völligsten Zustandt der ewigen Wollüste« (*UMD*, fol. E^v)[14] ebenso vermeidet wie auf das eingangs scharfgestellte »Elend« dieser Welt.

Demgemäß bleibt die titelgebende, bei Gryphius als ›Sinnen-Bild‹ des Lebens[15] häufig begegnende Leitmetapher vom ›Gang‹ oder ›Weg‹ im *Hingang durch die Welt* nicht ohne Ambivalenz. Wenn Gryphius in direkter Hinwendung zur anwesenden Mutter der Verstorbenen (»Was stehet Jhr betrübteste Fraw Mutter...«) den Hingang für beendet erklärt, weil sich die Tochter, am Ziel der Reise angelangt, »vor dem Stul GOttes« befinde (*HW*, S. 26), wird das als »Zeichen der Majestät und Ewigkeit« interpretierte Bild der »Stüle« (ebd.) überlagert durch den geraden Widersinn, der ihm kurz zuvor »noch auff dem Wege« zugewiesen werden konnte (*HW*, S. 16): Dort nämlich haben die »Gewaltigen«, dem Vergänglichen anhängenden »Weltliche[n] Könige [...] Jhre Stüle und Wolüste [...] hier«, d.h. *in* der Welt (*HW*, S. 8). Und gar vollends zur Allegorie der »Begierde[n] / die wir zu unsern Abgöttern machen« (*HW*, S. 19), modelliert eine von Paulus Venetus übernommene, in die Abdankung eingeschobene ›Erzählung‹ – in einer Unterbrechung des ›Hingangs‹ – den Vorgang des Sitzens und das Requisit des Stuhls: Im »Königreich Var« zum Tode Verurteilte hätten sich »auf hefftiges anhalten« [!] von ihren Fürsten erbitten dürfen, auf einer eigentümlichen Folterapparatur, einem »Stul sietzend / ob welchem Jhnen der Hals mit den Spitzigsten Messern umgeben / [...] durch die Stadt biß zu dem Richtplatz« geführt zu werden und, durch die Klingen »biß auff den Todt« verletzt, sich »einem Jhrer Götter auff zu opffern« (*HW*, S. 18f.). Die an die Paraphrase anschließende Allegorese deutet dies im krassen Gegensatz zu den am Ende aufgerufenen, mutmaßlich tröstlichen »Zeichen der Majestät und Ewigkeit«. Zeit und Ewigkeit fallen mithin im selben Bild zusammen:

> Uns ist von dem Tage unserer Geburt an / die Straffe unnd Sold der Sünden zuerkennet; Gleichwol bilden wir uns auff dem Sessel Weltlicher Ehren / unnd bey dem nichtigen Frewden-Geschrey unterschiedener Freunde / unter so viel Tausend Gefährlikeiten / welche uns als an die Gurgel gesetzte Schwerdter umgeben / nicht einmal ein; daß uns die Zeit auff den Richtplatz führe / und wollen nicht verstehen / daß wir selbst bald durch diesen bald durch jenen Stoß einer und andern Begierde / die wir zu unsern Abgöttern machen / gnung zu thun / unser Leben verkürtzen / biß wir / wie jene / auff dem Holtzstoß zu Aschen / also in unsern Särgen zu einer Handvol Beine werden. (*HW*, S. 19)

Den »oculi[] [...] fidel[es]« übergeben, ›spricht‹ das Bild des Stuhls keine eindeutige Sprache, sondern eröffnet statt dessen eine ›unglaubliche‹ Greuelszene, in der »Stul

---

14 Vgl. dazu das ↗ Kap. II.8.2.f zum *Uberdruß Menschlicher Dinge*, S. 491f.
15 Vgl. Gerhard Fricke: Die Bildlichkeit in der Dichtung des Andreas Gryphius (1967) [889], S. 96f., und für einen breiteren Aufriß der Vergänglichkeitsmotivik bei Gryphius Dietrich Walter Jöns: Das »Sinnen-Bild« (1966) [907], S. 235–255.

GOttes« und ›Stuhl der Abgötter‹ sich überblenden. »Sie gehet nicht mehr / sondern sitzet und ruhet« (*HW*, S. 26) – die Bildregie der Abdankung vereitelt die genaue Lokalisierung der »Seeligsterblichenen« (im Reich der *vanitas* oder der Ewigkeit?) just in dem Augenblick, in dem sie sie festzuschreiben sucht. Allein die Abdankungs*rede* des Boten Gryphius vermag es hier, die Ambivalenz des Bildes im doppelten Sinne ›aufzuheben‹, es als Trostmittel einzubringen, indem sie den Anlaß der Trauer (die Ungewißheit über den genauen ›Ort‹ der Seele der Verstorbenen) einerseits hervorkehrt, andererseits – der Sprechposition sei Dank – Ungewißheit und Trauer affektiv abzumildern, das Heil glaubhaft vorzustellen imstande ist: »Segnius irritant animos demissa per aurem«, konstatierte Horaz. Nicht minder gilt dieser Satz für die konsolatorisch behandlungsbedürftigen Gemütslagen beim ›Leichbegängnüß‹.

›Schau‹ und ›Bericht‹ klaffen sodann, die rhetorische Strategie des *Hingangs durch die Welt* offenlegend, auch bei der zweiten absoluten Metapher, die die Abdankung ins Zentrum ihres Trostprogramms stellt, auseinander: Neben der Kippfigur des Stuhls (und dem zugehörigen Bildfeld des Weges, der Reise, des Gehens, Stehens, Sitzens) kommt die Kleidung – vermittelt über den Mädchennamen der Verstorbenen (Weber) und die *inventio ex loco notationis*[16] – als Symbol des vergänglichen Diesseitigen ins Spiel. Am Textil, genauer an den »Windeln«, in die »wir unsere Newgebohrnen«, die »Alten« aber »Jhre Leichen« hüllen, gilt es die Identität von irdischem Leben und Tod zu »beschawen«, ist doch die »Geburt« nichts anderes als »ein Eingang zu dem Tode« und der »Todten Hintrit eine Geburt zu einem andern Leben« (*HW*, S. 17f.). Zwar zeige sich diese Identität dem »euserliche[n] ansehen nach« nicht, könne aber nach dem Zeigegestus, der auf ein nur allzu ›äußerliches‹ Utensil – eben die Leiche und Säugling umhüllende Windel – gerichtet ist, »vernünfftiger beschaw[t]« werden (*HW*, S. 17). Im Bereich des topisch Erwartbaren bewegt sich die Rede, wenn sie das Leben als grotesk beschleunigten Kleiderwechsel zu fassen sucht. Die Verstorbene sei im Katarakt familiärer Todesfälle aus den »TrawerKleidern in den HochzeitSchmuck geraten«, nur um »den Braut-Ziehratt« nach dem Tod ihrer ersten Tochter »wider mit der Leid-Tracht abwechseln«, »jhr Frewden-Kleid auß- unnd das Trawer-Kleid« anziehen zu müssen (*HW*, S. 20). Wie wenig Ursula Henning in dieses Kleid allerdings hineinpaßt, veranschaulicht im Ansatz ein seinerseits unpassendes Zitat aus Juvenals zehnter Satire (ebd.),[17] das

---

16 Gryphius hat diesen »im 17. Jahrhundert so verbreitet[en]« und »häufig anzutreffen[den]« *locus* besonders extensiv im *Brunnen-Discurs* verwendet. Karl-Heinz Habersetzer: Mors Vitae Testimonium (1979) [847], S. 266. Vgl. auch das ↗ Kap. II.8.2.b zum *Brunnen-Discurs*, S. 427f.

17 »Hæc data pœna diu viventibus, ut renovata | Semper clade domus multis in luctibus, inque | Perpetuo mærore & nigra veste senescant.« D. IVN. IVVENALIS ET AVLI PERSII FLACCI SATYRÆ, *Cum annotat.* TH. FARNABII. Amstelædami. Typis IOANNIS BLAEV, *Sumptibus* Societatis. 1650, S. 106 (V. 243–245). »Dieß [die eigenen Angehörigen beerdigen zu müssen; R.S.]; dieß ist zur Strafe | Der

rhetorisch einwandfrei die Beschwerlichkeiten eines langen Lebens – Eltern müssen ihre eigenen Kinder beerdigen – illustriert, um die Beschwerlichkeiten dann in einer Überbietungsformel gleichermaßen für das »kurtze[ ] Alter« der Verstorbenen reklamieren zu können. Das überzeugende Nachjustieren im Dienste der Abdankungsrhetorik kann indes die schiere Dissonanz auf der Ebene des ›geschauten‹ Bildes keineswegs auflösen: Die »*nigra vest[is]*« derjenigen, die »*[p]erpetuo mærore* [...] *senescant*« (ebd.), will schlechterdings mit dem »Trawer-Kleid« der ausgesprochen Kurzlebigen nicht zur Deckung kommen. Und das um so weniger, als exakt dasselbe »Trawer-Kleid« in einem prätextuell hinzuzulesenden Hochzeitsgedicht, das Gryphius auf das Brautpaar Henning 1649 verfaßte, von Amor vorwegnehmend ›gebannt‹ wurde:

FERREA *MORS*, ARCU RIGIDISQUE TREMENDA SAGITTIS,
SOEVIIT IN VESTRAS CAEDE RECENTE DOMOS.
NIL MEDICAE POTUERE ARTES, NIL PLENA QVERELIS
ORA NEC INGENUA PECTORA TUNSA MANU.
DIVUS *AMOR* FACULIS, TENSOQUE FEROCIOR ARCU
ADVOLAT, IN MEDIIS VICTOR ET IPSE ROGIS.
ET LACRUMAS ABOLET RISU; MORBOSQUE LEPORE:
ET *THALAMO* TUMULI TRISTIA JURA PREMIT,
ET *MEDICI* EXTINGUIT MEDICIS INCENDIA FLAMMIS
VIRGINIS ET *MEDICA* STAMINA TEXIT ACU.
QUID QUERIMUR PULLAS, LETHI SACRA SYRMATA VESTES?
HIS SPOLIIS VICTA MORTE TRIUMPHAT *AMOR*.[18]

---

lange Lebenden verhängt, | Daß sie, bey immer neuen Todesfällen, | Bey stetem Harm und steter Trauer, | Jm schwarzen Kleide altern«. Juvenal übersezt und mit Anmerkungen für Ungelehrte versehn von D. C. F. B. zu haben beim Verfasser und in der Dessauischen gelehrten Buchhandlung, 1781, S. 216.
18 GENIO ac AMORI SPONSORUM NOBILL: LECTISS: AMANTISS: ADAMI HENNINGI Philos: & Medic: DOCTORIS EXCELLENTISSIMI. URSULÆ WEBERIÆ VIRGINIS PUDENTISS: EX VOTO PLAUDIT ADFECTUS AMICORUM FRAUSTADII IX. Cal: Sept: ANNO CIƆ IƆ CXLIX. *LESNÆ, TYPIS FUNCCIANIS*; vgl. Andreas Gryphius: Lateinische Kleinepik, Epigrammatik und Kasualdichtung (2001) [82], S. 112. »Der eiserne Tod, furchterregend ob seines Bogens und seiner harten Pfeile, wütete kürzlich mordend wider eure Häuser. Nichts vermochten die Künste des Arztes, nichts die Münder voll der Klage und nichts die edle Brust, die mit der Hand man schlug. Der göttliche Amor, noch wilder ob seiner Fackeln und seines gespannten Bogens, fliegt heran und ist selbst siegreich inmitten der Scheiterhaufen. Mit seinem Lächeln erstickt er die Tränen und mit seiner Heiterkeit das Siechtum. Mit der Vermählung bricht er das furchtbare Recht des Grabes und löscht mit dem heilenden Feuer des Arztes das Feuer der Jungfrau und webt mit heilender Nadel ein Kleid. Was beklagen wir die Trauergewänder, die heiligen Schleppkleider des Todes? Mit dieser Beute triumphiert die Liebe, da den Tod sie besiegt.« Die Übersetzung folgt weitgehend Czaplas Ausgabe (ebd., S. 113), korrigiert aber den vorletzten Vers. Czapla führt »pullas« – vermutlich wegen des anschließenden Kommas – anscheinend auf das homonyme *pullus* (das Junge) zurück (»Was beklagen wir die Mädchen und die heiligen Schleppkleider, Gewänder des Todes?«, ebd.).

Weder gilt es die »pulla[e] [...] vestes« zu beklagen noch das als Tragödiengewand gebräuchliche »syrma[]«.[19] Als Braut ist Ursula Henning aus beiden gleichsam herausgewachsen, mit dem Ablegen des »syrma[]« zugleich auch neben den »Schawplatz« des Trauerspiels gestellt. Und das Hochzeitsgedicht speist Gryphius nicht nur – abermals – in seiner Rolle als ›Bote‹ eines anderen, und zwar durch die biographische Verbindung zu Adam und Ursula Henning gegebenen »Vorspiel[s]« (*HW*, S. 5) subtextuell in die Abdankung ein, er aktualisiert es fernerhin ganz manifest: Was ist der *Hingang* in seinem argumentativen Gravitationszentrum schließlich anderes als eben das – ein ›Hochzeitsgedicht‹ anläßlich der Vermählung Ursula Hennings mit ihrem »Bräutigam« Christus?

---

19 Denn das *syrma* ist nicht nur – wie in Czaplas (Anm. 18) Übersetzung – ein ›Schleppkleid‹, sondern Tragödienkostüm, »[m]uliebris vestis Tragica«. IVLII CAESARIS *SCALIGERI, VIRI* CLARISSIMI, Poetices libri septem: I, HISTORICVS II, HYLE III, IDEA IIII, PARASCEVE V, CRITICVS VI, HYPERCRITICVS VII, EPINOMIS, AD SYLVIVM FILIVM. APVD ANTONIVM VINCENTIVM. *M. D. LXI.*, Lib. 1, S. 21.

II.8.2.h *Folter Menschliches Lebens*
Von Stefanie Arend

Unter den dreizehn Leichabdankungen, die in der Sammlung *Dissertationes funebres* 1666 erschienen sind, findet sich eine mit dem prägnanten Titel *Folter Menschliches Lebens*. Ursprünglicher Anlaß war der Tod von Barbara Gerlachin, Tochter des Orgelsetzers Johann Gerlach in Beuthen, die 1648, erst 37 Jahre alt, an Schwindsucht starb und in Glogau beerdigt wurde.[1] Gryphius war ihr und ihrem Mann Elias Aebelius freundschaftlich verbunden. Die eigentliche Leichenpredigt hielt der Glogauer Pfarrer Johann Margk (vgl. *GA* IX, S. 410). Gryphius hielt seinen Text, wie auch die anderen Leichabdankungen, vermutlich aus dem Stand. Die uns vorliegende schriftliche Form ist eine Überarbeitung dieser Stegreifrede, ein höchst kunstvoll arrangiertes Elaborat, das Zeugnis ablegt von Gryphius' extensiver Belesenheit und seiner rhetorischen Brillanz.[2] *Folter Menschliches Lebens* entfaltet auf exklusive Weise ein Panomara intertextueller Verweise, die das hauptsächliche Ziel, das Überzeugen (*persuadere*), befördern sollen. Sie stützen zudem die Autorität des Redners, der sich wissend und gelehrt darstellt. Den Text zieren etliche Marginalien, die den Zitat- und Anspielungsreichtum deutlich machen. Sein herausragendes ästhetisches Merkmal ist seine besondere Intertextualität. Bevor deren Charakteristika erläutert werden, sei zuvor ein Blick geworfen auf den Aufbau dieser Leichabdankung, ihre *compositio*, und ihre markanten Schlüsselstellen.

Wie in den meisten anderen Texten der Sammlung erwähnt die Anrede die Verstorbene selbst nicht, sondern spricht die gesamte Trauergemeinde an: »Hoch- und Wol-Edele / Gestrenge / Mannhaffte: Hoch- und Groß-Achtbahre / Wol-Ehrwürdige / Wolgelehrte: Ehrenveste / Wolweise: Erbare / Wolbenamte; Jnsonders Großgünstige / Hochgeehrte Herren und Freunde. Hoch- und Wol-Edele / Viel-Tugend- und Ehrenreiche Frauen und Jungfrauen« (*LA*, S. 344). Angesprochen fühlen können sich aber alle Menschen, und dies zu allen Zeiten. Der Titel *Folter Menschliches Lebens* läßt darauf schließen, daß es im folgenden nicht im besonderen um den Tod eines einzelnen Menschen geht, sondern daß dieser Tod zum Anlaß genommen wird, um über das Leben im allgemeinen zu sprechen. Es dominiert die erste Person Plural. Der Schreiber/Redner signalisiert, daß er mit den Angesprochenen in einem

---

1 Vgl. Folter Menschliches Lebens / Der Wol-Tugend- unnd Viel-Ehrenreichen Frawen BARBARÆ GERLACHIN, Herrn ELIÆ ÆBELII von Lübeck / Not. Pub. Cæs. geliebten Ehegemahlin / Bey Leben versprochenes / und nach dem Todt abgelegtes Ehren-Gedächtnüß von ANDREA GRYPHIO. IX. JULII. A. CIƆ IƆ CXLVIII. Gedruckt zur Poln: Lissa / durch Wigand Funcken. Im folgenden wird, da die Leichabdankung losgelöst von der okkasionellen Bindung unter intertextueller Perspektive als überzeitlich aussagekräftiges ›Werk‹ gelesen werden soll, nach dem Wiederabdruck in den *Dissertationes funebres* (*LA*) zitiert.
2 Vgl. Nicola Kaminski: Andreas Gryphius (1998) [122], S. 202f.

Boot sitzt, daß alle dasselbe Schicksal teilen. Und dennoch wird, ja muß die Verstorbene gewürdigt werden. Aber ihr und ihrem Leben widmet sich der Text nicht sogleich, sondern nähert sich ihr langsam, so daß direkt zu Beginn eine Spannung entsteht. Das *exordium* führt ohne Vorbereitung eine andere Person ins Feld: »DJe ruhmwürdigste Fürstin Catharine / Königin von Georgien [...]« (ebd.). Es stellt das außergewöhnliche Schicksal der georgischen Herrscherin ins Zentrum, dem Gryphius selbst ein eigenes Trauerspiel widmete. *Catharina von Georgien. Oder Bewehrete Beständikeit* erschien im Erstdruck erst 1657, aber es ist sehr wahrscheinlich, daß Gryphius bereits im Jahr 1646, nach Vollendung des *Leo Armenius*, mit seiner Konzeption begann.[3] Die Auseinandersetzung mit dem Stoff schlägt sich offenbar in *Folter Menschliches Lebens* nieder. Die Geschichte fand Gryphius in einer französischen Quelle, in den zuerst 1635 erschienenen *Histoires tragiques de nostre temps* von Claude Malingre, Sieur de Saint-Lazare.[4] Hier wird erzählt, wie Catherina von Georgien-Gurgistan 1624 unter dem Schah Abas von Persien den Martertod erlitt, weil sie sich weigerte, ihn zu ehelichen und ihrem Glauben abzuschwören. In Gryphius' Drama bildet die Folterszene in der fünften Abhandlung einen fulminanten Höhepunkt. Das *exordium* der *Folter Menschliches Lebens* nutzt die Figur der Catharina als Exempelfigur für Beständigkeit (*constantia*), um von ihr aus mühelos den Faden zur Verstorbenen zu spinnen: »Was eine Frau [...] erwiesen / das haben wir auch an dieser unser erblasseten Mit-Schwester Frauen Barbara Gerlachin gesehen« (*LA*, S. 346). Wie Catharina zeigte diese »beständigste Tugend und vortrefflichstes Gemüth« in einem Leben, das »stetes Weh« und »immerwehrende Folter« gewesen sei (ebd.). Vom besonderen Schicksal der Verstorbenen, von einzelnen Ereignissen und Vorfällen, erfahren wir nichts. Schnell springt der Text zum Allgemeinen, zum Thema der »Welt« als solcher, die nichts anderes als eine »Werckstadt der Folter« sei (*LA*, S. 347). Die Prämisse des Lebens als Leid, der Welt als Kerker, dessen Folterwerkzeugen man nicht entfliehen kann, erfuhren die Zeitgenossen im besonderen durch die reale Gegenwart des Dreißigjährigen Krieges.

Mit dem Sprung ins Allgemeine und der Entfaltung der Allegorie der Folter für das menschliche Leben generell ist das *exordium* abgeschlossen. In der klassischen Systematik der Rhetorik folgen nach diesem der erzählende und der argumentative Teil, *narratio* und *argumentatio*, die Schilderung des Sachverhalts und die Beweisführung. Beide Teile fließen auf den folgenden Seiten fast ununterscheidbar ineinander. Es geht in extenso immer wieder darum zu beweisen, daß die Welt als Folter-

---

3 Vgl. ebd., S. 88.
4 Vgl. HISTOIRES TRAGIQVES DE NOSTRE TEMPS. DANS LESQVELLES SE voyent plusieurs belles maximes d'Estat, & quantité d'exemples fort memorables, de constance, de courage, de generosité, de regrets, & repentances. A ROVEN, Chez DAVID FERRAND, & THOMAS DARÉ, prés le Palais. M. DC. XXXXI. *AVEC PRIVILEGE DV ROY*, S. 469–532 (»DE CATHERINE ROYNE DE GEORGIE, & des Princes Georgiens, mis à mort par commandement de Cha-Abas Roy de Perse«).

haus aufzufassen sei. Die Beweisführung stützen Hinweise und Erzählungen aus Historiographie, Bibelexegese, Dichtung und Philosophie. Im Zentrum des Textes fällt auf, daß mit einer eindrücklichen Bildlichkeit von der Vergänglichkeit des Lebens, der Unwissenheit des Menschen von den letzten Dingen, seiner Sündenfälligkeit und seinem Leiden in der Welt gesprochen wird. Zunächst fungiert das bereits seit dem Mittelalter häufig genutzte Bild der Rose allegorisch dafür, die Schönheit, aber auch die Flüchtigkeit und Kontingenz des Lebens vor Augen zu führen. Der Mensch erscheint »als eine volle Peonien-Rose / in welcher offt über fünf hundert Blätter zu finden / wenn man sie aber zwey oder drey Tage nach ihrem Auffblühen mit einem Finger anrühret; fallen sie auff einmal herunter / und werden zu nichte« (*LA*, S. 355). Der plötzlichen Hinfälligkeit des Lebens entgeht niemand. Der Sprecher fügt Suggestivfragen aneinander, die deutlich machen sollen, daß das Schicksal, das Glück nicht in unserer Hand liegt und plötzlich das Pendel ausschlagen und alles zunichte machen kann: »[...] ein Tag / was sag ich / ein Tag? eine Stunde / was sag ich / eine Stunde? ein Augenblick / was sag ich / ein Augenblick? ein Fall / ein Donner-Stral / ein Stücklein Bley / ein vergifftend Schnauben nimmt alles hinweg« (ebd.). Als ›Ebenbild‹ für die »Unbeständigkeit unserer Sachen« (ebd.) dient im folgenden das Rad, das die Griechen als Foltermittel genutzt hätten. Das Leben des Menschen gleicht dem Lauf eines Rades, das nicht nur unbeständig ist, sondern immer nur bei sich selbst ankommt, keine Entwicklung durchmacht, sich nie zu Ende dreht. Wie der Mensch wendet es sich »um sich selbst« und wird »gedrehet« (*LA*, S. 356). Hintergrund ist das christliche Sündenverständnis, »durch Verdienst des ersten Verbrechens« (ebd.), des Sündenfalls, kann der Mensch seinem Schicksal nicht entgehen. Rose und Rad haben eines gemeinsam: Ihre Zustände können sich sehr schnell ändern, durch einen Windhauch, ein kontingentes Ereignis wird die Rose entblättert und das Rad ins Rollen gebracht.

Nun könnte man erwarten, daß bei all dieser negativen und desillusionierenden Bestandsaufnahme ›Heilmittel‹ an die Hand gegeben werden, Möglichkeiten angeboten, wie angesichts der ›Folter menschlichen Lebens‹ ein Verhalten erprobt werden könne, das zu mehr Zufriedenheit führt. Das ist jedoch keineswegs explizit der Fall. Von der Befreiung von den Übeln spricht der Text eher implizit. Sie ist vermittelt durch die Darstellung des Leidens selbst: Der Ausweg liegt im Tod, in der Heilserwartung des ewigen Lebens.

So läuft der Text gegen Ende immer deutlicher auf diese Schlußfolgerung (*conclusio*) hinaus und nimmt stärker didaktische und konsolatorische Züge an. Er unterstreicht, daß das Leiden in und an der Welt einen Sinn hat, so daß es keinen Grund gibt, an diesem zu verzweifeln. Die Menschen befinden sich alle bald mehr, bald weniger in der Situation Hiobs (vgl. *LA*, S. 364).[5] Gott stellt sie auf die Probe,

---

5 Vgl. Hans-Jürgen Schings: Die patristische und stoische Tradition (1966) [939], S. 145f.

damit sie das Gute in sich erwecken können, Tugenden wie Geduld, Mäßigung und Bescheidenheit üben und zurück zum Glauben finden, der für gewöhnlich schläft (vgl. ebd.). Indem der Mensch seiner eigenen Schwachheit gewahr wird, besinnt er sich außerdem auf die Stärke und Güte Gottes und wird gewiß, daß dieser ihn nicht umsonst leiden läßt, sondern schließlich alles »zum besten« wendet (*LA*, S. 365[6]). Im Leiden beschlossen liegt folglich eine Heilsgewißheit, die zu erkennen ist. Deswegen ist die Folter in der Welt ein Vorhof zum ewigen Leben, das Leiden eher ein Grund zur Freude, da jede verronnene Stunde dem Tor zur Glückseligkeit ein wenig näher führt. »[A]us dem Gefängnüß ihres Leydes und Leydens«, der Welt, werden die »auserwehlten Kinder Gottes« hinausgeführt, »loß gesprochen [...] von der Anklage der Sünden« (*LA*, S. 366). Schließlich findet der Text konsequent zurück zur Verstorbenen, denn sie ist bereits über die Stufe gegangen und auf dem »Berg der heiligen Wohnung« angekommen (*LA*, S. 367).

Auch ihr Leiden, ihr schweres Leben ergab Sinn. Am Ende wendet sich der Sprecher zur Trauergemeinde, die nun getröstet wurde, sowohl hinsichtlich der Verstorbenen, die nicht mehr unter ihr weilt, als auch hinsichtlich ihres eigenen, ebenso von Mühsal geprägten Lebens. Auch den Sinn ihres Leids hat die Rede offengelegt, die Gewißheit des Heils, das im irdischen Getriebe oft vergessen wird.

Seine Nachdrücklichkeit erreicht der Text vor allem durch seinen großen Anspielungsreichtum und durch direkte und indirekte Zitation teils bekannter, teils weniger bekannter Autoren, die sich im Grenzbereich zwischen Dichtung, Geschichtsschreibung, Philosophie und Bibelexegese situieren. Wichtige Bestandteile des Textes und Zeichen extensiver Belesenheit des Abdankungsredners sind die zahlreichen Marginalien. Es ist schon allein deshalb nicht möglich, allen Verweisen im einzelnen nachzugehen, da nicht immer die genaue Referenzstelle angegeben ist. Manchmal sind zwar Autor und Text genannt, aber nicht die relevante Stellenangabe. Bisweilen ist sogar nur der Autor genannt. Hinzu kommt, daß aus dem Abdankungstext selbst häufig nicht deutlich wird, ob es sich um direkte Zitate handelt oder um nacherzählende Passagen. Insgesamt läßt sich nur mit Einschränkung deutlich von markierter oder unmarkierter Intertextualität sprechen.[7] Wollte man die mühsame Arbeit auf sich nehmen und zumindest die zitierten Stellen nachweisen, so würde man vermutlich auch hier nicht selten enttäuscht. Es ist eine Eigenart vieler frühneuzeitlicher Texte, daß ihre Marginalien unzuverlässig sind. Grund dafür mag sein, daß die Autoren häufig aus dem Gedächtnis zitierten und es dabei nicht so genau nahmen. Wichtig ist aber, den eigenen Text durch Autoritäten zu

---

6 Korrigiert aus 265.
7 Zu Problemen der Markierung vgl. Jörg Helbig: Intertextualität und Markierung. Heidelberg 1995 (Beiträge zur neueren Literaturgeschichte 141), S. 11–16.

stützen und ihm dadurch mehr Überzeugungskraft zu verleihen. Prominente Namen bürgen für die Wahrheit des Gesagten.[8]

Die Marginalien verweisen auf antike Autoren wie Herodot, Plutarch, Cicero, Livius, Diodorus Siculus oder Aelianus. Erwähnung finden die Kirchenväter Augustinus, Ambrosius, Gregorius und Chrysostomus, der Scholastiker Bonaventura, der Kommentator Oecumenius, der Asket Isidor von Pelusium, der byzantinische Lexikograph Suidas oder der jesuitische Universalgelehrte Athanasius Kircher. Es finden sich sogar Zitate auf Hebräisch und Altgriechisch (vgl. *LA*, S. 356f., 366). Während die vielen direkten und indirekten Zitate und Allusionen schwer zu systematisieren sind, fällt auf, daß der Textfluß dreimal durch direkte Zitate in Versform unterbrochen wird. Hierbei handelt sich einmal um vier Verse aus der Feder des Dichterkollegen Simon Dach, deren Quelle aber nicht genannt wird (»S. Dach.«; *LA*, S. 353). In den anderen beiden Fällen zitiert Gryphius sich selbst. Einmal wird lediglich als Quellentext das Trauerspiel *Leo Armenius* angegeben, ohne Hinweis auf Akt und Verszahl (»Gryph. in Leon. Armen.«; *LA*, S. 354), das andere Mal Quellentext und Stelle (»Gryph. Odar. lib. 2«; *LA*, S. 359). Wenn Verse deutlich sichtbar den Textfluß unterbrechen, erhalten sie für den Leser der Leichabdankung ein besonderes Gewicht, während die in den Text eingeflochtenen Zitate manchmal im Gewirr fast unterzugehen drohen. Besondere Stimme erhalten so die Zeitgenossen und unter ihnen Gryphius selbst. Es sind die Dichter, die Autorität und Deutungsmacht beanspruchen dürfen, sich dabei aber vieler berühmter Namen versichert wissen, mit denen sie in der Sache nicht konkurrieren, sondern mit denen sie sich einig sind.

Wenden wir uns nun einigen Besonderheiten der Zitate und Anspielungen zu. Beispielsweise finden sich Redewendungen folgender Art: »Wie denn Gregorius sehr schön darthut«, »nach Bonaventuræ Meynung«, »so redet Chrysostomus« (*LA*, S. 349), »als Ælianus von Tryzo erzehlet« oder »wie Tacitus redet« (*LA*, S. 352). In allen diesen Fällen findet sich eine Marginalie mit mehr oder weniger präziser Stellenangabe. Es gibt aber auch den Fall, daß eine Autorität angeführt wird, aber keine Marginalie einen Hinweis auf einen bestimmten Referenztext gibt – so in der Wendung »wie Seneca längst vor diesem dargethan« (*LA*, S. 347). Hier geht es darum zu unterstreichen, daß die Einsicht, »daß wir zu der Pein in diese Welt gebohren« werden »und daß unser Leben doch nichts anders als eine stete Folter« sei (ebd.), schon längst von dem berühmten Philosophen formuliert wurde und somit nicht an ihr zu zweifeln ist. Daß dem neugierigen Rezipienten nicht mit einem Verweis auf einen Quellentext, geschweige denn mit einem bestimmten Kapitel weitergeholfen wird, ist kein Einzelfall, allerdings selten (vgl. etwa »nach Augustini Aussage« [*LA*, S. 351], »Ob du nicht mit David ruffen müssest [...]«, [*LA*, S. 352]). Vielleicht handelt es sich bei dem Verzicht auf die Stellenangaben bloß um eine ›Nachlässigkeit‹. Man

---

8 Vgl. Schings (Anm. 5), S. 126–128.

könnte aber auch daran denken, daß es unnötig erschien, im Falle besonders geläufiger Autoren exakte Nachweise zu liefern. Im Falle von Lucius Annaeus Seneca (ca. 1–65 n.Chr.) haben wir es mit einem in der Frühen Neuzeit und zumal im 17. Jahrhundert omnipräsenten Autor zu tun, dessen hier verkündete Einsicht in das Leben in seinen Schriften sehr häufig zu finden ist, ja geradezu einen roten Faden seines Lehrgebäudes bildet. Die Erwähnung des Namens genügte jedenfalls, und der ideengeschichtliche Rahmen des christlichen Neustoizismus war abgesteckt. Seneca wurde variantenreich rezipiert. Seine philosophischen Schriften (*Dialogi*, *Epistulae morales*) waren in der Frühen Neuzeit fester Bestandteil des kulturellen Gedächtnisses ebenso wie seine fulminanten Dramen (u.a. *Troades*, *Hercules furens*, *Medea*, *Thyestes*), die seit dem 16. Jahrhundert etliche Neuausgaben erfuhren. Wichtiger Vermittler des antiken Stoizismus und prominenter Vertreter des Neustoizismus in Europa war Justus Lipsius (1537–1606). Den Traktat *De constantia libri duo* (1584) verfaßte er in Anlehnung an Senecas Diatribe *De constantia sapientis* (›Von der Unerschütterlichkeit des Weisen‹).[9]

In Gryphius' Leichabdankung könnte im nicht weiter spezifizierten Hinweis auf Seneca dieser Text mitgedacht sein. Er beschreibt die alltägliche Situation des Menschen, der in der Welt ständig Unrecht, Haß und Neid ausgesetzt ist. Gefordert ist seine Geduld (*patientia*) und seine Beständigkeit (*constantia*). Der ›Folter menschlichen Lebens‹ ist er nicht ausgeliefert, sondern er nimmt sie als Herausforderung, seine Tugenden zu erproben. Es geht darum, daß der Mensch »unus idemque inter diversa sit«, bei allem Wechsel der Dinge ein und derselbe bleibe.[10] Auch wenn der christliche Überbau fehlt, ist die angelegte Struktur ähnlich wie in *Folter Menschliches Lebens*: Das Leben ist Mühsal und geprägt von Schicksalsschlägen, aber es gibt einen Ausweg. Die Entscheidung, diesen Ausweg zu beschreiten, liegt in einem selbst. Für Seneca ist es die eigene Beständigkeit in der Welt, im irdischen Leben, für Gryphius die Heilsgewißheit, das Wissen um das ewige Leben. In Senecas Diatribe ist es der Weise, der sich mutig den Schicksalsschlägen stellt und als Exempelfigur für den Rezipienten fungiert, in Gryphius' Leichabdankung stehen die Adressaten im Zentrum, die implizit aufgefordert werden, nicht am Leben zu verzagen, sondern ihren Glauben zu mobilisieren. Der Name Seneca erinnert an Möglichkeiten der Selbstbehauptung in einer heillosen Welt. Senecas Text stellt die Bewährung in der Welt deutlicher heraus als Gryphius' Leichabdankung, die den Akzent darauf legt, die Welt als eine darzustellen, die von der Sündenfälligkeit des Menschen geprägt ist.

---

9 Vgl. hierzu ausführlicher ↗ Kap. II.10.7 zum »Neustoizismus«.
10 L. ANNÆI SENECÆ PHILOSOPHI Opera omnia: *Ex ult.* I. Lipsii *emendatione*. et M. ANNÆI SENECÆ RHETORIS quæ exstant: *Ex And. Schotti recens.* Lugd. Batav. *Apud Elzevirios. 1640*, S. 238–261 (»DE CONSTANTIA SAPIENTIS, SIVE QVOD IN SAPIENTEM non cadit injuria«), hier S. 246, Cap. VI.

Als weiterer Referenztext könnte in diesem Sinne eine andere Diatribe Senecas herangezogen werden, *De providentia* (›Über die Vorsehung‹). Allegorisch für das Bestehen in der Welt stehen hier die Athleten, die die ihnen zugefügten Wunden standhaft ertragen, den Kämpfen nicht ausweichen (»cædi se vexarique patiuntur«), sondern sich ihnen mutig stellen.[11] Aufgeworfen wird die Theodizee-Frage, die auch der Hiob-Erzählung zugrunde liegt: Warum läßt Gott es zu, daß der Mensch ein hartes Schicksal erleidet? Die Antwort lautet hier wie dort: Er stellt ihn auf die Probe, so daß er die Möglichkeit hat, seine Geduld, seine Beständigkeit, das Gute in sich zum Vorschein zu bringen.

Die Frage, wie der Mensch in einer Welt bestehen kann, die von Leid geprägt ist, werfen viele senecaische Schriften mehr oder weniger deutlich auf. Deshalb ist es möglich, im Falle der Wendung »wie Seneca längst [...] dargethan« von einer Systemreferenz zu sprechen, die sich anhand von exemplarischen Einzeltexten ergibt.

Die Erwähnung Senecas im Zusammenhang mit der Folter als Sinnbild für das menschliche Leben steht nun auch in engem Zusammenhang mit dem *exordium*, hier mit dem Hinweis auf die Figur der Catharina von Georgien. Die Wendung »Die Historia bezeuget's« (*LA*, S. 345) legt zunächst eine Referenz auf Gryphius' Quelle nahe, Malingres *Histoires tragiques de nostre temps*. Zudem ist Gryphius' Trauerspiel mitzudenken, zumal dessen Titel *Catharina von Georgien. Oder Bewehrete Beständikeit* gleichsam die Verknüpfung leistet zu dem Namen Seneca und dem dadurch aufgerufenen Lehrgebäude, in dem die Tugend der *constantia* eine wichtige Rolle spielt. Das *exordium* läßt keinen Zweifel an der intendierten Lesart: Catharina von Georgien ist durch ihren Widerstand Schah Abas gegenüber Beispiel einer christlich rubrizierten *constantia*, die sich schließlich sogar auf der Folter bewährt. Die Folterszene im fünften Akt des Trauerspiels erzählt eindringlich von jener »Großmüthigkeit«, die sie angesichts der »Schmertzen ihres vergänglichen Fleisches« an den Tag gelegt habe (ebd.). Eine Vertraute der Königin berichtet:

> Die unbefleckte Frau / die schon die Ewikeit
> Jn ihrem Mutt beherrscht; tratt mit behertzten Sinnen
> Entgegen Pein und Tod. Sie fühlte Glut von innen
> Durch die sie gantz entbrand / man fand sie unverzagt /
> Ob schon die Mordschar selbst ihr herbes Leid beklagt. (*Cath.* V,32–36)

Es kommt auf das Gedächtnis des jeweiligen Rezipienten an, welche Referenzen noch gestiftet werden, darauf, wie präsent ihm das Trauerspiel ist und welche Texte und Bilder sich in seinem Gedächtnisspeicher befinden. Erinnert fühlen könnte er sich jedenfalls auch an visuelle Darstellungen, etwa an die acht Szenenstiche von Gregor Bieber und Johann Using, die 1655 auftauchten und die eine Aufführung des

---

11 Ebd., S. 187–204 (»DE PROVIDENTIA, SIVE QVARE BONIS VIRIS MALA accidant cum sit Providentia, LIBER VNUS«), hier S. 190, Cap. II.

Dramas am Hof des Herzogs Christian von Wohlau in Brieg vermuten lassen.[12] Eines von ihnen zeigt Catharina auf der Folter,[13] ein anderes visualisiert das wirkungsvolle Bühnenbild des ersten Aktes mit seinen Requisiten der Vergänglichkeit und der von oben herabsteigenden Figur der Ewigkeit, die dann ihren Prolog spricht und Catharina als ihre Nachfolgerin ankündigt (vgl. *Cath.* I,82). Vor diesem Hintergrund wird einmal mehr deutlich: Wenn *Folter Menschliches Lebens* die Verstorbene Barbara Gerlachin in Bezug setzt zu Catharina, dann bedeutet das rhetorisch ein unmißverständliches Lob auf ihre Tugend und Beständigkeit und vermag die Rezipienten von Anfang an von ihrem unerschütterlichen Glauben zu überzeugen.[14]

Überhaupt spielen Bilder im Spiel der intertextuellen Verweise eine wichtige Rolle. Hingewiesen wurde bereits auf die Rose und das Rad, beides Allegorien, die seit dem Mittelalter geläufig und in der Literatur als prominente Sinnbilder für das menschliche Leben vielfach zu finden sind. Als poetisches Sinnbild ist beispielsweise Alanus' ab Insulis bekanntes Rosengedicht zu nennen (»Omnis mundi creatura«): Die Rose ist wie das Leben, von kurzer Schönheit und schneller Hinfälligkeit.[15] Das Spiel intertextueller Verweise kann aber auch unter den anzitierten Texten und Bildern in der Leichabdankung selbst funktionieren. Beispielsweise nutzt das Trauerspiel *Catharina von Georgien* die Rose, um die Vergänglichkeit menschlicher Sachen zu allegorisieren, akzentuiert zudem den Aspekt, daß die Rose Dornen besitzt, die verletzen können, und legt Catharina folgende Worte in den Mund:

> [...] die edlen Rosen leben
> So kurtze Zeit / und sind mit Dornen doch umbgeben.
> Alsbald die Sonn' entsteht / schmückt sie der Gärte Zelt;
> Vnd wird in nichts verkehrt so bald die Sonne felt.
> So küssen wir den Tag benetzt mit eignen Thränen.
> Vnd schwinden / wenn wir uns erst recht zu leben sehnen. (*Cath.* I,305–310)[16]

Weitere Referenzmöglichkeiten bietet das große Feld der Emblematik. Zahlreiche Text-Bild-Kompositionen entfalten mit Hilfe der schönen und verblühenden Rose

---

12 Feste Theatralj Tragjche per la Catharjna di Gjorgja del Sig Andrea Gryphii Dedicate A Lodovjca Ducheßa di Ligniz, Brieg e Wohlaw, Principeßa d'Anhalt, Contessa d'Ascania, Signora de Zerbst e Bernburg; Rappresentate da Vjgjljo Castore Budorgese, Jnventore Fatte coll acqua forte da Gjouan Usjng Pittore M D C LV. Vgl. dazu Harald Zielske: Andreas Gryphius' »Catharina von Georgien« auf der Bühne (1971) [618].
13 Vgl. den Umschlag dieses Handbuchs.
14 Im Rahmen dieser Textgattung besteht an der Lesart der Catharina-Figur kein Zweifel. Zu einer kritischeren Lesart im Rahmen einer Trauerspielanalyse vgl. Stefanie Arend: Rastlose Weltgestaltung (2003) [425], S. 85–88.
15 Vgl. Dietrich Walter Jöns: Das »Sinnen-Bild« (1966) [907], S. 108–110.
16 Vgl. Barbara Becker-Cantarino: »Die edlen Rosen leben so kurtze Zeit« (1997) [872].

das Thema der Vergänglichkeit.[17] Auch das Bildfeld Rad ist in der Emblematik häufig zu finden. Das Rad als Instrument einer nie aufhörenden Folter (vgl. *LA*, S. 356f.) nutzt ein Emblem, das Ixion auf dem Rad zeigt.[18] Häufig versinnbildlicht findet sich das unbeständige Rad der Fortuna, nicht selten verknüpft mit der Paränese, sich gerade angesichts eines wankelmütigen Schicksals in Geduld zu üben.[19]

Gryphius' *Folter Menschliches Lebens* hat, wie etliche andere seiner Leichabdankungen auch, das intertextuelle Spiel zum Programm. Durch zahlreiche markierte und unmarkierte Verweise auf ein großes Spektrum unterschiedlicher Referenztexte eröffnet es Möglichkeiten der Sinnstiftung, die fast unendlich sein mögen, wollte man sie ausschöpfen. Die Grenzen des intertextuellen Spiels stecken vor allem die Gedächtnisspeicher der jeweiligen Rezipienten ab und deren Fähigkeit, Zeit und auch Lust, sich zu erinnern und die Fäden so weit auszulegen, als es ihnen möglich und nötig erscheint. Der von Bachtin geprägte Begriff der ›Dialogizität‹, einer Polyphonie der Stimmen, erscheint für den Zitatenreichtum und die zahlreichen Anspielungen in dieser Leichabdankung als geeignete Kategorie.[20] Allerdings gleicht das Ergebnis keinem unverständlichen Gemurmel, das eine heterogene Menschenmenge auf einem karnevalesk anmutenden Marktplatz produziert, sondern es ist eine deutliche Botschaft, die stoisch-christlich konnotiert ist: das Leben ist Leid, aber es gibt Hoffnung. Es ist ein Anliegen des gelehrten Rhetors, zugunsten dieser Einsicht seine Argumente immer wieder, mehr oder weniger nuanciert und anders, aber unmißverständlich zu wiederholen, mit dem Ziel, seine Rezipienten von ihr zu überzeugen.

---

17 Vgl. die Zusammenstellung in: Emblemata. Handbuch zur Sinnbildkunst des XVI. und XVII. Jahrhunderts. Hg. von Arthur Henkel und Albrecht Schöne. Stuttgart 1996, Sp. 290, 292–295.
18 Vgl. ebd., Sp. 1659.
19 Vgl. ebd., Sp. 1801, 1803f., 1808–1811.
20 Vgl. Michail M. Bachtin: Die Ästhetik des Wortes. Hg. und eingeleitet von Rainer Grübel. Aus dem Russischen übersetzt von Rainer Grübel und Sabine Reese. Frankfurt a.M. 1979, S. 171.

II.8.2.i Der Tod Als Artzt der Sterblichen
Von Johann Anselm Steiger

Am 25. November 1657 hielt Gryphius seine Leichabdankung auf den am 18. oder 19. November 1657 verstorbenen Glogauer Arzt Heinrich Fierling (* 1607), mit dem Gryphius freundschaftlich eng verbunden gewesen war. In der chronologischen Reihenfolge ist dies die elfte der von Gryphius überlieferten Leichabdankungen. Sie wurde – wohl noch im selben Jahr – in einem Gelegenheitsdruck (*TA*) publiziert und fand 1666 auch Aufnahme in die postum veröffentlichte Sammelausgabe von Gryphius' *Dissertationes funebres* (*LA*), die drei Neuauflagen erfuhr (1667, 1683, 1698). Der Titel der Leichabdankung auf Fierling indiziert bereits das zentrale *argumentum* des Textes: Im Rahmen einer *inventio a professione* des Verstorbenen thematisiert Gryphius die heilende, medizinische Bedeutung des Todes.

Die Leichabdankung auf Fierling gehört zu einem literarischen *genus*, von dem in deutscher Sprache verstärkt seit dem Ende des Dreißigjährigen Krieges im Rahmen von Begräbnisfeiern Gebrauch gemacht wurde.[1] »Der liturgische Ort dieses Genres des Totenlobs innerhalb der protestantischen Beerdigungszeremonie war der vor der abschließenden Einsegnung des Sarges öffentlich formulierte Dank der hinterbliebenen Familie« – oder eines Freundes derselben – an die Trauergemeinde »für deren Anteilnahme, die Lokation dafür in der Regel der Kirchhof und nicht die Kirche selbst.«[2] Gryphius' Leichabdankung artikuliert gattungsüblich[3] Klage (*lamentatio*), Lob (*laudatio*) sowie Trost (*consolatio*) und steht damit in einer bis zu Menander in die Antike zurückverfolgbaren Traditionslinie.[4] Zudem flicht Gryphius ein dichtes Netz von solchen Topoi und Argumenten in seinen Text ein, die eine auffällig starke theologische Fundierung verraten und die nicht selten auch in den zeitgenössischen Leichenpredigten belegt sind. Insofern sind die Gryphiusschen Leichabdankungen in der Tat höchst untypische *parentationes*, wiewohl sie »in der Forschung irrigerweise zu typischen Beispielen« ihrer Gattung stilisiert worden sind.[5] Klar erkennbar ist auch, daß Gryphius die Tradition der *theologia medicinalis* umfassend verarbeitet, die weit bis in das antike Christentum zurückreicht, zudem aber durch Martin Luther sowie durch

---

1 Vgl. Ralf Georg Bogner: Der Autor im Nachruf (2006) [142], S. 158.
2 Ebd., S. 157.
3 Vgl. dazu grundlegend Hans-Henrik Krummacher: Das barocke Epicedium (1974) [224], S. 89–147.
4 Vgl. Die Regeln Menanders für die Leichenrede in ihrer Tradition dargestellt. Hg., übers. und kommentiert von Joachim Soffel. Meisenheim am Glan 1974 (Beiträge zur klassischen Philologie 57).
5 Bogner (Anm. 1), S. 163.

das Luthertum des 16. und 17. Jahrhunderts rezipiert und reformationstheologisch transformiert worden ist.[6]

Gryphius eröffnet seine Leichabdankung auf Fierling mit einer umfänglichen *lamentatio*, die eine Fülle von rhetorisch kunstvollen Merkmalen aufweist und darauf zielt, starke Affektwirkung zu erzielen, mithin die Trauer der Zuhörer zu amplifizieren bzw. solche bei etwa (noch) affektiv Unbeteiligten zu evozieren. Eingeleitet durch drei parallel formulierte und jeweils mit »wo« beginnende Nebensätze (vgl. *TA*, fol. Aij^r), thematisiert der Redner zunächst seine eigene Befindlichkeit, die derart von *tristitia* geprägt sei, daß zu reden, gar eine Abdankung zu halten, ein Ding der Unmöglichkeit sei. Daß in der Situation, in der dem *usus* gemäß geredet werden *muß*, eigentlich nicht geredet werden *kann*, hängt, so Gryphius, damit zusammen, daß – dem Sprichwort gemäß – die Seele nicht dort ist, wo sie lebt, sondern wo sie liebt. Wie aber soll der Redner (in diesem Fall: er, Gryphius) reden, wenn seine Seele gar nicht bei ihm ist, sondern sich (ekstatisch) außerhalb seiner selbst bei der Seele des zu Betrauernden befindet (vgl. *TA*, fol. Aij^r–Aij^v)? Bemerkenswert ist, daß Gryphius nicht bei dieser Aporie stehenbleibt, sondern sehr früh in seinem Text die *lamentatio* über das Abscheiden Fierlings in eine andere Richtung wendet, wodurch sich die Beklagung des Verstorbenen in eine Klage über die eigene Sterblichkeit verwandelt. Im Rahmen einer *oppositio*, die durch eine *exclamatio* noch Verstärkung erfährt, wird eine *inversio* deutlich: Der Tote ist es, der nun wahrhaft, weil ewig, lebt, während die im irdischen Kontext der Vergänglichkeit Lebenden eigentlich diejenigen sind, die (wie Gryphius im Anschluß an Seneca[7] formuliert) fortwährend sterben, indem und solange sie leben (vgl. *TA*, fol. Aij^v). Gryphius' rhetorische wie argumentative Kunstfertigkeit besteht darin, daß er schon im Rahmen der *lamentatio* das christlich-konsolatorische *argumentum* schlechthin zur Sprache bringt und somit zugleich das Lernziel der Leichabdankung präludiert: Der betrauerte Fierling ist durch sein Sterben bereits eingegangen in das ewige Leben, welches *exemplum* den Adressaten der Leichabdankung einesteils zum Trost gereicht, anderenteils eine *admonitio* impliziert, die die Lebenden zur rechten *meditatio mortis* und damit zur angemessenen Sterbebereitung anleiten will. Diese Trostbotschaft

---

6 Vgl. hierzu Johann Anselm Steiger: Medizinische Theologie. Christus medicus und theologia medicinalis bei Martin Luther und im Luthertum der Barockzeit. Leiden 2005 (Studies in the History of Christian Traditions 104).
7 Vgl. L. ANNÆI SENECÆ PHILOSOPHI Tomus Secundus. *In quo* EPISTOLÆ, & QVÆSTIONES NATVRALES. *Lugdun. Batavor.* Ex Officina Elseviriana, CIƆ IƆ C XXXIX., S. 65–71 (»AD LVCILIVM EPISTOLÆ«, »EPIST. XXIV.«), hier S. 69f.: »Quotidie morimur, quotidie enim demitur aliqua pars vitæ: & tunc quoque cum crescimus, vita decrescit. Infantiam amisimus, deinde pueritiam, deinde adolescentiam: usque ad hesternum, quidquid transiit temporis, periit. hunc ipsum quem agimus diem, cum morte dividimus. Quemadmodum clepsydram non extremum stillicidium exhaurit, sed quidquid ante defluxit: sic ultima hora, qua esse desinimus, non sola mortem facit, sed sola consummat. Tunc ad illam pervenimus, sed diu venimus.«

aber ist und bleibt flankiert von der doppelten Trauer, die zum einen den Verstorbenen betrauert, zum anderen aber die Trauernden anleitet, den wahren Anlaß der Trauer bei sich selbst zu finden. Die Tatsache, daß Gryphius als Parentator nicht vor lauter *tristitia* über den dahingeschiedenen Freund verstummt, liegt darin begründet, daß von dem Schmerz angesichts des Verlustes selbst die entscheidende *inspiratio* ausgeht und der Redner gewiß sein darf, daß »mir die Wehmuth selbst die Worte in den Mund legen wird« (*TA*, fol. Aiiij^r). Hier fungiert der Affekt der *tristitia* als *magistra elocutionis*.

War zunächst das Ich des Redners als eines trauernden Subjekts das Thema, so ergreift Gryphius in einem weiteren Schritt die Gelegenheit, gattungsüblich die Trauer der Anverwandten und den Verlust zu thematisieren, den diese erlitten haben. Die Gemeinsamkeit des trauernden Redners und der ebenfalls trauernden Verwandten besteht in der Verlassenheit. Der Ausruf »Denn ich bin verlassen einsam!« (*TA*, fol. Aij^v; Zitat aus Bar 4,19) hallt wider zunächst in der Beschreibung der Trauer aller Versammelten sowie derjenigen der Verwandten Fierlings, einer Passage, in der das Stichwort »verlassen« auf engem Raum vierfach vorkommt (*TA*, fol. Aiij^r). Sodann kommt Gryphius auf die Relevanz des mit dem Tod Fierlings verbundenen Verlustes im Hinblick auf das Glogauer Gemeinwohl zu sprechen, wobei er in eben diese Klage über den Verlust geschickt eine Reihe von laudativen Elementen einflicht. Nicht nur Fierlings treue und kompetente Erfüllung seiner Berufspflichten als Arzt gerät hierbei in den Blick, sondern auch der Umstand, daß er sein medizinisches Können den Patienten ohne Rücksicht auf deren Konfessionszugehörigkeit hat zuteil werden lassen, obgleich Fierling selbst ein aufrichtiger evangelisch-lutherischer Christ gewesen sei, der sich durch keinerlei Ehrenbezeugungen habe korrumpieren, sprich: sich nicht zu einem Wechsel der Konfession habe verführen lassen. Dem Leser, der Gryphius' Leichabdankung auf Fierling im Kontext der übrigen *Dissertationes funebres* entziffert, fällt der Kontrast zu Georg Schönborner ins Auge, der nicht zuletzt aus politischem Kalkül die Konfession mehrfach wechselte (vgl. *GA* IX, S. 401f.).[8] Gryphius freilich verzichtet darauf, hier einen Zusammenhang herzustellen oder gar eine moralische Bewertung abzugeben.

Im Rückgriff auf den Kirchenvater Johannes Chrysostomos markiert Gryphius den Tod als das tröstliche Ende von Angst, Tränen und Krankheit, indem er im Rahmen eines dreifachen Parallelismus sagt:

> Sintemal doch die Angst dieses Lebens nichts aufhebet denn ein seeliger Tod / die Thränen[9] nichts von unsern Augen abzuwischen mächtig / denn ein seeliger Tod: Die Kranckheiten und Seuchen dieser Glieder / die Gebrechligkeit dieses Fleisches / die Widerwertigkeiten dieser Zeit nichts endet / denn ein seeliger Tod: (*TA*, fol. Aiiij^r)

---

8 Vgl. dazu ↗ Kap. II.8.2.b zum *Brunnen-Discurs*, der Leichabdankung auf Georg Schönborner.
9 Verbessert aus »Thänen«.

Unübersehbar ist an dieser Stelle die Verarbeitung von Offb 21,4 (»Vnd Gott wird abwisschen alle threnen von jren augen / vnd der Tod wird nicht mehr sein / noch leid / noch geschrey / noch schmertzen wird mehr sein / Denn das erste ist vergangen.«), unübersehbar freilich auch, daß Gryphius von diesem Bibeltext insofern einen recht freien Gebrauch macht, als das Subjekt, dem das Abwischen der Tränen etc. zugeschrieben wird, nicht Gott ist, wie es der biblischen Vorlage entspräche, sondern der Tod. Diese Art der Adaptation von Offb 21,4 leitet über zur nun erstmaligen Nennung des Hauptthemas der Leichabdankung, nämlich der Bezeichnung des Todes als des »rechte[n] Artzt[es]« und des Grabes als der »köstlichste[n] und sicherste[n] Artzney aller Schmertzen« (ebd.). Dieses Thema wird unter Berücksichtigung einer Vielzahl von Aspekten entfaltet und bildet den *cantus firmus* der gesamten restlichen Abdankung.

Gryphius knüpft einerseits an die Tradition der *theologia medicinalis* an, alteriert diese jedoch zugleich, indem er nicht (jedenfalls nicht sogleich) Christus als Arzt vor Augen stellt, sondern eben den Tod – mithin die Auflösung des Bandes von Leib und Seele, also das, was in der üblichen dogmatischen Terminologie der erste Tod genannt wird – als Arzt in Szene setzt. So spitzt Gryphius die Topik medizinisch-theologischer Reflexion zu und sorgt für eine *variatio* bei gleichzeitiger Konstanz des Themas. Zugleich setzt sich Gryphius hiermit – und dies dürfte beabsichtigt sein – der Gefahr eines Mißverständnisses seiner Grundthese aus. Mißverstanden würde die Rede vom Tode als einem Arzt, wenn sie soteriologisch nicht zurückgebunden wäre an die Verkündigung der Überwindung des Todes und der Verkehrung desselben in ewiges Leben durch das Sterben Jesu Christi. Genau dieses drohende Mißverständnis hat Luther im Blick[10] und hat darum meist davon gesprochen, daß bei Christus und in dessen Leiden bzw. Tod die Arznei gegen den Tod zu finden ist,[11] während er nur selten absolut vom Tode als einer Medizin redet. Eine der Ausnahmen im Œuvre Luthers findet sich in einer Predigt aus dem Jahre 1526, wo der Reformator die »mors« »medicina vitae«[12] nennt, und eine weitere in den

---

10 Vgl. Auslegung der Episteln vnd Euangelien vom Aduent an bis auff Ostern. Anderweyt Corrigirt durch Martin Luther. Daruber ein new Register. M. D. XVIII. Wittemberg, fol. GGgiiij^v (»Euangelion an der herrn fastnacht odder am Sontag Quinquagesime. Luce. xviij.«): »Also gehen yrre etliche bücher / darynn auch S. Augustin vnd anderer lerer sprüche auffgeblasen sind / wie der tod sey eyne thür zum leben vnd ertzney widder die sunde / Da sihet man denn nicht / das solchs von Christus tod vnd leyden zuuerstehen sey.«
11 Vgl. Auslegung der Euangelienn / von Ostern biß auffs Aduent / gepredigt durch Mart. Luther zů Wittemberg. M.D.XXVI., Am vier vnd zweintzigsten Sontag nach Trinitatis, fol. CCC^v: »Fürchte ich den tod vnd stirbe nicht gern / so finde ich hie bey disem Christo / trost vnd ertzney / das ich den tod nicht acht.«
12 Ungedruckte Predigt am Fronleichnamstag (31. Mai 1526) nach einer Nachschrift Georg Rörers. D. Martin Luthers Werke. Kritische Gesamtausgabe (Weimarer Ausgabe). Bd. 20. Weimar 1964, S. 433–436, hier S. 434, Z. 36.

Predigten über die Genesis.[13] Ein Text Luthers indes, der die Identifikation des Todes mit der Tätigkeit des Arztes derart zum Programm erhöbe, wie dies bei Gryphius der Fall ist, findet sich nicht. Ein solcher dürfte auch innerhalb der literarischen Produktion des Luthertums des 16. und 17. Jahrhunderts kaum aufzutreiben sein.

Anders ist dies bei Gryphius, der die Rede von der geistlich-therapeutischen Valenz des Todes äußerst breit entfaltet. Bestimmend hierfür dürfte die Kombination zweier Traditionslinien sein, nämlich derjenigen der Prosopopoiie des Todes, wie sie etwa im Rahmen der Totentanztopik geläufig ist, auf der einen und derjenigen der genuin lutherischen Bezeichnung Christi als des Todes Tod[14] (u.a. im Anschluß an Hos 13,14) mitsamt der hierin implizierten radikalen Umwertung des Todes auf der anderen Seite. Erst recht spät, nämlich im letzten Drittel seiner Leichabdankung, stellt Gryphius, sozusagen rückwirkend, explizit klar: Wenn vom Tod als Arznei bzw. als Arzt gesprochen wird, dann ist von dem durch das Versöhnungswerk Christi, der der Erzarzt ist, in den Dienst genommenen Tod die Rede, der dem glaubenden Menschen nicht mehr schaden kann, weil er bereits überwunden und in sein absolutes Gegenteil verkehrt worden ist. Der dergestalt neugewordene Tod ist gleichsam als Assistenzarzt des ›Archiater‹ Christus tätig. An eben diesen höchsten Arzt, so berichtet Gryphius, hat Fierling sich mit Hilfe von Martin Schallings Sterbelied »Herzlich lieb hab ich dich«[15] kurz vor seinem Ende gewandt.

---

13 Vgl. Uber das Erst Buch Mose / predigete. Mart. Luth. sampt eyner vnderricht / wie Moses zů leren ist. M. D. XXVII., Des ersten buchs Mose Das Dritte Capitel, fol. LII^r: »Darzů wenn der tod nicht were / wurde die sünde nymmer vndergehen / darumb wirt eben damit der sünd endlich geweret vnd ist sonst keyn radt ihr loß zů werden / Soliche gnedige vnd haylsame straffe gibt er vnns / das die sünde durch den tod erwürget werde / [...] Derhalben der todt nu nicht ist denn ein lauter gnad / ja ein anfang des lebens / Denn nach dem er machet das die seele geneset / so můß das leypliche wesen / was da ist / kranckeit / ferligkeyt / mühe vnd arbayt / alles dienen zům besten / das nicht besser zů wündschen were / [...] Das also der tod eben zůr ertzney gegeben ist / der sich selbs fresse / die sünd erwürge vnd helffe das der geyst selig werde [...].«

14 ENCHIRIDION CONSOLATORIUM MORTI AC TENTATIONIBUS IN AGONE mortis opponendum, Collectum OPERA ET STUDIO JOHANNIS GERHARDI THEOL. DOCTORIS ET SUPERINTEND. Heldburg. Ante obitum moriens non moriturus obit. Cum Gratia & Privilegio Elector. & Ducum Saxon. JENÆ TYPIS ET SUMTIBUS TOBIÆ STEINMANNI, Anno 1611, fol. A2^v und M2^r.

15 Vgl. z.B. 766 Geistliche Psalmen / Hymnen / Lieder vnd Gebet / welche in den Christlichen Kirchen vnnd Versamblungen / vor vnd nach anhörung deß heiligen Göttlichen Worts / wie auch bey der Außtheilung deß heiligen Abendmals / vnd sonsten daheim von yederman mögen gesungen werden. Durch den Ehrwirdigen hocherleuchten Herrn D. Martin Luther / auch andere Gottselige Lehrer vnd Liebhaber Göttlichs Worts gemacht. Alles auffs fleissigst jetzund von neuem übersehen / corrigirt / alle Psalmen deß gantzen Psalters gesetzt vnnd vermehrt / die andern Geistliche Lieder vnd Gesänge in die Jarzeit / vnter die sechs Stück deß Catechismi / vnd vnter die fürnembste Hauptartickel / vnd Tittel außgetheilt / sampt beygesetzten vier vnterschiedlichen Registern. M. DC. VII., S. 851f., hier S. 851.

Durch dergleichen lange / doch seelige Vorbereitung ist nunmehr unser von dem Tod / von allem Jammer von Grundauß geheilete D. Firlingius eingegangen zu dem HErren welcher der höchste Artzt / und alle Schwachheiten aufhebet / welchem er so freudig als Augen und Hertz gebrochen zugeruffen / Hertzlich lieb hab ich dich O HErr / ich bitt / sey von mir nicht fern / mit deiner Hülf und Gnade! Und wenn mir gleich mein Hertz zubricht / so bist du doch mein Zuversicht / etc. (*TA*, fol. Ciij^v)

Daß der Mensch auch und gerade als sündiges Wesen dadurch bestimmt ist, nach Unendlichkeit und Grenzenlosigkeit zu streben, manifestiert sich, so Gryphius, nicht zuletzt in seiner Habgier, mithin in seinem sich ständig fortsetzenden Streben nach einem Mehr an Gütern und Ruhm. Die rhetorische Frage »Wer kan den Begierden ein Ziel und dem Verlangen eine Gräntze setzen?« (*TA*, fol. Biij^r) findet nur eine mögliche Antwort: niemand. Unter Verarbeitung einer Vielzahl von biblischen Textbausteinen[16] skizziert Gryphius den Menschen als eine bezüglich der irdischen Güter unersättliche Existenz, die vom Geiz (*avaritia*) beherrscht wird. Im Zuge dessen nimmt Gryphius das Spekulantentum sowie das Streben nach ›Gewinnmaximierung‹ sozialkritisch als eine scharf abzulehnende Haltung in den Blick, der es einerlei ist, ob die Seele bei der Schaffung von Mehrwert Schaden nimmt oder nicht (vgl. *TA*, fol. Biij^r–Biij^v; Mt 16,26). Diese Passage kulminiert in der auch bezüglich der höfischen Prunksucht alles andere als unverfänglich formulierten und parallel konstruierten Doppelfrage: »Wem bauen wir die Schlösser / die wir selbst nicht besitzen? Diese Lust Gärten die wir selbst nicht besuchen? Wem rennen / lauffen und samlen wir so viel Güter / die uns nicht zu statten kommen?« (*TA*, fol. Biij^v). Dies kommentiert Gryphius, indem er Ps 39,7 zitiert (»Sie samlen / und wissen nicht wer es kriegen wird / klaget der Königliche Prophet«; ebd.), um sodann auf die Erfahrung zu rekurrieren, die zu machen man in dem von der römisch-katholischen Aggression der Habsburger heimgesuchten Schlesien der damaligen Zeit[17] vielfältige Gelegenheit hatte: daß die gesammelten Schätze auch insofern vergänglich sind, als stets damit gerechnet werden muß, daß sie in die Hände nicht der rechtmäßigen Erben, sondern der Feinde fallen (vgl. ebd.). Dieser von Geiz und Gewinnsucht geprägten sündhaften Welt gegenüber, die nichts kennt, woran die *concupiscentia* eine Grenze finden könnte, preist Gryphius den Tod an, indem er mit dem doppelten Aufruf »Hieher ihr seeligen Seelen!« bzw. »Hieher ihr Kinder / ihr klugen Kinder der Finsternüß« (*TA*, fol. Biiij^r) gleichsam als Marktschreier auftritt und eben ihn, den Tod, anpreist als den einzigen Ausweg aus dem Streben nach *vana gloria* bzw. irdi-

---

16 Ps 17,14; Spr 24,4; Ps 65,14; Koh 1,8; 4,8.
17 Vgl. hierzu Hellmut Eberlein: Schlesische Kirchengeschichte. Goslar ³1952 (Das Evangelische Schlesien 1), bes. S. 70ff.; Ludwig Petry: Politische Geschichte unter den Habsburgern. In: Geschichte Schlesiens. Bd. 2: Die Habsburger Zeit 1526–1740. Hg. von Ludwig Petry und Josef Joachim Menzel. Stuttgart ³2000, S. 1–99, bes. S. 48–89; Arno Herzig: Der Zwang zum wahren Glauben. Rekatholisierung vom 16. bis zum 18. Jahrhundert. Göttingen 2000, S. 72f.

schen Eitelkeiten und als den einzigen Weg, der zu Gott führt, der alles in allem ist (1 Kor 15,28) und darum – weil er selbst ewig, also unbegrenzt ist – Grenzen setzt. Die aus der *avaritia* resultierende Gesetzmäßigkeit des Marktes konfrontiert Gryphius, indem er als Marktschreier auftritt, mit dem Tod, der nicht nur alle sozialen Unterschiede nivelliert, sondern auch die monetäre Logik von Wert und Unwert durchkreuzt.

Der Tod entfaltet mithin insofern seine Funktion als geistlicher Arzt, als er einerseits die Vergänglichkeit alles irdischen Besitzes schonungslos aufdeckt und andererseits konsequente Bescheidenheit lehrt durch die Vermittlung der Erkenntnis, »wie viel [...] Holtz zu einem Sarge / wie viel Leinwand zu einem Sterbekittel / wie viel Erden / die in Gut / Geld- und Zancksucht verdorrete Leiche zu decken« (*TA*, fol. Biiij^r), man benötigt, nämlich wenig. Teil dieser Lektion, die der Tod erteilt, ist aber auch die heilsame Erfahrung, daß im Sterben Trost nicht in irdischen Gütern, sondern allein im geistlichen Besitz[18] zu finden ist, allen voran in Christus, wie Gryphius unter Zitation (Ps.-)Bernhards von Clairvaux[19] deutlich macht (ebd.). Diese Art und Weise der Thematisierung der *vanitas* alles Irdischen, die sich meist (auch bei Gryphius) mit der Topik des *contemptus mundi* verquickt,[20] könnte mit Fug und Recht als radikaler Anti-Utilitarismus bezeichnet werden.

Der Tod, der »als ein verständiger Artzt« fungiert, warnt den Menschen vor dem verderblichen Schlaf der Sicherheit (*securitas*), wobei Gryphius dem Tod die *vox Christi* aus Mt 25,13 in den Mund legt. »Er ruffet ohn unterlaß: Vigilate, wachet / quia nescitis horam neque diem, ihr wisset weder den Tag noch die Stunde in welcher der HErr kommen wird« (*TA*, fol. C^r). Doch Inhalt der Belehrung über den wahren Schlaf ist auch die *consolatio*, in deren Rahmen sich der Tod selbst als Schlaf zu erkennen gibt, der den Menschen in das von Christus vorgewärmte Grab führt: »Er vertröstet unsere müde Augenlider auff den sannften Schlaf / der uns in dem Grabe bereitet / welches unser Erlöser mit seiner heiligen Leiche gewärmet und geweyhet« (ebd.). Hiermit greift Gryphius eine antik-heidnische, freilich schon früh christlich adaptierte Tradition auf, derzufolge der Schlaf als des Todes *imago* bzw. Bruder anzusehen ist. Dieser Topos, der sich u.a. bei Cicero, Ovid und Seneca findet,[21] wurde

---

18 Vgl. Ferdinand van Ingen: Vanitas und Memento Mori (1966) [217], S. 96f.
19 Vgl. D. GVERRICI IGNIACENSIS ABBATIS, DISCIPVLI BEATI BERNARDI, *Scriptoris piissimi æquè ac facundissimi*, SERMONVM MISCELLA. *Postrema hac editione, additi sunt, cùm rerum, tum locorum Scripturæ ab Autore expositorum, locupletissimi indices. Scripturæ item verba quò faciliùs internoscerentur, singularibus typis expressa. Omnia diligenter recognita, & supra anteriores quascunque editiones emaculata. Labore & diligentia R. P. F. MAVRI RINALDI Ordinis sancti Benedicti*. Florebat D. GVERRICVS sub annum Domini 1250. LVGDVNI, Sumptibus LAVRENTII DVRAND. 1630, S. 107–115 (»SERMO SECVNDVS IN PVRIFICATIONE sanctæ Mariæ«), hier S. 111.
20 Vgl. hierzu van Ingen (Anm. 18), S. 93 u.ö.
21 Vgl. zur Sache Georg Wöhrle: Hypnos, der Allbezwinger. Eine Studie zum literarischen Bild des Schlafes in der griechischen Antike. Stuttgart 1995 (Palingenesia 53) sowie Matthias Richter: Analo-

bereits im antiken Christentum im Zuge soteriologischer Interpretation mit der tröstlichen Botschaft kombiniert, dergemäß der Tod des sündigen Menschen durch den Tod Christi zum Schlaf geworden ist (vgl. Joh 11,11.13), aus dem der Leib dereinst erweckt werden wird, um wiederum mit der in Gottes Hand ruhenden Seele zusammenzukommen.

Auffällig ist, wie häufig Gryphius den als Werkzeug Christi portraitierten Tod gleichsam im Gewande des Heilandes auftreten läßt und ihm zuweilen gar die Worte desselben in den Mund legt. Nach der Feststellung, daß die Affekte, so sie nicht eine Mäßigung erfahren, tödliche Wirkung haben können, appliziert Gryphius den sog. Heilandsruf »KOmpt her zu Mir / alle die jr müheselig vnd beladen seid / Jch wil euch erquicken« (Mt 11,28) auf den Tod: »Kommet zu diesem Artzt: Betrachtet wie unterschiedenen unbändigen Gemütern er gerathen!« (*TA*, fol. C^v). Wenig später läßt Gryphius den Tod erneut in die göttliche Rolle schlüpfen, indem er diesen wie Gott zu dem reichen Kornbauern sprechen läßt:

> Bedencket wohin alles verschwinde wenn er anklopffet / wie in geringen und verachteten Koth alles was hochmüthig getretten werde / wenn er daher fähret / und können wir zörnen / uns erheben / andere gering schätzen / nach Wollüsten trachten / wann er mit den Worten deß HErren JEsus schrecket: O du Narr heute wird man deine Seele von dir fordern [Lk 12,20] / oder frölich zuruffet / kommet zu der Hochzeit / denn es ist alles bereit [vgl. Mt 22,4]? (ebd.)

Recht breit handelt Gryphius sodann die Methodik ab, die der vom Tod angewandten Therapie zugrundeliegt. Wie ein die klassische Viersäftelehre befolgender Arzt die Ausleitung der dem Menschen schädlichen Feuchtigkeit schrittweise medikamentös vorbereitet, so ist auch der als *medicus* tätige Tod darum bemüht, den Menschen sein Leben lang durch eine Vielzahl von Krankheiten von Kindesbeinen an auf die Verabreichung der allesheilenden Arznei, nämlich auf den Tod, zu präparieren, der – mit Paulus gesprochen (Röm 6,6) – dafür sorgt, daß die Macht der Sünde ein Ende nimmt (vgl. *TA*, fol. Cij^r). So gelingt es Gryphius, die klassische, etwa bei Galenos zu findende Definition der Medizin, die die Aufgabe hat, Gesundheit zu erhalten oder aber solche wiederherzustellen, wo sie verlorengegangen ist,[22] auf den als Arzt fungierenden Tod zu übertragen, der paradoxerweise durch die je und je

---

gia mortis et somni. Zur Leichenpredigt auf Gregor Strigenitz und zu zwei Zitaten bei Johann Gerhard. In: Gregor Strigenitz (1548–1603). Ein lutherischer Kirchenmann in der zweiten Hälfte des Reformations-Jahrhunderts. Eine Gedenkschrift zum 400. Todestag. Hg. von Johann Anselm Steiger. Neuendettelsau 2003 (Testes et testimonia veritatis 2), S. 129–172.

22 Vgl. CLAVDII GALENI PERGAMENI, DE SANITATE TVENDA, LIBRI SEX, THOMA LINACRO Anglo interprete: NVPERRIME AD EXEMplar Venetûm recogniti, & diuulgati. LVGDVNI, apud Guliel. Rouil. sub scuto veneto. *1549*, S. 15, den Beginn von Buch 1: »QVVM VNA SIT ARS, quæ corpori hominis tuendo dicata sit, vt alibi à nobis ostensum est: eius primæ, ac maximæ partes sunt duæ, quarum alteram sanitatis tuendæ, alteram morbi profligandi facultatem appelles.«

neu herzustellende Krankhaftigkeit den Menschen auf die schlußendliche Gesundung im Sterben vorbereitet (vgl. ebd.).

Der Tod als Arzt bringt um der Herstellung der ewigen Gesundheit des Menschen willen unterschiedliche Mittel zur Anwendung. Getreu dem irdisch-medizinischen Grundsatz »wo Kräuter nicht helffen / helffe das Eisen; wo Eisen nicht nützet / nütze das Feur / brenn und schneide« (*TA*, fol. Ciiij^r), kann auch in der ärztlichen Praxis des Todes ein chirurgischer Eingriff notwendig werden, wenn die Arzneien nicht den gewünschten Heilungserfolg bringen. Einen solchen Eingriff als Chirurg nimmt der Tod stets dann vor, wenn ein Mensch durch Eisen, Stahl oder Feuer, mithin »durch eine gewaltsame Sterbens-Art« (ebd.), zu Tode kommt. In einem solchen Fall ist es, so Gryphius, nötig, sich in sein *fatum* zu schicken und es möglichst willig anzunehmen, wie er unter Rekurs auf die stoische Tradition fordert, indem er eine Passage aus Senecas *Epistulae morales* lateinisch (mitsamt Übersetzung) zitiert:

> *Adsum impiger fac nolle: comitabor gemens*
> *Ducunt volentem fata, nolentem trahunt*
> *Malusque patiar, quod pati licuit bono.*
>
> Es ist kein Säumnüß hier / ich bin geschickt darzu
> Und muß auch: Wann ich²³ schon es nicht gar gerne thu
> Du führst den der dir folgt: Und schleppst die widerstehn.
> Und wann ich gut nicht wil / so muß ich böse gehn. (ebd.)

Gleichwohl greift Gryphius hier nicht unmittelbar auf ein stoisches Philosophem zurück, er tut dies vielmehr in dem Bewußtsein, daß eben dieses seit der Antike christlich adaptiert worden ist. Es dürfte kein Zufall sein, daß genau dieses Seneca-Zitat sich auch an einer prominenten Stelle im Œuvre des Augustinus findet, nämlich im fünften Buch von *De civitate Dei*.[24] Anhand dieses Zitats verdeutlicht der Kirchenvater, daß Seneca nicht absolut vom *fatum* spricht, vielmehr die »summi patris voluntatem«[25] im Blick hat, der man nicht entrinnen kann. Das entscheidende Argument des Augustinus besteht darin, daß Seneca in der Tat nicht vom *fatum* schlechthin spricht, sondern in dem in Rede stehenden Brief an Lucilius ja den ›Vater und Herrscher des hohen Himmels‹ anruft. Der (von Gryphius

---

23 Ergänzt nach *LA*, S. 397.
24 Vgl. *D. AVRELII AVGVSTINI HIPPONENSIS EPISCOPI, DE CIVITATE DEI LIBRI XXII. Veterum exemplarium collatione nunc demum castigatissimi facti, eruditissimisque doctiss.* Lodovici Vivis *Commentariis illustrati. Quorum XII. hoc omnium illius Operum* Septimo Tomo *continentur. Cum indice hac postrema editione castigatißimo ditißimoque facto. LVGDVNI. Apud Sebastianum Honoratum. M. D. LX.*, lib. 5, cap. 8., S. 289.
25 Ebd., S. 289.

freilich weggelassene) Anfang des Zitats lautet: »*Duc me parens, celsique dominator poli* [...].«[26]

Wie sehr Gryphius bestrebt ist, die von ihm rezipierten stoischen Traditionslinien in die Koordinaten des christlichen Glaubens einzuordnen, zeigt sich jedoch insbesondere am unmittelbaren Fortgang der Argumentation innerhalb der Leichabdankung auf Fierling. Indem Gryphius Bezug nimmt auf die alttestamentlichen Erzählzusammenhänge vom Untergang Sodoms (Gen 19,24f.) und von der Vertilgung, die Gott der Rotte Korah zuteil werden läßt (Num 16,20–35; vgl. *TA*, fol. Ciiij^r–Ciiij^v), zeigt er auf, daß Gott sich zuweilen des Feuers, aber auch des Eisens bedient, um »die faulen Glieder seiner Kirchen [...] hinweg zu schneiden« (*TA*, fol. Ciiij^v). Doch nicht nur die Widersacher Gottes trifft solche Strafe, vielmehr läßt er den Einsatz von Eisen und Feuer auch zu gegen »seine hertzliebeste Kinder« (ebd.). Ziel und Zweck dessen ist es, wie Gryphius wiederum unter Bezugnahme auf stoische Topik geltend macht, die *constantia* der Christen auf die Probe zu stellen (vgl. ebd.). Auch Seneca zufolge kommt die *virtus* nur dann zur Erscheinung, wenn sie einen Gegner (*adversarius*) hat, weil sie so Gelegenheit bekommt, als wahre *patientia* sichtbar zu werden.[27] Interessant aber ist, daß es Gryphius bei dieser Feststellung nicht bewenden läßt, er vielmehr eine Digression anschließt, die recht ausführliche martyrologische Reflexionen entfaltet. Die christlichen Märtyrer haben sich, so Gryphius, keineswegs gelassen-atarakt in das Unausweichliche und Unabwendbare geschickt, sondern sie haben sich ihren Mördern in größter Freudigkeit hingegeben. Dies mag als anschlußfähig bezüglich der stoischen Tradition betrachtet werden, insofern sich bei Seneca der Gedanke findet, daß Freude und Standhaftigkeit im Ertragen von Folter dem Weisen gleichbedeutend sind.[28] Klar aber ist auch, daß Gryphius hier an das zuvor über den Tod als Arzt tröstlich Entfaltete anknüpft: Einzig die im höchsten Maße paradoxe, weil vom Zentrum des christlichen Glaubens aus getätigte Entzifferung des Phänomens ›Tod‹ ermöglicht es, dem Geheimnis der Freudigkeit auf den Grund zu gehen, mit der die christlichen Märtyrer (wie z.B. der Heilige Laurentius; ebd.) ihrem gewaltsamen Tode entgegengegangen sind. Sie konnten dies nur, weil sie – was der natürlichen Vernunft des Menschen weder faßbar ist noch werden kann – den Tod als einen solchen vor Augen hatten, der im Dienste Christi tätig ist, der um der Erwerbung der Sündenvergebung willen für die Menschen gestorben ist. Nicht nur angesichts der Verkündigung der Torheit des Wortes vom Kreuz ist die Weltweisheit, um mit Paulus zu sprechen (1 Kor 1,18–25),

---

26 Seneca (Anm. 7), S. 419–421 (»Epist. CVII.«), hier S. 421.
27 Vgl. L. ANNÆI SENECÆ PHILOSOPHI Opera omnia: *Ex ult. I. Lipsii emendatione. et* M. ANNÆI SENECÆ RHETORIS quæ exstant: *Ex And. Schotti recens.* Lugd. Batav. Apud Elzevirios. 1640, S. 187–204 (»DE PROVIDENTIA, SIVE QVARE BONIS VIRIS MALA accidant cum sit Providentia, LIBER VNVS«), hier S. 190, Cap. II.
28 Vgl. Seneca (Anm. 7), S. 171–183 (»Epist. LXVI.«), bes. S. 174–176.

als Torheit decouvriert worden. Dieses Irrewerden der natürlichen Vernunft des Menschen wiederholte und bestätigte sich vielmehr häufig in der Geschichte der jungen Kirche, nämlich immer dann, wenn Menschen zu Märtyrern wurden, die sich nicht einmal durch die Androhung des gewaltsamen Todes von ihrem Bekenntnis zu dem, der den Tod zum Eingang ins Leben gemacht hat, haben abbringen lassen. »Es geschiehet daß er [d.i. Gott] die Weißheit und Stärcke der Welt hierdurch schamroth und jrre mache« (*TA*, fol. D^r). Die Kollision der törichten Weltweisheit des natürlichen Menschen mit der göttlich-weisen Torheit des Wortes vom Kreuz (λόγος τοῦ σταυροῦ) vollzieht sich dieser Lesart zufolge nicht allein an Karfreitag, sondern bringt sich bei jedem Martyrium erneut in Erfahrung. In dieser Hinsicht bewegt sich Gryphius zweifelsohne in den Bahnen der zeitgenössischen lutherischen Theologie, näherhin der Martyrologie, wie z.B. ein Blick in die Vorrede zum zweiten Teil von Ludwig Rabes (1524–1592) prominenter Märtyrer-Historie zeigt.[29]

Daß Gott dem Tod als Arzt zugesteht, Feuer und Schwert auch gegen die an ihn Glaubenden zu richten, hat laut Gryphius nicht allein darin seinen Grund, daß er deren *constantia* auf den Prüfstand zu stellen beabsichtigt, damit die derart Bewährten sodann – wie der stoische Weise, der sich im Kampf mit den Widrigkeiten als standhaft erwiesen hat – als Vorbilder für andere Menschen fungieren können, was mit stoischen Kategorien[30] noch zu erklären wäre.[31] Vielmehr läßt Gott solches zu, um (im paulinischen Sinne) die Weltweisheit ein für allemal zuschanden werden zu lassen, zu der unleugbar eben auch diejenige der stoischen Philosophenschule zählt. An diesem Sachzusammenhang zeigt sich: Gryphius' Indienstnahme stoischer Topoi hat propädeutische Funktion, indem sie es erlaubt, ja nahelegt, in einem weiteren Schritt die genuin christliche Lehre zur Sprache zu bringen, die freilich mancherlei Anknüpfungspunkte in der heidnisch-philosophischen Tradition hat. Letzteres dürfte einer der entscheidenden Gründe dafür sein, daß man seit dem antiken

---

29 Vgl. Historien Der Heyligen Außerwölten Gottes Zeügen / Bekennern / vnd Martyrern / so zům theyl in angehender Ersten Kirchen / Altes vnd Neüwes Testaments gewesen / zům theyl aber zů disen vnsern letsten zeytten / in denen der Allmechtig Gott sein volck widerumb mit der reynen Lehr seines H. Worts gnädigklichen heym gesůcht hat / worden seind. Auß H. Göttlicher / vnd der Alten Lehrer Schrifften / Deßgleichen auch auß glaubwürdigen schrifftlichen vnnd mündtlichen Hystorien vnd Zeügnussen / frommer Ehrenleüt / vor vnnd zů diser zeyt / auffs warhafftigst vnd eynfaltigst / zů gemeyner auffbauwung der Angefochtenen Kirchen Teütscher Nation / beschryben / Durch Ludouicum Rabus von Memmingen / der H. Schrifft Doctorn / vnnd Prediger der Kirchen zů Straßburg. Der Ander Theyl. M. D. LVI., fol. 2^v–3^r.
30 Vgl. Max Pohlenz: Die Stoa. Geschichte einer geistigen Bewegung. Göttingen ²1959 (¹1947), S. 321f.
31 Allerdings bleibt auch hier in Rechnung zu stellen, daß Gryphius, spricht er von *constantia*, dies in einer solchen Weise tut, die zugleich die paulinische Rede von der ὑπομονή mitschwingen läßt. Vgl. hierzu das Gedicht »Lob der Gedult. Aus den Worten Pauli an die Römer in dem fünfften Cap. und 3. 4. 5. vers.« (*GL*, S. 285f.).

Christentum – erinnert sei nur an den ›Briefwechsel‹ zwischen Paulus und Seneca[32] – die Stoa nicht einfach fallenließ, sondern bestrebt war, sie als eine solche zu rezipieren, die innerhalb des christlichen Glaubens ein Heimatrecht findet. Daß es Gryphius jedoch diesbezüglich tatsächlich um eine unmißverständliche Profilierung des christlichen Propriums geht, findet eine Bestätigung darin, daß er seine exkursartige Digression an diesem Punkt nicht abbricht, sondern fortspinnt, um anhand der Märtyrerthematik denjenigen theologischen Sachzusammenhang zur Sprache zu bringen, der in das Zentrum des christlichen Glaubens gehört.

In einem langen Satzgefüge, dessen sieben einzelne Sätze jeweils mit der Wendung »Es geschieht / daß er [...]« eingeleitet werden, entfaltet Gryphius eine knappe *theologia martyrologica*. Hier wird greifbar, wie stark Gryphius' Leichabdankungen – und nicht nur sie, wie ein Blick auf *Catharina von Georgien* rasch offenbart[33] – von dem spezifisch lutherischen Märtyrer- und Heiligengedenken im 16. und 17. Jahrhundert geprägt sind. Welch zentrale Relevanz der Martyrologie im zeitgenössischen Luthertum zukommt, ist z.B. ablesbar an Matthias Flacius' (1520–1575) *Catalogus testium veritatis*, der 1556 erstmals gedruckt wurde. Schon ein Jahr später erschien der erste Teil von Ludwig Rabes umfassender Märtyrer-Historie (1557). Neben Andreas Hondorfs (ca. 1530–1572) *Calendarium historicum* (1573) existieren zahlreiche weitere lutherische Martyrologien.[34] Zutreffend ist, daß sich das Märtyrergedenken nicht allein im Luthertum dieser Zeit größter Beliebtheit erfreute, sondern ein konfessionsübergreifendes Phänomen darstellt. Daß Gryphius, der sich nachweislich auch auf das mehrfach neuaufgelegte Werk *Philosophus Christianus* (1613) des belgischen Jesuiten Carolus Scribanus (1561–1629) stützt (vgl. *TA*, fol. Biiij^r, Marginalie),[35] jedoch allen voran die genuin lutherische Martyrologie beerbt, wird anhand des Umstandes deutlich, daß er (wie Rabe, Hondorf u.a.) jeglichen römisch-katholischen Verdienstgedanken ausgeschlossen wissen will, wenn er sagt:

---

32 Vgl. z.B. Seneca de quattuor virtutibus cardinalibus. Jmpressum Nuremberge per Hieronymum Höltzel. Anno dñi. 1507. ix. die Mensis Julij. Vgl. dazu: Der apokryphe Briefwechsel zwischen Seneca und Paulus. Zusammen mit den Briefen des Mordechai an Alexander und dem Brief des Annaeus Seneca über Hochmut und Götterbilder. Hg. von Alfons Fürst. Tübingen 2006 (Scripta antiquitatis posterioris ad ethicam religionemque pertinentia 11).
33 Vgl. Ferdinand van Ingen: Die schlesische Märtyrertragödie im Kontext zeitgenössischer Vorbildliteratur (1999) [591], S. 512 und 517, sowie ders.: Andreas Gryphius' »Catharina von Georgien« (1997) [590].
34 Vgl. hierzu van Ingen 1999 (Anm. 33) sowie ders.: Die Entwicklung des protestantischen Märtyrerbuchs. In: Das Berliner Modell der Mittleren Deutschen Literatur. Beiträge zur Tagung Kloster Zinna 29.9.–1.10.1997. Hg. von Christiane Caemmerer, Walter Delabar, Jörg Jungmayr und Knut Kiesant. Amsterdam 2000 (Chloe 33), S. 137–152. Vgl. weiter Robert Kolb: For All the Saints. Changing Perceptions of Martyrdom and Sainthood in the Lutheran Reformation. Macon 1987.
35 Vgl. Hans-Jürgen Schings: Die patristische und stoische Tradition (1966) [939], S. 88–90.

> Es geschiehet / daß er [Gott] desto herrlicher sie [die Märtyrer] belohnen und crönen möge / nicht als die was verdienet: Sondern als diese / die die Malzeichen seines Todes an ihrem Leibe getragen / an welchem Leibe hinwiederumb auch das Leben deß HErren JEsu offenbaret werden sol. (*TA*, fol. D^v)

Hiermit trifft Gryphius ins Zentrum des reformatorisch adaptierten und ›bereinigten‹ Märtyrergedenkens,[36] das nicht darauf aus ist, die Verdienstlichkeit dessen, was die Märtyrer getan bzw. erlitten haben, in den Vordergrund zu rücken oder sie als für die Menschen sich durch Fürsprache bei Gott einsetzende *intercessores* darzustellen. Vielmehr knüpft Gryphius an die reformatorische Leitlinie an, die an den Blutzeugen nicht nur darum ein vitales Interesse entwickelt, weil sie als *testes veritatis* an der wahren christlichen Lehre festgehalten haben, sondern weil an ihnen zudem das heilstiftende, weil blutige Leiden des Sohnes Gottes in eminent tröstlicher Weise zur Anschauung kommt. Zwar besteht, wie Rabe betont, der vornehmliche Trost darin, daß die Hölle und andere Widerwärtigkeiten dem Glaubenden nichts anhaben können. Gleichwohl aber bedürfe der Glaube der Stärkung durch tröstliche *exempla*, die mitunter in den Märtyrerhistorien zu finden sind.[37] So läßt sich anhand der Märtyrerhistorien jeweils exemplarisch nachvollziehen, daß die Geschichte der Kirche (und somit des Leibes Christi, vgl. 1 Kor 12,12 u.ö.) als fortgesetzte Passionsgeschichte erzählt werden kann und muß. Gryphius' Ausführungen über die Martyrologie, in denen in der Tat »das Idealbild des stoischen Weisen [...] mit der Seelengröße der Märtyrergestalt« »amalgamiert«[38] wird, kulminieren in der direkt auf die damalige Gegenwart der in Schlesien verfolgten evangelischen Kirche übertragbaren Feststellung, daß – wie die Historie allerorten lehrt – die Glanzzeiten der Kirche stets diejenigen gewesen sind, in denen diese angefochten, bedrängt und unterdrückt gewesen ist (vgl. *TA*, fol. D^v–Dij^r).

Mit seiner Leichabdankung auf Fierling, die stoische Philosopheme fruchtbar macht, diese aber zum Anlaß nimmt, das Proprium der christlichen Theologie zu versprachlichen, verfolgt Gryphius im Sinne einer indirekten Mitteilung das Ziel, in den zeitgenössisch-politischen Kontext hineinzusprechen: Die Befindlichkeit der lutherischen Christen im von der habsburgischen, römisch-katholischen Reaktion geplagten Schlesien ist nicht Schicksal, sondern Konkretion der auf Gott selbst zu-

---

[36] Vgl. Johann Anselm Steiger: Fünf Zentralthemen der Theologie Luthers und seiner Erben. Communicatio – Imago – Figura – Maria – Exempla. Mit Edition zweier christologischer Frühschriften Johann Gerhards. Leiden 2002 (Studies in the History of Christian Thought 104), S. 263f. und 279f.
[37] Vgl. Historien Der Heyligen Außerwölten Gottes Zeügen / Bekennern vnd Martyrern / so in Angehender ersten Kirchen / Altes vnd Neüwes Testaments / zů jeder zeyt gewesen seind. Auß H. Göttlicher / vnd der Alten Lehrer Glaubwürdigen Schrifften / Zů gemeyner Auffbauwung vnnd Besserung der Angefochtenen Kirchen Teütscher Nation / warhafftig beschryben / Durch Ludouicum Rabum / von Memmingen / der H. Schrifft Doctorn / vnd Prediger der Kirchen zů Straßburg. Der Erste Theyl. Getruckt zů Straßburg / durch Samuel Emmel. M. D. LIIII, fol. iij^r–iij^v.
[38] So van Ingen 1999 (Anm. 33), S. 489.

rückgehenden *tentatio*, die (gewiß auch) darauf abzielt, die *constantia* der Verfolgten zu prüfen, die aber zudem (und dies ist allemal wichtiger) dafür sorgt, daß an der geschundenen Kirche der geschundene Leib des leidenden und sterbenden Christus selbst epiphan und erfahrbar wird.

Gryphius ist es überdies darum zu tun, seinen Hörern die Hinfälligkeit nicht nur der irdischen Güter, sondern auch ihrer selbst vor Augen zu rücken. Unter hoher Verdichtung biblischer Sprachmaterialien, nicht zuletzt des Psalters, thematisiert Gryphius die Endlichkeit der menschlichen Existenz, wobei er u.a. auf Ps 90 Bezug nimmt und damit einen Text verarbeitet, der in der *ars moriendi* des 17. Jahrhunderts zentral stand (vgl. *TA*, fol. Dij^v). Indem Gryphius – ganz im Duktus barocker *vanitas*-Topik[39] – das menschliche Leben mit der kurzlebigen Flora metaphorisch vergleicht, schafft er die Voraussetzung dafür, die traditionell vorgegebene *personificatio* des Todes als eines Sensenmannes aufzurufen, der in das florierende Leben der Menschen unversehens eingreift und »ohne unterscheid« (*TA*, fol. Diij^r) alles abmäht, was ihm unter die Sense kommt. Aus dieser jeglichen Unterschied nivellierenden, alle Menschen buchstäblich gleich behandelnden Verfahrensweise des Todes indes darf nicht geschlossen werden, der Tod sei der »Scheide-Kunst« (ebd.) nicht fähig, denn der Tod als professioneller Arzt ist laut Gryphius in der chymischen Wissenschaft wohlbewandert, weiß alles und jedes voneinander zu scheiden und versteht die Kunst, eine totale Analyse des Menschen vorzunehmen, weswegen am Ende dieses Prozesses das von allem Blut, Fleisch und Fett, von jeglicher Feuchtigkeit etc. freie Skelett übrigbleibt (vgl. *TA*, fol. Diij^r–Diij^v). Das Lernziel der Leichabdankung auf Fierling ist – ganz ähnlich wie in Gryphius' *Kirchhoffs-Gedancken*[40] – das *memento mori* nach Ps 90,12, weswegen ein jeder sich in dem Verstorbenen spiegeln soll:

> Was können wir anders schliessen / als daß wir ihm bald gleich werden sollen: Was können wir anders thun als noch heute an unsern Abschied gedencken / denn wer heute zu dieser Hinfarth nicht geschickt / wird morgen weit ungeschickter seyn. Lehre uns derowegen O HErr! bedencken / daß wir ihm gleich werden und sterben müssen. (*TA*, fol. Diiij^v)

So wie das Skelett im *theatrum anatomicum* der Universität Leiden, »welches in dem Fahne die bekanten Worte führet« – nämlich diejenigen des Delphischen Orakels – »NOSCE TE IPSUM, erkenne dich selbst« (*TA*, fol. Dij^v), so ruft auch der verstorbene, wenngleich noch nicht skelettierte Fierling zu eben dieser Meditation der eigenen Endlichkeit und der unausweichlichen Notwendigkeit auf, dereinst sterben zu müssen:

---

39 Vgl. van Ingen (Anm. 18), S. 61–67.
40 Vgl. hierzu Johann Anselm Steiger: Schule des Sterbens (2000) [373] sowie ↗ Kap. II.4.4 zu den *Kirchhoffs-Gedancken*.

> Betrachtet derhalben gar wol und zwar voran / was ihr dermaleins werden sollet / welches denn / es sey euch lieb oder leid / nicht fern mehr seyn kan. Zu welcher Betrachtung und unserm eigenen Nutz uns gegenwertige Leiche deß Edlen / Wol-Ehrenvesten / Groß-Achtbaren und Hochgelahrten Herren HEINRICI FIRLINGII, deß grundgelehrten Philosophi und berühmtesten Medici uns mehr anlaß giebet [...]. (ebd.)

Hierin, so betont Gryphius eigens, kommen die christliche und die antik-heidnische Tradition insofern überein, als auch der Weltweise Platon (im *Phaidon*, 64a–67e), worauf etwa der Kirchenvater Hieronymus[41] hinweise, die *meditatio mortis* als diejenige Beschäftigung angesehen hat, die das Leben des Weisen von Anfang bis Ende begleitet.[42] Das Motiv, daß ein Verstorbener die Lebenden gemahnt, dessen eingedenk zu sein, was sie selbst einst sein werden, erinnert dabei stark an die Ikonographie frühneuzeitlicher Epitaphien, aber auch an die in barocken Kirchenräumen ansonsten oft zu findende Darstellung dreier gestorbener und verwester Jünglinge mit der Inschrift »Fuimus, quod estis. Sumus, quod eritis«. Hier wirkt die Legende von den drei Lebenden und drei Toten nach,[43] die im Mittelalter weit verbreitet war und z.B. im Heiligen-Geist-Hospital zu Wismar in Form eines Freskos Niederschlag gefunden hat.

---

41 SANCTI HIERONYMI STRIDONENSIS OPERA OMNIA QVÆ EXTANT. MARIANI VICTORII REATINI EPISCOPI AMERINI LABORE ET STVDIO ad fidem M. S. & vetust. exemplarium emendata, argumentis & scholiis illustrata. *VITA ITEM S. HIERONYMI EX IPSIVS* scriptis ab eodem Victor. collecta. EDITIO NOVISSIMA, IN QVA QVID accesserit, vide Lector Elencho sequenti. PARISIIS, M. DC. XLIII. *CVM PRIVILEGIO REGIS*, S. 20–25 (»*EPISTOLA III.* HIERONYMI AD HELIOdorum Epitaphium Nepotiani«), hier S. 23.

42 Schings (Anm. 35), S. 81, weist darauf hin, daß Justus Lipsius' *Manuductio ad Stoicam Philosophiam* eine wirkungsträchtige Quelle darstellt, die in bezug auf Gryphius als Vermittlungsinstanz für diese platonische, aber eben auch stoische Sicht der Dinge in Frage kommt.

43 Vgl. hierzu Karl Künstle: Die Legende der drei Lebenden und der drei Toten und der Totentanz. Freiburg i.Br. 1908.

II.8.2.j *Abend Menschlichen Lebens*
Von Nicola Kaminski

Signifikanz des Unscheinbaren

Gryphius' letzte überlieferte Leichabdankung unter dem Titel *Abend Menschlichen Lebens*, gehalten am 1. April 1663 in Glogau, ein gutes Jahr vor seinem eigenen Tod ebendort, ist die einzige, der ein friedlicher Tod in gesegnetem Alter zugrunde liegt. Anna Knorr, geboren am 7. September 1596, starb am 29. März 1663, nachdem sie »Jhr gantzes Leben [...] auff 66. Jahr 28. Wochen 1. Tag« gebracht hatte.[1] Entsprechend undramatisch stellt sich, verglichen mit andern, analog gebildeten Titeln im erhaltenen Abdankungscorpus, die gewählte Titelallegorie vom Lebensabend dar, die, wie Siegmund Pirschers beiläufige Rede vom »Abend Jhres Lebens« in der Vita der Verstorbenen bezeugt,[2] schon in der zweiten Hälfte des 17. Jahrhunderts als konventionalisierte Metapher gelten kann.[3] Vorderhand wenig exponiert erscheint die Tote auch in Hinsicht auf ihre soziale Zugehörigkeit: väterlicherseits aus einer Glogauer Kürschnerfamilie stammend, über die Mutter mit der dortigen »Fleischhauer«-Zunft verbunden,[4] heiratete sie 1617 »Herrn Gottfrid Knorren / Bürgern und

---

1 Jn JEsu Namen Amen. SION AFFLICTORUM ASYLUM i. e. Der Betrübten Freyheit in Zion. Betrachtet auß dem Propheten Esaia cap. 35. v. 10. Die Erlöseten des HErrn werden wiederkommen gen Zion / etc. Bey dem Leichbegängnüß: Der Erbaren und Andächtigen Frawen ANNEN KNORRIN gebornen Gärtichinn: Des Ehrenvesten und Wolbenambten Herrn GOTTFRIED KNORRENS, gewesenen Bürgers und Kirschners allhiero itzo Seeligen / hinterlassenen Wittib. Welche nach außgestandener langwirigen Niederlag / endlich den 29. Martij / Donnerstag früh 3. Viertel auff 6. Uhr / ihr Elend seelig beschlossen / und drauff Sontag Quasimodogeniti, durch ein Volckreiches Begleiten / Christlich und Rühmlich zur Erden bestattet worden. Drauff auff begehren auffgesetzt und zum Druck hingegeben Von Siegmund Pirschern / bey der Hütten Gottes vor Glogaw Augspurgischer Confession Pastore und Inspectore. Gedruckt zur Steinaw bey des seel. Wigand Funcken Wittib, fol. Fiiij^v.
2 Ebd., fol. Fiij^r.
3 Vgl. Der Teutschen Sprache Stammbaum und Fortwachs / oder Teutscher Sprachschatz / Worinnen alle und iede teutsche Wurzeln oder Stammwörter / so viel deren annoch bekant und ietzo im Gebrauch seyn / nebst ihrer Ankunft / abgeleiteten / duppelungen / und vornemsten Redarten / mit guter lateinischen Tolmetschung und kunstgegründeten Anmerkungen befindlich. Samt einer Hochteutschen Letterkunst / Nachschuß und teutschem Register. So Lehrenden als Lernenden / zu beider Sprachen Kundigkeit / nötig und nützlich / durch unermüdeten Fleiß in vielen Jahren gesamlet von dem Spaten. Nürnberg / in Verlegung Johann Hofmanns / Buch- und Kunsthändlers daselbst. Gedruckt zu Altdorf / von Heinrich Meyern / der löbl. Univ. Buchdruckern. Jm Jahr des HErrn 1691, Sp. 3 s.v. ›Abend / der‹, wo das Kompositum bereits lexikalisiert ist: »Lebensabend / senectus, ætas sera, ingravescens, provecta, extrema, decrepita.« Zur bis ins 9. Jahrhundert zurückreichenden lateinischsprachigen Tradition vgl. Dietrich Walter Jöns: Das »Sinnen-Bild« (1966) [907], S. 176.
4 Vgl. Pirscher (Anm. 1), fol. Eiv^r: »Jhr Vater ist gewesen der weiland Ehrenveste unnd Wolbenahmte Herr Kaspar Gärtichen / Bürger und Kirschner allhir; | Der Groß-Vater / der ebenfals weiland Eh-

Kirschnern allhir«, der sechseinhalb Jahre vor ihr starb.[5] Innerhalb von Gryphius' Leichabdankungen, die ansonsten durchweg höhergestellten Personen (aus adligen und Gelehrtenfamilien) gewidmet sind, stellt *Abend Menschlichen Lebens* die einzige dar, die einen Todesfall in der Bevölkerungsgruppe der Handwerker zum Anlaß hat; und mit dem »kürschner-handwerck« auch noch in einem solchen, das »unter die unsauberen gezählet, und an einigen orten [...] aus der stadt gewiesen« wird.[6] Das gilt, jedenfalls zur Hälfte, auch für die Adressaten von Gryphius' Rede, die beiden Söhne des Kürschnerehepaars samt Familien, von denen der jüngere, »Herr Tobias Knorr / Bürger und Kirschner allhir«,[7] das väterliche Handwerk weiterführt. Dem Erstgeborenen hingegen ist, das heben sowohl Pirschers Leichpredigt als auch Gryphius' Abdankung hervor, in ständischer Hinsicht wie *sub specie aeternitatis* über die theologische Laufbahn ein bemerkenswerter Aufstieg gelungen. Entsprechend ist er als »der gegenwärtige (Titul) Herr Kaspar Knorr / bei unser Evangelischen Hütten GOttes treueifriger Mit-Arbeiter und Diaconus«,[8] in der Begräbnissituation vor den Toren Glogaus, auf dem Kirchhof einer der drei im Westfälischen Friedensinstrument den schlesischen Protestanten zugestandenen Friedens-

---

renveste / und Wolbenahmte Herr Kaspar Gärtichen / Bürger und Kirschner hirselbst: [...] Deren [der Mutter] Vater [ist] gewesen / der weiland Ehrengeachte und Wolbenahmte Herr Johannes Röhr Bürger unnd Fleischhauer in diser Kaiser und Königlichen Stadt Glogau.«

5 Ebd., fol. F^r. Zum Todesdatum vgl. fol. Fij^v.

6 Allgemeines LEXICON Der Künste und Wissenschafften; Oder Kurtze Beschreibung des Reichs der Natur, der Himmel und himmlischen Cörper, der Lufft, der Erden, samt denen bekannten Gewächsen, der Thiere, Steine und Ertze, des Meeres und der darinn lebenden Geschöpffe; Jngleichen Aller Menschlichen Handlungen, Staats- Rechts- Kriegs- Policey- Haußhaltungs- und Gelehrten Geschäffte, Handthierungen und Gewerbe, samt der Erklärung der darinn vorkommenden Kunst-Wörter und Redens-Arten, Mit Beysetzung der Lateinischen und Frantzösischen Benennungen, wo solche vorhanden; Jn gehöriger Ordnung verfasset und mit Fleiß zusammen getragen von Einem Mitglied der Königl. Preuß. Societæt der Wissenschafften. Leipzig, bey Thomas Fritschen, 1721, S. 375 s.v. ›Kürschner, Kirschner, Körschner: Pellio, *Pelletier*‹. Als Begründung wird angedeutet, daß sie »der nachbarschafft [...] mit dem getös des ausklopffens ihrer felle, und mit dem stanck der kürschner-beiß beschwerlich« seien (ebd.); plausibler ist aber die Erklärung des »Fleischen[s]« in Beiers *Allgemeinem Handlungs-Lexicon*: »Eine Arbeit der Gärber und Kürschner / da sie das Aas / oder die an der inwendigen Seite der Felle annoch sitzende fleischigte *materie* abstossen / solchemnach freylich eine etwas unsaubere Verrichtung / woran das Gesinde unnohten gehet.« D. ADRIAN BEIERS, JCTI Allgemeines Handlungs- Kunst- Berg- Und Handwercks-LEXICON, Oder Vollständige Beschreibung derer bey denen Handlungen / Buchhalten / Wechsel-Sachen / Schiffarthen / Bau-Kunst / Jagden, Bergwercken, Künsten und Handwercks-Jnnungen gebräuchlichen Terminorum, Formulen und anderer darinnen vorkommenden Redens-Arten / Jngleichen Alle in Handel und Wandel wie auch Handwercks-Gerichten vorfallende unentbehrliche Wörter / denen Gelehrten und Ungelehrten deutlich erkläret Und nach Alphabetischer Ordnung ausführlich beschrieben / Zum Druck befördert Durch FRIEDERICH GOTTLIEB STRUVEN, D. des Fürstl. Sächs. gemeinen Hofgerichts zu Jena Advoc. Ordin. JENA, Verlegts Georg Christian Tröbert. 1722, S. 124 s.v. ›Fleischen‹.

7 Pirscher (Anm. 1), fol. F^r.

8 Ebd.

kirchen, gleich doppelt exponiert: als trauernder Angehöriger wie als Vertreter der Glogauer lutherischen Geistlichkeit.

Letzteres war in Glogau, wie in Schlesien überhaupt, auch – oder gerade – anderthalb Jahrzehnte nach dem Friedensschluß alles andere als selbstverständlich. Denn zwar hatte der Westfälische Frieden besagte drei Friedenskirchen – außerhalb der Stadtmauern nur aus Holz und Lehm errichtet, ohne Turm und Glocken – für Glogau, Schweidnitz und Jauer vertraglich festgeschrieben; doch war deren Errichtung nicht nur erheblichen Verzögerungen und Schikanen seitens der katholisch besetzten Stadtmagistrate, der katholischen Pfarrherrn und der kaiserlich protegierten Jesuiten ausgesetzt, sondern diente im nächsten Schritt ab 1653 auch zur Begründung für die Reduktion, d.h. die Einziehung, der ansonsten verbliebenen protestantischen Kirchen in Schlesien zugunsten der katholischen Minderheit.[9] In bezug auf die mit Mühe Ende 1651 durchgesetzte Glogauer Friedenskirche, deren Grundsteinlegung am 10. Dezember erfolgte, zählte der Kürschnerssohn Caspar Knorr, wie Johann Adam Hensels *Protestantischer Kirchen-Geschichte der Gemeinen in Schlesien* von 1768 zu entnehmen ist, unter die Männer der ersten Stunde.[10] Nachdem nämlich »endlich 1651 den 1 December vormittags um halb 10 Uhr« den Glogauer Protestanten durch den Landeshauptmann »eine Stelle zu dem Kirchhofe 70 Ellen lang und 40 breit« angewiesen worden war, »doch mit der Bedingung, nicht eher zu predigen, als bis die Kirche gänzlich erbauet wäre«, unterlief die bereits seit Anfang Februar ihrer Pfarrer beraubte Gemeinde neun Tage später bei der Grundsteinlegung das obrigkeitliche Verbot:

> Allein man wagte es, und hat schon den 10 December am 2 Adv. Sontage unter freyen Himmel geprediget, und wo die Sacramente administriret wurden, hatte man eine bretterne Hütte gemacht: darauf wurde Herr Siegmund Pürscher als Pastor und Caspar Knorr als Diaconus mit Begleitung einer vortreflichen Music eingeführt.[11]

Vorausgegangen war dieser Einführung, die in Wahrheit eine Rückführung ist, zu Jahresbeginn die erzwungene Ausweisung Pirschers und Knorrs »nach Gramschütz aufs Dorf,« »fünf Viertelweges« entfernt, wohin »sie alle beyde den 8 Februar mit

---

9 Vgl. Johann Adam Hensels, Predigers bey der evangelischen Gemeine zu Neudorf am Grätzberge, Protestantische Kirchen-Geschichte der Gemeinen in Schlesien Nach allen Fürstenthümern, vornehmsten Städten und Oertern dieses Landes, und zwar vom Anfange der Bekehrung zum christlichen Glauben vor und nach Hußi, Lutheri und Calvini Zeiten bis auf das gegenwärtige 1768ste Jahr, Nebst einem vollständigem Verzeichniß aller itzt lebenden Geistlichen bey den evangelischen Kirchen, in acht Abschnitten abgefasset und mit einer Vorrede versehen von Friedrich Eberhard Rambach, Königlich Preußischem Ober-Consistorialrath und Jnspector der Kirchen und Schulen in Schlesien. Mit gnädigster Freyheit. Leipzig und Liegnitz, Jm Verlag David Siegerts, 1768, S. 345–351.
10 Vgl. zum zeitgenössischen Kontext auch Sibylle Rusterholz: Rostra, Sarg und Predigtstuhl (1974) [842], S. 136–138, hier S. 136, wo die Rolle Caspar Knorrs allerdings nur angedeutet wird.
11 Hensel (Anm. 9), S. 317.

Thränen« zogen; »und haben dorten alle aus Glogau gebrachte Kinder getauft, auch Verlobte copuliret, die Begräbnisse aber auf dem Kirchhofe ohne Glocken, doch mit dem Gesange bestellet«.[12]

Samuel und Augustinus in Glogau

Gryphius' Rede unterstreicht die konfessionspolitisch bedeutsame Stellung des hinterbliebenen ersten Sohnes,[13] aus der sich erst erklärt, warum auf eine Kürschners-

---

12 Ebd., S. 314 und 315.
13 Caspar Knorrs Biographie ist nicht sicher aufzuhellen, was nicht zuletzt daran liegt, daß der über Pirschers Leichenpredigt zweifelsfrei als Kürschnerssohn Bezeugte – wohl im frühen 18. Jahrhundert – mit der »ansehnliche[n] aus Schlesien herstammende[n] Familie« »Knorr von Rosenroth« kontaminiert wurde. Das *Universal-Lexicon* führt ihn unter diesem Lemma als zweiten Sohn des »Lutherische[n] Prediger[s] zu Alt-Rauden im Fürstenthum Wolau« Abraham Knorr von Rosenroth und jüngeren (!) Bruder des berühmten Christian Knorr von Rosenroth (geb. 1631). Grosses vollständiges *UNJVERSAL LEXJCON* Aller Wissenschafften und Künste, Welche bißhero durch menschlichen Verstand und Witz erfunden und verbessert worden. [...] Funfzehender Band, K. Halle und Leipzig, Verlegts Johann Heinrich Zedler. Anno 1737, Sp. 1163f. s.v. ›Knorr von Rosenroth‹. Ausführliche Angaben bietet unter denselben genealogischen Voraussetzungen, zeitlich jedoch mit den Personalia in Pirschers Leichenpredigt auf Anna Knorr (Anm. 1) kompatibel: Siegismund Justus Ehrhardts, Pastors der Pfarr-Kirche zu Beschine, der Patriotischen Sozietät in Schlesien ordentlichen, und der Lateinischen Gesellschaft zu Jena Ehren-Mitglieds, Presbyterologie des Evangelischen Schlesiens, Dritten Theils Erster Haupt-Abschnitt, welcher die Protestantische Kirchen- und Prediger-Geschichte der Stadt und des Fürstenthums Gros-Glogau in sich begreift. Auf Kosten des Verfassers, 1783. Liegnitz, gedrukt bey Johann Gottfried Pappäsche, S. 87–89. Demnach ist Caspar Knorr am 19. April 1619 geboren, wurde »am 1 May 1644 [...] zum Kon-Rektor in Glogau« berufen und am »16 Dec. 1647 Diakon alda« (S. 88). »Es glükte ihm [...], daß er, nach dem Abzug des Past. Margkii, in seiner Station blieb, muste aber auch, mit seinem Kollegen P. Pirscher« (der nach Ausweis der von Knorr 1668 auf Pirscher gehaltenen Leichenpredigt im Frühjahr 1650 Pastor primarius in Glogau wurde; vgl. AMEN SORTIS s. FUNICULUS IN AMOENIS Das ist / Das Vierfache Looß treuer Prediger / welches gefallen aufs liebliche Dem Wol-Ehrwürdigen / Groß-Achtbaren / und Wohlgelahrten Herren SIGISMUNDO PIRSERO Jn die 18. Jahr wolverdientem Pastori und Inspectori bey der Evangelischen Lutherischen Kirchen vor Groß-Glogau / Und Auß dem XVI. Psalm v. 6. d. 17. April. Jm Jahr M. DC. LXVIII. bey dessen Beerdigung der Adelichen und Volckreichen Trauer-Versamlung gezeiget / und auf begehren der Hochleidtragenden Kinder zum Druck übergeben von CASPAR KNORREN / Evangelischen Luther. Predigern daselbst / Gedruckt zur Steinau an der Oder / durch Johann Kuntzen, fol. J^v), am »8. Febr. 1651 nach Gramschüz wandern, und daselbst seines Amts in einer fremden Kirche warten, bis er 10 Dec. 1651 vor Glogau zurück kehren, u. auf dem angewiesenen Platz zur Westphäl. Friedens- u. Fürstenthums-Kirche, seine erste Nachmittags-Predigt [...] halten durfte. Mit seinem Kollegen dem P. Pirscher, lebte er in größter Vertraulichkeit u. Harmonie, u. trieb das Werk des Herrn sehr eifrig. Darüber muste er sich freilich der Verfolgung von kathol. Seite ausgesezt sehen, u. sich sonderlich 1661, durch den kathol. Magistrat aus Glogau, verkleinerlich am Kayserl. Hofe zu Wien anschreiben, u. von dorther, vorwerffen lassen, als wenn er in seinen Predigten wider die kathol. Religion excedirt hätte? Gott half aber auch diese Versuchung glüklich über-

witwe eine Leichabdankung nicht nur gehalten, sondern auch im Druck veröffentlicht wird,[14] durch einen doppelten Vergleich. Daß die Verstorbene »sich zum höchsten ergötzet / daß Sie ihren Eltern Herren Sohn / als einen wahren Samuel vor dem HErren / stehend in der Hütten des Stiffts / erwüntschet / geschauet« (*AML*, fol. Bij^r), so eröffnet der Redner – nach summarischer Rekapitulation der auf ihr Leben niedergegangenen »Zorn-Gewitter des ergrimmeten Gottes« (*AML* B^v), worunter besonders »Pest«, »Brand«, »Kriegs-Beschwerungen«, »Zwang der ungezwungenen Seelen« und »das verkehrte gewaltsame bekehren« gerechnet werden (*AML*, fol. B^r) – die entgegengesetzte Bilanz der ihr von Gott »reichlich / doch nicht eher / als fast bey dem Ende ihres Lebens / gegönnet[en]« »Erquickung« (*AML*, fol. B^v). Offensichtlicher Bezugspunkt dieses ersten, biblischen Vergleichs ist das alttestamentliche erste Buch Samuel. Dessen drittes Kapitel zeigt Samuel, den seine Mutter Hanna Gott geweiht und in die Obhut des Priesters Eli gegeben hat, wie er, schlafend »im Tempel des HERRN / da die Lade Gottes war« (1 Sam 3,3), im Innern der »Hütten des Stiffts« (1 Sam 2,22) somit, von Gott zum Propheten und Prediger berufen wird; im siebten Kapitel steht er, nachdem die in die Hände der Philister geratene Bundeslade zurückgebracht wurde, als Fürsprecher Israels vor dem Herrn (1 Sam 7,9: »Samuel [...] schrey zum HERRn fur Jsrael / Vnd der HERR erhöret jn«). Hinter der theologisch motivierten Analogie zwischen Caspar Knorr und dem biblischen Samuel wird freilich, unterstützt durch die Namensgleichheit der Mütter (Hanna/Anna),[15]

---

stehen. Nach Pirschers Tode wählten ihn die Landstände u. ganzes Kirchen-Kollegium, am 14 Nov. 1668, zu ihrem Pastor u. Jnspector« (ebd.), er selbst starb 1676.

14 Sowohl eine »Abdankungsrede« als auch eine »einige Zeit nach dem Begräbnis« veranstaltete »Gesamtausgabe aller zu diesem Anlaß entstandenen Texte« sind laut Rusterholz (Anm. 10), S. 43 und 44, »vornehmen Begräbnissen« vorbehalten, »vor allem bei Adligen oder beruflich besonders hervorragenden Persönlichkeiten«. Vgl. auch Maria Fürstenwald: Dissertationes Funebres (1967) [838], S. 11: »Es scheint natürlich, daß die meisten Gedenkschriften – schon wegen der hohen Druckkosten bei der niedrigen Auflagezahl – für Angehörige der gehobenen Stände gedruckt wurden.« Die augenscheinliche Unscheinbarkeit der Rede spiegelt auch die (Nicht-)Berücksichtigung von *Abend Menschlichen Lebens* durch die Forschung: Während Wolfgang Schieck: Studien zur Lebensanschauung des Andreas Gryphius (1924) [937] sie für Zitatbelege für »Gryphius [sic] pessimistische Lebensanschauung« (S. 39) noch ziemlich häufig ausbeutet (S. 64–68, 71–75, 82), tritt sie bei Fürstenwald als Zitatspender deutlich zurück, Rusterholz vergißt sie im letzten Kapitel, das einen kursorischen »Ausblick auf die übrigen ›Leich=Abdanckungen‹« (S. 171) verspricht, ganz. Jöns' (Anm. 3) Abschnitt zum »Abend« (S. 174–180) behandelt sie ebenfalls nicht.

15 Vgl. *ONOMASTICON*, Oder Deutsches Nahmen Büchlein. DArinnen aller Mans vnd Weibspersonen Tauffnamen / welche jtziger Zeit / in der Christenheit / sonderlich aber in Deutschland / am gebräuchlichsten sind (nach Ordnung deß Alphabets) auff das kürtzste erkleret werden. Mit vermeldung / wenn / oder auff welchen Tag im Jhar dieselben eygentlich gefallen / vnd was sich ein Christenmensch bey einem jeden zuerrinnern hab. Jn zweyen vnterschiedliche Theil zusammen getragen. Durch *M. Wolffgang: Krügern Pfarrern* zum Alten Stein. ANNO M. DC. XI., S. 128f.: »Anna] Oder *Hanna*, Jst ein Hebreischer Nahmen / vnd heist auff deutsch holdselig / sanfftmütig vnd freundlich. [...] Sonsten aber ist im alten Testament berümbt / *Hanna* des *Helcanæ* Haußfraw / ein

zugleich eine ganz konkrete, zeitgeschichtlich-konfessionspolitische Referenz kenntlich, sofern die Erinnerung der Trauergemeinde über gut elf Jahre zurückreicht zu jener markanten Situation der ersten, *gegen* die Weisung des Landeshauptmanns auf dem Boden der künftigen – jetzt vor Augen stehenden – Friedenskirche gewagten geistlichen Amtshandlung. Für den Abdankungsredner kann eine solche Erinnerungsleistung mit einiger Sicherheit unterstellt werden, war er doch, wie eine zweite, ausführlichere, hinsichtlich der Daten leicht variierende Darstellung in Hensels *Kirchen-Geschichte* erkennen läßt, an diesem feierlichen Akt selbst prominent beteiligt:

> Hierauf wurde auf kayserlichen Befehl der 2 December 1651 angesetzt, an welchem der Herr Amtsverweser in Glogau, Maximilian, Freyherr von Gerßdorf, samt dem Garnison Obrist-Wachtmeister von Rothenburg, nebst dem Stadtbürgermeister Mehl, zwey Rathsherren und einem Notario, den Platz zur Kirche vor dem Brustauer Thore, 300 Schritte von der Stadt anweisen sollten. Ein Soldate von der Wache muste die Stelle dazu mit Schritten abmessen, und die ganze Kirche solte 90 Ellen in die Länge und 50 Ellen in die Breite haben. Darauf holten die Bürger ihre zwey Pfarrer von dem Dorfe Gramschütz, welche von dem Syndico der glogauischen Stände, Andrea Gryphio, vermittelst einer von ihm gehaltenen Rede unter eine aufgebauete Hütte vor den daselbst aufgerichteten Altar geführet worden. Worauf sie denn den 10 December 1651 am 2 Advente beyde zum erstenmahl an diesem Orte predigten, Pürscher des Morgens über 1 Samuel 7 v. 12. Knorr aber Nachmittage über Gen. 28 17.[16]

Gleichsam im Angesicht des Feindes, unter der Observanz der katholischen Führungsschicht, stehen Siegmund Pirscher und Caspar Knorr, ohne sich von den Repressionen einschüchtern zu lassen, in der provisorischen ›Hütten des Stiffts‹, die auf die erst noch zu errichtende Glogauer Friedenskirche namens »Hütte GOttes« vorausweist, am Altar, ›vor dem HErren‹. Und sie predigen über den Samuel-Vers »DA nam Samuel einen Stein / und setzt jn zwischen Mizpa vnd Sen / vnd hies jn EbenEzer vnd sprach / Bis hie her hat vns der HERR geholfen« und den Genesis-Vers »Vnd furchte sich / vnd sprach Wie heilig ist diese Stet / Hie ist nichts anders denn Gotteshause / Vnd hie ist die Pforte des Himels«, beide mit Bezug auf einen als gottgegeben erkannten Ort und einen zum »Helffenstein«[17] erhobenen (Grund-)Stein.

Exempel / vnd Spiegel einer frommen / vnd gottseligen Haußmutter / sintemal sie nicht allein durch ihr eyffrig vnd inbrünstig Gebet / einen jungen Sohn / den heiligen Propheten Samuel / von Gott erlanget / sondern denselben auch stracks in der Kindheit / dem alten Priester *Eli*, vnter die Hand gegeben hat / auff daß er durch denselben im Gesetz des HERRN / recht möchte vnterwiesen / vnd zum GottesDinst gezogen / vnd gewehnet werden. Welchem Exempel dann billich noch heutigs Tags auch alle Christliche Haußmütter nachfolgen sollen [...].« Als »eine andere Hanna« (*AML*, fol. B^v) bezeichnet Gryphius sie denn auch unmittelbar vor dem Samuel-Vergleich.

16 Hensel (Anm. 9), S. 339.
17 Biblia Das ist / Die gantze Heilige Schrifft / Deudsch. D. Mart. Luther. Cum Gratia & Privilegio. Gedruckt durch Lorentz Seuberlich. Wittemberg Anno 1599, fol. (*)ij^r s.v. ›EbenEzar‹. Für Gen 28,17 kommt der Stein über den unmittelbaren Kontext ins Spiel: Jacobs Traum von der Himmelsleiter,

Der andere, unmittelbar anschließende Vergleich, der aus Augustinus' *Confessiones* die Worte von dessen Mutter am Fenster in Ostia kurz vor ihrem Tod zitiert und somit eine Szene intimer Zweisamkeit, bietet nur scheinbar eine Verdoppelung des den »Diaconus«, den Diener Gottes, herausstreichenden Samuel-Vergleichs. Dann nämlich, wenn man sich an den vom Redner vorausgeschickten lateinischen Wortlaut hält: »Die seeligste Monica redete wenige Tage vor ihrem hochverlangtem Abschied zu GOtt / ihren Augustinum mit diesen nachdencklichen Worten an: Fili, quantum ad me attinet, nullâ re jam delector in hâc vita, Quid hîc faciam adhuc: &, cur hic sim, nescio, jam consumtâ spe hujus seculi. Unum erat, propter quod in hac vitâ aliquantum immorari cupiebam, ut te Christianum Catholicum viderem, priusquam morerer. Cumulatius hoc mihi Deus meus præstitit, ut te etiam contemtâ felicitate terrenâ Servum ejus videam. Quid hîc facio?« (*AML*, fol. Bij^r). Die Auszeichnung des Schlußsatzes, »contemtâ felicitate terrenâ Servu[s] ejus«, »hindangesetzet aller weltlichen Glückseeligkeit / bloß seinem«, Gottes, »Dienst ergeben« zu sein (*AML*, fol. Bij^r–Bij^v), trifft exakt auf den theologisch ausgebildeten – und also des Lateinischen mächtigen – Erstgeborenen Caspar zu. Doch verfährt Gryphius in *Abend Menschlichen Lebens* – in Abweichung von seinen übrigen Leichabdankungen, hingegen mit bemerkenswert adressatenbezogener Rücksicht auf den nicht voraussetzbaren humanistischen Bildungshintergrund bei dem beim Kürschnerhandwerk gebliebenen zweiten Sohn Tobias und dessen Familie – konsequent zweisprachig.[18] Die vorgeblich übersetzende Transposition von Monicas Abschiedsworten in die der Kürschnerswitwe Anna Knorr in den Mund gelegten aber arbeitet ganz anderes heraus, indem sie die augustinische Zweisamkeit von Mutter und Sohn öffnet:

> Was konte unsere seelige Frau anders reden / als eben dieses: Mein Kind / so viel mich anlanget / ergötzet mich nichts weiter in diesem Leben! Jch weiß nicht / was ich mehr hier thun solle / unnd warumb Jch noch allhier lebe: Jn dem alles / was Jch in dieser Zeit zu hoffen hätte / numehr vorüber / und von mir erreichet. Eines allein war übrig dessentwegen Jch noch etwas auff Erden zuverziehen wüntschete: Daß ich nemlich Euch beyde meine Söhne / ehe denn ich sterben möchte / als Glieder der wahren Kirchen / fern von allem Schwarm / und in der erkanten Warheit beständig / sehen möchte. Mein GOtt hat mich dieses Wuntsches überflüßig gewehret / in dem Jch den Jüngern fest an Jhm halten / den Aeltern hoch über die-

---

den er auf einem Stein liegend träumt (vgl. Gen 28,18.20.22: »Vnd Jacob stund des morgens früe auff / vnd nam den Stein / den er zu seinen Heubten gelegt hatte / vnd richtet jn auff zu einem Mal / [...] VND Jacob thet ein Gelübd / vnd sprach / [...] Vnd dieser Stein / den ich auff gerichtet habe zu einem Mal / sol ein Gottes haus werden«).

18 Ausnahmen bilden drei lateinische Zitate auf fol. Biij^v–Biiij^r, C^v und Diij^r, von denen das erste allerdings vorab paraphrasiert wird. Eine Überlegung in diese Richtung stellt Fürstenwald (Anm. 14), S. 109, an (»Es wäre möglich, daß die Häufigkeit des fremdsprachlichen Zitats Rückschlüsse auf die Zusammensetzung der Trauergemeinde erlaubt.«), ohne jedoch den Sonderstatus von *Abend Menschlichen Lebens* (kein »›ansehnliche[s]‹ Begräbnis[ ]«) zu bemerken.

ses / hindangesetzet aller weltlichen Glückseeligkeit / bloß seinem Dienst ergeben sehe. Was thue Jch denn allhier? (ebd.)

Der Akzent liegt in der situationsbedingten Unselbstverständlichkeit des Festhaltens an »Jhm«, dem Gott der »wahren Kirche«, auf dem »Jüngern«, dem Nichttheologen, der so in der *deutschen*, den Glogauer Handwerkern verständlichen Version zu einem neuen Augustinus wird neben dem »hoch über« alle mütterlichen Befürchtungen hinaus glaubensfesten, in Gryphius' rhetorischer Modellierung selbst Augustinus noch hinter sich lassenden zweiten Samuel.

Thomas als Muster handgreiflichen Glaubens

Diese Verdopplung, die neben dem konfessionspolitisch exponierten Theologen auch den in seinem protestantischen Bekenntnis standhaften einfachen Gläubigen exemplarisch zur Geltung bringt, ist für die Abdankung *Abend Menschlichen Lebens* insgesamt strukturbildend. Kommunikativ akzentuiert wird dabei die zweite, die nichtgelehrte Position. Argumentative Prämisse dafür, daß Gryphius als »unsere[r] abgemattete[n] nun seeligst entschlaffene[n] Fraw[en] Anna« »Erquickung« sowohl ihren Lebensabend *in* der Welt, »Jhr hohes Alter« (*AML*, fol. B^v), in dem sie ihre Söhne als glaubensfest erfährt, als auch »den Tod / als den Abend menschlichen Lebens« (*AML*, fol. Biiij^r) vorstellen kann, ist nämlich, »daß die Hebreer zweyerley Abend / zuförderst aber in dem Vorbereitungs Tage des Osterlambs beobachtet« (*AML*, fol. B^v) und daß gemäß Ex 12,6 das »Osterlamb der Jüden« »zwisschen abends« zu schlachten sei; daß somit das an die Stelle des jüdischen tretende »Osterlamb« Christus *zwischen* den beiden Abenden der Verstorbenen ›geschlachtet‹ werden mußte, damit der Tod »Sie zu dem Abendmahl des Lammes ein[ ]ruffen« konnte (ebd.). Nicht jenes dogmatisch institutionalisierte *himmlische* »Abendmahl« aber ist es, das der Redner ins Zentrum seiner Rede rückt, sondern das noch *irdische* oder dem Irdischen jedenfalls noch sehr nahe *Zwischen* zwischen Auferstehung und Himmelfahrt. Und zwar – damaliges Auferstehungsgeschehen und eigene Sprechgegenwart in der Formulierung »heutiges Tages« (*AML*, fol. Aiij^v) synchronisierend – im Wahrnehmungshorizont der seinerzeitigen Erstrezipienten von Christi Tod und Auferstehung. Möglich wird dies, indem auch der thematisch konstitutive *locus circumstantiarum temporis*[19] doppelt produktiv gemacht wird: in Hinsicht auf den Tod in hohem Alter (›Lebensabend‹) *und* bezogen auf den Zeitpunkt des Todes (Donnerstag nach Ostern) sowie, daraus resultierend, der Rede (»DEr heutige Tag:

---

19 Vgl. Wulf Segebrecht: Das Gelegenheitsgedicht (1977) [245], S. 122f.

Welches gleich der achte nach dem Fest der heiligen Ostern« [*AML*, fol. Aij^r], lauten deren erste Worte).

»Welch ein bekümmerter Tag war doch«, so wird konsequent die Perspektive derer gewählt, die das Passions- und Auferstehungsgeschehen *noch nicht* verstehen, »der Tag der erwüntschten Aufferstehung des HErren / nicht nur vor seine Verfolger« – die »Wächter«, »Hohenpriester und Feinde des Erlösers« –, »sondern so gar vor seine geliebten / unnd die mit sehnlichem verlangen eben dieser Zeit erwartet« (ebd.): die »Frawen« und »Jünger« (*AML*, fol. Aij^v). Nicht »weise / gelehrte vnd beredte Leute« werden von Gryphius somit zu hermeneutischen Perspektivfiguren gemacht, sondern die von Christus erwählten »Fischer vnd Zöllner [...] / als gemeine schlechte Leut«.[20] Diese »gemeine[n] schlechte[n] Leut«, zu welchen auch die Glogauer Kürschner zu rechnen wären, stellt – so malt Gryphius es über mehrere Seiten aus – Christi Auferstehung vor ein Verständnis- und Kommunikationsproblem, das sich nicht einfach intellektuell aufklären läßt und das erst am Sonntag nach Ostern, »heutiges Tages«, zu einer ›handgreiflichen‹ Auflösung findet. Nachdem den Frauen angesichts des leeren Grabes ohne den »Leib des HErren« die Botschaft der Engel, »JEsus lebe / und sey auferstanden«, unverständlich geblieben ist, nachdem »Magdalene / an stat daß Sie / wie Jhr befohlen / den Jüngern anzeigen solte / daß

---

20 BIBLIA Mit der Außlegung. Das ist: Die gantze heilige Schrifft / Altes und Neues Testaments / Des Hocherleuchten und theuren Mannes Gottes D. Martini Lutheri. Mit einer kurtzen / jedoch gründlichen Erklärung des Textes / Andeutung aller gedenckwürdigen Sachen / und der fürnehmsten Lehr-Puncten / welche zu mehrer Nachrichtung / und ümb bessern Verstands willen in solche zwey [ ] Zeichen eingeschlossen / auch mit fürgesetzten verständlichen Summarien über alle Bücher und Capitel / Aus Des Wol-Ehrwürdigen und Hochgelahrten Herrn / D. LUCÆ OSIANDRI, Senioris, Weiland hochverdienten Würtembergischen Theologi, Lateinischem EXEMPLAR. Auff vieler Gottsfürchtiger Hoher und Nieder Personen sehnliches Begehren / männlich zu grossem Nutz / in die Hochdeutsche Sprache (daran zehen gantzer Jahr gearbeitet) hiebevor gebracht / und in der Fürstlichen Würtembergischen Hof- und Häuptstadt Stutgart / in Sieben Theilen / auffs treulichste verfertiget / und an Tag geben / Durch Den Ehrnvesten / Hoch- und wolgelahrten Herrn / M. DAVID FÖRTERN, Damals Fürstl. Durchl. zu Würtemb. Junger Herrschafft getreuen Præceptorn und Registratorn. Anitzo aber der hohen Würde halben / auff vielfältige / so wol münd- als schrifftliche Nachfrage / Wündsch- und Begehren / mit Approbirung hochgelahrter Theologen, von neuem zu einem Bande eingerichtet. Wobey auch auff der Herren Theologen Gutachten ein hochnützlicher Zusatz geschehen; Als nemlich: Der Text mit richtigen außgehenden Versikeln unterschieden / Die Randglößlein Herrn Lutheri, sampt etlichen nothwendigen Concordantzien / auch mit den gewöhnlichen / itzo aber wolverbesserten Biblischen Registern der Historien und Haupt-Lehren / so wol mit verschiedenen Land-Taffeln / übrigen Büchern Esra und Maccabeorum / mit gantz von neuen eingerichteten drey außführlichen Registern über die fürnehmsten Lehr-Puncten / und andere gedenckwürdige Sachen / durch Göttliche Verleyhung / mit grosser Mühe und Kosten / in dem Deutschen Frieden-Jahre / glücklich zum Ersten mahle in gegenwärtigem Format zu Ende gebracht. Mit sonderlicher Chur-Fürstl. Sächsischer / Fürstl. Braunschweig- und Lüneburgischer Durchläuchtigkeiten PRIVILEGIIS. ANNO CHRISTI M. DC. L. Lüneburg / Gedruckt und verlegt durch Johann und Heinrich / die Sterne, fol. 36^r (Mk 1,16, Anm. c).

Er nicht mehr todt: [...] Petro und Johanni die leidige Bottschafft: Sie haben den HErren weggenommen aus dem Grabe: Und wir wissen nicht / wo Sie Jhn hingeleget haben« überbracht hat, nachdem »Petrus unnd Johannes selbst« sich auf die »abgewickelten Binden / und das mit sondern Fleiß auff die Seyten gelegete Schweißtuch« keinen Reim haben machen können und »[d]ie zwey / so [...] nach Emauß gegangen«, nur flüchtige Freude über eine zweite Engelsbotschaft und die gleich wieder verschwundene Erscheinung des »HErren in der Herberge« mitgebracht haben (*AML*, fol. Aij^v–Aiij^r), nachdem dergestalt »diese / welche so theuer der Siegreichsten wiederkunfft Christi versichert«, den ganzen Ostersonntag »oder doch dessen meistes theil in Kummer durch[gebracht]« haben (*AML*, fol. Aij^v), ist das rhetorisch vergegenwärtigte Glaubensdrama des ›gemeinen Mannes‹, vor dem das Auferstehungsdogma unselbstverständlich wird, noch lange nicht am Ende. Selbst »als nach vollendetem Tage bey anbrechender Nacht der HErr JEsus mitten unter seine Jünger sich einstellet / und ihnen durch seine Gegenwart alle Sorgen / Zweifel und Furcht beniemet: Gleichwol gieng folgende Tage ihr Kummer gleichsam auffs neue an« – denn »der damals abwesende Thomas« zweifelt (*AML*, fol. Aiij^r):

> Er konte nicht glauben / das JEsus warhafftig aufferstanden: Was auch Simon / oder einer und ander sagen möchte: Es geschehe dann / daß Er in Christi Händen sehe die Nägelmahl / seine Finger in die Nägelmahl und die Hand in seine eröffnete Seyten legete: Biß heutiges Tages der andere Abend angebrochen / in welchem JEsus sich abermahle einstellet: Thomam durch seine Gegenwart und Wunden überweiset / und seine bißher verlassene dadurch in vollkommene Freude setzet. Da wurden die Jünger froh / als Sie den HErren sahen! (*AML*, fol. Aiij^r–Aiij^v)

Die Rede (»was [...] einer und ander sagen möchte«) setzt sich hier selbst ohnmächtig gegenüber der Anfaßbarkeit leibhaftiger Gegenwart, wie sie der ungläubige Thomas – das zeigt der weitere Verlauf der Abdankung – stellvertretend nicht nur für den einfachen Hand-Werker nötig hat, sondern ebenso für die (wohl nicht zufällig in gelehrtem Latein bezeichneten) »*Imperiti*« (*AML*, fol. Biiij^v), »*afflicti*« (*AML*, fol. Ciij^v), »*imparati*« (*AML*, fol. Diiij^r), ja für »uns« Menschen überhaupt, die »wir aus falschem und irrigem Wahn allerhand abscheuliche Gedancken von dem tode fassen« (*AML*, fol. Biiij^v). Daß diese Verständniskluft, die die Auferstehung, das augustinische »nec misere moriebatur: nec omnino moriebatur, Sie starb nicht unglückseelig: Ja / sie starb gantz nicht« (*AML*, fol. Bij^v) als das schlechthin Unbegreifbare erscheinen läßt, nicht nur rhetorisch nicht überbrückbar ist, daraus macht Gryphius' Rede keinen Hehl; am Ende spricht er die verstorbene Anna Knorr an als »Du numehr höchst erfreuete Seele / unser seelig eingeschlaffenen Frawen / [die du] erkennest / was wir nicht verstehen: [...] Und begreiffst / was vor unsern Verstand zu hoch / zu schwer / und zu weitläufftig: bloß / weil es unendlich / und derowegen stets gegenwertig« (*AML*, fol. H^r–H^v). Die rhetorisch in Szene gesetzte Gunst ihres Sterbezeitpunkts – »Sie starb in der Zeit / da vieler Heiligen Leiber mit dem HErren auferstanden: Sie starb in der Zeit / in welcher JEsus selbst sich aus dem Grabe erhoben« (*AML*, fol. Bij^v) – macht jedoch ein quasi-leibhaftiges Angebot nicht des Verstehens, sondern handgreiflich begreifenden Glaubens nach dem Vorbild des »Thomas«, der »seinen Jrrthumb abgeleget« (*AML*, fol. Bij^v–Biij^r). Ein Angebot, das das lutherische *sola fide* als Glaubensleistung gerade des ›gemeinen Mannes‹ modelliert.

II.8.2.k *Außländische Jn dem Vaterland*
Von Nora Ramtke

Barbara Hoffmann als »Außländische Jn dem Vaterland« – biographische Zusammenhänge

Wenn Barbara Hoffmann, geborene John, (1601?–1657) zur »Abführung zu jhrer erwehleten Ruhe-Stadt« vor die Tore ihrer Geburtsstadt Freystadt getragen wird, stirbt sie in der rhetorischen Überformung von Gryphius' Leichabdankung ihrem Namen Barbara (zu lat. *barbarus* ›ausländisch, fremd‹) gemäß als »Außländische Jn dem Vaterland«. Fremd bleibt die Verstorbene auch dem heutigen Leser, weitere biographische Zeugnisse liegen bis auf eine Leichenpredigt von Georg Schramm nicht vor. Die Lebensdaten lassen sich ausschließlich aus der Angabe Schramms, die Verstorbene habe »die Pilgramschafft jhres Lebens gebracht biß in das 57. Jahr«,[1] und der auf den 11. Mai 1657 datierten Leichabdankung von Andreas Gryphius ermitteln. Das wenige, das aus diesem Kontext über das Leben von Barbara Hoffmann bekannt wird, läßt auf ein Schicksal schließen, das dem Redner als exemplarisch gilt für seine allegorisch gedeutete These, »daß diese Oerter die wir vor unser Vaterland halten / nicht das rechte Vaterland« sind (*AV*, S. 8), und das wohl tatsächlich hinsichtlich der prekären Frage nach dem Vaterland exemplarisch war für eine Generation Protestanten, die, wie Gryphius selbst, durch die gewaltsame Rekatholisierung Schlesiens zur Flucht gezwungen war. Für die Verstorbene stellt sich dieses Schicksal so dar, daß sie, »welche in der Ring-Mauer hiesiger Freystadt [...] erzeuget und geboren«, 1628 aufgrund der hier lediglich als »Unglück« umschriebenen Ereignisse »jhrer Eltern Grab verlassen / und sich nach einer andren Freystadt umbsehen« muß, »welche sie in Frawstadt angetroffen«. Dort verbringt sie den Großteil ihres »mit Ehepflantzen / mit Freunden / mit zunehmen deß Vermögens gesegnet[en]« Lebens, das doch dem »Wechsel menschlicher Dinge« unterworfen ist, so daß sie

---

[1] JESUS! TRINUM ANTIDOTUM, Adversus Crucis Amarorem & Mortis Dominium: Dreyerley bewehrte Artzney wider deß Creutzes Bitterkeit / und deß Todes Tyranney. Jn einer Christlichen Leich- Stand- Ehren- und Bedanckungs-Rede auß dem XXXV. Cap. Esaiae. Die Erlöseten deß HErren werden wieder kommen / etc. Bey der Christ-Ehrlichen Beerdigung Der weyland Wol-Erbaren / Viel-Ehr- und Tugend-Reichen Frauen Barbara Hoffmannin / gebornen Johnin. Deß auch weyland Ehrenvesten und Wolbenambten Herrn Caspar Hoffmanns / Vornehmen Bürgers und Handelsmannes / Anfangs zur Freystadt in Schlesien / hernacher zur Königl. Fraustadt in Groß-Polen / Seel. hinterbliebenen Wittiben. Den 4. May deß verflossenen 1657sten Jahres vorgewiesen / und auff begehren zum Drucke überreichet / Von Georgio Schrammio, Gryphi-monte Siles. Zu der Zeit Evangelischen Predigern / beym Kriplein Christi in Fraustadt. Breßlaw / druckts Gottfried Gründer Baumannischer Factor, fol. Eij^v. Die Predigt ist in einem einzigen Exemplar der BU Wrocław (Signatur: 546290) überliefert.

durch den Tod von ihrem Mann geschieden wird, ihr Haus in Flammen aufgehen sieht, »die Leichen jhrer Kinder mit Thränen und Ach / dem Grab anvertrauen« muß und schließlich vor erneuter »Kriegs-Unruhe«, dem 1655 ausbrechenden Zweiten Schwedisch-Polnischen Krieg, in das Haus ihres Neffen »nahe dem Ort jhrer Geburt« flieht, wo sie kurz darauf stirbt (*AV*, S. 5f.).

Die Familie John, der sie entstammt, scheint eine bedeutende Rolle im öffentlichen Leben Freystadts gespielt zu haben. Aus der Bemerkung, die Verstorbene habe »bey dem geliebten Sohn jhres Herren Brudern« Zuflucht gesucht, wo sie »das vermehrete Haus der Johnen« sieht und »auß der Schoß jhrer werthen Schnur [d.i. Schwiegertochter] neue Lust und gewünschten Segen zu hoffen« beginnt (*AV*, S. 6), läßt sich die Annahme ableiten, daß Barbara Hoffmann am 13. April 1656 die Geburt von Johann Christian John miterlebt hat und somit vermutlich die Schwester von Caspar John ist, der »Anno 1636. Stadt-Richter und zuletzt Syndicus zu Freystadt« war. Der Neffe, bei dem sie bis zu ihrem Tod unterkommt, wäre dann »Herr Christian John, vornehmer Handelsmann allhier«.[2]

Die Erfahrung von Vertreibung aufgrund gewaltsamer konfessioneller und politischer Auseinandersetzungen werden viele der Zeit- und Glaubensgenossen mit der Verstorbenen geteilt haben, insbesondere was ihre Flucht aus dem schlesischen Freystadt ins nahegelegene polnische und daher zunächst sichere Fraustadt betrifft, denn »[a]ls anno 1630. in Schlesien die Protestanten unterdrucket wurden, begaben sich viele nach Fraustadt, und brachten diese Stadt in Aufnehmen [Aufschwung]« berichtet noch Zedlers *Universal-Lexicon*.[3] Vor allem aber verbindet die Flucht das Schicksal der Verstorbenen mit demjenigen des jungen Gryphius, dem Fraustadt selbst ein »ander Vaterland« (*HW*, S. 1) geworden war, nachdem er hier von Sommer 1632 an erstmals seit seiner eigenen Vertreibung aus der Heimat seine schulische

---

2 ANALECTA FREYSTADIENSIA, Oder Freystädtische Chronica, Theils aus denen in vielen Jahren gesammleten Miscellaneis Herrn M. Johann Gottfried Axts, Weyl. Wohlverdienten Rectoris der Land- und Stadt-Schule vor Freystadt; Theils aus unterschiednen Archiven und güttigem Beytrage Vieler Gönner und Freunde, Auf unabläßliches Verlangen, Sowohl wegen der darinnen vorkommenden alten Uhrkunden des Fürstenthums Glogau bey denen ehmahls zu Freystadt residirenden Hertzogen, Als auch der neuern Merckwürdigkeiten unter der vorigen Römisch-Kayserl. und itziger Königl. Preußischen Regierung in diesem Fürstenthume zur Freystädtischen Chronicke gehörig, Nach der Eintheilung einer besondern Politischen- Kirchen- und Gelehrten-Historie, Vornehmlich zu Freystadt biß auf itzige Zeit, Jn nachstehende Ordnung gebracht, von *M.* Gottfried Förstern. *Frideberg. Siles.* Vorhin gewesnen Schul-Collegen zu Freystadt, und zur Zeit Con-Rectore der Evangel. Luth. Schule zu Lissa. LJSSA, Gedruckt bey Michael Lorentz Pressern, S. 310. Die Tradierung dieser familiären Zusammenhänge verdankt sich der Tatsache, daß eben dieser jüngste Sproß der Familie als Kaiserlicher Geheimer Rat Karriere in Breslau gemacht hat und dementsprechend mit ausführlicheren biographischen Angaben bedacht wird, vgl. ebd., S. 311.
3 Grosses vollständiges *UNJVERSAL LEXJCON* Aller Wissenschafften und Künste, Welche bißhero durch menschlichen Verstand und Witz erfunden und verbessert worden. [...] Neunter Band, F. Halle und Leipzig, Verlegts Johann Heinrich Zedler, Anno 1735, Sp. 1785 s.v. ›Fraustadt‹.

Ausbildung für zwei Jahre am Fraustädter Gymnasium fortsetzen konnte.[4] In Fraustadt ist Gryphius – laut seinem Biographen Stosch – nach einer kurzen Zeit als Erzieher im Hause von Caspar Otto »zu Hn. Caspar Hoffmannen kommen«, wo »er herrliche Proben seines Fleisses und Wissenschaft sehen lassen«.[5] Daß es sich bei dem von Stosch erwähnten Caspar Hoffmann um den Ehemann der verstorbenen Barbara Hoffmann handelt, läßt sich aufgrund der Quellenlage nicht vollends sicher belegen, wahrscheinlich machen läßt sich der Zusammenhang aber über das Titelblatt der Leichenpredigt von Georg Schramm, wo die Verstorbene als »Deß auch weyland Ehrenvesten und Wolbenambten Herrn Caspar Hoffmanns / Vornehmen Bürgers und Handelsmannes / Anfangs zur Freystadt in Schlesien / hernacher zur Königl. Fraustadt in Groß-Polen / Seel. hinterbliebene[] Wittib[]« biographisch verortet wird.[6] Womöglich ist es gar der gemeinsame Bezug nach Fraustadt, der die Position von *Außländische Jn dem Vaterland* innerhalb der *Dissertationes funebres* (*LA*) vor *Seelige Unfruchtbarkeit* erklärt, einer Abdankung auf Dorothea Elisabeth Textor, die Ehefrau des späteren Fraustädter Gymnasialdirektors Gottfried Textor, der »seit Gryphii Fraustädter Zeit zu dessen engstem Freundeskreis gehörte« (*GA* IX, S. 415).

Die »Abführung zu jhrer erwehleten Ruhe-Stadt« als Redeanlaß und Deutungsperspektive

So gewöhnlich sich das Leben von Barbara Hoffmann in der Modellierung der Abdankung gerade aufgrund der Fluchtthematik darstellt, so außergewöhnlich und – gattungsgemäß – deutungswürdig ist ihr Tod oder vielmehr ihr Begräbnis, das ganz im Zeichen des Exils in Fraustadt und der erzwungenen Rückkehr nach Freystadt zu Lebzeiten steht:

> Aber Ach! in dem sie dem Vaterland selbst zueilet / verkehret sich jhre Wonne in Thränen / jhr Verlangen in Wehmut / jhr Leben in den Tod / jhr Leib in eine Leichen [...]: Jhre Gesundheit vergehet / und sie findet den Sarg wo sie jhr Ruhe-Bette gesuchet / doch was noch kläglicher / sie findet allhier wo jhre Wiegen gestanden / jhre Todten-Baar / und doch keine Begräbnüß. (*AV*, S. 6f.)

Der Redeanlaß stellt sich nämlich in der Formulierung des Titelblatts des Erstdrucks nicht als Begräbnis dar, sondern als »Barbarae Hoffmannin geborner Johnin / Klägliche[] Abführung zu jhrer erwehleten Ruhe-Stadt«, worunter offenbar nicht nur

---

4 Vgl. Nicola Kaminski: Andreas Gryphius (1998) [122], S. 24f.
5 Baltzer Siegmund von Stosch: Last- und Ehren- auch Daher immerbleibende Danck- und Denck-Seule (1665) [187], S. 26.
6 Schramm (Anm. 1), Titelblatt.

allegorisch die ›Heimreise‹ »auß dem sterblichen in das unsterbliche Vaterland« zu verstehen ist (*AV*, S. 35). Vielmehr wird die Trauergemeinde damit konfrontiert, daß die Leiche, die sie beweint, ›abgeführt‹, nämlich nach Fraustadt überführt werden soll: Sie »läst uns allhier vor dem Thor jhrer Geburts-Stadt die entseelte Leichen / welche sie nicht allhier / sondern in der so geliebten Frawstadt der Erden als eine hochschätzbare Beylage biß auff den Tag der grossen Erscheinung des Sohnes Gottes zu verwahren anvertrauen wollen« (*AV*, S. 33f.).[7] Dementsprechend hat man sich als Ort der Rede auch nicht das offene Grab, das Trauerhaus oder die Kanzel vorzustellen – Orte, an denen Abdankungen üblicherweise gesprochen werden[8] –, sondern eine Trauergemeinde, die »allhier vor dem Thor jhrer Geburts-Stadt« von der Verstorbenen Abschied nimmt. Weder aus dem Leben noch aus dem Tod der Verstorbenen, sondern aus den Umständen dieses Begräbnisses oder – für die anwesende Trauergemeinde – offensichtlichen ›Nicht-Begräbnisses‹, der »Abführung« des Leichnams, gewinnt der Text sein allegorisches Thema, wie es die Abdankungsformel zusammenfaßt:

> Daß Sie [...] diese auß dem sterblichen in das unsterbliche Vaterland heim reisende Fraw Barbaram Hoffmannin / geborne Johnin / nach Art und Gewohnheit treuer Freunde und Freundin biß vor das Thor begleiten wollen: Erkennet der [...] Herr Sohn [...] mit schuldigstem Danck [...]. Wir allerseits erinnern uns bey diesem von einander scheiden / daß die Seelige Fraw uns nur voran gehe / weil wir doch Frembde / und schon auff der (der Allerhöchste verleihe gesegneten!) Heimreise begriffen. (*AV*, S. 35f.)

Die konsolatorische Funktion der Rede liegt darin, den letzten Weg der Verstorbenen nicht als Weg ins Grab, sondern als »Heimreise« zu entwerfen, die sie paradoxerweise aus dem Vaterland herausführt, eine »Heimreise« zudem, auf der »wir« »allerseits« »begriffen« sind, wodurch sich die Bedeutung der Rede über ihren Anlaß erhebt. Dem Christen sei nämlich »ein ander Vaterland versprochen« (*AV*, S. 21), indem »wir mit Christo durch die Tauffe begraben sind in den Tod / in seiner Seiten ruhen / und uns versichert halten / daß wir mit jhm zu einer neuen Herrligkeit und einem ewig bleibenden Vaterland aufferstehen werden« (*AV*, S. 30).[9] Dem liegt nach Hans-Jürgen Schings eine »christlich-mittelalterliche [...] Vorstellung von der Welt als Exil und der Ewigkeit als Heimat«[10] zugrunde, wie sie sich insbesondere in dem abschließenden

---

[7] Die Überführung hat wahrscheinlich ihr Sohn Christian Hoffmann veranlaßt: »Jhr Leichnam lieget nun in einer sanfften Ruhe / zu welcher Christ- und ehrlich hat bringen lassen / jhr hinterbliebener leidtragender eintziger Herr Sohn«. Schramm (Anm. 1), fol. Eij^v.
[8] Vgl. Maria Fürstenwald: Zur Theorie und Funktion der Barockabdankung (1975) [839], S. 376f.
[9] Vgl. ganz in diesem Sinne die Auslegung bei Wolfgang Schieck: Studien zur Lebensanschauung des Andreas Gryphius (1924) [937], S. 80–82, der in der Frage nach dem ›wahren‹ Vaterland »Ziel und Ende seiner [Gryphius'] Lebensanschauung« erblickt (ebd., S. 80).
[10] Hans-Jürgen Schings: Die patristische und stoische Tradition (1966) [939], S. 252.

Zitat Hugos von St. Viktor ausdrückt, das Gryphius ins Deutsche überträgt: »Der ist noch sehr zart / dem das Vaterland süß und lieblich; der ist stark / der jedwedes Land vor sein Vaterland erkennet; der aber ist recht vollkommen / der die Welt vor sein Elend achtet« (*AV*, S. 37). In diesem Sinne wird die Überführung der Leiche nach Fraustadt als exemplarisch dargestellt, »allen anzudeuten daß sie frembd und in dieser Welt / auch in einem frembden Grabe nach dem Beyspiel deß HErren JEsu jhre Ruhe erkoren« (*AV*, S. 34). So, wie sie aufgrund ihrer Verfolgung als Protestantin in Freystadt »sich nach einer andren Freystadt umbesehen [mußte] / welche sie in Frawstadt angetroffen« (*AV*, S. 5), so hat sie nun »dieses feste Asylum eingenommen / das kein Feind bestürmen / kein getrotzter Soldat anstecken / kein Gut- Geld- und Blutdürstender Widersacher verheeren / und kein alles-Preiß machender Uberwinder außplündern wird« (*AV*, S. 35).[11] Nur das transzendente ›Asylum‹ kann zugleich ›Vaterland‹ sein, hier erhält der Christ durch die Wiederauferstehung »das Bürger-Recht der Ewigkeit« (*AV*, S. 13). So verdoppelt und versöhnt der Tod die Erfahrung weltlicher Flucht; Jesus als »die rechte Freystadt« im Gegensatz zu den »irrdische[n] Asyla und Freystädte[n]« wird in der Folgezeit zum Gemeinplatz.[12]

In auffälliger Korrespondenz zur Vaterlandsallegorie der Gryphiusschen Leichabdankung verhält sich die Leichenpredigt von Georg Schramm in ihrer Auslegung von Jes 35,10 »DJe Erlöseten deß HErren werden wieder kommen / und gen Zion kommen mit Jauchzen: Ewige Freude wird über jhrem Häupte seyn / Freud und Wonne werden sie ergreiffen / und Schmertz und Seuffzen wird weg müssen«, wenn sie der Frage nachgeht, wie der Begriff ›Zion‹ auszulegen sei:

> Das Wort Zion / hat in Heiliger Schrifft sonderlich Dreyerley Bedeutung. Denn da wirds genommen 1. Propriè: Für den einen Berg zu Jerusalem. [...] Das Wort Zion wird auch gebrauchet 2. Synechdochicè: Für die gantze Stadt Jerusalem [...]. Gebraucht wird auch diß Wort 3. Analogicè: Für die gantze Christliche Kirche / wie es so zu finden in der schönen Weissagung Davids.[13]

---

11 Zur Asylpraxis des 17. Jahrhunderts und zum zeitgenössischen Asylrecht vgl. Karl Härter: Vom Kirchenasyl zum politischen Asyl. Asylrecht und Asylpolitik im frühneuzeitlichen Alten Reich. In: Das antike Asyl. Kultische Grundlagen, rechtliche Ausgestaltung und politische Funktion. Hg. von Martin Dreher. Köln 2003, S. 301–336; zu den Glaubensflüchtlingen, die die »ersten Massenflüchtlingsbewegungen der Neuzeit« ausmachten, insbes. S. 323.
12 Vgl. z.B. Homiletische Schatz-Kammer, Das ist Ein reicher Vorrath Von wohl ausgearbeiteten und sinnreichen DISPOSITIONIBUS Uber die ordentlichen Evangelia Derer Sonn- Fest- und Apostel-Tage durchs gantze Jahr, Also daß iedes Evangelium zwölff- auch bißweilen mehrmahl nach der vortrefflichsten Homileten und Prediger-Methode und Lehr-Art disponiret und variiret, iede Disposition mit schönen Exordiis, natürlich fliessenden Abtheilungen, raren Usibus und Porismatibus, feinen Connexionibus und erbaulichen Redens-Arten, auch andern anmuthigen Realien ausgezieret, und zu nützlichen Gebrauch eröffnet, Auch mit zwiefachen Registern versehen Von M. Johann Georg Leigh. HANNOVER, Verlegt von Nicolao Förstern, Anno MDCCXV, S. 1374–1377, hier S. 1375.
13 Schramm (Anm. 1), fol. Biij^v; vgl. ebd., fol. Biij^v–Eiij^v.

Es versteht sich, daß im Kontext der Predigt die dritte Möglichkeit im Zentrum steht und ›Zion‹ »Analogicè« für das himmlische Jerusalem über ganze neun Seiten als Ort der Wiederauferstehung entworfen wird, zu dem sich auch die Verstorbene in christlicher Weltentsagung gewendet habe: »Sehen wir die Seelige Fraw Hoffmannin in jhrem geführtem Leben an / so hat sie es auch wol erfahren / wie in dieser Welt alles eitel / und hier keine bleibende Stät / sondern dahero die zukünfftige zu suchen / als die da ewig ist.«[14] Wie in *Außländische Jn dem Vaterland* ist die Hinwendung zur himmlischen eine Folge der Vertreibung aus der irdischen Heimat: »Denn selbige nicht allein [...] jhr Vaterland / die liebe Freystadt / und in derselben Haus und Hof / wegen der damaligen Seelen-Drangsal verlassen müssen / wo sie nicht Christum verlassen wollen; sondern hat auch kurtz verwichener Zeit / wegen deß grausamen Krieg- und Würge-Schwerdts dieses Orts [in Fraustadt] / jhr Haus und Hof mit dem Rücken ansehen [...] müssen.«[15] Während aber der aufs Jenseits zielende Wunsch, die Seele der Verstorbenen möge »in dieser Neuen Wohnunge / in dem Himmlischen Zion wol seyn / biß daß auch jhr geheiligter Leib auß dem Grab und Tod wird wieder kommen / und darauff mit der Seelen vereiniget / in dieses schöne Himmlische Jerusalem zu ewig-wehrender Freud und Herrligkeit versetzet werde[n]«,[16] sowohl das argumentative wie das konsolatorische Zentrum der Leichenpredigt bildet, stellt *Außländische Jn dem Vaterland* durch die »Methode der negativen Unterweisung«[17] jenseits der theologischen, jenseits auch der konkret biographischen Perspektive die Rolle des irdischen Vaterlandes zur Diskussion.[18] Wo die Predigt in Anlehnung an die Apokalypse von einer Stadt aus »helle[m] Jaspis« und »lauterm Golde« spricht,[19] muß nach Maria Fürstenwald hier die »positive antithetische Ergänzung [...] vom Zuhörer geleistet werden; Gryphius begnügt sich mit der negativen Darstellung« der diesseitigen Welt,[20] einer Darstellung freilich, die sich nicht umstandslos auf ihre Funktion als Antithese reduzieren läßt.

»Ingrata Patria!« – die »Schuldigkeit deß Vaterlands«

Bevor die *conclusio* der Leichabdankung das Vaterland allegorisch als anderes, d.h. »rechte[s] und wahre[s] Vaterland« deutet (*AV*, S. 35), wird es in dem zweigeteilten

---

14 Ebd., fol. D^r.
15 Ebd., fol. D^r–D^v.
16 Ebd., fol. D^v.
17 Maria Fürstenwald: Dissertationes Funebres (1967) [838], S. 89.
18 Sibylle Rusterholz: Rostra, Sarg und Predigtstuhl (1974) [842], S. 179, bemerkt, daß sich auffallend wenige Bibelzitate in *Außländische Jn dem Vaterland* finden.
19 Schramm (Anm. 1), fol. Biiij^v.
20 Fürstenwald (Anm. 17), S. 89; vgl. ebd., S. 89–91.

exordium unter Anführung gelehrter Exempel in einem rein immanenten Sinne als der Ort bestimmt, zu dem wir »mit dem ersten Athem eine sondere Liebe / Neigung und Begierde [...] an uns gezogen hätten«, ein Ort, dem wir qua Geburt verbunden und verpflichtet sind und der uns verpflichtet ist (*AV*, S. 2; vgl. S. 1–4). Dieses Verhältnis wechselseitiger Verpflichtung wird von Gryphius als ein gestörtes entworfen: Schon nach den ersten drei Seiten zeigt sich das Lob auf das Vaterland als bloßer »rhetorische[r] Kunstgriff«, der nur darauf angelegt ist, eine Position zu erschaffen, die es im zweiten Teil des *exordium* anzugreifen gilt,[21] und zwar mit der Frage, woher es komme, »daß es den heiligsten und redlichsten Leuten in dem Vaterland ärger und schlimmer zu gehen pfleget / als wol in der grausamsten Barbarey und unartigsten Frembde«. Mehrere Exempel einer sich undankbar oder grausam zeigenden Heimat sowohl aus dem Bereich »der Alten« wie aus der »neuesten Geschichte« leiten zur Aufforderung über, »das Gemüt von diesen entferneten Beyspielen auff gegenwärtige Leichen« zu wenden (*AV*, S. 4f.).

Das ›gegenwärtige‹ Beispiel der Barbara Hoffmann zeigt eine Frau, die »in diesem jhrem Vaterlande keine sondere Ergetzligkeit / sondern vielmehr tausend Schmertzen und Widerwertigkeiten empfinden müssen« (*AV*, S. 32), dementsprechend gelten die Betrachtungen der Leichabdankung jenseits ihrer abschließenden allegorischen Deutung auch weniger dem heilsgeschichtlich erwarteten als dem weltlichen Vaterland. Tatsächlich wird die Möglichkeit eines solchen mehrfachen Schriftsinns schon zu Beginn der eigentlichen Aus- und Durchführung des allegorischen Themas explizit in Erinnerung gerufen mit dem Hinweis auf »die alten Jüdischen Lehrer«, welche »die grossen Verheisungen deß Allerhöchsten von der unaußsprechlichen Glückseligkeit / mächtiger Beherrschung der Länder / wieder-Einsetzung der Vertriebenen und dergleichen / dem Buchstaben nach verstanden und von weltlichem Uberfluß außgeleget«. In eben diesem Sinne kann die Leichabdankung *Außländische Jn dem Vaterland* selbst zugleich »dem Buchstaben nach verstanden« werden wie auch als gattungskonforme Betrachtung darüber, »daß etwas mehres und grösseres versprochen / welches dermaleins in dem andern und zukünfftigen Leben zu erwarten« (*AV*, S. 8). Diese allegorisch-heilsgeschichtliche Deutung des Vaterlandes bewegt sich in topischen christlichen und neustoizistischen Bahnen; neben der mittelalterlichen christlichen Tradition, auf die Hans-Jürgen Schings hinweist,[22] bringt Sibylle Rusterholz hier vollkommen überzeugend *De constantia* des Justus Lipsius als direkte Vorlage ins Gespräch, überzeugend vor

---

21 Ebd., S. 89. Osamu Kutsuwada: Versuch über »Dissertationes Funebres« (1969) [840], S. 496, versteht *Außländische Jn dem Vaterland* als »ein Beispiel dafür, daß die ganze Rede als emblematische Struktur aufgebaut ist«. Der Titel habe »den Charakter des Mottos«, die Skizzierung der Verstorbenen und die »Exemplifikation des Themas« mache den »Bildteil« aus. Tatsächlich aber erweist sich der rhetorische Aufbau als komplexer, als die emblematische Deutung nahelegt.
22 Vgl. Schings (Anm. 10), S. 252.

allem deshalb, weil sich der Anlaß für Lipsius' Betrachtungen über die Beständigkeit ebenfalls als eine konkrete, kriegsbedingte Fluchtsituation darstellt.[23]

Die Versicherung »deß durch [Christi] Tod und Blut erkaufften Vaterlandes« (*AV*, S. 14) gewinnt ihre rhetorische Überzeugungskraft indes aus einem ins Negative gewendeten immanenten, mithin historisch-politischen Vaterlandsbegriff: »Betrachten wir etwas embsiger die Schuldigkeit deß Vaterlands / und wie die Welt solche bey uns ablege: So müssen wir unfehlbar schlüssen / daß sie nichts dergleichen uns jemals erwiesen / noch auffrichtig erweisen könne« (*AV*, S. 17). Zwar zielt der Folgesatz »Wäret ihr von der Welt / sagt unser Erlöser / so hätte die Welt das jhre lieb« (ebd.) wieder auf eine theologische Deutung; die Frage der »Schuldigkeit deß Vaterlands« jedoch ist keineswegs rein allegorisch zu verstehen, wie die teils sehr konkret staatliche Fürsorgepflichten benennende Argumentation beweist. So ist neben »einer hohen und unauflöschlichen Liebe« das Vaterland seinen Bürgern »eine richtige und gute Aufferziehung [schuldig] / welches in wolbestellten Regirungen nicht die geringste Sorge / dannenher werden Schulen bestellet und richtig besetzet / Kinder- und Wäysen-Häuser auffgebauet / auch läst man es bey widerwertigen Gemüttern an Zwang- und Zucht-Häusern nicht erwinden« (*AV*, S. 20). Die Sorge um die Untertanen umfaßt jedoch nicht nur deren Bildung und Erziehung, sondern auch ihre weitere Beschäftigung und Beförderung: »Ein getreues und auffrichtiges Vaterland pfleget ferner die Eingebornen vor allen andern Einheimischen zu befördern / und zu Ehren-Aemptern zu erheben / denn weil es die Seinen zu diesem ende aufferzeucht / so ist es auch billich / daß es zu rechter Zeit durch dero Fleiß / Wissen und Gewissen gerettet und bedienet werde« (*AV*, S. 24). Gerät trotz einer solchen gerechten Einrichtung des Staates einer der Bürger in Not – immerhin wird »heut zu Tage [...] in liberis Electionibus [...] nicht jederzeit auff die besten und vortrefflichsten / sondern auff diese zu zielen [ge]pfleget / welchen man mehr gewogen« –, so steht das Vaterland in der Pflicht, ihm zu helfen: »Jedweder Vaterland ist schuldig in dem Fall der Noth sich seiner Bürger und Einwohner anzunehmen / massen die Geschicht-Bücher der Alten außweisen / welche grimmige Kriege offt wegen nur eines verletzten oder übel gehaltenen Menschen angesponnen« (*AV*, S. 25). Kann es dieser Schuldigkeit nicht nachkommen, so ist das Vaterland seinen Bewohnern doch wenigstens Solidarität und moralischen Beistand schuldig: »Ja wenn auch ein Ort oder eine Stadt so elend und ohnmächtig gewesen / daß sie mit offentlicher Außführung jhrer Sachen die jhrigen nicht schützen können / hat sie doch mit Worten / klagen und protestiren jhr habendes Recht zu behalten jhr ange-

---

23 Rusterholz (Anm. 18), S. 179–181. Vgl. IVSTI LIPSII Von der Bestendigkeit Zwey Bücher. Darinnen das höchste Stück Menschlicher weisheit gehandelt wird. Jetzt außm Latein ins Teutsche bracht / Durch ANDREAM VIRITIVM. Sampt etlichen vorhergedruckten Episteln *Iusti Lipsij* vnd *D. Chytræi*, von dieser deutschen version. Leiptzigk Jn verlegung Henning Grossen / Buchhändlers doselbsten. CVM PRIVILEGIO, Buch I, Kap. 1–3 und 9–11, S. 1–9 und 22–33.

legen seyn lassen« (*AV*, S. 25f.). In diesen Bereich zählt im weiteren Sinne ebenfalls die Memorialkultur, die im Kontext der Leichabdankung an situativ-konkreter Relevanz gewinnt: Das Vaterland ist »seinen Einwohnern auch ein Begräbnüß zu verschaffen verbunden« (*AV*, S. 27), wie es ihnen »nach dem Grab auch ein bleibendes Gedächtnüß schuldig« ist (*AV*, S. 30).

Eine solche Diskussion der durch Rechte und Pflichten strukturierten Beziehung zwischen Einwohner und Vaterland ist zukunftsweisend in einer Phase der Reorganisation staatlicher und gesellschaftlicher Strukturen nach dem Ende des Dreißigjährigen Krieges: »die Entstehung und Konsolidierung staatlicher Herrschaft, im Sinne der Durchsetzung der Herrschaft innerhalb eines deutlicher umrissenen geographischen Raumes durch eine einzelne Instanz im Zeitalter der Konfessionskonflikte«, war nach Robert von Friedeburg »mit Auseinandersetzungen um die Ausgestaltung dieser Herrschaft verbunden [...], die auch auf den Gebrauch des Begriffs Vaterland nicht ohne Einfluss geblieben sind«.[24] Die neun Jahre, die zwischen der Breslauer Erstpublikation der Leichabdankung auf Barbara Hoffmann und dem Druck der *Dissertationes funebres* liegen, fallen zusammen mit einer Zeit besonders intensiven philosophisch-politischen Nachdenkens über den Begriff des Vaterlands.[25] Fluchtpunkt der Theoriebildung des 17. Jahrhunderts war indes nicht die »Schuldigkeit deß Vaterlands« gegenüber seinen Bürgern, sondern die Pflicht des Untertans gegenüber dem Vaterland; es galt, »dass der Ort des Vaterlandes wohl wählbar war, nicht aber die dem Vaterland geschuldeten Pflichten«.[26]

Gryphius' parallel zur heilsgeschichtlichen Auslegung geführte, ›dem Buchstaben nach‹ zu verstehende Thematisierung des irdischen Vaterlandes zielt somit weit über einen dem rhetorischen Aufbau geschuldeten topischen Beweis irdischer Unzulänglichkeit hinaus. Daß das Vaterland seinen Bürgern die Einlösung seiner Pflichten schuldig bleibt, weist eben nicht nur auf die prinzipielle Unmöglichkeit dauerhaften irdischen Nachruhms oder beständiger irdischer Liebe, sondern auch

---

24 Robert von Friedeburg: ›Patria‹ und ›Patrioten‹ vor dem Patriotismus. Pflichten, Rechte, Glauben und Rekonfigurierung europäischer Gemeinwesen im 17. Jahrhundert. In: ›Patria‹ und ›Patrioten‹ vor dem Patriotismus. Pflichten, Rechte, Glauben und Rekonfigurierung europäischer Gemeinwesen im 17. Jahrhundert. Hg. von Robert von Friedeburg. Wiesbaden 2005, S. 7–54, hier S. 15.
25 Vgl. Horst Dreitzel: Zehn Jahre »Patria« in der politischen Theorie in Deutschland: Prasch, Pufendorf, Leibniz, Becher 1662 bis 1672. In: ›Patria‹ und ›Patrioten‹ vor dem Patriotismus. Pflichten, Rechte, Glauben und Rekonfigurierung europäischer Gemeinwesen im 17. Jahrhundert. Hg. von Robert von Friedeburg. Wiesbaden 2005, S. 367–534.
26 Von Friedeburg (Anm. 24), S. 54. Die Reichweite der gegenseitigen Verpflichtungen, insbesondere aber der Verpflichtungen gegenüber dem Vaterland, wird auch in Zedlers *Universal-Lexicon* diskutiert. Vgl. Grosses vollständiges *UNIVERSAL LEXICON* Aller Wissenschafften und Künste, Welche bishero durch menschlichen Verstand und Witz erfunden und verbessert worden. [...] Sechs und Viertzigster Band, V–Veq. Leipzig und Halle, Verlegts Johann Heinrich Zedler. 1745, Sp. 737–739 s.v. ›Vaterland‹.

auf staatliches Versagen bei Förderung und Schutz der Einwohner. Diese ungewöhnlich scharfe Kritik an der »Ingrata Patria« (*AV*, S. 34) wird zudem über den Anlaß, d.h. über das Leben der Verstorbenen in Frey- bzw. Fraustadt, als eine auf Schlesien und Polen gemünzte durchsichtig, die in Zeiten von Krieg und konfessionellen Auseinandersetzungen ihrer Schuldigkeit der Einwohnerschaft gegenüber nicht nachkommen. Durch ihre zweifache Flucht zu Lebzeiten wird Barbara Hoffmann so zu einem Negativexempel für das prekäre Verhältnis von Landeskind und Vaterland: »Jhr Vaterland konte sie bey angehender Glutt deß bluttigen Krieges nicht schützen / noch der Ort jhrer Zuflucht / bey jetzt in lichtem Brande lodernden Pohlen erretten. Darumb seufftzete sie hertzlich: Sey mir Gott ein starcker Hort zu dem ich immer fliehen könne« (*AV*, S. 33). Die fromme Weltentsagung vor dem Hintergrund eines solch katastrophalen Versagens elementarer staatlicher Fürsorgepflicht ist die gattungstypische Auslegung des Lebens durch den Redner als denjenigen, der es »bey diesem / vor sie frölichem / vor uns traurigen Abschied« mit den ihm zu Gebote stehenden Mitteln der Rhetorik zu bewirken vermag, daß »jhr ob zwar erstarreter Mund« ein letztes Mal Freystadt, »diese offt gewünschete und sehr geliebte Stadt noch mit diesen Worten an[spricht]«:

> Sey zuletzt gegrüsset / und bleib zuletzt gesegnet vermeyntes Vaterland / daß du mir nunmehr zu einem rechten und wahren Vaterland worden / in dem ich nicht nur inner deinen Ring-Mauren geboren / durch die Tauffe wiedergeboren / sondern (was noch vielmehr) durch einen seeligen und gewünschten Tod zu der Unsterbligkeit new geboren bin. (*AV*, S. 35)

Daß die »seligst Verstorbene«, deren Wunsch es offenbar war, daß ihre Leiche nach Fraustadt in den Ort ihres Exils überführt wird, nicht mit Scipio ausruft »Ingrata Patria, unangenehmes Vaterland / auch meine Leiche wolte ich nicht bey und in dir wünschen«, ergibt sich aus der Perspektive des Redners daraus, daß wir »eines sanfftmütigern Geistes von jhr versichert [sind] / und wissen / daß sie jhre Ruhe-Stadt an einem frembden Ort / in der Stadt jhres Elendes erwehlet / allen anzudeuten daß sie frembd und in dieser Welt / auch in einem frembden Grabe nach dem Beyspiel deß HErren JEsu jhre Ruhe erkoren« (*AV*, S. 34). Der rhetorische Aufbau von *Außländische Jn dem Vaterland* hingegen läßt keinen Zweifel daran, daß der »dem Buchstaben nach« (*AV*, S. 8) zu verstehende Ausruf »Ingrata Patria!« (*AV*, S. 34) gleichwohl im Raum stehen bleibt, und zwar nahezu unmittelbar vor der Abdankungsformel, die sich an die vor den Stadttoren eben dieser »Patria« befindende Trauergemeinde richtet.

II.8.2.l *Seelige Unfruchtbarkeit*
Von Nicola Kaminski

Leichabdankung versus Leichenpredigt

Es »überwiegen«, so konstatiert Sibylle Rusterholz in der bislang einzigen ausführlichen Untersuchung zu Gryphius' Leichabdankung *Seelige Unfruchtbarkeit*, »die Predigtmerkmale so stark, daß – würden wir nicht durch weitere Zeugnisse eines anderen belehrt – die Vermutung nahe läge, Gryphius habe wie schon im Jahre 1637 [im Fall des *Brunnen-Discurses*; N.K.] die Rolle des mit Redeverbot belegten protestantischen Pfarrers übernommen.«[1] Diese Vermutung kann freilich angesichts der ebenfalls überlieferten Leichenpredigt des Fraustädter Pastors Johannes Haynius[2] sicher ausgeschlossen werden;[3] um so auffälliger – und erklärungsbedürftiger – wird dadurch jedoch der Tatbestand, daß Gryphius' Abdankung als weltliche Rede eines Nichttheologen sich gibt wie eine geistliche »Grabpredigt«.[4] Die »Ausnahmestellung«[5] der *Seeligen Unfruchtbarkeit*, die nicht nur Titel und Thema einem Bibelwort verdankt (solches gilt auch von der *Mutua Amantium Fuga*), sondern sich regelrecht der Schriftexegese verschreibt, bleibt auch dann bestehen, wenn man mit

---

1   Sibylle Rusterholz: Rostra, Sarg und Predigtstuhl (1974) [842], S. 110–164, hier S. 110f. Bei Johann Anselm Steiger (*GA* IX, S. 416) wird mit Bezug auf dieses Zitat der Eindruck erweckt, als zöge Rusterholz in Unkenntnis der »regelrechte[n] Leichenpredigt« diese »Vermutung« in Erwägung. – Rusterholz' Kapitel zur *Seeligen Unfruchtbarkeit* ist über die Fußnoten auch als umfassender Quellenkommentar zu dieser Leichabdankung lesbar.
2   Nicht Georg Haynius, wie bei Steiger (*GA* IX, S. 415) trotz anderslautender Titelaufnahme angegeben. Vgl. auch Fraustädtisches Zion. Das ist Historische Erzehlung, desjenigen, Was sich von An. 1500. biß 1700. im Kirch-Wesen zu Fraustadt in der Cron Pohlen, zugetragen, Dabey so wohl fernerer Bericht, vom Kripplein Christi, und den andern Lutherischen Kirchen allhier, als auch die Lebens-Beschreibungen aller Evangelischen Prediger dieses Orts, samt denen Schul-Bedienten, und was inzwischen denck- und merckwürdiges vorgefallen, So daß es für den 2. Theil des ausgegangenen Lebens, VALERII Herbergers, Welches zugleich umb ein gutes vermehret wird, dienen kan. Mit Mühe und Fleiß aufgesetzt von Samuel Friedrich Lauterbach, am Kripplein Christi Prediger. LEJPZJG, 1711. Bey Joh. Friedrich Gleditsch und Sohn, S. 429.
3   Vgl. Rusterholz (Anm. 1), S. 111.
4   Ebd., S. 110. Ralf Georg Bogner: Die Totenklage der Frühen Neuzeit. Perspektiven der interdisziplinären Forschung. In: Leichabdankung und Trauerarbeit. Zur Bewältigung von Tod und Vergänglichkeit im Zeitalter des Barock. Hg. von Ralf Georg Bogner, Johann Anselm Steiger und Ulrich Heinen (= Daphnis 38 [2009], H. 1/2), S. 1–8, hier S. 5, bestimmt als entscheidendes Differenzmerkmal der Gattung Leichabdankung, daß »[i]m Gegensatz zu den primär exegetisch und theologisch ausgerichteten Leichenpredigten [...] dieses von einem weltlichen Redner vorgetragene Genre des frühneuzeitlichen Nachrufs tendenziell säkular orientiert [ist] und [...] vor allem im Dienste der Vergegenwärtigung der Person und des Schicksals des Hingegangenen [steht]«.
5   Rusterholz (Anm. 1), S. 110.

Ralf Georg Bogner das Untypische von Gryphius' Leichabdankungen insgesamt in Rechnung stellt, »die dem verbreiteten Muster wenig entsprechen, da hier der theologischen Didaxe eine zentrale Funktion gegenüber der Würdigung der Hingeschiedenen zukommt«.[6] Nicht von ungefähr stellt Rusterholz, in der Position des Mottos gleichsam, ihrem Kapitel zur *Seeligen Unfruchtbarkeit* zwei Schriftworte voran – Lk 23,27–29 und Mt 24,19f. –,[7] bildet die »Exegese der ›letzten Rede des Herrn‹«, in der nach Lukas der titelstiftende Satz »Selig sind die Vnfruchtbarn« (Lk 23,29) begegnet, doch das eigentliche Telos der Rede.[8]

Daß diese ungewöhnliche rhetorische Vorgehensweise – Schriftexegese des Nichttheologen, die die eben erst, »jetzo im Gottes-Hause«,[9] gehörte geistliche Leichenpredigt funktional doppelt – sich nicht von selbst versteht, vielmehr vom Redner als irritierend einkalkuliert wird, zeigt nach ausführlicher Anrede der Trauergesellschaft und gut vier Seiten *exordium* eine erneute, nun redebezogene Hinwendung zum Publikum: »Jch zweiffele nicht / Hochgeehrte Zuhörer / Sie werden mehrentheils sich über diesem meinem so unversehenen / als frembden Vortrag verwundern!« (*SU*, S. 5). Vorausgegangen waren, durchaus abdankungstypisch zunächst, weltliche und biblische Exempla unverhoffter, »dem Guttachten unserer Vernunfft« zuwiderlaufender Ausgänge, gipfelnd in Jesu Tod »nicht auff dem anmuttigen Oliven-Berge / sondern auff dem abscheulichen / verfluchten Ort der Schädelstädt« (*SU*, S. 2f.) – eine Reihe, in die sich auch »dieser heutige Tag / und das blosse Gedächtnüß« der vierundzwanzigjährig nach nur gut vier Jahren Ehe kinderlos gestorbenen Dorothea Elisabeth Textor einfügt:

> Endlich / daß Gottes Gedancken nicht unsere Gedancken / bewähret / höchstbetrübter Herr Wittwer / dieser heutige Tag / und das blosse Gedächtnüß seiner jtzt verscharrten Ehegemahlin. Hette jemand seiner Freunde vor noch weniger zeit muttmassen können / daß seine Ehegeliebte nach so kurtzer Beywohnung in dem Auffgang Jhrer blühenden Jugend / gleich einer verwelckten Lilge / dahin fallen würde? Hette man sich auch dieser so geschwinden Eheschei-

---

6 Bogner (Anm. 4), S. 5f. Daß Gryphius' Leichabdankungen – »im allgemeinen Rahmen barocker Abdankung betrachtet – kaum typisch genannt werden« können, stellt schon Rusterholz (Anm. 1), S. 165, fest.
7 Vgl. Rusterholz (Anm. 1), S. 110.
8 Ebd., S. 119; vgl. auch S. 114.
9 Hertz-schmachten unnd Hertz-Trost Assaphs und aller Kinder GOttes / auß dem LXXIII. Psalm / v. 25.26. Bey Volckreicher Leichbestattung Der weiland WolErbaren / Viel Ehr- Sitt- und Tugendreichen Frauen Dorothea Elisabetha gebornen Rothin / Des WolEhrenvesten / VorAchtbarn / und Hochgelahrten Herrn M. GOTHOFREDI TEXTORIS, p. t. wolverordneten Rectoris der Schulen zur Fraustadt / Hertzgeliebten Ehegattin: Welche im Jahr Christi 1653. den 21. Novembr. umb XI. Uhr zu Mittage sanfft und Seelig eingeschlaffen / und den 28. ejusd. in Jhr Ruhkämmerlein ansehlich vergleitet worden: Einfältig betrachtet / und auff Begehr zu Papier bracht Durch JOHANNEM HAYNIUM Predigern bey dem Kripplin Christi daselbst. Gedruckt zur Pol: Lissa / durch Wigandum Funck, fol. Aiij^v.

> dung befürchtet? so hette villeicht uns der wahn geschrecket: Es würde jhr Geist etwa in der Angst des gebährens vergehen! zum wenigsten war zu hoffen / Sie würde die Frucht keuscher Ehe Euch und der Welt hinterlassen! Aber alles umbsonst und eytel. Sie ist hin! unnd mit Jhr alles / was von Jhr erwartet werden könte. (*SU*, S. 4)

Doch statt einzustimmen in die bereits anklingende *vanitas*-Klage des Predigers Salomon, daß alles ganz eitel sei (vgl. Koh 1,2), und ihr öffentlich Ausdruck zu verleihen im Sinne der *lamentatio* als einer Funktion des Sprechakts Leichabdankung, folgt ein jäher Registerwechsel,»so unversehen[ ]« auf der Ebene rhetorischer Gedankenführung wie der Tod, von dem die Rede ist.»Sie ist hin die Erquickung Eures Hertzens: [...] Sie ist verblühet / ehe Sie geblühet«, so fährt der Sprecher in der einmal eingeschlagenen exordialen Bahn fort, um daraus zunächst den erwartbaren Schluß zu ziehen –»von der Welt beklaget unnd zu klagen, weil Sie unfruchtbar gewesen« –, dann jedoch unversehens das gerade Gesagte zu revozieren:

> Von der Welt / sage Jch / nicht von mir / dem die Worte des HErren JEsu in dem Sinne liegen: Selig ist der Leib / der nicht getragen! selig sind die Brüste / die nicht gesäuget! Seyd derowegen / höchstbetrübter Freund / keines andern Trostes von mir gewertig; Beobachtet aber mit Mir nicht Euren Verlust / sondern die letzte Rede des zu dem Tode hingehenden Erlösers / und die Selige Unfruchtbarkeit / welche nach Christi außrede anitzt so hoch zu wündtschen. (*SU*, S. 5)

Statt sich der »Welt« der Klagenden, der Trauergesellschaft zuzurechnen, geht der Trauerredner zu solch ›weltlicher‹ Klage auf Distanz, reklamiert für sich im Namen Jesu eine transzendente Sprechposition, die nicht nur die abdankungskonforme *lamentatio* nicht vorsieht, sondern sich auch der *laudatio* der Verstorbenen (»Beobachtet [...] mit Mir nicht Euren Verlust«) und der *consolatio* der Hinterbliebenen (»Seyd [...] keines andern Trostes von mir gewertig«) verweigert. Statt, wie erwartbar, eine Leichabdankung zu halten, fordert der Sprecher seine Zuhörerschaft und besonders den Witwer Gottfried Textor, Rektor des Fraustädter protestantischen Gymnasiums und seinen vertrauten Freund, auf, mit ihm Schriftexegese zu betreiben; und zwar nicht an einem Klagewort, sondern an einer Seligpreisung, die zugleich als »die letzte Rede des zu dem Tode hingehenden Erlösers« Vermächtnisstatus hat. Zitiert worden war sie bereits kurz zuvor, dort freilich noch rhetorisch funktional eingebunden innerhalb der exordialen Exempelreihe:

> Der andere David hergegen wil [wie der unmittelbar davor angeführte alttestamentliche König David; N.K.] auch nicht / daß man über Jhn selbst und über seinen erbärmlichen Außgang seufftzen solle. Seine Wangen sind blau und geschwollen von Backenstreichen: die Augen vor weinen und wachen erstarret / die Stirne mit geronnenem Blut und Schweiß überlauffen / die Haare zurauft / und in Dornen verwickelt: alle Fußstapffen zeichnet Er mit Blut: Dennoch wendet Er sich zu den mittleidenden Frauen / unnd spricht: Töchter Jerusalem / weinet nicht über Mich / sondern weinet über Euch und eure Kinder. Und setzet eine Ursach darzu / die jedweder Hebraische Fraw / welche die Fruchtbarkeit vor jhr höchstes Glück geschätzet / mächtig biß auff den Todt zubetrüben. Dann fähret Er fort / Es

> wird die zeit kommen / in welcher man sagen wird / Selig sind die Unfruchtbaren / und die Leiber / die nie geboren / und die Brüste / die nie gesäuget haben [...]. (*SU*, S. 3f.)

Jetzt hingegen, weil »die Worte des HErren JEsu« dem Trauerredner in unverminderter Präsenz »in dem Sinne liegen«, lassen sie sich nicht mehr rhetorisch subordinieren. Vielmehr interveniert Jesu »letzte Rede«: ändert den Kurs der Trauerrede, macht, so scheint es, die Leichabdankung zur Predigt, wiewohl der Sprecher als Nichttheologe zur Schriftexegese *ex cathedra* nicht berufen ist.

Dieser rhetorische Kurswechsel erfolgt freilich, und das macht ihn für die Trauergesellschaft nicht weniger anstößig, nicht gänzlich unvermittelt. Denn zwar wird das Koderegister der Leichabdankung – *lamentatio*, *laudatio*, *consolatio*[10] – im Namen Jesu brüsk verworfen, doch besteht eine markante Übereinstimmung der durch die rhetorische Aneignung des Jesuswortes aufeinander bezogenen rahmenden Redesituationen: der biblischen und derjenigen auf dem Fraustädter Kirchhof am 28. November 1653. Jesu Seligpreisung der Unfruchtbaren ist nämlich innerhalb seines von den Evangelisten aufgezeichneten Lebens keine episodisch beliebig situierbare Rede vom Anbruch des Reiches Gottes, sondern sie ist seine »*letzte* Rede« und als solche biographisch in eine konkrete Sprechsituation mit präzise benannten Adressaten eingebunden: Pilatus hat Jesus den Hohenpriestern und dem nach Kreuzigung eifernden jüdischen Volk überlassen, man führt ihn hin nach Golgatha und bürdet sein Kreuz dem zufällig aufgegriffenen Simon von Kyrene auf, »[e]s folget jm aber nach ein grosser hauffe Volcks vnd Weiber / die klageten vnd beweineten jn« (Lk 23,27). Während ersterer, der spottende Pöbel, den zum Kreuzestod Verurteilten aus Schaulust begleitet, fühlen letztere mit Jesus, beklagen ihn aufrichtigen Herzens; und ausgerechnet sie, die »mittleidenden Frauen« (*SU*, S. 4), redet Jesus an (»Jr töchter von Jerusalem«) und stößt sie vor den Kopf: »weinet nicht vber mich / Sondern weinet vber euch selbs / vnd vber ewre Kinder« (Lk 23,28). Eine Schroffheit der Zurückweisung der Gutwilligen, die in der Aktualisierung durch den Trauerredner Gryphius kaum dadurch abgemildert wird, daß ›nur‹ die Frauen angesprochen sind.

Fraustädtisches Zion?

»[S]o unversehen[] / als frembde[]« mag der »Vortrag« des vermeinten Abdankungsredners den Leidtragenden und den mit ihnen trauernden Fraustädter Protestanten aber womöglich noch aus einem anderen Grund vorgekommen sein.

---

10 Vgl. Maria Fürstenwald: Zur Theorie und Funktion der Barockabdankung (1975) [839], S. 372–389, hier S. 379–384. Hinzu kommt noch als eher formal rahmender Redebestandteil die *gratiarum actio*.

Sibylle Rusterholz hat die radikal eschatologische, auf Jesu letzte Worte und den Einbruch des Jüngsten Tages bezogene Ausrichtung der *Seeligen Unfruchtbarkeit* aus dem zeitgeschichtlichen Kontext erklärt, aus der Zuspitzung der Situation für die durch das Westfälische Friedensinstrument wenig geschützten schlesischen Protestanten nach dem Abzug der Schweden im Sommer 1650:

> Der eigentliche Grund dafür, daß Gryphius zum Tode der Dorothea Elisabeth Textor nicht die Form barocker Abdankung, sondern die Verkündigung am Grabe wählt, also im Anschluß an die Predigt des Pfarrers Johann Hayne eine zweite Leichenpredigt hält, dürfte in der geschilderten zeitgeschichtlichen Situation zu suchen sein. Eine Zeit, in welcher Christus »auffs neue gegeisselt und gekrönet«, d.h. wo Christus in seinen ›Gliedern‹ abermals zum Tode geführt wird, ist keine Zeit des lobenden Angedenkens und der Verherrlichung irdischer Tugenden und Verdienste, sondern eine Zeit der Verkündigung und des tröstenden Aufblicks zu dem, der »den Tod zum Leben gekreuziget«.[11]

Den Hintergrund dieser Einschätzung stellt die konfessionspolitische Entwicklung im Fürstentum Groß-Glogau dar, das Gryphius als Syndicus der Glogauer Landstände seit dem 3. Mai 1650 gegenüber der habsburgischen Krone vertrat. Nachdem die schwedisch-lutherische Besatzung gemäß den Nürnberger Exekutionsbestimmungen Glogau im August 1650 verlassen hatte, vollzog sich, gut zwei Jahrzehnte nach der ersten gewaltsamen Rekatholisierung, eine zweite, systematisch umgesetzte Gegenreformation:[12] Absetzung des protestantischen Glogauer Magistrats im November 1650; Aufhebung des öffentlichen Religionsexercitiums am 3. Februar 1651, womit die Versiegelung des für protestantische Gottesdienste genutzten Stadelmannschen Hauses, die Vertreibung der beiden lutherischen Pfarrer und die Schließung der protestantischen Schule einhergingen; Einziehung aller protestantischen Kirchen im Fürstentum Glogau seit Januar 1653 (mit Ausnahme der Ende 1652 nur aus Holz und Lehm errichteten Friedenskirche vor den Toren Glogaus); dreitägiger Arrest der Glogauer Landstände samt ihrem Syndicus Gryphius zur Strafe für den Versuch, einen Deputierten zum Regensburger Reichstag zu entsenden, um ihrem Einspruch gegen die Kirchenreduktion Nachdruck zu verleihen, Ende Juli 1653; erfolgloses Memorial der Landstände, das Gryphius dem Landeshauptmann Mitte November 1653, zwei Wochen vor der *Seeligen Unfruchtbarkeit*, überreichte. Entsprechend diesem vom Redner Gryphius her rekonstruierten konfessionspolitischen Redekontext bildet für Rusterholz die *Seelige Unfruchtbarkeit* zusammen mit dem am 12. März 1653 vorgetragenen *Winter-Tag Menschlichen Lebens* auf Eva Schönborner sowie der am 16. Oktober 1654 gehaltenen *Mutua Amantium Fuga* auf Helena von Bibran eine Gruppe von Reden »der Jahre 1653/54, die voll-

---

11 Rusterholz (Anm. 1), S. 170.
12 Vgl. ebd. den »Historische[n] Exkurs«, S. 134–138.

kommen von den Schrecken der Zeit und der Erwartung des Jüngsten Tages gezeichnet« sind.[13]

Nicht reflektiert wird dabei freilich, daß von ihrem die primäre Rezeption bestimmenden Gebrauchszusammenhang aus Gryphius' Leichabdankungen historisch nicht sinnvoll als vom Autor her gedachtes ›Werk‹ zu konstruieren sind; daß einzelredenübergreifende Zusammenhänge, wo sie sich textuell nahelegen, vielmehr von einer potentiell gleichen bzw. gleichbleibenden Zuhörerschaft her als zeitgenössisch relevant begründet werden müssen. Für die *Seelige Unfruchtbarkeit* bedeutet das, in Rechnung zu stellen, daß sie nicht – wie der *Winter-Tag Menschlichen Lebens* – vor Freystädter, auch nicht – wie die *Mutua Amantium Fuga* – vor Glogauer Publikum gehalten wurde, somit nicht im Fürstentum Glogau, sondern im jenseits der schlesisch-polnischen Grenze gelegenen Fraustadt.[14] Vor diesem Hintergrund gewinnt gegenüber der von Rusterholz autorbezogen vorgenommenen Zusammenstellung endzeitlicher Reden der Jahre 1653/54 eine ganz andere Gruppierung von *Fraustädter* Reden der Jahre 1652–55 Kontur: des *Hingangs durch die Welt* vom 5. Mai 1652, der *Seeligen Unfruchtbarkeit* vom 28. November 1653 und des *Uberdrusses Menschlicher Dinge* vom 23. Mai 1655. Und dies um so zwingender, wenn man zum einen bedenkt, daß die in Fraustadt seit 1604 um das »Kripplein Christi« sich sammelnde deutschsprachig-protestantische Gemeinde, die vor allem durch die erste schlesische Rekatholisierungswelle ab 1628 regen Zuwachs an »Exulanten« erhielt,[15] im zwar toleranten, aber doch katholischen Königreich Polen auf Zusammenhalt bedacht war; und wenn man sich zum andern vergegenwärtigt, daß die drei Fraustädter Leichabdankungen durch familiäre Filiationen verbunden und somit vor wenigstens partiell identischem Publikum gehalten zu denken sind.[16]

---

13 Ebd., S. 186. Vgl. auch S. 133.
14 Das wird bei Rusterholz nur am Rande unter dem Aspekt moderater Redefreiheit »auf polnischem Boden« reflektiert, vgl. ebd., S. 139, Anm. 99.
15 Vgl. Lauterbach (Anm. 2), wo das Exulantenschicksal der als Glaubensflüchtlinge »wegen der leidigen Reformation« (S. 415), d.i. der *Gegen*reformation, aus Schlesien nach Fraustadt Gelangten in den Predigerbiographien der ersten Hälfte des 17. Jahrhunderts in beiläufigen Formulierungen wie der, daß Johannes Vechnerus auch »bey den unterschiedlichen überhäufften Laboribus, da sonderlich viel Volck aus Schlesien hieher gewichen«, seine Pflichten nicht vernachlässigt habe (S. 426), allenthalben präsent ist. Vgl. auch S. 567 Lauterbachs Reflexion über den »allerbekümmersten« »Exulanten-Orden«.
16 Für die Leichabdankungen *Hingang durch die Welt* und *Uberdruß Menschlicher Dinge* auf das Ehepaar Ursula und Adam Henning liegt das auf der Hand. Insofern nach dem Zeugnis der Leichenpredigt von Johannes Haynius (Anm. 9), fol. Fiiij^v, unter den »hocherfahrne[n] Medici[s]«, die die leidende Dorothea Elisabeth Textor behandelt haben, auch »Herr Adamus Henningus Physic. Ord. Procons. und Scholarcha bey dieser Stadt« war, ist eine Verbindung auch zur *Seeligen Unfruchtbarkeit* angezeigt. Umgekehrt wird das erste, lateinischsprachige der beiden dem Druck des *Hingangs durch die Welt* angehängten Epicedien von Gottfried Textor, Rektor des Fraustädtischen Gymnasiums, mitverantwortet (vgl. HW, S. 35f.). Es ist von einem gemeinsamen bürgerlich-gelehrten Frau-

Für die Zuhörerschaft, die Gryphius am 28. November 1653 bei der Beerdigung der jungverstorbenen Dorothea Elisabeth Textor vor sich hat, ist darum zeitgenössisch plausibel als gemeinsamer Rezeptionshorizont die anderthalb Jahre zuvor am gleichen Ort, unter vergleichbaren Vorzeichen – auch hier wird die junge Frau eines Freundes des Trauerredners bestattet – gehaltene Leichabdankung *Hingang durch die Welt* anzusetzen. Mag des Abdankungsredners Registerwechsel von der erwartbaren Klage-, Lob- und Tröstungsrede zur endzeitlich perspektivierten Schriftexegese ohnedies schon befremdlich erscheinen, so nimmt sich vor dem Horizont der im Mai des Vorjahres gehörten oder auch im Einzeldruck nachgelesenen ersten Fraustädter Abdankung des Andreas Gryphius der »Vortrag« der *Seeligen Unfruchtbarkeit* erst recht »so unversehen[] / als frembde[]« aus. Denn dem Witwer der achtzehnjährig verstorbenen Ursula Henning, der »die erste Frucht Jhrer keuschen Ehe« vorangegangen und die zweite Tochter hinterblieben ist, ohne die Mutter anders »als [...] auß einem Bilde [zu] kennen« (*HW*, S. 20 und 7), hatte Gryphius im Ausgang von Jesu lebengewinnendem Kreuzestod folgende Bewertung der Situation vor Augen gestellt:

> Hat nun der Seeligst Erblichenen Heyland arbeiten müssen / daß Er Jhr und uns das Heil erwürbe: So hat Jhr gleichfals angelegen / embsig zu sein / daß Sie Jhr solches zueignete / und so viel möglich / seinem Ebenbild gleich / und seine Nachfolgerin würde. Hat JEsus am Creutz die Schmertzen des Todes fühlen sollen / daß Sie widergeboren werden könte: So hat Sie die Angst des geböhrens empfinden müssen / damit durch sein Sterben andre auß Jhr leben möchten. [...] Die Arbeit die GOtt selbst dem Weiblichen Geschlecht auffgeleget / ist zwar die Berühmteste / aber auch die Beschwerlichste und Gefährlichste / unnd derowegen allen Verrichtungen der Welt weit vorzuziehen. Denn was kan wichtigers gefunden werden / als daß man durch gebehren das sterbliche Geschlecht der Menschen erhelt / und GOttes Kirche bawet? Solte gleich das Leben zuweilen darüber auffgehen! So ist es doch unläugbar / daß nichts grössers hier zufinden / als wenn man GOtt vor die Seele die Er gegeben / gleichsam eine andere Seele widergeben kan. (*HW*, S. 12f.)

Und auch diese – für sich genommen zunächst nicht befremdliche – eschatologische Würdigung weiblicher Fruchtbarkeit wird durch eine biblische Seligpreisung bewehrt: »Und der Grund stehet feste; Das ein Weib seelig werde durch Kinderzeugen / so Sie bleibet in dem Glauben / in der Liebe / und in der Heiligung / sambt der Zucht« (*HW*, S. 13).[17] So steht, nicht nur in der Schrift, sondern auch in der Fraustädter Redesituation am 28. November 1653, die in der Erinnerung des Publikums die frühere Gelegenheit mitaufruft, Schriftwort gegen Schriftwort, Lk 23,29 gegen

---

städter Bekannten- und Freundeskreis auszugehen, in den Gryphius insofern von früh an hineingehört, als er – als Glogauer »Exulant« – zwischen 1632 und 1634 jenes Gymnasium besuchte.

17 Rusterholz (Anm. 1), S. 147, Anm. 127, weist auf diesen Passus aus dem *Hingang durch die Welt* hin, ohne die argumentative Kontrapunktik unter dem Gesichtspunkt eines potentiell identischen Publikums jedoch auszuwerten.

1 Tim 2,15.[18] Und diese Kontrapunktik tritt um so schärfer hervor, als im einen wie im andern Fall als vorbildliches Rollenangebot das situationsadäquate Verhalten der klugen Jungfrauen profiliert wird: »Doch Sie«, so hebt Gryphius die verstorbene Ursula Henning von den »zehen Jungfrawen« ab, unter denen »nicht nur die törichten / sondern auch die Klugen von dem Schlaff überfallen«, »ist Jhrem Bräutigam / weil Sie noch auff dem Wege / das ist in diesem Leben war / mit unverloschener Lampen der heiligen Liebe / welche angefüllet mit dem Oel / würckendes Glaubens / unerschrocken entgegen gegangen« (*HW*, S. 16). Ganz ähnlich stellt sich, wiewohl unter umgekehrten Vorzeichen seliggepriesen, dem Redner anderthalb Jahre später das kurze Leben der Dorothea Elisabeth Textor dar: »So ging Sie mit den klugen Jungfrauen Jhrem Bräutigam entgegen / und verließ nach sehr kurtzer Arbeit stat viller Kinder / Jhrem Ehegemahl und uns allen das Gedächtnüß so trefflicher Tugenden / das Ebenbild unaußsprechlicher Gedult / und die Begierde willigst mit Jhr den Tod zugrüssen« (*SU*, S. 32f.).

Das hier wie dort aufgerufene Gleichnis von den klugen und den törichten Jungfrauen ist im argumentativen Kontext der *Seeligen Unfruchtbarkeit* aber mehr als bloß eine passende biblische Referenz. Vielmehr bildet es in der von Gryphius rhetorisch in Szene gesetzten Vergegenwärtigung der »letzte[n] Rede des zu dem Tode hingehenden Erlösers« das präsenzstiftende Integrationsmedium. Sibylle Rusterholz hat beobachtet, daß im Verlauf der *Seeligen Unfruchtbarkeit* »die Aussagen des Lukas und Matthäus« – gemeint ist Mt 24,19 (»Weh aber den Schwangeren vnd Seugern zu der zeit«) – »so eng zusammengerückt« werden, »daß der Abschnitt als ein Ganzes, durchaus Zusammengehöriges erscheint«,[19] ja daß »Gryphius die verschiedenen Evangelien mit ihren leicht voneinander abweichenden Aussagen« derart »als ein Ganzes betrachtet«, »daß er aus dem Lukas-Kommentar des Theophylakt zitiert [...], um einen Matthäus-Vers auszulegen, obwohl zu diesem Vers ebenfalls ein Kommentar des Theophylakt existiert«.[20] In der Tat schließt sich schon an die erste, noch exordial untergeordnete Zitation von Jesu Unfruchtbarkeitsseligpreisung bruchlos der bei Matthäus mitgeteilte Wehruf über die Fruchtbaren an: »Wie Er denn kurtz zuvor in seiner letzten Predigt auff dem Oelberg weh über die Schwangern / weh über die Säugenden der letzten zeit geschrien« (*SU*, S. 4). In der Präsenzlogik der durch Jesu Intervention auf einen neuen Kurs gebrachten Rede ist das jedoch weniger als Montage der beiden Evangelientexte zu einem Ganzen zu verstehen denn als Rekurs auf die jeglichem

---

18 Die biblische Referenz ist durch die Marginalie »1. Timoth. v. 15« angezeigt (*HW*, S. 13). Gryphius zitiert, abgesehen von der Überführung in die indirekte Rede, den Timotheusbrief wörtlich.
19 Rusterholz (Anm. 1), S. 130.
20 Ebd., S. 131, Anm. 66. Vgl. zu einem ganz ähnlichen Verfahren in den wohl deutlich früher entstandenen, doch erst 1652 in den Druck gegebenen »Thränen über das Leiden des HERREN« (*Od.* IV) das ↗ Kap. II.4.2 zu Gryphius' Oden, S. 115–118.

schriftlichen Bericht vorausliegende ›Ganzheit‹ von Jesu letzten Stunden auf Erden: ein zeitliches Kontinuum, innerhalb dessen der (nur bei Matthäus berichtete) Wehruf über die Fruchtbaren auf dem Ölberg gegenüber der (nur bei Lukas berichteten) Seligpreisung der Unfruchtbaren auf dem Weg nach Golgatha »kurtz zuvor« ausgesprochen wird. Im Kontinuum jener »letzten Predigt auff dem Oelberg« aber folgt auf das »weh über die Schwangern« die Warnung vor falschen Propheten und darauf wiederum, mehrfach intoniert, die Mahnung zur Wachsamkeit (Mt 24,32ff.), die im Gleichnis von den klugen und den törichten Jungfrauen kulminiert (Mt 25,1–13) und in die unmittelbar an die Zuhörer adressierte Lehre mündet: »Darumb wachet / Denn jr wisset weder tag noch stund in welcher des menschen Son komen wird« (Mt 25,13). Just »Matth 25.« steht nun aber im Druck der *Seeligen Unfruchtbarkeit* als Marginalie neben jener ersten, Lukas' (Lk 23) und Matthäus' (Mt 24) Bericht auf Jesu Worte ›selbst‹ transparent machenden Zitation (*SU*, S. 4). Weit entfernt davon, als »irrtümlich[e]« Angabe »wohl ein Zeichen dafür« zu sein, daß Gryphius »aus dem Gedächtnis zitiert«,[21] fungiert dieser in seiner Falschheit ›richtige‹ Verweis als Leseanweisung, die im Druck verlorengegangene Präsenz der Rede in der eigenen Gegenwart wiederherzustellen, wachsam bereit zu sein für das jederzeit zu erwartende Jetzt der anbrechenden Endzeit.

In der vorgetragenen Rede, die vor ihrem letzten Drittel dies apokalyptische Jetzt für die Redegegenwart beschwört (»Wer wil zweiffeln / das anjtzt die letzten Tage!«; *SU*, S. 25), verbürgt diese Präsenz der Trauerredner, dem es rhetorisch gegeben ist, Jesu »letzte Rede« im Hier und Jetzt der Sprechsituation des 28. November 1653 zu Gehör zu bringen. Und wundersamerweise, so will es die rhetorische Inszenierung, wird in der dritten und letzten Zitation aus der damaligen Jetztrede der Lukasstelle (»Jr töchter von Jerusalem«) jetzige Jetztrede in Fraustadt, wo der Stadtname regelrecht dazu einlädt, in der Anrede an die Frauen nicht ›nur‹ die Frauen der Stadt angesprochen zu sehen: »Er rufft uns zu«, so leitet Gryphius das Ende der Rede ein, »O Töchter Sions! O Töchter Frey: und Fraustads / weinet nicht über mich: Weinet nicht über die Seelig-verschidene / die Jch mit mir führe: Weinet über Euch / die Jch und Sie in dem Elend verlassen« (*SU*, S. 37). Das ist immer noch, ja nun in der mittels des Gleichnisses direkt vergegenwärtigenden Applikation noch deutlicher, die Rolle der verlassenen, der vom Bräutigam nichteingelassenen, eben der törichten Jungfrauen, die den hinterbliebenen Fraustädtern hier bleibt. Das ›Fraustädtische Zion‹, wie Samuel Friedrich Lauterbach ein gutes halbes Jahrhundert später seine um Valerius Herberger und das »Kripplein Christi« zentrierte Kirchengeschichte überschreibt, scheint *in* der Rede die Zeichen der Zeit noch nicht begriffen, seine Lampen nicht »mit dem Oel / würckendes Glaubens« angefüllt zu haben (*HW*, S. 16).

---

21 Rusterholz (Anm. 1), S. 114, Anm. 13.

Schriftexegese versus apokalyptisches Drama

Angesichts der unbarmherzigen Scheidung zwischen klugen und törichten Jungfrauen, »getrewe[m]« und »faule[m] Knecht« (Mt 25,21 und 26), »Schafe[n]« und »Böcken« (Mt 25,32), »denen zu seiner Rechten« und »denen zur Lincken« (Mt 25,34 und 41), die nicht nur Jesu Rede vom Jüngsten Gericht vornimmt, sondern auch Gryphius' Rede am 28. November 1653 in Fraustadt, gilt es nach der Legitimierung des Sprechers zu fragen. Denn wiewohl vor der Anrede an die »Töchter Frey: und Fraustads« der Trauerredner eine klare *inquit*-Formel verwendet und sich selbst den Adressaten dieser wörtlichen Rede »Christi« zurechnet – »Er rufft *uns* zu« (*SU*, S. 37; meine Hervorhebung) –, kehrt er nach dessen Ich-Rede in kein gemeinsames Jenseits von Jesu *oratio recta* zurück. Vielmehr spricht bis unmittelbar vor der abschließenden *gratiarum actio* im Zeichen des »verfluchten Baum[es]«, des »unfruchtbaren Stam[mes] des Creutzes«, der sich unversehens zum »Holtz des Lebens« wandelt, ein »Jch« (*SU*, S. 37f.), dem »mein JESUS [...] in dem Gesicht« (*SU*, S. 6), ja ins Gesicht geschrieben steht. Hatte es zunächst den Anschein, als halte Gryphius vor der Fraustädter Trauergesellschaft anstelle der erwarteten Leichabdankung eine zweite Leichenpredigt, so legt der Befund epiphanischer Vergegenwärtigung von Jesu »letzte[r] Rede« in der eigenen Rede bis hin zur Aufgabe distinkten eigenen Sprechens einen anderen Schluß nahe. Nicht exegetische Rede *über* das Wort Gottes bildet den rhetorischen Fluchtpunkt, sondern – im dramatischen Modus wörtlicher Rede – Gottes Wort selbst. Damit wird die Trauerrede, die sich zunächst unberufen theologisches Sprechen anzumaßen schien, poetisch und scheint so wieder ganz bei ihrem Leisten; doch ist es nicht irgendeine *dramatis persona*, deren Stimme sie sich zu eigen macht, sondern diejenige des Gottessohns. Darf die Leichabdankung das?

Daß Jesu schroff intervenierende Seligpreisung der Unfruchtbarkeit nicht nur wörtlich im Sinne »leibliche[r] Geburt« (*SU*, S. 7) zu verstehen ist, sondern jedwede Form geistlicher und weltlicher ›Elternschaft‹ miteinschließt,[22] darunter ganz ausdrücklich auch ›Kopfgeburten‹ in Gestalt »herliche[r] Schrifften« und »Bücher« (*SU*, S. 23), stellt die Rede da, wo sie noch exegetisch verfährt, unmißverständlich klar. Entsprechend geht mit der Verwerfung abdankungskonformer weltlicher *lamentatio*, *laudatio* und *consolatio* genaubesehen eben keine Hinwendung zur Leichenpredigt und somit zur geistlichen Trauerrede einher. Vielmehr werden die exordialen Argumente der gerade gehörten Predigt des Johannes Haynius – die »Geheimnüsse« des »schöne[n] Namen[s] Dorotheæ Elisabeths«, die vom Geburtsnamen Roth abgeleitete »Röthe der mit dem köstlichen Blutt JEsu gefarbeten Rosen«, »[d]ie Schule

---

22 Vgl. ebd., S. 120f. Den daraus folgenden Schritt zur geistigen ›Elternschaft‹ im Sinne von Autorschaft, somit von den *liberi* zu den *libri*, sieht Rusterholz hingegen nicht mehr in dieser Logik, sondern subsumiert den betreffenden Passus verallgemeinernd unter *vanitas*-Klage (vgl. S. 126f.).

Jairi«, die Bedeutsamkeit von Erkrankungs- und Todesdatum (*SU*, S. 5f.)[23] – in bemerkenswerter Schonungslosigkeit ebenso verworfen wie die eigene Abdankungsrede:

> Diese unnd noch viel andere Begebenheiten könten wir anmuttiger / auch villeicht nicht sonder Trost überlegen: Aber mein JESUS stehet Mir in dem Gesicht / welcher anjtzt auffs neue gegeisselt und gekrönet: das Urtheil ist bereits gesprochen / Er ist schon von dem Richtplatz hinweg geführt / unnd bereit in seinen Gliedern / wo nicht den natürlichen / doch bürgerlichen Tod zu leiden: Er schreiet mir ins Hertz: Wehe den Schwangern / wehe den Säugenden. Er ruffet: O Selig Selig / welche nie gebohren! (*SU*, S. 6)

Die sperrige Präsenz von Jesu Im-Gesicht-Stehen, Schreien, Rufen entzieht weltlicher wie geistlicher Trauerrede gleichermaßen den Boden. Radikaler noch als von Rusterholz angenommen negiert die *Seelige Unfruchtbarkeit* die Existenzberechtigung menschlicher Rede im Angesicht des Jüngsten Tages.

Um so dringlicher erhebt sich die Frage, warum der Redner dann überhaupt noch spricht. Die Antwort, die die *Seelige Unfruchtbarkeit* darauf gibt, ist paradoxerweise eine dramatische, und den Boden für die dramatische Inszenierung der »letzte[n] Rede des zu dem Tode hingehenden Erlösers« bereitet just in Fraustadt der *Hingang durch die Welt*. In seiner ersten Fraustädter Leichabdankung entwirft der aus dem schlesischen Glogau kommende Trauerredner Gryphius, der als Fraustädter »Exulant« zwanzig Jahre zuvor selbst erfahren hatte, was es bedeutet, den »Hunger nach dem Wort des HErren« und nach der »Nahrung guttes Unterrichtes« (*SU*, S. 28) jenseits gegenreformatorischer Verfolgung wieder stillen zu können, die ersehnte temporäre Heimkehr in sein »ander Vaterland« nämlich im theatralischen Vorstellungsfeld des »Schawplatz[es]« (*HW*, S. 1). Eines verkehrten Theaters allerdings, denn das Ich geht nicht hinein, um zu schauen, sondern um »die Leiche des Vaterlandes«, Schlesiens, »und dessen durch Schwerdt unnd Flammen vernichteten Cörper umb etwas auß den Augen zu setzen / und hier«, in Fraustadt, »mich mit meinen noch anwesenden Freunden zu erquicken« (*HW*, S. 2). Folgerichtig geht diese Hoffnung im Mai 1652 denn auch nicht auf, denn »wie in einem Wolbestelleten Trawerspiel« (*HW*, S. 4) sind auch in Fraustadt teils auf, teils hinter der Bühne Feuer, Blitzschlag, Pest und Tod anzutreffen. Die ›Trauerspiele‹, die hier gegeben werden, sind aber weltlicher Natur; in Gryphius' rhetorischer Regieführung kulminieren sie in der »unbegreiffliche[n] Abforderung des natürlichen Todes«, die über das »betrübte Hauß unnd Geschlecht« der Verstorbenen in dichter Folge hereingebrochen ist (ebd.). Demgegenüber ist die Sprechsituation anderthalb Jahre später in der *See-*

---

[23] Vgl. die entsprechenden Argumente bei Haynius (Anm. 9): zur ›Schule Jairi‹ (mit Bezug auf Lk 8,40ff.; analog Mk 5,21ff. und Mt 9,18ff.) fol. Aij^r–Aiiij^r (vgl. dazu Rusterholz [Anm. 1], S. 115, Anm. 17); zu den »zwey schöne[n] Namen« fol. Aiiij^r–Bij^r (hier fol. Aiiij^r); zur Bedeutsamkeit der Daten fol. Aiij^r.

ligen Unfruchtbarkeit von Grund auf anders und doch strukturell gleich. Noch immer kann diesseits und jenseits der schlesisch-polnischen Grenze »als auff einem Schawplatz ein Theil des andern Untergang an[]sehen und bejammer[n]« (*HW*, S. 2).²⁴ Doch wird auf den schlesischen ›Bühnen‹ Glogaus und Freystadts im Zeichen gegenreformatorischer Kirchenreduktion derart apokalyptisches Theater gegeben, daß das weltliche Drama kinderlosen Todes auf der ›Bühne‹ im polnischen Fraustadt kein Grund zum Weinen mehr ist, vielmehr in endzeitlicher Perspektive, wie der konfessionspolitische Showdown im Nachbarland sie nahelegt, *Seelige Unfruchtbarkeit*. Zu erkennen vermag das, wer im November 1653 von jenseits der schlesisch-polnischen Grenze kommt wie der Trauerredner Gryphius, aber auch, wer – wie knapp zwei Jahrzehnte zuvor die verstorbene Dorothea Elisabeth Textor mit ihren Eltern aus Freystadt – »zur Fraustadt [...] alß Exul« Glaubenszuflucht gefunden hat.²⁵ Indem Gryphius theatralisch die eigene Stimme mit dem Schreien und Rufen Jesu zusammenfallen läßt und sich in diesem Modus apokalyptischer Präsenzrede nicht von ungefähr an die »Töchter *Frey: und* Fraustads« wendet, findet er für sein Sprechen die eschatologisch einzig mögliche Form, um unter den schlafenden Fraustädter ›Jungfrauen‹ die klugen wachzurütteln, bevor es zu spät ist.

---

24 Dort auf zwei »kurtz auff einander« in Fraustadts »Vorstadt unnd Stadt«, und somit in gegenseitiger Sichtweite, ausgebrochene »Fewersbrunste« bezogen (*HW*, S. 2).
25 Haynius (Anm. 9), fol. Fij^v. Dem Haynius' Leichenpredigt angehängten »Christlich-geführte[n] Lebens-Lauff und Abschied Der Seelig-Verstorbenen« ist zu entnehmen, daß der 1647 verstorbene Vater der Dorothea Elisabeth Textor, Stephan Rothe, »so wol zur Freystadt / alß zu Posen / wo Er 3. Jahr / und allhier zur Fraustadt / wo Er 10. Jahr / alß Exul / Jnnwohner unnd Bürger gelebet«, ansässig war (fol. Fij^r–Fij^v). Demnach hat die Familie Freystadt, wo die Tochter am 22. Dezember 1628 geboren wurde, 1634 verlassen.

II.8.2.m *Flucht Menschlicher Tage*
Von Dieter Martin

Gryphius' Rede, die nur in der posthumen Sammlung seiner *Dissertationes funebres* (*LA*) überliefert ist und dort an vorletzter Stelle steht, gilt dem im August 1652 beerdigten schlesischen Adligen Hans Georg(e) von Stosch auf Kreidelwitz, einem Herrensitz im Fürstentum Glogau.[1] Über die Person des Verstorbenen war bislang wenig bekannt; neue Erkenntnisse haben sich erst durch die parallelen Recherchen zu *Mutua Amantium Fuga* ergeben.[2] Die Angaben in Gryphius' Trauerrede bleiben vage: Die Trauergemeinde spricht er als »das berühmte Geschlecht derer von Stosch« an, das sich bei der »Todtengruft ihres [...] vornehmen Mitgliedes / des [...] Herrn Hans Georgen von Stosch auff Kreydelwitz / etc.« versammelt habe (*LA*, S. 601), und dessen »längstseligste Eltern« rühmt er dafür, daß sie ihrem Sohn eine »gute und richtige Unterweisung in Sitten und Sprachen« verschafft und ihn, »um Ritterliche Wissenschaften und Künste zu erlernen / an vornehme und berühmte Oerter« geschickt hätten (*LA*, S. 613f.).[3] Da Gryphius hier auf diejenigen Fakten verweist, die »vor mir

---

1 Das in *GA* IX, S. 416, angeführte Bestattungsdatum 12. August 1652 nennt wohl zuerst (allerdings ohne Nachweis) Marian Szyrocki: Der junge Gryphius (1959) [134], S. 171; im Anschluß daran auch bei Maria Fürstenwald: Dissertationes Funebres (1967) [838], S. 5, und Sibylle Rusterholz: Rostra, Sarg und Predigtstuhl (1974) [842], S. 59. Melchior Friedrich von Stosch, der die Geburt von »Hanß George I. von Stosch auf Kreydelwitz« auf den 11. Dezember 1599 datiert (GENEALOGIA Des Hoch-Gräflich-Freyherrlich- und Hoch-Adelichen Geschlechts Derer von Stosch / Zu Ehren und Gedächtniß Aller mit Demselben / Beydes dem Wappen und Geschlecht nach / Verwandten und Befreundeten / Und zum Nutzen Anderer Hoch-Adelichen Geschlechter / Aus vielen alten und neuen Urkunden, Nebst den darzu gehörigen Geschlechts-Taffeln / und nöthigen Kupffern / zusammen getragen Durch Weiland Herrn Melchior Friedrich von Stosch, auf Mondschütz, des Wohlauischen Fürstenthums dieses Creysses Königl. Hofe-Richter und Landes-Deputirten. Breßlau und Leipzig, Bey Johann Jacob Korn. M DCC XXXVI., S. 61), sagt hingegen: »Er starb den 15. Aug. 1652. im 53 Jahre / dem Andreas Gryphius eine Leichen-Rede gehalten von der Flucht menschlicher Tage« (ebd., S. 63).

2 Vgl. das ↗ Kap. II.8.2.n zur *Mutua Amantium Fuga*, S. 571f. mit Anm. 6.

3 Die jüngere Matrikel der Universität Leipzig 1559–1809. Hg. von Georg Erler. Bd. 1: Die Immatrikulationen vom Wintersemester 1559 bis zum Sommersemester 1634. Leipzig 1909, S. 452, weist die Immatrikulation von »Stosch a Ioh. Geo. Kreidelwicen« für das Wintersemester 1617 nach. Eine dortige juristische Disputation vom 21. April 1618 – D. O. M. DISPUTATIO De EMPHYTEVSI Proposita, quam *Consensu atque permissu Magnifici Dn. Ordinarij, Amplißimæque Facultatis Juridicæ in inclyta Lipsiensium Academia.* sub Præsidio CHRISTOPHORI PREIBISII Sprotta-Sil. J. U. D. Profess. Public. & p. t. inclytæ facultatis Philosophicæ DECANI. In auditorio JCtorum publicè tueri conabitur BENJAMIN LUDOVICUS Lignicensis Silesius. Initium fiet hora VII. matut. ad diem 21. Aprilis. LIPSIÆ, Typis GROSIANIS. Excudebat GEORGIUS LIGER Lign. Sil. ANNO Christi M. DC. XVIII. – ist u.a. »*Dn. JOAN. GEORGIO à STOSCH*« gewidmet (fol. Aᵛ). Im September desselben Jahres ist eine Straßburger juristische Disputation – DISPUTATIO JURIDICA DE CASIBUS FORTUITIS, QUAM AUSPICE CHRISTO, DUCE JUSTITIA, COMITE

erwehnet« wurden (*LA*, S. 614; ebenso S. 636: »bereits erwehnet«), darf man annehmen, daß seiner Rede eine intensiver auf Stoschs Vita eingehende Würdigung vorangegangen war. Im Druck nachgewiesen ist aber weder eine Leichenpredigt des bestattenden Pfarrers noch ein Lebenslauf des Verstorbenen.[4] Auch sonstige chronikalisch-biographische Quellen schweigen sich weitgehend über ihn aus.[5] Sichergestellt ist hingegen Gryphius' Verbundenheit mit dem Geschlecht von Stosch: Hans Georgs Sohn, Wolf(f) Alexander von Stosch, folgte dem Dichter im Amt des Landessyndicus nach, und dessen Vetter Baltzer Siegmund (Balthasar Sigismund) von Stosch ist als Gryphius' erster Biograph hervorgetreten.

Gryphius' zurückhaltende Referenz auf lebensgeschichtliche Daten, die auch andere seiner Leichabdankungen prägt, erlaubt keine weitreichenden Schlüsse. Doch mag man spekulieren, daß sowohl der Mangel rhetorisch ergiebiger Taten als auch Gryphius' Streben, seine Verbindung mit den lebenden Vertretern des Hauses zu stärken, ihn auf den Einfall brachten, nicht Spezifika der Einzelvita, wie sie rhetorischer Topik gemäß oft die *inventio* bestimmen, sondern ein Kennzeichen des ganzen Geschlechts zum Zentrum seiner Rede zu machen, nämlich das Familienwappen (Abb. 10). Umrahmt wird der Kern der *Flucht Menschlicher Tage*, die mehrfach binnengegliederte Auslegung von Stoschs Wappen (*LA*, S. 601–647), von einer

---

Veritate, In Alma Felicis Liberæque Argentinæ Studiorum Universitate Præside Joachimo Cluten Megalopolitano D. et P. P. Publici Exerciti Gratia, In Auditorio JCtorum, Mense Septembri, Instituet Michael Bartschius Lauba-Lusatus. Argentorati Typis Johannis Reppi. Anno cIɔ Iɔc xxiix. – u.a. »Joan-Georgio a Stosch, in Kleinkotzen, Kreidelwitz, Ossig, etc.« gewidmet (fol. A^v). Da die erhaltene Straßburger Matrikel erst 1621 einsetzt, ist nicht nachzuweisen, ob und ggf. wann Hans Georg von Stosch von Leipzig nach Straßburg wechselte.

4 Nicht nachgewiesen im Gesamtkatalog deutschsprachiger Leichenpredigten (GESA) unter http://www.personalschriften.de (24.11.2011). Erfaßt sind dort (neben Gryphius' Leichabdankung) lediglich Predigten auf einen jüngeren Träger des gleichen Namens, den 1673 als Deputierten des Fürstentums Glogau verstorbenen Hans George von Stosch auf Kreidelwitz. Bei diesem handelt es sich vermutlich um den 1652 »in der Fremde« weilenden Sohn »Johan George[]«, den Gryphius im Abspann seiner Rede erwähnt (*LA*, S. 648). Persönlich angesprochen werden dort seine Witwe Anna, »gebohrne Rackelin«, sowie zwei weitere Kinder: der Sohn Wolf(f) Alexander und die Tochter Ursula Catharina, verheiratete Loß (*LA*, S. 647f.); zu den Ehefrauen und Nachkommen des Verstorbenen vgl. Stosch (Anm. 1), S. 62f.

5 Unter den »berühmte[n] Cavalliers« des Hauses führt Friedrich Lucae Hans Georg von Stosch nicht auf. Friderici Lucæ Schlesiens curieuser Denckwürdigkeiten / oder vollkommener Chronica Andrer Theil. Franckfurt am Mäyn / Jn Verlegung Fridrich Knochen / Buchhändlern. M DC LXXXIX, S. 1854. Und Stosch (Anm. 1), S. 62, weiß lediglich zu berichten, daß er »ein grosser Liebhaber des Jagens« gewesen sei, der »auf seinen Reisen durch Franckreich und andere Länder stets einen Jäger mit einem Strick Winde bey sich geführet« habe. »Und als die Glogauischen Herren Landes-Stände Jhn durch einhellige Wahl zu dero Landes-Eltesten erkiesoten; so bedanckte er sich gegen Sie vor das ihm gegebene Votum, mit Bitte einem andern solches zu geben / weil er seiner ruhigen Land-Wirthschafft abwarten wolte. Dem Herrn Lands-Hauptmann aber überschickte er in einem gestickten Beutel 100. species Ducaten / mit Bitte / ihn von solcher Charge zu befreyen.«

Abb. 10

zweiteiligen Einleitung (*LA*, S. 597–601) und einer abschließenden konsolatorischen Anrede an die trauernde Familie (*LA*, S. 647–649). Enthält der Schlußteil wesentlich den »Hertzens-Wunsch«, die Hinterbliebenen mögen »lange allhier blühen«, und die *memento-mori*-Mahnung, »daß wir zwar anietzt von diesem Grabe hinweg gehen / doch unserm eigenen zueilen« (*LA*, S. 648f.), so eröffnet Gryphius seine Rede – bevor er in einer Apostrophe an die »höchstgeehrte[n] Zuhörer« seine Situation als Trauerredner reflektiert und mit der Betrachtung »Stoscher Ehren-Kleinodi und Wapen« zu dessen Auslegung überleitet (*LA*, S. 601) – mit einer Reihe historischer Exempel, die ihm sein Thema vorgeben: »die Vergänglichkeit aller Sachen / und die Flucht Menschlicher Tage« (*LA*, S. 601f.).

Disposition der Trauerrede

S. 597–601	1.	Einleitung (*exordium*)
S. 597–601		a) Historische Exempel von Aufstieg und Fall; problematische Zeichendeutung
S. 601		b) Apostrophe an die »Zuhörer«; Überleitung zur Auslegung des Familienwappens
S. 601–647	2.	Hauptteil (*propositio*; serielle *explicatio* mit jeweils eingeschobener *applicatio*)
S. 601–602		a) Das Wappen als »Sinnen-Bild«; leitende Analogien: Adler – Seele; Seeblume – Leib
S. 602–605		b) »Ursprung«: Schöpfung, Herkunft
S. 605–609		c) »Vortrefflichkeit«: Wesen, Qualität
S. 609–614		d) »Aufferziehung«: Bildung, Anleitung, Erziehung
S. 614–632		e) »Verrichtungen und Eigenschafften«, »Würckungen«: Fähigkeiten, Taten
S. 632–638		f) »Widerwertigkeit«: Gefährdung, Unsicherheit
S. 638–641		g) »Sterben« und »Tod«: Entschwinden der Seele, Verwesung des Leibes
S. 641–647		h) »Verneuerung oder Verjüngung«: Auferstehung
S. 647–649	3.	Schluß (*consolatio*)

Gryphius' exordiale Beispielsequenz setzt ein mit einer Anekdote über eine orakelhafte Erscheinung bei der Geburt des frühreifen und frühvollendeten Renaissance-Philosophen Giovanni Pico della Mirandola (1463–1494): Über »dem Schlafgemach seiner in Gebehrens-Schmertzen arbeitenden Mutter« sei »ein Kreis-rundes Feuer erschienen« und habe »trefflich geglänt(z)et«, sei »aber über Verhoffen in Eyl verschwunden« (*LA*, S. 597). Aus diesem irregulären Lichtphänomen, dessen Faktizität er weder bezweifelt noch bekräftigt, gewinnt Gryphius seine Generalthese, indem er die einsinnige Deutung des Zeichens problematisiert.[6] Während nämlich Picos Zeitgenossen »aus diesem Gesicht« immer nur auf die Hochbegabung des Kindes geschlossen und ihm *per analogiam* eine »gleich dem Feuer / Himmel-an« steigende Karriere prognostiziert hätten, habe »niemand nicht beobachten wollen / daß diese Glut / durch plötzliches Vergehen / zugleich angedeutet / es würde Picus aus der besten Blüte seiner Jahre« gerissen werden (*LA*, S. 597f.). Statt ein Zeichen eindeutig zu interpretieren, solle man, so verallgemeinert Gryphius den Befund, stets die Ambivalenz aller Aufstiegsphänomene erkennen: »Sintemal alles / was auff dieser Welt groß und prächtig fünckelt / zugleich mit seinem Auffsteigen auff den Untergang zielet« (*LA*, S. 598).

Die universell gültige, gegenseitige Bedingtheit von Aufstieg und Fall bezeugt der Redner sodann durch eine zweigeteilte Exempelreihe, die zunächst von Moses,

---

6 In ihrer exemplarischen Interpretation der Trauerrede hebt Nicola Kaminski: Andreas Gryphius (1998) [122], S. 209–231, zum *exordium* bes. S. 225–231, zentral auf die »Brüchigkeit« (S. 231) ab, die von der Zeichendeutung aus auf die gesamte Textkonstruktion übergreife.

der das gelobte Land zwar sehen, aber nicht betreten darf, bis hin zu Saul reicht, um dann mit zwei Herrschergestalten aus der jüngeren europäischen Geschichte zu schließen: Heinrich VII., König von England, und Katharina von Medici, Königin und Regentin von Frankreich. Unterstreicht die Sequenz der alttestamentlichen Figuren durch ihre jeweilige ›zwar–aber‹-Syntax die Vorläufigkeit und Unzuverlässigkeit aller Erfolge und Glücksverheißungen, so betonen die Beispiele der weltlichen Herrscher, wie niederschlagend jeder aktiv betriebene Versuch einer über die Gegenwart und das eigene Leben hinausreichenden Prognostik sein muß. Denn »aus Begierde zu wissen«, wie ihr eigenes »Glück« und das ihrer »Nachkommen ablauffen würde« (*LA*, S. 600), hätten sich Heinrich VII. und Katharina von Medici zauberischer Mittel bedient, wären aber dadurch jeweils über ihres »gantzen Geschlechtes Fall« belehrt worden (*LA*, S. 601).[7]

Da sich die langgehegte Hoffnung des Redners, das »Geschlecht derer von Stosch beysammen zu schauen«, nun »bey der Todtengruft« auf unerwünschte Weise erfüllt habe (ebd.), stellt auch er sich in die Reihe jener, die dem allgemeingültigen Trug menschlicher Glückserwartungen ausgesetzt sind. Um jedoch aus der Einsicht in die Eitelkeit aller Weltphänomene und in die Ambivalenz aller Zeichen rhetorisches Kapital zu schlagen, will Gryphius, so das Programm seiner Rede, das erkenntnisfördernde und didaktische Potential freilegen, das die deutende Betrachtung von Stoschs Wappen bereithält:

> Was anders lehren die anmuthigen See-Blumen / als daß wir Blumen-gleich verwelken und verfaulen? Was die ausgespannten Adlers-Flügel / als daß unsere Tage weg eilen / als flögen sie dahin? Mit einem Wort / das gantze Wapen kommt mir vor / als ein artiges Sinnen-Bild / durch welches zwar der Mensch / doch auch dessen Vergänglikeit abgebildet; Man setze nur zu den Adlers-Flügeln: CELER AVOLAT, oder die schönen Worte Hiobs: Meine Tage sind vergangen wie ein Adler fleugt zu der Speise. Und zu den See-Blumen: SURGITQVE CADITQVE, oder / der Mensch gehet auff wie eine Blume / und fället ab. Hier werden abgebildet des Menschen Seele / und zugleich sein Leib. (*LA*, S. 602)

In diesem methodisch grundlegenden Abschnitt, der den Hauptteil der Rede eröffnet und die Basis für eine vielschrittige analogische Interpretation legt, benennt Gryphius zunächst die beiden Bildelemente des Wappens, die Gegenstand seiner Ausdeutung sind: Die an ihren Stielen gekreuzten, in herzförmige Blätter (oder Blüten?) auslaufenden weißen Pflanzen im Schild identifiziert er als »die anmuthigen See-Blumen« und die rotweiß gefiederte Helmzier, in der das Schildmotiv aufge-

---

[7] Querbezüge ergeben sich von diesen Zukunftsdeutungen aus nicht nur zu Gryphius' *Carolus Stuardus*, dessen Titelfigur am Ende der dem König Heinrich VII. vorgeführten Figurensequenz steht, sondern auch zur ambivalenten Prophetie im *Leo Armenius*.

nommen ist, als »die ausgespanneten Adlers-Flügel«.[8] Die in rhetorischen Fragen exponierte Deutung, derzufolge beide Naturobjekte auf die Flüchtigkeit menschlicher Existenz verweisen, bündelt Gryphius in der – die ›zwar–aber‹-Struktur der biblischen Beispiele aufnehmenden – Bemerkung, das »gantze Wapen« erscheine ihm als »artiges Sinnen-Bild«, das »zwar« den Menschen, »doch auch dessen Vergänglichkeit« sichtbar mache. Die angefügte Anweisung: »Man setze nur [...]« zeigt dabei, daß erst eine willkürliche Festlegung des Redners das Familienwappen zum Emblem macht, genauer: zu einem aus zweifacher *pictura* und zweifacher *inscriptio* gebildeten Doppelemblem. Dessen ideelle Einheit betont Gryphius, indem er als Inschriften parallel je eine lateinische Kurzformel, welche die zentrale Eigenschaft des betreffenden Objekts herausstellt,[9] und je einen sententiell gefaßten Hiob-Vers (9,25f. und 14,1f.) vorschlägt, der durch die jeweilige Partikel »wie« explizit eine Analogie zwischen dem zum Vergleichsgegenstand erklärten Naturobjekt und dem

---

[8] Mangels einer vor Gryphius datierenden Beschreibung sei hier vergleichend diejenige aus Stosch (Anm. 1), S. 15, zitiert: »in einem rothen Schilde zwey oben gegeneinander sich neigende weisse See- oder Wasser-Blumen / deren weisse Stiele unten übers Creutze zusammen und wieder auseinander gehen / jeder mit drey besondern Wurtzeln versehen; auf dem ungecrönten Helm zwey über einander liegende rothe Adlers-Flügel / davon der unterste vornen etwas vorgehet / und der oberste die doppelten See-Blumen hat wie im Schilde / nebst weiß und rothe Helm-Decken«. Vgl. ebd., nach S. 16, in der »Wappen-Tabell«, Version I (Mitte oben; vgl. Abb. 10). In der weit verbreiteten Wiedergabe bei Johann Siebmacher und Paul Fürst (Das Erneuerte und vermehrte Teutsche Wappenbuch / Jn welchem Deß H. Römischen Reiches Hohe Potentaten / Fürsten / Grafen / Herren / Freyherren / Edle / Stände und Städte / etc. Wappen / Schilde / Helm / Kleinodien / Wie auch Deroselben Namen / Herrschafften / und Herolds Farben / etc. außgebildet zuersehen. Erster Theil. Mit einer umbständigen Vorrede / Von dem Ursprung und Gebrauch der Wappen vermehrt. Zufinden bey Paulus Fürsten / Kunsthändlern in Nürnberg / Gedruckt daselbst bey Christoff Gerhard, Tafel 57) zeigt, wie Stosch, S. 20, ausdrücklich moniert, »unser Wappen nur einen Flügel auf dem Helme«. Während Stosch zu den Adlerflügeln nur bemerkt, sie würden wohl »bedeuten / entweder daß ein solcher Ritter unter oder wider solche Herren gefochten / die Adler in ihren Wappen und Fahnen geführet / oder hohe Gedancken und Einfälle / die mit geschwinder Hurtigkeit expediret worden« (ebd.), rechnet es Gryphius dem Geschlecht, das vor seiner Übersiedlung nach Schlesien »in dem Hungrischen Königreiche / in dem GrafenStande geblühet / und nachmals sich hier und in unserer Nachbarschafft durch unsterbliche Thaten berühmt gemachet« habe, als große »Ehrenzierde« an, daß ihm (zu einer Zeit, als die Herrscher noch sehr zurückhaltend mit der Erlaubnis umgegangen seien, Merkmale ihres Wappentiers zu führen) »diese Rothen / das ist durch Blut erworbne Adlersflügel« verliehen worden seien (*LA*, S. 606). Die ätiologischen Darstellungen bei Stosch, S. 4 und 15, erläutern hingegen lediglich, wie die Seeblumen zum Wappenbild geworden seien, was wiederum in Gryphius' Rede keine Rolle spielt.
[9] Die lateinischen *inscriptiones* hat Gryphius, soweit ich sehe, nicht aus vorliegenden Adler- oder Blumen-Emblemen übernommen. Die Formulierung »surgitque caditque« findet sich allerdings in der neulateinischen Dichtung, etwa bei Théodore de Bèze. THEODORI BEZAE VEZELII *Poëmata varia.* SYLVÆ. ELEGIÆ. EPITAPHIA. EPIGRAMMATA. ICONES. EMBLEMATA. CATO CENSORIVS. *Omnia ab ipso Auctore in vnum nunc Corpus collecta & recognita.* ANNO M. D. XCVII., S. 7 (»NATALIA DOMINI. Sylua III.«), hier in einer Charakterisierung des Phöbus.

eigentlich gemeinten menschlichen Wesen behauptet.[10] Die hieraus abgeleitete Feststellung, in dem von Gryphius zum Doppelemblem erhobenen Wappen werde »abgebildet des Menschen Seele / und zugleich sein Leib«, dient sowohl als zusammenfassende *subscriptio* wie auch als eröffende, in der weiteren Rede näher auszuführende These.

Entsprechend bestimmt die duale Anlage des heraldisch grundierten Emblems, das seinem Erfinder und Interpreten zufolge die physisch-metaphysische Doppelnatur des Menschen repräsentiert, den Aufbau des Hauptteils: »In einer Reihe von Stationen werden« hier »die Eigenschaften des Adlers wie der Seeblumen allegorisch als solche der Seele bzw. des Leibes gedeutet und kontrapunktisch einander gegenübergestellt«, bevor die Deutungen abschnittweise auf den Verstorbenen und sein Geschlecht appliziert oder an ihnen exemplifiziert werden.[11] Dabei nehmen die Allegoresen des Adlers, den Gryphius meist an die Stelle seines als *pars pro toto* aufgefaßten Flügels rückt, oft deutlich mehr Raum ein als die der Seeblumen. Da zudem die Applikationen teils für mehrere Abschnitte zusammengefaßt werden, teils als Überleitungen dienen, sind die Redezäsuren nicht immer eindeutig zu bestimmen. Unzweifelhaft folgen die Stationen aber einem typischen christlichen Lebenslauf:[12] Von »Ursprung« (*LA*, S. 602) sowie wesenhafter »Vortrefflichkeit« (*LA*, S. 605) einerseits und »Verneuerung oder Verjüngung« (*LA*, S. 642) andererseits gerahmt, werden dazwischen die »Aufferziehung« (*LA*, S. 609), die »Verrichtungen und Eigenschafften« (*LA*, S. 614), die stete Gefährdung (»Widerwertigkeit«; *LA*, S. 632) und der »Tod« (*LA*, S. 637) der Naturobjekte resp. des von ihnen verbildlichten Menschen behandelt und punktuell auf den Verstorbenen übertragen (vgl. die Tabelle).

In den einzelnen Abschnitten schüttet Gryphius ein Füllhorn der Gelehrsamkeit aus, das sich aus den in der Emblematik üblichen Quellentypen speist und dort erprobte Auslegungen adaptiert. Entsprechend finden sich zahlreiche Parallelen in zeitgenössischen Emblembüchern: Für die topische ›Sonnenprobe‹, in der die Adler ihre Jungen »mit Gewalt dieses grosse Liecht der Welt anzuschauen zwingen« (*LA*, S. 609), um ihre körperlich-charakterliche Güte zu erkunden, verweist Gryphius zwar auf seine mutmaßliche Hauptquelle, das ornithologische Kompendium des

---

10 Zu Gryphius' Emblematisierung des Wappens vgl. Dietrich Walter Jöns: Das »Sinnen-Bild« (1966) [907], S. 76f., und Kaminski (Anm. 6), S. 211f., die das von Gryphius gewählte Verfahren zu Recht als eines »ostentativer Konstruktion« bezeichnet, dabei aber überpointiert von der »Auferstehung des Emblems aus dem Untergang des Wappens« spricht – auch wenn das konkrete Wappen mit dem Sarg in die Gruft versenkt worden sein mag (ebensogut kann dieser zu weiterer Anschauung in einer Krypta aufgestellt worden sein), bleibt das Geschlechterwappen ein dauerhaftes, über den Tod des einzelnen Familienmitglieds hinauswirkendes Element.
11 Rusterholz (Anm. 1), S. 87. Applikationen auf Stosch (und sein Geschlecht) finden sich in folgenden Abschnitten: *LA*, S. 606f., 613f., 630–632, 636f., 641, 644, 647.
12 Vgl. Rusterholz (Anm. 1), S. 88.

Ulisses Aldrovandus, konnte sie aber auch in zahlreichen Emblemen dargestellt sehen.[13] Fast ebenso gerne wird dort die angebliche Verjüngung des Adlers in ähnlicher Weise allegorisiert, wie Gryphius dies gegen Ende seiner Rede unternimmt (*LA*, S. 641f.).[14] In einem Falle referiert der Redner sogar direkt auf eine Vorlage aus dem Einzugsbereich der Sinnbildkunst: eine in Jacobus Typotius' *Symbola* (1603 u.ö.) wiedergegebene Imprese, die unter dem Motto »SEMPER ARDENTIUS« einen »seuffzenden Adler« zeigt, »an dessen Brust sich eine Hitz- oder Durst-Schlange gehencket«, um damit »anzudeuten / daß das innerliche Feuer seiner Sorgen ie mehr hitzete und feurete« (*LA*, S. 632).[15]

Wie Gryphius bereits die Konstruktion seines Emblems auf die Autorität des Bibelwortes stützt, indem er sein analogisches Verfahren mit zwei Hiob-Vergleichen etabliert, so bleibt die Bibel auch in der *explicatio* ein herausragender Fundus für die Deutung der Bilder und die Wesensbestimmung des leiblich-seelischen Menschen. Unmittelbar anzuschließen sind die patristischen Bibelexegeten, deren Argumente sich Gryphius mit expliziter Zitation oder impliziter Anlehnung zunutze macht.[16] Die christlich-theologischen Prätexte sind aber wenigstens quantitativ nicht privilegiert. Mindestens ebenso intensiv rekurriert Gryphius, bei dem wie in der barocken Gelehrsamkeit generell nicht von einer durchgehend direkten Quellenbenutzung, sondern von deren Vermittlung durch frühneuzeitliche Wissensspeicher auszugehen ist, auf antik-pagane Naturkundler und Philosophen von Aristoteles über Cicero (*De natura deorum*), Plinius und Plutarch bis hin zu Claudius Aelianus (*De natura animalium*) und Horapollo. Dessen in der Renaissance vielfach aufgelegte, übersetzte und illustrierte *Hieroglyphica* dürften ihm sogar zentrale Belegstellen für die Gleichsetzung von Adler und Seele[17] geboten haben:

---

13 Seine Marginalie »Aldrovand. l. 1 sing de Aqvilis.« referiert auf VLYSSIS ALDROVANDI PHILOSOPHI AC MEDICI BONONIENSIS. Historiam Naturalem in Gymnasio Bononiensi Profitentis, ORNITHOLOGIAE HOC EST DE AVIBVS HISTORIAE *LIBRI XII*. AD CLEMENTEM VIII. *PONT. OPT. MAX. CVM INDICE SEPTENDECIM LINGVARVM COPIOSISSIMO*. BONONIAE Apud Franciscum de Franciscis Senensem. CIƆ. IƆ. XCIX *SVPERIORVM PERMISSV*, hier Buch I (»de Aquilis in Genere«) und II (»de Aquilis in Particulare«), der seinerseits auf zeitgenössische Emblembücher verweist; zur ›Sonnenprobe‹ vgl. Emblemata. Handbuch zur Sinnbildkunst des XVI. und XVII. Jahrhunderts. Hg. von Arthur Henkel und Albrecht Schöne. Taschenausgabe. Stuttgart 1996, Sp. 773f.
14 Vgl. Emblemata (Anm. 13), Sp. 775–777.
15 Vgl. Albrecht Schöne: Emblematik und Drama (³1993) [498], S. 8f.; Jöns (Anm. 10), S. 74f. mit Abb. 13; Hans-Jürgen Schings: Die patristische und stoische Tradition (1966) [939], S. 22–54, hier S. 28f.
16 Die in der Leichenrede zu Gebote stehenden Belege finden sich erschöpfend bei Schings (Anm. 15), bes. S. 35–54, der die argumentative Verbindlichkeit der Kirchenväter für Gryphius allerdings wohl zu stark gegenüber anderen Quellengruppen favorisiert.
17 Vgl. hierzu Schings (Anm. 15), S. 30–35.

> Bekant ists / daß bey den Egyptiern der Adler ein Bildnüß des unsterblichen Gottes gewesen / massen weitläufftig ausgeführet von denen die selben Volcks heilige Buchstaben ausgeleget. [...] Wie den obgedachte Egyptier gleichfals durch Abbildung eines Adlers / die Seele des Menschen gemahlet / wie sie denn die Seele und den Adler / mit eben einem Wort Najeth genennet. (*LA*, S. 603f.)

Daß Gryphius sich bewußt war, daß sein polyhistorischer Zugriff auf disparate Traditionen und Wissensbereiche, deren Einzelelemente er dekontextualisiert und thematisch-topisch neu bündelt, den selbstgesteckten christlichen Deutungsrahmen ausdehnt oder seine Verbindlichkeit gar punktuell überschreitet, verraten Nebenbemerkungen des Redners: Zu einer spekulativ-kabbalistischen Deutung des Menschenleibes, die Gryphius von den »Jüdischen Rabinen« übernimmt,[18] bemerkt er relativierend, aber kaum abwertend: »derer Meynung man dahin gestellet seyn lässet« (*LA*, S. 608). Für die Exegese des 103. Psalms läßt er die Autorität der »Hebreischen / als Christlichen Außleger« gar uneingeschränkt nebeneinander gelten (*LA*, S. 641). Und gleich zu Beginn seiner allegorischen Sequenz, wo ihm die Geburt des Adlers in exklusiver Höhenlage das Analogon für Thesen zur Entstehung der Seele bietet, reiht er diese (und darunter manche, die Geister strenger Observanz als häretisch eingestuft hätten) zu einer Parataxe, deren gleichgeordnete Einzelpositionen schlicht »etliche[n]« und »andere[n]«, »diese[n]« und ausdrücklich anerkennend »etliche[n] der Heyden« zugeschrieben werden (*LA*, S. 603).

Bedeutsamer noch für die Frage, ob Gryphius' Versammlung extrem vielfältigen Bild- und Anschauungsmaterials ihn auch ideologisch über eine engere theologische Exegese seines doch zu religiöser Didaxe konstruierten Wappen-Emblems hinausführt, ist sein Einbezug fortschrittlicher Empirie und seine ausdrückliche Würdigung menschlicher Erkenntniskraft: Mehrfach führt er die »Erfahrenheit« der ›modernen‹ »Natur Erforscher« (*LA*, S. 605; vgl. auch S. 630) an, die etwa am Menschenleib »noch kürtzlich« durch anatomische Operationen »neue« Entdeckungen wie den Blutkreislauf »erfunden« hätten (*LA*, S. 607f.). Und der Zielpunkt der Rede, die nur durch die Auferstehungshoffnung erträgliche Einsicht in die Flüchtigkeit des Irdischen, scheint mindestens dort passagenweise aus dem Blick zu geraten, wo Gryphius die physisch-sensuellen Qualitäten des Adlers und analog dazu die Erkenntniskräfte des menschlichen Geistes in einer Art von frühmodernem ›Aufklärungsoptimismus‹ rühmt:

---

[18] Seine Marginalie »Menass. l. III. de Resurrect. c. XI.« (*LA*, S. 608) referiert auf: MENASSEH Ben-Israel DE RESVRRECTIONE MORTUORUM *LIBRI III*. Quibus animæ immortalitas & corporis resurrectio contra Zaducæos comprobatur: caussæ item miraculosæ resurrectionis exponuntur: deque judicio extremo, & mundi instauratione agitur: *Ex Sacris Literis, & veteribus Rabbinis*. AMSTELODAMI, *Typis & sumptibus Auctoris*. CIƆ IƆC XXXVI., S. 332–346, hier S. 342.

> Wir haben den Himmel nicht bestiegen / und dennoch abgebildet; Wir sind so fern von den Festen des Himmels / gleichwol haben wir uns erkühnet die Sterne zu zehlen / und denenselben Namen gegeben / ihren Gang erforschet / und ihre wunderliche Bewegungen auff einem schlechten Papier abgebildet. Wir haben die unschiffbare See durchsegelt / und wo wir den Fuß / auch keine Segel hinwagen dörffen / durch gezogene Strich Gräntzen geordnet. Die Erden ist nie gantz von uns gesehen / und dennoch gemessen. Wir haben die Tiefe durchgründet / die Geheimnüsse der Natur erforschet / und alles Geschöpff / so in der grossen Welt anzutreffen / betrachtet; ja was noch mehr uns aus der Zeit in die Ewigkeit begeben / und der Unsterbligkeit unserer Seelen nachgesetzt. (*LA*, S. 615)

Trotz integrierter Bescheidenheitsfloskeln (»nicht bestiegen«; »nie gantz von uns gesehen«), mit denen er einem Hybris-Verdacht vorbaut, ist Gryphius' Leistungsbilanz des Menschen doch zu allem anderen angetan als zu demütiger Einsicht in die Grenzen menschlicher Erkenntnis. Statt die mittelalterlich-pejorative Wertung der *curiositas* fortzuschreiben, wird gerade umgekehrt die Fähigkeit des Menschen gefeiert, physisch gegebene Limitierungen intellektuell zu kompensieren und selbst dort noch messend und ordnend über die Dinge und die Elemente zu herrschen, wo sie körperlich unerreichbar und unbeherrschbar sind.

So sehr Gryphius' anaphorisch gereihte Argumentationskette sich punktuell zu einem Preis menschlicher Autonomie und zu einem Lob der menschlichen Fähigkeit, sich »aus der Zeit in die Ewigkeit« zu »begeben«, fügen mag,[19] so sehr er im Laufe der Rede sogar »nichts schöners« zu nennen weiß »denn ein[en] wolgeschickte[n] Leib« (*LA*, S. 629), nichts zu kennen meint, »das an Zierde / an Geschicklickeit und Geheimnüssen mit des Menschen Leibe zu vergleichen« wäre (*LA*, S. 607), und den menschlichen Körper »als das letzte Meisterstücke des allein weisen GOttes« bezeichnet (ebd.), so wenig sollte man solche Abschnitte isoliert betrachten oder aus ihnen gar auf prozessuale Veränderungen in Gryphius' Weltbild schließen wollen. Gegen den Versuch, in der Rede vom Sommer 1652 den »Höhepunkt und das Ende einer von Selbstbewußtsein und Stolz getragenen Darstellung des Menschen« zu sehen, die sodann einer »großartigen, schweren und dunklen Monotonie Platz« mache,[20] sind nicht nur grundsätzliche Zweifel an individualpsychologischen Ableitungen aus hochgradig rhetorisierten Texten anzumelden, sondern auch im Blick auf die Argumentationsstruktur der Leichenrede selbst interpretatorische Bedenken anzubringen. Ähnlich wie Gryphius schon im vieldiskutierten ersten Reyen des *Leo Armenius* die Doppelwertigkeit menschlicher Redekraft in der antithetisch-synthetischen Form der pindarischen Ode behandelte, so unterwirft er in der ungleich größer dimensionierten Leichabdankung auf Stosch, die deshalb dem Einzelelement mehr selbständige Geltungskraft zubilligt, doch alle Beobachtungen und

---

19 Ähnlich etwas weiter unten: »Wie viel herrliche Wercke gelehrter Seelen pochen noch heute die alles-verheerende Zeit?« (*LA*, S. 617f.).
20 Fürstenwald (Anm. 1), S. 48f.

Auslegungen dem übergeordneten Muster von *concessio* und *adversatio*, das er in den ›zwar–aber‹-Exempeln des Eingangs als Modell ambivalenter Zeichendeutung exponiert hatte. Strukturbestimmender Gegenstand von Andreas Gryphius' Rede auf die *Flucht Menschlicher Tage* ist »zwar der Mensch / doch auch dessen Vergänglig-keit« (*LA*, S. 602).

II.8.2.n *Mutua Amantium Fuga*
Von Nicola Kaminski

Wer ist Helena von Bibran?

Noch 2007 liest man in der Neuedition von Gryphius' *Dissertationes funebres* im Abschnitt »Die der Edition zugrundeliegenden Quellen und deren Kontexte« zur Leichabdankung *Mutua Amantium Fuga*: »Nähere Informationen zur Verstorbenen waren nicht zu ermitteln.« Als Lebensdaten für Helene von Bebran werden, wohl auf der Grundlage von Sibylle Rusterholz' »Chronologische[m] Verzeichnis der Leich-Abdanckungen u. Lebensdaten der Empfänger«,[1] genannt: »geb. 1608, gest. 16.10.1654« (*GA* IX, S. 416). Dabei hatte schon Rusterholz, die frühe, maschinenschriftliche Dissertation von Johannes Liebe in Erinnerung bringend, auf eine von diesem herangezogene Quelle hingewiesen,[2] die nicht nur die bis in die 1960er Jahre vorherrschende »Unklarheit [...] darüber, wie die Abdankung *Mutua Amantium Fuga* [...] zeitlich einzuordnen sei«,[3] zu beseitigen vermag, sondern auch Aufschluß darüber gibt, wer die verstorbene Helena von Bibran (so die dort verwendete Namensform) war. Gemeint ist die von Melchior Friedrich von Stosch 1736 veröffentlichte *Genealogia des Hoch-Gräflich-Freyherrlich und Hoch-Adelichen Geschlechts Derer von Stosch*, die der Gryphiusforschung als Referenzwerk für die Leichabdankung *Flucht Menschlicher Tage* auf Hans George von Stosch geläufig ist.

Diese Quellenkoinzidenz ist kein Zufall, denn nach Ausweis des »Fünffte[n] Capitel[s]. Von der Stosch-Kreydelwitzischen Linie. I. Die erste ausgestorbene Linie« sind Helena von Bibran, geb. von Stosch, und Hans George von Stosch Geschwister, Kinder nämlich von Alexander von Stosch (1547–1616) und dessen zweiter Gemahlin Helena, geb. von Rothkirch, († 1637):[4]

> Obgedachter Alexander von Stosch hat mit Helena von Rothkirch gezeuget
> I. Hanß George I. von Stosch auf Kreydelwitz / geb. den 11. Dec. 1599. S. unten ein mehrers.
> [...]

---

1 Sibylle Rusterholz: Rostra, Sarg und Predigtstuhl (1974) [842], S. 58–61, hier S. 60.
2 Vgl. Johannes Liebe: Die Deutung des Gotteswillens in der Religion und im Drama des Andreas Gryphius (1921) [398], S. 20.
3 Rusterholz (Anm. 1), S. 61.
4 Vgl. GENEALOGIA Des Hoch-Gräflich-Freyherrlich- und Hoch-Adelichen Geschlechts Derer von Stosch / Zu Ehren und Gedächtniß Aller mit Demselben / Beydes dem Wappen und Geschlecht nach, Verwandten und Befreundeten, Und zum Nutzen Anderer Hoch-Adelichen Geschlechter / Aus vielen alten und neuen Urkunden, Nebst den darzu gehörigen Geschlechts-Taffeln / und nöthigen Kupffern / zusammen getragen Durch Weiland Herrn Melchior Friedrich von Stosch, auf Mondschütz, des Wohlauischen Fürstenthums dieses Creysses Königl. Hofe-Richter und Landes-Deputirten. Breßlau und Leipzig, Bey Johann Jacob Korn. M DCC XXXVI, S. 60f.

IV. Helena von Stosch / geb. Sonnabends vor Michaelis 1608. Gemahl Heinrich Freyherr von Bibran und Modlau auf Reisicht / Modlau / Gießmansdorf / dero Röm. Kayserl. Majest. Reichs Hofe-Rath / Cämmerer und bestallter Obrister / der zu Hungarn und Böheimb Königl. Majest. Ferdinandi III. Rath / dero Königl. Majest. in Polen Vladislai IV. Cämmerer / und dero Durchlaucht. Ertz-Hertzogs Leopold Cämmerer / und der Fürstenthümer Schweidnitz und Jauer vollmächtiger Landes-Hauptmann / starb den 18. Julii 1642. zu Bojanowa in Polen / und ward darauf zu Liegnitz in der Kloster-Kirche begraben. Seine Gemahlin verschied den 16. Octobr. 1654. welcher Andreas Gryphius eine Lob-Rede gehalten / die in seinen Leich-Abdanckungen die letzte ist pag. 649.[5]

Folgt man dem Verweis nach »unten« zu Hans George von Stosch, zu welchem laut aktuellem Forschungsstand »die zur Verfügung stehenden Informationen« ebenfalls »dürftig« seien (*GA* IX, S. 416), so erfährt man – neben einer Reihe eher anekdotischer Episoden – seine genaue genealogische Verortung ebenso wie seine Lebensdaten.[6] Und wie im Fall seiner Schwester verweist der Chronist auch hier auf die von Gryphius gehaltene »Leichen-Rede [...] von der Flucht menschlicher Tage / welche in dessen Leich-Abdanckungen pag. 597. zu befinden«.[7]

Abgesehen vom Wert biographischer Hintergrundinformationen an sich[8] eröffnet dieses Kontextwissen auch zusätzliche Perspektiven auf die beiden Leichabdankungen. Zunächst ergibt sich ein möglicher Anhaltspunkt betreffend die Anordnung der Abdankungen in der posthumen Ausgabe der *Dissertationes funebres*. Auch wenn die Schlußposition der *Mutua Amantium Fuga* »hinter Abdankungen auf Bürgerliche« klärungsbedürftig bleibt,[9] scheint es doch kompositorischen Gesichtspunkten zu gehorchen und nicht dem Zufall, daß unmittelbar davor die *Flucht Menschlicher Tage* auf den gut zwei Jahre vor Helena von Bibran verstorbenen Bruder abgedruckt ist. Auch könnte es einen guten Sinn haben, daß in beiden Leichabdankungen die Flucht im Titel steht. Sodann aber ist es insbesondere für das

---

5 Ebd., S. 61.
6 Vgl. ebd., S. 62f. Demnach sind die bei Steiger (*GA* IX, S. 416), gegebenen Informationen dahingehend zu ergänzen bzw. korrigieren, daß Hans George von Stosch am 11. Dezember 1599 geboren wurde (Stosch, S. 61) und »den 15. Aug. 1652. im 53 Jahre« starb (ebd., S. 63), daß er nicht »in zweiter« (Steiger), sondern in dritter Ehe mit »Anna geb. von Rackel« (Stosch, S. 63) verheiratet war, daß er nicht »drei Kinder« hatte (Steiger), sondern sieben (vier aus erster, drei aus zweiter Ehe, vgl. Stosch, S. 62f.) und daß Wolf Alexander von Stosch nicht sein »älteste[r] Sohn« war (Steiger), sondern »der jüngere« (Stosch, S. 63). Das in der Forschung ohne weitere Begründung tradierte Beerdigungsdatum 12. August 1652 (vgl. das ↗ Kap. II.8.2.m zur *Flucht Menschlicher Tage*, S. 560, Anm. 1) könnte sich aus der Zehntagedifferenz zwischen gregorianischem und julianischem Kalender erklären und in der Zeitrechnung von Stoschs *Genealogia* der 22. August sein.
7 Stosch (Anm. 4), S. 63.
8 Hierzu gehört das nach Stoschs Angabe zu ergänzende Geburtsdatum der Helena von Bibran: Je nachdem, ob die Zeitrechnung alten (julianischen) oder neuen (gregorianischen) Stils anzusetzen ist, meint »Sonnabends vor Michaelis 1608.« den 24. oder den 27. September 1608.
9 Maria Fürstenwald: Dissertationes Funebres (1967) [838], S. 28.

Verständnis der *Mutua Amantium Fuga* von erheblicher Relevanz, daß der in Stoschs *Genealogia* nüchtern notierte »Gemahl«, »Heinrich Freyherr von Bibran«,[10] ein gutes Jahrhundert zuvor zu den (in protestantischer Sicht) berüchtigtsten »Hauptfigur[en] der Gegenreformation in Schlesien«[11] gehörte. Als Kämmerer und Landeshauptmann der Fürstentümer Jauer und Schweidnitz, eine Machtposition, die er in habsburgischem Dienst von 1627 bis 1637 bekleidete,[12] nachdem der Kaiser ihn 1624 in den Freiherrenstand erhoben hatte, führte er – nach dem Vorbild der handstreichartig mit militärischer Gewalt von Carl Hannibal von Dohna vollzogenen Gegenreformation im Fürstentum Glogau – Anfang 1629 mit großer Härte die Rekatholisierung der ihm unterstehenden Territorien durch.[13] Am 29. Januar 1631 legte der sächsische Kurfürst, der ursprünglich die Niederschlagung des Böhmischen Aufstands und die militärischen Strafmaßnahmen gegen Böhmen und Schlesien unterstützt hatte, bei Kaiser Ferdinand II. Protest ein zugunsten der »Landt-Stände der Fürstenthümer Schweidnitz vnd Jawer / so wol d[er] Städte Hirschberg vnd Lewenberg«: »die klag[t]en wehmüttig / wie das Reformationwerck in ermelter Fürstenthümer Weichbild durch militärischen zwang vnd bedrewung fortgestellet werde / vnd man damit eifrig zu jhrer hertzen vnd gewißen betrübnis continuire«.[14]

---

10 Auch auf ihn weist Liebe (Anm. 2), S. 20, bereits hin, ohne die Angabe jedoch auszuwerten.
11 Claudia A. Zonta: Schlesische Studenten an italienischen Universitäten. Eine prosopographische Studie zur frühneuzeitlichen Bildungsgeschichte. Köln 2004, S. 176, Biogramm Nr. 87.
12 Vgl. Jörg Deventer: Gegenreformation in Schlesien (2003) [145], S. 226 mit Anm. 287, sowie Hermann Grotefend: Die Landeshauptleute der Fürstenthümer Schweidnitz und Jauer. In: Zeitschrift des Vereins für Geschichte und Alterthum Schlesiens 12 (1874), S. 45–63, hier S. 58f.
13 Zu Heinrichs von Bibran Wirken als Gegenreformator, der sich nicht nur durch besondere Grausamkeit auszeichnete, sondern auch durch einen Zug zum Systematischen (»Der Landeshauptmann Bibran fuhr immer fort«, so wird für 1636 festgestellt, »und verordnete eine so genannte Schlüsselcommißion in den kleinern und noch übrigen Städten, die Kirchen wegzunehmen«), vgl. Johann Adam Hensels, Predigers bey der evangelischen Gemeine zu Neudorf am Grätzberge, Protestantische Kirchen-Geschichte der Gemeinen in Schlesien Nach allen Fürstenthümern, vornehmsten Städten und Oertern dieses Landes, und zwar vom Anfange der Bekehrung zum christlichen Glauben vor und nach Huß, Lutheri und Calvini Zeiten bis auf das gegenwärtige 1768ste Jahr, Nebst einem vollständigen Verzeichniß aller itzt lebenden Geistlichen bey den evangelischen Kirchen, in acht Abschnitten abgefasset und mit einer Vorrede versehen von Friedrich Eberhard Rambach, Königlich Preußischem Ober-Consistorialrath und Jnspector der Kirchen und Schulen in Schlesien. Mit gnädigster Freyheit. Leipzig und Liegnitz, Jm Verlag David Siegerts, 1768, S. 274–289. Zitat: S. 288. Vgl. außerdem Deventer (Anm. 12), S. 192–196, 201–212 und 220–226.
14 COPIA Des Patents So Jhr Gnaden der Herr Landes Hauptman in den beyden Fürstenthümern Schweidnitz vnnd Jawer / in gedachter Fürstenthümer vnd deroselben zugehörigen Weichbilden publiciren laßen. Jtem Wolgemeinte Intercessionschrifft An die Röm: Kayserl. May: So Jhre Churf. Durchleuchtigkeit zu Sachsen für die LandStände Gedachter Fürstenthümer / so wol auch für die Städte Hierschberg vnd Lewenberg gethan. Geschehen den 29. Januarij 1631. Jtem Gebet vnd Danckpsalm auß dem Propheten Esaia Cap. 41. Also zu singen: Kompt her zu mir spricht Gottes Sohn. Von Johanne Necker J. U. D. Pomerano. Publicirt nach Sieghaffter Eroberung beider Städte

Vorangestellt ist der kurfürstlichen »Jntercession« auf drei Seiten die »Copia« eines von Heinrich von Bibran mit Datum vom »8. Novembr. 1630« erlassenen »Patents«, das die Landstände verpflichtet, mit scharfen Strafen gegen die »turbation« von »Predigten vnnd Gesängen der H. Catholischen allein seligmachenden Religion« durch die »friedhäßigen« protestantischen »Predicanten« einzuschreiten. Heinrich von Bibran war, wohl in zeitlicher Nähe zu seiner Ernennung zum Landeshauptmann 1627, zum Katholizismus konvertiert, seine Frau Helena blieb protestantisch.[15]

Grieffenhagen vnd Gartz in Pommern. Gedruckt im Jahr 1631, unpag. Geschildert werden Wegnahme der Kirchen, Verbot des »Exercitium Religionis«, Aufhebung der »Evangel: Schulen«, Austreibung der »Evangelische[n] Advocaten vnd Medici«, Einschüchterung der »Evangelischen Priester«, so daß sie »auß eingejagter furcht / schew vnd bedencken getragen / gemeinen Leuten vnd Ritterstands Personen die Heiligen Sacramenta zu administriren / oder Kinder zu tauffen«, Berufsverbot und Vertreibung bei verweigerter Konversion.

15 Vgl. Zonta (Anm. 11), S. 176. Der Zusammenhang ist zeitlich nicht sicher aufzuhellen. Weder ist das Datum der Konversion bekannt noch dasjenige der Heirat zwischen Heinrich von Bibran und Helena von Stosch. Letztere ist wahrscheinlich für 1625 anzusetzen, da nach Stosch (Anm. 4), S. 61, das erste Kind am 24. Juli 1626 geboren wird und die nächsten vier im Abstand von ein bis anderthalb Jahren folgen. Für den Sommer 1627 spricht Deventer (Anm. 12), S. 192, von der »Berufung des katholischen Konvertiten Heinrich von Bibran«, nachdem zuvor der protestantische Landeshauptmann Kaspar von Warnsdorf vom Kaiser abgesetzt worden war. Unterstellt man, daß die Protestantin Helena von Stosch keinen Konvertiten geheiratet haben würde, wäre die Konversion nach der Heirat, aber vor der Ernennung zum Landeshauptmann anzunehmen. Daß Helena von Bibran zeitgenössisch von den bedrängten Protestanten wie den zum Katholizismus Konvertierten als Widerstandsfigur wahrgenommen wurde, läßt sich im Kontext der sogenannten »Geschichte vom Löwenberger Weiberkriege« einem »vor 156. Jahren gemachten Aufsaz« entnehmen, der, so die Einschätzung von Benjamin Gottlieb Sutorius 1787, »ohne Zweifel von einem Exulanten herrühret« und den er in seiner *Geschichte von Löwenberg* »von Wort zu Wort« (S. 234) unter dem Titel »[E]igentliche[r] und wahrhafte[r] Bericht[ ], von der den 9ten 10ten und 11ten April des 1631. Jahres mit den Löwenberger Weibern, vorgehabten Reformations- und Pfaffen-Händel« (S. 216) abdruckt. Dort finden sich in der (in wörtlicher Rede stilisierten) Beratschlagung der bereits konvertierten Löwenberger Ratsherren über geeignete Maßnahmen, auch ihre Frauen zum Katholizismus zu zwingen, folgende Repliken über Helena von Bibran: »[E]s wäre wohl gut wenn Mann und Weib einen Glauben und ein Vater Unser hätten, [...] es wäre wohl gut daß gleichwie wir uns beqvemen müßen, daß es die Weiber auch thäten, weil sie unser Einkommen mit genüßen, und Rathsfrauen werden, allein ich besorge es wird schwehr hergehen, wolte fast lieber rathen, man consulirte hierüber zuvor den Herrn Landeshauptman, wie er es mit seinem Weibe anstellen wolle« (S. 218). »[D]er Landeshauptman sehe nur wie er seine Kezerische Frau zurechte bringe, welche kein geringes Aergernis und Spiegel unsrer Weiber ist« (S. 220). Die Geschichte von Löwenberg aus Urkunden und Handschriften. Zweiter Theil welcher die Geschichte der Kirchen und Schulen dieser Königl. Preußl. Schlesischen Creiß-Stadt und der Landkirchen über welche die Stadt das Kirchlehn ausübet, enthält. Gesammlet von Benjamin Gottlieb Sutorius. Jauer, gedruckt bey H. C. Müller. 1787.

Stumme Rede?

Anders als Gryphius' erste gedruckte Leichabdankung, der *Brunnen-Discurs* auf Georg Schönborner, oder der zeitlich nähere *Winter-Tag Menschlichen Lebens* auf dessen Gemahlin Eva Schönborner vom Frühjahr 1653, denen eine vergleichbar konfessionspolitisch komplizierte biographische Konstellation zugrunde liegt,[16] läßt die Abdankung auf Helena von Bibran (die bei Gryphius Bebran genannt wird) an der textuellen Oberfläche nichts von diesem Komplikationspotential erkennen. Das mag daran liegen, daß Heinrich von Bibran, katholisch bestattet »zu Liegnitz in der Kloster-Kirche«, bereits gut zwölf Jahre zuvor gestorben ist[17] und daß Gryphius – anders als im Fall Georg Schönborners – ihn reinzuwaschen sich nicht in der Verantwortung sieht. Zudem haben sich seit dem März 1653, als Gryphius in der Leichabdankung auf Eva Schönborner die ungeachtet des Westfälischen Friedensschlusses andauernden konfessionspolitischen Repressionen noch explizit angesprochen hatte (vgl. *WML*, S. 4f.), die Bedingungen für die schlesischen Protestanten abermals verschärft.[18] »Durch die fatale Reformation in den Erb-Fürstenthümern im J. 1653 und 1654« – gemeint ist die Ende 1653 einsetzende »gewaltsame Einziehung der evangelischen Kirchen in den schlesischen Fürstentümern Jauer, Schweidnitz und Glogau«,[19] die sogenannte Kirchenreduktion – mußten »die gedrückten Protestanten […] im Frieden den römisch Catholischen Geistlichen etliche hundert Kirchen einräumen […], welche ihnen doch im Kriege noch waren gelassen worden«.[20] »Das gesamte Fürstentum Glogau«, und in Glogau wird man die Bestattung der Helena von Bibran anzunehmen haben, »war damit auf die einzig verbleibende evangelische Kirche, die sog. ›Hütte Gottes vor Glogau‹, angewiesen.«[21] Diese aber hatte als eine der drei im Westfälischen Friedensinstrument konzedierten Friedenskirchen nur aus Holz und Lehm außerhalb der Stadtmauern errichtet werden dürfen und war im August 1654, wenige Monate vor dem Leichenbegängnis, bei einem Unwetter eingestürzt.[22] Keine guten Voraussetzungen für konfessionspolitisch offene Worte ohne jeden institutionellen Schutz. Sibylle Rusterholz konstatiert vor diesem Hintergrund denn auch für die *Mutua Amantium Fuga*, wiewohl sie hier »deutlichere und tiefergreifende Spuren der konkreten zeitgeschichtlichen Situation« sehen will, keine spezifische Bezugnahme, vielmehr einen apokalyptischen Grundton: sie sei

---

16 Vgl. dazu das ↗ Kap. II.8.2.b zum *Brunnen-Discurs*.
17 Stosch (Anm. 4), S. 61. Vgl. Deventer (Anm. 12), S. 226, Anm. 287: »Auf Grund einer testamentarischen Verfügung wurde er in der Kreuzkirche der Benediktinerinnen in Liegnitz beerdigt.«
18 Zum konfessionspolitischen Kontext von Gryphius' Leichabdankungen der Jahre 1653/54 vgl. ausführlich Liebe (Anm. 2), S. 164–188.
19 Rusterholz (Anm. 1), S. 186.
20 Protestantische Kirchen-Geschichte (Anm. 13), »Vorbericht des Verfassers«, fol. f'.
21 Rusterholz (Anm. 1), S. 186.
22 Vgl. ebd.

»vollkommen von den Schrecken der Zeit und der Erwartung des Jüngsten Tages gezeichnet«.[23] Allerdings geben die argumentative Struktur der *Mutua Amantium Fuga* und ihre eigentümliche Bildlogik gerade vor derart apokalyptischem Hintergrund womöglich doch Veranlassung, einen spezifischeren Bezug auf das konfessionspolitisch Skandalöse und zugleich Mustergültige dieser Biographie – mit Heinrich von Bibran verheiratet und dabei Protestantin geblieben zu sein – zu erkennen.

»Mutua Amantium Fuga«: wider/sinnige Bildlogik

Auffällig ist an der Leichabdankung auf Helena von Bibran zunächst die auf mehreren Ebenen in Szene gesetzte Spannung zwischen nichtig-vergänglichem Diesseits und demgegenüber als Zuflucht entworfenem Jenseits, ohne daß jedoch die vom Redner aufgebotene Bildersprache dieser Opposition entspräche; vielmehr wird die Transzendenz konsequent als Unzugängliches inszeniert, so daß die Rede vom Jenseits ganz und gar diesseitig bleiben muß. Das beginnt mit dem *exordium*, dessen Fluchtpunkt der durch den Titel aufgerufene, im Leichabdankungskontext irritierend sinnliche Begriff *amor* bildet: Ihren Ausgang nimmt die Rede von der Unergründlichkeit des »Hertzen[s] des Menschen«, dem »unerforschliche[n] Urtheil über die innersten und verborgensten Gedancken der Sterblichen«, das »Jhm«, Gott, »allein vorbehalten« sei – somit der Transzendenz im Gegensatz zu »uns«, denen es nicht »möglich« sei, »in diese Geheimnüß zu schauen« (*LA*, S. 649f.). Helenas von Bibran »Hertz« als Rätsel, so ließe sich, der Ausgangssituation der Rede angemessen, applizieren. Statt zu applizieren, wechselt der Redner aber zu einem Exempel. Das nur Gott durchschaubare, den Menschen verschlossen bleibende Geheimnis des menschlichen Herzens wird veranschaulicht durch die »wunderliche[n] und Erstarrungs-volle[n] Wunder der Liebe / als welcher ansteckende Glut ein hochgelahrter Mann unserer Zeiten nicht übel mit einer hitzig brennenden Kranckheit vielfach verglichen« (*LA*, S. 650) – nicht etwa spirituell demnach, sondern durch den Inbegriff irdischer *vanitas*. Erneut vermögen die Außenstehenden, die Nichtverliebten, das ›Innerste und Verborgenste‹ nicht zu ergründen und verlachen die »recht Verliebten« als »thöricht« (ebd.); nur erscheint jetzt strukturell in der Position der göttlichen Transzendenz, der allein das Geheimnis sich erschließt, der Liebeskranke, der für das eigene Innere transzendente Exklusivität postuliert (»vorgebend / daß von Verliebten niemand mit Vernunfft schliessen könne / welcher nicht / wie sie / durch diese so anmuthige Verblendung bezaubert«; *LA*, S. 651). Argumentationslogisch ist das konsequent: über die Transzendenz eines unergründlichen Geheimnisses kann man nur ex negativo sprechen, diesseitig. Doch dient die sinnliche Liebe

---

23 Ebd.

nicht bloß als punktuell zur Veranschaulichung herangezogenes Exempel, sondern wird mit dem nächsten Satz, der in unerhörter Weise in ein Steigerungsverhältnis bringt, was entgegengesetzt sein sollte, zum motivischen Fundament der Leichabdankung: »Und dieses ist nicht nur an denen zu spüren / welche den Eitelkeiten dieses Lebens nachhangen / sondern lässet sich viel stärcker mercken bey denen / die von der heiligen Glut des Himmels entzündet / nichts suchen / als diß / was oben ist und ewig bleibet« (ebd.). Die Liebe zu Gott, per definitionem nicht sinnlich zu denken, wird paradox konstruiert als potenzierter *amor*, der von außen so unbegreiflich sei wie die »anmuthige Verblendung« der Liebesleidenschaft. Damit sind zwei einander ausschließende Liebeskonzepte im argumentativen Spiel, die »unersätliche« irdische »Begierde« und die »heilige Glut des Himmels«, die nicht gegeneinander ausgespielt, sondern vorgestellt werden als einander in ihrer Unbegreiflichkeit erhellend (*LA*, S. 650).

Entsprechend paradox *nicht*transzendent fällt die Wahl des leitmotivisch die Rede strukturierenden Themas – der wechselseitigen Fluchtbewegung, die in Wahrheit eine wechselseitige Flucht*rede*bewegung ist – aus. Scheint zunächst die (durchaus ungewöhnliche) Entscheidung für ein biblisch fundiertes Thema anstelle eines weltlichen der transzendenten Zielrichtung der Leichabdankung zuzuarbeiten, so wird doch gerade kein neutestamentliches Wort mit Offenbarungs- oder Auferstehungsbezug gewählt.[24] Vielmehr konstruiert der Redner aus zwei alttestamentlichen Repliken, von denen die erste – das Wort der »Braut in dem hohen Liede« – dem sinnlichsten biblischen Text überhaupt entstammt, einen quasi-szenischen Dialog: »Fuge dilecte mi; Fleuch / fleuch mein Freund«, ruft die Braut, »Gehe hin mein Volck / in eine Kammer / und schleuß die Thür nach dir zu«, erwidert darauf der »Bräutigam« (*LA*, S. 654f.).[25] Rhetorisch ausgestellt wird dabei das in einem Liebesdialog ganz und gar Unverständliche: »Scheinen denn dieses Worte oder Begierden einer recht Verliebten? [...] Jst dieses Liebe / daß man die Geliebte in das Grab sich verbergen heist / was ist denn Haß zu nennen?« (ebd.). Der Akzent liegt auf der theatralischen Qualität des »Scheinen[s]«, der illusionierenden Kraft der Verstellung, somit abermals auf einem sinnlich-diesseitigen Moment: »Nicht anders *stellet sich* der Bräutigam selbst / wenn er seine Kirche mit diesem Abschied-Spruche von sich hinweg weiset«, heißt es über das Wort des Bräutigams (*LA*, S. 654; meine Hervorhebung). Daß solch verstellte Rede von »Flucht und Gegen-Flucht« der Liebe »heilig Verliebte[r]« (*LA*, S. 657) entspringe, kann nicht aus diesen widersinnigen ›Liebeszeichen‹ hergeleitet werden, sondern ist als geglaubte Gewißheit bereits vorausgesetzt: »Es lautet ja fremde in den Ohren recht vereinigter Seelen«, resümiert der Redner nach einer Reihe analoger alttestamentlicher Zurückweisungsbeispiele, »doch verstehen diese Sprache nur heilig verliebte / welche vergewissert / daß hier-

---

24 Überhaupt dominiert in der *Mutua Amantium Fuga* in auffälliger Weise das Alte Testament.
25 Bezug genommen wird, wie die Marginalien vermerken, auf Hld. 8,14 und Jes. 26.

unter ein grosses Geheimnüß verborgen: und die Versicherung der höchsten Wolthat begrieffen« (*LA*, S. 655f.). Und dann folgt in der Serie postulierter, doch unbegriffener ›Wohltaten‹ der gegenwärtige Todesfall der Helena von Bibran:

> Wenn denn der Allerhöchste dieses ietzt verwichene Jahr über so viel Vortrefliche / um das Vaterland und Kirche Höchstverdienete / und mit Tugenden vor andern Außgezierete / hinweg gehen heissen / müssen wir zwar schliessen / daß es zu ihrem sondern Nutz / können aber wol Rechnung machen / daß es nicht ohn gefehr geschehen. Wir sehen anietzt vor unsern Augen die noch hinterbliebene Leiche / der weiland Hochwolgebohrnen Hochtugend- und Hochehrenreichen Frauen Helenen / Frey-Frauen von Bebran / gebornen von Stosch / Frauen auf Modlau / Reisicht / Güßmansdorff / Oßig / Barscha / Barschütz / Wolshain / Altenlohn / von welcher hohem Ruhm / ob schon er ohne dis Landkündig und unsterblich / Beständigkeit in Versuchung / Gedult in Widerwertigkeit / und Freud in dem Tode / vor mir / so in dem Hofe als auff der Cantzel / weitläufftig gehandelt / doch was vor mir geredet / ist mir vorkommen als ein Brieff voll herrlicher Worte: Allhier aber habe ich gesehen und gehöret / daß ihn die fliessenden Thränen und hertzbrechenden Seufftzer so vieler vortrefflichen und verständigen Leute besiegelt und bekräfftiget. Wir haben / sag ich / vor unsern Augen die erstarrete Leichen / von welcher / Ach! Menschlichem Urtheil nach / die begabte Seele viel zu frühe abgefodert / und welchen wir der offenen Grufft anzuvertrauen anietzt entschlossen. So gehet die nunmehr selige Frau Bebranin gantz in ihre Kammer / nach dem sie vor diesem ihrem Heyland offt zugeruffen: Fleuch mein Geliebter! und giebt mir durch ihren wie unverhofften / so plötzlich und geschwinden Abschied Anlaß / mit kurtzem / die Flucht und Gegen-Flucht der heilig Verliebten zu betrachten. (*LA*, S. 656f.)

Daß es um mehr geht als um die Unbegreiflichkeit des plötzlichen Todes einer Frau mittleren Alters, signalisiert die Insistenz des in seiner Sinnlichkeit und Widersinnigkeit verstörenden Themas der »Flucht und Gegen-Flucht der [...] Verliebten«, dessen geistliche Vereindeutigung durch das Attribut »heilig« ihrerseits nur eine scheinbare ist, spricht der Kolumnentitel am Kopf jeder Seite doch unbeirrt weiter von der »Mutua Amantium Fuga«.

Worin besteht also die wechselseitige Fluchtbewegung im Fall der Helena von Bibran, und wodurch wird sie notwendig? Die nachfolgenden Exempelgeschichten, die freilich immer nur von »Flucht«, nicht von unmittelbar aufeinander bezogener »Flucht und Gegen-Flucht« handeln, fördern als Motiv des Fluchtbefehls an den oder die Geliebte(n) Schutz vor im verborgenen drohenden »Widerwertigkeiten« zutage (*LA*, S. 658). Und da »dieses Leben« selbst als »ein Jammer«, »diese Welt« als »ein Thal der Thränen« kenntlich wird, in dem die Gefahr zu straucheln omnipräsent ist (*LA*, S. 663), erklärt sich das »Fleuch« des Bräutigams, des barmherzigen Gottessohns, als Versuch, seine Braut vor der »Ungnade des ewigen GOttes« zu retten (*LA*, S. 658). Weit weniger schlüssig wird dagegen das »Fleuch« der Braut erklärt: daß sie den Geliebten auffordere, sich von ihr abzukehren, denn sie sei »ein sündiger Mensch« (*LA*, S. 661), wird als Begründung vorgeschlagen, als sei der *deus absconditus* ein menschlicher Liebeswunsch; daß sie den »auff dieser Erden nicht sonder sein Creutz« erscheinenden Geliebten bitte, von ihr abzulassen, da seine »traurige Gegenwart« sie beschwere (*LA*, S. 666); daß sie ihn vor der »gottlosen und ungläubigen Welt« warne, in der er »auffs neue gecreutziget« werde (*LA*, S. 671), ihn somit gewissermaßen zur Flucht vor der eigenen Passionsgeschichte anstifte. »Fleuch mein Geliebter / ruffet die Braut: Fleuch von denen Leuten / die deiner Wolthat nicht achten / welchen dein Wort nicht anstehet / welche deines Leidens nicht gedencken / als wenn sie fluchen / und deines Verdiensts nirgends / als wenn sie GOtt lästern. Fleuch; und es ergehe / wie du gesaget: Nach dem Gesetz und Zeugnüß / weil sie dieses nicht suchen / gönne ihnen die Morgenröthe nicht« (ebd.).

Sinn gewinnen diese widersinnigen Liebesreden in Gestalt wechselseitiger Fluchtbefehle, die gemäß der deiktischen Sprechlogik das geliebte Gegenüber jeweils vom eigenen Ich entfernen, erst dann, wenn man sie auf den Liebes*konflikt* bezieht, in dem Helena von Bibran mit der Konversion ihres Mannes zum Katholizismus steht: Wo sie ihren nun katholischen »Ehegeliebten« liebt (*LA*, S. 692) und ihm, wie Stoschs *Genealogia* dokumentiert, immerhin acht Kinder gebiert,[26] heißt sie als Protestantin ihren Bräutigam Christus fliehen und flieht ihn auch selbst, wie sie umgekehrt ihren Ehemann abweisen und ihn fliehen muß, um in – durch diesen verbotenem – protestantischem Gebet und Gottesdienst mit Christus zu verkehren. Und auch vom jeweils männlichen Part aus erschließt sich so die doppelte, in der lateinischen Titelformulierung irdisch wie himmlisch referentialisierbare Fluchtrede in ihrem verdeckten Sinn: »Fleuch«, »gehe hin [...] in eine Kammer / und schleuß die Thür nach dir zu« (*LA*, S. 654f.), muß der kompromißlose Gegenreformator seiner protestantisch gebliebenen Gemahlin zurufen, um privat zu halten, was offiziell verboten ist (ob aus Fürsorge oder Ohnmacht und Furcht vor Gesichtsverlust, bleibt unergründlich); und »Fleuch« ruft auch der christliche Bräutigam der Protestantin im Hause des Gegenreformators zu, »gehe hin / daß du nicht verführet werdest« (*LA*, S. 667).

Das unergründliche »Geheimnüß«

Daß am Ende gegenüber der sinnlich-zweideutigen »Mutua Amantium Fuga«, die als Titel gleichwohl ihr Recht behauptet, sich die »Flucht und Gegen-Flucht der *heilig* Verliebten« durchsetzt, wird durchaus festgestellt: indem das widersinnige »Fleuch« schließlich doch in die Vereinigung der Liebenden mündet (wenn die Geliebte den »Seelen-Bräutigam mit lauter Lust anrede[t]: Veni dilecte mi«, vor allem aber wenn, nach wie vor auf dem Boden des Hohenliedes, das »Fleuch« sich zum »Zeuch« wandelt und die Flucht als gemeinsame gedacht wird; *LA*, S. 686 und 688);[27] und indem der für »die Kirche« schmerzliche »Abgang solcher Standhaftig-

---

26 Vgl. Stosch (Anm. 4), S. 61f.
27 Vgl. *LA*, S. 688f., das auch sprachliche Vereinigungsfinale: »Fleuch denn mein Geliebter / aber zeuch mich dir nach / so lauffen wir / zeuch mich dir nach in dein Grab / daß ich mit dir ruhe! daß

keit« hervorgehoben wird (»so viel Jahr« habe der »Tausend-Künstler [...] umsonst sich bemühet«, sie »von der ersten Liebe abwendig zu machen: welche in ihrem Hertzen biß auff den seligen Hintritt gelodert«; *LA*, S. 693). Gleichwohl wird die paradoxe Verschränkung *zweier*, nach orthodoxem Verständnis einander ausschließender Lieben in der »Mutua Amantium Fuga« nicht aufgelöst. Im Gegenteil insistiert der Redner, den Beginn wiederaufgreifend, auf der Unergründlichkeit des Geheimnisses, »weil / was in der Ewigkeit gezeiget / von der Zeit nicht begriffen werden kan« (*LA*, S. 691). Die rhetorische Konsequenz aus der radikalen Verwiesenheit auf das Diesseits lautet: »unaussprechliche Worte. [...] Wer kan dieses Geheimnüß ergründen? Hier werden und bleiben sie vereiniget / vereiniget und unzertrennet / unzertrennet und höchst ergetzet [...]. Jch wiederhole / es bleiben unaussprechliche Dinge / und verstumme« (*LA*, S. 691f.). Sollte, da die ausgesprochenen Worte *vor* der Aposiopese, wenngleich in diesseitiger Vorstellung, doch ganz gut verständlich schienen, erneut mehr dahinterstecken? Sollten, unbegreiflicherweise, die irdische und die himmlische Liebe im weltlich-konkreten Bild des die »Braut in seine [...] Kammer« führenden »König[s]« (*LA*, S. 691) nach wie vor zusammenzudenken sein?

Das die Rede beschließende, ganz diesseitige antike Exempel entscheidet es nicht:

> Archius erzehlet / daß ein saugendes Kind ohngefehr der Mutter entkommen / und bey abschüssigen Fenstern umher geklettert / nicht sonder Entsetzen der erschreckten Mutter. Was sol oder kan sie bey diesem gefährlichen Zustande thun? das Kind wird desto mehr von ihr eilen! Sol sie ruffen oder schreyen? das Kind wird sich entsetzen / und um so viel eher und plötzlicher geschwinder hinab stürtzen? Sol sie länger zuschauen? wie kan diß eine Mutter thun / die ihr Kind gleichsam in den Rachen des Todes eilen siehet? Sie thue / was sie thue / bey allem ist Gefahr / dem Kinde mehr Anlaß zu seinem Fall und Untergang zu geben. Die halb-todte Lysippe reisset endlich die Kleider auff / entblösset die ernehrenden Brüste / und zeiget solche dem mehr denn halb verlohrnen Kinde / welchen es alsobald zugekrochen / und dadurch aus vor Augen schwebendem Verderben errettet. Wir / allerseits höchstgeehrte Zuhörer / sind dergleichen Kinder! Wohin versteigen wir uns nicht? Wie nahe sind wir iedweden Augenblick unserm Fall und Untergang / ja dem ewigen Abgrund? Die Erde / unsere Mutter / wil uns hiervon abhalten / derowegen öffnet sie ihre Schoß / auff welcher wir ernehret / und weiset uns allhier (Schauet alle ein offen Grab / und dencket zurücke.) (*LA*, S. 698f.)

---

ich / wie du / frölich aufferstehe. Zeuch mich dir nach / daß mein Fleisch dermaleins dahin gelange / wohin du dich erhoben. Zeuch mich dir nach / zu den obersten Strömen der ewigen Ersättigung; Zeuch mich zu dir dem lebendigen Brunnen / daß ich nach meinem Vermögen trincke / und ewig lebe / GOtt mein GOtt / mein Leben. Zeuch mich dir nach / daß ich ruffen möge: Ecce qvod concupivi jam video, was ich begehre / daß sehe ich; worauff ich gehoffet / das habe ich / ich bin mit dem in dem Himmel vereiniget / welchen ich auff Erden aus allen Kräfften geliebet / zumal weil er endlich ruffet: Gehe hin mein Volck / daß du erfreuet werdest.« Zwei Seiten später wandelt sich auch das Fluchtmotiv: »Hier heist es nunmehr nicht: Fuge dilecte mi! sondern Mane, Bleib mein Geliebter: Hier führet der König seine Braut in seine / und nicht mehr in ihre Kammer« (*LA*, S. 691).

Was in den Kategorien von Diesseits und Jenseits eschatologisch auseinanderzuhalten wäre – die im irdischen Leben »iedweden Augenblick« drohende Gefahr von »Fall und Untergang«, woraus der Sturz in den »ewigen Abgrund« resultiert, weshalb es das irdische zugunsten des ewigen Lebens zu fliehen gelte –, findet im Bild und seiner partiellen Exegese gerade zusammen: um den Sturz aus dem Fenster, somit den zum Tod führenden Fall auf die Erde, zu vermeiden, lockt die Mutter mit ihren Brüsten, die sich im rhetorischen Handumdrehen in den Schoß der Mutter Erde, das der Trauergemeinde vor Augen stehende offene Grab, verwandeln. Den drohenden Sturz in den diesseitigen Abgrund pariert somit der Sturz in den diesseitigen Abgrund, der allein im »Schoß« und der darin mitgedachten Geburt ein – freilich seinerseits unerhört sinnliches – Jenseitsversprechen birgt.

II.8.3 *Mumiae Wratislavienses*
Von Joachim Śliwa

Die Abhandlung *Mumiae Wratislavienses* erschien 1662 im Breslauer Verlag von Vitus Jacobus Drescher.[1] Das Werk umfaßt im Kern die Seiten 3–120 (Format 12°, Druckspiegel 10,0 x 5,2 cm), wobei es sich bei einem Teil davon (S. 93–120: »AND. GRYPHII. Ad Dissertationem de Mumiis. Notæ«) um Passagen aus anderen Werken handelt, auf die Gryphius Bezug nimmt oder gegen deren Verfasser er polemisiert. Die Abhandlung liegt allerdings in zwei Fassungen vor. Die komplette Fassung enthält neben dem Haupttext (S. 3–120) auch eine Widmung an Johann Friedrich von Nimptsch[2] und Johann Friedrich von Sack[3], außerdem eine Einleitung (7 Seiten, nicht paginiert) sowie eine Art Nachwort am Ende der Abhandlung (»LECTORI BENEVOLO«, 4 Seiten, nicht paginiert), das u.a. eine Auflistung von Druckfehlern enthält.[4]

Mit seiner Abhandlung liefert Gryphius einen authentischen und ausführlichen Bericht über die am 7. Dezember 1658 von ihm selbst in Begleitung einiger Breslauer Ärzte durchgeführte Sektion einer altägyptischen Mumie (vgl. *MWr*, S. 26). Diese Sektion fand auf dem Anwesen von Jakob Krause/Jacobus Crusius, Breslauer Apotheker statt, dem Besitzer der Mohren-Apotheke am Salzring,[5] dem die Mumie übrigens gehörte.

---

1 Veit Jakob Drescher/Trescher, Herausgeber auch anderer Schriften von Gryphius, wirkte von 1659 bis 1686 in Breslau; seine Buchhandlung wurde 1693 zum Verkauf bestimmt. Für die Zeit von 1663 bis 1669 ist auch seine Tätigkeit in Jena belegt. Vgl. Joseph Benzing: Die deutschen Verleger des 16. und 17. Jahrhunderts. Eine Neubearbeitung. In: Archiv für Geschichte des Buchwesens 18 (1977), Sp. 1077–1320, hier Sp. 1283.
2 Kaiserlicher Rat, Generalmajor und Landeshauptmann zu Schweidnitz und Jauer, der einem alten schlesischen Geschlecht entstammte. Seit 1669 Oberamtsrat im Herzogtum Schlesien.
3 Herr auf Thiergarten, Gryphius' Studienfreund in Danzig und Holland. Gryphius widmete ihm seine *Son- undt Feyrtags Sonnete* (*SuF*) und sein ›Abschiedssonett‹ »An Joannem Fridericum von Sack. Anno CIƆ IƆC XXXVI d. 24. Junij. kurtz ehe sich der Autor auß Preussen wegbegeben« (*Liss.*, S. 44–46). Vgl. Emilio Bonfatti: Andreas Gryphius' Abschiedssonett an Johann Friedrich von Sack (1998) [266].
4 Die Grundlage für meine Ausführungen bilden zwei vollständige Exemplare. Das eine wird in der Ossolineum-Stiftung in Breslau aufbewahrt (Signatur: XVII-5434-I); es wurde dorthin nach dem Zweiten Weltkrieg aus Lemberg überführt. Das zweite Exemplar befindet sich in der Herzog August Bibliothek Wolfenbüttel (Signatur: 574.2.1 Quod.4). Über einen vollständigen Text verfügt auch die Universitätsbibliothek Tübingen. Die oben erwähnten Bestandteile (Widmung, Einleitung, Errata) sind in den Exemplaren der Universitätsbibliothek Breslau (Signatur: 324754), der Universitätsbibliothek zu Straßburg und der Österreichischen Nationalbibliothek in Wien nicht enthalten. Die übrigen Exemplare listet Marian Szyrocki auf: Der junge Gryphius (1959) [134], S. 168, Nr. 61.
5 Es handelt sich dabei um eine der ältesten Breslauer Apotheken, die noch vor 1489 tätig war. Als frühester Inhaber wird jedoch urkundlich Felix Hess erwähnt (gest. 14. Mai 1623). 1679 ging die Apotheke an Tobias Sachs über, und nach dessen Tod übernahm seine Frau Angelina die Verwaltung;

Die hier besprochene Abhandlung stellt eine spezialistische Studie dar, die von Gryphius in lateinischer Sprache, die damals als die Sprache wissenschaftlicher Abhandlungen galt, verfaßt wurde. Die Schrift erschien in kleiner Auflage. Es ist dies übrigens der einzige Text von Gryphius, der nach seinem Erstdruck im Jahr 1662 bisher weder eine erneute Veröffentlichung noch irgendeine kritische Bearbeitung erfahren hat.[6]

Der Traktat ist bedeutend, um den Wissensstand über Altägypten im damaligen Europa, die Geschichte der Forschungen zum Mumifizierungsprozeß und die Geschichte der Medizin und Pharmazie kennenzulernen. Es sei nämlich an dieser Stelle angedeutet, daß das Mumienpulver (*Mumia vera aegyptiaca*) in der damaligen Zeit als eines der populäreren Heilmittel benutzt wurde.[7]

Der Text der Abhandlung stellt darüber hinaus auch eine interessante und nicht gebührend verwertete Erkenntnisquelle in bezug auf die Biographie von Gryphius dar, die in etlichen Punkten nicht ganz übersichtlich ist; dies ist eine Quelle, die für seine Anschauungen über das Übernatürliche und die sogenannten letzten Dinge sowie für seine Überlegungen zur Vergänglichkeit des menschlichen Daseins, also Elemente, die in seinem Schaffen eine große Rolle spielen, von erstrangiger Bedeutung ist.[8]

---

ihr folgte dann der Sohn Georg Wilhelm Sachs. Siehe Wilhelm Brachmann: Beiträge zur Apothekengeschichte Schlesiens. Würzburg 1966, S. 54f. Aus der Zeit von 1623 bis 1679, als die Apotheke im Besitz von Christian und dann Jakob Krause war, sind leider keine Archivüberlieferungen erhalten. Die in Gryphius' Abhandlung gelieferte Information (vgl. *MWr*, S. 24–26) stellt also eine interessante Ergänzung der Geschichte dieser Apotheke dar.

6 Von den Germanisten wird diese Abhandlung vorwiegend als der Titel bloß eines weiteren Werkes von Gryphius betrachtet. Mehr Aufmerksamkeit wurde ihr als einem Beitrag zur Geschichte des Interesses am alten Ägypten im Europa des 17. Jahrhunderts gewidmet in den Arbeiten von Jean B. Neveux: Andreas Gryphius et les momies (1964) [854] und Joachim Śliwa: Andreas Gryphius und die Breslauer Mumien (2003) [855]. In letztgenanntem Beitrag versucht der Autor auch auf die Fragen der Breslauer Realität und des Bekanntenkreises von Gryphius näher einzugehen sowie die Herkunft der Mumie und deren weitere Schicksale zu ergründen.

7 Vgl. Alfred Wiedemann: Mumie als Heilmittel. In: Zeitschrift des Vereins für rheinische und westfälische Volkskunde 3 (1906), S. 1–38. Vgl. auch Karl H. Dannenfeldt: Egyptian Mumia. The Sixteenth Century Experience and Debate. In: The Sixteenth Century Journal 16 (1985), S. 163–180, und Wolfgang Cäsar: »Mumie« als gottgefällige Arzneidroge in der Medizin des Pietismus. In: Jahrbuch des Deutschen Medizinhistorischen Museums 7 (1988–1992), S. 123–131.

8 Vgl. Ferdinand van Ingen: Vanitas und Memento Mori (1966) [217]; Maria Fürstenwald: Dissertationes Funebres (1967) [838]; Alexander Košenina: Anatomie, Vivisektion und Plastination (2009) [371]; Günter Ott: Die ›Vier letzten Dinge‹ in der Lyrik des Andreas Gryphius (1985) [231]; Johann Anselm Steiger: Schule des Sterbens (2000) [373]. An dieser Stelle ist besonders auf die *Kirchhoffs-Gedancken* hinzuweisen, wo Gryphius systematisch und sehr detailliert die Überreste von Verstorbenen beschreibt und dabei wohl auch auf seine eigenen Erfahrungen aus früheren Sezierungen zurückgreift. Bereits Johann Anselm Steiger hat den Einfluß von Gryphius' Studium in Leiden angedeutet. Gleicher Auffassung ist Alexander Košenina, der diesen Faktor neben den tragischen Ereig-

Der eigentliche Bericht ist durch entsprechende theoretische Vorbereitung untermauert. Gryphius machte sich mit der damals schon umfangreichen Fachliteratur vertraut, die er kommentiert und seinen bei der Breslauer Autopsie gewonnenen Erkenntnissen überprüfend gegenübergestellt. Als Autor dieser Abhandlung erscheint uns Gryphius als ein akribisch und gründlich vorgehender Gelehrter, der scharfsinnig und kritisch die Wahrheit zu ergründen sucht, für den Logik und gesunder Menschenverstand zu den wichtigsten Vorzügen gehören.[9] Daß Gryphius ein derartig ungewöhnliches Vorhaben unternahm, nimmt eigentlich nicht wunder, denn er war darauf vorzüglich vorbereitet; man bedenke sein Medizinstudium von 1638 bis 1644 in Leiden.[10] Diese Stadt war in der damaligen Zeit ein hervorragendes wissenschaftliches Zentrum, insbesondere im Bereich der Medizin, doch auch anderer Disziplinen, darunter der Orientkunde. Durch Kaufleute und Seefahrer gelangten nach Leiden zahlreiche Denkmäler aus dem Orient, u.a. auch altägyptische Mumien. Sie wurden nicht nur als Hinterlassenschaften einer uralten Zivilisation bewundert, sondern im *theatrum anatomicum* an der Universität auch für die anatomische Ausbildung benutzt. Bei seinem Aufenthalt in Leiden wird Gryphius wohl auch die an Mumien vorgenommenen Sezierungen beobachtet haben, wobei nicht auszuschließen ist, daß er eine davon selbst durchgeführt hat.[11] Daraus erwuchs dann möglicherweise nach vielen Jahren der Entschluß zu einer Autopsie an den in Breslau befindlichen Mumien.

Wie zuvor erwähnt, war Jakob Krause (1620–1676), der lokale Apotheker, der Besitzer der Mumie, deren Pulver ein damals hochbegehrtes Medikament war. Wie sich zeigte, besaß Krause nicht nur eine, sondern drei altägyptische Mumien in unterschiedlichem Erhaltungszustand. Durch die Vermittlung seiner ergebenen Freunde – Thomas Lerch und Johann Burkhart von Löwenburg – bemühte sich Gryphius um die Erlaubnis zur Durchführung der Autopsie dieser Mumien (vgl. *MWr*,

---

nissen des Dreißigjährigen Krieges und der damals wütenden Pest berücksichtigt. Gerade diese Erfahrungen trugen zu einer direkten, bisweilen allzugenauen Gestaltung einiger Verse bei. Gryphius, schon damals mit den Prinzipien der altägyptischen Mumifizierungskunst vertraut, erwähnt sogar manche bei der Mumifizierung gebräuchlichen Mittel, wie »Socotriner Safft«, »Myrrhe[ ]«, »Asphalt« (*Kir.*, S. 491). Nota bene, die *Kirchhoffs-Gedancken* waren ein ganzes Jahr *vor* Gryphius' Sezierung der Breslauer Mumie, nämlich 1657, im Druck erschienen.

9 Als Gelehrter, Wissenschaftler und Polyhistor erfreute sich Gryphius bei seinen Zeitgenossen größten Ansehens. Vgl. Hugh Powell: Observations on the Erudition of Andreas Gryphius (1970) [178]. Laut einer Überlieferung soll Gryphius u.a. folgende verschollene Abhandlungen verfaßt haben: *Exercitationes theologico-philologicae de cruciationis et morte Salvatoris*; *Annotata in Rosini et Dempsteri Antiquitates Romanas*; *Dissertationes de spectris*. Vgl. Johannes Theodor Leubscher: De Claris Gryphiis Schediasma (1702) [163], S. 65f.

10 Zu Gryphius' Aufenthalt in Leiden vgl. Marian Szyrocki: Andreas Gryphius (1964) [135], S. 28–31; Harald Theile: Andreas Gryphius in Leyden (1939) [191]; Stefan Kiedroń: Andreas Gryphius und die Niederlande (1993) [123], bes. S. 29–31 und S. 174f.; ders.: Das Treffen in Leiden (1995) [155].

11 Vgl. Kiedroń 1995 (Anm. 10), S. 75f.

S. 24–26). Als es seinen Freunden mühelos gelang, die Einwilligung bei Krause einzuholen, ging Gryphius schon am 7. Dezember 1658 in Krauses Haus in einem Breslauer Vorort ans Werk (vgl. *MWr*, S. 26).

Den Überlieferungen zufolge[12] stammten die Mumien aus der Sammlung des hervorragenden Breslauer Arztes und Botanikers Laurentius Scholz von Rosenau (1552–1599).[13] Die sehr differenzierte Sammlung von Scholz war in ihrer ausgereiften Form bereits um das Jahr 1590 im Botanischen Garten zu bewundern, der von ihm 1588 gegründet und nach seinem Tod bis 1599, also über eine Zeit von elf bis zwölf Jahren existierte.[14] Der Garten wurde durch den Anbau von ca. 400 Pflanzenarten, vor allem Heil-, aber auch Zierpflanzen, berühmt. Dort befand sich ein Raritätenkabinett mit diversen Naturwundern und Kunstwerken wie auch jenen drei altägyptischen Mumien, die Scholz über Italien nach Breslau überführen ließ. Auf dem Gelände des sorgfältig komponierten und mit entsprechenden Bauten ausgestatteten Gartens fanden auf die Initiative von Scholz hin veranstaltete Gesellschaftstreffen statt, die nach dem Vorbild von Platons Symposion abgehalten wurden und weit und breit unter der Bezeichnung *Floralia Wratislaviensia* bekannt waren. Einige Zeit nach dem Tod von Scholz wurden der Garten und die Raritäten vom Breslauer Apotheker Peter Kalenberger gekauft; von dessen Nachkommen ging das Grundstück samt Ausstattung dann an Christian Krause, Jakobs Vater, über. Die von Gryphius durchgeführte Autopsie wird höchstwahrscheinlich eben auf dem dortigen Grund-

---

12 Dies wird von Christian Stieff im Jahr 1717 bezeugt (Schlesisches Historisches Labyrinth Oder Kurtzgefaste Sammlung Von hundert Historien Allerhand denckwürdigen Nahmen, Oerter, Personen, Gebräuche, Solennitäten und Begebenheiten Jn Schlesien Aus den weitläufftigen gedruckten Chronicken und vielen geschriebenen Uhrkunden zum Vergnügen allerhand Liebhaber Schlesischer Geschichte, in einem kürtzern und bessern Zusammenhange mit vielfältigen neuen Beyträgen zu der alten und neuen Schlesischen Historie / verfertiget. Breßlau und Leipzig, Bey Michael Hubert 1737, S. 607f. und 616), ferner auch von Johann Christian Kundmann (PROMTUARIUM RERUM NATURALIUM ET ARTIFICIALIUM VRATISLAVIENSE PRÆCIPUE QUAS COLLEGIT D. IO. CHRISTIANUS KUNDMANN MEDICUS VRATISLAVIENSIS. VRATISLAVIÆ APUD MICHAELEM HUBERTUM, M DCC XXVI., S. 42 und 120).
13 Der Sohn eines Breslauer Apothekers geht 1572 nach Abschluß seiner Schulzeit am Elisabeth-Gymnasium zum Studium nach Wittenberg, dann nach Padua und Bologna. Nach einer ein Jahr dauernden Europareise kommt er 1580 nach Schlesien zurück. Als Arzt arbeitet er zunächst in Schwiebus und Freystadt, seit 1585 ist der hervorragende Gelehrte und Humanist Stadtphysikus in Breslau. Vgl. Ferdinand Cohn: Dr. Laurentius Scholz von Rosenau, ein Arzt und Botaniker der Renaissance. In: Deutsche Rundschau 63 (1890) S. 109–126.
14 Dieser sogenannte *Hortus Scholtzianus* lag im Viertel zwischen der Weyden-Gasse und der Taschen-Straße (hinter der Christophorus-Kirche). Näheres zum Garten bei Śliwa (Anm. 6), S. 6f., und der dort angegebenen Literatur, vgl. ferner auch Manfred P. Fleischer: Der Garten des Laurentius Scholz. In: ders.: Späthumanismus in Schlesien. Ausgewählte Aufsätze. München 1984 (Silesia 32), S. 136–163.

stück, bereits nach dessen Übernahme durch Christian Krause, stattgefunden haben.

Eine der von Gryphius untersuchten Mumien, der mumifizierte Leichnam eines jungen Mannes, war in schlechtem Erhaltungszustand (vgl. *MWr*, S. 50–53). Die Mumie war früher ausgewickelt und in der Apotheke als allgemein gebräuchliches, universelles Heilmittel teilweise aufgebraucht worden. Schon damals fehlten beide Füße und der Oberschenkelknochen. Bei der Auswicklung der Mumie wurde unter den Bandagen eine Isis-Figur aus Ton oder Fayence als Amulett gefunden.

Die zwei übrigen Mumien waren gut erhalten. Eine davon wählte Gryphius für sein Experiment aus. Die andere (Gryphius' Meinung nach die Mumie eines Mannes) wollte er nicht der Autopsie unterziehen, damit ein derart seltenes und wertvolles Ausstellungsstück nicht zerstört werde (vgl. *MWr*, S. 53) – eine ganz bestimmt höchst löbliche und die größte Anerkennung hervorrufende Entscheidung. In der Folgezeit wurde diese verschont gebliebene Mumie in der Mohren-Apotheke als eine Art Attraktion aufbewahrt und ist dann zu ihrem Aushängeschild geworden. Nachdem die Apotheke am Salzring verkauft worden war, blieb diese Mumie zurück und teilte in späterer Zeit das Schicksal der Apotheke. Unten, in der Offizin, wurde die Mumie 1717 von Christian Stieff gesichtet.[15] Sie hatte in der Zwischenzeit keinen größeren Abbruch erlitten, bis auf die Gegend um den Magen, wo eine Bohrung festgestellt wurde. Sie nahm schon damals weitgehend einen schwarzen Farbton an. Zeichen und Figuren, die einst an der Außenseite der Kartonage aufgemalt waren, konnten nur noch mit größter Mühe erkannt werden. An diesem Ort überdauerte die Mumie bis in die Zeit des Zweiten Weltkriegs, um nach dessen Ende an die Universität überführt zu werden.[16] Sie wurde als die Mumie einer jungen Frau identifiziert, deren Arme auf der Brust verschränkt waren. Die Röntgenaufnahme ergab einen Bruch am linken Wadenbein, der durch eine zu enge Umwicklung mit der Bandage verursacht worden war.[17]

Es bleibt nun noch die dritte Mumie, die wichtigste, denn sie war es eben, der das Hauptinteresse galt und die den Gegenstand der von Gryphius durchgeführten Sezierung bildete, deren Ergebnissen die hier vorgestellte Abhandlung zum großen Teil gewidmet ist (*MWr*, S. 27–30 und 34–51). Nach dem Aufschneiden und der Ent-

---

15 Vgl. Stieff (Anm. 12), S. 616.
16 1945 an den Lehrstuhl für Anthropologie überführt und dort entsprechend gesichert, fand sie in einer speziell errichteten Vitrine Platz und wurde somit zu einem der Ausstellungsstücke des Anthropologischen Museums. Sie wurde fachmännisch gesichtet. Um 1960 wurde ein Röntgenbild angefertigt, das zusammen mit der Mumie zur Schau gestellt wurde.
17 Vgl. Tadeusz Krupiński: Mumia Wrocławska. In: Encyklopedia Wrocławia. Hg. von Jan Harasimowicz. Breslau 2001, S. 534. 2002 wurde die Mumie unter Anwendung der Computer-Tomographie genauer untersucht, wobei u.a. das Alter der Verstorbenen auf ca. 21–23 Jahre angesetzt werden konnte. 2004, nach der Anfertigung des Schädelmodells, wurden die weichen Körperteile rekonstruiert, um das Lebensportrait der jungen Ägypterin zu gewinnen.

fernung der äußeren Kartonage sowie nach der Auswicklung zahlreicher Stoffstreifen konnte mit der Autopsie begonnen werden. In deren Verlauf wurde festgestellt, daß der mumifizierte Leichnam zu einem jungen Mädchen gehörte – ihr Körper maß in der Länge 3 Fuß und 9 Zoll –, ihre Arme waren auf der Brust verschränkt. Unterhalb des Brustbeins wurde ein Schnitt festgestellt. Durch den dadurch entstandenen Schlitz waren die Eingeweide herausgenommen worden. Das Gehirn war nicht, wie häufig, durch die Nase, sondern am Schädelansatz entfernt worden, nachdem der Schädel vom Rückgrat abgerissen worden war. Dieses war mit einem Stock verstärkt worden, an dessen Ende dann der Kopf fixiert worden war. Ein anderer, kürzerer Stock versteifte das Rückgrat in der Lendengegend. Die Zähne der Verstorbenen waren in vorzüglichem Zustand, es blieben alle 32 Zähne erhalten. Im Kehlkopf der Toten fand sich ein zartes Blatt, das aus Goldblech geformt worden war und einst wohl unter der Zunge ruhte; es wog 10 Gran (10 Körner).[18] Unter dem rechten Fuß der Toten fand sich eine Blüte, die von den Anwesenden als Lotos, *Betonica* oder sogar Zwiebelblume bezeichnet wurde (vgl. *MWr*, S. 38).[19] In der Bauchpartie fand sich ein Zweig, dessen Länge die des kleinen Fingers nicht überschritt. Unten an den beiden Mumienseiten kam dagegen je ein Palmblatt zum Vorschein. Den Text seines Berichtes ergänzte Gryphius durch eine Zeichnung (*MWr*, S. 41); sie zeigt den oberen Mumienteil nach der Autopsie, was vom Autor ergänzend (s. Erratum) am Ende der Abhandlung erklärt wird.[20]

Die Überreste dieser Mumie wurden nach dem Tod Jakob Krauses von dessen jüngster Tochter, verheiratet mit dem Juristen Wolfgang Schaarschmied, geerbt. Nach zahlreichen Überführungen konnten diese Reste im Jahre 1717 vom Rektor Christian Stieff für die Bibliothek bei der Maria-Magdalena-Kirche erworben werden.[21] Den allerletzten Rest dieser historischen Mumie, die durch den Eingriff und

---

18 Ein ähnliches Goldblatt wird in der Sammlung des Pelizaeus-Museums in Hildesheim aufbewahrt. Vgl. Renate Germer: Das Geheimnis der Mumien. Ewiges Leben am Nil. München 1997, S. 25 und Abb. 14.
19 Vgl. Neveux (Anm. 6), S. 438, Anm. 28, und Renate Germer: Flora des pharaonischen Ägypten. Mainz 1985, S. 191–193 (*Allium cepa L.*, Küchenzwiebel).
20 Ein Kupferstich mit den Maßen 85 × 55 mm, dessen Urheberschaft David Tscherning (ca. 1615–1691), einem der bekannteren schlesischen Graphiker, zugeschrieben wird. Vgl. Piotr Oszczanowski und Jan Gromadzki: Theatrum Vitae et Mortis. Graphik, Zeichnung und Buchmalerei in Schlesien 1550–1650. Übersetzt von Rainer Sachs. Breslau 1995, S. 51 (Nr. 140) und S. 118; vgl. auch Stefan Kiedroń und Patrycja Poniatowska: Śląsk – Niderlandy. Złoty wiek 1550–1650 (ze zbiorów Biblioteki Uniwersytetu we Wrocławiu). W 350-tą rocznicę Pokoju Westfalskiego. Katalog wystawy. Breslau 1998, S. 88, Nr. 92. Die Zeichnung wird auch bei Śliwa (Anm. 6), S. 19, Abb. 4, reproduziert. Bedauerlicherweise zieht sich über diese Zeichnung im Exemplar der Herzog August Bibliothek quer eine breite, weiße Linie (Papiermakel).
21 Vgl. Stieff (Anm. 12), S. 605–620 (»XC. Von der Egyptischen Mumia auf der Maria Magdalenischen Bibliotheck in Breßlau«). Auf die Wanderung der Mumienreste geht Śliwa (Anm. 6), S. 9, näher ein.

dessen Schilderung durch Andreas Gryphius berühmt geworden ist, bildet der Mumienkopf, der derzeit in der Sammlung der Universität Breslau aufbewahrt wird.[22]

Mit Rücksicht auf die Anordnung der auf der Brust gekreuzten Arme sowie das im Mund vorhandene Blatt dürfte die von Gryphius untersuchte Breslauer Mumie in die griechisch-römische Zeit zu datieren sein.[23] Eine der Fragen, die Gryphius in seiner Abhandlung erörtert und worüber er gegen Athanasius Kircher polemisiert, betrifft eben die Möglichkeit, daß die alten Mumifizierungstechniken in Ägypten noch bis in die römische Zeit hinein in Anwendung gewesen sein könnten (vgl. *MWr*, S. 54–64). Eine solche Möglichkeit lehnt Kircher entschieden ab, wobei er sich auf das von Kambyses erlassene Verbot der Ausübung der ägyptischen Kulthandlungen und religiösen Praktiken beruft.[24] Dieser Beweisführung zufolge müßten daher sämtliche in Ägypten gefundenen Mumien vor der Regierungszeit dieses Herrschers (also vor 525–522 v. Chr.) bestattet worden sein. Kirchers These wurde von Gryphius ganz entschieden ins Wanken gebracht.

Bei der Sezierung waren die Notabeln der Stadt, Gryphius' Freunde und Bekannte, darunter selbstverständlich Ärzte, die Prominenz der lokalen Wissenschaft, anwesend. Dieses Treffen wurde nicht nur in gesellschaftlicher, sondern auch in wissenschaftlicher Hinsicht zu einem bedeutenden Ereignis. In einem nahezu theatralischen Ambiente konnten die Laien ihre Wißbegierde und Sensationsgier stillen, Gryphius dagegen konnte in der Rolle des Experten seine Ansichten sowie die der anderen Forscher zu den interessierenden Fragen überprüfen. Die Ergebnisse hatten sich als so interessant erwiesen, daß er beschloß, sie möglichst schnell zu veröffentlichen. Öffentlich in entsprechender Szenerie durchgeführte Sezierungen waren im 17. Jahrhundert keine Seltenheit.[25] Zweifellos noch größeres Interesse müssen aber

---

22 Museum des Menschen des *Collegium Anthropologicum*. Nach 1945 wurde dieser Kopf an den Lehrstuhl für Alte Geschichte der Universität Breslau gegeben; 2002 wurde er als Depositum an den Lehrstuhl für Anthropologie übergeben. Eine Aufnahme des Kopfes im derzeitigen Zustand bietet Śliwa (Anm. 6), S. 18, Abb. 3.
23 Vgl. Germer (Anm. 18), S. 30.
24 ATHANASII KIRCHERI SOC. IESV OE D I P I AEGYPTIACI Tomus III. THEATRVM HIEROGLYPHICVM, *HOC EST*, Noua & hucusque intentata OBELISCORVM Cœterorumque Hieroglyphicorum Monumentorum, quæ tùm Romæ, tùm in Aegypto, ac celebrioribus Europæ Musæis adhuc supersunt, INTERPRETATIO Iuxta sensum Physicum, Tropologicum, Mysticum, Historicum, Politicum, Magicum, Medicum, Mathematicum, Cabalisticum, Hermeticum, Sophicum, Theosophicum; ex omni Orientalium doctrina & sapientia demonstrata. *Felicibus Auspicijs* FERDINANDI III. CÆSARIS. ROMÆ, Ex Typographia Vitalis Mascardi, Anno à Partu Virgineo M DC LIV. *SVPERIORVM PERMISSV*, S. 387–434 (»SYNTAGMA XIII. De Mumijs, earumque conditorijs, & hieroglyphicorum, quibus inscribuntur, significatione«).
25 Otto Ulbricht: Die Sektion des menschlichen Körpers als Feier. In: Geselligkeit und Gesellschaft im Barockzeitalter. Vorträge und Referate gehalten anläßlich des 8. Kongresses des Wolfenbütteler Arbeitskreises für Barockforschung in der Herzog August Bibliothek Wolfenbüttel vom 31. August bis 3. September 1994. Hg. von Wolfgang Adam. Unter Mitarbeit von Knut Kiesant, Winfried Schulze

die Auswicklung und Sezierung einer altägyptischen Mumie hervorgerufen haben.[26] An dem Breslauer Eingriff waren außer Gryphius insgesamt zwanzig Personen beteiligt. Eine Teilnehmergruppe bildeten namhafte Bürger und Stadtratmitglieder, Schöffen und Ratsherren. Zu den hervorragendsten gehörte Christian Hoffmann von Hoffmannswaldau, langjähriger Freund von Gryphius, seit 1647 Ratsherr und *curator scholarum*. Als weitere Personen sind zu nennen: Thomas Lerch, seit 1658 Stadtratarchivar, der Gryphius die Durchführung seiner Forschung ermöglichte, indem er die Einwilligung des Apothekers Krause erwirkte, und Johann Burkhart von Löwenburg (1611–1677), Ratsherr mit einem gewissen literarischen Ehrgeiz, den Gryphius auch in der Widmung zu seinem *Papinianus* erwähnt. Auch seiner Fürsprache verdankte Gryphius den Zutritt zu der Mumie. Die zwei weiteren erwähnenswerten Breslauer Bürger sind Johann Kretschmer (1603–1679), Schöffensekretär in der Zeit von 1638–1671, hervorragender Jurist und Sammler, der seine Münzsammlung der Bibliothek bei der Maria-Magdalena-Kirche schenkte, und David von Eben und Brunnen (1600–1669), der zahlreiche verantwortungsvolle Ämter bekleidete.

Die wichtigste und stärkste Gruppe bildeten jedoch die Ärzte, die zusammen mit Gryphius zehn waren. In alphabetischer Reihenfolge: Johann Agricola (1596–1667), Christian Buckisch von Löwenfels (1627–1665), Balthasar Cramer, Joachim Oelsner (1612–1671), Philipp Jakob Sachs von Löwenheim (1627–1672), Adam Scholz, Sebald Scholz, Gottfried Thielisch, Gottfried Wilhelm (1610–1678).

Bei dem beschriebenen Vorhaben mit dabei waren auch die zwei Söhne von Jakob Krause, die Zwillinge Johann Jakob und Johann Heinrich, beide Absolventen der philosophischen Studien, einer davon war außerdem praktizierender Arzt (vgl. *MWr*, S. 91). Die beiden Söhne traten in der Rolle von Gastgebern auf; als bedenklich erscheint dagegen die Abwesenheit von Jakob Krause, dem Mumienbesitzer, selbst. Zwei weitere Teilnehmer waren Georg Friedrich und Wolfgang Christian, die Söhne von Adam Caspar von Arzat (1637–1679), Gryphius' Freund. Bei dem letzten Teilnehmer handelt es sich um den Sohn eines weiteren Freundes von Gryphius, nämlich Johann Burkhart von Löwenburg (1642–1691).

Man kann deutlich feststellen, daß Gryphius an altägyptischen Mumien und den sonstigen Aspekten der antiken Vergangenheit seit langem interessiert war (vgl. *MWr*, S. 7–24). Der früheste Kontakt zu ihnen reicht wohl in die Jahre seiner Kindheit und Schulzeit zurück; mit Mumien als Heilmittel kam er nämlich in Fraustadt in

---

und Christoph Strosetzki. Wiesbaden 1997, Bd. 1, S. 365–378; Ludger Schwarte: Anatomische Theater als experimentelle Räume. In: Kunstkammer – Laboratorium – Bühne. Schauplätze des Wissens im 17. Jahrhundert. Hg. von Helmar Schramm, Ludger Schwarte und Jan Lazardzig. Berlin 2003 (Theatrum scientiarum 1), S. 75–102.
26 Gesellschaftliche Ereignisse dieser Art, die mit dem Auswickeln einer Mumie zusammenhingen, gewannen im 19. Jahrhundert sehr an Popularität. Vgl. Germer (Anm. 18), S. 106–111 (»Die Mumie auf dem Billardtisch – Mumienauswickeln als gesellschaftliches Ereignis«).

Berührung (dort besuchte er in der Zeit von 1632 bis 1634 das Gymnasium), wo dieses Medikament in der Apotheke von Johann Schinke zugänglich war und zur Schau gestellt wurde (vgl. *MWr*, S. 21).[27] Später begegnete Gryphius den Mumien selbstverständlich während seines Studiums in Leiden sowie auf seinen Reisen durch Frankreich und Italien. Gryphius interessierte sich für das Altertum viel umfassender, wovon sein *Papinianus* zeugen mag.[28] Die Originalausgabe dieses Dramas ist mit Zeichnungen versehen, die u.a. in Form von Stichen, denen antike Denkmäler als Vorbild zugrundeliegen, manche Hauptpersonen darzustellen versuchen (*Pap.*, unpaginiert nach fol.)(6^v). Als Grundlage dienten Gryphius die Gemmen, die aus der Publikation von Fulvius Ursinus[29] (darunter Aemilius Paulus Papinianus selbst) kopiert worden sind, darüber hinaus auch vier römische Münzstücke aus seiner eigenen Sammlung mit den Bildnissen von Septimius Severus, Iulia, Caracalla und Geta.[30] So läßt Gryphius bei Gelegenheit auch seine Sammlerleidenschaft erkennen. Die Sammlung mag wohl umfangreicher gewesen sein, doch blieb uns auf diese Weise wenigstens ihre einzige Spur erhalten.

Die Lektüre der Abhandlung über die Breslauer Mumien verschafft uns auch von der praktischen Seite her einen direkten Blick auf Gryphius als Forscher. Bevor er an die Sektion herantrat, interessierte er sich lebhaft für die Problematik der altägyptischen Mumien und sammelte dazu grundlegende Materialien.[31] Er machte sich mit sämtlichen antiken lateinischen und griechischen Texten über die Mumifizierung, vor allem mit denen von Herodot und Diodor, bekannt, ohne dabei die biblischen Überlieferungen sowie die der frühchristlichen Autoren außer acht zu lassen, er griff sogar auf die mittelalterliche Tradition zurück, auf die Erkenntnisse der letzten Jahre und berücksichtigte dabei jegliche Versuche einer praktischen Rekonstruktion der alten Mumifizierungstechniken, u.a. durch den niederländischen Arzt de Bils.[32] Wichtige Sachtexte, von denen er Gebrauch machte, waren Reiseberichte

---

27 Diese Apotheke war auch als Stadt-Apotheke bekannt. Schinke war der Schwiegersohn des früheren Besitzers Johannes Friedrich Steinborn. Vgl. Brachmann (Anm. 5), S. 222.

28 Sein Interesse am Altertum bekundete er auch in den nicht erhaltenen Anmerkungen über die römischen Altertümer zum Werk von Joannes Rosinus/Rossfeld und Thomas Dempster: *Antiquitatum Romanarum Corpus absolutissimum*. Vgl. Leubscher (Anm. 9), S. 66.

29 Fulvius Ursinus (1529–1600), hervorragender Kenner des Altertums und Sammler, Autor eines mit Stichen bebilderten Werkes unter dem Titel: IMAGINES ET ELOGIA VIRORVM ILLVSTRIVM ET ERVDITOR. EX ANTIQVIS LAPIDIBVS ET NOMISMATIB. EXPRESSA CVM ANNOTATIONIB. EX BIBLIOTHECA FVLVI VRSINI M D L XX Romæ Ant. Lafrery Formeis.

30 Vgl. Śliwa (Anm. 6), S. 20, Abb. 5.

31 Davon zeugen deutlich die Bestände seiner Bibliothek (vgl. Catalogus Bibliothecae Gryphianae. Vratislaviae 1707 [Exemplar aus der Sammlung »Ossolineum« in Breslau]), die zahlreiche antike Quellen beherbergte; beachtenswert sind auch zahlreiche Kataloge und numismatische Bearbeitungen.

32 Lodewijk de Bils (1624–1670), hervorragender Anatom, war davon überzeugt, die Mumifizierungstechniken auf gleichem Niveau wie die alten Ägypter zu beherrschen (von Gryphius am Ende seines Traktats im Anhang »Lectori benevolo« erwähnt).

aus Ägypten, darunter vor allem die Beschreibungen von Nikolaus Christoph Radziwiłł (Aufenthalt in Ägypten im Jahre 1583) und Pietro della Valle (der sich 1615/16 in Ägypten aufhielt).

Mit dem Herankommen an manche Werke hatte Gryphius erhebliche Schwierigkeiten, dies vor allem nach seiner Niederlassung in Schlesien (vgl. *MWr*, S. 8f. und 14f.). An den sehr wichtigen und von ihm hochgeschätzten Text von Giovanni Nardi/Nardius (Kommentar zu Lukrez' *De rerum natura*[33]) kam er in Breslau, in der reich ausgestatteten Bibliothek von Albert von Sebisch, der ihm sein Exemplar zur Verfügung stellte. Das Fehlen dieses Werks verzögerte übrigens die Drucklegung von Gryphius' Abhandlung über die Mumien. Der Quellenwert von Nardius' Text bestand nicht zuletzt auch darin, daß der Autor seine eigenen Überlegungen über die Mumien sowie zahlreiche altägyptische Denkmäler schilderte.

An die äußerst wichtige Arbeit von Athanasius Kircher, *Oedipus Aegyptiacus* (1654), konnte Gryphius erst 1656 kommen, als er zusammen mit seiner Familie in Zissendorf bei Freystadt auf dem Gutshof seines früheren Schützlings Johann Christoph Schönborn Zuflucht fand. Dadurch entkam Gryphius der damals in Glogau und Umgebung wütenden Pest.

Nach einer Gegenüberstellung der aus den Abhandlungen seiner Vorgänger gewonnenen Erkenntnisse mit seinen eigenen Erfahrungen unterzieht sich Gryphius der Mühe einer sachlichen und detaillierten kritischen Auseinandersetzung. Er zeigt dabei gesunden Menschenverstand, Logik und eine äußerst nüchterne Herangehensweise an die ganze Problematik – vom Mumienhandel und der Bedeutung der Mumien als Heilmittel bis hin zu den Einzelheiten der alten Mumifizierungspraktiken. Gryphius unternahm einen Disput u.a. mit Herodot (*Hist.* II,86–88), dessen Bericht zufolge die alten Ägypter das Gehirn der Toten durch die Nasenlöcher entfernt haben sollten (vgl. *MWr*, S. 9–12, 22, 45, 78f.). Am Beispiel der Breslauer Autopsie (und sonstiger Fälle, von denen auch Nardius berichtet) spricht Gryphius auch von einer anderen Möglichkeit, nämlich der Gehirn-Entfernung am Ansatz des Schädels, nachdem dieser vom Rückgrat abgelöst worden ist. Zur Überlieferung des Diodor (*Bibl. Hist.* I,91) polemisiert er über die Lokalisierung des Schnittes, der die Entfernung der Eingeweide ermöglichte (vgl. *MWr*, S. 56). Hoch geschätzt hatte er die Abhandlung von Nardius (vgl. *MWr*, S. 14–16), der auch ein paar Mumien aus seiner Sammlung seziert hatte und aus dessen Beobachtungen und Material (darunter auch Zeichnungen) später auch Kircher Nutzen zog.[34] In eine Diskussion mit Kircher tritt Gryphius übrigens mehrmals, wie etwa zu der zuvor erwähnten Datierung der

---

33 TITI LVCRETII CARI DE RERVM NATVRA LIBRI SEX. *Vnà cum Paraphrastica Explanatione, & Animaduersionibus*, D. IOANNIS NARDII Florentini. FLORENTIÆ. Typis Amatoris Massæ Foroliuien. M.DC.XLVII. SVPERIORVM PERMISSV. Vgl. Joachim Śliwa: Giovanni Nardi (c.1580–c.1655) and His Studies on Ancient Egypt. In: Études et Travaux 21 (2007), S. 151–160.
34 Vgl. Śliwa (Anm. 33), S. 156–158.

altägyptischen Mumien. Da nutzt Gryphius für seine Argumentation auch eine mit griechischem Text versehene Mumie (vgl. *MWr*, S. 78f.), die von Pietro della Valle nach Italien überführt und von Kircher abgebildet worden war. Beachtenswerterweise gelangte diese Mumie viel später nach Dresden, wo sie u.a. zum Gegenstand wissenschaftlichen Interesses von Johann Joachim Winckelmann wurde.[35] Gegenstand zahlreicher Diskussionen, die von Gryphius aufgenommen wurden, sind auch die Rohstoffe (so etwa Pissasphaltum, Judenpech, Gumma), die bei den Alten für die Mumifizierung zur Anwendung kamen, sowie der Versuch ihrer Identifizierung (vgl. *MWr*, S. 13 und 18–22). Gleiches gilt für die Bestimmung von Geweben, aus denen die Mumienbandagen bestanden (vgl. *MWr*, S. 27–29 und 34–37).

Die Fragen um die Mumifizierung wurden von Gryphius schon auf seinen Reisen unmittelbar in Gesprächen mit unterschiedlichen Spezialisten aufgegriffen. Kircher lernte er persönlich Anfang 1646[36] in Rom kennen und muß wohl auch mit ihm über diese Problematik gesprochen haben. Ganz bestimmt hat Gryphius die Problematik der Mumien bei seinem Aufenthalt in Padua (von dem in Gryphius' Biographien nicht zu lesen ist) in Gesprächen mit Johann Vesling/Veslingius berührt,[37] der ein paar Jahre in Ägypten verbracht hatte. Seinen Aufenthalt in Padua und die dort stattgefundene Diskussion mit Veslingius (u.a. auch zur Frage ›bäumt sich das Meer gegen die Mumien auf?‹) erwähnt Gryphius ausdrücklich in seinem Traktat (vgl. *MWr*, S. 112f.). Padua, hervorragendes Zentrum der Medizinstudien, mit seinem anatomischen Theater und Botanischen Garten besuchte Gryphius in der Zeit vom 15. bis zum 22. April 1646 (am 22. April tauchte er schon in Venedig auf).[38]

Erwähnt sei eine interessante Diskussion, in der Gryphius gegen die damals ziemlich breit vertretene Ansicht ankämpft, wonach die altägyptischen Mumien zusammen mit den Schiffen, auf denen sie befördert wurden, untergehen sollten. So glaubte es etwa Jean Bodin/Bodinus,[39] während der erwähnte Veslingius sich in die-

---

35 Johann Joachim Winckelmann: Nachricht von einer Mumie in dem Königlichen Cabinet der Alterthümer in Dreßden. In: Gedanken über die Nachahmung der Griechischen Werke in der Malerey und Bildhauerkunst. Zweyte vermehrte Auflage. Dresden und Leipzig. 1756. Jm Verlag der Waltherischen Handlung, S. 90–98. Vgl. Gerald Heres: Winckelmann in Sachsen. Ein Beitrag zur Kulturgeschichte Dresdens und zur Biographie Winckelmanns. Berlin 1991, S. 114 und S. 172, Abb. 51.
36 Vgl. Eberhard Mannack: Andreas Gryphius (²1986) [127], S. 15. Vgl. auch John Edward Fletcher: A Study of the Life and Work of Athanasius Kircher, »Germanus Incredibilis«. Leiden 2011 (Texts and Studies in Western Esoterism 12), S. 367–369.
37 Śliwa (Anm. 6), S. 14. Auf Gryphius' Anwesenheit in Padua hat schon Neveux (Anm. 6), S. 455, hingewiesen.
38 Śliwa (Anm. 6), S. 14 und 21 (Abb. 6: Reisewege des Andreas Gryphius).
39 Jean Bodin (1529–1596), französischer Philosoph, Jurist und Staatstheoretiker, Schöpfer der Ideologie des Absolutismus. In diesem Fall zitiert Gryphius das Werk: VNIVERSÆ NATVRÆ THEATRVM. IN QVO RERVM OMNIVM effectrices causæ, & fines contemplantur, & continuæ series quinque libris discutiuntur. AVTORE IOAN. BODINO Monasterii Benedictbeyrn. HANOVIÆ, Typis Wechelianis apud Claudium Marnium, & hæredes Ioann. Aubrii. M. DC. V., S. 172–174.

ser Angelegenheit der gegensätzlichen Meinung von Gryphius anschloß. Der Grund für die Schiffskatastrophen soll ein durch die Schändung eines alten Grabes hervorgerufener Fluch gewesen sein, der bewirkte, daß die uralten Dämonen durch Windböen und Seestürme ein Schiff, an dessen Bord Mumien befördert wurden, zugrundegehen ließen. Dabei berief sich Gryphius auf den Bericht von Nikolaus Radziwiłł, dem es nicht gelungen war, seine Mumien heil nach Europa zu bringen, da die Mitreisenden ihn dazu gezwungen haben sollten, diese so wertvolle Ladung über Bord zu werfen, um dadurch dem drohenden Unglück zu entgehen.[40] Die Zweifel, die Gryphius dort zum Ausdruck bringt, wie auch die von ihm benutzte Argumentation weisen ihn als einen gescheiten und vorurteilsfreien, dem Aberglauben trotzenden Menschen aus, der es vermochte, die Ansicht über den unheilbringenden Einfluß der Mumien auf ihre Transportmittel zu Wasser in Abrede zu stellen.

---

40 Vgl. HIEROSOLYMITANA PEREGRINATIO JLLVSTRISSIMI DOMINI NICOLAI CHRISTOPHORI RADZIVILI, Ducis in Olika & Nyeswiesz, Comitis in Szydlowiec & Myr. etc. IV. Epistolis compræhensa, *Ex idiomate Polonico in Latinam linguam translata & nunc primum edita*. THOMA TRETERO CVSTODE VARMIENSI INTERPRETE. Cum Priuilegio S. R. M. BRVNSBERGÆ, *Apud Georgium Schönfels*. cIɔ. Iɔ. CI. (sowie zahlreiche spätere Ausgaben). Vgl. auch Mikołaj Krzysztof Radziwiłł »Sierotka«: Podróż do Ziemi Świętej, Syrii i Egiptu 1582–1584. Hg. von Leszek Kukulski. Warschau 1962, S. 205–208, und Thomas Schneider: Der Ägyptenbesuch des Mikołaj Krzysztof Radziwiłł Sierotka von 1583. In: Zeitschrift für Ägyptische Sprache und Altertumskunde 117 (1990), S. 157–171.

II.9 Gryphius als Übersetzer und Bearbeiter
Von Hans Kuhn

Gryphius, der mehr als neun Jahre seines erwachsenen Lebens im fremdsprachigen Europa verbrachte, war vieler Sprachen mächtig,[1] was sich in seinen übersetzten Werken niederschlug: je einem Trauerspiel aus dem Lateinischen (*Felicitas*) und Niederländischen *(Die Gibeoniter)* und je einem Lustspiel aus dem Italienischen (*Seugamme*) und Französischen (*Schwermender Schäffer*). Im zweiten Buch der Sonette finden sich zwei, die sich ausdrücklich als Übersetzungen kennzeichnen (»Aus dem Grichischen Cedreni«,»Aus eines andern Frantzösischen«; *Son.* II,33 und 34), beide auf gewaltsam ums Leben gekommene hohe Persönlichkeiten, eine byzantinische Kaiserin Konstantina[2] († 606) und George Villiers, First Duke of Buckingham († 1628). An die *Kirchhoffs-Gedancken* schließen sich die Übersetzungen zweier thematisch verwandter Oden des Jesuiten Jakob Balde an (*Kir.*, S. 497–503), gefolgt von Johann Christoph von Schönborns Übersetzung einer weiteren Balde-Ode. In den erst 1698 publizierten *Vermischten Gedichten* steht als drittes die Übersetzung einer Hiobode des flämischen Jesuiten Bernhardus Bauhusius (*VG*, S. 85–88). Auf diese und weitere, 1660 unter dem Titel *Ubersetzete Lob-Gesänge / Oder Kirchen-Lieder* (*LG*) veröffentlichte Einzelstücke kann hier aus Platz- und Kompetenzgründen nicht näher eingegangen werden.

Die Ergänzungsbände der *Gesamtausgabe deutschsprachiger Werke* erlauben es, Gryphius als Bearbeiter und Übersetzer am Werk zu sehen. Die dort abgedruckten Erbauungsschriften fallen in die letzten Jahre seines Lebens; aber während die Stegmann-Bearbeitung *Himmel Steigente HertzensSeüfftzer* im Jahr nach seinem Tode von seiner Witwe herausgegeben wurde (vgl. *GA* EB 2/1, S. VIIf.; vgl. das Widmungsschreiben in *HSGr*), konnte Gryphius von den Bakerschen Schriften zwar noch eine erste selbst publizieren (*RBF*), aber die übrigen fünf erschienen erst 1687, mit einem Vorwort seines Sohns Christian (*RBB*). Von diesen hat Gryphius sicher die *Betrachtungen der Sieben Buß-Psalm* (*RBB*, separate Paginierung: S. 1–572) und die ersten drei Stücke und noch den Anfang des vierten der *Betrachtungen der Sieben Trost-Psalm* (*RBB*, separate Paginierung: S. 1–ca. 169) selbst geschrieben. Mit der Übersetzung der restlichen drei Stücke sowie der Betrachtungen über den 1. Psalm, die Unsterblichkeit der Seele und die Wochentage muß Christian Gryphius jeman-

---

[1] Wohl nicht des Englischen, denn die Erbauungsschriften Sir Richard Bakers (*RBB* und *RBF*) sind nicht, wie Hugh Powell, der Herausgeber der entsprechenden *GA*-Bände, meint, aus der Originalsprache, sondern aus dem Niederländischen übersetzt; vgl. Udo Sträter: Sir Richard Baker und Andreas Gryphius (1984) [862].

[2] Das griechische Original sind sechs Distichen. Vgl. Patrologiae Cursus Completus. Series Graeca. Bd. 121: Georgii Cedreni Compendium Historiarum. Hg. von Jacques-Paul Migne. Paris 1894, S. 773.

den beauftragt haben, der dafür ungenügende Voraussetzungen mitbrachte; dieser gewann zwar im Laufe der Arbeit an Übung, aber es kann ausgeschlossen werden, daß hier noch Andreas Gryphius selbst am Werk war.[3] Für die Einleitung der Vaterunser-Meditationen (*RBF*, S. 1–29) und den Sonnabend-Abschnitt der Wochentagsmeditationen (*RBB*, separate Paginierung: S. 148–179) hat der Herausgeber der *GA* das (Gryphius nicht vorliegende) englische Original der Übersetzung zur Seite gestellt (vgl. *GA* EB 3/1, S. 16–39 und EB 3/2, S. 923–947).

Gryphius hat sich in seinen Übersetzungen eine gewisse Freiheit erlaubt. Übersetzungen werden automatisch länger dank dem Umstand, daß konzise und dem Muttersprachler verständliche Ausdrücke umschrieben werden müssen. Richard Baker, Studienkollege von John Donne, pflegte, wie die ›Metaphysical Poets‹, einen konzentrierten, ›witzigen‹, an Wortspielen reichen Stil; kein Wunder, daß die Texte bei seinen (ausgezeichneten) holländischen Übersetzern de Jonge und Grindal rund ein Drittel länger werden, Gryphius muß wiederum erklären und umschreiben, und so wächst der Umfang nochmals. Bei seiner Übertragung von Vondels *Gebroeders*[4] kürzt er gelegentlich, häufiger erweitert er, besonders in lyrischen Partien, und oft schafft er durch Wort- und Bildwahl seinen eigenen Stil. Doch als wirklicher Bearbeiter zeigt er sich nur in seiner Neuausgabe von Josua Stegmanns *Hertzen-Seufftzern* (*HSGr*); hier ändert er laufend und ersetzt ganze Partien des Originals durch eigene oder fremde Gedichte.[5]

Erbauungsschriften haben erst in den letzten Jahrzehnten die Aufmerksamkeit der Literaturwissenschaft gefunden. Praktische Bedürfnisse (Fakten, Anleitungen) bestimmten wohl damals wie heute für einen Großteil des Bevölkerung die Lektüre; im ›freien‹ Lesen hatte Erbauungsliteratur im 17. Jahrhundert eine ähnlich beherrschende Stellung wie heute die Romane. Der Anstoß war für Gryphius sicher seine tiefe Religiosität, aber er konnte auch mit einem Markt für solche Publikationen rechnen. Besonders bequem wird das Verfolgen von Gryphius' Vorgehen bei Stegmanns *Hertzen-Seufftzern*, denn hier haben die Herausgeber die, wie sie vermuten, von Gryphius benutzte Ausgabe von 1663 abgedruckt (*GA* EB 2/2).[6] Josua Stegmann

---

3 Vgl. Hans Kuhn: Hier starb Gryphius (2007) [861]. Damit bestätigt sich auch Spahrs Einwand »It has not yet been established that Gryphius accomplished the translations alone«. Blake Lee Spahr: Andreas Gryphius (1993) [132], S. 193.
4 Vgl. zu dieser Übersetzung ↗ Kap. II.5.8 über *Die Gibeoniter*.
5 Die von den Herausgebern ergänzten Druckfehlerverzeichnisse der Ergänzungsbände sind leider alles andere als vollständig. Ein besonders sinnstörender Fehler findet sich in dem von Gryphius stammenden »Danck-Lid vor Vergebung der Sünden« (*HSGr*, S. 780–783; *GA* EB 2/1, S. 304–306), wo in der vierten Strophe von Gott gesagt wird: »Sein erbarmungs volle Plage | Wird durch höchste Gütt erweckt«. Das Reimwort »Wege« legt nahe, daß »Pflege« gemeint ist.
6 Ernewerte Hertzen-Seufftzer / Darinnen ZeitGebetlein / auff die bevorstehende betrübte Kriegs-Thewrung und Sterbenszeiten gerichtet / Benebenst Morgen und Abendsegen / Beicht / Communion und andern Gebetlein / Durch JOSUAM STEGMAN, der heiligen Schrifft Doctor und Profess. auch

(1588–1632), gebürtiger Thüringer, ist heute noch am ehesten durch sein Kirchenlied »Ach bleib mit deiner Gnade« bekannt. Er machte als Theologe in Niedersachsen Karriere, wurde Lehrer am Gymnasium in Stadthagen, das später zur Universität Rinteln erhoben wurde, war Oberpfarrer und Superintendent der Evangelischen Kirche von Schaumburg-Lippe. Seine *Hertzen-Seufftzer* hatten Erfolg; außer der verlorenen Erstausgabe (vermutlich 1626) sind im Zeitraum zwischen 1627 und 1663 fünfzehn Ausgaben nachgewiesen. Das war Gebrauchsliteratur, der es um das Bereitstellen von geeignetem Material für jede Lebenslage ging, wobei zwischen eigenen und fremden Texten nicht unterschieden wurde, besonders bei den Liedern.

Stegmanns Andachtsbuch ist thematisch in vierzehn Abteilungen gegliedert, von denen die ersten beiden, die Morgen- und Abendgebete für jeden Tag der Woche, die längsten sind (*HSSt*, S. 1–211, *HSGr*, S. 1–319). Hier sind die Gedichte (gereimte Gebete und Lieder) am häufigsten, während in den späteren Abteilungen die Prosa, die den geübten Kanzelredner verrät, einen breiteren Platz einnimmt. Schon die Titel verraten die Notzeit des Dreißigjährigen Krieges, so »Gebet / für die allgemeine Noth der Christenheit«; *HSSt*, S. 211–253, *HSGr*, S. 320–388), »Allgemeine BußGebetlein / umb Abwendung der grassirenden [*HSGr*: überhand nehmenden] Landstraffen« (*HSSt*, S. 253–272, *HSGr*, S. 388–419), »Gebet zu Kriegszeiten« (*HSSt*, S. 322–378, *HSGr*, S. 498–581), »Gebet umb Abwendung der Thewrung und HungersNoth« (*HSSt*, S. 379–403, *HSGr*, S. 581–621). Diese Notzeit wurde als Strafe Gottes für eine sündige Menschheit aufgefaßt, der man durch Buße und Beten beizukommen suchte, nachdem die Investition in gute Werke dem Luthertum als (katholisches) Erkaufen der Gnade suspekt geworden war. So wird denn auch Klage geführt über »die drey schwebende Landplagen« (*HSSt*, S. 231; *HSGr*, S. 349: »die drey Haupt und Landplagen«) und um »Wegnehmung der Straffruthen« (*HSSt*, S. 245) gebeten. Einige Abschnitte sprechen die Anliegen einer Gemeinschaft aus, andere sind mehr auf persönliche Erfahrungen und Bedürfnisse ausgerichtet. Besonders die Morgen- und Abendgebete für jeden Wochentag sollten wohl in erster Linie den täglichen Andachten dienen, die der Pater familias mit seinem Hausstand hielt; dies wird ausdrücklich gesagt in einem Zusatz zum Titel des vierten Abschnitts.[7]

Schaumburgischen Superintendenten / Kurtz vor des Herrn Autoris sel. Tod übersehen / und an vielen Orten gebessert. Mit Churf. Sächs. Durchl. Privilegio. Lüneburg Gedruckt und verlegt durch die Sternen. Anno MDCLXIII. (im folgenden wird auf diese Ausgabe im Einklang mit *GA* EB 2 unter der Sigle *HSSt* Bezug genommen). Tatsächlich muß Gryphius eine andere Ausgabe vorgelegen haben. Als »Morgen-Gruß des HErrn JEsu« der Mittwoch-Morgengebete hat *HSGr* (S. 86–94) eine längere Prosa, *HSSt* (S. 58–61) ein zwölfstrophiges Gedicht in Kurzversen. Daß Gryphius seine Änderungen der Prosastücke in ein Handexemplar eintrug, habe ich wahrscheinlich gemacht, vgl. Hans Kuhn: Gryphius als Sprachreiniger (1995) [917], S. 101, Anm. 3; die Prosa kann deshalb kaum von ihm stammen.

7 *HSSt*, S. 253, *HSGr*, S. 389: »in den gewöhnlichen Betstunden zu gebrauchen«.

Marian Szyrocki hat 1973 als erster Gryphius' Bearbeitung der *Hertzen-Seufftzer* untersucht, wobei er sich auf die gereimten Gebete und Lieder beschränkte.[8] Damit legte er den Grund für die 1987er Edition der beiden Werke als *GA* EB 2/1 (*HSGr*) und 2/2 (*HSSt*). Sachliche Information zu den beiden Texten findet sich an beiden Orten, z.B. der metrische Vergleich der 108 Gedichte in beiden Quellen und die Markierung von 22 davon als Gryphius' eigene durch »A. G.«.[9] In der ersten Nummer der Zeitschrift *Daphnis* erläuterte Szyrocki Gryphius' Vorgehen an einem Dutzend Gedichte, wo er Stegmanns Texte verbessert,[10] und an einem weiteren Dutzend, wo er eigene Gedichte einsetzt, sei es, daß sie inhaltlich an Stegmann anknüpfen,[11] sei es, daß sie, wenn auch im Thema verwandt, völlig neu sind.[12] Gryphius setzte eigene Gedichte in erster Linie ein in Fällen, wo ihn die Unbeholfenheit der Originale nicht befriedigte, denn in den drei Jahrzehnten seit Stegmanns Tod war die Opitzsche Reform durchgedrungen, welche Regelmäßigkeit des Versmaßes und den Zusammenfall von natürlicher und metrischer Betonung forderte. Den drastischsten Eingriff gestattet er sich im Schlußteil des Werks, in der Abteilung »Christliche Gebet um ein seliges Sterben«. Hier hat Stegmann als I–IV längere Prosagebete (*HSSt*, S. 560–572), bei denen Gryphius' Eingriffe verhältnismäßig geringfügig sind.[13] Bei Stegmann (*HSSt*, S. 572–575) folgen darauf als V–VIII vier kurze Reimgebete; Gryphius (*HSGr*, S. 899–930) hat dafür acht längere Stücke (V–XII), von denen nur der Anfang von X an Stegmanns viel kürzeres Schlußgedicht VIII anklingt. VI und VII (*HSGr*, S. 902–916) sind bei Gryphius zwei je 14strophige Gedichte aus fremder Feder, »Simon Dachs Klage Sions über den Verzug ihre Bräutigams«, und »Christoff Kaldenbachs kluge Jungfrauen«, die beide an die Parabel von den klugen und den törichten Jungfrauen anknüpfen; darauf folgen als VIII–X drei nicht identifizierte Gedichte, »Eitelkeit Menschlichen Lebens«, »Allgemeiner Todten-Reyen« und »Letzter Seufftzer / in Todesnöthen«. Anfang und Schluß machen »A. G.«-Gedichte, seine Sonettfolge an die drei Personen der Dreifaltigkeit (*HSGr*, S. 899–902, vgl. *SNa.* 14–16), sein zehnstrophiger »Abschieds-Gesang Der die Welt verlassenden Seele« (*HSGr*, S. 923–926) und dessen jenseitige Entsprechung, der »Freuden-Gesang der in die selige Ewikeit gelangenden Seele« (*HSGr*, S. 927–930).[14] Das längste Stück, das Gryphius unter eigenem Namen einsetzt, ist ein kleines Oratorium »Thrænen und Danck-Lid / Nach überstandener Sterbens-Gefahr« (*HSGr*,

---

8 Marian Szyrocki: »Himmel Steigente HertzensSeufftzer« von Andreas Gryphius (1972) [863].
9 Ebd., S. 49–52; vgl. auch *GA* EB 2/2, S. XI–XV.
10 Szyrocki (Anm. 8), S. 44–48 und 52–71.
11 Ebd., S. 71–75.
12 Ebd., S. 76–78.
13 Am stärksten gegen Ende von IV, wo er auch den Schlußsatz wegläßt.
14 Was 1657 im dritten Buch der Oden noch »Chor« und »Gegen-Chor« hieß, erscheint jetzt, im Zeichen des Sprachpurismus, als »Reyen« und »Gegen-Reyen«. 1657 trug das Gedicht den Titel »Excessus humanæ mentis ad Deum«. Für die Sammelausgabe von 1663 (*FT*) wurde dies beibehalten (vgl. *Od.* III,10).

S. 651–664), das er bereits 1660 veröffentlicht hatte (vgl. *LG*, fol. B 4ᵛ–B 8ʳ); es ersetzt Stegmanns fünfstrophiges Kirchenlied »Jch habs gestalt / Jns HErrn Gewalt« (*HSSt*, S. 424–426).[15] Drei »A. G.«-Gedichte hat Christian Gryphius weggelassen. Von dem in sapphischen Strophen verfaßten Hymnus »Aufer immensam, Deus, aufer iram« bringt Stegmann als zehntes Gebet »für die Noth der Christenheit« Martin Mollers Übersetzung »NJmb von uns / HERR / du treuer GOTT« von 1584, die als Kirchenlied bis heute lebendig geblieben ist (*HSSt*, S. 245–247). Gryphius übernimmt sie mit einigen Änderungen, fügt aber eine Übersetzung des lateinischen Gedichts hinzu, die, wenn auch durchweg in Jamben, die formale Strenge des Originals zu bewahren sucht (»HAlt inn' O HErr mit dem erhitzten Wütten!«, *HSGr*, S. 374–377). Stegmanns siebenstrophiges »Klag- und Trost-Lied geängster Christen / so wegen der Religion verfolget werden« (*HSSt*, S. 313–315) ersetzt Gryphius durch ein 17strophiges eigenes Lied »Nutz des Creutzes und der Verfolgung« (*HSGr*, S. 481–487). Auch für Stegmanns letztes Beichtgebet, das siebenstrophige »Danck Lied vor empfangene Vergebung der Sünden« (*HSSt*, S. 504f.), setzt Gryphius ein eigenes, längeres, eine 13strophige freie Paraphrase von Psalm 103, ein (*HSGr*, S. 780–783).

Christian Gryphius hat die meisten mit »A. G.« bezeichneten *HertzensSeüfftzer* in die 1698er Sammlung übernommen; es sind die Nummern I–XIV der *Geistlichen Lieder* (*GL*, S. 270–288). Wo die Vorlage noch durchschimmert, hat Gryphius keinen Anspruch auf Autorschaft erhoben. Ein extremes Beispiel für Erweiterung ist das letzte Dienstag-Abendgedicht (*GL*, S. 276f.). Stegmann hat eine Art Staccato- oder Seufzer-Gebet (*HSSt*, S. 150–152), in dem extrem kurze (zweihebige) Verse und Reimzwang nur komprimierte Aussagen erlauben; die vier Strophenanfänge variieren bloß das letzte Wort: »ACh GOTT mein Hort«, »ACh GOtt mein HERR«, »ACh Gott mein Schild«, »ACh GOTT mein Heil«. Gryphius baut dies, geruhsam darlegend und argumentierend, zu sieben Alexandriner-Strophen, etwa der dreifachen Textmasse, aus (vgl. *HSGr*, S. 222–225). Hier der Anfang:

ACh GOTT mein Hort /	ACh Gott du wahrer Gott! d' nie sein Wort
Dein gnädig Wort	gebrochen /
Uns je zusagt:	Du hast ausdrücklich mir und sonder Falsch versprochen /

Die beiden Schlußgebete vom Freitagabend (*HSGr*, S. 290f., *HSSt*, S. 193) zeigen das gleiche Verhältnis, wenn auch in weniger extremer Form.

Gryphius' Um- und Ausbau sei am letzten Gedicht der »Gebet zu Kriegszeiten« gezeigt, wo Vorlage (*HSSt*, S. 375–378) und erneuerter Text (*HSGr*, S. 577–581) im

---

15 Jede Strophe beginnt mit diesen Worten; für Gryphius war das altertümliche Partizip »gestalt« wohl mit ein Grund, das Lied zu ersetzen.

gleichen Versmaß stehen und schon aus den ersten vier Stegmannschen Alexandrinern bei Gryphius sechs werden:

HEiliges Himmels-Kind / der du wider zur Stelle /	1. DV schönstes Himmels Kind / stelst du dich wider ein!
Bringest die güldne Zeit / der du machst wider helle /	Soll dann der Schwerdter Recht nunmehr verschoben seyn!
Dieses Landes trübe Lufft / machst lachen unser Feld /	Bringst du die goldne Zeit! erläuterst du die Lüffte? Stopffst du der Hellen Schlund? schleust du die todten Grüfte!
Dardurch der Böse Straff / Hoffnung der Fromm erhält /	2. Soll das erfreute Feld nicht länger wüste stehn! Die Tugend nicht dem Lohn nicht Schuld der Straff entgehn!

Bezieht man auch die Prosatexte mit ein, so zeigen sich in seinen Änderungen scheinbar widersprüchliche Tendenzen. Obwohl es in Deutschland, im Unterschied zu den Niederlanden, noch an einer verbindlichen Schriftsprache fehlte, war doch in den vier mittleren Jahrzehnten des 17. Jahrhunderts, nicht zuletzt dank den Sprachgesellschaften, vieles geschehen, um diesen Prozeß zu fördern. Stegmanns Sprache mußte einem Leser und Autor wie Gryphius vielerorts altertümlich, holperig, unbeholfen oder grob vorkommen, kurz, nicht *würdig* genug für eine Kultursprache, die mit den anerkannten europäischen Hochsprachen gleichziehen wollte; auch die zahlreichen Diminutive bei Stegmann (Blümlein, Fähnlein, Schifflein etc.) waren ihm offenbar zu ›intim‹. Ich habe dargelegt, daß ihm die Sprachentwicklung in den meisten Fällen recht gegeben hat.[16] Daß dabei auch einiges an Farbigkeit und Spontaneität verloren ging, war wohl nicht zu vermeiden. Andererseits verleugnet sich der Dichter nicht, dessen Tendenz zu konzentrieren, zu verstärken und zu dramatisieren, vor allem, wo es um schmerzliche Erfahrungen geht, wie sie in seinen berühmtesten Gedichten in die Augen springt, sich auch hier durchsetzt. Dies zeigt sich selbst, wo er der Vorlage im einzelnen zu folgen scheint. Das dritte Stück der Donnerstag-Abendgebete beschreibt das Einbrechen der Nacht und das Aufgehen der Sterne, die dann zu Symbolen der geistigen Leitsterne werden, an denen sich der Fromme orientieren soll. Gryphius erweitert die 18 Alexandriner auf 22; schon der Anfang zeigt seinen ›heftigeren‹ Anschlag:

WOlan der Abend schön mit seinem blawen Wagen / Jns Losament der Nacht kommet herein gezogen /	Der Abend fährt dahin auf Rosenrottem Wagen / Man siht die schwartze Nacht in vollem Lauff einjagen /
(HSSt, S. 169)	(HSGr, S. 251)

---

16 Vgl. Kuhn (Anm. 6). Zu den Ausnahmen vgl. ebd., S. 90f.

Es ist leicht ersichtlich, was Gryphius gestört hat: der unreine Reim und das Fremdwort. Aber statt des gemächlichen Sich-Einstellens des Abend-Wagens nach getaner Arbeit kommt hier die Nacht gejagt, ›schwarz‹ im Kontrast zur Abendröte: kein friedliches Abklingen, sondern ein Drama. In Vers 13f. beschreibt Stegmann die Sterne, die nun in seinem Herzen aufgehen sollen: »Die Gluckhenne der Lieb / der Orion der Gnad / | Die Plejas voll mit Güt« (*HSSt*, S. 170). Bei Gryphius ist Orion der auferstehende (›aufgehende‹) Christus: »den Edlen Orion / der auß der Grufft erwacht / | Als Er des Sathans Reich gestürmt / und Preiß gemacht« (*HSGr*, S. 253). Auch hier nicht ein stilles Betrachten, sondern eine dramatische Auseinandersetzung.

Schon in der frühen Vondel-Übersetzung ist diese Tendenz spürbar. Neben Gryphius' Weltsicht und persönlichem Stilwillen geht das sicher darauf zurück, daß die holländische Republik bereits eine gefestigte Schriftsprache sowohl für den Alltag wie für Poesie hatte; in Deutschland lag sie am ehesten für die Dichtung, mit ihrer gehobenen und verdichteten Diktion, vor. Dafür einige Beispiele, zusammen mit einer wörtlichen Übersetzung des Originals:[17]

[Rizpa über die Gibeoniter, *Gib.*, S. 575] Was gruntzen sie denn hier / heist sie von hinnen gehn.	Was zaudern sie denn hier? Man lasse sie lieber gehen [Wat marrenze dan hier? men laet hen liever gaen; fol. Eiij^v].
[die Priester über das irdische Leben, *Gib.*, S. 585] Kein Fels wird so bestürmt in der bewegten See /	Als Seelen / die sich hier in Folter-Saal befinden.	... Als Leib und Seele, für eine kurze Zeit miteinander verbunden [Als lijf, en ziel, aen een, voor luttel tijds, verbonden; fol. Fiiij^r].
[2. Gibeoniter auf die Bitte, Kinder um ihrer Mutter Liebe willen zu verschonen, *Gib.*, S. 591] Um unsrer Mütter Weh! die traff der Schmertzen Brunst.	Unsere eigenen Mütter zuerst; dies geht uns in erster Linie an [Onze eige moeders eerst, dit raeckt ons boven al; fol. Gij^v].
[die Prinzen zu Rizpa und Michal, *Gib.*, S. 591] Ists möglich schlagt nicht aus der letzten Seuffzer Krafft /	Wenn möglich, so lehnt diese letzte Bitte nicht ab [Is 't mogelijck, ontzeght dees jongste bede niet; fol. Giij^r]
[Rizpa glaubt ihre Ehemänner zu sehen, *Gib.*, S. 594] Nun fürcht ich nicht mehr Schwerdt noch Pest	Und was den Geist mehr aus kan saugen.	Nun fürcht ich nicht mehr Leid noch Last,	weder Schwerter noch gespannte Bogen [Nu vrees ick langer leed, noch last,	Noch zwaerden, noch gespanne bogen; fol. Giiij^v]

---

17 Die niederländischen Zitate folgen der Ausgabe: J. V. VONDELS GEBROEDERS. TREURSPEL. *Fuimus Troës.* t' Amsterdam, by Dominicus vander Stichel. Voor Abraham de Wees, Boeckverkooper op den Middel-Dam, in 't Nieuwe Testament. ANNO 1640.

Erweiterungen sind in der Vondel-Übersetzung viel seltener als in der Stegmann-Bearbeitung. Im Textumfang hält sich Gryphius gewöhnlich streng an seine Vorlage. Aber in den (mehr lyrischen) Chören erlaubt er sich manchmal kleine Ausweitungen des Textes. Als Beispiel sei hier der Abgesang des den vierten Akt beschließenden »Reyhen[s] der Priester« vollständig abgedruckt, wiederum mit einer wörtlichen Übersetzung des Originals und Vondels Text:[18]

GRYPHIUS (Gib., S. 596)	WÖRTLICHE ÜBERSETZUNG	VONDEL (fol. H'ᵛ)
Ertz-Vater Abjathar wiewohl Wie glücklich bistu weggenommen / Gleich einem Stern der untersincken soll Und auffgehn wenn die Zeit heist seine Würckung kommen. Du bist anjetzt recht angebrochen Du siehst dein Haus und dich gerochen.	Ehrwürdigster Vater, Abjathar, Zu guter Zeit bist du abgetaucht, einem untergehenden Stern gleich, Um einst (wieder) aufgehend, das Unrecht deiner Väter und Verwandten gerächt zu sehen, rechtfertig und ohne Schuld [wie du bist].	Eerwaerdste Vader, Abjathar, Ter goeder uur zijt ghy 't ontdoken, Gelijck een ondergaende star, Om ryzende, eens te zien gewroken Rechtvaerdigh, buiten uwe schuld, Uw Vaders onrecht, en uw magen.
Vor waren Tage der Gedult / Nun aber trieffen Gottes Plagen / Auff Sauls Geschlecht was er verschuld / Muß sein verdammtes Haus ertragen. Das Priesterliche Blut fegt man mit Blut nur ab / So wechselt Recht und Gott / so fällt der Thron ins Grab.	Damals waren Zeiten, wo Geduld vonnöten war: aber später tröpfelten Gottes Plagen auf den mörderischen Hof dieses schurkischen Fürsten und auf alle seine Nachkommen, die von priesterlichem Blut beschmiert waren. So verkehrt sich die Reihenfolge der Dinge.	Toen waren 't tyden van geduld: Maer sedert druppelden Gods plaegen Op 't moordhof van dien schelmschen Vorst, En alle zijn nakomelingen, Van 't priesterlijcke bloed bemorst. Aldus verkeert de beurt der dingen.
Gottes Infel leidet nicht / Schimpff und Schmach und Hohn / Wer des Miter Glanz ansticht / Scherzt mit Gottes Crohn.	Gottes Turban erträgt weder Schimpf noch Hohn. Wer Gott entweiht, entweiht seine Krone.	Gods tulband lyd noch schimp, noch hoon. Wie God ontwyd, ontwyd zijn kroon.

---

18 Für die kennzeichnende Kopfbedeckung des Hohepriesters (wie es für den König die Krone ist) verwendet Vondel das Wort ›Turban‹, Gryphius ›Mitra‹ (die liturgische Kopfbedeckung hoher katholischer Geistlicher) und ›Inful‹ (die davon herabhängenden Bänder).

Auch im »Reyhen des Jordans und der Nymfen«, der den zweiten Akt beschließt, zeigt sich in den Schlußzeilen der drei Strophen (*Gib.*, S. 565f.; Vondel: fol. Dij^r–Diij^r) die Tendenz zur Aufschwellung.

Was in den Werken seiner letzten Zeit als durchgehender Zug auffällt, ist Gryphius' Kampf gegen die Fremdwörter. Seit 1662 als »der Unsterbliche« Mitglied des Palmenordens, hat er sich mit den puristischen Zielen der Fruchtbringenden Gesellschaft voll identifiziert.[19] Gryphius verdeutscht nun auch Wörter wie ›Natur‹, ›Musik‹, ›Chor‹, die er früher bedenkenlos gebraucht hatte (›Eigenschafft, Wesen, Art‹, »Gesang und Seitenspill« [*HSGr*, S. 886], ›Reyen‹), freilich nicht mechanisch; die den Menschen umgebende Natur darf bleiben, aber die Natur eines Menschen oder einer Sache wird in der Regel verdeutscht. Er ist kein rabiater Erneuerer, sondern bedient sich bereits vorhandener Wörter; aber er läßt es sich auch einige Mühe kosten, durch Umschreibungen der Notwendigkeit einer Eindeutschung zu entgehen. Das in den Baker-Übersetzungen anfallende Material ist bedeutend umfangreicher als das Stegmannsche. Auch hier sind es vor allem die aus dem Lateinischen stammenden, z.T. längst eingebürgerten Fremdwörter, um die er sich bemüht; ich nenne hier eine Auswahl: ›Exempel‹, ›Effekt‹, ›Grad‹, ›Instrument‹, ›Jubiläum‹, ›Kreatur‹, ›Mirakel‹, ›Monster‹, ›Patient‹, ›Person‹, ›Profit‹, ›Prophet(ie)‹, ›purgieren‹, ›Request‹, ›Species‹ und ›spezial‹, ›Substanz‹, ›Triumph‹ und ›triumphieren‹ – hierin ist die Nachwelt seinem Beispiel nicht gefolgt. Daneben sind es vor allem die im Niederländischen häufigen, aber meist auch im Deutschen bekannten französischen Wörter, denen er gerecht zu werden versucht, z.B. ›accident‹, ›affaire‹, ›braveren‹, ›couragie‹, ›fout‹ (*faute*), ›humeur‹, ›lesse‹ (*leçon*), ›maniere‹, ›pardon‹, ›peinsen‹ (*penser*), ›plaisir‹, ›rantsoen‹ (*rançon*), zuweilen in spezifisch niederländischer Ausprägung wie ›kastijden‹ (kasteien, züchtigen) oder ›slaverny‹ (Sklaverei; »Leibeigenschafft« [*RBB*, S. 46 und 128], »Dinstbarkeit« [*RBB*, S. 126, 128 und 130]). Ein Indiz für den Schluß, daß die letzten rund 360 Seiten der ihm zugeschriebenen Baker-Übersetzungen nicht von Gryphius stammen können, ist das plötzliche Auftauchen vorher vermiedener Fremdwörter.

Gryphius hat sechs seiner frühen Mannesjahre im holländischen Universitätsmilieu verbracht; eine entscheidende Zeit für seine geistige und sprachliche Entwicklung. War das in Schlesien gebrauchte Hochdeutsch seine Muttersprache, so wurde das akademische Niederländisch seine ›Vatersprache‹, und der umfangmäßig größte Teil seiner Übersetzungen hat niederländische Vorlagen. So überrascht es nicht, daß die beiden Sprachen nicht immer reinlich geschieden bleiben. Schon Palm[20] hat

---

19 In meinem Aufsatz »Gryphius als Sprachreiniger« (Anm. 6), S. 94–101, habe ich Gryphius' Umgang mit den Fremdwörtern (inklusive Sternbildern und griechischen Göttern), die er in Stegmanns Text vorfand, dargestellt.
20 Andreas Gryphius: Werke in drei Bänden (1961) [1], Bd. II, S. 729.

seine Batavismen bemerkt, und der Verfasser dieses Artikels hat sie näher untersucht.[21] ›Leichtes‹ Übersetzen ist nicht automatisch gutes Übersetzen; die Versuchung ist groß, sich von Phrase zu Phrase entlangzuhangeln, statt den ganzen Satz oder Abschnitt ins Auge zu fassen.[22]

Wenn sich Gryphius in seinen letzten Lebensjahren, soweit ihm seine Berufstätigkeit dies erlaubte, vor allem dem Übersetzen von umfangreichen Erbauungsschriften widmete, wozu ihn bekanntlich sein Freund und Gönner Hoffmannswaldau antrieb,[23] so zeigt das, wie wichtig ihm nicht nur sein eigenes Schaffen, sondern die Teilnahme am Diskurs seiner Zeit und an der Bereitstellung von religiöser Gebrauchsliteratur war. Für eine das originale Dichtwerk feiernde Moderne mögen das ›Nebenarbeiten‹ sein; für den Autor Gryphius sicherlich nicht. Für die Literaturwissenschaft waren ihre nationalromantischen Ursprünge lange bestimmend. Erst in den letzten paar Jahrzehnten ist die internationale Verflechtung der Literatur stärker beachtet worden, und damit ist auch die Rolle der Übersetzungen ins Blickfeld geraten. Dieser Aufsatz versteht sich als Beitrag zur Aufarbeitung solcher Perspektiven für das 17. Jahrhundert.

---

21 Hans Kuhn: Gryphius als Übersetzer aus dem Niederländischen (2000) [859]. Henri Plard: Die sieben Brüder (1968) [716], S. 310, schreibt in seiner Analyse von Gryphius' Vondel-Übersetzung dessen Batavismen seiner Unerfahrenheit zu, aber ein Blick in das große *Deutsche Wörterbuch* oder das *Deutsche Fremdwörterbuch* genügt, um zu sehen, daß manche davon auch bei Gryphius' Zeitgenossen und einige schon früher vorkommen.
22 Vgl. Hans Kuhn: Andreas Gryphius am Schreibtisch (2004) [860], wo ich gezeigt habe, welche Spuren Unachtsamkeit oder Flüchtigkeit hinterlassen haben, besonders in den Abschnitten »Verlesen« (S. 155–159) und »Auslassen« (S. 160–163); aber wichtiger sind doch Formulierungen, die Gryphius' eigenen Stilwillen verraten.
23 Vgl. *RBF*, Zuschrift, fol. viij^r, wo er sagt, Hoffmannswaldau habe das Werk »nicht sonder Mühewaltung und Kosten aus der Frembde erhalten«.

II.10 Systematische Aspekte

II.10.1 Allegorie
Von Heinz Drügh

Die Allegorie gehört zu den zentralen Darstellungsmitteln der barocken Dichtung. Auch in bezug auf Gryphius' Werk ist sie von der Forschung ausführlich zur Kenntnis genommen und diskutiert worden. Wie das Allegorische allerdings ästhetisch und semiotisch angemessen zu verstehen ist, bleibt nach wie vor umstritten. Es lassen sich drei Auffassungen voneinander abgrenzen:

Erstens eine frühe, in der Sache weitgehend überholte, wissenschaftsgeschichtlich aber interessante Position, die von idealistischen Kunstauffassungen, insbesondere von Goethes Verdikt gegen die Allegorie, geprägt ist. Demzufolge wird die Allegorie im Unterschied zum Symbol als eher kalte und hölzerne, von der Ratio statt vom lebendigen Gefühl bestimmte Bildertechnik gewertet. Trotz dieser technischen Rationalität, so wird als Vorwurf hinzugefügt, ertränken barocke Texte geradezu in einer allegorischen Bilderflut (Schwulst, Tumorstil).

Zweitens findet seit den 1960er Jahren eine historische und systematische Rehabilitierung der Allegorie statt, in deren Rahmen ihre Bezüge zu antik-mittelalterlichen *ordo*-Vorstellungen dargelegt werden. Dieser Traditionsbezug wird als Kompensation einer heraufziehenden, zunehmend unübersichtlich werdenden Moderne verstanden.

Drittens trifft man neuerdings vermehrt auf eine semiologische Sicht auf die Allegorie, welche sie als proto-moderne Figur prekären bzw. pluralisierten Sinns begreift. In manchem knüpft diese Auffassung an Walter Benjamins Abhandlung über das barocke Trauerspiel aus dem Jahr 1928 an, ein Buch, das in der Barockforschung lange Zeit wie ein Solitär dastand und das in seiner Erschließungskraft für das Barock sowie die barocke Allegorie bis heute heftig umstritten ist.

Allgemeines

Die Allegorie speist sich aus drei Haupttraditionen:

1. Rhetorik: Quintilian, von dem die »umfassendste«[1] rhetorische Darstellung der Allegorie in der antiken Rhetorik stammt, rechnet sie zu den Tropen. »Ein Tropus«, schreibt Quintilian in der *Institutio Oratoria*, »ist die kunstvolle Vertauschung

---

[1] Wiebke Freytag: (Art.) Allegorie/Allegorese. In: Historisches Wörterbuch der Rhetorik. Hg. von Gert Ueding. Bd. 1. Tübingen 1992, Sp. 330–392, hier Sp. 335.

der eigentlichen Bedeutung eines Wortes oder Ausdruckes mit einer anderen.«[2] Der »häufigste und [...] schönste« Tropus, die Metapher oder, wie sie lateinisch heißt, *translatio*, markiert im Wortsinn eine eben solche »Bedeutungsübertragung«:[3] »Übertragen wird also ein Nomen oder Verbum von der Stelle, wo seine eigentliche Bedeutung liegt, auf die, wo eine eigentliche Bedeutung fehlt oder die übertragene besser ist als die eigentliche.«[4] Die Allegorie wird nun von Quintilian als »durchgeführte[] Metapher[]«[5] begriffen, d.h. als eine aus einer Basismetapher sich entwickelnde Metaphernfolge (»continua μεταφορά«).[6] Dabei wird die Einzelmetapher zu einer Art *narratio* ausbuchstabiert. Diese Ausbreitung der Metapher kann ohne die Beimischung einer eigentlichen Bedeutung als *allegoria tota* realisiert sein. Hierbei droht laut Quintilian aber eine Gefahr für die Klarheit (*perspicuitas*) der Rede. Die in der Allegorie strukturell angelegte Häufung der Tropen kann das für das Gelingen sprachlichen Ornats wesentliche rechte Maß verfehlen und in *obscuritas* oder Änigma umschlagen. Deshalb empfiehlt Quintilian als gängigste Form die *allegoria permista*, in der stets auch Einsprengsel des wörtlich Gemeinten vorzufinden sind und die so neben der »Schönheit des Ausdrucks [...] der Rede Glanz und Helle gibt«, die »Verständlichkeit des Gemeinten« garantiert.[7] Einen Sonderaspekt der rhetorischen Allegorie stellt erstens die Ironie dar, bei der das Prinzip der Anders-Rede, die Formel »aliud verbis, aliud sensu«,[8] bis ins Gegenteil forciert wird. Zweitens ist die Personifikation zu nennen, die eine lange literarische Tradition hat, ausgehend von den frühchristlichen Psalmdichtungen sowie von der *Psychomachia* des Prudentius (5. Jahrhundert), der Darstellung eines Seelenkampfes, bei dem die einzelnen Vermögen gegeneinander streiten.

2. Hermeneutik: Das hermeneutische Gegenstück zur bildlichen ›Verschlüsselungstechnik‹ Allegorie stellt die sogenannte Allegorese dar, eine Anleitung zur Auslegung sprachlicher Bildlichkeit. Die Suche nach einem allegorischen ›Hinter-

---

2 Quintilian: Ausbildung des Redners (Institutio Oratoria). Hg. und übersetzt von Helmut Rahn. Darmstadt 1975, VIII,6,1. M. FABII QUINTILIANI INSTITVTIONVM ORATORIARUM Libri duodecim, Summa diligentia ad fidem vetustissimorum codicum recogniti, ac restituti. Nouæ huic Editioni adiecit Fabianarum Notarum SPICILEGIUM SVBCISIVVM DANIEL PAREUS PHIL. FIL. Accesserunt etiam Quintilianorum DECLAMATIONES *Cum Indice accuratissimo*. LONDINI, Typis *E. G.* Impensis *R. Whitakeri*, apud quem væneunt ad Insignia *Regia in Cœmiterio* D. Pauli. 1641, S. 385: »TRopus est verbi vel sermonis à propria significatione in aliam cum virtute mutatio.«
3 Ebd., VIII,6,4. »Incipiamus igitur ab eo, qui cum frequentissimus est tum longè pulcherrimus; translatione dico, quæ *Metaphora* Græce vocatur« (S. 386).
4 Ebd., VIII,6,5. »Transfertur ergo nomen aut verbum ex eo loco in quo proprium est, in quo aut proprium deest, aut translatum proprio melius est« (ebd.).
5 Ebd., VIII,6,44. Eine Entsprechung in der Ausgabe von 1641 fehlt, vgl. S. 391.
6 Vgl. ebd. IX,2,46; in der Ausgabe von 1641 S. 411.
7 Ebd., VIII,6,14 (vgl. S. 387) und VIII,6,48: »Quo in genere [in der »allegoria permista«] & species ex arcessitis verbis venit, & intellectus ex propriis« (S. 392).
8 Ebd., VIII,6,44 (vgl. S. 391).

sinn‹ (ὑπόνοια) begegnet bereits bei frühen Homer-Exegeten. Systematisch entfaltet wird die Lehre von dem verborgenen Schriftsinn (*sensus spiritualis*) in der Bibelauslegung der Patristik, etwa in der *Doctrina Christiana* des Augustinus. Zwar spreche die Bibel auch im Wortsinn (*sensus litteralis*) Heilswahrheiten aus, doch bei genauerer Betrachtung veredle ein dreifach gegliederter Spiritualsinn den Bedeutungsraum der Heiligen Schrift gemäß der paulinischen Weisheit: »Denn der Buchstaben tödtet / Aber der Geist machet lebendig« (2 Kor 3,6). Der Spiritualsinn gliedert sich dabei in einen auf den Verlauf der Heilsgeschichte bezogenen *sensus allegoricus*, ferner den *sensus tropologicus*, der moralische Sachverhalte fokussiert, und schließlich den *sensus anagogicus*, der sich mit Jenseitsvorstellungen und -hoffnungen befaßt. Die Belebung durch den Heiligen Geist bedeutet Augustinus zufolge ganz konkret auch eine Erquickung für den Bibelleser, wird diesem doch »ohne Mühe Erforschtes sehr häufig wertlos«, wenn es ihn nicht gar mit »Ekel« erfüllt.[9] Die Pflicht zur Auslegung des Bibelwortes entspricht aber auch der Situation des gefallenen Menschen. Im Irdischen kann sich die Kommunikation zwischen Gott und Mensch nämlich nur – so noch einmal mit Paulus gesagt – »durch einen Spiegel in einem tunckeln wort« (1 Kor 13,12) vollziehen, wie in einem Spiegel auf entstellte oder dunkle Art und Weise. Die mühsame, nie zu einem Ende kommende Arbeit der Textauslegung stellt eine Art Training in christlicher Demut dar, die allenfalls im Jenseits ein Ende finden kann: »Da müßten wir freilich darauf warten, im Körper oder unseres Körpers entkleidet, wie der Apostel [d.i. Paulus] sagt, in den dritten Himmel entrückt zu werden und dort geheimnisvolle Worte zu hören, wie sie kein Mensch aussprechen darf, oder dort den Herrn Jesus Christus zu sehen und lieber gleich von ihm selbst als von den Menschen das Evangelium zu hören.«[10]

3. Emblematik: Neben den (heiligen) Worten haben nach christlicher Auffassung auch die Dinge Bedeutungskraft. Augustinus unterscheidet in diesem Zusammenhang zwischen natürlich-dinghaften und gegebenen sprachlichen Zei-

---

[9] Aurelius Augustinus: Vier Bücher über die christliche Lehre (De doctrina christiana). In: Des heiligen Kirchenvaters Aurelius Augustinus ausgewählte praktische Schriften homiletischen und katechetischen Inhalts. Aus dem Lateinischen übersetzt und mit Einleitungen versehen von P. Sigisbert Mitterer. München 1925, II,6. SANCTI PATRIS ET DOCTORIS AVRELII AVGVSTINI EPISCOPI HIPPONENSIS DE DOCTRINA CHRISTIANA Libri IV; DE FIDE ET SYMBOLO Liber Vnvs: VINCENTII LERINENSIS *COMMONITORIVM*. GEORGIVS CALIXTVS RECENSVIT ET EDIDIT. *EDITIO PRIMA PRODIIT* Anno cIɔ Iɔ c xxix; *NVNC SVCCEDIT ALTERA* Anno cIɔ Iɔ clv. HELMESTADII, ex typographeo Calixtino Opera Henningi Mvlleri, S. 39: »Quod totum provisum divinitùs esse non dubito, ad edomandam labore superbiam, & intellectum à fastidio revocandum, cui facilè investigata plerumque vilescunt.«

[10] Ebd., Prologus. »& exspectemus rapi *usque in tertium cœlum, sive in corpore sive extra corpus*, sicut dixit Apostolus, & ibi audire *ineffabilia verba quæ non licet homini loqui*; aut ibi videre Dominum Iesum Christum, & ab illo potiùs quàm ab hominibus audire evangelium« (S. 4).

chen.¹¹ Die natürlichen Zeichen bilden das Buch der Natur, das als Offenbarung neben die gegebenen Zeichen der Bibel tritt. Mannigfaltige Quellen speisen die Tradition einer allegorischen, von Bedeutung durchzogenen Natur. Genannt seien zunächst allegorisierende Bestiarien wie der *Physiologus graecus* (2. Jahrhundert) oder Ps.-Hugos von St. Viktor *De bestiis et aliis rebus* (12. Jahrhundert), dann die pansophische Natursprachenlehre, wie sie Jakob Böhme in *De signatura rerum* (1622) vertritt, oder auch jene humanistischen Versuche, die Bilderschrift von Horapollos *Hieroglyphen* auszulegen.¹² Diese Traditionen fließen in die Emblemkunst ein, die im 16. Jahrhundert, ausgehend von Italien, zu einer regelrechten Mode wird. Ein Emblem besteht aus einem Motto (*inscriptio*), einer bildlichen Darstellung (*pictura*) und einem kurzen auslegenden, oft moralisierenden Text (*subscriptio*). Andrea Alciatos *Emblematum liber* (1531) und Cesare Ripas *Iconologia* (1593) gelten als berühmteste Vertreter des Genres. Allein Alciatos Werk erlebte bis ins späte 18. Jahrhundert nicht weniger als 138 Neudrucke und Übersetzungen. Auch in den Niederlanden gelangen Emblembücher wie Jacob Cats' moralisierende *Minne-Beelden* bzw. *Sinne-Beelden* (1627) zu großer Popularität. Das einflußreichste deutschsprachige Emblembuch waren Joachim Camerarius' *Symbolorum et Emblematum centuriae III* (1590).

Forschung

Die Frühneuzeit-Rezeption im späten 19. und frühen 20. Jahrhundert, die den Terminus ›Barock‹ allererst vom Bereich der bildenden Kunst auf den der Literatur überträgt, ist noch stark von Kategorien und Verdikten der idealistischen Ästhetik geprägt. Sie sieht den Barock lediglich als »das vorbereitende, als solches noch erfolglose Ringen um [das] Ziel«,¹³ in der deutschen Literatur die Formstärke der angelsächsischen oder romanischen Renaissancedichtung zu erreichen – ein Ziel, dessen Erlangung erst der Klassik des 18. Jahrhunderts zugetraut wird. Herbert Cysarz nennt in seiner Abhandlung, die sich immerhin als »erste umfassende Darstellung unseres literarischen Barock« begreift, barocke Dichter gerne einmal »feisteste[] Schwulstpoeten« und charakterisiert ihren Stil mitunter als »kaltsinnige[] Virtuosität«.¹⁴ Gryphius wird indes als »eschatologisch[er]«,¹⁵ auf letzte Dinge ausgerichteter

---

11 Vgl. ebd., II,2 (in der Ausgabe von 1655 S. 37).
12 Vgl. Karl Giehlow: Die Hieroglyphenkunde des Humanismus in der Allegorie der Renaissance besonders der Ehrenpforte Kaisers Maximilian I. Ein Versuch. Wien 1915.
13 Herbert Cysarz: Deutsche Barockdichtung. ND der Ausgabe Leipzig 1924. Hildesheim/New York 1979, S. 6.
14 Ebd., S. 9. Das Possessivpronomen »unser« zeigt an, daß das spätere NSDAP-Mitglied Cysarz seine Behandlung des Barock im Rahmen des sudetendeutschen »Volkstumkampfes« stets auch als völkische Aufgabe begreift.
15 Ebd., S. 165.

Dichter eingestuft, dessen »Lutherisches Geblüt« sich u.a. auch mit »antike[m] Stoizismus« und »Paulinische[m] Christentum« paare.[16] Sein »reiner Glaube« werde in seinen Dichtungen jedoch »in ein fremdbürtiges Gehäus« gesperrt, und damit sind nicht die genannten Denk- bzw. Glaubenstraditionen gemeint, sondern ein literarischer Stil, der das »edelste Seelentum« nur in »unvollkommener Verleibtheit« darzustellen vermöge, da er von einer »Unfähigkeit zum Symbol«[17] gekennzeichnet sei. Allegorie statt Symbol, Rhetorik statt Empfindung, so lassen sich die Vorwürfe auf den Punkt bringen. Strukturell findet sich diese Einschätzung auch in Gerhard Frickes Untersuchung zur Bildlichkeit in Gryphius' Dichtung aus dem Jahr 1933. Die Funktionsweise des Allegorischen in Gryphius' Naturdichtung erklärt Fricke dort dergestalt, daß der Natur »eine geistliche Bedeutung imputiert [werde], die sie ihres eigenen Wesens gänzlich beraubt«,[18] oder anders, daß »möglichst viel Seinsfragmente allegorisch in Sinnfragmente aufzurechnen« seien.[19] Dietrich Walter Jöns spitzt diese Position (in kritischer Absicht) insofern zu, als hier »die Dinge nicht ›ex divina‹, sondern ›ex humana institutione‹ bedeuten, der ›sensus mysticus‹ das Resultat eines willkürlichen Aktes des Dichters sei«.[20] In semiologischer Hinsicht ähnlich, aber mit umgekehrten Vorzeichen, begegnet diese Position auch in Walter Benjamins Abhandlung *Ursprung des deutschen Trauerspiels* aus dem Jahr 1928, wenn die Allegorie dort als »kontrastierende[s] Präludium der Klassik«, d.h. als vorgreifende Antithese zum Goetheschen Kunstsymbol gewürdigt wird.[21] Nicht die Willkür des Allegorikers steht hier am Anfang, sondern die metaphysische Leere, über die der Melancholiker ins Grübeln gerät: »[D]er Gegenstand [...] liegt [...] vor dem Allegoriker, auf Gnade und Ungnade ihm überliefert. Das heißt: eine Bedeutung, einen Sinn auszustrahlen, ist er von nun an ganz unfähig; an Bedeutung kommt ihm das zu, was der Allegoriker ihm verleiht.«[22]

Seit den 1960er Jahren legt die Barockforschung zunehmend Wert darauf, Traditionsbezüge des Allegorischen präziser freizulegen. So wird die zentrale Bedeutung der Rhetorik für die Dichtung des Barock, ja für dessen ganzes Literaturverständnis herausgearbeitet.[23] Die in der allegorischen Struktur angelegte Überschreitung

---

16 Ebd., S. 166.
17 Ebd., S. 165 und 167.
18 Gerhard Fricke: Die Bildlichkeit in der Dichtung des Andreas Gryphius (1933) [889], S. 151.
19 Ebd., S. 223.
20 Dietrich Walter Jöns: Das »Sinnen-Bild« (1966) [907], S. 99.
21 Walter Benjamin: Ursprung des deutschen Trauerspiels (1928) [432a], S. 174. Vgl. auch Bettine Menke: Das Trauerspiel-Buch. Der Souverän – das Trauerspiel – Konstellationen – Ruinen. Bielefeld 2010, S. 177.
22 Benjamin (Anm. 21), S. 182f.
23 Vgl. Wilfried Barner: Barockrhetorik. Untersuchungen zu ihren geschichtlichen Grundlagen. Tübingen 1970 (^{2}2002) und Joachim Dyck: Ticht-Kunst. Deutsche Barockpoetik und rhetorische Tradition. Bad Homburg 1966 (^{3}1991).

(einer einzelnen Metapher) mit der darin verborgenen Gefahr der Textwucherung[24] und mithin der *obscuritas*, eine Gefahr, die bei Quintilian durchaus markiert ist, vernachlässigt Joachim Dyck jedoch, wenn er die Allegorie gemeinsam mit dem Vergleich, der Metapher oder dem Gleichnis unter dem Stichwort »similitudo« anführt und insofern auf den Punkt bringt, als sie dazu diene, »eine Sache eindringlicher zu machen, sie ins rechte Licht zu heben und dem Zuhörer den Sachverhalt anschaulich und deutlich vor Augen zu stellen«.[25]

Hans-Jürgen Schings sieht – im Anschluß an Ernst Robert Curtius' Traditionsbegriff – im Barock »zum letztenmal [...] die Kontinuität der antiken, christlichen, europäischen Tradition bestimmend in Kraft«.[26] Dabei fokussiert er mit Blick auf Gryphius' Leichabdankungen und Trauerspiele neben der rhetorischen eine patristische und eine stoische Tradition. Die Leichabdankungen, führt Schings aus, seien durchweg von einem »allegorisierende[n] Verfahren« geprägt.[27] Ausführlich wird die Leichabdankung *Flucht Menschlicher Tage* untersucht, deren Thema das »Wesen des menschlichen Geistes« sei. Gryphius geht dabei – wie häufig in den *Dissertationes funebres* – von dem Wappen jener Familie Stosch aus, welcher der mit der Gedenkrede bedachte Verstorbene angehörte. Auf diesem Wappen findet sich ein Adlerflügel. Der Adler gilt, Schings Lektüre zufolge, als »das entschlüsselnde Sinnbild der Seele bzw. des Geistes«.[28] Indem er den Bezug des Textes auf eine Vielzahl von Quellen aus der Tradition der Emblematik, des christlichen *Physiologus*, der humanistischen Hieroglyphik sowie der patristischen Bibelexegese darlegt, gerät die *Flucht Menschlicher Tage* für Schings zu einer regelrechten »Metaphysik des

---

24 Vgl. dazu auch die Bemerkungen zu Schwulst und Tumorstil bei Manfred Windfuhr: Die barocke Bildlichkeit und ihre Kritiker. Stilhaltungen in der deutschen Literatur des 17. und 18. Jahrhunderts. Stuttgart 1966, bes. S. 316–323.
25 Dyck (Anm. 23), S. 55.
26 Hans-Jürgen Schings: Die patristische und stoische Tradition (1966) [939], S. 4. Implizit läßt sich die Wendung zu einer gelehrsamen Bestandsaufnahme insbesondere der christlichen Bezüge des Gryphiusschen Werks auch als Absetzung von jenem Ergriffenheitston lesen, für den Schings' Lehrer Gerhard Fricke berühmt war (vgl. dazu: Gudrun Schnabel: Gerhard Fricke. Karriereverlauf eines Literaturwissenschaftlers nach 1945. In: Deutsche Literaturwissenschaft 1945–1965. Fallstudien zu Institutionen, Diskursen, Personen. Hg. von Petra Boden und Rainer Rosenberg. Berlin 1997, S. 61–84, bes. S. 68f.). Frickes Leistung, die »Fruchtbarkeit der rhetorischen Sichtweise« kultiviert zu haben, hebt Schings freilich hervor (S. 6). Mit Benjamin teilt Fricke allerdings die Sicht eines eher pessimistischen, metaphysischer Gewißheiten beraubten Barock. Er sieht den Barock aber nicht wie Benjamin als prämoderne (implizite) Idealismuskritik, sondern in seinen insbesondere allegorischen Schreibweisen als unvollkommenes Präludium der Goetheschen Symbolästhetik und damit als Antidot gegen die Entzweiungen der Moderne. Der Antimodernismus ist freilich keine ganz unschuldige Position, denkt man an Frickes Nazikarriere, zu deren besonders unappetitlichen Höhepunkten das Halten der Brandrede bei der Göttinger Bücherverbrennung im Jahr 1933 zählt.
27 Schings (Anm. 26), S. 22.
28 Ebd.

Geist-Wesens«, die »ihre maßgebenden Impulse aus theologisch bestimmten Quellen empfängt« und sich dadurch kritisch gegen eine neuzeitliche, sich bloß »rational [...] auf die irdische Welt wendende, empirische Wissenschaft« positioniert.[29]

Auch Peter-André Alt betont in seiner umfangreichen Habilitationsschrift noch einmal, daß die »Grundspannung zwischen Profanität und Transzendenz«, von der im 17. Jahrhundert auszugehen sei, »durch die Allegorese-Tradition harmonisiert« werde:[30] Mit ihrer »Ausrichtung am Mittelalter« garantiere die Allegorie »dem krisengeschüttelten 17. Jahrhundert noch einmal die Verbindlichkeit einer gesicherten Weltinterpretation, deren Autorität durch das Intermezzo der Renaissance bereits in Zweifel gezogen schien«.[31] »Das gesamte 17. Jahrhundert kennt noch den ›geistigen Sinn des Wortes‹ und macht das Verfahren der patristisch-scholastischen Allegorese mit seinem ungebrochenen Glauben an die heilsgeschichtliche Potenz der Sprache einer höchst bildmächtigen Poetik dienstbar.«[32] Angesichts eines solchen eher konservativen, die Polyphonie harmonisierenden Verständnisses des allegorischen Spiritualsinns kann man daran erinnern, daß bereits der Mediävist Friedrich Ohly, von dem der maßgebliche Anstoß zur Erforschung des mehrfachen Schriftsinns für mittelalterliche Texte stammt, in einer Fußnote von einem gewissen »›Schillern der Bedeutung‹« spricht, die durch die Pluralisierung der Sinnebenen erzeugt werden könne: »Darf man nicht vielleicht fragen, ob die Vieldeutigkeit des Worts von der im Spiritualsinn am Ende mitgefördert sei?«[33] Dietrich Walter Jöns räumt zwar ein, daß in allegorischer »Dichtung dasselbe Ding, das zum Gegenstand religiöser Auslegung wird, auch zur metaphorischen Umschreibung eines profanen Sachverhalts« werden könne. Dies »Nebeneinander« des Profanen und des Heiligen stellt aber laut Jöns keinen »Widerspruch dar, der den spirituellen Gehalt einer Auslegung a priori in Frage stellen kann«.[34]

Ebenfalls von einem noch weitgehend geschlossenen christlichen Weltbild geht Albrecht Schönes Studie *Emblematik und Drama im Zeitalter des Barock* aus. Die Bezüge zur Emblematik sieht Schöne nicht nur im Allegorischen überhaupt, sondern insbesondere in strukturellen Eigenarten des barocken Trauerspiels: etwa in Doppeltiteln wie *Catharina von Georgien. Oder Bewehrete Beständikeit* oder *Großmüttiger Rechts-Gelehrter / Oder Sterbender Æmilius Paulus Papinianus* sowie in der dualen Struktur aus Abhandlungen und Reyen.[35] Deren Verhältnis läßt sich aber

---

29 Ebd., S. 24.
30 Peter-André Alt: Begriffsbilder (1995) [867], S. 23.
31 Ebd., S. 31.
32 Ebd., S. 42.
33 Friedrich Ohly: Vom geistigen Sinn des Wortes im Mittelalter. In: Zeitschrift für deutsches Altertum und deutsche Literatur 89 (1958/59), S. 1–23, hier S. 7.
34 Jöns (Anm. 20), S. 130.
35 Vgl. Albrecht Schöne: Emblematik und Drama (1964) [498], bes. S. 133–196.

auch komplizierter denn als einfache Abfolge von *picturae* (den Abhandlungen) und *subscriptiones* (den moralisierenden Reyen) denken, wie Harald Steinhagen in seiner Lektüre von Gryphius' *Cardenio und Celinde* vorgeschlagen hat: als Verhältnis wechselseitiger Auslegung, bei der ein Reyen oder Zwischenspiel einen allegorischen Kommentar zu den Abhandlungen abgibt, welche wiederum das im Reyen Dargebotene deuten und zur Debatte stellen. Ein solches Zwischenspiel »verhält sich also seinem Gehalt nach zum bisherigen Geschehen im Drama wie die subscriptio zur res picta im Emblem; aber zugleich ist es seiner Form nach, d.h. als szenisch-allegorische Darstellung, im Verhältnis zu den folgenden Ereignissen im Drama wiederum res picta, ein emblematisches Bild, in dem objektiv schon die Bedeutung enthalten ist«.[36]

Einen weiteren Aspekt der christlichen Allegorie bringt Schöne in seiner Deutung des *Carolus Stuardus* zur Sprache, denjenigen der Typologie, die im Kern eine Erfüllungsbeziehung zwischen Altem und Neuem Testament bedeutet. Wenn Schöne diese Figur auf den *Carolus Stuardus* und dessen Postfiguration der Passion Christi bezieht, so impliziert dies zweierlei: Einerseits wird dadurch »dem Kunstwerk jene Bedeutungskraft und Wirkungsgewalt [übertragen], die den religiösen Modellformen kraft ihres ursprünglichen Gehaltes innewohnen«. Andererseits aber wird »das figurale Prinzip« dadurch »seinem ursprünglichen religiösen Sinne« entfremdet, und in diese Transposition der »typologischen Bibelexegese in das dichterische Formprinzip figuraler Gestaltung« schleichen sich *nolens volens* »häretische Züge« ein.[37]

Zentraler Bezugspunkt für eine Lesart der barocken Allegorie, die vom *ordo*-Gedanken abweicht, ist nach wie vor Walter Benjamins Studie *Ursprung des deutschen Trauerspiels*. Benjamin liest die Allegorie als Antithese avant la lettre zum Goetheschen Symbol. Während letzteres nach Benjamin eine Seinsbeziehung zwischen Bedeutendem und Bedeutetem behauptet, derzufolge »das Schöne bruchlos ins Göttliche übergehe[]«,[38] stehe die Allegorie als bloße Zeichenrelation für eine Kluft zwischen Irdischem und Göttlichem. »Es gibt keine barocke Eschatologie«,[39] behauptet Benjamin. Entsprechend schneidend ist Benjamins Trauerspielbuch von weiten Teilen der Barockforschung abgelehnt worden: »Benjamin den Benjaminforschern und die barocken Trauerspiele den Barockforschern«, so Hans-Jürgen

---

36 Harald Steinhagen: Wirklichkeit und Handeln im barocken Drama (1977) [506], S. 190.
37 Albrecht Schöne: Carolus Stuardus (1968) [645], S. 169.
38 Benjamin (Anm. 21), S. 158.
39 Ebd., S. 56. Im Erstdruck von 1928 steht »eine«, »keine« ist Konjektur der Herausgeber Rolf Tiedemann und Hermann Schweppenhäuser; vgl. zur Begründung Walter Benjamin. Gesammelte Schriften. Unter Mitwirkung von Theodor W. Adorno und Gershom Scholem hg. von Rolf Tiedemann und Hermann Schweppenhäuser. Frankfurt a.M. 1991, Bd. I/3, S. 961.

Schings' Plädoyer für einen Barock der geschlossenen Grenzen.[40] Dennoch hat Benjamin den Ausgangspunkt für zwei Forschungsrichtungen markiert. Zunächst sind jene Untersuchungen zu nennen, welche die von der Allegorie dargestellten Wahrheiten nicht mehr als überzeitlich, sondern als historisch determiniert und damit im Zusammenhang mit politischen und staatsrechtlichen Aspekten begreifen: »[D]as Allgemeine«, schreibt etwa Harald Steinhagen, »ist letztlich nicht etwas Selbständiges, für sich Existierendes, gegenüber welchem man sich das Konkrete als Abhängiges zu denken hätte, sondern das Konkrete, das Verhalten des einzelnen in der Realität ebenso wie das Verhalten der einzelnen Dramenfiguren, ist als das Verhalten vieler selbst das Allgemeine, das real anders als im Konkreten gar nicht existiert.«[41] Peter J. Brenner versteht Gryphius' Märtyrerdramen entsprechend als »Dramen der Immanenz [...]. Ihr eigentlicher Impuls ist nicht der Versuch einer nochmaligen transzendenten Deutung der Welt, die ihren Trost im Jenseits sucht; ihre treibende und konfliktstiftende Kraft sind vielmehr die Aporien einer Wirklichkeit, in der sich noch unversöhnbare, aber juristisch wie historisch gleichermaßen legitime Ansprüche anmelden.«[42]

Mehr und mehr an Bedeutung haben in den letzten Jahren Untersuchungen gewonnen, die an Benjamins Gedanken anknüpfen, daß die barocken Darstellungsverfahren als »Mechanismus, der alles Erdgeborne häuft und exaltiert, bevor es sich dem Ende überliefert«, den Ausfall der Eschatologie markieren, statt diese nochmals zu affirmieren.[43] Die barocke Allegorie wird nicht mehr dominant als Versuch einer Wiederanknüpfung an den christlichen *ordo* verstanden, sondern als ein entschränktes Bildgedächtnis, als Abundanz der Zeichen ohne Sinngarantie. »Jede Person, jedwedes Ding, jedes Verhältnis kann ein beliebiges anderes bedeuten«,[44] hatte Benjamin die Unsicherheit und folglich die Unendlichkeit allegorischer Verweisung benannt. Einen forcierten allegorischen »Deutungswille[n]«, der auch zu einem »Überborden des [barocken] Allegorienwesens« führen kann, leugnen zwar auch Benjamins Kritiker nicht.[45] Die darin angelegte Gefahr eines »mögliche[n] Verspielen[s] der Wahrheit« sei aber vermeidbar, wenn das Allegorische grundsätzlich

---

40 Hans-Jürgen Schings: Walter Benjamin, das barocke Trauerspiel und die Barockforschung. In: Daß eine Nation die ander verstehen möge. Festschrift für Marian Szyrocki. Hg. von Norbert Honsza und Hans-Gert Roloff. Amsterdam 1988, S. 676. Klaus Garber spricht dagegen von Benjamins Studie als von dem »bedeutendsten Werk, das die internationale Barockforschung bis heute hervorgebracht hat«. Klaus Garber: Rezeption und Rettung. Drei Studien zu Walter Benjamin. Tübingen 1987, S. 59.
41 Steinhagen (Anm. 36), S. 189.
42 Peter J. Brenner: Der Tod des Märtyrers (1988) [440], S. 265.
43 Benjamin (Anm. 21), S. 56.
44 Ebd., S. 173.
45 Hans-Jürgen Schings: Consolatio Tragoediae (1971) [494], S. 40f.

nur fest genug in einem *mundus symbolicus* eingezurrt bleibe.[46] »Jedes Ding hat alle möglichen Bedeutungen, die bald etwas ganz Entgegengesetztes, bald wenigstens etwas Verschiedenes bezeichnen«,[47] hatte freilich auch Augustinus in seiner Christenlehre formuliert. Es ist also die Frage, ob eine unbeendbare Semiose eine letztlich unstatthafte modernisierende Projektion auf den Barock darstellt[48] oder ob eine solche nicht vielmehr strukturell in der Logik des antiken Allegorieverständnisses angelegt ist,[49] und zwar insofern, als »moderne Perspektivierungen« laut Martina Wagner-Egelhaaf »zur phänomenologischen Profilierung geschichtlicher Sachverhalte bei[zutragen]« vermögen.[50]

Demgemäß identifiziert Nicola Kaminski »die Problematisierung emblematischer« – und es ließe sich ergänzen: allegorischer – »Lesbarkeit des göttlichen Schöpfungskosmos im Medium einer zum hermeneutischen Ereignis werdenden poetischen Inszenierung [...] als leitende Perspektive in Gryphius' Lyrik«.[51] Mit Anklang an Paul de Mans postmoderne Zuspitzung des Benjaminschen Allegorieverständnisses[52] stuft Kaminski »die ›Botschaft‹ der Heiligen Schrift« in Gryphius' Bibelsonett »Gedencket an des Loths Weib« (*Liss.*, S. 12f.; *Son.* I,7) nicht als »fraglos evident[ ]« oder »orthodox vermittelt« ein. Die »dieser ›Botschaft‹ inhärenten Widersprüche« seien vielmehr »in sinnlich-theatralischem Spiel vor einem als Hermeneuten geforderten Leser [...], als eine Allegorie des Lesens Gryphiusscher Lyrik« inszeniert.[53] Ähnlich begreift Wiethölter den Zeit-Reyen, der die dritte Abhandlung des Trauerspiels *Cardenio und Celinde* beschließt, als »Lektüreprotokoll«, das auf das »Kardinalproblem aller emblematischen Weltauslegungsversuche« deute: daß Be-

---

46 Ebd.
47 Augustinus (Anm. 9), III,25, S. 137f. »Sic enim aliud atque aliud res quæque significant, ut aut contraria aut tantummodo diversa significent« (S. 109).
48 So beispielsweise Gerhard Kurz, für den die postmoderne Sicht auf die Allegorie »ontologisch« vorentschieden ist (Gerhard Kurz: Metapher, Allegorie, Symbol. Göttingen 1982 (^{3}1998), S. 56), oder auch Dirk Niefanger, wenn er der semiologischen Interpretation der barocken Allegorie unterstellt, »selbst einen universalen (ja, dogmatischen) Anspruch« zu vertreten (Dirk Niefanger: Barock. Stuttgart 2000 (^{3}2012) (Lehrbuch Germanistik), S. 235).
49 Vgl. Heinz Drügh: Anders-Rede. Zur Struktur und historischen Systematik des Allegorischen. Freiburg 2000; ders.: Walter Benjamins Theorie des Allegorischen. Dokument des (Post-)Modernismus oder adäquate Würdigung des Barock. In: Barock – ein Ort des Gedächtnisses. Interpretament der Moderne/Postmoderne. Hg. von Moritz Csáky. Wien/Köln 2007, S. 155–166.
50 Martina Wagner-Egelhaaf: Die Melancholie der Literatur. Diskursgeschichte und Textfiguration. Stuttgart 1997, S. 176.
51 Nicola Kaminski: Andreas Gryphius (1998) [122], S. 60.
52 Vgl. Paul de Man: Allegorien des Lesens. Frankfurt a.M. 1988. Für Peter-André Alt ist de Mans dekonstruktivistischer Allegoriebegriff nichts als ein Produkt »terminologische[n] Freihandel[s]«. Alt (Anm. 30), S. 17.
53 Kaminski (Anm. 51), S. 49.

deutung permanent umspringe.[54] Frauke Berndt stellt mit Blick auf *Catharina von Georgien* die Frage, ob »die grausame Prozedur der Folter [...] schließlich zum uneigentlichen Schauen, dem Durchschauen des verborgenen Heilssinns transzendiert« werde, da sich, bedingt durch die Semiotik des »allegorischen Repräsentationsmodus«, eine »mit dem Index der Unbeständigkeit versehene« Fortuna-Figuration über das christliche Arrangement schiebe, was zu unkontrollierbaren semantischen Effekten führe.[55] Heinz Drügh zeigt mit Blick auf das Trauerspiel *Leo Armenius*, daß ausgerechnet das zentrale emblematische Requisit, der Löwe, von Augustinus als Beispiel für die »Polysemie der Zeichen«[56] angeführt wird.[57] Auch das christliche Dogma der Inkarnation, auf welches das Drama in der Todesszene des Helden anspielt – Leo stirbt auf einer Reliquie des Heiligen Kreuzes –, löst weder als *imitatio Christi* noch als Versuch, mit einem gleichsam leibgewordenen Zeichen die Kluft zwischen Bedeutendem und Bedeutetem zu schließen, die Verunsicherung auf, sondern bleibt den »Gesetzen der Semiose«[58] unterworfen.

---

[54] Waltraud Wiethölter: »Schwartz und Weiß auß einer Feder« oder Allegorische Lektüren im 17. Jahrhundert (1998/99) [688], Teil 1, S. 548 und 554.
[55] Frauke Berndt: »So hab ich sie gesehen« (1999) [570], S. 231 und 250.
[56] Kaminski (Anm. 51), S. 92.
[57] Vgl. Heinz J. Drügh: »Was mag wol klärer seyn?« (2000) [540], S. 1025f.
[58] Ebd., S. 1029. Vgl. auch Christopher J. Wild: Fleischgewordener Sinn (2001) [616].

II.10.2 Bibeldichtung
Von Thomas Vogel

Terminologische Abgrenzungen

Die geläufige Definition der Gattung ›Bibeldichtung‹ verweist auf die reformatorische Betonung der Bibel als Ausgangspunkt des Glaubens und der Glaubensvermittlung und damit auch als unbedingt geeigneten Prätext geistlicher Dichtung: »[D]abei deuteten einige Theoretiker von platonischen Prämissen her die Nachahmung der Bibel als eigentlich wahre christliche Dichtung, weil hinter der Bibel die unverrückbare Wahrheit des biblischen Sprechers, nämlich des Heiligen Geistes stand [...].«[1] Der biblische Text wirkt dabei als Quelle und thematischer Kern so verstandener Dichtung: »Zugleich aber nahm die *Bibelpoesie* vor allem im Luthertum eine überragende und sich in viele Gattungen verzweigende Rolle ein. Sie reichte von poetischen Übersetzungen ganzer Bücher bis zur Translation oder Ausdeutung einzelner Bibelverse [...].«[2] Der Spielraum der so verstandenen Bibeldichtung umfaßt die Paraphrase sowie die Aneignung und Auslegung jeweils eines konkreten, in den meisten Fällen explizit angegebenen biblischen Textes. Die Bindung an diesen zentralen Prätext bleibt auch da bestimmend, wo weitere Bibeltexte zur Stützung und Ausweitung der Argumentation herangezogen werden:

> Naheliegende wie weiter entfernte Bibelstellen werden aufgegriffen, um die aus der Perikope entwickelten Motive zu ergänzen, zu verstärken, miteinander zu verbinden. [...] Die zusätzlichen Bibelstellen intensivieren, wie auch die auswählende Benutzung der Perikopentexte selbst, die einzelnen Züge, die aus der Perikope übernommen werden, sie erweitern oder verknüpfen sie und tragen dazu bei, daß das Sonett das jeweilige Thema, auf das es sich konzentriert, mit großer Eindringlichkeit zu entfalten vermag.[3]

Diese definitorische Verengung ist insofern problematisch, als sie allein auf den unmittelbaren thematischen Ausgangspunkt des Textes rekurriert, ohne die weiteren Argumentationsschritte zu beachten. Ausgeklammert sind damit Texte, die von einem eigenständigen Redeanlaß ausgehen und eine eigenständige Aussageabsicht verfolgen, die im Sinne dieser Sprechsituation aber nichtsdestoweniger in relevantem Maße auf biblische Texte zurückgreifen. Dies gilt in gleichem Maße für Argumentationsinhalte wie für genuin literarische Bezugnahmen: Der intertextuelle Be-

---

1 Hans-Georg Kemper: Deutsche Lyrik der frühen Neuzeit, Bd. 4/I (2006) [220], S. 75. Im gleichen Sinn spricht Hans-Henrik Krummacher vielfach von »paraphrasierende[r] Bibeldichtung«. Hans-Henrik Krummacher: Der junge Gryphius und die Tradition (1976) [225], S. 327.
2 Kemper (Anm. 1), S. 75.
3 Krummacher (Anm. 1), S. 282f.

zug auf biblische Bilder und Metaphern erschöpft sich nicht notwendigerweise im »metaphorischen Nach-Sprechen der Bibel [...] als eines [...] *poetischen Buches*«,[4] sondern stellt einen poetologisch bewußt gesteuerten Auswahl- und Kompositionsprozeß dar. Die genannten Lesarten des Begriffs ›Bibeldichtung‹ gehen von einem Prätext aus, der literarisch be- oder verarbeitet werde. Das hier vorgeschlagene Begriffsverständnis hat zunächst den literarischen Text im Blick, der in unterschiedlicher Weise und in unterschiedlichem Umfang auf einen oder mehrere biblische Prätexte zugreift. Als Bibeldichtung sind im Sinne dieser Erwägungen poetische Texte zu verstehen, in denen intertextuelle Bezüge auf biblische Texte einen bedeutenden Teil der inhaltlichen Argumentation wie der dichterischen Ausgestaltung bilden. Dies gilt auch und gerade da, wo eine Analogie im Detail oder im Ganzen nicht aufgeht: Die argumentative Valenz eines intertextuellen Verweises kann auch in der Betonung der Differenz liegen. Das so definitorisch um ein Vielfaches vergrößerte Corpus der Bibeldichtung ist intern anhand verschiedener Parameter (Art und Umfang der Bezugnahme, Markiertheit) zu differenzieren. Ein Ende des Spektrums bildet dabei im Werk des Andreas Gryphius die deutlich prätextbezogene und explizit markierte Perikopendichtung. Im Gegensatz dazu finden sich in zahlreichen Texten sehr implizit markierte oder gänzlich unmarkierte Verweise auf biblische Prätexte, die das Verständnis des jeweiligen Textes – so sie denn erkannt werden – entscheidend beeinflussen.

Beispiele biblisch-intertextueller Anknüpfungs- und Verweisprozesse werden im folgenden anhand einzelner Texte dargestellt. Aus Gründen der Handhabbarkeit hinsichtlich des Textumfangs wie der Vergleichbarkeit der vorgestellten Bezugsprozesse sind die Textbelege dabei zumeist den Sonettbüchern entnommen; analoge Analysen ließen sich im Blick auf das weitere Werk Gryphius' unternehmen. Im Sinne eines paradigmatischen Zugriffs folgt zunächst die – relativ detail- und umfangreiche – Analyse eines Perikopensonetts.

Perikopendichtung

Die *Son- undt Feyrtags Sonnete* (*SuF*), die sich, unterteilt in zwei Bücher, in den letzten von Gryphius selbst herausgegebenen Werkausgaben (*DG* und *FT*) an die ersten beiden Sonettbücher anschließen (*Son.* III und IV), stehen in ihrer Gesamtkomposition wie in der Eigenart der einzelnen Gedichte in mehreren, einander überlagernden Traditionen. Indem jedes der Sonette eine Perikope der kirchlichen Leseordnung zum Thema nimmt, ist es auch im engeren, oben beschriebenen Sinne der Gattung der Bibeldichtung zuzuordnen. Gleiches gilt für die vielfach als Untergat-

---

4 Kemper (Anm. 1), S. 75.

tung derselben verstandene Perikopendichtung. Entscheidend für die Gattungszugehörigkeit in diesem spezielleren Sinne ist nicht nur die Prätextgebundenheit des einzelnen Gedichts, sondern in gleichem Maße der Aufbau und Umfang des gesamten Zyklus: Dem Kirchenjahr folgend bildet die jeweilige Predigtperikope der Sonntage und Hochfeste den Ausgangspunkt des Gedichts. Auch wenn Gryphius' Perikopensonette – anders als für den Gemeindegesang konzipierte Perikopenlieder – nicht auf eine unmittelbare liturgische Verwendung hin geschrieben sind, stehen sie in ihrer Orientierung an den Leseordnungen durchaus auch in einer kirchlich-liturgischen Tradition. Umstritten ist, ob die »Auswahl seltenerer Perikopen« und die »Aufnahme ungewöhnlicher, in Teilen des Luthertums abgeschaffter Feiertage«[5] mit Blick auf konkrete kirchenamtliche Regelungen als konsequent orthodox[6] oder als »Anzeichen einer Offenheit des Dichters für katholische Erscheinungen«[7] zu deuten sei. Festzuhalten ist, daß durch die regionale Varianz und durch die teilweise enge zeitliche Folge von Überarbeitungen die Existenz und Gültigkeit einer eindeutigen und dauerhaft verbindlichen kirchenamtlichen Leseordnung nicht vorauszusetzen ist. Diese Unschärfe eröffnet einen Spielraum bei der Auswahl der zugrundegelegten Perikopen und bietet damit durchaus die Möglichkeit, »Unorthodoxes«[8] zu sagen, ohne den formal gegebenen Rahmen zu überdehnen oder zu sprengen.

»Auf den Sontag deß versuchten Sohns Gottes / oder Invocavit. Matth. 4.«

Dem ersten Sonntag der Fastenzeit ist die Perikope von der Versuchung Jesu durch den Satan in der Fassung des Matthäusevangeliums (Mt 4,1–11) zugeordnet. Die Einleitung der Perikope stellt das Erzählte in doppelter Weise in einen heilsgeschichtlichen Kontext: zum einen verweisen Ort (»in d[er] Wüsten«) und Dauer (»vierzig tag und vierzig nacht«) des Fastens Jesu zurück auf die als konstitutiv für die Gottesbeziehung Israels geschilderte vierzigjährige Wüstenwanderung im

---

5 Ebd., S. 282.
6 Vgl. Krummacher (Anm. 1), S. 175f.: »In der Reformation selbst hingegen haben die sich entwickelnden lutherischen Kirchen zwar einen Teil der sehr zahlreichen Feiertage der vorreformatorischen Kirche abgeschafft, aber [...] eine nicht kleine Zahl behalten. Darüber und über die dabei waltenden Gesichtspunkte geben wiederum die Kirchenordnungen gute Auskunft. [...] Solche Gründe führen dazu, daß ein Grundbestand an Festen [...] ohne völlige Übereinstimmung zwischen den einzelnen Kirchengebieten [...] fast überall beibehalten wird. [...] Daß alle diese Feste in den ›Sonn- und Feiertags-Sonetten‹ des Gryphius vorkommen, ist dabei selbstverständlich.«
7 Ebd., S. 174, als Paraphrase Viëtors. Zweifel am »traditionsorientierte[n] Blick« Krummachers läßt auch Kemper erkennen. Vgl. Kemper (Anm. 1), S. 282.
8 Kemper (Anm. 1), S. 282.

Anschluß an den Exodus; zum andern gibt Vers 1 explizit die Versuchung – die, indem er ihr widersteht, Jesus als »Gottes son« ausweist – als unmittelbare Intention des Aufenthalts in der Wüste an. Es folgen drei Versuchungsansätze, die sowohl im Geforderten als auch im Versprochenen jeweils gesteigert sind: Um seinem Hunger abzuhelfen, möge Jesus Steine in Brot verwandeln; um seine Göttlichkeit zu beweisen, möge er sich von seinen Engeln vom Dach des Tempels zu Boden tragen lassen; um Herrscher »alle[r] Reich der Welt« zu werden, möge er den Satan anbeten. Alle drei Versuchungen werden von Jesus mit Schriftzitaten zurückgewiesen, die zweite wird vom Satan auch mit einem solchen eingeleitet. Auf diese Weise ist bereits die neutestamentliche Perikope innerbiblisch-intertextuell mit alttestamentlichen Texten verbunden.

> Auf den Sontag deß versuchten Sohns Gottes / oder Invocavit. Matth. 4.
>
> WEg! weg! hinweg du stoltzer Geist! dafern mir schon die raue Wüsten
> Jn welcher Gott mich prüfen wil / nichts als nur harte Steine weist;
> Wird meine matte Seele doch durch dessen kräfftigs Wort gespeißt.
> Der alles Brodt vnd Speise schafft. Dafern du gleich mit schlimmen Lüsten
> Mich in den Abgrund stürtzen wilt / wird mich doch dessen Allmacht fristen
> Der für die Seinen treulich Sorgt / der in dem Weg vns bleiben heist /
> Der durch der Engel starcken Schutz / den seinen festen Beystand leist.
> Vnd nicht von vns[9] versucht wil seyn! du wirst doch (glaub ich /) keinen Christen
> Der seinen JEsus treulich meynt / durch tolle Herrligkeit der Welt /
> Durch prächtig auffgeschmücktes Nichts / durch Wollust vnd vergänglich Geld.
> Bewegen / daß er Knie vnd Hertz / ohnmächtig Wunder! vor dir neige?
> Kom an! versuche wie du wilt! Jch wil / weil JEsus für mich batt.
> Der deine gantze Macht zustört / vnd dir den Kopff zutreten hat
> Dir Erbfeind widerstehn / biß Er die Ehren-Kron mir endlich zeige. (*DG*, S. 70[10])

Wie in den *Son- undt Feyrtags Sonneten* üblich, ist das auf diese Perikope bezugnehmende Sonett auf dreifache Weise kontextualisiert. Während die deutsche Sonntagsbezeichnung wie die Stellenangabe auf das Sonntagsevangelium verweisen, stellt der lateinische Name des Sonntags eine in der protestantischen Tradition geläufige Referenzierung dar, die sich in ihrem Ursprung aus dem Introitus der jeweiligen Sonntagsliturgie ableitet,[11] in diesem konkreten Fall aus Ps 90,15.[12] Wäh-

---

9 Verbessert aus »vus«.
10 Separate Paginierung der »Sonnette«.
11 Vgl. William T. Flynn: (Art.) Introitus. In: Religion in Geschichte und Gegenwart. Vierte, völlig neu bearbeitete Auflage. Hg. von Hans-Dieter Betz u.a. Bd. 4. Tübingen 2001, Sp. 208f.
12 Vgl. *DISPOSITIO* EPISTOLARVM, QVAE DIEBVS DOMINICIS ET ALIIS, IN ECclesia, usitatè populo proponi solent, tradita *DAVIDE CHYTRÆO. VITEBERGÆ EXCVDEBAT IOANNES CRATO ANNO M. D. LXIIII.*, S. 115: »*Sic sequens Dominica* INVOCAVIT, *à prima dictione Introitus ex Psal. 90. sumti, appellata est. Inuocauit me, & ego exaudiam eum, eripiam eum, & glorificabo eum.*«

rend das Gedicht in Rhythmus und Reimstruktur den formalen Anforderungen entspricht, ist die in den gängigen Sonettpoetiken ebenfalls geforderte Übereinstimmung von Form und Inhalt hier nicht gegeben. Die Argumentation ist vielmehr in fünf Abschnitte unterteilt, die ihrerseits als – der Form zuwiderlaufende – Strukturelemente markiert sind: den ersten dieser Abschnitte (A) bildet die erste Halbzeile, die die jesuanische Abweisung des Satans (V. 10a)[13] paraphrasiert und rhetorisch verstärkt. Die folgenden beiden Abschnitte beginnen nach der Zäsur der ersten (B) bzw. der vierten Zeile (C), jeweils mit dem Wort »dafern«. Abschnitt D setzt ebenfalls nicht an einem Zeilenbeginn ein, sondern nach der Zäsur der achten Zeile mit der betonten Anrede »du«. Der letzte Abschnitt (E) entspricht demgegenüber dem kompletten zweiten Terzett; die eröffnende Aufforderung »Kom an!« steht in Konkurrenz zum einleitenden »WEg! weg!« und bildet mit diesem einen inhaltlichen Rahmen, der zugleich die argumentative Entwicklung des Gedichts reflektiert.

A) Die Absage Jesu an den Satan bildet den Zielpunkt der erzählenden Perikope, gefolgt nur von ihrer biblischen Begründung und einer Notiz, die die soeben erwiesene Göttlichkeit Jesu sichtbar macht. Bemerkenswert an der das Sonett eröffnenden Aufnahme dieser Ablehnung ist sowohl die Sprecher- als auch die Adressatenrolle. In vielen der *Son- undt Feyrtags Sonete* nimmt der Sprecher die Perspektive einer der in der entsprechenden Perikope erwähnten Figuren[14] ein. Die extreme Polarität der beiden in Mt 4,1–11 handelnden Figuren schließt eine solche unmittelbare Rollenübernahme aus. Es spricht vielmehr ein autonomes Ich, das im Sinne der *imitatio Christi* seine eigene Situation bewußt analog zur Perikope schildert. Dabei wird nicht die Vergleichbarkeit der eigenen Anfechtung mit derjenigen Christi behauptet, sondern die Bereitschaft und die Absicht, in analoger Weise auf Versuchungen zu reagieren. Wo in der Perikope der Antagonist vom Erzähler als »Teuffel« (V. 1) und von Jesus als »Satan« bezeichnet wird, fällt im Sonett keiner der beiden Begriffe. Die Anrede »du stoltzer Geist« verweist vielmehr auch auf gängige *vanitas*-Topoi, so daß Satan und die ihrerseits trotz ihrer Vergänglichkeit verlockende Welt überblendet werden.

B) Der zweite Abschnitt setzt die *imitatio Christi* in der Beschreibung der Situation des Sprechers fort: die Wüste wird zur Metapher für (potentielle) eigene Entbehrungen, die ihrerseits als göttliche Prüfung zu begreifen seien. Analog zu Jesus setzt das Ich dieser Erfahrung und Deutung den Verweis auf die lebenserhaltende

---

13 Für Bibelverse wird im folgenden durchgängig das Kürzel V. verwendet, für Sonettzeilen das Kürzel Z.

14 Der Begriff ›Figur‹ ist hier im weitestmöglichen Sinne zu verstehen: Im Sonett »Auff den Sontag deß guten Seemans / oder Sexagesimæ. Luc. 8.« (*Son.* III,18) ist die (metaphorisch) angenommene Perspektive diejenige der drei genannten Orte, an denen die Saat nicht aufgeht. Vgl. dazu Kemper (Anm. 1), S. 287, der im genannten Sonett die Perspektive »des verdorrenden Samens im Gleichnis vom Sämann« formuliert sieht.

Wirkung des Gotteswortes entgegen.[15] Gegeneinandergestellt werden zwei verschiedene Gottesbilder: Derjenige, der »mich prüfen wil«, ist letztendlich derselbe, der »meine matte Seele [...] []speißt«. Im Unterschied zur Perikope ist dieser Abschnitt nicht als Gespräch dargestellt, die vorausgehende unmittelbare Anrede wird nicht aufgegriffen. Vielmehr hat der Abschnitt den Charakter einer Selbstvergewisserung, eines Abgleichs der (defizitären) Realität mit dem Glaubensinhalt der göttlichen Zuwendung.

C) Der Beginn nimmt das konditionale »dafern« auf, greift aber zugleich zurück auf die eingangs konstruierte Redesituation. Den Aussagekern dieses Abschnitts illustrieren die beiden an der Zäsur der fünften Zeile aufeinander folgenden Verben: Der Angesprochene *will* den Sprecher mit »schlimmen Lüsten« verlocken und damit der Erlösungsaussicht berauben, Gott *wird* seiner – unter Verweis auf biblische Topoi der Rede über Gott formulierten – »treulich[en] Sorg[e]« um »die Seinen« gerecht werden. Indem auch der hier beschriebene Versuchungsprozeß in Analogie zur Perikope gesetzt wird, wird die Differenz der jeweiligen Situationen hervorgehoben: Während der Satan Jesus bewegen will, seine Göttlichkeit sichtbar zu erweisen, indem er die in Ps 91,11 metaphorisch formulierte Zusage wörtlich erfülle, will er den Sprecher aktiv »stürtzen«. Die vom Satan intendierte Versuchung Jesu besteht darin, dem Zweifel einen Beweis entgegenzustellen; der Sprecher ist zunächst versucht, den »schlimmen Lüsten« zu verfallen. Die Kombination der in der Perikope diskursiv kontrastierten Schriftworte stellt darüber hinaus noch eine zweite Gefahr heraus: Die Zusage von Ps 91,11 bleibt gültig, obwohl der Satan sie zum Ausgangspunkt der Versuchung Jesu macht; die Erfüllung der Zusage einzufordern, stellt aber seinerseits eine Versuchung Gottes dar, vor der Dtn 6,16 warnt.

D) Die erneute Anrede zeigt einen argumentativen Neuansatz an. Die Analogie geht auch an dieser Stelle nicht vollständig auf. Das Angebot des Satans an Jesus umfaßt die Herrschaft über »alle Reich der Welt / vnd jre Herrligkeit«. Der Sprecher formuliert unter Aufnahme der Begrifflichkeit eine plurale Absage an die vergängliche Welt: »kein[] Christ[]« werde sich durch das »prächtig aufgeschmückte[] Nichts« der Welt dazu verleiten lassen, »Knie vnd Hertz« vor dem Adressaten zu beugen. Die bereits erwähnte Zusammengehörigkeit des Adressaten – der im Blick auf die Sprechsituation dem Satan der Perikope entspricht – und der Welt wird durch die Häufung verschiedener *vanitas*-Topoi betont. Das *Du* versucht den Sprecher mit den Mitteln der Welt. In einem anderen Rahmen ausführlicher zu diskutieren wäre, ob die Parenthese in Z. 8 das im Anschluß Gesagte als Hypothese oder als tatsächlichen Glaubensinhalt kennzeichne.

E) Anders als die Abschnitte B–D setzt der letzte Teil am im Sinne der poetologischen Vorgaben erwartbaren Ort – mit dem Beginn des zweiten Terzetts – ein. Der

---

15 In der Perikope ist die Antwort Jesu explizit als Schriftwort (Dtn 8,3) gekennzeichnet.

Imperativ »Kom an!« knüpft an den Redemodus des ersten Abschnitts an, steht aber inhaltlich mit diesem in einem Spannungsverhältnis. Zielte der Beginn des Sonetts auf eine Distanzierung, drückt der Beginn der zwölften Zeile die Bereitschaft zur Auseinandersetzung aus. An die Stelle der Weltflucht tritt der Wille zu einem sinnvollen Leben in der Welt. Die Kontrastierung dieser beiden Haltungen zeigt die gedankliche Entwicklung des Sonetts an, die einer graduellen Selbstvergewisserung in Auseinandersetzung mit den Versuchungen der Welt entspricht. Die synkopische Verlagerung der anderen Abschnittsanfänge läßt sich in diesem Sinne als Betonung der Antithese lesen. Die konfrontative Zurückweisung der Versuchungen ist erneut anhand zweier aufeinander folgender Verbformen erkennbar: »versuche wie du wilt! Jch wil [...] widerstehn«.[16] Grund für den Widerstandswillen ist die Fürsprache Jesu. Der fünfte Abschnitt folgt in seiner Argumentation aus dem Vorhergehenden, er knüpft allerdings nicht an die Motivik der Perikope an, sondern zieht zusätzliche biblische Prätexte heran. Der Verweis auf das Heilshandeln Jesu greift auf ein biblisch, vor allem aber in der christlichen Tradition gängiges Motiv zurück: Aus der als Konsequenz aus dem Sündenfall genannten Feindschaft zwischen der Schlange und »dem Weibe [...] vnd jrem Samen«, die dazu führen werde, daß »Der selb [...] dir [d.i. der angesprochenen Schlange] den Kopff zutretten« (Gen 3,15) werde, wird in der christologischen Lesart die Aussage des heilsgeschichtlichen Sieges Christi über den Satan.[17] Die Formulierung der Folgerichtigkeit von Widerstand gegen den Satan und Erlangen der »Ehren-Kron« lehnt sich an 1 Petr 5,4.8–9 an.

Während die beiden letztgenannten Bezüge auf biblische Prätexte ohne bemerkenswerte Variation in der jeweiligen Deutungstradition stehen, ist die konzeptionelle Bezugnahme auf das Sonntagsevangelium innovativ und kreativ. Thema des Sonetts ist die Positionierung des Sprechers gegenüber den Verlockungen des in enger Korrelation zum »auffgeschmückte[n] Nichts« der Welt stehenden Satan. Entwickelt wird dieses Thema aus einer individuellen Perspektive, aus der heraus explizit die Übereinstimmung der eigenen Haltung mit jedem »Christen | Der seinen JEsus treulich meynt« konstatiert wird. Der Perikopentext dient als inhaltlicher und struktureller Referenzrahmen. Die durch Aufnahme von Motiven oder Stichworten behauptete – und nie ganz aufgehende – Analogie zwischen den Versuchungen des Sprechers und denjenigen Christi bildet in diesem Sinne die Voraussetzung für den

---

16 Ebenfalls untersuchenswert wäre die Tatsache, daß Gott und »stoltzer Geist« mit Hilfe zweier verschiedener Verben in Kontrast gesetzt werden, während der Konflikt zwischen »Geist« und Mensch auf eine Willensdifferenz zugespitzt wird.

17 Paradigmatisch anzuführen sind für diesen Übertragungsprozeß beispielsweise die Glossen der Lutherbibel zum genannten Vers: »Dis ist das erst Euangelium vnd Verheissung von Christo geschehen auff Erden / Das er solt / Sünd / Tod vnd Helle vberwinden vnd vns von der Schlangen gewalt selig machen. [...] Denn so gehets auch Christus zutritt dem Teufel seinen Kopff (das ist / sein Reich des Todes / Sünd vnd Helle) So sticht jn der Teufel in die Versehen (das ist / er tödtet vnd martert jn vnd die seinen leiblich.)«

Versuch der *imitatio Christi*. Dies zeigt sich in einer gegenläufigen Entwicklung: Jesus[18] sucht mit dem Gang in die Wüste die Auseinandersetzung mit dem Satan, die er schließlich mit der Abweisung »Heb dich weg von mir Satan« beendet. Der Sprecher beginnt seine Rede mit einer Paraphrase dieser Absage und schließt mit der Formulierung des Widerstandswillens. Erst mit der Bereitschaft zur Konfrontation beginnt – im zweiten Terzett – die Nachfolge Christi, die von der motivisch auf das Vorbild bezogenen Reflexion der Abschnitte B–D vorbereitet wird; erst im Rahmen dieser *imitatio Christi* findet die Prüfung durch Gott statt, die Grund und Zweck der Versuchung ist.

»Vber des Herrn gefängnus«

Das Sonett »Vber des Herrn gefängnus« (*Son. 1643* I,4)[19] ist nicht Teil des Perikopenzyklus und gibt seinen biblischen Anknüpfungspunkt nicht explizit an. Dies ist insofern bemerkenswert, als die Gefangennahme Jesu im Anschluß an das letzte Abendmahl in allen vier Evangelien mit merklichen Variationen beschrieben wird. Thema des Sonetts ist die mit der Festnahme beginnende Passion, die allerdings nicht im Sinne einer Paraphrase des Bibeltextes erzählt, sondern als heilsgeschichtliches Ereignis in den Mittelpunkt von Deutung und Gebet gestellt wird. Stilistisch ist das Sonett geprägt durch eine Reihe von Antithesen und Paradoxa. Im ersten Quartett erwächst die Antithetik aus dem Verweis auf die Sündenfallerzählung (Gen 3), der an das Stichwort ›Garten‹ geknüpft ist. Der typologischen Übereinstimmung des Ortes steht dabei der betonte Widerspruch im Hinblick auf die Sündhaftigkeit gegenüber: Während mit dem Garten Eden die Erbsünde verbunden ist, wird in Getsemani »die vnschuld selbst« gefangengenommen; ursächlich ist in beiden Fällen das Wirken des »Teufel[s]«, »der grimmen Slangen«.[20] Die Argumentation des

---

18 Jesus wird nach V. 1 »vom Geist [...] geführt«. Theologisch wäre ggf. zu diskutieren, ob an dieser Stelle eine Unterscheidung der trinitarischen Personen intendiert ist, so daß zwar der Heilige Geist die Versuchung bewußt herbeiführe, nicht aber Jesus selbst. Mit Blick auf das Sonett ließe sich im gleichen Sinne fragen, ob die Anrede »du stoltzer Geist« zumindest subkutan als Anrede des Heiligen Geistes deutbar sei, der biblisch für die Versuchung Jesu und analog auch für die Versuchung des Sprechers verantwortlich wäre. Die im weiteren Sonettverlauf an denselben Adressaten gerichteten Vorwürfe lassen eine solche (häretische) Lesart allerdings literaturwissenschaftlich wie theologisch nur schwer begründbar erscheinen.

19 Analysiert wird hier die Fassung des ersten Sonettbuchs von 1643, zur Umarbeitung vgl. Joseph Leighton: Andreas Gryphius's Sonnet »Über des Herrn Gefängnus« (1987/88) [308]. Ergänzend wäre auf die unterschiedlichen Aussagen des jeweiligen zweiten Terzetts hinzuweisen: Die Fassung der ›Lissaer Sonette‹ reflektiert die bereits erfolgte Befreiung, indem sie sie mit einer hypothetischen Alternative kontrastiert; die revidierte Fassung bittet um die Befähigung zur Nachfolge.

20 Vgl. oben Anm. 17.

zweiten Quartetts geht von einer zweiten idealtypischen Bezeichnung Jesu aus: »Die freyheitt fält in strick«. Die Häufung paradoxaler Formulierungen entspricht dabei der ebenso paradoxen Grundstruktur der Passionstheologie, die gleichzeitig die Allmacht Jesu als Gottessohn und dessen gewaltsame Festnahme, Folterung und Tod betont. Im Sinne dieser Vorstellung ist auch das erste Terzett komponiert: In der Menschwerdung – indem »[d]er König [...] ein knecht« wird – ist der Angriff von seiten »der tollen knechte schar« ermöglicht und vorbereitet. Aufgenommen ist in diesem Bild das – seinerseits in den Evangelien als Leidensvorhersage Jesu präsentierte – Gleichnis von den bösen Weinbergspächtern.[21] Das heilsgeschichtlich unzweifelhaft *reale* Geschehen wird also mit Hilfe eines innerbiblisch der literarisch-*fiktionalen* Gattung ›Gleichnis‹ zugeordneten Textes gedeutet. Zum einen ist damit die intertextuelle Bezugnahme ebenfalls als literarischer Prozeß markiert, zum andern zeigt sie die Eignung der Dichtung als Instrument der Deutung religiöser Sachverhalte an: Wenn bereits innerhalb der Evangelien das Geschehen im voraus oder im nachhinein mit den Mitteln der Literatur gedeutet wird, ist damit auch das potentielle Argument der religiösen und moralisch-ethischen Wertlosigkeit der Dichtung entkräftet. Der jeweilige Schluß des zweiten Quartetts und des ersten Terzetts gibt den Grund für die freiwillige Ergebung Jesu in die Passion an, der Beginn des Schlußterzetts formuliert im Sinne dieser Begründung eine Anrede an Jesus: »der du durch den dinst das dinsthaus vmbgekehrt«. Biblisch ist der Begriff ›Diensthaus‹ durchgängig mit dem Exodus verbunden.[22] Der »Dinst« Jesu ist damit in die Tradition heilsgeschichtlicher Befreiungen eingeordnet und überbietet zugleich das Vorbild. Der Exodus beendet den Aufenthalt Israels im ›Diensthaus‹ Ägypten, die Passion zerstört das – metaphorisch auf die Erbsünde bezogene – ›Diensthaus‹ vollständig.[23] Eingebunden ist diese letzte paradoxale Formulierung in die das Sonett beschließende Bitte um die Fähigkeit, in der Konsequenz dieser Befreiung wiederum Jesus »zu dienen«.

Ermordete Majestät. Oder CAROLUS STUARDUS

Ebenso einflußreich wie umstritten ist in bezug auf die zweite Fassung des *Carolus Stuardus* Albrecht Schönes These der postfiguralen Gestaltung des Dramas, seiner Personenkonstellation und seines Protagonisten nach der *figura* der Passion Christi:

---

21 Mt 21,33–41; Mk 12,1–12; Lk 20,9–19.
22 Vgl. z.B. den Dekalogbeginn in Ex 20,2 und Dtn 5,6.
23 Das Verb ›umkehren‹ ist biblisch häufig mit dem göttlichen Strafgericht über Sodom und Gomorrha verbunden (vgl. z.B. Dtn 29,23; Jes 13,19) und verweist damit auf eine ebenso restlose wie unwiderrufliche Zerstörung.

»So tritt der leidende Carolus als Sinnbild der Imitatio Christi auf die Bühne.«[24] Die polemische Valenz einer solchen Stilisierung besteht darin, daß sie nicht nur den König zum leidenden Gerechten verklärt, sondern zugleich den Gegnern die Rolle der konspirierenden Hohepriester zuweist. Anhand entsprechender Quellen ist hinlänglich nachgewiesen, daß diese polarisierende Argumentationsfigur keine »originäre Leistung des *Carolus Stuardus*« ist, sondern ein »in der politischen Propagandaliteratur der Royalisten häufig verwendete[s] Agitationsmittel[]«[25] aufnimmt. Zu fragen wäre in diesem Sinne, ob ein direkter Bezug auf den Prätext Bibel anzunehmen ist oder ob der Bezugspunkt das bereits ausgearbeitete und argumentativ erprobte Referenz- und Gleichsetzungssystem der königstreuen Parteischriften ist.

Bibeldichtung wäre das Trauerspiel zunächst makrostrukturell. Ausgangspunkt des nur vermittelt inter*textuellen* Prozesses ist allerdings nicht ein konkreter biblischer Prätext, sondern ein biblisch *vierfach* – mit z.T. bemerkenswertem Variantenreichtum – beschriebenes Geschehen. Der »Kreis der Figuren [...], die um die leidende Mittelpunktsgestalt stehen: Judas und die Hohepriester, Pilatus und sein Weib, das rasende Volk und die weinenden Frauen«,[26] ist so eben kein Zitat, sondern eine Kompilation. Während sich z.B. der Tod des Judas (vgl. Mt 27,3–10)[27] und der Einwand der Frau des Pilatus (vgl. Mt 27,11) nur im Matthäusevangelium finden, ist das Jesuswort »Jr töchter von Jerusalem / weinet nicht vber mich / Sondern weinet vber euch selbs / vnd vber ewre Kinder« (Lk 23,28) Eigengut des Lukasevangeliums.[28] Dieser Uneindeutigkeit des Prätextes entspricht eine durchgängige Unschärfe der Analogsetzungen.

Dies sei zunächst an zwei Beispielen dargelegt: Das entscheidende Moment des Verrats und der Selbstverfluchung des Judas ist seine sowohl passions- wie heilsnotwendige Singularität: Nur Judas ist bereit und in der Lage, eine unauffällige Festnahme Jesu zu arrangieren. Ob und auf welche Weise Poleh unter »des Königs Richtern« (*Car$_B$*, S. 340) herausragt, ist nicht gesagt. Judas bereut, bekennt und erhängt sich (vgl. Mt 27,3–5). Der Auftritt des Poleh unterscheidet sich davon sowohl performativ als auch inhaltlich: Poleh selbst spricht weder explizit von Reue, noch legt er ein Schuldbekenntnis ab – der Beginn der Rede kehrt vielmehr rhetorisch die Bedrohungslage um:

---

24 Albrecht Schöne: Carolus Stuardus (1968) [645], S. 166.
25 Nicola Kaminski: Andreas Gryphius (1998) [122], S. 120.
26 Schöne (Anm. 24), S. 151.
27 Eine innerbiblische Alternativerzählung findet sich in Apg 1,16–19.
28 Vgl. dazu das ↗ Kap. II.8.2.1 zu Gryphius' Leichabdankung *Seelige Unfruchtbarkeit*, die – übrigens in bezug auf die nämliche Stelle aus dem Lukasevangelium – die Passionsberichte von Matthäus und Lukas explizit gegeneinander entgrenzt.

> Geschehn! es ist geschehn! mein König! nicht umb dich:
> Nein! nein! ach leider nein! es ist geschehn umb mich!
> Du stirbst ohn Schuld; und ich leb' allem Recht zu wider! (*Car*$_B$ V,159–161)[29]

Den Selbstmord Polehs bringt zudem nicht der Dramentext selbst, sondern eine Anmerkung. Die deutlichste Parallele zwischen der »Gemahlin des Feld Herren Fairfax« (*Car*$_B$, S. 341) und dem »Weib« des »Landpfleger[s]« Pilatus (vgl. Mt 27,19) ist ihre Identifikation über die Rolle und den Namen ihrer Ehemänner. Bereits der Blick auf deren jeweilige Position zeigt einen entscheidenden Unterschied an: Pilatus als oberster Exekutivbeamter der römischen Provinz entscheidet – wenn auch unter taktischer Berücksichtigung der Position der lokalen Obrigkeiten – letztlich allein über Art und Inhalt des Urteils; sowohl protokollarisch als auch machtpolitisch ist die Stellung Fairfax' – und damit seine reelle Einwirkungsmöglichkeit angesichts des bereits ergangenen Urteils – deutlich niedriger anzusiedeln. Der deutlich ausformulierten und aktiv verfolgten Agenda der Lady Fairfax steht biblisch eine kontextlose, in Botenrede vermittelte Bitte gegenüber. Ob Pilatus' Ehefrau mit ihrer Intervention den »Gerechten« Jesus retten will oder ob sie vielmehr davor warnen möchte, das von ihr im »trawm« Erlittene (Mt 27,19) könne im Falle einer Verurteilung zur realen Bedrohung für sie oder für Pilatus werden, ist der kurzen Notiz nicht zu entnehmen. Das ihrer Initiative zugrundeliegende doppelte Motiv nennt die Frau des Fairfax selbst explizit:

> So geht der Anschlag fort / so ist der König frey.
> So hab ich unser Heil und Brittens Ehr erhalten.
> So wird mein eigen Ruhm durch keine Zeit veralten. (*Car*$_B$ I,32–34)

Indem die »bis ins Detail und die Nebenfiguren hineinreichende[] postfigurative[] Stilisierung«[30] so gerade im Detail vom biblischen Vorbild abweicht, ist der poetisch konstruierten Analogie poetologisch zugleich ein Zweifel an deren Gültigkeit eingeschrieben.

Zweifellos als Aufnahme des Jesuswortes Lk 23,28 (vgl. oben) zu identifizieren sind die Verse:

> Ach! beweint nicht dessen Cörper / der ein grösser Reich empfangen!
> Weint über dem / was GOtt hat über uns verhangen! (*Car*$_B$ V,493f.)

Im Munde Karls wäre ein solches Zitat ein starkes Indiz einer (Selbst-)Stilisierung auf die Christusrolle hin. Es spricht aber eben nicht der König – der unmittelbar zuvor bereits enthauptet worden ist –, sondern eine der die Hinrichtungsszene be-

---

29 Vgl. dazu Thomas Herold: Von Kronen und Haaren (2007) [633], S. 208.
30 Kaminski (Anm. 25), S. 116.

obachtenden und kommentierenden »Jungfrauen an den Fenstern« (Car$_B$, S. 416). An die Stelle des biblisch aufgemachten Spannungsfeldes zwischen Trost und kurzfristiger (vor den Gefahren der öffentlichen Sympathiebekundung für einen zum Tode Verurteilten) wie langfristiger Warnung (in der Tradition prophetischer Weherufe) tritt damit die Sorge um das eigene Schicksal und das Schicksal des »Landes«, dessen »Heil« und »Leben« hingerichtet »[d]a ligt« (Car$_B$ V,489). Indem der Trauerdispens durch den Betrauerten im Sprecherinnenwechsel zur gemeinschaftlichen Selbstaufforderung wird, verweist die Jungfrauenrede voraus auf die beinahe unmittelbar folgende, das Trauerspiel insgesamt beschließende Rede der »Rache«, die die Motivik des göttlichen Strafhandelns und den real drohenden – und zum Zeitpunkt der Veröffentlichung des überarbeiteten *Carolus Stuardus* bereits wieder beendeten – »Bürger-krig« (Car$_B$ V,525) überblendet. Neu kontextualisiert, dient das zitierte Jesuswort somit nicht als Baustein der »Carolus-Christus-Gleichung«,[31] sondern als zugleich zeitgeschichtlich wie heilsgeschichtlich perspektivierter Imperativ. Entscheidend ist nicht die Umwidmung des trauernden Weinens, sondern dessen im wahrsten Sinne des Wortes letztendliche performative Wirksamkeit. Anders als beispielsweise von Herold behauptet, hat nämlich nicht »die hässliche Fratze der Vergeltung« das »letzte Wort des Stückes«;[32] der die Racherede und damit das Drama beendende Schwur ist vielmehr bedingt:

> Albion erseufft:
> *Wo* es sich reuend nicht in Thränen gantz verteufft.« (Car$_B$ V,543f.; meine Hervorhebung)

Angedeutet ist in der Aufforderung der Jungfrau damit nicht nur die drohende Rache, sondern auch die im Reuevorbehalt angelegte Heilsperspektive. Die intertextuelle Übernahme des Jesuswortes kann ihre Wirkung für das Trauerspiel erst in der grundsätzlichen Neujustierung entfalten: Erst der Sprecherinnenwechsel überführt die Aufforderung in die Innenperspektive »Albion[s]«; erst indem die Äußerung nach dem Tod Karls erfolgt, kann die dramaturgisch bislang auf die Person des Königs gerichtete Aufmerksamkeit sinnvoll umgelenkt werden auf den bis auf weiteres führungslosen Staat. Auch dieses punktuelle Bibelzitat kann somit kaum als Indiz einer konsequenten, auktorial durchgeführten Stilisierung Karls zur Postfiguration Christi dienen.

Ein letztes Beispiel: Die kalendarische Leseordnung *Book of Common Prayer*[33] sieht für den 30. Januar als »2. Les[son]« des »Mor[ning] Prayer« den matthäischen

---

31 Schöne (Anm. 24), S. 157.
32 Herold (Anm. 29), S. 207.
33 Vgl. Christopher FitzSimons Allison: (Art.) Book of Common Prayer. In: Religion in Geschichte und Gegenwart. Handwörterbuch für Theologie und Religionswissenschaft. Hg. von Hans-Dieter Betz u.a. Bd. 1. Tübingen ⁴1998, Sp. 1691–1694.

Passionsbericht (Mt 27) vor.³⁴ Dieses Zusammenfallen von Hinrichtungsdatum und Evangelienlesung hebt der vom entsprechenden Morgengebet des Königs berichtende »Erste Graffe« als »Verwundrungs wehrt« (Car_B V,103) hervor. Schöne deutet die Koinzidenz bzw. ihre Inszenierung im Trauerspiel als transzendente Bestätigung der Christusähnlichkeit Karls, als »sinnträchtiges Geschehen, [...] ein Mirakel gleichsam«.³⁵ Entscheidend für die Darstellung wie für die Deutung ist allerdings die Quelle dieser Gleichzeitigkeit, nämlich

> Das Kirchenbuch / umb daß der Fürst so vil gelitten /
> Vmb das ihn Engelland und Calidon bestritten (Car_B V,105f.).

Die zugehörige Anmerkung (Car_B, S. 450f.) erklärt die Rolle des ›Kirchenbuches‹ für den in der Hinrichtung des Königs endenden Konflikt ausführlicher. Gerade diese historische Einordnung verweist auf eine entscheidende Unschärfe: indem das *Book of Common Prayer* Parteischrift oder gar *corpus delicti* ist, taugt es kaum zur objektiven – geschweige denn zur transzendenten – Beglaubigung der Christusähnlichkeit des Königs. Die explizite Benennung dieser Parteizugehörigkeit unterläuft somit unmittelbar den Versuch einer vollständigen Identifikation von biblischer *figura* und historischer Person.³⁶ Dieser Effekt wird durch die dramaturgische Einrichtung verstärkt: Anders als die Hinrichtung findet die Morgenandacht nicht auf offener Bühne statt; Einbezug und Deutung einer an sich bereits zwielichtigen Quelle sind so durch ihre Vermittlung im Botenbericht eines eindeutig parteilichen Sprechers zusätzlich diskreditiert.

Im kleinen zeigt dieses letzte Beispiel die hermeneutische Grundproblematik der Postfigurationsthese auf. Als makrostrukturelles Konstruktionsmodell wäre eine bibelbezogene *imitatio passionis* eine Übernahme aus dem Fundus der royalistischen Propaganda. Indem dieses Modell rekonstruiert, zugleich aber durch im Detail fehlgehende Analogien destabilisiert oder dekonstruiert wird – im konkreten Beispiel: indem der intertextuelle Verweis eben nicht der konfessionell weitgehend unumstrittenen Bibel gilt, sondern der konfessionell explizit kontroversen Leseordnung des *Book of Common Prayer* –, thematisiert der *Carolus Stuardus* nicht nur das historische Geschehen an sich, sondern zugleich seine öffentliche Wahrnehmung und propagandistische Verwertung. Der metatextuelle Effekt der makrostrukturel-

---

34 THE BOOK OF COMMON PRAYER And administration of the SACRAMENTS: And other RITES and CEREMONIES of the CHURCH OF ENGLAND. Imprinted at London by ROBERT BARKER, Printer to the Kings most Excellent Majestie, and by the Assignes of JOHN BILL. 1638, unpaginiert. Eine aufbereitete Version der entsprechenden Leseordnung findet sich online unter der Adresse http://justus.anglican.org/resources/bcp/1559/Kalendar_1559.htm#Kalendar.
35 Schöne (Anm. 24), S. 147.
36 Vgl. Kaminski (Anm. 25), S. 116.

len Bibelbezogenheit des *Carolus Stuardus* liegt in diesem Sinne in der Offenlegung der Dissonanzen und Sollbruchstellen einer Gleichsetzung von biblisch beschriebener Passion und dramatisch aufbereiteter historischer Hinrichtung.[37]

»Thränen des Vaterlandes / Anno 1636«

In Analysen des Sonetts »Thränen des Vaterlandes / Anno 1636« (*Son.* I,27) wird zumeist auf die apokalyptische Motivik der Kriegs- und Vernichtungsschilderungen verwiesen, die »durchsetzt [sei] mit Zeichen aus der *Geheimen Offenbarung* Johannis«.[38] Die beschriebene Kriegsrealität wäre unter Heranziehung dieses Prätextcorpus zum einen als Hinweis auf die bevorstehende Endzeit und zum andern als notwendiges Zwischenstadium der Heilsgeschichte gedeutet. Zu betonen ist einer solchen verengenden Lesart gegenüber die sehr viel stärker ausgeprägte Bezugnahme auf alttestamentliche Topoi und Motive: das Verb »verheeret« verweist auf den Zustand Israels zur Zeit des babylonischen Exils;[39] Dtn 28,50 kündigt ein über Israel kommendes »frech Volck« an; die Begriffskonstellation von ›Schwert‹, ›Fett‹ und ›Blut‹ tritt auf in Strafvorhersagen gegen Feinde Israels (vgl. z.B. Jes 34,6); die Vokabel »umgekehret« rekurriert in den meisten Fällen auf die prototypische Strafausführung Gottes an Sodom und Gomorrha;[40] besonders die Zeilen 7 und 8 nehmen zudem Aussagen der Klagelieder auf (vgl. Klgl 1,15). Gemeinsam ist all diesen Motiven, daß die Gewalt oder der Befehl zur Gewalt von Gott ausgeht. Genau aus diesem Grund geht die intertextuell vermeintlich nahegelegte Analogie nicht auf: Die im Sonett beschriebenen Gewaltfolgen sind explizit nicht von Gott legitimiert oder gar beauftragt. Die terminologische Rückbindung an die Motivik des Gotteszorns stellt gerade in der Abweichung heraus, daß das im Sonett beschriebene (aktuelle) Kriegsgeschehen eben nicht der göttlichen Intention folgt, sondern *gottlos* ist. Indem die biblischen Motive aus Strafandrohungen sowohl gegen Israel als auch gegen die Feinde Israels entnommen sind, ist darüber hinaus eine (ggf. konfessionell perspektivierte) Identifikation des »Wir« mit Israel kaum möglich. Diese Lesart der Quartette wirkt sich auf die Deutung des zweiten Terzetts, insbesondere der letzten Zeile, aus. Lesbar ist die Beschreibung dessen, »was ärger als der Tod«, als Verweis

---

37 Auf die gerade in den Unschärfen der vordergründig bestätigten biblisch-heilsgeschichtlichen Gleichsetzung liegende poetologische Infragestellung des vorgefundenen Deutungsschemas verweisen auch Kaminski (Anm. 25), S. 121, und Herold (Anm. 29), S. 209f. Vgl. auch das ↗ Kap. II.10.6 über »Metatheater / Spiel im Spiel«, S. 675–677.
38 Jürgen Landwehr: Ein poetisch inszenierter »Weltuntergang mit Zuschauer« (2009) [304], S. 24.
39 Vgl. z.B. Jes 1,7. Dies gilt analog auch für das in der Frühfassung verwendete Verb »vertorben« (*Liss.*, S. 47). Vgl. Joël 1,10.
40 Vgl. oben Anm. 23.

auf Mt 10,28. Auch dieser biblische Prätext verweist zunächst auf Gott als denjenigen, der im Gegensatz zu weltlichen Mächten »Leib und Seele verderben mag«. Überträgt man den oben herausgearbeiteten Gedanken auf dieses Modell, ist allerdings auch hier eine Verschiebung erkennbar: Wenn in den Quartetten – in expliziter Absetzung von den Prätexten – das göttliche Gewaltmonopol außer Kraft gesetzt ist, läßt sich auch die letzte Zeile als Hinweis auf die menschliche Anmaßung lesen.[41]

»Es ist alles Eitel«

Abschließend sei kurz[42] auf das wahrscheinlich bekannteste und literaturwissenschaftlich vielfach behandelte Sonett »Es ist alles Eitel« (*Son.* I,8) verwiesen. Strukturell wie inhaltlich knüpft das Gedicht an den Beginn des Buches Kohelet an, dessen zweiter Vers im Titel wörtlich zitiert wird.[43] Im Sinne dieses Hinweises läßt sich das Sonett als Reihe von *vanitas*-Exempeln lesen, die am Schluß auf »das Transzendental-Ewige«[44] verweise, das von den Menschen willentlich ignoriert werde. Bemerkenswert im Blick auf die antithetisch aufgebaute Exempelreihe ist der in verschiedener Hinsicht den Rhythmus unterbrechende Einschub in Zeile 4: Wo die umgebenden Zeilen jeweils einen vollständigen Satz bilden, der eine zeitlich perspektivierte Antithese enthält, stellt Zeile 4 einen syntaktisch nicht notwendigen Nebensatz dar. Aufgerufen wird im Bild des »Schäfers-Kind[es]«, das »mit den Herden« spielen wird, die Ankündigung des messianischen Friedensreiches in Jes 11, konkret in den Versen 6b und 8: »Ein kleiner Knabe wird Kelber vnd Jungelewen vnd Mastvihe mit einander treiben. [...] Vnd ein Seugling wird seine lust haben am loch der Ottern / vnd ein Entweneter wird seine hand stecken in die hüle des Basilisken.« Indem so mitten in die *vanitas*-Reflexion eine Heilsperspektive eingeschoben ist, läßt sich die letzte Zeile des Sonetts nicht nur als Verweis über das Gedicht hinaus auf das, »was Ewig ist«, verstehen, sondern auch »als Leseanweisung für eine Wiederlektüre, bei der es gölte, mit erhöhter Sensibilität auf das Weltliche transzendierende Hinweise zu achten«.[45] Indem dieser Verweis implizit – und in diesem Sinne durchaus übersehbar – bleibt, bildet er den beschriebenen Vorgang textuell ab und macht damit das Sonett selbst zur Metapher.

---

41 Historisch naheliegend ist der Bezug auf die Praxis erzwungener Konfessionsänderungen im Falle eines Herrschaftswechsels.
42 Vgl. dazu ausführlich Thomas Vogel: Andreas Gryphius, »Es ist alles eitell« (2008) [349].
43 In der Frühfassung (*Liss.*, S. 14f.) ist die Bezugnahme deutlich expliziter gestaltet: Den Untertitel bilden Koh 1,2a in der Übersetzung Luthers und eine Versangabe, den eigentlichen Titel bildet der Vers in der Fassung der Vulgata.
44 Marian Szyrocki: Der junge Gryphius (1959) [134], S. 99.
45 Vogel (Anm. 42), S. 34.

Binnendifferenzierungen[46]

Die Eindeutigkeit und Nachweisbarkeit intertextueller Verweise hängt entscheidend vom Kriterium der Markiertheit ab. Die taxonomische Idealvorstellung einer binären oder zumindest objektiv begründbaren, eindeutigen Einteilbarkeit scheitert allerdings – insbesondere angesichts der Bekanntheit des Prätextes Bibel – an der Vielzahl der Verweismöglichkeiten auf beispielsweise Erzählmomente, Sprachmuster, Schlüsselworte, Wendungen und deren jeweilige Varianten. Ob z.B. ein Titel wie »Vber des Herrn gefängnus« notwendigerweise als biblischer Querverweis begriffen werden muß oder ob hier auf ein heilsgeschichtliches Datum unabhängig von seiner textuellen Repräsentation Bezug genommen wird, kann kaum allgemein, vom jeweils konkreten Text abstrahiert entschieden werden. Eine solche rezeptionsabhängige Unschärfe ist im Fall der durch das Motiv des ›spilenden Schäfers-Kindes‹ vermittelten Heilsperspektive im *vanitas*-Sonett sinntragend: daß das Heilsmotiv übersehbar bleibt, ist nicht als poetisches Defizit zu werten, sondern bildet die inhaltliche Aussage poetologisch ab. Das Merkmal Markierung definiert in diesem Sinne ein Spektrum möglicher Bezugsprozesse, ist allerdings aufgrund seiner Bedingtheit durch potentiell polymorphe Rezeptionsfälle vorrangig deskriptiv aussagekräftig.

Einen zweiten Beschreibungs- und Ordnungsmaßstab stellt die Analyse der Funktion eines Verweises innerhalb des jeweiligen Textes dar. Im Fall des Perikopensonetts »Auf den Sontag deß versuchten Sohns Gottes« bildet der explizit markierte Verweis auf Mt 4,1–11 – wie es Gattung und Reihenkonzept vorsehen – Dichtungsanlaß und Ausgangspunkt des Textes zugleich. Medium des intertextuellen Bezuges ist allerdings nicht Nachahmung oder Paraphrase, sondern Personalisierung und Aneignung: der titelgebenden liturgischen Verortung folgt eben nicht die rhetorisch-textuelle *imitatio* des biblischen Berichtes, sondern eine auf die *imitatio Christi* abzielende Selbstreflexion des Sprechers.

Im gleichen Sinne strukturrelevant ist für das Gefangennahme-Sonett die biblische bzw. heilsgeschichtliche Rückbindung. Die entscheidenden Deutungsmomente liefern allerdings die – ihrerseits biblisch begründeten – typologischen Vor- und Gegenbilder. Zu fragen wäre, ob die Kombination von themensetzendem Motiv und sekundären Prätexten auktoriale *inventio* ist oder den traditionell-christologischen Resonanz- und Deutungsraum der Verhaftung Christi abbildet und fortschreibt.

Eindeutig als Übernahme einer bereits bestehenden Verweisstruktur ist im Blick auf den *Carolus Stuardus* die Analogsetzung Karls mit dem leidenden Christus zu verstehen. Entscheidend ist auch in diesem Fall die literarische Faktur der Bezug-

---

[46] Die im folgenden in Ansätzen skizzierten Beschreibungs- und Sortierungskriterien intertextueller Bezugnahmen sind meiner in Arbeit befindlichen Dissertationsschrift zum Thema »Die Bibel in der deutschsprachigen Lyrik des Barock« entliehen.

nahme: die Markierung der Analogie – so z.B. in der Parallelsetzung handelnder Figuren – markiert in vielen Fällen zugleich ihre Problematik. Auf anderer Ebene argumentieren hingegen die im *Carolus Stuardus* zahlreich zu findenden punktuellen Bezugnahmen: Gegner wie Parteigänger des Königs führen im Sinne ihrer jeweiligen Agenda vermeintlich rechtfertigende und autorisierende Bibelstellen im Munde[47] und untergraben die argumentative Autorität dieses Bezugsmodells damit wechselseitig; in der beispielhaft angeführten Jungfrauenrede vermittelt das neu konfigurierte Christuszitat eine über den unmittelbaren Handlungsrahmen hinausgehende Heilsperspektive.

Im Sonett »Thränen des Vaterlandes« schließlich spitzt der mehrfache Rückgriff auf biblische Sprachmuster und Redefiguren die Kritik am Krieg und seinen Begründungen theologisch zu.

Die thematische und literarische Spannweite der beispielhaft angeführten Texte zeigt zunächst die Relevanz der Bibel als Prätext intertextueller Bezugnahmen für Gryphius' Werk an. Wo explizit markierte Bezugnahmen häufig Struktur und Thema eines Textes bestimmen oder als Autoritätsargument die jeweilige Aussage stützen, eröffnen schwach markierte Verweisstrukturen neben der Möglichkeit einer biblischen Unterfütterung und Autorisierung der Textaussage auch die Möglichkeit der Generierung unterschiedlicher, z.T. einander widersprechender Deutungsebenen. Die in diesem Sinne entstehende Polyvalenz kann durchaus pragmatischen Zwecken – beispielsweise dem Unterlaufen staatlicher oder kirchenamtlicher Zensurbestimmungen – dienen, sie kann aber ebenso (und gleichzeitig) ein Mittel literarisch-ästhetischer Sinngenerierung darstellen.

---

47 Entsprechende Beispiele führt Herold (Anm. 29) an.

II.10.3 Intertextualität
Von Stefanie Arend

Wie von einem gelehrten Autor zu erwarten, leben Gryphius' Texte in hohem Grade von Anspielungen und Verweisen auf andere Texte und sind ein Fundus von Zitaten, die oft noch zu entdecken und in ihrer Tragweite zu erforschen sind. Es gibt vielfältige Möglichkeiten, intertextuelle Bezüge zu stiften. Einen wichtigen Referenztext bildet zweifelsohne die Bibel.[1] Darüber hinaus spielt die antike und mittelalterliche lateinische Literatur eine erhebliche Rolle, wie auch deutschsprachige geistliche Erbauungsdichtung, die Schriften der Kirchenväter sowie die Mythen der Antike und die frühneuzeitlichen theologischen Debatten. Außerdem bergen Gryphius' Texte, insbesondere seine Dramen, anthropologische, philosophische und staatspolitische Diskurse, diskutieren mehr oder weniger offen die neuen wissenschaftsgeschichtlichen Entwicklungen und sind so anschlußfähig an jene Diskussionen, die auf die Moderne hinausweisen. Je nach Textsorte sind unterschiedliche Formen der Intertextualität zu beobachten. Es wäre eine noch zu leistende herkuleische Aufgabe, allen direkten Verweisen nachzugehen, die verborgenen zu entdecken und ihre Relevanz für mögliche Sinnkonstitutionen zu diskutieren. Im folgenden werden nach einigen Vorüberlegungen zur Theorie der Intertextualität und ihrer Problematik in der Frühen Neuzeit exemplarisch einige Verfahren und bereits vorhandene Ergebnisse erläutert.

Das Problem der Intertextualität in der Frühen Neuzeit

Ein literarischer Text entsteht nicht im bezugslosen Raum, sondern ist stets mit anderen Texten mehr oder weniger deutlich verflochten. Ob die Verflechtungen erkannt werden, ist von vielen Voraussetzungen abhängig. Zum einen spielt es eine Rolle, ob der Autor die intertextuellen Verweise ›markiert‹ hat.[2] Wenn er sie nicht markiert hat, dann ist es von der Lektüreerfahrung des Rezipienten abhängig, ob dieser sie erkennt, sie decodieren und für seine Lektüre sinnvoll fruchtbar machen kann. Auch ist es möglich, daß der Rezipient ein »Experiment« konstruiert,[3] indem er außergewöhnliche Beziehungen stiftet und so ein neues Licht auf den Prätext wirft, eine neuartige Form der Reflexion anstößt. Vergleiche sind denkbar, die pro-

---

1 Vgl. hierzu ausführlich das ↗ Kap. II.10.2 über »Bibeldichtung«.
2 Vgl. Jörg Helbig: Intertextualität und Markierung. Heidelberg 1995 (Beiträge zur neueren Literaturgeschichte 141), S. 11.
3 Karlheinz Stierle: Werk und Intertextualität. In: Das Gespräch. Hg. von Karlheinz Stierle und Rainer Warning. München 1984 (Poetik und Hermeneutik 11), S. 139–150, hier S. 141.

vozieren und scheinbar Unvergleichbares miteinander konstrastieren. Auf vielfältige Weise spannt sich der Bogen vom einfach markierten Zitat zu gewagten Konstellationen. Einen solchen sehr weiten Begriff von Intertextualität entwickelten vor allem Michail Bachtin und Julia Kristeva. In Abgrenzung zu dem rein linguistischen Blick der russischen Formalisten nimmt Bachtin mit seinem Begriff der ›Dialogizität‹ an, daß sich in einem literarischen Text, für ihn vorzugsweise im Roman, eine Polyphonie der Stimmen vernehmen läßt. Das Wort des Romans ist stets als eine Antwort auf andere Stimmen zu verstehen, die im Hintergrund mit ihm mitschwingen: »[D]iese Stimmen bilden den notwendigen Hintergrund für seine Stimme, einen Hintergrund, ohne den die Nuancen seiner künstlerischen Prosa nicht wahrnehmbar sind, ›nicht klingen‹.«[4] Die Polyphonie der Stimmen im Roman ist Abbild des täglichen Lebens. Es findet sich in ihm ein Stimmengewirr, das die Probleme der Zeit wie auf einem Marktplatz erregt bespricht und diskutiert. Bachtins Begriff der ›Dialogizität‹ verleiht der Theorie der Intertextualität besondere Facetten, die jedoch nicht dazu angetan sind, ihre möglichen Verfahren systematisch zu beschreiben.[5] Ähnlich verhält es sich mit Julia Kristevas Konzept von Intertextualität, das sie in Auseinandersetzung mit Bachtin entwirft. Kristeva nimmt eine generelle Intertextualität an: »Jeder Text baut sich als Mosaik von Zitaten auf, jeder Text ist Absorption und Transformation eines anderen Textes.«[6] Auch den historisch-kulturellen Kontext, den vergangenen oder den gegenwärtigen, begreift Kristeva als ›Text‹ in einem »dialogischen Text-Raum«, in dem sich zahlreiche Texte auf unterschiedliche Art und Weise begegnen.[7]

Die von Bachtin und Kristeva entwickelten Konzepte einer universalen Dialogizität bzw. Intertextualität lassen sich mit Einschränkung auch für frühneuzeitliche Texte fruchtbar machen. Allerdings verschwimmen in diesen Entwürfen die Grenzen zwischen Autor, Rezipient und Text bzw. Kontext. Fragen nach der Relevanz markierter oder unmarkierter Prätexte, nach der Ästhetik intertextueller Verfahren

---

4 Michail M. Bachtin: Die Ästhetik des Wortes. Hg. und eingeleitet von Rainer Grübel. Aus dem Russischen übersetzt von Rainer Grübel und Sabine Reese. Frankfurt a.M. 1979, S. 171.
5 Vgl. Theodor Verweyen und Gunter Witting: Einfache Formen der Intertextualität. Theoretische Überlegungen und historische Untersuchungen. Paderborn 2010 (Explicatio), S. 11.
6 Julia Kristeva: Bachtin, das Wort, der Dialog, und der Roman. In: Literaturwissenschaft und Linguistik. Ergebnisse und Perspektiven. Hg. von Jens Ihwe. Frankfurt a.M. 1972 (Ars poetica 8), S. 345–375, hier S. 348. Genette bezeichnet im Rekurs auf Kristeva Intertextualität als »effektive Präsenz eines Textes in einem anderen Text«. Gérard Genette: Palimpseste. Die Literatur auf zweiter Stufe. Aus dem Französischen von Wolfram Bayer und Dieter Hornig. Frankfurt a.M. 1993, S. 10. Zu Genettes Begriff der Hypertextualität vgl. ebd., S. 14f.
7 Kristeva (Anm. 6), S. 348. Eben dieser Tatbestand führt für Roland Barthes zum Verschwinden des Autors. »Der Text ist ein Gewebe von Zitaten aus unzähligen Stätten der Kultur.« Roland Barthes: Der Tod des Autors. In: Texte zur Theorie der Autorschaft. Hg. und kommentiert von Fotis Jannidis, Gerhard Lauer, Matias Martinez und Simone Winko. Stuttgart 2000, S. 185–193, hier S. 190.

wie Einzel- oder Systemreferenzen sind nicht von Belang.[8] In der Frühen Neuzeit ist jedoch, u.a. bedingt durch das Ideal humanistischer Gelehrsamkeit, mit spezifischen Formen der Intertextualität zu rechnen. Der typische *poeta doctus* durchlief schon in der Schule, meist einem akademischen Gymnasium, einen mehrjährigen Rhetorikunterricht, in dem er das eigene Schreiben anhand von Exempeln lernte. Ein wichtiges Ziel der Ausbildung war es, das Erlernte und Gelesene nachzuahmen (*imitatio*) oder es zu überbieten (*aemulatio*) und in den eigenen literarischen Produktionen sein Wissen auszustellen. Dieses oft umfangreiche Wissen offenbart sich häufig in einem souveränen Umgang und Spiel mit Texten und Diskursen, die nicht selten reichlich Lektüreerfahrung fordern, um entschlüsselt zu werden.[9] Intertextualität ist in frühneuzeitlichen Texten oft bewußt, markiert oder nicht markiert, angelegt, um den Autor als gelehrt zu erweisen. Dies ist bei der Interpretation zu beachten, bedeutet jedoch nicht, daß der Rezipient, inspiriert durch seine eigene Lektüreerfahrung oder sein Erkenntnisinteresse, die Fäden nicht weiter auslegen kann.

Gryphius' Leichabdankungen als Beispiel frühneuzeitlicher Intertextualität

Ein außergewöhnliches Beispiel von Intertextualität und einen Ausweis seiner eigenen extensiven Lektüreerfahrung liefert Gryphius in seinen *Dissertationes funebres, Oder Leich-Abdanckungen* (*LA*, 1666). Die hier veröffentlichten dreizehn Texte, zuvor zumeist in Einzeldrucken bereits erschienen, verlangen insbesondere dem heutigen Leser einiges ab, sollte er bereit sein, das Gewirr von Zitaten und Anspielungen zu entflechten. Gryphius nutzt für seine zum Teil anspruchsvollen Argumentationen Verweise auf teils prominente, teils abseitige Namen, auf historische Ereignisse, auf moralisch-paränetisches Schrifttum oder auf die Kirchenväterliteratur, auf einen unermeßlichen Fundus antiker, mittelalterlicher und frühneuzeitlicher, zumeist lateinischer Texte. Die jeweiligen Referenzstellen sind in zahlreichen Marginalien häufig, aber nicht immer (und auch nicht immer zuverlässig) genau angegeben, so daß nur mit Einschränkung von einer markierten Intertextualität gesprochen werden kann. Will man die intertextuellen Verweise für die Interpretation fruchtbar

---

8 Vgl. Manfred Pfister: Konzepte der Intertextualität. In: Intertextualität. Formen, Funktionen, anglistische Fallstudien. Hg. von Ulrich Broich und Manfred Pfister. Unter Mitarbeit von Bernd Schulte-Middelich. Tübingen 1985 (Konzepte der Sprach- und Literaturwissenschaft 35), S. 1–30, hier S. 22.
9 Vgl. den Band Intertextualität in der Frühen Neuzeit. Studien zu ihren theoretischen und praktischen Perspektiven. Hg. von Wilhelm Kühlmann und Wolfgang Neuber. Frankfurt a.M. 1994 (Frühneuzeit-Studien 2).

machen, so besteht die Schwierigkeit zunächst darin, diese nicht immer zuverlässigen Marginalien zu entschlüsseln und die jeweiligen Textstellen ausfindig zu machen. In den Marginalien zur *Folter Menschliches Lebens* beispielsweise finden sich u.a. Verweise auf antike Autoren und Historiographen, auf Herodot, Plutarch, Cicero, Livius, Diodorus Siculus, Tacitus, Aelianus, auf die Kirchenväter Augustinus, Ambrosius, Gregorius und Chrysostomus, auf den Scholastiker Bonaventura, den Kommentator Oecumenius, den Asketen Isidor von Pelusium, den Franziskaner Nikolaus von Lyra, den byzantinischen Lexikographen Suidas oder den jesuitischen Universalgelehrten Athanasius Kircher. Manchmal wird nur ein Name, manchmal Name und Text, oder Name, Text und genaue Referenzstelle genannt. Bisweilen werden auch ohne Marginalien nur die Namen im Text genannt, die für bestimmte Topoi stehen, ohne daß aber genaue Texte, geschweige denn Textstellen angegeben werden, so etwa in dem Hinweis »wie Seneca längst [...] dargethan« (*FML*, fol. Aij^v).

Omnipräsent ist, markiert und unmarkiert, die Bibel. Direkt zitiert werden beispielsweise Hiob und Moses, es finden sich griechische Psalmzitate aus der Septuaginta (vgl. *FML*, fol. Bij^v). Einzeltext- und Systemreferenz gehen hier wie auch in anderen Leichabdankungen Hand in Hand, da als System der religiös-moraltheologische Diskurs, unterfüttert mit Anleihen bei christlich rubrizierten ethischen Diskursen der Antike, stets gegenwärtig ist und den Sinnhorizont bildet, auf den hin auch der Rezipient paränetisch verpflichtet werden soll.[10] Fremd ist dem Text die Idee der ›Einflußangst‹,[11] im Gegenteil: es geht darum, sich an Traditionen anzuschließen und diese kunstvoll zu etwas Eigenem zusammenzuführen, darum, die beabsichtigte Wirkung des Trostes (*consolatio*) zu verstärken, indem man zeigt, daß man sich auf Autoritäten, mithin auf bereits erwiesene Lebensweisheiten stützt.[12]

Die *Leich-Abdanckungen* sind ein exklusives Beispiel dafür, wie ein *poeta doctus* seine Rezipienten fordert, wobei sich die Schwierigkeiten mit zunehmendem historischen Abstand vergrößern, da auch die lateinische Sprache der Referenztexte heute immer mehr ein Rezeptionshindernis darstellt. Es besteht allerdings die Möglichkeit, die Marginalien als Zutat zu nehmen, ihnen nicht im einzelnen nachzugehen, sondern sich auf die Argumentationswege des deutschen Textes zu beschränken. Auch dieser aber birgt noch unmarkiert etliche Verweise, die zu begreifen durchaus für mögliche Sinnerschließungen von Vorteil ist.

---

10 Zum Begriff ›Systemreferenz‹ vgl. Manfred Pfister: Zur Systemreferenz. In: Broich/Pfister (Anm. 8), S. 52–58.
11 Begriff nach Harold Bloom: Einflußangst: eine Theorie der Dichtung. Aus dem amerikanischen Englisch von Angelika Schweikhart. Basel/Frankfurt a.M. 1995 (nexus 4).
12 Vgl. Hans-Jürgen Schings: Die patristische und stoische Tradition (1966) [939], S. 126. Vgl. zu den Leichabdankungen auch Nicola Kaminski: Andreas Gryphius (1998) [122], S. 202–231.

Einzel- und Systemreferenzen am Beispiel von *Peter Squentz* und *Leo Armenius*

Auch Gryphius' Dramen sind auf vielfältige Weise mit zahlreichen Texten und Diskursen verflochten. Dies sei im folgenden anhand von Gryphius' ›Schimpfspiel‹ *Absurda Comica. Oder Herr Peter Squentz* (Erstdruck 1657) und seinem Trauerspiel *Leo Armenius, Oder Fürsten-Mord* (Erstdruck 1650, unter dem Titel *Ein Fürsten-Mörderisches Trawer-Spiel / genant. Leo Armenius*) erläutert. Beide Stücke bieten auf unterschiedliche Weise prägnante Beispiele von Einzeltext- und Systemreferenzen, die häufig gleichzeitig auftreten und in ihrer Tragweite in diesem Rahmen nur angedeutet werden können.

Gryphius' *Peter Squentz* stellt einen besonderen Fall von Intertextualität dar. Um sich am Hof des Theodorus Meriten zu verdienen, entscheidet sich der Schulmeister Peter Squentz, mit seiner aus Handwerkern bestehenden Theatertruppe »eine jämmerlich schöne Comœdi« aufzuführen (*Squ.*, S. 3), die mythische Erzählung über das Schicksal von Pyramus und Thisbe auf die Bühne zu bringen. Der vorzügliche Ort der Überlieferung dieses Mythos sind Ovids *Metamorphosen* (vgl. IV,55–166), auf die auch Peter Squentz sich beruft (vgl. *Squ.*, S. 3). Sie sind für das Spiel im Spiel deutlich als Prätext markiert. Allerdings handelt es sich bei dem »Bezug auf Archetypen und Mythen« auch um »Systemreferenzen«,[13] da ein Mythos in der Regel nicht in einem einzigen Text überliefert ist, sondern ein Narrativ im kulturellen Gedächtnis darstellt, das vor allem wegen seines Themas und seiner Pointe die Zeiten überdauert und produktiv rezipiert wird. Die Geschichte der Königskinder Pyramus und Thisbe, die nicht zueinander dürfen, ist als Exempel für unglückliche Liebe und für Leidenschaft, die blind macht, zeitlos, immer interessant und hat Signalfunktion. Nun ist die Geschichte alles andere als komisch, so daß die Bezeichnung »jämmerlich schöne *Comœdi*« Irritation und Spannung erregt. Man darf neugierig sein, wie die Truppe den Mythos wenden wird, im Bewußtsein dessen, daß er eigentlich traurig ist, man aber dem Hof etwas Lustiges bieten will. So entscheidet man sich, »[d]as Spiel [...] lustig ausgehen« zu lassen: »[D]ie Todten werden wieder lebendig / setzen sich zusammen / und trincken einen guten Rausch / so ist es denn eine Comœdie« (*Squ.*, S. 9). Squentz versucht, die Aufführung dem König schmackhaft zu machen, indem er Neugier erregt auf ein Stück, das zugleich »lustig und traurig« sei (*Squ.*, S. 15). Um die Zuschauer auf die etwas schwierige Situation vorzubereiten, hält er eine Vorrede, die trotz der traurigen Elemente des Mythos Lachen und Erbauung in Aussicht stellt (vgl. *Squ.*, S. 19).

Auf komische Weise wird so eine grundlegende ästhetische Frage gestellt, die nach dem Unterschied zwischen Tragödie und Komödie. Für letztere gab es keinen

---

13 Vgl. Pfister (Anm. 10), S. 56.

solch prägnanten Satz wie den aristotelischen für die Tragödie. Allein entscheidend war der gute Ausgang. Somit eröffnet sich eine weitere wichtige Systemreferenz, diejenige des poetologischen Diskurses der Frühen Neuzeit, der mit dem Hinweis auf Hans Sachs auch einmal direkt anzitiert wird (vgl. *Squ.*, S. 9).

Das Spiel im Spiel im dritten Akt ist dann eine denkwürdige, teils derbzotige, furiose Inszenierung, in der die notwendigen Requisiten auch figürlich gespielt werden und schon die sprechende Wand komisch erscheint, die Schauspieler mitunter ihre Texte vergessen und einander tätlich angreifen. Als besondere intertextuelle und zugleich intermediale Einlage findet sich die Notation des vom »Brunnen« (Meister Lollinger) gesungenen Liedes (vgl. *Squ.*, S. 28f.). Der amüsierte Theodorus erweist sich als großzügig und berechnet sein Honorar aufgrund der zahlreichen »Säue« (Fehler) (*Squ.*, S. 42), die den Schauspielern unterlaufen sind, waren es doch gerade diese, die das Traurige ins Lustige performiert haben. Das Ende der Aufführung kann hingegen das Traurige des Mythos nicht überspielen. Der Tod von Pyramus und Thisbe ist im kulturellen Gedächtnis fest verankert.

Nun ist das Spiel im Spiel unverkennbar eine Übernahme aus Shakespeares Komödie *A Midsummer Night's Dream* (1600). Die intertextuellen Bezüge liegen auf der Hand. Es besteht aber in der Forschung die Frage, ob tatsächlich Shakespeares Text selbst als Vorlage gedient hat. Besonders die Vorrede gibt zu der Vermutung Anlaß, daß ein Stück des Altdorfer Professors Daniel Schwenter die direkte Quelle darstellte (vgl. *Squ.*, fol. Aij^r–Aij^v). Ein solcher Text Schwenters ist allerdings bis heute nicht zu finden.[14] Da Shakespeare im 17. Jahrhundert in Deutschland vorwiegend über Aufführungen von englischen Wandertruppen bekannt war, nimmt man an, daß Schwenter sein vermutetes Stück auf der Grundlage einer solchen Aufführung verfaßte. Auch besteht die Möglichkeit, daß Gryphius selbst einer solchen Aufführung beiwohnte, der *Peter Squentz* »die Dramatisierung einer *Aufführung* durch die Wanderbühne«[15] ist. Während einerseits angenommen wird, daß Gryphius Shakespeare überhaupt nicht gekannt, sondern den Stoff nur Schwenters Vorlage (die aber nicht bekannt ist) entnommen habe,[16] wird andererseits die »Evidenz der textuellen Übereinstimmung« mit Shakespeare hervorgehoben, die sich gerade in der Reflexion auf die Gattungsfrage bemerkbar mache.[17] Diese wirft tatsächlich auch Shakespeares Stück auf. Hier entscheidet Bottom (Zettel), den Zuschauern einen

---

14 Noch dazu ist die Vorrede unterzeichnet mit dem Namen »Philip-Gregorio Riesentodt«, so daß es sich für manche Zeitgenossen nicht um eine Komödie von Gryphius handelte. Vgl. Eberhard Mannack: Andreas Gryphius (^{2}1986) [127], S. 87.
15 Ralf Haekel: Von Bottom zu Pickelhering (2008) [757], S. 217.
16 Vgl. Mannack (Anm. 14), S. 88. Vgl. Hans-Peter Ecker: Andreas Gryphius: »Absurda Comica« (2000) [752], S. 108.
17 Vgl. Kaminski (Anm. 12), S. 166.

erklärenden Prolog voranzustellen, der die traurigen Elemente entschärfen soll.[18] Im Unterschied zu Gryphius sind es dort dann der König Theseus und sein Gefolge, die über die Gattungsbezeichnung nachsinnen.[19] Der Prolog fällt schließlich weniger relativierend aus als ursprünglich geplant, ein Tatbestand, der im Zusammenhang des an gefährlichen Liebeshändeln reichen Stückes erörtert werden müßte.[20] Die Komik des Spiels im Spiel kommt wie im *Peter Squentz* durch die turbulente Aufführung zustande.

Es erscheint wenig wahrscheinlich, daß eine Wandertruppe delikate ästhetische Gattungsfragen mit verhandelte, die in Gryphius' Version einen noch größeren Raum einnehmen als in Shakespeares Stück. Dieser Eindruck ergibt sich auch dadurch, daß doch einiges ausgeklammert wird und das Geschehen in der Theatertruppe, die Planung der Aufführung und diese selbst im Zentrum stehen. Die märchenhaften Szenerien, Figuren wie Oberon, Titania oder Puck, die Liebesverwicklungen zwischen Lysander, Hermia, Demetrius und Helena fehlen in Gryphius' *Peter Squentz*. Der Mythos um Pyramus und Thisbe nimmt in Shakespeares Stück eine wichtige Funktion im Hinblick auf die Rahmenhandlung ein, weil er für die Liebeshändel einen im kulturellen Bewußtsein fest verankerten Kommentar abgibt, mehr noch als im *Peter Squentz* eine Systemreferenz bildet. Dies ist aber kein hinreichender Beweis für die Behauptung, Gryphius habe Shakespeare nicht gelesen und nicht gekannt.[21] Wahrscheinlich wurde Shakespeares furioses Spiel im Spiel häufiger von Wanderbühnen aufgeführt und war generell ein beliebter Stoff für Verarbeitungen.[22] So ließe sich, wie im Falle der Verarbeitungen des Mythos in der Frühen Neuzeit, auch hinsichtlich des poetologischen Diskurses ›Spiel im Spiel‹ von Systemreferenzen sprechen.[23] Es ist für eine intertextuelle Analyse unerheblich, ob die Kenntnis des englischen Stückes bei der Produktion bewußt vorhanden war, wenn wir davon ausgehen, daß die Lektüreerfahrung des Lesers, seine intertextuelle Kompetenz, es ermöglicht, sinnvoll eine komparatistische Analyse aus unterschiedlichen Perspektiven vorzunehmen.

Für das Trauerspiel *Leo Armenius* ergeben sich hinsichtlich der Ästhetik intertextueller Verfahren etwas andere Fragen, auch weil es sich um ein religiös-politisches Stück handelt, das sich in zeitgenössisch brisante Diskussionen einschreibt und zudem wissenschaftsgeschichtliche Phänomene kommentiert. Als Prätexte zu

---

18 Vgl. A MIDSOMMER Nights Dreame. In: Mr. William Shakespeares Comedies, Histories, & Tragedies. Published according to the True Originall Copies. *LONDON* Printed by Isaac Iaggard, and Ed. Blount. 1623, S. 145–162, hier S. 151b.
19 Vgl. ebd., S. 159b.
20 Vgl. ebd., S. 160a/b.
21 Es gibt gute Gründe dafür anzunehmen, daß Gryphius mit dem Stück über seine gelehrten, oft weitgereisten Dichterkollegen in Berührung kam. Vgl. Kaminski (Anm. 12), S. 168f.
22 Vgl. Haekel (Anm. 15), S. 212–217.
23 Vgl. ebd.

nennen sind zunächst die Quellen der byzantinischen Historiker Georgios Kedrenos und Johannes Zonaras (um 1100), auf die auch ein wichtiger dramatischer Prätext des 17. Jahrhunderts zurückgeht, das Jesuitendrama *Leo Armenus seu Impietas punita* (1648) von Joseph Simon, das Gryphius während seiner Bildungsreise 1645 in Rom gesehen haben könnte.[24] Inspiriert wurde er außerdem durch die holländischen Dramatiker Pieter Corneliszoon Hooft (*Geeraerdt van Velsen*, 1613) und Joost van den Vondel (*Gysbreght van Aemstel*, 1637).

Daß Gryphius sein Drama des Fürstenmordes abweichend von den byzantinischen Quellen und von Simons Stück konzipiert, indem er den dort zentralen historischen Bilderstreit ausklammert bzw. auf das Problem der Zeichendeutung verlagert, läßt aber in jedem Fall das Stück an Komplexität gewinnen.[25] Gryphius knüpft an die regen staatspolitischen Diskussionen seiner Zeit an, die um die Staatsräson geführt wurden und mit denen er durch die Begegnung mit wichtigen Staatsrechtlern auf seiner Bildungsreise etwa in Leiden oder in Straßburg in Berührung kam (u.a. Claudius Salmasius, Marcus Boxhornius, Johann Heinrich Boecler). Wichtig ist zudem die heilsgeschichtliche Perspektive, nicht zuletzt deshalb, weil Leo im Todeskampf während der Weihnachtsmesse das Kreuz ergreift und die Figurenrede des Textes ihn als Nachfolger Christi exponiert, der märtyrerhaft die *imitatio Christi* vollziehe (vgl. *Leo* V,141–170).[26] Dennoch ist die Figur des Kaisers nicht rein positiv gezeichnet. Dies gibt bereits sein Name Leo (›der Löwe‹) zu erkennen. Er ist einerseits das Synonym für Jesus Christus (Offb 5,5), andererseits für den Teufel (1 Petr 5,8) und steht außerdem im reichhaltigen emblematischen Schrifttum der Frühen Neuzeit allegorisch für den Herrscher, für die zwei Seiten einer Medaille, für Machtfülle, Sicherheit, Klugheit und Einsicht wie für Machtmißbrauch, Gewalt und Unbeherrschtheit.[27] Eine wichtige Systemreferenz bildet die lutherische Orthodoxie, vor allem Martin Luthers Gnadentheologie und die Hermeneutik des Straßburger Theologen Johann Conrad Dannhauer (*Hermeneutica sacra*, 1654).[28]

Eine Einzel- und zugleich Systemreferenz findet sich etwa im ersten »Reyen der Höfflinge« (*Leo* I,509–554): Überzeugend nachgewiesen wurden Bezüge zum ersten Stasimon aus Sophokles' *Antigone*.[29] Beide Texte diskutieren die Ambivalenz

---

24 Vgl. Willi Harring: Andreas Gryphius und das Drama der Jesuiten (1907) [388]; James A. Parente: Andreas Gryphius and Jesuit Theatre (1984) [554].
25 Vgl. Kaminski (Anm. 12), S. 94.
26 Vgl. Peter Schäublin: Andreas Gryphius' erstes Trauerspiel »Leo Armenius« und die Bibel (1974) [557].
27 Vgl. Kaminski (Anm.12), S. 86–88. Vgl. Emblemata. Handbuch zur Sinnbildkunst des XVI. und XVII. Jahrhunderts. Hg. von Arthur Henkel und Albrecht Schöne. Stuttgart/Weimar 1996, Sp. 370–401.
28 Vgl. Peter Rusterholz: Andreas Gryphius und der Straßburger Theologe Johann Conrad Dannhauer (2005) [179], S. 287–297; vgl. ders.: Andreas Gryphius' »Leo Armenius« (2003) [556].
29 Vgl. Wilfried Barner: Gryphius und die Macht der Rede (1968) [531]. Vgl. dazu auch Hans-Georg Kemper: Die »Macht der Zunge« und die Ohnmacht des Wissens (2009) [548].

der menschlichen Sprache und Vernunft, die Fähigkeit des Menschen, sich mit ihrer Hilfe die Welt zu erschließen und untertan zu machen, grenzenlos Wissen anzuhäufen, und die Gefahren, die mit dieser Fähigkeit gegeben sind. Sprache und Vernunft sind auch Ursache von Mißverständnissen, Tod und Verderben, Zwietracht zwischen den Völkern, Grundlagen von Gesetzgebung und Urteil. Der Text bespricht wichtige Facetten des Menschenbildes der ersten und zweiten Aufklärung, die Ambivalenz des Fortschritts in den Wissenschaften und Künsten und konstruiert diese zugleich mit. Diese Ambivalenz wird immer dann offenbar, wenn ein neuer Höhepunkt in der Entwicklungsgeschichte einer Kultur eingetreten ist, so im Hellenismus wie in der Frühen Neuzeit, in der sich welt- und menschenbildliche Voraussetzungen fundamental neu ordnen. So spiegelt der Reyen, auch mit Hilfe der produktiven Rezeption des sophokleischen Liedes, die Wandlung vom alten, christlich-stoischen ins neue Naturrecht, den Verlust des Gewissens als verbindlicher Orientierungsinstanz auch im öffentlich-politischen Handeln.[30] Die Kontrastierung mit Sophokles' Stasimon stößt derartige Reflexionen an, die sich allein aufgrund der Figurenreden nicht erschließen würden. Unmarkiert, aber ebenfalls deutlich als Prätext erkennbar ist in dem Streitgespräch zwischen Leo und Theodosia (vgl. *Leo* II,445–542) Senecas Traktat *De clementia* (um 55 n. Chr.).[31] Über diesen Einzeltext hinaus eröffnet das Streitgespräch zugleich Systemreferenzen, ist anschlußfähig an staatspolitische Diskussionen um die absolute Souveränität des Fürsten, um Staatsräson und Fragen des Machterhalts und nicht zuletzt um das Ideal des Herrschers, das oft in Fürstenspiegeln der Frühen Neuzeit zur Debatte steht.

Intertextualität in lyrischen Texten

Mit der Frage nach den Methoden intertextueller Verweise in Gryphius' lyrischen Texten eröffnet sich der Forschung noch ein weites Feld. Nähme man solche Untersuchungen systematisch in Angriff, dann würden deutlicher ihre Vielstimmigkeit und ihre Komplexität zutagetreten, als die bisherigen Forschungen vermuten lassen. Die folgenden Ausführungen müssen sich auf einige wenige Hinweise beschränken.

Gryphius' in hohem Maß geistlich konnotierte Sonette sind sowohl deutschsprachigen als auch lateinischen Traditionen verpflichtet, durchzogen von theologischen Diskursen, nicht selten gespickt mit direkten oder indirekten Bibelzitaten und aufgrund ihrer reichen Bildlichkeit auch intermedial mit der Emblemliteratur

---

30 Vgl. Stefanie Arend: Rastlose Weltgestaltung (2003) [425], S. 30–51.
31 Vgl. ebd., S. 247–262, und dies.: »Brennen« und »Schneiden« oder »Verzeihen«? (2003) [528].

verknüpfbar. Hinzu kommen Übertragungen bzw. Übersetzungen aus dem neulateinischen Schrifttum, deren intertextuelle Besonderheiten und Implikationen noch nicht ausreichend untersucht sind. Einige Beispiele finden sich bereits im ersten Lissaer Sonettbuch (1637), hier Übersetzungen bzw. Übertragungen lateinischer Gedichte von Jesuiten wie Matthias Casimir Sarbiewski (»An den am Creutz auffgehenckten Heyland«; *Liss.*, S. 9f.), Jakob Bidermann (»Vber des HERREN JEsu todten Leichnamb«; *Liss.*, S. 11f.) und Bernardus Bauhusius (»Gedencket an des Loths Weib«; *Liss.*, S. 12f.).[32] Intertextualität und Interkonfessionalität begegnen einander auch in den *Kirchhoffs-Gedancken* (1657). Dieser allegorische Spaziergang über einen Friedhof, der im Zentrum in der Meditation über die offenen Gräber und die schaurigen Leichen gipfelt, besteht aus fünfzig Strophen. Im Anhang finden sich noch drei Übersetzungen von Oden Jakob Baldes, zwei aus Gryphius' eigener Feder (*Kir.*, S. 497–503) und eine seines Freundes Johann Christoph von Schönborn (*Kir.*, S. 505–508). In einem weiteren Druck (1663) wird zudem die »Red aus seinem Grabe« von Daniel Czepko hinzugefügt (*Kir.*, S. 509–516). Die intertextuellen Beziehungen zwischen diesen Texten sowie die Gryphiusschen Übersetzungen unter Berücksichtigung von Baldes Prätexten harren der gründlichen Erforschung. Gut belegt ist indes, wie die *Kirchhoffs-Gedancken* als »breit angelegte poetische Umsetzung des memento mori (Ps 90,12)« auf zahlreiche Bibelstellen rekurrieren und die lutherische Orthodoxie auch über Anleihen bei Johann Gerhard (u.a. *Meditationes sacrae*) und Johann Michael Dilherr zur Entfaltung bringen.[33] Überzeugend nachgewiesen wurde ebenfalls, wie die *Son- undt Feyrtags Sonnete* (1639) der Tradition der Perikopenliteratur verpflichtet sind und für eine komparatistische Analyse etwa mit Texten von Valerius Herberger, Johann Arndt oder Johann Heermann fruchtbares Material bieten.[34] Die deutschen *Epigrammata* (1643), Alexandrinergedichte von unterschiedlicher Verszahl,[35] sind inspiriert von dem scharfzüngigen Gestus der antiken Dichtung (Martial). In den erweiterten *Epigrammata Oder Bey-Schrifften* (1663) dominieren dann religiöse Diskurse. In den *Epigrammata* von 1643 zeigt besonders »Uber Nicolai Copernici Bildt« (*Ep.* II,7), wie auch die Lyrik imstande ist, das System der zeitgenössischen Wissenschaften im Rekurs auf theologische Stellungnahmen zum menschlichen Wissensdrang kritisch zu besprechen und sich darin einzuschrei-

---

[32] Vgl. Kaminski (Anm. 12), S. 48, zu dem von Bauhusius inspirierten Sonett »Gedencket an des Loths Weib«.

[33] Johann Anselm Steiger: Schule des Sterbens (2000) [373], S. 31.

[34] Vgl. Hans-Henrik Krummacher: Der junge Gryphius und die Tradition (1976) [225]; ders.: Andreas Gryphius und Johann Arndt (1964) [299]; Patrick Boneberg: »Hier schleußt er nimand aus« (2005) [265].

[35] Vgl. Thomas Althaus: Epigrammatisches Barock (1996) [364] sowie zur Tradition und Entwicklung des epigrammatischen Sonetts Thomas Borgstedt: Topik des Sonetts (2009) [267], S. 211–218.

ben.[36] Ein absolut fest umrissenes religiöses System, das Gryphius' Lyrik auf den ersten Blick unterstützt und das es mit konstruiert, erweist sich auf den zweiten Blick und aus intertextueller Perspektive hier und da als durchlässig für widersprüchliche Stimmen und gegenläufige Diskurse.

---

36 Vgl. Wilhelm Kühlmann: Neuzeitliche Wissenschaft in der Lyrik des 17. Jahrhunderts (1979) [301]; Arend (Anm. 30), S. 20–27.

II.10.4 Komik
Von Daniel Fulda

Komik als Mittel der Moraldidaxe und Verhaltensnormierung

Komik steht nicht im Vordergrund des Bildes, das die Literaturwissenschaft von Gryphius' Werk gezeichnet hat. In der Regel wird vielmehr der religiöse Ernst des Autors betont. Komik – also all das, was den Zuschauer oder Leser lachen macht – hat dann nur am Rande Platz und wird meist als funktionalisiert für die didaktischen Absichten des Dichters beschrieben. »Religiöse Wertvorstellungen und politische Wirkabsichten im Sinne der absolutistischen Sozialregulierung kommen auch hier zum Tragen«, schreibt Eberhard Mannack über Gryphius' Komödien und faßt damit die *communis opinio* zusammen (*D*, S. 867).

Demnach sind solche Figuren komisch, die sich nicht den geltenden Regeln gemäß zu verhalten wissen, seien die Regeln gesellschaftliche Konventionen oder religiöse und moralische Normen: Gryphius' Komik entsteht aus Normverstößen. Gefolgert wird daraus, Komik solle falsches Verhalten kenntlich machen; sie markiere für den Rezipienten, wovon er Abstand zu nehmen hat. Lächerlichkeit kennzeichne Fehler, die es zu vermeiden gilt: von übertriebenen Ranganprüchen in der Ständegesellschaft und einer Selbstbezogenheit, die andere nur als Mittel zum eigenen Zweck wahrnimmt, über Laster wie Konkupiszenz oder Habgier bis zur Verwechslung von Fremdwörtern oder am falschen Ort angebrachten Gelehrsamkeit. Wer oder was komisch erscheint, werde eben dadurch abgewertet, während die Normen, deren Verletzung belacht wird, Bestätigung erfahren. Die in Gryphius' Texten gestaltete Komik ist, so die etablierte Lesart, ein Mittel zu dem Zweck, Grenzen zu ziehen und Ordnungen zu befestigen: die Ständeordnung, die Wertordnung der Tugenden und Laster, das Gefälle zwischen zeitlichen und ewigen Werten, das Prinzip eines korrekten und situationsangemessenen Sprachgebrauchs.

In ihrer Monographie über *Form und Funktion des Komischen in den Komödien von Andreas Gryphius* hat Daniela Toscan diese Lesart ausführlich dargelegt. Der Komik konzediert sie zwar auch eine Unterhaltungsfunktion, doch verfolge Gryphius »mit seinen Komödien eine genauso starke didaktische Absicht [...], wie man sie von seinen Tragödien gewohnt ist«.[1] Die didaktische Absicht sei »immer« präsent und primär.[2] Ebenso dezidiert schreibt Jolanda Lötscher über die »pädagogische Absicht« des *Horribilicribrifax*: »Die Figuren besitzen auch in der Komik kein Eigen-

---

[1] Daniela Toscan: Form und Funktion des Komischen in den Komödien von Andreas Gryphius (2000) [739], S. 234. Ähnlich schon Armin Schlienger: Das Komische in den Komödien des Andreas Gryphius (1970) [736] und Bernhard Asmuth: Lust- und Trauerspiele (1993) [376], S. 86.
[2] Toscan (Anm. 1), S. 187.

leben. Sie stehen ganz im Dienst der Absicht des Autors.«[3] Fast durchweg handle es sich, so Toscan und Lötscher übereinstimmend, um Unzulänglichkeitskomik, »die das Unvermögen der Figuren zeigt, eine geltende Norm zu erfüllen«:[4] »So ist das Lachen in den Komödien von Gryphius fast ausschliesslich ein überlegenes Lachen. Das Publikum kann sich mit den positiven Normfiguren der Komödien identifizieren und lacht gemeinsam mit ihnen über das Versagen der komischen Figuren. In diesem Lachen bestätigt sich auch die Ständeordnung, denn die lachenden Personen gehören immer einer höheren Schicht an als die, über die gelacht wird.«[5]

Komik der Herabsetzung vs. Komik der Heraufsetzung / groteske Komik

In der Grundunterscheidung von Komiktypen, die Hans Robert Jauß eingeführt und Bernhard Greiner ausformuliert hat, verweist das ›überlegene Lachen‹ auf die sog. Komik der Herabsetzung. Sie »stellt einen Helden in seiner erwarteten Vollkommenheit, eine Norm in ihrer behaupteten Gültigkeit in Frage. Der komische Held ist dabei nicht an sich selbst komisch, sondern vor einem Horizont bestimmter Erwartungen oder Normen. [...] Die Herabsetzung schließt ein, daß der Betrachter, der den komischen Helden an Normen mißt und an diesen als scheiternd erkennt, sich überlegen fühlt.«[6] Den anderen, gegenteilig ausgerichteten Typ des Komischen nennen Jauß und Greiner die Komik der Heraufsetzung. Sie »entspringt dem Freisetzen und Bejahen unterdrückter Kreatürlichkeit«.[7] Treffender sei allerdings der Begriff ›groteske Komik‹. »Denn das Groteske kennzeichnet, was den Reiz dieser Art Komik ausmacht: das Aufheben aller Grenzen, [...] unbekümmert um Gebote der ›Sitte‹ und

---

3 Jolanda Lötscher: Andreae Gryphii Horribilicribrifax Teutsch (1994) [801], S. 291.
4 Toscan (Anm. 1), S. 14; vgl. Lötscher (Anm. 3), S. 291.
5 Toscan (Anm. 1), S. 239.
6 Bernhard Greiner: Die Komödie. Eine theatralische Sendung: Grundlagen und Interpretationen. Tübingen 1992 (UTB 1665), S. 97; vgl. Hans Robert Jauß: Über den Grund des Vergnügens am komischen Helden. In: Das Komische. Hg. von Wolfgang Preisendanz und Rainer Warning. München 1976 (Poetik und Hermeneutik 7), S. 103–132, hier S. 104. Greiner zufolge kann die Komik der Herabsetzung ebenso »destruktiv[ ] wie affirmativ[ ]« wirken. Wenn der Betrachter »sich überlegen fühlt« (S. 97), kann die Destruktion freilich nur die (›falschen‹) Normen der verlachten Figur betreffen, während die konträren (›besseren‹) Normen der Lachenden affirmiert werden. Die »Vollkommenheit« der »Helden« (seien es bei Gryphius die Großsprecher Horribilicribrifax und Daradiridatumtarides oder der von seinen dramaturgischen Künsten übermäßig eingenommene Peter Squentz) ist dementsprechend nicht eigentlich eine (vom Rezipienten) »erwartete«, sondern eine von der verlachten Figur prätendierte. »Normen zur Debatte zu stellen«, wie es bei Greiner heißt, kann beim überlegenen Lachen nicht heißen, daß die vom Rezipienten (idealerweise) anzulegenden Urteilsmaßstäbe »problematisier[t]« würden (ebd.).
7 Greiner (Anm. 6), S. 97.

Normen, damit auch [...] das Entstehen von Lachgemeinden aus dem Einvernehmen im Freisetzen von Affekten.« Die groteske Komik fordert kein moralisches (Un-)Werturteil heraus, vielmehr hat sie, so Greiner, »einen elementar unbewußten Charakter« und manifestiert sich »wesentlich körperlich, an dem in Sitte nicht gebändigten Körper«.[8]

Das frühneuzeitliche Lustspiel ist im allgemeinen stark von grotesker Komik geprägt. Sexuelle Anspielungen und skatologisches Vokabular spielen eine große Rolle, ebenso akrobatische Verrenkungen des Körpers und Prügeleien. Fast obligatorisch sind komische Figuren, die als vorzügliche (jedoch nicht alleinige) Träger solch derber Komik fungieren.[9] Sie geben ihren ›niederen Instinkten‹ fast unkontrolliert nach, ohne für diese Immoralität (konsequent) zur Rechenschaft gezogen zu werden. Wohl geht die Anerkennung dieser Pickelhering, Jean Potage, Hanswurst o.ä. genannten Figuren und ihres Verhaltens nicht so weit, daß sie in der ständisch definierten Ordnung der *dramatis personae* einen geachteten Rang einnehmen würden. Doch stehen sie auch nicht in der Gefahr, ausgeschlossen zu werden. Häufig sind und bleiben sie Diener einer ranghohen positiven Figur, obwohl sie mit Autoritätskritik und der Beleidigung Höhergestellter nicht sparen. Hinsichtlich ihrer psychomentalen Wirkung können Lustspiele mit dominant grotesker Komik daher als (begrenzte) Gelegenheiten zu miterlebtem Regelnonkonformismus und einer moralisch unbeschwerten Triebabfuhr gelten. Im Gefolge Michail Bachtins werden sie neuerdings manchmal dem ›Karneval‹ zugeordnet, der von den Disziplinarmächten der Neuzeit (Staat, Kirche, Moral, Wirtschaft, Arbeit, Familie usw.) zunehmend verdrängt worden sei.[10]

Folgt man der üblichen Beschreibung von Gryphius' Komik als normativ funktionalisiert, so ist sie von der seinerzeit üblichen Lustspiel-Komik deutlich abzusetzen. Tatsächlich spielt etwa der Pickelhering in Gryphius' Komödien keine tragende Rolle. Im »Schimpff-Spiel« *Peter Squentz*, wo er als »des Königes lustiger Rath« (Squ., fol. Aiij^r) auftritt, macht ihm die nicht so eindeutig triebhafte Titelfigur Konkurrenz als zentrale komische Figur, und in den beiden anderen Komödien (dem »Schertz-Spiel« *Horribilicribrifax* sowie dem kombinierten »Gesang-« und »Schertz-Spill« *Verlibtes Gespenste. Die gelibte Dornrose*) kommt er gar nicht vor. Ebenso weisen die von Gryphius benutzten Gattungsmuster darauf hin, daß er sich mit trans-

---

8 Ebd., S. 98.
9 Vgl. Helmut G. Asper: Hanswurst. Studien zum Lustigmacher auf der Berufsschauspielerbühne in Deutschland im 17. und 18. Jahrhundert. Emsdetten 1980.
10 Vgl. Eva-Maria Ernst: Zwischen Lustigmacher und Spielmacher. Die komische Zentralfigur auf dem Wiener Volkstheater im 18. Jahrhundert. Münster 2003, S. 45 u.ö. Knut Kiesant hat es unternommen, die barocke deutsche Komödie ›mit Bachtin‹ zu lesen, findet in den von ihm herangezogenen Stücken von Gryphius und Christian Weise aber wenig ›karnevalistische‹ Subversion, vgl. Knut Kiesant: Inszeniertes Lachen in der Barock-Komödie (1999) [761].

gressiver ›grotesker Komik‹ nicht begnügen wollte, denn seine Komödien kombinieren durchweg Handlungselemente von derberer, nicht zuletzt körperlicher Komik mit Handlungssträngen, die auf einen anderen Komödientyp verweisen, der sich durch einen guten Ausgang in gesellschaftlicher Harmonie auszeichnet,[11] sei es durch die Belohnungen ausgedrückt, die Squentz' Laienschauspieltruppe vom durchaus amüsierten Hofpublikum erhält, sei es mit Liebesverbindungen unter hochgestellten Figuren wie am Ende des *Horribilicribrifax* oder des *Verliebten Gespenstes*. Von diesen Beobachtungen ausgehend, kann man das Verhältnis von derber Komik sowie moralisch und/oder sozial inferioren Figuren auf der einen Seite und sehr wenig komisierten, moralisch und/oder sozial höhergestellten Figuren auf der anderen Seite als eines der Einschachtelung oder Rahmung deuten: Die am Ende hergestellte Ordnung[12] wird dann als Rahmen verstanden, von dessen ›höherem‹ Standpunkt man moralisch abwertend über die Komik produzierenden Figuren lachen kann. Die Spiel-im-Spiel-Situation des *Peter Squentz* führt dies am deutlichsten vor, aber auch die Hochzeitsschlüsse der beiden anderen Stücke drücken, wie es scheint, den Vorrang der ›Komik der Herabsetzung‹ aus.

All dies sollte jedoch nicht übersehen lassen, daß Gryphius' Komödien reichlich groteske Komik bieten. Prügelkomik kommt ebenso vor wie Skatologisches, und neben der geradezu überbordenden Sprachgroteske fehlen auch sexuelle Anspielungen nicht. Der eingangs referierten etablierten Deutung nach müßte diese Komik durchweg und vornehmlich als Marker für falsche Prioritäten und mangelnde Moralität der jeweiligen Figur fungieren. Ob es sich so verhält, wurde in der einschlägigen Forschung allerdings nicht geprüft. Erst Florent Gabaude hat es in seiner 2004 erschienenen Dissertation unternommen, Gryphius' Lustspiele unter dem Leitbegriff des Grotesken zu interpretieren.[13]

Gabaude erweist diesen Begriff als geeignet, eine ganze Reihe von Elementen – und teilweise Charakteristika – der Gryphiusschen Lustspiele zusammenfassend zu kennzeichnen: Einer ausgesprochen grotesken Komik zuzuordnen sind die ins gänzlich Unrealistische übersteigerten Typen, die den größten Teil der Handlung des *Horribilicribrifax* tragen: die Titelfigur und sein Pendant Daradiridatumtarides, die als *milites gloriosi* oder *capitani* unzureichend charakterisiert wären, der ›gelehrte Pedant‹ Sempronius sowie die Kupplerin Cyrilla als Vertreterin der ›liebestollen Alten‹.[14]

---

11 Vgl. Judith P. Aikin: The Comedies of Andreas Gryphius (1988) [718].
12 Hinsichtlich des *Horribilicribrifax* vgl. die Abschnitte »Ständische (Neu-)Ordnung« sowie »Religiöse Idealität und politisch-sozialer Realitätsgehalt« in ↗ Kap. II.6.3, S. 332–335 und 336–338.
13 Vgl. Florent Gabaude: Les comédies d'Andreas Gryphius (1616–1664) et la notion de grotesque (2004) [724]. Gabaudes Buch stellt die umfassendste und differenzierteste Studie zu Gryphius' Komödien dar.
14 Wie Bernhard Asmuth ausgezählt hat, macht der Redeanteil der vier komischen Figuren fast die Hälfte des gesamten *Horribilicribrifax* aus, vgl. Bernhard Asmuth: Edle Liebe und arge Komik (1988) [784], S. 23.

Grotesk komisch ist die multiple Sprachmengerei der drei erstgenannten (und noch einiger weiterer) Figuren: der den Sprecher offensichtlich überwältigende Einschuß von Fremdsprachlichem, die Wahl von unangemessenen, zu hohen oder zu niedrigen Stilebenen, überhaupt eine kaum zu bremsende Mitteilsamkeit (»logorhée«[15]). Eine groteske Vermischung von Lebens- und Todesperspektive entsteht dadurch, daß der »Heyraths-Contract« (Horr., S. 90) zwischen Sempronius und Cyrilla, der dem *Horribilicribrifax* anhängt, zugleich die Funktion eines Testaments erfüllt. Grotesk komisch im *Peter Squentz* sind die ständige Verwechslung von (drameninterner) Realität und im Theaterspiel dargestellter Wirklichkeit der Pyramus-und-Thisbe-Geschichte und ebenso die Konfusion von Komödie und Tragödie durch die schauspielernden Handwerker.

Groteske Vermischungen von hoch und niedrig, kultiviert und grob, moralisch und lasterhaft sind der abschließende »Tantz« des *Horribilicribrifax*, »in welchem alle Personen«, vom Statthalter und seiner tugendhaften Braut Sophia an, »wie auch Sempronius mit seiner Cyrilla erscheinen« (Horr., S. 89), und ebenso der doppelte Reyen am Ende des *Verlibten Gespenstes / Der gelibten Dornrose*, in dem die positiven Figuren des edleren Stücks und die »Bauren« des derberen zuerst intermittieren, um sich schließlich zu *einem* Chor zu vereinigen (GD, S. 72–74). Schaut man auf die agierenden Figuren, so bilden groteske Partien in beiden Stücken die letzte Bühnenhandlung. Sogar eine regelrechte Rahmung durch groteske Texte weist der *Horribilicribrifax* auf, denn er endet nicht nur mit dem obengenannten »Heyraths-Contract«, sondern beginnt auch mit einer Vorrede des Daradiridatumtarides, die eine höchst unrühmliche, wenngleich glückliche Überlieferungsgeschichte des gesamten Textes erzählt: Sein Diener habe das Manuskript als zum Abwischen bereitliegendes Papier an einem Ort entdeckt, »welchen man non[16] avec permission nennen darff« (Horr., fol. Aiiij^v). Schaut man genauer in Gryphius' Texte, so läßt sich die eben angesprochene Einschachtelung grotesker, normüberschreitender Komik durch die moralische Ordnung und ihre Vertreter mit einigen Gründen bezweifeln.

Gleichwohl vertritt letztlich auch Gabaude den Primat der Ordnung und der Normen. Gryphius' Komödien seien eine »illustration d'un désordre physiologique, amoureux, linguistique, social, militaire, cynégétique, monétaire, vestimentaire et mondain qu'il s'agit d'invoquer, puis de révoquer *in fine*. La comédie gryphienne condamne le dérèglement et la confusion du langage et des sentiments, dénonce les usurpateurs de gloire ou de savoir, sanctionne d'une manière générale les fauteurs de les fautrices de désordre. [...] les comédies gryphiennes illustrent *a contrario* un

---

[15] Gabaude (Anm. 13), S. 464.
[16] Moderne Editionen des *Horribilicribrifax* verbessern zu »nur«. Vgl. *GA* VII, S. 45; *D*, S. 627; Andreas Gryphius: Horribilicribrifax Teutsch (1976) [40], S. 9.

ordre social idéal à travers les dérèglements de personnages ridicules.«[17] Das von Gryphius' Komödien provozierte Lachen sei dementsprechend »un rire correctif qui vise ceux qui enfreignent la hiérarchie sociale et les normes voulues par Dieu, notamment les normes langagières.«[18] Gabaude schwächt diese Zuordnung zur Komik der Herabsetzung nur insofern ab, als er die komisch negativierte Grenzüberschreitung nicht als letztendlich bestraft oder gar als vernichtet, sondern als integriert ansieht: »Cependant, l'altérité sociale et culturelle dénoncée dans les comédies n'attise pas nécessairement la haine: le rôle des agents du pouvoir (roi, gouverneur ou juge) vise l'intégration plus que le rejet. Le ›rire d'exclusion‹ de la satire se change en ›rire d'accueil‹, la négation de la négation en positivité de la négation. Les personnages asociaux ou répréhensibles ne sont pas exclus de la réconciliation générale et prennent une part active aux réjouissances finales.«[19]

Typen und Formen der Komik in Gryphius' Komödien

Vor einer weiteren Diskussion der Frage nach dem Grad der didaktischen Funktionalisierung ›grotesker‹ Komik bei Gryphius empfiehlt es sich, die Typen und Formen seiner Komik Revue passieren zu lassen (ohne hier vollständig sein zu können). Unterschieden wird dabei nicht primär nach den Trägern von Komik (Sprach- vs. Aktionskomik oder Sprach- vs. Figurenkomik), sondern nach den belachten Gegenständen, d. h. den Verstößen gegen diverse Regeln.

Unter den deutschen Autoren seiner Zeit (und darüber hinaus) ragt Gryphius insbesondere durch seine *Sprachkomik* heraus. Eine vergleichsweise einfache Form bildet das Verfehlen des rechten Wortes, wie es beispielsweise den Fremdwörter liebenden, aber nicht beherrschenden Arendator Wilhelm von hohen Sinnen auszeichnet (vgl. *GD*, S. 57–71). Etwas aufwendiger konstruiert sind das Vergessen des richtigen Reimwortes und dessen Ersatz durch ein semantisches Äquivalent, das den Reim zerstört (vgl. *Squ.*, S. 20f.), oder Inkongruenzen von hoher Stilebene der *verba* und niederer *res*: »Verschraubet euch durch Zuthuung euer Füsse und Niederlassung der hindersten Oberschenckel auff herumbgesetzte Stühle«, fordert etwa Squentz seine Mittheaterspieler auf sich hinzusetzen (*Squ.*, S. 3). Zum sprachlichen Verfehlen des *aptum* können leicht Verstöße gegen die Ständeordnung hinzukommen, etwa wenn Squentz mit seiner Anrede ausgerechnet des Pickelhering immer höher greift: »EDler / Woledler / Hochedler / Woledelgeborner Herr Pickelhäring / von Pickelhäringsheim und Saltznasen« (*Squ.*, S. 2; vgl. auch S. 3: »Juncker König«). Produziert verbales Prunken einerseits Fehler, so kann das falsche Wort anderer-

---

17 Gabaude (Anm. 13), S. 478.
18 Ebd., S. 477.
19 Ebd., S. 478.

seits aber auch eine Wahrheit enthalten, die gar nicht ausgesprochen werden sollte. Den Blasebalgmacher redet Squentz so an: »Tugendsamer / auffgeblasener und windbrechender Mester Bullabutän« (*Squ.*, S. 2 – ›windbrechend‹ hat im 17. Jahrhundert die metaphorische Bedeutung ›großsprecherisch‹).

Wenn Horribilicribrifax seinen Zorn wie folgt beschreibt: »Jch erbasiliske mich gantz und gar / die Haare vermedusiren sich in Schlangen / die Augen erdrachen sich / die Stirne benebelt sich mit Donnerspeienden Wolcken« (*Horr.*, S. 42), dann enthält dies gleichfalls eine indirekte, unbeabsichtigte Aussage, nämlich über das überstolze Selbstgefühl des Redners. Horribilicribrifax' Großsprecherei geht in dieser Selbstentlarvung allerdings nicht auf, sondern zeitigt sprachschöpferische Effekte. Komisch sind sie unabhängig von der durch Lächerlichkeit kenntlichen Untugend ihres Urhebers. Horribilicribrifax' Diener geht denn auch spielerisch auf die Aufschneiderei seines Herrn ein, daß er seine Feinde »mit einem Anblick [...] in lauter Asch verkehren« wolle:

> HARPAX. Signor Capitano, Signore e Patron mio gloriosissimo, darff ich euch unter Augen treten?
> HORRIB. Wozu dienet diese Frage?
> HARPAX. Jch fürchte / ihr möchtet mich auch anzünden / ich bin etwas dürre von Hunger.
> (ebd.)

Hier liegt ein Fall von grotesker und zugleich moralisch entlarvender Komik vor, denn Harpax spielt darauf an, daß Horribilicribrifax seinen Diener nicht auskömmlich versorgt.

Eine weitere Form der Sprachkomik bieten die Dialoge des unkontrolliert polyglotten Dorfschulmeisters Sempronius und der alles mißverstehenden Cyrilla. Wohl weiß Cyrilla jeder fremdsprachlichen Wendung eine Bedeutung zuzuordnen, nämlich nach Maßgabe von Klangähnlichkeit mit deutschen Wörtern: »SEMPRON. Ego appellor Sempronius. CYRILLE. Ob ich Semmeln oder Honig ha?« (*Horr.*, S. 10f.). Die semantischen Sprünge, die sie macht, sind enorm und reizen diejenigen Zuschauer oder Leser zum Lachen, die beide Figuren verstehen.[20] Zugleich geben sie Auskunft über den Charakter der Cyrilla, etwa über ihre unverbesserliche Selbstbezogen- und Selbstgewißheit: »SEMPRON. Ha! Bestia / verstehestu nicht was ich sage? CYRILLE. Ja freylich bin ich die beste / es ist in der gantzen Stadt keine so redliche fromme Frau« (*Horr.*, S. 10). Eher zur Situations- als zur Sprachkomik rechnet der umgekehrte Fall eines perfekten Gleichklangs zweier Sprecher, die gar nicht im Dialog stehen (weil sie von zwei Seiten auf die Bühne gekommen sind und sich gegenseitig nicht be-

---

20 Ähnlich stellt sich auf den ersten Blick der Dialog zwischen dem französierenden Cassander und dem ihn – scheinbar – nicht verstehenden Fabricius dar (vgl. *GD*, S. 17f.). Fabricius stellt sich jedoch nur unverständig und hat damit die Lacher auf seiner Seite.

merkt haben, vgl. *GD*, S. 9f.); ironischerweise harmonieren hier die völlig zerstrittenen Väter des künftigen Paares Dornrose und Kornblume.

Formal zur Sprachkomik zu rechnen sind sexuelle Anspielungen und skatologische Reden (sexuelle Handlungen kommen bei Gryphius nicht vor). Hier wirkt vornehmlich jedoch die Ansprache von ›unrein‹ Körperlichem komisch, das in der anständigen Rede keinen Platz hat. Komisch kann zwar auch die Art und Weise dieser (direkten oder indirekten) Ansprache wirken, und Gryphius beweist auch mit Bezug auf Körperfunktionen, die höchstens am Rande diskursfähig sind, sprachliche Phantasie. Meist aber stellt sich die Sprache hier nicht als ihrerseits komischer Gegenstand dar, sondern ist nur das Instrument, ungebührliche Vorstellungen zu vermitteln.

Sexualkomik produziert vor allem der Pickelhering. Als Thisbe sich ersticht und auf ihn fällt (der die Rolle des Piramus spielt), kommentiert er: »Ey Thisbe, es schickt sich nicht also / die Weiber müssen unten liegen« (*Squ.*, S. 38). Auf seine Geliebte hatte er sich zuvor mit diesen Worten gefreut: »Diß ist die frölige Stund / | Darvon ich Thisbe deinen Mund | Recht küssen sol hinten und vorn« (*Squ.*, S. 34), was Gabaude als »baiser anal« liest.[21] Mit Blick auf solche Stellen leuchtet seine These ein, das Groteske bei Gryphius sei als ein »comique de l'irreprésentable« zu verstehen.[22] Sexualkomik kann sich, wie gesagt, aber auch dem fast ubiquitären Sprachspiel verdanken: Aus einer sprachlichen Fehlleistung der redenden Figur ergibt sie sich, wenn Horribilicribrifax mit einer Rede prahlt, »die ich gethan / als Pappenheim Magdeburg einnahm / und man kurtz zuvor in dem Kriegsrath herum fottirete« (*Horr.*, S. 45).

Vornehmlich gesprochen wird auch von *Fäkalien*. In verschiedener metaphorischer Bedeutung sind »scheissen« und davon Abgeleitetes beliebte Kraftwörter (*GD*, S. 12; »Bescheisser«, *Horr.*, S. 51; »Mir ist als hätt' ich in die Hosen gesch.«, *Squ.*, S. 34; vgl. auch *GD*, S. 13). Als geläufige Metapher für ›betrügen‹ kommt das Wort im *Horribilicribrifax* naheliegenderweise vor, so in Daradiridatumtarides' später Selbsterkenntnis: »Da hat pour dire le vrai[23], ein Teuffel den andern beschissen / wer wil sie nun beyde wischen?« (*Horr.*, S. 73). Zum Glück voreilig ist die Selbstbeschreibung des Greger Kornblume: »O mey Laben / is su vul vull Elendes aß e beladen Mistwahn voll Vnrenikeet« (*GD*, S. 15). Da das gewählte Bild dem bäuerlichen Alltag des Sprechers entstammt, ist das Fäkalische hier allerdings weniger anstößig.

---

21 Gabaude (Anm. 13), S. 465. Weitere sexuelle Anspielungen in der Squentzschen Inszenierung registriert Peter-André Alt: Das wiederholte Geschlecht. Androgynie und Drama im 17. Jahrhundert. In: ders.: Von der Schönheit zerbrechender Ordnungen (2007) [868], S. 91–125, hier S. 103f.
22 Gabaude (Anm. 13), S. 463.
23 Verbessert aus »vraii«.

Wie das Greger in den Mund gelegte monströse Bild zeigt, begnügt sich Gryphius nicht damit, geläufige Kraftwörter in seinen Text zu montieren. Vielmehr häuft er sie mitunter in einem Maße und phantasiert mit ihnen, daß vor allem diese schöpferische Verarbeitung grotesk-komisch wirkt:

> CYRILLA. Jch wil dir die Augen außkratzen / und in die Löcher scheissen.
> SEMPRON. Jch wil dir den Ars an deine Zunge wischen.
> CYRILLA. Jch wil dein Maul unter ein Scheißhaus nageln. (*Horr.*, S. 84; vgl. auch S. 29)

Das elaborierteste Beispiel für groteske Phantasie, die sich weit über simple Fäkal- und Analmotive erhebt (wie sie auch in Daradiridatumtarides' Titel »Erbherr / in und zu Windloch« stecken; *Horr.*, fol. Av^v), stellt eine Erzählung vom Jagderfolg des Horribilicribrifax dar: Nachdem der mitjagende persische König

> auff einen sehr grossen Hirschen [...] etliche Pfeile vergebens abgehen lassen / ergrimmte mein Capitain, daß er das Jägerhorn von seinem Halse rieß / und mit demselben nach dem Hirschen warff. [...] [D]as Horn flog just dem Hirsch zum Hindern hinein / und weil das Wild in vollen Fartzen war / gab es so ein wunderlich Getöne / daß alle Hunde herzu gelauffen kamen / und den Hirschen anhielten / also ward das Wild gefället. (*Horr.*, S. 20)

Obwohl die Dynamik von Gryphius' Dramatik mehr im Sprachlichen als in der handgreiflichen Aktion ihren Ort hat, wird die Fäkalkomik im *Horribilicribrifax* sogar ausagiert: Als Strafe für ihre Zudringlichkeit wird Cyrilla von den Pagen der Coelestina »um und um mit Koth« beschmiert, und zwar auf offener Bühne (*Horr.*, S. 28). Zugleich handelt es sich dabei um einen Fall von *Prügelkomik*, die im frühneuzeitlichen Wandertheater häufig und beliebt war. Passenderweise kommt es im Theaterspiel der Handwerker im *Squentz* zu einer großen Prügelei, die nicht gespielt ist, sondern echter Verärgerung der Akteure übereinander entspringt (vgl. *Squ.*, S. 32f.). Eine Schlägerei liefern sich auch die beiden Bauern, die um Dornrose rivalisieren (vgl. *GD*, S. 35), sowie Sempronius und Cyrilla – um sich unmittelbar darauf die Ehe zu versprechen:

> Sie fallen über einander und schlagen einander zum guten Tiegen ab.
> SEMPR. O mein Bart!
> CYRILLA. O mein Haar.
> SEMPR. O mein Auge.
> CYRILLA. O mein einig Zahn! vertragen wir uns lieber in der Güte mit einander! (*Horr.*, S. 84; vgl. auch S. 82)

Der Bereich der *Körperkomik* umfaßt natürlich noch mehr als Prügel. Der stolze Auftritt der beiden *milites gloriosi* wurde gewiß durch raumgreifend übertriebene Bewegungen unterstrichen (in einer Szenenanweisung wie »zeucht den Degen aus« deutet sich das an; *Horr.*, S. 3). Im *Squentz* sind durch Umständlichkeit oder Ungeschick komische Bewegungen mehrfach im Nebentext markiert. Überhaupt kennzeichnet es die Komik, die die schauspielernden Handwerker produzieren, daß sie alles körperlich verstehen:[24] Mit ihren Körpern stellen sie eine Wand, den Mond, einen Brunnen dar. Und sie verstehen die Metapher vom Liebespfeil, der Piramus getroffen hat, so wörtlich, daß sie die Behandlung seiner Wunde am »Hindern« (*Squ.*, S. 24) ausführlich zum Thema machen. (Mit solcher »Parodierung der Metapher«[25] gehört die Körperkomik zugleich in den Bereich der Sprachkomik.) Zu beachten ist, daß Körperkomik nicht durchweg Defizite markiert: Der Diener Florian »taumelt« im *Horribilicribrifax* »von einer Seiten zu der andern« über die Bühne (*Horr.*, S. 62); seine Trunkenheit weist aber weniger auf lasterhafte Unmäßigkeit als auf den erfreulichen Anlaß der bevorstehenden Hochzeiten.

Der Körper und seine Artikulationsmöglichkeiten dienen überdies dem Ausdruck komischer Fehlleistungen, die eher auf Unwissenheit beruhen als auf einem moralischen Defizit, etwa wenn im *Squentz* der ›Löwe‹ anfängt »zu mauen wie eine Katze« (*Squ.*, S. 31) oder wenn der Pickelhering als Schauspieler des Piramus noch herumläuft, obwohl er schon »stein tod« zu sein behauptet (*Squ.*, S. 36).

Übertretungskomik innerhalb der Ordnung

Bieten die angeführten Spielarten der Komik nun vor allem Anlaß zum ›Lachen über‹ oder reizen sie zum ›Lachen mit‹? Auf diese Frage ist eher mit einem Sowohl-als-auch als mit einer Entscheidung für das eine oder andere zu antworten.

Zweifellos sind es häufig Defizite der Figuren, die Anlaß zu einem ›überlegenen‹ Lachen geben. Teilweise handelt es sich um moralische Defizite, teilweise um Unbildung oder »Einfalt« (*Squ.*, S. 11; so bei den Handwerkern und, gemildert, Wilhelm von hohen Sinnen). Nur teilweise geht beides Hand in Hand (vor allem bei Cyrilla). Die Unterscheidung zwischen moralischen und kognitiven Defiziten ist wichtig, weil Dummheit zwar verachtet, aber nicht bestraft wird. Wie ein Komödienpublikum auf Unbildung und Einfalt reagiert, dafür gibt die Hofgesellschaft ein Muster ab, vor der die Handwerkertruppe ihre »lustige[] Tragœdie[]« (*Squ.*, S. 3) aufführt. Für ihr vielfältig mißglückendes Theaterspiel wird Squentz' Truppe großzügig belohnt, und zwar gerade für ihre Fehler, weil diese eine angenehme, nämlich komische Wirkung hatten (vgl. *Squ.*, S. 42). Entscheidend ist nun: die Hofgesellschaft lacht nicht (oder zumindest nicht ausschließlich) aufgrund unbezweifelbarer Überlegenheit. »Erbärmlicher Zufall / ich habe gelacht / daß mir die Augen übergehen«, kommentiert die Königin, als Thisbe auf Piramus fällt und Piramus-Pickelhering die schon zitierte Bemerkung über die richtige Lage von Mann und Frau beim Sexualakt macht (*Squ.*, S. 38). Wie sich hier zeigt, kann das aufgrund sozialer Stellung und besseren Wissens überlegene Lachen gleichzeitig ein ›Lachen mit‹ sein, das in die Ungehemmt-

---

24 Vgl. Schlienger (Anm. 1), S. 286.
25 Gerhard Kaiser: Verliebtes Gespenste – Die gelibte Dornrose (1968) [828], S. 274.

heit der niederen Figuren einschwingt (die »Lustwirkung des tendenziösen Witzes« resultiert nach Freud aus einer »*Ersparung an Hemmungs- oder Unterdrückungsaufwand*«, den die Kultur von uns fordert[26]). Handlungsintern werden an dieser Stelle nicht (Anstands-)Normen befestigt, sondern sie werden zumindest momentan hintangesetzt.[27] Man darf vermuten, daß insbesondere die Sexual- und Fäkalkomik der Gryphiusschen Komödien so wirken sollte und wirkte.

Eine solche Deutung liegt um so näher, wenn einige Sprachkunst und Phantasie auf die Evokation von Unanständigem gewandt sind. Ginge es nur darum, Figuren negativ auszuzeichnen, die gegen das *iustum*, *honestum* oder *decorum* verstoßen, so wäre dieser Aufwand überflüssig, ja gefährlich, denn er lenkt die Aufmerksamkeit auf die investierte Kunst (vordergründig des jeweiligen Sprechers, letztlich des Autors). Ob man dann noch von einem Verlachen des jeweiligen Normverstoßes sprechen kann, darf bezweifelt werden. Für den Rezipienten liegt es vielmehr nahe, die Anerkennung jener Kunst auszuweiten zu lachender Akzeptanz z.B. von Daradiridatumtarides' Aufschneidereien oder der obszönen Pointe in der Erzählung von Horribilicribrifax' Hirschjagd.[28] Daß die groteske Komik in Gryphius' Komödien überwiegend von einer differenzierten, kunstvollen Sprache getragen wird, dürfte vieles, was in der Sache abgelehnt werden mußte, annehmbar gemacht haben im Sinne einer Komik der Heraufsetzung, zumal die dramatische Kunstleistung zugleich als Rückversicherung wirkt, daß eine haltgebende Ordnung erhalten bleibt.[29]

---

26 Sigmund Freud: Der Witz und seine Beziehung zum Unbewußten. In: Studienausgabe. Hg. von Alexander Mitscherlich, Angela Richards und James Strachey. Frankfurt a.M. 2000, Bd. 4, S. 9–219, hier S. 113. Eine andere Erklärung für die milde Reaktion der Hofgesellschaft auf die Ungehörigkeiten der Squentzschen Truppe formuliert Toscan (Anm. 1), S. 239: Wohl solle sich »der Betrachter in einem ersten Schritt der eigenen Überlegenheit bewusst [werden], er muss sich aber auch daran erinnern, dass alles Irdische immer unzulänglich bleiben muss, dass die dargestellte Unzulänglichkeit letztlich auch ihn selbst betrifft.« So bewahrt Toscan den Primat der Moraldidaxe, doch mangelt es ihr an Anhaltspunkten in Gryphius' Texten. Schlienger (Anm. 1), S. 297–299, interpretiert die Milde des Königs dagegen als Ausdruck absoluter Überlegenheit; im Hof sieht er nicht weniger als den »Repräsentanten des Ewigen«: »Der über das absurd-komische Treiben der Narren lachende hohe Geist scheint darum bei der Betrachtung des Närrischen bereits von allem Irdisch-Wirklichen abstrahiert zu haben [...].« Bezeichnenderweise stützt Schlienger seine Deutung vor allem auf Zitate aus Gryphius' lyrischem Werk, nicht aus den Komödien.
27 Zur Beförderung der von Squentz' Truppe produzierten Komik durch den zuschauenden Hof vgl. Kiesant (Anm. 10), S. 203–208. M.E. verkürzend resümiert Kiesant, S. 207: »Der Hof hat sich lachend seiner Überlegenheit versichert.«
28 Daß das Publikum auf Daradiridatumtarides und Horribilicribrifax mit »Begeisterung für ihren grotesken Einfallsreichtum« reagieren könnte, wird von Asmuth (Anm. 14), S. 24, zumindest erwogen.
29 Greiner (Anm. 6), S. 121, konstatiert in diesem Sinne: »[E]rst die gezielten Formstrategien des Autors bringen die Entlastung von den Ordnungsmächten im Dritten / im Publikum hervor. [...] Das Publikum wird entlastet von der Struktur der Selbstunterdrückung, ohne die Halt und Kontur gewährende Instanz der Ordnung ganz zu verlieren [...].«

Und noch einen Schritt weiter darf man gehen: Gryphius' Komödien inszenieren nicht allein eine ›Tugend‹, die ausschließlich normenbestätigendes Lachen kennen sollte, sondern ebenso ein genuin an Grenzüberschreitung interessiertes Lachen. Denn es ist die edle Coelestina, die auf die Hirschjagd-Erzählung mit einem unbefangenen Lachen reagiert, während der Protest gegen die Verletzung des Anstands dem ›Jagdhelden‹ überlassen bleibt, worauf Coelestina den »ungehobelte[n]« Erzähler-Pagen in Schutz nimmt (*Horr.*, S. 20). Die am Ende des *Horribilicribrifax* mit dem weltgewandten Palladius belohnte Coelestina befiehlt wenig später überdies die Prügel für Cyrilla und deren Einschmieren mit Kot. Von einem regelrecht karnevalistischen Lachen kann man hier nur deshalb nicht sprechen, weil sich keine transgressive *Gegen*welt *jenseits* der normalen, normierenden und dadurch ernsten Kultur öffnet, sondern letztere sich als ohnehin offen für »immanente ›Übertretung[en]‹«[30] zeigt.

---

30 Ebd., S. 119.

II.10.5 Märtyrer/Tyrann
Von Albrecht Koschorke

Martyrologische Obsession

Der Welt des barocken Trauerspiels stehen heutige Leser fremd gegenüber. Im kulturellen Gedächtnis hat es keine bleibende Heimat gefunden. Auf den Theaterspielplänen taucht es praktisch nicht mehr auf. Das hat mit einer Besonderheit der deutschsprachigen Literaturgeschichte zu tun: Im Gegensatz zu England, Frankreich, Spanien und Italien ist es im deutschen Sprachraum um die Mitte des 18. Jahrhunderts zu einem Traditionsriß gekommen, der alles Frühere, bis auf sehr wenige Ausnahmen, in das Dämmerlicht einer allenfalls Philologen bekannten Prähistorie rückt. Anders als in der bildenden Kunst und vor allem anders als in der Musik ist die literarische Sprach- und Vorstellungswelt des Barock einem spontanen, ungeschulten Verständnis weitgehend unzugänglich geworden.

Was die Haupt- und Staatsaktionen angeht, die Andreas Gryphius auf die Bühne gebracht hat, so lassen sich an diese allgemeinen auch noch spezifischere Gründe für das Befremden moderner Leser anfügen. Das Handeln barocker Helden spielt sich unter politischen, theologischen und rhetorischen Vorzeichen ab, die kaum Anschlüsse an die Empfindungsweise zeitgenössischer Literaturkonsumenten zu bieten scheinen. Das gilt für beide Seiten der exzessiven Machtkämpfe, denen Gryphius' Herrscherdramen einen blutigen Schauplatz bieten: für die jeweiligen Amtsinhaber, die sich tyrannisch gebärden oder denen zumindest nachgesagt wird, Tyrannen zu sein, ebenso wie für die Opfer der Ränkespiele am Machtzentrum, gleich, ob es sich dabei um den Herrscher selbst oder seinen Widerpart handelt.[1] In den Reden der Opfer und ihrer Parteigänger wird die Gewalt, die sie erleiden, mit allen Zügen eines Martyriums ausgekleidet. Obsessiv umkreist Gryphius' Dramatik das Motiv des Märtyrertums, und es ist vor allem diese Obsession, die seine Stücke gemäß heutigen Lesegewohnheiten schwer erträglich macht.

Zuweilen wirkt es fast so, als sehnten sich die im Machtkampf Unterlegenen nach ihrem Tod und sogar nach ihren Martern. Während der Titelheld von *Leo Armenius*, Gryphius' erstem Trauerspiel, noch bis zum Schluß um sein Leben kämpft, ja selbst das Kreuz in der Kirche zu seiner Verteidigung einsetzt, scheinen sich in den drei folgenden Geschichtsdramen die dem Tode Geweihten in ihr Schicksal zu fügen, um es mit christlicher Glaubensgewißheit beziehungsweise stoischer Uner-

---

[1] Daß im barocken Trauerspiel Tyrannen- und Märtyrerdrama ineinander verschränkt sind, daß dort »Tyrann als Märtyrer – Märtyrer als Tyrann« erscheinen, hat Walter Benjamin in seiner einflußreichen Studie *Ursprung des deutschen Trauerspiels* (1928) [432a], S. 62f. (Kolumnentitel) und passim, hervorgehoben.

schütterlichkeit zu tragen – weshalb diese Textgruppe in der Forschung häufig unter dem Titel ›Märtyrerdramen‹ firmiert.

Carolus Stuardus, das Trauerspiel, das sich mit der ganz Europa erschütternden Hinrichtung Karls I. von England im Jahr 1649 befaßt, läßt den König von seinem ersten Monolog an davon sprechen, in seinem Leiden zur Nachfolge Christi berufen zu sein:

> Brich an gewündschtes Licht / wir sind des Lebens sat /
> Vnd schaun den König an / der selbst ein Creutz betrat
> Verhast von seinem Volck / verlacht von seinen Scharen
> Verkennt von Ländern die auff ihn vertröstet waren /
> Den Freund / wie uns verkaufft / den Feind / wie uns verklagt /
> Vnd kränckt umb Frembde Schuld / und biß zum Tode plagt. (Car_B II,259–264)

Auch Catharina von Georgien, eine in die Gefangenschaft des persischen Schahs Abbas I. geratene christliche Regentin, bringt ihr Leiden mit der Passion Christi in Verbindung und appelliert an ihre Gefolgschaft, es ihr nachzutun:

> Nein Libsten! da euch ja die Angst solt' überfallen;
> Sucht euer Königin standhafftig nachzuwallen.
> Nembt Kercker für Paläst / für Freyheit; Ketten an /
> Für Reichthumb / kiest Verlust / und was ergetzen kan /
> Verwächselt mit der Qual. Wagt Freund und Fleisch und Jahre!
> Erschreckt für keiner Flamm! springt auff die Todtenbare!
> Küst Schwerdter die man euch durch Brust und Gurgel treibt!
> Wenn euch der eine Schatz des heilgen Glaubens bleibt. (*Cath.* IV,173–180)

Etwas anders gelagert sind die Verhältnisse in Gryphius' letztem dramatischen Werk, *Großmüttiger Rechts-Gelehrter / Oder Sterbender Æmilius Paulus Papinianus*, das am römischen Kaiserhof spielt. Hier wird dem Titelhelden, dem einflußreichsten Juristen am Hof und überdies engen Verwandten des Kaiserhauses, seine Prinzipientreue zum Verhängnis. Er geht lieber in den Tod, als den Mord des Kaisers Bassian an seinem Stiefbruder und Mitregenten Geta zu verbrämen. Der drohenden Rache Bassians, der sowohl seinen Untergang als auch den Tod seines Sohnes herbeiführen wird, sieht er mit stoischer Standhaftigkeit, ja sogar triumphierend entgegen. Die Argumentationsfigur ist dabei jedoch eine ähnliche wie in den christlichen Stücken. Denn auch Papinian stirbt für seine Glaubensüberzeugung, wie er seiner Mutter gegenüber eindrücklich bekundet:

> [...] Heut ist der grosse Tag
> Den wer uns trew und huld / mit Lust bejauchzen mag.
> Der Tag ists welcher dich zu einer Mutter machet /
> Deß Sohnes / der den Trotz der rauen Macht verlachet /
> Deß Sohnes der vor stand / und Gold / Gewissen schätzt /
> Und vor das Heilge Recht / den reinen Leib auffsetzt.

Diß ist der Tag der mir die Ewigkeit bescheret.
Der mir was Zeit noch Leid zutreten kan / gewehret.
Auff Mutter! trockne denn diß thränende Gesicht.
Mißgönne mir und dir die herrlichst Ehre nicht. (*Pap.* V,61–70)

Und in Papinians Vermächtnisrede unmittelbar vor seinem Tod heißt es:

Last Götter mich vor Fürst / vor Rath / Volck und Gemein /
Vor Läger / Land und Reich / ein rein Sün-opffer seyn! (*Pap.* V,317f.)

Autorität des letzten Wortes

Die Gewaltopfer des Barock sind, anders als viele ihrer modernen Leidensgenossen, nicht stumm. Im Gegenteil, sie schwelgen geradezu in ihrer Leidensbereitschaft. In einer Situation äußerster Hinfälligkeit nehmen sie Zuflucht zur Macht des letzten Wortes, womit sie zugleich einen Anspruch auf bleibende Deutungshoheit über das, was ihnen angetan wird, erheben. In ihrer sprichwörtlichen *constantia* und vielfach bekundeten Weltverachtung glauben sie sich mit Gott, der Ewigkeit und der Nachwelt im Bunde, ob dies nun unter erklärtermaßen christlichen Vorzeichen oder im Horizont des antiken, durch den niederländischen Rechtsphilosophen Justus Lipsius (1547–1606) erneuerten Stoizismus geschieht. So wie sie sich selbst an religiösen Vorbildern – an frühchristlichen Märtyrern oder an der Passion Christi selbst – beziehungsweise an einem philosophisch fundierten Tugendheroismus orientieren, möchten sie auch ihre eigene Standfestigkeit als beispielgebend verstanden wissen. Wenn sie sich der Androhung von Qualen nicht beugen, so verschafft ihnen dies nicht nur, in den Worten des Kronjuristen Papinian, »herrlichst Ehre« und »Ruhm« (*Pap.* V,70 und 59). Es erlaubt ihnen auch, ein Zeugnis ihrer inneren Freiheit abzulegen, die keine noch so despotische Gewalt zerstören kann. Wer allen zeitlichen Gütern entsagt, seine irdischen Ängste überwindet und seinen Leib selbstlos zum Opfer darbietet, über den hat der Tyrann seine Macht verloren.

Das tragische Dilemma des *Papinianus*: der Widerstreit zwischen Gewalt und Gewissen, bleibt in der Dramatik der Übergangsperiode zwischen Spätbarock und Frühaufklärung virulent.[2] Immerhin ist damit ein akutes Problem für den sich ausbildenden Beamtenstand im frühneuzeitlichen Staatswesen angesprochen, einem

---

2 So in einem späten und schon ins Empfindsame changierenden Nachzügler des Barockdramas: Aurelius, oder Denkmaal der Zärtlichkeit, ein Trauerspiel von Theodor Joh. Quistorp. In: Die Deutsche Schaubühne, nach den Regeln und Mustern der Alten, Vierter Theil, darinn sechs neue deutsche Stücke enthalten sind, Nebst einer Fortsetzung des Verzeichnisses deutscher Schauspiele, ans Licht gestellet von Joh. Christoph Gottscheden. Leipzig 1743. Verlegts Bernhard Christoph Breitkopf, S. 185–262.

Staatswesen, das auf der personalen Souveränität des jeweiligen Herrschers beruht. Den Beamten entsteht daraus ein Zielkonflikt zwischen der gebotenen Loyalität zum Fürsten und der ebenso gebotenen Verpflichtung auf ein Recht, das als eine von der Person des Fürsten unabhängige Richtschnur und Quelle der Autorisierung Geltung hat.[3] Im Kern handelt es sich also um ein amtsethisches, letztlich beamtenrechtliches Problem, das den akademischen Nachwuchs im Zeitalter des Absolutismus beschäftigen mußte.

Sehr viel schwerer dagegen ist die ansatzweise schon in *Leo Armenius*, vollends in *Carolus Stuardus* und *Catharina von Georgien* zur Darstellung gebrachte Figur des entmachteten Herrschers, der sich, den Tod vor Augen, in die Leidensnachfolge Christi einschreibt, in moderne Denkweisen übersetzbar. Dies ist zum einen auf den Bedeutungsverlust religiöser, näherhin christologischer Herrschaftsbegründungen zurückzuführen und insofern ein Effekt der Säkularisation politischer Theorie. Zum anderen kommt hier ein Faktor ins Spiel, der als »Krise des Opferkultes« und »aufklärerische Opfervergessenheit« bezeichnet wurde und nach einer weit verbreiteten Überzeugung die Moderne überhaupt prägt.[4] Wenn »gesellschaftlicher Fortschritt« einer »Überwindung der Notwendigkeit des Opfers«[5] gleichkommt, dann ist für einen Diskurs der Marter, der ein Exempel an politischen Opfern statuiert, nur noch wenig Platz. Dasselbe gilt dann auch für den Diskurs des Märtyrers, der alle Qualen bereitwillig auf sich nimmt, weil ihn nichts in seinem Glauben erschüttern kann.

In Zeiten, in denen die Zuversicht schwindet, daß die moderne Welt sich an die Vorgaben der europäischen Aufklärung hält, rücken aber gerade die besonders unzeitgemäß wirkenden Motive des Barockdramas in ein neues Licht. Die Figur des Märtyrers ist auf die politische Bühne zurückgekehrt, wenngleich, jedenfalls im Verständnis liberaler Demokratien, als ein Fremdling, gespenstischer Wiedergänger und in höchstem Maß irrationaler Akteur. So unterschiedlich die Motive, Vorgehensweisen und religiösen Einsätze sein mögen – die Eskalation politischer Differenzen zu letztinstanzlichen Glaubensfragen, die mit der Figur des Märtyrers einhergeht, erweist sich als ein in höchstem Maß problematisches Phänomen. Doch genau diese Problematisierung des Märtyrertums lenkt den Blick auf untergründige Komplexitäten des barocken Trauerspiels, denen die ältere Forschung keine volle Beachtung geschenkt hat. Aus neuerer Sicht ist Gryphius weniger ein Dichter der *vanitas* als ein Analytiker politischer Spielzüge und rhetorischer Strategien. Zu diesen Strategien gehört die Option, daß die machtpolitisch-militärisch unterlegene Seite Zuflucht in einem Ethos des Martyriums sucht. Gryphius' Dramen spielen in

---

3 Vgl. Wilhelm Kühlmann: Der Fall Papinian (1981) [701]; Wilfried Barner: Der Jurist als Märtyrer (1996) [691].
4 Herfried Münkler und Karsten Fischer: »Nothing to kill or die for...«. Überlegungen zu einer politischen Theorie des Opfers. In: Leviathan 28 (2000), S. 343–362, hier S. 352.
5 Ebd.

einer heillosen Welt, nicht *obwohl*, sondern *weil* deren höchste Repräsentanten religiöse Rechtfertigungsgründe vorbringen – mit der Folge, daß die Religion selbst in fataler Weise politisch instrumentalisiert wird. Eben solche Instrumentalisierungen beherrschen die politische Gegenwart des Barock. Wenn Gryphius gegen den propagandistischen Märtyrerkult der Jesuiten anschrieb, dann bestand sein Problem als schlesischer Protestant und *homme politique* nicht allein darin, die konfessionellen Vorzeichen umzukehren.[6] Vielmehr sind seine Dramen, in einer zweiten, weniger offenkundigen Bedeutungsschicht, als *politische Kritik des Märtyrertums* lesbar, und das macht sie auf überraschende Weise aktuell.

Wer ist und wie wird man ein Märtyrer?

An kaum einem Motiv der Barockliteratur läßt sich ein so fundamentaler Perspektivwechsel nachzeichnen wie am Motiv des Martyriums. Lange Zeit hat man geglaubt, daß die Perspektive der todgeweihten Titelhelden von Gryphius' Trauerspielen mit der allegorischen Intention der Dramen selbst zusammenfalle. In der Tat sind auf der Textoberfläche Schwarz und Weiß klar verteilt: Weder den Verschwörern gegen Leo Armenius noch den englischen Revolutionären, die die Hinrichtung Karls I. betreiben, noch dem Schah von Persien, der die georgische Königin als Geisel hält, fließen erkennbare Sympathien zu. Zudem ist bekannt, daß Gryphius als Lutheraner die auch zu seiner Zeit diskutierten Argumente für ein Widerstandsrecht der Untertanen gegen Willkürherrschaft, das im äußersten Fall auch den Tyrannenmord einschließt, nicht geteilt hat.[7] In der Forschung wird er als Anhänger der absolutistischen Staatslehre beschrieben, die keine Gerichtsbarkeit über dem Souverän duldet und sich allein auf dessen rechtliche Selbstbindung verlassen muß.[8] In dem Verfassungskonflikt, der zur Absetzung und Hinrichtung des englischen Königs im Jahr 1649 führte, wird er folglich auch aus staatsrechtlichen Gründen der Partei des Königs zugeneigt haben. Das Drama *Carolus Stuardus* leiht dessen betrübter Resignation ergreifende Worte, während die Revolutionäre unter Cromwell als kalte Machtpolitiker erscheinen. Ähnlich ist schon die Auseinandersetzung um Leo Armenius intoniert.

---

6 Vgl. Werner Lenk: Absolutismus, staatspolitisches Denken, politisches Drama (1984) [470], S. 305f.
7 Zum biographischen Zusammenhang vgl. Willi Flemming: Andreas Gryphius (1965) [112].
8 Zu den Paradoxien personaler Souveränität und zum Problem der Selbstbindung des absolutistischen Herrschers vgl. Albrecht Koschorke, Susanne Lüdemann, Ethel Matala de Mazza und Thomas Frank: Der fiktive Staat. Konstruktionen des politischen Körpers in der Geschichte Europas. Frankfurt a.M. 2007, S. 113–119.

Was *Catharina von Georgien* angeht, so kommt ein zusätzlicher Faktor ins Spiel, den man als ›barocken Orientalismus‹ bezeichnen könnte. Chach Abas (so die Schreibung bei Gryphius) ist ganz nach dem Topos des orientalischen Despoten modelliert: zugleich machtlüstern, grausam und liebestoll, wird er, so scheint es, allein von blinden Begierden getrieben. An die christliche Königin Catharina, zu der er in Liebe entflammt ist, tritt er mehr oder minder unverblümt mit dem Ansinnen heran, sie seinem Harem einzuverleiben. Es verläuft also eine – im Europa der Türkenkriege hochgradig brisante – Religions- und Kulturgrenze zwischen den beiden Protagonisten. Auch in diesem Fall dürften Gryphius' Sympathien klar verteilt gewesen sein, zumal sich Parallelen zwischen der machtpolitisch prekären Lage des damaligen Kleinkönigtums Georgien, das im Einflußbereich mehrerer politischer Großmächte lag, und der schlesischen Heimat des Dichters aufzeigen lassen.[9]

Auf den ersten Blick legt zudem die allegorische Komposition dieses Trauerspiels eine strikt dualistische Interpretation nahe. Sieht man den vorangestellten Prolog der Ewigkeit als eine das gesamte Stück umschließende Leseanweisung an, dann wird Catharina durch ihren gewaltsamen Tod der »kummerreichen Welt« (*Cath.* I,1) irdischer Begehrlichkeiten und daraus erwachsender politischer Machtkämpfe enthoben – in eine höhere Sphäre, in der »Freud und Sonne« anstelle von »Nacht und Plage« herrschen (*Cath.* I,78f.):

> Schauplatz der Sterblikeit / Ade! ich werd auff meinem Thron entrücket
> Die werthe Fürstin folget mir die schon ein höher Reich erblicket /
> Die in den Banden frey / nicht irrdisch auff der Erd /
> Die stritt und lid für Kirch und Thron und Herd. (*Cath.* I,81–84)

Im Kontrast zu dieser Heilsbestimmung der streitbaren Christin Catharina bleibt ihr muslimischer Gegenspieler Chach Abas ganz in der dunklen Zone weltlicher Leidenschaften gefangen und muß am Ende ein visionäres Strafgericht über sich ergehen lassen. Das Stück scheint so durch zwei allegorische Szenen gerahmt, die auf gleiche Weise die Vertikale zwischen himmlischem Heil und irdischem Unheil durchmessen. In diesem Sinn hat Hans-Jürgen Schings »die Schlußszene der ›Catharina‹ als eine der Meisterleistungen des Dramatikers Gryphius und seiner Kunst der sinnbildlichen Integration« gedeutet:

> Die Apotheose der Märtyrerin, die vom Himmel herabsteigt, und die Verdammnis des Chach, der schon ›metaphorisch wenigstens, in den höllischen Flammen verlodert, verschaffen dem Trauerspiel nicht nur einen Abgang, in dem sich noch einmal alle pathetischen Energien sammeln, sie stellen zudem, auf höherer Stufe, eine genaue Reprise des Prologs dar. Wiederum öffnet sich die Bühne, und wiederum stellt sich, diesmal von den Protagonisten des Trauer-

---

9 Vgl. Elida Maria Szarota: Geschichte, Politik und Gesellschaft im Drama des 17. Jahrhunderts (1976) [509], S. 130–133.

spiels repräsentiert, der Horizont her, den der Prolog entworfen hat: die kosmische Heils-Topographie von Himmel und Hölle.[10]

Demgegenüber beharren jüngere Interpreten darauf, »dass die Vanitas-Kodierung des Textes hier nicht mehr greift«.[11] Man müsse sich fragen, »wie die im Leiden verklärte, der Ewigkeit ins Jenseits folgende Catharina mit dem Racheengel zu vereinbaren ist, der in die Welt zurückkehrt, um Chach Abas seinen Untergang zu prophezeien«.[12] Das Bild der weltabgewandten Märtyrerin stimmt nicht mit ihrem Wunsch überein, sich noch posthum für die Wiederherstellung politischer Gerechtigkeit einzusetzen. Überhaupt sind himmlisches *Recht* und irdische *Rache* bei Gryphius konvertibler, als es die Zweiteilung der Sphären erwarten ließe.[13]

Die kontroverse Deutung der Schlußszene der *Catharina* steht paradigmatisch für ein grundsätzliches interpretatorisches Problem, das Gryphius' Herrscherdramen aufwerfen. Anders als die antithetische Struktur ihrer Allegorese suggeriert, sind die Handlungsrationalitäten der ›Tyrannen‹ und der ›Märtyrer‹ nicht kategorisch voneinander zu scheiden. Für Hans-Jürgen Schings, der als einer der bedeutendsten Repräsentanten der älteren Sicht gelten kann, stellt Catharina lediglich ein »eminentes Beispiel kreatürlicher Hinfälligkeit« dar, »wenn sie als die ›gefallene‹ Königin, als die erniedrigte, eingekerkerte Majestät auf der Bühne erscheint, zumal der Kerker im Gryphschen Werk wiederum die Beziehungsweite eines umfassenden Sinnbildes von Leben und Welt besitzt«.[14] Für Schings geht es im Trauerspiel allein um die »Exemplarität der Vergänglichkeit«, die im Hof als einer »Fortuna-Sphäre« ihre höchste Repräsentation findet, im Kontrast zu der einzig vorbildhaften Märtyrerfigur.[15] In einer so gefaßten Sinnbildlichkeit verliert aber die Haupt- und Staatsaktion des Stückes alle spezifischen Züge, wodurch viele Elemente weitgehend funktionslos würden. Das betrifft vor allem die Vorgeschichte von Catharinas Gefangenschaft, die Gryphius doch so wichtig war, daß er sie in umständlichen Berich-

---

10 Hans-Jürgen Schings: Catharina von Georgien (1968) [605], S. 60.
11 Torsten W. Leine: Das Martyrium als Politikum (2010) [595], S. 172. Vgl. Albrecht Koschorke: Das Begehren des Souveräns (2006) [593], S. 160f.
12 Leine (Anm. 11), S. 172.
13 »[D]ie in allen vier historisch-politischen Trauerspielen auf die schuldigen Monarchomachen und ›Tyrannen‹ herabbeschworene Rache des Himmels läßt keinerlei Hoffnung, daß der circulus vitiosus der von den Menschen verursachten Heillosigkeit und des durch die Rache Gottes zu erwartenden Unheils jemals im Sinne eines irdisch-himmlischen condominium, also im Sinne der traditionellen Gottesgnadentum-Lehre ›geheilt‹ werden könnte.« Lothar Bornscheuer: Diskurs-Synkretismus im Zerfall der Politischen Theologie (1997) [438], S. 494; zur allegorischen Funktion der Themis in Gryphius' Stücken vgl. ebd., S. 518–521.
14 Schings (Anm. 10), S. 49.
15 Hans-Jürgen Schings: Die patristische und stoische Tradition (1966) [939], S. 182 und 192.

ten nachtragen und den Gang der Handlung aufhalten ließ – um derentwillen er also in Kauf nahm, die dramatische Wirkung des Stückes zu mindern.

Wenn die Märtyrer allein »die ewige Ordnung« repräsentieren, während in den Tyrannen »nur noch die verderbliche, geschichtliche Welt« verkörpert ist, dann ist die »Doppelstellung des Fürsten als historische Gestalt im geschichtlichen Raum und überzeitlicher Repräsentant« im Sinne einer theologischen Herrschaftsbegründung »radikal aufgelöst«.[16] Vor diesem Hintergrund spricht Nicola Kaminski davon, daß sowohl der Tyrann als auch der Märtyrer eine »paradoxe Verkehrung« des idealen Fürstenbildes darstellten, wie man es ex negativo aus Gryphius' Dichtungen erschließen könne.[17] Beide stünden sich zudem nicht in einer zeitlosen Antithese gegenüber. Vielmehr sei der Dualismus dieser »Extrempositionen«, wie Kaminski sie nennt,

> erst Ergebnis, äußerste Zuspitzung eines Prozesses, der im Drama nicht als Handlung auf der Bühne erscheint, im Vergangenes vergegenwärtigenden Wort aber immer wieder thematisiert wird. Erst auf dem Hintergrund ihrer Vorgeschichte gewinnen die beinahe stereotypen, ›flachen‹ Märtyrergestalten an ›Tiefe‹ [...].[18]

Welcher Art ist nun die ›Tiefe‹, die sich aus der Vorgeschichte der Märtyrerfigur ergibt? Hier sind vor allem die Untersuchungen Lothar Bornscheuers zu nennen, die nachgerade einen Wendepunkt in der Barockforschung bilden.[19] Als erster deutet Bornscheuer das Martyrium im Barockdrama selbst auf systematische Weise als eine *politische Rolle* und damit als Option in einem zweifellos asymmetrischen Konflikt. *Catharina von Georgien* liefert dafür reichliches Belegmaterial.[20] Keineswegs hat sich nämlich die in Geiselhaft genommene Königin von Anfang an von allen weltlichen Belangen abgewandt. Ihre Haltung verändert sich mit dem Wechsel der Nachrichtenlage, und ihr Widerstand gegenüber den Avancen des Schahs erfolgt »nicht etwa aus spirituellem contemptus mundi und nicht einmal ausschließlich aus gewissensethischen Motiven«, sondern hat »auch und vor allem immer die politische Situation, den Machtkampf um die beiden Kleinreiche Georgien und Gurgistan im Auge«. Bis in die vierte Abhandlung hinein, so Bornscheuer, bleibe »ihr

---

16 Wilhelm Voßkamp: Untersuchungen zur Zeit- und Geschichtsauffassung im 17. Jahrhundert (1967) [513], S. 123f.
17 Nicola Kaminski: Der Liebe Eisen=harte Noth (1992) [674], S. 135.
18 Ebd., S. 139.
19 Lothar Bornscheuer: Trauerspiele. In: Deutsche Literatur. Eine Sozialgeschichte. Hg. von Horst Albert Glaser. Bd. 3: Zwischen Gegenreformation und Frühaufklärung: Späthumanismus, Barock. 1572–1740. Hg. von Harald Steinhagen. Reinbek 1985, S. 268–283, bes. S. 271f.; ders.: Zur Gattungsproblematik, Affektgestaltung und politischen Theologie (1996) [437]; Bornscheuer (Anm. 13).
20 Vgl. Bornscheuer (Anm. 13), S. 504–510, sowie ergänzend Leine (Anm. 10).

martyrologisches Selbstverständnis aufs engste mit diesem machtpolitischen Interesse verbunden«.[21]

Wenn nun aber auch die anderen Protagonisten von Gryphius' Trauerspielen »zumindest bis zu einem bestimmten Zeitpunkt jeweils selbst als aktive Vollblutpolitiker ausgewiesen sind und trotz ihrer späteren politischen Resignation und geistlichen Selbsttröstung bis ans Ende in den Diskurs über ihre eigene staatspolitische Verantwortlichkeit verwickelt bleiben«,[22] ergeben sich weitreichende gattungstheoretische Konsequenzen. Es ist dann nämlich geboten,

> die martyrologische Stilisierung der Titelfiguren nicht länger zu verwechseln mit einer verborgenen ›heilsgeschichtlichen‹ Deutung der in diesen Trauerspielen zur Anschauung gebrachten ruinösen historisch-politischen Welt und demgemäß den Gryphschen Gattungstypus nicht länger auf den Typus ›Märtyrer-Drama‹ als eines ›Heils-Dramas‹ zu fixieren.[23]

Hinzu kommt, daß eine einseitig martyrologische Deutung sich ihrerseits in virulente politische Mythen verstrickt. Im Fall der Catharina (historisch: Ketevan), die aufgrund ihrer Standfestigkeit gegenüber dem persischen Schah zur georgischen Nationalheiligen erklärt wurde,[24] ist dies augenfällig: Die deutsche Barockforschung machte sich hier, ohne es zu thematisieren, zu einem Bundesgenossen kirchlich-nationalistischer Propaganda.

Konkurrierende politische Theologien

Geht man davon ab, den Kampf um Deutungshoheit, der den realen Machtkampf begleitet und überlagert, von vornherein zugunsten der Märtyrerposition für entschieden zu erklären, dann erscheint der von den Dramen durchmessene Verhandlungsraum in einem sehr viel nuancierteren Licht. Auch die Gegenspieler der Märtyrerfiguren – diejenigen also, denen die Rolle des Tyrannen oder des Usurpators zukommt – können nämlich für ihr Handeln Rechtfertigungsgründe anführen, die aus zeitgenössischen Staatslehren und politischen Theologien ableitbar sind. Im übrigen zeigt die Geschichte der europäischen Bürgerkriege der Frühen Neuzeit, daß es sehr häufig eine Frage der Perspektive war, wen man als unrechtmäßigen Herrscher

---

21 Bornscheuer (Anm. 13), S. 506f. Ähnlich Peter Burschel: Leiden und Leidenschaft. Zur Inszenierung christlicher Martyrien in der frühen Neuzeit. In: Martyrdom in Literature. Visions of Death and Meaningful Suffering in Europe and the Middle East from Antiquity to Modernity. Hg. von Friederike Pannewick. Wiesbaden 2004, S. 91–104, hier S. 96.
22 Bornscheuer (Anm. 13), S. 497.
23 Ebd., S. 495.
24 Vgl. Leine (Anm. 11), S. 174f., mit entsprechenden Literaturhinweisen. Spuren des russisch-orthodoxen Kults um Queen Ketevan finden sich auch im Internet, etwa unter http://www.pravoslavie.ru/english/7326.htm.

ansah und der Tyrannei bezichtigte. In den Trauerspielen schlägt sich diese Abhängigkeit vom Betrachterstandpunkt darin nieder, daß sich das Selbstbild des Herrschers und das Bild, das seine Gegner von ihm zeichnen, Punkt für Punkt wechselseitig entkräften.[25] Stets streben die jeweiligen Herrscher danach, ihr Handeln theologisch oder politisch zu untermauern. Aber dasselbe trifft für die Gegenseite zu. Den jeweiligen Machthabern gilt ihre Souveränität als heilig und unantastbar, sie rufen Legitimationsfiguren des Gottesgnadentums auf oder machen machiavellistisch die Staatsräson als höchstes Prinzip geltend. Ihre Widersacher dagegen sprechen im Namen des Volkes als einer eigenen Quelle von Souveränität und göttlichem Recht. Oder sie berufen sich auf ihr Gewissen als einzige Richtschnur des Handelns, stellen also dem Diskurs der (staatlichen) Macht zukunftsweisend einen Diskurs der (individuellen) Moral gegenüber.[26] Daraus ergibt sich eine Symmetrie der konfligierenden politischen Ansprüche, die beide Standpunkte relativiert und den Parteienstreit unentscheidbar macht. Das gilt für die Anlage der einzelnen Werke ebenso wie für Gryphius' politisch-historische Trauerspiele insgesamt:

> Die Positionen treten sich in spiegelbildlicher Verkehrung gegenüber: In der *Catharina* und im *Papinian* werden die Fürsten mit moralischen Argumenten desavouiert und die Märtyrer, die juristisch als Aufrührer zu betrachten sind, glorifiziert; im *Leo Armenius* und im *Carolus Stuardus* dagegen werden die Fürsten mit den gleichen Argumenten rehabilitiert, obwohl sie sich durch ihre Handlungen durchaus als Tyrannen ausgewiesen haben.[27]

Besonders augenfällig ist die dilemmatische Struktur, die Gryphius' Trauerspiele kennzeichnet, in *Carolus Stuardus*. Bei allem Entsetzen darüber, daß die Revolutionäre unter Cromwell vor einem förmlichen Prozeß gegen ihren gesalbten König und in der Folge vor dessen Hinrichtung nicht zurückschrecken, ist Gryphius, in den Worten Peter Michelsens, als Verfasser eines historischen Dramas doch

> objektiv genug, den Königsgegnern in ihren Reden zumindest eine subjektive Redlichkeit zuzubilligen. Ja, er unterstreicht ihren Gesinnungsernst noch ausdrücklich dadurch, daß er sie – wie teilweise in den Quellen vorgegeben – ihrerseits mit typologischen Argumenten handeln läßt, die eine den Royalisten genau entgegengesetzte Stoßrichtung zeigen.[28]

---

[25] Was dazu führt, daß sich die Argumente für und wider spiegelbildlich blockieren. Das zeigt sich besonders deutlich in *Leo Armenius*. Vgl. dazu ↗ Kap. II.5.2.
[26] Vgl. Peter J. Brenner: Der Tod des Märtyrers (1988) [440]. Brenner sieht in Gryphius' Werken den modernen Antagonismus zwischen Staat und Individuum angelegt. Er beharrt infolgedessen darauf, daß die »›Märtyrerdramen‹ in Wahrheit Dramen der Immanenz sind. Ihr eigentlicher Impuls ist nicht der Versuch einer nochmaligen transzendenten Deutung der Welt, die ihren Trost im Jenseits sucht; ihre treibende und konfliktstiftende Kraft sind vielmehr die Aporien einer Wirklichkeit, in der sich noch unversöhnbare, aber juristisch wie historisch gleichermaßen legitime Ansprüche anmelden« (S. 265).
[27] Ebd., S. 261.
[28] Peter Michelsen: Der Zeit Gewalt (1981) [641], S. 55.

Gegen die Königstheologie, die an mittelalterliche christologische Traditionen anknüpft,[29] wird von den Revolutionären die besonders im Calvinismus verbreitete Vorstellung eines originären Bündnisses des Volkes mit Gott aufgerufen, die sich auf das Alte Testament stützt.[30] Gryphius findet sich bei der Bearbeitung der historischen Quellen der irritierenden Tatsache gegenüber, so beschreibt Werner Lenk diesen Sachverhalt, »daß hier zwei Arten von Recht auf den Waagschalen der Geschichte liegen, die beide Gültigkeit beanspruchen, die beide Gegensätzliches aussagen und hinter denen bedeutende gesellschaftliche Mächte stehen«.[31] Dieses Dilemma werde dadurch verschärft, daß beide Rechte zugleich Heilserwartungen in sich bergen:

> Zwei so verschiedene, gegensätzliche Gottesvorstellungen konnten dazu herausfordern, die (noch innerreligiöse) Frage zu stellen, welches denn der rechte Gott sei; sie konnten aber auch – wenn man wie Gryphius fähig war, gedanklich einen archimedischen Punkt außerhalb der Religion anzunehmen – die Frage provozieren, ob denn diese Aufspaltung und Benutzung des Gottesbegriffs nicht zugleich die Religion fragwürdig mache, sie der Politik ausliefere. Gryphius' Darstellung zielt konsequent auf die Erkenntnis, daß [...] die Religion seiner Zeit nichts anderes als verborgene Politik ist.[32]

Auch die – propagandistisch äußerst erfolgreiche – Selbststilisierung des englischen Königs zum Märtyrer ist in diesem Sinn »verborgene Politik«. Die Karl I. zugeschriebene Verteidigungsschrift *Eikón Basiliké*,[33] die allein im Jahr 1649 trotz Zensurmaßnahmen 34 Auflagen erlebte,[34] trug maßgeblich dazu bei, daß die Puritaner den Kampf über die Deutungshoheit der revolutionären Ereignisse verloren.[35] Die

---

29 Zum allgemeinen Zusammenhang vgl. die klassische Studie von Ernst H. Kantorowicz: Die zwei Körper des Königs. Eine Studie zur politischen Theologie des Mittelalters. München ²1994.
30 Zu den Quellen von Gryphius' Drama vgl. Günter Berghaus: Die Quellen zu Andreas Gryphius' Trauerspiel »Carolus Stuardus« (1984) [623]; Karl-Heinz Habersetzer: Politische Typologie und dramatisches Exemplum (1985) [454]. Zu den ideologischen Kämpfen rings um die Hinrichtung Karls I., bei denen der Dichter John Milton als Sekretär des Heerführers Oliver Cromwell eine Schlüsselrolle spielte, vgl. Koschorke/Lüdemann/Matala de Mazza/Frank (Anm. 8), S. 119–141, dort weitere Literatur.
31 Lenk (Anm. 6), S. 321.
32 Ebd., S. 323.
33 ΕΙΚΩ`Ν ΒΑΣΙΛΙΚΗ´. THE POURTRAICTURE OF HIS SACRED MAJESTIE IN HIS SOLITUDES AND SUFFERINGS: Together with His Private Prayers, used in the time of his Restraint, and delivered to D. Juxon, Bishop of *London*, immediately before his death. Rom. 8. *More then Conquerour, etc. Bona agere, & mala pati, Regium est.* MDCXLIX.
34 Nach Elisabeth Skerpan Wheeler: »Eikon Basilike« and the Rhetoric of Self-Representation. In: The Royal Image. Representations of Charles I. Hg. von Thomas N. Corns. Cambridge 1999, S. 122–140, hier S. 122.
35 Die Darstellung überschneidet sich hier und im folgenden mit Koschorke/Lüdemann/Matala de Mazza/Frank (Anm. 8), S. 132–139.

Royalisten verstanden es, den König noch bei seinem Gang zum Schafott als *christomimetes* erscheinen zu lassen – wenn nicht als Nachahmer Christi in seiner Herrlichkeit, dann in seiner Passion. Durch diesen ikonopolitischen Zug werden zugleich die Aufständischen ins Unrecht gesetzt, und zwar in ein Unrecht, wie es abgründiger nicht sein kann: wiederholen sie durch ihre Gewalttat doch den Mord am christlichen Gott. Mögen sie *faktisch* den Sieg davontragen, *symbolisch* sind sie um alle Ansprüche auf Rechtlichkeit ihres Handelns gebracht. Selbst wenn es ihnen gelingt, den König seiner Erscheinung nach auf die Blöße seines kreatürlichen Leibes zu reduzieren, arbeitet die Recodierung dieser Bloßstellung in Bildern des Martyriums und der Passion einem um so größeren Triumph des Erniedrigten zu.

Die Revolutionäre jedoch willigen nicht einfach ein, sich symbolisch derart entwaffnen und *innerhalb* des christologischen Deutungsmusters in die seit Shakespeares *Richard II* für sie vorgesehene Rolle des Verräters Judas drängen zu lassen.[36] Im Gegenteil: sie entziehen nicht nur der Person Karls I. ihre Anerkennung, sondern weigern sich auch, die Legitimationsfigur der Stellvertreterschaft Gottes auf Erden für ihren Gefangenen überhaupt noch gelten zu lassen. In ihren Augen hat er durch die erfolgte Absetzung das Prädikat der sakralen Unantastbarkeit bereits verloren, und sie scheuen sich nicht, diesen Verlust an dem entblößten, seiner Herrschaftsinsignien beraubten *body natural* des Königs vor aller Augen zu statuieren.

Gryphius' dramatische Gestaltung der Vorgänge in England, die ihm als Zeitgenossen vor Augen standen, trägt dieser wechselseitigen Blockade theologisch-politischer Ansprüche in mehrfacher Weise Rechnung. Die Entscheidung, den König hinzurichten, ist vor dem Einsatz des Stückes gefallen und trotz gewisser retardierender Elemente nicht mehr verhandelbar. Karl und sein Gegenspieler Oliver Cromwell treffen auf der Bühne nicht zusammen, sondern kommunizieren gewissermaßen aneinander vorbei. Gryphius bedient sich eines alternierenden Verfahrens, statt den dramatischen Knoten noch einmal zu schürzen. Es ist ihm nicht um Handlungsalternativen, sondern um die heilsgeschichtliche Ausdeutbarkeit des Geschehens zu tun. Doch auch die Frage der Deutung ist unschlichtbar kontrovers, und so verfehlen sich die Akteure selbst dort, wo sie in einen dialogischen Schlagabtausch eintreten. Dies geschieht in der Art der für das Barockdrama typischen stichomythischen Sentenzenkriege, in denen Rede und Widerrede sich wechselseitig ergebnislos annullieren. Die Gesprächsduelle setzen auf paradoxe Weise *beide* Seiten ins Unrecht, überführen *beide* Herrschaftsansprüche der Kontingenz.[37]

---

36 Vgl. THE Tragedie of King Richard the second. *As it hath beene publikely acted by the right Honourable the Lorde Chamberlaine his Seruants.* LONDON Printed by Valentine Simmes for Androw Wise, and are to be sold at his shop in Paules church yard at the signe of the Angel. 1597, fol. F2^v (3. Akt, 2. Szene, V. 132).
37 Eingehender hierzu Koschorke/Lüdemann/Matala de Mazza/Frank (Anm. 8), S. 146–149. Vgl. Nicola Kaminski: Andreas Gryphius (1998) [122], S. 111–121. Kaminski spricht treffend davon, daß im

In *Carolus Stuardus* wird die fatale Spiegelbildlichkeit der Antagonisten, die sich in solchen ergebnislosen Redekriegen zum Ausdruck bringt, noch einmal auf allegorischer Ebene reflektiert. Im »Chor der Religion und der Ketzer« (*Car$_B$* IV,301–344) am Ende des vierten Akts legt Gryphius in erklärter Parteinahme dar, wie die radikalen Puritaner die Religion zu ihren Zwecken mißbrauchen. Sie zerren von allen Seiten an ihr und behalten bloß ihr Kleid in den Händen, während die Religion als Allegorie der nackten Wahrheit in den Himmel entweicht. Doch der vergebliche Besitzanspruch der Revolutionäre gilt letztlich auch für die Royalisten.[38] Dafür bietet der Schlußreigen ein Indiz, der auf seiten des Königs nicht die Religion der Liebe und Erlösung auftreten läßt, sondern ihr »Ebenbild«, »die Rachgier« (*Car$_B$* IV,320): das heißt, die Verklammerung der Widersacher, die Fatalität der Mimesis zwischen den Feinden. Das höhere *Recht* des Souveräns wird in den Kreislauf der *Rache* zurückgezogen. Ein Choralvers ist hier besonders bezeichnend, weil er schon rhythmisch – und durch seinen Inhalt als Fluchrede – die fortdauernde Unruhe artikuliert, die sich nicht wieder in das Regelmaß des Alexandriners einfangen läßt und damit die dramatische Form des Stückes als ganze überbordet:

> ALLE. Rach! Rache! Rache! Rach! Rach! über disen Tod! (*Car$_B$* V,499)

Wenn alle in den Rachegesang einstimmen, dann setzt sich der Zyklus der Gewalthandlungen fort. Auch das Martyrium, wie es sich in Gryphius' Dramen darstellt, ist demnach kein Opfer, das die Gewalttätigkeiten zum Abschluß bringt, sondern Teil der Gewaltkette. Mehr noch: eine sie weiter antreibende Kraft.

Carolus Stuardus »das semiologische Problem der Erkennbarkeit und transzendenten Beglaubigung von Martyrium im Modus perspektivisch gebrochener Darstellung« inszeniert werde (ebd., S. 113). In seinem »reflexive[n] Gehalt« unterscheide sich Gryphius' Drama von der aktuellen politischen Propagandaliteratur (S. 120).

38 Aufschlußreich ist die Interpretation dieser Passage durch Werner Lenk: »In der Schlußstrophe des Chores deutet Gryphius an – und dies ist wohl als ein Bekenntnis zu einer Religiosität außerhalb der Konfessionen zu werten –, daß die Religion sich im Dasein des Menschen dennoch einen Platz bewahre, und zwar in einem ›reinen Hertzen‹. Der Dichter entzog – im Symbol – die Religion dem öffentlichen Leben, er sprach den gesellschaftlichen Gruppen und Institutionen das Recht ab, die Religion zu benutzen, sie für die Legitimation ihrer Interessen zu gebrauchen. Der Dichter forderte zugleich dazu auf, den Schleier der Religion zu zerreißen, damit der Blick auf die entschleierte Wirklichkeit frei werde. Auch wenn Gryphius diese Forderung vor allem auf die Königsgegner bezog, so gilt sie doch für beide Parteien. Indem der Dichter die allegorische Gestalt der Religion aus der Welt fliehen ließ, entzog er damit auch seinem tragischen Helden, dem Monarchen, nach der juristischen die religiöse, die gottesrechtliche Legitimation.« Lenk (Anm. 6), S. 324.

II.10.6 Metatheater / Spiel im Spiel
Von Bernhard Greiner

Spiel-im-Spiel-Konstellationen, ebenso metatheatralische Wendungen stehen in der Literatur des 17. Jahrhunderts im Kontext der Vorstellung des Welttheaters, die ihrerseits das phänomenale Feld jener unendlich erweitert. Denn wird das menschliche Leben generell und in der Folge die Welt der Geschichte als Theaterspiel begriffen, was für die Kultur des Barock umfassend anzusetzen ist, rückt jede Art theatralische Veranstaltung schon in die Position eines Metatheaters: eines Spiels *im* Spiel, dem das selbstreflexive Moment eines Spiels *über* das Spielen konstitutiv eingeschrieben ist. Bei Gryphius wie Lohenstein ist die Vorstellung des Lebens als eines Spiels durchtränkt vom Gedanken der Nichtigkeit (*vanitas*) des irdischen Daseins. So hält Gryphius in seinem Sonett »Ebenbild unsers Lebens« fest:

> DEr Mensch das Spil der Zeit / spilt weil er allhie lebt.
> Jm Schau-Platz diser Welt; er sitzt / und doch nicht feste.
> [...]
> Spilt denn diß ernste Spil: weil es die Zeit noch leidet /
> Vnd lernt: daß wenn man von Pancket des Lebens scheidet:
> Kron / Weißheit / Stärck und Gut / bleib ein geborgter Pracht. (*Son.* I,43)

Lohenstein formuliert analog in der Widmungsvorrede seines Trauerspiels *Sophonisbe*:

> Wie nun der Sterblichen ihr gantzer Lebens-Lauf
> Sich in der Kindheit pflegt mit Spielen anzufangen /
> So hört das Leben auch mit eitel Spielen auf.
> [...]
> Und unsre kurtze Zeit ist nichts als ein Getichte.
> Ein Spiel / in dem bald der trit auf / bald jener ab;
> Mit Thränen fängt es an / mit Weinen wirds zu nichte.[1]

Zur Betrachtung der Welt als ›Schau-Platz‹, d.i. als Bühne, auf der der Mensch seine Rolle zu spielen hat, liegt das reflexive Moment, daß sich dieses Spiel auf sich zurückwendet, nahe, da zum Theaterspiel als ein konstitutiver Bestandteil der Zuschauer, d.h. das Betrachtet-Werden, gehört. Eine Weise, solche Selbstreflexion des Welttheaters zu vollziehen, ist, auf der Theaterbühne, die auf der Weltbühne errichtet ist, wieder Theater zu spielen, womit sich die Selbstbetrachtung des Theaterspiels im Spiegel, der dieses Theaterspiel selbst ist, zu einem Spiel dritter Potenz

---

[1] Daniel Caspers von Lohenstein Sophonisbe / Trauerspiel. Breßlau / Auf Unkosten JEsaiæ Fellgibels / Buchhändlers aldar. 1680, fol. b2^r–b2^v.

erhebt. Notwendig ist der Effekt solcher ins Unendliche fortführbarer Potenzierung metatheatralischer Reflexivität ambig. Einerseits hält sie die Scheintiefe zweier gegeneinander aufgestellter Spiegel bereit, deren Scheinhaftigkeit das Wesen der Welt als bloßen Schein nicht nur repräsentiert, sondern im literarischen Akt hier und jetzt selbst vollzieht und so im Scheinen gerade wahr ist; andererseits bekundet sich in der gesteigerten Rückwendung – Re-Flexion – des Theaters auf sich ein nicht sistierbares, immer neu einsetzendes Bemühen, sich des zentralen Bestandteils des Welt-Theaterspiels zu vergewissern, d.i. des dem jeweiligen Spiel übergeordneten, zu diesem also transzendenten Au(c)tors, Regisseurs und Richters und damit des Sinngaranten dieses Spiels: Nach barocker Auffassung des Welttheaters ist dies Gott, aber in der grundlegend entzogenen Position eines *deus absconditus*.

Der Gedanke, das Handeln des Menschen in der Welt als Theaterspiel zu betrachten, hat eine lange Tradition.[2] Am Beginn steht Platons Bestimmung des Menschen als Marionette oder Spielzeug der Götter,[3] was zu der von Vertretern der Stoa (z.B. Seneca,[4] Epiktet,[5] Marc Aurel[6]) vielfach berufenen Vorstellung des Menschen als eines Schauspielers führt, der sich auf der Bühne der Weltgeschichte zu bewäh-

---

2 Vgl. Ernst Robert Curtius: Schauspielmetaphern. In: Europäische Literatur und lateinisches Mittelalter. Bern 1948 ([11]1993), S. 146–152; Peter Rusterholz: Theatrum vitae humanae (1970) [405]; Wilfried Barner: ›Theatrum mundi‹. Der Mensch als Schauspieler. In: ders.: Barockrhetorik. Tübingen 1970, S. 86–131; Bernhard Greiner: (Art.) Welttheater. In: Reallexikon der deutschen Literaturwissenschaft. Bd. 3. Hg. von Jan-Dirk Müller. Berlin 2003, S. 827–830.
3 PLATONIS, AVGVSTISS. PHILOSOPHI, omnium quæ extant operum TOMVS SECVNDVS, *Græcè & Latinè*, EX NOVA IOANNIS SERRANI interpretatione, perpetuis eiusdem notis illustrata: quibus & methodus & doctrinæ summa breuiter & perspicuè indicatur. EIVSDEM *Annotationes, ad tertij tomi calcem reiectæ,* »NO´MΩN, ἢ Περὶ νομοθεσίας. id est, De legibus. Vel, De legumlatione, Libri XII.«, S. 644d–e und 803c.
4 L. ANNÆI SENECÆ PHILOSOPHI Tomus Secundus. *In quo* EPISTOLÆ, & QVÆSTIONES NATVRALES. *Lugdun. Batavor.* Ex Officinâ Elsevirianâ, CIƆ IƆ CXLIX., S. 166–171, hier S. 170 (epist. 65,18); S. 247–249, hier S. 248 (epist. 80,7); S. 376f., hier S. 377 (epist. 96,5). Die einschlägigen Stellen bei Seneca, Epiktet und Marc Aurel verzeichnet auch Barner (Anm. 2), S. 94.
5 ARRIANI NICOMEDIENSIS DE EPIcteti philosophi, præceptoris sui, dissertationibus Libri IIII, saluberrimis, ac philosophica grauitate egregiè conditis, præceptis atque sententijs referti, nuncque primùm in lucem editi: IACOBO SCHEGGIO MEDICO Physico Tubingensi interprete. ACCESSIT EPICTETI ENCHIRIdion, Angelo Politiano interprete. *Græca etiam Latinis adiunximus, ut commodius ab utriusque linguæ studiosis conferri poßint. Cum gratia & priuilegio Imperiali ad annos septem. BASILEAE, PER IOannem Oporinum,* S. 55 (diatr. 1,9,16); S. 241 (diatr. 3,22,4).
6 ΜΑ´ΡΚΟΥ ἈΝΤΩΝΙ´ΝΟΥ ΤΟ῀Υ ἈΥΤΟΚΡΑ´ΤΟΡΟΣ ΤΩ῀Ν ἘΙΣ ἘΑΥΤΟ῀Ν ΒΙΒΛΙ῀Α ιβ´. MARCI ANTONINI IMPERATORIS de rebus suis, *sive de eis qæ ad se pertinere censebat,* Libri XII, *Locis havd pavcis repurgati, suppleti, restituti: Versione* insuper *Latinâ* novâ; *Lectionibus* item *variis, Locisqe parallelis,* ad marginem adjectis; Ac *Commentario perpetuo,* explicati atqe illustrati; *Studio operâqe* THOMÆ GATAKERI *LONDINATIS.* CANTABRIGIÆ: Excudebat *Thomas Buck,* celeberrimæ Academiæ Typographus. *Anno Dom.* MDCLII. *Veneunt ibidem per* Antonium Nicolson, *Bibliopolam,* S. 17 (3,4,6); S. 22 (3,16,4).

ren habe. Die Verschiebung der Vorstellung vom Menschen (als Schauspieler) zu dessen Leben führt zum Begriff ›Schauspiel des Lebens‹, so etwa bei Cicero (»cum in vita, tum in scena«[7]), aber auch schon bei Platon, der vom ›ganzen Trauerspiel und Lustspiel des Lebens‹[8] spricht. Liegt der Akzent nicht auf der zeitlichen Erstreckung des ›Lebensschauspiels‹, sondern auf dessen Raum, ist die Vorstellung des ›Welttheaters‹ (*theatrum mundi*) gegeben, die sich erstmals bei Johannes von Salisbury findet, der in seiner staatstheoretischen Schrift *Policraticus* (1159) dem von der Fortuna bestimmten Welttheater die Beständigkeit des tugendhaften Lebens entgegenstellt.[9] Eine satirische Wende gab der Zeitgenosse Marc Aurels, Lukian, der Vorstellung des Lebensschauspiels, dem in seinem Entwurf nicht mehr Götter Sinn garantieren, das vielmehr radikal diesseitig aufgefaßt wird: nun ist es Tyche, das Schicksal resp. der Zufall, die den Menschen die Rollen ihres Lebens austeilt (so im Dialog *Menippos oder Nekyomantie*).[10] Erasmus, der zusammen mit Thomas Morus eine Sammlung von Werken des Lukian ins Lateinische übersetzt hat (*Luciani opuscula*, 1506), hat mit seinem *Lob der Torheit* (*Moriae Encomium*, erschienen 1511) die Verbindung des Lebensschauspiels mit der Figur des Narren als Fluchtpunkt profiliert. Ein diesseitig-satirisch orientierter Gebrauch des Welttheater-Topos tritt so zum theonomen, den paradigmatisch für barocke Auffassung Calderóns Fronleichnamsspiel *El gran Teatro del mundo* (vor 1641 uraufgeführt, erschienen 1655) und Baltasar Gracián (im Kapitel »El gran Teatro del Vniuerso« im ersten Teil seines *Criticón*, erschienen 1651) ausgeprägt haben. Von beiden ist die melancholische Auffassung der Welttheater-Vorstellung unterschieden, der Shakespeare in der Rede des Iaques (II,7: »All the world's a stage...«) seiner Komödie *As you Like it* (geschrieben 1599/1600) Stimme gegeben hat.[11] Dem Melancholiker Iaques ist Schau-Spiel umfassende Deutungsfigur des Daseins, wie seinem Herzog, der vom »wide and vniversall Theater« des Lebens spricht,[12] aber er weigert sich mitzuspielen, da er gegenüber dem in seiner Sicht auf keinen Sinn hin zu perspektivierenden Spiel auf

---

7 M. T. Cic. De OFFICIIS LIBRI TRES. Item Cato M. *vel de Senectute*, Lælius *vel de amicitia*, Paradoxa *Stoicorum Sex*, Somnium *Scipionis*. Apud Ioannem Ianssonium. ANNO CIƆ IƆCLI., S. 152–187 (»CATO MAIOR, VEL DE SENECTUTE *ad T. Pomponium Atticum*«), hier S. 179 (Cato 18,65).
8 Platon (Anm. 3), »PHILEBVS, ἢ Περὶ ἡδονῆς. id est, Vel, De voluptate. siue, De summo bono«, S. 50b.
9 IOANNIS SARESBERIENSIS POLICRATICUS, SIVE *De nugis Curialium, & vestigiis Philosophorum*, LIBRI OCTO. Accedit huic editioni eiusdem METALOGICUS. *Cum Indice copiosissimo*. LUGDUNI BATAVORUM, Ex Officina IOANNIS MAIRE, CIƆ IƆ C XXXIX., S. 176 (lib. III, cap. IX).
10 LVCIANI SAMOSATENSIS DIALOGI SELECTIORES, COELESTES, MARINI, ET INferni, Græcè & Latinè editi in vsum puerorum. LIPSIAE ANNO M. D. LXVII., S. 215–238, hier S. 233.
11 As you Like it. In: MR. WILLIAM SHAKESPEARES COMEDIES, HISTORIES, & TRAGEDIES. Published according to the True Originall Copies. *LONDON* Printed by Isaac Iaggard, and Ed. Blount. 1623, S. 185–207, hier S. 194a.
12 Ebd.

Vernunft und Selbstbestimmung des Menschen beharrt. So figuriert er eine paradoxe Handhabung des Topos: sich im Lebensschauspiel gefangen zu erkennen und doch mit der Weigerung, in diesem Spiel mitzuspielen, eine Position jenseits des Spiels zu reklamieren.

Ist die Vorstellung des Lebens als Schauspiel und der Welt als eines Theaters im 17. Jahrhundert schon markant ausdifferenziert und in den europäischen Literaturen verbreitet, so wurde die Barockforschung doch nicht müde herauszustellen, daß die Potenzierung der Theatermetapher in der Figur des Spiels im Spiel eine genuin barocke Zuspitzung sei. Richard Alewyn betont: »Das Theater im Theater ist eine Schöpfung des Barock, eine seiner eigentümlichsten und aufschlußreichsten«,[13] analog führt Gerhard Kaiser anläßlich des *Peter Squentz* aus, daß das Theater im Theater mit seiner »Folge von Spiegelungen« und seinem hierdurch entstehenden »Ineinander von Illusion und Desillusionierung [...] zum vollkommensten Ausdruck der barocken Welterfahrung« werde.[14] Zu fragen bleibt, worin die Figur des Spiels im Spiel für das Denken und Dichten, aber auch für die gesellschaftliche Lebenspraxis im 17. Jahrhundert eine so nachhaltige Attraktivität gewinnen konnte. Die Konstellation des Theaters im Theater bietet sich zum einen als Reflexionsform des höfischen Daseins und dessen Zentrierung im Akt der Repräsentation an. Der Mensch am Hof und ebenso der Bürger, der sich an dessen Daseinsweise orientiert, haben eine Rolle zu spielen, sie haben ein Bild zu schaffen, wie sie von anderen wahrgenommen werden wollen, nur so setzen sie ihre Interessen durch, und sie wissen, daß jeder sich so verhält. Man ist, was das Bild von sich, die Maske, die man erfolgreich bei den andern über sich befestigt hat, besagt. Zum höfischen Ideal des kultivierten Verhaltens, wie es Baldessar Castiglione in seinem *Cortegiano* (erschienen 1508–1516 und bald in viele europäische Sprachen übersetzt) aufgestellt hat, gehören wesentlich ›Spiel‹, ›Scheinen‹ im Sinne der ›Repräsentation‹, d.i. des Vergegenwärtigens einer Vorstellung (der repräsentierten Sache) durch eine andere (die repräsentierende) Vorstellung,[15] mithin die Vorstellung einer Vorstellung, also ›Theater im Theater‹. Ziel des von allen betriebenen, von allen gewußten repräsentierenden Scheinens ist soziales Fortkommen, ohne daß Anspruch auf ein Ich hinter den Masken erhoben würde. Hamlet ist die Figur, die sich diesem Spiel verweigert, die das allseitige Maskenwesen auf Wahrhaftigkeit hin befragt, weil sie Anspruch auf ein Ich-Sein hinter der Maske erhebt und umgekehrt diesen Anspruch erheben kann, weil sie sich dem repräsentierenden Scheinen verweigert

---

13 Richard Alewyn und Konrad Sälzle: Das große Welttheater. Die Epoche der höfischen Feste. Hamburg 1959, S. 66.
14 Gerhard Kaiser: Absurda Comica (1968) [759], S. 220.
15 Zur Repräsentation als charakteristischer Denkform des Zeitalters der französischen Klassik vgl. Michel Foucault: Die Ordnung der Dinge. Aus dem Französischen von Ulrich Köppen. Frankfurt a.M. 1974, insbes. S. 78–113.

(»I know not Seemes«, entgegnet Hamlet seiner Mutter und »I haue that Within, which passeth show«; I,2).[16] Aber um sich dieses Ichs jenseits allen Scheinens und der Richtigkeit seiner Deutung der Vorstellungen, die die anderen geben, zu vergewissern, muß das Ich spielen, um aus den Brechungsfiguren seiner Spiele an denen der anderen Schlüsse im Hinblick auf sich selbst und sein Vermögen, das allgemeine Scheinen zu durchschauen, ziehen zu können. So wird das Ich, das sich in der Verweigerung des repräsentierenden Scheinens als Ich hinter allen Masken setzt, zur Instanz, die die wahre ›Urszene‹ des Spiels im Spiel geschaffen hat:[17] des Spiels »The Mouse-trap« (vgl. III,2),[18] das Hamlet am Hofe vor seiner königlichen Mutter und deren neuem Gemahl aufführen läßt. Ist die Konstellation des Spiels im Spiel im *Hamlet* (geschrieben 1600/01) irdisch auf Bewährung des hier hervortretenden Ichs vor sich selbst als unbedingter Instanz hin ausgerichtet, so ist die Figur des Spiels im Spiel bei den schlesischen Dramatikern des 17. Jahrhunderts, die von der Dramatik Shakespeares wahrscheinlich nur indirekt Kenntnis hatten,[19] gleichfalls auf Bewährung ausgerichtet, nun aber, aufgrund der theonomen (sofern nicht satirischen) Perspektivierung des Spiels im Spiel, auf Bewährung vor der absoluten Instanz der Transzendenz, an der Schein und Sein sich unterscheiden, die jedoch bei absoluter Trennung von Immanenz und Transzendenz prinzipiell entzogen und daher nur ex negativo aufrufbar ist. Prominentes Verfahren, dies zu leisten, wird analog zur *Hamlet*-Konstellation das Spiel im Spiel: »nur weltlich verkleidet als Spiel im Spiel«, so Benjamin, lasse die barocke Dramatik »die Transzendenz zu ihrem letzten Worte kommen«.[20]

Attraktiv ist die Figur des Spiels im Spiel dem Denken und der gesellschaftlichen Praxis des 17. Jahrhunderts nicht nur als Übungs- und Reflexionsfeld gelingender Repräsentation, sei dies in immanenter oder transzendenter Perspektive, sondern auch für eine ontologische Differenzierung der Repräsentation nach Schein und Sein. Für das Scheinen im Schauspiel des Lebens auf dem Theater der Welt ist anzusetzen, daß es über sein Täuschen (als Befangen-Sein im Schein) sich und die Adressaten selbst noch täuscht. Demgegenüber stellt jedes auf dem Theater selbst

---

16 THE TRAGEDIE OF HAMLET, Prince of Denmarke. In: Mr. WILLIAM SHAKESPEARES COMEDIES, HISTORIES, & TRAGEDIES. Published according to the True Originall Copies. *LONDON* Printed by Isaac Iaggard, and Ed. Blount. 1623, S. 152–280 (separate Paginierung der »Tragedies«, ab 257 [recte: 157] fehlerhaft), hier S. 154a.
17 Ausführlicher hierzu Bernhard Greiner: The Birth of the Subject out of the Spirit of the Play within the Play: The »Hamlet« Paradigm. In: The Play within the Play. The Performance of Meta-Theatre and Self-Reflection. Hg. von Gerhard Fischer und Bernhard Greiner. Amsterdam 2007, S. 3–14.
18 Shakespeare (Anm. 16), S. 268b.
19 Zur Frage, ob Gryphius' *Peter Squentz* eine originale Kenntnis des *Midsummer Night's Dream* voraussetzt, vgl. ↗ Kap. II.6.2 zum *Peter Squentz*, S. 320–322.
20 Walter Benjamin: Ursprung des deutschen Trauerspiels (1928) [432a], S. 72.

wieder errichtete Theater seinen Scheincharakter aus, der dann allerdings unhintergehbar auch jeden in dieser Figur geschaffenen Bezug zur Transzendenz tangiert. So verschließt sich dem Spiel im Spiel als Feld potenzierten Scheins die Transzendenz, zu der es den Zugang doch zugleich öffnet, insofern es mit der Ermöglichung der Unterscheidung von Schein und Sein – als Relation der verschiedenen Spielebenen zueinander – die Bahn der Vergewisserung eines letzten Sinnbürgen des Schau-Spielens eröffnet. Derart führt das Spiel im Spiel im barocken Drama Öffnen und Schließen der Bezugnahme zur Transzendenz ineinander, kann es entsprechend in dieser paradoxen Leistung zum herausgehobenen Ort und dramaturgischen Verfahren der Vergewisserung einer abgründig ungewissen Transzendenz werden. In diesen beiden Funktionen – als Übungs- und Reflexionsfeld gelingender Repräsentation wie als Feld der Vergewisserung ungewisser Transzendenz – erproben Gryphius' Dramen die Figur des Spiels im Spiel in immer neuen Versuchsanordnungen, sei es in der Weise, daß Figuren in der dramatisch jeweils vorgestellten Welt Handlungen oder Erfahrungen als theatralische anzeigen, so unter den Deutungshorizont von ›Theater‹ stellen, sei es, daß in der durch das Drama generierten Welt selbst erneut ein als solches ausgewiesenes Theaterspiel in Gang gesetzt wird.[21] Beispiele für Protoformen des Spiels im Spiel – d.h. zu diesem hinführend, aber es theatralisch noch nicht ausarbeitend – finden sich vielfältig in allen Dramen des Gryphius, ausgearbeitete Spiel-im-Spiel-Konstellationen demgegenüber vorwiegend in den Komödien.

In *Leo Armenius* deutet die Königin die Ermordung ihres Gatten in der Kirche während der Christmette als Trauerspiel – »Erzehle wie sich denn diß Traurspill angefangen« (*Leo* V,67) –, womit sie in der Welt des Stücks den Titel des für Aufführungen auf dem Theater konzipierten Dramas bestätigt (*Leo Armenius, Oder Fürsten-Mord Trauerspiel*), so daß ihre Rede von ›Trauerspiel‹ auch auf Theater verweist, wie dann der Fürstenmord selbst durch eine theatralische Veranstaltung zustandekommt, insofern sich die Verschwörer als Priester verkleiden, ihre Schwerter in ausgehöhlten Kerzen verbergen und so Zutritt zum Kirchenraum gewinnen, in dem der Kaiser mit seinem Gefolge die Menschwerdung Gottes in Christus feiert. Schauspielertum, Erzeugen eines falschen Scheins dringt derart in den Raum ein, der der Realpräsenz Gottes in menschlicher Gestalt geweiht ist. Das kann das Zeichen nicht unberührt lassen, das der Kaiser mit seinem Tod schafft, wenn er, aus vielen Wunden blutend, auf das Kreuz in der Kirche sinkt, über das die Vorrede der dichterischen Freiheit anheimstellt, in ihm das Kreuz zu erkennen, an dem Christus gestorben ist (vgl. *Leo*, fol. Aij^v–Aiij^r). Daß sich so das Blut eines sündigen Menschen, der

---

21 Zum Gebrauch des ›Spiel im Spiel‹-Begriffs, der diese beiden Varianten umfaßt, vgl. Manfred Schmeling: Das Spiel im Spiel (1977) [776], bes. S. 1–27; zu weiteren Aspekten einer Theorie des Spiels im Spiel vgl. auch Gerhard Fischer und Bernhard Greiner: The Play within the Play: Scholarly Perspectives. In: The Play within the Play (Anm. 17), S. XI–XVI.

allerdings auch Kaiser und damit weltlicher Stellvertreter Gottes auf Erden ist, mit dem im Holz des Kreuzes bewahrten Blut des Erlösers mischt, ist dem Boten, der die Mordszene schildert, nur ein Greuel (vgl. *Leo* V,170), die Szene läßt sich jedoch ebenso als sinnliche Bestätigung eines Einswerdens mit Christus, mithin als Bewahrheiten einer Postfiguration Christi lesen. Aber diese wäre dabei Akteuren geschuldet, die das Heiligste mit Schauspielerei durchdringen. So eröffnet das Schauspiel des Fürstenmordes nicht ein Theater der Realpräsenz, vielmehr eines, das Zeichen nicht eindeutig zu machender Verweisung schafft, was für die metatheatralischen Perspektiven in Gryphius' Dramen verallgemeinert werden kann. Die Schauspielmetaphern, die sie vielfältig berufen, dienen vor allem dazu, das Dilemma ungewisser Zeichenverweisung zu entfalten und damit Versicherungen der Transzendenz, sei es auf der Ebene der vorgestellten Figuren, sei es auf derjenigen der ästhetischen Organisation der Dramen, immer neu auf den Prüfstand zu stellen.[22]

Das Märtyrerdrama *Catharina von Georgien* ist durch seine Rahmung zu Beginn mit dem Auftritt der Ewigkeit und am Ende mit dem Erscheinen des Geistes der zu Tode gemarterten Catharina aus eben der Transzendenz, die die Ewigkeit dem Menschen als Orientierung seines Lebens anempfohlen hat, ausdrücklich als Spiel im Spiel angezeigt. Der Schauplatz der Handlung ist gespannt zwischen Himmel und Hölle, wie dies die Regiebemerkung zu Beginn festlegt (vgl. *Cath.*, S. 95) und die den Prolog sprechende Ewigkeit nochmals bekräftigt: »Hir über euch / ist diß was ewig lacht; | Hir unter euch / was ewig brennt und kracht« (*Cath.* I,71f.). Die irdische Welt wird dann auch explizit als Schauplatz eingeführt – »Schauplatz der Sterblikeit« (*Cath.* I,81) –, somit als Theater auf dem Theater. Er ist Ort der Bewährung – »Wehlt / was ihr wündschet zu besitzen« (*Cath.* I,73) –, deren erhabenste Verwirklichung das Martyrium, das Blutzeugnis für Christus ist, auf das die Ewigkeit dann auch sogleich verweist, indem sie, das Ende des doch erst eröffneten Spiels im Spiel vorwegnehmend, die Fürstin Catharina nach erduldetem Martyrium in ihr ewiges Reich des Himmels folgen läßt, die Zuschauer auffordernd: »Last so wie Sie das wehrte Blutt zu Pfand; | Vnd lebt und sterbt getrost für Gott und Ehr und Land« (*Cath.* I,87f.). So wird das als Schauspiel vor der Ewigkeit angezeigte Martyrium als bloße Wiederholung des schon abgelaufenen Martyriums der historischen Figur auf der Bühne der Weltgeschichte kenntlich gemacht, d.h. als ein Theater dritter Potenz. Das im Zentrum der vorgestellten Handlung stehende Martyrium kommt dieser gesteigerten Theatralisierung besonders entgegen; denn Marter ist, wie körperliche Strafrituale generell bis ins Zeitalter der Aufklärung, auf Ostentation, also Ausstellung und Zurschaustellung angelegt, wie dann auch der persische Blutrichter die an Catharina vollzogene Marter gegenüber dem als Zeugen zugelassenen Priester sowie

---

22 Diese Deutungsperspektive hat Nicola Kaminski: Andreas Gryphius (1998) [122] differenziert und umfassend ausgearbeitet.

der Kammerjungfrau Salome als ›Schauspiel‹ tituliert: »Wolt ihr dem Zorn entflihen | Der euch diß Schauspil gibt« (*Cath.* V,142f.). »Wenn Folter und Hinrichtung durch und durch theatralisch sind, dann ist ihre Vorstellung auf der Bühne Theater im Theater, eben eine mise en abîme.«[23] Die Instanz der Transzendenz, die das ›Schauspiel‹ des Martyriums aber erst zu einem gelungener Bewährung macht, wird durch den metatheatralischen Rahmen jedoch ebenso befestigt wie verunsichert. Einerseits werden mit der Ewigkeit und der zu deren Thron erhobenen Märtyrerin Catharina transzendente Figuren als Zuschauer und Richter des Märtyrerdramas gesetzt, andererseits legt es das Drama offenbar darauf an, diese Gewißheit der transzendenten Rahmung zurückzunehmen. Laut Regiebemerkung des Beginns kommt die Ewigkeit aus dem Himmel, der sich über dem Schauplatz geöffnet hat (vgl. *Cath.*, S. 95), d.h. sie muß durch sichtbare maschinelle Vorrichtungen als wahrhafte *dea ex machina* einschweben. Ihre eindringliche Erinnerung an die Vergänglichkeit aller irdischen Dinge schließt die ein, die »der Feder Macht« vertrauen, denen sie entgegenhält, »die Ewikeit beruht nicht auff Papir« (*Cath.* I,38). Dem Papier aber verdankt die hier sprechende Ewigkeit sich selbst. So streicht sie sich selbst durch, gibt sich als Schauspielerin zu erkennen, die von der Ewigkeit, auf die sie verweist, prinzipiell getrennt ist. Auch der Rahmen des Spiels im Spiel, innerhalb dessen als scheinbar absoluter Urteilsinstanz dieses abläuft, ist nur Theater; so wird die Bewährung durch das Martyrium in dessen postfiguraler Gleichsetzung mit dem Opfertod Christi (vgl. *Cath.* V,65 und 68) auch nur theatralisch bewahrheitet, was der Schluß des Dramas bekräftigt, wenn dort der Geist Catharinas erscheint und dem Tyrannen ein göttliches Strafgericht ankündigt, dieser Einbruch der Transzendenz aber unter den Vorbehalt des Betroffenen gestellt ist, seine Vision könne auch »eitel Phantasy« sein (*Cath.* V,427). Wieder und nun in denkbar schroffester Weise ist der Effekt der Spiel-im-Spiel-Konstellation in diesem Trauerspiel ambig: Sie gibt dem Märtyrer-Drama einen transzendenten, d.h. aber auch alle Theatralität transzendierenden Rahmen und nimmt diesen zugleich als bloß theatralisch, mithin als bloß immanente Transzendenz zurück.

Die Spiel-im-Spiel-Konstellationen, die Gryphius' Trauerspiele entwerfen, bekräftigen die transzendente Perspektivierung des vorgestellten Geschehens nicht, problematisieren sie vielmehr und begreifen hierin unweigerlich auch die jeweils im Zentrum stehenden Verfahren der Zeichenbildung ein. Das bestätigt das Trauerspiel *Carolus Stuardus*, das man als transzendentales Drama über die Möglichkeit der Beglaubigung der Deutungsfigur der Postfiguration lesen kann. Die auch hier markante Schauspielmetaphorik durchdringt die Figuraldeutung, eröffnet einen Spielraum zwischen einem Theater der Präsenz, das den König, der seine Hinrichtung erduldet, in die Nachfolge Christi treten läßt, und einem Theater bloßer Repräsentation,

---

23 Christopher J. Wild: Theater der Keuschheit (2003) [519], S. 110.

auf dem der Protagonist die Nachfolge Christi nur prätendiert. Juxton, der Bischof, der Karl in den Tod begleitet, stellt dem König vor der Hinrichtung nochmals die irdische Welt und das Jenseits als ›Schau-Plätze‹ gegenüber (vgl. *Car*$_B$ V,429–435), während Karl schon in seinem ersten Auftritt sein Geschick als »Jammer-Spil« bezeichnet hat (*Car*$_B$ II,324). Auf diesem vom realen Theater vorgestellten ›Schauplatz‹ der Welt ist die Hinrichtungsstätte wieder als »Schauplatz« errichtet, um den die Zuschauer wie um eine Bühne postiert sind: »Auff diser Bün' erscheint das grause Schlacht-Altar« (*Car*$_B$ V,131), d.h. als Bühne dritter Potenz, auf der der König unweigerlich zum Schauspieler seiner selbst wird. Ist seine Hinrichtung so potenziert theatralisch, durchdringt dies auch die Deutungsfigur der Nachfolge Christi, auf die hin Karl sich von seinem ersten Auftritt an deutlich stilisiert, wie dies Gryphius in einer seiner zentralen Quellen zu diesem Stück schon vorfand: in der sogleich nach der Hinrichtung Karls erschienenen anonymen Verteidigungsschrift *Eikón Basiliké*, die auf Texte des Königs selbst zurückgeht und durch ihre weite Verbreitung das Bild Karls als eines königlichen Märtyrers populär gemacht hat.[24] Schon mit seinen ersten Worten im Drama vergleicht Karl sich mit Christus:

> Brich an gewündschtes Licht / wir sind des Lebens sat /
> Vnd schaun den König an / der selbst ein Creutz betrat
> Verhast von seinem Volck / verlacht von seinen Scharen
> Verkennt von Ländern die auff ihn vertröstet waren /
> Den Freund / wie uns verkaufft / den Feind / wie uns verklagt /
> Vnd kränckt umb Frembde Schuld / und biß zum Tode plagt. (*Car*$_B$ II,259–264)

Unter den aufgebotenen Verfahren, die die behauptete Postfiguration Christi beglaubigen, aber auch erschüttern, ist dasjenige hervorzuheben, bei dem der Bezug der Hinrichtung Karls zur Passion Christi frei von aller Konstruktion, rein zufällig sich einzustellen scheint, was dann selbstverständlich höherer Fügung, damit der bestätigenden Transzendenz zugeschrieben wird. Es ist die Szene der Bibellesung am Hinrichtungsmorgen, bei der sich herausstellt, daß im Liturgiebuch für diesen Tag die Passionsgeschichte nach Matthäus zur Lesung bestimmt ist. Bestätigung der Postfiguration gibt dem König das Liturgiebuch – »Er schöpffte wahre Lust / daß JEsus durch sein Leiden | Sich fast den Tag mit ihm gewürdigt abzuscheiden« (*Car*$_B$ V,117f.) –, von dem zuvor gesagt wird, daß Karl dessentwegen viel habe leiden müssen, was Gryphius in einer ausführlichen Anmerkung erläutert. Es handelt sich um das von Elisabeth I. eingesetzte *Book of Common Prayer*, dessen Regelungen sich die Presbyterianer widersetzten, während der König hierauf bestand, wozu Gryphius bemerkt, der König habe deshalb »grosse Verfolgungen und Widerwertigkeiten[25]«

---

24 Vgl. dazu ↗ Kap. II.10.5 über »Märtyrer/Tyrann«, S. 665f.
25 Verbessert aus »Widerwerkeiten«.

erlitten (Car$_B$, S. 451); d.h. er behauptet nicht weniger, als daß des Königs Verfolgung und letztendliche Hinrichtung, die ihn zum Märtyrer in der Nachfolge Christi machen, in seinem Beharren auf dem *Book of Common Prayer* ihre Ursache hätten. Das schränkt die providentielle Beglaubigung der Postfiguration zur bloßen Versinnlichung der rhetorischen Figur der Metonymie ein: der Effekt, die Beglaubigung der *imitatio*, steht für seinen Anlaß, den Kampf um die rechte Ordnung des Gottesdienstes, in dem der Passion Christi gedacht wird. Verbindlich ist solche Beglaubigung der postfiguralen Verweisung nur für die, die mit dem König an diesem Liturgiebuch festhalten, für die anderen ist die Passion in der Nachfolge Christi bloßes Schauspiel eines in sich geschlossenen und so sich selbst immunisierenden Verweisungssystems. Dem sekundiert das Drama von der anderen Seite durch die Art und Weise, in der es Bestätigungen der Postfiguration durch die Königsgegner relativiert. Vor dem Hinrichtungsakt wird der Richter Poleh in der Rolle des Christusverräters Judas gezeigt. Er stellt den Tod des Königs in vergleichbare Erschütterungen des Kosmos, wie solche in der Bibel den Tod Christi begleiten: die Sonne zittert, die Themse brennt schwefelblau, es wird finster, die Erde bebt (vgl. Car$_B$ V,241f.). In Öffnungen des Schauplatzes zu einer inneren Bühne sieht Poleh, wie die revolutionären Anführer, Richter und Henker hingerichtet werden und das Königtum mit der Krönung von Karls Sohn wiederhergestellt wird. Die als Spiel im Spiel gegebenen Visionen, dramaturgisch Prophetien *ex eventu*, beglaubigen die Judas-Figuration und mit dieser die Postfiguration der Passion aber nicht, da sie als Visionen eines Verrücktgewordenen zurückzunehmen sind, der zudem nicht um den König als wiedergekehrten Christus leidet, sondern nur um sich fürchtet (»mein König! nicht umb dich: | Nein! nein! ach leider nein! es ist geschehn umb mich!«; Car$_B$ V,159f.). Der auf der inneren Bühne eines Schauplatzes auf dem Schauplatz erfolgenden Hinrichtung des Königs wird der Anspruch der Nachfolge Christi vielfältig, zuletzt mit der Poleh-Szene erneut auf einer inneren Bühne, gewissermaßen der Gegenbühne, bestritten. So wird das Spiel im Spiel zur Quelle der Trauer des Trauerspiels: der Trauer über ein Verwiesen-Sein in eine heillose geschichtliche Welt, in der alle Versuche einer Sinnstiftung, hier die Glaubenszeichen eines postfiguralen Märtyrers, zu relativieren sind.[26]

Die theatralisch weitestgehenden Ausarbeitungen der Spiel-im-Spiel-Konstellation gibt Gryphius nicht in seinen Trauer-, sondern in seinen Lustspielen, womit er gattungsspezifischen Vorgaben nur folgt, da mit der Parabase, dem Aus-der-Rolle-Fallen der Figur in direkter Anrede des Publikums, als einer der Grundformen der Komödie schon eine metatheatralische Konstellation gegeben ist. In *Absurda Comica. Oder Herr Peter Squentz* ist Spiel im Spiel – im Unterschied zur Vorlage, dem *Midsummer Night's Dream* – nicht ein Motiv unter anderen, besteht die Handlung

---

26 Vgl. hierzu auch den Abschnitt zum *Carolus Stuardus* in ↗ Kap. II.10.2 über »Bibeldichtung«, S. 623–628.

der Komödie vielmehr allein darin, daß auf dem realen Theater selbst wieder Theaterspiel vorbereitet, ausgeführt und von den Zuschauern kommentiert wird. Das so entfaltete Theaterspiel über das Theaterspielen wird mit dem Obertitel »Absurda Comica« als aus Mißklängen gebildet angezeigt, was allererst inhaltlich aufzufassen ist, insofern das Stück in der Schauspielkunst dilettierende Handwerker zeigt, die die beiden Ebenen jeder theatralischen Veranstaltung – vorgestellte Welt und Wirklichkeit des Vorstellens – nicht in der richtigen Weise zusammenzubringen wissen. Sie beziehen der vorgestellten Welt Zugehöriges, z.B. Beschimpfungen einer Figur oder einer Requisite, auf sich als reale Person, während sie umgekehrt den höfischen Zuschauern völlige Illusionierung unterstellen, so daß sie wiederholter Belehrung über das Unterscheiden zwischen beiden Ebenen bedürften. Neu an der Spiel-im-Spiel-Konstellation ist hier, daß sie von der Figur des Narren aus begründet und bewegt wird, mithin in ihm ihren Fluchtpunkt hat, nicht mehr, wie die der Tragödien, im Problem, transzendente Perspektivierungen des vorgestellten Spiels zu beglaubigen. Am Spiel der Handwerker ist maßgeblich Pickelhäring, die typisierte komische Figur der englischen Wanderbühne, beteiligt, den das Personenverzeichnis als »des Königes lustiger Rath« (*Squ.*, fol. Aiij^r) ausweist. Entweder auf Anweisung des Königs oder in seiner Funktion als Hofnarr agiert er unter und mit den Handwerkern. Er hat sie möglicherweise dazu gebracht, das Spiel um Pyramus und Thisbe vor dem Hof aufzuführen, er provoziert den größten Teil der ›Unfälle‹ im Spiel, mit denen sich die Handwerker vor den höfischen Zuschauern zu Narren machen, ohne dies zu durchschauen. So agieren sie, wenn sie sich in ihrer Wirklichkeit des Spielens zu bewegen glauben, im Theaterstück, das Pickelhäring inszeniert. Durch die Figur des Narren wird damit zwischen Spiel im Spiel und rahmendem Theater, auf dem die Zuschauer gespielte Figuren sind, eine weitere Spiel-im-Spiel-Ebene eingezogen, die einem Theater der Präsenz Raum gibt, auf dem die Handwerker Schauspieler ihrer selbst sind. Die Zuschauer interessiert nur diese Ebene des Theaterspielens, auf sie beziehen sich all ihre Kommentare und Eingriffe, und konsequent werden die Handwerker dann auch für dieses Theater, soweit es sich in den Unfällen dieses Spiels im Spiel manifestiert, die Squentz »Säue« (*Squ.*, S. 42) nennt, bezahlt. Die Lust, die das Spiel im Spiel auf dieser Ebene den Zuschauern bereitet – »wir sind müder vom Lachen / als vom Zusehen«, resümiert der König (ebd.) –, wäre als Lust des Verlachens dilettierender Schauspieler, die ihre Affekte nicht unter Kontrolle haben und ihre Schauspielerfähigkeiten wahnhaft überschätzen, schal. Unter der Regie der komischen Figur agieren die Handwerker in einem Theaterstück, das ihnen als solches unkenntlich bleibt, mithin unter Rollenzwang. Hierin können sie den höfischen Zuschauern zum Spiegel von deren eigenem Dasein werden, das unter dem Grundgesetz der Repräsentation steht. Am Ungenügen der Handwerker, richtig zu repräsentieren, wirken die Zuschauer lustvoll mit, so befreien sie sich, solange das Spiel währt, vom Druck des Rollenspielens, unter dem sie selbst stehen. Ist hierin die immanente Leistung des zur Komödie gebildeten Spiels im Spiel zu erkennen, so hält dies darüber hinaus auch eine transzendente, christlich-eschatologische Perspektive bereit. Entwickelt wird dies aus einer wieder vom Narren provozierten gattungstheoretischen Reflexion. Mit Rekurs auf die theatralische Dopplung argumentiert Pickelhäring, daß das aufzuführende Stück keine Tragödie, sondern eine Komödie sei, da die in der vorgestellten Welt zu Tode gekommenen Figuren als Spieler wieder lebendig würden (vgl. *Squ.*, S. 9). Diesem innerweltlich theatralischen Lebendig-Werden gibt die Komödie eine theologische Perspektive, indem sie es mit der Vorstellung von ›Auferstehung‹ verbindet. Eine solche wird zuerst buchstäblich vorgeführt: Nachdem das Spiel im Spiel mit dem Tod von Pyramus und Thisbe zum Ende gelangt ist, besagt die Regiebemerkung: »Piramus stehet auff / Thisbe springet ihm auff die Achseln / Piramus trägt sie mit hinweg« (*Squ.*, S. 39), wobei das Stück hier selbst eine ›Auferstehung‹ suggeriert, da es für diese Aktion immer weiterhin die Namen der Figuren statt nun die ihrer Darsteller gebraucht. Squentz stellt im anschließenden Epilog den eschatologischen Gehalt dieses Lebendig-Werdens pointiert heraus, wenn er als Lehre des abgelaufenen Spiels im Spiel, nun gespielte Figuren und Wirklichkeit der Spieler zugleich in den Blick nehmend, festhält, »es sey schön / | Wenn man die Todten siht auffstehn« (ebd.). Wird das im Zeichen der komischen Figur entfaltete Spiel im Spiel so zur Vorwegnahme der Auferstehung von den Toten am Ende aller Tage, erlaubt dies auch die gegenläufige Lesart: Auferstehung von den Toten als bloßer Theatereffekt auf der närrischen Weltbühne.[27]

Spielen des Todes und Auferstehung in der Wirklichkeit des Theaterspielens führt Gryphius in seiner Doppelkomödie *Verlibtes Gespenste / Gesang-Spil. Die gelibte Dornrose Schertz-Spill* schon in der fiktiven Welt des Spiels im Spiel zusammen. Auferstehung erscheint hier immanent psychologisch gewendet zur Läuterung der Figuren, die dadurch erreicht wird, daß diese in einem Spiel im Spiel, das sie nicht durchschauen, in die Atmosphäre des Todes geraten, der für sie wirklich ist, während der vermeintlich Tote ihn nur spielt. So führt dies das bürgerliche Gesangspiel vor, das einen Mann (Sulpicius) zeigt, der von zwei Frauen geliebt wird, die Mutter (Cornelia) und Tochter (Chloris) sind. Er liebt die Tochter, die Mutter greift zu Liebeszauber. Die Wende kommt durch das Spiel im Spiel zustande, dessen Zurüstung und Vollzug vorgeführt werden. Sulpicius stellt sich, als ob er durch den Liebeszauber sterbe, hält einen pathetischen Sterbemonolog vor den beiden Frauen, womit auch an Tragödie erinnert wird, führt die Mutter durch seinen vermeintlichen Tod von Liebesrasen in Zerknirschung, die Tochter in eine todessüchtige Liebe. Unter den Liebesklagen der Tochter kehrt der vermeintlich Tote ins Leben zurück. Alle Figuren sind so durch den Tod hindurchgegangen, sie haben den gespielten Tod für wirklich, das Spiel im Spiel mithin nicht wahrgenommen. Selbst Sulpicius glaubte

---

27 Zu der im Stück weiter vorgenommenen Abgrenzung der eschatologischen Auferstehung von einem verkehrten, irdisch bleibenden Lebendig-Werden der Toten vgl. ↗ Kap. II.6.2 zum *Peter Squentz*, S. 326–328.

sich in seiner Liebeskrankheit dem Tode nahe: »Wir spilen mit dem Tod; ich fürcht er sey verhanden. | Er komm' und löse mich aus Lib und Lebens-Banden!« (*GD*, S. 25). Geläutert durch die Todeserfahrung, preisen die Figuren die Liebe:

> ALLE. Der Tod legt seine Pfeil vor Libes-Pfeilen nider.
> CASSAND. Der Tod wirft selbst die Pfeil vor Libes-Pfeilen nider.
> ALLE. Der längst entleibte Geist besucht die kalten Glieder /
> Vnd fänget zu leben an. Nun es die Libe schafft. (*GD*, S. 56)

So ist das Spiel im Spiel auch hier Ort der Wende von Tod in Auferstehung, zugleich von Tragödie in Komödie. Die Wende von Tod in Leben wird im bäuerlichen Scherzspiel von ideeller Höhe ins nieder Materielle und rein Physische verschoben. Geschuldet ist sie auch hier einem Spiel im Spiel: den drakonischen Strafen, die der Gutspächter, der sich als Herr über Leben und Tod, ja als Richter einer Art Weltgericht aufspielt, über die verfeindeten Väter des Liebespaares, den gewalttätigen Nebenbuhler des Amoroso und die Kupplerin verhängt. Daß er sich angesichts des Jammers der Verurteilten – als Tragödienaffekt – und ihres Gelöbnisses der Besserung alsbald zur Milderung der Urteile erweichen läßt, deutet sein Gericht als Spiel im Spiel an, wie seine anmaßende Selbstvorstellung schon erwarten ließ, daß Walten des Rechts hier nur prätendiert werde, während die Betroffenen es für wahr zu nehmen haben.

Die Figuren gelangen durch das Spiel im Spiel von Zuständen der Verwirrung, Raserei, Entzweiung, insgesamt des Verstrickt-Seins in Schein, zum Richtigen, zum wahren Sein, aber nur soweit sie dieses Spiel als solches nicht wahrnehmen, so daß ihr Verfallen-Sein an den Schein auch weiter währt. Entsprechend sind die vorgestellten Siege der Liebe *auch* als Schein-Siege zu werten, da nur über den Schein des Todes resp. über den Schein vernichtender Strafen errungen. Das bekräftigt im Gesangspiel die Dienerfigur Cassander, der am Tod des Sulpicius zweifelt, also eine Ahnung des Spiels im Spiel hat, und warnt »Messieurs. Es ist fürwahr Phantosmes nicht zu trauen« (*GD*, S. 54), was hier auf den als Gespenst umgehenden, von den anderen Figuren als tot geglaubten Sulpicius gemünzt ist, aber auch auf das ›Spiel im Spiel‹, das diesen Auftritt ermöglicht, übertragen werden kann. Diesem Diener ist das Schlußwort des Gesangspiels überlassen: dem Preis aller anderen, »Es lebe die Libe...«, hält er »Es sterbe die Libe...« entgegen (*GD*, S. 56). Den Figuren beider Spiele bleiben die jeweiligen Spiele im Spiel undurchschaut, die der reale Zuschauer und Leser um so mehr als Felder der Einbindung in Schein erkennt. Dieser Entwertung der Wende von Tod in Leben setzt die Komödie zwei Strategien entgegen, die das Verstricken in Schein zurücknehmen. Die eine betrifft die Aufführungspraxis: das Stück ist für Laienspieler (also eine Auswahl jüngerer Bürger Glogaus) für ein Spiel zum Preis der anstehenden Hochzeit des Herrscherpaares geschrieben, das bei der Erstaufführung auch zugegen war. Somit müssen diejenigen, die sonst Zuschauer sind, als Spieler durch die vom Spiel im Spiel generierte Todeserfahrung hindurchgehen, wodurch sie dann auch die ›Auferstehung‹ schon in der gespielten Welt erfahren dürfen und nicht erst in der hiervon zu trennenden Welt des Theaterspielens. Wird so die Spiel-im-Spiel-Welt ontologisch aufgewertet, fördert umgekehrt die Anlage des Stücks als Mischspiel, das auf jeden Akt des einen Spiels den entsprechenden Akt des anderen Spiels folgen läßt, nachhaltig Spielbewußtsein. Die immer neue Unterbrechung des jeweiligen Spiels und Fortführung der gesamten Komödie durch das andere Spiel läßt die Welt, die Sprachhöhe und die Themen des einen Spiels zum metaphernbildenden Kontext des anderen Spiels werden, schafft damit ein hybrides Spiel im Spiel, nicht einer Öffnung nach innen, sondern nach außen: Das zweite Spiel holt das erste als in ihm zugleich und doch als eigenes sich entfaltend in sich herein. Verspricht das Spiel im Spiel in der Komödie eine Wende zum wahren Sein in einem Hindurchgehen durch die Erfahrung des Todes, die zurückgebogen wird in den Preis des Lebens, so eine ›immanente Transzendenz‹ eröffnend, zu der zu gelangen man nicht sterben muß, sondern heiraten kann, so beglaubigt das Spiel im Spiel dies hier durch Bestärken der Scheinwelt auf der einen Seite und Bestärken des Spielbewußtseins auf der anderen. Erwies sich das Spiel im Spiel in den Tragödien als Feld, deren transzendente Perspektivierung zu problematisieren ist, so in den Komödien als Feld der Eröffnung und Versicherung immanenter Transzendenz. In dieser Bandbreite hat Gryphius es zu einem konstitutiven Element seiner Dramaturgie gebildet.

II.10.7 Neustoizismus
Von Stefanie Arend

Gryphius' Texte sind entstanden in einer ideengeschichtlich brisanten Umbruchsphase. Sie schließen einerseits an Traditionen an, andererseits weisen sie auf die Moderne voraus. In diesem Sinne greifen sie antike Diskurse auf. Ihr besonderes Kennzeichen ist die Anverwandlung der antiken Stoa. Diese findet in der Frühen Neuzeit eminent Eingang in ethische, politische und andere Diskussionen. Kulturgeschichtlich werden die Transformationen der Stoa unter der Bezeichnung ›Neustoizismus‹ zusammengefaßt: Die neustoischen Diskurse sind deshalb so interessant, weil sie einerseits christlich rubriziert sein können, andererseits auch die genuine Stoa wiedererkennen lassen, die dazu angetan ist, das Leben des einzelnen in der Welt in den Mittelpunkt zu stellen. So schillern Gryphius' Texte zwischen neustoisch-christlicher Ausrichtung auf das Leben nach dem Tod und einem ebenfalls neustoischen, aber weltlichen Blick auf das Geschick des einzelnen, auf sein Handeln in der Welt, auf seinen Bezug zur Natur. Der Neustoizismus macht sich in den unterschiedlichen Textsorten auf je andere Weise bemerkbar. Exemplarisch werden nach einer Erläuterung des Phänomens vor allem Trauerspiele, Sonette und Leichabdankungen in den Blick genommen.

Der Neustoizismus in Europa

Der Neustoizismus stellt kein eigenes System mit festen Grenzen dar, sondern er nimmt »bestimmte Philosopheme unter den Bedingungen der Frühen Neuzeit eklektizistisch in sich auf«.[1] Die Grundlage für diese Aufnahme hatten bereits Humanismus und Renaissance durch ihre editorischen Bemühungen geschaffen und durch Versuche, Antike und Christentum miteinander zu kombinieren. Die Stoa wurde deshalb als antikes Interpretament interessant, weil sie die Ethik in den Vordergrund stellt. Deshalb war sie bereits für das christliche Mittelalter adaptierbar.[2] Seit dem 15. Jahrhundert leistet ein antiaristotelischer und antischolastischer Affekt der

---

[1] Günter Abel: Stoizismus und Frühe Neuzeit. Zur Entstehungsgeschichte modernen Denkens im Felde von Ethik und Politik. Berlin/New York 1978, S. 246.
[2] Bereits den Kirchenvätern war ein apokrypher Briefwechsel zwischen dem Apostel Paulus und Seneca bekannt. Vgl. Der apokryphe Briefwechsel zwischen Seneca und Paulus. Zusammen mit den Briefen des Mordechai an Alexander und dem Brief des Annaeus Seneca über Hochmut und Götterbilder. Hg. von Alfons Fürst. Tübingen 2006 (Scripta antiquitatis posterioris ad ethicam religionemque pertinentia 11).

Aufnahme der Stoa Vorschub.[3] Und offenbar ließ sich die Stoa auch aufgrund ihrer metaphysischen Annahmen, ihrer Auffassung von Schicksal und Vorsehung leicht von einem Christentum rezipieren, das diese Fragen im Zuge der rasanten Entwicklungen der neuzeitlichen Wissenschaften drängender stellte und neue Antworten suchte. Auch ließen sich die Prämissen der Stoa gut mit einem erneuerten Postulat der Vernunft harmonisieren, die in der Welt tätig ist, sie mit konstruiert, für Autonomie und Autarkie bürgt und die Leidenschaften in der goldenen Mittellage hält.

So avanciert einer der bekanntesten Vertreter der jüngeren Stoa, Lucius Annaeus Seneca (ca. 1–65 n. Chr.), in der Frühen Neuzeit zu einem der maßgeblichen Schulautoren. Etliche Neuausgaben seiner Tragödien (u.a. *Troades, Hercules furens, Medea, Thyestes*) und seiner philosophischen Schriften (*Dialogi, Epistulae morales*) ebneten einer umfassenden Rezeption den Weg,[4] wobei sich die Dramen, nicht zuletzt wegen ihrer eindringlichen Greuel- und Gewaltdarstellungen, europaweit besonderer Beliebtheit erfreuten.[5] Die Tragödien waren aber ebenso wie Senecas philosophische Schriften aufgrund ihrer Ausrichtung auf die Ethik interessant, insofern sie Warnfiguren zeichnen, die in kritischen Situationen zu Extremen neigen, ihren Affekthaushalt nicht unter Kontrolle haben und Zerstörung und Katastrophen anrichten, weil sie ihrer Vernunft nicht mächtig sind. Der ›Seneca philosophus‹ zeigt sich vor allem in den *Epistulae morales* und den *Dialogi*, wie etwa in *De constantia sapientis, De ira* oder *De tranquillitate animi*.

Wichtigster Vermittler der antiken Stoa war Justus Lipsius (1537–1606), der in seinem Traktat *De constantia libri duo* (1584) in Anlehnung an Senecas *De constantia sapientis* die stoische Maxime der Beständigkeit zwar unter christlichen Vorzeichen, aber durchaus als ethische Richtschnur für das Leben in der Zeitlichkeit konturierte.[6] Als Ideal erscheint der *sapiens*, der Weise, der sich den unvermeidlichen Schicksalsschlägen mutig stellt und ihnen gegenüber Autarkie und Gelassenheit an den Tag legt, das Leben als Erprobungsfeld seiner Standhaftigkeit auffaßt. Es folgten die *Manuductio ad stoicam philosophiam* (1604)[7] und die *Physiologia stoicorum*

---

3 Um nur einige Schriften zu nennen: Lorenzo Vallas *Dialecticae disputationes contra Aristotelicos* (1499), Petrus Ramus' *Aristotelicae animadversiones* (1543).
4 Wichtige Ausgaben lieferten Erasmus (1529), Martín Antonio Delrío (1576), Janus Gruter (1593) und Justus Lipsius (1605).
5 Vgl. Der Einfluß Senecas auf das europäische Drama. Hg. von Eckard Lefèvre. Darmstadt 1978, außerdem Paul Stachel: Seneca und das deutsche Renaissancedrama. Studien zur Literatur- und Stilgeschichte des 16. und 17. Jahrhunderts. Berlin 1907.
6 IVSTI LIPSI DE CONSTANTIA LIBRI DVO, Qui alloquium præcipuè continent in Publicis malis. ANTVERPIÆ, Apud Christophorum Plantinum. CIƆ IƆ. LXXXIV.
7 IVSTI LIPSI MANVDVCTIONIS AD STOICAM PHILOSOPHIAM LIBRI TRES: L. ANNÆO SENECÆ, *aliisque scriptoribus illustrandis*. PARISIIS, *Ex Officina Plantiniana*. Apud HADRIANVM PERIER, via Iacobea. M. DCIIII.

(1604).⁸ Ausgesprochen wichtig werden außerdem Lipsius' umfangreiche *Politicorum sive civilis doctrinae libri sex* (1589).⁹ Diese Theorie des frühmodernen Machtstaates stellt unter Rückgriff auf die Antike, vor allem Seneca und Tacitus, den klugen Herrscher ins Zentrum, erläutert Verhaltensmaximen in kritischen Situationen, die sowohl Herrscher als auch Staat sichern, den Status quo erhalten sollen. Die Stoa wird als eine »Sozialethik« neu entdeckt und umgeschrieben,¹⁰ die Verhaltensweisen lehrt, die für das Überleben im von Intrigen und Fallstricken geprägten absolutistischen Staat zentral sind: innere Beharrlichkeit und Festigkeit, gepaart mit einem wachen Blick in die Außenwelt und einer Klugheit, die nach Maßgabe der Nützlichkeit agiert. Es ist jene *prudentia*, die auch Niccolò Machiavellis *Il principe* (erschienen 1532) favorisiert und die vom moralischen Rigorismus im Zweifels- und im Krisenfall absehen darf.¹¹ In diesem Punkt besteht ein zentraler Unterschied zur genuinen Stoa, welche eine Lebensführung lehrt, die in jedem Augenblick das sittlich Gute zu beachten hat, die eher den Rückzug aus einem Staat empfiehlt, der von Korruption geprägt ist.¹² Besonders in Gryphius' Dramen begegnen sich das lipsianische Konzept der *prudentia* und die Tugendphilosophie der antiken Stoa, bisweilen im neustoisch-christlichen Gewand, und konkurrieren miteinander.

Die ältere Forschung streicht besonders die Bedeutung der christlich rubrizierten *constantia* für die Gryphiusschen Texte heraus. Dargestellt wurde, wie beispielsweise die *Leich-Abdanckungen* im Rückgriff auf die patristische Literatur und auf Lipsius die Schriften Senecas eminent zum Tragen kommen lassen.¹³ Aber auch für die Trauerspiele, besonders für *Catharina von Georgien*, die den Untertitel *Oder*

---

8 IVSTI LIPSI PHYSIOLOGIÆ STOICORVM LIBRI TRES: L. Annaeo Senecae, aliisque scriptoribus illustrandis. Antverpiæ, ex officina Plantiniana, Apud Ioannem Moretum. M. DC. IV.

9 IVSTI LIPSI POLITICORVM SIVE CIVILIS DOCTRINÆ LIBRI SEX. Qui ad Principatum maximè spectant. Lvgdvni Batavorvm, Ex officina Plantiniana, Apud Franciscum Raphelengium. CIƆ. IƆ. LXXXIX.

10 Abel (Anm. 1), S. 15.

11 IL PRINCIPE DI NICCOLO MACHIAVELLI AL MAGNIFICO LORENZO DI PIERO DE' MEDICI. LA VITA DI CASTRVCCIO CAstracani da Lucca a Zanobi Buondelmonti, & à Luigi Alamanni, composta per il medesimo. IL MODO CHE TENNE IL DVCA Valentino per ammazare Vitellozo, Oliuerotto da Fermo, il S. Pagolo, & il Duca di Grauina discritta per il medesimo. I RITRATTI DELLE COSE DELla Francia, & della Alamagna per il medesimo, nuouamente aggiunti. M. D. XXXII. Besonders Gerhard Oestreich hatte dem lipsianischen Neustoizismus der *Politica* für die Herausbildung des absolutistischen Machtstaates eine große Bedeutung zugewiesen. Vgl. Gerhard Oestreich: Geist und Gestalt des frühmodernen Staates. Berlin 1969.

12 Seneca betreibt in seinen philosophischen Schriften häufig Kulturkritik und plädiert für den Rückzug auf sich selbst, wie zum Beispiel in *De tranquillitate animi* (›Von der Gemütsruhe‹). Vgl. L. Annæi Senecæ philosophi Opera omnia: *Ex ult.* I. Lipsii *emendatione.* et M. Annæi Senecæ rhetoris quæ exstant: *Ex And. Schotti recens.* Lugd. Batav. *Apud Elzevirios. 1640,* S. 205–237 (»AD SERENVM de Tranquillitate Animi liber«), hier S. 235 (in moderner Kapitelzählung 17.3).

13 Hans-Jürgen Schings: Patristische und stoische Tradition (1966) [939], S. 20f.

Bewehrete Beständikeit trägt, und für *Papinianus* ist das Konzept der *constantia* als zentral herausgestellt worden, das »religiöse Energien« (im Falle der *Catharina*) und der Impuls der »Weltverneinung« speisten.[14] In dieser Lesart führen die Dramen Märtyrer vor Augen, die den Rezipienten zeigen, wie mit Schicksalsschlägen umzugehen ist, und zur Nachahmung im Leiden auffordern. Vor dem Hintergrund der Konfessionskriege fungiert in dieser Interpretation der christlich rubrizierte Neustoizismus als eine »Notstandsmoral«, die den inneren passiven Widerstand aus dem Geist des Luthertums lehrt.[15] Bestritten wurde eine Anverwandlung der Stoa, die sich aufgrund ideengeschichtlich neuer Formation vollziehen konnte und die in die Moderne vorausweist.[16]

Nun kann die Bedeutung der *constantia* für die Gryphiusschen Texte nicht generell ausgeschlossen werden. Die Stoa-Rezeption erschöpft sich jedoch kaum in der Transformation dieses Leitbegriffs, sondern sie ist eine Reaktion auf die sich ankündigende Neuzeit, auf Umbauprozesse, die durch die neuen Methoden der naturwissenschaftlichen Welterkundung, durch avancierte theologische Kontroversen über die Gräben der Konfessionen hinweg und durch staatsrechtliche Diskussionen inspiriert wurden.[17] Fraglos ist, daß Gryphius' Dramen eminent auf zeitgeschichtliche politische Tendenzen reagieren, beispielsweise die prudentistische Verhaltenslehre, die Lipsius in seinen *Politica* ausarbeitet, kritisch diskutieren.[18] Als Ausweg aus den Aporien, die unterschiedliche Natur- und Rechtsauffassungen zeitigen, erscheint aber nicht nur die christliche *constantia*, die tendenziell das Leben in der Welt zugunsten der Jenseitshoffnung abwertet, sondern ein Spezifikum der antiken Stoa, ihre Leitmaxime des naturgemäßen Lebens, die das Zentrum stoischer Ethik bildet.

Die Prämisse ›secundum naturam vivere‹ bedeutet ›der Natur folgend leben‹. Sie bedeutet, in Übereinstimmung mit der Natur des Kosmos und zugleich mit der eigenen Wesensnatur zu leben, da diese an der pantheistisch gedachten Allnatur

---

14 Vgl. ebd., S. 245.
15 Hans-Jürgen Schings: Seneca-Rezeption und Theorie der Tragödie. Martin Opitz' Vorrede zu den »Trojanerinnen«. In: Historizität in Sprach- und Literaturwissenschaft. Vorträge und Berichte der Stuttgarter Germanistentagung 1972. Hg. von Walter Müller-Seidel in Verbindung mit Hans Fromm und Karl Richter. München 1974, S. 521–537, hier S. 534. Vgl. ders.: Consolatio Tragoediae (1971) [494]. Zur *constantia* vgl. auch Xaver Stalder: Formen des barocken Stoizismus (1976) [946], S. 107.
16 Vgl. Schings (Anm. 13), S. 20, außerdem S. 12–14.
17 Zur Atmosphäre der Veränderung, die sich in vielen Wissenschaften in ganz Europa vollzog und in die Gryphius während seiner *peregrinatio academica* eintauchte, vgl. Nicola Kaminski: Andreas Gryphius (1998) [122], S. 26–33. Eine erste modernere Lesart bot Harald Steinhagen: Wirklichkeit und Handeln (1977) [506], S. 82–87. Zu juristischen und theologischen Diskursen vgl. Oliver Bach: Zwischen Heilsgeschichte und säkularer Jurisprudenz (2014) [428].
18 Vgl. etwa zur Rezeption Machiavellis im *Leo Armenius* Michael Szurawitzki: Contra den ›rex iustus/rex iniquus‹? (2005) [563], S. 155–179.

Anteil hat. Sie bedeutet zugleich ein glückliches wie ein sittlich gutes Leben unter dem Primat der rechten Vernunft.[19] Dazu gehört das Maßhalten in allen Dingen, die Lenkung der Leidenschaften, die nicht ausgerottet, sondern zu einem Ausgleich gebracht werden sollen, und Urteilsfähigkeit. Leitschnur ist die wohlgeordnete, von Menschenhand und Zivilisation unberührte Natur. Ihre Betrachtung führt zur Selbstvergewisserung, zur Bildung ethischer Vorstellungen, zum Kontakt mit der Stimme des Gewissens, mit dem ›Gott in sich‹.[20] Die Nähe zum paulinischen ›in den Herzen der Menschen‹ eingeschriebenen Gesetz (vgl. Röm 2,15) liegt auf der Hand, wobei der christliche Gott stets zugleich nah, aber auch unendlich fern ist.[21] Für die Stoa ist das Göttliche stets durch die menschliche Vernunft erkennbar. Der Formel ›gemäß der Natur leben‹ liegt die Vorstellung einer pantheistisch-teleologisch strukturierten Allnatur zugrunde, die in der Frühen Neuzeit so nicht mehr gedacht ebenso wie das von ihr abhängige Naturgesetz, die *lex naturae*, als ordnungsstiftende Kraft brüchig wurde. Von hier leisten jedoch insbesondere Gryphius' Dramen Kritik an der Frühen Neuzeit und ihrem Wissenschaftsideal der *mathesis universalis*, das dazu verhalf, ein vom Menschen gesetztes Recht zu konstruieren, das das Gewissen nurmehr als ›private Instanz‹ gelten lassen wollte.[22] Beispielsweise sind in Hobbes' *Leviathan* Verträge und Gesetze zur Sicherung des Staates Konstrukte, die sich ändern können und die vor allem dazu da sind, dem Treiben einer Menschennatur Einhalt zu gebieten, deren Vernunft als vom Sündenfall verdunkelt angesehen wird.

Der Neustoizismus in Gryphius' Trauerspielen

In Gryphius' Dramen scheint die Forderung nach einem ›naturgemäßen‹ Leben verschiedentlich auf. Sie liegt den Diskussionen um Recht und Strafe und um das Gewissen sowie dem Zweifeln am Handeln gemäß der Staatsräson zugrunde. So führt *Leo Armenius* exemplarisch eine solche Diskussion über verschiedene Rechtsauffas-

---

19 Vgl. L. ANNÆI SENECÆ PHILOSOPHI Opera omnia: *Ex ult.* I. Lipsii *emendatione.* et M. ANNÆI SENECÆ RHETORIS quæ exstant: *Ex And. Schotti recens.* Lugd. Batav. *Apud* Elzevirios. *1640,* S. 324–354 (»DE VITA BEATA Ad Gallionem, Fratrem LIBER UNVS«), hier S. 328 und 332 (3.3f. und 8.1f.).
20 Vgl. L. ANNÆI SENECÆ PHILOSOPHI Tomus Secundus. *In quo* EPISTOLÆ, & QVÆSTIONES NATVRALES. *Lugdun. Batavor.* Ex Officinâ Elsevirianâ, CIƆ IƆ CXLIX., S. 104–106 (epist. 41).
21 Vgl. Maximilian Forschner: Über das Handeln im Einklang mit der Natur. Grundlagen ethischer Verständigung. Darmstadt 1998, S. 16.
22 Vgl. LEVIATHAN, OR The Matter, Forme, & Power OF A COMMON-WEALTH ECCLESIASTICALL AND CIVILL. *By* THOMAS HOBBES *of* Malmesbury. LONDON, Printed for ANDREW CROOKE, at the Green Dragon in St. *Paul's* Church-yard, 1651, S. 237 (»CHAP. XXXVII. *Of* MIRACLES, *and their Use*«). Hobbes unterscheidet hier zwischen ›privater‹ und ›öffentlicher‹ Vernunft.

sungen vor. Da diskutieren Exabolius und Nicander, die Ratgeber des Kaisers, wie mit dem vermeintlichen Verschwörer Michael Balbus umzugehen sei, dessen Motive nicht klar auf der Hand liegen. Exabolius spricht sich für das »lange[] Recht« (*Leo* I,231) aus, für ein Verhör, das möglicherweise Begnadigung zur Folge haben könnte, Nicander für das »kürtzer Recht« (*Leo* I,236), für den kurzen Prozeß und die sofortige Hinrichtung. Michael beruft sich im Kerker auf die »Natur« (*Leo* II,397) und versucht so, die Stimme des Gewissens im Herrscher zu aktivieren und ihn gnädig zu stimmen. Theodosia plädiert in ihrem Streitgespräch mit Leo, das einer Szene aus Senecas *De clementia* nachempfunden ist,[23] für die Begnadigung (vgl. *Leo* II,483). Ein Handeln gemäß dem stoischen Naturrecht wäre hier zugleich ein christliches Handeln, durch das der Herrscher seine gottähnliche Macht und Milde beweisen könnte. Doch Leo ist als zweifelnder frühneuzeitlicher Herrscher gezeichnet, der kalkuliert und abwägt und, von der Stimme seines Gewissens geplagt, die Hinrichtung bloß aufschiebt – was dann zur Katastrophe führt. Der »Reyen der Höfflinge« (*Leo* I,509–554) liefert zu dieser Problematik gleichsam einen lyrischen wissenschaftsgeschichtlich perspektivierten Kommentar. Angelehnt an Sophokles' berühmtes erstes Stasimon aus der *Antigone*, verweist er auf die Ambivalenz der menschlichen Vernunft und des menschlichen Wissensdranges sowie auf die Entwicklung innerhalb des Systems der Wissenschaften, die zur Konstruktion des vom Menschen gesetzten Rechts führen (vgl. *Leo* I,518). Dieses marginalisiert die Stimme des Gewissens und läßt ein Handeln gemäß der Natur, die stoische Maxime des naturgemäßen Lebens als Utopie erscheinen. Dies zeigt der Reyen ebenfalls, da in seiner Wissensordnung das Wort Gottes dem gesetzten Recht untergeordnet ist (vgl. *Leo* I,519), was bedeutet, daß es für das gesetzte Recht nurmehr als legitimierende Stütze fungiert.

Die Trauerspiele *Catharina von Georgien* und *Papinianus* lassen nun vermeintlich eben dieses stoisch-christliche Naturrecht voll zu Geltung kommen, da sie jeweils Hauptfiguren auf die Bühne bringen, die als überzeugende Stoiker gezeichnet sind. Aber sowohl Catharina als auch Papinian sind Figuren, die im Kontext frühneuzeitlicher Politik zu lesen sind und die zeigen, daß die Voraussetzungen für ein Leben gemäß der Natur nicht mehr gegeben sind, daß die Erfordernisse des politischen Alltags der Geschichtsmächtigen eben diesen Voraussetzungen den Boden entzogen haben. Selbst Catharina, die der Untertitel des Dramas *Oder Bewehrete Beständigkeit* als eine Vorbildfigur auszeichnet,[24] die das Ideal der christlichen

---

23 Vgl. Stefanie Arend: Rastlose Weltgestaltung (2003) [425], S. 253–262; vgl. dies.: »Brennen« und »Schneiden« oder »Verzeihen«? (2003) [528]. Zu anderen Interpretationen der Theodosia-Figur vgl. Gerhard Kaiser: Leo Armenius (1968) [546], S. 22, und Jean-Louis Raffy: Leidenschaft und Gnade (1996) [485], S. 193.
24 In diesem Sinne Hans-Jürgen Schings: Catharina von Georgien (1968) [605], S. 40. Vgl. Elida Maria Szarota: Gryphius' »Catharina von Georgien« (1967) [609], S. 208; Gerald Gillespie: Andreas

constantia perfekt umsetzt, agierte vor ihrer Gefangenschaft als kalkulierende Machtpolitikerin. Dies zeigen eindringlich die Geschichtsberichte im dritten Akt, in denen Catharina von ihrer Vergangenheit erzählt.[25] Sie gehörte zu jenen Rastlosen, den »occupati«, wie sie Seneca in seinem Dialog *De brevitate vitae* schildert,[26] die ihr Leben in Abhängigkeit von äußeren Scheingütern verbringen, Macht und Reichtum anhäufen und ihre Zeit mit den Gedanken an die Zukunft verschwenden, anstatt sich im Hier und Jetzt auf das Wesentliche zu konzentrieren, auf das Wissen um das Gute und Ewige, das Glückseligkeit verbürgen kann,[27] eine Glückseligkeit, die Catharina christlich gewendet nach ihrem Tod zu erlangen hofft. Mag ihr Martyrium sie auch als beständig in christlichem Sinne ausweisen, so ist ihr der Tod doch auch willkommen und bedeutet eine Flucht aus einer Welt, in der ein Handeln gemäß der Natur nicht mehr möglich erscheint. Während der Kerkerhaft unternimmt Catharina gleichsam eine Revision ihres Lebens und wird sich der Stimme ihres Gewissen bewußt sowie der Notwendigkeit, in seinem Sinne zu handeln. Ihr Widerstand speist sich aus einer neustoisch-christlichen Welthaltung.

Von besonderem Interesse ist Catharinas Gespräch mit dem persischen Abgesandten Imanculi im vierten Akt. Imanculi ist ein Vertreter der Staatsräson, der im Sinne des *prudentia*-Ideals des lipsianischen Neustoizismus agiert und Catharina vorwirft, im »Wahn« (*Cath.* IV,181) zu handeln. Er appelliert an ihre Pflicht als Herrscherin, für die Selbsterhaltung und für das Wohl ihres Landes einzustehen, rigoristische Entscheidungen zu revidieren und »in disem Nun« (*Cath.* IV,203) das Bestmögliche für ihren Staat zu leisten. Catharina hat sich jedoch entschieden, nach einem langen Leben als Königin, die Intrigen spann und auch vor Mord nicht zurückschreckte, nun der Stimme ihres »Gewissen[s]« (*Cath.* IV,38) zu folgen. Sie pocht auf »des Gewissens Recht« (*Cath.* IV,150) und auf ihre innere Freiheit, ihre Autarkie. Die *prudentia* im lipsianischen Sinne, die sich in der Welt der Politik zu bewähren hat, schließt einen solchen ethischen Rigorismus aus. Catharina lebt nun das Ideal einer christlichen *constantia*, die allerdings – gegenläufig zum genuin stoischen Modell – den Tod als eigentliche Erlösung betrachtet und alles Weltliche verneint. Weder die Bewährung in der Welt als prudentistische Politikerin noch das Leben als reine Stoikerin, die als Weise, *sapiens*, in der Welt als Vorbild agiert, sind für Catharina Alternativen zum Martertod, der ihr bevorsteht und der sie – aus ihrer

---

Gryphius' »Catharina von Georgien« als Geschichtsdrama (1980) [584], S. 93; Barbara Thums: Theologie und Politik der Reinheit (2011) [611].
25 Vgl. Thomas Borgstedt: Andreas Gryphius: »Catharina von Georgien« (2000) [575], S. 53f., und Peter J. Brenner: Der Tod des Märtyrers (1988) [440], S. 257.
26 L. ANNÆI SENECÆ PHILOSOPHI Opera omnia: *Ex ult.* I. Lipsii *emendatione.* et M. ANNÆI SENECÆ RHETORIS quæ exstant: *Ex And. Schotti recens.* Lugd. Batav. *Apud* Elzevirios. *1640*, S. 297–323 (»AD PAVLLINVM DE BREVITATE VITÆ LIBER VNVS«), hier S. 305 (6.1) u.ö.
27 Vgl. ebd., S. 315f. (14.2).

Sicht – in die eigentliche Freiheit führen wird. Aus Imanculis Sicht ist sie eine eigensinnige Theoretikerin der Wahrheit, deren Melancholie das Gleichgewicht der Mächte gefährdet.[28]

Daß es keine reinen Stoiker mehr gibt, zeigt auch das Trauerspiel *Papinianus*. In den juristischen Diskussionen des 16. und 17. Jahrhunderts avancierte Papinian zu einer Streitfigur. Den einen galt er als Vorbild für Unbestechlichkeit, den anderen als Beispiel eigensinnigen Verhaltens, das die Ordnung des Staates gefährde.[29] Offensichtlich reagierte Gryphius auf diese Debatten, wobei er allerdings keinen Papinian im Sinne eines stoischen Weisen schuf.[30] Er ist ebenso komplex angelegt wie Catharina. Sein Prolog nimmt eine ähnliche Funktion ein wie Catharinas Geschichtsberichte. Papinian, der den Höhepunkt seines Einflusses erreicht hat und einsam geworden ist, blickt auf die Vergangenheit zurück, in der er als erfolgreicher Feldherr die Macht seines Landes mehrte und auch vor Blutvergießen nicht zurückschreckte. Er lebte keineswegs als *sapiens*, sondern als geschichtsmächtiger *occupatus*, der, im Sinne der lipsianischen neustoisch-prudentistischen Lehre, die politischen Fäden stets geschickt in der Hand hielt. Verstellung (*dissimulatio*) und Kalkül waren an der Tagesordnung. Er war bereit, seinen Fürsten »zuweilen« etwas zu »übersehen« (*Pap.* V,119). Von dieser Warte aus fungiert er als Negativfolie stoischer Weisheit. Zu einer solchen scheint er erst dann bereit, als seine Macht schwindet und sein Leben bedroht ist. Dabei wandelt er sich zunächst einmal zum epikureisch anmutenden Zuschauer einer chaotisch gewordenen Welt, die er selbst einst mitgestaltete, wobei er allerdings vor allem den Genuß empfindet, dem höfischen Treiben entronnen zu sein. Dies zeigt etwa der erste »Reyen der Hofe-Junckern Papiniani« (*Pap.* I,373–438). Von echten Gewissensgründen kann hier noch nicht gesprochen werden. Eine echt sokratische Wendung vollzieht Papinian erst, als er tatsächlich in Bedrängnis gerät und, von der Stimme seines Gewissens berührt, etliche Angebote ausschlägt, die seine Stellung am Hof retten könnten. Zum »Nutz« des Staates (*Pap.* IV,114), wie Bassian verlangt, ist er nun nicht mehr bereit, Unrecht zu übersehen oder gar zu decken. In seinem Widerstand scheint er sich sogar auf das christlich-stoische Naturrecht zu berufen, das »der Seelen eingeschrieben« ist (*Pap.* IV, 340). Allerdings entwickelt er eine Rechtsvorstellung, die ohne einen aktiv-kontemplativen Bezug zur Natur auskommt und die für die Außenwelt abstrakt bleibt, so daß er den Eindruck erweckt, rein solipsistisch einer Theorie anzuhängen, die für

---

28 Zum Pflichtgedanken der mittleren Stoa, der sich in Imanculis Worten abzeichnet, vgl. Arend: Rastlose Weltgestaltung (Anm. 23), S. 119–122.
29 Vgl. Wilhelm Kühlmann: Der Fall Papinian (1981) [701], außerdem Okko Behrends: Papinians Verweigerung (1996) [692] sowie Friedrich Vollhardt: Klug handeln? (2010) [712].
30 So Hans-Jürgen Schings: Großmüttiger Rechts=Gelehrter (1968) [707]. Vgl. Winfried Woesler: Gryphius' »Papinian« und Seneca (2000) [713], zur Rechtsdiskussion auch Joachim Harst: Aristoteles und »Papinian« (2010) [696].

andere nicht mehr nachvollziehbar ist.[31] Während Catharina vor der Außenwelt das Bild einer christlichen Märtyrerin abgeben könnte, erscheint Papinian in unendlicher Selbstreflexion gefangen und scheinen die Gründe seines Widerstands nicht in einer kommunizierbaren Idee zu liegen. Sein Tod zeigt einmal mehr, in welcher rechtlich-moralischen Aporie sich der frühneuzeitliche Machtstaat befindet und wie sehr die Idee des naturgemäßen Lebens zu einer Utopie geworden ist.

Neustoische Aspekte in den Sonetten und den Leichabdankungen

Da die Prämisse des naturgemäßen Lebens ein kontemplativ-aktives Naturverhältnis voraussetzt, bergen Texte, die ein Naturverhältnis erzählen, oft stoische Aspekte. In der stoischen Philosophie ist die Betrachtung einer von Menschenhand unberührten Natur Bedingung für die Erkenntnis des Göttlichen. Eine solche Betrachtung erzählt beispielsweise Gryphius' Sonett »Einsamkeit« (*Son.* II,6). Hier stellt sich die Ahnung des Göttlichen angesichts einer wilden und rauhen Natur ein, fern dem höfisch-städtischen Treiben. Ein Unterschied zur stoischen Naturbetrachtung, wie sie Seneca in seinem 41. Brief entwirft,[32] besteht darin, daß in barocker Manier die Landschaft mit typischen Requisiten der Vergänglichkeit bestückt wird. Hier geben »[d]ie Höl' / der rauhe Wald / der Todtenkopff / der Stein« Anlaß zu einer Allegorese, zu einer Ausdeutung gemäß dem vierfachen Schriftsinn.[33] Diese geistige Naturbetrachtung führt aber zum selben Ergebnis wie diejenige, von der Seneca erzählt: zur Erkenntnis des Göttlichen. Die *vanitas*-Thematik impliziert hier wie auch in anderen Sonetten Aspekte der stoischen Güterlehre, die Aufforderung, nicht nach vergänglichen Gütern zu streben, sondern sich der Erkenntnis des Göttlichen zu widmen. In Gryphius' Texten scheint gleichwohl häufig, anders als in Senecas philosophischen Schriften, Weltverneinung und Hoffnung auf das Jenseits aus der Betrachtung der *conditio humana* zu resultieren, wie etwa in dem programmatischen Sonett »VANITAS, VANITATUM, ET OMNIA VANITAS« (*Liss.*, S. 14f.). Aspekte einer senecaisch rubrizierten Kulturkritik finden sich beispielsweise in dem Gedicht »An eine Geschminckte« (*Liss.*, S. 50–52). Die künstlich zurechtgemachte Oberfläche des Körpers verbirgt hier die eigentliche Person, ist dem Bedürfnis nach Aufmerksamkeit und Geltungsdrang geschuldet, ist Zeichen von »heucheley« und »Gleißnerey«. Implizit findet sich die Paränese, Transparenz zu schaffen, sich umzukehren, sich der Erkenntnis des Ewigen und Wahren zu widmen. Dies ist ebenso in »Ebenbild unsers Lebens« der Fall (*Son.* I,43). Der letzte Vers summiert jene äußeren und im stoischen Sinne gleichgülti-

---

31 Vgl. Arend (Anm. 23), S. 139–146.
32 Vgl. oben Anm. 20.
33 Vgl. Wolfram Mauser: Andreas Gryphius' »Einsamkeit« (1982) [313], S. 233, und Rudolf Drux: »In dieser Einsamkeit« (1982) [283], S. 33f.

gen Güter und zeigt auf ihre Flüchtigkeit: »Kron / Weißheit / Stärck und Gut / bleib ein geborgter Pracht«.

Es liegt auf der Hand, daß sich Aspekte der stoischen Güterlehre dann wiederfinden, wenn es ums Sterben geht oder darum, für die Hinterbliebenen tröstende Worte zu finden, wenn die letzte Stunde geschlagen hat. Beispielsweise führt die Leichabdankung *Folter Menschliches Lebens* den Namen »Seneca« explizit ins Feld und nutzt ihn als Autorität für eine *consolatio*, indem sie das Leben als eine Gefangenschaft darstellt und den Tod als Befreiung aus dem Kerker (*FML*, fol. Aij^v).[34] Der Text beginnt mit einer Erinnerung an Catharina von Georgien und hebt die Haltung hervor, mit der sie die Folter auf sich genommen hat. Ebenso beständig habe die Verstorbene sowohl ihren Tod auf sich genommen als auch ihr kummerreiches Leben geführt. Das menschliche Leben an sich wird als »Werckstadt der Folter« bezeichnet, die in den »Kerckern« der »Welt« stattfindet, das heißt, im alltäglichen Leben (ebd.). Dieses ist nicht nur angefüllt mit berechtigten Sorgen und Ängsten, sondern auch mit der irrenden Jagd nach vergänglichen Gütern. Nun ist das Leben aus christlicher Perspektive ohnehin defizitär und sündhaft – »durch Verdienst des ersten Verbrechens« (*FML*, fol. Bij^r) –, allerdings ist die Haltung zum Leben auch wählbar: Der Mensch entscheidet in gewisser Weise selbst, wie er sich in diesem Kerker verhält, ob er an der Jagd nach scheinbaren Gütern teilnimmt oder versucht, die »Ketten« abzustreifen und sich den ewigen Wahrheiten zuzuwenden (*FML*, fol. Aiij^v).[35] So findet sich die platonisch-christliche sowie stoische Metapher vom Leib als Kerker der Seele (vgl. *FML*, fol. Aiv^r), aus dem vollständig nur der Tod hinausführt. Das Anhängen an den Ketten der irdischen Güter ist indes menschlich, und es kommt darauf an, mit dieser *conditio* im Sinne der stoischen Philosophie umzugehen, zu versuchen, auch im Leben Autarkie zu erlangen. Gleichwohl bleibt die Aufforderung, das Leben und die Lebenszeit recht zu gebrauchen, im Vergleich zu Senecas philosophischen Schriften recht marginal und läßt sich vor allem zwischen den Zeilen lesen. Der kritische Blick jedoch auf das Leben und die Haltung der Menschen ist stoisch rubriziert. Hier in den *Leich-Abdanckungen* sind die »stoischen Traditionslinien in die Koordinaten des christlichen Glaubens« eingefügt,[36] während sie in den Dramen unter der Prämisse des naturgemäßen Lebens bisweilen selbständiger konturiert erscheinen und weitaus mehr an den modernen ideen- und wissenschaftsgeschichtlichen Diskussionen der Zeit, die sich dort in den Figurenreden und in den Reyen abzeichnen, fruchtbar partizipieren.

---

34 Zu Topik und Faktur der Leichabdankungen vgl. Kaminski (Anm. 17), S. 202–231.
35 Zur Metapher der Ketten des Lebens vgl. Seneca (Anm. 12), S. 224–216 [recte: 226] (*De tranquillitate animi* 10).
36 Johann Anselm Steiger: Andreas Gryphius' Leichabdankung auf den Arzt Heinrich Fierling (2009) [853], S. 350.

II.10.8 Reyen
Von Bettine Menke

Zum Reyen der barocken Trauerspiele (nicht nur der Stücke von Gryphius) gibt es noch nicht *den*, zumal nicht neueren Forschungsbeitrag.[1] Wenn sie zum Gegenstand werden, dann werden die Reyen als Text behandelt, semantisch gelesen und derart auf die Abhandlungen bezogen[2] oder deren durchlaufende Reihe, die einen eigenen argumentativen Zusammenhang entwickle,[3] betrachtet. Wenn Barner eine »gewisse Ratlosigkeit« konstatierte, die »angesichts der sogenannten ›Reyen‹ [herrschte], jener Chorlieder, die nach dem Vorbild der Antike, der Jesuiten, Vondels und nicht zuletzt Opitzens einen festen Bestandteil der hohen Barocktragödie bilden«,[4] dann ist dem auch bisher noch nicht durch eine größere Arbeit abgeholfen. Das hat Gründe, die nicht allein im Charakter der Reyen liegen, sondern auch in Beschränkungen der Fragestellung, wenn »nur die handlungstragenden Teile des Dramas berücksichtigt« und die Reyen »zumeist [...] als ›undramatisch‹ übergangen« werden.[5]

Der Reyen, d.i. – wenn es erlaubt ist, vorgreifend zunächst die nachträgliche Bestimmung von Birkens (1679) anzuführen – ein »Hauptstuck« der barocken Trauerspiele, »die Chöre oder ZwischenLieder / welche nach allen Handlungen zwischen eingeschaltet / und entweder von einem / oder mehrern Personen / in eine Musik pflegen abgesungen zu werden«,[6] ist in zwei Hinsichten in den Blick zu nehmen: zum einen das Verhältnis der Reyen zu den Trauerspielen, spezifisch deren Relation zu den Abhandlungen, die sie gliedern, eine Unterscheidung und Kopplung, die als eine allegorische oder ›emblematische‹, wie Schöne vorzieht,[7]

---

1 Die einzige Monographie ist die Dissertation von Hans Steinberg: Die Reyen in den Trauerspielen des Andreas Gryphius (1914) [505], kursorisch bezüglich der Dramen (S. 16–81) wie auch der Poetiken (S. 117–122).
2 So Wilfried Barner: Gryphius und die Macht der Rede (1968) [531], nicht anders Hans-Georg Kemper: Die »Macht der Zunge« und die Ohnmacht des Wissens (2009) [548]. Mitverhandelt werden die Reyen selbstverständlich oftmals.
3 Nach Steinberg (Anm. 1), S. 10f. und 82–84; vgl. Nicola Kaminski: Der Liebe Eisen=harte Noth (1992) [674], S. 31–61.
4 Barner (Anm. 2), S. 326, zum Stand der Dinge 1968.
5 Ebd., S. 326f.
6 Teutsche Rede-bind- und Dicht-Kunst / oder Kurze Anweisung zur Teutschen Poesy / mit Geistlichen Exempeln: verfasset durch Ein Mitglied der höchstlöblichen Fruchtbringenden Gesellschaft Den Erwachsenen. Samt dem Schauspiel Psyche und Einem Hirten-Gedichte. Nürnberg / Verlegt durch Christof Riegel. Gedruckt bey Christof Gerhard. A. C. M DC LXXIX, S. 326f. In deutschsprachigen Poetiken kann erst nach Abfassung von Gryphius' ersten Trauerspielen etwas zum Chor oder Reyen gelesen werden; ein »Begriff von seinem Reyen« ist bei Gryphius auch in den Paratexten zu seinen Stücken nicht zu finden; Steinberg (Anm. 1), S. 88, vgl. S. 105 und 121f.
7 Albrecht Schöne: Emblematik und Drama im Zeitalter des Barock (1964) [498], S. 156–179.

ausgewiesen worden ist. Zum anderen ist diese Anordnung und der Reyen selbst im barocken Theater in Hinsicht der Theatergeschichte, nicht nur der Fort- und Umschriften des antiken Chors, sondern auch der Nachgeschichte in Gestalt von Singspielen, Balletten usw. zu betrachten.

Der Reyen gehörte wie »operhafte[ ] Chöre[ ]«, folgte man Schillers Vorrede »Ueber den Gebrauch des Chors in der Tragödie«, zu den illegitimen Nachkommen des antiken Chors.[8] Dabei ist doch die Oper zunächst *jene* Kunstform, die in der italienischen Renaissance die antike Tragödie beerben und aneignen sollte. »Untrennbar mit der Wiederentdeckung des antiken Chores in der Renaissance ist die Entstehung der Oper, des *dramma per musica*, verbunden«, als Versuch, »das antike Drama in der Kombination von rezitierten und gesungenen Partien wiederzubeleben«[9] – und dies zumal an den Orten, Florenz und Venedig,[10] die Gryphius auf seiner Studienreise (neben Rom 1645/46 in Italien) aufsuchte. Die nachantiken Chor-Ausprägungen sind aber nicht nur als des antiken Chores Wiederkehr auf die europäische Bühne zu bestimmen.[11] Im 16. Jahrhundert (jedenfalls vor den Aristoteles-Rezeptionen und den Poetiken) findet sich bereits sehr breit und vielfältig ausgeprägt die Gepflogenheit, durch Chöre und Chorlieder Schauspiele in (fünf) Akte zu unterteilen;[12] sie treten in Erscheinung in Wechselwirkung auch mit religiösen und liturgischen Gebräuchen von Chören im »geistlichen Spiel«,[13] in den humanistischen Dramen und den sowohl deutschen wie lateinischen Schuldramen, auch Meistersingerdramen, Wanderbühnenstücken u.a. englischer Komödianten, wie auch in bezug auf das italienische Singspiel, höfische Festspiele und das Jesuitentheater, in der ganzen diversen »Vielfalt« also, die das deutsche barocke Theater ausmacht,[14] und ergeben einen Hintergrund heterogener Chorformen, musikalischer Einlagen

---

8 Friedrich Schiller: Ueber den Gebrauch des Chors in der Tragödie. In: Die Braut von Messina oder die feindlichen Brüder ein Trauerspiel mit Chören von Schiller. Tübingen, in der J. G. Cotta'schen Buchhandlung 1803, S. III–XIV, hier S. XIV.
9 Bernhard Zimmermann: Europa und die griechische Tragödie. Vom kultischen Spiel zum Theater der Gegenwart. Frankfurt a.M. 2000, S. 150 und 62f.; vgl. Schöne (Anm. 7), S. 162f.
10 Florenz, d.i. der Ort der Renaissance der antiken Tragödie als Oper (ab ca. 1600); für Venedig ist insbesondere auf Monteverdis »Orfeo« (1607) hinzuweisen.
11 Als »Totgeburt« kennzeichnet diese Wiederkehr Martin Brunkhorst: Das Experiment mit dem antiken Chor auf der modernen Bühne (1585–1803). In: Der Chor im antiken und modernen Drama. Hg. von Peter Riemer und Bernhard Zimmermann. Stuttgart 1999, S. 171–194, hier S. 172–174; vgl. Volker Janning: Der Chor im neulateinischen Drama. Münster 2005, S. 13–15 und 21–25; zum Forschungsstand bezüglich des Chors S. 14f.
12 Vgl. Janning (Anm. 11), S. 13–15 und 21–48; vgl. Steinberg (Anm. 1), S. 95–106.
13 Vgl. Steinberg (Anm. 1), S. 91–95.
14 Dirk Niefanger: Barocke Vielfalt. Trauerspiele auf deutschen und niederländischen Bühnen des 17. Jahrhunderts. In: Die Tragödie. Eine Leitgattung der europäischen Literatur. Hg. von Werner Frick. Göttingen 2003, S. 158–178.

und selbst Zwischenspiele für den barocken Reyen.[15] Es handelt sich um diskontinuierliche Bezüge von Brüchen[16] und Übernahmen, für die, so Steinberg, »das Drama der Jesuiten, das sich auf der Grundlage des Mysteriendramas aufbauend, sowohl durch den Humanismus gegangen war wie es auch später das italienische Singspiel und die englische Komödie in sich aufnahm, um mit ihnen konkurrieren zu können«, die »Brücke« zur »Gestaltung des Chores« bei Gryphius bildete.[17] Wenn für Gryphius Chöre keine »Neuerung«[18] waren, so haben sie diesen heterogenen Hintergrund der »Sitte, die Aktpausen auszufüllen«.[19] Es gibt keine barocke Poetik der Chöre oder Reyen.[20] Die *loci classici*, die Poetik des Aristoteles[21] und Horaz' *Ars*

---

15 Die Vielheit der Chorformen und Theatertraditionen insbesondere seit dem 16. Jahrhundert führt Steinberg (Anm. 1), S. 95–106, bezüglich der Reyen des Gryphius an, aber ohne Relationen und Differenzen auszuarbeiten. Auch wo die Chöre im humanistischen oder Schuldrama als Nachahmung des antiken Chors gedacht waren (vgl. ebd., S. 96–99), zeigt sich deren ungeregelte Vielheit: Chöre im Sinne von gedichteten (gesprochenen und gesungenen) oder auch nur mit Titeln herbeizitierten Liedern (geistlicher und höfischer Provenienz) oder den Chor ersetzender Instrumentalmusik, (unbestimmter) Zwischenspiele (Interscenien) wie Singspiele und Tanzszenen; vgl. die Aufstellungen für den Zeitraum von 1497 bis 1620 von Rochus von Liliencron: Die Chorgesänge des lateinisch-deutschen Schuldramas im XVI. Jahrhundert. In: Vierteljahrsschrift für Musikwissenschaft 6 (1890), S. 309–387, hier S. 314–342; Janning (Anm. 11), S. 13–15 und 37–48. Derart entstehen neue Mischgattungen, vgl. ebd., S. 37–39, 57 und 76–79. Von englischen Komödianten stammen neben »Musikeinlagen«, beigefügten »Singspielen« auch »Clown«-Szenen, komische Einlagen in Pausen, die neue Komödien- und Mischformen im 17. Jahrhundert herausbilden. Steinberg (Anm. 1), S. 103f.
16 Wie der Bruch zwischen Gelehrten- und »Volks-Poesie«; Steinberg (Anm. 1), S. 106. Vgl. (vorurteilsbelastet) Elsie Winfried Helmrich: The History of the Chorus in the German Drama. ND der Ausgabe New York 1912. New York 1966, S. 43f.; Fritz Hammes: Das Zwischenspiel im deutschen Drama von seinen Anfängen bis auf Gottsched, vornehmlich der Jahre 1500–1660. Ein Beitrag zur Geschichte des deutschen Dramas. Berlin 1911, S. 169f.
17 Steinberg (Anm. 1), S. 106f. Im Jesuitendrama, das Innovationen der Oper wie der Wanderbühne aufnahm, können unter Einfluß auch mittelalterlichen Theaters »die Zwischenaktchöre sogar als allegorisch-mythologisches Zwischenspiel gestaltet werden. In ihnen treten allegorische, biblische, historische oder mythologische Figuren auf, [...] Interludien, in denen auch Musik, Gesang und Tanz dargeboten werden.« Janning (Anm. 11), S. 14, vgl. S. 34f., 54 und 77. Vgl. Willi Flemming: Andreas Gryphius und die Bühne (1921) [383], S. 23, 64f. und 286f.
18 Steinberg (Anm. 1), S. 90.
19 Ebd., S. 105f.
20 Reyen können als Fall einer persistierenden »Normierungslücke der [barocken] Poetik« gekennzeichnet werden, mit »[p]oetische[r] Produktivität« hinsichtlich der »Spielarten« ihrer Gestaltung. Jörg Wesche: Literarische Diversität (2004) [516], S. 175–214, hier S. 175; vgl. S. 185, 201f. und 206 (zum stagnierenden Forschungsstand ebd., S. 175–184). Vgl. Steinberg (Anm. 1), S. 120–122.
21 ARISTOTELIS DE POETICA *LIBER*. DANIEL HEINSIVS recensuit, ordini suo restituit, Latine vertit, Notas addidit. *Accedit eiusdem* DE TRAGICA CONSTITVTIONE LIBER. *In quo præter cætera, tota de hac Aristotelis sententia dilucide explicatur*. LVGDVNI BATAVORVM. Apud IOANNEM BALDUINUM. *Prostat in Bibliopolio* Ludouici Elzevirij. ANNO CIƆ IƆC. XI., S. 38 (1456a25–34). Opitz, der in seiner Poetik gar nicht vom Chor handelt, nimmt wie Heinsius' dieser Übersetzung (mit eigenem

poetica[22] als poetologische Bezugspunkte und die in vielen Belangen vorbildgebenden Tragödien Senecas neben dem von Aristoteles gerade in Sachen Chorbehandlung besonders empfohlenen Sophokles,[23] ergeben (gerade nach der langen Tradition des gelehrten Dramas) nicht eine lineare Tradition für die Reyen des Gryphius, auch nicht für die des *Leo Armenius*, in dem jene »Bauform« vorliege, die die deutschsprachigen Dramatiker des 17. Jahrhunderts für die Gattung Trauerspiel benutzten.[24] »Reyen« ist offensichtlich eine – aus dem Niederländischen, vom Vorbild Joost van den Vondel, von dem Gryphius dessen *De Gebroeders. Treuerspel* übersetzte, übernommene[25] – Übersetzung von »Chor«, das in Gryphius' Schauspielen immer wieder auch statt und neben »Reyen« im (unentschiedenen) Wechsel auftritt,[26] und zwar in seiner Bedeutung als Gesang wie als (Reigen-)Tanz sowie auch als gemeinsam sprechende oder singende Gruppe. »Reyen« bezeichnet das Chorkollektiv wie die Chorpartien. Es handelt sich also zum einen um ›in Musik gesetzte‹ Lieder, die wie die Chorlieder der Antike sich von den Sprechhandlungen durchs Metrum unterscheiden. Während der Alexandriner das Versmaß der Reden in den Abhandlungen abgibt, ist der Chorpart »in wechselnde, meist kürzere jambische Verse gesetzt«,[27] hat Lied- oder Odenform. Die *metrische* Differenz markiert die Unterscheidung von Abhandlung und Reyen des Trauerspiels »deutlich«.[28] (Zur vokal- und instrumentalmusikalischen Praxis hin-

---

Titelblatt) anhängende Abhandlung auf Aristoteles Bezug. Vgl. DANIELIS HEINSII DE TRAGOEDIÆ constitutione LIBER. *In quo inter cætera, tota de hac Aristotelis sententia dilucide explicatur.* LVGDVNI BATAVORVM, Apud IOANNEM BALDUINUM. Prostat in Bibliopolio Ludouici Elzevirij. ANNO CIↃ IↃC. XI., Kap. 5–9, S. 53–109; MARTINI OPITII Buch von der Deutschen Poeterey. Jn welchem alle jhre eigenschafft vnd zuegehör gründtlich erzehlet / vnd mit exempeln außgeführet wird. Gedruckt in der Fürstlichen Stadt Brieg / bey Augustino Gründern. Jn Verlegung David Müllers Buchhändlers in Breßlaw. 1624, fol. Dijʳ–Dijᵛ. Bei beiden ist nicht viel zum Chor zu lesen, vgl. Janning (Anm. 11), S. 32–36, zu den Poetiken S. 29–36; sowie Wesche (Anm. 20), S. 198–209 und 216f.
22 QVINTVS HORATIVS FLACCVS. *Accedunt nunc* DANIELIS HEINSII *De Satyra Horatiana Libri duo, in quibus totum Poëtæ institutum & genius expenditur. Cum ejusdem in omnia Poëtæ Animaduersionibus, longe auctioribus.* LVGDVNI BATAVORVM, Ex Officina ELZEVIRIANA. ANNO CIↃ IↃ C XXIX., S. 221–235 (»Q. HORATII FLACCI AD PISONES EPISTOLA, SVO ORDINE DISPOSITA«), hier S. 227 (ars poet. 193–201). Vgl. Janning (Anm. 11), S. 31–33 und 86f.
23 Dafür stehen Opitz' Übersetzungen der *Antigone* und der *Trojanerinnen* sowie Gryphius' Berufung auf »Sophocles oder [...] Seneca« (*Leo*, fol. Aiijʳ), um sich von ihnen abzusetzen.
24 Schöne (Anm. 7), S. 156f.
25 Vgl. Steinberg (Anm. 1), S. 8f., 11 und 110f.; Schöne (Anm. 7), S. 156f.
26 Z.B. »Chor der ermordeten Engelländischen Könige« (*Car*_B I, S. 350); im Personenverzeichnis (unter »Stumme«): »Die Reyen sind die Geister derer in Engelland ermordeten Könige« usw. (*Car*_B, S. 340). Vgl. Steinberg (Anm. 1), S. 6–8.
27 Schöne (Anm. 7), S. 163.
28 Ebd. Vgl. Birken (Anm. 6), S. 332. Zur Funktion der »Reimsätze«: Poetischen Trichters zweyter Theil. Handlend: I. Von der Poeterey Eigenschaft / Wol- und Mißlaut der Reimen. II. Von den Poetischen Erfindungen / so aus dem Namen herrühren. III. Von Poetischen Erfindungen / so aus den Sachen und ihren Vmständen herfliessen. IV. Von den Poetischen Gleichnissen. V. Von den Schau-

sichtlich der Reyen gibt es keine hinreichende Quellenlage.[29]) Es sind die Reyen genannten und *als* Reyen von der Handlung abgeschiedenen ›Chorpartien‹, die die Frage nach ihrer Funktion aufdrängen.[30] Denn offenbar sind Reyen zum andern bei und nach Gryphius (auch gerade) eben dies: unterbrechende und untergliedernde Einlassungen von abgesetzten Chor-Partien oder Zwischenaktliedern zwischen die der dramatischen ›Handlung‹ gewidmeten Teilstücke. Die Definition der Chöre als »pars inter actum et actum«[31] legte bereits Scaliger vor. Reyen in diesem Sinne, als »das gesamte zwischen den Akten liegende Spiel«, das unter dieser »Überschrift« »geradezu im Gegensatz zu ›Abhandlungen‹ steht«,[32] haben nur die Trauer-, nicht die Lustspiele Gryphius'.[33]

---

spielen ins gemein / und absonderlich von den Trauerspielen. VI. Von den Freuden- und Hirtenspielen. Samt einem Anhang von der Teutschen Sprache: durch ein Mitglied Der Hochlöblichen Fruchtbringenden Gesellschaft. Nürnberg / Jn Verlegung Wolffgang Endters. M.DCXLVJJJ., S. 73f. Der Reyen als chorische Einlage innerhalb der Abhandlung (vgl. Steinberg [Anm. 1], S. 5f.), wie etwa der »Reyen deß Frauenzimmers« in *Pap.* II,277ff., wurde, teils in Alexandrinern verfaßt, »keineswegs gesungen« (Schöne [Anm. 7], S. 165; zu den Chören in *Car_B* V, vgl. Helmrich [Anm. 16], S. 54).

29 Wesche (Anm. 20), S. 212. Hinweise auf Lieder und Musik geben Harsdörffer (Anm. 28), S. 73f., und Birken (Anm. 6), S. 326f. Schöne (Anm. 7), S. 163, nimmt einen in Verse gesetzten »und gesungene[n], wohl auch von hinter der Bühne gespielten Instrumenten begleitete[n] Chorpart« an. Vgl. Flemming (Anm. 17), S. 396f.; Gerhard Kaiser: Leo Armenius (1968) [546], S. 17; Willi Flemming: Die Form der Reyen in Gryphs Trauerspielen (1924) [447], S. 664. Daß die Bühnenanweisung für die Traum-Szene *innerhalb* des dritten Aktes von *Leo* lautet: »Violen. Vnter wehrendem Seitenspill und Gesang entschläfft Leo auff dem Stule sitzend« (*Leo* III, S. 39; Ergänzung in *FT*), entscheidet hier nichts (dagegen Helmrich [Anm. 16], S. 48); spezifisch werden für den Wolkenauftritt der Themis erschallende Trompeten genannt (*Pap.* II, fol. C^r). Vgl. für das Schuldrama bis 1620 die Partiturdokumentation von Liliencron (Anm. 15), S. 353–387. Bei Gryphius gibt es Noten nur im Lustspiel *Absurda Comica. Oder Herr Peter Squentz* fürs eingelegte Brunnenlied (*Squ.*, S. 28–30).

30 Der Unterschied zu Reyen als chorischen Einlagen *innerhalb* der Akte (etwa »Reyen der Spilleute und Sänger«, *Leo* III, S. 38) sei deren »gänzliche[] Verschiedenheit ihres Verhältnisses zur Handlung. Denn nur bei den Zwischenaktsreyen liegt hier eigentlich ein Problem.« Steinberg (Anm. 1), S. 9. Von diesen, die die Personenverzeichnisse auffführen (vgl. ebd., S. 5f.), handelt das Folgende, von Reyen und vom chorischen Sprechen (vgl. Flemming [Anm. 17], S. 401) innerhalb der Akte dagegen nur nebenbei.

31 IVLII CAESARIS *SCALIGERI, VIRI* CLARISSIMI, Poetices libri septem: I, HISTORICVS II, HYLE III, IDEA IIII, PARASCEVE V, CRITICVS VI, HYPERCRITICVS VII, EPINOMIS, AD SYLVIVM FILIVM. APVD ANTONIVM VINCENTIVM. *M. D. LXI.*, Lib. 1, S. 16. Vgl. Wesche (Anm. 20), S. 199f.; Steinberg (Anm. 1), S. 119; Harsdörffer (Anm. 28), S. 74, zufolge dient der Chor dazu, »daß zwischen jeder Handlung ein Lied gesungen werden sol«; Birken (Anm. 6), S. 327, zufolge werden »ZwischenLieder [...] nach allen Handlungen zwischen eingeschaltet«.

32 Steinberg (Anm. 1), S. 6.

33 Komödien wurden wie bereits die römischen nur durch Musik ohne Gesang gegliedert. Gryphius' Mischspiel *Verlibtes Gespenste / Gesang-Spil. Die gelibte Dornrose Schertz-Spill* hat Reyen, aber keine Zwischenaktsreyen, abschließend Tänze und Reyen (vgl. *GD*, S. 72–75).

Eine Reflexion auf den Status des Reyens im Sinne seiner spezifischen gebrochenen oder verfehlten Nachfolge des antiken Chors wird seine ›Funktion‹ nicht nur, wie dies etwa Barner vortrug, als eine Neulektüre und Umschrift einer antiken Chorrede, so berühmt diese auch sei, erfassen können.³⁴ Die theatrale Funktion des griechischen Chors wird nur erschlossen, wenn nicht nur seine Reden gelesen werden, sondern seine Anwesenheit muß gerade auch dort ›mitgelesen‹ werden, wo er nicht mit Reden (im Text) präsent ist; für ihn war kennzeichnend, daß er in der Orchestra, dem liminalen Raum, permanent anwesend war, auch wenn er gerade nicht spricht. Daraus erschließt sich seine Funktion der Zeugenschaft nicht nur hinsichtlich der Handlung, sondern auch des theatralen Geschehens, die die der Zuschauer spiegelt.³⁵ Und derart kann jede Tragödie nur *den* (einen) jeweils spezifizierten Chor haben,³⁶ keineswegs dessen Mehrzahl. War für die Entwicklung des Chors (seit der Renaissance) weniger »die tatsächliche Verwendung des Chores in der klassischen Tragödie als die [diesen nachgetragene] Chortheorie des Aristoteles« ausschlaggebend,³⁷ so ist von diesem für den Chor doch wenig zu holen, außer dem Verdikt, der Chor (bzw. die Chorlieder) solle(n) dem Primat der Handlung unterstehen, da er den Chor dem (seine den Tragödien nachgetragene Poetik bestimmenden) Primat der Mimesis von Handlung unterstellt oder diesen marginalisiert.³⁸ Denn mit den Chorliedern tritt ein *anderes* Sprechen auf, das als lyrisch-musikalisches anders, d.i. nicht durch die dramatische Szene begründet ist. Im Lyrisch-Musikalischen des Chors und seiner Tänze steht die Handlung inne. So stellen die Chorlieder (zwischen denen die Auftrittseinheiten liegen) auch einen Aufenthalt und unterbrechenden Einhalt der dramatischen

---

34 So Barner (Anm. 2) zum ersten Reyen von *Leo Armenius*.
35 Hans-Thies Lehmann: Theater und Mythos. Die Konstitution des Subjekts im Diskurs der antiken Tragödie. Stuttgart 1991, S. 44–50; das hat keineswegs mit überlegener Weisheit zu tun, die den verschieden besetzten Chören auch keineswegs zukommt, auch beim nach Aristoteles berufenen Musterfall des Sophokles nicht.
36 In Opitz' Übersetzung von Sophokles' *Antigone*: »das Chor besteht von alten Thebanischen Bürgern«. Des Griechischen Tragoedienschreibers SOPHOCLIS ANTJGONE. Deutsch gegeben Durch MARTINUM OPITIUM Dantzig / Gedruckt durch Andream Hünefeldt Buchhändler / Jm Jahr 1636, fol. Aiiij^v. Diese Übersetzung verteilt die Chorrede anders; *parodos* und *exodos* werden neu zugeordnet, der Chor wird fast durchgehend als sprechend Handelnder geführt, in Wortwechsel eingebunden. Vgl. Barner (Anm. 2), S. 349.
37 Zimmermann (Anm. 9), S. 148.
38 Vgl. Aristoteles (Anm. 21), S. 38 (1456a25–29). »Den Chor muß man ebenso einbeziehen wie einen der Schauspieler, und er muß ein Teil des Ganzen sein und sich an der Handlung beteiligen – nicht wie bei Euripides, sondern wie bei Sophokles. Bei den übrigen Dichtern vollends gehören die gesungenen Partien um nichts mehr zur jeweiligen Handlung als zu irgendeiner anderen Tragödie [...].« Aristoteles: Poetik. Griechisch/Deutsch. Übersetzt und hg. von Manfred Fuhrmann. Stuttgart 1982, S. 59/61.

Handlung vor, die nicht nur aristotelisch das Primat für die Tragödie haben sollte,[39] sondern deren Einheit auch im 18. Jahrhundert den Ausschluß des Chors aus dem Drama zu verlangen scheint. Das Lyrisch-Musikalische der Chorrede verweist auf eine Funktion des Theaters, das in dramatischer Handlung nicht aufgeht.[40] Die Form der barocken Chorlieder ›erinnert‹ als dreiteilige Ode[41] mit gliedernden Zusätzen den antistrophischen Gesang des in der Orchestra hin- und hertanzenden griechischen Chors,[42] von dem die Zwischenaktsreyen sich so grundlegend unterscheiden. In ›inhaltlicher‹ Hinsicht gilt Seneca als Vorbild[43] der barocken Chorlieder. In dessen so vorbildlichen Tragödien wird allerdings der Chor, der poetologischen Tradition widersprechend, vor allem noch in Form seiner Zwischenlieder vorgefunden, während Aristoteles in Chorliedern als bloßer ›Einlage‹ die drohende Störung der Mimesis von Handlung abwehrt.[44] Der Chor hatte im römischen Theater insofern einen anderen Status, als er mit Einführung der Proszenium-Bühne seinen ihn bestimmenden Ort verloren hatte und auf der Bühne ohne räumliche Distanz zur Handlung agierte; es ist fraglich, ob er weiterhin

---

39 Gerade im Sinne des Anschlusses an die antike Tragödie konnte der Chor auch entfallen (vgl. Janning [Anm. 11], S. 12 und 36), so in der französischen *tragédie classique*, die auch Gryphius kannte.
40 Vgl. Steinberg (Anm. 1), S. 2; Wesche (Anm. 20), S. 195f.; Janning (Anm. 11), S. 34 und 75–81.
41 Die andere ist die strophische Liedform (vgl. Schöne [Anm. 7], S. 167; Steinberg [Anm. 1], S. 85–87; Flemming [Anm. 29], S. 663), die »die Metra der Chöre Senecas in kurze gereimte Zeilen« bringe (Steinberg [Anm. 1], S. 106). Die persistierende »Normierungslücke der Poetik« für den Reyen betrifft die metrischen Muster. Wesche (Anm. 20), S. 185–198. Wesche widerspricht Steinbergs Typologie von strophischer Liedform und dreiteiliger Odenform als wenig einleuchtend: alle seien vielmehr als verschiedene der von Opitz beschriebenen Odenformen aufzufassen.
42 Vorgegeben ist das durch Opitz' Übersetzung von Sophokles' *Antigone* – »Satz«, »Gegen Satz«, »Abgesang« (Opitz [Anm. 36], S. 43 [recte: 34]) – und durch Vondel, der seit 1638 nach seiner Übersetzung der *Elektra* von Sophokles seine Reyen immer in »zang«, »tegenzang« und »toezang« einteilte (vgl. Steinberg [Anm. 1], S. 115), bei Gryphius: »Satz«, »Gegensatz«, »Zusatz« (*Leo* I, 509–554; III,401–420; IV,361–404); »Satz«, »Gegensatz«, »Abgesang« (*Pap.* III,647–710); »Chor« und »Gegen-Chor«, »Abgesang« (*Car*$_B$ I,305–354; II,533–564). Harsdörffer (Anm. 28), S. 73f., weiß: »Massen Strophe / oder der Vorsatz nichts anders gewesen / als ein Reyendantz / auf die linke Hand: Antistrophe, der Nachsatz das Springen und auf die rechte Hand. Wie sie nun durch diesen Dantz des Himmels Lauf vorbilden wollen / als haben sie durch Epodon oder das Abgesang der Erden Ruhe bedeutet / und das Lied stehend angehöret.«
43 Zu Seneca und seiner Rezeption Janning (Anm. 11), S. 22; vgl. Steinberg (Anm. 1), S. 118; Birken (Anm. 6), S. 326f.; Schöne (Anm. 7), S. 164f.
44 Die ›gesungenen Partien, die um nichts mehr zur jeweiligen Handlung als zu irgendeiner anderen Tragödie gehören‹ (vgl. oben Anm. 38), sind laut Aristoteles: *embólima* (»inserta«; Aristoteles [Anm. 21], S. 38), Einlagen, die sogar auf andere Stücke übertragen werden konnten. Im humanistischen und Schuldrama waren Übernahmen von bekannten geistlichen und höfischen Liedern verbreitet; Melodien wurden wiederverwendet. Vgl. Liliencron (Anm. 15).

während der ganzen Tragödie (Senecas) präsent war.⁴⁵ Für Zwischenlieder, die die barocken Zwischenaktreyen zur Vorlage nehmen,⁴⁶ wird der Bezug zur Handlung bloß noch als Frage eines inhaltlichen Bezugs der Chorlieder verhandelt⁴⁷ (nicht im Sinne des vielberufenen Aristoteles als Beteiligung des Chores an der Darstellung durch Handlung).

Der textuell gar nicht manifeste Unterschied der barocken ›Chöre‹ zur Präsenz des alten Chors schlägt sich in der selbstverständlichen, gar nicht weiter kommentierten Möglichkeit nieder, die Gryphius realisiert, verschiedene Chorkollektive zwischen den »Abhandlungen« eines Trauerspiels auftreten zu lassen: die Chöre oder Reyen der Jungfrauen, der Hofleute, der Priester, auch der ermordeten englischen Könige (Car_B I,305–354) und ermordeten Fürsten ($Cath.$ II,357–416), und zwar (wie der antike Chor) jeweils nicht in den »Abhandlungen« Agierende. Bei Vondels den Chor übersetzendem »Rey« handelte es sich, so im Falle von De Gebroeders, die Gryphius (als Die Gibeoniter) übersetzte, dagegen um das chorische Sprechen $eines$ Chores, immer der nämliche »Rey der Priester« »das ganze Stück hindurch«.⁴⁸ Dies behielt Gryphius schon in seiner Übersetzung nicht bei.⁴⁹ Er läßt nicht nur den »Chor« »jedes Mal auftreten und abgehen; äußerlich gesehen als Zwischenaktsfüllung«; er macht damit »den Chor auch äußerlich von einer Beteiligung an der Handlung frei«,⁵⁰

---

45 Die Parallele zwischen dem von Aristoteles inkriminierten Euripides und Seneca hinsichtlich verselbständigter Zwischenaktlieder (vgl. Barner [Anm. 2], S. 326f.) geht also durch einen Bruch. So Martin Hose: Anmerkungen zur Verwendung des Chores in der römischen Tragödie der Republik. In: Der Chor im antiken und modernen Drama. Hg. von Peter Riemer und Bernhard Zimmermann. Stuttgart 1999, S. 113–138, hier S. 114f. und 133f. In der neuen Lokalisierung macht seine Anwesenheit Probleme, das führt zur Verkleinerung der Chöre, Kürzungen ihrer Lieder u.a. (vgl. ebd., S. 119f., 124f., 135). Die Auskunft variiert für Seneca: »die Präsenz des Chors auf der Bühne ist keinesfalls immer gegeben«. Janning (Anm. 11), S. 30 (mit Lit.); anders z.B. Schöne (Anm. 7), S. 165.
46 Vgl. Janning (Anm. 11), S. 29–31; Wesche (Anm. 20), S. 188; Barner (Anm. 2), S. 326f.; Opitz' Übersetzung von Senecas Trojanerinnen führt »Das Chor der Trojanerinnen« unter den »Personen des Trawer-Spieles« auf, agierend zwischen den fünf Acten. L. ANNÆI SENECÆ TROJANERJNNEN; Deutsch übersetzet / vnd mit leichter Außlegung erkleret; Durch MARTINUM OPITIUM. Wittenberg / Jn verlegung Zachariæ Schürers Buchführers / Gedruckt bey Augusto Boreck / Jm Jahr M. DC. XXV., S. 1, 5–10, 18–20, 36–39 und 45–47.
47 So etwa Scaliger und Heinsius, vgl. Wesche (Anm. 20), S. 200f.; Janning (Anm. 11), S. 34f.; Steinberg (Anm. 1), S. 118f.
48 Steinberg (Anm. 1), S. 111; vgl. Flemming (Anm. 29), S. 664.
49 Gegeneinander sprechende Chorteile des zweiten »Rey« der Priester wies Gryphius Nymphen (die den Jordan apostrophieren) und dem Jordan zu ($Gib.$, S. 564–566) und setzte damit »allegorische[] Figuren« ein. Vgl. Steinberg (Anm. 1), S. 111–113, hier S. 111; vgl. Flemming (Anm. 17), S. 285.
50 Flemming (Anm. 29), S. 663; bei Vondel dagegen seien es »Personen der Handlung selbst, an den Geschehnissen der Akte mitbeteiligt, die in den Zwischenaktspausen die Chorlieder singen. Das Auftreten zum Chorlied, oder falls sie schon anwesend waren, das Anstimmen des Liedes, wird

nämlich von jeder Beteiligung an der »Abhandlung«. Er führt Sprecher ein, die, auch wenn sie »der Realität der vorangegangenen Abhandlung nahe stehen«[51] mögen, doch *keine* dramatis personae des vorausgehenden Aktes, »weder als mitwirkende noch als beiwohnende Figuren«,[52] sind. Wenn die »reine Ausfüllung der Zwischenaktspausen [...] [bei] unserem Drama und unserer Bühne der einzige Raum für einen Chor geblieben«[53] ist, so suche Gryphius (so Steinberg) dies »in keiner Weise zu verdecken«:

> ganz unvermittelt treten sie [die Reyen] auf, man kann aus der Handlung niemals den geringsten Schluß auf ihr Auftreten tun; und ebenso unvermittelt treten sie ab, ohne den geringsten Schluß auf die dann auftretenden Personen zu lassen. Der Dichter zieht die letzte Konsequenz aus diesem Charakter der Reyen: er wechselt die Personen nach Belieben von Akt zu Akt und gibt ihnen nicht selten eine eigene Szene, ja läßt sie selbst ein abgerundetes Spielchen aufführen.[54]

Insofern das Erscheinen der Reyen nicht (wie zuweilen bei Vondel) von *dramatis personae* angekündigt wird,[55] ist deren Rede nicht in der vorgestellten Handlung begründet.

Gryphius hat seine Stücke nicht mit vielen Bühnenanweisungen versehen, die über die Anordnung und den Auftrittsort der Reyen Auskunft geben könnten. Auf der barocken Bühne, die durch Vordervorhang und durch die die Vorder- und Hinterbühne trennende und öffnende Mittel-»Gardine« oder illusionistisch bemalte Schnurrahmen organisiert war,[56] scheint der Reyen vorrangig auf der Vorderbühne zu agieren (während die Hinterbühne nach Flemming »Träger der Handlung«[57]

---

irgendwie motiviert, sei es ausdrücklich durch Aufforderung oder durch die Situation.« Steinberg (Anm. 1), S. 113.

51 Schöne (Anm. 7), S. 167. Ausnahmen nennt Schöne die Syrenen in *Car*$_B$ II,533–564, daneben Gespenster-Reyen in *Cath.* II,357–416 und *Car*$_B$ I,305–354; die allegorischen Zwischenspiele erhalten nach »Vorbild der Jesuiten« andere, »selbständige Personen«. Flemming (Anm. 29), S. 663.
52 Schöne (Anm. 7), S. 159.
53 Steinberg (Anm. 1), S. 123.
54 Ebd., S. 122.
55 Vgl. aber z.B. *Leo* IV,360f. und im folgenden.
56 Das ist die barocke, für die italienische Oper entwickelte und über das Jesuitendrama transportierte »Illusions«-Bühne, für die Vordervorhang und Zwischen-»Gardine« oder bemalter Schnurrahmen, Klappkulissen oder Telari die Verwandlungen der Szenen ermöglichten. Vgl. Flemming (Anm. 17), S. 23, 67–71, 91–96, 99–102, 110–112, 114, 116f. und 130–34. Diese ist für Gryphius' Trauerspiele anzunehmen, vgl. ebd., S. 153–55, 204 und 214–218.
57 Ebd., S. 215; auf der »Hinterbühne« werden die »[w]irklichen Ausstellungsszenen« und Staatsszenen situiert (S. 131; vgl. S. 110, 214f. und 301). Flemmings Szenenverteilung für Gryphius' Trauerspiele (ebd., S. 153–213) lokalisiert die Reyen weitgehend auf der mit veränderlichen Kulissen ausgestatteten Vorderbühne (vgl. S. 204).

gewesen sei). Allerdings geht dieses Muster nicht streng auf.[58] Dem *Papinianus* fügte Gryphius mit seinen »Anmerckungen« auch die »Schaw-Platz[ ]«-Anweisungen für die Reyen bei (*Pap.*, fol. Hij^r), und diesen zufolge war ein Schauplatzwechsel für die Reyen nicht erforderlich.[59] Wenn die Serie von Kupfern zu *Catharina von Georgien*[60] Auskunft gäbe über die Bühneneinrichtung einer (zumal auch noch bestimmten) Aufführung,[61] dann wäre jenem Kupfer, das den vierten Reyen (»der Tugenden / des Todes und der Libe«; *Cath.*, S. 163) darstellt, doch immerhin zu entnehmen, daß Catharina nach ihren ihre Jungfrauen (die ihrerseits sich an Gott wenden sollen) adressierenden Abschiedsworten »Ade mit disem Kuß biß in die Ewikeit« (*Cath.* IV,436) abgegangen sein muß und auch die zurückgelassenen Jungfrauen (»Wil man euch unsern Tod zu schauen nicht vergönnen? | Gedult! doch dint ihr uns in disem Zimmer mehr«; *Cath.* IV,430f.) nicht in »disem Zimmer«, jedenfalls nicht auf der (sichtbaren) Bühne, verblieben sind.[62]

Daß für die Reyen die Bühne von den Protagonisten der Handlung geräumt wird,[63] macht sie zu »reine[n] ›intermèdes‹; sie treten erst auf, nachdem der Akt vollständig beendigt ist, und erst nachdem sie sich wieder entfernt haben, beginnt der folgende Akt«.[64] Den Übergang zwischen Abhandlung und Reyen markiert die

---

58 Das Muster, das mit Vondel vorlag, habe Gryphius in »keiner seiner eigenen Tragödien« so »offensichtlich« erfüllt (ebd., S. 284). Zur Verteilung der Schauplätze in *Car*_B II vgl. Flemming (Anm. 17), S. 194; in *Pap.* ebd., S. 212.
59 Erste Abhandlung: Papinians Gemach, der Reyen »in dessen Vorhof oder Lust-Garten«; zweite Abhandlung: »alles« in dem »Käyserlichen Saal«; dritte Abhandlung: die letzte Szene ist in »Käyserin Juliæ Gemach«, ebenso der Reyen; vierte Abhandlung: die letzten Szenen in »Papiniani Gemach«, dagegen erscheinen die Reyen »in dem Käyserlichen geheimen Zimmer« (*Pap.*, fol. Hij^r). Die Hinterbühne wurde einbezogen mindestens für den zweiten und vierten Reyen. Vgl. Flemming (Anm. 17), S. 197 und 200.
60 Reproduziert im Anhang bei Flemming (Anm. 17), außerdem in *GA* VI und *D*; zum Charakter der »Feste Theatrali« vgl. Harald Zielske: Andreas Gryphius' Trauerspiel »Catharina von Georgien« als politische ›Festa Teatrale‹ (1983) [619].
61 So Schöne (Anm. 7), S. 211. Gegen die Verrechnung durch Flemming (Anm. 17), S. 257–268 und 247, revidiert Zielske (Anm. 60), S. 13–19, die Auffassung als Aufführungsdokument und bezieht die Stichfolge auf die Ausstattungspraxis italienischer Intermedien- und Opernaufführungen des beginnenden Barockzeitalters und deren Tradition; vgl. Inge Schleier: Die Vollendung des Schauspielers zum Emblem (1999) [407], S. 531.
62 Flemming (Anm. 17), S. 177f., zufolge könnte der Mittelvorhang geschlossen worden sein (vgl. aber ebd., S. 231).
63 Im Rasereyen-Reyen (*Pap.* IV,441–498) erscheint Bassian (der schlafend anwesend sein wird); das verweist ihn auf die Hinterbühne; dieser Reyen bedarf der ganzen Bühne. Vgl. Flemming (Anm. 17), S. 197. Wenn dagegen der »Reye der von Chach Abas erwürgten Fürsten« (*Cath.* II,357–416) die Bühne (das »Königliche Gemach«?) füllt, ist Abas, von dem er in der dritten Person spricht, wohl abgegangen. Flemming (Anm. 17), S. 170f.
64 Steinberg (Anm. 1), S. 9. Gryphius schreibt den Abgang nie ausdrücklich vor (mit einer 1663 nachgetragenen Ausnahme), vgl. Flemming (Anm. 17), S. 232, 234 und 405.

»Leerung der Bühne«,[65] die den Ort des anderen Auftritts einräumt, die in Hinsicht des dramatischen Handlungszusammenhangs zu vermeiden ist, weil das leere Bühnen-Loch den Zuschauer momentan mit der theatralen Situation konfrontiert.

In Hinsicht dessen, »was sie singen«, bemerkt Schöne, daß die Reyen »keinerlei Bezug auf die Abhandlung [nehmen]; keines der vorangegangenen Ereignisse wird erwähnt, keine der dramatischen Figuren bei Namen genannt«.[66] Während diese »Absetzung« Steinberg auf den pausenfüllenden Charakter der Zwischenaktreyen schließen ließ, darauf, daß »die dramatische Bedeutung dieses Chorliedes keine andere sein [könne] als über die Pause hinwegzuhelfen«,[67] »die Aktpausen auszufüllen«,[68] akzentuiert Schöne, daß »gerade diese *Absetzung* des Reyen von der Abhandlung [die der Reyen doch erst erzeugt; B.M.] die dem Trauerspiel eigentümliche und diesen Dramentypus charakterisierende *Form* der *Verbindung* beider Teile« begründe.[69] Diese Verbindung durch Disjunktion faßt Schöne als der Relation von *pictura* und *subscriptio* im Emblem »strukturell« analoge auf. Die sogenannte »emblematische« Relation von Handlung und Reyen werde, so Schöne, durch die »aufs Allgemeine und Grundsätzliche gerichtete Reflexion des Reyen« belegt.[70] Es ist geläufig, für diese Aufgabe des Chores Horaz als Gewährsmann zu nennen; Horaz' Poetik zufolge tragen allerdings Chorreden nicht Allgemeines vor, sondern sie sind durch spezifische Sprechakte gekennzeichnet;[71] demnach wären auch die Reyen vor allem hinsichtlich ihrer Redeakte in den Blick zu nehmen. Die »idealtypische[] emblematische[] Struktur von Abhandlung und Chorlied-Reyen« findet Schöne »bei Gryphius im *Leo Armenius* I und II, der *Catharina* I, dem *Papinianus* III in reiner Form« und in anderen Fällen in verschiedenen »mehr oder minder unvollkommene[n] Ausbildungen«.[72]

---

65 Steinberg (Anm. 1), S. 102; vgl. Flemming (Anm. 17) (unsystematisch) zu den einzelnen Schauspielen, zu *Car*$_B$ IV,301–344 (S. 185), zu *Cath.* IV,437–536 (S. 178); *nach* dem Reyen falle der »Vordervorhang« (ebd., S. 284).
66 Schöne (Anm. 7), S. 159 (zu *Pap.* III,647–710).
67 Steinberg (Anm. 1), S. 18; das setzt die Einführung gliedernder Pausen bereits voraus.
68 Steinberg sagt »zunächst« (ebd., S. 122) und will eine Entwicklung nachgezeichnet haben (vgl. ebd., S. 81–85; die Reyen der sog. mittleren Periode: *Cath.*, *Car*$_B$ I,305–354, *Card.*, seien die »höchste Ausbildung« der »Formen [...] des Zwischenspiels«, S. 88). Das leuchtet so nicht ein (vgl. Wesche [Anm. 20], S. 177; Schöne [Anm. 7], S. 159) und wird nicht weiter verfolgt.
69 Schöne (Anm. 7), S. 159. Meine Hervorhebungen.
70 Ebd., S. 166.
71 Vgl. Horaz (Anm. 22), S. 227 (ars poet. V. 196–201); vgl. Janning (Anm. 11), S. 33 und 81–87. Vergleichbar kennzeichnet die Poetik Scaligers die Chorrede als tröstend, vorhersagend, bewundernd, mahnend usw. Vgl. Wesche (Anm. 20), S. 200; Steinberg (Anm. 1), S. 119.
72 Schöne (Anm. 7), S. 166; »nur eine der subscriptio sich nähernde Stellungnahme zum dramatischen Vorgang« seien die Reyen *Car*$_B$ I,305–354, II,533–564, III,801–848, *Cath.* II,357–416, III,461–514, *Card.* II,265–292; »nicht eigentlich ein Exempel« die von *Leo* III,401–420, *Card.* IV, 385–440, *Pap.* I,373–438. Die Aufteilung leuchtet schwerlich ein; es handelt sich bei den nicht »ide-

Kennzeichnungen der Reyen-Rede als ›Reflexion‹ oder ›Auslegung‹, die umgekehrt die Handlung als Exempel auffaßte,[73] verfehlen, daß hier zwei (meist gar) nicht aufeinander Bezug nehmende, selbst einander widerstreitende Redeweisen nebeneinander stehen.[74] Benjamin zufolge wird in den Reyen »der dramatische Vorfall nicht als einmaliger, vielmehr als die naturnotwendige, im Weltlauf angelegte Katastrophe aufgefaßt«.[75] Und die bekannte Bestimmung der Relation von Abhandlung und Reyen durch die im Emblem müßte mehr meinen können als die allgemeine Relation des Besonderen und des Allgemeinen. Mit dieser fällt die das Emblem ausmachende simultane Koppelung zweier Medien keineswegs zusammen.[76] Es verweist auf die Verbindung *zwischen* Getrenntem (in der Dualität von Sehen und Lesen). Diese kann als »allegorische Struktur« aufgefaßt werden, die in der Relation die Zweiheit zum Ausdruck bringt; und das wäre eher Benjamin[77] als Schöne. Die Allegorie macht die Diskontinuität, ja die allegorische Diskrepanz von ›Vorgestelltem‹ und Bedeutung merkbar. Allegorisch ist, Benjamin zufolge, die Struktur der

---

altypischen« um Gespenster- und Syrenen-Chöre, *Cath.* II,357–416, *Car*$_B$ I,305–354, II,533–564; um falsche Voraussicht in *Cath.* III,461–514 des ansonsten wie in *Cath.* I,831–880 Georgien apostrophierenden »Reyen der gefangenen Jungfrauen«; und einzig *Card.* II,265–292 bezieht sich auf die Handlung als Exempel, insofern etwa Celinde genannt ist, während die Reyen der diversen Hofleute in *Pap.* I,373–438 und III,647–710 Papinian nicht nennen.

73 Das wäre Chorrede, die, wie Horaz und Scaliger vorgeben, die Spielfiguren als negative oder positive Exempel zu scheiden aufgab. Vgl. Janning (Anm. 11), S. 87. So auch Birken (Anm. 6), S. 327: »Diese Lieder reden gemeinlich von den Tugenden oder Lastern / welche die vorhergehenden SpielPersonen an sich gehabt / da jene gelobet und diese gescholten werden [...]. Diese Lieder dienen / [...] den Spielschauern zu zeigen / was sie aus dem Schauspiel zu lernen haben.« In Gryphius' Reyen wird von den »vorhergehenden SpielPersonen« aber kaum je gesprochen, z.B. *Card.* II,265–292, *Pap.* III,647–710.

74 Der vierte Reyen des *Leo Armenius* sei, so Kaiser (Anm. 29), S. 19, »nicht Summe [...] sondern Durchkreuzung der Geschichte durch das Evangelium von der Geburt Christi, mit der die dunkle Hülle der irdischen Todeswelt zerreißt«. Vgl. auch Schöne (Anm. 7), S. 165. Da allerdings, worauf Kaminski hinweist, sich wohl unter den singenden Priestern verkleidete Verschwörer befinden (vgl. *Leo* IV,297–318 und 360f.), wie die in den Botenberichten erzählend präsentierten und entzogenen Ereignisse zeigen (*Leo* V,68–99 und 130–136), ist, was »radikale Andersheit« einer Rede aus transzendenter Instanz zu sein scheint, wiederum an die Theatralität und damit die unhintergehbare Irritation der Rede-Instanzen und Herkünfte zurückverwiesen. Nicola Kaminski: Andreas Gryphius (1998) [122], S. 96f.; vgl. S. 93–97.

75 Walter Benjamin: Ursprung des deutschen Trauerspiels (1928) [432a], S. 192; vgl. etwa die Reyen *Car*$_B$ I,305–354, II,533–564. Derart ist anders akzentuiert, was das »Allgemeine[ ] und damit Überhistorische[ ], überzeitlich Gültige[ ]«, zu dem das »Besondere der Abhandlung« erhoben werde, genannt wird. Kaminski (Anm. 3), S. 52; vgl. Schöne (Anm. 7), S. 163.

76 Schöne führt die Entgegensetzungen »Darstellung und Auslegung, Besonderes und Allgemeines, Bild und Bedeutung« parallel (ebd.).

77 Vgl. Benjamin (Anm. 75), S. 189–191.

Trauerspiele als solche, auch die Rede in den Abhandlungen wie der rasche Umschlag der ›Bilder‹ in ihnen.[78]

Der Reyen und die diskontinuierliche Fügung der Trauerspiele Gryphius' können unter dem Primat der dramatischen Handlung nicht zureichend aufgefaßt werden, was gewöhnlich als das ›Problem‹ des Chors vermerkt wird.[79] Die »andere Ebene, auf der der Reyen steh[e]«,[80] ist nicht so sehr das Allgemeine, sondern sie wird durch die andere Rede der/in den Reyen bezeichnet, die nicht an dramatische Personen sich richtet, also nicht *innerhalb* der dramatischen Szene beschlossen ist. Wer spricht? das ist nicht nur eine Frage des Personals, kommt aber durch dieses aus *anderen*, nicht der dramatischen Handlung zugehörigen Orten, und das insbesondere, wenn es sich um Syrenen und Geister handelt (in *Car$_B$* I, II,[81] *Cath.* II, »Rasereyen« in *Pap.* IV). Der Gespenster-Chor ermöglicht den redenden ›Durchgriff‹ einer bühnentranszendenten Macht nicht so sehr auf, als über die Bühne hinweg.[82] Die Chorrede, die nicht im Dialog, der das Drama trage, eingeschlossen ist,[83] richtet sich woandershin, etwa im Gebet, in der Anrufung (so der Geisterchor *Cath.* II,401f.: »O Richter dieser Welt! Dem Prinzen zu gebott! | Wie lange sihst du zu?«[84]), in Apostrophen (*fiktiven* Anreden) fiktiver Personen[85] – und auch an den Zuschauer, weil sie nicht dramatisch, sondern durch die theatrale Situation motiviert ist.[86]

---

78 Vgl. ebd., S. 189; Bedeutung setze sich in den Abhandlungen selbst gleichsam als buchstäbliche Schrift ›am Bilde‹ durch (S. 195); Sentenzen fungieren wie »Rahmen«, in die Handlung im »Ausschnitt« »stets verändert« ›einrücke‹ (S. 197; zum vielfachen und jähen Umschlagen der ›Bilder‹ S. 231f.). Vgl. Alexander von Bormann: Emblem und Allegorie. Vorschlag zu ihrer historisch-semantischen Differenzierung. In: Formen und Funktionen der Allegorie. Germanistische Symposien. Hg. von Walter Haug. Stuttgart 1979, S. 535–550, hier S. 547f.
79 Vgl. Barner (Anm. 2), S. 326f.; Brunkhorst (Anm. 11), S. 174; Steinberg (Anm. 1), S. 9, 123; u.v.a.
80 Schöne (Anm. 7), S. 163.
81 »[The] connection is moreover forgotten when the words are sung by a band of sirens«, so zum zweiten Reyen des *Carolus Stuardus* Helmrich (Anm. 16), S. 53; vgl. zum ersten Reyen ebd., S. 52.
82 Vgl. zu den Gespenstern *nicht* in den Reyen von *Cardenio und Celinde* Kaminski (Anm. 3), S. 98; der Gespensterchor kann als »selbstreferentielles Element« der prekären theatralen Verkörperung gefaßt werden. Natalie Binczek: Die Bannung des Geistes (2009) [660], S. 73.
83 Vgl. Schöne (Anm. 7), S. 178f.
84 Er endet (Chor und Gegenchor gemeinsam) in der insistenten Beschwörung »Ernster Richter! übe Rache! | Wache! grosser Gott erwache! | Wache! Wache! Wache! Wache; | Rache! Rache! Rache! Rache!« (*Cath.* II,413–416) – ohne daß der Angerufene Bühnenpräsenz erhält.
85 Das sind *loci communes* der monologischen Rede der Lyrik, insbesondere der Ode, vgl. »O du Wechsel aller Dinge« (*Leo* II,617); »Nymphen die ihr umb die Wippfel [...] springt; [...] Last euch weit und breit zu Ehren | Eurer Catharinen hören« usf. (*Cath.* III,497–502); »Was hat dich Albion erhitzt?« (*Car$_B$* I,313); vgl. *Cath.* I,832 und III,461; *Pap.* III,647f.
86 Das ist nicht Sache der direkten Anrede der Zuschauer, die *nur* in Lustspielen »geradezu angeredet« werden, also nicht in Reyen. Flemming (Anm. 17), S. 400. Die Reyen-Rede *als solche* gilt dem Zuschauer; der Chor bespielt die Theatron-Achse. Vgl. Hans-Thies Lehmann: Postdramatisches Theater. Frankfurt a.M. 1999, S. 232–235.

Ihr anderes Sprechen (oder Singen) wird nicht so sehr durch räumliche Anordnungen markiert als vor allem in der Sequenz des gegeneinander Abgesetzten organisiert. Bezüglich der Reyen ist (eher *vor* als jenseits ihres Wortlautes) auch die in die Handlung eingelassene Unterbrechung als solche aufzufassen, eine als Pause ausgedehnte und begrenzte, ein Pausieren, das Zeit gewinnt und einläßt: nicht nur für die Mitteilung von Lehren, sondern auch fürs ›Lernen‹,[87] für ›Stimmung‹ und Umstimmung oder gar zur Ablenkung;[88] das geht weit (allerdings nicht bei Gryphius), bis zu eingelassenen »Comödien«[89] oder Singspielen.

Sind Reyen Partien, die von Chören bestritten werden, und schon als solche Teilstücke der Trauerspiele, so heißen Reyen doch auch jene Intermezzi oder Zwischenspiele zwischen den Akten, die gar keine Chorpartien sind. Bei Gryphius gibt es eine Reihe solcher *Zwischenspiele*, ganz offenbar allegorische, gar Personifikationen aufführende; als solche werden die folgenden Reyen verzeichnet: *Cath.* IV,437–536, *Card.* III,177–265, *Car*$_B$ IV,301–344, *Pap.* II,517–582 und IV, 441–498.[90] Diese Reyen sind kenntlich durch ihre »unregelmäßigen Versformationen«[91] und dadurch, daß sie »ein ganz anders geartetes Personal heraufführen: allegorische Figuren der Religion und der Ketzer [*Car*$_B$ IV,301–344], der Tugenden, des Todes und der Liebe [*Cath.* IV,437–536], der Zeit, des Menschen und der Jahreszeiten [*Card.* III,177–265],[92] die Göttin Themis und die personifizierten Affekte der *Rasereyen* [*Pap.* II,517–582]«,[93] allegorische Verkörperungen, die »aus dem Figurenkreis der Moralitäten des 15. und 16. Jahrhunderts und des von ihnen

---

87 Vgl. Birken (Anm. 6), S. 326f.; d.i. (wie bei Scaliger) zugleich »Affektausgleich«. Wesche (Anm. 20), S. 207. Vgl. Steinberg (Anm. 1), S. 116.
88 Vgl. (zum neulateinischen Drama) Steinberg (Anm. 1), S. 105f.; Janning (Anm. 11), S. 57 und 77.
89 Birken (Anm. 6), S. 327, nennt die »schickliche[n] Zwischenspiel[e]«, die gegeben werden, »um / zumal / wann daß Hauptspiel etwas traurig laufet / den Spielschauer damit in etwas wieder zu belustigen«, »kleine Comödien«. Vgl. Wesche (Anm. 20), S. 196-198 und 207; Steinberg (Anm. 1), S. 121.
90 Vgl. Flemming (Anm. 29), S. 663, wie Schöne (Anm. 7), S. 167; dem Schema zu den Reyenformen (Flemming [Anm. 29], S. 663) wäre, *wenn* denn eine ›Entwicklung‹, die Zunahme von Zwischenspielen zu entnehmen. Laut Steinberg setzt Gryphius »gewöhnlich diese allegorischen Spiele vor der Katastrophe« ein. Steinberg (Anm. 1), S. 107; vgl. S. 32 und 60.
91 Schöne (Anm. 7), S. 167; vgl. Wesche (Anm. 20), S. 196.
92 Zum »Zeitreyen« vgl. Kaminski (Anm. 3), S. 39–57; er sei als Nebeneinander von personifizierter Zeit nach Art des allegorischen Zwischenspiels und dem refrainartigen Reyen der Bononiensischen Jugend einzigartig (ebd., S. 43f.). Vgl. aber auch die chorische Rede der allegorischen Tugenden in *Cath.* IV,437–536.
93 Schöne (Anm. 7), S. 167. In einer Reihe verzeichnet Gryphius für *Catharina von Georgien*: »Die Reyen sind des Frauen-Zimmers. Der ermordeten Geister. Der Tugenden. Des Todes und der Libe« (*Cath.*, S. 94); für *Carolus Stuardus*: die Reyen der »Geister derer in Engelland ermordeten Könige. Die Syrenen der Engelländischen Frauen und Jungfern / des Gottesdinsts oder Religion und der Ketzer« (*Car*$_B$, S. 340).

abhängigen allegorischen Dramas der Humanisten«[94] stammen, Personifikationen »nach dem Vorbild der Jesuiten«.[95] Die Zwischenspiele eröffnen eine eigene Redeszene und etablieren deren Personen (die für die Aufführungen durch deren Paratexte ausgewiesen werden mußten). So wird der vierte Reyen des *Carolus Stuardus* weitgehend durch die Klage-Rede der personifizierten Religion eingenommen, die mit einer Anrede des Herrn einsetzt, Beschwörungen folgen läßt (»Jhr Wolcken brecht entzwey!«; *Car*$_B$ IV,329), sich von den Allegorien der Ketzer bedrängen lassen muß,[96] die sie »aus den Wolcken« bescheidet: »Geht! geht! und schmückt euch aus mit meines Mantels stücken!« (*Car*$_B$ IV,341).[97] Das Zwischenspiel des zweiten Reyens des *Papinianus* läßt die Themis, heidnische Personifikation der Gerechtigkeit, von oben bühnenmaschinell aus den Wolken erscheinen, um die Rasereyen auf die Bühne heraufzurufen: »Kommt Rasereyen vor! | Kommt auß der Höllen Thor!« (*Pap.* II,552f.).[98] Sie nennt Bassian, spricht vom vergangenen dramatischen Geschehen (»Sein Bruder fil durch Jhn«; *Pap.* II,572), apostrophiert den (abwesenden) Papinian anderswo (»Du steh Papinian!«; *Pap.* II,535) und spricht die »Rasereyen« an, die sie in die Bühnenpräsenz rief: »Gerechtigkeit fordert« »fallt jhr den Mörder an«, »Entsteckt den tollen Geist mit Höllen-heisser Brunst« (*Pap.* II, 571–575). Ihr Bezug zur (weiteren) Handlung ist *metatheatral*: »Jch werd ein Traurspil stifften« (*Pap.* II,525).[99] Gäbe die Serie von Kupfern zu *Catharina* Auskunft über die Bühneneinrichtung einer Aufführung, so wäre dem Kupfer des vierten Reyens »der Tugenden / des Todes und der Liebe« zu entnehmen, daß dieses allegorische

---

94 Schöne (Anm. 7), S. 168; vgl. Steinberg (Anm. 1), S. 106.
95 Flemming (Anm. 29), S. 663.
96 Die Ketzer singen *nicht* unisono; man erinnere dagegen die christliche Vereinigung von irdischen wie himmlischen Chören.
97 Daß der Reyen *Car*$_B$ IV,301–344 als »allegorische Szene« (Schöne [Anm. 7], S. 173 und 179) in keinem Zusammenhang mit dem vorhergehenden Akt stehe (Steinberg [Anm. 1], S. 59), hat zum Einspruch gereizt; es handle sich, so Reinhold Grimm: Hugo Peter, der Ketzerchor und die Religion (1986) [629], S. 6, um einen »enge[n] – und selbst bei höchster Gegensätzlichkeit unauflösliche[n] emblematische[n] Zusammenhang«. Der vage Begriff des (fehlenden oder gegebenen) ›Zusammenhanges‹ macht sich hindernd bemerkbar; *wenn* sich »beider gegensätzliche Positionen und Aussagen spiegeln« (ebd., S. 8), dann weil sie getrennt sind.
98 »Themis steigt unter dem Klang der Trompeten auß den Wolcken auf die Erden«, bis sie »unter dem Trompeten-Schall wider in die Wolcken« steigt (*Pap.*, fol. Cij^r), und die »Rasereyen« kommen aus der Erde (ebd.), also aus Versenkungen hervor. Vgl. Flemming (Anm. 17), S. 200. Auch dies hat, so die Anmerkungen Gryphius', auf demselben Schauplatz, im kaiserlichen Saal, statt. Während hier Julia zwar die »Rach« beruft, aber vor dem Erscheinen der Themis abgegangen sein wird (»Wir folgen auff dem Fuss'«; *Pap.* II,515f.), wird Themis umgekehrt in den Abhandlungen von Julia an der Leiche ihres Sohnes beschworen und angerufen von Papinian (vgl. *Pap.* V,343–354), wobei die Anrufung, »metrisch klar vom Alexandriner abgesetzt«, die Zitation stoisch-christlicher Tradition markiert. Armin Schäfer: Indirekte Reden im Trauerspiel (2007) [706], S. 32–52, hier S. 49. In diesen Szenen erscheint Themis *nicht*.
99 Vgl. Hans-Jürgen Schings: Großmüttiger Rechts=Gelehrter (1968) [707], S. 181, 191 und 195.

Zwischenspiel sich sowohl auf der Vorderbühne, wo die Personifikationen von (geistlicher) Liebe und Tod, jeweils ausgestattet mit Fackeln und mit Bogen und Pfeilen, denen diese wettstreitend jeweils deiktisch einsetzende allegorische Ekphrasen widmen (*Cath.* IV,451–490),[100] ein zur Stichomythie gesteigertes (*Cath.* IV, 507–526) Rededuell aufführen, als auch auf der Hinterbühne, wo die Allegorien der Tugenden auftreten, abspielte.[101] Vorgestellt ist hier die barocke, für die italienische Oper entwickelte und über das Jesuitendrama transportierte Kulissenbühne, die durch Vorhang und Bühnenrahmen die Trennung von Bühne und Zuschauerraum realisiert und vielfache und jähe Verwandlungen ermöglichte.[102] Diese Bühne ist nicht allein der ›Illusion‹ der dramatischen Handlung gewidmet, sondern räumt auch das andere Sprechen der Reyen anderer Sprecher wie Syrenen, Gespenster und allegorischer Verkörperungen und ihre Szenen ein. Die allegorischen Zwischenspiele

> stellen neben den Typus des Chorliedes den eines allegorischen Singspiels en miniature, eines bescheidenen Ablegers jener großen Intermedien, die sich an den italienischen Höfen seit dem Ende des 15. Jahrhunderts als musikalisch begleitete, pantomimische Darstellung während der Aktpausen durchgesetzt und zu prunkvollem allegorisch-mythologischem Schaugepränge mit Tänzen und Gesängen entwickelt haben[,] [...] [so im Jesuitentheater, wo sie sich] zur prunkvollen, intermedienhaften und opernverwandten Singspieleinlage der späten großen Ausstattungsstücke [auswuchsen].[103]

Was mit den Zwischenspielen als ›Beigaben‹ ›nach Belieben‹ wie Singspielen, die sich verselbständigen können, auf dem Spiel steht, ist die Geschlossenheit des Dramas. (Das Singspiel-Zwischenspiel führt Gryphius in *Verlibtes Gespenste / Die gelibte Dornrose* im Doppelspiel gegenseitiger Unterbrechungen von »Gesang-Spil« und »Schertz-Spill« aus.[104])

Die Relation von Abhandlung und Reyen, eine Absetzung, die eine Form der Verbindung sei (Schöne), kennzeichnet das Trauerspiel Gryphius' als disjunktive

---

100 Die (geistliche) Liebe wird erwartungsgemäß jeweils den Tod überbieten.
101 Vgl. Flemming (Anm. 17), S. 263. Das Blatt zeige einen Streifen des Vordervorhangs und den aufgezogenen, die Hinterbühne öffnenden Zwischenvorhang (vgl. ebd., S. 262–264).
102 Vgl. Zielske (Anm. 60); Schöne (Anm. 7), S. 217 und 219f.
103 Schöne (Anm. 7), S. 167 und 168, Anm. 2; vgl. Janning (Anm. 11), S. 14 und 66–68, der die eröffneten Möglichkeiten akzentuiert. *Felicitas*, Gryphius' Übersetzung des französischen Jesuiten Nicolas Caussin, bildet die »Reyen [...] der Engel / der Kirchen / der Selikeit / der Hofejunckern / der Christen« (*Fel.*, S. 186) als unregelmäßige Zwischenaktchöre aus.
104 Vorlagen sind neulateinische Komödien mit Zwischenmusiken wie die Schäferoper. Vgl. Flemming (Anm. 17), S. 351f. Es schließt mit »Tantz der Geister. Tantz der Liben. Reyen der Verlibten welche in dem Gesang-Spiel auffgezogen / und Reyen der Bauren / die in dem untergemischtem Schertz Spil erschienen« (*GD*, S. 72).

Kopplung (Schäfer).[105] Wenn Schöne sie in »strukturelle Analogie« zu der von *pictura* und *subscriptio* im Emblem bringt, wird als simultane Anordnung verschiedener Medien aufgefaßt, was in der Sequenz sich vollzieht. Ist die Abhandlung aber gar nicht ›Bild‹-artig, auch nicht im Sinne mimetischer Darstellung, so zeigt auch Schöne noch etwas anderes an, wenn er von der Abhandlung als »Bestandstück einer Schaustellung«[106] spricht, womit unübersehbar Benjamins Auffassung des barocken Trauerspiels als »allegorische« »Schaustellung«[107] zitiert ist. An dieser hat der Reyen seinen genauen Anteil. Die Reyen des barocken Trauerspiels, die nach der Beobachtung Benjamins wie (oder als) ornamentale Rahmungen oder »Einfassungen« der Akte »reicher entwickelt und loser mit der Handlung verbunden zu sein« pflegten »als der Chor der Tragödie«,[108] lösen die Akte aus dem Zusammenhang der Handlung. Als *parergon* oder Zutat stellen sie die *disjunktive* Kopplung des Trauerspiels vor. Die Benjaminsche Kennzeichnung der Reyen als »Einfassungen des Akts, die zu ihm sich verhalten wie die ornamentalen Randleisten der Renaissancedrucke zum Satzspiegel«, hebt, indem sie die zeitliche Abfolge in eine simultane Anordnung von Heterogenem umprägt, auf den Charakter der *Schaustellung* ab: die Reyen als deren sich hinzufügende »Einfassungen« und ›ornamental‹ ausgedehnte Rahmen, die die theatrale Rahmung selbst doppeln, weisen die Akte selbst als anderes denn als vornehmlich Entfaltung von Handlung, nämlich vielmehr als »Bestandstück einer bloßen Schaustellung« aus.[109]

Der Reyen geht in keiner in Termini von Handlungen und handelnden Personen zu erläuternden Geschlossenheit des dramatischen Werks auf, sondern bleibt an dieser gemessen (als) parergonale Zutat. Das wird insbesondere für den Zwischenspielreyen vermerkt. Zum einen scheint er als lyrisches, als musikalisch-tänzerisches und theatrales Element ›bloße‹ Zugabe zum Drama zu sein, zum andern droht, Schöne zufolge, ein Überborden des Marginalen, gar ein Überschwemmen der Bühne durchs Handlungs-Fremde.[110] Die Zwischenspiele ausstaffierend, »schie-

---

105 Vgl. Armin Schäfer: Nachrichten aus dem Off (2014) [492], S. 228–230. Zur Struktur als Kombination von Bestandteilen vgl. Peter Wolters: Die szenische Form der Trauerspiele des Andreas Gryphius (1958) [523], S. 90–95.
106 Schöne (Anm. 7), S. 177. Im Zeichen der Schaustellung aufgefaßt, wird die *pictura* selbst neugedacht: die Requisiten des Bedeutens kennzeichnen sie als Schauplatz wie die gerahmte barocke Bühne (vgl. ebd., S. 197, 204, 213 und 217–219).
107 Benjamin (Anm. 75), S. 112, 178, 191 und 195. Schöne (Anm. 7), S. 177f., mag den Begriff des Allegorischen dafür nicht stehen lassen und übersetzt in *pictura*-Charakter (vgl. S. 217).
108 Benjamin (Anm. 75), S. 116. Die zwischen die Akte eingelassenen Reyen kennzeichnet Benjamin als barocke Umformung der »Intermezzi« des antiken Chors (ebd.), was sie Aristoteles zufolge keinesfalls sein durften.
109 Benjamin (Anm. 75), S. 116. Das belegen neben Reyen und Zwischenspiel »stille[ ] Vorstellung« (S. 192) und »lebendes Bild« (S. 182); vgl. für den *Carolus Stuardus Car$_B$*, S. 340 und V,193–258. Vgl. Schöne (Anm. 7), S. 179–187 und 205–208; Wolters (Anm. 105), S. 96f.
110 Vgl. Schöne (Anm. 7), S. 167f.

ben« sich »[o]pernhafte Elemente« wie Singspiele, Ballette, musikalisch begleitete Pantomimen oder *scenae mutae* »zwischen die dramatischen Abhandlungen«, um »das Trauerspiel [zu] überwuchern und zugrunde [zu] richten«.[111] Wie Aristoteles zugunsten der Mimesis von und durch Handlung (die nachträglich die Tragödie ausgemacht haben solle) den Chor deren Primat unterstellte oder diesen marginalisierte, so werden einerseits die Reyen auch noch in der Sekundärliteratur des 20. Jahrhunderts am Zusammenhang der Handlung gemessen und derart ganz unverständlich oder insbesondere in deren zwischenspielartigen Verselbständigungen, deren Einlassungen den Zusammenhang der Handlung stören, abgewertet. Andererseits wird der dramatischen Handlung zuliebe das Drama sich überhaupt des Chores entledigen, so die französische *tragédie classique*, so vor allem das bürgerliche Drama des 18. Jahrhunderts. Im selben Zuge werden die Zwischenaktchöre in ihrer Funktion, die Pausen auszufüllen, die für die »notturft« der Schauspieler, sich umzukleiden, oder die des Szenenumbaus einzulegen waren,[112] durch Instrumentalmusik ersetzt. Vertritt, wie Lessing feststellt, »das Orchester bey unsern Schauspielen gewissermaßen die Stelle der alten Chöre«,[113] so ist das a-dramatische Element des Chors minimiert zur selbst nicht relevanten Überdeckung jener Lücken im dramatischen Ablauf, die den Zuschauer im Anblick (meist wohl nicht der geleerten Bühne, sondern) des Vorhangs mit der theatralen Situation selbst konfrontierten.

---

111 Ebd., S. 168, vgl. S. 175; Janning (Anm. 11), S. 75–79; Flemming (Anm. 17), S. 252 und 352; Wolters (Anm. 105), S. 74–79. Als Niedergang werden (meist) die Mischungen von Gattungen und Medien, als Übergriffe die Ununterscheidbarkeiten von Drama, Pastorale, Schäferoper, Oper, Ballett usw. aufgefaßt. In der Oper wäre die Heterogenität gelöst; das faßt Benjamin (Anm. 75), S. 209–212, als »Verfall des Trauerspiels« (S. 212).
112 So Birken (Anm. 6), S. 327. Zur Nachgeschichte vgl. Wesche (Anm. 20), S. 214; dieser »Notdurft« half in den Schuldramen »Musik oder Gesang [ab], und zwar ausgesprochen in der Absicht, die Aktpausen auszufüllen«, so Steinberg (Anm. 1), S. 102f.
113 Hamburgische Dramaturgie. Erster Band. Hamburg. Jn Commission bey J. H. Cramer, in Bremen, S. 202 (»Sechs und zwanzigstes Stück«).

II.10.9 Schwarze Magie
Von Maximilian Bergengruen

Hermetik

In der Forschung gibt es eine Strömung, die einer hermetischen Beeinflussung Andreas Gryphius' das Wort redet. Hans-Georg Kemper betont in seiner *Deutschen Lyrik der frühen Neuzeit*, daß sich Gryphius einer neuplatonisch inspirierten »Naturmystik« verschrieben habe. Die daraus resultierende »[m]ystische Licht-Theologie« und »[h]ermetische Feuer-Theologie« verdankt Gryphius, so Kemper weiter, Johann Arndt, dessen Einfluß auf Gryphius als sehr hoch eingeschätzt wird.[1] Untermauert werden diese Thesen mit der Interpretation zweier Sonette: »An die Sternen« und »Gedencket an des Loths Weib«.

»An die Sternen«, das sechsunddreißigste Gedicht im ersten Buch der Sonette von 1643 (*Son. 1643*, 36), leicht variiert noch einmal in der Ausgabe letzter Hand von 1663 erschienen (*Son*. I,36), wird von Kemper erstens als Beleg für Gryphius' Interesse an der Astrologie und zweitens als eine chiffrierte Anspielung auf den alchemischen Verbrennungs- und Schmelzungsprozeß gelesen. Darauf verweise vor allem die Beschreibung der Sterne als »Fackeln« (*Son*. I,36,2) und mithin als Feuer. Das Feuer wiederum sei, wenn man von der Ebene der irdischen auf die der himmlischen Alchemie wechselt, zu lesen als »Medium und Träger des göttlichen Geistes, durch den Gott in der Schöpfung wirkt«.[2]

Bei »Gedencket an des Loths Weib«, an fünfter Stelle in den ›Lissaer Sonetten‹ und, leicht überarbeitet, an siebter im ersten Buch der Sonette von 1643 zu finden (*Liss.*, S. 12f.; *Son*. I,7), handelt es sich um eine Adaptation eines Bauhusius-Gedichts. Hier fokussiert Kemper auf den Beginn des letzten Terzetts (»Fühlt sie / das Thränen-Saltz aus ihren Augen rinnt / | Vnd sie / sie selbst wird Saltz«; *Son*. I,7,12f.) und liest diese Passage in Analogie zum alchemischen Prozeß, genauer (mit Rekurs auf die Tria-Prima-Lehre des Paracelsus): der Verbrennung von Schwefel und Quecksilber zu Salz. Vor diesem Hintergrund, so Kemper mit einem Überstieg von der irdischen zur himmlischen Alchemie, läßt sich das ganze Sonett als Hoffnung der Rückkehr in einen himmlischen Aggregatzustand verstehen.[3]

---

1 Hans-Georg Kemper: Deutsche Lyrik der frühen Neuzeit, Bd. IV/1 (2006) [220], S. 239–254, hier S. 239, 244 und 249.
2 Ebd., S. 251.
3 Vgl. ebd., S. 273; ähnlich schon Hans-Georg Kemper: Gottebenbildlichkeit und Naturnachahmung (1981) [219], S. 275–310.

Die Behauptung, daß Gryphius hermetischen Positionen zuneige,[4] ist als kritische Antwort auf Forschungsmeinungen zu verstehen, die den Autor klar im Kontext des orthodoxen Luthertums verorten.[5] Sie ist aber ihrerseits nicht unwidersprochen geblieben. Von theologiehistorischer Seite wurde angemerkt, daß die Annahme einer häretischen Übergipfelung orthodox-protestantischer Positionen bei Gryphius von falschen Voraussetzungen in bezug auf das Luthertum und dessen Grenzen ausgehe.[6]

Nicht nur was Gryphius' Abwendung vom Luthertum, auch was die Hinwendung zum Hermetismus anbetrifft, harren die hier rekonstruierten Thesen eines letzten stichhaltigen Belegs. Kemper verweist zwar auf weitere Texte – Gryphius' (epigrammatische Reflexion über seine) »verbrandte Disputation De igne non Elemento« (*Ep.* III,II,77) sowie das Epigramm »Der Heilige Geist erscheinet in Feur« (*Ep.* III,I,47) –, die eine alchemische Lesart und mithin auch Einstellung Gryphius' nahelegen. Es fehlen jedoch explizite Hinweise für eine Beschäftigung des Autors mit Alchemie und Natürlicher Magie etc., um die vorgeschlagenen hermetischen Allegoresen abzusichern.

Schwarze Magie

Explizit und zweifelsfrei wird hingegen in Gryphius' Werk, insbesondere in den Dramen, das Thema der teuflischen oder schwarzen Magie verhandelt. Gryphius weist sich in dieser Hinsicht als durchaus belesen aus, z.B. wenn er in einer Erklärung zu *Leo Armenius* auf »Bodini Dæmonomania« verweist und hinzufügt, daß dieses Buch »in aller Händen« sei (*Leo*, S. 84). Die hier behauptete Selbstverständlichkeit der Bodin-Lektüre erklärt sich daraus, daß Gryphius zu dieser Zeit an einer (später verlorengegangenen) Abhandlung *De spectris* arbeitet oder gearbeitet hat (»Vnsere Meynung führen wir weitläufftiger aus in unserm Bedencken von den Geistern: welche wir mit ehestem / da GOtt wil / hervor zu geben gesonnen«; ebd.), auf die er auch am Ende der Vorrede von *Cardenio und Celinde* hinweist (*Card.*, S. 266).

Auch wenn der Rekurs auf Jean Bodin als den vielleicht bekanntesten Befürworter der Hexenverfolgung Bände spricht, wäre es zu kurz gegriffen, wenn man behauptete, daß sich Gryphius in seinen Dramen einfach von der schwarzen oder

---

[4] Vgl. hierzu neben Kemper v.a. Randolf Quade: Literatur als hermetische Tradition (2001) [934], S. 34, 67 und 175–222.
[5] So z.B. Wolfram Mauser: Dichtung, Religion und Gesellschaft im 17. Jahrhundert (1976) [311], S. 107f.; zu dieser Forschungsdebatte Nicola Kaminski: Andreas Gryphius (1998) [122], S. 46–48.
[6] Vgl. Johann Anselm Steiger: Schule des Sterbens (2000) [373], S. 10 und 68f.

teuflischen Magie absetzte,[7] und sei es im Rahmen einer Legitimierungsstrategie für die natürliche.[8] Zwar stimmt es, daß in der erwähnten Vorrede zu *Cardenio und Celinde* vor den »Gottlos[en]« und »verdammten Wissenschafften« der »verfluchten Zauberey« gewarnt wird (*Card.*, S. 259f.), aber das Drama selbst unterläuft, wie schon *Leo Armenius*, diese klaren Frontstellungen zugunsten einer komplexen Gnadenlehre und einer Reflexion über die heilende Kraft des Wahns.

Wie wird in den beiden Dramen die teuflische Magie aufgerufen? Eine erste Annäherung an eine Antwort auf diese Frage könnte lauten: als ausgewiesener Kunstgriff. Im Gegensatz zur Abhandlung *De spectris*, die sich, wie man vermuten kann, mit der Metaphysik der Geister auseinandersetzt, werden die Effekte schwarzer Magie in *Cardenio und Celinde* als Teil eines, wenn auch nicht »ungereimet[en]«, »Gedicht[s]« (*Card.*, S. 266), also als Fiktion,[9] gekennzeichnet.

Der Bereich derjenigen, die sich Hilfe von der schwarzen Magie versprechen, ist in den Dramen klar umrissen: In *Cardenio und Celinde* ist es Celinde, die sich – geleitet durch Einflüsterungen Tyches – der schwarzen Magie bedient, um sich Cardenio in Liebesdingen gefügig zu machen. In *Leo Armenius* sind es die Verschwörer, die sich dem Teufel anheimgeben, um den Ausgang ihres Umsturzvorhabens zu erfahren. Bei Gryphius tendieren also diejenigen Figuren zur schwarzen Magie, die a) in irgendeiner Form unterlegen sind (Celinde in erotischen Dingen, die Verschwörer in politischen) und b) dieser Unterlegenheit mit unrechten Mitteln Abhilfe schaffen wollen.

Worin besteht nun die schwarze Magie genau? In *Leo Armenius* sucht der »III. Zusammen-geschworne« (*Leo*, S. 52) Hilfe bei einem Zauberer, der bezeichnenderweise Jamblichus heißt (Gryphius scheint also kein gesteigertes Interesse daran zu haben, weiße und schwarze Magie voneinander abzugrenzen, wenn er einen teuflischen Zauberer mit dem Namen eines neuplatonischen Philosophen, der von der *magia naturalis* als einer ihrer diskursiven Gründungsväter zitiert wird, Iamblichos von Chalkis, belegt).[10] Dieser Jamblichus soll einen »Höllische[n] Geist« (*Leo*, S. 53) befragen, »[w]as man verrichten wird« (*Leo* IV,4), wie und wann also der Anschlag gegen Leo ins Werk zu setzen ist. Dabei ist den Aufständischen, jedenfalls dem zweiten Verschwörer, der im letzten Moment nicht mitgeht, klar, daß der zu

---

7 So Wilfried Barner: Gryphius und die Macht der Rede (1968) [531], S. 343f. (zu *Leo Armenius*); Eberhard Mannack: Schwarze Magie in Gryphs »Cardenio und Celinde« (1997) [676], S. 44 (zu *Cardenio und Celinde*).

8 Vgl. Hans-Georg Kemper: Die »Macht der Zunge« und die Ohnmacht des Wissens (2009) [548], S. 56 (zu *Leo Armenius*); ders.: Beglaubigung und Bekämpfung der schwarzen Magie (1992) [675] (zu *Cardenio und Celinde*).

9 Hierzu Barbara Mahlmann-Bauer: Grimmelshausens Gespenster. In: Simpliciana 26 (2004), S. 105–141, hier S. 108.

10 Vgl. Peter Cersowsky: Magie und Dichtung. Zur deutschen und englischen Literatur des 17. Jahrhunderts. München 1990, S. 52.

befragende böse Geist im Sinne von Joh 8,44 ein »Betrüger« ist und nicht »sonder List« (*Leo* IV,3 und 5) antworten wird.

Jamblichus hat, als der Verschwörer eintrifft, schon eine schwarzmagische Experimentalanordnung mit einem »Circkel« (*Leo* IV,37), mit »Frauen Haut« (*Leo* IV,56) und verschiedenen »Zeichen« (*Leo* IV,59) hergestellt. Der Verschwörer muß dem Beschwörer – diese Paronomasie ist alles andere als ein Zufall – assistieren, damit alle Dinge zur rechten Zeit an den rechten Fleck kommen. Danach wird der böse Geist aufgerufen; er erscheint und macht folgende Weissagung:

> Des Käysers Thron zubricht / doch mehr durch List / als Stärcke.
> Wo man kein Blut vergeust / geht man mit Mord zu Wercke.
> Der Kercker wird erhöht wo euch nicht Zwytracht schlägt.
> Du: suche keinen Lohn / dir wird / was Leo trägt (*Leo* IV,135–138).

Diese Weissagung interpretiert Michael Balbus auf sich, genauer als Handlungsanweisung, seinen Widersacher in einer Kirche zu ermorden. Er erhofft sich davon Leos Krone (»was Leo trägt«) – und übersieht dabei, worauf Jamblichus bereits, freilich nach dem Abgang des Verschwörers, explizit hingewiesen hat, daß er nämlich gemäß diesem »doppelsinnig[en]« Spruch (*Leo* IV,156) auch das weitere Schicksal, das »Leo trägt«, d.h. von diesem Thron einst wieder gestürzt zu werden, übernimmt.

In *Cardenio und Celinde*, einem Drama, das sich auf eine moralische Erzählung des spanischen Dominikaners Juan Pérez de Montalván bezieht, Gryphius höchstwahrscheinlich durch eine italienische Übersetzung bekannt, hilft Tyche Celinde, die jene darum bittet, »in Cardenio [...] die Lib [zu] entzünden« (*Card.* II,98), und andernfalls sterben will, ebenfalls mit den Mitteln der teuflischen Magie. Tyches Plan ist der, daß sie das »Hertz« eines Menschen, der Celinde »trew' und ohne falsch gelibt« – das trifft auf den durch Cardenio getöteten Marcellus zu –, »mit ihrem«, also Celindes, »Blutt« verbrennt. Die Asche muß dann, sei es oral oder olfaktorisch, Cardenio »beygebracht« werden (*Card.* II,135–143).

Celinde ist anfangs skeptisch. Doch angesichts ihrer psychischen Not läßt sie sich von Tyche überzeugen, die im Rahmen ihrer Überzeugungsarbeit eine Art von Rechtfertigung für ihre magischen Praktiken gibt:

> Die Eisen-harte Noth die unser Leben quält
> Zwang Seelen Himmel an / wo man die Sternen zehlt;
> Zwang Seelen in der Lufft: Jn Wäldern Rath zu suchen:
> Der Abgrund ward durchforscht: mit Segnen und mit Fluchen
> Riß man das ehrne Thor der tiffsten Höllen auff:
> Durch frembder Worte Macht begab sich in den Lauff /
> Ein fest gewurtzelt Stamm: Die Geister in den Lüfften
> Entdeckten was uns Noth. Die Leichen aus den Grüfften
> Verkündigten den Schluß den die Verhängnüß schrib
> Nichts war / das durch die Kunst unüberwunden blib (*Card.* II,175–184)

Bemerkenswert an diesen Ausführungen Tyches ist, daß die ersten drei Verse durchaus als Rechtfertigung natürlicher Magie gelesen werden könnten. In der »Noth« der Beschränktheit seiner Mittel sieht sich der Mensch gezwungen, bei den Sternen und in der Natur Hilfe zu suchen, also Astrologie und *magia naturalis*, genauer: die der letzteren zugehörige Signaturenlehre, zu betreiben. Weiß man jedoch, daß die »Noth« bei Gryphius immer auch das *fatum*, die ›Noth-Wendigkeit‹, mitmeint,[11] gegen die sich der Mensch aus neustoischer Sicht nicht auflehnen darf, wird das Fragwürdige der Argumentation schon hier deutlich.

Daher verwundert es nicht, daß sich in den darauffolgenden Versen Tyches Argumentation wendet, die sich nun nicht weiter auf den Geist der Sterne oder der Natur, sondern den der »Höllen« beruft. Und zu dieser – damit explizit angesprochenen – teuflischen Magie gehört, wie Tyche ausführt, auch die Grab- und Leichenschändung (»man zog den dürren Leichen | Die feuchte Leinwand aus«; *Card.* II,205f.).

Gespenster

Tyches Beispiel ist insofern bemerkenswert, als Gryphius bereits in der Vorrede von Grabschändung gehandelt hatte. Dort wollte er die Glaubwürdigkeit des Dargestellten unterstreichen und verhindern, daß man das Drama als »ungereimet« (*Card.*, S. 266) empfinde. Seine Beispiele zieht er aus Johannes Moschus' Werk Λειμών, das in lateinischer Übersetzung als *Pratum Spirituale* (›Geistliche Wiese‹) den zehnten Band der *Vitae Patrvm* darstellt, die der Jesuit Heribert Rosweyde, Neubegründer der katholischen Hagiographie, herausgeben hat.

Ein Blinder, das ist das erste Beispiel, berichtet in Kapitel 77 des *Pratum Spirituale* (Originaltitel des Kapitels bei Rosweyde: »*Relatio trium pauperum* CAECORVM*, quomodo excæcati fuissent*«,[12] ›Bericht dreier armer Blinder, wie sie ihres Augenlichts beraubt wurden‹) über die Entstehung seiner Blindheit. Der Mann, einer der drei titelgebenden Blinden, wollte eine Leichenschändung begehen und einem frischbegrabenen Toten alles, sogar sein »Leinen Tuch«, abnehmen. Da richtete sich »der Todte« aber auf und »riß mir mit den Fingern die Augen aus« (*Card.*, S. 263).

Gryphius zitiert daraufhin eine sehr ähnliche Geschichte aus dem »folgende[n] Capittel« (Originalüberschrift bei Rosweyde: »*Stupendum miraculum* PVELLAE *mor-*

---

11 Vgl. Hans-Jürgen Schings: Die patristische und stoische Tradition (1966) [939], S. 196–198.
12 VITÆ PATRVM. DE VITA ET VERBIS SENIORVM SIVE HISTORIÆ EREMITICÆ LIBRI X. AVCTORIBVS suis et NITORI pristino restituti, ac NOTATIONIBVS illustrati, Operâ et studio HERIBERTI ROSWEYDI Vltraiectini, è SOC. IESV Theologi. *Accedit* ONOMASTICON *Rerum et Verborum difficiliorum, cum multiplici* INDICE, *etiam* CONCIONATORIO. Editio secunda, variè aucta et illustrata. ANTVERPIÆ EX OFFICINA PLANTINIANA M. DC. XXVIII. *Cum priuilegijs Cæsareo et Principum Belgarum*, S. 883.

tuae, quæ exspoliatorem detinuit, nec eum relaxare voluit, donec is promitteret se monachum futurum«,¹³ ›erstaunliches Wunder einer toten jungen Frau, die einen Grabplünderer von seinem Vorhaben abhielt und ihm nicht vergeben wollte, bis dieser versprach, ein Mönch zu werden‹): wieder ein Leichenraub bis auf das letzte »Hembd[ ]« – und wieder eine Reaktion der Leiche, diesmal aber (und das wird für das Drama strukturbildend werden) letzten Endes begnadigend und nicht rächend. Die Tote beschwert sich gegenüber ihrem Schänder, daß sie, die sie im Leben sehr schamhaft war, nun »nackend« zu sehen sei und so auch »vor Christum« treten müsse. Durch den Schwur des Mannes, »ins Kloster« zu gehen (*Card.*, S. 264f.), läßt sich die junge Frau jedoch, wiewohl sie ursprünglich als Strafe an eine lebendige Begrabung gedacht hatte, erweichen und ihren Schänder schließlich ziehen.

Über diese Interferenz zwischen Tyches Rechtfertigung der schwarzen Magie und der Vorrede wird das Thema der schwarzen Magie mit dem der »Gespenste[r]« (*Card.*, S. 260), denn als solche firmieren die in ihrer Ruhe gestörten Leichen, eng verknüpft; selbstredend mit Rückwirkungen auf den Haupttext, in dem, wie gesagt, ebenfalls ein Toter geschändet werden soll, nämlich Marcellus. Bei dieser Leiche scheitert jedoch der Versuch, die teuflische Magie ins Werk zu setzen, weil Tyche und Celinde zufällig – und zwar von niemand anderem als Cardenio – dabei entdeckt werden, wie sie im Begriff sind, Marcellus' liebendes Herz herauszuschneiden.

Cardenio hat seinerseits, wie man hinzufügen muß, gerade einen »Geist« (*Card.*, S. 268) bzw. ein »Gespenst in Gestalt Olympiens« (*Card.*, S. 304) gesehen. Dieses Gespenst hatte sich, genauer gesagt, als Olympia ausgegeben, die noch in ihn verliebt sei und nachts nach ihm »winsel[e]« (*Card.* IV,84), ihm zugleich aber vorausgesagt, daß Celinde sein »Vntergang« (*Card.* IV,112) sein würde, und ihn von ihr – dem Ziel Tyches diametral entgegengestellt – entfernt: »ich haß! ich flih Celinden!« (*Card.* IV,121). Gleichzeitig hatte sich dieses Gespenst, nach seiner Verwandlung in ein Totengerippe, als zumindest imaginäre Rächerin bzw. Richterin seiner Taten ausgewiesen:

> Der Schau-Platz verändert sich plötzlich in eine abscheuliche Einöde / Olympie selbst in ein Todten-Geripp / welches mit Pfeil und Bogen auff den Cardenio zilet.
> CARDEN. – – – O Himmel ich verschwinde!
> OLYMP. Schau an so blitzt mein Stral / dein Lohn / die Frucht der Sünde. (*Card.* IV,217f.)

Anscheinend begnadigt jedoch das Gespenst Olympiens letztlich Cardenio, obwohl sie sich eigentlich »rächen« wollte (*Card.* V,262), ähnlich wie die nackte Frau im Grabe den Jüngling aus der Vorrede. Und das ist nicht die einzige Gemeinsamkeit: Cardenio glaubt sich, was jener fürchtet, nämlich lebendig begraben (»faul ich schon in einer finstern Grufft?«; *Card.* IV,275) und bereut, als er merkt, daß er noch

---

13 Ebd.

lebt, bitterlich, daß er »von der Bahn der Tugend abgeglitten« (*Card.* IV,294) ist. Daher wird er auch, genau wie Moschus' zweiter Grabschänder, der Liebe endgültig entsagen. Was Cardenio über Celinde sagt, gilt für ihn genauso: »Ach nein! der Wahn ist falsch! Celinden Lib' ist todt / | Celinde libt mit mir nichts als den höchsten Gott« (*Card.* V,127f.).

Und genau im Augenblick dieses Entschlusses sieht Cardenio die frisch ausgegrabene »entseelte Leich« (Card. IV,331) des Marcellus mit Celinde an ihrer Seite. Und auch dieser Tote wird zum Gespenst und spricht:

> Des Höchsten unerforschliches Gerichte;
> Schreckt eure Schuld durch dises Traur-Gesichte /
> Die ihr mehr todt denn ich! O selig ist der Geist
> Dem eines Todten Grufft den Weg zum Leben weist (*Card.* IV,381–384).

Dieser Hinweis auf »den Weg zum Leben« gilt sowohl Cardenio wie auch Celinde, die beide, spätestens durch diese zweite Gespenstererscheinung, tatsächlich aus ihrem Liebeswahn herausfinden. Festzuhalten ist dabei, daß allen Beteiligten deutlich wird, daß niemand Geringeres als »*Gott selbst* den Vnfall [...] wenden« wollte (*Card.* V,206; meine Hervorhebung).

Halten wir also fest, daß Gespenster in *Cardenio und Celinde* in engster Verbindung mit der schwarzen Magie auftauchen. Eine solche Amalgamierung verweist grundsätzlich – über Differenzen wird noch zu reden sein – auf die protestantische Geistertheologie. Gemäß lutherischer Orthodoxie ist es nämlich niemand anders als der »Teufel« selbst, der »des Nachts« für die Erscheinungen der »Gespenst vnd Poltergeister« verantwortlich zeichnet.[14]

Die lutherische Haltung verdankt sich einerseits einem starken Teufelsglauben, andererseits einer Abgrenzung gegenüber der katholischen Position, die auf der Existenz des Fegefeuers beharrt. Ihr zufolge sind Gespenster entweder Dämonen oder aber »animæ damnatæ« bzw. »animæ purgandæ«, also Verdammte bzw. Seelen im Fegefeuer, die zum Menschen kommen, um ihn zu schrecken oder ihn für ihre Erlösung um Hilfe zu bitten.[15]

---

14 PASTORALE LVTHERI, Das ist: Nützlicher vnd nötiger Vnterricht / von den fürnemsten stücken zum heiligen Ministerio gehörig / Vnd richtige Antwort auff mancherley wichtige Fragen / von schweren vnd gefehrlichen Casibus / so in demselbigen fürfallen mögen. Für anfahende Prediger vnd Kirchendiener zusammen bracht / vnd auff beyderley Edition aller seiner bücher / zu Wittenberg vnd Jhena gedruckt / auch die Eißleb. vnd andere Schrifften gerichtet. Jetzt an vielen orten gemehret / vnd mit nützlichen schönen Tractaten gebessert / Durch M. Conradum Portam, Pfarherrn zu S. Peter vnd Paul in Eißleben. Sampt einem ordentlichen Register vnd newer Vorrede M. HIERONYMI MENCELII der Graffs. Manßfelt Superintendenten. CVM PRIVILEGIO. Anno M. D. XCI., fol. 328ʳ.

15 P. GASPARIS SCHOTTI REGIS CURIANI E SOCIETATE JESU, Olim in Panormitano Siciliæ, nunc in Herbipolitano Franconiæ Gymnasio ejusdem SOCIETATIS JESU Matheseos Professoris, PHYSICA

Auch in *Leo Armenius* sind schwarze Magie und Gespenstererscheinungen im protestantischen Sinne enggeführt: Leo ist nämlich erst am Ende des Dramas ein rechtmäßiger, gottgewollter Herrscher. Eigentlich ist er, wie es nach ihm Michael werden wird, unrechtmäßig zur Macht gekommen; und daher ein Tyrann. Die Schlußszene legt jedoch die Interpretation nahe, daß Gott – und hier schreibt Gryphius seinen jesuitischen Bezugstext, Joseph Simons *Leo Armenus seu Impietas punita*, der Leos Herrschaft als illegitim und Michaels Machtergreifung als fraglos und notwendig charakterisierte, deutlich in sein Gegenteil um – den Herrscher sozusagen nachträglich begnadigt.

Deutlich wird dies in den wahnsinnigen oder scheinbar wahnsinnigen Aussagen Theodosias, die in Leo, durch Aufruf des Motivs von den zwei Körpern des Königs, einen Auferstandenen,[16] eine zweite Christus-Gestalt sieht: »Er wischt die Thränen selbst uns ab mit linder Hand!« (*Leo* V,441). Wenn Leo im Augenblick seines Todes das Kreuz küßt (»Jch hab es selbst gesehn / wie er das Creutze küßte: | Auff daß sein Cörper sanck / und mit dem Kuß verschid«; *Leo* V,164f.), nimmt er nicht nur das Kreuz auf sich, sondern erkennt *sola fide* die Gnadenleistung Gottes, die ihn aus dem Kreislauf von Schuld befreit;[17] all dies freilich, wie man hinzufügen muß, zu einem Zeitpunkt, da ein Heil im Leben nicht mehr möglich ist.[18]

Die durch Theodosias Vision angezeigte Gnadenleistung (gehen wir einmal davon aus, daß es eine Vision war) verweist ihrerseits auf eine Vision Leos, nämlich auf einen Traum, in dem ebenfalls ein Gespenst auftaucht: Es ist »Tarasii Geist« (*Leo*, S. 40), der, in seiner Eigenschaft als »traur-Gespenst« (*Leo* III,126) und in Verbindung mit dem »Gespenst Michaelis« (*Leo*, S. 40), Leo vor Augen führt, daß ihn sein Widersacher ermorden wird. Tarasius warnt Leo jedoch nicht in dem Sinne, daß es noch eine Möglichkeit gäbe, das Geschehen zu wenden. Zwar mahnt er »Auff

---

CURIOSA, SIVE MIRABILIA NATURÆ ET ARTIS LIBRIS XII. COMPREHENSA, Quibus pleraque, quæ de Angelis, Dæmonibus, Hominibus, Spectris, Energumenis, Monstris, Portentis, Animalibus, Meteoris, &c. rara, arcana, curiosaque circumferuntur, ad Veritatis trutinam expenduntur, variis ex Historia ac Philosophia petitis disquisitionibus excutiuntur, & innumeris exemplis illustrantur. *AD SERENISSIMVM AC POTENTISSIMVM PRINCIPEM* CAROLUM LUDOVICUM, S. R. I. ELECTOREM, &c. *Cum figuris æri incisis, & Privilegio.* Editio altera auctior. HERBIPOLI, *Sumptibus* JOHANNIS ANDREÆ ENDTERI & WOLFGANGI Jun. Hæredum. *Excudebat JOBUS HERTZ Typographus Herbipol.* Anno M. DC. LXVII. Prostant Norimbergæ apud dictos Endteros, S. 292. Vgl. hierzu Miriam Rieger: Der Teufel im Pfarrhaus. Gespenster, Geisterglaube und Besessenheit im Luthertum der Frühen Neuzeit. Stuttgart 2011 (Friedenstein-Forschungen 9), S. 39–47; Wolfgang Neuber: Die Theologie der Geister in der Frühen Neuzeit. In: Gespenster. Erscheinungen, Medien, Theorien. Hg. von Moritz Baßler, Bettina Gruber und Martina Wagner-Egelhaaf. Würzburg 2005, S. 25–34, hier S. 31f.; sowie Mahlmann-Bauer (Anm. 9), S. 124f.

16 Vgl. Gerhard Kaiser: Leo Armenius (1968) [546], S. 16.
17 Vgl. ebd., S. 24.
18 Vgl. hierzu Peter Rusterholz' Nachwort zu Andreas Gryphius: Leo Armenius (1971) [12], S. 139–142.

Käyser auff! und wache!« (*Leo* III,84); doch im gleichen Atemzug ruft er auch das Attentat auf: »Stoß Michael! stoß zu!« (*Leo* III,91).

Trotz (oder auch wegen) dieser wertungsfreien, lediglich an der Faktizität der Zukunft orientierten Vermittlung tendiert Leo dazu, den Traum als göttlich zu interpretieren (»Der Himmel hat durch Träum' offt grosse Ding entdeckt«; *Leo* III,281), wiewohl der Begriff »Gespenst« eine andere Erklärung nahelegen würde und ihm Exabolius, sozusagen als dritte Interpretationsmöglichkeit, eine psychologische, die Botschaft des Traums negierende Lesart anbietet (»Der Wahn hat offt durch Träum' ein müdes Hertz erschreckt«; *Leo* III,282).

Bemerkenswert ist, daß in diesem Traum, der, wie gesagt, die göttliche Gnadenleistung vorwegnimmt, inhaltlich nichts anderes behauptet wird als in der Weissagung des höllischen Geistes, nämlich daß Michael Leo durch Mord vom Thron stoßen wird; lediglich die Perspektive ist jeweils eine andere. Daraus erhellt, daß das Medium der Verkündigung von zukünftigen oder moralischen Wahrheiten inklusive der damit verbundenen Gnadenleistung ohne Bedeutung ist. Es mag im Rahmen der schwarzen Magie fallen oder im Rahmen einer (durch Frevel heraufbeschworenen) Gespenstererscheinung – das Ergebnis bleibt unverändert: Gott spricht unbeirrt durch die Erscheinungsformen hindurch. Er gewinnt dadurch an Sichtbarkeit, verliert jedoch an Klarheit.[19]

Verharren wir noch einen Augenblick bei Leos Traum und dessen Identität mit der teuflischen Vorhersage. Diese dem katholischen Bezugstext geschuldete Ausgangslage sperrt sich deswegen auf den ersten Blick der protestantischen Lehre, weil die Worte des bösen Geistes und der Gespenster nach Luther eigentlich in schärfster Konkurrenz zum göttlichen Wort stehen: »Gott wils nicht haben / das du von den Todten lernen / vnd Warheit forschen solt [...].« Der Mensch soll nicht auf das Wort der bösen Geister, sondern »auff Gottes Wort« allein hören.[20]

Ein ähnliches Problem hat der Lutheraner Gryphius mit den oben bereits erwähnten Beispielen aus der Vorrede zu *Cardenio und Celinde* sowie den Olympia- und Marcellus-Gespenstern. Sie sind, wie gezeigt, Träger göttlicher Wahrheit und Gnade, obwohl man ihnen nach lutherischer Lehre kein Gehör schenken dürfte.

Die jeweiligen Prätexte können dieses Problem insofern umgehen, als Gespenster im katholischen Kontext nicht nur verstorbene Seelen oder Dämonen darstellen können, sondern auch – zumindest wird diese Möglichkeit nicht vollständig ausgeschlossen – gute Geister: »*Spectra sæpe sunt dæmones, & aliquando fortaßis etiam Angeli boni*«[21] (›Gespenster sind oft Dämonen und bisweilen wohl auch gute Geister‹).

---

19 Vgl. Maximilian Bergengruen: »Betriegliche Apparentzen« (2015) [532a], S. 182–197.
20 Porta (Anm. 14), fol. 329ᵛ.
21 Schott (Anm. 15), S. 241.

Diese Vorgaben des katholischen Prätextes kann Gryphius nicht vollständig streichen, muß sie vielmehr mit der lutherischen Lehre in Verbindung bringen. Er tut dies, indem er die katholische Theorie des guten Geistes theologisch universalisiert: In Gryphius' Dramen sind die Gespenster nicht mehr vereinzelte »*Angeli boni*«, sondern treten eher universal, d.h. als Sprachrohr Gottes, auf. Das Gespenst der (eigentlich lebendigen) Olympia, des (toten) Marcellus (in *Cardenio und Celinde*), aber eben auch »Tarasii Geist« (in *Leo Armenius*) sprechen in letzter Instanz nicht ihr eigenes, sondern Gottes Wort aus.

Dadurch wird das lutherische Konkurrenzproblem Gespensterwort/Gottes Wort umgangen und ein Anschluß an die Lehre von der Verteufelung des Gespensts gefunden. Denn in einer augustinisch-lutherischen Sichtweise hat auch der Teufel einen wohldefinierten Platz in Gottes Heilsplan. Bei dem prominenten Gegner der Hexenverfolgung Johann Weyer ist z.B. in *De praestigiis Demonvm* nachzulesen, daß der »Teuffel« nur das tun kann, was ihm von »Gott [...] verhengt« ist. Obwohl er von Gott abgefallen ist, »wircket« er »in seiner ordnung / als ein diener Gottes«. Was er tut, »geschicht« also, ganz gottgefällig, »zu straff der bösen vnd zu vbung vnd bewehrung der frommen«.[22]

Mit dieser, nebenbei gesagt: epochentypischen,[23] Depotenzierung des Teufels eröffnet sich eine Möglichkeit, die katholische Theorie des guten Gespensts mit der protestantischen Geistertheologie in Verbindung zu bringen: Auch die bösen Geister der schwarzen Magie, auch die teuflischen Ursachen der verschiedenen Gespenstererscheinungen sind also in Gryphius' Dramen dem göttlichen Verhängnis unterworfen und können nichts anderes tun, als nach seinen Vorgaben zu strafen bzw. zur Umkehr aufrufen.

Wahn

Das Beispiel von Theodosias und vor allem Leos Vision zeigt deutlich, daß mit der Angleichung von schwarzer Magie und Gespenstern unter dem Dach einer lutherischen Gnadenlehre auch eine Engführung dieser beiden Bereiche mit der Welt der menschlichen Vorstellungen verbunden ist, so daß sich die göttliche Gnadengeste sogar im Innerpsychischen Raum verschafft.

---

22 DE PRÆSTIGIIS DEMONVM Von ihrem vrsprung / vnderscheid / vermögenheit / vnd rechtmeßiger straaff / auch der beleidigten ordenlicher hilff / sechs Bücher: Durch den hochgelerten Herren Johan Wier / Fürstlichen Gülischen / etc. Medicum / selbs beschrieben. Jetz newlich vbersehen / vnd mit vielen nutzlichen zusatzungen / so zu vor weder in Lateinischen / noch Teutschen exemplarn begriffen / verbessert. Mit Röm. Keys. Maiest. Freyheit. M. D. LXXVIII., fol. 8^r–8^v.
23 Vgl. hierzu, am Beispiel Grimmelshausens, Maximilian Bergengruen: Nachfolge Christi – Nachahmung der Natur. Himmlische und natürliche Magie bei Paracelsus, im Paracelsismus und in der Barockliteratur (Scheffler, Zesen, Grimmelshausen). Hamburg 2007 (Paradeigmata 26), S. 236–286.

Bei genauerem Hinsehen haben nämlich die Gespenster in Leos Vision ja nur auf der Realitätsebene des Traums Existenz. Gleiches gilt für *Cardenio und Celinde*. Hier werden die Geistererscheinungen, von denen Cardenio spricht, von Olympia, der wahrhaftigen Olympia wohlgemerkt, als aus der Melancholie geborene täuschende Vorstellungen apostrophiert: »OLYMP. Cardenio, so ists: schwermütige Gedancken / | Benebeln die Vernunfft / die ausser allen Schrancken | Auff solche Träume fällt!« (*Card.* V,145–147). Zugleich bleiben diese psychischen Täuschungen an die Ebene der teuflischen Magie rückgebunden, z.B. wenn Cardenio die (mittlerweile überwundenen) Exaltationen seiner Innenwelt als »Höllen-heisse[] Glut« (*Card.* V,76) bezeichnet. Und auch für diese psychische Hölle gilt, daß die »ewige Wahrheit in die Wirklichkeit« einbricht.[24]

Der *terminus technicus* für diese teuflisch-täuschenden Erscheinungen im Innerpsychischen ist »Wahn« (z.B. *Leo* III,282; *Card.* I,560), zu verstehen im Sinne von Justus Lipsius. Gemäß dessen neustoischer Philosophie entsteht »Wahn«, die deutsche Übersetzung für lateinisch *opinio*, aus der »vereinigung vnd Gesellschafft zwischen Leib vnd Seel«. Er ist nichts anderes als »ein liederlich Bild vnd Schatten der Vernunfft / Welches warhafftiger Sitz sein die Sinne / sein Vrsprung aber die Erde«. Dieser Zustand nimmt »dem Gemüte die Bestendigkeit vnnd Warheit«.[25] Der Mensch, der dem Wahn verfallen ist, wird also, ohne daß ihm das bewußt wäre, durch Körper und Sinne getäuscht[26] und muß daher zur Vernunft als dem eigentlichen und rechten Ort in der Seele und damit Hort von Wahrheit und Beständigkeit zurückkehren.

Dies gilt, wie sich hinzufügen läßt, auch für die Figuren in Gryphius' Dramen, nur daß hier der Wahn, wie oben bereits für die schwarzmagischen und gespenstischen Erscheinungen gezeigt, nicht nur eine falsche Meinung darstellt, die es auszumerzen gilt, sondern daß er im Falschen das Richtige bereits aufscheinen läßt.

Deutlich wird dies an *Cardenio und Celinde*, das sich widerstandsfrei als eine psychologische Krankheits- und Heilungsgeschichte lesen läßt.[27] Cardenio kommentiert seine Rasereien und Wahnvorstellungen wie folgt: »Ach wo verfil ich hin! Wer bin ich vor gewesen! | Wer jetzt! wo werd' ich doch! wenn werd ich doch genesen!« (*Card.* I,509f.). Er sieht seinen Zustand also als krankhaft bzw. genesungsbedürftig

---

24 Xaver Stalder: Formen des barocken Stoizismus (1976) [946], S. 73.
25 IVSTI LIPSII Von der Bestendigkeit Zwey Bücher. Darinnen das höchste Stück Menschlicher weisheit gehandelt wird. Jetzt außm Latein ins Teutsche bracht / Durch ANDREAM VIRITIVM. Sampt etlichen vorhergedruckten Episteln Iusti Lipsij vnd D. Chytræi, von dieser deutschen version. Leiptzigk Jn verlegung Henning Grossen / Buchhändlers doselbsten, fol. 13ᵛ und 14ʳ.
26 Vgl. hierzu Peter Michelsen: »Wahn«. Gryphius' Deutung der Affekte in »Cardenio und Celinde« (1976) [677], S. 70f.
27 Vgl. ebd., S. 69. Vgl. Maximilian Bergengruen: Heilung des Wahns durch den Wahn. Psychologie, Theologie und Technik der Geistererscheinungen in Gryphius' »Cardenio und Celinde«. Erscheint in: Daphnis 46 (2017).

an und sich selbst gespalten in mehrere, zeitlich differenzierte Manifestationsformen.

Am Ende des Stücks ist die Genesung abgeschlossen. Cardenio spricht, auf seine frühere Formulierung und die Krankheitsdiagnose zurückkommend, zu seinem Nebenbuhler bzw. Olympiens Hauptbuhler Lysander: »Jch bin Cardenio! nicht der ich bin gewesen | Mehr toll als tolle sind! nein! nein! ich bin genesen!« (*Card.* V,73f.). Cardenio kann also seine Tollheit, genauer gesagt: den tollen Teil seiner Persönlichkeit, hinter sich lassen und wieder zu einem gesunden Menschen werden. Interessanterweise ist sogar Lysander – und in gewissem Maße ließe sich von Olympia Ähnliches sagen – durch die Krankheit des Cardenio und die Reflexion darüber einer psychischen Erkrankung entkommen: »Weil ich [Lysander] durch seine [Cardenios] Pein in meiner Angst genesen« (*Card.* V,22).

Worin besteht aber nun Cardenios und Celindes – und in Abschwächung auch Lysanders und Olympias – Krankheit? Ein Punkt wurde oben bereits erwähnt: Cardenio und Celinde neigen zur »Schwermutt«[28] (*Card.* I,196) oder Melancholie[29] und damit auch zu (aus ihr resultierenden) täuschenden Vorstellungen, die somit dem modernen Begriff von Wahn (nicht unbedingt Wahnsinn)[30] ähneln. Für Cardenio und Celinde trifft das in besonderem Maße zu, da der melancholiegenährte, auf einer Prädominanz der Sinnenleistung basierende Wahn in der Krankheit auf die Sinne zurückschlägt, sie also Halluzinationen ausgesetzt sind. Im Falle Celindes sind diese Halluzinationen so quälend, daß sie an Suizid denkt:

> Was red' ich und mit wem! wie wenn die heisse Macht
> Der Seuchen uns besigt / ein zagend Hertze schmacht /
> Jn hart entbrandter Glutt; und die geschwächten Sinnen
> Empfinden nach und nach wie Krafft und Geist zerrinnen /
> Jndem die inn're Flamm nunmehr den Sitz anfällt
> Jn welchem sich Vernunfft gleich als beschlossen hält /
> Denn taumelt der Verstand / denn irren die Gedancken /
> Denn zehlt die schwartze Zung des abgelebten Krancken
> Vil ungestalte Wort in schwerem Schwermen her /
> Die Augen blind von Harm / von stetem wachen schwer
> Sehn was sie doch nicht sehn! die Ohren taub von Sausen!
> Die hören hir Trompet; hir Schwerdt und Drommel brausen /
> So handelt mich die Noth! was Rath! komm Gifft und Stahl;
> Vnd end' / (ich bin mein selbst nicht mehr /) die lange Qual. (*Card.* II,75–88)

Der Grund für die beschriebenen psychopathologischen Symptome Cardenios und Celindes liegt – und hier kommt die erwähnte stoische Philosophie ins Spiel – in der

---

[28] Verbessert aus »Schmermutt«.
[29] Vgl. Michelsen (Anm. 26), S. 76.
[30] Zu diesem Unterschied vgl. Bergengruen (Anm. 23), S. 264.

fälschlicherweise erfolgten Synkatathesis, also der Zustimmung der Vernunft gegenüber den Affekten, als da wären der »Zorn« (*Card.* I,520), die damit verbundene »Rach-Lust« (*Card.* I,565), aber auch andere Affekte, die an den Wurzelsünden orientiert sind: »Geitz / Hochmutt / Angst / Einbildung [...] und Pracht. | Doch allen flog erhitzte Brunst zuvor« (*Card.* I,560f.). Denn, heißt es im ersten Reyen, bei dieser Urform der »Rasereyen« (*Card.* I,569) ist die Derealisierung sozusagen schon in der Anlage enthalten: Die »Lib'« ist nicht ohne »ihre[n] Schein« zu haben (*Card.* I,563).

Nur nebenbei sei bemerkt, daß dieses psychologische Programm noch einmal explizit mit der schwarzen Magie verbunden wird – und zwar über die protestantische Vorstellung, daß der Teufel in der Welt zwar nichts ausrichten kann, den Melancholikern (die Cardenio und Celinde, wie gesagt, sind) jedoch mittels deren »Fantasey«[31] Trugbilder, *praestigiae*, zu introduzieren in der Lage ist: Es ist nämlich niemand Geringeres als der »Fürst [...] Der Vntern-Welt« (*Card.* I,546f.), also der Teufel, der besagte Charaktereigenschaften dem Menschen eingepflanzt hat, um »[z]u dämpffen was in Menschen Himmlisch ist« (*Card.* I,558).

Doch zurück zur erhitzten Brunst als Basis aller Wahnvorstellungen. Gegen sie hilft gemäß neustoischer Lehre nur die Mäßigung: die oben erwähnte »keusche[] Eh« bzw. die klösterliche Sexualentsagung. Man ginge jedoch fehl in der Annahme, daß der »verfälschte[] Wahn« (*Card.* I,6) bei Gryphius ausschließlich krankhaft wäre. Bedenkt man nämlich, daß alle Gespenstererscheinungen, bei denen Gottes Wort und Gnade verkündigt wird, auch psychologisch als Wahn gelesen werden können, dann wird deutlich, daß sich Gott nicht nur im Bereich der teuflischen Magie, sondern auch auf psychologischer Ebene in das Falsche, d.h. in diesem Falle: in die brunstbedingten Wahnvorstellungen, hineinschreibt und dem Menschen hilft, den Wahn durch den Wahn zu überwinden.

Dieses therapeutische Konzept, auf das sich Gryphius hier gemäß der Christus/Medicus-Parallele in der Übertragung vom Arzt auf Gott bezieht, ist seit der spätantiken Medizin, prominent bei Alexander von Tralles,[32] bekannt. Gryphius' Reformulierung dieses Ansatzes lautet wie folgt: »Die Libe wächst in Noth und stärckt sich durch Gefahr. | Vnd wündscht / durch was nicht ist / und unerhörte Sachen | Vnd nie gebahnte Weg' ihr Anschläg außzumachen« (*Card.* I,340–342). Man kann den ersten Vers in Verbindung mit dem zweiten und dritten lesen und käme dadurch zu der Behauptung, daß die Liebe lediglich »durch was nicht ist«, also

---

31 Wier (Anm. 22), fol. 44ʳ. Vgl. hierzu Bergengruen (Anm. 23), S. 244–256.
32 Alexander von Tralles schreibt in Περὶ Μελαγχολίας, daß man in der Psychotherapie »die Form und den Inhalt der Wahnideen [...] [τῆς φαντασίας], welche eine plötzliche Umwandlung [τὴν μεταβολὴν] derselben herbeizuführen im Stande sind«, ins »Auge fassen« müsse. Alexander von Tralles: Original-Text und Übersetzung. Hg. und übersetzt von Theodor Puschmann. 2 Bde. Wien 1878/79. Bd. I, S. 604–606. Vgl. hierzu Jean Starobinski: Geschichte der Melancholiebehandlung. Übersetzt von Cornelia Wild. Berlin 2010, S. 123–125.

durch den, mit Lipsius gesprochen, »falschen Wahn«,[33] zu ihren »Anschläg[en]« kommt. Man kann aber auch den ersten Vers isoliert und damit als Beschreibung des, mit Hölderlin gesprochen, »Rettende[n]« in der Gefahr lesen.[34] Denn Cardenio und Celinde sind durch ihre Liebeskrankheit genau wie Leo im Wahn, sie werden aber durch Vorstellungen gerettet, bei denen sie ihre Sinne ebenfalls täuschen oder zu täuschen scheinen. Gryphius' Gott unterscheidet also, auch psychologisch, nicht zwischen seiner Welt und der Welt der Sünde bzw. Krankheit, sondern schreibt seine Heilsbotschaft dorthin, wo sie die Menschen am meisten benötigen.

Es dürfte dabei kein Zufall sein, daß in literarischen Texten wie den zwei behandelten Dramen, die bei näherem Hinsehen selbst nichts anderes leisten, als Wahn zu produzieren, und sich daher den Vorwurf gefallen lassen müssen, sinnenbasiert zu sein, die Leidenschaften der Leser/Zuschauer über Gebühr anzusprechen und daher das Bewußtsein zu trüben, kurz: nur erdichtete Dinge darzustellen, daß also in diesen Dramen eine doppelte Rehabilitation des Wahns erfolgt, nämlich im höheren Sinne als wahrheitsfähig und daher affin zur lutherischen Gnadenlehre.

---

33 Lipsius (Anm. 25), fol. 10ᵛ.
34 »Wo aber Gefahr ist, wächst | Das Rettende auch.« Friedrich Hölderlin's sämmtliche Werke herausgegeben von Christoph Theodor Schwab. Erster Band. Gedichte und Hyperion. Stuttgart und Tübingen. J. G. Cotta'scher Verlag. 1846, S. 222 (»Patmos«).

II.10.10 Transzendenz/Immanenz
Von Nicola Kaminski

Die »Forschungskontroverse um die Frage, ob Gryphius' Trauerspiele heilsgeschichtlich-›transzendent‹ oder politisch-›immanent‹ zu verstehen seien«, prägt die Gryphius-Forschung von früh an, so konstatiert 2008 Franka Marquardt und sieht Walter Benjamins *Ursprung des deutschen Trauerspiels* von 1928 in der begrifflichen Verantwortung für die konzeptuelle Dichotomie von »›Transzendenz‹ versus ›Immanenz‹«.[1] Bezugspunkt sind vornehmlich die Abschnitte »Immanenz des Barockdramas« und »Spiel und Reflexion« in der ersten Abteilung des ersten Teils von Benjamins Trauerspielbuch,[2] woraus, vielfach herausgelöst aus dem geschichts- und kunstphilosophischen Argumentationszusammenhang, einzelne Zitatbruchstücke zum Stein des Anstoßes wurden: das Wort vom »Ausfall aller Eschatologie«,[3] die Feststellung, daß die Barockdramen von Gryphius, Lohenstein oder Hallmann »von vornherein in eine strenge Immanenz [gebannt blieben] und ohne Ausblick auf das Jenseits der Mysterien, in der Entfaltung ihres gewiß reichen Apparates auf die Darstellung von Geistererscheinungen und Herrscherapotheosen beschränkt«,[4] oder das Bild vom »deutsche[n] Trauerspiel«, das »sich ganz in die Trostlosigkeit der irdischen Verfassung [vergräbt]«.[5] »[N]ur weltlich verkleidet als Spiel im Spiel« sei »die Transzendenz zu ihrem letzten Worte [ge]kommen«.[6] Wo die frühe phänomenologische Untersuchung von Herbert Heckmann[7] und sozialhistorisch ausgerichtete Studien wie die von Harald Steinhagen[8] in erklärtem Anschluß an Benjamin das

---

1 Franka Marquardt: Unerhört (2008) [599], S. 457. Vgl. die Forschungsskizze ebd., S. 457–461.
2 Walter Benjamin: Ursprung des deutschen Trauerspiels (1928) [432a], S. 68–71 und 71–75.
3 Ebd., S. 71.
4 Ebd., S. 70.
5 Ebd., S. 71. Vgl. beispielhaft für solch ein Aufspießen von Reizworten Hans-Jürgen Schings: Die patristische und stoische Tradition (1966) [939], S. 13, oder auch, im Forschungsreferat, Marquardt (Anm. 1), S. 457f. Von Schings stammt auch das – Benjamin aus der Barockforschung exkommunizierende – Wort »Benjamin den Benjaminforschern und die barocken Trauerspiele den Barockforschern«. Hans-Jürgen Schings: Walter Benjamin, das barocke Trauerspiel und die Barockforschung. In: Daß eine Nation die ander verstehe möge. Festschrift für Marian Szyrocki zu seinem 60. Geburtstag. Hg. von Norbert Honsza und Hans-Gert Roloff. Amsterdam 1988 (Chloe 7), S. 663–676, hier S. 676.
6 Benjamin (Anm. 2), S. 72.
7 Herbert Heckmann: Elemente des barocken Trauerspiels (1959) [697].
8 Harald Steinhagen: Wirklichkeit und Handeln (1977) [506], vgl. bes. S. 286–297. Staatsrechtlich kontextualisiert weitergeführt wird dieser Ansatz von Peter J. Brenner: Der Tod des Märtyrers (1988) [440], der die transzendente Argumentation von Gryphius' Märtyrern als Verkleidung einer politischen Problemlage begreift; »seine ›Märtyrerdramen‹« seien »in Wahrheit Dramen der Immanenz«, »ihre treibende und konfliktstiftende Kraft […] die Aporien einer Wirklichkeit, in der sich noch un-

Trauerspielbuch zum Kronzeugen erheben für eine prominent, da an der transzendent konzeptualisierten Figur des Märtyrers ansetzend, sich kristallisierende Säkularisierung, die vorausweise ins 18. Jahrhundert, betonen im Gegenzug traditionsgeschichtliche Arbeiten, allen voran diejenigen von Hans-Jürgen Schings, daß »von der Ablösung des ›theonomen‹ durch ein ›autonomes Prinzip‹ [...] gar keine Rede sein« könne, daß das »Selbstbewußtsein des Märtyrers [...] sich überall [...] im Horizont von Ewigkeit und Transzendenz« konstituiere.[9] Dabei sind es gerade die ›untypischeren‹ von Gryphius' Trauerspielen – *Leo Armenius*, der das letzte Wort über die Beurteilung des Protagonisten an den Rezipienten delegiert, *Cardenio und Celinde*, das in beinah allen Hinsichten aus dem ›Trauerspielrahmen‹ fällt, und *Papinianus*, dessen spätantik-heidnisches Sujet eine der christlichen analoge Transzendenz nicht per se einschließt –, die seitens der Verfechter der ›Immanenz-These‹ bevorzugt ins Zentrum gestellt werden[10] respektive an denen deren Gegner, wie beispielsweise Schings für den *Papinianus*,[11] das Gegenteil zu erweisen suchen.

Demgegenüber ist in jüngerer Zeit ein stärker systematischer Zug zu beobachten, wie er besonders ausgeprägt etwa in der monumentalen Dissertation von Oliver Bach zutage tritt, die es unternimmt, Gryphius' politische Trauerspiele in ihrer Erscheinungsfolge rechtstheologisch zu kontextualisieren (womit, so folgerichtig wie kommentarlos, *Cardenio und Celinde* ausgeklammert wird).[12] Kennzeichnend für solche neueren Auseinandersetzungen mit dem Transzendenz/Immanenz-Antagonismus[13] ist, daß sie das konfrontative Entweder–Oder durch komplexere, integrative Argumentationsmuster ersetzen, wenn etwa Marquardt den Sprechakt des Gebets in *Catharina von Georgien* als »Versuch« profiliert, »aus der ›Immanenz‹ die ›Transzendenz‹ zu erreichen«;[14] oder wenn Joachim Harst, ebenfalls an der durch »ihre[] beispielhafte[] Regelmäßigkeit« ausgezeichneten *Catharina*, das Verhältnis von »theatrale[r] Form und theologische[m] Gehalt« in Gryphius' »Heilstheater« untersucht.[15] Bachs »(rechts)ideengeschichtliche[]« Rekonstruktion tritt gar mit dem Anspruch an, den »wissenschaftliche[n] Antagonismus« als in der Sache unbe-

---

versöhnbare, aber juristisch wie historisch gleichermaßen legitime Ansprüche anmelden: der Anspruch des modernen Staates [...] und der des modernen Individuums« (S. 265).
9 Schings 1966 (Anm. 5), S. 246.
10 Vgl. aber für entsprechende Ansätze zu den Märtyrerdramen *Catharina von Georgien* und *Carolus Stuardus* im Zeichen von Säkularisierung Elida Maria Szarota: Gryphius' »Catharina von Georgien« (1967) [609] und dies.: Geschichte, Politik und Gesellschaft (1976) [509] (zur *Catharina* S. 127–141) oder Albrecht Schöne: Ermordete Majestät (1968) [645].
11 Vgl. Schings 1966 (Anm. 5), S. 182–295 (mit Dominanz von Beispielen aus dem *Papinianus*).
12 Oliver Bach: Zwischen Heilsgeschichte und säkularer Jurisprudenz (2014) [428].
13 Vgl. dazu den interessenspezifisch perspektivierten Forschungsbericht ebd., S. 11–32.
14 Marquardt (Anm. 1), S. 462.
15 Joachim Harst: Heilstheater (2012) [456], S. 65 und 11.

gründet »zu überwinden«, insofern staatsrechtlich-politische Fragen als »von Heilsfragen unberührte« frühneuzeitlich gar nicht zu denken gewesen seien.[16] »Gryphius' politische Theologie *ist*«, so seine leitende These, »theologische Politologie.«[17]

Lassen sich derart die Argumentationen nicht nur der jeweiligen Prot- und Antagonisten der politischen Trauerspiele, sondern auch der weiteren *dramatis personae* sowie des Reyenpersonals minutiös in den zeitgenössischen rechtsphilosophischen und rechtstheologischen Diskussionen situieren, so bleibt die bei Bach eigens gestellte Frage nach der theatralen Form – warum Gryphius »zur Bearbeitung dieses Problems nicht die Form etwa des wissenschaftlichen Traktats« wählte, »sondern die des Trauerspiels?«[18] – letztlich offen. Zwar dürfte wissens- und ideengeschichtlich breit dokumentiert sein, daß staatsrechtlich-politische Fragen, wie sie in Gryphius' *Leo Armenius*, *Catharina von Georgien*, den beiden Fassungen des *Carolus Stuardus* und dem *Papinianus* teils zeitgenössisch, teils spätantik-mittelalterlich zur Verhandlung anstehen, im 17. Jahrhundert vom *ius divinum* her perspektiviert wurden (und sei es, wie im Fall der die Legitimation des von Gott eingesetzten Königs bestreitenden Independenten im *Carolus Stuardus*, im Modus der Negation). Blind bleibt dieser den »argumentativen Charakter [...] des Trauerspiels« aus der »*sachliche[n]* Auseinandersetzung der Dichtung mit ihrem *Stoff*«[19] erschließende Ansatz jedoch für die Implikationen der *literarischen Form*, die nicht allein referentiell bezüglich ihrer Wahrheitsfähigkeit, ihres »Erkenntniswert[s]«[20] zur Debatte steht, sondern in Hinsicht auf die Spannung von Transzendenz und Immanenz potentiell sich selbst zum Verhandlungsgegenstand hat.[21] Ein Potential, das Gryphius' poetische Texte – darunter zählen ausdrücklich auch die Leichabdankungen – reflexiv ausschöpfen, allen voran in je unterschiedlichen Versuchsanordnungen die Trauerspiele.

Paradigmatisch entfaltet wird das, mit durchaus werkkonstituierendem Anspruch für dieses »und etlich folgende[] Trauerspile[]« (*Leo*, fol. Aij'), im Eingang der *Catharina von Georgien*. Härter als in der eröffnenden Regieanweisung – »Der Schauplatz liget voll Leichen / Bilder / Cronen / Zepter / Schwerdter etc. Vber dem Schau-Platz öffnet sich der Himmel / unter dem Schau-Platz die Helle. Die Ewikeit kommet von dem Himmel / und bleibet auff dem Schau-Platz stehen« (*Cath.*,

---

16 Bach (Anm. 12), S. 30, 11, 12 und 20.
17 Ebd., S. 9. Meine Hervorhebung.
18 Ebd., S. 64.
19 Ebd., S. 66. Meine Hervorhebungen.
20 Ebd., S. 70 u.ö.
21 Hierzu grundlegend die Überlegungen zur strukturellen Affinität von Martyrium und Theater sowie zur metatheatralischen Qualität des Märtyrerdramas bei Christopher J. Wild: Fleischgewordener Sinn (2001) [616].

S. 95) – können Transzendenz und Immanenz schlechterdings nicht aufeinanderprallen: hie die dem Innerweltlich-Vergänglichen zugeordneten Relikte menschlichen Lebens, menschlicher Repräsentation, menschlicher Herrschaft und menschlichen Handelns, dort die personifizierte Unvergänglichkeit, dramaturgisch im himmlischen Jenseits lokalisiert, (theo)logisch aber nicht minder zuhause in »der ewigen Ewikeit Feuer« der »Hölle« (*Son.* II,48,10 und Titel). Bemerkenswert ist nun aber, wie das Trauerspiel selbst sich in der Regieanweisung (die nur dem Leser zugänglich ist) in dieses Tableau reflexiv einbezieht: viermal ist in drei kurzen Sätzen vom theatralen »Schauplatz« (resp. »Schau-Platz«) die Rede, das erstemal zur Bezeichnung des irdisch-vergänglichen Bereichs, die folgenden beiden Male zur Kennzeichnung dessen, was diesem Bereich *nicht* zugehört, ihm transzendent ist (»[ü]ber dem Schau-Platz«, »unter dem Schau-Platz«), das letzte Mal, um das Paradox in Szene zu setzen, daß die in der Transzendenz beheimatete »Ewikeit« den irdischen »Schau-Platz« nicht nur betritt, sondern auch noch auf ihm »stehen« »bleibet«. Indem der das Trauerspiel *Catharina von Georgien* eröffnende vertikale Aufriß nicht ›Himmel – Erde – Hölle‹ vor dem Leser der Regieanweisung entwirft, sondern ›Himmel – »Schau-Platz« – Hölle‹, führt der »Schau-Platz«, im Wortsinn das Theater, sich als Inbegriff des Nicht-Transzendenten, der Immanenz ein. Gleichzeitig postuliert die Versuchsanordnung, auf diesem dezidiert *nicht*transzendenten »Schau-Platz« die Transzendenz in Gestalt der »Ewikeit« zum Stehen und Bleiben zu bringen – ein Paradox, von dem der Leser sich momentweise illusionieren lassen mag; befindet doch auch er selbst sich *als Leser* in einer theaterjenseitigen Rezeptionssituation, vor Augen ein Dauer prätendierendes Buch. Doch wie in der schauspielkonstitutiven Transitorik der ersten Szene, an deren Ende die »Ewikeit« den »Schauplatz der Sterblikeit« (*Cath.* I,81) räumt und (der nächsten Regieanweisung zufolge) der »Schau-Platz« sich prompt »verendert« (*Cath.*, S. 98), das Stehen und Bleiben sich als Illusion erweist, so wird auch dem – gegenüber dem Theaterzuschauer scheinbar transzendenten – *lesenden* Rezipienten der Boden unter den Füßen entzogen. Denn was er vor sich hat, das gedruckte Werk eines Autors, der 1662 den Beinamen »Der Unsterbliche« verliehen bekommt, verfällt im Horizont der »Ewikeit« nicht minder dem Verdikt der Vergänglichkeit als der veränderliche theatrale »Schau-Platz«:

> Jhr die ihr glaubt daß euer Feder Macht
> So Tod als Zeit hab' an ein Joch gebracht?
> Glaubts frey! die Ewikeit beruht nicht auff Papir.
> Jn dem ihr Frembde wolt dem Vntergang entzihn;
> Vermerckt ihr nicht wie eure Tag entflihn. (*Cath.* I,36–40)

Und selbst an diesem Punkt ist die Kaskade der Desillusionierungen noch nicht zum Stillstand gekomen. Denn die das spricht, die »Ewikeit«, »beruht« selbst nur »auff Papir«, ist in derart theaterreflexiver Umgebung nicht Transzendenz in der Fülle himmlischer Präsenz, sondern lediglich theatral dargestellte Allegorie der

»Ewikeit«: dem »Vntergang« geweihte Figur eines dem »Vntergang« geweihten Autors.[22]

Begreift man diese Eröffnungsszene als programmatische Exposition mit werksystematischem Anspruch, so fällt – nicht nur für die Trauerspiele, aber besonders prominent für sie – auf, daß Gryphius bevorzugt solche Konstellationen als literarische Sujets in-szeniert, d.h. auf den »Schau-Platz« bringt, die Eingreifen und Erkennbarkeit von Transzendenz aufs Spiel setzen. Beispielsweise im *Leo Armenius*, wenn Gryphius das fest in der gelehrten Tradition des 17. Jahrhunderts verankerte Moment von Leos Ikonoklasmus[23] (d.h. der Negation transzendenter Aufladung von Heiligenbildern) ausspart, dafür aber, ausdrücklich *gegen* die Quellen, den Kaiser auf den »heiligen Höltzer[n]« (*Leo*, fol. Aiij^r), dem echten Kreuz Christi und somit einer Reliquie ersten Ranges, sterben läßt. Eine Verschiebung, die die theologische Frage nach der Realpräsenz göttlicher Transzendenz im Irdisch-Gegenständlichen engführt mit der repräsentationslogischen, wie das *echte* Kreuz Christi im Unterschied zu einem diesem christlichen ›Urkreuz‹ bloß symbolisch nachgebildeten theatral darstellbar sei?[24] Was im Horizont politischer Theologie auf der Ebene der Argumente plan auf »[d]ramatische und juristische Evidenz« hinauslaufen mag,[25] gestaltet sich in der theatralen Versuchsanordnung, Transzendenz zur Darstellung zu bringen, intrikater. Denn sowenig dem Bilderstürmer Leo das »Creutz[ ] Christi«, auf dem er stirbt, voller »Göttliche[r] Krafft vnd Gewalt« sein kann, sowenig ist dem lutherischen Rezipienten des *Leo Armenius* das »H. Creutz[ ]« von sich aus Reliquie,

---

22 Diese Problematisierung theatralen In-Erscheinung-Tretens in der Immanenz des »Schau-Platz[es]« wie der Schrift des dramatischen Textes wird bei Wild (Anm. 21), der an Jakob Bidermanns *Philemon Martyr*, der »Comedie« (S. 138) vom Schauspieler-Martyrium, die »gegenreformatorisch optimistische Inszenierung göttlicher Präsenz« vorführt (S. 140, Anm. 49), für Gryphius' *Catharina von Georgien*, wiewohl systematisch angelegt, übersprungen; entsprechend bleibt der aus der Vorrede ebd., S. 148, mitzitierte Nachsatz »diß einige beklage ich; daß meine Feder zu schwach / so hohe Geduld / so hertzhaffte Beständigkeit / so fertigen Schluß das Ewige dem Vergänglichen vorzuzihen nach Würden herauszustreichen« (*Cath.*, S. 89) ungedeutet.

23 Vgl. als ein Beispiel für viele: HISTORIA CONSTANTINOPOLITANA *Post avulsum* à CAROLO MAGNO OCCIDENTEM, AD NOSTRA usque tempora deducta: *ET EX VARIORVM HISTORICORVM collatione, ac ipsorum verbis formalibus repræsentata*; Per CHRISTOPHORUM BESOLDUM, JC. Ejusque pars prior, Seriem & res gestas continet Græcorum Imperatorum; *Posterior verò, Regum atque Principum Turcicorum*. ARGENTORATI Sumptibus Hæredum LAZARI ZETZNERI. *M. DC. XXXIV.*, S. 16–25 (Kap. »IV. *Leo Armenius*. An. C. 813.«), hier S. 18.

24 Vgl. ausführlicher Nicola Kaminski: Andreas Gryphius (1998) [122], S. 93–97, sowie Daniel Weidner: »Schau in dem Tempel an den ganz zerstückten Leib, der auf dem Kreuze lieget« (2010) [567], S. 297–312.

25 Bach (Anm. 12), S. 396. Daß Gryphius' politische Trauerspiele gerade die staatsrechtlich uneingeschränkte Souveränität des Fürsten durch den Einsatz rechtspolitisch nicht abgesicherter, heilsgeschichtlich-transzendent aber legitimiert erscheinender Argumentationen problematisieren, betont freilich Brenner (Anm. 8), den Bach im Grundsatz nicht zu widerlegen vermag.

vielmehr vorderhand »das leere vnd blosse Holtz«,[26] dem nun allerdings mittels der auktorialen Setzung, es handle sich um das echte Kreuz, im Namen poetischer »Freyheit« (*Leo*, fol. Aiij^r) transzendente Bedeutung zugeschrieben wird; eine Bedeutung freilich, die in der theatralen Darstellung nicht zu beglaubigen ist.[27] Realisierbar ist sie darum allein in der Rezeption, sofern diese nämlich die in der ganz als Botenbericht gestalteten fünften Abhandlung *vorgestellte* Rezeption durch Theodosia zu transzendieren, im immanenten »Jammer-Spil« (*Leo* V,210) des »verwirr'te[n] Leben[s]« (*Leo* V,327) einen höheren, eben transzendenten Sinn zu erkennen vermöchte. Dabei erweist sich das theatrale Unvermögen, Transzendenz auf den als immanent reflektierten »Schau-Platz« zu bringen, als hermeneutische Herausforderung, die potentiell eine genuin lutherische, nicht auf die »Krafft« des »todte[n] Holtz[es]«,[28] sondern auf die des Glaubens an einen *deus absconditus* bauende Lesart birgt.

Daß dieser *deus absconditus*, tritt er aus der ›Verborgenheit‹ heraus und auf dem »Schau-Platz« theatral in Erscheinung, durchaus nicht Gewißheit an die Stelle von »starke[r] Verunsicherung«[29] setzt, spielt beinah modellhaft *Cardenio und Celinde* durch, dasjenige von Gryphius' Trauerspielen, das als einziges »Gespenster und Erscheinungen« (*Card.*, S. 266) unvermittelt[30] in die dargestellte Wirklichkeit inte-

---

26 Postilla Evangelica, Das ist / Außlegung vnd gründliche Erklerung der Evangelien / so durchs gantze Jahr an den fürnembsten Festtagen geprediget werden / Darneben auch andere Text aus der Schrifft / so sich auff die Fest schicken / ausgeleget sind / welche erklerungen wegen des Fundaments vnd Grundes des wahren Glaubens sehr nützlich / wegen der Disposition, Lehrern vnd Zuhörern leicht zu fassen / vnd wegen der eingesprengten Allegaten lieblich zu lesen vnd zu hören seyn / Gestellet Von dem weiland Ehrwürdigen / Achtbarn vnd Wolgelahrten Herrn M. GREGORIO STRIGENITIO, Pfarrherrn / Superintendenten, vnd Thumbpredigern zu Meissen / auch damals des Churf. S. Consistorij daselbst Assessorn. Dritter Theil. Jetzo auff vieler guthertzigen Christen embsiges anhalten / von den Erben / wie das Werck in der Liberey ist gefunden worden / ohne zuthun vnd verenderung in Truck vnd an Tag gegeben. 1617. Mit Churfürstl. Sächsischer Freyheit. Leipzig / Bey Abraham Lamberg / Jn vorlegung Bartholomæi Voigts, S. 892. Vgl. insgesamt S. 889–895 (»Eine Predigt / Am Tage der Erhebung des Heiligen Creutzes / aus dem Evangelischen Text des Evangelisten Johannes am 12. Capit.«).
27 Demgegenüber argumentiert Weidner (Anm. 24), S. 305 u.ö., mit dem Interpretament der »Sakramentalen Repräsentation«, das in der Rede des Boten von »JEsus letzte[n] Gaben / | Sein[em] theure[n] Fleisch und Blut« (*Leo* V,167f.), die »eucharistischen Gaben« als sakramentale Referenz vernimmt. Diese Annahme entbehrt jedoch der Grundlage, denn Leo wird nicht im Wandlungsmoment der Eucharistie ermordet, sondern, so die Setzung der Vorrede, am echten Kreuz Christi, das zum echten Fleisch und Blut Christi in einer Kontiguitätsrelation steht (insofern ist »von der *Echtheit* des Kreuzes« in der Figurenrede, mehrfach sogar, sehr wohl »die Rede« [S. 304]) – vorausgesetzt freilich, man begreift jenes echte Kreuz Christi als Reliquie in katholischem Verständnis.
28 Strigenitius (Anm. 26), S. 892.
29 Bach (Anm. 12), S. 407.
30 D.h., nicht durch Träume, durch als potentiell wahnhaft gekennzeichnete Visionen oder im Modus von Reyen und allegorischen Zwischenspielen kategorial von der Wirklichkeit der Abhand-

griert. Denn ist Cardenio, ebenso wie Lysander und Celinde, getreu der katholischen Vorlage des Dramas[31] umstandslos bereit, in den »abscheuliche[n] Gesicht[en]« (*Card.*, S. 267), die ihn und Celinde von Mord und Leichenschändung abgeschreckt haben – einem »Geist in Gestalt Marcellens« (der bereits tot ist) und einem »Geist in Gestalt Olympiens« (die noch lebt) (*Card.*, S. 268) –, »de[n] Himmel« (*Card.* V,261), »Gott selbst« (*Card.* V,206) zu erkennen, so setzt ausgerechnet die keusche und fromme Olympia dieser ›Entdeckung‹ göttlichen Handelns auf dem irdischen »Schau-Platz« erheblichen Widerstand entgegen. Einen Widerstand, der weniger in Olympias Engherzigkeit gründet[32] als in einer grundsätzlichen Skepsis gegenüber theatralisierter Transzendenz: »Was sol mein Hertz vermutten?«, repliziert sie auf Cardenios Erzählung von seiner nächtlichen Gespensterbegegnung mit »Olympe selbst« (*Card.* V,169),

> Zihlt diß auff meine Schmach / geschicht es mir zum gutten!
> Soll ich zu eigner Schand' und eines andern Pein /
> Hör an gerechter Gott! der Geister Maske seyn. (*Card.* V,209–212)

Wo die Vorrede den »Geist aus dem Grabe« – nicht allerdings, zunächst, das »Gespenst in Gestalt Olympiens« (*Card.*, S. 304) – poetologisch über den »Gott aus dem Gerüste«, den *deus ex machina*, der »Alten« (*Card.*, S. 260) legitimieren zu können vorgibt, um am Ende doch die Möglichkeit einzuräumen, »Celinden und« nun auch »Cardenio Gesichte« für »ungereimet« und darum »vor ein Traur-Spill / das ist vor ein Gedichte« zu halten (*Card.*, S. 266), bleibt für Olympia der Geistereingriff suspekt. Keineswegs erscheint ihr, die Formulierung verrät es, ausgemacht, daß hinter »der Geister Maske« der »gerechte[ ] Gott« sich verbirgt, und dieser Zweifel gegenüber der Selbstverständlichkeit der Setzung ist gut lutherisch: Gespenster sind Machwerk des Teufels.[33] »Ostentativ«, so läßt sich die eingangs anzitierte Benjaminsche Transzendenz-Aussage einpassen, betont solches »Spill« »das Spielmoment im Drama und l[ä]ß[t] nur weltlich verkleidet als Spiel im Spiel die Transzendenz zu ihrem letzten Worte kommen. Nicht immer ist die Technik offenkundig, indem die Bühne selber auf der Bühne aufgeschlagen [...] wird. Doch stets liegt nur in einer paradoxen Reflexion von Spiel und Schein für das eben damit ›romantische‹ Theater der profanen Gesellschaft die heilende und lösende Instanz. Jene Absichtlichkeit [...]

---

lungen geschieden. Auch das die erste Abhandlung von *Car*$_A$ und die zweite Abhandlung von *Car*$_B$ eröffnende ›Geistergespräch‹ hat einen anderen Wirklichkeitsstatus als die Geistererscheinungen in *Cardenio und Celinde*.
31 Vgl. dazu ↗ Kap. II.5.5 zu *Cardenio und Celinde*, bes. S. 249–256.
32 So beispielsweise Steinhagen (Anm. 8), S. 194–196.
33 Vgl. dazu den Abschnitt »Gespenster« in ↗ Kap. II.10.9 über »Schwarze Magie«, S. 714–719. Vgl. auch Jörg Wesche: Die Leibhaftigkeit der Gespenster (2005) [517], bes. S. 77, sowie Barbara Mahlmann-Bauer: Grimmelshausens Gespenster. In: Simpliciana 26 (2004), S. 105–140.

zerstreut [...] die Trauer. Denn in der Machination hat die neue Bühne den Gott.«[34] Was hier für das katholische Theater des Calderón gesagt wird, hat freilich eine lutherische Kehrseite,[35] je nachdem, ob das ›Haben Gottes‹ dessen wirkmächtige Präsenz *in* der Theatermaschinerie meint, die Machination also theatrale Verkleidung bleibt (so ›lesen‹ Cardenio, Celinde, Lysander), oder die Machination sich selbst zum »Gott«, zur undurchsichtigen »Geister Maske« aufschwingt (so ›liest‹ Olympia). Die Differenz ist die »Traur«, und begründet ist auch sie transzendent (insofern greift es zu kurz, Benjamins Trauerspielbuch auf die ›Immanenz-These‹ zu reduzieren[36]). Ausgangspunkt für die Disposition zu solcher Trauer ist Benjamin zufolge die lutherische »Abkehr von den ›guten Werken‹«, die, gespiegelt etwa in Hamlets Monolog angesichts der sinnlosen militärischen Geschäftigkeit von Fortinbrasse,[37] eine radikale Entwertung irdischen Handelns zugunsten des Glaubens im Sinne der *sola fides* nach sich zog: »Jeder Wert war den menschlichen Handlungen genommen. Etwas Neues entstand: eine leere Welt.«[38] Indem aber, so Benjamin weiter, »das Dasein« derart zum »Trümmerfeld halber, unechter Handlungen« wird, kommt es bei den (wie Hamlet) Reflektierenden zur Rebellion im Zeichen einer auf Transzendenz zwar zielenden, aber nicht transzendent abgesicherten Machination:

> Dagegen schlug das Leben selbst aus. Tief empfindet es, daß es dazu nicht da ist, um durch den Glauben bloß entwertet zu werden. Tief erfaßt es ein Grauen bei dem Gedanken, so könne sich das ganze Dasein abspielen. Tief entsetzt es sich vor dem Gedanken an Tod. Trauer ist die Gesinnung, in der das Gefühl die entleerte Welt maskenhaft neubelebt, um ein rätselhaftes Genügen an ihrem Anblick zu haben.[39]

---

34 Benjamin (Anm. 2), S. 72f.
35 Vgl. zu den Differenzen katholischer und lutherischer Repräsentationstheorie, ausgehend von Inkarnation und Eucharistie, Wild (Anm. 21), S. 130–137 und 143–147.
36 So in ihrer Forschungsskizze beispielsweise Marquardt (Anm. 1), S. 457f., die darin freilich eine reduktive Rezeption nachzeichnet. Vgl. demgegenüber den Abschnitt »Überspannung der Transzendenz« bei Bettine Menke: Das Trauerspiel-Buch. Der Souverän – das Trauerspiel – Konstellationen – Ruinen. Bielefeld 2010, S. 212–230, bes. S. 213.
37 THE TRAGEDY OF HAMLET PRINCE OF DENMARK. Newly imprinted and inlarged, according to the true and perfect Copy last Printed. *By* WILLIAM SHAKESPEARE. *LONDON*, Printed by *R. Young* for *John Smethwicke*, and are to be sold at his Shop in Saint *Dunstans* Church-yard in Fleet-street, under the Diall. 1637, fol. K^r: »What is a man, | If his chiefe good and market of his time | Be but to sleepe and feed? a beast, no more. | Sure he that made us with such large discourse, | Looking before and after, gave us not | That capability and God-like reason | To fust in us unus'd« (IV,4). Vgl. dazu Benjamin (Anm. 2), S. 134: »[D]ies, Hamlets, Wort ist wittenbergische Philosophie und ist Aufruhr dagegen.«
38 Ebd. Vgl. demgegenüber Jürgen Zimmerer: Innerweltlicher Triumph oder transzendentale Erlösung? (1993) [568], S. 62, für den »Luthers Lehre von den Guten Werken und vom verborgenen Gott« die »religiöse Aussage« des *Leo Armenius* »[e]indeutig« macht; der hohe Einsatz des *sola fide* wird dadurch freilich verharmlost.
39 Benjamin (Anm. 2), S. 135.

In einem sehr wörtlichen, mit *Cardenio und Celinde* auf bemerkenswerte Weise kongruenten Sinn wird Trauer über die entleerte Welt hier zur Quelle von »Traur-Spill« (nicht schon der dramatischen Form, sondern einer Form theatraler Weltwahrnehmung), das so zugleich, wie Gryphius' Vorrede es faßt, zum »schreckliche[n] Traur-Spiegel« (*Card.*, S. 259) wird. Wo die reflexive Qualität des Spiegels übersprungen, somit der Kurzschluß von Produktion und Rezeption allegorischer ›Masken‹ durchtrennt werden kann, wie es Cardenio, Celinde und Lysander gelingt, läßt sich das »Traur-Spill«, das es in heilsgeschichtlicher Perspektive als solches strenggenommen ja gar nicht geben dürfte, in ein glückliches Ende auflösen; Olympias skeptische Unterscheidung zwischen »gerechte[m] Gott« und »der Geister Maske«, die zwar nicht ausschließt, daß »die Hand des Höchsten« (*Card.* V,426) die Fäden zieht, es aber auch nicht für fraglos gegeben nimmt, hält das »Traur-Spill«, das so als metatheatralischer Kommentar zu Gryphius' Trauerspiel(en) lesbar wird, aufrecht.[40]

Auf die Spitze treibt die skeptische Frage nach dem Verhältnis göttlicher Transzendenz und der theatralen Immanenz zugehöriger »Traur-Spill«-Masken das Zusammenspiel der beiden *Carolus-Stuardus*-Fassungen von 1657 und 1663.[41] Dies um so mehr, als rechtstheologisch die Unrechtmäßigkeit der Hinrichtung des englischen Königs Karl I. am 30. Januar 1649 evident erscheint und darum *vom historischen Fall aus* mit Gründen postuliert werden kann, daß »Gott in *Carolus Stuardus B* sein Recht in vollem Umfang geltend macht« und mit Polehs Vision »jene ›Gewissheit des Erwarteten‹ auch dramatisch ihre volle kognitive Breite« erlangt.[42] Was macht aber Gryphius' Trauerspiel aus dem im Horizont politischer Theologie klaren Fall? Es setzt den seine Hinrichtung erwartenden König in Szene, wie er sich in der ersten Fassung (*Car*_A) nach dem Vorbild der Passion Christi modelliert, ohne daß seine Geschichte ›mitspielte‹, d.h. auf ein imitatives Potential transparent würde; und wie in der »neuen und vermehreten Ausgebung gegenwertigen Traurspils« (*Car*_B, S. 426), bei unverändertem Part des Protagonisten, durch Neukonfiguration das Hinrichtungsgeschehen sich auf einmal doch wie eine Re-Präsentation[43] der Passionsgeschichte ausnimmt. Auf den ersten Blick jedenfalls, denn bei genauerem Hinsehen fallen zum einen gerade in der vermeintlichen ›Passionsgleichung‹ markante Differenzen ins Auge,[44] am offensichtlichsten bezüglich des dramatischen wie zeitgeschichtlichen Fluchtpunkts, auf den politisch am meisten ankommt: die Wiedereinsetzung der Stuart-Monarchie mit der Krönung Karls II. am 29. Mai 1660, wor-

---

40 Vgl. insgesamt ↗ Kap. II.10.6 über »Metatheater / Spiel im Spiel«.
41 Vgl. hierzu ausführlicher Kaminski (Anm. 24), S. 111–121.
42 Bach (Anm. 12), S. 579 und 574.
43 Im Sinne des von Wild (Anm. 21), S. 128f., skizzierten »theologisch fundierte[n], sakramentale[n] Repräsentationsbegriff[s]«, der »›wirkliche Vergegenwärtigung‹ eines heilsgeschichtlichen Vorgangs« impliziert.
44 Vgl. hierzu den Abschnitt zum *Carolus Stuardus* in ↗ Kap. II.10.2 über »Bibeldichtung«, S. 623–628.

auf der das Trauerspiel irregulär beschließende fünfte Reyen der »Geister der ermordeten Könige« (*Car*$_B$ V,497–544; auch schon in *Car*$_A$), unter denen hier der Hingerichtete bereits zu denken ist,[45] mit seinem vielstimmigen »Rache«-Schrei geradewegs zuläuft. Zum andern aber gestaltet sich die in der zweiten Fassung hinzugefügte Restauration, die in der Figurenwirklichkeit Zukunftsvision ist, dramatisch hingegen über den Kunstgriff der *vaticinatio ex eventu* bewerkstelligt wird, ganz und gar theatral, die »Machination« der barocken Illusionsbühne in dreimaliger Öffnung und Schließung des »innere[n] Schau-Platz[es]« (*Car*$_B$, S. 413–415, Regieanweisungen e–k) in Bewegung setzend. Der ostentativ theatralisch-immanenten Präsentationsform politischer Heilsgeschichte entspricht die Weltlichkeit der drei vorgestellten Szenarien: die ersten beiden setzen die nicht christusgleiche politische Rache ins Bild (»Virtheilung des Hugo Peters und Hewleds«, »Cromwels / Jrretons und Bradshaws Leichen an dem Galgen«), das letzte die Krönung von deren Initiator (»wie der Bischoff / Carlen den II. krönet«).[46] Das ist um so auffälliger, als beinah unmittelbar zuvor, am Ende der vierten Abhandlung, die Transzendenz, deren (und sei es ›weltlich verkleidetes‹) Erscheinen auf dem »Schau-Platz« sich anläßlich von Karls II. Krönung wohl hätte erwarten lassen, im »Chor der Religion und der Ketzer« (*Car*$_B$ IV,301–344) ein Gastspiel gibt. Die letzten Worte der »Religion« auf Erden freilich tun deren Entschluß kund, »den Ort [zu] gesegnen [d.h. zu verlassen] | Der mich vor ein Gespenst und Buben-Larven hält« (*Car*$_B$ IV,329f.), und »aus den Wolcken« (*Car*$_B$, S. 407) schickt sie die Warnung vor solchen Ketzern hinterher, die sich »aus[schmücken] mit meines Mantels stücken« (*Car*$_B$ IV,341). Liest man diese Kritik am ›Religionstheater‹ im zeitgenössischen Horizont von John Miltons 1649 veröffentlichter Kampfschrift *Eikonoklástes*, die sich im Zeichen von Bildersturm die Ent-

---

[45] Anders als im die erste Abhandlung beschließenden »Chor der ermordeten Engelländischen Könige« (*Car*$_B$ I,305–354). Insofern konterkariert der beinah alexandrinerfüllende »Rache«-Ruf »Alle[r]« (*Car*$_B$, S. 424) – »Rach! Rache! Rache! Rach! Rach! über disen Tod!« (*Car*$_B$ V,499) – nicht nur die nach Christi Vorbild verzeihende *Haltung* des sterbenden Karl (darauf weist Thomas Herold: Von Kronen und Haaren (2007) [633], S. 207–209, hin), sondern dessen eigene letzte *Gebetsworte*, worin es, Christus folgend, heißt: »Vergib mir was ich je verbrochen | Vnd laß die Blutschuld ungerochen« (*Car*$_B$ V,479f.).

[46] Den Widerspruch zwischen Verzeihen und Rache, der durch Karls II. Deklaration von Breda vom 14. April 1660 reaktualisiert wurde, notieren selbst königsfreundliche Darstellungen. Vgl. z.B. Des Engelländischen FLORI Weitere Fortsetzung / Jn sich begreiffend Die jenigen wunderbahrlichen Veränderungen / so sich seith tödtlichem Hintritt König Caroli des Ersten / biß auff Regierung des Glorwürdigsten Monarchen / Caroli des Andern dieses Nahmens / Königs von Groß-Britannien / Franckreich und Jrrland / begeben und zugetragen. Franckfurt / Bey Johann König / 1660, S. 197, die Wiedergabe »gedachte[n] Schreiben[s]«, worin »May. [bezeugten] / [...] allen ihren und ihres Seligen Herren Vatters Feinden verzeyhen / ein algemeine Beleidigungs-Vergeß (außgenommen die jenigen / so das Parlament selbst außgedingt haben wolte) anstellen« zu wollen, worauf in direktem Anschluß an die Schilderung der Krönungsfeierlichkeiten die Aufzählung der aus der Amnestie Ausgeschlossenen folgt (S. 204–207).

larvung der vom hingerichteten König hinterlassenen *Eikón Basiliké* auf die Fahne schreibt und dessen Selbststilisierung zum Märtyrer als »Masking Scene« anprangert,⁴⁷ dann erscheint die Theatermetaphorik in Gryphius' zur zweiten Fassung hinzugefügter »[k]urtze[r] Anmerckung[ ]« (*Car_B*, S. 426) zu Karls letzter Rede als Ostentation theatraler Machination nun auf seiten der Figur:

> Mir würde unschwer gefallen seyn dem Könige eine andere Rede anzudichten; oder seine eigene kürtzer einzuzihen / oder auch gar / wie sonsten in den Traur-Spilen gebräuchlich / dises alles durch einen Boten vorzubringen: Jch habe aber darvor gehalten / man könne dises bluttige *Jammer-Spil* nicht beweglicher abbilden / als wenn man disen abgekränckten Fürsten / also dem Zuseher und Leser *vorstellete* / wie er *sich selbst mit seinen eigenen Farben außgestrichen* / in dem Anblick des Todes / da alle *Schmincke* und *Gleißnerey* ein Ende nimt / und als Dunst verschwindet. (*Car_B*, S. 452; meine Hervorhebungen)

Der rechtstheologisch eindeutige Fall wird so in der Serialisierung der Fassungen rekonfiguriert als medienpolitische Selbstinszenierung eines Märtyrers. Im Sinne Benjamins wäre die Instrumentalisierung von »der Geister Maske«, die ›Machination‹ von Transzendenz im eigenen politischen Interesse Sache des Intriganten.⁴⁸ So weit geht Gryphius' *Carolus-Stuardus*-Projekt nicht; es stellt eine solche skeptische Lesart gleichsam mit den Augen der Olympia aber zur Disposition.

Wo den Trauerspielen die Spannung zwischen Immanenz und Transzendenz qua »Schau-Platz« aufgegeben ist, der das transzendent gerahmte bzw. solche Rahmung prätendierende Geschehen ostentativ ›erdet‹, ist es in den Leichabdan-

---

47 ΕΙΚΟΝΟΚΛΆΣΤΗΣ *IN* Answer *To a Book Intitl'd* ΕἸΚΩ῀Ν ΒΑΣΙΛΙΚΗ῀. THE PORTRATURE of his Sacred MAJESTY in his *Solitudes* and *Sufferings*. The Author *I. M. Published by Authority*. London, Printed by *Matthew Simmons*, next dore to the gilded Lyon in Aldersgate street. 1649, »*THE PREFACE*«, unpaginiert: »And how much their intent, who publish'd these overlate Apologies and Meditations of the dead King, drives to the same end of stirring up the people to bring him that honour, that affection, and by consequence, that revenge to his dead Corps, which he himselfe living could never gain to his Person, it appeares both by the conceited portraiture before his Book, drawn out to the full measure of a Masking Scene, and sett there to catch fools and silly gazers, and by those Latin words after the end, *Vota dabunt quæ Bella negarunt* [...]. And heer may be well observ'd the loose and negligent curiosity of those who took upon them to adorn the setting out of this Booke: for though the Picture sett in Front would Martyr him and Saint him to befoole the people, yet the Latin Motto in the end, which they understand not, leaves him, as it were, a politic contriver to bring about that interest by faire and plausible words, which the force of Armes deny'd him. But quaint Emblems and devices begg'd from the olde Pageantry of some Twelfe-nights entertainment at *Whitehall*, will doe but ill to make a Saint or Martyr [...]. In one thing I must commend his op'nness who gave the Title to this Book, Εἰκὼν Βασιλικὴ, that is to say, The Kings Image; and by the Shrine he dresses out for him, certainly, would have the people come and worship him. For which reason this Answer also is intitl'd *Iconoclastes*, the famous Surname of many Greek Emperors, who in thir zeal to the command of God, after long tradition of Idolatry in the Church, tooke courage and broke all superstitious Images to peeces.«
48 Zum Intriganten Benjamin (Anm. 2), S. 86–90.

kungen – so jedenfalls, wie Gryphius die Gattung der poetischen Grabrede modelliert – das rhetorische *officium* der *consolatio*, die aus der immanenten Sinnlosigkeit des Todes eine Sinnbrücke ins Jenseits zu schlagen unternimmt. Daß dieser Brückenschlag seitens eines poetisch-weltlichen, nicht theologisch autorisierten Sprechers eine Grenzüberschreitung darstellt, die um so gewagter erscheint, je ›trostloser‹ die Ausgangssituation der Rede ist, reflektieren in je unterschiedlicher Weise alle Leichabdankungen des Gryphius, indem sie den Sprechakt als solchen thematisieren und problematisieren. Besonders gut beobachtbar wird die rhetorische Überbrückungsarbeit an einem Extrembeispiel, der am 23. November 1660 auf die fünfzehnjährig verstorbene Mariane von Popschitz gehaltenen Leichabdankung *Magnetische Verbindung Des HErren JESU / und der in Jhn verliebten Seelen*,[49] in der den Ausgangspunkt eine konsolatorische Aporie bildet: daß die allein hinterbliebene Mutter, die »nicht nur in den traurigsten Witwenstand gesetzet / [...] sondern auch nunmehr aller Jhrer Kinder beraubet« ist (*EG*, S. 29), transzendent argumentierendem Trost nicht zugänglich ist, »sich [...] unendlich« »betrübt« (*MV*, S. 93). Einen Einblick in das dem Tod vorausliegende ›Transzendenz/Immanenz-Drama‹ am Sterbebett der Tochter gewährt (wenngleich Stilisierungen in Rechnung zu stellen sind) der im Anschluß an die Leichenpredigt vom Pfarrer Sigmund Pirscher der Trauergemeinde vorgestellte christliche Lebenslauf:

> Jn dessen [...] begehrete Sie [die Tochter] die Außlegung des Evangelij zuhören [...]: Als solches aus des weit bekandten Heermanni Postil beschehen / hub sie an; Diß ist ein Predigt vor mich; Sie handelt von dem Sterben; Jhre Frau Mutter fiel Jhr ein / Sie solte Sterbens nicht erwehnen / sondern an Sie gedencken; empfing aber zur Antwort / Jch thue alles was ich sol: Sol ich sterben / wer kan es ändern / wann es GOtt so haben wil; [...] Die schmertzlichst Betrübte Fraw Mutter ermahnete Sie / umb zu bitten / daß GOTT Sie Jhr der Frawen Mutter zu Trost noch allhier zuverbleiben vergönnen wolle: Sie gab zur Antwort / warumb heisset mich die Fraw Mutter also beten / Jch wil beten / daß es GOtt mit mir schicke / wie es Gutt und Seelig; Er weiß am besten was Gutt und Seelig.[50]

---

49 Vgl. zum Folgenden ↗ Kap. II.8.2.d.β zu *Magnetischer Verbindung* und *Letztem Ehren-Gedächtnüß* aus der Perspektive der Gedenkausgabe.
50 LAMPAS perenni flammâ coruscans. Das ist: Lampe und Flamme Bey dem Hochansehnlichen / Volckreichen / und Ruhmwürdigen Leichbegängnüß Der Hoch-Edlen Gebohrnen / Hoch-Tugend und Viel-Ehrenreichen numehr seeligsten Jungfr. Marianen gebohrnen von Popschitzin auff Krantz und Gröditz / etc. Welche den 25. [recte: 5.] May / morgens umb 3. Uhr bey hervorbrechenden Morgenröthe / als der vortrefflichste Meyen-Blumen eine in Kinder-Blättern / von der Hand Gottes abgebrochen / und in Himmel genommen; Hernach Dienstags den 23. Novembris des 1660. Jahres Jhren Hochzeit-Tag gehalten / an welchem Jhr mit dieser Leichpredigt die letzte Ehre bezeiget worden. Præsentiret, auffgesetzet und auff begehren überreichet Von Sigmund Pirschern / der Evangelischen Lutherischen Kirchen Pastore, & Inspectore bey der Hütten Gottes vor Glogaw. Gedruckt zur Steinaw an der Oder / bey Johann Kuntzen, S. 59f.

Diesem im Begräbnisablauf unmittelbar vor der Leichabdankung vergegenwärtigten Konflikt zwischen himmlisch-transzendentem und irdisch-immanentem Anspruch trägt Gryphius' Rede durch eine inventorische Besonderheit Rechnung. Während üblicherweise strukturbildend für seine Leichabdankungen *ein* aus dem irdisch-vergänglichen Bereich gewähltes Leitthema ist (etwa der Brunnen im *Brunnen-Discurs*, Adler und Seeblume im Familienwappen in der *Flucht Menschlicher Tage*), das dergestalt auf Leben und Sterben des oder der Verstorbenen bezogen wird, daß die thematische Kohärenz in der allegorischen Verweisung aus der Immanenz, über die Immanenz hinaus den Abgrund des Todes zu transzendieren verspricht, führt die *Magnetische Verbindung* erstens deren *zwei* ein, zweitens wiederholt die motivische Dopplung jene Spannung. Dem transzendenten Begehren der Verstorbenen entspricht das im Titel an zweiter Stelle, in der Rede jedoch zuerst entfaltete, unter Überspringung irdischer Hochzeit von vornherein biblisch fundierte Bild von der Braut Christi – eine Vorstellung, die für die zurückgebliebene Mutter um so schmerzlicher sein muß, als sie bildlogisch ihr eigenes Einverständnis wie auch der Tochter liebendes Verlangen voraussetzt. Folgerichtig fällt an diesem schmerzlichsten Punkt der Redner sich selbst ins Wort – »Jch belustige mich so sehr [...] in diesen Gedanken / und vergesse darinnen meiner und Jhrer Schmertzen« –, um »die Geheimnüß dieser Verbündnüß des HErren JEsu und Seiner Geliebten« unter einem zweiten, nun dezidiert irdischen Bild vorzustellen: als »Magnetische Vereinigung« zwischen einem »starcke[n] Magnet« und dem »Eysen«, das »nach vortrefflicher und Hochgelehrter Sinnen meinung nichts als eine erlesene / durch innere Krafft und Hitze gehärtete Erden« sei (*MV*, S. 50f.). Paradoxerweise vermag der physikalisch-immanente Magnet konsolatorisch mehr als der transzendente Seelenbräutigam, da er bildlogisch die Anziehungskraft als unwiderstehliches Naturgesetz konzeptualisiert, somit eine Entscheidung des polarisierten Eisens *für* die eine und damit *gegen* die andere Seite ausschaltet. Die transzendente Pointe dieses zweiten, im Titel an die erste Stelle gesetzten physikalischen Bildes besteht aber darin, daß die distante Kraft im durch und durch Irdischen des Magneten zur allegorischen Betrachtung einlädt, in ihm die »›Wirklichkeit‹ der Transzendenz«[51] in irdischer Verkleidung zu erkennen. Eine Denkfigur, die in ihrer erdenschweren Paradoxie dem theologischen Paradox der Inkarnation ebenso affin erscheint wie dem theatralen des Auftritts der »Ewikeit« auf dem irdischen »Schau-Platz«. Mit einem solchen theatralen Paradox – den dramatisch »durch ANDR: GRYPHIUM« »abgeleget[en]« (*MV*, S. 105) »Abschids-Worte[n] / Der [...] Jungfrauen Marianen [...] An Jhre Höchstbetrübte Fraw Mutter« (*MV*, S. 100), in denen die Verstorbene präsentisch als Lebende aus dem »Hier« der »Ewigkeit« (*MV*, S. 103 und 105) spricht – schließt denn auch die *Magnetische Verbindung*. Ihr beinah letztes ›Abschiedswort‹, »Was Ewig ist

---

51 Misia Sophia Doms: Die ›Wirklichkeit‹ der Transzendenz (2009) [849].

bleibt Sterblichen zu schwer. | Und hiemit gutte Nacht« (*MV*, S. 105), bringt das in der performativen Selbstnegation auf den Punkt.

Liegt in den Trauerspielen und Leichabdankungen eine reflexive Auseinandersetzung mit dem Spannungsverhältnis zwischen Transzendenz und Immanenz thematisch bzw. situativ nahe, so gilt dies für die Komödie dezidiert nicht, weder hinsichtlich des Sujets (dem *Buch von der Deutschen Poeterey* zufolge »solchen sachen / die täglich vnter gemeinen Leuten vorlauffen«[52]) noch mit Blick auf unterstellbare Rezeptionserwartungen (»Kurtzweil«, »sich [...] erlustigen« werden seitens des königlichen Publikums im *Peter Squentz* in Anschlag gebracht; *Squ.*, S. 10f.). Und auch die Lyrik scheint aussagelogisch – als »handt voll blumen meiner ersten jahre« (*Son. 1643*, fol. A^v) bezeichnet Gryphius etwa sein erstes Sonettbuch 1643, Zeitgebundenheit wie den persönlich-begrenzten Blickwinkel akzentuierend – nicht für Ausgriffe in die Ewigkeit prädestiniert. Um so auffälliger erscheint es freilich umgekehrt, daß Gryphius' Texte gerade auch hier Konstellationen entwerfen, in denen es entweder darum geht, transzendente Instanzen in die Alltagswirklichkeit zu involvieren, oder aber, diese irdische Welt in ihrer Immanenz zu transzendieren. Und dies nicht nur da, wo – wie in *Absurda Comica. Oder Herr Peter Squentz* – explizit auf dem Theater eine Theaterbühne aufgeschlagen wird und so im Trauerspielgestus des ›inneren Schau-Platzes‹ strukturell metatheatralische Überschreitung angestrebt (und doch nur immer tiefere Verwicklung ins Theatralische erreicht) wird. Auch thematisch greifen die Komödienfiguren bemerkenswert häufig und bemerkenswert direkt ins Arsenal jenseitiger Mächte: wenn etwa der Prinzipal der schauspielernden Handwerkertruppe als »Epilògus« die Auferstehung der Toten als konsolatorische Leistung gegenwärtigen Schauspiels verkauft (»Doch tröstet euch daß es sey schön / | Wenn man die Todten *siht* auffstehn«;[53] *Squ.*, S. 39) und so die immanente Begründung von Komödie durch Pickelhäring (»die Todten [d.i. die Schauspieler; N.K.] werden wieder lebendig / setzen sich zusammen / und trincken einen guten Rausch / so ist es denn eine Comödie«; *Squ.*, S. 9) flugs eschatologisch wendet; oder wenn zu Beginn des »Gesang-Spil[s]« *Verlibtes Gespenste* »[d]ie Liebe« den Auftritt der »Ewikeit« aus der *Catharina* imitiert und »mit Bogen und Pfeilen in den Wolcken« »erscheinet« (*GD*, S. 1); oder wenn *im* »Gesang-Spil« Sulpicius sich um der Liebe willen erst »gantz tod« stellt, dann, nach Aushebung von »zwey / drey Stein«, aus des »Kellers grufft« wieder »ersteh[t]« (*GD*, S. 7) und »in Gestalt des Geistes« (*GD*, S. 42) in das verfahrene Dreiecksverhältnis aus halb empfundener, halb gespielter Transzendenz eingreift, um über die familiäre Anrede »Herr Geist« (*GD*,

---

[52] MARTINI OPITII Buch von der Deutschen Poeterey. Jn welchem alle jhre eigenschafft vnd zuegehör gründtlich erzehlet / vnd mit exempeln außgeführet wird. Gedruckt in der Fürstlichen Stadt Brieg / bey Augustino Gründern. Jn Verlegung David Müllers Buchhändlers in Breßlaw. 1624, fol. Dij^v.
[53] Meine Hervorhebung.

S. 38 und 45) – selbst oder auch als sein Double Fabricius – von den Dienern alsbald in einen Bereich ›immanenter Transzendenz‹ eingegliedert zu werden. Im beschließenden »Tantz der Geister. Tantz der Liben« (*GD*, S. 72) wird dafür vom (einmal mehr transzendenten) »Braut-Gott« Hymen kurzerhand ein ›Schau-Platz‹ modelliert, der im Trauerspiel nur als Paradox zu inszenieren war: der »Himmel auff der Erden« (*GD*, S. 74). Doch auch im Lustspielhorizont klingt das mehr nach mißstimmigen *absurda comica* denn nach paradiesischer Harmonie in der vertrauten Alltagswelt (»krumm unde seltzam« nennt Greger Kornblume das unverhofft im glückenden Ende mündende Dreiecksgeschehen des »Schertz-Spil[s]«; *GD*, S. 72). Die Spielschlüsse von *Cardenio und Celinde* und *Verlibtem Gespenste* können im Zeichen von »der Geister Maske« (*Card.* V,212) einander regelrecht kommentieren, zugunsten der skeptischen Position Olympias.

Will man eine solche skeptische Position auch für den Autor annehmen und von planvollen literarischen Versuchsanordnungen ausgehen, so spricht dafür ein Befund, wie er sich aus der mehrfachen Reorganisation von Gryphius' Sonetten ablesen läßt. Am weitesten geht die erste, 1637 in Lissa publizierte Sammlung, die einerseits – wie Marian Szyrocki in detaillierter Analyse sichtbar gemacht hat[54] – vom strukturgebenden sechsten Sonett »VANITAS, VANITATUM, ET OMNIA VANITAS« (*Liss.*, S. 14f.) aus als zahlenkompositorisch durchgestalteter Zyklus im Zeichen von *vanitas* lesbar wird: Inbegriff der Immanenz, wie sie der im Titel berufene alttestamentliche Referenztext Koh 1,2 (»ES ist alles gantz Eitel«), Leitmotiv des »Predigers Salomo«, beschwört. Andererseits wird der salomonisch-immanente Blickwinkel (»JCh seh' wohin ich seh / nur Eitelkeit auff Erden«; *Liss.*, S. 14), dem der Prediger die nicht minder diesseitige »gabe Gottes« (»frölich sein / vnd jm gütlich thun in seinem Leben«; Koh 3,13.12) entgegensetzt, neutestamentlich emphatisch transzendiert: indem das Sprecher-Ich im »An GOTT den Heiligen Geist« (*Liss.*, S. 6f.) gerichteten Eröffnungssonett göttliche Inspiration erbittet und diese höchstmögliche Autorität der Ichaussage voraussetzt, um im »Jch seh'« des *vanitas*-Sonetts auch, ja vor allem mit der Stimme des von Gott autorisierten Johannes der Offenbarung zu sprechen. Dem salomonischen »Jch sahe an alles Thun das vnter der Sonnen geschicht / vnd sihe / es war alles eitel vnd jamer« (Koh 1,14) kontrastiert so das ganz auf die Transzendenz ausgerichtete »VND ich sahe« (Off 5,1 u.ö.) des im Wortsinn letzten Buchs des Neuen Testaments. Dabei reicht die Identifikation mit dem apokalyptischen Sprechgestus so weit, daß im zehnten Sonett »Der Autor vber seinen Geburts-Tag den 29. Septembr. des CIƆ IƆ CXVI.[55] Jahres« (*Liss.*, S. 20f.) das Ich sich selbst ins endzeitliche Szenario des ultimativen Streits zwischen dem Erzengel Michael und »dem Drachen« (Off 12,7) einträgt: »Weil du mich an dem Tag ins Leben thätest leiten / | An dehm der Engel-Printz den Teuffel triumphirt.« Diese bei-

---

54 Vgl. Marian Szyrocki: Der junge Gryphius (1959) [134], S. 84–108, bes. S. 84–89.
55 Verbessert aus »CI IƆ CXVI.«.

nah perfekte Modellierung einer transzendent legitimierten Sprechposition, die über Luthers antipapistische peritextuelle Rahmung der Johannes-Offenbarung zugleich einen entschieden konfessionspolitischen Impetus in die zeitgenössische Wirklichkeit zu transportieren vermag, wird nun aber – beginnend bereits innerhalb der ›Lissaer Sonette‹[56] – durch die von 1643 an veröffentlichten nachfolgenden Sonettsammlungen Zug um Zug zersetzt: indem das vormalige zahlenkompositorische Organisationsprinzip zitiert und planvoll verfehlt wird,[57] indem das Michaels-Sonett wegfällt und der apokalyptische Verkündigungsmoment der »[d]reymal [...] schon sechs Jahr« (*Liss.*, S. 48) verstrichen ist, indem an die Stelle transzendent inspirierter Zykluskomposition die in den Perikopen der kirchlichen Leseordnung gründende Abfolge der *Son- undt Feyrtags Sonete* (zuerst 1639) tritt. Werkbiographisch ließe sich überlegen, inwiefern die darin beobachtbare Skepsis gegenüber transzendent mit Bedeutung aufgeladenen lyrischen Zyklen den Weg zu dramatischen Versuchsanordnungen bahnt.

---

56 Vgl. in diesem Sinne zur »Trawrklage des verwüsteten Deutschlandes« (*Liss.*, S. 47–49) Nicola Kaminski: EX BELLO ARS (2004) [797], S. 271–293 und 312–317.
57 Vgl. dazu ↗ Kap. II.10.12 zu »Zahlenkomposition« sowie ausführlicher Stefanie Knöll: Gryphius' Erstes und Zweites Sonettbuch (1999) [298].

II.10.11 Verstechnik (Alexandriner, *vers commun*)

Von Andreas Beck

Die folgenden Ausführungen* werden – aus hoffentlich gutem Grund – manche Lesererwartung enttäuschen. Nur bedingt verschreibt sich dieser Beitrag der Erhellung spezifisch Gryphiusscher deutscher Verstechnik, denn er verfolgt ein allgemeineres Anliegen. Er soll am Beispiel Gryphiusscher Texte grundsätzlich zeigen, daß es sich bei der Untersuchung von barocker deutschsprachiger Dichtung, die zeitgenössisch ja schier als gebundene Rede definiert erscheint,[1] dringend empfiehlt, die jeweilige Handhabung des Versmaßes angemessen zu würdigen – und sie *nicht*, wie dies leider eher die Regel als eine Ausnahme darstellt,[2] entweder auszublenden;[3] oder analytisch folgenlos und meist en passant lediglich deskriptiv zu verzeichnen;[4] oder sie in nur wenigen Worten (zu) knapp mit der Textaussage in Beziehung zu

---

* Sie sind nicht zuletzt aus zahlreichen Gesprächen mit Nicola Kaminski (Bochum) und Tim Meier (Wuppertal) erwachsen; ihnen danke ich für mancherlei Anregung und Hinweis.
1 Vgl. den synonymen Gebrauch von »Poeterey« und »versen« bei Martin Opitz. MARTINI OPITII Buch von der Deutschen Poeterey. Jn welchem alle jhre eigenschafft vnd zuegehör gründtlich erzehlet / vnd mit exempeln außgeführet wird. Gedruckt in der Fürstlichen Stadt Brieg / bey Augustino Gründern. Jn Verlegung David Müllers Buchhändlers in Breßlaw. 1624, fol. Aij^v.
2 Dafür mögen hier Beispiele stehen aus: Gedichte und Interpretationen. Bd. 1: Renaissance und Barock. Hg. von Volker Meid. Stuttgart 1982 (Reclams Universal-Bibliothek 7890). – Der Band ist zweifellos in die Jahre gekommen, dürfte indes angesichts von neun unveränderten Nachdrucken bis 2011 ein exemplarisches Bild des Umgangs mit Barockgedichten in den letzten Jahrzehnten bieten.
3 Vgl. in Meid (Hg.) (Anm. 2): Urs Herzog zu Spees »Liebgesang der Gesponß Jesu« (S. 271–280) – Ferdinand van Ingen zu Catharina Regina von Greiffenbergs »Auf die unverhinderliche Art der Edlen Dicht-Kunst« (S. 319–330) – Wilhelm Kühlmann zu Flemings »Grabschrifft« (S. 168–175) – Wolfram Mauser zu Gryphius' »Einsamkeit« (S. 231–244) und »Thränen in schwerer Kranckheit« (S. 223–230) – Wulf Segebrecht zu Opitz' »Ach Liebste / laß vns eilen« (S. 137–147) und Dachs »Letzter Fleh-Schrifft« (S. 200–209) – Ernst-Peter Wieckenberg zu Logaus »Sinngedichten« (S. 257–266).
4 Vgl. in Meid (Hg.) (Anm. 2): Louise Gnädinger zum *Cherubinischen Wandersmann* des Angelus Silesius (S. 306–318, hier S. 311) – Urs Herzog zu Hoffmannswaldaus »Die Welt« (S. 357–365, hier S. 358f.) – Uwe-K. Ketelsen zu Hoffmannswaldaus »So soll der purpur deiner lippen« (S. 346–355, hier S. 352) und Lohensteins »Auff das Absterben [...] Georg Wilhelms / Hertzogs zu Liegnitz« (S. 369–378, hier S. 376) – Wilhelm Kühlmann zu Flemings »An Sich« (S. 160–166, hier S. 161f.) und »Wie Er wolle geküsset seyn« (S. 168–186, hier S. 179) – Volker Meid zu Weckherlins »An das Teutschland« (S. 149–158, hier S. 149) – Ingeborg Springer-Strand zu Harsdörffers »Friedenshoffnung« (S. 246–254, hier S. 252–254) – Jürgen Stenzel zu Günthers »Abschieds-Aria« (S. 381–390, hier S. 382) und »Als er unverhofft [...] favorable Briefe erhielt« (S. 395–402, hier S. 396 und 398) – Christian Wagenknecht zu Hoffmannswaldaus »Vergänglichkeit der Schönheit« (S. 332–344, hier S. 333f.).

setzen.⁵ Demgegenüber möchte ich die Notwendigkeit aufzeigen, den keineswegs nur vereinzelt gewichtigen Beitrag basaler metrischer Phänomene bei der Bedeutungskonstitution der in Frage stehenden Texte zu rekonstruieren⁶ – dies ungebaute Land ist schön und fruchtbar mir, weswegen ich nachdrücklich dafür werben möchte, es in intensiv textmaterialbezogener analytischer Akribie zu kultivieren.⁷

Zu diesem Zweck werde ich hier überraschend bis womöglich ärgerlich kleine Parzellen bestellen. Bis zur Handhabung von Strophenformen werde ich nicht vordringen; dies scheint mir auch insofern verzichtbar, als deren argumentativ gliedernde Funktion, insbesondere im Fall des Sonetts, in der analytischen Praxis gebührend berücksichtigt wird.⁸ Ebensowenig ist Reimtechnik Gegenstand meiner Darlegungen – diese beschränken sich vielmehr auf Beispiele semantisierender Behandlung des Versmaßes, im Rahmen weniger Interpretationsskizzen, die sich jeweils nur wenigen Versen widmen; mehr gestattet die Vielschichtigkeit des Materials nicht. Sie fordert – auch das ein Erkenntnisgewinn, auf den mein Beitrag zielt – jene kleinschrittige Akribie; die Entfaltung entsprechender Ergebnisse auf der Ebene vollständiger poetischer Texte, und sei es auch nur eines Sonetts, bedürfte stattlicher Separatstudien. Mithin wartet dieser Artikel lediglich mit Ködern auf, mit rhapsodischem Stückwerk ganz ohne Vollständigkeitsanspruch, um zu verwandten Untersuchungen anzuregen.

Weiterhin erlaube ich mir in zweierlei Hinsicht eine thematische Konzentration. Zum einen werde ich eine bestimmte Form der Semantisierung metrischer Phäno-

---

5 Vgl. in Meid (Hg.) (Anm. 2): Wilhelm Kühlmann zu Flemings »An Sich« (S. 160–166, hier S. 161f.) – Wolfram Mauser zu Gryphius' »An den gecreutzigten JEsum« (S. 211–221, hier S. 214) – Lothar Schmidt zu Paul Gerhardts »Sommer-Gesang« (S. 285–301, hier S. 287) – Jürgen Stenzel zu Günthers »Als er durch innerlichen Trost bey der Ungedult gestärcket wurde« (S. 405–414, hier 411f.).
6 Vgl. in Meid (Hg.) (Anm. 2): Ulrich Maché zu Opitz' Sonett »Francisci Petrarchae« (S. 125–135, hier S. 131–133) – der einzige von über zwanzig Beiträgen in jenem Sammelband zu deutschsprachigen Gedichten seit 1624, in den Fragen der Versbehandlung als integrales Moment Eingang gefunden haben. Inzwischen sollte dies eigentlich selbstverständlich sein, indem es etwa ein Gemeinplatz sein müßte, daß schon die (Nicht-)Verwendung grundsätzlich sauber alternierend-akzentuierend gebauter Verse im 17. und früheren 18. Jahrhundert ganz selbstverständlich als politisch-konfessionalistisches Signal gebraucht und verstanden wurde; vgl. u.a. Dieter Breuer: Deutsche Metrik und Versgeschichte. München 1981 (UTB 745), S. 173; Nicola Kaminski: EX BELLO ARS oder Ursprung der »Deutschen Poeterey«. Heidelberg 2004 (Beiträge zur neueren Literaturgeschichte 205); Andreas Beck: Die *Straßburger Eide* in der Frühen Neuzeit. Modellstudie zu vor- und frühgermanistischen Diskursstrategien (Gratia 52), S. 218–260.
7 Und derart mit einem von der werkimmanenten Methode überkommenen Talent zu wuchern; vgl. die vorzügliche Analyse der ersten drei Verse des Gryphiusschen Sonetts »Vber die Geburt JEsu« bei Erich Trunz: Fünf Sonette des Andreas Gryphius (1949) [342], S. 182.
8 Auch davon zeugt Meid (Hg.) (Anm. 2); entsprechende Phänomene sind zu Recht Einführungswissen, vgl. etwa Benedikt Jeßing und Ralph Köhnen: Einführung in die Neuere deutsche Literaturwissenschaft. 2., aktualisierte und erweiterte Aufl. Stuttgart/Weimar 2007, S. 26f.

mene in den Blick nehmen, nämlich performative Gestaltung gebundener Sprache, worauf (s.u.) zeitgenössische Poetiken wiederholt verweisen. Zum andern steht im folgenden beinahe ausschließlich die Verwendung des Alexandriners[9] zur Debatte. Denn erstens ist der Alexandriner der prominenteste Barockvers;[10] zweitens dominiert er gerade bei Gryphius,[11] im Vergleich etwa zu den Nürnbergern und Zesen; und drittens wurde und wird der Alexandriner in der Forschung ostinat mißverstanden. An ihm wird sinnfällig, daß durchaus noch Grundlagenarbeit ansteht, um barocke deutsche Verstechnik allgemein und im besonderen die Gryphiussche als Kommunikationsinstrument adäquat erfassen zu können – und zugleich zeigt sich an jenem Vers, wieviel in diesem Bereich analytisch noch zu gewinnen steht.

Also scheint es hoch vonnöten zu sein, sich um eine adäquate Bestimmung des Alexandriners zu bemühen – gerade auch im Rückgriff auf zeitgenössische Poetiken. Was ist ein Alexandriner? Die germanistische Literaturwissenschaft läßt hier eine gewisse Unsicherheit erkennen, mitunter wirkt es fast, als würde gezielt vermieden, die spezifische Differenz dieser Versart gegenüber anderen zu formulieren. Wolfram Mauser etwa bestimmt »[d]ie Form des Alexandriners« durch »sechs betonte Silben je Vers, Zäsur nach der dritten«,[12] und bei Benedikt Jeßing und Ralph Köhnen präsentiert sich »[d]er *Alexandriner*« als »12- oder 13-silbiger Vers, der gekennzeichnet ist durch eine [...] Zäsur nach der sechsten Silbe und festgelegte Akzente auf der sechsten und zwölften Silbe«.[13] Das alles ist zweifellos richtig – und doch nicht zielführend. Problematisch ist zunächst, daß die Klassifizierung des Alexandriners als jambisch[14] unterbleibt, so daß jene romanisch-französisch tingierten Definitionen[15] die gründlich verkehrte Annahme von nicht festen Tonstellen im opitzianischen Alexandriner nicht ausschließen. Auffällig, unbefriedigend, bezeichnend ist weiterhin, daß die Rede von ›betonten Silben‹ der heiklen Aufgabe ausweicht, die Gesamtzahl der Ikten im Alexandriner zu benennen. Anders gefaßt: die angeführten Bestimmungen schweigen sich über die Frage des metrischen Werts oder

---

9 Hier wie im folgenden meint ›Alexandriner‹ stets den alternierend-akzentuierenden Alexandriner opitzianischen Zuschnitts.
10 Vgl. etwa Otto Paul und Ingeborg Glier: Deutsche Metrik. 9. Aufl. München 1974, S. 123; Erwin Arndt: Deutsche Verslehre. Ein Abriß. 10. Aufl. Berlin (Ost) 1986, S. 164; Christian Wagenknecht: Alexandriner. In: Reallexikon der deutschen Literaturwissenschaft. Hg. von Klaus Weimar. Bd. 1. Berlin/New York 1997, S. 34–36, hier S. 34.
11 Entsprechend wirft Victor Manheimer: Die Lyrik des Andreas Gryphius (1904) [226], Teil I, Kap. 1: »Die Metrik in den lyrischen Gedichten des Gryphius«, S. 22, die »Frage [...] auf[ ]«, »warum Gryphius sich nicht vom Alexandriner befreit hat«.
12 Wolfram Mauser: Andreas Gryphius – Philosoph und Poet unter dem Kreuz (1982) [228], S. 214.
13 Jeßing/Köhnen (Anm. 8), S. 140.
14 ›Jambus‹ = im Deutschen x x́ (unbetont, betont) statt, wie im Griechischen bzw. Lateinischen, ∪ – (kurz, lang); vgl. Opitz (Anm. 1), fol. Gij^r.
15 Zum silbenzählenden Alexandriner der französischen Klassik mit seinen nur teilweise festen Tonstellen vgl. etwa Breuer (Anm. 6), S. 45.

Unwerts der Zäsur nach der sechsten, betonten Silbe aus. Doch erst die Berücksichtigung der Mittelzäsur in ihrer metrischen Relevanz läßt die spezifische Differenz des Alexandriners greifbar werden, die ihn vom ›sechshebigen Jambus‹ unterscheidet, als der er so oft wie fragwürdig ausgegeben wird (x x́ x x́ x x́ x x́ x x́ x x́).[16]

Mitunter erscheinen in älteren Metriken keineswegs nur »Silben klassifiziert und Versfüße unterschieden«, während »über den ›Klang‹ der Verse [...] wenig oder nichts« verraten wird;[17] im Fall der Verszäsur etwa läßt sich eine aufschlußreiche Verschränkung beider Momente beobachten. Justus Georg Schottel bestimmt die Zäsur wie folgt:

> DEr Abschnitt oder die Cæsur ist ein Abzug oder Stilstand im mitten des Verses / wenn man bey lesung oder abmessung des Reimes [= des Verses; A.B.] / ein wenig stille helt / gleichsam Athem holet / und also die Reimglieder durch den Abschnitt zierlich voneinander zeucht.[18]

Mit der Zäsur, heißt es dann nach alexandrinischen Beispielversen,

> schneidet [...] sich der Vers zu mitten [...] ab / und muß daselbst ein wenig inne gehalten / und mit nichten der Vers in einem Thone und Athem hingelesen werden.[19]

Bemerkenswert ist das Begriffspaar »lesung oder abmessung«, da mit ihm Skansion und Versvortrag eng zusammengesehen werden, ja geradezu ineins fallen. »[A]bmessung des Reimes« meint ›Skansion‹, ›Bestimmung des Metrums‹;[20] »lesung«

---

16 Vgl. u.a. Paul/Glier (Anm. 10), S. 123; Wilhelm Kühlmann: Selbstbehauptung und Selbstdisziplin. Zu Paul Flemings *An Sich*. In: Meid (Hg.) (Anm. 2), S. 160–166, hier S. 161; Leif Ludwig Albertsen: Neuere deutsche Metrik. Bern 1984 (Germanistische Lehrbuchsammlung 55b), S. 79; Volker Meid: Barocklyrik. Stuttgart 1986 (Sammlung Metzler 227), S. 54; Wagenknecht (Anm. 10), S. 35f.; Hans-Dieter Gelfert: Einführung in die Verslehre. Stuttgart 1998 (Reclams Universal-Bibliothek 15037), S. 80; Sebastian Donat: Metrische Notation. In: LiGo. Literaturwissenschaftliche Grundbegriffe online (http://www.li-go.de/definitionsansicht/metrik/metrischenotation.pdf; letzte Änderung 22.10.2007, letzter Zugriff 30.10.2015); Christian Wagenknecht: Deutsche Metrik. Eine historische Einführung. 5., erweiterte Aufl., München 2007, S. 22, 27f. und 156; Christoph Hönig: Neue Versschule. München 2008, S. 258; Benedikt Jeßing: Neuere deutsche Literaturgeschichte. Eine Einführung. Tübingen 2008 (bachelor-wissen), S. 60.
17 Christian Wagenknecht: Weckherlin und Opitz. Zur Metrik der deutschen Renaissancepoesie. Mit einem Anhang: Quellenschriften zur Versgeschichte des 16. und 17. Jahrhunderts. München 1971, S. 5.
18 Iusti-Georgii Schottelii Teutsche Vers- oder ReimKunst darin Vnsere Teutsche Muttersprache, so viel dero Süßeste Poesis betrifft, in eine richtige form der Kunst Zum ersten mahle gebracht worden. getruckt Zu Wolfenbüttel in verlegung des Authoris im jahre M DC XL V, S. 83.
19 Ebd., S. 84.
20 Vgl. Grosses vollständiges *UNJVERSAL-LEXJCON* Aller Wissenschafften und Künste, Welche bishero durch menschlichen Verstand und Witz erfunden und verbessert worden. [...]. Vier und Dreyßigster Band Sao–Schla. Leipzig und Halle, Verlegts Johann Heinrich Zedler. 1742, Sp. 538:

wiederum bezeichnet den ›hörbaren Vortrag‹, denn im Anschluß an die Beispielverse geht es nicht mehr nur »gleichsam«, sondern tatsächlich um »Athem«-Holen. Entsprechend ist mit dem »Thone« vom ›Klang‹ die Rede – der auch schon vorher nicht fehlt, wenn die Zäsur als »Stilstand« bzw. als ein »stille«-Halten begegnet und solche Wortwahl die Zäsur als akustisches Phänomen der ›Stille‹ betont.[21] Das »oder« schließlich fungiert als Quasi-Gleichheitszeichen, indem es an zwei weitere ›oder‹ anschließt, die mit »Abschnitt oder [...] Cæsur« sowie »Abzug oder Stilstand« Synonyma miteinander verknüpfen.

Derart liegt es nahe, daß mit »lesung oder abmessung« ›Versvortrag‹ und ›Skansion‹ als ein untrennbares Begriffspaar aufzufassen sind, durch das Schottel bei seiner Definition der Verszäsur das pausierende Schweigen im Rahmen des Versvortrags als metrisch relevant in die Skansion einläßt. Dies bedeutet (u.a.) im Fall des Alexandriners, daß sich ein »Skandieren« verbietet, das allein »von der Verteilung der betonten und unbetonten Silben im Vers auf das Metrum [...] schließ[t]«;[22] daß hier gerade *nicht* eine »›Skansion‹ [...] vorgenommen werden« kann, »ohne daß man die Verse auch spricht«;[23] daß sich hier Momente des Schweigens nicht dadurch als metrisch irrelevant ausblenden lassen, daß man »vom tatsächlichen Text«, von dessen schwarz auf weiß geronnener Manifestation »aus[geht]«.[24]

Dies gilt um so mehr, als Schottel mit seinen Ausführungen zur (Alexandriner-)Zäsur nicht allein steht. Philipp von Zesen besteht gleichfalls nachdrücklich auf deren ›atemholender‹ Realisierung;[25] ähnlich auch Diederich von dem Werder,

---

»SCANSIO, ist in der Prosodie die Ausmessung der Verse nach ihren Pedibus« – oder eben die entsprechende »Abmessung eines Verses«.
21 Das muß nicht so sein, eine Behandlung der Zäsur kann auch auf klangverdächtiges Vokabular verzichten, vgl. etwa Opitz (Anm. 1), fol. Giij^r.
22 Breuer (Anm. 6), S. 72.
23 Wagenknecht (Anm. 17), S. 11.
24 Breuer (Anm. 6), S. 101; Breuer wendet sich dort gegen die Ansetzung stumpfer Kadenzen, gegen die Annahme einer pausierten letzten Vershebung. Die Unterscheidung von Skansion und Versvortrag, die Breuer ebd., S. 72–79, im Anschluß an Wagenknecht (Anm. 17), S. 5–14, betont, ist damit im Hinblick auf den Alexandriner keineswegs hinfällig: Eine Skansion als metrische Beurteilung allein des vorhandenen Wortmaterials, die hier freilich auf sechs metrisch gewichtige Silben in ebensovielen Jamben führt, läßt diesen Vers zum Pendant des antiken Hexameters werden – was für die Erfolgsgeschichte des Alexandriners zentral gewesen sein dürfte.
25 Allerdings behandelt Zesen die Zäsur allein als ein Phänomen des Vortrags, nicht aber der Metrik: »Es ist aber die Caesur und Abschnitt eine Athemholung / so im mittel der langen Verse gebraucht wird / welche mann nicht in einem athem hinlesen kan / wie die kurtzen / denn es so wohl den Ohren als der Zungen beschwerlich vorkommen solte / wo der Abschnitt übergangen würde [...].« PHILIPPI CÆSII Deutsches Helicons Erster und Ander Theil / Oder Unterricht / wie ein Deutscher Vers und Getichte auf mancherley Art ohne fehler recht zierlich zu schreiben. Bey welchem zu bässerm fortgang unserer Poesie Ein Richtiger Anzeiger Der Deutschen gleichlautenden einstimmigen

der in seinem *Gottfried von Bulljon, Oder Das Erlösete Jerusalem* (1626) durch die typographische Gestaltung der Alexandriner die metrische Relevanz der Zäsur als eines Klangphänomens im Versvortrag sichtbar macht – und dies in einer poetologischen Anmerkung expliziert:

> Letzlichen wolle der wolmeinende Leser sich auch nicht jrren lassen / wann er mitten in einem jeden verß etwas raums vnnd abschrits zwischen der sechsten vnd siebenden syllben finden thut / dann solches ist mit fleis also im Druck gesetzet worden / damit man allezeit auff gedachtem abschritt mit dem lesen etwas innehalten / vnd die art der Reimen also desto richtiger vnnd leichter mit jhrem gehörigen maß gelesen werden könne. [...] [M]üssen doch diese Verse / sollen sie anders jhren richtigen vnnd klingenden lauff haben / für sich weg mit jhrem maaß / wie dasselbe mit dem abschrit gedruckt / vnd gleichsam als wann ein halber Verß ein gantzer were [...] gelesen werden.[26]

Geradezu eine vorweggenommene Absage an moderne Metriker, die allein verbal realisierte Hebungen zählen.[27] Unter Engführung von Versvortrag und Metrum – Verse sollen »mit jhrem gehörigen maß« gelesen werden, d.h. »jhren richtigen vnnd klingenden lauff« nach »jhrem maaß« haben – besteht von dem Werder auf dem metrischen Wert des »innehalten[s]«, das die Zäsur (mit Opitz »abschritt« genannt[28]) fordert. Er besteht auf dem metrischen Wert des Schweigens zwischen dem dritten und vierten verbal realisierten Jambus, das er in Gestalt einer leeren Fläche zeichenhaft in die buchstäbliche Repräsentation des Verses integriert[29] – so daß selbst ein Skansionsverfahren, das sich allein auf buchstäblich-schriftlich Greifbares stützt, angesichts solcher druckbildlicher Vorfindlichkeit des ›tatsächlichen Texts‹ hier nicht umhin kann, bei Bestimmung des Versmaßes auch das Pausieren im Rahmen der Zäsur zu berücksichtigen.

Weiblichen und Männlichen Wörter (nach dem abc. Reim-weise gesetzt) zu finden. Jtzo wieder vermehrt und zum andern mahl herraus gegeben. Wittenberg / Gedruckt bey Johann Röhnern / Jm Jahr M DC XLI., S. 23.
26 Gottfried von Bulljon, Oder Das Erlösete Jerusalem. Erst von dem Hochberühmbten Poeten Torquato Tasso in Welscher Sprache beschrieben: Vnd nun in Deutsche Heroische Poesie Gesetzweise / als vormals nie mehr gesehen / vberbracht. Getruckt zu Franckfurt am Mayn / Jn Verlegung Daniels vnd Davids Aubrj vnd Clemens Schleichen. ANNO M. DC. XXVI., S. 27.
27 Vgl. Manfred Günter Scholz: Die Kadenz – eine metrische *quantité négligeable*? In: »Texte zum Sprechen bringen«. Philologie und Interpretation. Festschrift für Paul Sappler. Hg. von Christiane Ackermann und Ulrich Barton. Tübingen 2009, S. 1–17, hier S. 17; Scholz spricht von einer Konzentration allein auf »sprachlich realisierte[ ] Hebungen« – die Rede von ›verbal realisierten Hebungen‹ scheint mir präziser, da ›sprachlich‹ durch Schweigen pausierte Hebungen nicht ausschließt.
28 Vgl. Opitz (Anm. 1), fol. Giij^r.
29 Auf diese Weise ergänzt von dem Werder das kurz zuvor erschienene *Buch von der Deutschen Poeterey*: Von dort übernimmt er neben der Terminologie auch die typographische Markierung der Zäsur (vgl. Opitz [Anm. 1], fol. Giij^r und fol. Giiij^r) – die er als Ausdruck von deren metrisch gewichtigem sprachklanglichen Moment, das Opitz nicht behandelt hatte, semantisiert.

Angesichts dieser zeitgenössischen metrischen Reflexionen scheint es geboten, das Versmaß des Alexandriners nicht auf dessen sechs verbal realisierte Füße, Hebungen bzw. Takte zu beschränken. Mit seiner Mittelzäsur ist der opitzianische Alexandriner offenkundig ›mehr‹ – aber wie viel mehr? Für die Zäsur darf mindestens der Wert einer unbetonten Silbe angesetzt werden: heißt es doch in den Bödikerschen *Grund-Sätzen der Teutschen Sprache*, daß zwar eigentlich »[d]as e am Ende eines Worts, wenn ein Consonans folgt, [...] niemahls verschlungen und ausgethan werden kan« – indes sei, was durch einen Alexandriner illustriert wird, eine Apokope vor der Verszäsur verzeihlich, denn es »lautet [...] der Apostrophus nicht so hart im Abschnitt [...], weil das stillhalten es [das fehlende ›e‹] wieder ersetzt«.[30]

Mit einer Zäsur allerdings, die lediglich den Zeitraum einer unbetonten Silbe einnimmt, ist es im Alexandriner wohl nicht getan:

x x́ x x́ x x́ ∧ x x́ x x́ x x́

Der HErr ist selber Brodt / soll Brodt sein Leib nicht seyn?
Er ist der Weinstock selbst. Sein Blutt ist freilich Wein. (*Ep.* III,I,37)

Eine ›Lesung oder Abmessung‹ dieser Verse nach dem entsprechenden metrischen Schema gerät kurzatmig-holprig[31] – und legt somit eine großzügigere Dimensionierung der Zäsur nahe: eine zweisilbige, so daß das ›Stillehalten‹ zwischen den Vershälften einen pausierten Jambus ausmacht:

x x́ x x́ x x́ ∧ x́ x x́ x x́

Nach diesem Modell sind jene Verse, je für sich genommen, bequem lesbar,[32] und der Alexandriner rückt als mindestens siebenhebiger Jambus in den Blick – ›mindestens‹, da wir noch immer nicht mit der Bestimmung seines Versmaßes am Ende sind. Wenn Diederich von dem Werder um des »gehörigen maaß[es]« des Alexandriners willen das Schweigen der Zäsur berücksichtigt wissen will, »gleichsam als

---

30 JOHANNIS BÖDIKERI, P. Gymn. Svevo-Colon. Rect. Grund-Sätze Der Teutschen Sprache Meistens mit Ganz andern Anmerkungen und einem völligern Register der Wörter, die in der Teutschen Übersetzung der Bibel einige Erläuterung erfodern Auch zum Anhange mit einem Entwurff und Muster eines Teutschen Haupt-Wörter-Buchs Verbessert und vermehrt von JOH. LEONH. FRISCH. BERLJN Verlegts Christoph Gottlieb NICOLAI M DCC XXIII., S. 350.
31 Ebenso verhält es sich im Fall von deren sechshebig-pausenloser Realisierung im Sinne von x x́ x x́ x x́ x x́ x x́ x x́; vgl. Andreas Heusler: Deutsche Versgeschichte mit Einschluß des altenglischen und altnordischen Stabreimverses. Bd. 3: Der frühneudeutsche Vers; der neudeutsche Vers. 2., unveränderte Auflage. Berlin 1956, S. 162.
32 Ein freilich empirisch-subjektives, historisch nicht gedecktes und daher heikles Argument; mithin mag den ersten Stein werfen, wer Alexandriner einem der beiden vorhergehenden Schemata gemäß nach eigenem Dafürhalten befriedigend zu lesen in der Lage ist.

wann ein halber Verß ein gantzer were«, dann bedeutet dies doch, daß die metrischen Umstände der Mittelzäsur denen am Schluß des Alexandriners gleichen – und dort ebenfalls ein pausierter Jambus,[33] mithin eine stumpfe Kadenz[34] anzusetzen ist. Die Bödikerschen *Grund-Sätze* lassen eine solche Annahme plausibel erscheinen, indem auch sie, im Zeichen der Apokope, Verszäsur und Versschluß analog behandeln und auch bei letzterem eine wenigstens einsilbige Pause konstatieren: »Am Ende der Zeilen kan das e noch eher wegbleiben, weil es vom stillhalten ersetzt wird«.[35] Und beinah zur Gewißheit wird jene Hypothese, wenn Philipp von Zesen im *Deutschen Helicon* die alexandrinische Mittelzäsur performativ auskostet,[36] um anschließend ein Gleiches mit dem Versschluß anzustellen:

Fast [= ganz; A.B.] auff diese weise kan mann auch in den männlichen am ende des Verses das Wort zertheilen / der sache davon mann redet einen sonderlichen Nachdruck zu geben / also daß der eine theil des worts am ende des ersten / der ander theil im anfange des andern Verses sey / als:

Wie hat so bald der Todt des Lebens-faden ab-
geschnitten dier ô Freund / daß du ins kalte grab
 So balde von uns weichst? – – –[37]

Das Beispiel bietet eine doppelte Pointe: Indem hier ausgerechnet »ab-|geschnitten« zwischen den Versen »gleichsam gesondert und zerrissen« wird,[38] weist Zesen den Versschluß des Alexandriners als Pendant zu der von ihm »Abschnitt« genannten Mittelzäsur[39] aus. Daneben besteht der verstechnische Witz hier natürlich darin, daß die gebundene Rede jenes Abschneiden, indem sie es ausspricht, durch atemholendes Pausieren am eigenen Klangkörper zugleich vollzieht. Ein performatives Moment, das es metrisch ernst zu nehmen gilt: Das gewaltsam-destruktive Vorgehen des Todes spiegelt sich wohl kaum in einer Pause wider, deren Wert lediglich einer unauffälligen unbetonten Silbe entspricht (und die auch am Versende sowohl den

---

33 Bzw., bei zweisilbigem Reim, ein teilweise pausierter Jambus.
34 Zur ›stumpfen Kadenz‹ vgl. etwa Andreas Heusler: Deutsche Versgeschichte mit Einschluß des altenglischen und altnordischen Stabreimverses. Bd. 1: Einführendes; Grundbegriffe der Verslehre; der altgermanische Vers. 2., unveränderte Auflage. Berlin 1956, S. 146; Arndt (Anm. 10), S. 92f. und 99.
35 Bödiker/Frisch (Anm. 30), S. 351; die Beispielverse sind in diesem Fall allerdings keine Alexandriner.
36 Vgl. Zesen (Anm. 25), S. 24: »Wie sehr der Jaßpis prangt / wie sehr Sapphier pravieret / | Wenn er mit gold' ist ein-gefasset und gezieret« – und dazu (bzw. zu einem analogen Zesen-Beispiel) Schottel (Anm. 18), S. 89: »Alhie wird [...] nicht unrecht der Abschnit ein mit folgendem Gliede in ein Wort gefasset / wegen des einfassenden Wortes und Dinges selbst.«
37 Zesen (Anm. 25), S. 24.
38 Ebd., S. 25.
39 Ebd., S. 24 und 25.

Ohren als der Zungen beschwerlich fällt); wahrscheinlicher ist doch, daß Zesen hier einen zäsuranalogen pausierten Jambus semantisiert, daß der regulär in die Leere des Schweigens am Versende fallende Iktus für den letalen Streich steht, mit dem der Tod den Lebensfaden durchtrennt.

Vor dieser Folie läßt sich – wohl kaum eine »wahrscheinlich falsche[ ] Annahme[ ]«[40] – der Alexandriner »historisch fundiert«[41] mit relativer Sicherheit als achthebiger Jambus mit stumpfer Kadenz klassifizieren:

x x́ x x́ x x́ ∧ x́ x x́ x x́ x x́ ∧ x́

bzw.

x x́ x x́ x x́ ∧ x́ x x́ x x́ x x́ x ∧[42]

»[J]edes Gefühl, jeder Gedanke« wird nun in barocker Dichtung »in diese Form, wie in das Bette des Procrustes gezwängt«[43] – ein treffendes Bild angesichts des ›Ab-

---

40 Wagenknecht (Anm. 10), S. 36.
41 Scholz (Anm. 27), S. 17.
42 Vgl. Heusler (Anm. 31), S. 162; Ulrich Pretzel: Deutsche Verskunst, mit einem Beitrag über altdeutsche Strophik von Helmuth Thomas. In: Deutsche Philologie im Aufriß. 2., überarbeitete Aufl. Hg. von Wolfgang Stammler. Bd. 3. Berlin 1962, Sp. 2357–2546, hier Sp. 2480; Wolfgang Kayser: Kleine deutsche Versschule. 15. Aufl. München/Bern 1971, S. 31; Arndt (Anm. 10), S. 163; Kaminski (Anm. 6), S. 539; Scholz (Anm. 27), S. 17; Beck (Anm. 6), S. 228. Ob Alexandriner mit zweisilbigem Reim ggf. als Achttakter mit klingender Kadenz (zu ihr vgl. Heusler [Anm. 34], S. 146; Arndt [Anm. 10], S. 97f.) zu lesen sind – x|x́x|x́x|x́∧|∧x́|x́x|x́x|⌢|x́(∧) (vgl. Heusler [Anm. 31], S. 162; Scholz [Anm. 27], S. 17) –, wage ich nicht zu beurteilen. Grundsätzlich scheint nichts dagegen zu sprechen – und Zesens oben zitierte Einschränkung, daß nur ›männliche‹, einsilbig reimende Versschlüsse sich als zäsuranaloge ›Abschnitte‹ gestalten lassen, könnte jene Sicht stützen; daneben bieten aus dem 17. Jahrhundert stammende Melodien von Kirchenliedern wie »Nun danket alle Gott« entsprechende Anhaltspunkte (vgl. Scholz [Anm. 27], S. 17). Indes sind metrische Rückschlüsse aufgrund von Liedmelodien nicht unproblematisch: Wer wollte etwa den Halbvers »Der uns von MutterLeib« (in »Nun danket alle Gott«) aufgrund der den Silben zugeordneten Notenwerte ♩ ♩ ♪ ♩ ♪ ♩ fünfhebig klassifizieren ($\stackrel{\frown}{-}$|x́x|x́x| x́∧|∧(∧))? Vgl. Christlich-neüvermehrt- und gebessertes GESANGBUCH/ Darinnen D. Martin Luthers/ und viel anderer Gottselig-gelehrten Leute Geistliche Lieder und Psalmen/ welche so wohl Jn öffentlicher Kirch-Versammlung/ als auch zu Hause/ und sonst Zu Vermehrung guter/ und Gottgefälliger Andacht gebrauchet werden mögen/ sammt denen darzu gehörigen langgewünschten Melodeyen Mit besonderm Fleiß zusammen getragen/ und in gewisse Titul abgetheilet sind/ beneben Nohtwendigen Registern Mit E. E. Ehrnv. und Hochw. Rahts der Stadt Erffurth sonderbaren Befreyung heraus gegeben/ und Gedruckt bey Friedr. Melchior Dedekinden/ Verlegt von Johann. Branden/ Bürgern und Buchbindern daselbst/ im Jahr 1663, S. 727. Zudem spricht von dem Werders ausnahmslose Parallelisierung von Mittelzäsur und Versschluß für die Ansetzung stumpfer Kadenzen auch bei zweisilbigem Reim. Womöglich kommen in diesen Fällen beide Kadenztypen in Betracht.
43 Briefwechsel zwischen Schiller und Goethe in den Jahren 1794 bis 1805. Fünfter Theil vom Jahre 1799 und 1800. Stuttgart und Tübingen, in der J. G. Cotta'schen Buchhandlung. 1829, Nr. 638 (Jena den 15. October 1799), S. 187–190, hier S. 189.

schnitts‹ zu Beginn und Ende des Alexandriners. Schillers wenig charmante Metapher, die diesen Vers diskreditieren soll, benennt zielsicher dasjenige, worin seine Leistungsfähigkeit besteht: Mit seinen metrisch gewichtigen Pausen, mit der in ihnen gründenden »Eigenschaft [...] sich in zwey gleiche Hälften zu trennen«, ist der Alexandriner nämlich weit davon entfernt, »alles [...] unter die Regel des Gegensatzes« zu stellen.[44] Vielmehr präsentiert er sich als facettenreiches Ausdrucksinstrument, das sich in seiner angeblichen Starre verschiedensten Inhalten anpassen läßt, ihnen u.U. eben dadurch Rechnung trägt, daß Wortglieder verstümmelnd ›ab-|geschnitten‹ werden. Die folgenden Analyseskizzen Gryphiusscher Verse (sowie zu Beginn zweier von Gryphius ›adoptierter‹ Verse) mögen nun eine Ahnung vermitteln von den vielfältigen Möglichkeiten der Engführung von Versform und poetischer Aussage im artistisch-technischen Gebrauch des Alexandriners – sowie des *vers commun*, gleichsam seines kleinen Bruders.

1. Zunächst zwei Beispiele für die Semantisierung des pausierten Jambus der Verszäsur: erst eine spielerische performative Selbstreflexion gebundener Rede, die en passant die Selbstverständlichkeit verstechnischen Raffinements demonstriert – sowie dann, merklich gewichtiger, eine Bedeutungszuweisung an den ›Stillstand‹ der Zäsur, die den Gedichttext zum Heilsort für den erlösungsbedürftigen Menschen werden läßt.

Im zweiten Gedicht des *Weicher-Stein*[45] heißt es gegen Ende:

Drumb Feder steh! Wir müssen uns hir wenden!
Unangesehn du bloß nur ingemein
Berühret hast des Hofe-Lebens Schein. (*WS*, S. 73)

Das sind keine Alexandriner, sondern *vers communs*, ›gemeine Verse‹[46] – aber das sagt der Text ja selbst. »Wir müssen uns hir wenden«, das ist richtig, denn mit diesen Worten erreichen wir das Versende, wo der Zeilenumbruch zur Umkehr zwingt; eine performative Pointe, durch die die *Vers*rede selbstreflexiv als solche ausgestellt erscheint: es soll nämlich der »Vers [...] dieserwegen also genannt seyn worden, weil man am Ende einer Zeile umkehren müsse.«[47] Und »ingemein« – oder, im Bres-

---

44 Schiller (Anm. 43), S. 188f.
45 »FONTANUS. An seine Hochwehrten Freunde. PALAMEDES und MELETOMENUS« – dieser in die Gryphius-Werkausgabe von 1663 aufgenommene ›Fremd‹-Text (*WS*, S. 69–73) stammt vermutlich von Johann Christoph von Schönborn (vgl. ↗ Kap. II.4.5 zum *Weicher-Stein*, S. 157).
46 Zu ihnen vgl. etwa Opitz (Anm. 1), fol. Giiij^r; Schottel (Anm. 18), S. 85 und 168–170.
47 Vgl. Grosses vollständiges *UNJVERSAL-LEXJCON* Aller Wissenschafften und Künste, Welche bishero durch menschlichen Verstand und Witz erfunden und verbessert worden. [...] Sieben und Viertzigster Band, Ver–Vers. Leipzig und Halle, Verlegts Johann Heinrich Zedler. 1746, Sp. 1755–1757 s.v. ›Verse, Lat. Versus‹, hier Sp. 1755.

lauer Erstdruck, »gemein«⁴⁸ – als Schlußwort des folgenden Verses, auf den uns solcher *versus*, solche Vers-Wendung führt, signalisiert dann dem Leser, daß er ›gemeine Verse‹ vor sich hat, d.h. siebenhebige Jamben mit stumpfer Kadenz, die nach dem zweiten verbal realisierten Jambus eine Zäsur aufweisen.⁴⁹ Eine Zäsur, deren Potential jener erste Vers im Vorfeld seiner performativen Wendung performativ auskostet: »Drumb Feder steh!« – die Versrede gehorcht sogleich selbst dem von ihr formulierten Imperativ, da dem Befehl »steh!« das wortlose Schweigen der Zäsur folgt und die Feder ob solchem ›Stillstand‹ hier tatsächlich zum Stehen kommt.

Ein leichthändiges Kabinettstück verstechnischer Artistik, das reizvoll gegen die Wucht absticht, die der performative Einsatz der Verszäsur andernorts zu entwickeln vermag. »Die Form des Alexandriners«, so Wolfram Mauser zum Sonett »An den gecreutzigten JEsum«, »dient dem Gedanken, den das Sonett ausspricht«; das ist richtig, aber nicht so sehr darum, weil »[v]on der ersten Halbzeile an [...] jede tontragende Silbe auch aussagekräftig« ist.⁵⁰ Diese treffende Beobachtung nämlich verfehlt das Spezifische des Alexandrinergebrauchs – denn kein guter Vers, welcher Bauart auch immer, soll betonte Silben nichtssagend besetzen, mit bedeutungsleeren Nebensilben etwa oder mit grundsätzlich zu meidenden Flickwörtern.⁵¹ Die Leistung des Alexandriners als eines jambischen Versmaßes besteht zunächst darin, daß in jenem Sonett nicht nur regulär betonte, sondern überdies vom metrischen Schema her unbetonte Silben derart gewichtig besetzt werden, daß die betreffenden Wörter trotz Plazierung auf einer Senkungsposition Betonung fordern:⁵² so daß das alternierende Metrum zwar spürbar bleibt, aber in die Schwebe gerät und als tendenziell aufgehobenes die Folie abgibt, vor der in gebundener Sprache als solcher die Intensität des Ausgesagten im Zusammenspiel von Metrik und Wortbedeutung erfahrbar wird. Ein Paradebeispiel hierfür bietet der Beginn jenes Sonetts:

---

48 Der Vers lautet in der noch nicht die Errata einarbeitenden, ebenfalls bei Gryphius' rechtmäßigem Verleger 1663 in Breslau erschienenen Ausgabe des *Weicher-Stein*: »Unangesehn du bloß nur in gemein«. ANDREÆ GRYPHII Seug-Amme oder untreues Gesind / Lust-Spiel. Schwermender Schäffer / Lust-Spiel. Deutsche Epigrammata. Breßlau / Bey Veit Jacob Dreschern / Buchhändl. Jm Jahr M. DC. LXJJJ., S. 73.
49 Es handelt sich also gewissermaßen um anfangs verkürzte Alexandriner: x x́ x x́ ∧ ∧̂ x x́ x x́ x x́ ∧ ∧̂ bzw. x x́ x x́ ∧ ∧̂ x x́ x x́ x x́ x ∧̂.
50 Mauser (Anm. 12), S. 214.
51 Barocke Poetiken betonen dies ostinat; vgl. zum Problem betonter Nebensilben u.a. Schottel (Anm. 18), S. 23; zur Kritik an Flickwörtern u.a. Zesen (Anm. 25), S. 50.
52 Ein Verfahren, das auch sonst nicht selten ist und insbesondere bei Gryphius häufig begegnet, etwa im Fall der Alexandriner in der »Hölle« (*Son.* II,48,2f. und 6f.) – vgl. zu ihnen u.a. Breuer (Anm. 6), S. 178f., Alfred Behrmann: Variationen einer Form (1985) [260], S. 20; in der »Hölle« als auffälligem metrischen Ausnahmephänomen findet der Normalfall bedeutungserzeugender Verstechnik punktuell gebührende Beachtung.

HJr wil ich gantz nicht weg! laß alle Schwerdter klingen!
Greiff Spiß und Sebel an! brauch aller Waffen Macht (*Son.* I,6,1f.)

»HJr wil ich gantz nicht weg!« – jedes Wort des ersten Halbverses wiegt schwer, nimmt sich wenig senkungstauglich aus. Die eigentlich unbetonte, ›niedrige‹[53] Eingangssilbe »HJr« verortet das Sprecher-Ich in der Tiefe unter dem »gecreutzigten JEsu[]« (*Son.* I,6,Titel), der, »hoch am Holtz« (*Son.* I,6,12), »herab [s]ein bluttig Angesicht« (*Son.* I,6,13) neigen möge. »HJr« meint damit, so konsequent wie paradox, in metrischer Tiefe die Position unten, zu Füßen des geopferten Heilands, damit aber einen privilegierten, existentiell entscheidenden Ort, bei dessen Benennung man kaum umhin kann, ihn zu betonen, ihn ›hoch‹ zu setzen. Die zweite Silbe, »wil«, bezeichnet – metrisch betont und betonungswürdig – die heilsrelevante gläubige Ausrichtung hin zu jenem Ort der Erlösung. Das nachfolgende »ich« wäre, auf Senkungsposition, noch am ehesten unbetont vorstellbar; seine Hebung hätte indes nichts Egozentrisches. Vielmehr scheint die Lesart bedenkenswert, daß in einem Sonett aus lutherischer Feder ein dennoch betontes ›ich‹ zu Anfang des Eingangsverses womöglich auf die eben *nicht*, wie im katholischen Verständnis, kirchlich-institutionell vermittelte, sondern direkte Beziehung des einzelnen zu Gott zielt;[54] und so dürfte hier das spezifisch protestantische metrische Phänomen alternierender deutscher Verse[55] dazu genutzt werden, durch den Eintrag metrischer Spannungen als lutherisches »ich« eine entsprechende konfessionalistische Position zu beziehen. Die vierte Silbe wiederum, »gantz«, benennt die vollständige Ausrichtung dieses Ichs auf seinen Erlöser und besetzt derart mit Fug eine Hebungsposition – während das anschließende »nicht« aus der Tiefe der Unbetontheit geradezu hervorgeholt werden *muß*, damit der Sinn des Halbverses nicht ins heillose Gegenteil umschlägt. Das bedeutungsentscheidende Adverb »weg« schließlich, mit dem der Halbvers endet, verdient als Ausdruck von Heilsferne (oder eben »nicht«) die Betonung, die ihm das metrische Schema zuweist.

›HJr wíl ích gántz nícht wég!‹ – so lautet schier der Sonettbeginn, dessen Mehrwert als Versrede sich nicht in bloßer Intensivierung einer theologischen Aussage erschöpft; und erst recht nicht darin, daß hier auf prominenter Position insofern ein verstechnisches Kunststück vorgeführt wird, als dieser gelungene Halbvers ganz

---

53 Die metaphorische Diktion »hoch [...] niedrig« steht am Beginn »Deutscher Poeterey«, vgl. Opitz (Anm. 1), fol. Gij^r.
54 Zumal sich das Sonett durch seinen Untertitel als eine Übertragung lateinischer Jesuitendichtung zu erkennen gibt – und sich insgesamt lutherisch gegen die katholische Rechtfertigungslehre wendet; vgl. Mauser (Anm. 12), S. 214f.
55 Opitz hatte die »Deutsche Poeterey« ja mit Lutherversen jambisch-trochäisch reformiert, vgl. Opitz (Anm. 1), fol. Gij^r; zum konfessionalistischen Charakter der Opitzschen Versreform vgl. grundlegend Kaminski (Anm. 6), ferner ↗ Kap. II.2.d zum *Buch von der Deutschen Poeterey*.

aus einsilbigen Wörtern besteht, ein poetisches Verfahren, vor dem wiederholt gewarnt wird.[56] Diese Dinge machen nicht die spezifische Leistung des Alexandriners aus. Wo ist sie? Anders gefragt: wo ist das »HJr«, der Ort unter dem Kreuz Christi, von dem der erste Halbvers aus erhöhter metrischer Tiefe spricht? Zu diesem Ort wird das Sonett selbst, und zwar durch sein erstes Wort, indem »HJr« schriftbildlich (Verstechnik ist entschieden auch ein optisches Phänomen) als Beginn des ›eigentlichen‹ Gedichttexts unter dessen Überschrift und damit unter dem »gecreutzigten JEsu[]« zu stehen kommt – und als dieser Heilsort erfährt das Gedicht eine Verstetigung in der Zeit seiner metrisch korrekt vollzogenen Rezeption. Solche Verstetigung nun, die den Ort unter dem Kreuz zu einem Aufenthaltsort werden läßt, ist die spezifische Leistung des ersten Halbverses als Teil eines Alexandriners: denn in dieser Eigenschaft schließt er mit einer performativen Pointe, vollzieht seine Lektüre jenes Nicht-weg-Wollen.

Nicht umsonst schließt der Halbvers mit »nicht weg« – denn danach fällt die Mittelzäsur des Alexandriners, tritt der »Stillstand im mitten des Verses«[57] ein und das Gedicht damit auf der Stelle. Das »HJr«, von dem das Sprecher-»ich« ›gantz nicht weg wil‹ und aufgrund der Zäsur zunächst auch ›nicht weg‹ kommt, ist nicht zuletzt das Hier und Jetzt des Vollzugs alexandrinischer Versrede. So wird die geistliche Aussage des Sonetts durch dessen metrische Gestaltung nicht nur in gesteigerter Intensität erfahren, sondern zugleich vollzogen; kunsthandwerklich gekonnt gestaltete gebundene Rede wird in ihrer angemessenen Rezeption zum geeigneten Instrument, dem Menschen den Weg zu seinem Heil zu eröffnen. Und daß der erste Halbvers auf solches Verweilen poetischer Rede bei sich selbst hin angelegt ist, zeigt sich auch darin, daß der unausweichliche Gedicht*fort*gang, der jenem performativen »nicht weg« plus Zäsur zuwiderläuft, wenigstens teilweise neutralisiert wird: Dreimal nämlich kehrt das ›hir wil ich‹ des Sonettbeginns wieder (*Son.* I,6,5.8.11), so daß das Fortschreiten der Lektüre wenigstens teilweise in einen Kreislauf umgebogen wird,[58] das »stille« Halten[59] der Zäsur, soweit sich ein solch paradoxes Vorhaben bewerkstelligen läßt, in die Bewegung wörtlicher Rede übersetzt erscheint.

---

56 Zur Kritik an (Halb-)Versen, die ausnahmslos aus einsilbigen Wörtern bestehen, vgl. u.a. Opitz (Anm. 1), fol. Eiij^r; JUSTI-GEORGII SCHOTTELII Einbeccensis, Teutsche Sprachkunst / Darinn die Allerwortreichste / Prächtigste / reinlichste / vollkommene / Uhralte Hauptsprache der Teutschen auß jhren Gründen erhoben / dero Eigenschafften und Kunststücke völliglich entdeckt / und also in eine richtige Form der Kunst zum ersten mahle gebracht worden. Abgetheilet in Drey Bücher. Braunschweig / Gedruckt bey Balthasar Grubern / Jm Jahr 1641, S. 646; Bödiker/Frisch (Anm. 30), S. 363.
57 Schottel (Anm. 18), S. 83.
58 Besonders markant geschieht dies durch den letzten Halbvers des zweiten Quartetts: Durch anaphorisches »hir wil ich« (*Son.* I,6,8) wiederholt er den Beginn des ersten Halbverses des Quartetts sowie den des Gedichts, so daß mit ihm sowohl das Quartett als auch das Sonett zu seinem Anfang zurückkehrt.
59 Schottel (Anm. 18), S. 83.

2. Damit zur Semantisierung des zäsuranalogen alexandrinischen Versschlusses. Durch sie bringt in der *Catharina von Georgien* die Dienerin der Protagonistin, Salome, in beredtem Schweigen das Elend der gefangenen Königin und ihres Gefolges zu Gehör:

> Die braune Nacht vergeht / Diane wil erbleichen /
> Der Wagen kehrt sich umb / der Sternen Heer' entweichen /
> Der Himmel steht gefärbt / die Morgenröthe lacht /
> Das grosse Licht der Welt die edle Sonn erwacht.
> Die angenehme Lufft spillt durch die grünen Wälder /
> Der Perlne Taw erquickt die ausgedörrten Felder /
> Die Welt steht als erneut. Wir aber / wir allein
> Vergehen in der Angst. (*Cath.* I,169–176)

Die ersten drei Verse, sie gelten der zuendegehenden Nacht, sind im Halbzeilenstil gehalten, jeder alexandrinische Halbvers formuliert einen vollständigen Satz; mit der anschließenden Beschreibung des Sonnenaufgangs herrscht dann für drei Verse Zeilenstil. So tragen Syntax und Alexandriner gemeinsam der Steigerung im Fortschritt von der Nacht zum Tag Rechnung; Satzbau und Versform entwerfen in ihrer Kooperation das optimistische Bild eines natürlichen *ordo*, in dem eine Heilung des Verletzten, des bloß Halben in der freudevollen Harmonie eines vollgültigen Ganzen zu erwarten steht.

Solche Hoffnung indes widerrufen die nachfolgenden nurmehr eineinhalb Verse: Der siebte Vers fällt zunächst in den Halbzeilenstil zurück, um solche problematische Nicht-Ganzheit mit dem zweiten Halbvers noch zu unterbieten: »Wir aber / wir allein | Vergehen in der Angst.« Erstmals in jener Passage schließt mit einem Vers *kein* vollständiger Satz, denn das hierfür notwendige finite Verb gehört durch hartes Enjambement erst dem Folgevers an. Das »Wir« der Gefangenen ist derart selbst als grammatisches Subjekt handlungsunfähig, darf in ›seinem‹ Halbvers nicht einmal, wie doch eingangs die Nacht, ›vergehen‹; so steht es außerhalb des vorher umrissenen lichten natürlichen Weltgefüges – eben »allein«. Eine Alleinstellung, die ihren verstechnisch performativen Ausdruck in einem Enjambement findet, das sich im Versvortrag gerade nicht (bzw. nur gewaltsam) überbrücken läßt: Mit dem zäsuranalogen pausierten Jambus am Ende des Alexandriners verhallt dessen Schlußwort »allein« tatsächlich ›allein‹ in der wortlosen Leere der anschließenden Stille. Auf diese Weise befinden sich Catharina und ihre Jungfrauen gerade auch metrisch-akustisch konkret in hoffnungsloser Isolation außerhalb jenes *ordo*, dem der Alexandriner vorher das Wort redet – um nun auch das Jenseits solcher Ordnung (un)hörbar werden zu lassen.[60]

---

60 Ein ausgesprochen konsequentes Verfahren insofern, als jener schönen Weltordnung, die sich in der Klimax des Sonnen*auf*gangs spiegelt, zugleich eine Bewegung des Niedergangs eingeschrie-

3. Nehmen wir die Möglichkeit der Bedeutungszuweisung an die markante Zweigeteiltheit des Alexandriners, die sich offenkundig keineswegs darauf beschränkt, ›alles unter die Regel des Gegensatzes zu stellen‹, genauer in den Blick. Das bedeutet tatsächlich, genau hinzu*sehen* und bei der Untersuchung verstechnischer Phänomene auch den potentiellen Aussagegehalt des Schriftbilds einzubeziehen – etwa im Fall von

>Des HErren Abendmahl.
>
>Der HErr ist selber Brodt / soll Brodt sein Leib nicht seyn?
>Er ist der Weinstock selbst. Sein Blutt ist freilich Wein. (*Ep.* III,I,37)

Infolge des Zeilenumbruchs, jenes *versus*, dessen Wendung Verse typographisch markant von Prosa abhebt, kommen die ersten und zweiten Halbverse der Alexandriner jeweils untereinander zu stehen – wodurch ein doppelter Chiasmus sichtbar wird: Die vorderen Halbverse verschränken »selber Brodt« und »Weinstock selbst«, die hinteren »Brodt [...] Leib« und »Blutt [...] Wein«. Solche Figur der Überkreuzstellung verweist auf den Opfertod Christi;[61] das ist, zugegeben, wenig aufregend, aber darin liegt ja auch noch nicht die verstechnische Pointe des Epigramms. Für sie ist entscheidend, daß der Alexandriner als gleichmäßig zweigeteilter Vers dazu genutzt wird, solche Passionssymbolik gleichberechtigt zu doppeln und den Alexandriner derart zum Vehikel, gewissermaßen sogar, soweit dies möglich ist, zum Vollzug lutherischer Abendmahlsauffassung werden zu lassen, die der erste Vers rhetorisch in Frage stellt.

Die ersten Halbverse rekurrieren auf zwei Herrenworte, »Jch bin das Brot des Lebens« (Joh 6,48) und »JCh bin der Weinstock« (Joh 15,5), so daß in jenem ersten Chiasmus Jesus »selber« sich »selbst« im Bild von Brot und Wein als Opfer am Kreuz entwirft. Im zweiten, ›späteren‹ Halbverspaar agiert Jesus nicht mehr ›selbst‹ – und dennoch gelingt poetisch-verstechnisch die Wiederholung seiner Opfertat, indem mit dem Neben- und Untereinander von »Brodt« und »Leib« sowie »Blutt« und »Wein« das Kreuz eines weiteren Chiasmus sich jener früheren Figur gleichartig beigesellt. Hierin dürfte eine Art lutherischer Abendmahlsfeier mit poetischen Mitteln zu sehen sein: Indem verstechnischer Artistik mit jenem Alexandrinerpaar die

---

ben ist: Vom Himmel (»Diane«, »Wagen«, »Sternen Heer'«) über den Horizont (»die [...] Sonn erwacht«) und erdnahen Wind (»die [...] Lufft spillt durch die [...] Wälder«) hin zum Boden (»[d]er [...] Taw erquickt [...] die [...] Felder«).

61 Eine zeitgenössisch wohl gängige Allegorese: »Chiasmus; est figura decussata, wie ein +. Creutz.« Grosses vollständiges *UNJVERSAL LEXJCON* Aller Wissenschafften und Künste, Welche bißhero durch menschlichen Verstand und Witz erfunden und verbessert worden. [...] Fünffter Band, C–Ch. Halle und Leipzig, Verlegts Johann Heinrich Zedler. Anno 1733, Sp. 2109 s.v. ›Chiasmus‹.

Wiederholung der Erlösungstat Jesu im Zeichen des Abendmahls gelingt, widerspricht das Epigramm der calvinistischen Auffassung, die die Einmaligkeit des Selbstopfers Christi betont und die Realpräsenz von Leib und Blut Jesu in der Abendmahls- als einer bloßen Gedächtnisfeier bestreitet.[62]

4. Ein weiteres Beispiel dafür, wie der recht triviale passionssymbolische Einsatz des Chiasmus zur gediegenen verstechnischen Pointe zu avancieren vermag, bietet das Epigramm

> Uber die Geburt des HErren.
>
> Der Mensch / das Spill der Zeit verlohr die Ewigkeit /
> Und Gott der ewig ist / nimt an sich Fleisch und Zeit /
> Und trägt der[63] Zeitten Fluch / den Tod / daß er das Leben
> Dem was hir sterblich ist auf ewig könne geben.
> So wird / was noch bißher auf diser Welt gefehlt
> Die Zeit und ewigkeit! O Wunderding! vermählt. (*Ep.* III,I,8)

Beim »Epigramma«, so Martin Opitz, ist die »spitzfindigkeit gleichsam seine seele vnd gestalt; die sonderlich an dem ende erscheinet / das allezeit anders als wir verhoffet hetten gefallen soll: in welchem die spitzfindigkeit vornemlich bestehet«.[64] Aber inwiefern besteht hier die Pointe darin, daß der Schluß anders als erwartet ausfällt? Zunächst wohl dahingehend, daß er sich inhaltlich nur mäßig pointiert ausnimmt – denn die Feststellung, daß mit der Inkarnation Gottes in Jesus Christus, um durch dessen Kreuzestod die Menschheit zum ewigen Leben zu erlösen, sich Zeit und Ewigkeit verbinden, dürfte kaum überraschen. Doch in bloßer Erwartungsenttäuschung erschöpft sich die gattungstypische Spitzfindigkeit dieses Epigramms nicht; sie liegt zuletzt vielmehr darin, daß sein Schluß die poetologisch geordneten Gattungsverhältnisse auf den Kopf stellt und wir es mit einer artistischen Pointe zu tun haben.

Auf der Ebene der Textfaktur nämlich ist es schlicht falsch, daß die Vermählung von »Zeit und ewigkeit« im Zeichen des Kreuzes »bißher auf diser Welt gefehlt« hat – wurde sie doch sogleich mit den beiden Eingangsversen vollzogen: durch die chiastische Verteilung von ›Zeit‹ und ›Ewigkeit‹ auf die vier Halbverse der zwei

---

62 Es sei dahingestellt, ob das Epigramm sich mit dem Nebeneinander von »Brodt [...] Leib« und »Blutt [...] Wein« womöglich auch gegen den Katholizismus richtet, der zwar die Annahme der Realpräsenz Christi im Abendmahl mit dem Luthertum gemein hat, jedoch die Transsubstantiation von Brot und Wein *in* und nicht ›nur‹ deren Konsubstantiation *mit* Leib und Blut Christi lehrt. Vielleicht aber ist das Epigramm durchaus als lutherisch-katholisches poetisches Simultaneum lesbar.
63 Verbessert aus »den« nach der Breslauer Ausgabe (Anm. 48), S. 4. Zum Verhältnis der beiden Ausgaben vgl. ↗ Kap. II.4.5 zum *Weicher-Stein*, S. 153, Anm. 1.
64 Opitz (Anm. 1), fol. Dij^v.

Alexandriner. Mithin besteht die unerwartete Spitzfindigkeit des Epigrammschlusses darin, daß das dort emphatisch verkündete, angeblich noch unerhörte »Wunderding« als textuelles Ereignis bereits maximal weit zurückliegt, schon anfangs in den ersten zwei Versen als verstechnische Pointe stattgefunden hat.

Nicht nur dieses Epigramm steht mit seinem Schluß wieder am Anfang; mit meinen Ausführungen zu barocker bzw. Gryphiusscher Verstechnik verhält es sich ähnlich: Zum einen bin ich mit diesem, meinem letzten Beispiel wieder bei dem spielerischen verstechnischen Witz angelangt, von dem meine exemplarischen Interpretationsskizzen ihren Ausgang genommen haben. Und zum andern markieren meine Darlegungen hoffentlich dahingehend einen Anfang, daß sie ein vielversprechendes Untersuchungsfeld ausweisen konnten – wollen sie doch den schönen Verdacht nahelegen, daß wohl fast allüberall in opitzianischer Dichtung eine gekonnt gehandhabte Verstechnik das Ihrige dazu beizutragen sucht, daß »die Teutschen Wörter auffs eigentlichste die Eigenschafft jhrer Dinge außdeuten«.[65]

---

[65] Schottel (Anm. 56), S. 645.

II.10.12 Zahlenkomposition
Von Stefanie Knöll

Bereits früh hatte man Zahlen neben ihrer mathematischen eine allegorische Bedeutung beigemessen. Leitender Bezugspunkt für das Verweisungspotential der Zahlen auf eine sinnvolle, gottgewollte Ordnung war der Bibelvers: »ABer du hast alles geordenet mit mas / zal vnd gewicht« (Weish 11,21). Schriften der Kirchenväter sowie spätere Traktate deuteten die einzelnen Zahlen und gaben Hinweise zur Durchführung einer Zahlenexegese.[1] Grundlegend waren dabei Prinzipien wie die Analogie von Zahl und gezähltem Objekt in der Bibel, die Zusammensetzung von Zahlen aus Summanden und Faktoren, die Zahl als Summe ihrer Divisoren oder die Verwandtschaft von Zahlen aufgrund ihrer Zusammensetzung.[2]

Wolfram Mauser hat darauf hingewiesen, daß die Zahlensymbolik, ähnlich wie die soziale Hierarchie oder der durchgestaltete Barockgarten, Prinzipien der Ordnung bereitstellte, die für das durch politische und konfessionelle Umwälzungen verunsicherte 17. Jahrhundert von besonderer Bedeutung waren.[3] Dies mag ein Grund dafür sein, daß zahlensymbolische Kompositionsprinzipien in der Literatur des Barock immer wieder nachgewiesen werden konnten.[4] Allerdings ist die Annahme des Einsatzes hochkomplexer zahlenkompositorischer Strukturen nicht unumstritten. Dies dürfte auch auf die grundsätzliche Problematik des Systems, die in der Vielzahl möglicher Methoden der Zahlenallegorese deutlich wird, zurückzuführen sein. Wie einem Emblem so fehlt auch einer Zahl eine innewohnende Verweisfunktion. Sie kann, je nach Kontext, alternative Deutungen erfahren. Eine Beachtung der historisch nachweisbaren Analogien sowie der tradierten Verfahren erscheint daher von besonderer Bedeutung.[5]

Marian Szyrocki hat zahlenkompositorische Strukturen in mehreren Werken des Andreas Gryphius nachgewiesen.[6] Er sieht dabei eine Entwicklung von der konsequenten Anwendung der Zahlensymbolik in den lateinischen Herodes-Epen und

---

1 Zur Zahlenallegorese grundlegend: Heinz Meyer: Die Zahlenallegorese im Mittelalter. Methode und Gebrauch. München 1975; Heinz Meyer und Rudolf Suntrup: Lexikon der mittelalterlichen Zahlenbedeutungen. München 1987.
2 Meyer/Suntrup (Anm. 1), S. XV.
3 Vgl. Wolfram Mauser: Dichtung, Religion und Gesellschaft (1976) [311], S. 184–186.
4 Vgl. dazu außerhalb der Gryphius-Forschung z.B. Siegfried Streller: Grimmelshausens simplicianische Schriften: Allegorie, Zahl und Wirklichkeitsdarstellung. Berlin 1957, bes. S. 117–123; Robert M. Browning: On the Numerical Composition of Friedrich Spee's »Trutznachtigall«. In: Festschrift für Detlev W. Schumann zum 70. Geburtstag. Hg. von Albert R. Schmitt. München 1970, S. 28–39.
5 Zu diesem Problem vgl. Meyer/Suntrup (Anm. 1), S. X, XV und XXII.
6 Vgl. Marian Szyrocki: Der junge Gryphius (1959) [134], S. 55–68, 84–108 und 126f.; ders.: Andreas Gryphius (1964) [135], S. 41, 56–62 und 104.

den ›Lissaer Sonetten‹ (1637) über die bewußte Zerstörung der zahlensymbolischen Anlage im ersten Sonettbuch (1643)[7] bis zur Parodie der Zahlenallegorese in *Peter Squentz* (1658).[8] Die Forschung hat diese Ergebnisse bislang kaum aufgegriffen. Lediglich in bezug auf Gryphius' Sonettbücher fand eine weitere Auseinandersetzung statt. Obwohl Szyrockis Verfahrensweise in der Erschließung zahlenkompositorischer Strukturen seit den Publikationen von Heinz Meyer[9] teilweise angreifbar geworden ist, ist seine Betonung der Bedeutung von Zahlen für Gryphius immer noch überzeugend. Eine weitere Untersuchung, insbesondere der nicht-lyrischen Werke, erscheint daher lohnend.

In seiner zahlensymbolischen Deutung der Herodes-Epen[10] teilt Szyrocki die beiden Dichtungen zunächst in je sieben Abschnitte, deren Verszahl er dann wahlweise durch Zerlegung in Summanden, Faktoren, Quersummen und Potenzen auszudeuten sucht. So wird beispielsweise die 32 Verse umfassende Eingangsszene des ersten Epos in die Potenz 2^5 überführt, »wobei hier die 2 wohl die zweite Person Gottes bedeutet, 5 ist die Zahl der göttlichen Liebe und Marias«.[11]

Szyrockis Interesse ist allein auf die Deutung der konstituierenden Zahlen (2 und 5) ausgerichtet und fragt nicht nach der Exegese der Gesamtverszahl des inhaltlich erschlossenen Abschnitts (32). Sein Vorgehen bei der Zerlegung der Verszahl in kleinere Einheiten wird weder durch Verweise auf eine Binnengliederung bei Gryphius noch durch übliche, sich beispielsweise aus biblischen Bezügen erklärende, Aufspaltungen der Zahl begründet. Es erscheint daher unsystematisch und willkürlich.

Überzeugend ist Szyrockis Nachweis der Bedeutung der Zahl 46 in Gryphius' Werk, wie sie bereits im Titel des ersten lateinischen Epos (bestehend aus 46 Buchstaben) zu finden ist. In *Peter Squentz* taucht die ›Adamszahl‹ 46 mehrfach auf: im Titel (46 Buchstaben), im Umfang der Vorrede (46 Zeilen), im Umfang der gesamten Komödie (46 Seiten). Auch das Pseudonym des Unterzeichners der Vorrede, »Philip-Gregorio Riesentod« (*Squ.*, fol. Aij^v), unterstützt das Zahlenspiel, indem die Anzahl der Buchstaben seines (flektierten) Namens die halbe ›Adamszahl‹, also 23, ergibt. Szyrocki sieht in der viermaligen Wiederholung der Zahl eine Parodie der Zahlensymbolik.[12]

Auch Szyrockis zahlensymbolische Überlegungen zu den ›Lissaer Sonetten‹ beginnen mit einer Analyse des typographisch ungewöhnlich gegliederten Titels. Zu-

---

7   Vgl. Szyrocki 1964 (Anm. 6), S. 62.
8   Vgl. Szyrocki 1959 (Anm. 6), S. 127. Eine Parodie in *Peter Squentz* und eine spätere Abkehr von der Zahlenkomposition hatte zuvor bereits Streller angenommen, vgl. Streller (Anm. 4), S. 122.
9   Vgl. Meyer (Anm. 1); Meyer/Suntrup (Anm. 1).
10 Szyrocki 1959 (Anm. 6), bes. S. 55–68 und 127.
11 Ebd., S. 60.
12 Vgl. ebd., S. 127.

nächst addiert er die Buchstaben (je 7) und Silben (je 3) der drei untereinander angeordneten Worte »ANDREAE | GRYPHII | SONNETE« und erhält so die Zahl 30, die sich in der Anzahl der Sonette dieser Sammlung – gerechnet allerdings ohne das als Nr. 31 bezeichnete »Beschluß Sonnet« (*Liss.*, S. 55f.) und die unnumerierten Gedichte – wiederfindet. Durch die vorherrschende Rolle der Zahlen 3 und 7 kommt Szyrocki zu der Deutung, die Sonette seien »gewissermaßen eine Art göttlicher (3) Offenbarung (7), also eine göttliche, das heißt objektive Wahrheitsverkündung.«[13] Bei der anschließenden Analyse unter thematischen Aspekten bildet Szyrocki eine Aufteilung in sieben Gruppen, die jeweils aus einer unterschiedlichen Anzahl von Sonetten bestehen. Es ergibt sich ein symmetrisches Bild, dessen Spiegelachse eine Gruppe von sechs Sonetten bildet: 5 – 4 – 3 – 6 – 3 – 4 – 5. Szyrocki zieht die äußeren Gruppen zu einer Gesamtzahl von 12, d.h. 2 × 6, zusammen und gelangt schließlich über den Verweis auf das durch die Zahl 666 bezeichnete apokalyptische Tier[14] zu einem für die Interpretation von Barocklyrik verführerischen Ergebnis:

> Die 6 scheint in den Lissaer Sonetten den Vergänglichkeitsgedanken, der in ihnen tonangebend ist, zu symbolisieren. Diese Vermutung wird durch das sechste Sonett der Sammlung bekräftigt. Es ist wohl kein Zufall, daß es den Titel VANITAS, VANITATUM, ET OMNIA VANITAS trägt, der doch eigentlich das Motto der Sammlung sein könnte.[15]

Er fügt hinzu, daß der Titel dieses sechsten Gedichts aus 30 Buchstaben besteht und somit der Gesamtzahl der Sonette entspricht.[16] Auch wenn Hugo Bekker und die Verfasserin Kritik an einzelnen Details von Szyrockis zahlensymbolischer Deutung der ›Lissaer Sonette‹ geäußert haben,[17] ist Gryphius' Einsatz der Zahlenkomposition in dieser Sammlung doch allgemein akzeptiert.

1643 publizierte Gryphius in Leiden seine *Sonnete: Das erste Buch*. In den aus 50 Gedichten bestehenden Zyklus wurden 29 Gedichte aus den ›Lissaer Sonetten‹ übernommen. Teilweise wurden die Gedichte überarbeitet und ihre Abfolge verändert. Szyrocki kommt zu dem Ergebnis:

> Aus der Zahlenkomposition der Lissaer Sonette bleibt im ersten Buch [Ausgabe von 1643; S.K.] nichts mehr erhalten. Durch Einfügen von zwei Gedichten an den Anfang der Sammlung,

---

13 Ebd., S. 85.
14 »VND ich sahe ein ander Thier auffsteigen von der Erden / vnd hatte zwey Hörner / gleich wie das Lamb / vnd redet wie der Drache. [...] Wer verstand hat / der vberlege die zal des Thiers / denn es ist eines Menschen zal / Vnd seine zal ist sechs hundert vnd sechs vnd sechzig.« (Offb 13,11.18).
15 Szyrocki 1959 (Anm. 6), S. 89.
16 Vgl. ebd.
17 Hugo Bekker: Gryphius's Lissa-Sonnets (1968) [261]; Stefanie Knöll: Gryphius' Erstes und Zweites Sonettbuch (1999) [298], bes. S. 41–44.

durch die Vergrößerung der Sonettzahl auf 50, die Umstellung der Reihenfolge und die Änderung der Gedichtüberschriften wurde das alte Kompositionsprinzip bewußt zerstört.[18]

Ebenso gehen Willi Flemming,[19] Karl Richter[20] und Wolfram Mauser von einer bewußten Zerstörung der zahlenkompositorischen Anlage aus, auch wenn ihnen die Beweggründe für ein solches Vorgehen unklar erscheinen. Wolfram Mauser verweist darauf, daß »im 17. Jahrhundert die Heiligkeit der Zahl als Grundelement des göttlichen Schöpfungswerkes, das sich vom Bibelwort (Weisheit Salomonis 11,21) ableitete, noch nicht in Frage gestellt« war.[21] Er mutmaßt daher, daß das Verfahren angesichts der gehäuften Nutzung zahlensymbolischer Mittel durch Schwarzkünstler derart in Verruf geraten sei, daß Gryphius ein neues Gliederungsprinzip, nämlich eine heilsgeschichtliche Anordnung der Sonette, bevorzugt habe. Die Zahlensymbolik sieht Mauser nur noch in der Gesamtzahl der Sonette des ersten und zweiten Sonettbuches durchscheinen. Zusammengenommen umfassen beide 100 Gedichte. Mauser bringt die Zahl 100 mit den 100 Schafen des Hirten in Verbindung[22] – ohne jedoch zu beachten, daß für eine solche Deutung eine Spaltung in 99 + 1 vorgenommen werden muß. Eine derartige Isolierung der Zahl von den gezählten *res significantes* und Herauslösung aus dem exegetischen Kontext ist aus Sicht der Zahlenallegorese unzulässig und kann nur zu falschen Ergebnissen führen. Die Zahl 100 setzt sich in den ersten beiden Sonettbüchern zunächst einmal aus je 50 Gedichten zusammen. Auch wenn diese Aufspaltung naheliegend ist, so ist sie doch nicht zwingend, wie Gryphius mit der Aufspaltung der ebenfalls 100 Sonette umfassenden Bücher III und IV (Sonn- und Feiertagssonette) in 65 + 35 (bzw. 64 + 36) beweist.[23]

Auch Karl Richter betrachtet das erste Sonettbuch als einen zusammenhängenden Zyklus. Jedoch setzt er die Loslösung von einer zahlenkompositorischen Gliederung – die er für die ›Lissaer Sonette‹ nicht zu bestreiten sucht[24] – als gegeben voraus. Er argumentiert, daß sich Gryphius im ersten Buch davon distanziert habe, um

---

18 Szyrocki 1964 (Anm. 6), S. 62.
19 »Schien die Anlage der Lissaer Sammlung wohl bedacht, ja fast ausgeklügelt, so läßt sich bei den zusätzlichen (Nr. 32–50) kein Ordnungsprinzip finden.« Willi Flemming: Andreas Gryphius (1965) [112], S. 173.
20 Vgl. Karl Richter: Vanitas und Spiel (1972) [935], S. 126–144, hier S. 133.
21 Mauser (Anm. 3), S. 28.
22 Vgl. ebd. Mauser bezieht sich auf Mt 18,12: »Wenn irgend ein Mensch hundert Schafe hette / vnd eins vnter den selbigen sich verirret? Lesst er nicht die neun vnd neunzig auff den Bergen / gehet hin / vnd suchet das verirrete?«
23 Buch III und IV wurden zunächst, 1639 (*SuF*), gespalten in 65 + 35 Sonette. In der späteren Ausgabe von 1657 (innerhalb von *DG*) wurde die Aufteilung geändert in 64 + 36.
24 Vgl. Richter (Anm. 20), S. 133.

»einer Überschätzung der beobachteten Zahlenkombinatorik« zuvorzukommen.[25] Gryphius habe statt dessen durch die Einführung des durchgängigen Leitmotivs vom »Spiel der Zeit«, das in den ›Lissaer Sonetten‹ noch nicht begegnet,[26] ein neues verbindendes System geschaffen. Darüber hinaus erkennt Richter in der thematischen Anordnung der Gedichte des Sonettbuches »das genaue Abbild einer heilsgeschichtlichen Ordnung«, innerhalb deren »sich das Leben zum Spiel auf der irdischen Bühne verkürzt«.[27] Richter kommt also zu einem Ergebnis, das seiner Intention entspricht. Er wollte keine zahlenkompositorische Struktur finden, kann aber dennoch nachweisen, daß das *Erste Buch* als Zyklus zu verstehen ist.

Neuere Forschungen konnten hingegen sowohl im Detail als auch für die Gesamtanlage des ersten Sonettbuches konkrete zahlensymbolische Deutungsmöglichkeiten aufzeigen. Robert Browning gliedert das *Erste Buch* in acht thematische Hauptgruppen, von denen einige in weitere Gruppen untergliedert werden können.[28] In mehreren Fällen ist Browning in der Lage, die durchweg aus symbolisch bedeutsamen Zahlen bestehenden Gruppen auch im Verbund mit ihrer inhaltlichen Aussage zu deuten. So umfaßt seine erste Gruppe beispielsweise die Sonette I bis VII, wobei Browning die Sonette I und II (Heiliger Geist) gemeinsam mit Sonett VII (Das Kommen des Reiches Gottes) als Rahmen für die vier Sonette über das Leben Jesu (III–VI) betrachtet. Damit untergliedert er die Hauptgruppe in 3 und 4 Gedichte. Beides sind Zahlen, die hier in ihrer traditionellen Bedeutung von Dreieinigkeit und Welt durchaus einen Sinn ergeben, der durch die Gesamtzahl 7 weitergeführt wird.[29] Aus seiner Gliederung auf ein Motto des gesamten Zyklus zu schließen, fällt jedoch schwer.

Eine zahlenkompositorische Deutung der Gesamtanlage des ersten Sonettbuches hat die Verfasserin vorgelegt.[30] Auch wenn mir zwei unterschiedliche Gliederungsvarianten möglich erscheinen, so stehen doch beide eindeutig in der Tradition der Zahlensymbolik. Es handelt sich zum einen um einen Gliederungsentwurf, bei dem das zahlensymbolische Ergebnis von 5 – 6 – 5 als Spannungsverhältnis zwischen irdischer Unvollkommenheit (5) und *numerus perfectus* (6) im genauen Widerspruch zur inhaltlichen Aussage der mit diesen Zahlen bezeichneten Sonettgruppen steht. Gryphius scheint hier – ähnlich wie im nur drei Jahre später entstandenen *Leo Armenius*[31] – eine Skepsis gegenüber der Eindeutigkeit von *bonum*

---

25 Ebd.
26 Ebd., S. 128.
27 Ebd., S. 138.
28 Vgl. Robert M. Browning: Towards a Determination of the Cyclic Structure (1985) [272], S. 305.
29 Vgl. ebd., S. 306.
30 Knöll (Anm. 17).
31 Vgl. M. S. South: Leo Armenius oder die Häresie des Andreas Gryphius (1975) [559], bes. S. 161; Gerhard F. Strasser: Andreas Gryphius' »Leo Armenius« (1976) [560], bes. S. 11.

und *malum* wie auch gegenüber der Omnipotenz transzendenter Systeme (wie Emblematik und Zahlensymbolik) zum Ausdruck bringen zu wollen.[32] Beim zweiten Gliederungsentwurf entfällt der symmetrische Aufbau. Statt dessen wird deutlich, daß die Sonette in Gruppen gegliedert wurden, die den Divisoren der Zahl 40 entsprechen (20, 2, 4, 10, 8, 5, 1). Da diese Divisoren addiert die Zahl 50 ergeben, besteht zwischen beiden Zahlen eine symbolische Verbindung, ebenso wie zwischen den 40 Tagen zwischen Christi Auferstehung und Himmelfahrt und den 50 Tagen zwischen Auferstehung und Pfingsten: »Die Vierzig bringt so aus sich die Fünfzig hervor, wie ein gut geführtes irdisches Leben die ewige Ruhe erwirkt.«[33]

Den Versuch einer zahlenkompositorischen Deutung von Gryphius' *Das Ander Buch* (*Son. 1650* II) haben bislang nur Robert Browning und die Verfasserin unternommen. Während Browning kein zahlenkompositorisches Gesamtkonzept nachweist und lediglich auf eine Dominanz der Zahlen 4 und 6 hinweist,[34] habe ich eine durchkomponierte Gesamtanlage nachgewiesen, die von einem überaus spielerischen Umgang mit der Zahlensymbolik bestimmt ist.[35] Bereits der Titel des zweiten Sonettbuchs läßt sich – wie bei den ›Lissaer Sonetten‹ – zahlensymbolisch deuten und weist doch gleichzeitig eine Parodie des Systems auf. Durch Addition der Silben und Buchstaben des Titels erhält man die für Gryphius so bedeutsame ›Adamszahl‹ 46.[36] Es mag daher auch angenommen werden, daß die Schreibung »Sonnette« – im Gegensatz zu »Sonete« in der 1643er Ausgabe des *Ersten Buchs* – nicht zufällig geschah. Die Parodie macht sich erst bei genauer Untersuchung der Summanden bemerkbar. Traditionell wird die Zahl 46 in 34 und 12 aufgeteilt, da dies das Vollalter Jesu bei seinem Tod und das Alter Mariens bei seiner Geburt war.[37] Gryphius jedoch spaltet auf in 33 (Buchstaben) und 13 (Silben). Indem er das eigentliche Schema durchscheinen läßt, gelingt es ihm, dieses zu parodieren.

Ein ähnliches Prinzip liegt der Gesamtgliederung der Sammlung zugrunde. Auch hier hinterläßt Gryphius derart eindeutige Relikte orthodoxer Zahlenkomposition, daß die zahlenkompositorische Intention auch bei ihrer bewußten Durchkreuzung offensichtlich bleibt. Deutlichster Hinweis hierauf ist das beschließende Elias-Sonett (*Son. 1650* II,50), das sich in keine Gruppe eingliedern läßt. Gryphius scheint also auf die beliebte Aufteilung der Zahl 50 in 22 + 27 + 1 zu verweisen, die symbo-

---

32 Vgl. Knöll (Anm. 17), S. 49–51.
33 Meyer/Suntrup (Anm. 1), Sp. 735.
34 Vgl. Browning (Anm. 28), bes. S. 323. Zur Bedeutung der Zahl 6 in den ›Lissaer Sonetten‹ sowie zur Gliederung des *Zweiten Buches* (*Son. 1650* II) vgl. ebenfalls Robert M. Browning: Deutsche Lyrik des Barock (1980) [207], S. 107 und 117–121. Zur Bedeutung der Zahl 4 bei Gryphius vgl. auch Günter Ott: Die ›Vier letzten Dinge‹ in der Lyrik des Andreas Gryphius (1985) [231], S. 161–168.
35 Die folgenden Ausführungen nach Knöll (Anm. 17).
36 Zur Bedeutung dieser Zahl in Gryphius' Werk vgl. Szyrocki 1959 (Anm. 6), S. 127, sowie Ott (Anm. 34), S. 153–160.
37 Vgl. Meyer/Suntrup (Anm. 1), Sp. 731.

lisch für die 22 Bücher des Alten Testaments, die 27 Bücher des Neuen Testaments und für Gott steht und damit als »Zeichen der Hl. Schrift und des sich in ihr offenbarenden einen Gottes«[38] gedeutet werden kann. Genau diese Aufteilung könnte man für das zweite Sonettbuch nachweisen, wenn das Gedicht Nr. 25 (»An H. Johan. Baptista Carminelli J. U. D. Alß Er auff seinen Namenstag von dreyen Freunden in Franckreich gebunden«; *Son. 1650* II,25) nicht auf auffällige Weise von der vorhergehenden thematischen Gruppe der Freundschaftsgedichte (Nr. 17–21) abgespalten wäre.[39] Durch die Sperrung der Freundschaftsgedichte verhindert Gryphius die traditionelle Aufteilung der 50, läßt als sichtbares Relikt dieser beliebten Gliederung jedoch das Elias-Sonett stehen.[40] Damit konnte auch für die Struktur des zweiten Sonettbuchs ein spielerisch-parodierender Einsatz der Zahlenkomposition nachgewiesen werden, der das »in den Lissaer Sonetten sich andeutende Zerbrechen der prophetisch-transzendenten Sprechhaltung«[41] fortführt.

Abgesehen von der zahlensymbolischen Komposition ganzer Sonettbücher wurde in der Gryphius-Forschung immer wieder die Bedeutung von Zahlen für einzelne Sonette diskutiert. So weist Browning auf die Rolle der Zahl 50 in der Elias-Geschichte (1 Kön 18,4.13 und 2 Kön 1,9–17) hin, die sich in der Numerierung des Elias-Sonetts als 50. Gedicht des zweiten Buches zu spiegeln scheint.[42] Prominentestes Beispiel dürfte jedoch die Nennung der Zahl des Antichristen (666) in dem Sonett »Trawrklage des verwüsteten Deutschlandes« (*Liss.*, S. 47–49) sein. Es war Szyrocki, der erstmals auf die seitdem vieldiskutierte Deutung der Worte »Dreymal sind schon sechs Jahr« (*Liss.*, S. 48) im Kontext des Dreißigjährigen Krieges aufmerksam machte,[43] die Nicola Kaminski folgendermaßen auf den Punkt bringt: »Der 1636 achtzehn Jahre währende Krieg – nicht realistisch gesehen, sondern in surrealistischer Vision einer ihre Eigendynamik entwickelnden Dinglichkeit [...] geschaut – wird auf einen endzeitlichen, von den apokalyptischen Reitern beherrschten Schauplatz zitiert [...].«[44]

---

38 Ebd., Sp. 737.
39 Vgl. Knöll (Anm. 17), S. 55f.
40 Vgl. ebd., S. 56.
41 Nicola Kaminski: Andreas Gryphius (1998) [122], S. 65.
42 Vgl. Browning (Anm. 28), S. 320–323, und Browning (Anm. 34), S. 119–121.
43 Szyrocki 1959 (Anm. 6), S. 103.
44 Vgl. Kaminski (Anm. 41), S. 62–64, hier S. 62. Vgl. auch Nicola Kaminski: EX BELLO ARS (2004) [797], S. 276.

III Wirkung

III.1 Zeitgenössische Rezeption im 17. Jahrhundert

Von Jörg Wesche

Autorstilisierungen

Im Alter von 46 Jahren erreicht Gryphius 1662 mit seiner Aufnahme in die Fruchtbringende Gesellschaft ein wichtiges Ziel. Mit Blick auf seine zeitgenössische Rezeption erscheint der biographisch bedeutsame Anerkennungsakt, der auf Antrag von Johann Wilhelm von Stubenberg und unter der Ägide Georg Neumarks erfolgt, indessen auch ein wenig ambivalent. Einerseits wird Gryphius mit der Verleihung des Gesellschaftsnamens »Der Unsterbliche« eine Würdigung zuteil, die gerade wirkungsgeschichtlichen Kredit gibt. Andererseits verzeichnet man ihn in recht knappen, wenngleich eine Vorrangstellung ausdrückenden Worten:

> Der Unsterbliche / hat mit sonderbarer Glükkseligkeit / etliche Traur- und Freudenspiele auch andere schöne so wol Geist- als Weltliche Gedichte und Lieder / geschrieben / und ist billich unter die geschikkteste und tieffsinnigste Poeten zu rechnen.[1]

Zudem markiert die vergleichsweise späte sozietäre Nobilitierung bei allen literarischen Erfolgen, die Gryphius in der zeitgenössischen Wahrnehmung vorzuweisen hat, auch eine gewisse Limitierung seiner Bedeutung als Dichter zu Lebzeiten. Martin Opitz etwa, als dessen bedeutendster Nachfolger Gryphius schon im 17. Jahrhundert gewürdigt wird, erhält die Mitgliedschaft trotz einiger Schwierigkeiten im Jahr 1629 vor seinem 32. Geburtstag. Dabei tritt Gryphius durchaus jung als deutschsprachiger Autor auf den Plan. Nach der Veröffentlichung des ersten lateinischen Herodesepos (Glogau 1634), dem man früh einen »Sinn für das Wirkungsvolle« abgehört hat,[2] veröffentlicht er bereits 1637 die ›Lissaer Sonette‹ und den zwischen

---

1 Der Neu-Sprossende Teutsche Palmbaum. Oder Ausführlicher Bericht / Von der Hochlöblichen Fruchtbringenden Gesellschaft Anfang / Absehn / Satzungen / Eigenschaft / und deroselben Fortpflantzung / mit schönen Kupfern ausgeziehret / samt einem vollkommenen Verzeichnüß aller / dieses Palmen-Ordens Mitglieder Derer Nahmen / Gewächsen und Worten / hervorgegeben Von dem Sprossenden. Zufinden bey Joh. Hoffman Kunsth. in Nürnb. Drukkts / Joachim. Heinrich. Schmid in Weinmar / F. S. Hof-Buchdr., S. 473f. Christian Gryphius situiert den hochgreifenden Gesellschaftsnamen später (1698) zwischen Bescheidenheitstopik und Neid. So bemerkt er anläßlich seiner Werkausgabe, man habe seinen Vater »mit einem solchen Namen beleget / den Er / aus geziemender und Jhm fast angebohrnen Bescheidenheit / bey Leben nimmermehr geführt haben würde / und den erst andere nach seinem Tode ausgebreitet; Welches ich hier nicht erinnern möchte / wenn nicht der gifftige Neid seinen Geifer darüber ausgelassen« (*TG*, fol.)(3ʳ–)(3ᵛ).
2 So Friedrich-Wilhelm Wentzlaff-Eggebert in seiner Einleitung zu Andreas Gryphius: Lateinische und deutsche Jugenddichtungen (1938) [1], S. XVI. Grundvorstellung ist hier, daß die lateinische

Dokumentation, poetischer Allegorisierung und Leichabdankung stehenden Augenzeugenbericht *Fewrige Freystadt*.[3] Die institutionelle Anerkennung des Debüts als muttersprachlicher Dichter hält sich zunächst im engen Rezeptionshorizont seines Gönners Georg Schönborner. Dieser sichert durch finanzielle Unterstützung die Publikation der beiden Schriften im polnischen Lissa und verleiht seinem Schützling als kaiserlicher Pfalzgraf noch im selben Jahr nicht nur das Adelsprädikat und Magisterexamen, sondern auch den im 17. Jahrhundert obligatorischen Ehrentitel eines *poeta laureatus*. Im Zuge der Dichterkrönung beurkundet Schönborner dabei ausdrücklich auch Rezeptionsschutz für den Protegé:

> Wenn aber jemand, von rasender Unverschämtheit oder neidischer Frechheit verführt, es wagt, diese Würde, die ich auf ihn gehäuft habe, zu schelten, sie anzugreifen oder ihr auf irgendeine Weise Abbruch zu tun und sie zu verkleinern, und sooft dieses innerhalb der Grenzen des Heiligen Römischen Reiches, gleichgültig an welchem Ort, geschehen ist, so soll der betreffende einer Strafe von 20 Mark reinen, eingeschmolzenen oder geprägten Goldes unterliegen [...].[4]

Nach zeitgenössischen Maßstäben steht der Karriereweg von Gryphius als Dichter damit von Anfang an unter günstigen Vorzeichen. Und auch vom rückblickenden Standpunkt des Lebensendes scheint die Poetenlaufbahn gelungen. Gryphius genießt offenbar tatsächlich den Status einer »bereits in frühen Jahren hochkanonisierten Autorpersönlichkeit«.[5]

Eindrucksvolles Zeugnis hiervon legt der von Caspar Knorr 1665 in Breslau veranstaltete Sammeldruck *Signaculum Dei* ab, der Leichenpredigt, Leichabdankung und poetische Nachrufe zu Gryphius' Tod gebündelt präsentiert.[6] Mit über 30 Beiträgern – darunter die Gryphius-Bewunderer Daniel Caspar von Lohenstein und Heinrich Mühlpfort – erscheint die Form stattlich. Rhetorischer Situationsangemessenheit folgend, adressiert die Titelei des Bandes allerdings zunächst den Syndicus, also den Rechtsvertreter der Landstände im Fürstentum Glogau (seit 1650), und rückt damit die persönlichen Verdienste im Hauptberuf und nicht das poetische Werk in den Vordergrund. Dies ist insofern nicht ungewöhnlich, als das Dichten in der Barockzeit dem Nebenstunden-Topos unterstellt ist. Zudem tritt es bei dem an

---

Dichtung den sprachlichen »Unterbau« der deutschen darstellt (ebd., S. XI). Als allgemeines Rezeptionsphänomen wird so beschreibbar, daß die lateinische Dichtung aufgrund der zunehmenden Wirkung der deutschsprachigen Poesie im 17. Jahrhundert auf dem Rückzug ist (vgl. ebd., S. IX).

3 Vgl. für diese Werkphase etwa die grundlegende Darstellung von Marian Szyrocki: Andreas Gryphius' Jugendzeit (1959) [189].
4 Nach der Wiedergabe des Urkundentexts durch Johannes Theodor Leubscher in der deutschen Übersetzung von Heinz Ludwig Deiters. Vgl. M. Johannes Theodor Leubscher: De Claris Gryphiis Schediasma (1702) [163], S. 17.
5 Ralf-Georg Bogner: Der Dichter im Nachruf (2006) [142], S. 143.
6 Caspar Knorr: Signaculum Dei (1665) [187].

regionale Präsenzöffentlichkeit gebundenen Beerdigungsanlaß in eine nachgeordnete Position.

Paradigmatisch fallen in dieser Richtung die Bilanzierungsgesten der Leichabdankung Baltzer Siegmunds von Stosch aus, die als ein erster biographischer Versuch im Titel gleichfalls den Syndicus Gryphius ins Zentrum stellt. *Laudatio* und *consolatio* folgen dabei der eingeführten »Topik des *curriculum vitae* oder Ehrengedächtnisses« mit Informationen von der Geburt über die Erziehung, Ausbildung, Amts- bzw. Lebensführung und besondere Begebenheiten bis hin zum Tod.[7] Stoschs biographische Stilisierung würdigt insbesondere die christliche Tugendhaftigkeit, den Familien- und Gemeinsinn sowie die polyhistorische Gelehrsamkeit, den »Glantz seiner unschätzbahren und unvergleichlichen Erudition«.[8] Zwar hat auch Stosch Unsterblichkeit im Sinn, indem sein »Abdanckungs-Sermon«[9] dem überragenden *vanitas*-Dichter rhetorisch eine »immerbleibende Danck- und Denck-Seule« errichtet, doch ist seiner Rede letztlich nur wenig zum Poeten Gryphius zu entnehmen. Kaum mehr erfährt man, als daß Gryphius Epigramm- und Sonettbücher an den Tag gebracht habe und der Verfasser des *Leo Armenius* und der *Catharina von Georgien* sei, daß er »also / hin und wieder ein Liecht seines nimmer verleschenden Gedächtniß auffgestecket« habe.[10] Sein »Glaubens-Licht« leuchte aus seinen »andächtigen / in gebundener und ungebundener Art / verfasseten Schrifften«.[11] Bemerkenswert ist hier die Erwähnung auch der Prosa – Stosch bezieht sich auf die noch vor Gryphius' Tod erschienene Übersetzung der Erbauungsschrift Sir Richard Bakers *Frag-Stück und Betrachtungen über Das Gebett des HERREN* (RBF).[12]

Deutlich wird an dieser Stelle, daß Gryphius in der zeitgenössischen Rezeption keineswegs nur als Poet und Vorbild christlicher Lebensführung, sondern in hohem Grad auch als vielseitig beschlagener Gelehrter gesehen wird, der u.a. als Herausgeber der Glogauer Landesprivilegien (1653), Berichterstatter über eine Mumiensektion (1662) oder eben Übersetzer der Erbauungsschriften Richard Bakers (1663) gegenwärtig ist und nach den Auslandserfahrungen in Leiden, Frankreich und Italien Rufe an die Universitäten Frankfurt/Oder, Heidelberg und Uppsala erhält.[13] Nicht zu vergessen ist in der Perspektive des 17. Jahrhunderts zudem das panegyrische Talent, der »Redner und Verfasser rhetorischer Kunstprosa«, dessen überlieferte

---

7 Nicola Kaminski: Andreas Gryphius (1998) [122], S. 8.
8 Baltzer Siegmund von Stosch: Last- und Ehren- auch Daher immerbleibende Danck- und Denck-Seule (1665) [187], S. 12.
9 Ebd., Titelblatt.
10 Ebd., S. 37.
11 Ebd., S. 42.
12 Vgl. z.B. Hans Kuhn: Gryphius am Schreibtisch (2004) [860].
13 Zu Gryphius' Ablehnungsgründen vgl. Knut Kiesant: Andreas Gryphius und Brandenburg (1999) [158].

Leichabdankungen allein »mindestens ein Drittel seiner Textproduktion«[14] ausmachen.

Erscheint der ›Dichter‹ Gryphius vor diesem Hintergrund also als rezeptionsgeschichtliche Vereinseitigung, ist natürlich nicht zu bestreiten, daß auch die Textsammlung Knorrs die poetischen Meriten des Verstorbenen intensiv beleuchtet. Den ewigen Ruhm des Dichternamens bezeugt im Anschluß an Stoschs Lebenslauf vor allem der gut 30 Druckseiten starke Lyrikteil »Famae æternaturæ Gryphiani nominis aliquot epicediis parentatum« mit lateinischen und deutschen Nachrufgedichten, die das zu erwartende Gelegenheitsschema des barocken Trauergedichts (*epicedium*) im Sinn eines poetischen Totenopfers entfalten. Hinzu gesellen sich zwei insgesamt rund 40 Seiten umfassende Gedichtteile mit Trauerlyrik weiterer Förderer, Bewunderer und Freunde, die sich u.a. aus dem Leipziger Umfeld zu Wort melden. Diese beachtliche Schar von Nekrologgedichten, die zugleich ein wichtiges Stück Gryphius-Rezeption in der Lyrik der Barockzeit repräsentiert, fügt sich schließlich zu einem poetischen Reigen, in dem mittels poetischer Nachbildung das Fortleben des maßgeblich durch Gryphius geprägten Formenkanons symbolische Textgestalt annimmt.

Heinrich Mühlpfort etwa trägt zu dieser trostspendenden Geste einen kleinen Sonettzyklus bei und greift damit dasjenige poetische Register auf, das Gryphius wie kein zweiter deutscher Dichter seiner Zeit variiert und zur Meisterschaft getrieben hat. »Es mus Jhm Opitz selbst die Oberstelle geben«, spitzt Mühlpfort in einem Vers beispielsweise die dichterische Überlegenheit seines Vorbilds zu.[15] Gipfelpunkt ist das Beschlußsonett »Uber seine Redligkeit«, in dem Mühlpfort den ›Mund‹ als *pars pro toto* des Dichters setzt und nach dem Muster des berühmten Epigramms »Auf den Mund«[16] aus der Feder des Gryphius-Freundes Hoffmann von Hoffmannswaldau in die anaphorische Startposition der einzelnen Alexandriner bringt, die das Motiv dann versweise bis zum Ende hin amplifizieren. Dabei rückt sogleich der Eingangsvers »MUnd / der dem Donner gleich der Menschen Hertz durchdrungen«[17] die Begabung des Dichters zum Donnerwort ins Zentrum, für die etwa das Aufeinanderprallen der Zentnerworte in Gryphius' formsprengendem Sonett »Die Hölle« (*Son.* II, 48) ein aufrüttelndes Beispiel gibt. Ähnlich preist in der Sammlung auch die große Gryphius-Eloge Lohensteins, der mit seinem Nekrolog »demonstrativ dessen Erbe«[18] anzutreten sich anschickt, gerade den überlegenen, mit Cicero und Demosthenes

---

14 Kaminski (Anm. 7), S. 202.
15 So im Gedichtteil »*LESSUS* AD TUMBAM *VIRI OMNI LAUDUM GENERE CUMULATISSIMI* ANDREÆ GRYPHII, Decantatus *à nonnullis BEATI VIRI* Fautoribus, Amicis, Cultoribus, Filio«. In: Stosch (Anm. 8), S. 94.
16 Vgl. Erika A. Metzger und Michael M. Metzger: Reading Andreas Gryphius (1994) [977], S. 19.
17 Lessus (Anm. 15), S. 96.
18 Bogner (Anm. 5), S. 148.

auf einer Stufe stehenden Dichter-Orator. Seine »Honig Zunge« sei mit »Stacheln« ausgerüstet, und seine »Zentner-Worte« seien mit »klugen Lehren« erfüllt.[19] Insofern klingt bereits bei Mühlpfort und Lohenstein der Grundton vom ernsthaften, sprachlich mit schwerem Ornat vorgehenden Gryphius an, den die Rezeptionsgeschichte vom scheinbar ›melancholisch‹ getrübten Blick auf Philipp Kilians posthumem Portraitstich (1667)[20] bis hin zu Günter Grass' Gryphius-Figuration des »Wilde[n] Mann[s]« und »stöhnende[n] Moses« perpetuiert, der in der Erzählung *Das Treffen in Telgte* (1979) vor versammelter Poetenmannschaft theatralisch eine Distel als Sinnbild Deutschlands »zerscherben« läßt.[21] Die Pointe des Abschlußsonetts von Mühlpfort lebt sodann nach Art der Gattung aus der antithetischen Spannung, die er hier als Gegensatz zwischen der freimütigen Beredsamkeit des lebendigen Mundes und dem sprachkulturell fatalen Todesdiktat des Schweigens gestaltet: »Mund / Ewig-werther Mund! ach daß du itzt solst schweigen! | Mund / daß du itzt nicht kanst des Landes Zustand zeigen.«[22] Mit der Vorstellung des Todes als ›Stumm-Macher‹ nimmt Mühlpfort ein wiederkehrendes Motiv aus der Lyrik von Gryphius selbst auf.[23] Und durch die allegorische Substitution von Dichter und Mund stilisiert der emphatische Rezeptionsakt Gryphius zur Stimme des Vaterlands. Gleichzeitig markiert das nahezu prosopopoetische Sprechen mit der Sonettstimme bei Mühlpfort eine Rezeptionstendenz, die gleichfalls bis heute persistent ist: Poetisch markant erscheinen weithin vor allem die Sonette von Gryphius, die man beharrlich ins literarische Gedächtnis einschreibt. Der um die poetische Erbfolge bemühte Lohenstein wiederum akzentuiert aus der zeitgenössischen Perspektive im Gegenzug die Vielseitigkeit der Begabung von Gryphius, die er im Vergleichshorizont eines breiten humanistischen Autoritätenkatalogs entfaltet (neben den rhetorischen Bezugsgrößen Demosthenes und Cicero u.a. Terenz, Ovid, Seneca, Petron, Tacitus). Dabei hat der Dramatiker Lohenstein vor allem auch den Trauerspieldichter im Sinn und findet in seinem Grabgedicht die einprägsame Formel vom »Teutschen Sophocles«, die im 17. Jahrhundert vielfach aufgegriffen wird:

> In seinem Trauer-Spieln wird Welt und Nachwelt lesen:
> Der Teutschen Sophocles ist Gryphius gewesen.[24]

---

19 FAMÆ ÆTERNATURÆ GRYPHIANI NOMINIS *ALIQUOT EPICEDIIS* PARENTATUM. In: Stosch (Anm. 8), S. 70.
20 Zu einschlägigen Stilisierungstendenzen in der Forschung Kaminski (Anm. 7), S. 19–22.
21 Günter Grass: Das Treffen in Telgte. Eine Erzählung. Hg. von Christoph Sieger. In: Werkausgabe in zehn Bänden. Darmstadt 1987, Bd. 6, S. 130.
22 Lessus (Anm. 15), S. 96.
23 Vgl. Claudia Benthien: »Itzt nun die Zunge fault« (2003) [873].
24 Famæ æternaturæ (Anm. 19), S. 71. Zum entsprechenden Vergleich Hoffmannswaldaus im Vorwort zu seinem Band *Deutsche Übersetzungen und Getichte* (1679) vgl. Metzger/Metzger (Anm. 16), S. 21. Paul Stachel: Seneca und das deutsche Renaissancedrama (1907) [737], S. 281f., beschreibt für

Werkrezeption

Gryphius wird neben Grimmelshausen immer noch als die »bedeutendste Stimme der Literatur des deutschen 17. Jahrhunderts«[25] gesehen. Schon zu »Lebzeiten galt Gryphius als eine der bedeutendsten Dichtergestalten des deutschen Barock«; seit seiner dreijährigen Bildungsreise durch Frankreich und Italien soll er in »ganz Deutschland als Dichter berühmt« gewesen sein.[26] Was dies im einzelnen im Hinblick auf die zeitgenössische Leserschaft und deren faktisches Leseverhalten, die Distribution oder auch intertextuelle Bezugnahmen auf sein Werk bedeutet, läßt sich jedoch nur teilweise beantworten.

Allgemein steht die Barockpoesie, zumal die deutschsprachige, in der zeitgenössischen Buchproduktion im Hintergrund. Zwischen 1650 und 1675 sinkt sie z.B. von 5 % auf 3,5 %.[27] Die allgemeine Lesefähigkeit in der Bevölkerung bewegt sich in einem ähnlichen Bereich, ist also ebenfalls sehr gering und geht infolge des Dreißigjährigen Krieges temporär noch einmal zurück. Charakteristisch ist zudem die schichtenspezifische Begrenzung: die »Träger der Barockpoesie waren in Produktion und Rezeption weitgehend Adel und Patrizier«.[28]

Speziell für Gryphius muß man darüber hinaus bedenken, daß die zeitgenössische Rezeption bisher nicht systematisch erforscht ist. Zwar erhärten die Lebensstationen und Würdigungen seine etablierte Stellung und gute, teils internationale Vernetzung; auch herrscht keine konfessionelle Engstirnigkeit im Werk, was etwa die starke Schulung am »Gattungsspektrum der zeitgenössischen Jesuitendichtung« belegt;[29] doch hält sich sein Wirkungshorizont im 17. Jahrhundert weitgehend in den Grenzen der ›opitzianischen‹ Bewegung.[30] Entsprechend ist Gryphius gleichsam als Vollender der Opitzschen Dichtungsreform anerkannt. In Lohensteins Nekrologgedicht liest man z.B. zugespitzt:

---

das 17. Jahrhundert als historische Zuschreibungstendenz den Gegensatz von Gryphius als ›deutschem Sophokles‹ und Lohenstein als ›deutschem Seneca‹. Stefanie Arend: Rastlose Weltgestaltung (2003) [425], S. 30, relativiert Lohensteins Formel und betont bei Gryphius die Seneca-Affinität.
25 Thomas Borgstedt: Nachwort. In: Andreas Gryphius: Gedichte (2012) [67], S. 206.
26 Gerhart Dünnhaupt: Gryphius, Andreas (1616–1664). In: Personalbibliographien zu den Drucken des Barock. 3. Teil. Stuttgart 1991 (Hiersemanns bibliographische Handbücher 9), S. 1855–1883, hier S. 1855.
27 Nach der bereinigten Sichtung der Neuerscheinungen anhand der Frankfurter und Leipziger Meßkataloge bei Erich Schön: Geschichte des Lesens. In: Handbuch Lesen. Hg. von Bodo Franzmann, Klaus Hasemann, Dietrich Löffler und Erich Schön. Unter Mitarbeit von Georg Jäger. Baltmannsweiler ²2006, S. 1–85, hier S. 21.
28 Ebd.
29 Borgstedt (Anm. 25), S. 211.
30 Zur Dominanz des Literaturparadigmas Michael Titzmann: Konstanz und intraepochaler Wandel im deutschen Barock. In: Europäische Barock-Rezeption. Hg. von Klaus Garber. Wiesbaden 1991 (Wolfenbütteler Arbeiten zur Barockforschung 20), Bd. 1, S. 63–83.

Er hat den Ruhm vermehrt / den Opitz hat erworben:
Es sey in Schlesien der Schwanen Vaterland.[31]

Mit dem Stichwort »Schlesien« ist zugleich ein Kernbereich der zeitgenössischen Werkpflege und literarischen Werkrezeption benannt. So kehrt das biographische ›Dreigestirn‹ Baltzer Siegmund von Stosch, Johannes Theodor Leubscher (Schwiegersohn des Sohns Christian Gryphius) und Christian Stieff (ein Lieblingsschüler Christians) stets den Landsmann hervor. Der Polyhistor Stieff fügt Gryphius stellvertretend für die *Silesia erudita* in seine Lokalgeschichte *Schlesisches Historisches Labyrinth* ein.[32] Eine wichtige Grundlage für die Rezeption über das 17. Jahrhundert hinaus schafft zeitgenössisch zudem Christian Gryphius mit der 1698 veröffentlichten zweibändigen Werkausgabe *ANDREÆ GRYPHII um ein merckliches vermehrte Teutsche Gedichte* (*TG*), die erstmals das Lust- und Gesangspiel *Piastus* im Druck bietet und noch der Werkedition Hermann Palms (1878–1884) zugrundeliegt. Auch mit Blick auf die literarische Rezeption ragen einige Schlesier hervor, wie im Bereich des Dramas die einstigen Schüler des Breslauer Magdalenaeums Johann Christian Hallmann und wiederum Lohenstein. In der Vorrede zu seinem dramatischen Erstling *Ibrahim Bassa* (1653), der an *Catharina von Georgien* angelehnt ist, würdigt Lohenstein ausdrücklich die wegweisende Funktion des Landsmanns.[33] So erscheinen seine Stücke durch die Darstellung von schrecklicher Affektregie und höfischem Exzeß im Vergleich zu Gryphius' Trauerspielen zwar forciert, doch bleiben sie an den Formvorgaben seines Vorbilds (v.a. Versgebrauch, Fünfaktigkeit, Zwischenaktchöre) orientiert.

Natürlich reicht die zeitgenössische Werkrezeption auch weit über den engeren Wirkungskreis Schlesiens hinaus. Dies stützt bereits der Blick in die Druckgeschichte. Sie untermauert die kontinuierliche Publikationstätigkeit des Autors, die sich von 1634 an über Jahrzehnte erstreckt und – wie u.a. an historischen Bibliotheksbeständen ablesbar – viele, auch entfernte deutschsprachige Territorien und Städte (z.B. Basel, St. Gallen) erreicht. Überschlägt man die Anzahl der zeitgenössischen Drucke, kommt man – nicht zuletzt angesichts der insgesamt geringen und mit dem

---

31 Famæ æternaturæ (Anm. 19), S. 71.
32 Christian Stieff: Andreæ Gryphii Lebens-Lauff (1737) [186]. Näheres bei Kaminski (Anm. 7), S. 11f.
33 »Was in Deutscher Sprache dise Ahrt zuschreiben belanget / wird der gelehrte Läser leicht abnähmen / daß Jch Mir in einem und dem andern einen fürtrefflichen Lands-Mann zu einem Weg-Weiser zu haben Mich nicht geschämet / der hierinnen die Bahn gebrochen / und dässen unterschidene Trauer-Spile Mir nicht alleine unter die Hände sondern auch auf den Schau-Platz kommen.« A. Z. IBRAHIM Trauer-Spiel LEJPZJG Druckts Johann Wittigau., fol. Aiij[v]. Einzelheiten im Kommentar Mannacks (*D*, S. 927).

Krieg und in der Nachkriegszeit fallenden Buchproduktion[34] – zu einem beachtlichen Ergebnis. Neben insgesamt 49 Einzelausgaben sind fünf Sammelausgaben, fünf posthume und ein undatierter Druck sowie jeweils mehrere, zumeist leicht veränderte Nachdrucke zu verzeichnen (das Singspiel *Verlibtes Gespenste* beispielsweise erscheint zwischen 1660 und 1724 in vier verschiedenen Einzelausgaben).[35] Darunter sind auch einige Übersetzungen zu nennen, wie z.B. eine italienische Ausgabe der *Catharina von Georgien* (1655)[36] oder eine niederländische Übertragung des *Leo Armenius* (1659).[37] Gleichwohl fällt es schwer, zu Lebzeiten von einer ausgeprägten internationalen Gryphius-Rezeption zu sprechen.

Während gerade die zeitgenössische Rezeption des lyrischen Werks, mit dem Gryphius unter dem Schutz Schönborners und während seiner Studienzeit in Leiden als deutschsprachiger Dichter zunächst angetreten war, nicht zusammenhängend aufgearbeitet ist, hat man die rege Aufführungsgeschichte und literarische Rezeption des Dramenwerks im 17. Jahrhundert gut dokumentiert.[38] Allgemein läßt sich hier zunächst die Breslauer Schulbühne als zentraler, wiederum schlesischer Spielort benennen, auf dem die meisten Stücke zur Aufführung gebracht werden. Ausgenommen sind die für besondere Anlässe konzipierten Sing- und Festspiele wie das 1660 anläßlich der zweiten Eheschließung Georgs III. zu Liegnitz und Brieg entstandene Mischspiel *Verlibtes Gespenste / Die gelibte Dornrose* sowie das wenig Resonanz hervorrufende Lustspiel *Horribilicribrifax*, das 1674 in Altenburg und 1686 in Görlitz gespielt wird. Zugleich bleibt die Aufführungsgeschichte keinesfalls auf Breslau beschränkt. Der Erstling *Leo Armenius* muß 1659 oder 1660 auch in Regensburg und 1666 in St. Gallen gespielt worden sein. Als erstes deutsches Drama wird er 1656 von Adriaan Leeuw ins Niederländische übersetzt und in Amsterdam aufgeführt; den Verschwörer Michael präsentiert die Bearbeitung indessen als »Werkzeug

---

34 Nach Schön (Anm. 27), S. 20, sinkt die Zahl zwischen 1625 und 1637 von 1391 auf 575 und, nach einer temporären Erholung des Marktes, zwischen 1650 und 1658 wieder von 948 auf 702 Titel im Jahr.
35 Vgl. Dünnhaupt (Anm. 26), S. 1860–1883, zu *Verlibtes Gespenste* S. 1875.
36 Feste THEATRALJ TRAGJCHE per la CATHARJNA di GJORGJA del Sig Andrea Gryphii Dedicate A LODOVJ-CA Ducheßa di Ligniz, Brieg e Wohlaw, Principeßa d'Anhalt, Contessa d'Ascania, Signora de Zerbst e Bernburg; Rappresentate da VJGJLJO CASTORE Budorgese, Jnventore Fatte coll acqua forte da GJOUAN USJNG Pittore M D C LV. Vgl. Dünnhaupt (Anm. 26), S. 1870.
37 LEO ARMENIUS, TREURSPEL. DOOR ADRIAAN LEEUW. *Vertoont op d' Amsterdamsche Schouwburgh.* t' AMSTERDAM, By *Jacob Lescaille*, Boekverkoper op de Middeldam, in 't jaar 1659. Dazu Ferdinand van Ingen: Andreas Gryphius' »Leo Armenius« in een Nederlandse bewerking (1968) [971].
38 Grundlegend Willi Flemming: Andreas Gryphius und die Bühne (1921) [383]; Konrad Gajek: Andreas Gryphius auf dem schlesischen Schultheater (1993) [965]; Gerhard Spellerberg: Szenare zu den Breslauer Aufführungen Gryphischer Trauerspiele (1978) [985].

göttlicher Gerechtigkeit«.[39] Das zweite Trauerspiel, *Catharina von Georgien* – wie *Leo Armenius* am Breslauer Elisabeth-Gymnasium aufgeführt –, ist 1665 zweimal auf der Bühne des Gymnasiums in Halle zu sehen (vgl. D, S. 927). *Cardenio und Celinde* wird im Frühjahr 1661 – unterbrochen durch ein Verbot des Präses – im Wechsel mit Lohensteins *Cleopatra* nur am Breslauer Elisabeth-Gymnasium gezeigt und bleibt zeitgenössisch auf diesen Aufführungshorizont beschränkt (vgl. D, S. 966). *Papinianus* bringt es 1660 allein in Breslau auf sieben Vorstellungen; hinzu kommen 1661 eine Inszenierung in Halle, 1674 in Altenburg und 1680 sechs Aufführungen in St. Gallen. Letztere sind bemerkenswert, da sie in einer antihöfisch-republikanisch pointierten Bearbeitung durch die reformierte Bürgerschaft gegen den »absolutistische[n] Habitus« des Fürstabts in St. Gallen gewendet sind.[40] Johann Christian Hallmann führt 1666 zudem die katholisch gefärbte Kontrafaktur *Die Göttliche Rache / Oder Der Verführte Theodoricus Veronensis* auf, die auf eine allegorische Verabschiedung der Staatsräson (*ratio status*) zielt. Für *Papinianus* und *Catharina von Georgien* läßt sich zudem belegen, daß sie zum Repertoire von Wandertruppen gehörten; u.a. inszeniert mit Johannes Velten einer der bedeutendsten Prinzipale der Barockzeit *Papinianus* 1690 vor dem Dresdner Hof in Torgau.[41] Für das erfolgreichste Lustspiel von Gryphius, *Herr Peter Squentz*, sind Aufführungen in Breslau (1668), Dresden (1672), Görlitz (1672/1676) und Torgau (1680) belegt (vgl. D, S. 1144). Ein wichtiges literarisches Rezeptionsdokument ist Christian Weises für das Zittauer Schultheater zur Fastnacht verfaßtes Drama *Lustiges Nachspiel / Wie etwan vor diesem von Peter Squentz aufgeführt worden / von Tobias und der Schwalbe / gehalten Den 12. Febr. 1682* (1683 in der Dramentrilogie *Zittauisches Theatrum* zusammen mit *Jacobs doppelte Heirat* und *Masaniello* gedruckt), das den Gryphius-Text zum Teil übernimmt, inhaltlich und strukturell jedoch erheblich erweitert und umgestaltet. Dies betrifft u.a. die Umbesetzung des Spielleiters – statt Squentz erscheint der Kirchschreiber zu Bettelrode Bonifacius Lautensack –, die stoffliche Substitution der *Pyramus-und-Thisbe-*›Tragödie‹ durch die biblische Tobias-Geschichte, die Zurücknahme der Spiel-im-Spiel-Konstruktion durch die dramaturgische Konzentration auf die Rahmen- bzw. Probenhandlung und Reduktion des höfischen Publikums auf einen Grafen (statt König) mit zwei Hofräten und Gästen, die Tilgung der Pickelhäring-Figur oder die Abwandlung des Dramenendes, an dem Bonifacius seine Unfä-

---

39 So der Kommentar Mannacks (D, S. 885f.). Vgl. auch die konzise Übersicht bei Metzger/Metzger (Anm. 16), S. 27f. Zur Übertragung Leeuws (die in Buchform erst 1659 erschien, vgl. oben Anm. 37) ausführlich auch Ferdinand van Ingen: Die Übersetzung als Rezeptionsdokument (1978) [858].
40 D, S. 1004. Vgl. im Detail Hellmut Thomke: Der Fürstabt und die reformierte Stadt St. Gallen im Theaterwettstreit (1981) [987].
41 Vgl. Doreen B. Rolph: Andreas Gryphius' »Aemilius Paulus Papinianus« on the German Itinerant Stage (1967) [981] sowie bereits Carl Heine: Eine Bearbeitung des »Papinianus« auf dem Repertoire der Wandertruppen (1889) [967].

higkeit zum Theater im Gegensatz zu Squentz einsieht und flüchtet. Kennzeichnend für die Gesamtanlage des Stücks ist die Preisgabe jedweder »theologische[n] Dimension«, die mit der »moraldidaktische[n]« Zuspitzung der komischen Konstellation im Sinn einer Dramatisierung politischer Verhaltenslehre einhergeht[42] und die »ständetrennende Konzeption« bei Gryphius durch eine »ständeübergreifende« ersetzt.[43] »Das gantze Spiel«, schreibt Weise, »gehet auf solche Leute / die etwas in der Welt auf sich nehmen / das sie nicht gelernet haben.«[44]

Die knappe Übersicht zeigt, daß der Schwerpunkt der zeitgenössischen Aufführungsgeschichte in Breslau liegt. Sie verdichtet sich zudem zu Lebzeiten und kurz nach Gryphius' Tod. Ab ca. 1680 sind relativ wenige Inszenierungen nachweisbar, so daß man zum Ende des Jahrhunderts von einem Abflauen der Aufführungsintensität ausgehen kann.

Indiz für die Kanonisierung des poetischen Werks im 17. Jahrhundert ist schließlich, daß Gryphius auch in die zeitgenössischen Poetiken Eingang findet. Zwar orientieren sich die Poesielehrbücher in der Opitz-Nachfolge im Musterbestand wesentlich an den Dichtungsautoritäten der eingeführten Literatursprachen (Griechisch und Latein sowie Französisch, Italienisch, Niederländisch und Spanisch), doch nimmt im Laufe des 17. Jahrhunderts zunehmend auch die neue deutsche Poesie mit anerkannten *exempla* Raum ein. Ein Beispiel gibt Albrecht Christian Rotths *Vollständige Deutsche Poesie* (1688), die als umfassendste Poetik der Barockzeit angelegt ist. Gryphius findet hier (neben Lohenstein) u.a. im Zusammenhang des Trauerspiels – gewissermaßen seiner Meisterdisziplin – Erwähnung. Zur metrischen Einrichtung des Genres schreibt Rotth,

> haben die alten in ihrer Vers-Arth ins gemein Jambische Verse gebraucht / die sich auch noch heutiges Tages / wenn Tragödien in Versen beschrieben werden / am besten schicken; wie aus des Gryphii und Caspars seinen Tragödien erscheinet / es sey nun eine MadrigalArt oder seyn Alexandr[iner].[45]

---

42 Volkhard Wels: Der theologische Horizont von Andreas Gryphius' »Absurda Comica« (2008) [781], S. 399.
43 Peter-Henning Haischer: Zur Bedeutung von Parodie und Karneval in Christian Weises »Zittauischem Theatrum«. In: Daphnis 28 (1999), S. 287–321, hier S. 319.
44 Christian Weisens Zittauisches THEATRUM Wie solches Anno M DC LXXXII. præsentiret worden / Bestehende in drey unterschiedenen Spielen. 1. Von Jacobs doppelter Heyrath. 2. Von dem Neapolitanischen Rebellen MASANIELLO. 3. Jn einer Parodie eines neuen Peter Sqvenzes von lautern Absurdis Comicis. Zittau / Jn verlegung Johann Christoph Miethens / Druckts Michael Hartmann / 1683, S. 349.
45 Kürtzliche / Doch deutliche und richtige Einleitung zu den Eigentlich so benahmten Poetischen Gedichten / i. e. Zu den Feld- und Hirten-Gedichten / zu den Satyren / zu den Comödien und Tragödien / wie auch zu den Helden- und Liebes-Gedichten / Dabey Theils deren Ursprung / theils ihr Wachsthum und Beschaffenheit / theils wie sie noch itzo müssen eingerichtet werden / vorgestellet wird / Der studirenden Jugend zum besten entworffen von M. Albrecht Christian Rotthen / des

Werden Gryphius und Lohenstein (»Caspar«) hier aufgrund des jambischen Versgebrauchs (»Alexandriner« als Sprechvers, »MadrigalArt« als Chorvers) – so wie auch in den Sophokles- und Seneca-Vergleichen (s.o.) – auf eine Stufe mit den antiken (»alten«) Tragikern gestellt, geht Rotth indessen nicht ins Detail. Als von der »neuen Art« – und an dieser Stelle ist explizit auch die Komödie mitgemeint – ein »Exempel angeführt werden« soll, beläßt er es bei dem lapidaren Hinweis: »als wil ich Lieber den Leser zu dem Gryphio und Casparo, den beiden berühmten Schlesiern / weisen«.[46] Ähnlich knapp verfährt z.B. auch Daniel Georg Morhof in seiner Poetik *Unterricht Von Der Teutschen Sprache und Poesie* (1682):

> Die Schauspiele haben einen grossen Unterschied in der Redensart: Die Lustspiele haben einen niedrigen / die Trauerspiele einen höhern stylum. Jn diesen sein Andreas Gryphus [sic], und Daniel Caspar vortreflich / von welchen in Teutscher Sprache das Muster zu nehmen.[47]

Hervorzuheben ist in solchen zeitgenössischen Bewertungen neben der nahezu topischen Paarung mit Lohenstein die Berücksichtigung der Komödien, die neben den Trauerspielen den Ruf des Dramatikers mitbegründen.[48] Die Konstanz dieser Rezeptionstendenz bis zum Ende des 17. Jahrhunderts belegt im poetologischen Diskurs Benjamin Neukirchs Vorrede zu seiner wirkungsmächtigen Sammlung *Herrn von Hoffmannswaldau und andrer Deutschen auserlesene und bißher ungedruckte Gedichte* (1695). Gegen Morhof gewendet schätzt Neukirch hier vor Fleming »die drey berühmten männer / Gryphius, Hoffmannswaldau und Lohenstein«, unter denen Gryphius »so männlich / nachdrücklich und donnernd« gedichtet habe (s.o.), »daß es ihm keiner von allen nachfolgern hierinnen gleich gethan«.[49] Zur Veranschaulichung setzt Neukirch bezeichnenderweise mit einer Passage aus dem *Leo Armenius* ebenfalls ein Beispiel aus dem Dramenwerk. Die Stilisierung zum Begründer der deutschen Tragödie wird sodann im Schulactus *Von den Trauer-Spielen Oder Tragödien* (1696) des Sohns Christian vernehmlich, der – hier kreuzen sich poetologischer und literarischer Diskurs – seine Opitz-Figur im Gespräch mit Aristoteles über die Gattung des Trauerspiels auf der Bühne sagen läßt: »Es war aber hirmitt

---

Gymnasii zu Halle in Sachsen ConR. Leipzig / in Verlegung Friedrich Lanckischen Erben / Anno 1688, S. 216f. Weiterführend Jörg Wesche: Literarische Diversität (2004) [516], S. 201.
46 Rotth (Anm. 45), S. 241.
47 Daniel Georg Morhofen Unterricht Von Der Teutschen Sprache und Poesie / deren Uhrsprung / Fortgang und Lehrsätzen. Wobey auch von der reimenden Poeterey der Außländer mit mehren gehandelt wird. KIEL / Gedruckt und verlegt durch Joachim Reumann / Acad. Buchdr. im Jahr 1682. Zu finden bey Johann Sebastian Riecheln, S. 738f.
48 Vgl. dazu Metzger/Metzger (Anm. 16), S. 29.
49 Herrn von Hoffmannswaldau und andrer Deutschen auserlesene und bißher ungedruckte Gedichte / nebenst einer Vorrede von der deutschen Poesie. Mit Churfl. Sächs. Gn. PRIVILEGIO. LEJPZJG / Bey J. Thomas Fritsch. 1695, fol. b2^r–b2^v.

noch nichts rechtes ausgemacht, biß Gryphius, der von Jugend auf einen Zug zu dem Traur-spiel gehabt, mit seinem Leone[50] Armenio an das Licht trat.«[51] Erdmann Neumeister etwa – dies muß man gleichwohl ebenfalls sehen – betont in seiner zeitgenössischen Literaturgeschichte DE POËTIS GERMANICIS Hujus seculi præcipuis DISSERTATIO COMPENDIARIA (1695), daß auch Gryphius' Lyrik um 1700 noch weithin gelesen werde.[52]

Fokussiert man zusammenfassend die Stilisierung zum ›Teutschen Sophocles‹ bei Lohenstein, die vergleichsweise intensive aufführungspraktische und literarische Rezeption des Dramenwerks oder auch die Wahrnehmung der Theaterstücke in der Poetik des 17. Jahrhunderts, wird deutlich, in welchem Ausmaß der Poet Gryphius in der zeitgenössischen Rezeption als Dramenautor präsent ist, auch wenn man gerade für die Trauerspiele gemeint hat, daß sie »bereits zu ihrer Entstehungszeit im Grunde volks- und lebensfremd« gewesen seien.[53] Die Lehrpläne und Deutschlehrbücher führen Gryphius heute zuallererst als Sonettstimme zum Dreißigjährigen Krieg mit, die das zum Epochenstereotyp erstarrte Lied von *vanitas* und *memento mori* zum Klingen bringt. Am Ende des 17. Jahrhunderts ist in der Barocklyrik indessen mit der galanten Dichtung, namentlich der Neukirchschen Sammlung, ein anderer Schlesier an die erste Stelle gerückt, der gleichwohl biographisch und literaturgeschichtlich in »gegensätzliche[r] Freundschaft« mit Gryphius verbunden bleibt.[54]

---

50 Verbessert aus »Leonoe«.
51 Nach Gajek (Anm. 38), S. 104. Original der von Gajek transkribierten Handschrift in der Biblioteka Uniwersytecka we Wrocławiu (Signatur: Akc. 1968/24).
52 DE POËTIS GERMANICIS Hujus seculi præcipuis DISSERTATIO COMPENDIARIA. Additæ et sunt POËTRIÆ; Haud raro etiam, ut virtutis in utroque sexu gloria eo magis elucescat, comparebunt POËTASTRI. De singulis vero H. L. Q. S. *ad diem XVI. Januarii* exponent publice M. Erdmann Neumeister / et Friedrich Grohmann. ANNO M. DC. XCV., S. 42f. Vgl. Metzger/Metzger (Anm. 16), S. 30.
53 So Marian Szyrocki in der Einleitung zu Andreas Gryphius: Werke in einem Band (1963) [5], S. 25.
54 Dies die Formel von Eberhard Mannack: Andreas Gryphius und Christian Hoffmann von Hoffmannswaldau – eine gegensätzliche Freundschaft (1993) [165]. Vgl. auch Stefan Kiedroń: Das Treffen in Leiden (1995) [155].

III.2 »Critische« Rezeption in der (Früh-)Aufklärung

Von Benedikt Jeßing

Die grundsätzliche Rezeptionsperspektive des früheren 18. Jahrhunderts auf Gryphius ist einerseits dadurch bestimmt, daß die Literatur des 17. Jahrhunderts noch eine hohe Präsenz im kulturellen Bewußtsein der Gelehrten sowie im literarischen Leben der Zeit hatte. Andererseits fällt aber auch Gryphius, zumindest teilweise, unter das Verdikt der frühaufgeklärten Kritik des schwülstigen Stils – für den aber insbesondere Lohenstein und Hoffmannswaldau stehen. Darüber hinaus wird, insbesondere mit Gottscheds *Versuch einer Critischen Dichtkunst vor die Deutschen* (1730, ⁴1751), gerade gegenüber den dramatischen Werken Kritik geäußert – die jedoch, durch einen (letztlich ›abtrünnigen‹) Gottsched-Schüler, Johann Elias Schlegel, wenn nicht ins Positive gewendet, so doch zumindest deutlich differenziert wird.

Gottsched berichtet in der »Critische[n] Vorrede« zum *Sterbenden Cato* (1732), er habe sich nach seiner Ankunft in Leipzig 1724 nicht nur mit dem Theaterspielplan, sondern auch mit dem Prinzipal der dort auftretenden »privilegirten Dreßdenischen Hofcomödianten« bekannt gemacht, um »zuweilen von der bessern Einrichtung seiner Schaubühne mit ihm zu sprechen. Jch fragte ihn sonderlich, warum man nicht Andr. Gryphii Trauerspiele, imgleichen seinen Horribilicribrifax u. d. m. aufführete?«[1] Die Antwort des Prinzipals, das Publikum wolle keine Trauerspiele in Versen mehr sehen, ist hier gleichgültig – wichtig ist an Gottscheds Frage nach Gryphius dessen Präsenz im kulturellen Bewußtsein: Insbesondere Gryphius erscheint hier als nachgerade mustergültig in seinen theatralischen Werken.

In seiner *Critischen Dichtkunst* zählt Gottsched Gryphius immer wieder und durchaus zu den Vorbildern und Mustern literarischen Geschmacks. Im dritten Kapitel der ersten Abteilung stellt er ihn – allerdings auch mitsamt heute nicht mehr sonderlich bekannten Autoren wie Pietsch und Besser – in eine Reihe mit den lateinischen Klassikern und den herausragenden Gestalten der europäischen Renaissance:

Fraget man, wie man einen jungen Menschen zum guten Geschmacke in der Poesie bringen könne? So gebe ich diese Antwort: Man gebe ihm von Jugend auf lauter Poeten von gutem Geschmacke zu lesen. Terentz, Virgil, Horatz, von den Lateinern; Petrarcha und Tasso von Jtalienern; Malherbe, Boileau, Corneille, Racine, Moliere und Voltaire von Franzosen; Heins und

---

1 Joh. Christ. Gottscheds Prof. der Poes. in Leipzig, Sterbender CATO ein Trauerspiel, nebst einer Critischen Vorrede, darinnen von der Einrichtung desselben Rechenschaft gegeben wird. Leipzig, Zu finden in Teubners Buchladen. 1732, Vorrede, unpaginiert.

Cats von Holländern; Opitz, Dach, Flemming, Tscherning, beide Gryphier, Amthor, Canitz und Günther von unsern Landesleuten: Das sind die Muster die man jungen Leuten zur Nachfolge vorlegen muß. Man gehe dieselben mit ihnen durch; Man mache sie aufmercksam auf die schönsten Stellen; Man entdecke ihnen einiger massen die Ursachen warum sie so schön sind, und zeige ihnen daß das Wiederspiel heßlich gewesen seyn würde. Man bemercke ihnen auch die schlechten Stellen, die sich als Überbleibsele des übeln Geschmackes, auch bey allen oberwehnten Scribenten noch hier und da finden.[2]

Daß Gottsched Gryphius in diese Reihe stellt, mag aber auch mit dem (aus seiner Perspektive) desolaten Zustand der deutschen Literatur zu tun haben. So heißt es etwa in der Besprechung von »M. Johann Dünnehaupts, Illustr. Quedl. Correct. gedrückter und erquickter Jacob, in einem öffentlichen Schauspiel, am 11ten und 12ten Octobr. 1703. vorgestellet, durch einige im gedachten Gymnasio Studirende« im ersten Stück von Gottscheds Zeitschrift *Beyträge zur Critischen Historie der Deutschen Sprache, Poesie und Beredsamkeit* (1732) zwar: »Wer sollte es z. E. nicht denken, daß wir in der Poesie, nach einer solchen Menge von Poeten, als Deutschland aufweisen kann, einen großen Vorrath schöner Muster hätten, die wir in allen Gattungen der Gedichte zeigen könnten?«[3] Der Verfasser der Besprechung, möglicherweise Gottsched selbst, muß aber einräumen:

Gleichwohl fehlet es uns in den allerwichtigsten Theilen derselben [der Poesie], ich will nicht sagen an vollkommenen, sondern nur an erträglichen Proben. [...] Jn Tragödien haben wir noch nichts in öffentlichem Drucke, als Lohensteins und des ältern Gryphii Stücke [...]. Jn Comödien haben wir außer ein paar Stücken von gedachtem Gryphius, nichts als Riemers und Weisens Comödien, so in einigen Ruhm gekommen sind. Gleichwohl sind auch diese so schlecht nach den theatralischen Regeln eingerichtet, daß man sich wundern muß, wie sie sich so lange in der einmal erlangten Hochachtung erhalten können.[4]

Gryphius (und mit ihm sogar Lohenstein) überragt die Literatur des Jahrhundertanfangs zwar um vieles – nichtsdestoweniger entsprechen gerade die dramatischen Werke nicht dem poetologischen Ideal.

---

2 Versuch einer Critischen Dichtkunst vor die Deutschen; Darinnen erstlich die allgemeinen Regeln der Poesie, hernach alle besondere Gattungen der Gedichte, abgehandelt und mit Exempeln erläutert werden: Uberall aber gezeiget wird Daß das innere Wesen der Poesie in einer Nachahmung der Natur bestehe. Anstatt einer Einleitung ist Horatii Dichtkunst in deutsche Verße übersetzt, und mit Anmerckungen erläutert von M. Joh. Christoph Gottsched. Leipzig 1730 Verlegts Bernhard Christoph Breitkopf, S. 109.
3 Beyträge zur Critischen Historie Der Deutschen Sprache, Poesie und Beredsamkeit, herausgegeben von Einigen Mitgliedern der Deutschen Gesellschaft in Leipzig. Erstes Stück. Leipzig, Bey Bernhard Christoph Breitkopf. 1732., S. 137. Die *Beyträge* werden im folgenden nachgewiesen mit Band- und Stücknummer.
4 Ebd., S. 137f.

In vielen Beiträgen zu Gottscheds Zeitschrift wiederholt sich die Zuordnung von Gryphius zu den großen deutschen Poeten, so etwa noch im ersten Stück in der Rezension von Heinrich Beuthners Dissertation *ΠΑΡΕΡΓΟΝ CRITICVM DE PRÆSTANTIA QVADAM POESEOS GERMANICÆ PRÆ GALLICA ET ITALICA*[5] (»Critische Abhandlung von einigen Vorzügen der deutschen Poesie vor der Französischen und Jtalienischen«).[6] Signifikant sind die Namen der anderen, mit denen Gryphius genannt wird, für den Blick des frühen 18. auf die Literatur des 17. Jahrhunderts: Natürlich sind Opitz, Fleming, Lohenstein, Hoffmannswaldau und Tscherning dabei, aber eben auch Besser, Canitz, Postel, Mühlpfort, Hallmann, Abschatz, Heräus und Pietsch. Daß Gryphius in der Rezension von Carl Ortlobs Dissertation *De Varijs Germanæ Poëseos Ætatibus EXERCITATIO*[7] (»Von den verschiedenen Altern der Deutschen Poesie«)[8] nicht im Reigen der vornehmsten, angesehensten Mitglieder der Fruchtbringenden Gesellschaft genannt wird, ist allerdings kein Beweis für irgendeine Mißachtung in den *Beyträgen*: Ortlobs Abhandlung erschien 1654, Gryphius wurde erst 1662 in die Gesellschaft aufgenommen.

Trotz seiner Präsenz im literarischen Bewußtsein wird Gryphius in Gottscheds *Critischer Dichtkunst* sehr selten herangezogen, wenn es um Beispiele für poetisch-rhetorische Figuren geht, auch und gerade nicht um Beispiele für Übertreibungen oder Schwulst. Statt dessen zieht Gottsched Autoren wie Dach, Opitz, Fleming, Tscherning, Amthor u.a. heran. Nur wenig anders sieht das in den *Critischen Beyträgen* aus: In der Abhandlung »Von der Wörter Ordnung überhaupt in der deutschen Sprache« – deren Verfasser nicht Gottsched, sondern der Arzt und Lexikograph Christoph Ernst Steinbach ist[9] – stammen alle einem »Gryph« zugeschriebenen Sprachbeispiele von Christian Gryphius,[10] immerhin verweist mindestens Johann

---

5 ΠΑΡΕΡΓΟΝ CRITICVM DE PRÆSTANTIA QVADAM POESEOS GERMANICÆ PRÆ GALLICA ET ITALICA. QVOD *D. O. M. A. IN ILLVSTRI ET INCLYTA ACADEMIA JVLIA PRÆSIDE CORN. DIET. KOCHD. ET LOGICÆ PRIMÆQ. PHILOS. PROF. ORD. PATRONO, PRÆCEPTORE, HOSPITE ATQVE AVVNCVLO SVO OMNI PIETATE ÆTERNVM DEVENERANDO AD DIEM XXII. MAJ. A. M DCC XV. IN JVLEO MAJORE PVBLICE EXAMINANDVM PROPONIT RESPONDENS AVTOR* JOH. HENR. BEVTHNER HAMBVRG. PHIL. ET S. THEOL. CVLTOR. *HELMSTADII,* Typis Georg-Wolfgangi Hammii, Acad. Typogr.
6 Beyträge (Anm. 3), I.2 (1732), S. 202–215, hier S. 202; vgl. dort S. 204, und ähnliche Aufzählungen in I.2 (1732), S. 239; V.19 (1738), S. 486, u.ö.
7 De Varijs Germanæ Poëseos Ætatibus EXERCITATIO. In Almâ Leucoreâ A. D. XIX. Augusti horis Matutinis Loco solito, συμφιλολογούντων Examini sistent PRÆses M. CAROLUS ORTLOB / SILESIUS: & RESPONDENS JOHANNES FRIDERICUS SCULTETUS, Torgensis. Exscribebatur A. O. R. cIɔ Iɔ cLIV. Ære Michaelis WENDT.
8 Beyträge (Anm. 3), I.2 (1732), S. 280–289, hier S. 280.
9 Vgl. Johann Christoph Gottsched. Briefwechsel unter Einschluß des Briefwechsels von Luise Adelgunde Victorie Gottsched. Bd. 2: 1731–1733. Hg. von Detlef Döring, Rüdiger Otto und Michael Schlott. Berlin/New York 2008, S. 673.
10 Vgl. Beyträge (Anm. 3), I.1 (1732), S. 177–182.

Elias Schlegel in seiner Abhandlung über die Nachahmung mit einem Beispiel für metaphorische Bildlichkeit auf ein Trauerspiel von Andreas Gryphius: »Wie, wenn das schnelle Blut aus vollen Adern dringet | Und schäumend durch die Luft aus offnen Röhren springet«.[11]

Gottsched und sein Kreis scheinen das lyrische Werk von Gryphius kaum zu kennen – zumindest ziehen sie es nicht zur Illustration sprachlicher oder literarischer Besonderheiten heran: ein Zeichen dafür, daß die Sonette, Oden und anderen Gedichte nicht zur aktiven literarischen Kenntnis gehörten. Eine Ausnahme bilden in gewisser Weise die *Kirchhoffs-Gedancken* (1657), auf die Gottsched in der *Critischen Dichtkunst* immerhin einmal verweist (allerdings erstmals in der vierten Auflage von 1751!): Gryphius habe »in seiner langen Ode auf den Kirchhof, mehr als eine Probe der pathetischen Schreibart gegeben, die sehr zu loben ist«;[12] Gottfried Ephraim Müllers »Versuch einer Critik über die Deutschen Dichter« (erstmals 1737) bekennt, daß Gryphius' »Kirchhof ihm [...] Ehr und Ruhm erworben« habe.[13]

In einzelnen Abschnitten des gattungspoetologischen Teils der *Critischen Dichtkunst* geht Gottsched natürlich auf entsprechende lyrische Gedichte von Gryphius ein: Dieser habe, wie Opitz, Fleming und Dach, in seinen pindarischen Oden nicht in allen Fällen die klassische Regel, der Sinn einer Strophe müsse innerhalb dieser geschlossen vorliegen, befolgt.[14] Immerhin aber gesteht er ein, obwohl man »keinen ganzen Pindar in Deutschland gehabt« habe, hätten doch wenigstens »Flemming, Gryph und Amthor kein übles Geschick« zur pindarischen Ode gehabt.[15] Selbstverständlich erwähnt Gottsched auch den Sonettdichter Gryphius,[16] ohne aber auch nur eines seiner Beispiele aus Gryphius' Werk zu wählen.

Bei Behandlung der »großen dramatischen Schäfergedichte[], die man auch Pastorale nennt«, erwähnt Gottsched die *Gelibte Dornrose*, ohne diesen Titel zu nennen: »Des A. Gryphius Zwischenspiel, welches er in das verliebte Gespenst ein-

---

11 Abhandlung von der Nachahmung. In: Beyträge (Anm 3), VIII.29 (1742), S. 46–75, hier S. 53. Vgl. *Fel.* I,51f.
12 Versuch einer Critischen Dichtkunst durchgehends mit den Exempeln unserer besten Dichter erläutert. Anstatt einer Einleitung ist Horazens Dichtkunst übersetzt, und mit Anmerkungen erläutert. Diese neue Ausgabe ist, sonderlich im II. Theile, mit vielen neuen Hauptstücken vermehret, von Johann Christoph Gottscheden. Vierte sehr vermehrte Auflage, mit allergnädigster Freyheit. Leipzig, 1751. Verlegts Bernhard Christoph Breitkopf, S. 432.
13 Zitiert nach Beyträge (Anm. 3), VIII.29 (1742), S. 173–186, hier S. 181.
14 Vgl. Gottsched (Anm. 12), S. 427.
15 Ebd., S. 432. Beide hier angeführten Verweise auf Gryphius (besonders auf die *Kirchhoffs-Gedancken*) finden sich nicht in der Erstausgabe der *Critischen Dichtkunst* von 1730, sondern erst in der vierten Auflage.
16 Ebd., S. 699. Auch hier ergänzt Gottsched in der vierten Auflage der *Critischen Dichtkunst* den Katalog der Sonettdichter des 17. Jahrhunderts um Gryphius – in der ersten Auflage verweist er nur auf Fleming.

gerücket hat, ist mehr ein Bauerstück, als ein Schäferspiel zu nennen; zumal, da es in der heutigen Bauersprache geschrieben ist, und sehr plump klingt.«[17]

Von den Lustspielen ist es insbesondere der *Peter Squentz*, der sowohl bei Gottsched als auch bei seinen Zeitgenossen bekannt ist. Im Komödienabschnitt der *Critischen Dichtkunst* heißt es summarisch: »Andreas Gryphius hat es ohne Zweifel in Comödien bey uns am weitesten gebracht. Seine Säug-Amme, sein Horribilicribrifax und Peter Sqventz sind sehr wohl gerathen, und stellen solche lächerliche Thorheiten vor, die dem Zuschauer viel Vergnügen und Nutzen schaffen können.«[18]

Die *Absurda Comica* dienen sowohl in der *Critischen Dichtkunst* als auch in den *Beyträgen* verschiedentlich zur Illustration verschiedener lächerlicher Erscheinungsformen des Menschen oder der menschlichen Rede: Die Ablehnung von Zauberei und Geistererscheinungen begründet Gottsched mit einem Verweis auf Gryphius' Lustspiel: »Wer nicht weiß wie lächerlich dieses ist, darf nur den Peter Squentz des Andreas Gryphius nachlesen, wo sogar die Wand und der Brunn, der Mond und der Leue als redende Personen aufgeführt werden.«[19] Gottsched faßt den *Peter Squentz* insgesamt als Satire auf die Unregelmäßigkeiten und Fehler der älteren deutschen Schaubühne auf, der ungenannte Verfasser der »Anmerkungen über das 592. Stück des Zuschauers« im 29. Stück der *Beyträge* 1742 (möglicherweise Gottsched selbst!) weist hin auf den »Duk of Buckingham welcher ein eigenes Lustspiel The Rehearsal genannt, bloß darum verfertiget hat, um die[] ungezähmten Freyheiten der englischen Schaubühne lächerlich zu machen und deren Ungrund zu zeigen. Wer diese sehr schöne Satire nicht selbst gelesen hat, der kann sich nach unserm deutschen Peter Squenz einen Begriff davon machen. Denn so wie Gryphius in demselben die Thorheiten der alten deutschen Schaubühnen durchgezogen; so macht es auch hierinn der Herzog von Buckingham: nur daß dieses sein Werk in vielen Stücken feiner ist, als des erstern seines; wie es denn auch fünf Aufzüge hat.«[20]

In die gleiche Richtung argumentiert Gottlob Benjamin Straube in seinem – von Johann Elias Schlegel dann fulminant beantworteten – Aufsatz »Versuch eines Beweises, daß eine gereimte Comödie nicht gut seyn könne«:

Der sinnreiche Gryphius, welcher alle seine Trauerspiele in Versen, und seine Lustspiele in Prosa verfasset, hat meines Erachtens den Reim in der Comödie ebenfalls für einen großen Fehler angesehen, wie ich aus seinen Absurdis Comicis oder aus dem P. Squenz schließe. P. Squenz führt daselbst einen Blasebalgmacher, der die Rolle des Windes vorzustellen hat, redend ein. Er legt ihm die Reime in den Mund, dieser aber sagt allemal das Gegentheil. z. E.

---

[17] Ebd., S. 595f. Auch hier ergänzt Gottsched in der *Critischen Dichtkunst* von 1751 die Darstellung der Erstausgabe u.a. um den Hinweis auf die *Gelibte Dornrose*.
[18] Gottsched (Anm. 2), S. 593.
[19] Ebd., S. 154.
[20] Beyträge (Anm. 3), VIII.29 (1742), S. 169.

> Jch hab' in meinen jungen Jahren
> Sehr viel und mancherley **gelernet**,
> Meine Schwester hat eine schöne Stirn
> Und drinn ein Fleckgen wie ein **Apfel**,
> Es wollte sie schier keiner nehmen,
> Es darf mich meines Geschlechts nicht **verdriessen etc.**
>
> Dieselbe ist so bekannt, daß ich sie nicht weiter anführen darf. Er hat dadurch nur zeigen wollen, wie sich der Poet um des Reims willen zwingen müßte, einen Flecken der wie ein Apfel ausgesehen hat, in eine Birn zu verwandeln u. s. w.[21]

Straube verweist einerseits darauf, daß Gryphius' Komödie allenthalben bekannt sei – seine Deutung andererseits kann allerdings in Zweifel gezogen werden: Gryphius macht hier, indem er kunstvoll Vers für Vers das passende Reimwort verfehlen läßt, nicht die Verskomödie als Gattung lächerlich, vielmehr gehören die ›Reim-Fehler‹ des Handwerkers in das große Spektrum der Unkenntnis poetischer Regeln in der gesamten Laienspielschar der *Absurda Comica*.

Daß gerade dieses Lustspiel in den 1730er Jahren noch allgemein bekannt war, zeigt auch der Verweis innerhalb einer scharfen Kritik von Lohensteins Leichenrede auf Hoffmannswaldau (»Critische Anmerkungen über D. C. von Lohenstein Lobrede bey des weyl. Hochedelgebohrnen, Gestrengen und Hochansehnlichen Herrn Christians von Hofmannswaldau etc. den 30. April 1679. in Breßlau geschehenen Leichenbegängnisse gehalten«):

> Ein herrliches Lob vor den Herrn von Hoffmannswaldau! Er ist ein Mensch gewesen! Was hätte man sinnreicher erdenken können? Jst nun jeder Schneider, Bauer und Bettler auch ein Mensch, so dürfen alle diese Leute noch nicht verzweifeln, daß ihnen nicht noch dermaleins von einem Lohsteinischen Leichenredner der Text erkläret werde: Der grosse Pan ist todt: nemlich der ehrenveste und kunsterfahrne Meister Klotz-George, wohlbekannter Spulenmacher in Rumpelskirchen.[22]

Daß Gryphius der sprachlich-stilistischen Regeln der Schaubühne mächtig war, konzediert Gottsched selbstverständlich: Die üble Sprachvermischung habe er im Lustspiel lächerlich gemacht, habe »in seinem Horribilicribrifax[23] so wohl diesen Großsprecher, als seinen Gegner Daradiridatumtarides, das Welsche, Spanische, Französische; den Schulfuchs Sempronius hergegen, das Griechische und Lateinische auf eine lächerliche Art ins Deutsche mischen lassen, um andern einen Abscheu davor zu erwecken«.[24] Auch rechnet er Gryphius mit Opitz, Dach und Canitz

---

21 Ebd., VI.23 (1740), S. 479f.
22 Ebd., I.3, (1732), S. 507f.
23 Verbessert aus »Horribilicribifax«.
24 Gottsched (Anm. 2), S. 192.

zu denjenigen »von unsern besten Poeten«, die »wohl niemahls, auch in verliebten Gedichten, ein zartes Ohr geärgert« hätten.²⁵ Insbesondere im Vergleich zu Lohenstein müsse der vergleichsweise schlichte Stil in Gryphius' Trauerspielen hervorgehoben werden:

> Jn dieser falschen Hoheit ist nun bey den Lateinern Seneca in seinen Tragödien; und bey uns Lohenstein gantz unerträglich. Alle ihre Personen, die sie aufführen, reden lauter Phöbus [...]. Unser Andreas Gryphius ist doch weit vernünftiger in diesem Stücke. Jch mag die Weitläuftigkeit zu meiden, keine Exempel von beyden anführen: Man darf aber nur gleich des erstern Agrippina, mit Carl Stuarten von diesem; oder auch die Sophonisbe mit dem Leo Armenius zusammen halten, so wird man den Unterscheid gleich mercken.²⁶

Nichtsdestoweniger ist die Kritik auch des dramatischen Stils der Trauerspiele nicht zu übersehen. Die Rezension von Ludewig Friedrich Hudemanns *Proben einiger Gedichte*²⁷ weist darauf hin, »daß unsre alte Tragödienschreiber in Deutschland, als Gryphius und Lohenstein, nach dem bösen Muster des tragischen Seneca, ihre Helden fast übermenschlich haben reden lassen«;²⁸ Christian Mylius unterscheidet in seiner »Critische[n] Untersuchung, ob, und in wie fern die Gleichniße in den Trauerspielen statt finden?«²⁹ zwar Gryphius noch von Lohenstein, kommt bei beiden aber zu einem negativen Ergebnis:

> Andreas Gryphius hat sich zwar in seinen Trauerspielen der Gleichnisse mehr enthalten, als Lohenstein; doch aber findet man ihrer bey ihm mehr, als zu viel. Jch will nur etliche wenige anmerken [...] [Bsp. aus *Leo Armenius*]. Jn diesen Worten läßt Gryphius den Leo ein Gleichniß nach dem andern vorbringen, und dadurch dessen Rede so unnatürlich machen, daß sie nicht einmal in einem Gedichte überhaupt, geschweige denn in einem Trauerspiele, zu dulden ist. Gryphius und Lohenstein haben demnach ihren Witz in den Gleichnissen der Trauerspiele sehr zur Unzeit angewandt.³⁰

Ablehnend gegenüber den Geistererscheinungen verhält sich die *Critische Dichtkunst* ebenfalls hinsichtlich der Trauerspiele:

> Wenn also Gryphius in seinem Leo Armenius den Geist des Patriarchen von Constantinopel, und den höllischen Geist selbst, ja ein Gespenst in Gestalt Michaels; in der Katharina von Geor-

---

25 Ebd., S. 94.
26 Ebd., S. 579.
27 Ludew. Fried. Hudemanns, J. U. D. Proben einiger Gedichte und Poetischen Uebersetzungen. Denen ein Bericht beygefüget worden, welcher von den Vorzügen der Oper vor den Tragischen und Comischen Spielen handelt. Hamburg, bey Joh. Christoph Kißner, 1732. Vgl. Beyträge (Anm. 3), III.10 (1734), S. 268–316.
28 Ebd., S. 277.
29 Ebd., VIII.31 (1742), S. 394–420.
30 Ebd., S. 404–406.

gien die Ewigkeit, etliche Geister der Verstorbenen, die Tugenden, den Tod und die Liebe als Personen aufführet: im Cardenio gleichfalls ein Paar Geister; im Carl Stuart abermal drey Geister, und sodann noch Krieg, Ketzerey, Pest, Tod, Hunger, Zwietracht, Furcht, Eigenmord, die Geister der ermordeten Könige in England u. a. m. vorbringt: so sind gewiß der Erscheinungen zuviel eingemengt.[31]

Die Einrichtung der Trauerspiele, die so gar nicht dem klassizistischen Ideal entspreche, wird weniger in Gottscheds Regelpoetik oder in seinen eigenen Aufsätzen in den *Beyträgen* als vielmehr in zwei größeren poetisch verfaßten Revuen deutscher Dichter kritisch beäugt, die jeweils auch als Einzeldrucke publiziert, jedoch von Gottsched in die *Beyträge* aufgenommen wurden. Johann Jacob Bodmers Alexandriner-Dichtung »Character der deutschen Gedichte« erschien in Zürich 1734 und wurde 1738 ins 20. Stück der Leipziger Zeitschrift eingerückt. Selten ist die Polemik gegenüber Gryphius schärfer (allerdings dürften Gryphius' Alexandriner allesamt besser sein!):

> Gryph wußte noch nicht wohl, was recht zu wissen ist,
> Eh man die Satzungen des Trauerspieles list,
> Wie durch Beschreibungen die Sachen auszudehnen;
> Wie künstlich aufzuziehn, wie artig zu beschönen;
> Wodurch das süsse Leid und Schrecken sich erweckt;
> Durch was für Schlüssel man des Herzens Spring entdeckt.
> Geschweige, daß er sich bemühte einzusehen,
> Auf was für einem Grund die Trauerspiele stehen,
> Was ihre Kunst befiehlt, was sie für Regeln liebt,
> Was sie für Art und Maaß dem Ding und Umstand giebt.
> Er wußte nicht, daß sie von viel verschiednen Stücken,
> Die künstlich eingelegt, sich fein zusammen schicken,
> Nur ein Gewebe webt, nur einen Körper schleußt,
> An welchem jedes Glied nett in das andre fleußt;
> Der ungeheuer wird, wie Misgeburten lassen,
> Wenn alle Theile nicht genau zusammen passen.[32]

Regelpoetische Ansprüche, letztlich empfindsame Affektkultur und insbesondere ein klassizistisches Formverständnis werden hier – anachronistisch – als Maßstäbe an die Trauerspiele herangetragen. Genau vergleichbare Kriterien strukturieren die noch polemischere Perspektive auf Gryphius in dem »Versuch einer Critik über die Deutschen Dichter« des Leipziger Pfarramtskandidaten Gottfried Ephraim Müller (Einzeldruck Leipzig 1737; in den *Beyträgen* 1742):

---

[31] Gottsched (Anm. 12), S. 625. Auch hier ergänzt Gottsched für die vierte Auflage der *Critischen Dichtkunst* den entsprechenden Abschnitt über Zaubereien und Geistererscheinungen im Tragödienkapitel der Erstausgabe.
[32] Beyträge (Anm. 3), V.20 (1738), S. 634f.

> Drauf kam der ältre Gryph, und zwang sein Saitenspiel
> Und wich schon hier und da vom Opitz allzuviel,
> Schrieb rauh und räthselhaft, um nur gelehrt zu schreiben,
> Und ließ sich allzuoft die falsche Hoheit treiben.
> Wenn sich Melpomene ihm niemals hold erzeigt,
> So schien ihm Clio doch in Oden mehr geneigt;
> Und was sein Kirchhof ihm für Ehr und Ruhm erworben,
> Das hat ihm sein Stuard, und andre mehr, verdorben.
> So ists; das Trauerspiel bleibt wol ein schlüpfrigs Eis,
> Auf dem ein jeder fällt, der nicht die Regeln weis,
> Und sich beym Ganzen nicht, bey Theilen nicht verweilet,
> Und nur fünf Actus macht, und die in Scenen theilet;
> Nicht die Affecten kennt, noch wie man sie erregt,
> Und, wenn er weinen will, kein einzigs Herz bewegt.
> Warum? den Helden muß sein Schmerz nicht ernstlich qvälen,
> Er würd ihn sonsten nicht so schulgelehrt erzählen.[33]

Ein besonderes Dokument – aus dem Gottsched-Kreis und doch von seinem Rande her – ist Johann Elias Schlegels differenzierte »Vergleichung Shakespears und Andreas Gryphs«. Schlegel veröffentlichte den kleinen Aufsatz in Gottscheds *Critischen Beyträgen* in deren siebtem Band anonym.[34] Ein Stück vorher, im 27. Stück, hatte Gottsched in einem redaktionellen Sammelbeitrag mit dem Titel »Nachricht von neuen hieher gehörigen Sachen«[35] eine knappe Notiz über die Übersetzung eines Shakespeare-Stücks veröffentlicht, den *Versuch einer gebundenen Uebersetzung des Trauer-Spiels von dem Tode des Julius Cäsar. Aus dem Englischen Wercke des Shakespear* von 1741.[36] Der anonym bleibende Übersetzer war Caspar Wilhelm von Borck (1704–1747), preußischer Diplomat in London, später preußischer Staatsminister.

Schlegels Aufsatz ist einerseits erstes Dokument einer, im Gegensatz zu Gottsched, positiven Rezeption des unklassizistischen englischen Dramatikers; andererseits modelliert Schlegel, wie sich im Argumentationsverlauf zeigen wird, gerade in der Unterscheidung zwischen Shakespeare und Gryphius die Kategorien von Handlung und Charakter, die er schon in einem Brief an seinen Bruder Johann Adolf 1739 und im Kommentar zu seiner *Elektra*-Übersetzung (1739–1741) ausführlich thematisiert hatte.

Gottsched hatte in seiner Notiz in den *Critischen Beyträgen* scharf gegen Shakespeare Stellung bezogen: »Die elendeste Haupt- und Staatsaction unsrer ge-

---

33 Ebd., VIII.29 (1742), S. 180f.
34 Ebd., VII.28 (1741), S. 540–572.
35 Ebd., VII.27 (1741), S. 516f.
36 Versuch einer gebundenen Uebersetzung des Trauer-Spiels von dem Tode des Julius Cäsar. Aus dem Englischen Wercke des Shakespear. Berlin, bey Ambrosius Haude. 1741.

meinen Comödianten ist kaum so voll Schnitzer und Fehler wider die Regeln der Schaubühne und gesunden Vernunft, als dieses Stück Schakespears ist.«[37] Schlegels Wahrnehmung der Dramaturgie des Shakespeareschen Theaters geht im Gegensatz dazu gar nicht von der Folie der aristotelisch-klassizistischen Dramatik aus, sondern stellt den Versuch dar, Shakespeares Dramatik von ihrer Eigenart aus zu betrachten – und eben nicht mit französischen oder deutschen französierend-klassizistischen Stücken zu vergleichen, sondern mit einem Drama von Gryphius.

Nachdem Schlegel zunächst die durchaus problematische Übersetzungs-»Leistung« des preußischen Gesandten von Borck detailliert – und in Kenntnis des englischen Originals! – kritisiert und an einzelnen Stellen eine viel bessere Alexandriner-Übersetzung vorschlägt, kommt er zum Zentrum seiner »Untersuchung, die unsere Poeten gegen fremde abmessen lehret«.[38] Er moderiert seine Unterscheidung an mit dem Hinweis, daß Shakespeare bei den Engländern seit langem hochgeachtet werde – ähnlich wie Gryphius in Deutschland, wenngleich aufgeklärte Kritik am letzteren durchaus recht habe, etwa »wegen seiner rauhen Schreibart, und wegen seiner Art die Wörter zu verbinden, welche einen nicht so gleich in den Verstand seiner Verse würde eindringen lassen«, auch hinsichtlich vieler »Unregelmäßigkeit« und »viel[en] Schwulst[es]«.[39] Nichtsdestoweniger könne ein angehender Theaterdichter viel von ihm – und noch viel mehr aus der Vergleichung mit Shakespeare lernen. Schlegel wählt zur Vergleichung Gryphius' *Leo Armenius*.

Schlegel markiert sofort die größte – und letztlich für ihn systematisch wichtigste – Differenz zwischen dem Engländer und dem deutschen Dramatiker: die Einrichtung der Schauspiele, die bei den Engländern die »Einheiten« von Ort, Zeit und Handlung mißachte – weil sie einem völlig anderen Prinzip folge. »[S]o sind ihre Schauspiele mehr Nachahmungen der Personen, als Nachahmungen einer gewissen Handlung.«[40] Der Punkt, den Schlegel hier markiert, ist scharf der Gottschedschen Regelpoetik entgegengesetzt: Die Nachahmung einer Handlung ist seit Aristoteles das Zentrum klassizistischer Dramenpoetik – und der elementare Begründungszusammenhang für die »Einheiten«-Lehre. Shakespeares *Julius Caesar* umfasse einen großen Raum – und viel Zeit: Über den Tod Caesars im dritten Aufzug gehe das Stück noch bis zum Tod des Cassius, des Brutus und anderer. Gryphius dagegen konzentriere sich auf (enger zusammenliegende) Schauplätze innerhalb einer Stadt, die Handlung des *Leo Armenius* beginne mit dem Plan zum Verrat am Kaiser und ende mit dessen Tod, dem erfolgten Verrat (und nicht einmal eine »französische Zwischenfabel, oder die Liebesgeschichte eines Frauenzimmers [...], welche etwa

---

37 Ebd., VII.27 (1741), S. 516.
38 Ebd., VII.28 (1741), S. 549.
39 Ebd.
40 Ebd., S. 550.

mit der Geschichte der Verrätherey künstlich zusammen geflochten wäre«, habe hier Platz).[41]

Damit sei bei Gryphius die Regelmäßigkeit deutlich höher – die Charaktere der vornehmsten Personen allerdings seien unbestreitbar »die Stärke des Engelländers«:[42] Schlegel demonstriert die Strategie externer Charakterisierung an allen zentralen Figuren bei Shakespeare, bei Brutus, Cassius, Antonius und Caesar.[43] Schlegel unterstellt, daß Shakespeare den Caesar und die anderen Figuren »eine ziemlich große Aehnlichkeit mit den historischen Charaktern haben« läßt.[44] Gryphius sei im *Leo Armenius* noch viel genauer »der Wahrheit auf dem Fuße nachgefolgt«.[45] Allerdings entwickele sich bei ihm der Charakter lediglich durch die Handlungen der Figuren – bei Shakespeare sei der Charakter der Handlung gleichsam vorausgesetzt. Schlegel zeigt dieses Verfahren Gryphius' an ausführlichen Passagen zur Titelfigur Leo und seinem Widersacher Michael Balbus. Schlegel wertet Gryphius damit keinesfalls ab gegenüber dem Engländer: »[S]o sieht man an ihm einen Mann, der nicht minder als Shakespear hoch zu achten ist: ob er gleich seine Kunst mehr als jener verstecket hat.«[46] Shakespeare allerdings sei kühner gewesen im Umgang mit den historisch überlieferten Charakteren, habe sich getraut, »seine Menschen selbst zu bilden«,[47] mit kühnen Bildern Details des Charakters auszugestalten oder charakterliche Nebenumstände auszudrücken.

Im abschließenden Teil seiner »Vergleichung« beschäftigt Schlegel sich mit »Gemüthsbeschaffenheiten« der Charaktere, eingebauten Sittensprüchen und Stildimensionen beider Dichter im Vergleich. Bei der Darstellung der Gemütsbewegungen könne man »zeigen, daß in der Sprache der Leidenschaften ihre größte Aehnlichkeit bestünde«;[48] beide verführen dabei »edel, verwegen, und noch etwas über das gewöhnliche Maaß der Höhe erhaben. Beyde sind auch zuweilen schwülstig und verfallen auf weit ausgeführte und weithergehohlte Gleichnisse«.[49] Shakespeare lasse sich und dem Zuschauer allerdings Zeit zwischen Darstellungen oder Ausdrücken von Gemütsbewegungen, »Gryph aber« wolle »alles zu Gemüthsbewegungen machen [...], und dadurch, wenn die Materie dazu zu schwach ist«, falle er »in etwas übersteigendes und lächerliches«.[50] Die Sittensprüche seien bei beiden gleichermaßen pathetisch: »Bey dem Shakespeare aber scheinet überall eine noch

---

41 Ebd., S. 552.
42 Ebd.
43 Ebd., S. 553–555.
44 Ebd., S. 556.
45 Ebd., S. 558.
46 Ebd., S. 562.
47 Ebd.
48 Ebd., S. 566.
49 Ebd., S. 567.
50 Ebd.

tiefere Kenntniß der Menschen hervorzuleuchten, als bey dem Gryph. Obgleich die Sittensprüche auch bey diesem Letzern deßwegen nicht gemein sind.«[51] Bei Shakespeare schließlich sei grundsätzlich zu kritisieren, daß er die drei Einheiten mißachte und dadurch die Einrichtung des Schauspiels nicht regelgerecht vollziehe – vor allem aber, »daß er nämlich die edlen Regungen, die er erwecket, durch niedrigere Bilder immer wieder einreißet, und daß er einem nicht zuläßt, ihn lange ungestört zu bewundern«.[52] Damit werde die Illusion gestört und das Vergnügen vermindert. Schwülstigkeit und teils gekünstelte Affektdarstellung dagegen seien bei beiden zu kritisieren.

Insgesamt konzentriert sich Schlegels Abhandlung vollständig auf die Kategorie des »Charakters«; Gottscheds Fabelbegriff spielt keinerlei Rolle mehr. Dort, wo Schlegel die »Einrichtung« des Schauspiels bei Shakespeare hinsichtlich der zeitlichen und räumlichen Dimensionen der »Handlung« behandelt,[53] berührt er Gottscheds Begriffe von Fabel und Handlung gleichsam noch; Fabel und Handlung werden aber der Charaktergestaltung im Drama untergeordnet – und bei Shakespeare *und* Gryphius in unterschiedlicher Weise demonstriert.

Nach der durchaus breiten – vor allem im Vergleich der Erstausgabe der *Critischen Dichtkunst* mit der vierten Auflage 1751 sogar stark erweiterten –, bei Johann Elias Schlegel auch tiefergehenden, dramaturgisch-analytischen Rezeption von Gryphius' literarischem Werk in der Hochaufklärung bricht die Gryphius-Rezeption in der zweiten Hälfte des 18. Jahrhunderts praktisch ab, um in der Romantik wiederaufgenommen zu werden.

---

51 Ebd., S. 568.
52 Ebd.
53 Ebd., S. 550.

III.3 Rezeption durch die Romantiker
Von Dieter Martin

Einleitung und Überblick

Andreas Gryphius zählt zu den wenigen deutschen Barockdichtern, deren Namen auch über die Aufklärung hinweg im Gedächtnis geblieben sind. Bevor die Romantiker und ihre Nachfolger sich intensiver mit Gryphius beschäftigten, war er bereits – analog zu Martin Opitz, dem ›Vater der deutschen Dichtkunst‹ – als »Urvater unsrer dramatischen Dichter« in die Literaturgeschichte eingegangen.[1] Das fortgeschriebene Klischee beruhte indessen kaum auf fundierter Werkkenntnis. Denn zwischen der letzten Sammelausgabe von 1698 (*TG*) und den ersten germanistischen Editionen aus der zweiten Hälfte des 19. Jahrhunderts wurden Gryphius' Texte nur sehr selektiv und bearbeitet nachgedruckt. Dabei war gerade der Werkteil, der ihm den nationalliterarischen Ehrentitel sicherte, seit Mitte des 18. Jahrhunderts weder auf dem Buchmarkt noch auf der Bühne vertreten: Gryphius' Dramen gelangten nicht ins Repertoire des aufblühenden Theaterbetriebs, und zwischen 1750, dem Datum der vorerst letzten Einzelausgabe des *Peter Squentz*, und 1817, als Ludwig Tieck *Cardenio und Celinde*, *Horribilicribrifax* und *Squentz* in sein *Deutsches Theater* aufnahm, sind keine Neuausgaben seiner Stücke erschienen.[2] Etwas stärker tradiert wurde dagegen das lyrische Werk, das Eingang in die damals neuartigen Gattungsanthologien fand. Da allerdings Gryphius' Sonette – das bis in die Gegenwart meistbeachtete Segment seines Schaffens – erst dann wieder in den Blick kamen, als die Romantiker diese Gedichtform rehabilitierten,[3] blieb Gryphius im ausgehenden 18. und beginnenden 19. Jahrhundert fast nur als Epigrammatiker sichtbar.[4]

---

1 Nekrolog oder Nachrichten von dem Leben und den Schriften der vornehmsten verstorbenen teutschen Dichter. Gesammelt von Christian Heinrich Schmid, Regierungsrath, Doctor der Rechte und Professor der Beredsamkeit und Dichtkunst. Erster Band. Berlin, bey August Mylius 1785, S. 126.
2 Herr Peter Squenz, in einem kurzweiligen Lust-Spiel vorgestellt. Frankfurt Bey Lorenz Felpüsch, 1750; Deutsches Theater. Herausgegeben von Ludewig Tieck. Zweiter Band. Berlin, 1817. Jn der Realschulbuchhandlung, S. 83–144, S. 145–231 und S. 233–271.
3 Ein frühes Beispiel: Sechs Sonette von Andreas Gryph. In: Luna, ein Taschenbuch auf das Jahr 1804. Herausgegeben von Franz Horn. Mit den Portraits von Shakspear, Cervantes, Ariosto, Göthe. Leipzig, Züllichau und Freistadt, in der Darnmannschen Buchhandlung 1804, S. 237–244. Regelmäßig vertreten ist Gryphius dann in den Sonettanthologien seit: Sonette der Deutschen. Herausgegeben von Friedrich Rassmann. *In drei Theilen*. Erster Theil. Braunschweig, 1817. In der Schulbuchhandlung. Druck und Papier von Friedrich Vieweg, S. 61–70. Weitere Nachweise bei Dieter Martin: Barock um 1800 (2000) [976], S. 613f.
4 Vgl. Martin (Anm. 3), S. 72–74 und 613f.

Jedoch wurde Gryphius' dramatisches Werk seit 1800 produktiv rezipiert. Anknüpfen konnte dieses neue Interesse an die kulturpatriotische Aufwertung des *Peter Squentz* im Zuge der deutschen Shakespeare-Begeisterung[5] und an die Tradierung der Typennamen Peter Squentz und Horribilicribrifax, die noch dann satirisch nachwirkten, als die zugehörigen Komödien nicht mehr präsent waren.[6] Auch hatte die Literarhistoriographie der Spätaufklärung dem Dramatiker Gryphius bereits »große[s] Genie«[7] zugesprochen. Allerdings wurde hier meist von einem regelpoetischen Fundament aus argumentiert und daher *Cardenio und Celinde* als das, »man mag auf die Wahl des Sujets oder auf die Ausführung sehen«, »unbedeutendste« Stück bezeichnet.[8] Daß genau dieses Drama dann aber besonders wichtig für die Gryphius-Rezeption der Romantik wurde, bezeugen Achim von Arnim und Clemens Brentano:

> Cardenio und Celinde habe ich Lust neu herauszugeben, es ist durchaus einzig und vortreflich auf der deutschen Bühne, geändert soll so wenig wie möglich werden, nur weggelassen dieser oder jener Sonnenflecken, der den reinen Ton dieses wunderbaren Himmels durchschattet. Der Anfang, die herrligen Liebesscenen sollen während der Erzählung im Hintergrunde als Ballet vorgestellt werden, eine Erfindung die ich für durchaus neu und für einen bedeutenden Schrit in der Darstellenden Kunst halte unendlich besser als ein erzählender Prolog oder Chor, Piast könnte unter Göthe's Namen gehen [...].[9]

Arnims von Entdeckerstolz geprägten Brief vom 27. Februar 1805 beantwortet Brentano einige Wochen später:

> Daß dir Andreas Gryphius [...] lieb geworden ist, freut mich, das ist per Simpathiam ich liebe ihn schon lange, ein paar Scenen aus dem vortreflichen Cardenio, beinahe unverändert hat meine Frau bereits in ihre Bunte Reihe [...] eingerückt, sie fand sich sehr überrascht, daß auch dir das ganze so gefällt, und hat um dich zu zwingen deine Privat Aussage einst öffentlich zu halten in ihrer Vorrede gemeldet, daß du das ganze bearbeiten würdest. Den Piast hat Maier [...] bereits vor zwei Jahren, auf meine Veranlassung nach meinem Exemplar in seinen dramati-

---

5 Mitunter wird Gryphius' Komödie sogar über Shakespeares ungleich komplexeres Stück gestellt, so z.B. bei Karl Gottlieb Anton: Versuch aus den Minnesingern. In: Deutsches Museum. Zweiter Band. Julius bis Dezember. 1778. Leipzig in der Weygandschen Buchhandlung, S. 275–286, hier S. 275: »Das Schimpfspiel, Peter Squenz vom Andreas Gryphius – o wie viel lieber ist mir's als Shakespear's Sommernachttraum.«
6 Vgl. die Nachweise entsprechender Antonomasien und Verballhornungen in der satirischen Dichtung vor und nach 1800 bei Martin (Anm. 3), S. 447f., Anm. 129f.
7 Vorlesungen über die Geschichte der deutschen Poesie von Johann Adolph Nasser, Professor auf der Universität zu Kiel. Zweiter Band. Altona und Leipzig bei Johann Heinrich Kaven. 1800, S. 212–308, hier S. 212.
8 Ebd., S. 234.
9 Achim von Arnim und Clemens Brentano: Freundschaftsbriefe. Vollständige kritische Edition von Hartwig Schultz. 2 Bde. Frankfurt 1998, hier Bd. 1, S. 267f. (Arnim an Brentano, 27. Februar 1805).

schen Spielen [...] bearbeitet [...]. Uebrigens halte dein Gryphius fest, er ist selten, eben dieser Meier hat den Leo Arminius bearbeitet in seinem Pulte liegen.[10]

Um die hier alludierten Fakten aufzuschlüsseln und zugleich die Basis für die Würdigung der romantischen *Cardenio und Celinde*-Adaptationen sowie der etwas später einsetzenden literatursatirischen *Squentz*-Aneignungen zu legen, sei zunächst das Corpus der auf Gryphius' Dramen zurückgehenden Bearbeitungen der Jahre 1800 bis 1830 genannt:

- [Johann Friedrich von Meyer:] Leo Armenius. Ein historisches Trauerspiel in 5 Aufzügen. Mit einem komponirten Liede. Handschrift, entstanden Herbst 1800 / Frühjahr 1801. Archiv der Theologischen Fakultät der Universität Erlangen-Nürnberg, Nachlaß Johann Friedrich von Meyer: Ms. 26c.
- Piast. Nach Andreas Gryphius. In: Dramatische Spiele von J. F. von Meyer. Piast. Jxion. Der Feuerlärm. Wintergemählde. Frankfurt am Mayn, verlegt von Bernhard Körner. 1801, S. 3–34.
- Scenen aus einem Trauerspiele. In: Bunte Reihe kleiner Schriften von Sophie Brentano. Frankfurt a. M., bei Friedrich Wilmans. 1805, S. 59–98 [nach *Cardenio und Celinde*].
- Halle und Jerusalem. Studenterspiel und Pilgerabentheuer von Ludwig Achim von Arnim. Heidelberg 1811, bei Mohr und Zimmer. [nach *Cardenio und Celinde*].
- Herr Peter Squenz oder Pyramus und Thisbe. Schimpfspiel in zwei Handlungen nach Andreas Greif. In: G. G. Bredow's nachgelassene Schriften. Mit dem Bildniß und dem Leben des Verfassers herausgegeben von J. G. Kunisch. Breslau bei Josef Max und Komp. 1816, S. 119–204.
- Herr Peter Squenz oder die Komödie zu Rumpelskirch. Posse in zwei Abtheilungen, nach Andreas Gryphius und Shakespear frei bearbeitet von Wilhelm Müller. In: Jahrbuch deutscher Nachspiele. Herausgegeben von Carl von Holtei. Zweiter Jahrgang, für 1823. Breslau, bei Graß, Barth und Compagnie, und Leipzig bei J. A. Barth, S. 37–98.
- Der erneuerte Peter Squenz des Andreas Gryphius. Ein Scherzspiel in drey Aufzügen. In: Fridrich Weissers Ernste und heitere Stunden. Berlin. Jn der Schüppel'schen Buchhandlung. 1824, S. 5–64.
- Cardenio und Celinde. Trauerspiel in fünf Aufzügen von Karl Immermann. Berlin, bei Fr. Laue. 1826.
- Carl Stuart. Trauerspiel von Andreas Gryphius, gedichtet im Jahr 1649. Auszug, in reimlosen Jamben bearbeitet von Gustav Schwab. In: Urania. Taschenbuch auf das Jahr 1829. Mit sieben Kupfern. Leipzig: F. A. Brockhaus. 1829, S. 293–337.
- Die Faschingsritter. Carnevalscapriccio frei nach Andreas Gryphius von Friedrich Steinmann. In: Allgemeine Unterhaltungs-Blätter zur Verbreitung des Schönen, Guten und Nützlichen. Dritter Jahrgang 1829 [...]. Redigirt unter Verantwortlichkeit der Verlagshandlung. [...] Münster und Hamm, in der G. A. Wundermann'schen Buchhandlung, Bd. 5, S. 103–106 (Fünftes Heft, 21. März 1829), S. 129–131 (Sechstes Heft, 7. April 1829), S. 150–152 (Siebtes Heft, 20. April 1829), S. 173–176 (Achtes Heft, 30. April 1829), S. 197–202 (Neuntes Heft, 20. Mai 1829), S. 219–223 (Zehntes Heft, 4. Juli 1829) und S. 243–246 (Eilftes Heft, 8. Juli 1829) [nach *Horribilicribrifax*].

---

10 Ebd., S. 278 (Brentano an Arnim, 2. April 1805).

Gryphius' Dramen werden nicht gleichmäßig, sondern mit deutlicher Präferenz für einzelne Werke rezipiert: Mit jeweils drei Bearbeitungen stehen *Cardenio und Celinde* sowie *Herr Peter Squentz* quantitativ und chronologisch im Zentrum. Den Anfangspunkt setzen zwei Adaptionen nach *Leo Armenius* sowie *Piastus*, und kurz vor 1830 entstanden zwei Bearbeitungen nach *Carolus Stuardus* sowie *Horribilicribrifax*. Dabei reicht das Spektrum der Aneignungsformen von stilistischer Modernisierung bis zu substantieller Neuschöpfung.

Romantische Adaptationen von *Cardenio und Celinde*

Den zitierten Briefen zufolge hat wohl Clemens Brentano zuerst Gryphius' produktives Potential für die eigene Zeit entdeckt, indem er Johann Friedrich von Meyers Dramenbearbeitungen anregte: Bei der für die Bühne bestimmten Adaptation des *Leo Armenius* nahm Meyer Rücksicht auf die Theaterpraxis, indem er die barocken Alexandriner durch Blankverse ersetzte, die ›Einheiten‹ bewahrte und nur in diesem klassizistischen Rahmen formale Innovationen – wie die Dynamisierung der Handlung durch shakespearisierende Volksszenen – anbrachte. Dagegen präsentiert sich sein *Piast* als verstechnisch anspruchsvolles Experiment und als origineller Beitrag zu dem am spanischen *siglo de oro* geschulten Drama der Romantik. Offenbar wollte Meyer das opernhaft-panegyrische Barockstück, dessen wunderbarer Stoff und formale Vielfalt einer solchen Aneignung entgegenkamen, zum nationalen Vorläufer romantischer Dramatik stilisieren.[11]

Thematische und dramaturgische Besonderheiten weckten auch das Interesse an *Cardenio und Celinde*. Der unpolitisch-›private‹ Stoff aus der romanischen Literatur, die extreme Liebesverfallenheit und die zur Bekehrung führenden Schauereffekte erregten ebenso die Aufmerksamkeit wie die narrative Exposition, die Arnims Inszenierungsphantasien beflügelte. Während Arnim, der seinen Editionsplan ebensowenig realisierte wie die Idee einer medial ambitionierten Darstellung, erst 1811 mit *Halle und Jerusalem* ein Ergebnis seiner Beschäftigung mit Gryphius vorlegte, kam ihm Sophie Brentano 1805 mit ihren *Scenen aus einem Trauerspiele* zuvor.[12] Ihre aus Gryphius' zweitem und drittem Akt geschöpfte Szenenfolge steht dem Original recht nahe, ohne dieses allerdings – wie ihr Mann behauptete – »beinahe unverändert« abzudrucken. Vielmehr kürzt Sophie Brentano die Vorlage um etwa ein Viertel, streicht mythologische Bilder, greuelvolle Beschreibungen und drastische Barockformeln, um Gryphius' pathetische Tragödiensprache zu mildern. Einschneidender modifiziert sie zwei Monologe, in denen sich die weiblichen Hauptfiguren

---

11 Vgl. die detaillierte Darstellung bei Martin (Anm. 3), S. 315–332.
12 Vgl. ausführlicher Martin (Anm. 3), S. 339–345, sowie die stärker biographisch akzentuierte Lektüre von Simon Jones: Sophie Mereau and Gryphius (1995) [972].

Celinde und Olympia emotional vertieft und differenziert ausdrücken dürfen. Anders als Gryphius' Heldin klagt Brentanos Celinde in ihrem Eingangslied den früheren Geliebten nicht an, sondern bekundet ganz und gar die zentrale Bedeutung der Liebe für ihr seelisches Leben. Aus Gryphius' affektverhafteter Melancholikerin wird so eine die Liebe absolutsetzende Gestalt, und die Kritik an ihrer mangelnden Affektbeherrschung weicht einer einfühlenden Darstellung, die mehr Mitleid als Abschreckung erregt. Während sich Gryphius' Frauenfiguren wesentlich im Umgang mit ihren Affekten unterscheiden, kontrastiert Brentano Celindes Liebesauffassung mit der Olympias. Dazu formt sie den bei Gryphius zentralen Monolog der Olympia in dieses Sonett um:

> Um den ich einst die ganze Welt vergessen,
> Cardenio! du gehst auf immer fort!
> Leb wohl, vergönne mir den sichern Port,
> Die Ruh, die mir nach Sturm der Himmel zugemessen.
>
> Laß keine Rachgier deine Seele pressen,
> Trau dem Verhängniß, fliehe diesen Ort,
> Jn meiner Seele lebt ein heilig Wort,
> Wie einst die Welt um dich, muß ich nun dich vergessen.
>
> Die Treue lebt, die Liebe ist vergangen,
> Komm, mein Gemahl! ich lebe nur in dir,
> Der Himmel selbst hat mich dir angetraut,
> O! wohl, der still ergeben auf ihn schaut!
> Lysander, komm! und lebe stets in mir,
> Du wirst, von Furcht befreiet, mich recht erfreut umfangen.[13]

Das Sonett zeigt seine barocke Herkunft durch einige übernommene Bilder und den Gebrauch einzelner Alexandriner (V. 4, 8, 14); auch durch die kunstvolle Reimfügung (identischer Reim zwischen Vers 1 und 8; dreifach umarmender Reim im Sextett) wird die Sonettgliederung betont. Der Monolog ist damit ganz auf den Kontrast zwischen dem ehemaligen Liebhaber Cardenio und dem Gemahl Lysander festgelegt, die beide im zweiten bzw. zweitletzten Vers namentlich apostrophiert werden. In dieser kontrastiven Anlage spiegelt sich Olympias Haltung wider, deren Sonett den als schmerzlich empfundenen Übergang von weltvergessener Liebe zu ehelicher Treue behandelt. Die absolute »Liebe« der Vergangenheit (V. 9), die Zweisamkeit von »einst« (V. 1 und 8), wird als nicht mehr lebensfähig qualifiziert. Olympias »Leb wohl« (V. 3) gilt Cardenios Zukunft ohne sie, in ihr lebt die »Treue« (V. 9) als »heilig Wort« (V. 7). Im Gegensatz zu Celinde, die nicht ohne Liebe leben mag, gibt

---

[13] Scenen aus einem Trauerspiele. In: Bunte Reihe kleiner Schriften von Sophie Brentano. Frankfurt a. M., bei Friedrich Wilmans. 1805, S. 87f.

es für Olympia nach der Liebe ein Leben aus dem religiös fundierten Prinzip »Treue«. Die zweigliedrige Sonettform des Monologs unterstreicht dabei die äußerlich entschiedene Haltung der Heldin. Allerdings formuliert Olympia ihre Absage an die Liebe in einer Form, die traditionell der unerfüllbaren Liebessehnsucht gilt und damit die Endgültigkeit ihrer Entsagung in Zweifel zieht: Der »einst« geliebte Cardenio beherrscht noch ihre Gedanken, ob sie ihn »vergessen« kann, weiß Olympia nicht zu sagen – sie »muß« es (V. 8). Anders als Gryphius, der Olympias Affektbeherrschung deutlich über Celindes Affektverfallenheit stellt, sucht Brentano den barocken Wertungsgegensatz zu überwinden und beiden weiblichen Hauptpersonen ein moderneres ›Seelenleben‹ mit gleichermaßen berechtigten Liebesauffassungen zu geben.

Ungleich freier als Sophie Brentano geht Achim von Arnim mit der barocken Vorlage um, als er sich wenig später zu *Halle und Jerusalem* inspirieren läßt, einem »Trauerspiel in zwei Lustspielen«.[14] Gryphius' Bühnenhandlung, die mit Cardenios abendlicher Reisevorbereitung beginnt und mit der Aussprache am nächsten Morgen endet, entspricht nur Arnims Schlußakt von »Halle, ein Studentenspiel in drei Aufzügen«.[15] Das angeschlossene »Jerusalem. Ein Pilgerabentheuer«[16] und die Eingangsakte des ersten Stücks hat er dagegen neu konzipiert. Dabei hat Arnim einerseits neue Handlungsteile – ein geselliges Fischerstechen, satirische Judenszenen und eine Geheimbundversammlung – eingefügt, andererseits einige Episoden szenisch entfaltet, die bei Gryphius nur narrativ vermittelt werden, so Lysanders Eindringen bei Olympia, ihre spätere Hochzeit und das Stelldichein konkurrierender Liebhaber bei Celinde. Gryphius' episodisch erzählte Exposition, die er 1805 zum Qualitätsmerkmal des Dramas erklärt hatte, nutzte Arnim produktiv aus, um die klassizistische Dramenkonstruktion der Vorlage prismatisch aufzufächern und eine bunte Fülle in Szene zu setzen, deren teilweise simultane Darstellung auf horizontal geteilter Bühne die Schule Shakespeares verrät und in der Kombination vielfältigster Stillagen vom Derb-Komischen bis hin zum Religiös-Visionären noch deutlich über dieses Vorbild hinausgeht.

Die Umformung der Barocktragödie in ein shakespearisierendes Großdrama verfolgt Arnim aber nicht nur als formästhetisches Experiment, das die dramatisch-theatralischen Konventionen der Zeit weit hinter sich läßt. Vielmehr verlegt er auch die Handlung in die Gegenwart und bringt aktuelle Sittenbilder realistisch auf die Bühne. Diese aktualisierende Transposition erlaubt ihm, die eigene Zeit satirisch-kritisch abzuspiegeln. So werden etwa typische Glaubenshaltungen der Spätaufklärung karikiert und das Judentum der Zeit parodiert. Den Tendenzen seiner Zeit, der

---

14 Halle und Jerusalem. Studentenspiel und Pilgerabentheuer von Ludwig Achim von Arnim. Heidelberg 1811, bei Mohr und Zimmer, Widmung, unpaginiert.
15 Ebd., S. 1–266.
16 Ebd., S. 267–436.

als religiös und moralisch bindungslos wahrgenommenen Gegenwart, begegnet Arnim mit einem restaurativ-konservativen Programm, das besonders im zweiten Teil des Dramas hervortritt. Indem Arnims religiös-gesellschaftliches Engagement »Zeitkritik und christliche Sorge«[17] verbindet, modifiziert er das zweifellos auch von Gryphius verfolgte Ziel ethischer Mahnung grundlegend. Zwar übernimmt Arnim die Bekehrungsgeschichte seiner Vorlage, läßt sie aber nicht in eine *vanitas*-Didaxe, sondern in einen Aufruf zu Bußgang und Konversion münden. Die möglichen Wege in eine nach Arnims Hoffnung religiös-restaurativ erfüllte Zukunft führt dann das »Pilgerabentheuer« des zweiten Teils vor, das die bekehrten Helden am Grab Christi in Jerusalem vereinigt – diese Fortführung hat aber mit Gryphius nichts mehr gemeinsam.

Die romantische Begeisterung für Gryphius' *Cardenio und Celinde* strahlte aus auf Karl Immermanns gleichnamiges Trauerspiel von 1826. Allerdings partizipierte Immermann nicht unmittelbar an der romantischen Gryphius-Rezeption, sondern mehr an den Umwertungen, die von dort aus in die Literaturgeschichtsschreibung eingedrungen sind. Die Entstehung von Immermanns Stück verdankt sich nämlich Friedrich Bouterweks *Geschichte der Poesie und Beredsamkeit* von 1817, der Gryphius' Dramatik gerade dort lobt, wo sie klassizistische Normen überschreite: »Er empfand ganz richtig, daß der romantische Geschmack mit dem antiken verschmolzen werden müsse [...]. Darum band er sich gar nicht ängstlich an die Regel der antiken Tragödie und Komödie.« Im Stoff »[g]anz romantisch«, zeuge *Cardenio und Celinde* von einem »wahrhaft romantischen Compositionstalente« und enthalte »interessant« angelegte »Situationen«. Zu bemängeln seien indessen einige »Fehler gegen die Gesetze des guten Geschmacks« und die Armut »an tragischem Pathos«.[18] Wie Immermann der »Hindeutung« Bouterweks auf *Cardenio und Celinde* den entscheidenden Anstoß zur Neubearbeitung des barocken Dramas verdankt,[19] so folgt er dabei wohl auch dessen Wertungen und Monita. Denn einerseits will Immermann dem Stoff noch mehr theatralische Präsenz geben, und andererseits möchte er seine Tragik verschärfen.

Um die ›interessanten Situationen‹ zu vermehren, entfaltet auch Immermann den bei Gryphius narrativ gebündelten Stoff zu szenischer Darstellung. Allerdings

---

17 Roger Paulin: Gryphius' »Cardenio und Celinde« und Arnims »Halle und Jerusalem« (1968) [979], S. 171. Zum Stück und zur älteren Forschung vgl. ferner Martin (Anm. 3), S. 346–353.
18 Geschichte der Poesie und Beredsamkeit seit dem Ende des dreizehnten Jahrhunderts. Von Friedrich Bouterwek. Zehnter Band. Göttingen, bei Johann Friedrich Röwer. 1817, S. 140–168, hier S. 150f. und 160f.
19 Karl Immermann: Briefe. Textkritische und kommentierte Ausgabe. Hg. von Peter Hasubek. Bd. 1. München 1978, S. 526 (an Friedrich Bouterwek, 25. November 1825). Demgegenüber konzentriert sich Markus Fauser: Intertextualität als Poetik des Epigonalen. Immermann-Studien. München 1999, S. 140–148, wesentlich auf die punktuelle Abhängigkeit Immermanns von Arnim; vgl. dazu Martin (Anm. 3), S. 357–369, bes. S. 357f.

sucht er einen formästhetischen Mittelweg zwischen Gryphius' retrospektiver Exposition und Arnims extremer Auffächerung der Handlung. Statt aus revueartigen Massenszenen ein buntes Sittenbild des zeitgenössischen Halle zu gestalten, behält Immermann den Schauplatz Bologna und die Zeit der Renaissance bei, die er nur manchmal durch anachronistische Aktualisierungen durchbricht. Und statt das geschlossene barocke Trauerspiel in ein romantisch-religiöses Großdrama umzuformen, gewinnt Immermann daraus eine biedermeierliche Schauertragödie. Das unterstreicht Immermanns zweite Tendenz, die Verschärfung der Tragik: Die von Gryphius vorgeführte Bekehrung der Titelhelden, die bei Arnim den Anstoß zu phantastischen »Pilgerabentheuer[n]« gibt, wird bei Immermann vereitelt. Cardenio und Celinde werden sich zwar auch hier ihrer Schuld bewußt, die sie »auf Sanct Peters Schwelle büßen« wollen,[20] aber ihr Bußgang führt sie nicht nach Rom, sondern endet auf Bolognas Marktplatz, den beide – durch Geister gehindert – nicht mehr verlassen können. Nach Immermann liegt die »Hauptdifferenz« zur Vorlage tatsächlich »im Schlusse, der bey Gryphius [...] einen Läutrungsprozeß« darstelle, wohingegen er sein Drama »mit dem irdischen Untergange der Schuldigen u Irrenden«[21] enden lasse. Zum tragischen Schluß gelangt Immermann, indem er im Prätext bloß angelegte Motive durchführt: Der geplante Mord an Lysander gelingt nun ebenso wie der Raub des Herzens aus dem Körper des Marcellus. Statt aber die Helden durch Wiedergänger zum sittlichen Leben zu führen, häuft der neue Schluß die Leichen derart, daß August von Platen das Werk polemisch als »größte, mehr als ekelhafte, Metzelung« des »poetischen Wahnsinns« bezeichnen konnte.[22] Während Cardenios Freund irrtümlich von Lysanders Dienern getötet und die Hexe zum Scheiterhaufen gebracht wird, sterben Celinde aus Entsetzen und Cardenio durch Selbstmord.

Sophie Brentanos, Achim von Arnims und Karl Immermanns *Cardenio und Celinde*-Adaptationen revidieren die Abwertung von Gryphius' Liebestragödie durch die Literaturkritik des 18. Jahrhunderts. Während sich Brentano selektiv und – man darf annehmen – identifikatorisch auf die weiblichen Hauptpersonen konzentriert, deren Liebesauffassungen sie in neuformulierten Monologen verselbständigt und tendenziell gleichwertig nebeneinanderstellt, fächern Arnim und Immermann die epischen Passagen der Vorlage in shakespearisierenden Dramenformen auf. Gemeinsam ist ihrem Zugriff, daß beide ein lange verpöntes Werk für die gegenwärtige Dramatik fruchtbar machen wollen. Gegensätzlich gehen sie dabei aber mit der Bekehrungsstruktur des barocken Stücks um: Arnim, der die Handlung in die Gegen-

---

20 Cardenio und Celinde. Trauerspiel in fünf Aufzügen von Karl Immermann. Berlin, bei Fr. Laue. 1826, S. 152.
21 Immermann (Anm. 19), Bd. 1, S. 526.
22 Der romantische Oedipus. Ein Lustspiel in fünf Akten von August Grafen von Platen. Stuttgart und Tübingen in der J. G. Cotta'schen Buchhandlung. 1829, S. 6.

wart verlegt und in einem realistisch-satirischen Zeitpanorama ausbreitet, entwickelt aus Gryphius' Läuterungsfinale die weit über die Vorlage hinausgehende Phantasie eines romantisch-restaurativen Bußgangs zu Christi Grab; Immermann dagegen adaptiert einseitig die schauerlichen Züge des Originals und modifiziert den auf Bekehrung zielenden Plan des Barockdramas zu einem Trauerspiel von mörderischer Verschuldung und innerweltlicher Sühne, um damit *Cardenio und Celinde* zu einem biedermeierlichen Schicksalsdrama umzugestalten.

Literatursatirische Aktualisierungen des *Peter Squentz*

Wie Gustav Schwab 1829 mit einer metrisch modernisierten Neufassung einiger Szenen aus *Carolus Stuardus* stilistische Rezeptionshemmnisse abbauen möchte, um die »guten Perlen«[23] aus Gryphius' Stück neben Schiller und Shakespeare zu stellen, und Friedrich Steinmann den *Horribilicribrifax* gleichzeitig durch radikale Kürzungen für sein biedermeierliches Publikum genießbar machen will, um ein einheimisches Zeugnis älterer ›karnevalesker‹ Literatur gegen die »französischen Kuckucke«[24] im Nest der burlesk-komischen Bühnen aufbieten zu können, so sind auch die vorangehenden Adaptationen des *Peter Squentz* wesentlich von dem Bestreben getragen, die Rezeption eines sprachlich und gehaltlich offenbar als veraltet empfundenen Werks zeitgemäß zu erleichtern.[25]

Trotz ihrer ausgeprägten literarhistorischen Interessen zielen Gabriel Gottfried Bredow, Wilhelm Müller und Friedrich Christoph Weisser[26] deutlich auf ein gegen-

---

23 Carl Stuart. Trauerspiel von Andreas Gryphius, gedichtet im Jahr 1649. Auszug, in reimlosen Jamben bearbeitet von Gustav Schwab. In: Urania. Taschenbuch auf das Jahr 1829. Mit sieben Kupfern. Leipzig: F. A. Brockhaus. 1829, S. 297.
24 Die Faschingsritter. Carnevalscapriccio frei nach Andreas Gryphius von Friedrich Steinmann. In: Allgemeine Unterhaltungs-Blätter zur Verbreitung des Schönen, Guten und Nützlichen. Dritter Jahrgang 1829, Bd. 5, Eilftes Heft, 8. Juli 1829, S. 246.
25 Vgl. Martin (Anm. 3), S. 369–380 zu Schwab und Steinmann sowie S. 380–396 zu den *Squentz*-Bearbeitungen.
26 Bredow erforschte in seinen Breslauer Jahren (1811–1814) Gryphius' Lebensumstände und Werk; vgl. G. G. Bredow's nachgelassene Schriften. Mit dem Bildniß und dem Leben des Verfassers herausgegeben von J. G. Kunisch. Breslau bei Josef Max und Komp. 1816, S. 67–118. Müller war mit Gryphius als Herausgeber befaßt: Bibliothek deutscher Dichter des siebzehnten Jahrhunderts. Herausgegeben von Wilhelm Müller. II. Auserlesene Gedichte von Andreas Gryphius. Leipzig: F. A. Brockhaus. 1822. Weisser legte neben einer vom Barock bis zur Gegenwart reichenden *Epigrammatischen Anthologie* (10 Bände, 1807–1809) auch eine Bearbeitung des *Simplicissimus* vor; vgl. Volker Meid: Friedrich Christoph Weissers »Schalkheit und Einfalt« (1822), oder: Der literaturkritische schwäbische Simplicissimus. In: Literatur und Kultur im deutschen Südwesten zwischen Renaissance und Aufklärung. Neue Studien. Hg. von Wilhelm Kühlmann. Amsterdam 1995 (Chloe 22), S. 315–327.

wärtiges Lese- und Theaterpublikum. Alle modernisieren den Wortlaut und vermeiden drastisch-derbe Ausdrücke des Originals. Daß sie sämtlich ein eher geringes Zutrauen in die Fassungskraft ihres Publikums gehabt haben und dadurch die von der modernen Forschung herausgestellte Bedeutungsvielfalt von Gryphius' *Absurda Comica* stark reduzieren, zeigt sich schon daran, daß die drei *Squentz*-Bearbeiter sogar zeitlos verständlichen Sprachwitz (wie die unfreiwillig komische Reimnot des Blasebalgmachers Bulla Butäin, dessen Auftrittsrede selbst die nächstliegenden Reimwörter verfehlt) erheblich kürzen oder gar ganz nivellieren.[27] Um so stärker greifen die Modernisierer des *Peter Squenz* dort ein, wo sich Gryphius' Stück – in einer seiner tragenden Bedeutungsschichten – historisch reflektierend und ästhetisch distanzierend auf die Theaterpraxis der Meistersingerbühne und der Wandertruppen bezieht: Das von der Laienspieltruppe vorgelegte Stückeverzeichnis, das im Original wesentlich auf Titel von Hans Sachs referiert, wird von Bredow zurückhaltend (durch punktuelle Allusion auf ein neueres Drama), von Müller und Weisser aber durchgreifend aktualisiert. Da beide das bei Gryphius persiflierte Repertoire damaliger Wanderbühnen durch Anspielungen auf Erfolgsdramen der Gegenwart ersetzen, münzen sie die stände- und literatursatirischen Aspekte des barocken Stücks zu einer Karikatur des gegenwärtigen Literaturbetriebs um.

Während Weissers *Erneuerter Peter Squenz*[28] sich wesentlich in solchen satirischen Attacken erschöpft, die von einer klassizistischen Position aus Strömungen der späteren Romantik zu treffen suchen, nutzt Müller wiederum ästhetische Strategien der Romantik, um sein Publikum zu einer den eigenen Standpunkt relativierenden Sicht auf die ältere Literatur zu bewegen. Denn als einziger der drei Bearbeiter modifiziert er die Konstruktion und zeigt damit eine tiefere Einsicht in die metatheatralischen Dimensionen des barocken Stücks. Zwar läßt sich der im Titel exponierte Hinweis, seine *Komödie zu Rumpelskirch* sei »nach Andreas Gryphius und Shakespear frei bearbeitet«,[29] nicht verifizieren, da Müller weder die Elfen noch die athenensischen Liebespaare aus dem *Midsummer Night's Dream* integriert. Doch verändert er die Spiel-im-Spiel-Konstruktion dadurch erheblich, daß er im Rahmen zwei ›natürliche Kinder‹ des Königs hinzuerfindet, die sich durch ihre

---

27 Bredow und Weisser ersetzen die absichtlich falschen Reimwörter durch die richtigen und vernichten damit jeden Witz der Passage. Auch Müller glaubt nicht an ihre unmittelbare Wirkung, denn er läßt seinen Spielleiter Squentz die jeweils korrekten Reimwörter soufflieren, um so dem Verständnis seines Publikums nachzuhelfen.
28 Der erneuerte Peter Squenz des Andreas Gryphius. Ein Scherzspiel in drey Aufzügen. In: Fridrich Weissers Ernste und heitere Stunden. Berlin. Jn der Schüppel'schen Buchhandlung. 1824, S. 5–64.
29 Herr Peter Squenz oder die Komödie zu Rumpelskirch. Posse in zwei Abtheilungen, nach Andreas Gryphius und Shakespear frei bearbeitet von Wilhelm Müller. In: Jahrbuch deutscher Nachspiele. Herausgegeben von Carl von Holtei. Zweiter Jahrgang, für 1823. Breslau, bei Graß, Barth und Compagnie, und Leipzig bei J. A. Barth, S. 37–98.

Namen – Sophronius Publikum und Sophronia Publikum – und ihr modernes Kostüm als typische Theaterzuschauer und Repräsentanten des aktuellen Literaturgeschmacks zu erkennen geben. Deutlich an Ludwig Tiecks *Gestiefeltem Kater* orientiert, wo sich die den Geschmack der trivialisierten Spätaufklärung vertretenden Zuschauer durch ihre Einwürfe selbst diskreditieren, zielt auch Müller mit seinen Publikumsfiguren auf die Ironisierung ahistorischer Geschmacksideale. Indem Müller die altdeutsche Komödie in ein spannungsvolles Verhältnis zum fiktiven modernen Publikum setzt, zeigt er seinen Zeitgenossen kritisch auf, wie ihre Verabsolutierung ästhetischer Normen der Rezeption älterer Nationalliteratur im Wege steht.

Die mit der Romantik um 1800 neu einsetzende Gryphius-Rezeption war wesentlich auf die dramatische Gattung ausgerichtet. Ihr produktives Potential hat sie aus der Spannung zwischen den Normen der klassisch-romantischen Kunstperiode einerseits und den demgegenüber widerständigen Dramen des Barock andererseits gewonnen. Während die Romantiker eine theatralische Realisierung nur vereinzelt im Blick hatten und sich für das unkonventionelle Liebesdrama *Cardenio und Celinde* einsetzten, dessen Aneignung bis hin zu Franz Dülbergs *Cardenio*-Drama (1912) sie nachhaltig beeinflußten,[30] zielten spätere Bearbeiter immer wieder darauf, Gryphius' Dramen – zunächst vor allem den *Peter Squentz*, dann auch die Dialektkomödie *Die gelibte Dornrose* – in ein nationalliterarisches Bühnenrepertoire zu integrieren, indem sie die ästhetische Fremdheit der ›altdeutschen‹ Texte in rezeptionssteuernden Paratexten markierten und durch modernisierende Eingriffe abbauten.[31]

---

30 Franz Dülberg: Cardenio. Drama in fünf Akten. Berlin 1912, bezieht sich in der unpaginierten Vorrede sowohl auf Arnims *Halle und Jerusalem* wie auf Immermanns *Cardenio und Celinde*. Ohne eine über die Namensnennung hinausgehende Referenz bleibt hingegen die gleichzeitige Erzählung von Wilhelm Lehmann: Cardenio und Celinde. Eine Liebesgeschichte. In: Pan 2 (1912), S. 1107–1110.
31 Vgl. die weiterführenden Hinweise bei Eberhard Mannack: Barock in der Moderne (1991) [974], S. 59–61, und Martin (Anm. 3), S. 395f. (mit Anm. 407–410), sowie die in ↗ Abschnitt 1.3 der Bibliographie genannten Bühnenbearbeitungen (seit 1900).

III.4 Rezeption im 20. Jahrhundert im Zeichen zweier Weltkriege

Von Dieter Martin

Im Kriegsjahr 1916 erschienen zwei Ausgaben, die Andreas Gryphius' Werk einem breiteren Publikum nahebrachten: Die in seiner Geburtsstadt verlegte *Auswahl aus seinen Dichtungen zur Dreihundertjahrfeier seiner Geburt*, die der dortige Gymnasialprofessor Otto Warnatsch »unserer Sprache angepaßt, erläutert und eingeleitet« hat,[1] befestigte das literaturgeschichtlich tradierte Bild vom bedeutendsten deutschen Barockdramatiker, indem sie Querschnitte aus *Leo Armenius* und *Die gelibte Dornrose* einer Reihe von Gedichten voranstellte. Dagegen lenkte *Das dunkle Schiff*, in dem Klabund (d.i. Alfred Henschke) »[a]userlesene Sonette, Gedichte, Epigramme des Andreas Gryphius«[2] versammelte, den Blick entschieden auf den nach seiner Einschätzung bislang verkannten »Lyriker Gryphius«,[3] dem er gleichzeitig einen Zeitungsartikel »Zum dreihundertsten Geburtstage« widmete: »Die sprachliche Anmut, in der sich seine Trauer bewegt, stellt ihn neben Rilke. Sein Hang zum Schauerlichen neben Heym. [...] Die Sonetten des Andreas Gryphius sind zeitgemäßer denn je.«[4] Indem er den Lyriker Gryphius ganz zum Heutigen und gar zum »Pazifist[en]« erklärte, der »verfolgt« worden sei, »weil seine Dichtungen geeignet waren, das Volk gegen den Krieg aufzureizen«, setzte Klabund ein rezeptionsgeschichtlich bedeutendes, auch auf die Schwesterkünste ausstrahlendes Signal: *Das dunkle Schiff*, dessen Titel die nautische Barockmetaphorik avantgardistisch an Rimbaud (»Le Bateau ivre«) annähert, enthält mit Otto Wirschings expressiver Umschlagillustration (Abb. 11) zugleich ein bildkünstlerisches Wirkungszeugnis, und es mag zeitgenössische Komponisten zur musikalischen Aneignung motiviert haben.[5] So kann das Kriegs- und Gedenkjahr 1916 als Beginn der modernen Gryphius-Rezeption gelten.

Während die Geschichte der Gryphius-Forschung monographisch dargestellt worden ist,[6] wurde sein Echo in der neueren Dichtung und ihren Schwesterkünsten bislang erst ansatzweise beschrieben. Eberhard Mannacks Skizze von 1991, deren autorzentrierte Chronologie einige bedeutende Stimmen zitiert, beruht zum größe-

---

1 Otto Warnatsch (Hg.): Andreas Gryphius: Auswahl aus seinen Dichtungen (1916) [3], Titel.
2 Klabund (Hg.): Das dunkle Schiff (1916) [49], Titel.
3 Ebd., S. 81.
4 Klabund: Der Lyriker Andreas Gryphius (1916) [222a].
5 Vgl. unten Anm. 33.
6 Vgl. Eberhard Mannack: Andreas Gryphius (^{2}1986) [127], S. 107–132, bes. S. 119–132, und Erika A. Metzger und Michael M. Metzger: Reading Andreas Gryphius (1994) [977].

Abb. 11

ren Teil auf anthologischen und essayistischen Zeugnissen.[7] Schon diese lassen aber erkennen, daß die Schriftsteller und Herausgeber des 20. Jahrhunderts Gryphius' Lyrik exponierten und sich dieses Werksegment bevorzugt in historischen Krisenzeiten aneigneten. So zeigen allein die im Jahrzehnt nach 1945 erschienenen Anthologien, die speziell Gryphius' Gedichten gewidmet sind oder ihnen einen herausragenden Platz in der deutschen Barocklyrik zuweisen,[8] daß geschichtliche Phasen, die sich mit der des Dreißigjährigen Kriegs vergleichen ließen, der Gryphius-

---

[7] Vgl. Eberhard Mannack: Barock in der Moderne (1991) [974], S. 59–77.
[8] Vgl. die ↗ Nummern [52]–[56] in der Bibliographie des vorliegenden Bandes sowie die Nummern 104, 140 und 151 in der Bibliographie bei Mannack (Anm. 6). Hinzuweisen ist auch auf: Schmerz und Empörung. Eine Anthologie. Hg. von Michael Guttenbrunner. Sekirn 1946, deren erste Abteilung »Tränen des Vaterlandes« heißt und deren Motto das Gryphius-Gedicht »Auff den Sontag des letzten Greuels« (*Son.* III,62) bildet.

Rezeption günstig waren und die Lektüre seiner *vanitas*-Gedichte als Lebenshilfe beförderten.

Um einen punktuell vertiefenden Überblick über die moderne Gryphius-Rezeption zu geben, ist folgende Darstellung systematisch gegliedert. Nach Referenzen in der epischen (und am Rande: der dramatischen) Dichtung wird exemplarisch die produktive Rezeption in der Lyrik behandelt, die sowohl Gedichte an den Autor Gryphius als auch intertextuelle Verarbeitungen prominenter Einzelgedichte umfaßt, bevor abschließend ein Ausblick auf Gryphius-Texte in der Musik vom Ersten Weltkrieg bis zur Gegenwart gegeben wird.

Gryphius-Referenzen in Erzählungen (und Dramen)

In einer Reihe von Rezeptionszeugnissen dienen explizite Verweise auf Gryphius dazu, historische oder an dessen Lebensstationen spielende Romane und Novellen ›stimmig‹ zu kolorieren oder deren Helden in schwierigen Lebenslagen Zuflucht zu konsolatorischer Literatur nehmen zu lassen. Daß diese beiden Funktionen keine Neuerungen der literarischen Moderne sind, belegt ihr kombiniertes Auftreten schon in dem Roman *Kampf und Sieg* (1811) des dichtenden Literarhistorikers Franz Horn, dessen im 17. Jahrhundert lebender Protagonist Trost in der Lektüre von Werken findet, die »die edlen Deutschen Dichter und Denker [...] mit sinnigem Geiste hingestellt, oder aus reichem Herzen gedichtet hatten« – darunter ein geistliches Gryphius-Sonett (*SNa.* 2).[9] Ähnlich erinnert sich in der »Schlesischen Novelle« (1933) des selbst in Glogau geborenen Arnold Zweig ein Fabrikant angesichts des Gryphius-Denkmals vor dem dortigen Rathaus, daß er »in neueren Sammlungen schwermütige Sonette dieses Dichters Gryphius gelesen« habe, »der das Elend des Dreißigjährigen Krieges geschaut hatte und davon Kunde gegeben. Dazu waren die Dichter gut, das Schaudern von Jahrzehnten in Worte zu gießen, in denen das bedrängte Herz der Menschheit selbst pochte. Dafür waren die Nachfahren dankbar [...].«[10] Auf nochmals fruchtbareren Boden fiel Gryphius' Lyrik während und nach dem Zweiten Weltkrieg, als seine »Thränen des Vaterlandes« (*Son.* I,27) – nach der

---

9 Kampf und Sieg ein Roman von Franz Horn. Bremen bei Johann Georg Heyse 1811, hier Bd. 2, S. 192–196. Eine vergleichbar funktionalisierte Gryphius-Lektüre findet sich im 19. Jahrhundert auch in: Christian Lammfell. Roman in fünf Bänden von Karl von Holtei. Zweiter Band. Breslau, Verlag von Trewendt & Granier. 1853, S. 330f. Historisches Kolorit vermittelt der Verweis auf Gryphius zuletzt noch bei Hans Pfeiffer: Unser schönes blutiges Handwerk. Der Weg des Chirurgen Johann Paul Schroth. Ein Charité-Roman. Leipzig 1994, S. 57, wo der zu Beginn des 18. Jahrhunderts wirkende Mediziner »in einem Gedicht von Gryphius« liest: »was ist des Menschen Leben als eine Phantasie der Zeit?« Vgl. »Vanitas! Vanitatum Vanitas!« (*Od.* I,9).
10 Arnold Zweig: Spielzeug der Zeit. Erzählungen. Amsterdam 1933, S. 207–259 (»Schlesische Novelle«), hier S. 228f.

Beobachtung von Kurt Ihlenfeld – »durch ganz Deutschland gegangen« sind: »Diese seine Zeitgedichte haben nun wohl für uns heutige keine Brücken zum Verständnis mehr nötig, sie sagen aus, was wir selber erlitten haben.«[11] Belege dafür finden sich mehrfach: Johannes Bobrowski zitiert in der auf eigenen Erfahrungen beruhenden Prosaskizze »Im Gefangenenlager« aus Gryphius' *vanitas*-Ode;[12] der Barockforscher Herbert Cysarz läßt in seinem Roman *Neumond* (1956) einen Genesenden nach »Wochen der Krankheit« identifikatorisch »im Andreas Gryphius« blättern; und in Gerhard Fritschs in der Nachkriegszeit spielendem Roman *Moos auf den Steinen* (1956) dient Gryphius einem Amputierten zur Lektüre.[13] Mit wachsendem Abstand zum Krieg wird der konsolatorische Gebrauch von Gryphius' Lyrik jedoch zunehmend kritisch perspektiviert. So zitiert in Günter Hofés Antikriegsroman *Merci, Kamerad* (1970) ein Frontsoldat eine »Strophe aus einem Gedicht von Gryphius« (»Vanitas! Vanitatum Vanitas!«; *Od*. I,9), weist aber jeden »Trost in dieser Stunde« zurück und beginnt über die »Heldentod«-Ideologie nachzudenken.[14]

Gryphius' Vergänglichkeitspathos, das etwa die vielrezipierte Metapher vom »Wohnhauß grimmer Schmertzen« (*Son.* I,11,1) bildkräftig einfängt, bleibt bis in die Gegenwart in epischen, dramatischen und essayistischen Kontexten verfügbar, um dort moderne Figuren durch ihre Erinnerungen oder ihr Lektüreverhalten zu charakterisieren.[15] Zu diesen Zeugnissen zählen auch die Gryphius-Allusionen

---

11 Kurt Ihlenfeld: Poeten und Propheten. Erlebnisse eines Lesers. Witten und Berlin 1951, S. 301–306 (»Tränen des Vaterlandes«), hier S. 305. Ihlenfelds Essay reagiert auf das Erscheinen mehrerer Gryphius-Anthologien in den Jahren 1947 bis 1949, bei denen »es sich wohl um etwas anderes handeln« müsse »als bloß um eine literarhistorische Ausgrabung« (S. 301). Will Quadflieg: Wir spielen immer. Erinnerungen. Frankfurt 1976, S. 137, berichtet von einer Lesung in einem Kriegsgefangenenlager, bei der er im Rahmen einer »Erbauungsstunde« »Thränen des Vaterlandes« rezitiert habe.
12 Johannes Bobrowski: Gesammelte Werke. Hg. von Eberhard Haufe. Bd. 4: Die Erzählungen. Vermischte Prosa und Selbstzeugnisse. Stuttgart 1987, S. 180–187, hier S. 186 (»Was künftig, wessen wird es sein?« nach dem Schlußvers der drittletzten Strophe von »Vanitas! Vanitatum Vanitas!«; *Od*. I,9).
13 Herbert Cysarz: Neumond. Roman. Stuttgart o.J. [1956], S. 174f.; Gerhard Fritsch: Moos auf den Steinen. Roman. Mit einem Nachwort von Reinhard Urbach. Graz u.a. 1981, S. 282.
14 Günter Hofé: Merci, Kamerad. Roman. Frankfurt 1971, S. 390f. (zitiert ist die zehnte Strophe des Gedichts).
15 Harald Müller: Die Trasse. Ein Heimatstück. Köln o.J. [1980], S. 24f., zeigt eine gegen ein Straßenbauprojekt agierende Bürgerinitiative, in der der Psychologe Rudi Cassau deshalb besondere Aufmerksamkeit auf sich zieht, weil er im Versammlungslokal sein Gryphius-Exemplar liegengelassen hat, aus dem zum Abschluß der ersten Szene der Anfang von »Menschliches Elende« (*Son.* I,11) zitiert wird. Selbst Johannes Mario Simmel: Wir heißen euch hoffen. München 1980, S. 255, läßt einen seiner Helden, »wie Schwäche ihn überkam«, plötzlich »an ein Gedicht von Andreas Gryphius denken [...]: ›Was sind wir Menschen doch! Ein Wohnhaus grimmer Schmerzen [...]‹.« Ähnlich referiert auch der Ich-Erzähler von Michael Lentz: Pazifik Exil. Roman. Frankfurt 2007, S. 210f., bei einem »Asthmaangriff« auf Gryphius' »Es ist alles Eitel« (*Son.* I,8). Bei Hellmuth Karasek: Das Magazin. Roman. Reinbek bei Hamburg 1998, S. 365, fällt dem Journalisten Doppler angesichts einer

in Sarah Kirschs *Allerlei-Rauh* (1988), die vor dem Hintergrund breiterer Quellenkenntnis nicht so exklusiv sind, wie sie bislang erscheinen mochten.[16] Ungleich dünner gestreut sind hingegen Referenzen auf komische Seiten des Barockdichters: Notieren lassen sich immerhin erzählte Theateraufführungen in historischen Novellen,[17] biographische Erinnerungen an Bühnenversuche mit Gryphius-Stücken[18] und spielerisch-satirische Allusionen auf Passagen aus Gryphius' Komödien.[19]

Von den quantitativ deutlich dominierenden Gryphius-Referenzen, die meist ausdrücklich markierte Lektüreerinnerungen in den Dienst der Personencharakterisierung oder der historischen Kolorierung stellen, sind sowohl einmontierte Zita-

---

barockisierenden Todesallegorie »[e]ine Zeile aus einem Gryphius-Gedicht« ein: »»Was jetzt so pocht und protzt [sic], ist Morgen Asch' und Bein.‹« »Erschütterung wie beim ersten Lesen« notiert Armin Müller: Ich sag dir den Sommer ins Ohr. Ein Tagebuch. Rudolstadt 1989, S. 139, bei den Zitaten von »Thränen des Vaterlandes« (S. 139) und »Menschliches Elende« (S. 142). Ironisch distanziert bekennt dagegen der Ich-Erzähler in Uwe Herms' »Das Gelächter meines Sohnes«, in »Zeiten der Melancholie und des drohendes burn-out« labe er sich »am Vers-Trank alter Dichter«, etwa bei »Andreas Gryphius, dem Augenzeugen eines anderen dreißigjährigen Jammertals«; Uwe Herms: Wundertüte eines halben Tages. Erzählungen. Hamburg 1997, S. 114–120, hier S. 117. Als kontrastiv eingesetzter Fremdkörper wirkt das vollständig angeführte Sonett »Was wundert ihr euch noch / ihr Rose der Jungfrauen« (*Liss.*, S. 39–41 und *Son.* I,22) bei Sibylle Berg: Ende gut. Roman. Köln 2004, S. 207, deren frustrierte Heldin im Szene-O-Ton über das Altern sinniert und sich entschließt: »Mit Gewohnheiten brechen: alte Gedichte lesen.« Zitate der einprägsamen Formel vom »Wohnhauß grimmer Schmertzen« finden sich ferner bei Jean Améry: Über das Altern. Revolte und Resignation. Stuttgart 1968, S. 51, in dem an einen Sterbenden gerichteten Roman von Theodor Weißenborn: Als wie ein Rauch im Wind. Roman. Freiburg 1979, S. 11, bei Wolfgang Bittner: Niemandsland. Roman. Leipzig 1992, S. 90f., wo der von medialen Gewaltszenen bedrängte Ich-Erzähler beim Blättern auf »die erstaunlichen Sätze« des Andreas Gryphius stößt, und bei Christoph Meckel: Shalamuns Papiere. Roman. München 1992, S. 155.

16 Sarah Kirsch: Allerlei-Rauh. Eine Chronik. Stuttgart 1988, S. 79, 87 und 107f.; Nachweis und knappe Analyse bei Mannack (Anm. 6), S. 76f. und 134 (Nr. 135).

17 Kurt Arnold Findeisen: Abglanz des Lebens. Erzählungen. Berlin 1963, S. 36–114 (»Prinz Lieschen und das Glück«), hier S. 81 (Darbietung des *Horribilicribrifax* in der Zeit des Faßbaus auf der sächsischen Festung Königstein).

18 Carl Hauptmann: Sämtliche Werke. Bd. IX,1: Erzählungen und epische Fragmente aus dem Nachlaß. Bearbeitet von Eberhard Berger. Stuttgart 2004, S. 385–446 (»Peter Winzig«), bes. S. 386 (universitäre Aufführung von *Peter Squentz*). In der Erzählung »Die Schienen treffen sich am Horizont in einem Punkt« von Roderich Feldes: Die Reise an den Rand des Willens. Erzählungen. Hamburg 1979, S. 96–110, hier S. 104, wird an die Schullektüre des *Squentz* in einer Abiturklasse der frühen 1970er Jahre erinnert.

19 Martin Walser: Halbzeit. Roman. Frankfurt 1962, S. 316 (Zitat aus *Horribilicribrifax*), und Arno Schmidt: Kühe in Halbtrauer. Karlsruhe 1964, S. 288: »ich versuchte zweimal, streng & gebieterisch Bassan ma nelka zu denken, hochfahrend wie Herr Windbrecher von Tausendmort in Persona grata ..... und hielt doch wieder inne : ob das möglich war, daß der GRYPHIUS damit einen Witzbolt auf ‹to break wind› und ‹thousand morts› geschleudert hatte ?«

te in performativen Genres als auch das Auftreten von Gryphius als literarischer Figur systematisch zu unterscheiden. In Oper, Hörspiel und Film begegnet man Gryphius-Zitaten gehäuft dort, wo die Autoren das pathetische Gewicht seiner Klagedichtungen in anderen Kontexten einsetzen – konkreter: Karl Amadeus Hartmann in der *Simplicissimus*-Oper (zuerst 1934/36, revidiert 1956/57), Franz Fühmann im *Simplicissimus*-Filmszenar (1981) und Ludwig Harig im *Simplicissimus*-Hörspiel (1984) integrieren Gryphius-Verse in ihre auf Grimmelshausens Roman beruhenden Darstellungen, um die ›Froschperspektive‹ des niederen Helden durch Gryphius' allgemeingültige Weltklage zu ergänzen und zu intensivieren.[20] Dagegen dient in Marlene Streeruwitz' postmoderner Dramencollage *Sloane Square* (1992) die einer Obdachlosen in den Mund gelegte Geisterrede aus dem *Carolus Stuardus* der kontrastiven Verfremdung und dämonisierenden Entgrenzung des Alltagsgeschehens, das eine deutsche Mittelstandsfamilie in einer Londoner U-Bahn-Station stranden läßt: Wie andere visionär miterlebte Exzesse soll wohl auch die Gryphius' Drama entnommene Schreckensbilanz der englischen Geschichte – während der Rezitation wird eine Puppe zerschnitten und »in Plastiksäcken verstaut« – zugleich die latente Gewalt anzeigen, die unter der Oberfläche kleinbürgerlicher Normalität lauert.[21]

Wie moderne Rezipienten Gryphius' Werk fast ausschließlich als Fundus intensiv vorgetragener Klagen nutzen, um gegenwärtigen individuellen und kollektiven Leiden Ausdruck zu verleihen, so ist der Barockdichter auch dort auf eine pessimistische Weltsicht festgelegt, wo er als literarische Figur wiederbelebt wird. Dies scheint bislang nur Günter Grass erprobt zu haben, zunächst in *Der Butt* (1977) und dann in *Das Treffen in Telgte* (1979). In beiden Werken portraitiert Grass den Dichter nicht isoliert, sondern stellt ihn in – historisch bezeugte oder phantasievoll ausfabulierte – Beziehungen zu zeitgenössischen Poeten, die deutlich andere Haltungen

---

20 Vgl. die Nachweise bei Mannack (Anm. 6), S. 121–123 (Nr. 39, 52 und 53) und S. 133f. Ebd., S. 69, weist Mannack darauf hin, daß auch im Programmheft zu Volker Brauns *Simplex Deutsch* (1980) dem Helden Gryphius' »Thränen des Vaterlandes« in den Mund gelegt sind. Lediglich als Motto zitiert Tankred Dorst: Auf dem Chimborazo. Eine Komödie. Mitarbeit Ursula Ehler. Frankfurt a.M. 1975, unpaginiert, Gryphius' Sonett »Vberschrifft an dem Tempel der Sterbligkeit / aus A. Gryphii Meletomenus Ersten Buch« (*Son.* II,10). Wieder abgedruckt in ders.: Werkausgabe 1: Deutsche Stücke. Frankfurt 1985, S. 555. Ausführliche Analysen der medialen Grimmelshausen-Adaptationen bieten Barbara Bauer: Karl Amadeus Hartmanns Oper »Des Simplicius Simplicissimus Jugend«. Ein Überlebensmodell im nationalsozialistischen Deutschland. In: Simpliciana 10 (1988), S. 251–299, Rosmarie Zeller: Ein Simplicissimus für die Jugend. Ludwig Harigs Hörspiel »Simplicius Simplicissimus«. In: Simpliciana 23 (2001), S. 221–234, und Hans-Joachim Jakob: Franz Fühmanns Drehbuch-Entwurf zu einer Verfilmung von Grimmelshausens »Simplicissimus Teutsch«. In: Simpliciana 32 (2010), S. 227–249.
21 Marlene Streeruwitz: Waikiki-Beach. Sloane Square. Zwei Stücke. Frankfurt 1992, S. 79–139, hier S. 103f. Vgl. Franziska Schößler: Der Widerstreit von Mythos und Alltag. Zur Medea-Phantasie in Marlene Streeruwitz' Theaterstück »Sloane Square«. In: Literatur für Leser 21 (1998), S. 244–258, zum Gryphius-Zitat S. 250–253.

zu Leben und Kunst repräsentieren. Im *Butt* wird der junge Gryphius mit Opitz konfrontiert, dem er im Danzig des Jahres 1634 vorwirft, er verfolge sein Dichten nicht mehr unbedingt genug, da er sich in Diplomatie verzettele. Gryphius' kompromißlosen Weltekel, der wie in anderen Rezeptionszeugnissen auch hier durch ein Zitat aus »Menschliches Elende« illustriert wird, läßt Grass jedoch als unglaubwürdige, rhetorisch überinstrumentierte Pose eines Intellektuellen erscheinen, der sich in der »üppigen Trauer« und »lustvollen Leidversessenheit«[22] seiner Verse ergeht, allen *vanitas*-Beteuerungen zum Trotz aber nach Dichterruhm strebt und sich der Völlerei hingibt. Das Poetentreffen im westfälischen Telgte, das Grass am Ende des Dreißigjährigen Krieges stattfinden läßt, um in diesem historischen Spiegel die geschichtliche Bedeutung der *Gruppe 47* und allgemeiner das Verhältnis von Dichtung und Politik zu reflektieren, zeigt Gryphius' zwiespältigen Charakter in nochmals schärferer Beleuchtung: Äußerlich saturiert und auf öffentlichen Erfolg schielend, zelebriert der »mit seinen dreißig Jahren schon rundum beleibte[ ] Gryphius« seine Weltverächter-Rolle mit aufdringlicher »Verkünderstimme«; als »Meister der Düsternis« steht er dem wahren Leben mit seinen Verlockungen und Versuchungen, die den ungelehrten Gelnhausen (alias Grimmelshausen) zum Schriftsteller werden lassen, denkbar fern.[23]

Gryphius-Referenzen in der Lyrik

Neben isolierten Zitaten und einzelnen namentlichen Verweisen, wie sie sich etwa schon – um nur wenige bislang unberücksichtigte Beispiele zu nennen – in Franz Richard Behrens' experimenteller *Sturm*-Lyrik der frühen 1920er Jahre sowie in Nachkriegsgedichten Karl Krolows und Ernst Meisters finden,[24] sind als gewichti-

---

22 Günter Grass: Der Butt. Roman. Darmstadt 1977, S. 143f. und bes. S. 305–315 (»Im vierten Monat. Von der Last böser Zeit«), hier zitiert S. 305.
23 Günter Grass: Das Treffen in Telgte. Eine Erzählung. Darmstadt 1979, S. 44 und 128. Vgl. die zusammenfassende Darstellung bei Mannack (Anm. 6), S. 72–75, sowie die ebd., S. 148, genannte Literatur zu Grass' Barock-Rezeption.
24 Franz Richard Behrens: B = C Der Roman der Lyrik. In: Der Sturm 12 (1921), S. 186–192, hier S. 192: »Gryphius friss die Pestkaldaunen«. Wieder abgedruckt in ders.: Werkausgabe. Hg. von Gerhard Rühm. Bd. 1: Blutblüte. Die gesammelten Gedichte. München 1979, S. 107–125, hier S. 123. Karl Krolow: Heimsuchung. Berlin 1948, S. 42 (Gryphius-Motto aus »Dimitte me! ut plangam paulum dolorem meum. Job. 10.« [*Od.* III,7] zur Abteilung »Widerfahrung«). Wieder abgedruckt in ders.: Auf Erden. Frühe Gedichte. Frankfurt 1989, S. 98. Ders.: Zeichen der Welt. Neue Gedichte. Stuttgart 1952, S. 55f. (Gryphius-Motto aus »Thränen in schwerer Kranckheit« [*Son.* I,45] zu dem 1949 entstandenen Gedicht »Männer I«). Wieder abgedruckt in ders.: Gesammelte Gedichte. Bd. 1. Frankfurt 1965, S. 48–50. Ernst Meister: ... und Ararat. Wiesbaden 1956, S. 22 (Schluß von »Musica«: »Wir haben viel geschrien | – so spräche Gryphius –, | doch daß Musik noch sei, | begreifen wir zum Schluß.«). Wieder abgedruckt in ders.: Gedichte. Textkritische und kommentierte Ausgabe. Bd. 1: Zu Lebzeiten

gere lyrische Rezeptionszeugnisse einerseits auf die Person Gryphius bezogene ›Dichtergedichte‹ und andererseits intertextuelle Adaptationen prominenter Vorlagen anzuführen.

Moderne Gedichte, die sich vorrangig auf die Person Gryphius beziehen, lassen sich seit Mitte der 1930er Jahre nachweisen: Gleichlautend mit »Andreas Gryphius« haben Oskar Loerke und Johannes R. Becher ihre wohl unabhängig voneinander verfaßten Texte überschrieben. Doch handelt es sich bei Loerke um eine dem Barockdichter in den Mund gelegte Rollenrede, die das Weltgeschehen als »Lüge« auf einem trüglichen »Gaukelfeld« charakterisiert, das ihn zwar in »Purpurzorn« versetze, aber doch nur zu Resignation und schicksalsergebenem Rückzug ins eigene Herz bewege.[25] Becher dagegen schrieb im Moskauer Exil ein an Gryphius gerichtetes Klage- und Agitationsgedicht, das in der Form des barocken Alexandrinersonetts den mit »Du« apostrophierten Dichter zu einem Sänger des »Volkes« erklärt, der »das deutsche Wort geschmiedet« und es zugleich so anzuwenden gewußt habe, daß es »uns wandeln [...] und leiten« könne. Der so zum antifaschistisch engagierten ›Führer der Nation‹ erklärte Gryphius habe nämlich, das behaupten die Terzette, den auf »Dulden und Ertragen« eingespurten Gemeindegesang zu einem »mächtigen Choral« des Protests und des revolutionären Aufbruchs umgestimmt: »Herr, laß das Volk es wagen!«[26] Derart forcierte politische Indienstnahmen, wie sie Klabund im Ersten und Becher kurz vor dem Zweiten Weltkrieg versuchten, lassen sich danach nicht mehr beobachten. Allerdings halten auch das »An Gryphius« (1962) gerichtete Gedicht des jungen Rolf Dieter Brinkmann und die »Anfrage des Gryphius« (1967) von Günter Bruno Fuchs am Bild des auf Vernichtungsszenarien spezialisierten Barocklyrikers fest, für den es in der Moderne keine religiöse Zuversicht mehr geben könne: Brinkmann, indem er Gryphius ein von Kadavern überhäuftes Schlachtfeld erblicken läßt, auf dem sich das »Licht« zum »Irrlicht« bricht und alle »Hoffnung« »wie Plunder | brennt«;[27] Fuchs, indem er Gryphius in einer apokalyptischen Welt mit einer Reihe unbeantworteter Fragen vergeblich nach Elementen, Lebewesen, Jahreszeiten und zuletzt nach »Gespräch« sowie »Gedichte[n]« suchen läßt.[28]

---

publizierte Gedichtbände (1932–1958). Hg. von Axel Gellhaus, Stephanie Jordans und Andreas Lohr. Göttingen 2011, S. 185.
25 Oskar Loerke: Der Wald der Welt. Gedichte. Berlin 1936, S. 67f. Wieder abgedruckt in ders.: Sämtliche Gedichte. Bd. 2. Hg. von Uwe Pörksen und Wolfgang Menzel. Göttingen 2010, S. 673. Vgl. Mannack (Anm. 6), S. 65f.
26 Johannes R. Becher: Andreas Gryphius. In: Internationale Literatur. Deutsche Blätter 7 (1937), Heft 10, S. 45. Wieder abgedruckt in ders.: Gesammelte Werke. Bd. 4: Gedichte 1936–1941. Berlin 1966, S. 332. Vgl. Mannack (Anm. 6), S. 68.
27 Rolf Dieter Brinkmann: Ihr nennt es Sprache. Achtzehn Gedichte. Leverkusen 1962, S. 13 (»An Gryphius«).
28 Günter Bruno Fuchs: Blätter eines Hof-Poeten & andere Gedichte mit vier Handschriften des Verfassers. München 1967, S. 33. Anzufügen sind das Gedicht »Andreas Gryphius« von Axel Schul-

Wie Johannes R. Becher, dessen Anthologie *Tränen des Vaterlandes* von 1954 das Bild der frühneuzeitlichen Dichtung beim DDR-Publikum maßgeblich prägte, eines der frühen Gryphius-Dichtergedichte verfaßt hat, so stammt von ihm auch das wohl bekannteste Echo auf ein einzelnes Gryphius-Gedicht: »Tränen des Vaterlandes anno 1937«.[29] Bechers Sonettpaar apostrophiert zunächst das nationalsozialistisch beherrschte »Deutschland«, um die Versprechen des Hitler-Regimes (»drin das Volk sein Hab und Gut kann mehren«; »aller Wohlergehn«) kontrastiv an seinen verbrecherischen Taten zu messen und den Diktator als »Henker« sowie »irre[n] Folterknecht« zu charakterisieren. Statt aber »Tränen« zu vergießen, sollen sich die Deutschen auf ihre kulturelle Tradition in »Farbe, Klang und Wort« besinnen, die paradigmatisch mit den Namen Grünewald, Bach und Hölderlin aufgerufen wird, und dafür kämpfen, daß dieses Erbe wieder »[g]länzt, dröhnt und jubiliert!«. Wurden Gryphius' »Thränen des Vaterlandes« hier während des Exils für die Identitätsstiftung des ›besseren‹, postfaschistischen Deutschlands beansprucht, so versuchten spätere »Tränen des Vaterlandes 1966« (eines Anonymus) bzw. »Tränen des Vaterlandes anno 1986« (von Gino Chiellino) gehaltliche Aktualisierungen im Zeichen der deutschen Teilung bzw. eines unspezifischen Leidens an der Gegenwart.[30] Statt Gryphius weiter als ›Volksdichter‹ und Repräsentanten des kulturellen Erbes zu vereinnahmen, dienten seine *vanitas*-Bilder dann am Ende der DDR-Zeit – in Volker Dietzels »Kläglich[m] Toten-Lied, darinnen der Verfall des Stadtgottesackers zu Halle unter Zitation einiger Verse von Andreas Gryphius fein artig und künstlich abgemalt und vor Augen gestellt wird« (1990) – dazu, die nachlässige Denkmalpflege und die mangelnde Pietät im ›Arbeiter- und Bauern-Staat‹ zu kritisieren.[31]

Weit entfernt von solch konkreten Vergegenwärtigungen entfaltet Gryphius' nautische Metaphorik, die schon Klabunds Auswahl bestimmte, ihr produktives Potential nochmals in ihrer gegenwärtig wohl ambitioniertesten Adaptation, in Franz Josef Czernins »übertragung« von Gryphius' Sonett »An die Welt« (2006). Die

---

ze: Vogelbilder. Gedichte. Halle 1985, S. 15–17, das eine Brandkatastrophe in metaphorisch wie typographisch archaisierender Manier behandelt, sowie das stark verknappte »telegramm an gryphius« von Rainer Strobelt: Telegramm an Gryphius. Gedichte. Mit Illustrationen von Tamara Bołdak-Janowska. Freiberg 2003, S. 104: »wieder geht ein heer | erde wankt wie meer | regale | blicke | alles leer | käfer atmet schwer.«

29 Johannes R. Becher: Tränen des Vaterlandes anno 1937. In: Internationale Literatur. Deutsche Blätter 7 (1937), Heft 10, S. 48. Wieder abgedruckt in ders. (1966) (Anm. 26), S. 13f. Zitate im folgenden ohne Einzelnachweis. Vgl. Mannack (Anm. 6), S. 67f. und 131 (Nr. 104).

30 Anonymus: Tränen des Vaterlandes 1966. In: Deutsche Teilung. Ein Lyrik-Lesebuch. Hg. von Kurt Morawietz. Nachwort von Reimar Lenz. Wiesbaden 1966, S. 34; Gino Chiellino: Sehnsucht nach Sprache. Gedichte 1983–1985. Kiel 1987, S. 15.

31 Volker Dietzel: De mortuis nil nisi bene oder Klägliches Toten-Lied, darinnen der Verfall des Stadtgottesackers zu Halle unter Zitation einiger Verse von Andreas Gryphius fein artig und künstlich abgemalt und vor Augen gestellt wird. In: Fluchtfreuden Bierdurst. Letzte Gedichte aus der DDR. Hg. von Dorothea Oehme. Mit einer Vorbemerkung von Fritz Rudolf Fries. Berlin 1990, S. 16f.

Gegenüberstellung zeigt, daß Czernins virtuose Kontrafaktur die alte Form beibehält, die ›übertragenen‹ Redeweisen des Barock aber einem modernen Sprachexperiment unterwirft, indem er aus ihnen bevorzugt Präfix- und Partikelverben (wie ›ausbooten‹, ›aufrollen‹, ›unterströmen‹, ›durchgehen‹) gewinnt, deren im normalen Sprachgebrauch verblaßte Bildhaftigkeit er durch unkonventionelle Fügungen aufbricht und bewußt macht:

An die Welt

Mein oft bestürmtes Schiff, der grimmen Winde Spiel,
Der frechen Wellen Ball, das schier die Flut getrennet,
Das wie ein schneller Pfeil nach seinem Ziele rennet,
Kommt vor der Zeit an Port, den meine Seele will.

Oft, wenn uns schwarze Nacht im Mittag überfiel,
Hat der geschwinde Blitz die Segel schier verbrennet.
Wie oft hab ich den Wind und Nord und Süd verkennet!
Wie schadhaft ist der Mast, Steur, Ruder, Schwert und Kiel!

Steig aus du müder Geist! Steig aus! Wir sind am Lande.
Was graut dir für dem Port? Itzt wirst du aller Bande
Und Angst und herber Pein und schwerer Schmerzen los.

Ade, verfluchte Welt! Du See voll rauher Stürme!
Glück zu mein Vaterland! Das stete Ruh im Schirme
Und Schutz und Frieden hält, du ewiges Schloß!
Andreas Gryphius

an die welt. übertragung

gebootet aus, den sturm im wind dir ernte; spiel
uns ballt, jetzt auf dies rollt, auf spitzen sturz getrieben;
mir dämmert, was wild unterströmt, aus gischt gerieben
es geht mit uns durch, über bord, sticht ins gewühl;

ach, maß dir –, schwall ist voll, auf mir getürmt, doch kühl
von grund auf untergräbt; platzend heraus sich schieben
uns dunkel wörtlich wogen, wolken, bruch, versieben
zum letzten korn, das reisst sich mit dem strom zum ziel

mit diesem, einem schlag: ist der nicht stets gelandet,
auf fläche so gebracht? wir, flut und sturm im ohr,
noch hören läuten, rauschen es, da hoch empor

gehoben über wassern schweben: auf ihr brandet
schon fern, da uns sich schleusen schliessen, tür und tor:
wo bleib ich, so verdonnert, da ihr längst mir schwandet?[32]

---

[32] Franz Josef Czernin: Elstern. Versionen. Gedichte. Düsseldorf 2006, S. 16f.; im Original nebeneinander. Aus jüngster Zeit sind ferner folgende intertextuelle Referenzen in der Lyrik zu notieren: Robert Gernhardt: Im Glück und anderswo. Frankfurt a.M. 2002, S. 171 (namentliche Erwähnung in

Gryphius-Vertonungen seit dem Ersten Weltkrieg

Nach einzelnen Vertonungen durch Gryphius' Zeitgenossen wurde sein Werk wohl erst wieder seit dem Ersten Weltkrieg musikalisch rezipiert: Die frühesten modernen Vertonungen – Georg Göhlers *Drei Sonette auf die Vergänglichkeit* und Max Brods Lied über »Threnen des Vatterlandes« – stammen aus jenem Kriegs- und Gedenkjahr 1916, in dem Klabund den Lyriker Gryphius popularisierte.[33] Wie die Textentscheidungen von Komponisten oft durch Anthologien vorbestimmt sind, so ist auch im Falle von Gryphius die Wahl der vertonten Gedichte durch vorgängige Sammelausgaben deutlich eingeschränkt.[34] Von Beginn an steht dabei der *vanitas*-Lyriker Gryphius im Zentrum des kompositorischen Interesses: Wolfgang Zeller vertonte 1921 und 1923 »Der Abend« und »Von der Eitelkeit der Welt«, Ernst Křenek eröffnete seine *Kantate von der Vergänglichkeit des Irdischen* (1932) mit »Thränen des Vatter-

---

»Was und wer alles ihm am 13. Dezember 2000 durch den Kopf ging«). Wieder abgedruckt in ders.: Gesammelte Gedichte 1954–2004. Frankfurt a.M. 2005, S. 797–801, hier S. 798. Außerdem ebd., S. 1002 (wörtliches Zitat aus »Menschliches Elende« [*Son.* I,11] zu Beginn des »Sonett[s] vom Kampf der Generationen«); Paulus Böhmer: Kaddish XI–XXI. Frankfurt 2007, S. 130 (wörtliches Zitat aus »Menschliches Elende« in »Der fünfzehnte Kaddish«); Nico Bleutge: fallstreifen. gedichte. München 2008, S. 23–27 (ein wörtliches und zwei sinngemäße Zitate aus »Thränen in schwerer Kranckheit« [*Son.* I,9] im dritten der drei Gedichte des Zyklus »drei stimmen« unter dem Titel »glas«); Nora Bossong: Sommer vor den Mauern. Gedichte. München 2011, S. 55 (Motto aus »Vanitas! Vanitatum Vanitas!« [*Od.* I,9] vor der Abteilung »Im Protestantenland«) und S. 57 (Erwähnung im Gedicht »Siebte Frau auf der Nonnenempore«). Für ihre Hilfe bei der Ermittlung literarischer Rezeptionszeugnisse danke ich herzlich Luisa Herzog.

33 Georg Göhler: Drei Sonette auf die Vergänglichkeit. Für eine Singstimme und Klavier. Leipzig o.J. [1916] vertont die Sonette mit den Incipits »Du siehst, wohin du siehst«, »Der schnelle Tag ist hin« und »Mein oft bestürmtes Schiff« (vgl. *Son.* I,8; II,3; I,49); bei Klabund (Anm. 2) eröffnen »An die Welt« und »Es ist alles eitel« die Auswahl (S. 7f.), »Abend« folgt auf S. 23. Nach freundlicher Auskunft von Gregor Hermann aus der Ratsschulbibliothek Zwickau, die den Nachlaß von Georg Göhler verwahrt, entstand die Komposition wohl bald nach dem Tod von Göhlers Vater am 16. März 1915; demzufolge würde Klabunds Ausgabe als Vorlage ausscheiden; ob Göhler die auffallend mit diesem übereinstimmende Textauswahl selbständig nach einer älteren Gryphius-Ausgabe vorgenommen hat, läßt sich nicht klären. Max Brod: Drei Balladen. Op. 16, Nr. 1. Yehuda Cohen: Das musikalische Oeuvre von Max Brod. In: Max Brod. Ein Gedenkbuch 1884–1968. Hg. von Hugo Gold. Tel Aviv 1969, S. 284–287, hier S. 286, datiert die Komposition auf 1916. Soweit nicht anders vermerkt, stammen die Nachweise der im folgenden genannten Gryphius-Kompositionen aus dem *Karlsruher Virtuellen Katalog* und aus den Werkverzeichnissen in: Die Musik in Geschichte und Gegenwart. Allgemeine Enzyklopädie der Musik. Hg. von Friedrich Blume. 17 Bde. Kassel 1949–1979; 2. Aufl. Hg. von Ludwig Finscher. Personenteil. 17 Bde. und Supplementband. Kassel 1999–2007.

34 Konkret belegt ist dies für Ernst Křenek: Kantate von der Vergänglichkeit des Irdischen für gemischten Chor a cappella, Sopran-Solo und Klavier. Op. 72. Wien 1932, in der angemerkt ist: »Die Texte der Gesänge [Gryphius, Opitz, Klaj, Fleming; D.M.] sind der Sammlung ›Die Vergessenen. Hundert deutsche Gedichte aus dem 17.–18. Jahrhundert. Ausgewählt von Heinrich Fischer‹ (Berlin 1926) entnommen.«

landes«,³⁵ 1934 komponierte Karl Joseph Kraft *Fünf Sonette auf die Vergänglichkeit von Andreas Gryphius*,³⁶ ein Jahr später gab Hans Chemin-Petit seiner *Kantate nach Worten von Andreas Gryphius* den Titel *Von der Eitelkeit der Welt*³⁷ und auch Karl Amadeus Hartmanns 1936 komponierte Kantate *anno 48 Friede* über sechs Gryphius-Gedichte beginnt mit der Vertonung des Sonetts »Thränen des Vatterlandes«.³⁸ Wie stark der Dichter von seinen musikalischen Rezipienten auf die *vanitas*-Klage festgelegt wurde und noch wird, bezeugen jüngere und jüngste Beispiele: Ein von Heiner Goebbels für das Frankfurter Ballett komponiertes *Konzert für Tänzer* (1986) trägt den Titel *Thränen des Vaterlandes*,³⁹ der freimaurerisch orientierte Komponist Walter Thomas Heyn eröffnete seine *Silicernium* benannte *Trauerloge für die Opfer von New York vom 11.9.01* mit Gryphius' Sonett »Abend«,⁴⁰ und Wilhelm von Grunelius veröffentlichte 2006 eine Gryphius-Kantate *Über die Vergänglichkeit*.⁴¹ Ein kleines Gegengewicht zum ganz düsteren Gryphius schufen einige Komponisten, indem sie – wie Ernst-Lothar von Knorr (1951), Wolfgang Stockmeier (1963), Christoph Bosse (1978), Harald Genzmer (1983), Robert Pappert (1994), Helmut Barbe (1997) und Hartmut J. Burgmann (2001) – weihnachtliche Gesänge und Kantaten auf Gryphius' Sonett »Vber die Geburt JEsu« (*Son.* I,3) komponierten.⁴²

Ohne besonders profiliert hervorzutreten, haben die musikalischen Gryphius-Adaptationen Anteil an der Geschichte vokaler Gattungen im 20. Jahrhundert: Ihr Beginn fällt in die letzte Blütezeit des Klavierliedes, bevor dann seit den 1930er Jah-

---

35 Křenek (Anm. 34), S. 1–6, Zitat auf der Titelblattrückseite.
36 Karl Joseph Kraft: Fünf Sonette auf die Vergänglichkeit von Andreas Gryphius. Für Singstimme und Klavier. Manuskript.
37 Hans Chemin-Petit: Von der Eitelkeit der Welt. Kantate nach Worten von Andreas Gryphius. Für Bariton und kleines Orchester. Klavierauszug. Berlin 1936.
38 Karl Amadeus Hartmann: anno 48 Friede. Autograph. Vgl. Bauer (Anm. 20), S. 269.
39 Thränen des Vaterlandes. Ein Konzert für Tänzer von Christof Nel und Heiner Goebbels. Programmheft Ballett Frankfurt. Frankfurt 1986.
40 Walter Thomas Heyn: Silicernium. Eine musikalische Trauerloge für die Opfer von New York vom 11.9.01. Für Stimme allein. Texte Andreas Gryphius, Andreas Reimann, Anna Achmatowa und William Shakespeare. Op. 78. Berlin o.J.
41 Wilhelm von Grunelius: Über die Vergänglichkeit. Kantate nach einem Gedicht von Andreas Gryphius. Für hohe Singstimme und Orgel. Magdeburg 2006.
42 Ernst-Lothar von Knorr: Das Weihnachts-Bedenken »Über die Geburt Christi«. Weihnachtliche Kantate für Sopran-Solo, gemischten Chor, Männerchor, Frauenchor mit Streichquartett (oder Streichorchester) und Flöte. Kassel o.J.; Wolfgang Stockmeier: Zwei Weihnachtsmotetten. Wolfenbüttel 1964; Christoph Bosse: Über die Geburt Jesu. Motette für vier- bis sechsstimmigen gemischten Chor. Wolfenbüttel 1978 (Möseler Chorreihe 82); Harald Genzmer: Über die Geburt Jesu (Andreas Gryphius). Gemischter Chor a cappella. Mainz 1996; Robert Pappert: Christi Geburt. Worte: Andreas Gryphius. Dettenheim o.J.; Helmut Barbe: Lichte Nacht. Konzert zur Weihnachtszeit. Nach vier Sonetten von Andreas Gryphius. Für gemischten Chor und Streichsextett. München 1997; Hartmut Burgmann: Nacht, mehr denn lichte Nacht. Nach Worten von Andreas Gryphius. Weihnachtsmotette »Über die Geburt Jesu«. Für vierstimmigen gemischten Chor a cappella. Ingersheim 2001.

ren neben einer Reihe von Motetten und A-cappella-Chören die Form der Kantate dominiert, die meist auf mehreren, zyklisch geordneten Gedichten basiert, die sämtlich von Gryphius stammen oder mit Texten anderer Herkunft kombiniert werden. Wie schon einige der mit Solisten, Chor und Orchester besetzten Kantaten musikalisch opulent gestaltet sind, so lieferte Gryphius auch die (partielle oder alleinige) Grundlage für groß angelegte Kompositionen wie Walther Geisers *Chorphantasie* (1938), Gerhard Wimbergers *Memento vivere. Gesänge vom Tod* (1974), Heino Schuberts Oratorium *Der Mensch, das Spiel der Zeit* (1982) und Ulrich Gassers szenisches Oratorium *Von der unerbittlichen Zufälligkeit des Todes* (1993–95).[43] Dabei dürfte die Auseinandersetzung mit den barocken Texten und ihrem theologischen Gehalt den Einbezug älterer musikalischer Formen sowie polyphoner Satzmuster und sakral konnotierter Instrumente, besonders der Orgel,[44] befördert haben: Ausdrücklich hervorgehoben wird die produktive Rezeption auch der barocken Musik etwa bei Otfried Büsing, der seine Vertonung von »Abend« als *Musik nach Andreas Gryphius mit Bach'scher Aria* (2003) bezeichnet.[45] Zugleich motivierte Gryphius' eindringliche Rhetorik der Klage die Komponisten zu einer dissonanzenreichen, die Tonalität erweiternden oder überschreitenden Musiksprache, die in einigen Rezeptionszeugnissen – John McCabes popmusikalisch mit Schlagzeug und Gitarre besetztem Stück *Das letzte Gerichte* (1973), Heiner Goebbels' theatralischer Klangcollage (1986) und Ulrich Gassers *Oratorium*, das »sechs Klangsteine und einen übermächtigen Raum« einbezieht – experimentelle Ausdrucksformen erprobt.[46]

---

43 Walther Geiser: Chorphantasie auf den Sonntag des wiedererscheinenden Richters oder den II. der Zukunft Christi. Luc. 21.25ff. (Andreas Gryphius). Op. 24. [Basel 1938]; Gerhard Wimberger: Memento vivere. Gesänge vom Tod. Für Mezzosopran, Bariton, drei Sprechstimmen, gemischten Chor und Orchester. Nach Texten von Kurt Marti, Abraham a Sancta Clara, Paul Fleming, Andreas Gryphius. Kassel 1974; Heino Schubert: Der Mensch, das Spiel der Zeit. Oratorium für zwei Solostimmen (Alt, Tenor), zwei Solostimmen ad lib. (Sopran, Baß), gemischten Chor und Orchester (1992). Berlin o.J.; Ulrich Gasser: Von der unerbittlichen Zufälligkeit des Todes (1993–95). Ein szenisches Oratorium in sechs Teilen mit Texten von Matthias Claudius, Johann Wolfgang von Goethe, Andreas Gryphius, Johann Gottfried Herder, Christian Hofmann von Hofmannswaldau, Friedrich Hölderlin, Gottfried Keller, Rainer Maria Rilke und aus dem Buch der Weisheit. Für sechs Frauen- und sechs Männerstimmen, acht Flöten vom Piccolo bis zur Kontrabassflöte, sechs Klangsteine und einen übermächtigen Raum. Kreuzlingen o.J.
44 Ganz ohne Text bleibt Thomas Lauck: Hommage à Gryphius. Für Orgel solo. München 1995.
45 Otfried Büsing: Abend (2003). Musik nach Andreas Gryphius mit Bach'scher Aria. Für Soloquartett, gemischten Chor und kleines Orchester. Bad Schwalbach 2003.
46 John McCabe: Das Letzte Gerichte. London o.J.; Goebbels (Anm. 39); Gasser (Anm. 43).

IV Anhang

IV.a Siglenverzeichnis

AML	Abend Menschlichen Lebens Bey Christlicher Beerdigung der weyland Wol-Ehrbaren / Hochtugend und Viel-Ehrenreichen Frauen Annæ Knorrin gebohrnen Gertichin Der Hochansehnlichen Versamlung Den 1. April dieses cIɔ Iɔ CLXIII. Jahres vorgestellet Von ANDREA GRYPHIO. Gedruckt zur Steinaw an der Oder / bey des seel. Wigand Funcken Wittib.
AV	Außländische Jn dem Vaterland / Bey der numehr Seeligen / weyland Wol-Erbaren / Hoch-Tugend- und Viel-Ehrenreichen Frauen Barbarae Hoffmannin geborner Johnin / Kläglicher Abführung zu jhrer erwehleten Ruhe-Stadt. Der Hoch-ansehnlichen Versammelung vorgestellet Den 11. May deß cIɔ Iɔ CLVII. Jahres Durch ANDREAM GRYPHIUM. Breßlaw / druckts Gottfried Gründer Baumannischer Factor.
BG	ANDREÆ GRYPHII Begräbnis-Gedichte. In: ANDREÆ GRYPHII um ein merckliches vermehrte Teutsche Gedichte. Mit Käyserl. und Churfl. Sächsischen allergnädigstem Privilegio. Breßlau und Leipzig / Jn Verlegung der Fellgiebelischen Erben / 1698. ANDREÆ GRYPHII Poetische Wälder Anderer Band, S. 39–54.
Car$_A$	ANDREÆ GRYPHII Ermordete Majestät. Oder CAROLUS STUARDUS König von Groß Brittannien. Trauer-Spil. In: ANDREÆ GRYPHII Deutscher Gedichte / Erster Theil. Breßlaw / Jn Verlegung Johann Lischkens / Buchhändlers. 1657. [separate Paginierung]
Car$_B$	ANDREÆ GRYPHII Ermordete Majestät. Oder CAROLUS STUARDUS König von Groß Britanien. Trauer-Spil. In: ANDREÆ GRYPHII Freuden und Trauer-Spiele auch Oden und Sonnette. Jn Breßlau zu finden Bey Veit Jacob Treschern / Buchhändl. Leipzig / Gedruckt bey Johann Erich Hahn. Jm Jahr 1663, S. 332–453.
Card.	ANDREÆ GRYPHII CARDENIO und CELINDE, Oder Unglücklich Verlibete. Trauer-Spiel. In: ANDREÆ GRYPHII Freuden und Trauer-Spiele auch Oden und Sonnette. Jn Breßlau zu finden Bey Veit Jacob Treschern / Buchhändl. Leipzig / Gedruckt bey Johann Erich Hahn. Jm Jahr 1663, S. 256–331.
Cath.	ANDREÆ GRYPHII CATHARINA von Georgien. Oder Bewehrete Beständikeit. Trauer-Spiel. In: ANDREÆ GRYPHII Freuden und Trauer-Spiele auch Oden und Sonnette. Jn Breßlau zu finden Bey Veit Jacob Treschern / Buchhändl. Leipzig / Gedruckt bey Johann Erich Hahn. Jm Jahr 1663, S. 87–184.
D	Andreas Gryphius: Dramen. Hg. von Eberhard Mannack. Frankfurt a.M. 1991 (Bibliothek deutscher Klassiker 67).
Dei Vind.	DEI VINDICIS IMPETUS. ET HERODIS INTERITVS. Herôo Carmine AB ANDREA GRYPHIO GLOGOVIENSI SILESIO celebratus. *Anno* Effera qVID sontes tentant? hos ferrea fatIs TrIstIbVs eXagItat VInDICIs Ira DEI. DANTISCI, Typis RHETIANIS.
	Deutsche Übersetzung und Verszählung nach: Andreas Gryphius. Herodes – Der Ölberg. Lateinische Epik. Herausgegeben, übersetzt und kommentiert von Ralf Georg Czapla. Berlin 1999 (Bibliothek seltener Texte in Studienausgaben 4), S. 76–149.
DG	ANDREÆ GRYPHII Deutscher Gedichte / Erster Theil. Breßlaw / Jn Verlegung Johann Lischkens / Buchhändlers. 1657.
EG	Letztes Ehren-Gedächtnüß Der Hoch-Edelgebohrnen Hoch-Tugend- Zucht und Ehrenreichen Jungfrawen Jungf. Marianen von Popschitz aus dem Hause Crantz;

auff Gröditz v. d. g. Welche den Tag vor der Himmelfahrt / des Erlösers der Welt Jn dem XV. Tag des Mey Monats / des cIɔ Iɔ CLX. Jahres Seeligst die Welt gesegnet auffgesetzet von ANDREA GRYPHIO. Gedruckt zur Steinaw an der Oder / bey Johann Kuntzen.

Ep. I   ANDREÆ GRYPHII EPIGRAMMATUM. *LIBER* I. [Leyden 1643]
Zählung und deutsche Übersetzung nach: Andreas Gryphius. Lateinische Kleinepik, Epigrammatik und Kasualdichtung. Herausgegeben, übersetzt und kommentiert von Beate Czapla und Ralf Georg Czapla. Berlin 2001 (Bibliothek seltener Texte in Studienausgaben 5), S. 39–78.

Ep. II   ANDREÆ GRYPHII EPIGRAMMATA. Das erste Buch. [Leyden 1643]

Ep. III   ANDREÆ GRYPHII EPIGRAMMATA Oder Bey-Schrifften. Jehna / verlegt Von Veit Jacob Dreschern / Buchh. zu Breßlau. Jm Jahr M.DC.LXJJJ.

Fel.   Beständige Mutter / Oder Die Heilige FELICITAS, Aus dem Lateinischen NICOLAI CAUSINI, Von ANDREA GRYPHIO übersetztes Trauer-Spiel. In: ANDREÆ GRYPHII Freuden und Trauer-Spiele auch Oden und Sonnete. Jn Breßlau zu finden Bey Veit Jacob Treschern / Buchhändl. Leipzig / Gedruckt bey Johann Erich Hahn. Jm Jahr 1663, S. 185–255.

Irrtümlich wird die vierte als »Fünffte Abhandelung« gezählt (und die fünfte als »letzte«); Stellenangaben erfolgen in berichtigter Zählung.

FF   Fewrige Freystadt / ANDREÆ GRYPHII. Gedruckt zur Polnischen Lissa / bey Wigand Funcken. Jm Jahr 1637.

Impressum auf der letzten Seite.

FML   Folter Menschliches Lebens / Der Wol-Tugend- unnd Viel-Ehrenreichen Frawen BARBARÆ GERLACHIN, Herrn ELIÆ ÆBELII von Lübeck / Not. Pub. Cæs. geliebten Ehegemahlin / Bey Leben versprochenes / und nach dem Todt abgelegtes Ehren-Gedächtnüß von ANDREA GRYPHIO. IX. JULII. A. cIɔ Iɔ CXLVIII. Gedruckt zur Poln: Lissa / durch Wigand Funcken.

FT   ANDREÆ GRYPHII Freuden und Trauer-Spiele auch Oden und Sonnette. Jn Breßlau zu finden Bey Veit Jacob Treschern / Buchhändl. Leipzig / Gedruckt bey Johann Erich Hahn. Jm Jahr 1663.

GA   Andreas Gryphius: Gesamtausgabe der deutschsprachigen Werke. Hg. von Marian Szyrocki, Hugh Powell, Karl-Heinz Habersetzer und Johann Anselm Steiger. Tübingen 1963–2007.

GA EB   Andreas Gryphius: Gesamtausgabe der deutschsprachigen Werke. Hg. von Marian Szyrocki, Hugh Powell, Karl-Heinz Habersetzer und Johann Anselm Steiger. Tübingen 1963–2007. Ergänzungsbände.

GD   ANDREÆ GRYPHII. Verlibtes Gespenste / Gesang-Spil. Die gelibte Dornrose Schertz-Spill. Beyde auffs neue übersehen und zum andern mahl gedruckt. Breßlaw / Bey Esaiæ Fellgibeln / Buchhändl. Leipzig / Druckts Christian Michael / 1661.

Gib.   Die Sieben Brüder / Oder Die Gibeoniter / Aus Vondels Niederländischen in das Hoch-Deutsche übersetzet. Trauer-Spiel. In: ANDREÆ GRYPHII um ein merckliches vermehrte Teutsche Gedichte. Mit Käyserl. und Churfl. Sächsischen allergnädigstem Privilegio. Breßlau und Leipzig / Jn Verlegung der Fellgiebelischen Erben / 1698, S. 543–604.

GL	ANDREÆ GRYPHII Geistliche Lieder. In: ANDREÆ GRYPHII um ein merckliches vermehrte Teutsche Gedichte. Mit Käyserl. und Churfl. Sächsischen allergnädigstem Privilegio. Breßlau und Leipzig / Jn Verlegung der Fellgiebelischen Erben / 1698. ANDREÆ GRYPHII Poetische Wälder Anderer Band, S. 269–296.
Her. Fur.	Herodis Furiæ, & Rachelis lachrymæ, Carmine Heroico, CANTATAE, PLORATÆ, *Ab* ANDREA GRYPHIO, PAULI F. Glog. Siles. Scholæ Fraustadianæ Alumno Hierem. c 31. Matt. 2. *Vox in Rama audita est lamentatio & ploratus & fletus multus. Rahel plorans filios suos, & noluit consolationem admittere propterea quod non sint.* ANNO Sparge Tyranne MInas, DVX JESVs fVnere VInCIt. GLOGOVIÆ M. *Literis Wigandi Funcij.*
	Deutsche Übersetzung und Verszählung nach: Andreas Gryphius. Herodes – Der Ölberg. Lateinische Epik. Herausgegeben, übersetzt und kommentiert von Ralf Georg Czapla. Berlin 1999 (Bibliothek seltener Texte in Studienausgaben 4), S. 10–75.
HG	ANDREÆ GRYPHII Hochzeit-Gedichte. In: ANDREÆ GRYPHII um ein merckliches vermehrte Teutsche Gedichte. Mit Käyserl. und Churfl. Sächsischen allergnädigstem Privilegio. Breßlau und Leipzig / Jn Verlegung der Fellgiebelischen Erben / 1698. ANDREÆ GRYPHII Poetische Wälder Anderer Band, S. 54–80.
Horr.	ANDREÆ GRYPHII HORRIBILICRIBRIFAX Teutsch. Breßlaw / Bey Veit Jacob Treschern. In: ANDREÆ GRYPHII Freuden und Trauer-Spiele auch Oden und Sonnette. Jn Breßlau zu finden Bey Veit Jacob Treschern / Buchhändl. Leipzig / Gedruckt bey Johann Erich Hahn. Jm Jahr 1663. [separate Paginierung]
HSGr	Himmel Steigente HertzensSeüfftzer Ubersehen und mit newen Reimen gezieret von ANDREA GRYPHJO Breßlau bey Veit Jacob Treschern ANNO 1665.
HW	Hingang durch die Welt Der Edlen / Viel Ehrenreichen und Hoch-Tugendtsamen Frawen URSULÆ Gebornen Weberin. Des Edelen / GroßAchtbahren / Wolweisen und Hochgelehrten Herrn ADAMI HENNINGI PHIL. & MED. D. Wolverordneten Raths-Assessoris unnd Physici der Königl. Stadt Frawenstadt / numehr seeligsten Ehegeliebten / Bey dero ansehnlichen Leichbegängnüß vorgestellet Von ANDREA GRYPHIO.
Kir.	ANDREÆ GRYPHII Kirchhoffs-Gedancken. In: ANDREÆ GRYPHII Freuden und Trauer-Spiele auch Oden und Sonnette. Jn Breßlau zu finden Bey Veit Jacob Treschern / Buchhändl. Leipzig / Gedruckt bey Johann Erich Hahn. Jm Jahr 1663, S. 477–516.
LA	*ANDREÆ GRYPHII* DISSERTATIONES FUNEBRES, Oder Leich-Abdanckungen / Bey Vnterschiedlichen hoch- und ansehnlichen Leich-Begängnüssen gehalten. Nebenst seinem letzten Ehren-Gedächtnüß und Lebens-Lauff / Zum Druck befördert von Veit Jacob Treschern / Buchhändlern zu Breßlau. Leipzig / Gedruckt bey Johann-Erich Hahnen / 1666.
Leo	ANDREÆ GRYPHII LEO ARMENIUS, Oder Fürsten-Mord Trauerspiel. In: ANDREÆ GRYPHII Freuden und Trauer-Spiele auch Oden und Sonnette. Jn Breßlau zu finden Bey Veit Jacob Treschern / Buchhändl. Leipzig / Gedruckt bey Johann Erich Hahn. Jm Jahr 1663, fol. A^r – S. 85.
LG	ANDREÆ GRYPHII Ubersetzete Lob-Gesänge / Oder Kirchen-Lieder. Breßlau / Gedruckt durch Gottfried Gründern / Baumannischen Factor [1660].
Liss.	ANDREÆ GRYPHII, Sonnete. Gedruckt zur Polnischen Lissa / durch Wigandum Funck [1637].
	Impressum auf der letzten Seite.

Maj.	ANDREÆ GRYPHII MAJUMA, Freuden-Spiel. Auff dem Schauplatz Gesangsweise vorgestellet. Jn dem Mäymond des 1653. Jahres. In: ANDREÆ GRYPHII Freuden und Trauer-Spiele auch Oden und Sonnette. Jn Breßlau zu finden Bey Veit Jacob Treschern / Buchhändl. Leipzig / Gedruckt bey Johann Erich Hahn. Jm Jahr 1663, S. 455–476.
MLT	Menschlichen Lebenß Traum (handschriftlich) Zitiert nach: Andreas Gryphius: Menschlichen Lebenß Traum. Faksimile der Handschrift. Hg. von Gerhard Hay. Hildesheim 1972.
MV	Magnetische Verbindung Des HErren JESU / und der in Jhr [!] verliebten Seelen Als die Seeligst-erblichene Leiche Der weyland Hoch-Edelgebohrnen / Höchst-Tugend Zucht und Ehrenreichen Jungfrauen / Jungfr. Marianen gebohrnen von Popschitz / Den XXIII. Wintermonats / des cIɔ Iɔ CLX. Jahres. auß Dero Väterlichen und Bruderlichen Hoch-Adelichen Rittersitz Gröditz Zu Jhrer Beerdigung abgeführet. Der Höchstansehlichen Versammelung vorgestellet Von ANDREA GRYPHIO. Gedruckt zur Steinau an der Oder / bey Johann Kuntzen.
MWr	AND. GRYPHII MUMIAE WRATISLAVIENSES. *WRATISLAVIÆ*, Sumptibus VITI JACOBI DRESCHERI. *Anno M. DC. LXII.*
Od.	ANDREÆ GRYPHII ODEN, Das Erste Buch. In: ANDREÆ GRYPHII Freuden und Trauer-Spiele auch Oden und Sonnette. Jn Breßlau zu finden Bey Veit Jacob Treschern / Buchhändl. Leipzig / Gedruckt bey Johann Erich Hahn. Jm Jahr 1663, S. 517–541.
	ANDREÆ GRYPHII ODEN, Das Ander Buch. In: ANDREÆ GRYPHII Freuden und Trauer-Spiele auch Oden und Sonnette. Jn Breßlau zu finden Bey Veit Jacob Treschern / Buchhändl. Leipzig / Gedruckt bey Johann Erich Hahn. Jm Jahr 1663, S. 543–574.
	ANDREÆ GRYPHII ODEN, Das Dritte Buch. In: ANDREÆ GRYPHII Freuden und Trauer-Spiele auch Oden und Sonnette. Jn Breßlau zu finden Bey Veit Jacob Treschern / Buchhändl. Leipzig / Gedruckt bey Johann Erich Hahn. Jm Jahr 1663, S. 575–603.
	ANDREÆ GRYPHII Thränen über das Leiden JEsu Christi. Oder seiner ODEN, Das Virdte Buch. In: ANDREÆ GRYPHII Freuden und Trauer-Spiele auch Oden und Sonnette. Jn Breßlau zu finden Bey Veit Jacob Treschern / Buchhändl. Leipzig / Gedruckt bey Johann Erich Hahn. Jm Jahr 1663, S. 605–658.
	Impressum auf der letzten Seite
Od. 1643	ANDREÆ GRYPHII ODEN. Das erste Buch. [Leyden 1643]
Oliv.	ANDREÆ GRYPHII, OLIVETVM LIBRI TRES. LESNÆ TYPIS DANIELIS VETTERI. [1648]
	Impressum auf der letzten Seite.
	Deutsche Übersetzung und Verszählung nach: Andreas Gryphius. Herodes – Der Ölberg. Lateinische Epik. Herausgegeben, übersetzt und kommentiert von Ralf Georg Czapla. Berlin 1999 (Bibliothek seltener Texte in Studienausgaben 4), S. 150–257.
Pap.	ANDREÆ GRYPHII Großmüttiger Rechts-Gelehrter / Oder Sterbender ÆMILIUS PAULUS PAPINIANUS. Trauer-Spil. Breßlaw / Gedruckt durch Gottfried Gründern / Baumannischen Factor. [1659]
Par. ren.	PARNASSUS AUSPICE & PRÆSIDE PHŒBO. SVADENTE & DIRIGENTE PALLADE. SPECTANTE & FAVENTE AUGUSTISSIMO MVSARVM DEORVMQVE COLLEGIO VIRTVTE NOBILISS:[IMI] EXCELLENTISS: MAGNIFICENTISS: DOCTISS: CLARISSIMIQVE DOMINI GEORGII SCHÖNBORNERI A SCHÖNBORN, S. CÆSAR: MAJESTAT. CONSILIARII, COMMISSARII, COMITIS PALATINI, FISCI PER

SILESIAM INFERIOREM PATRONI FIDELISS: &c. &c. &c. RENOVATUS. *Heroô Carmine recensebat* Andreas Gryphius, Glogov. Siles. *Anno* AVSPICIO FONS PHOEBE TVO TORRENTE REDVNDAT PARNASSI: RIVOQVE INVADIT PRATA SERENO. *DANTISCI, Typis RHETIANIS.* [1636]

Deutsche Übersetzung und Verszählung nach: Andreas Gryphius. Lateinische Kleinepik, Epigrammatik und Kasualdichtung. Herausgegeben, übersetzt und kommentiert von Beate Czapla und Ralf Georg Czapla. Berlin 2001 (Bibliothek seltener Texte in Studienausgaben 5), S. 9–38.

Pi.   PIASTUS, Lust- und Gesang-Spiel. In: ANDREÆ GRYPHII um ein merckliches vermehrte Teutsche Gedichte. Mit Käyserl. und Churfl. Sächsischen allergnädigstem Privilegio. Breßlau und Leipzig / Jn Verlegung der Fellgiebelischen Erben / 1698, S. 625–646.

RBB   RICHART BAKERS Engeländischen Ritters Betrachtungen der 1. Sieben Buß-Psalm. 2. Sieben Trost-Psalm. 3. Glückseligkeit des Gerechten. 4. Von Unsterblichkeit der Seelen. 5. Auff iedweden Tag der Wochen. übersetzt durch ANDREAM GRYPHIUM, Verlegt von Veit Jacob Treschern / Buchhändl. zu Breßlau. 1687.

RBF   RICHARD BAKERS Engelländischen Ritters Frag-Stück und Betrachtungen über Das Gebett des HERREN. Verdolmetschet durch ANDREAM GRYPHIUM. Leipzig / Jn Verlegung Veit Jacob Treschers / Buchhändl. in Breßlau. Gedruckt bey Johann-Erich Hahn. Jm Jahr 1663.

Sch$_A$ Der Schwermende Schäfer Lysis, Auf Deß Durchlauchten Hochgebornen Fürsten und Herren / Herren Georg Wilhelm Hertzogens in Schlesien zur Lignitz / Brieg und Wohlau / Höchsterfreulichen geburtstag (welcher ist der 29. September Anno 1660.) vorgestellet in einem Lust-Spiele auf der Fürstlichen Residentz in Olau / Den 29. September Anno 1661. Jn der Fürstlichen Residentz Stadt Brieg / druckts Christoff Tschorn.

Sch$_B$ Der Schwermende Schäffer. Satyrisches Lust-Spiell / Deutsch Auffgesetzet Von ANDREA GRYPHIO. Breßlau / Bey Veit Jacob Dreschern / Buchhändl. Jm Jahr M. DC. LXJJJ.

Seug.   Seugamme oder Untreues Hausgesinde. Lust-Spiell / Deutsch Auffgesetzet Von ANDREA GRYPHIO. Breßlau / Bey Veit Jacob Dreschern / Buchhändl. Jm Jahr M. DC. LXJJJ.

SNa.   [Sonette aus dem Nachlaß] ANDREÆ GRYPHII SONNETTE. Das Dritte Buch. In: ANDREÆ GRYPHII um ein merckliches vermehrte Teutsche Gedichte. Mit Käyserl. und Churfl. Sächsischen allergnädigstem Privilegio. Breßlau und Leipzig / Jn Verlegung der Fellgiebelischen Erben / 1698. ANDREÆ GRYPHII Poetische Wälder Anderer Band, S. 353–388.

Son.   ANDREÆ GRYPHII Sonnette. Das Erste Buch. In: ANDREÆ GRYPHII Freuden und Trauer-Spiele auch Oden und Sonnette. Jn Breßlau zu finden Bey Veit Jacob Treschern / Buchhändl. Leipzig / Gedruckt bey Johann Erich Hahn. Jm Jahr 1663, S. 659–688.

       ANDREÆ GRYPHII Sonnette. Das Ander Buch. In: ANDREÆ GRYPHII Freuden und Trauer-Spiele auch Oden und Sonnette. Jn Breßlau zu finden Bey Veit Jacob Treschern / Buchhändl. Leipzig / Gedruckt bey Johann Erich Hahn. Jm Jahr 1663, S. 689–718.

       ANDREÆ GRYPHII Sonnette. Das Dritte Buch. In: ANDREÆ GRYPHII Freuden und Trauer-Spiele auch Oden und Sonnette. Jn Breßlau zu finden Bey Veit Jacob Treschern / Buchhändl. Leipzig / Gedruckt bey Johann Erich Hahn. Jm Jahr 1663, S. 719–756.

	ANDREÆ GRYPHII Sonnette. Das Virdte Buch. Vber die Fest-Tage. In: ANDREÆ GRYPHII Freuden und Trauer-Spiele auch Oden und Sonnette. Jn Breßlau zu finden Bey Veit Jacob Treschern / Buchhändl. Leipzig / Gedruckt bey Johann Erich Hahn. Jm Jahr 1663, S. 757–777.
Son. 1643	ANDREÆ GRYPHII SONNETE. Das erste Buch. [Leyden 1643]
Son. 1650	ANDREÆ GRYPHII SONNETTE. In: Andreas Griphen Teutsche Reim-Gedichte Darein enthalten I. Ein Fürsten-Mörderisches Trawer-Spiel / genant. Leo Armenius. II. Zwey Bücher seiner ODEN III. Drey Bücher der SONNETEN Denen zum Schluß die Geistvolle Opitianische Gedancken von der Ewigkeit hinbey gesetzet seyn. Alles auff die jetzt üb- vnd löbliche Teutsche Reim-Art verfasset. Jn Franckfurt am Mayn bey Johann Hüttnern / Buchführern. Jm Jahr. 1650, S. 139–235.
Squ.	Absurda Comica. Oder Herr Peter Squentz / Schimpff-Spiel. In: ANDREÆ GRYPHII Freuden und Trauer-Spiele auch Oden und Sonnette. Jn Breßlau zu finden Bey Veit Jacob Treschern / Buchhändl. Leipzig / Gedruckt bey Johann Erich Hahn. Jm Jahr 1663. [separate Paginierung]
SSN	Schlesiens Stern in der Nacht Zu Ehren Dem Wol-Edlen / Gestrengen / Hochgelahrten und Mannhafften Herren SIGISMVND MVLLERN, Jhr Königl. Majest. und Cron Schweden im Hertzogthumb Schlesien wolverordnetem Ober-Kriegs Commissario. Als dessen erblichener Cörper in seine Ruhe-Kammer versetzet. Der Hochansehnlichen Versammelung vorgestellet Von ANDREA GRYPHIO. [1649]
SU	Seelige Unfruchtbarkeit. Bey Christlichem Begräbnüß Frawen Dorothea Elisabeth Gebornen Rothin / Herrn Gottfried Textors Artium & Philosophiæ Magistri Hertzgeliebten Ehgemahles / Der Hochansehlichen Versamlung vorgestellet von ANDREA GRYPHIO.
SuF	ANDREÆ GRYPHII PHILOS: ET POET: Son- undt Feyrtags Sonnete. 1639.
TA	Der Tod als Artzt der Sterblichen. Bey höchst-kläglichem Leich-Begängnüß Deß Edelen / Ehrenvesten / Groß-Achtbaren Hochgelahrten Herren HEINRICI FIRLINGII, Philosophiæ & Medicinæ Doctoris. Welcher die Nacht vor dem XVIII. Tage deß Winter-Monats in dem cIɔ Iɔc LVII. Jahr auf das Blut und Verdinst JEsu seeligst entschlaffen. Der hoch-ansehlichen Versammelung Den XXV. Tag gedachten Monats vorgestellet Von ANDREA GRYPHIO. Breßlau / Druckts Gottfried Gründer / Baumannischer Factor. [1657]
TG	ANDREÆ GRYPHII um ein merckliches vermehrte Teutsche Gedichte. Mit Käyserl. und Churfl. Sächsischen allergnädigstem Privilegio. Breßlau und Leipzig / Jn Verlegung der Fellgiebelischen Erben / 1698.
TR	Andreas Griphen Teutsche Reim-Gedichte Darein enthalten I. Ein Fürsten-Mörderisches Trawer-Spiel / genant. Leo Armenius. II. Zwey Bücher seiner ODEN III. Drey Bücher der SONNETEN Denen zum Schluß die Geistvolle Opitianische Gedancken von der Ewigkeit hinbey gesetzet seyn. Alles auff die jetzt üb- vnd löbliche Teutsche Reim-Art verfasset. Jn Franckfurt am Mayn bey Johann Hüttnern / Buchführern. Jm Jahr. 1650.
UMD	Uberdruß Menschlicher Dinge Der Höchst-Leidtragenden und Hochansehnlichen Versamblung Bey dem traurigen Leichbegängnüß Des Edlen WolEhrenVesten / Großachtbahren und Hochgelehrten Herren ADAMI HANNINGI, Phil. & Medic. Doctor. wolverdieneten Physici, Scholarchen und Burgermeisters Der Königl. Stadt

	Frauenstadt vorgestellet Den XXIII. May des cIↄ Iↄ cLV. Jahres Von ANDREA GRYPHIO. Gedruckt zur Steinaw an der Oder / bey Johann Kuntzen. [1655]
VG	ANDREÆ GRYPHII Vermischte Gedichte. In: ANDREÆ GRYPHII um ein merckliches vermehrte Teutsche Gedichte. Mit Käyserl. und Churfl. Sächsischen allergnädigstem Privilegio. Breßlau und Leipzig / Jn Verlegung der Fellgiebelischen Erben / 1698. ANDREÆ GRYPHII Poetische Wälder Anderer Band, S. 80–108.
WML	Winter-Tag Menschlichen Lebens. Bey dem Christ-Adelichen Leichbegängnüß / Der WolEdelen / Hoch-Tugend- und Viel-Ehrenreichen Frauen EVAE gebornen Pezeltin / Des weiland WolEdelen / Gestrengen / GroßAchtbaren und Hochgelahrten Herren GEORGE Schönborners / von und zu Schönborn und Zissendorff / Römisch Kays: Maytt: wie auch Chur Sachs: Durchl: würcklichen Raths / Comitis Palatini, und des Hertzogthumbs NiederSchlesien und Maggraffschafft NiderLausitz / wolverordneten Fiscalen, berühmtesten JCti und Politici nachgelassenen WittFrauen. Der XII. Martij am Tage Gregorij, A. cIↄ Iↄc LIII. Der Hochansehnlichen Versammelung in ermangelung anderer LeichCeremonien vorgestellet Von ANDREA GRYPHIO. [1653]
WS	Der Weicher-Stein. In: ANDREÆ GRYPHII EPIGRAMMATA Oder Bey-Schrifften. Jehna / verlegt Von Veit Jacob Dreschern / Buchh. zu Breßlau. Jm Jahr M. DC. LXJJJ., S. 57–79.

IV.b Bibliographie
Von Robert Schütze

1 Gryphius-Editionen

1.1 Werkausgaben

[1] Werke in drei Bänden mit Ergänzungsband. Mit einem Vorwort zur Neuausgabe. Hg. von Hermann Palm und Friedrich-Wilhelm Wentzlaff-Eggebert. Hildesheim 1961.
Unveränderter photomechanischer Nachdruck der von Hermann Palm edierten Werkausgabe (Tübingen 1878–1884), ergänzt um eine erweiterte Fassung des Bandes »Lateinische und deutsche Jugenddichtungen«, hg. von Friedrich-Wilhelm Wentzlaff-Eggebert (Leipzig 1938).

[2] Gesamtausgabe der deutschsprachigen Werke. Hg. von Marian Szyrocki und Hugh Powell. Tübingen 1963–2007.
Texte folgen jeweils dem Erstdruck; *Carolus Stuardus* in beiden Fassungen. Erschienen sind:
Bd. 1: Sonette. Hg. von Marian Szyrocki. 1963.
   Rezension:
   - Euphorion 59 (1965), S. 332–338 (Dietrich Jöns).
   Vgl. zur Kritik der Sonett-Edition auch [356].
Bd. 2: Oden und Epigramme. Hg. von Marian Szyrocki. 1964.
Bd. 3: Vermischte Gedichte. Hg. von Marian Szyrocki. 1964.
Bd. 4–6: Trauerspiele I–III. Hg. von Hugh Powell. 1964–66.
   Rezension:
   - Hans-Henrik Krummacher: Zur Kritik der neuen Gryphius-Ausgabe. In: Zeitschrift für deutsche Philologie 84 (1965), S. 183–246. (Rezension zu Bd. 1–4.)
Bd. 7–8: Lustspiele I–II. Hg. von Hugh Powell. 1969/72.
Bd. 9: Dissertationes funebres oder Leichabdankungen. Hg. von Johann Anselm Steiger. 2007.
   Rezensionen:
   - Daphnis 36 (2007), S. 732–746 (Lothar Mundt).
   - Zeitschrift für Germanistik 18 (2008), S. 660–662 (Ralf Georg Bogner).
   - Zeitschrift für Ostmitteleuropa-Forschung 58 (2009), S. 243f. (Bernhart Jähnig).
Ergänzungsbände 2/1 und 2/2: Himmel Steigente Hertzensseüfftzer: Ubersehen und mit newen Reimen gezieret / Ernewerte Hertzen-Seufftzer. Hg. von Karl-Heinz Habersetzer und Marian Szyrocki. 1987.
Ergänzungsbände 3/1 und 3/2: Die Übersetzungen der Erbauungsschriften Sir Richard Bakers. Hg. von Hugh Powell. 1983.
   Rezensionen:
   - Journal of English and Germanic Philology 84 (1985), S. 604f. (Volker Meid).
   - Colloquia Germanica 19 (1986), S. 166f. (Blake Lee Spahr).

1.2 Neuere Einzeldrucke und Auswahlausgaben[1]

1.2.1 Gattungsübergreifende Auswahlausgaben

[3] Auswahl aus seinen Dichtungen zur Dreihundertjahrfeier seiner Geburt. Unserer Sprache angepaßt, erläutert und eingeleitet durch Otto Warnatsch. Glogau 1916.
[4] Auswahl. Hg. von Alois Hornung. Bielefeld 1929 (Velhagen & Klasings Deutsche Lesebogen 122).
[5] Werke in einem Band. Hg. von Marian Szyrocki. Weimar 1963 (Bibliothek deutscher Klassiker).
   Auswahlausgabe enthält *Cardenio und Celinde, Peter Squentz, Verlibtes Gespenste / Die gelibte Dornrose*, 54 Sonette und einige Oden; Rechtschreibung und Interpunktion modernisiert.
[6] Dichtungen. Hg. von Karl Otto Conrady. Reinbek 1968 (Rowohlts Klassiker der Literatur und der Wissenschaft 500/501).
   Knappe Auswahl aus den Sonetten, sonst: *Cardenio und Celinde, Papinianus*.

1.2.2 Dramen

[7] Zwei Trauerspiele. Hg. von Erik Lunding. Kopenhagen 1938 (Deutsche Texte 1).
   Enthält *Cardenio und Celinde* sowie *Leo Armenius*.
[8] Herr Peter Squentz. (Schimpf-Spiel. In modernes Neuhochdeutsch übertragen von Siegfried Rother.) Aemilius Paulus Papinianus (Auszug). Trauerspiel. Einführung und Bearbeitung von Albrecht Weber. Bamberg 1959 (Am Born der Weltlitteratur. Reihe A, 31).
[9] Die Lustspiele. Absurda Comica Oder Herr Peter Squentz / Schimpff-Spiel. – Andreae Gryphii Horribilicribrifax Teutsch. – Andreae Gryphii. Verlibtes Gespenste / Gesang-Spil. Die gelibte Dornrose. Schertz-Spill. Hg. von Heinz Ludwig Arnold. München 1975.
[10] Dramen. Hg. von Eberhard Mannack. Frankfurt a.M. 1991 (Bibliothek deutscher Klassiker 67).
   Textgrundlage ist in der Regel jeweils die letzte zu Lebzeiten Gryphius' erschienene Ausgabe; *Carolus Stuardus* hier nur in der späteren Fassung.
   Rezensionen:
   - Zeitschrift für Germanistik 3 (1993), S. 190f. (Siegfried Streller).
   - Arbitrium 12 (1994), S. 177–181 (Ulrich Seelbach).

---

[1] Für eine umfassende Bibliographie der bis 1959 publizierten Gryphius-Drucke vgl. Marian Szyrocki: Der junge Gryphius (1959) [134], S. 155–181.

1.2.3 Leo Armenius

[11] Leo Armenius. In: Das Zeitalter des Barock. Texte und Zeugnisse. Hg. von Albrecht Schöne. München 1963 (²1968), S. 508–576.
[12] Leo Armenius. Trauerspiel. Hg. von Peter Rusterholz. Stuttgart 1971 (Reclams Universal-Bibliothek 7960).
Text folgt dem Erstdruck von 1650; Teilabdruck des Quellentexts von Georgius Cedrenus in deutscher Übersetzung im Anhang.

1.2.4 Catharina von Georgien

[13] Catharina von Georgien. Abdruck der Ausgabe von 1663 mit den Lesarten von 1657. Hg. von Willi Flemming. Tübingen 1928 (⁴1968) (Neudrucke deutscher Literaturwerke des 16. und 17. Jahrhunderts 261/262).
[14] Catharina von Georgien. Trauerspiel. Hg. von Alois M. Haas. Stuttgart 1975 (Reclams Universal-Bibliothek 9751).
Auf dem Erstdruck beruhender Text.
[15] Catharina von Georgien. Sprachlich modernisierter Text der Erstfassung von 1657. Hg. von John E. Oyler und Alfred H. Schulze. Bern 1978 (Europäische Hochschulschriften, Reihe 1, 226).

1.2.5 Carolus Stuardus

[16] Carolus Stuardus. Hg. von Hugh Powell. Leicester 1955.
Abdruck der späteren Fassung.
[17] Carolus Stuardus. Trauerspiel. Hg. von Hans Wagener. Stuttgart 1972 (Reclams Universal-Bibliothek 9366).
Abdruck der späteren Fassung.

1.2.6 Cardenio und Celinde

[18] Cardenio und Celinde. In: Barockdrama. Hg. von Willi Flemming. Bd. 1: Das schlesische Kunstdrama. Hildesheim 1930 (²1965), S. 75–138.
Vorrede nur gekürzt abgedruckt.
[19] Cardenio und Celinde. Hg. von Hugh Powell. Leicester 1961 (²1967).
Text nach der Ausgabe letzter Hand von 1663.
[20] Cardenio und Celinde. Oder Unglücklich Verliebete. Trauerspiel. Hg. von Rolf Tarot. Stuttgart 1968 (Reclams Universal-Bibliothek 8532).
Edition des Erstdrucks von 1657 mit einigen ›Normalisierungen‹.

1.2.7 Papinianus

[21] Aemilius Paulus Papinianus. In: Barockdrama. Hg. von Willi Flemming. Bd. 1: Das schlesische Kunstdrama. Hildesheim 1930 (²1965), S. 139–223.
[22] Großmütiger Rechtsgelehrter oder Sterbender Aemilius Paulus Papinianus. Trauerspiel. Text der Erstausgabe, mit einem Nachwort von Werner Keller. Hg. von Ilse-Marie Barth. Stuttgart 1965 (Reclams Universal-Bibliothek 8935).
[23] Großmüthiger Rechts-Gelehrter Oder Sterbender Aemilius Paulus Papinianus. Trauerspiel. Hg. von Sergio Lupi. Turin 1965 (Collana di classici stranieri. Sezione tedesca).
Text folgt in erster Linie der Werkausgabe von Palm [1], teils korrigiert nach Flemmings Abdruck [21].
[24] Großmütiger Rechtsgelehrter oder Sterbender Aemilius Paulus Papinianus. Verbesserter Text der Erstausgabe und Erläuterungen. Hg. von Gerlinde Ulm Sanford. Bern 1977 (Europäische Hochschulschriften, Reihe 1, 220).
[25] Grossmüttiger Rechtsgelehrter oder Sterbender Aemilius Paulus Papinianus. Trauer-Spil. Faksimile-Druck der deutschen Erstausgabe von 1659. Hg. von Gerd Hillen. Bern 1984 (Nachdrucke deutscher Literatur des 17. Jahrhunderts 40).
[26] Le légiste magnanime ou la mort d'Émilien Paul Papinien = Großmütiger Rechtsgelehrter oder sterbender Aemilius Paulus Papinianus. Tragédie. Texte original et version française par Jean-Louis Raffy. Paris 1993 (Domaine allemand bilingue).

1.2.8 Die Gibeoniter

[27] Joost van den Vondel: Gebroeders (1648) [recte: 1640], Andreas Gryphius: Die Gibeoniter (1690) [recte: 1698], David Elias Heidenreich: Die Rache zu Gibeon (1662). Faksimile-Druck der Originalausgaben. Hg. von Egbert Krispyn. Bern 1987 (Nachdrucke deutscher Literatur des 17. Jahrhunderts 28).

1.2.9 Absurda Comica oder Herr Peter Squentz

[28] Absurda Comica oder Herr Peter Squentz. Schimpfspiel in 3 Aufzügen. With Introduction, Notes and Exercises. Hg. von Sydney H. Moore. London 1908.
[29] Herr Peter Squentz oder Absurda Comica. Ein Schimpffspiel. Nachdruck der von Gryphius selbst redigierten Ausgabe von 1663. Mit Originalholzschnitten von Max Unold. Berlin 1924.
[30] Peter Squentz. Schimpfspiel. Abdruck der Ausgabe von 1663. Hg. von Henrik Becker. Halle 1877 (²1955) (Neudrucke deutscher Literaturwerke des 16. und 17. Jahrhunderts 6).
[31] Absurda comica oder Herr Peter Squenz. Schimpfspiel in 3 Aufzügen. Hg. von Siegfried Streller. Leipzig 1955 (Reclams Universal-Bibliothek 917).

[32] Absurda comica oder Herr Peter Squentz. Scherz-Spiel. Hg. von Rosemarie Zimmermann. Leipzig 1962 (Hofmeister-Spiele).
[33] Absurda Comica. Oder Herr Peter Squentz / Schimpff-Spiel. In: Das Zeitalter des Barock. Texte und Zeugnisse. Hg. von Albrecht Schöne. München 1963 (^{2}1968), S. 1017–1046.
[34] Herr Peter Squentz. Hg. von Hugh Powell. Leicester 1957 (^{2}1969).
[35] Absurda comica oder Herr Peter Squenz. Schimpfspiel in 3 Aufzügen. Hg. von Herbert Cysarz. Stuttgart 1974 (Reclams Universal-Bibliothek 917).
[36] Absurda Comica oder Herr Peter Squentz. Schimpfspiel. Kritische Ausgabe. Hg. von Gerhard Dünnhaupt und Karl-Heinz Habersetzer. Stuttgart 1983 (Reclams Universal-Bibliothek 7982).
Text hauptsächlich auf Grundlage der Ausgabe letzter Hand von 1663.

1.2.10 Horribilicribrifax

[37] Horribilicribrifax oder wählende Liebhaber. Scherzspiel in 5 Aufzügen. Hg. von Karl Pannier. Leipzig 1920 (Reclams Universal-Bibliothek 688).
[38] Horribilicribrifax. In: Barockdrama. Hg. von Willi Flemming. Bd. 4: Die Barockkomödie. Hildesheim 1930 (^{2}1965), S. 109–180.
[39] Horribilicribrifax. In: Komödien des Barock. Hg. von Uwe-K. Ketelsen. Reinbek bei Hamburg 1970 (Rowohlts Klassiker 524), S. 45–126.
[40] Horribilicribrifax Teutsch. Scherzspiel. Hg. von Gerhard Dünnhaupt. Stuttgart 1976 (Reclams Universal-Bibliothek 688).

1.2.11 Majuma

[41] Majuma. In: Barockdrama. Hg. von Willi Flemming. Bd. 5: Die Oper. Hildesheim 1930 (^{2}1965), S. 107–124.

1.2.12 Verlibtes Gespenste / Die gelibte Dornrose

[42] Die geliebte Dornrose. Mit Einleitung und Erklärungen hg. von Rudolf Stübe. Leipzig 1924 (Reclams Universal-Bibliothek 6486).
[43] Die geliebte Dornrose. Scherzspiel. Anno 1661. Hg. von Max Tepp. Buenos Aires 1932 (Die Umwelt der Auslanddeutschen in Südamerika, Reihe 2, 1).
[44] Das verliebte Gespenst und Die geliebte Dornrose. Nach dem Druck von 1661 hg. von Wolfgang Jungandreas. Göttingen 1948 (Göttinger Lesebogen zur deutschen Literaturgeschichte, Reihe 2: Neue deutsche Literatur 7).
[45] Die geliebte Dornrose. Aus dem schlesischen Dialekt des 17. Jahrhunderts ins Hochdeutsche übertragen und mit einem Nachwort versehen von Peter Fischer. Leipzig 1960 (Hofmeister-Spiele).

[46] Verliebtes Gespenst. Gesangspiel. – Die geliebte Dornrose. Scherzspiel. Text und Materialien zur Interpretation besorgt von Eberhard Mannack. Berlin 1963 (Komedia. Deutsche Lustspiele vom Barock bis zur Gegenwart 4).
[47] Geliebte Dornrose. In: Barockdrama. Hg. von Willi Flemming. Bd. 4: Die Barockkomödie. Hildesheim 1930 (^{2}1965), S. 181–208.
[48] Verliebtes Gespenst. Gesangspiel. Die geliebte Dornrose. Scherzspiel. Hg. von Eberhard Mannack. Stuttgart 1985 (Reclams Universal-Bibliothek 6486).

1.2.13 Lyrik

[49] Das dunkle Schiff. Auserlesene Sonette, Gedichte, Epigramme des Andreas Gryphius. Hg. von Klabund. München 1916 (Kleine Roland-Bücher 1).
[50] Gedichte. Hg. von der Deutschen Akademie München. Berlin 1935 (Deutsche Gedichte 3).
[51] Lyrik. In: Deutsche Literatur. Sammlung literarischer Kunst- und Kulturdenkmäler in Entwicklungsreihen. Reihe Barock: Barocklyrik. Bd. 2: Hoch- und Spätbarock. Hg. von Herbert Cysarz. Leipzig 1937, S. 170–192.
[52] Gedichte. Hg. von Isabella Rüttenauer. Freiburg 1947.
[53] Gedichte. Hg. von Johannes Pfeiffer. Hamburg 1948 (Das Gedicht 4).
[54] Sonette. Hg. von Curt Crone. Stuttgart 1949.
[55] Gedichte. Hg. von Ina Seidel. Stuttgart 1949 (Anker-Bücherei 36).
[56] Deutschland, es werden deine Mauern nicht mehr voll Jammer stehn. Gedichte. Hg. von Günther Deicke. Berlin 1953.
[57] Wenn mir der Himmel bleibt. Gedichte. Hg. von Wolfgang Kraus. Köln 1962.
[58] Gedichte. Ausgewählt von Hans Magnus Enzensberger. Frankfurt a.M. 1962 (Insel-Bücherei 703).
[59] Frühe Sonette. Abdruck der Ausgaben von 1637, 1643 und 1650. Hg. von Marian Szyrocki. Tübingen 1964 (Neudrucke, Sonderreihe 1).
[60] Nacht, mehr denn lichte Nacht. Geistliche Gedichte. Hg. von Heinz Ludwig Arnold. Witten 1965.
[61] Gedichte. Eine Auswahl. Text nach der Ausgabe letzter Hand von 1663. Hg. von Adalbert Elschenbroich. Stuttgart 1968 (Reclams Universal-Bibliothek 8799).
  Auswahl aus den Sonetten, ferner 8 Oden, 12 Epigramme und die *Kirchhoffs-Gedancken*.
[62] Evangelische Kirchenlieder / Oden und Gesänge. Andacht-Gedichte und geistliche Gedanken. Geistliche Sonette. Geistliche Sinn- und Schlußreime. In: Das Zeitalter des Barock. Texte und Zeugnisse. Hg. von Albrecht Schöne. München 1963 (^{2}1968), S. 213–215, 243–246, 268–273, 279.
[63] Ehrengedichte / Glückwünschungen und Bittschriften an gekrönte und erlauchte Häupter. In: Das Zeitalter des Barock. Texte und Zeugnisse. Hg. von Albrecht Schöne. München 1963 (^{2}1968), S. 346f.

[63a] Sinn-Gedichte. Grabschriften. In: Das Zeitalter des Barock. Texte und Zeugnisse. Hg. von Albrecht Schöne. München 1963 (²1968), S. 724f., 727f.
[63b] Satirisches Epigramm. In: Das Zeitalter des Barock. Texte und Zeugnisse. Hg. von Albrecht Schöne. München 1963 (²1968), S. 996.
[64]   Franz Heiduk: Unbekannte Gryphiana. Gedichte und Glückwünsche. In: Schlesien 22 (1977), S. 140–163.
[65]   Stormlyktans hemliga sken. Hg. von Sven Christer Swahn. Höganäs 1993.
       Enthält neben der Übersetzung einiger Sonette von Fleming und Opitz auch die Übertragung von 21 Gryphius-Sonetten ins Schwedische.
[66]   Loretta Lari: Commento a 40 sonetti di Andreas Gryphius. Pisa 1994 (Jacques e i suoi quaderni 22).
       Abdruck von 40 Sonetten mit ausführlichem italienischem Kommentar.
[67]   Gedichte. Eine Auswahl. Hg. von Thomas Borgstedt. Stuttgart 2012 (Reclams Universal-Bibliothek 18561).
       Enthält die ersten beiden Bücher der Sonette, eine Auswahl der Sonn- und Feiertagssonette, 17 Oden, 46 Epigramme und die *Kirchhoffs-Gedancken*.
       Rezension:
       • Literaturkritik.de 14/6 (2012), http://www.literaturkritik.de/public/rezension.php?rez_id=16650&ausgabe=201206 (Andreas Solbach).

1.2.14 Prosa

[68]   Briefe G. M. Lingelsheims, M. Berneggers und ihrer Freunde. Hg. von Alexander Reifferscheid. Heilbronn 1889 (Quellen zur Geschichte des geistigen Lebens in Deutschland während des 17. Jahrhunderts 1).
       Abdruck eines auf den 12. Juli 1647 datierten (lateinischen) Briefes von Gryphius an Johann Heinrich Boecler.
[69]   Karl Theodor Strasser: Aus Czepkos Kreise. In: Münchener Museum für Philologie des Mittelalters und der Renaissance 1 (1912), S. 241–245.
       Überlieferte Reste des Briefwechsels zwischen Czepko und Gryphius.
[70]   Flucht Menschlicher Tage. In: Das Zeitalter des Barock. Texte und Zeugnisse. Hg. von Albrecht Schöne. München 1963 (²1968), S. 932–950.
[71]   »Menschlichen Lebenss Traum«. Leichabdankung auf Marianne Richter, Tochter des Paul Gryphius. Herausgegeben von Gerhard Hay. In: Jahrbuch der Deutschen Schillergesellschaft 15 (1971), S. 1–23.
[72]   Menschlichen Lebenß Traum. Faksimiledruck nach der Handschrift. Hg. von Gerhard Hay. Hildesheim 1972.
[73]   Letztes Ehren-Gedächtnüß der [...] Jungf. Marianen von Popschitz. Magnetische Verbindung Des HErren JESU / und der in Jhr verliebten Seelen. Abschids-Worte Der weyland Hoch-Edel-Gebornen / [...] nunmehr Seeligsten Jungfrauen Marianen / Gebornen von Popschitz. In: Trauerreden des Barock. Hg. von Maria Fürstenwald. Wiesbaden 1973, S. 131–202 und 480–482.

[74] Letztes Ehren-Gedächtnüß Der [...] Jungf. Marianen von Popschitz [...]. In: Friedrich-Wilhelm Wentzlaff-Eggebert: Der triumphierende und der besiegte Tod in der Wort- und Bildkunst des Barock. Berlin 1975, Tafel 22–66.
[75] Fewrige Freystadt. Text und Materialien. Erste Neuedition seit 1637. Hg. von Johannes Birgfeld. Hannover-Laatzen 2006 (Fundstücke 4).
Rezensionen:
- Zeitschrift für deutsche Philologie 125 (2006), S. 613–617 (Nicola Kaminski).
- Arbitrium 25 (2007), S. 170–172 (Eberhard Mannack).
- Germanistik 48 (2007), S. 783f. (Barbara Becker-Cantarino).
- Archiv für Kulturgeschichte 90 (2008), S. 224–226 (Dirk Niefanger).
- IASLonline 2008, http://www.iaslonline.de/index.php?vorgang_id=1750 (Gerhard Sauder).
- The Modern Language Review 103 (2008), S. 266f. (Anna Linton).
- Zeitschrift für Germanistik 18 (2008), S. 660–662 (Ralf Georg Bogner).

Zur Kritik der Ausgabe vgl. auch [834].

1.2.15 Lateinische Werke

[76] Victor Loewe: Dr. J. Jonston, ein Polyhistor des 17. Jahrhunderts. In: Zeitschrift der Historischen Gesellschaft für die Provinz Posen 23 (1908), S. 171, Anm. 3.
Lateinisches Widmungsepigramm zu Jonstons *Historia Naturalis*.
[77] Drei unbekannte Gedichte. Aus dem Lat. von Heinz-Ludwig Deiters. In: Text + Kritik 7/8 (1965), S. 16f.
[78] [Lateinisches Gedicht]. In: Fortuna in Dichtung und Emblematik des Barock. Tradition und Bedeutungswandel eines Motivs. Hg. von Gottfried Kirchner. Stuttgart 1970, S. 51f. und 192f.
[79] Wacława Siwakowska und Marian Szyrocki: Ein lateinisches Lobgedicht von Andreas Gryphius. In: Germanica Wratislaviensia 26 (1976), S. 234f.
[80] Leonard Forster: Iter Bohemicum. A Report on German Baroque Literature in Czechoslovak Libraries. In: Daphnis 9 (1980), S. 215–371.
Abdruck dreier lateinischer Gedichte zur Hochzeit von Nassov (vgl. S. 341ff.)
[81] Herodes. Der Ölberg. Lateinische Epik. Zweisprachige Ausgabe. Übersetzt von Ralf Georg Czapla. Berlin 1999 (Bibliothek seltener Texte in Studienausgaben 4).
Rezensionen:
- Deutsche Bücher 29 (1999), S. 207–209 (Achim Beyer).
- Germanistik 40 (1999), S. 469f. (Robert Seidel).
- Theologische Literaturzeitung 124 (1999), Sp. 1256–1258 (Johann Anselm Steiger).
- Anzeiger für Altertumswissenschaft 60 (2007), S. 63–65 (Florian Schaffenrath).
[82] Lateinische Kleinepik, Epigrammatik und Kasualdichtung. Zweisprachige Ausgabe. Übersetzt von Beate Czapla und Ralf Georg Czapla. Berlin 2001 (Bibliothek seltener Texte in Studienausgaben 5).
Rezension:
- Germanistik 42 (2001), S. 185f. (Robert Seidel).

1.3 Neuere Bühnenbearbeitungen, Rundfunkadaptationen, Kunstdrucke

[83] Die geliebte Dornrose. Scherzspiel in 4 Aufzügen für die Bühne bearbeitet. Übersetzt und hg. von Karl Engelhard. Straßburg 1908.

[84] Die geliebte Dornrose. Ein Scherzspiel in 2 Aufzügen. Für die Volksbühne erneuert von Heinrich Lindau. Leipzig 1922 (Jugend- und Volksbühne 412).

[85] »Tränen des Vaterlandes«. Von Julius Zimpel in Holz geschnitten und nach seinem Tode von O.R. Schatz in 10 Exemplaren mit der Hand gedruckt. Wien 1926 (Druck der Johannes-Presse 8).

[86] Herr Peter Squenz. Scherzspiel in zwei Aufzügen. Für die Jugend- und Volksbühne bearbeitet von Heinrich Lindau. Leipzig 1924 (Jugend- und Volksbühne 365).

[87] Die geliebte Dornrose. Nach der Ausgabe von 1660 für den Rundfunk bearbeitet von Max Bauer. Hamburg 1926 (Rundfunkjahrbücher, Jg. 2, H. 16).

[88] Die geliebte Dornrose. Ein Scherzspiel in 4 Akten. In neuer Bearbeitung für die Bühne von W. und E. Hoppe. Berlin 1914 (^{3}1927) (Die Dorfbühne 21).

[89] Die geliebte Dornrose. Auszug mit einem Holzschnitt von Lorenz Karl. Malente-Gremsmühlen 1931 (Dichter aller Völker und Zeiten 26).

[90] Herr Peter Squenz nach Daniel Schwenter. Eingerichtet und in die Sprache unserer Zeit gebracht von Georg Gustav Wieszner. Kassel 1957 (Bärenreiter-Laienspiele 298).

[91] Capitain Daradiridatumtarides Windbrecher von 1000 Mord auff N.N.N. Erbherr in und zu Windloch. 12 lose horribilicribrifaxische Szenen. Originalholzschnitte: Wolfgang Jörg und Erich Schönig. Berlin 1963.

[92] Ausgewählte Sonette, Gedichte und Epigramme. Mit Holzstichen und Kupferstichen von Otto Rohse. Hamburg 1970/77.
Bd. 1: ausgewählte Sonette.
Bd. 2: ausgewählte Epigramme und vermischte Gedichte.

[93] Studio Bern, Abt. Dramatik. Aufnahmen: November 1974. Sendung 22./ 26. Dezember 1974. »Leo Armenius oder Fürstenmord«. Trauerspiel. Radiofassung und Regie: Urs Helmensdorfer. Bern 1974.

[94] Catharina von Georgien oder Bewehrete Beständigkeit oder »Wer das Schwert zieht, wird durch das Schwert umkommen«. Christus der Friedensfürst. Trauer-Spiel. Für die heutige Zeit bearbeitet von Hermann Wedekind. Festspielfassung. Balve 1984.

2 Forschungsberichte, Bibliographien, Einführungen, Überblicke und Gesamtdarstellungen

2.1 Bibliographien

[95] Bibliographie über Leben und Werk von Andreas Gryphius, anläßlich seines 300. Todestages bearbeitet. In: Bibliographische Kalenderblätter der Berliner Stadtbibliothek 16 (1964), S. 27–31.
[96] Karl-Heinz Habersetzer: Auswahlbibliographie zu Andreas Gryphius. In: Text + Kritik 7/8 (1980), S. 112–128.
[97] Victor Manheimer: Gryphius-Bibliographie. In: Euphorion 11 (1904), S. 406–420 und 705–718.
[98] Marian Szyrocki: Bibliographie. In: ders.: Der junge Gryphius. Berlin 1959 (Neue Beiträge zur Literaturwissenschaft 9), S. 155–181.

2.2 Forschungsberichte

[99] Klaus Günther Just: Andreas Gryphius und kein Ende? Festvortrag anläßlich der sechsten Arbeitstagung schlesischer Studenten in Würzburg, Oktober 1964. In: Schlesien 10 (1965), S. 1–12.
Wieder abgedruckt in Übergänge. Probleme und Gestalten der Literatur. Bern 1966, S. 115–132.
[100] Masami Ogawa: Die Dramen von Andreas Gryphius. In: Forschungsberichte zur Germanistik 4 (1962), S. 16–29 und 117f.
Japanisch mit deutscher Zusammenfassung.
[101] Henri Plard: Gryphiana. In: Études germaniques 19 (1964), S. 429–450.
Deutsche Übersetzung in Text + Kritik 7/8 (1965), S. 37–51.
[102] Henri Plard: Gryphius und noch immer kein Ende. In: Études germaniques 28 (1973), S. 61–85 und 185–204.
[103] Hugh Powell: Probleme der Gryphius-Forschung. In: Germanisch-Romanische Monatsschrift 7 (1957), S. 328–343.
[104] Rolf Tarot: Literatur zum deutschen Drama und Theater des 16. und 17. Jahrhunderts. In: Euphorion 57 (1963), S. 411–453.
[105] Friedrich-Wilhelm Wentzlaff-Eggebert und Erika Wentzlaff-Eggebert: Andreas Gryphius. 1616–1664. Darmstadt 1983 (Erträge der Forschung 196).
Rezensionen:
• Zeitschrift für Religions- und Geistesgeschichte 37 (1985), S. 281 (Günter Merwald).
• Monatshefte für deutschsprachige Literatur und Kultur 78 (1986), S. 397f. (Karl F. Otto Jr.).

Siehe außerdem die Rezeptionsstudie [977].

2.3 Gesamtdarstellungen, Einführungen, Überblicke zu Leben und Werk

[106] Heinz Ludwig Arnold: Diß Leben kömmt mir vor alß eine renne bahn. Einführender Bericht über Leben und Werk des Andreas Gryphius. In: Text + Kritik 7/8 (1965), S. 1-7.

[107] Hugo Bekker: Andreas Gryphius. Poet between Epochs. Bern 1973 (Kanadische Studien zur deutschen Sprache und Literatur 10).

[108] Roberto Biscardo: Andrea Gryphius. Neapel 1936.

[109] Gustav Breucker: Zur Würdigung des Dichters Andreas Gryphius. Eine litterarhistorische Studie. Wissenschaftliche Beilage zum Programm des Königlichen Progymnasiums. Trarbach 1889.

[110] Emil Ermatinger: Andreas Gryphius. Wien 1928.

[111] Emil Ermatinger: Andreas Gryphius. Ein protestantischer Dichter der Barockzeit. In: ders.: Krisen und Probleme der neueren deutschen Dichtung. Aufsätze und Reden. Zürich 1928, S. 75-104.

[112] Willi Flemming: Andreas Gryphius. Eine Monographie. Stuttgart 1965 (Sprache und Literatur 26).

[113] E. Geis: Zu Unrecht vergessen. Andreas Gryphius. In: Das literarische Echo 41 (1938), S. 623-625.

[114] Johannes Gründler: Erneuertes Andenken an Andreas Gryphius. Schulprogramm. Glogau 1806.

[115] Rainer Gruenter: Der christliche Dichter. Andreas Gryphius zum dreihundertsten Todestag. In: Frankfurter Allgemeine Zeitung, 16. Juli 1964 (Nr. 162), S. 16.

[116] Otto Friedrich Gruppe: Andreas Gryphius. In: ders.: Leben und Werke deutscher Dichter. Geschichte der deutschen Poesie in den letzten Jahrhunderten. Leipzig 1870 (²1872), S. 147-205.

[117] Friedrich Gundolf: Andreas Gryphius. Heidelberg 1927.

[118] Karl-Heinz Habersetzer: Andreas Gryphius 1616-1664. Ein kleines Lebensbild. Würzburg 1994.
Auch in polnischer Sprache als: Andreas Gryphius 1616-1664. Szkic biograficzny. Würzburg 1995.

[119] Hans Heckel: Andreas Gryphius. In: ders.: Geschichte der deutschen Literatur in Schlesien. Von den Anfängen bis zum Ausgange des Barock. Breslau 1929 (Einzelschriften zur Schlesischen Geschichte 2), Bd. 1, S. 236-263.

[120] Julius Herrmann: Ueber Andreas Gryphius. Ein literar-historischer Versuch. Schulprogramm. Leipzig 1851.

[121] Paul Hultsch: Andreas Gryphius, der große Sprachmeister des Barock. In: Ostdeutsche Monatshefte 26 (1960), S. 177-179.

[122] Nicola Kaminski: Andreas Gryphius. Stuttgart 1998 (Reclams Universal-Bibliothek 17610).

Rezension:
- Morgen-Glantz 10 (2000), S. 385f. (Guillaume van Gemert).

[123] Stefan Kiedroń: Andreas Gryphius und die Niederlande. Breslau 1993 (Neerlandica Wratislaviensia 6).
Rezensionen:
- Spiegel der letteren 36 (1994), S. 222–224 (W. Waterschoot).
- Études germaniques 50 (1995), S. 104f. (Jean-Louis Raffy).
- Arbitrium 15 (1997), S. 57–61 (Guillaume van Gemert).

[124] Hans Dietrich Klaus: Leben und Werk des Andreas Gryphius. In: Europäische Begegnung 4 (1964), S. 573–575.

[125] Heinrich Kurz: Andreas Gryphius. In: ders. und Friedrich Paldamus: Deutsche Dichter und Prosaisten nach ihrem Leben und Wirken geschildert. Leipzig 1867, S. 610–649.

[126] Arno Lubos: Andreas Gryphius, Lebenswege und Dichtung. In: Der Schlesier 8 (1956), Nr. 5, S. 6.

[127] Eberhard Mannack: Andreas Gryphius. Stuttgart 1968 (^{2}1986) (Sammlung Metzler 76).

[128] Eberhard Mannack: Andreas Gryphius. In: Deutsche Dichter. Leben und Werk deutschsprachiger Autoren. Hg. von Gunter E. Grimm und Frank Rainer Max. Bd. 2: Reformation, Renaissance, Barock. Stuttgart 1988 (Reclams Universal-Bibliothek 8612), S. 225–250.

[129] Joseph Mühlberger: Blick auf Gryphius. Zu seinem 350. Geburtstag. In: Welt und Wort 21 (1966), S. 331f.

[130] Johannes Pfeiffer: Andreas Gryphius. Wilhelmshaven 1961 (Wilhelmshavener Vorträge 33).

[131] Boris I. Purišev: Andreas Gryphius. In: Očerki nemeckoj literatury XV–XVII vv. Moskau 1955.

[132] Blake Lee Spahr: Andreas Gryphius. A Modern Perspective. Columbia 1993 (Studies in German Literature, Linguistics, and Culture).
Rezensionen:
- New German Studies 17 (1992/93), S. 266f. (Peter N. Skrine).
- Arbitrium 12 (1994), S. 311–313 (Peter Heßelmann).
- Colloquia Germanica 27 (1994), S. 389f. (Hans Wagener).
- Journal of European Studies 24 (1994), S. 191f. (Sarah Colvin).
- Monatshefte für deutschen Unterricht, deutsche Sprache und Literatur 86 (1994), S. 566f. (Richard E. Schade).
- German Studies Review 18 (1995), S. 138–140 (Albrecht Classen).
- German Studies Review 18 (1995), S. 321f. (Karl F. Otto).
- Seminar 32 (1996), S. 70f. (Peter Schäffer).

[133] Friedrich Strehlke: Leben und Schriften des Andreas Gryph. In: Archiv für das Studium der neueren Sprachen und Literaturen 22 (1857), S. 81–118.

[134] Marian Szyrocki: Der junge Gryphius. Berlin 1959 (Neue Beiträge zur Literaturwissenschaft 9).

[135] Marian Szyrocki: Andreas Gryphius. Sein Leben und Werk. Tübingen 1964.

[136] Marian Szyrocki: Andrzej Gryphius (1616–1664). In: Kwartalnik Neofilologiczny 11 (1964), S. 219–232.
[137] Conrad Wiedemann: Andreas Gryphius. In: Deutsche Dichter des 17. Jahrhunderts. Hg. von Harald Steinhagen und Benno von Wiese. Berlin 1984, S. 435–472.

3 Leben

[138] Heinz Ludwig Arnold: Zeittafel. In: Text + Kritik 7/8 (1980), S. 106–111.
[139] Martin Bircher: Andreas Gryphius: Einige Autographen. In: Modern Language Notes 86 (1971), S. 613–624.
[140] Johannes Birgfeld: Trauer(arbeit) auf Reisen. Wolfgang Jacob von Gera, Andreas Gryphius und der Tod sowie Neues von der Kavaliersreise Wilhelm Schlegels mit Gryphius. Mit einer Übersetzung aus dem Lateinischen von Ralf Georg Czapla. In: Daphnis 38 (2009), S. 39–89.
[141] Ralf Georg Bogner: Nekrolog als kontroversielle Legitimation und Apologie der Profan-Wissenschaften. Christian Knorrs von Rosenroth Nachruf-Ode auf Gryphius. In: Morgen-Glantz 13 (2003), S. 351–366.
[142] Ralf Georg Bogner: Der Autor im Nachruf. Formen und Funktionen der literarischen Memorialkultur von der Reformation bis zum Vormärz. Tübingen 2006 (Studien und Texte zur Sozialgeschichte der Literatur 111).
Zu Gryphius bes. S. 142–185.
Rezension:
- Germanistik 48 (2007), S. 169 (Rainer Kolk).

[143] J. Braeuer: Andreas Gryphius. In: Wir Schlesier 2 (1922), S. 104–106, 121f., 138f.
[144] Gabriel Gottfried Bredow: Andreas Gryphius. In: ders.: Schriften. Ein Nachlaß. Mit dem Bildniß und dem Leben des Verfassers hg. von J. G. Kunisch. Breslau 1823, S. 67–118.
[145] Jörg Deventer: Gegenreformation in Schlesien. Die habsburgische Rekatholisierungspolitik in Glogau und Schweidnitz 1526–1707. Köln 2003 (Neue Forschungen zur schlesischen Geschichte 8).
Hier besonders der Exkurs zu »Andreas Gryphius in Glogau«, S. 272–278.
Rezensionen:
- Archiv für Schlesische Kirchengeschichte 61 (2003), S. 269–271 (Joachim Köhler).
- Das historisch-politische Buch 52 (2004), S. 250f. (Joachim Bahlcke).
- Zeitschrift für Bayerische Landesgeschichte 67 (2004), S. 568f. (Hans-Wolfgang Bergerhausen).
- Zeitschrift für Ostmitteleuropa-Forschung 53 (2004), S. 140–142 (Gabriela Was).
- Zeitschrift für Historische Forschung 32 (2005), S. 323–325 (Alexander Schemka).
- Archiv für Reformationsgeschichte 35 (2006), Beiheft, S. 55–57 (Hans-Peter Hesse).
- Historische Zeitschrift 283 (2006), S. 758f. (Joachim Bahlcke).

[146] Hoffmann von Fallersleben: Findlinge. Zur Geschichte deutscher Sprache und Dichtung. Erster Band. Leipzig 1860.

[147] Jörg-Ulrich Fechner: Ein übersehener Buchbesitzeintrag von Andreas Gryphius. In: Wolfenbütteler Barock-Nachrichten 18 (1991), S. 37–41.
[148] F. Friedensburg: Schlesier in der Fruchtbringenden Gesellschaft. In: Zeitschrift des Vereins für Geschichte und Altertum Schlesiens 27 (1893), S. 117–139.
[149] Alfred Carl Gröger: Schlesische Dichter. Andreas Gryphius. In: Schlesische Rundschau 11, Nr. 22 (1959).
[150] Paul Haake: Andreas Gryphius und seine Zeit. In: Archiv für das Studium der neueren Sprachen und Literaturen 103 (1899), S. 1–46.
[151] Franz Heiduk: Andreas Gryphius, Glogau und die Herren von Oppersdorff. In: Schlesien 23 (1978), S. 74–79.
[152] Max Hippe: Aus dem Tagebuch eines Breslauer Schulmannes im 17. Jahrhundert. In: Zeitschrift des Vereins für Geschichte und Altertum Schlesiens 36 (1902), S. 159–192.
[153] Stefan Kiedroń: Andreas Gryphius zwischen Straßburg und Leiden. Ein unbekannter Brief von Johann Heinrich Boecler an Claude de Saumaise. In: Wolfenbütteler Barock-Nachrichten 19 (1992), S. 86–89.
[154] Stefan Kiedroń: Claudius Salmasius (1581–1653). Ein Leidener Lehrmeister des Andreas Gryphius. In: Neerlandica Wratislaviensia 7 (1994), S. 97–104.
[155] Stefan Kiedroń: Das Treffen in Leiden. Andreas Gryphius und Christian Hoffmann von Hoffmannswaldau als Studenten in Holland. In: Brückenschläge. Eine barocke Festgabe für Ferdinand van Ingen. Hg. von Martin Bircher und Guillaume van Gemert. Amsterdam 1995 (Chloe 23), S. 55–87.
[156] Ursula Kiermeier: Handschriftlich gekennzeichnete Bücher aus dem »Catalogus Bibliothecae Gryphianae« in der Universitätsbibliothek Wrocław. Ein Zwischenbericht. In: Acta Germanica Wratislaviensia 88 (1989), Mikrofiche 8, S. 325–385.
[157] Ursula Kiermeier: Handschriftlich gekennzeichnete Bücher aus dem Besitz der Familie Gryphius in der Biblioteka Uniwersytecka we Wrocławiu. In: Acta Germanica Wratislaviensia 93 (1992), Mikrofiche 9, S. 457–554.
[158] Knut Kiesant: Andreas Gryphius und Brandenburg – nur eine biographische Episode? In: Daphnis 28 (1999), S. 675–689.
[159] Katherine Kleikamp: Andreas Gryphius. In: Schlesien 9 (1964), S. 65–72.
[160] P. Knötel: Andreas Gryphius. In: Oberschlesien 15 (1916), S. 305–317.
[161] Ingrid Laurien: Zu den drei biographischen Texten über Andreas Gryphius. In: Text + Kritik 7/8 (1980), S. 32f.
[162] Rudolf Lenz: »Von der Kinder Gottes leben / Glück unnd Zeitlicher abfoderung«. Zur Geschichte eines untergegangenen schlesischen Adelsgeschlechtes. In: Festgabe für Prof. Dr. Ilpo Tapani Piirainen. Hg. von Edward Białek und Eugeniusz Tomiczek. Breslau 2007 (Orbis linguarum 31), S. 131–184.
[163] *Q. B. V.* Ad VIRUM *NOBILISSIMUM ET AMPLISSIMUM* CHRISTIANUM GRYPHIUM, Gymnasii apud Vratislavienses Magdalenaei Rectorem & Profes-

sorem Celeberrimum, vicinaeqve ad aedem ejus nominis Bibliothecae Praefectum longe Dignissimum, SOCERUM *Summa observantia Sancte Venerandum,* DE CLARIS GRYPHIIS *Schediasma* M. Joannis Theodori LEUBSCHERI. BRIGAE SILESIORUM, M. DCCII, APUD GODEFRIDUM GRÜNDERUM.
Auszugsweise übersetzt von Heinz Ludwig Deiters in Text + Kritik 7/8 (1980), S. 12–23.

[164] John P. Liebe: Eine religiöse Krise im Leben des Andreas Gryphius. In: The German Quarterly 37 (1964), S. 54–69.

[165] Eberhard Mannack: Andreas Gryphius und Christian Hoffmann von Hoffmannswaldau – eine gegensätzliche Freundschaft. In: Weltgeschick und Lebenszeit. Andreas Gryphius. Ein schlesischer Barockdichter aus deutscher und polnischer Sicht. Hg. von der Stiftung Gerhart-Hauptmann-Haus. Düsseldorf 1993 (Schriften der Stiftung Gerhart-Hauptmann-Haus), S. 137–153.

[166] Eberhard Mannack: Barock-Dichter in Danzig. In: Wahrheit und Wort. Festschrift für Rolf Tarot zum 65. Geburtstag. Hg. von Gabriela Scherer und Beatrice Wehrli. Bern 1996, S. 291–305.

[167] Paul Merker: Andreas Gryphius. In: Schlesische Lebensbilder. Schlesier des 17. bis 19. Jahrhunderts. Hg. von Friedrich Andreae. Breslau 1928, Bd. 3, S. 109–119.

[168] Hans Moritz Meyer: Andreas Gryphius. 1616–1664. In: Große Deutsche aus Schlesien. Hg. von Herbert Hupka. München 1969, S. 34–43.

[169] Wolfgang Monath: (Art.) Andreas Gryphius. In: Neue Deutsche Biographie. Berlin 1966, Bd. 7, S. 242–246.

[170] Lothar Noack: Ratsherr und Poet – der schlesische Dichter Hoffmannswaldau im Spannungsfeld von Politik und Literatur. In: Weltgeschick und Lebenszeit. Andreas Gryphius. Ein schlesischer Barockdichter aus deutscher und polnischer Sicht. Hg. von der Stiftung Gerhart-Hauptmann-Haus. Düsseldorf 1993 (Schriften der Stiftung Gerhart-Hauptmann-Haus), S. 213–228.

[171] Hermann Palm: (Art.) Andreas Gryphius. In: Allgemeine Deutsche Biographie. Leipzig 1879, Bd. 10, S. 73–81.

[172] Hermann Palm: Leben des Dichters. In: Andreas Gryphius. Werke in drei Bänden mit Ergänzungsband. Hg. von Hermann Palm und Friedrich-Wilhelm Wentzlaff-Eggebert. Bd. 3: Lyrische Gedichte. Darmstadt 1961, S. 590–604.

[173] Ewa Pietrzak: Andreas Gryphius in Glogau (1650–1664). In: Glogau im Wandel der Zeiten. Głogów poprzez wieki. Hg. von der Stiftung Kulturwerk Schlesien. Bearbeitet von Werner Bein, Johannes Schellakowsky und Ulrich Schmilewski. Würzburg 1992, S. 283–290.

[174] Ewa Pietrzak: Andreas Gryphius und die schlesischen Piasten. In: Weltgeschick und Lebenszeit. Andreas Gryphius. Ein schlesischer Barockdichter aus deutscher und polnischer Sicht. Hg. von der Stiftung Gerhart-Hauptmann-Haus. Düsseldorf 1993 (Schriften der Stiftung Gerhart-Hauptmann-Haus), S. 229–242.
Auch in polnischer Sprache in: Dawna kultura literacka na Śląsku. Zbiór studiów. Hg. von Marianna Borysiak und Adam Galos. Breslau 1994, S. 49–62.

[175] Artur Pilak: Catalogus Bibliothecae Gryphianae. Próba analizy zawartości księgozbioru. In: Bibliotekoznawstwo 6. Breslau 1970 (Acta Universitatis Wratislaviensis 12), S. 129–174.
[176] Henri Plard: Sur la jeunesse d'Andreas Gryphius. In: Études germaniques 17 (1962), S. 34–40.
[177] Bruno Pompecki: Andreas Gryphius in Danzig. In: Danziger Neueste Nachrichten 164 (1914).
[178] Hugh Powell: Observations on the Erudition of Andreas Gryphius. In: Orbis litterarum 25 (1970), S. 115–125.
[179] Peter Rusterholz: Andreas Gryphius und der Straßburger Theologe Johann Conrad Dannhauer. In: Aedificatio. Erbauung im interkulturellen Kontext in der Frühen Neuzeit. Hg. von Andreas Solbach. Tübingen 2005, S. 285–297.
[180] Wolfhart Schlichting: »... mußt unter Leichen sein«. Andreas Gryphius in Rom 1646. In: Zeitwende 77 (2006), S. 67–70.
[181] Wolfgang Schmidt: Ein »Schreib-Calender« (1634) des Gryphius-Lehrers Peter Krüger. In: Wolfenbütteler Barock-Nachrichten 12 (1985), S. 27.
[182] Heinz Schneppen: Niederländische Universitäten und deutsches Geistesleben. Von der Gründung der Universität Leiden bis ins späte 18. Jahrhundert. Münster 1960.
[183] Dietmar Schubert: Paul Flemings Beziehung zu schlesischen Dichtern. In: Weltgeschick und Lebenszeit. Andreas Gryphius. Ein schlesischer Barockdichter aus deutscher und polnischer Sicht. Hg. von der Stiftung Gerhart-Hauptmann-Haus. Düsseldorf 1993 (Schriften der Stiftung Gerhart-Hauptmann-Haus), S. 173–185.
[184] Ulrich Seelbach und Martin Bircher: Autographen von Andreas Gryphius. In: Daphnis 23 (1994), S. 109–179.
[185] Max Stebler: Andreas Gryphius und Daniel Czepko. In: Weltgeschick und Lebenszeit. Andreas Gryphius. Ein schlesischer Barockdichter aus deutscher und polnischer Sicht. Hg. von der Stiftung Gerhart-Hauptmann-Haus. Düsseldorf 1993 (Schriften der Stiftung Gerhart-Hauptmann-Haus), S. 155–171.
Auch in polnischer Sprache in: Dawna kultura literacka na Śląsku. Zbiór studiów. Hg. von Marianna Borysiak und Adam Galos. Breslau 1994, S. 79–90.
[186] Christian Stieff: Andreæ Gryphii Lebens-Lauff. In: Schlesisches Historisches Labyrinth Oder Kurtzgefaste Sammlung Von hundert Historien Allerhand denckwürdigen Nahmen, Oerter, Personen, Gebräuche, Solennitäten und Begebenheiten Jn Schlesien Aus den weitläufftigen gedruckten Chronicken und vielen geschriebenen Uhrkunden zum Vergnügen allerhand Liebhaber Schlesischer Geschichte, in einem kürtzern und bessern Zusammenhange mit vielfältigen neuen Beyträgen zu der alten und neuen Schlesischen Historie / verfertiget. Breßlau und Leipzig, Bey Michael Hubert 1737, S. 805–824.
Neudruck in Text + Kritik 7/8 (1980), S. 24–31.

[187] Last- und Ehren- auch Daher immerbleibende Danck- und Denck-Seule / Bey vollbrachter Leichbestattung Des weiland Wol-Edlen / Groß-Achtbahren und Hochgelehrten Herrn ANDREAE GRYPHII, Des Fürstenthumbs Glogau treugewesenen von vielen Jahren SYNDICI, Jn einer Abdanckungs-Sermon auffgerichtet von Baltzer Siegmund von Stosch. Gedruckt im Jahr 1665.
Teilabdruck in Text + Kritik 7/8 (1980), S. 2–11.
Stoschs Leichabdankung ist – separat paginiert und mit eigenem Titelblatt versehen – an die Predigt Caspar Knorrs angebunden: SIGNACULUM DEI, Das ist Der hochschätzbare Pitschafft-Ring GOttes, aus dem Propheten Hagg. II. v. 24. Bey des WolEdlen / GroßAchtbahren und Hochgelahrten Hn. ANDREAE GRYPHII, JCti und des Großglogauischen Fürstenthumes wolmeritireten Land-SYNDICI, Beerdigung Der Freyherrl. Hoch-Adlichen und hochansehnlichen Trauer-Versammlung d. 27. Jul. 7. p. Trinit. bey der Grufft in der Evangel. Lutherischen Kirchen vor Groß-Glogau Jn einer Station gezeiget und auff Begehren den Hochleidtragenden übergeben von Caspar Knorren / Diac. daselbst. Breßlau / Jn Verlegung Veit Jacob Treschers / Buchhändl. Jm Jahr 1665.

[188] Marian Szyrocki: Über Gryphius' Gönner und Geliebte. In: Euphorion 52 (1958), S. 247–255.

[189] Marian Szyrocki: Andreas Gryphius' Jugendzeit. In: Germanica Wratislaviensia 3 (1959), S. 79–135.

[190] Marian Szyrocki: Catalogus Bibliothecae Gryphianae. In: Germanica Wratislaviensia 69 (1986), S. 335f.

[191] Harald Theile: Andreas Gryphius in Leyden. In: Eckart 15 (1939), S. 8–18.

[192] Friedrich-Wilhelm Wentzlaff-Eggebert: Zu einem Stammbuchblatt des Andreas Gryphius. In: Orbis litterarum 25 (1970), S. 151–156.

[193] Siegfried Wollgast: Johann Johnston (1603–1675) und seine Beziehungen zu Andreas Gryphius und Daniel Czepko von Reigersfeld. In: Memoria Silesiae. Leben und Tod, Kriegserlebnis und Friedenssehnsucht in der literarischen Kultur des Barock. Zum Gedenken an Marian Szyrocki (1928–1992). Hg. von Mirosława Czarnecka, Andreas Solbach, Jolanta Szafarz und Knut Kiesant. Breslau 2003 (Acta Universitatis Wratislaviensis 2504), S. 447–466.

Siehe außerdem: [106]–[137], [962], [963].

4 Lateinische Werke

[194] Ralf Georg Czapla: Epen oder Dramen? Gattungstheoretische Überlegungen zu Andreas Gryphius' lateinischer Bibeldichtung. In: Jahrbuch für internationale Germanistik 32 (2000), S. 82–104.
Auch abgedruckt als »Der junge Gryphius. Herodes- und Ölberg-Dichtung im Lichte der Gattungsfrage« in Kulturgeschichte Schlesiens in der Frühen Neuzeit. Hg. von Klaus Garber. Tübingen 2005, Bd. 2, S. 1027–1048.

[195] Ralf Georg Czapla: Das Bibelepos in der Frühen Neuzeit. Zur deutschen Geschichte einer europäischen Gattung. Berlin 2013 (Frühe Neuzeit 165).

Rezension:
- Theologische Literaturzeitung 139 (2014), Sp. 1286–1288 (Konrad Hammann).
[196] Ernst Gnerich: Andreas Gryphius und seine Herodes-Epen. Ein Beitrag zur Charakteristik des Barockstils. Leipzig 1906 (Breslauer Beiträge zur Literaturgeschichte 2).
[197] F. Wilhelm Jahn: Über »Herodis furiae et Rachelis lachrymae« von Andreas Gryphius. Nebst einigen weiteren Nachrichten über den Dichter. Jahresbericht des Stadtgymnasiums zu Halle. Halle 1883.
[198] Blake Lee Spahr: Herod and Christ. Gryphius's Latin Epics. In: ders.: Problems and Perspectives. A Collection of Essays on German Baroque Literature. Frankfurt a.M. 1981 (Arbeiten zur mittleren deutschen Sprache und Literatur 9), S. 151–159.
[199] Emil Stern: Das deutsche Epos des 17. Jahrhunderts. Budweis 1896.
[200] Friedrich Strehlke: De Oliveto Andreae Gryphii. In: Gymnasii Gedanensis sacra saecularia tertia diebus XIII., XIIII., XV. M. Junii a. 1858 rite celebranda. Hg. von Friedrich Wilhelm Engelhardt. Danzig 1858, S. 1–12.
[201] Marian Szyrocki: Notiz zu den drei unbekannten Gedichten. In: Text + Kritik 7/8 (1965), S. 17.

Siehe außerdem: [106]–[137], [958].

5 Lyrik

[202] Gudrun Beil-Schickler: Von Gryphius bis Hofmannswaldau. Untersuchungen zur Sprache der deutschen Literatur im Zeitalter des Barock. Tübingen 1995.
Rezensionen:
- Zeitschrift für Germanistik 6 (1996), S. 656–658 (Bernhard Klöckener).
- Wolfenbütteler Barock-Nachrichten 2 (1996), S. 136f. (Stefan Kiedroń).
[203] Friedrich Beißner: Deutsche Barocklyrik. In: Formkräfte der deutschen Dichtung vom Barock bis zur Gegenwart. Vorträge gehalten im Deutschen Haus, Paris 1961/1962. Hg. von Richard Alewyn und Hans Steffen. Göttingen 1963 (Kleine Vandenhoeck-Reihe 169), S. 35–55.
[204] Paul Böckmann: Offenbarungsgehalt und Elegantiaideal in der Dichtung des Gryphius. In: ders.: Formgeschichte der deutschen Dichtung. Bd. 1: Von der Sinnbildsprache zur Ausdruckssprache. Der Wandel der literarischen Formensprache vom Mittelalter zur Neuzeit. Hamburg 1949 (^{4}1973), S. 416–448.
[205] Hans Peter Braendlin: Convention and Individuation in German Baroque Imagery. Psycho-Religious Night and Light Metaphors in the Poetry of Opitz, Dach, and Gryphius. Diss. Los Angeles (University of Southern California) 1976.
[206] Robert M. Browning: German Baroque Poetry. London 1971 (The Penn State Series in German Literature).

[207] Robert M. Browning: Deutsche Lyrik des Barock. 1618–1723. Hg. von Gerhart Teuscher. Stuttgart 1980 (Kröners Taschenausgabe 476).
[208] Robert T. Clark: Gryphius and the Night of Time. In: Wächter und Hüter. Festschrift für Hermann J. Weigand zum 17. November 1957. Hg. von Curt von Faber du Faur, Konstantin Reichardt und Heinz Bluhm. New Haven 1957, S. 56–66.
[209] Edelgard E. Conradt: Barocke Thematik in der Lyrik des Andreas Gryphius. In: Neophilologus 40 (1956), S. 99–116.
[210] Karl Otto Conrady: Die Intensivierung rhetorischer Formungen bei Andreas Gryphius. In: ders.: Lateinische Dichtungstradition und deutsche Lyrik des 17. Jahrhunderts. Bonn 1962 (Bonner Arbeiten zur deutschen Literatur 4), S. 222–242.
Rezension:
- Gnomon 36 (1964), S. 317–319 (Dieter Wuttke).
[211] Herbert Cysarz: Deutsches Barock in der Lyrik. Leipzig 1936.
[212] Martha Clarke Day: Spee, Fleming and Gryphius. Three German Baroque Poets. Diss. Chapel Hill (North Carolina) 1970.
[213] Manfred Gsteiger: Die Eitelkeit der Erde. (Über Gedichte von Gryphius). In: ders.: Poesie und Kritik. Betrachtungen über Literatur. Bern 1967, S. 15–17.
[214] Karl Hartmann: Lyrische Dichtungen des Andreas Gryphius. In: Archiv für das Studium der neueren Sprachen und Literaturen 81 (1888), S. 281–298.
[215] Gerd Hemmerich: Metaphysische Leidenschaft. Zur Lyrik von Andreas Gryphius und John Donne. In: Text + Kritik 7/8 (1965), S. 18–23.
[216] Paul Hultsch: Andreas Gryphius. Deutung und ausgewählte Lyrik. Ulm 1959.
[217] Ferdinand van Ingen: Vanitas und Memento Mori in der deutschen Barocklyrik. Groningen 1966.
Rezensionen:
- The Modern Language Review 64 (1969), S. 694–697 (Jörg-Ulrich Fechner).
- Zeitschrift für deutsches Altertum und deutsche Literatur 98 (1969), S. 173–179 (Hans-Jürgen Schings).
[218] Walter Jens: »Das Schwert in einen Pflug verkehrt«. Zu Gedichten von Andreas Gryphius. In: Dichtung und Religion. Pascal, Gryphius, Lessing, Hölderlin, Novalis, Kierkegaard, Dostojewski, Kafka. Hg. von Walter Jens und Hans Küng. München 1985, S. 62–79.
Auch abgedruckt in Feldzüge eines Republikaners. Ein Lesebuch. München 1988, S. 229–244.
[219] Hans-Georg Kemper: Gottebenbildlichkeit und Naturnachahmung im Säkularisierungsprozeß. Problemgeschichtliche Studien zur deutschen Lyrik in Barock und Aufklärung. 2 Bde. Tübingen 1981 (Studien zur deutschen Literatur 64/65).
Rezensionen:
- The Modern Language Review 79 (1984), S. 488f. (Geoffrey Sutton).

- Monatshefte für deutschsprachige Literatur und Kultur 77 (1985), S. 98–100 (Hans H. F. Henning).

[220] Hans-Georg Kemper: Deutsche Lyrik der frühen Neuzeit. Tübingen 1987–2006.

Zu Gryphius besonders Bd. 4/I: Barock-Humanismus. Krisen-Dichtung und Bd. 2: Konfessionalismus.

Rezensionen:
- Revue belge de philologie et d'histoire 66 (1988), S. 703–706 (Henri Plard).
- Leuvense Bijdragen 78 (1989), S. 127 (U. Ebel).
- The Modern Language Review 84 (1989), S. 775–777 (Peter Macardle).
- Revue de théologie et de philosophie 121 (1989), S. 456 (Irena Backus).
- Études germaniques 45 (1990), S. 75f. (Jean-Marie Valentin).
- Monatshefte für deutschsprachige Literatur und Kultur 82 (1990), S. 203–205 (Peter Hess).
- Theologische Rundschau 55 (1990), S. 357–372 (Elke Axmacher).
- Zeitschrift für Germanistik 18 (2008), S. 201–204 (Peter-André Alt).

[221] Konrad O. Kenkel: »Was liefert dir die Welt? Rauch, Nebel und Gedichte«. Die Lyrik des Andreas Gryphius. In: Text + Kritik 7/8 (1980), S. 85–93.

[222] Stefan Kiedroń: Ein Hochzeitsgedicht von Andreas Gryphius wiedergefunden. In: Wolfenbütteler Barock-Nachrichten 19 (1992), S. 89–93.

[222a] Klabund: Der Lyriker Andreas Gryphius. Zum dreihundertsten Geburtstage. In: Neue Zürcher Zeitung, 2. Oktober 1916.

Auch abgedruckt in Werke. Bd. 8: Aufsätze und verstreute Prosa. Hg. von Joachim Grage und Christian von Zimmermann. Berlin 2003, S. 197–199.

[223] Hans Küng: Religion im Bann der Reformation. Zu Gedichten von Andreas Gryphius. In: Dichtung und Religion. Pascal, Gryphius, Lessing, Hölderlin, Novalis, Kierkegaard, Dostojewski, Kafka. Hg. von Walter Jens und Hans Küng. München 1985, S. 44–61.

[224] Hans-Henrik Krummacher: Das barocke Epicedium. Rhetorische Tradition und deutsche Gelegenheitsdichtung. In: Jahrbuch der Deutschen Schillergesellschaft 18 (1974), S. 89–147.

Auch abgedruckt in Lyra. Studien zur Theorie und Geschichte der Lyrik vom 16.–19. Jahrhundert. Berlin 2013, S. 215–272.

[225] Hans-Henrik Krummacher: Der junge Gryphius und die Tradition. Studien zu den Perikopensonetten und Passionsliedern. München 1976.

Rezensionen:
- Zeitschrift für deutsches Altertum und deutsche Literatur 107 (1978), S. 88–91 (Wilhelm Kühlmann).
- Pietismus und Neuzeit 5 (1979), S. 224–229 (Wolfram Mauser).
- Daphnis 9 (1980), S. 664–669 (Franz Eybl).
- Theologische Literaturzeitung 105 (1980), S. 527–529 (Jürgen Henkys).

[226] Victor Manheimer: Die Lyrik des Andreas Gryphius. Studien und Materialien. Berlin 1904.

[227] Veronika Marschall: Sub specie aeternitatis oder das Gedicht von Andreas Gryphius »An die seeligste Seele Deß weitberühmten und umb die Kirche

Gottes wohlverdieneten JOHANN HEERMANNS Vber dessen heilige Oden«. Oder: was hat Lesen mit Leben zu tun, vielleicht sogar mit Über-Leben. In: Lyrik lesen! Eine Bamberger Anthologie. Wulf Segebrecht zum 65. Geburtstag. Hg. von Oliver Jahraus und Stefan Neuhaus. In Zusammenarbeit mit Peter Hanenberg. Düsseldorf 2000, S. 99–106.

[228] Wolfram Mauser: Andreas Gryphius – Philosoph und Poet unter dem Kreuz. Rollen-Topik und Untertanen-Rolle in der Vanitas-Dichtung. In: Gedichte und Interpretationen. Bd. 1: Renaissance und Barock. Hg. von Volker Meid. Stuttgart 1982 (Reclams Universal-Bibliothek 7890), S. 211–221.
Digitalisierte Fassung des Beitrags abrufbar vom Dokumentenserver der Albert-Ludwigs-Universität Freiburg unter: http://www.freidok.uni-freiburg.de/volltexte/6788/pdf/Mauser_Andreas_Gryphius.pdf.

[229] Günther Müller: Geschichte des deutschen Liedes vom Zeitalter des Barock bis zur Gegenwart. Unveränderter fotomechanischer Nachdruck der ersten Auflage München 1925. Darmstadt 1959.

[230] Klara Obermüller: Studien zur Melancholie in der deutschen Lyrik des Barock. Bonn 1974 (Studien zur Germanistik, Anglistik und Komparatistik 19).

[231] Günter Ott: Die ›Vier letzten Dinge‹ in der Lyrik des Andreas Gryphius. Untersuchungen zur Todesauffassung des Dichters und zur Tradition des eschatologischen Zyklus. Frankfurt a.M. 1985 (Europäische Hochschulschriften, Reihe 1, 714).
Rezension:
- Arbitrium 6 (1988), S. 163–165 (Hans-Henrik Krummacher).

[232] Johannes Pfeiffer: Andreas Gryphius als Lyriker. In: ders.: Zwischen Dichtung und Philosophie. Gesammelte Aufsätze. Bremen 1947, S. 30–43.

[233] Johannes Pfeiffer: Über die Lyrik des Andreas Gryphius. In: ders.: Über das Dichterische und den Dichter. Beiträge zum Verständnis deutscher Dichtung. Berlin 1943 (^{3}1967), S. 27–43.

[234] Johannes Pfeiffer: Die Lyrik des Andreas Gryphius. In: ders.: Dichten, Denken, Glauben. Ausgewählte Essays 1936–1966. München 1967, S. 30–49.

[235] Thomas Purayidom: Man – a Stranger in This World. Some Notes on Recurrent Images in Select Poems of Andreas Gryphius. In: German Studies in India 4 (1980), S. 94–99.

[236] Ch. Reinke: Schauer der Vergänglichkeit. Andreas Gryphius. In: Welt-Stimmen (1957), S. 533–537.

[237] Bruno Rieder: Contemplatio coeli stellati. Sternenhimmelbetrachtung in der geistlichen Lyrik des 17. Jahrhunderts. Interpretationen zur neulateinischen Jesuitenlyrik, zu Andreas Gryphius und zu Catharina Regina von Greiffenberg. Bern 1991 (Deutsche Literatur von den Anfängen bis 1700 11).
Rezension:
- Arbitrium 11 (1993), S. 167–169 (Sabine Mödersheim).

[238] Bernd Roeck: »La patrie des tombeaux« – Leiden an Rom. In: Italien in Aneignung und Widerspruch. Hg. von Günter Oesterle, Bernd Roeck und Christine Tauber. Tübingen 1996 (Reihe der Villa Vigoni 10), S. 22–39.
[239] Isabella Rüttenauer: »Lichte Nacht«. Weltangst und Erlösung in den Gedichten von Andreas Gryphius. Würzburg 1940.
[240] Isabella Rüttenauer: Die Angst des Menschen in der Lyrik des Andreas Gryphius. In: Aus der Welt des Barock. Hg. von Richard Alewyn und Wilhelm Boeck. Stuttgart 1957, S. 36–55.
[241] Irmgard Scheitler: Das geistliche Lied im deutschen Barock. Berlin 1982 (Schriften zur Literaturwissenschaft 3).
Rezensionen:
- Études germaniques 40 (1985), S. 97f. (Jean-Marie Valentin).
- Literaturwissenschaftliches Jahrbuch 26 (1985), S. 414f. (Volker Meid).
[242] Marvin S. Schindler: Gryphius' Religious Poetry. The Poetic Use of the Biblical Word. In: Germanic Review 45 (1970), S. 188–200.
[243] Helmuth Schneebauer: Studien zur Naturauffassung in der geistlichen Lyrik des Barockzeitalters. Diss. Wien 1956.
[244] Eugenie F. E. Schrembs: Die Selbstaussage in der Lyrik des 17. Jahrhunderts bei Fleming, Gryphius, Günther. Diss. München 1953.
[245] Wulf Segebrecht: Das Gelegenheitsgedicht. Ein Beitrag zur Geschichte und Poetik der deutschen Lyrik. Stuttgart 1977.
[246] Bernhard Sorg: Das lyrische Ich. Untersuchungen zu deutschen Gedichten von Gryphius bis Benn. Tübingen 1984 (Studien zur deutschen Literatur 80).
Rezensionen:
- Études germaniques 40 (1985), S. 115f. (A. Drijard).
- Arbitrium 4 (1986), S. 8–11 (Wulf Segebrecht).
- Colloquia Germanica 19 (1986), S. 340f. (Klaus Weissenberger).
- Journal of English and Germanic Philology 85 (1986), S. 72–75 (Ruth E. Lorbe).
- Seminar 3 (1986), S. 255–257 (David D. Stewart).
[247] Max Stebler: Aspekte der Lyrik bei Andreas Gryphius. In: Vita pro litteris. Festschrift für Anna Stroka. Hg. von Eugeniusz Tomiczek. Warschau 1993, S. 27–29.
[248] Harald Steinhagen: Didaktische Lyrik. Über einige Gedichte des Andreas Gryphius. In: Festschrift für Friedrich Beißner. Hg. von Ulrich Gaier und Werner Volke. Bebenhausen 1974, S. 406–435.
[249] Helmut Stelzig: Sprechwissenschaftliche Analyse zu Klanggestalten und Klangrhythmus deutscher Lyrik im Zeitraum von 1620–1720 bei Martin Opitz, Andreas Gryphius und Johann Christian Günther. Diss. Greifswald 1957.
[250] Günter Stephan: Natur als Schöpfungslob. Andreas Gryphius. In: ders.: Lektürehilfen Naturlyrik. Gattungs- und epochenspezifische Aspekte. Stuttgart 1989, S. 22–31.
[251] Fritz Strich: Der lyrische Stil des 17. Jahrhunderts. In: Abhandlungen zur deutschen Literaturgeschichte. Franz Muncker zum 60. Geburtstag dargebracht. Hg. von Eduard Berend. München 1916, S. 21–53.

[252] Marian Szyrocki: Nie znane wiersze i pieśni Gryphiusa. In: Kwartalnik Neofilologiczny 16 (1969), S. 297–301.
[253] Richard Hinton Thomas: The End of the Continuo Lied. Andreas Gryphius and Carl Friedrich Briegel. In: ders.: Poetry and Song in the German Baroque. A Study of the Continuo Lied. Oxford 1963, S. 78–82.
[254] Friedrich Vollhardt: Formvorgabe und Variation. Liebesklage und Landschaftstopik in der Lyrik der Frühen Neuzeit. In: Realität als Herausforderung. Literatur in ihren konkreten historischen Kontexten. Festschrift für Wilhelm Kühlmann zum 65. Geburtstag. Hg. von Ralf Bogner, Ralf Georg Czapla, Robert Seidel und Christian von Zimmermann. Berlin 2011, S. 147–159.
[255] Cynthia Nash Wolfe: The Concept of Nature in Five Religious Poets of the Seventeenth Century. Spee, Vaughan, Silesius, Herbert, and Gryphius. Diss. Bloomington (Indiana University) 1967.
[256] Young-Hee Yu: Feurige Dichtkunst. Die Lyrik von Andreas Gryphius und Friedrich von Spee im Spannungsfeld der Feuertheorien des 17. Jahrhunderts. Frankfurt a.M. 2005 (Europäische Hochschulschriften, Reihe 1, 1918).
[257] Modris Zeberiņš: Welt, Angst und Eitelkeit in der Lyrik des Andreas Gryphius. Diss. Münster 1950.

Siehe außerdem: [106]–[137], [877], [889], [890], [898], [902], [903], [907], [909], [912], [914], [934], [935], [946], [949], [952], [961].

5.1 Sonette

[258] Dieter Arendt: Andreas Gryphius' Eugenien-Gedichte. In: Zeitschrift für deutsche Philologie 87 (1968), S. 161–179.
[259] Italo Michele Battafarano: Von Andreas Gryphius zu Uwe Timm. Deutsche Parallelwege in der Aufnahme von Italiens Kunst, Poesie und Politik. Trento 2009 (Labirinti 121).
Zu »An Cleandrum«: S. 9–14.
[260] Alfred Behrmann: Variationen einer Form: das Sonett. In: Deutsche Vierteljahrsschrift für Literaturwissenschaft und Geistesgeschichte 59 (1985), S. 1–28.
[261] Hugo Bekker: Gryphius's Lissa-Sonnets. In: The Modern Language Review 63 (1968), S. 618–627.
[262] Robert Fred Bell: Critical Studies in the »Son- undt Feyrtags Sonnete« of Andreas Gryphius. Diss. Urbana (Illinois) 1969.
[263] Horst Bienek: Andreas Gryphius: »Tränen des Vaterlands, Anno 1636«. In: Wem Zeit ist wie Ewigkeit. Dichter, Interpreten, Interpretationen. Hg. von Rudolf Riedler. München 1987, S. 14–17.

[264] Josef Billen und Friedhelm Hassel: Undeutbare Welt. Sinnsuche und Entfremdungserfahrung in deutschen Naturgedichten von Andreas Gryphius bis Friedrich Nietzsche. Würzburg 2005.
[265] Patrick Boneberg: »Hier schleußt er nimand aus«. Interkonfessionalität in den Perikopensonetten von Andreas Gryphius. Marburg 2005.
[266] Emilio Bonfatti: Andreas Gryphius' Abschiedssonett an Johann Friedrich von Sack (1636 und 1643). In: Ars et amicitia. Beiträge zum Thema Freundschaft in Geschichte, Kunst und Literatur. Festschrift für Martin Bircher zum 60. Geburtstag am 3. Juni 1998. Hg. von Ferdinand van Ingen und Christian Juranek. Amsterdam 1998 (Chloe 28), S. 245–252.
[267] Thomas Borgstedt: Topik des Sonetts. Gattungstheorie und Gattungsgeschichte. Tübingen 2009.
Rezensionen:
- Germanistik 51 (2010), S. 158 (Klaus Manger).
- Journal of the Northern Renaissance 9 (2010) (online) (Anna Carrdus).
- Zeitschrift für französische Sprache und Literatur 120 (2010), S. 180–184 (Rüdiger Zymner).
- Arbitrium 29 (2011), S. 139–142 (Rosmarie Zeller).
- Romanische Forschungen 124 (2012), S. 542–545 (Ursula Hennigfeld).
[268] Thomas Borgstedt: Sozialgeschichte oder Autorinszenierung? Das kasuale Substrat der Sonettbücher des Andreas Gryphius. In: Theorie und Praxis der Kasualdichtung in der Frühen Neuzeit. Hg. von Andreas Keller, Elke Lösel, Ulrike Wels und Volkhard Wels. Amsterdam 2010 (Chloe 43), S. 229–244.
[269] Thomas Borgstedt: Andreas Gryphius' »Thränen des Vaterlandes / Anno 1636«. Epos-Imitatio und Kriegsklage im Sonett. In: La Poésie d'Andreas Gryphius (1616–1664). Actes de la journée tenue à la Maison Heine de Paris le 4 février 2012. Hg. von Marie-Thérèse Mourey. Nancy 2012 (Le texte et l'idée), S. 19–34.
[270] Eoin Bourke: Andreas Gryphius, »Tränen des Vaterlandes / Anno 1636« (1663). In: Poetry Project. Irish Germanists Interpret German Verse. Hg. von Florian Krobb und Jeff Morrison. Oxford 2003 (Britische und irische Studien zur deutschen Sprache und Literatur 25), S. 17–22.
[271] Dieter Breuer: Andreas Gryphius als Bewunderer und Mittler römischer Barockkunst. Zu seinem Sonett »Als Er aus Rom geschidn«. In: Morgen-Glantz 8 (1998), S. 255–272.
[272] Robert M. Browning: Towards a Determination of the Cyclic Structure of the Secular Sonnets of A. Gryphius. In: Daphnis 14 (1985), S. 303–324.
[273] Theo A. Bungarten: »Schluß des 1648sten Jahres«. Interpretation eines Sonetts von Andreas Gryphius im Hinblick auf seinen Erlebnisgehalt. In: Sprachkunst 3 (1972), S. 230–245.
[274] A. G. de Capua: Two Quartets. Sonnet Cycles by Andreas Gryphius. In: Monatshefte für deutschen Unterricht 59 (1967), S. 325–329.

[275] Fritz G. Cohen: Andreas Gryphius' Sonnet »Menschliches Elende«. Original and Final Form. In: Germanic Review 43 (1968), S. 5–14.
[276] Fritz G. Cohen: Two Early Sonnets of Andreas Gryphius. A Study of Their Original and Revised Forms. In: German Life & Letters 25 (1971/72), S. 115–126.
[277] Fritz G. Cohen: The »Tageszeiten« Quartet of Andreas Gryphius. Convergence of Poetry and Meditation. In: Argenis 2 (1978), S. 95–113.
[278] Fritz G. Cohen: The Strategy of Variants. An Analysis of Andreas Gryphius' Sonnet »An eine Jungfraw«. In: Simpliciana 4/5 (1983), S. 143–153.
[279] Ioana Craciun-Fischer: Barocke Rhetorik und protestantische Ethik in Andreas Gryphius' Sonett »Es ist alles eitell«. In: Germanistische Beiträge 6 (1997), S. 39–44.
[280] Herbert Cysarz: Drei barocke Meister. I. Andreas Gryphius: Thränen des Vaterlandes. Anno 1636. In: Gedicht und Gedanke. Auslegungen deutscher Gedichte. Hg. von Heinz Otto Burger. Halle (Saale) 1942, S. 72–77.
[281] Ralf Georg Czapla: Zur Topik und Faktur postantiker Romgedichte (Hildebert von Lavardin, Joachim Du Bellay, Andreas Gryphius). Mit einem Exkurs über die Rezeption von Hildeberts »carmen 36 Scott« in der Frühen Neuzeit. In: Daphnis 27 (1998), S. 141–183.
[282] Mirosława Czarnecka: Die geistliche Lyrik der Schlesierinnen Christina Cunrad und Elisabeth von Senitz. In: Weltgeschick und Lebenszeit. Andreas Gryphius. Ein schlesischer Barockdichter aus deutscher und polnischer Sicht. Hg. von der Stiftung Gerhart-Hauptmann-Haus. Düsseldorf 1993 (Schriften der Stiftung Gerhart-Hauptmann-Haus), S. 187–212.
[283] Rudolf Drux: »In dieser Einsamkeit«. Ort und Art poetologischer Reflexion bei schlesischen Barockdichtern. In: Weltgeschick und Lebenszeit. Andreas Gryphius. Ein schlesischer Barockdichter aus deutscher und polnischer Sicht. Hg. von der Stiftung Gerhart-Hauptmann-Haus. Düsseldorf 1993 (Schriften der Stiftung Gerhart-Hauptmann-Haus), S. 33–52.
[284] Jörg-Ulrich Fechner: Der Antipetrarkismus. Studien zur Liebessatire in barocker Lyrik. Heidelberg 1966 (Beiträge zur Neueren Literaturgeschichte 3,2).
Zu Gryphius S. 70–73.
[285] Walter Helmut Fritz: »Diß Leben kömmt mir vor als eine Renne-Bahn«. In: Wo steht die Dichtung heute? Vorträge und Statements. Zwanzig Jahre Poetik-Dozentur der Akademie der Wissenschaften und der Literatur an der Universität Mainz. Hg. von Bruno Hillebrand. Darmstadt 2002 (Mainzer Reihe 95), S. 54–56.
[286] Florent Gabaude: Les sonnets bibliques d'Andreas Gryphius et la métaphorique des éléments. In: La Poésie d'Andreas Gryphius (1616–1664). Actes de la journée tenue à la Maison Heine de Paris le 4 février 2012. Hg. von Marie-Thérèse Mourey. Nancy 2012 (Le texte et l'idée), S. 47–60.

[287] Guillaume van Gemert: Sollte alles eitel sein? Auf der Suche nach dem Schlüsselgedicht des Barock. In: Schlüsselgedichte. Deutsche Lyrik durch die Jahrhunderte. Von Walther von der Vogelweide bis Paul Celan. Hg. von Jattie Enklaar. Würzburg 2009 (Deutsche Chronik 58), S. 23–37.

[288] Renate Gerling: Schriftwort und lyrisches Wort. Die Umsetzung biblischer Texte in der Lyrik des 17. Jahrhunderts. Meisenheim 1969 (Deutsche Studien 8).

[289] Harry Gerald Haile: The Original and Revised Versions of Two Early Sonnets by Andreas Gryphius. An Evaluation. In: Modern Language Quarterly 19 (1958), S. 307–318.

[290] Urte Helduser: Andreas Gryphius, »Menschliches Elende«. In: Deutsche Lyrik in 30 Beispielen. Hg. von Andrea Geier und Jochen Strobel. Paderborn 2011, S. 9–17.

[291] Kurt Ihlenfeld: Thränen des Vaterlandes. In: ders.: Poeten und Propheten. Erlebnisse eines Lesers. Witten 1951, S. 301–306.

[292] Dietmar Jaegle: Das Subjekt im und als Gedicht. Eine Theorie des lyrischen Text-Subjekts am Beispiel deutscher und englischer Gedichte des 17. Jahrhunderts. Stuttgart 1995.
Rezensionen:
- Zeitschrift für Germanistik 6 (1996), S. 734–738 (Sabine Doering).
- Internationales Archiv für Sozialgeschichte der Literatur 22 (1997), S. 197–199 (Werner von Koppenfels).
- Anglia 116 (1998), S. 114–118 (Wolfgang G. Müller).

[293] Brigitte Kaute: Die Ordnung der Fiktion. Eine Diskursanalytik der Literatur und exemplarische Studien. Wiesbaden 2006.
Zu »Menschliches Elende«: S. 89–136.

[294] Knut Kiesant: Andreas Gryphius: »Threnen des Vatterlandes, Anno 1636«. In: Werkinterpretationen zur deutschen Literatur. Hg. von einem Autorenkollektiv unter Leitung von Horst Hartmann. Berlin 1986, S. 34–41.

[295] Flora Kimmich: Nochmals zur Umarbeitung der Sonette von Andreas Gryphius. In: Euphorion 68 (1974), S. 296–317.

[296] Ulrich Kinzel: Projekt und Spiegel. Fleming und Gryphius »über sich selbst«. In: An den Rändern der Moral. Studien zur literarischen Ethik. Ulrich Wergin gewidmet. Hg. von Ulrich Kinzel. Würzburg 2008, S. 78–88.

[297] Ulrich Kittstein: Naturlyrik im Barock? Andreas Gryphius: »Abend«. In: ders.: Deutsche Naturlyrik. Ihre Geschichte in Einzelanalysen. Darmstadt 2009, S. 21–33.

[298] Stefanie Knöll: Gryphius' Erstes und Zweites Sonettbuch. Neue Gedanken zu einer zahlensymbolischen Interpretation. In: Wolfenbütteler Barock-Nachrichten 26 (1999), S. 37–59.

[299] Hans-Henrik Krummacher: Andreas Gryphius und Johann Arndt. Zum Verständnis der »Sonn- und Feiertags-Sonette«. In: Formenwandel. Festschrift

zum 65. Geburtstag von Paul Böckmann. Hg. von Walter Müller-Seidel und Wolfgang Preisendanz. Hamburg 1964, S. 116–137.
Auch abgedruckt in Lyra. Studien zur Theorie und Geschichte der Lyrik vom 16.–19. Jahrhundert. Berlin 2013, S. 419–438.

[300] Hans-Henrik Krummacher: »De quatuor novissimis«. Über ein traditionelles theologisches Thema bei Andreas Gryphius. In: Respublica Guelpherbytana. Wolfenbütteler Beiträge zur Renaissance- und Barockforschung. Festschrift für Paul Raabe. Hg. von August Buck und Martin Bircher. Amsterdam 1987 (Chloe 6), S. 499–577.
Auch abgedruckt in Lyra. Studien zur Theorie und Geschichte der Lyrik vom 16.–19. Jahrhundert. Berlin 2013, S. 439–500.

[301] Wilhelm Kühlmann: Neuzeitliche Wissenschaft in der Lyrik des 17. Jahrhunderts. Die Kopernikus-Gedichte des Andreas Gryphius und Caspar Barlaeus im Argumentationszusammenhang des frühbarocken Modernismus. In: Jahrbuch der Deutschen Schillergesellschaft 23 (1979), S. 124–153.

[302] Wilhelm Kühlmann: Selbstverständigung im Leiden. Zur Bewältigung von Krankheitserfahrungen im versgebundenen Schrifttum der frühen Neuzeit (P. Lotichius Secundus, Nathan Chytraeus, Andreas Gryphius). In: Heilkunde und Krankheitserfahrung in der frühen Neuzeit. Studien am Grenzrain von Literaturgeschichte und Medizingeschichte. Hg. von Udo Benzenhöfer und Wilhelm Kühlmann. Tübingen 1992 (Frühe Neuzeit 10), S. 1–29.
Ebenfalls abgedruckt in Weltgeschick und Lebenszeit. Andreas Gryphius. Ein schlesischer Barockdichter aus deutscher und polnischer Sicht. Hg. von der Stiftung Gerhart-Hauptmann-Haus. Düsseldorf 1993 (Schriften der Stiftung Gerhart-Hauptmann-Haus), S. 13–32.

[303] Osamu Kutsuwada: Guryûfiusu no Shoki no Sonetto. In: Keisei 22 (1964), S. 1–33.
Zu den ›Lissaer Sonetten‹ (japanisch).

[304] Jürgen Landwehr: Ein poetisch inszenierter ›Weltuntergang mit Zuschauer‹. Andreas Gryphius' »Threnen des Vatterlandes / Anno 1636«. In: Lyrik im historischen Kontext. Festschrift für Reiner Wild. Hg. von Andreas Böhn, Ulrich Kittstein und Christoph Weiß unter Mitarbeit von Sandra Beck. Würzburg 2009, S. 20–30.

[305] Jeong-Jun Lee: Die Natur und ihre Bedeutung für den Menschen im Zeitalter des Barock. Das »Morgen Sonnet« von Andreas Gryphius. In: Togil-munhak 40 (1999), S. 31–59.
Koreanisch mit deutscher Zusammenfassung.

[306] Joseph Leighton: On the Interpretation of Andreas Gryphius's Sonnet »Es ist alles eitel«. In: The Modern Language Review 60 (1965), S. 225–228.

[307] Joseph Leighton: Sonnets and Computers. An Experiment in Stylistic Analysis Using an Elliott 503 Computer. In: The Computer in Literary and Linguistic Research. Papers from a Cambridge Symposium. Hg. von Roy A. Wisbey. Cambridge 1971 (Publications of the Literary and Linguistic Computing Centre 1), S. 149–158.

[308] Joseph Leighton: Andreas Gryphius's Sonnet »Über des Herrn Gefängnus«. In: German Life & Letters 41 (1988), S. 381–383.
[309] Nikolaus Lohse: »Diß Leben kömmt mir vor alß eine renne bahn«. Poetologische Anmerkungen zu einem Sonett-Zyklus des Andreas Gryphius. In: Zeitschrift für deutsche Philologie 110 (1991), S. 161–180.
[310] Fritz Martini: Andreas Gryphius, »Tränen des Vaterlandes«. In: Die deutsche Lyrik. Form und Geschichte. Interpretationen. Hg. von Benno von Wiese. Bd. 1: Vom Mittelalter bis zur Frühromantik. Düsseldorf 1956, S. 442–444.
[311] Wolfram Mauser: Dichtung, Religion und Gesellschaft im 17. Jahrhundert. Die »Sonnete« des Andreas Gryphius. München 1976.
[312] Wolfram Mauser: Was ist dies Leben doch? Zum Sonett »Thränen in schwerer Kranckheit« von Andreas Gryphius. In: Gedichte und Interpretationen. Bd. 1: Renaissance und Barock. Hg. von Volker Meid. Stuttgart 1982 (Reclams Universal-Bibliothek 7890), S. 223–230.
[313] Wolfram Mauser: Andreas Gryphius' »Einsamkeit«. Meditation, Melancholie und Vanitas. In: Gedichte und Interpretationen. Bd. 1: Renaissance und Barock. Hg. von Volker Meid. Stuttgart 1982 (Reclams Universal-Bibliothek 7890), S. 231–244.
[314] Walter Mönch: Góngora und Gryphius. Zur Ästhetik und Geschichte des Sonetts. In: Romanische Forschungen 65 (1953/54), S. 300–316.
[315] Walter Naumann: Andreas Gryphius: »Was wundert ihr euch noch, ihr Rose der Jungfrauen...« In: ders.: Traum und Tradition in der deutschen Lyrik. Stuttgart 1966 (Sprache und Literatur 32), S. 118–124.
[316] Paschalis Neyer: »Das geistliche Jahr« von Annette von Droste-Hülshoff und »Sonn- und Feiertags-Sonette« von Andreas Gryphius. In: An heiligen Quellen 24 (1931), S. 142–150 und 169–178.
[317] Dirk Niefanger: »Steig aus du müder Geist / steig aus!«. Poetische Schwellenerkundungen bei Andreas Gryphius. In: Geist und Literatur. Modelle in der Weltliteratur von Shakespeare bis Celan. Hg. von Edith Düsing und Hans-Dieter Klein. Würzburg 2008 (Geist und Seele 4), S. 45–58.
[318] Dirk Niefanger: Abschied nehmen. Poetische Wege zum Lebensende. In: Das Ende. Fünf Vorträge. Hg. von Helmut Neuhaus. Erlangen 2010 (Erlanger Forschungen A 122), S. 45–68.
Zu »An die Welt«: S. 48–52.
[319] Rolf E. Panny: The Emergence of a Musical Style in a Sonnet of Andreas Gryphius. In: Jahrbuch für internationale Germanistik 21 (1989), S. 114–121.
[320] Elisabeth Rothmund: Les sonnets d'Andreas Gryphius: poétique et poésie. In: La Poésie d'Andreas Gryphius (1616–1664). Actes de la journée tenue à la Maison Heine de Paris le 4 février 2012. Hg. von Marie-Thérèse Mourey. Nancy 2012 (Le texte et l'idée), S. 3–18.

[321] Hans-Christoph Sasse: Spirit and Spirituality of the Counter-Reformation in Some Early Gryphius Sonnets. In: Forum for Modern Language Studies 12 (1976), S. 50–58.
[322] Galina K. Schapovalova: Zur Methode der (Satz-)Analyse deutscher Barock-Sonette. In: Satz und Text. Zur Relevanz syntaktischer Strukturen zur Textkonstitution. Hg. von Jósef Wiktorowicz, Anna Just und Ireneusz Gaworski. Frankfurt a.M. 2013 (Schriften zur diachronen und synchronen Linguistik 8), S. 229–254.
[323] Galina Schapovalova: Das Schönheitsideal in den Sonetten des Barock. In: Körper – Kultur – Kommunikation. Hg. von Alexander Schwarz, Catalina Schiltknecht und Barbara Wahlen. Bern 2014 (Tausch 18), S. 93–114.
[324] Michael Schilling: »Ebenbildt vnsers lebens« oder Das Königsspiel des Andreas Gryphius. In: Wolfenbütteler Barock-Nachrichten 19 (1992), S. 82–86.
[325] Marvin S. Schindler: Gryphius' Sonnets. Studies in Imagery. Diss. Columbus (Ohio State University) 1965.
[326] Marvin S. Schindler: Interpretations of »Es ist alles eitel«. The Changing Face of Gryphius' Criticism. In: Modern Language Quarterly 28 (1967), S. 159–166.
[327] Marvin S. Schindler: The Sonnets of Andreas Gryphius. Use of the Poetic Word in the 17th Century. Gainesville 1971.
[328] Hans-Jürgen Schlütter: Das Sonett. Mit Beiträgen von Raimund Borgmeier und Heinz Willi Wittschier. Stuttgart 1979 (Sammlung Metzler 177).
[329] Jochen Schmidt: Die Opposition von contemplatio und curiositas. Ein unbekanntes Denkmuster, seine Tradition und seine poetische Gestaltung durch Andreas Gryphius im Sonett »An die Sternen«. In: Deutsche Vierteljahrsschrift für Literaturwissenschaft und Geistesgeschichte 77 (2003), S. 61–76.
[330] Jörg Schönert: Andreas Gryphius: »An die Welt«. In: Lyrik und Narratologie. Text-Analysen zu deutschsprachigen Gedichten vom 16. bis zum 20. Jahrhundert. Hg. von Jörg Schönert, Peter Hühn und Malte Stein. Berlin 2007 (Narratologia 11), S. 33–43.
[331] George C. Schoolfield: Motion and the Landscape in the Sonnets of Andreas Gryphius. In: Monatshefte für deutschen Unterricht 42 (1950), S. 341–346.
[332] Hans-Rüdiger Schwab: Das Leben als Rennbahn. In: Frankfurter Anthologie. Gedichte und Interpretationen. Hg. von Marcel Reich-Ranicki. Frankfurt a.M. 1995, Bd. 18, S. 19–22.
[333] Ulrich Seelbach: Andreas Gryphius' Sonett »An einen höchstberühmten Feldherrn / bey Uberreichung des Carl Stuards«. In: Wolfenbütteler Barock-Nachrichten 15 (1988), S. 11–13.
[334] Andreas Solbach: Gryphius und die Liebe. Der poeta als amator und dux in den Eugenien-Sonetten. In: La Poésie d'Andreas Gryphius (1616–1664). Actes de la journée tenue à la Maison Heine de Paris le 4 février 2012. Hg. von Marie-Thérèse Mourey. Nancy 2012 (Le texte et l'idée), S. 35–46.

[335] Blake Lee Spahr: Gryphius and the Holy Ghost. »An Gott den Heiligen Geist«. In: Deutsche Barocklyrik. Gedichtinterpretationen von Spee bis Haller. Hg. von Martin Bircher und Alois M. Haas. Bern 1973, S. 175–184.

[336] Walter Sparn: »Aussichten in die Ewigkeit«. Jenseitsvorstellungen in der neuzeitlichen protestantischen Theologie. In: Das Jenseits. Facetten eines religiösen Begriffs in der Neuzeit. Hg. von Lucian Hölscher. Göttingen 2007 (Geschichte der Religion in der Neuzeit 1), S. 12–39.

[337] John H. Sullivan: The German Religious Sonnet of the Seventeenth Century. Diss. Berkeley (California) 1966.

[338] Marian Szyrocki: Vanitas, vanitatum, et omnia vanitas. In: Frankfurter Anthologie. Gedichte und Interpretationen. Hg. von Marcel Reich-Ranicki. Frankfurt a.M. 1977, Bd. 2, S. 13–16.

[339] Marian Szyrocki: Die Welt ist aus den Fugen. Zu Andreas Gryphius: »Tränen des Vaterlandes«. In: Frankfurter Anthologie. Gedichte und Interpretationen. Hg. von Marcel Reich-Ranicki. Frankfurt 1985, Bd. 9, S. 19–21.

[340] Marian Szyrocki: »Es ist alles eitell« von Andreas Gryphius. In: Gedichte aus sieben Jahrhunderten – Interpretationen. Hg. von Karl Hotz. Bamberg 1987, S. 22f.

[341] Petrus W. Tax: Einige religiöse Sonette des Andreas Gryphius und die Tradition. Das Kirchenjahr und die Texte der Liturgie. In: Virtus et Fortuna. Zur deutschen Literatur zwischen 1400 und 1720. Festschrift für Hans-Gert Roloff zu seinem 50. Geburtstag. Hg. von Joseph P. Strelka und Jörg Jungmayr. Bern 1983, S. 460–478.

[342] Erich Trunz: Fünf Sonette des Andreas Gryphius. Versuch einer Auslegung. In: Vom Geist der Dichtung. Gedächtnisschrift für Robert Petsch. Hg. von Fritz Martini. Hamburg 1949, S. 180–205.
Auszugsweise wiederabgedruckt als Barocke Lyrik. Die Sonette des Andreas Gryphius. In: ders.: Weltbild und Dichtung im deutschen Barock. Sechs Studien. München 1992, S. 90–117.

[343] Erich Trunz: Andreas Gryphius, »Über die Geburt Jesu« – »Tränen des Vaterlandes« – »Es ist alles eitel«. In: Die deutsche Lyrik. Form und Geschichte. Interpretationen. Hg. von Benno von Wiese. Bd. 1: Vom Mittelalter bis zur Frühromantik. Düsseldorf 1956, S. 133–151.

[344] Erich Trunz: Das Gedicht »Über die Geburt Jesu« von Andreas Gryphius. In: Librarium 2 (1959), S. 192–196.

[345] Erich Trunz: Andreas Gryphius' Gedicht »An die Sternen«. In: Interpretationen. Hg. von Jost Schillemeit. Bd. 1: Deutsche Lyrik von Weckherlin bis Benn. Frankfurt a.M. 1965 (Fischer Bücherei 695), S. 19–27.
Wiederabgedruckt als Teil des Aufsatzes Barocke Lyrik. Die Sonette des Andreas Gryphius. In: ders.: Weltbild und Dichtung im deutschen Barock. Sechs Studien. München 1992, S. 90–117.

[346] Erich Trunz: Andreas Gryphius: Thränen in schwerer Krankheit (Anno 1640). In: Wege zum Gedicht. Hg. von Rupert Hirschenauer und Albrecht Weber. München 1956 (^{8}1972), S. 71–76.

[347] Theodor Verweyen: »Thränen des Vaterlandes / Anno 1636« von Andreas Gryphius – rhetorische Grundlagen, poetische Strukturen, Literarizität. In: Traditionen der Lyrik. Festschrift für Hans-Henrik Krummacher. Hg. von Wolfgang Düsing. Tübingen 1997, S. 31–45.

[348] Axel Vieregg: »Diß Leben kömmt mir vor alß eine renne bahn«. Vom Sinnbild zum sinnlichen Bild in Gryphius' »Abend«-Sonett. In: »Sinnlichkeit in Bild und Klang«. Festschrift für Paul Hoffmann zum 70. Geburtstag. Hg. von Hansgerd Delbrück. Stuttgart 1987 (Stuttgarter Arbeiten zur Germanistik 189), S. 139–152.

[349] Thomas Vogel: Andreas Gryphius, »Es ist alles eitell«. Eine biblisch-intertextuelle Relektüre. In: Wolfenbütteler Barock-Nachrichten 35 (2008), S. 23–35.

[350] Friedrich Vollhardt: Formvorgabe und Variation. Liebesklage und Landschaftstopik in der Lyrik der Frühen Neuzeit. In: Realität als Herausforderung. Literatur in ihren konkreten historischen Kontexten. Festschrift für Wilhelm Kühlmann zum 65. Geburtstag. Hg. von Ralf Bogner, Ralf Georg Czapla, Robert Seidel und Christian von Zimmermann. Berlin 2011, S. 147–159.

[351] Felix M. Wassermann: Die Sonette des Andreas Gryphius. Spiegel des Dichters und seiner Zeit. In: Papers on Language and Literature 6 (1970), S. 39–57.

[352] Albrecht Weber: Lux in tenebris lucet. Zu Andreas Gryphius' »Über die Geburt Jesu«. In: Wirkendes Wort 7 (1956/57), S. 13–16.

[353] Albrecht Weber: Vanitas Vanitatum Vanitas. Drei Sonette von Gryphius. In: Deutsche Barockgedichte. Ausgewählt und interpretiert von Albrecht Weber. Frankfurt a.M. 1960, S. 62–80.

[354] Heinrich Welti: Geschichte des Sonetts in der deutschen Dichtung. Mit einer Einleitung über Heimat, Entstehung und Wesen der Sonettform. Leipzig 1884.

[355] Robert Weninger: Lost in Lit-Terra Incognita, or What Is and to What End Do We Study World Literature? In: Comparative Literature 62 (2010), S. 315–335.

[356] Günther Weydt: Sonettkunst des Barock. Zum Problem der Umarbeitung bei Andreas Gryphius. In: Jahrbuch der Deutschen Schillergesellschaft 9 (1965), S. 1–32.

[357] Ruprecht Wimmer: Diese Welt und Gott. In: Frankfurter Anthologie. Gedichte und Interpretationen. Hg. von Marcel Reich-Ranicki. Frankfurt a.M. 1999, Bd. 22, S. 23–26.

[358] Ernst C. Wittlinger: Die Satzführung im deutschen Sonett vom Barock bis zu Rilke. Untersuchungen zur Sonettstruktur. Diss. Tübingen 1956.

[359] Thomas Wortmann: Falsche Bescheidenheit und ein Schiffbruch mit Folgen. Zum Verhältnis von Bibel und Literatur am Beispiel der »Sonn- und Feiertagssonette« des Andreas Gryphius. In: Das Buch in den Büchern. Wechselwirkungen von Bibel und Literatur. Hg. von Andrea Polaschegg und Daniel Weidner. München 2012 (Trajekte), S. 323–337.

[360] Christian von Zimmermann: Andreas Gryphius' »Threnen des Vatterlandes / Anno 1636«. Überlegungen zu den rhetorischen Grundlagen frühneuzeitlicher Dichtung. In: Daphnis 28 (1999), S. 227–244.

Siehe außerdem: [106]–[137], [202]–[257], [797], [873], [889], [893], [898], [907], [935].

5.2 Oden

[361] Heba Fathy: Nachahmung und Neuschöpfung in der deutschen Odendichtung des 17. Jahrhunderts. Eine gattungsgeschichtliche Untersuchung. Hamburg 2007 (Schriften zur Literaturgeschichte 9).
[362] Karl-Heinz Habersetzer: »Was sind wir als... Spill der Zeiten?« Zu zwei unbekannten Oden von Andreas Gryphius. In: Wolfenbütteler Beiträge 1 (1972), S. 102–118.
[363] Karl Viëtor: Geschichte der deutschen Ode. Hildesheim 1961.
    Unveränderter photomechanischer Nachdruck der Geschichte der deutschen Literatur nach Gattungen. Bd. 1. München 1923.

Siehe außerdem: [106]–[137], [202]–[257], [873], [893], [907].

5.3 Epigramme

[364] Thomas Althaus: Epigrammatisches Barock. Berlin 1996 (Quellen und Forschungen zur Literatur- und Kulturgeschichte 9).
    Rezensionen:
    - Referatedienst zur Literaturwissenschaft 31 (1999), S. 61f. (Hermann Stauffer).
    - Zeitschrift für Germanistik 9 (1999), S. 469–471 (Ansgar M. Cordie).
    - Arbitrium 18 (2000), S. 165–170 (Joachim Knape).
    - Poetica 32 (2000), S. 227–250 (Thomas Neukirchen).
    - Archiv für das Studium der neueren Sprachen und Literaturen 153 (2001), S. 139–142 (Dieter Merzbacher).
[365] Ruth K. Angress: The Early German Epigram. A Study in Baroque Poetry. Lexington 1971 (Studies in the Germanic Languages and Literatures 2).
[366] Klara Obermüller: »Auf einen Tag all Angst der Welt«. Andreas Gryphius: »Grabschrifft Marianae Gryphiae seines Brudern Pauli Töchterlein«. In: Frankfurter Anthologie. Gedichte und Interpretationen. Hg. von Marcel Reich-Ranicki. Frankfurt a.M. 1989, Bd. 12, S. 23–26.
[367] Jutta Weisz: Das deutsche Epigramm des 17. Jahrhunderts. Stuttgart 1979 (Germanistische Abhandlungen 49).

Siehe außerdem: [106]–[137], [202]–[257], [873].

5.4 Kirchhoffs-Gedancken

[368] Fritz G. Cohen: The »Gedancken uber den Kirchhoff und Ruhestaedte der Verstorbenen« of Andreas Gryphius. The Structure of a Sepulchral Ode. In: Michigan Germanic Studies 9 (1983), S. 149–167.

[369] Yves Iehl: De l'apparition fantomatique à la résurrection glorieuse. Les divers visages de la mort dans les Méditations dans un cimetière d'Andreas Gryphius. In: Cahiers d'études germaniques 62 (2012), S. 151–163.

[370] Nicola Kaminski: »Der Kirchhoff dein Parnaß« – Poetische Inszenierung des ›Kirchhoffs‹ als Ort von Geselligkeit. In: Geselligkeit und Gesellschaft im Barockzeitalter. Vorträge und Referate gehalten anläßlich des 8. Kongresses des Wolfenbütteler Arbeitskreises für Barockforschung in der Herzog August Bibliothek Wolfenbüttel vom 31. August bis 3. September 1994. Hg. von Wolfgang Adam. Unter Mitarbeit von Knut Kiesant, Winfried Schulze und Christoph Strosetzki. Wiesbaden 1997 (Wolfenbütteler Arbeiten zur Barockforschung 28), Bd. 2, S. 821–832.

[371] Alexander Košenina: Anatomie, Vivisektion und Plastination in Gedichten der Frühen Neuzeit (Gryphius, Wiedemann, Brockes). In: Zeitschrift für Germanistik 19 (2009), S. 63–76.

[372] Yvonne Nilges: Kirchhofsgedanken. Topographien des Totenackers von Gryphius bis Byron. In: Angermion 6 (2013), S. 53–70.

[373] Johann Anselm Steiger: Schule des Sterbens. Die »Kirchhofgedanken« des Andreas Gryphius (1616–1664) als poetologische Theologie im Vollzug. Heidelberg 2000.
Rezension:
- Daphnis 32 (2003), S. 363–370 (Nicola Kaminski).

Siehe außerdem: [106]–[137], [202]–[257], [867], [868].

6 Drama

[374] Judith Popovich Aikin: German Baroque Drama. Boston 1982 (Twayne's World Authors Series 634).
Rezensionen:
- Modern Language Notes, Hispanic Issue 100 (1985), S. 665f. (Marian Sperberg-McQueen).
- The Modern Language Review 80 (1985), S. 210 (Peter N. Skrine).
- Monatshefte für deutschsprachige Literatur und Kultur 78 (1986), S. 395f. (Richard E. Schade).

[375] Judith Popovich Aikin: The Audience within the Play. Clues to Intended Audience Reaction in German Baroque Tragedies and Comedies. In: Daphnis 13 (1984), S. 187–201.

[376] Bernhard Asmuth: Lust- und Trauerspiele. Ihre Unterschiede bei Gryphius. In: Weltgeschick und Lebenszeit. Andreas Gryphius. Ein schlesischer Barockdichter aus deutscher und polnischer Sicht. Hg. von der Stiftung Gerhart-Hauptmann-Haus. Düsseldorf 1993 (Schriften der Stiftung Gerhart-Hauptmann-Haus), S. 69–93.

[377] Emilio Bonfatti: Asimmetria del simmetrico. In: Simmetria e antisimmetria. Due spinte in conflitto nella cultura dei paesi di lingua tedesca. Hg. von Luciano Zagari. Pisa 2001 (Letteratura tedesca 1), S. 33–52.

[378] Olga Braun: Die Welt des Geisterhaften und Übersinnlichen in den dramatischen Werken des Andreas Gryphius. Diss. Wien 1919.

[379] David Brett-Evans: Andreas Gryphius and the Elizabethan Drama. MA-Thesis. Cardiff 1950.

[380] E. Cohn: Andreas Gryphius, ein Dramatiker der Weltverachtung. Eine literarästhetische Studie. In: Vossische Zeitung (1913), Nr. 25, S. 196–198.

[381] Margret Dietrich und Paul Stefanek: Deutsche Dramaturgie von Gryphius bis Brecht. München 1965 (List-Taschenbücher 287).

[382] Florentina Dietrich-Bader: Wandlungen der dramatischen Bauform vom 16. Jahrhundert bis zur Frühaufklärung. Untersuchungen zur Lehrhaftigkeit des Theaters. Göppingen 1972 (Göppinger Arbeiten zur Germanistik 53).

[383] Willi Flemming: Andreas Gryphius und die Bühne. Halle 1921.

[384] Willi Flemming: Der Prolog zum »Hamlet« der Wandertruppen und Andreas Gryphius. In: Euphorion 24 (1922), S. 659–662.

[385] Susanne Gugrel-Steindl: Figurenkonstellation im Drama des 17. Jahrhunderts im deutschsprachigen Raum oder Von Tugend und Untugend, (Frauen)Schönheit und (Ohn)Macht. Ausgewählte dramatische Literatur von Andreas Gryphius, Johann Christian Hallmann und Sibylle Schwarz. Diss. Wien 1991.

[386] Friedrich Gundolf: Die dramatische Aufgabe des Andreas Gryphius. In: Schlesische Monatshefte 4 (1926), S. 17–22.

[387] Heinz Haerten: Vondel und der deutsche Barock. Nijmegen 1933.

[388] Willi Harring: Andreas Gryphius und das Drama der Jesuiten. Halle 1907 (Hermaea 5).

[389] Walter Haug: Zum Begriff des Theatralischen. Versuch einer Deutung barokker Theatralik ausgehend vom Drama des Andreas Gryphius. Diss. München 1952.

[390] Karin Kelping: Frauenbilder im deutschen Barockdrama. Zur literarischen Anthropologie der Frau. Hamburg 2003 (Poetica 73).
Rezension:
- Germanistik 47 (2006), S. 250 (Veronika Marschall).

[391] Onno Klopp: Andreas Gryphius als Dramatiker. Schulprogramm. Osnabrück 1850.

[392] Heinz Knorr: Wesen und Funktionen des Intriganten im deutschen Drama von Gryphius bis zum Sturm und Drang. Diss. Erlangen 1951.

[393] Paul Knüppelholz: Der Monolog in den Dramen des Andreas Gryphius. Greifswald 1911.
[394] R. A. Kollewijn: Über den Einfluß des holländischen Dramas auf Andreas Gryphius. Amsterdam 1880.
[395] Gerhard Kosellek: Das deutsche Barockdrama. Mit einem Exkurs über Andreas Gryphius. In: ders.: Silesiaca. Literarische Streifzüge. Bielefeld 2003, S. 115–129.
[396] Martin Kramer: Rhetorikunterricht und dramatische Struktur. Am Beispiel der Consultationes. In: Stadt, Schule, Universität, Buchwesen und die deutsche Literatur im 17. Jahrhundert. Vorlagen und Diskussionen eines Barock-Symposions der DFG 1974 in Wolfenbüttel. Hg. von Albrecht Schöne. München 1976 (Germanistische Symposien-Berichtsbände 1), S. 261–274 und 300–306.
[397] Jeong-Jun Lee: Der erste große deutsche Dramatiker Andreas Gryphius. Thementypus und dramatische Gestaltung. In: Togil-munhak 43 (2002), S. 5–29.
[398] Johannes Liebe: Die Deutung des Gotteswillens in der Religion und im Drama des Andreas Gryphius. Diss. Leipzig 1921.
[399] Erik Lunding: Das schlesische Kunstdrama. Eine Darstellung und Deutung. Kopenhagen 1940.
[400] Franz-Josef Neuß: Strukturprobleme der Barockdramatik (Andreas Gryphius und Christian Weise). Diss. München 1955.
[401] Oskar Nuglisch: Barocke Stilelemente in der dramatischen Kunst von Andreas Gryphius und Daniel Casper von Lohenstein. Breslau 1938 (Sprache und Kultur der germanischen und romanischen Völker. Germanistische Reihe 30).
[402] Günter Overlack: Das Absolute als Sprachfigur in den Dramen von Gryphius und Seneca. Diss. Düsseldorf 1973.
[403] Aleksey L. Pumpjanskij: Andreas Gryphius i drama perwoj poloviny XVII veka. In: Istorija nemezkoj literatury. Moskau 1962, Bd. 1, S. 381–391.
[404] Lieven Rens: Over het probleem van de invloed van Vondel op de drama's van Andreas Gryphius. In: Handelingen van de Koninklijke Zuidnederlandse Maatschappij voor Taal- en Letterkunde en Geschiedenis 20 (1966), S. 251–262.
[405] Peter Rusterholz: Theatrum vitae humanae. Funktion und Bedeutungswandel eines poetischen Bildes. Studien zu den Dichtungen von Andreas Gryphius, Christian Hofmann von Hofmannswaldau und Daniel Casper von Lohenstein. Berlin 1970 (Philologische Studien und Quellen 51).
Rezensionen:
- The German Quarterly 44 (1971), S. 415f. (Frank L. Borchardt).
- The Modern Language Review 67 (1972), S. 210f. (Peter Skrine).
[406] Gerhard Scharnhorst: Studien zur Entwicklung des Heldenideals bei Andreas Gryphius. Diss. Wien 1955.

[407] Inge Schleier: Die Vollendung des Schauspielers zum Emblem. Zu den ästhetischen Grundlagen der Theatersemiotik in der Gryphius-Zeit. In: Daphnis 28 (1999), S. 529–562.
[408] Peter Schütt: Die Dramen des Andreas Gryphius. Sprache und Stil. Hamburg 1971 (Geistes- und sozialwissenschaftliche Dissertationen 11).
[409] Richard Sexau: Der Tod im deutschen Drama des 17. und 18. Jahrhunderts. Ein Beitrag zur Literaturgeschichte. Bern 1906.
[410] Nigel Smith: Theatrum Mundi and the Politics of Rebellion in Seventeenth-Century Drama. In: »If Then the World a Theatre Present...«. Revisions of the Theatrum Mundi Metaphor in Early Modern England. Hg. von Björn Quiring. Berlin 2014 (Pluralisierung und Autorität 32), S. 199–220.
[411] Ludwig Stockinger: Legitimität und Gewalt in den Dramen von Andreas Gryphius. In: Gewalt der Sprache – Sprache der Gewalt. Beispiele aus philologischer Sicht. Hg. von Angelika Corbineau-Hoffmann und Pascal Nicklas. Hildesheim 2000, S. 55–73.
[412] Viktoria Tkaczyk: Götterverzerrung. Zur Anamorphose als theaterhistoriographischem Verfahren. In: Der entstellte Blick. Anamorphosen in Kunst, Literatur und Philosophie. Hg. von Kyung-Ho Cha und Markus Rautzenberg. München 2008, S. 122–139.
[413] Martin Laurenz du Toit: Der Monolog und Andreas Gryphius. Wien 1925.
[414] Theo Vennemann und Hans Wagener: Die Anredeformen in den Dramen des Andreas Gryphius. München 1970.
[415] Edward Verhofstadt: Vondel und Gryphius. Versuch einer literarischen Topographie. In: Neophilologus 53 (1969), S. 290–299.
Vgl. auch die Vortragszusammenfassung in La réel dans la littérature et dans la langue. Actes du Xe Congrès de la Fédération Internationale des Langues et Littératures Modernes (Strasbourg 29 août–3 septembre 1966). Hg. von Paul Vernois. Paris 1967, S. 243f.
[416] Karl Vretska: Gryphius und das antike Drama. In: Mitteilungen des Vereins klassischer Philologen in Wien 2 (1925), S. 79–83.
[417] Otto Warnatsch: Beitrag zur Schillerfeier am 9. Mai 1905: Beziehungen Glogaus zur deutschen Dramatik bis Schiller. Gräfenhainichen 1905.
[418] Theodoor Weevers: Vondel's Influence on German Literature. In: The Modern Language Review 32 (1937), S. 1–23.
[419] Werner Welzig: Magnanimitas. Zu einem Zentralbegriff der deutschen Barockliteratur. In: Orbis litterarum 28 (1973), S. 192–203.
[420] Ludwig Wolff: A. Gryphius und das Volksschauspiel vom Doctor Faust. In: Anzeiger für deutsches Altertum und deutsche Literatur 25 (1944), S. 99f.

Siehe außerdem: [100], [106]–[137], [865], [885], [889], [890], [892], [898], [902], [907], [909], [911], [912], [936], [942], [955].

6.1 Trauerspiele

[421] Judith Popovich Aikin: And They Changed Their Lives from That Very Hour. Catharsis and Exemplum in the Baroque ›Trauerspiel‹. In: Daphnis 10 (1981), S. 241–255.

[422] Richard Alewyn: Das große Welttheater. Die Epoche der höfischen Feste. München 1959 (²1985) (Beck'sche Reihe 389).
Rezensionen:
- Neue deutsche Hefte 33 (1986), S. 171f. (Hartmut Heinze).
- Zeitschrift für Bayerische Landesgeschichte 49 (1986), S. 228 (Alois Schmid).
- Weimarer Beiträge 33 (1987), S. 693–697 (Renate Reschke).

[423] Robert J. Alexander: The Execution Scene in German Baroque Drama. Diss. Madison (University of Wisconsin) 1974.

[424] Peter-André Alt: Der Tod der Königin. Frauenopfer und politische Souveränität im Trauerspiel des 17. Jahrhunderts. Berlin 2004 (Quellen und Forschungen zur Literatur- und Kulturgeschichte 30).
Rezensionen:
- IASL online 2004, http://www.iaslonline.de/index.php?vorgang_id=1031 (Stefanie Arend).
- Germanistik 46 (2005), S. 258f. (Dietmar Till).
- Komparatistik 2005, S. 185–189 (Uwe Lindemann).
- Zeitschrift für Germanistik 15 (2005), S. 416f. (Claudia Breger).
- Arcadia 41 (2006), S. 225–227 (Matthias Schöning).
- Archiv für das Studium der neueren Sprachen und Literaturen 158 (2006), S. 139–141 (Dirk Niefanger).

[425] Stefanie Arend: Rastlose Weltgestaltung. Senecaische Kulturkritik in den Tragödien Gryphius' und Lohensteins. Tübingen 2003 (Frühe Neuzeit 81).
Rezensionen:
- Germanistik 45 (2004), S. 264f. (Hartmut Freytag).
- Renaissance Quarterly 57 (2004), S. 1480–1482 (Jane O. Newman).
- Arbitrium 23 (2005), S. 58–61 (Jörg Robert).
- Gymnasium 113 (2006), S. 202f. (Volker Riedel).
- Germanic Notes and Reviews 38 (2007), S. 43f. (Walter G. Marigold).

[426] Helmut Arntzen: Von Trauerspielen. Gottsched, Gryphius, Büchner. In: Rezeption und Produktion zwischen 1570 und 1730. Festschrift für Günther Weydt zum 65. Geburtstag. Hg. von Wolfdietrich Rasch, Hans Geulen und Klaus Haberkamm. Bern 1972, S. 571–585.

[427] Dieter Baacke: And Tell Sad Stories of the Death of Kings. Das Schicksal der Könige bei Gryphius und Shakespeare. In: Text + Kritik 7/8 (1980), S. 46–57.

[428] Oliver Bach: Zwischen Heilsgeschichte und säkularer Jurisprudenz. Politische Theologie in den Trauerspielen des Andreas Gryphius. Berlin 2014 (Frühe Neuzeit 188).

[429] Lothar Baier: Persona und Exemplum. Formeln der Erkenntnis bei Gryphius und Lohenstein. In: Text + Kritik 7/8 (1980), S. 58–67.

[430] Arnd Beise: Untragische Trauerspiele. Christian Weises und Johann Elias Schlegels Aufklärungsdrama als Gegenmodell zur Märtyrertragödie von Gryphius, Gottsched und Lessing. In: Wirkendes Wort 47 (1997), S. 188–204.

[431] Hugo Bekker: The Lucifer Motif in the German and Dutch Drama of the Sixteenth and Seventeenth Century. Diss. Ann Arbor (University of Michigan) 1958.

[432] Manfred Beller: Über den Gebrauch der Schiffsgleichnisse in politischem Traktat und Drama des Barock. In: Classical Models in Literature. Proceedings of the 9th Congress of the International Comparative Literature Association. Hg. von Zoran Konstantinovič, Warren Anderson und Walter Dietze. Innsbruck 1981 (Innsbrucker Beiträge zur Kulturwissenschaft 49), S. 261–265.

[432a] Walter Benjamin: Ursprung des deutschen Trauerspiels. Berlin 1928.

[433] Frauke Berndt: Endstation Ewigkeit. Martyrium und Masochismus in den Gryph'schen Trauerspielen. In: Tinte und Blut. Politik, Erotik und Poetik des Martyriums. Hg. von Andreas Kraß und Thomas Frank. Frankfurt a.M. 2008 (Fischer-Taschenbücher 18019), S. 169–194.

[434] Emilio Bonfatti: Sentenze e sticomitie nel »Trauerspiel« di Andreas Gryphius. In: Sigma 31 (1971), S. 90–118.

[435] Emilio Bonfatti: L'onore nel dramma barocco tedesco. Andreas Gryphius e Daniel Casper von Lohenstein. In: Tragedie dell'onore nell'Europa barocca. XXVI convegno internazionale. Roma, 12–15 settembre 2002. Hg. von Maria Chiabò. Rom 2003, S. 237–253.

[436] Ulrich Bornemann: Anlehnung und Abgrenzung. Untersuchungen zur Rezeption der niederländischen Literatur in der deutschen Dichtungsreform des siebzehnten Jahrhunderts. Assen 1976 (Respublica literaria Neerlandica 1).

[437] Lothar Bornscheuer: Zur Gattungsproblematik, Affektgestaltung und politischen Theologie in Gryphs historisch-politischen Trauerspielen. In: Die Affekte und ihre Repräsentation in der deutschen Literatur der frühen Neuzeit. Hg. von Jean-Daniel Krebs. Bern 1996 (Jahrbuch für internationale Germanistik: Reihe A, Kongreßberichte 42), S. 207–222.

[438] Lothar Bornscheuer: Diskurs-Synkretismus im Zerfall der Politischen Theologie. Zur Tragödienpoetik der Gryphschen Trauerspiele. In: Studien zur deutschen Literatur des 17. Jahrhunderts. Gedenkschrift für Gerhard Spellerberg (1937–1996). Hg. von Hans Feger. Amsterdam 1997 (Chloe 27), S. 489–529.

[439] Wolfgang Braungart: Vertrauen und Opfer. Zur Begründung und Durchsetzung politischer Herrschaft im Drama des 17. und 18. Jahrhunderts (Hobbes, Locke, Gryphius, J. E. Schlegel, Lessing, Schiller). In: Zeitschrift für Germanistik 15 (2005), S. 277–295.

[440] Peter J. Brenner: Der Tod des Märtyrers. »Macht« und »Moral« in den Trauerspielen von Andreas Gryphius. In: Deutsche Vierteljahrsschrift für Literaturwissenschaft und Geistesgeschichte 62 (1988), S. 246–265.

[441] Rüdiger Campe: Theater der Institution. Gryphius' Trauerspiele »Leo Armenius«, »Catharina von Georgien«, »Carolus Stuardus« und »Papinianus«. In: Konfigurationen der Macht in der Frühen Neuzeit. Hg. von Roland Galle und Rudolf Behrens. Heidelberg 2000 (Neues Forum für allgemeine und vergleichende Literaturwissenschaft 6), S. 257-287.

[442] Werner Eggers: Wirklichkeit und Wahrheit im Trauerspiel von Andreas Gryphius. Heidelberg 1967 (Probleme der Dichtung 9).
Rezension:
- The Modern Language Review 64 (1969), S. 701f. (P. V. Brady).

[443] Franziska Ehinger: Kritik und Reflexion. Pathos in der deutschen Tragödie. Studien zu Andreas Gryphius, Friedrich Schiller, Heinrich von Kleist, Friedrich Hebbel und Conrad Ferdinand Meyer. Würzburg 2009.
Rezension:
- Archiv für das Studium der neueren Sprachen und Literaturen 248 (2011), S. 410-412 (Thomas Ulrich).

[444] Ernst Feise: »Cardenio und Celinde« und »Papinianus« von Andreas Gryphius. In: Journal of English and Germanic Philology 44 (1945), S. 181-193.

[445] Hertha T. Feyock: Das Märtyrerdrama im Barock. Diss. Boulder (Colorado) 1966.

[446] Hans-Dieter Fischer und Horst Uerpmann: Rhetorisches Sprechen in den Tragödien des L. A. Seneca und des A. Gryphius. Vergleichende Beobachtungen am Beispiel der Amplificatio. In: Wirkendes Wort 41 (1991), S. 276-292.

[447] Willi Flemming: Die Form der Reyen in Gryphs Trauerspielen. In: Euphorion 25 (1924), S. 662-665.

[448] Willi Flemming: Vondels Einfluß auf die Trauerspiele des Andreas Gryphius, zugleich eine methodologische Besinnung. In: Neophilologus 13 (1928), S. 266-280 und 14 (1929), S. 107-120 und 184-196.

[449] Werner Paul Friederich: From Ethos to Pathos. The Development from Gryphius to Lohenstein. In: Germanic Review 10 (1935), S. 223-236.

[450] Franz Fromholzer: »reitzt die Höll' auch Prister mich zu kwälen?«. Konfessionelle Hetero- und Autostereotype im schlesischen Trauerspiel. In: Frühneuzeitliche Stereotype. Zur Produktivität und Restriktivität sozialer Vorstellungsmuster. V. Jahrestagung der Internationalen Andreas Gryphius Gesellschaft Wrocław 8. bis 11. Oktober 2008. Hg. von Mirosława Czarnecka, Thomasz Jabłecki und Thomas Borgstedt. Bern 2010 (Jahrbuch für internationale Germanistik A,99), S. 291-315.

[451] Ulrich Fülleborn: Die barocke Grundspannung Zeit – Ewigkeit in den Trauerspielen Lohensteins. Zur Frage der strukturellen Einheit des deutschen Barockdramas. Stuttgart 1969 (Dichtung und Erkenntnis 8).

[452] Erika Geisenhof: Die Darstellung der Leidenschaften in den Trauerspielen des Andreas Gryphius. Diss. Heidelberg 1957.

[453] Götz Großklaus: Zeitentwurf und Zeitgestaltung in den Trauerspielen des Andreas Gryphius. Diss. Freiburg 1966.
[454] Karl-Heinz Habersetzer: Politische Typologie und dramatisches Exemplum. Studien zum historisch-ästhetischen Horizont des barocken Trauerspiels am Beispiel von Andreas Gryphius' »Carolus Stuardus« und »Papinianus«. Stuttgart 1985 (Germanistische Abhandlungen 55).
Rezensionen:
- Dix-huitième siècle 18 (1986), S. 546f. (Roland Krebs).
- Arbitrium 8 (1987), S. 271–275 (Hellmut Thomke).
- Deutsche Literaturzeitung für Kritik der internationalen Wissenschaften 108 (1987), S. 145–148 (Werner Lenk).
- Monatshefte für deutschsprachige Literatur und Kultur 79 (1987), S. 391f. (R. J. Alexander).
- The German Quarterly 60 (1987), S. 661–663 (Richard Erich Schade).
- Deutsche Bücher 20 (1990), S. 194f. (Ferdinand van Ingen).
[455] Joachim Harst: Abfall. Konversion des Zeugens in Gryphius' Märtyrerspielen. In: Morgen-Glantz 20 (2010), S. 99–136.
[456] Joachim Harst: Heilstheater. Figur des barocken Trauerspiels zwischen Gryphius und Kleist. München: Fink 2012.
Rezensionen:
- Revista de Filología Alemana 21 (2013), S. 211f. (Alejandro López).
- Arcadia 49 (2014), S. 446–449 (Christian Sinn).
- Kleist-Jahrbuch (2014), S. 205–212 (Robert Schütze).
- Komparatistik (2014/15), S. 285–288 (Achim Geisenhanslüke).
- Modern Language Notes 130 (2015), S. 667–670 (Jason Kavett).
[457] Joachim Harst: Deus ex machina. Überlegungen zum Gott des barocken Trauerspiels am Beispiel von Gryphius, Heinsius und Racine. In: Poetica 44 (2013), S. 351–378.
[458] Joachim Harst: »Wer gestorben ist, der ist gerechtfertigt«. Zur Trauerspielsprache bei Gryphius. In: Zeitschrift für deutsche Philologie 132 (2013), S. 161–182.
[459] Heinrich Hildebrandt: Die Staatsauffassung der schlesischen Barockdramatiker im Rahmen ihrer Zeit. Rostock 1939 (Rostocker Studien 6).
[460] Jürg Kaufmann: Die Greuelszene im deutschen Barockdrama. Zürich 1968.
[461] Ernst Keppler: Andreas Gryphius und Shakespeare. Diss. Tübingen 1921.
[462] Knut Kiesant: ›Fremdes Begehren‹ im schlesischen Trauerspiel. In: Fremdes Begehren. Transkulturelle Beziehungen in Literatur, Kunst und Medien. Hg. von Eva Lezzi und Monika Ehlers in Zusammenarbeit mit Sandra Schramm. Köln 2003 (Literatur, Kultur, Geschlecht. Große Reihe 22), S. 71–86.
[463] Martin Kramer: Disputatorisches Argumentationsverfahren im barocken Trauerspiel. Die politischen Beratungsszenen in den Trauerspielen von Andreas Gryphius. Diss. Tübingen 1982.
[464] Hans-Henrik Krummacher: Das deutsche Trauerspiel (Andreas Gryphius). In: Theaterwesen und dramatische Literatur. Beiträge zur Geschichte des Thea-

ters. Hg. von Günter Holtus. Tübingen 1987 (Mainzer Forschungen zu Drama und Theater 1), S. 253–273.

[465] Anneliese Kuchinke-Bach: Das »dramatische Bild« als existentielle Exposition in der deutschen Tragödie vom 17. bis 19. Jahrhundert. Frankfurt a.M. 1999.
Rezension:
- Germanistik 40 (1999), S. 765f. (Wolfgang Monath).

[466] Hans Kuhn: Non decor in regno. Zur Gestalt des Fürsten bei Gryphius. In: Orbis litterarum 25 (1970), S. 126–150.

[467] Ingeborg Lasting: ›Wort‹ und ›Tat‹ in Andreas Gryphius' »Leo Armenius«, »Carolus Stuardus« und »Papinianus«. Diss. New York (City University) 1984.

[468] Manfred Lefèvre: Der Deus ex machina in der deutschen Literatur. Untersuchungen an Dramen von Gryphius, Lessing und Goethe. Diss. Berlin (Freie Universität) 1968.

[469] Michel Lefèvre: Anaphorika in der deutschen Sprache des 17. Jahrhunderts am Beispiel der Trauerspiele von Andreas Gryphius. In: Syntax, Althochdeutsch – Mittelhochdeutsch. Eine Gegenüberstellung von Metrik und Prosa. Akten zum internationalen Kongress an der Freien Universität Berlin 26. bis 29. Mai 2004. Hg. von Franz Simmler. In Zusammenarbeit mit Claudia Wich-Reif und Yvon Desportes. Berlin 2005 (Berliner sprachwissenschaftliche Studien 7), S. 223–241.

[470] Werner Lenk: Absolutismus, staatspolitisches Denken, politisches Drama. Die Trauerspiele des Andreas Gryphius. In: Studien zur deutschen Literatur im 17. Jahrhundert. Hg. von der Akademie der Wissenschaften der DDR, Zentralinstitut für Literaturgeschichte. Berlin 1984, S. 252–351 und 472–499.

[471] Werner Lenk: Das Schicksal der Regenten. Zur Trauerspielkonzeption des Andreas Gryphius. In: »Daß eine Nation die ander verstehen möge«. Festschrift für Marian Szyrocki zu seinem 60. Geburtstag. Hg. von Norbert Honsza und Hans-Gert Roloff. Amsterdam 1988 (Chloe 7), S. 497–514.

[472] Alan Menhennet: Die Wichtigkeit der intimen Anredeformen bei Gryphius. Zur dramatischen Rede und dramatischen Funktion in »Carolus Stuardus« und »Leo Armenius«. In: Studia Neophilologica 44 (1972), S. 231–237.

[473] Wolfgang Monath: Das Motiv der Selbsttötung in der deutschen Tragödie des siebzehnten und frühen achtzehnten Jahrhunderts. Von Gryphius bis Lessing. Diss. Würzburg 1956.

[474] Othmar Müller: Drama und Bühne in den Trauerspielen von Andreas Gryphius und Daniel Casper von Lohenstein. Wil 1967.

[475] Raimund Neuß: Tugend und Toleranz. Die Krise der Gattung Märtyrerdrama im 18. Jahrhundert. Bonn 1989 (Literatur und Wirklichkeit 25).
Rezensionen:
- Études germaniques 45 (1990), S. 337f. (Jean-Marie Valentin).
- Aufklärung 6 (1991), S. 106–108 (Wilhelm Große).

- Monatshefte für deutschsprachige Literatur und Kultur 83 (1991), S. 190–198 (Robert E. Norton).
- Arbitrium 10 (1992), S. 77–79 (Alexander Košenina).
- Germanistik 36 (1995), S. 169 (Dirk Niefanger).

[476] Jane O. Newman: Die Aporie der Allegorie. Das ›theatrum mundi‹ des deutschen Trauerspiels. In: Theatrum Mundi. Die Metapher des Welttheaters von Shakespeare bis Beckett. Hg. von Björn Quiring. Berlin 2013, S. 137–166.

[477] Dirk Niefanger: Geschichtsdrama der Frühen Neuzeit 1495–1773. Tübingen 2005 (Studien zur deutschen Literatur 174).
Rezensionen:
- Germanistik 46 (2005), S. 693f. (Monika Fick).
- Zeitschrift für Germanistik 16 (2006), S. 462–464 (Meike Steiger).
- Arbitrium 25 (2007), S. 48–51 (Andreas Solbach).
- Das achtzehnte Jahrhundert 31 (2007), S. 108–110 (Georg Michael Schulz).
- The Modern Language Review 102 (2007), S. 552f. (Alan Menhennet).
- The Sixteenth Century Journal 38 (2007), S. 1166–1168 (Michael Szurawitzki).
- Germanic Notes and Reviews 39 (2008), S. 54–57 (Richard E. Walker).

[478] Hans-Werner Nieschmidt: Emblematische Szenengestaltung in den Märtyrerdramen des Andreas Gryphius. In: Modern Language Notes 86 (1971), S. 321–344.
Vortragszusammenfassung auch in: Australasian Universities Language and Literature Association – Proceedings and Papers of the 13th Congress, Held at the Monash University, 12–18 August, 1970. Hg. von J. R. Ellis. Sydney 1970, S. 261f.

[479] Anthony J. Niesz: Dramaturgy in German Drama. From Gryphius to Goethe. Heidelberg 1980 (Reihe Siegen, Germanistische Abteilung 16).
Rezension:
- Colloquia Germanica 18 (1985), S. 366–368 (Eckehard Catholy).

[480] Rolf Werner Nolle: Das Motiv der Verführung. Verführer und »Verführte« als dramatische Entwürfe moralischer Wertordnung in Trauerspielen von Gryphius, Lohenstein und Lessing. Stuttgart 1976 (Stuttgarter Arbeiten zur Germanistik 27).

[481] Irena Nowak: Deutsch-niederländische Beziehungen in der Literatur des 17. Jahrhunderts. Forschungsstand. In: Germanica Wratislaviensia 36 (1980), S. 237–251.

[482] James A. Parente: Religious Drama and the Humanist Tradition. Christian Theater in Germany and in the Netherlands 1500–1680. Leiden 1987 (Studies in the History of Christian Thought 39).
Rezensionen:
- Bijdragen en mededelingen betreffende de geschiedenis der nederlanden 104 (1989), S. 433–435 (Haitsma Mulier).
- Spiegel der letteren 31 (1989), S. 343–348 (K. Langvik-Johannessen).
- Tijdschrift voor nederlandse taal- en letterkunde 9 (1989), S. 79–82 (P. E. L. Verkuyl).
- Monatshefte für deutschsprachige Literatur und Kultur 82 (1990), S. 88f. (Hans Wagener).
- New Comparison 1990, S. 161f. (Leonard Forster).
- Clio 20 (1990/91), S. 73–75 (Walter M. Gordon).

- The American Historical Review 95 (1990), S. 811 (Charles G. Nauert).
- Arbitrium 10 (1992), S. 300–303 (Ruprecht Wimmer).

[483] Henri Plard: Sénèque et la tragédie d'Andreas Gryphius. In: Les tragédies de Sénèque et le théâtre de la Renaissance. Hg. von Jean Jacquot und Marcel Oddon. Paris 1964, S. 239–260.

[484] Heinz-Werner Radtke: Vom neuen, gerechten, freien Menschen. Ein Paradigmawechsel in Andreas Gryphius' Trauerspielzyklus. Bern 2011 (Deutsche Literatur von den Anfängen bis 1700 49).

[485] Jean-Louis Raffy: Leidenschaft und Gnade in Gryphius' Trauerspielen. In: Die Affekte und ihre Repräsentation in der deutschen Literatur der frühen Neuzeit. Hg. von Jean-Daniel Krebs. Bern 1996 (Jahrbuch für internationale Germanistik: Reihe A, Kongreßberichte 42), S. 189–206.

[486] Jean-Louis Raffy: Die ›Civitas Dei‹ in Gryphius' Trauerspielen. In: Daphnis 28 (1999), S. 729–760.

[487] Klaus Reichelt: Politica dramatica. Die Trauerspiele des Andreas Gryphius. In: Text + Kritik 7/8 (1980), S. 35–45.

[488] Klaus Reichelt: Barockdrama und Absolutismus. Studien zum deutschen Drama zwischen 1650 und 1700. Frankfurt a.M. 1981 (Arbeiten zur mittleren deutschen Literatur und Sprache 8).

[489] Günther Rühle: Die Träume und Geistererscheinungen in den Trauerspielen des Andreas Gryphius und ihre Bedeutung für das Problem der Freiheit. Diss. Frankfurt a.M. 1952.

[490] Wilhelm Theodor Runzler: Die ersten Dramen des Andreas Gryphius »Leo Armenius«, »Catharina von Georgien«, »Cardenio und Celinde« nach ihrem Gedankengehalt untersucht. Erlangen 1928.

[491] Armin Schäfer: Versuch über Souveränität und Moral im barocken Trauerspiel. In: Bann der Gewalt. Studien zur Literatur- und Wissensgeschichte. Hg. von Maximilian Bergengruen und Roland Borgards. Göttingen 2009, S. 387–431.

[492] Armin Schäfer: Nachrichten aus dem Off. Zum Auftritt im barocken Trauerspiel. In: Auftreten. Wege auf die Bühne. Hg. von Juliane Vogel und Christopher Wild. Berlin 2014 (Theater der Zeit 115), S. 216–232.

[493] Armin Schäfer: Ratgeben im barocken Trauerspiel. Drei Situationen. In: Rat geben. Zu Theorie und Analyse des Beratungshandelns. Hg. von Michael Niehaus und Wim Peeters. Bielefeld 2014 (Kultur- und Medientheorie), S. 219–236.

[494] Hans-Jürgen Schings: Consolatio Tragoediae. In: Deutsche Dramentheorien. Beiträge zu einer historischen Poetik des Dramas in Deutschland. Hg. von Reinhold Grimm. Wiesbaden 1971 (^{3}1980), Bd. 1, S. 19–55.

[495] Hans-Jürgen Schings: Gryphius, Lohenstein und das Trauerspiel des 17. Jahrhunderts. In: Handbuch des deutschen Dramas. Hg. von Walter Hinck. Düsseldorf 1980, S. 48–60.

[496] Hans-Jürgen Schings: Constantia und Prudentia. Zum Funktionswandel des barocken Trauerspiels. In: Daphnis 12 (1983), S. 403–439.
[497] Gustav Klemens Schmelzeisen: Staatsrechtliches in den Trauerspielen des Andreas Gryphius. In: Archiv für Kulturgeschichte 53 (1971), S. 93–126.
[498] Albrecht Schöne: Emblematik und Drama im Zeitalter des Barock. München 1964 (^{3}1993).
[499] Frank Schnur: Der Henker im deutschen Drama von Gryphius bis Dürrenmatt. Diss. New York (State University) 1972.
[500] Gerhard Spellerberg: Das Bild des Hofes in den Trauerspielen Gryphius', Lohensteins und Hallmanns. In: Europäische Hofkultur im 16. und 17. Jahrhundert. Vorträge und Referate gehalten anläßlich des Kongresses des Wolfenbütteler Arbeitskreises für Renaissanceforschung und des Internationalen Arbeitskreises für Barockliteratur in der Herzog August Bibliothek Wolfenbüttel vom 4. bis 8. Sept. 1979. 3 Bde. Hg. von August Buck, Georg Kauffmann, Blake Lee Spahr und Conrad Wiedemann. Hamburg 1981 (Wolfenbütteler Arbeiten zur Barockforschung 8–10), Bd. 3, S. 569–578.
[501] Gerhard Spellerberg: Barockdrama und Politik. In: Daphnis 12 (1983), S. 127–168.
[502] Franz Spina: Der Vers in den Dramen des Andreas Gryphius und sein Einfluß auf den tragischen Stil. Jahresberichte des Stiftsobergymnasiums der Benedictiner. Braunau 1895.
[503] Janifer Gerl Stackhouse: The Constructive Art of Gryphius' Historical Tragedies. Bern 1986 (Berner Beiträge zur Barockgermanistik 6).
[504] Emil Staiger: Die christliche Tragödie. Andreas Gryphius und der Geist des Barock. In: Eckart 12 (1936), S. 145–149.
[505] Hans Steinberg: Die Reyen in den Trauerspielen des Andreas Gryphius. Göttingen 1914.
[506] Harald Steinhagen: Wirklichkeit und Handeln im barocken Drama. Historisch-ästhetische Studien zum Trauerspiel des Andreas Gryphius. Tübingen 1977 (Studien zur deutschen Literatur 51).
   Rezensionen:
   - Referatedienst zur Literaturwissenschaft 11 (1979), S. 210 (Werner Lenk).
   - The German Quarterly 52 (1979), S. 106–109 (Anthony J. Niesz).
   - Monatshefte für deutschsprachige Literatur und Kultur 72 (1980), S. 64f. (Barbara Becker-Cantarino).
   - Germanisch-Romanische Monatsschrift 62 (1981), S. 109f. (Michael Schilling).
[507] Harald Steinhagen: Die Trauerspielform des Andreas Gryphius. In: Weltgeschick und Lebenszeit. Andreas Gryphius. Ein schlesischer Barockdichter aus deutscher und polnischer Sicht. Hg. von der Stiftung Gerhart-Hauptmann-Haus. Düsseldorf 1993 (Schriften der Stiftung Gerhart-Hauptmann-Haus), S. 53–68.

[508] Harald Steinhagen: Storia come mito. I ›Trauerspiele‹ di Andreas Gryphius. In: Il mito nel teatro tedesco. Studi in onore di Maria Fancelli. Hg. von Hermann Dorowin, Rita Svandrlik und Uta Treder. Perugia 2004 (Università Letteratura), S. 17–25.
Deutsche Übersetzung in Die deutsche Tragödie. Neue Lektüren einer Gattung im europäischen Kontext. Hg. von Volker C. Dörr und Helmut J. Schneider. Bielefeld 2006, S. 59–67.

[509] Elida Maria Szarota: Geschichte, Politik und Gesellschaft im Drama des 17. Jahrhunderts. Bern 1976.
Rezension:
- The German Quarterly 50 (1977), S. 505–510 (Gerald Gillespie).

[510] Johannes H. Tisch: Wesen und Sinn der geschichtlichen Realität im deutschen Drama von Gryphius bis Gottsched. In: La réel dans la littérature et dans la langue. Actes du Xe Congrès de la Fédération Internationale des Langues et Littératures Modernes (Strasbourg 29 août–3 septembre 1966). Hg. von Paul Vernois. Paris 1967, S. 234–240.

[511] Viktoria Tkaczyk: Himmels-Falten. Zur Theatralität des Fliegens in der Frühen Neuzeit. München 2011.

[512] Jean-Marie Valentin: Le drame de martyr européen et le »Trauerspiel«. Caussin, Masen, Stefonio, Galluzzi, Gryphius. In: ders.: L'école, la ville, la cour. Pratiques sociales, enjeux poétologiques et répertoires du théâtre dans l'Empire au XVIIe siècle. Paris 2004 (Germanistique 5), S. 419–460.

[513] Wilhelm Voßkamp: Untersuchungen zur Zeit- und Geschichtsauffassung im 17. Jahrhundert bei Gryphius und Lohenstein. Bonn 1967 (Literatur und Wirklichkeit 1).
Rezension:
- The Modern Language Review 64 (1969), S. 700f. (Peter Skrine).

[514] Winfried Weier: Duldender Glaube und tätige Vernunft in der Barocktragödie. In: Zeitschrift für deutsche Philologie 85 (1966), S. 501–542.

[515] Werner Welzig: Constantia und barocke Beständigkeit. In: Deutsche Vierteljahrsschrift für Literaturwissenschaft und Geistesgeschichte 35 (1961), S. 416–432.

[516] Jörg Wesche: Literarische Diversität. Abweichungen, Lizenzen und Spielräume in der deutschen Poesie und Poetik der Barockzeit. Tübingen 2004 (Studien zur deutschen Literatur 173).
Zur Gestaltung der Reyen in den Trauerspielen: S. 184–196.
Rezensionen:
- Germanistik 46 (2005), S. 3f. (Herbert Jaumann).
- IASLonline 2005, http://www.iaslonline.de/index.php?vorgang_id=1212 (Dieter Martin).
- Arbitrium 24 (2006), S. 198–201 (Stefanie Arend).
- German Studies Review 29 (2006), S. 661f. (Michael Szurawitzki).

[517] Jörg Wesche: Die Leibhaftigkeit der Gespenster. Theatergeists Rollenspiel bei Gryphius und »Der Höllische Proteus« Erasmus Franciscis. In: Wolfenbütteler Barock-Nachrichten 32 (2005), S. 69–90.

[518] Adalbert Wichert: »Schaut, urteilt!«. Mediensemiotische Überlegungen zum didaktischen Trauerspiel des 17. Jahrhunderts. In: Drama – Theater – Film. Festschrift anlässlich der Verabschiedung von Rudolf Denk im Herbst 2010. Hg. von Joachim Pfeiffer und Thorsten Roelcke. Würzburg 2012, S. 151–166.

[519] Christopher J. Wild: Theater der Keuschheit – Keuschheit des Theaters. Zu einer Geschichte der (Anti-)Theatralität von Gryphius bis Kleist. Freiburg 2003 (Rombach Wissenschaften: Reihe Litterae 113).
Rezensionen:
- Germanistik 46 (2005), S. 818 (Uwe-K. Ketelsen).
- Modern Language Notes 121 (2006), S. 783–787 (Markus Wilczek).
- The Germanic Review 81 (2006), S. 383–385 (Martin Puchner).

[520] Christopher J. Wild: »Weder worte noch rutten«. Hypotypose: Zur Evidenz korporealer Inskription bei Andreas Gryphius. In: Stigmata. Poetiken der Körperinschrift. Hg. von Bettine Menke und Barbara Vinken. München 2004, S. 215–239.
Englische Fassung in Germanic Review 76 (2001), S. 99–118.

[521] Dietrich Wintterlin: Pathetisch-monologischer Stil im barocken Trauerspiel des Andreas Gryphius. Diss. Tübingen 1958.

[522] Birgit Witte-Heinemann: Emblematische Aspekte im Gebrauch des freien Verses bei Andreas Gryphius. In: Jahrbuch der Deutschen Schillergesellschaft 17 (1973), S. 166–191.

[523] Peter Wolters: Die szenische Form der Trauerspiele des Andreas Gryphius. Diss. Frankfurt a.M. 1958.

[524] Louis Georges Wysocki: Andreas Gryphius et la tragédie allemande au XVIIe siècle. Paris 1893.

[525] Rosmarie Zeller: Tragödientheorie, Tragödienpraxis und Leidenschaften. In: Passion, Affekt und Leidenschaft in der Frühen Neuzeit. Hg. von Johann Anselm Steiger. In Verbindung mit Ralf Georg Bogner, Ulrich Heinen, Renate Steiger, Melvin Unger und Helen Watanabe-O'Kelly. Wiesbaden 2005 (Wolfenbütteler Arbeiten zur Barockforschung 43), Bd. 2, S. 691–704.

Siehe außerdem: [100], [106]–[137], [374]–[420], [865], [867], [885], [889], [890], [892], [898], [902], [907], [909], [911], [912], [922], [935]–[937], [939], [942], [946], [955], [965], [985].

6.1.1 Felicitas

[526] Emilio Bonfatti: »Trasposizione« e retorica. Andreas Gryphius e la versione della »Santa Felicita«. In: Studi di letteratura religiosa tedesca. In memoria di Sergio Lupi. Firenze 1972 (Biblioteca della Rivista di storia e letteratura religiosa. Studi e testi 4), S. 285–313.

[527]   Henri Plard: Beständige Mutter / Oder Die Heilige Felicitas. In: Die Dramen des Andreas Gryphius. Eine Sammlung von Einzelinterpretationen. Hg. von Gerhard Kaiser. Stuttgart 1968, S. 318–338.

Siehe außerdem: [106]–[137], [374]–[525].

6.1.2 Leo Armenius

[528]   Stefanie Arend: »Brennen« und »Schneiden« oder »Verzeihen«? Die Utopie des sanftmütigen Fürsten in Gryphius' Drama »Leo Armenius« im Kontext von Senecas »De clementia«. In: Memoria Silesiae. Leben und Tod, Kriegserlebnis und Friedenssehnsucht in der literarischen Kultur des Barock. Zum Gedenken an Marian Szyrocki (1928–1992). Hg. von Mirosława Czarnecka, Andreas Solbach, Jolanta Szafarz und Knut Kiesant. Breslau 2003 (Acta Universitatis Wratislaviensis 2504), S. 127–138.
[529]   Karina M. Ash: Theodosia in Andreas Gryphius's »Leo Armenius«. The Wife of Truth? In: Daphnis 35 (2006), S. 537–550.
[530]   Achim Aurnhammer: Ein Hausspruch als poetische Devise. Zum Nachleben von Ariosts Hausinschrift bei Gryphius, Goethe, Nietzsche und George. In: Germanisch-Romanische Monatsschrift 39 (1989), S. 90–99.
[531]   Wilfried Barner: Gryphius und die Macht der Rede. Zum ersten Reyen des Trauerspiels »Leo Armenius«. In: Deutsche Vierteljahrsschrift für Literaturwissenschaft und Geistesgeschichte 42 (1968), S. 325–358.
[532]   Manfred Beetz: Disputatorik und Argumentation in Andreas Gryphius' Trauerspiel »Leo Armenius«. In: Literaturwissenschaft und Linguistik 10 (1980), S. 178–203.
[532a] Maximilian Bergengruen: »Betriegliche Apparentzen«. Techniken der Imaginationssteuerung in Andreas Gryphius' »Leo Armenius«. In: Deutsche Vierteljahrsschrift für Literaturwissenschaft und Geistesgeschichte 89 (2015), S. 182–197.
[533]   Thomas W. Best: »Schädliche Neigungen« in Gryphius' »Leo Armenius«. In: Neophilologus 70 (1986), S. 416–428.
[534]   Thomas W. Best: Classical Precursors of Gryphius' »Leo Armenius«. In: Euphorion 82 (1988), S. 375–392.
[535]   Ralf Georg Bogner: Die Bezähmung der Zunge. Literatur und Disziplinierung der Alltagskommunikation in der frühen Neuzeit. Tübingen 1997 (Frühe Neuzeit 31).
Rezensionen:
- Germanistik 38 (1997), S. 3f. (Ulla Fix).
- Arbitrium 16 (1998), S. 57–59 (Nicola Kaminski).
- Morgen-Glantz 8 (1998), S. 418–422 (Italo Michele Battafarano).

- Beiträge zur Geschichte der deutschen Sprache und Literatur 121 (1999), S. 345–349 (Manuel Braun).
- Zeitschrift für deutsche Philologie 118 (1999), S. 601–603 (Ansgar M. Cordie).
- Zeitschrift für Germanistik 9 (1999), S. 204–206 (Barbara Potthast).
- IASLonline 2000 (Erich Straßner).

[536] Emilio Bonfatti: Il »Leo Armenius« di Andreas Gryphius (1650). Tragedia o »Trauerspiel«? In: Teatri barocchi. Tragedie, commedie, pastorali nella drammaturgia europea fra '500 e '600. Hg. von Silvia Carandini. Rom 2000 (Studi di letteratura comparata e teatro 13/15), S. 191–211.

[537] Claudia Brinker-von der Heyde: Freundschaft und grimmer Haß oder: Die Macht des Wortes im »Leo Armenius« von Andreas Gryphius. In: Ars et amicitia. Beiträge zum Thema Freundschaft in Geschichte, Kunst und Literatur. Festschrift für Martin Bircher zum 60. Geburtstag am 3. Juni 1998. Hg. von Ferdinand van Ingen und Christian Juranek. Amsterdam 1998 (Chloe 28), S. 253–269.
Auch abgedruckt in Simpliciana 20 (1998), S. 293–305.

[538] Bernhard Budde: Vom anhaltenden »vnrecht der Palläste« und vom unsicheren Trost der Religion. Andreas Gryphius' »Fürsten-Mörderisches Trawer-Spiel / genant. Leo Armenius«. In: Germanisch-Romanische Monatsschrift 48 (1998), S. 27–45.

[539] Peter J. Burgard: König der Doppeldeutigkeit. Gryphius' »Leo Armenius«. In: Barock: Neue Sichtweisen einer Epoche. Hg. von Peter J. Burgard. Wien 2001, S. 121–141.

[540] Heinz J. Drügh: »Was mag wol klärer seyn?« Zur Ambivalenz des Allegorischen in Andreas Gryphius' Trauerspiel »Leo Armenius«. In: Künste und Natur in Diskursen der Frühen Neuzeit. Hg. von Hartmut Laufhütte. Unter Mitwirkung von Barbara Becker-Cantarino, Martin Bircher, Ferdinand van Ingen, Sabine Solf und Carsten-Peter Warncke. Wiesbaden 2000 (Wolfenbütteler Arbeiten zur Barockforschung 35), Bd. 2, S. 1019–1031.

[541] Safinaz Duruman: Zum »Leo Armenius« des Andreas Gryphius. In: Alman dili ve edebiyati dergisi 2 (1955), S. 103–122.

[542] Karl-Heinz Habersetzer: Zum Löwen-Orakel in Andreas Gryphius' »Leo Armenius«. In: Wolfenbütteler Barock-Nachrichten 5 (1978), S. 186f.

[543] Christiane Hansen: Transformationen des Phaethon-Mythos in der deutschen Literatur. Berlin 2012 (Spectrum Literaturwissenschaft 29).
Zum *Leo Armenius*: S. 104–107.

[544] August Heisenberg: Die byzantinischen Quellen von Gryphius' »Leo Armenius«. In: Zeitschrift für vergleichende Literaturgeschichte und Renaissanceliteratur 8 (1895), S. 439–448.

[545] Gerhard Kaiser: »Leo Armenius« – das Weihnachtsdrama des Andreas Gryphius. In: Poetica 1 (1967), S. 333–359.

[546] Gerhard Kaiser: Leo Armenius, Oder Fürsten=Mord. In: Die Dramen des Andreas Gryphius. Eine Sammlung von Einzelinterpretationen. Hg. von Gerhard Kaiser. Stuttgart 1968, S. 3–34.

[547]   Nicola Kaminski: Martyrogenese als theatrales Ereignis. Des »Leo Armenius« theaterhermeneutischer Kommentar zu Gryphius' Märtyrerdramen. In: Daphnis 28 (1999), S. 613–630.
[548]   Hans-Georg Kemper: Die »Macht der Zunge« und die Ohnmacht des Wissens: Poesie als »Artzney« einer bezauberten Welt. Gryphius' »Reyen der Höfflinge«. In: Zeitschrift für Germanistik 19 (2009), S. 51–62.
[549]   Albrecht Koschorke: Das Problem der souveränen Entscheidung im barocken Trauerspiel. In: Urteilen/Entscheiden. Hg. von Cornelia Vismann und Thomas Weitin. München 2006 (Literatur und Recht), S. 175–195.
[550]   Albrecht Koschorke: Das Volk als Gerücht. Zur Labilität souveräner Herrschaft im Barockdrama. In: Die Kommunikation der Gerüchte. Hg. von Jürgen Brokoff, Jürgen Fohrmann, Hedwig Pompe und Brigitte Weingart. Göttingen 2008, S. 68–78.
[551]   Barbara Mahlmann-Bauer: »Leo Armenius« oder der Rückzug der Heilsgeschichte von der Bühne des 17. Jahrhunderts. In: Das Theater des Mittelalters und der frühen Neuzeit als Ort und Medium sozialer und symbolischer Kommunikation. Hg. von Christel Meier, Heinz Meyer und Claudia Spanily. Münster 2004 (Symbolische Kommunikation und gesellschaftliche Wertesysteme 4), S. 423–465.
[552]   Walter Mawick: Der anthropologische und soziologische Gehalt in Gryphius' Staatstragödie »Leo Armenius«. Gütersloh 1935.
[553]   Barbara Natalie Nagel: Der Skandal des Literalen. Barocke Literalisierungen bei Gryphius, Kleist, Büchner. München 2012.
[554]   James A. Parente: Andreas Gryphius and Jesuit Theatre. In: Daphnis 13 (1984), S. 525–551.
[555]   Henri Plard: La sainteté du pouvoir royal dans le »Leo Armenius« d'Andreas Gryphius (1616–1664). In: Le pouvoir et le sacré. Hg. von Luc de Heusch. Brüssel 1962 (Centre d'Étude des Religions. Annales 1), S. 159–178.
[556]   Peter Rusterholz: Andreas Gryphius' »Leo Armenius«. Ist christliche Politik möglich oder ein Widerspruch in sich selbst? In: Memoria Silesiae. Leben und Tod, Kriegserlebnis und Friedenssehnsucht in der literarischen Kultur des Barock. Zum Gedenken an Marian Szyrocki (1928–1992). Hg. von Mirosława Czarnecka, Andreas Solbach, Jolanta Szafarz und Knut Kiesant. Breslau 2003 (Acta Universitatis Wratislaviensis 2504), S. 117–126.
[557]   Peter Schäublin: Andreas Gryphius' erstes Trauerspiel »Leo Armenius« und die Bibel. In: Daphnis 3 (1974), S. 1–40.
[558]   Andreas Solbach: Politische Theologie und Rhetorik in Andreas Gryphius' Trauerspiel »Leo Armenius«. In: Wahrheit und Wort. Festschrift für Rolf Tarot zum 65. Geburtstag. Hg. von Gabriela Scherer und Beatrice Wehrli. Bern 1996, S. 409–425.

[559] M. S. South: Leo Armenius oder die Häresie des Andreas Gryphius. Überlegungen zur figuralen Parallelstruktur. In: Zeitschrift für deutsche Philologie 94 (1975), S. 161–183.
[560] Gerhard F. Strasser: Andreas Gryphius' »Leo Armenius«. An Emblematic Interpretation. In: Germanic Review 51 (1976), S. 5–12.
[561] Gerhard F. Strasser: Zum Löwen-Orakel in Andreas Gryphius' »Leo Armenius«. In: Wolfenbütteler Barock-Nachrichten 5 (1978), S. 187f.
[562] Peter Szondi: Versuch über das Tragische. In: ders.: Schriften. Frankfurt a.M. 1978, Bd. 1, S. 149–260.
Zum *Leo Armenius*: S. 229–234.
[563] Michael Szurawitzki: Contra den »rex iustus/rex iniquus«? Der Einfluss von Machiavellis »Il Principe« auf Marlowes »Tamburlaine«, Shakespeares »Heinrich V.« und Gryphius' »Leo Armenius«. Würzburg 2005 (Epistemata, Reihe Literaturwissenschaft 550).
Rezension:
- Germanic Studies Review 29 (2006), S. 660f. (Karina Marie Ash).
[564] Michael Szurawitzki: Zum Herrscherbild in Gryphius' »Leo Armenius«. Werteverlust, Realpolitik, weiterführende Überlegungen. In: Neuphilologische Mitteilungen 108 (2007), S. 629–640.
[565] Michael Szurawitzki: Machiavelli in Deutschland? Methodologische und konzeptionelle Vorüberlegungen zu einer komplexen Studie zum Einfluss der Lehren von »Il principe« auf Dramatiker von Gryphius bis Schiller. In: Interdisziplinäre Germanistik im Schnittpunkt der Kulturen. Festschrift für Dagmar Neuendorff zum 60. Geburtstag. Hg. von Michael Szurawitzki und Christopher M. Schmidt. Würzburg 2008, S. 383–397.
[566] Johannes H. Tisch: Andreas Gryphius: Leo Armenius. An Inaugural Lecture. Hobart 1968.
[567] Daniel Weidner: »Schau in dem Tempel an den ganz zerstückten Leib, der auf dem Kreuze lieget«. Sakramentale Repräsentation in Gryphius' »Leo Armenius«. In: Daphnis 39 (2010), S. 287–312.
[568] Jürgen Zimmerer: Innerweltlicher Triumph oder transzendentale Erlösung? Über den Einfluß der Theologie Martin Luthers auf Andreas Gryphius' Drama »Leo Armenius«. In: Aus der Vielfalt des Vergänglichen: Festschrift für Wilhelm Blum. Hg. von Thomas Goppel. Regensburg 1993, S. 53–68.

Siehe außerdem: [106]–[137], [374]–[525], [786], [867], [873], [892], [893], [937], [968], [971].

6.1.3 Catharina von Georgien

[569] Clifford Albrecht Bernd: Conscience and Passion in Gryphius' »Catharina von Georgien«. In: Studies in the German Drama. A Festschrift in Honor of Walter Silz. Hg. von Donald H. Crosby und George C. Schoolfield. Chapel Hill 1974 (University of North Carolina Studies in the Germanic Languages and Literatures 76), S. 15–29.

[570] Frauke Berndt: »So hab ich sie gesehen«. Repräsentationslogik und Ikonographie der Unbeständigkeit in Andreas Gryphius' »Catharina von Georgien. Oder Bewehrete Beständigkeit«. In: Frühneuzeit-Info 10 (1999), S. 231–256.

[571] A. Bibicadze: Andreas Gryphius und seine Tragödie »Catharina von Georgien«. Tiflis 1950.

[572] Ralf Georg Bogner: Die Not der Lüge. Konfessionelle Differenzen in der Bewertung der unwahren Rede am Beispiel von Andreas Gryphius' Trauerspiel »Catharina von Georgien«. In: Daphnis 28 (1999), S. 595–611.

[573] Emilio Bonfatti: Mond und Sonne in Andreas Gryphius' »Catharina von Georgien«. In: Opitz und seine Welt. Festschrift für George Schulz-Behrend zum 12. Februar 1988. Hg. von Barbara Becker-Cantarino und Jörg-Ulrich Fechner. Amsterdam 1990 (Chloe 10), S. 93–123.

[574] Thomas Borgstedt: Angst, Irrtum und Reue in der Märtyrertragödie. Andreas Gryphius' »Catharina von Georgien« vor dem Hintergrund von Vondels »Maeghden« und Corneilles »Polyeucte Martyr«. In: Daphnis 28 (1999), S. 563–594.

[575] Thomas Borgstedt: Andreas Gryphius: »Catharina von Georgien«. Poetische Sakralisierung und Horror des Politischen. In: Dramen vom Barock bis zur Aufklärung. Stuttgart 2000 (Reclams Universal-Bibliothek 17512), S. 37–66.

[576] Peter Burschel: Leid und Heil. Gryphius [sic] »Catharina von Georgien« in frömmigkeitsgeschichtlicher Perspektive. In: Frömmigkeit und Spiritualität. Auswirkungen der Reformation im 16. und 17. Jahrhundert. Hg. von Matthieu Arnold und Rolf Decot. Mainz 2002 (Veröffentlichungen des Instituts für Europäische Geschichte Mainz, Abteilung für Abendländische Religionsgeschichte 54), S. 99–119.

[577] Peter Burschel: Gryphius' »Catharina von Georgien« historisch-anthropologisch. In: Wahrnehmen und Handeln. Perspektiven einer Literaturanthropologie. Hg. von Wolfgang Braungart, Klaus Ridder und Friedmar Apel. Bielefeld 2004 (Bielefelder Schriften zu Linguistik und Literaturwissenschaft 20), S. 131–154.

Auch abgedruckt in Sterben und Unsterblichkeit. Zur Kultur des Martyriums in der frühen Neuzeit. München 2004 (Ancien Regime, Aufklärung und Revolution 35), S. 83–116, und in Stupor Saxoniae Inferioris. Ernst Schubert zum 60. Geburtstag. Hg. von Wiard Hinrichs, Siegfried Schütz und Jürgen Wilke. Göttingen 2001 (Beiträge zur Geschichte, Kunst und Kultur des Mittelalters und der Frühen Neuzeit 6), S. 105–126.

[578] Yves Carbonnel: Les différents niveaux du discours dans »Catharina von Georgien« de Andreas Gryphius. In: Études allemandes 6 (1993), S. 55–66.
[579] Christian Clement: Trauerspiel und Offenbarung. Apokalyptik als Reflexionsfläche ästhetischer Theorie in Andreas Gryphius' »Catharina von Georgien«. In: Monatshefte für deutschsprachige Literatur und Kultur 104 (2012), S. 1–15.
[580] Franziska Ehinger: Pathos und Individualität in der Tragödie. Andreas Gryphius' »Catharina von Georgien« (1657) und Friedrich Schillers »Maria Stuart« (1800). In: Individualität als Herausforderung. Identitätskonstruktionen in der Literatur der Moderne (1770–2006). Hg. von Jutta Schlich und Sandra Mehrfort. Heidelberg 2006 (Beiträge zur neueren Literaturgeschichte 234), S. 35–50.
[581] Hans Feger: Zeit und Angst. Gryphius' »Catharina von Georgien« und die Weltbejahung bei Luther. In: Studien zur deutschen Literatur des 17. Jahrhunderts. Gedenkschrift für Gerhard Spellerberg (1937–1996). Hg. von Hans Feger. Amsterdam 1997 (Chloe 27), S. 71–100.
[582] Hannes Fricke: Das hört nicht auf. Trauma, Literatur und Empathie. Göttingen 2004.
Rezensionen:
- Germanistik 46 (2005), S. 673 (Wolfram Mauser).
- IASLonline 2005, http://www.iaslonline.de/index.php?vorgang_id=1277 (Oliver Jahraus).
- Verhaltenstherapie & Verhaltensmedizin 26 (2005), S. 128–130 (Peter Fiedler).
- Freuds Aktualität. Hg. von Wolfram Mauser. Würzburg 2006, S. 281–283 (Wolf Wucherpfennig).
- Monatshefte für deutschsprachige Literatur und Kultur 99 (2007), S. 400–402 (Carl Pietzcker).

[583] Gernot U. Gabel und Gisela R. Gabel: Andreas Gryphius: Catharina von Georgien. Ein Wortindex. Hamburg 1973 (Indices zur deutschen Barockliteratur 3).
[584] Gerald Gillespie: Andreas Gryphius' »Catharina von Georgien« als Geschichtsdrama. In: Geschichtsdrama. Hg. von Elfriede Neubuhr. Darmstadt 1980 (Wege der Forschung 485), S. 85–107.
[585] Gerald Gillespie: Time and Eternity in Andreas Gryphius' »Catharina von Georgien«. In: ders.: Garden and Labyrinth of Time. Studies in Renaissance and Baroque Literature. New York 1988 (German Studies in America 56), S. 169–191.
[586] Joachim Harst: Welttheater und Weltmacht. Christlicher Universalismus bei Gryphius und Calderón. In: Figuren des Globalen. Weltbezug und Welterzeugung in Literatur, Kunst und Medien. Hg. von Christian Moser und Linda Simonis. Göttingen 2014 (Global Poetics 1), S. 289–299.
[587] Dorothee Hédrich: Didaskalien und didaskalienwertige Notierungen bei Gryphius (»Catharina von Georgien«). In: Études allemandes 6 (1993), S. 67–85.

[588] Clemens Heselhaus: Andreas Gryphius, »Catharina von Georgien«. In: Das deutsche Drama. Vom Barock bis zur Gegenwart. Interpretationen. Hg. von Benno von Wiese. Bd. 1: Vom Barock bis zur klassisch-romantischen Zeit. Düsseldorf 1958, S. 35-60.
[589] Melanie Hong: Gewalt und Theatralität in Dramen des 17. und des späten 20. Jahrhunderts. Untersuchungen zu Bidermann, Gryphius, Weise, Lohenstein, Fichte, Dorst, Müller und Tabori. Würzburg 2008.
[590] Ferdinand van Ingen: Andreas Gryphius' »Catharina von Georgien«. Märtyrertheologie und Luthertum. In: Studien zur deutschen Literatur des 17. Jahrhunderts. Gedenkschrift für Gerhard Spellerberg (1937-1996). Hg. von Hans Feger. Amsterdam 1997 (Chloe 27), S. 45-70.
[591] Ferdinand van Ingen: Die schlesische Märtyrertragödie im Kontext zeitgenössischer Vorbildliteratur. In: Daphnis 28 (1999), S. 481-528.
[592] Katharina Keim: Theaterwissenschaftliche Ergänzungen zu »Catharina von Georgien«. In: Kunstchronik 63 (2010), S. 381-385.
[593] Albrecht Koschorke: Das Begehren des Souveräns. Gryphius' »Catharina von Georgien«. In: Figuren des Europäischen. Kulturgeschichtliche Perspektiven. Hg. von Daniel Weidner. Paderborn 2006 (Trajekte), S. 149-162.
[594] Erwin Leibfried: Märtyrer und Terroristen. Die aktuelle Beerbbarkeit alter Texte. Ein Blick auf des Andreas Gryphius »Catharina von Georgien«. In: Annäherungen. Polnische, deutsche und internationale Germanistik. Hommage für Norbert Honsza zum 70. Geburtstag. Hg. von Bernd Balzer. Breslau 2003, S. 37-47.
[595] Torsten W. Leine: Das Martyrium als Politikum. Religiöse Inszenierung eines politischen Geschehens in Andreas Gryphius' »Catharina von Georgien«. In: Deutsche Vierteljahrsschrift für Literaturwissenschaft und Geistesgeschichte 84 (2010), S. 160-175.
[596] Keith Leopold: Andreas Gryphius and the Sieur de Saint-Lazare. A Study of the Tragedy »Catharina von Georgien« in Relation to Its French Source. In: ders.: Selected Writings. Hg. von Manfred Jurgensen. New York 1985, S. 175-202.
[597] Helmut Loos: »Catharina von Georgien«. Unio mystica und virtus heroica – Leitbegriffe einer Interpretation. In: Daphnis 28 (1999), S. 691-727.
[598] Katja Malsch: Literatur und Selbstopfer. Historisch-systematische Studien zu Gryphius, Lessing, Gotthelf, Storm, Kaiser und Schnitzler. Würzburg 2007 (Epistemata, Reihe Literaturwissenschaft 607).
[599] Franka Marquardt: Unerhört. Funktionen des Gebets in Andreas Gryphius' »Catharina von Georgien«. In: Daphnis 37 (2008), S. 457-486.
[600] Petra Maria Meyer: Signaturen im Modus des Traumes. Zu diskursiven Inszenierungsbedingungen des Traumes in Dramentexten von Calderón de la Barca und Andreas Gryphius sowie in einem Film von Paul Verhoeven. In: Signatur und Phantastik in den schönen Künsten und in den Kulturwissen-

schaften der frühen Neuzeit. Hg. von Martin Zenck. Unter Mitarbeit von Markus Jüngling. Paderborn 2008, S. 63–98.

[601] Jane O. Newman: Doubtful Visibilities. The ›Theatrum Mundi‹ of the German Baroque ›Trauerspiel‹. In: »If Then the World a Theatre Present...«. Revisions of the Theatrum Mundi Metaphor in Early Modern England. Hg. von Björn Quiring. Berlin 2014 (Pluralisierung und Autorität 32), S. 153–178.

[602] Hitoshi Okabe: Die im fremden Land gefangengehaltene Königin. Zu Gryphius' »Catharina von Georgien«. In: Doitsu Bungaku 87 (1991), S. 1–11.
Japanisch mit deutscher Zusammenfassung.

[603] Ludwig Pariser: Quellenstudien zu Andreas Gryphius' Trauerspiel »Katharina von Georgien«. In: Zeitschrift für vergleichende Literaturgeschichte und Renaissanceliteratur 5 (1892), S. 207–213.

[604] Claudia Pilling: Geschichte statt Heilsgeschichte. Andreas Gryphius' »Catharina von Georgien«. In: Interpretationen zur neueren deutschen Literaturgeschichte. Hg. von Thomas Althaus. Münster 1994 (Münsteraner Einführung: Germanistik 3), S. 1–15.

[605] Hans-Jürgen Schings: Catharina von Georgien. Oder Bewehrete Beständigkeit. In: Die Dramen des Andreas Gryphius. Eine Sammlung von Einzelinterpretationen. Hg. von Gerhard Kaiser. Stuttgart 1968, S. 35–72.

[606] Gerhard Spellerberg: Narratio im Drama oder: Der politische Gehalt eines ›Märtyrerstückes‹. Zur »Catharina von Georgien« des Andreas Gryphius. In: Wahrheit und Wort. Festschrift für Rolf Tarot zum 65. Geburtstag. Hg. von Gabriela Scherer und Beatrice Wehrli. Bern 1996, S. 437–461.

[607] Ludwig Stockinger: Leib, Sprache und Subjekt unter der Folter. Beispiele aus der deutschen Literatur des 17. Jahrhunderts. In: Körper – Sprache. Ausdrucksformen der Leiblichkeit in Kunst und Wissenschaft. Hg. von Angelika Corbineau-Hoffmann und Pascal Nicklas. Hildesheim 2002 (Echo 1), S. 115–137.

[608] Eugene Susini: Claude Malingre, sieur de Saint-Lazare, et son »Histoire de Cathérine de Géorgie«. In: Études germaniques 23 (1968), S. 37–41.

[609] Elida Maria Szarota: Gryphius' »Catharina von Georgien«. In: dies.: Künstler, Grübler und Rebellen. Studien zum europäischen Märtyrerdrama des 17. Jahrhunderts. Bern 1967, S. 190–215.
Rezensionen:
- The Modern Language Review 64 (1969), S. 621–623 (Peter Skrine).
- Monatshefte für deutschsprachige Literatur und Kultur 62 (1970), S. 193–196 (Hugo Bekker).

[610] Chenxi Tang: International Legal Order and Baroque Tragic Play. Andreas Gryphius's »Catharina von Georgien«. In: Deutsche Vierteljahrsschrift für Literaturwissenschaft und Geistesgeschichte 88 (2014), S. 141–171.

[611] Barbara Thums: Theologie und Politik der Reinheit in Andreas Gryphius' »Catharina von Georgien«. In: Literaturwissenschaftliches Jahrbuch 52 (2011), S. 193–211.

[612] Sarina Tschachtli: Leichen und Lungen. Prekäre Körper in Andreas Gryphius' »Catharina von Georgien«. In: Germanistik in der Schweiz 11 (2014), S. 55–69.

[613] Ingrid Walsøe-Engel: Fathers and Daughters. Patterns of Seduction in Tragedies by Gryphius, Lessing, Hebbel and Kroetz. Columbia 1993 (Studies in German Literature, Linguistics, and Culture).
Rezensionen:
- Journal of European Studies 24 (1994), S. 192f. (Sarah Colvin).
- Lessing Yearbook 26 (1994), S. 139f. (Catherine C. Marshall).
- The German Quarterly 67 (1994), S. 434f. (Caroline Molina).
- The Modern Language Review 90 (1995), S. 795–797 (Elizabeth Boa).
- Monatshefte für deutschsprachige Literatur und Kultur 88 (1996), S. 239–241 (Brigitte Jirku).
- Seminar 32 (1996), S. 159–162 (Ursula Sampath).

[614] Paulus Bernardus Wessels: Das Geschichtsbild im Trauerspiel »Catharina von Georgien« des A. Gryphius. 's-Hertogenbosch 1960 (Tilliburgis 7).

[615] Bethany Wiggin: Staging Shi'ites in Silesia. Andreas Gryphius's »Catharina von Georgien«. In: The German Quarterly 83 (2010), S. 1–18.

[616] Christopher J. Wild: Fleischgewordener Sinn. Inkarnation und Performanz im barocken Märtyrerdrama. In: Theatralität und die Krisen der Repräsentation. Hg. von Erika Fischer-Lichte. Stuttgart 2001 (Germanistische Symposien-Berichtsbände 22), S. 125–154.

[617] Christopher J. Wild: »They Have Their Exits and Their Entrances...«. On Two Basic Operations in the Theatrum Mundi. In: »If Then the World a Theatre Present...«. Revisions of the Theatrum Mundi Metaphor in Early Modern England. Hg. von Björn Quiring. Berlin 2014 (Pluralisierung und Autorität 32), S. 83–113.

[618] Harald Zielske: Andreas Gryphius' »Catharina von Georgien« auf der Bühne. Zur Aufführungspraxis des schlesischen Kunstdramas. In: Maske und Kothurn 17 (1971), S. 1–17.

[619] Harald Zielske: Andreas Gryphius' Trauerspiel »Catharina von Georgien« als politische ›Festa Teatrale‹ des Barock-Absolutismus. In: Funde und Befunde zur schlesischen Theatergeschichte. Hg. von Bärbel Rudin. Dortmund 1983 (Veröffentlichungen der Forschungsstelle Ostmitteleuropa A,39), Bd. 1, S. 1–32.

[620] Zdzisław Żygulski: Andreas Gryphius' »Catharina von Georgien« nach ihrer französischen Quelle untersucht. Lemberg 1932.

Siehe außerdem: [106]–[137], [374]–[525], [867], [868], [907], [937], [939], [970].

6.1.4 Carolus Stuardus

[621] R. J. Alexander: A Possible Historical Source for the Figure of Poleh in Andreas Gryphius' »Carolus Stuardus«. In: Daphnis 3 (1974), S. 203–207.

[622] Günter Berghaus: Andreas Gryphius' »Carolus Stuardus« – Formkunstwerk oder politisches Lehrstück? In: Daphnis 13 (1984), S. 229–274.

[623] Günter Berghaus: Die Quellen zu Andreas Gryphius' Trauerspiel »Carolus Stuardus«. Studien zur Entstehung eines historisch-politischen Märtyrerdramas der Barockzeit. Tübingen 1984 (Studien zur deutschen Literatur 79).
Rezensionen:
- Deutsche Literaturzeitung für Kritik der internationalen Wissenschaften 106 (1985), S. 534 (Werner Lenk).
- Études germaniques 41 (1986), S. 74 (E. Mazingue).
- Journal of English and Germanic Philology 85 (1986), S. 76f. (Gerhard Dünnhaupt).
- Seminar 22 (1986), S. 89–92 (James Hardin).
- The German Quarterly 59 (1986), S. 134f. (Judith P. Aikin).
- Arbitrium 5 (1987), S. 271–275 (Hellmut Thomke).
- Monatshefte für deutschsprachige Literatur und Kultur 79 (1987), S. 252f. (Robert J. Alexander).

[624] Günter Berghaus: Die Aufnahme der englischen Revolution in Deutschland 1640–1669. Bd. 1: Studien zur politischen Literatur und Publizistik im 17. Jahrhundert mit einer Bibliographie der Flugschriften. Wiesbaden 1989.
Rezensionen:
- Jahrbuch für internationale Germanistik 22 (1990), S. 161–163 (Klaus Garber).
- Arbitrium 9 (1991), S. 189–192 (Karl Klaus Walther).
- Historische Zeitschrift 252 (1991), S. 453–455 (Heinz Duchhardt).

[625] R. Sheldon Dunham: The Path to Execution in Selected Dramas by Gryphius, Schiller, Büchner and Dürrenmatt. Diss. Chapel Hill (University of North Carolina) 1984.

[626] Mary E. Gilbert: »Carolus Stuardus« by Andreas Gryphius. A Contemporary Tragedy on the Execution of Charles I. In: German Life & Letters 3 (1949/50), S. 81–91.

[627] Bernhard Greiner: Die Tragödie. Eine Literaturgeschichte des aufrechten Ganges. Grundlagen und Interpretationen. Stuttgart 2012 (Kröners Taschenausgabe 340).
Zum *Carolus Stuardus*: S. 251–284.
Rezensionen:
- Jahrbuch Komparatistik 2012, S. 165–170 (Joachim Harst).
- Literaturkritik.de 9/14 (2012), S. 35–38, http://www.literaturkritik.de/public/rezension.php?rez_id=17074 (Michael Braun).

[628] Bernhard Greiner: Postfiguration als Gegenstand und Quelle der Trauer und des Spiels: Andreas Gryphius' »Carolus Stuardus«. In: Benjamins Trauerspiel. Theorie – Lektüren – Nachleben. Hg. von Claude Haas und Daniel Weidner. Berlin 2014 (LiteraturForschung 21), S. 142–157.

[629] Reinhold Grimm: Hugo Peter, der Ketzerchor und die Religion. Zur Deutung des »Carolus Stuardus« von Gryphius. In: Germanic Review 61 (1986), S. 3–10.
[630] Romy Günthart: Metamorphosen der Nacht. Zu Andreas Gryphius' »Carolus Stuardus«. In: Daphnis 37 (2008), S. 433–456.
[631] Karl-Heinz Habersetzer: »Tragicum Theatrum Londini«. Zum Quellenproblem in Andreas Gryphius' »Carolus Stuardus«. In: Euphorion 66 (1972), S. 299–307.
[632] Karl-Heinz Habersetzer: Dichter und König. Fragmente einer politischen Ästhetik in den Carolus Stuardus-Dramen bei Andreas Gryphius, Theodor Fontane und Marieluise Fleißer. In: Theatrum Europaeum. Festschrift für Elida Maria Szarota. Hg. von Richard Brinkmann, Karl-Heinz Habersetzer, Paul Raabe, Karl-Ludwig Selig und Blake Lee Spahr. München 1982, S. 291–310.
[633] Thomas Herold: Von Kronen und Haaren. Zur ›Imitatio Christi‹ in Gryphius' Trauerspiel »Carolus Stuardus«. In: Colloquia Germanica 40 (2007), S. 201–212.
[634] Rainer Hillenbrand: Augustinus und eine dunkle Stelle in Gryphius' »Carolus Stuardus«. In: Wolfenbütteler Barock-Nachrichten 21 (1994), S. 130f.
[635] Rainer Hillenbrand: Neues vom Räuber Philetas in Gryphs »Carolus Stuardus«. In: Daphnis 26 (1997), S. 517f.
[636] Hermann Isler: Carolus Stuardus. Vom Wesen der barocken Dramaturgie. Diss. Basel 1966.
[637] Herbert Jaumann: Andreas Gryphius, »Carolus Stuardus«. In: Dramen vom Barock bis zur Aufklärung. Stuttgart 2000 (Reclams Universal-Bibliothek 17512), S. 67–92.
[638] Albrecht Koschorke: Der fiktive Staat. Konstruktionen des politischen Körpers in der Geschichte Europas. Frankfurt a.M. 2007.
Zum *Carolus Stuardus*: S. 141–150.
Rezensionen:
- Das historisch-politische Buch 55 (2007), S. 413f. (Daniel Hildebrand).
- Historische Literatur 5 (2007), S. 531–533 (Thomas Ertl).
- Das Argument 51 (2009), S. 331–334 (Tilman Reitz).
- Zeitschrift für historische Forschung 37 (2010), S. 653f. (André Krischer).
[639] Alan Menhennet: The Three Functions of Hugo Peter in Gryphius's »Carolus Stuardus«. In: The Modern Language Review 68 (1973), S. 839–842.
[640] Alan Menhennet: The Historical Experience in German Drama. From Gryphius to Brecht. Rochester, NY 2003 (Studies in German Literature, Linguistics, and Culture).
Rezensionen:
- Germanistik 45 (2004), S. 687f. (Peter Langemeyer).
- Monatshefte für deutschsprachige Literatur und Kultur 96 (2004), S. 595f. (Peter Höyng).
- The Modern Language Review 99 (2004), S. 1115f. (Lesley Sharpe).
- The German Quarterly 78 (2005), S. 412f. (Karina Sliwinski).

[641] Peter Michelsen: Der Zeit Gewalt. Andreas Gryphius: »Ermordete Majestät. Oder Carolus Stuardus«. In: Geschichte als Schauspiel. Deutsche Geschichtsdramen. Interpretationen. Hg. von Walter Hinck. Frankfurt a.M. 1981 (suhrkamp taschenbuch materialien 2006), S. 48–66.

[642] Hans-Werner Nieschmidt: Truth or Fiction? A Problem of the Source Material for Gryphius's »Carolus Stuardus«. In: German Life & Letters 24 (1970/71), S. 30–32.

[643] Henri Plard: Le sang sacré du roi dans le »Carolus Stuardus« d'Andreas Gryphius. In: Image et spectacle. Actes du XXXIIe colloque international d'Études Humanistes du Centre d'Études Supérieures de la Renaissance (Tours, 29 juin–8 juillet 1989). Hg. von Pierre Béhar. Amsterdam 1993 (Chloe 15), S. 89–116.

[644] Hugh Powell: The Two Versions of Andreas Gryphius's »Carolus Stuardus«. In: German Life & Letters 5 (1951/52), S. 110–120.

[645] Albrecht Schöne: Ermordete Majestät. Oder Carolus Stuardus König von Groß Britannien. In: Die Dramen des Andreas Gryphius. Eine Sammlung von Einzelinterpretationen. Hg. von Gerhard Kaiser. Stuttgart 1968, S. 117–169.
Zuerst abgedruckt in Säkularisation als sprachbildende Kraft. Studien zur Dichtung deutscher Pfarrersöhne. Göttingen 1958 ([2]1968) (Palaestra 226), S. 29–75.

[646] Gustav Schönle: Das Trauerspiel »Carolus Stuardus« des Andreas Gryphius. Quellen und Gestaltung des Stoffes. Bonn 1933.

[647] Rüdiger Scholz: Dialektik, Parteilichkeit und Tragik des historisch-politischen Dramas »Carolus Stuardus« von Andreas Gryphius. In: Sprachkunst 29 (1998), S. 207–239.

[648] Kurd Schulz: Ermordete Majestät oder Carolus Stuardus König von Groß Britannien. Eine Betrachtung zu dem »Trauer-Spil« von Andreas Gryphius. In: Jahrbuch der Schlesischen Friedrich-Wilhelms-Universität zu Breslau 17 (1972), S. 297–310.

[649] Nigel Smith: Exile in Europe during the English Revolution and Its Literary Impact. In: Literatures of Exile in the English Revolution and Its Aftermath, 1640–1690. Hg. von Philip Major. Farnham 2010, S. 105–118.

[650] Janifer Gerl Stackhouse: In Defense of Gryphius' Historical Accuracy. The Missing Source for »Carolus Stuardus«. In: Journal of English and Germanic Philology 71 (1972), S. 466–472.

[651] Janifer Gerl Stackhouse: Gryphius' Proclamation of ›Recht‹ in »Ermordete Majestät«. A Source and Text Analysis. Diss. Cambridge, MA (Harvard) 1973.

[652] Janifer Gerl Stackhouse: The Mysterious Regicide in Gryphius' Stuart Drama. Who Is Poleh? In: Modern Language Notes 89 (1974), S. 797–811.

[653] René Sternke: Andreas Gryphius' Tragödie »Carolus Stuardus« und die Geburt des Imaginaire der Revolution. In: Literaturwissenschaftliches Jahrbuch 52 (2011), S. 175–191.

[654] Siegfried Streller: Staats- und Rechtsauffassung Andreas Gryphius' in »Carolus Stuardus« und »Aemilius Paulus Papinianus«. In: Weltgeschick und Lebenszeit. Andreas Gryphius. Ein schlesischer Barockdichter aus deutscher und polnischer Sicht. Hg. von der Stiftung Gerhart-Hauptmann-Haus. Düsseldorf 1993 (Schriften der Stiftung Gerhart-Hauptmann-Haus), S. 109–124.

[655] Elida Maria Szarota: Gryphius' »Carolus Stuardus«. In: dies.: Künstler, Grübler und Rebellen. Studien zum europäischen Märtyrerdrama des 17. Jahrhunderts. Bern 1967, S. 234–266.

[656] Rolf Tarot: Recht und Unrecht im barocken Trauerspiel, am Beispiel des »Carolus Stuardus« von Andreas Gryphius. In: Simpliciana 9 (1987), S. 215–237.

[657] Friedrich-Wilhelm Wentzlaff-Eggebert: Der Glaube an das Recht im »Carolus Stuardus« des Andreas Gryphius. Zur Quellenforschung von Janifer G. Stackhouse. In: Belehrung und Verkündigung. Schriften zur deutschen Literatur vom Mittelalter bis zur Neuzeit. Hg. von Manfred Dick und Gerhard Kaiser. Berlin 1975, S. 165–171.

Siehe außerdem: [106]–[137], [374]–[525], [937].

6.1.5 Cardenio und Celinde

[658] Judith P. Aikin: Genre Definition and Genre Confusion in Gryphius' Double Bill: »Cardenio und Celinde« and »Herr Peter Squentz«. In: Colloquia Germanica 16 (1983), S. 1–12.

[659] Thomas W. Best: Gryphius's »Cardenio und Celinde« in Its European Context. A New Perspective. In: Literary Culture in the Holy Roman Empire, 1555–1720. Hg. von James A. Parente, Richard Erich Schade und George C. Schoolfield. Chapel Hill 1991 (University of North Carolina Studies in the Germanic Languages and Literatures 113), S. 60–77.

[660] Natalie Binczek: Die Bannung des Geistes. Gespenstische Erscheinungen in Andreas Gryphius' »Cardenio und Celinde«. In: Bann der Gewalt. Studien zur Literatur- und Wissensgeschichte. Hg. von Maximilian Bergengruen und Roland Borgards. Göttingen 2009, S. 69–103.

[661] Thomas Borgstedt: »Romeo und Julia«, »Cardenio und Celinde«. Andreas Gryphius' Umkehrung der novellistischen Liebestragödie. In: Memoria Silesiae. Leben und Tod, Kriegserlebnis und Friedenssehnsucht in der literarischen Kultur des Barock. Zum Gedenken an Marian Szyrocki (1928–1992). Hg. von Mirosława Czarnecka, Andreas Solbach, Jolanta Szafarz und Knut Kiesant. Breslau 2003 (Acta Universitatis Wratislaviensis 2504), S. 203–219.

[662] Robert Boxberger: Zu »Cardenio und Celinde«. In: Archiv für Litteraturgeschichte 12 (1884), S. 219–224.

[663] Eduard Castle: Zur Stoffgeschichte von »Cardenio und Celinde«. In: Archivum Romanicum 23 (1939), S. 242–271.
[664] Jonathan Philip Clark: The Words of the Letter, the Letter of the Word. Monological and Dialogical Discourse in Gryphius' »Cardenio und Celinde«. In: Daphnis 17 (1988), S. 223–245.
[665] Rolf Geissler: Arbeit am literarischen Kanon. Perspektiven der Bürgerlichkeit. Paderborn 1982.
Zu *Cardenio und Celinde*: S. 69–72.
[666] Mary E. Gilbert: Gryphius' »Cardenio und Celinde«. In: The Modern Language Review 45 (1950), S. 483–496.
Auch abgedruckt in Interpretationen. Hg. von Jost Schillemeit. Bd. 2: Deutsche Dramen von Gryphius bis Brecht. Frankfurt a.M. 1965 (Fischer Bücherei 699), S. 11–32.
[667] Franz Glanz: Cardenio und Celinde in Novelle und Drama von Cervantes bis Dülberg. Diss. Wien 1934.
[668] Helmut Göbel: Andreas Gryphius' »Cardenio und Celinde« im Spannungsfeld französischer und deutscher Spanien-Rezeption. In: Konvention und Konventionsbruch. Wechselwirkungen deutscher und französischer Dramatik. 17.–20. Jahrhundert. Hg. von Horst Turk und Jean-Marie Valentin. Bern 1992 (Jahrbuch für internationale Germanistik: Reihe A, Kongreßberichte 30), S. 9–25.
[669] Max Herrmann: Cardenio und Celinde. In: Deutsche Literatur-Zeitung 14 (1893), S. 184f.
[670] Gerd Hillen: Andreas Gryphius' »Cardenio und Celinde«. Zur Erscheinungsform und Funktion der Allegorie in den Gryphischen Trauerspielen. Den Haag 1971 (De proprietatibus litterarum. Series practica 45).
[671] Rainer Hillenbrand: Cardenios Wahn und Schuld. Moralischer und religiöser Konservativismus bei Gryphius. In: Germanisch-Romanische Monatsschrift 45 (1995), S. 279–287.
[672] Ferdinand van Ingen: Wahn und Vernunft, Verwirrung und Gottesordnung in »Cardenio und Celinde« des Andreas Gryphius. In: Theatrum Europaeum. Festschrift für Elida Maria Szarota. Hg. von Richard Brinkmann, Karl-Heinz Habersetzer, Paul Raabe, Karl-Ludwig Selig und Blake Lee Spahr. München 1982, S. 253–289.
[673] Ferdinand van Ingen: Die vier Jahreszeiten und die vier Lebensalter des Menschen – ein Motiv zwischen Allegorie und Emblem. Zu Otto van Veen (»Moralia Horatiana«) und Andreas Gryphius (»Cardenio und Celinde«). In: Festschrift für Erich Trunz zum 90. Geburtstag. Vierzehn Beiträge zur deutschen Literaturgeschichte. Hg. von Dietrich Jöns und Dieter Lohmeier. Neumünster 1998 (Kieler Studien zur deutschen Literaturgeschichte 19), S. 7–21.
[674] Nicola Kaminski: Der Liebe Eisen=harte Noth. »Cardenio und Celinde« im Kontext von Gryphius' Märtyrerdramen. Tübingen 1992 (Untersuchungen zur deutschen Literaturgeschichte 63).

Rezensionen:
- Germanic Notes and Reviews 24 (1993), S. 38f. (W. G. Marigold).
- South Atlantic Review 58 (1993), S. 143–145 (Marian R. Sperberg-McQueen).
- Colloquia Germanica 27 (1994), S. 176f. (Blake Lee Spahr).
- Arbitrium 13 (1995), S. 53–55 (Gabriele D. Rödter).
- Monatshefte für deutschsprachige Literatur und Kultur 89 (1997), S. 88f. (Hugo Bekker).

[675] Hans-Georg Kemper: Beglaubigung und Bekämpfung der schwarzen Magie. ›Welt als Schlüssel zu den Strukturen‹ von Gryphius' »Cardenio und Celinde«. In: Festschrift Walter Haug und Burghart Wachinger. Hg. von Johannes Janota, Paul Sappler, Frieder Schanze, Benedikt K. Vollmann, Gisela Vollmann-Profe und Hans-Joachim Ziegeler. Tübingen 1992, Bd. 2, S. 893–913.

[676] Eberhard Mannack: Schwarze Magie in Gryphs »Cardenio und Celinde«. In: Studien zur deutschen Literatur des 17. Jahrhunderts. Gedenkschrift für Gerhard Spellerberg (1937–1996). Hg. von Hans Feger. Amsterdam 1997 (Chloe 27), S. 35–44.

[677] Peter Michelsen: »Wahn«. Gryphius' Deutung der Affekte in »Cardenio und Celinde«. In: Wissen aus Erfahrungen. Werkbegriff und Interpretation heute. Festschrift für Herman Meyer zum 65. Geburtstag. Hg. von Alexander von Bormann. In Verbindung mit Karl Robert Mandelkow und Anthonius H. Touber. Tübingen 1976, S. 64–90.

[678] Karl Neubauer: Die Quelle von »Cardenio und Celinde«. Diss. Wien 1902.

[679] Karl Neubauer: Zur Quellenfrage von Andreas Gryphius' »Cardenio und Celinde«. In: Studien zur vergleichenden Literaturgeschichte 2 (1902), S. 433–451.

[680] Thomas Rahn: Gryphius' »Cardenio und Celinde«: Zwei dramatische Krankengeschichten. In: Die Affekte und ihre Repräsentation in der deutschen Literatur der frühen Neuzeit. Hg. von Jean-Daniel Krebs. Bern 1996 (Jahrbuch für internationale Germanistik: Reihe A, Kongreßberichte 42), S. 93–106.

[681] Jean F.-A. Ricci: L'histoire de Cardenio et Célinde dans le théâtre allemand, de Montalvan et Cialdini à Gryphius, Arnim et Immermann. Étude de littérature comparée. Paris 1947.

[682] Blake Lee Spahr: Cardenio und Celinde. In: ders.: Problems and Perspectives. A Collection of Essays on German Baroque Literature. Frankfurt a.M. 1981 (Arbeiten zur mittleren deutschen Sprache und Literatur 9), S. 131–150.

[683] Marian R. Sperberg-McQueen: Deceitful Symmetry in Gryphius's »Cardenio und Celinde«: Or What Rosina Learned at the Theatre and Why She Went. In: The Graph of Sex and the German Text. Gendered Culture in Early Modern Germany 1500–1700. Hg. von Lynne Tatlock. Amsterdam 1994 (Chloe 19), S. 269–294.

[684] Michael Titzmann: Gryphius' »Cardenio und Celinde, oder unglücklich Verliebete«. Die dramatische Inszenierung eines ideologischen Systems und ihr Platz in der Epoche. In: Literaturwissenschaft als Profession. Festschrift für

Dietrich Jöns. Hg. von Hartmut Laufhütte. Tübingen 1993 (Mannheimer Beiträge zur Sprach- und Literaturwissenschaft 24), S. 99–118.

[685] Horst Turk: Cardenio und Celinde, Oder Unglücklich Verliebete. In: Die Dramen des Andreas Gryphius. Eine Sammlung von Einzelinterpretationen. Hg. von Gerhard Kaiser. Stuttgart 1968, S. 73–116.

[686] María Jesús Varela: Presencia espanola en el teatro alemán del siglo XVII. »Cardenio und Celinde« de Andreas Gryphius. In: Relaciones hispano-alemanas en la literatura y la cultura. Historia de la recepción. Deutsch-spanische Literatur- und Kulturbeziehungen. Rezeptionsgeschichte. Actas de la VII semana de estudios germánicos: »Relaciones hispano-alemanas en la lengua, la literatura y la cultura«, celebrada en El Escorial (30 de marzo – 3 abril de 1992). Hg. von Margit Raders und Maria Luisa Schilling. Madrid 1995, S. 77–88.

[687] Adolf Vogeler: »Cardenio und Celinde« des Andreas Gryphius und Shakespeares »Romeo und Julia«. In: Archiv für das Studium der neueren Sprachen und Literaturen 79 (1887), S. 391–402.

[688] Waltraud Wiethölter: »Schwartz und Weiß auß einer Feder« oder Allegorische Lektüren im 17. Jahrhundert. Gryphius, Grimmelshausen, Greiffenberg. In: Deutsche Vierteljahrsschrift für Literaturwissenschaft und Geistesgeschichte 72 (1998), S. 537–591 (Teil 1), und 73 (1999), S. 122–151 (Teil 2).

[689] Ryszard Ziobro: Die Aufführung »Cardenio und Celinde« von Andreas Gryphius im Pantomimentheater Wrocław. In: Weltgeschick und Lebenszeit. Andreas Gryphius. Ein schlesischer Barockdichter aus deutscher und polnischer Sicht. Hg. von der Stiftung Gerhart-Hauptmann-Haus. Düsseldorf 1993 (Schriften der Stiftung Gerhart-Hauptmann-Haus), S. 125–136.

Siehe außerdem: [106]–[137], [374]–[525], [937], [979], [986].

6.1.6 Papinianus

[690] Stefanie Arend: Zwei Leben: Vom ›artifex naturae‹ zum stoischen Weisen. Die Aktualisierung des Senecaischen ›secundum naturam vivere‹ in Gryphius' Drama Papinian (1659). In: Tradita et Inventa. Beiträge zur Rezeption der Antike. Hg. von Manuel Baumbach. Heidelberg 2000 (Bibliothek der klassischen Altertumswissenschaften, Reihe 2, Neue Folge 106), S. 217–233.

[691] Wilfried Barner: Der Jurist als Märtyrer. Andreas Gryphius' »Papinianus«. In: Literatur und Recht. Literarische Rechtsfälle von der Antike bis in die Gegenwart (Kolloquium der Akademie der Wissenschaften in Göttingen im Februar 1995). Hg. von Ulrich Mölk. Göttingen 1996, S. 229–242.

[692] Okko Behrends: Papinians Verweigerung oder die Moral eines Juristen. In: Literatur und Recht. Literarische Rechtsfälle von der Antike bis in die Ge-

genwart (Kolloquium der Akademie der Wissenschaften in Göttingen im Februar 1995). Hg. von Ulrich Mölk. Göttingen 1996, S. 243–291.

[693] Barbara Drygulski Wright: Kunstdrama und Wanderbühne. Eine Gegenüberstellung von Gryphius' »Papinian« mit der populären Bearbeitung. In: Literatur und Gesellschaft im deutschen Barock. Hg. von Conrad Wiedemann. Heidelberg 1979 (Germanisch-Romanische Monatsschrift, Beihefte 1), S. 139–154.

[694] Elke Dubbels: Gryphius' Papinian. Der Verteidiger des Rechts im literarisch-rhetorischen Prozess gegen die Verleumdung. In: Spielräume. Ein Buch für Jürgen Fohrmann. Hg. von Jürgen Brokoff, Elke Dubbels und Andrea Schütte. Bielefeld 2013, S. 27–44.

[695] Thorsten Fitzon: »Brutus die König hat verjagt«. Antiker Republikanismus auf bürgerlichen Bühnen. Caspar Brülow, Josua Wetter und Andreas Gryphius im Vergleich. In: Welche Antike? Konkurrierende Rezeptionen des Altertums im Barock. Hg. von Ulrich Heinen. In Verbindung mit Elisabeth Klecker, Hartmut Laufhütte, Barbara Mahlmann-Bauer, Dirk Niefanger, Sandra Richter, Wilhelm Schmidt-Biggemann, Johann Anselm Steiger und Guillaume van Gemert. Wiesbaden 2011 (Wolfenbütteler Arbeiten zur Barockforschung 47,1), Bd. 1, S. 291–309.

[696] Joachim Harst: Aristoteles und »Papinian«. Rhetorik und Anschaulichkeit des »rechten Rechts«. In: Recht und Literatur. Interdisziplinäre Bezüge. Hg. von Bernhard Greiner, Barbara Thums und Wolfgang Graf Vitzthum. Heidelberg 2010 (Beiträge zur neueren Literaturgeschichte 270), S. 125–151.

[697] Herbert Heckmann: Elemente des barocken Trauerspiels, am Beispiel des »Papinian« von Andreas Gryphius. Darmstadt 1959 (Literatur als Kunst).

[698] Werner Keller: Dramatisiertes Tugendideal. Andreas Gryphius' Trauerspiel »Papinian«. In: ders.: Der Dichtung Stimme. Einsichten und Ansichten zur Literatur vom Barock bis zur Gegenwart. Göttingen 2010, S. 91–105.

[699] Knut Kiesant: Konfliktgestaltung und Menschenbild in Andreas Gryphius' Trauerspiel »Großmüttiger Rechts-Gelehrter / Oder Sterbender Aemilius Paulus Papinianus«. Diss. Potsdam 1974.
Zusammenfassung in Wissenschaftliche Zeitschrift der Pädagogischen Hochschule Potsdam 20 (1976), S. 326–328.

[700] Herbert Kraft: Das Schicksalsdrama. Interpretation und Kritik einer literarischen Reihe. Tübingen 1974 (Untersuchungen zur deutschen Literaturgeschichte 11).

[701] Wilhelm Kühlmann: Der Fall Papinian. Ein Konfliktmodell absolutistischer Politik im akademischen Schrifttum des 16. und 17. Jahrhunderts. In: Europäische Hofkultur im 16. und 17. Jahrhundert. Vorträge und Referate gehalten anläßlich des Kongresses des Wolfenbütteler Arbeitskreises für Renaissanceforschung und des Internationalen Arbeitskreises für Barockliteratur in der Herzog August Bibliothek Wolfenbüttel vom 4. bis 8. Sept. 1979. 3 Bde.

Hg. von August Buck, Georg Kauffmann, Blake Lee Spahr und Conrad Wiedemann. Hamburg 1981 (Wolfenbütteler Arbeiten zur Barockforschung 8–10), Bd. 2., S. 249–256.

[702] Peter Michelsen: Vom Recht auf Widerstand in Andreas Gryphius' »Aemilius Paulus Papinianus«. In: Simpliciana 17 (1995), S. 45–70.

[703] Dieter Nörr: Papinian und Gryphius. Zum Nachleben Papinians. In: Zeitschrift der Savigny-Stiftung für Rechtsgeschichte 83 (1966), S. 308–333.

[704] Jean-Louis Raffy: Le »Papinianus« d'Andreas Gryphius (1616–1664). Drame de martyr et sécularisation du théâtre en Allemagne au XVIIe siècle. Bern 1992 (Contacts: Sér. 1, Theatrica 11).
Rezension:
- Études germaniques 49 (1994), S. 333 (Marie-Thérèse Mourey).

[705] Frank G. Ryder: Individualization in Baroque Dramatic Verse. A Suggestion Based on Gryphius' »Papinianus«. In: Journal of English and Germanic Philology 61 (1962), S. 604–615.

[706] Armin Schäfer: Indirekte Reden im Trauerspiel. Andreas Gryphius' »Papinianus«. In: Tragödie – Trauerspiel – Spektakel. Hg. von Bettine Menke und Christoph Menke. Berlin 2007 (Theater der Zeit: Recherchen 38), S. 32–52.

[707] Hans-Jürgen Schings: Großmüttiger Rechts=Gelehrter / Oder Sterbender Æmilius Paulus Papinianus. In: Die Dramen des Andreas Gryphius. Eine Sammlung von Einzelinterpretationen. Hg. von Gerhard Kaiser. Stuttgart 1968, S. 170–203.

[708] Andreas Solbach: Amtsethik und Lutherischer Gewissensbegriff in Andreas Gryphius' »Papinianus«. In: Daphnis 28 (1999), S. 631–673.

[709] Gerhard Spellerberg: Recht und Politik. Andreas Gryphius' »Papinian«. In: Der Deutschunterricht 37 (1985), S. 57–68.

[710] Elida Maria Szarota: Gryphius' »Papinian«. In: dies.: Künstler, Grübler und Rebellen. Studien zum europäischen Märtyrerdrama des 17. Jahrhunderts. Bern 1967, S. 288–305.

[711] Rolf Tarot: Die Kunst des Alexandriners im barocken Trauerspiel. Andreas Gryphius' »Papinian«. In: Simpliciana 19 (1997), S. 125–154.

[712] Friedrich Vollhardt: Klug handeln? Zum Verhältnis von Amtsethik, Natur- und Widerstandsrecht im »Æmilius Paulus Papinianus« (1659) von Andreas Gryphius. In: ›Natur‹, Naturrecht und Geschichte. Aspekte eines fundamentalen Begründungsdiskurses der Neuzeit (1600–1900). Hg. von Simone De Angelis, Florian Gelzer und Lucas Marco Gisi. Heidelberg 2010 (Beiträge zur neueren Literaturgeschichte 283), S. 237–255.

[713] Winfried Woesler: Gryphius' »Papinian« und Seneca. In: Das Berliner Modell der Mittleren Deutschen Literatur. Beiträge zur Tagung Kloster Zinna 29.9.–1.10.1997. Hg. von Christiane Caemmerer. Amsterdam 2000 (Chloe 33), S. 253–272.

[714]   Reinhold Zimmer: Dramatischer Dialog und außersprachlicher Kontext. Dialogformen in deutschen Dramen des 17. bis 20. Jahrhunderts. Göttingen 1982 (Palaestra 274).
Zum *Papinianus*: S. 47-64.

Siehe außerdem: [106]-[137], [374]-[525], [654], [937], [966], [967], [975], [981], [987], [988].

6.1.7 Die Gibeoniter

[715]   Kurt Bengler: Die Gibeoniter des Andreas Gryphius. Diss. Graz 1914.
[716]   Henri Plard: Die sieben Brüder / Oder Die Gibeoniter. In: Die Dramen des Andreas Gryphius. Eine Sammlung von Einzelinterpretationen. Hg. von Gerhard Kaiser. Stuttgart 1968, S. 305-317.

Siehe außerdem: [106]-[137], [374]-[525], [858], [930].

6.2 Lustspiele

[717]   Judith P. Aikin: Happily Ever After. An Alternative Affective Theory of Comedy and Some Plays by Birken, Gryphius, and Weise. In: Daphnis 17 (1988), S. 55-76.
[718]   Judith P. Aikin: The Comedies of Andreas Gryphius and the Two Traditions of European Comedy. In: Germanic Review 63 (1988), S. 114-120.
[719]   Fabrizio Cambi: Linguaggio e apparenza nei ›Lustspiele‹ di Andreas Gryphius. In: Realtà sociale e gioco letterario nella letteratura tedesca. Hg. von Fabrizio Cambi, Roberto Del Pol und Marlis Ingenmey. Pisa 1983, S. 9-58.
[720]   Jean Charue: Comique et baroque chez Gryphius. In: Images modernes et contemporaines de l'homme baroque. Hg. von Jean-Marie Paul. Nancy 1997 (Bibliothèque le texte et l'idée 8), S. 95-106.
[721]   Hans Emmerling: Untersuchungen zur Handlungsstruktur der deutschen Barockkomödie. Diss. Saarbrücken 1961.
[722]   Willi Flemming: Gryphius' Komödien und Holland. In: ders.: Einblicke in den deutschen Literaturbarock. Meisenheim 1975 (Deutsche Studien 26), S. 123-135.
[723]   Daniel Fulda: »Wiedererkennen von Bekanntem«. Literarische und soziale Stereotype in der frühneuzeitlichen Komödie. In: Frühneuzeitliche Stereotype. Zur Produktivität und Restriktivität sozialer Vorstellungsmuster. V. Jahrestagung der Internationalen Andreas Gryphius Gesellschaft Wrocław 8. bis

11. Oktober 2008. Hg. von Mirosława Czarnecka, Thomasz Jabłecki und Thomas Borgstedt. Bern 2010 (Jahrbuch für internationale Germanistik A,99), S. 169–184.

[724] Florent Gabaude: Les comédies d'Andreas Gryphius (1616–1664) et la notion de grotesque. Bern 2004 (Contacts: Sér. 1, Theatrica 23).
Rezensionen:
- Arbitrium 23 (2005), S. 196–199 (Nicola Kaminski).
- Germanistik 47 (2006), S. 255f. (Emilio Bonfatti).

[725] Horst Hartmann: Die Entwicklung des deutschen Lustspiels von Gryphius bis Weise (1648–1688). Diss. Potsdam (Pädagogische Hochschule) 1960.

[726] Franz Hebel: Das Komische in Alltag, Wissenschaft und Kunst. In: Der Deutschunterricht 33 (1981), S. 79–94.

[727] Hartmut von der Heyde: Die frühe deutsche Komödie Mitte 17. bis Mitte 18. Jahrhundert. Zur Entwicklung ihrer Struktur auf der Grundlage des entstehenden Selbstbewußtseins des Bürgertums. Versuch eines hochschuldidaktischen Curriculums. Frankfurt a.M. 1982 (Europäische Hochschulschriften, Reihe 1, 475).

[728] Walter Hinck: Das deutsche Lustspiel des 17. und 18. Jahrhunderts und die italienische Komödie. Commedia dell'arte und Théâtre italien. Stuttgart 1965 (Germanistische Abhandlungen 8).

[729] Heinrich Hitzigrath: Andreas Gryphius als Lustspieldichter. Programm des Gymnasiums zu Wittenberg. Wittenberg 1885.

[730] Hans Lebede: Das Rüpelspiel bei Shakespeare und Gryphius. In: Der Zwinger 5 (1921), S. 233–240.

[731] Erik Lunding: Assimilierung und Eigenschöpfung in den Lustspielen des Andreas Gryphius. In: Stoffe – Formen – Strukturen. Studien zur deutschen Literatur. Hans Heinrich Borcherdt zum 75. Geburtstag. 14. August 1962. Hg. von Albert Fuchs und Helmut Motekat. München 1962, S. 80–96.

[732] Eberhard Mannack: Andreas Gryphius' Lustspiele – ihre Herkunft, ihre Motive und ihre Entwicklung. In: Euphorion 58 (1964), S. 1–40.

[733] Fausto De Michele: »Comedia Teutsch«, oder Andreas Gryphius als Kulturmediator. In: Die Bedeutung der Rezeptionsliteratur für Bildung und Kultur der Frühen Neuzeit (1400–1750) II. Beiträge zur zweiten Arbeitstagung in Haldensleben (Mai 2013). Hg. von Alfred Noe und Hans-Gert Roloff. Bern 2014 (Jahrbuch für internationale Germanistik A,116), S. 341–351.

[734] Roberto De Pol: Il dotto e lo ›specchio magico‹. Riflessi deterrenti e autoconsapevolezza dell'intellettuale nella commedia tedesca del XVII secolo. In: Realtà sociale e gioco letterario nella letteratura tedesca. Hg. von Fabrizio Cambi, Roberto De Pol und Marlis Ingenmey. Pisa 1983, S. 59–95.

[735] Richard Erich Schade: Studies in Early German Comedy. 1500–1650. Columbia 1988 (Studies in German Literature, Linguistics, and Culture 24).

Rezensionen:
- South Atlantic Review 53 (1988), S. 125–127 (Frank Borchardt).
- Daphnis 18 (1989), S. 323 (Gerd Hillen).
- The German Quarterly 62 (1989), S. 256f. (Thomas W. Best).
- Colloquia Germanica 23 (1990), S. 187–189 (Eckehard Catholy).
- Germanistik 31 (1990), S. 359f. (Peter Rusterholz).
- Études germaniques 45 (1990), S. 206 (Jean-Marie Valentin).
- Monatshefte für deutschsprachige Literatur und Kultur 82 (1990), S. 508 (Robert J. Alexander).
- Studia Neophilologica 63 (1991), S. 121f. (Albrecht Classen).
- Arbitrium 10 (1992), S. 300–303 (Ruprecht Wimmer).

[736] Armin Schlienger: Das Komische in den Komödien des Andreas Gryphius. Ein Beitrag zu Ernst und Scherz im Barocktheater. Bern 1970 (Europäische Hochschulschriften, Reihe 1, 28).

[737] Paul Stachel: Seneca und das deutsche Renaissancedrama. Studien zur Literatur- und Stilgeschichte des 16. und 17. Jahrhunderts. Berlin 1907 (Palaestra 46).

[738] Rieko Takada: Andreas Gryphius oder glückliche Mediokrität (Lustspiel?). In: Doitsu Bungaku 90 (1993), S. 1–12.
Japanisch mit deutscher Zusammenfassung.

[739] Daniela Toscan: Form und Funktion des Komischen in den Komödien von Andreas Gryphius. Bern 2000 (Deutsche Literatur von den Anfängen bis 1700 33).
Rezensionen:
- Germanic Notes and Reviews 33 (2002), S. 60f. (W. G. Marigold).
- Germanistik 43 (2002), S. 794f. (Hannes Fricke).
- German Studies Review 25 (2002), S. 338f. (Michael M. Metzger).
- The German Quarterly 75 (2002), S. 328f. (Richard E. Schade).

[740] Karoline Urstadt: Der Kraftmeier im deutschen Drama von Gryphius bis zum Sturm und Drang. Gießen 1926.

[741] Miodrag Vukčević: Sozialsystem Literatur und Gegentext. Zu den Komödien von Andreas Gryphius und Christian Reuter. Frankfurt a.M. 2012 (Europäische Hochschulschriften, Reihe 1, 2027).

[742] Anne Wagniart: Zur politischen Funktion der Narren aus Liebe bei Gryphius, Hallmann und Lohenstein. In: Der Narr in der deutschen Literatur im Mittelalter und in der Frühen Neuzeit. Kolloquium in Nancy (13.–14. März 2008). Hg. von Jean Schillinger. Bern 2009 (Jahrbuch für internationale Germanistik A,96), S. 205–234.

Siehe außerdem: [106]–[137], [374]–[420].

6.2.1 Seugamme

[743] Joachim Schulze: Seugamme, Oder Untreues Haussgesinde. In: Die Dramen des Andreas Gryphius. Eine Sammlung von Einzelinterpretationen. Hg. von Gerhard Kaiser. Stuttgart 1968, S. 339–362.

Siehe außerdem: [106]–[137], [374]–[420], [717]–[742].

6.2.2 Absurda Comica oder Herr Peter Squentz

[744] Pierre Béhar: La hiérarchie du comique chez Gryphius. Situation de »Peter Squentz«. In: La volonté de comprendre. Hommage à Roland Krebs. Hg. von Michel Grunewald und Maurice Godé. Bern 2005 (Convergences 33), S. 15–26.
[745] Thomas W. Best: Gryphius and the ›Squentz-Stoff‹. In: Monatshefte für deutschen Unterricht 76 (1984), S. 182–191.
[746] Monica Biasiolo: Olga Gogala di Leesthal: Contributi all'antologia »Teatro tedesco« di Bompiani. In: Passione letteratura: Olga Gogala di Leesthal. Hg. von Monica Biasiolo. Bologna 2010, S. 107–123.
[747] Karl Borinski: Zur Peter-Squenz-Frage. In: Zeitschrift für deutsches Altertum und deutsche Literatur 32 (1888), S. 415f.
[748] David Brett-Evans: Der »Sommernachtstraum« in Deutschland 1600–1650. In: Zeitschrift für deutsche Philologie 77 (1958), S. 371–383.
[749] Walther Bücheler: »Herr Peter Squentz« von Andreas Gryphius. In: Die pädagogische Provinz 10 (1956), S. 561–567.
[750] Albert Cohn: Shakespeare in Germany in the Sixteenth and Seventeenth Centuries. An Account of English Actors in Germany and the Netherlands and of the Plays Performed by Them during the Same Period. London 1865.
[751] Uwe Durst: Realitätssystemisch einfache und komplexe Varianten der Spiel-im-Spiel-Struktur. In: Neohelicon 37 (2010), S. 489–507.
[752] Hans-Peter Ecker: Andreas Gryphius: »Absurda Comica. Oder Herr Peter Squentz. Schimpff-Spiel«. In: Dramen vom Barock bis zur Aufklärung. Stuttgart 2000 (Reclams Universal-Bibliothek 17512), S. 93–114.
[753] Roland Elsner: Zeichen und literarische Praxis. Theorie der Literatur und die Praxis des Andreas Gryphius im »Peter Squentz«. München 1977.
[754] Norbert Fein: Die deutschen Nachahmer des Rüpelspiels aus Shakespeares Sommernachtstraum. Programm der Staatsrealschule. Brünn 1914.
[755] Florent Gabaude: Vexierspiel mit Säuen und Brunnen. Bemerkungen zur spöttischen Hans-Sachs-Rezeption in Andreas Gryphius' »Absurda Comica. Oder Herr Peter Squentz«. In: Das Spiel in der Literatur. Hg. von Philippe Wellnitz. Berlin 2013 (Literaturwissenschaft 33), S. 21–45.

[756] Ulrich Gaier: Problematisierte Rezeption. Gryphs »Peter Squentz«. In: Deutsche Barockliteratur und europäische Kultur. Zweites Jahrestreffen des Internationalen Arbeitskreises für Deutsche Barockliteratur in der Herzog August Bibliothek Wolfenbüttel. 28. bis 31. August 1976. Vorträge und Kurzreferate. Hg. von Martin Bircher und Eberhard Mannack. Hamburg 1977 (Dokumente des Internationalen Arbeitskreises für deutsche Barockliteratur 3), S. 225–227.

[757] Ralf Haekel: Von Bottom zu Pickelhering. Die Kunst des komischen Schauspiels in Shakespeares »A Midsummer Night's Dream« und Gryphius' »Absurda Comica«. In: Anthropologie und Medialität des Komischen im 17. Jahrhundert (1580–1730). Hg. von Stefanie Arend, Thomas Borgstedt, Nicola Kaminski und Dirk Niefanger. Amsterdam 2008 (Chloe 40), S. 207–221.

[758] Georg Hart: Ursprung und Verbreitung der Pyramus- und Thisbe-Sage. Altertum, Deutschland und Frankreich. Diss. München 1889.

[759] Gerhard Kaiser: Absurda Comica. Oder Herr Peter Squentz. In: Die Dramen des Andreas Gryphius. Eine Sammlung von Einzelinterpretationen. Hg. von Gerhard Kaiser. Stuttgart 1968, S. 207–225.

[760] Joseph Kiermeier-Debre: Comoedi von der Verlachung der Tragoedi. Andreas Gryphius, »Absurda Comica oder Herr Peter Squentz / Schimpff=Spiel«. In: ders.: Eine Komödie und auch keine. Theater als Stoff und Thema des Theaters von Harsdörffer bis Handke. Stuttgart 1989, S. 45–56.

[761] Knut Kiesant: Inszeniertes Lachen in der Barock-Komödie. Andreas Gryphius' »Peter Squentz« und Christian Weises »Der niederländische Bauer«. In: Komische Gegenwelten. Lachen und Literatur in Mittelalter und Früher Neuzeit. Hg. von Werner Röcke und Helga Neumann. Paderborn 1999, S. 199–214.

[762] Roeland Anthonie Kollewijn: Ueber die Quelle des Peter Squenz. In: Archiv für Litteraturgeschichte 9 (1880), S. 445–452.

[763] Gérard Laudin: Poètes et plumitifs. De l'utilité sociale de la comédie et de la farce dans »Peter Squentz« d' Andreas Gryphius et »Tobias und die Schwalbe« de Christian Weise. In: La volonté de comprendre. Hommage à Roland Krebs. Hg. von Michel Grunewald und Maurice Godé. Bern 2005 (Convergences 33), S. 27–42.

[764] Eberhard Mannack: Politisch-gesellschaftliche Strategie der Peter Squentz-Komödie. In: Theatrum Europaeum. Festschrift für Elida Maria Szarota. Hg. von Richard Brinkmann, Karl-Heinz Habersetzer, Paul Raabe, Karl-Ludwig Selig und Blake Lee Spahr. München 1982, S. 311–323.

[765] Dieter Martin: »equiuoca ist auch ein schmach«. Eine Notiz zum »Peter Squentz« des Andreas Gryphius. In: Wolfenbütteler Barock-Nachrichten 21 (1994), S. 53–56.

[766] Roland Maurer: Das Theater im Theater als Form der Darstellung poetologischer und existentieller Widersprüche auf der Bühne. Diss. Bern 1981.

[767] Nancy Carolyn Michael: Amateur Theatricals and Professional Playwriting. The Relationship between »Peter Squentz« and »A Midsummer Night's Dream«. In: Comparative Literature Studies 23 (1986), S. 195–204.
[768] Peter Michelsen: Zur Frage der Verfasserschaft des »Peter Squentz«. In: Euphorion 63 (1969), S. 54–65.
[769] Marie-Thérèse Mourey: Körperrhetorik und -semiotik der volkstümlichen Figuren auf der Bühne. In: Anthropologie und Medialität des Komischen im 17. Jahrhundert (1580–1730). Hg. von Stefanie Arend, Thomas Borgstedt, Nicola Kaminski und Dirk Niefanger. Amsterdam 2008 (Chloe 40), S. 105–141.
[770] Klaus-Detlef Müller: »Haben derowegen weit geirret...«. Gryphius' »Herr Peter Squentz« und die Ständeklausel. In: Festschrift für Erich Trunz zum 90. Geburtstag. Vierzehn Beiträge zur deutschen Literaturgeschichte. Hg. von Dietrich Jöns und Dieter Lohmeier. Neumünster 1998 (Kieler Studien zur deutschen Literaturgeschichte 19), S. 43–54.
[771] Yoshiki Nakada: Absurda Comica. Oder Herr Peter Squentz / Schimpff-Spiel von Andreas Gryphius. In: Doitsu Bungaku 36 (1966), S. 40–49.
Japanisch mit deutscher Zusammenfassung.
[772] Russell C. Pease: The Sources of »Peter Squenz«. MA-Thesis. Chapel Hill (University of North Carolina) 1965.
[773] Richard E. Schade: Absurda Cosmica. Zum astrologischen Moment in »Herr Peter Squentz«. In: Text + Kritik 7/8 (1980), S. 80–84.
[774] Richard E. Schade: Approaches to »Herr Peter Squentz«. Persona, Play and Parable. In: Colloquia Germanica 13 (1980), S. 289–302.
[775] Alfred Schaer: Die Peter-Squentz-Komödien. Die dramatischen Bearbeitungen der Pyramus-Thisbe-Sage in Deutschland im 16. und 17. Jahrhundert. Schkeuditz 1909 (Schriften zur Erzählforschung 4).
[776] Manfred Schmeling: Das Spiel im Spiel. Ein Beitrag zur vergleichenden Literaturkritik. Gütersloh 1977 (Deutsche und vergleichende Literaturwissenschaft 3).
[777] Franz Schmitt-von Mühlenfels: Pyramus und Thisbe. Rezeptionstypen eines Ovidischen Stoffes in Literatur, Kunst und Musik. Heidelberg 1972 (Studien zum Fortwirken der Antike 6).
[778] Martin P. Sheehan: A Sense of Place, a Place of Sense. The Comedic Function of Setting in »Herr Peter Squenz«. In: Earthly and Spiritual Pleasures in Medieval Life, Literature, Art, and Music: In Memory of Ulrich Müller. Hg. von Sibylle Jefferis. Göppingen 2014 (Göppinger Arbeiten zur Germanistik 779), S. 231–251.
[779] Friedrich Meyer von Waldeck: Der Peter Squenz von Andreas Gryphius eine Verspottung des Hans Sachs. In: Vierteljahrsschrift für Literaturgeschichte 1 (1888), S. 195–212.
[780] Alexander von Weilen: Aus dem Nachleben des Peter Squenz und des Faustspiels. In: Euphorion 2 (1895), S. 629–632.

[781] Volkhard Wels: Der theologische Horizont von Andreas Gryphius' »Absurda Comica«. In: Anthropologie und Medialität des Komischen im 17. Jahrhundert (1580–1730). Hg. von Stefanie Arend, Thomas Borgstedt, Nicola Kaminski und Dirk Niefanger. Amsterdam 2008 (Chloe 40), S. 371–402.
[782] Charlotte Woodford: Gryphius, »Peter Squentz«. In: Landmarks in German Comedy. Hg. von Peter Hutchinson. Oxford 2006 (Britische und irische Studien zur deutschen Sprache und Literatur 35), S. 21–36.

Siehe außerdem: [106]–[137], [374]–[420], [658], [681], [717]–[742], [751], [868], [982], [990].

6.2.3 Horribilicribrifax

[783] Thomas Althaus: Topik und Komödie. Andreas Gryphius' »Horribilicribrifax Teutsch«. In: Kollision und Devianz. Diskursivierungen von Moral in der Frühen Neuzeit. Hg. von Yvonne Al-Taie, Bernd Auerochs und Anna-Margaretha Horatschek. Berlin 2015 (Diskursivierung von Wissen in der Frühen Neuzeit 3), S. 165–188.
[784] Bernhard Asmuth: Edle Liebe und arge Komik. Gryphius' Scherzspiel »Horribilicribrifax«. In: Deutsche Komödien. Vom Barock bis zur Gegenwart. Hg. von Winfried Freund. München 1988 (^{2}1995) (UTB 1498), S. 16–32.
[785] Martin Bircher: »Horribilicribrifax« illustriert. Engelbrecht und Bodenehr als Illustratoren von Andreas Gryphius' Lustspiel. In: »Daß eine Nation die ander verstehen möge«. Festschrift für Marian Szyrocki zu seinem 60. Geburtstag. Hg. von Norbert Honsza und Hans-Gert Roloff. Amsterdam 1988 (Chloe 7), S. 97–122.
[786] Désirée Bourger: Schwert und Zunge. Über die zweifache Prahlerei in Andreas Gryphius' »Horribilicribrifax«. In: Daphnis 28 (1999), S. 117–136.
[787] Susan L. Clark: »Ihr verstehet mich nicht recht«. Use and Misuse of Languages in »Horribilicribrifax«. In: »Der Buchstab tödt – der Geist macht lebendig«. Festschrift zum 60. Geburtstag von Hans-Gert Roloff von Freunden, Schülern und Kollegen. 2 Bde. Hg. von James Hardin und Jörg Jungmayr. Bern 1992, Bd. 2, S. 813–847.
[788] Ruth Florack: Capitano und Deutschfranzose. Komische Ausländer auf deutschen und französischen Bühnen. In: Rollenfach und Drama. Hg. von Anke Detken und Anja Schonlau. Tübingen 2014 (Forum modernes Theater 42), S. 225–240.
[789] Daniel Fulda: Falsches Kleid und bare Münze. Tausch und Täuschung als Konstituenten der Komödie, mit zwei Beispielen aus dem Barock. In: Internationales Archiv für Sozialgeschichte der deutschen Literatur 25 (2000), S. 22–47.

[790] Daniel Fulda: Schau-Spiele des Geldes. Die Komödie und die Entstehung der Marktgesellschaft von Shakespeare bis Lessing. Tübingen 2005 (Frühe Neuzeit 102).
Rezensionen:
- Germanistik 46 (2005), S. 705f. (Claus Rieder).
- IASLonline 2006, http://www.iaslonline.de/index.php?vorgang_id=1393 (Michael Szurawitzki).
- Das achtzehnte Jahrhundert 31 (2007), S. 105–107 (Eric Achermann).
- Archiv für das Studium der neueren Sprachen und Literaturen 160 (2008), S. 408–412 (Jürgen Meyer).
- Arbitrium 30 (2012), S. 197–202 (Gideon Stiening).

[791] Florent Gabaude: Querbezüge zwischen europäischer Flugblattpublizistik und Komödienliteratur der Frühen Neuzeit am Beispiel der ›Capitano‹-Figur. In: Frühneuzeitliche Stereotype. Zur Produktivität und Restriktivität sozialer Vorstellungsmuster. V. Jahrestagung der Internationalen Andreas Gryphius Gesellschaft Wrocław 8. bis 11. Oktober 2008. Hg. von Mirosława Czarnecka, Thomasz Jabłecki und Thomas Borgstedt. Bern 2010 (Jahrbuch für internationale Germanistik A,99), S. 185–209.

[792] Florent Gabaude: Intermediale Kongruenz und Porosität von Flugblatt und Theater der Frühen Neuzeit am Beispiel von Andreas Gryphius. In: Das Populäre. Untersuchungen zu Interaktionen und Differenzierungsstrategien in Literatur, Kultur und Sprache. Hg. von Olivier Agard, Christian Helmreich und Hélène Vinckel-Roisin. Göttingen 2011, S. 37–51.

[793] Florent Gabaude: Les avatars du capitan de comédie, de l'iconographie à la scène et vice versa: l'exemple de l'Horribilicribrifax d'Andreas Gryphius. In: Grotesque et spatialité dans les arts du spectacle et de l'image en Europe (XVIe–XXIe siècles). Hg. von Aline Le Berre, Florent Gabaude und Philippe Wellnitz. Bern 2012 (Contacts: Sér. 1, Theatrica 27), S. 97–129.

[794] Klaus Haberkamm: Scherz-Spiel als Sprech-Spiel. Andreas Gryphius' Liebes-Spiel »Horribilicribrifax«. In: Komödiensprache. Beiträge zum deutschen Lustspiel zwischen dem 17. und dem 20. Jahrhundert. Mit einem Anhang zur Literaturdidaktik der Komödie. Hg. von Helmut Arntzen. Münster 1988 (Literatur als Sprache 5), S. 1–21.

[795] Walter Hinck: Gryphius und die italienische Komödie. Untersuchung zum »Horribilicribrifax«. In: Germanisch-Romanische Monatsschrift 13 (1963), S. 120–146.

[796] Gerhard Kaiser: Horribilicribrifax Teutsch: Wehlende Liebhaber. In: Die Dramen des Andreas Gryphius. Eine Sammlung von Einzelinterpretationen. Hg. von Gerhard Kaiser. Stuttgart 1968, S. 226–255.

[797] Nicola Kaminski: EX BELLO ARS oder Ursprung der »Deutschen Poeterey«. Heidelberg 2004 (Beiträge zur neueren Literaturgeschichte 205).
Zum Horribilicribrifax: S. 339–382, 386–391 und 399f.

Rezensionen:
- IASLonline 2004, http://www.iaslonline.de/index.php?vorgang_id=1002 (Kai Bremer).
- IASLonline 2004, http://www.iaslonline.de/index.php?vorgang_id=1039 (Stefanie Stockhorst).
- Simpliciana 26 (2004), S. 491–495 (Dieter Martin).
- Beiträge zur Geschichte der deutschen Sprache und Literatur 129 (2007), S. 378–382 (Erik Butler).
- The Modern Language Review 102 (2007), S. 257f. (Anna Carrdus).
- Arbitrium 25 (2007), S. 54–63 (Barbara Mahlmann-Bauer).
- Germanisch-Romanische Monatsschrift 57 (2007), S. 255f. (Dieter Merzbacher).

[798] Helmuth Kiesel: Höfische Gewalt im Lustspiel des Andreas Gryphius. Bemerkungen zum »Horribilicribrifax« im Vergleich zu deutschen Lucretia- und Virginia-Dramen. In: Text + Kritik 7/8 (1980), S. 68–79.

[799] Egbert Krispyn: Vondel's »Leeuwendalers« as a Source of Gryphius' »Horribilicribrifax« and »Gelibte Dornrose«. In: Neophilologus 46 (1962), S. 134–144.

[800] Wilhelm Kühlmann: Gelehrtenrepublik und Fürstenstaat. Entwicklung und Kritik des deutschen Späthumanismus in der Literatur des Barockzeitalters. Tübingen 1982 (Studien und Texte zur Sozialgeschichte der Literatur 3).
Zum *Horribilicribrifax*: S. 400–422.

[801] Jolanda Lötscher: Andreae Gryphii Horribilicribrifax Teutsch. Formanalyse und Interpretation eines deutschen Lustspiels des 17. Jahrhunderts im soziokulturellen und dichtungstheoretischen Kontext. Bern 1994 (Deutsche Literatur von den Anfängen bis 1700-18).
Rezensionen:
- Études germaniques 50 (1995), S. 749f. (Jean-Louis Raffy).
- Deutsche Bücher 26 (1996), S. 278–283 (Thomas Borgstedt).

[802] Fausto De Michele: Der ›Capitano‹ der Commedia dell'arte und seine Rezeption und Entwicklung im deutschsprachigen Theater. In: Daphnis 31 (2002), S. 529–591.

[803] Dirk Niefanger: Sprach- und Verständnisprobleme in »Horribilicribrifax Teutsch« von Andreas Gryphius. In: Festschrift Bohdan Maxymtschuk. Hg. vom Ministerium für Bildung, Wissenschaft, Jugend und Sport der Ukraine. Lemberg 2011, S. 191–199.

[804] Dirk Niefanger: Johann Rists »Rettung der Edlen Teutschen Hauptsprache«: Eine satirische Präsentation barocker Sprachpragmatik und ihre Spuren im »Teutschen Michel« von Grimmelshausen und im »Horribilicribrifax Teutsch« von Gryphius. In: Simpliciana 35 (2013), S. 142–159.

[805] Aaron Schaffer: The Hebrew Words in Gryphius' Horribilicribrifax. In: Journal of English and Germanic Philology 18 (1919), S. 92–96.

[806] Ingrid Schiewek: Ein altes Scherzspiel im Kontext des 17. Jahrhunderts. Überlegungen zum »Horribilicribrifax« des Andreas Gryphius. In: Weimarer Beiträge 26 (1980), S. 77–105.

[807] Blake Lee Spahr: Daradiri's Pseudonym. In: Wolfenbütteler Barock-Nachrichten 17 (1990), S. 11f.
[808] Johannes H. Tisch: Theme and Structure of »Horribilicribrifax« by Andreas Gryphius. In: Proceedings of the Eighth Congress 15–22 August 1962. Hg. von der Australasian Universities Language and Literature Association. Canberra 1963, S. 72f.
[809] Johannes H. Tisch: Braggarts, Wooers, Foreign Tongues and Vanitas. Theme and Structure of Andreas Gryphius' »Horribilicribrifax«. In: Journal of the Australasian Universities Language and Literature Association 21 (1964), S. 65–78.

Siehe außerdem: [106]–[137], [374]–[420], [717]–[742].

6.2.4 Schwermender Schäffer

[810] Hildegard Kehl: Stilarten des deutschen Lustspielalexandriners. Halle 1931 (Bausteine zur Geschichte der deutschen Literatur 31).
[811] Julius Löwy: Andreas Gryphius' »Der schwärmende Schäfer«. Diss. Wien 1910.
[812] Erika A. Metzger und Michael M. Metzger: Die Heilung des »Schwermenden Schäfers« durch das Wunderbare. In: Studien zur Literatur des 17. Jahrhunderts. Gedenkschrift für Gerhard Spellerberg (1937–1996). Hg. von Hans Feger. Amsterdam 1997 (Chloe 27), S. 159–178.
[813] Henri Plard: Der Schwermende Schäffer. In: Die Dramen des Andreas Gryphius. Eine Sammlung von Einzelinterpretationen. Hg. von Gerhard Kaiser. Stuttgart 1968, S. 363–379.

Siehe außerdem: [106]–[137], [374]–[420], [717]–[742].

6.3 Festspiele

6.3.1 Majuma

[814] Gernot U. Gabel: Andreas Gryphius: Piastus, Majuma. Ein Wortindex. Hamburg 1972 (Indices zur deutschen Barockliteratur 1).
[815] Dietrich Walter Jöns: Majuma, Piastus. In: Die Dramen des Andreas Gryphius. Eine Sammlung von Einzelinterpretationen. Hg. von Gerhard Kaiser. Stuttgart 1968, S. 285–301.
[816] Eberhard Mannack: Die »verdeckte Fortsetzung des Dreißigjährigen Krieges« in Schlesien zwischen 1650 und 1660 am Beispiel von Andreas Gryphius. In:

Memoria Silesiae. Leben und Tod, Kriegserlebnis und Friedenssehnsucht in der literarischen Kultur des Barock. Zum Gedenken an Marian Szyrocki (1928-1992). Hg. von Mirosława Czarnecka, Andreas Solbach, Jolanta Szafarz und Knut Kiesant. Breslau 2003 (Acta Universitatis Wratislaviensis 2504), S. 109-115.

Siehe außerdem: [106]-[137], [374]-[420], [717]-[742], [797].

6.3.2 Piastus

[817] Knut Kiesant: Andreas Gryphius' Festspiel »Piastus« (1660). In: Deutsche Literatur im Wirkungs- und Rezeptionsfeld mittel- und osteuropäischer Literaturen. Hg. von Werner Rieck. Potsdam 1989 (Potsdamer Forschungen der Pädagogischen Hochschule 94), S. 38-47.

[818] Eugeniusz Klin: Das Singspiel »Piastus« von Andreas Gryphius. Zur Geschichte seiner Entstehung und Uraufführung. In: Andreas Gryphius und das Theater des Barock. Eine Dokumentation der gleichnamigen Tagung der Künstlergilde in Glogau am 4. Juni 1994. Hg. von der Künstlergilde Esslingen. Esslingen 1995 (Schriftenreihe der Künstlergilde 31), S. 15-22.
Auch abgedruckt in Tradition und Gegenwart. Studien zur Literatur Schlesiens. Würzburg 2001, S. 3-10.

[819] Eugeniusz Klin: Dramaty okolicznościowe Andreasa Gryphiusa – źródła i recepcja. In: Życie i twórczość Andreasa Gryphiusa: poezja i polityka na Śląsku w XVII wieku. Głogów 2002, S. 51-64.
Polnischer Aufsatz zu den Quellen und zur Rezeption der Gryphiusschen Festspiele.

[820] Eugeniusz Klin: Zeitkritik und Friedensbotschaft im »Piastus« von Andreas Gryphius. In: Memoria Silesiae. Leben und Tod, Kriegserlebnis und Friedenssehnsucht in der literarischen Kultur des Barock. Zum Gedenken an Marian Szyrocki (1928-1992). Hg. von Mirosława Czarnecka, Andreas Solbach, Jolanta Szafarz und Knut Kiesant. Breslau 2003 (Acta Universitatis Wratislaviensis 2504), S. 103-107.

[821] Theodor Paur: Über den »Piastus« des Andreas Gryphius. Ein Beitrag zur Geschichte der schlesischen Poesie. In: Zeitschrift des Vereins für Geschichte und Altertum Schlesiens 2 (1858/59), S. 167-181.

[822] Elida Maria Szarota: Piastowie w literaturze niemieckiej XVII wieku. In: Europejskie związki literatury polskiej. Hg. von Jan Zygmunt Jakubowski. Warschau 1969, S. 155-186.

[823] Zdzisław Żygulski: »Piastus«, Andreas Gryphius. In: Kwartalnik Neofilologiczny 2 (1955), S. 137-140.

Siehe außerdem: [106]-[137], [174], [374]-[420], [717]-[742], [814], [815].

6.3.3 Verlibtes Gespenste / Die gelibte Dornrose

[824] Thomas W. Best: Amor fati in Gryphius' »Gelibte Dornrose«. In: Daphnis 17 (1988), S. 77–97.
[825] Thomas W. Best: Calderón's »Galán fantasma«, Quinault's »Fantôme amoureux«, and Gryphius' »Verlibtes Gespenste«. In: »Der Buchstab tödt – der Geist macht lebendig«. Festschrift zum 60. Geburtstag von Hans-Gert Roloff von Freunden, Schülern und Kollegen. 2 Bde. Hg. von James Hardin und Jörg Jungmayr. Bern 1992, Bd. 1, S. 283–296.
[826] Bernhard Greiner: Andreas Gryphius, »Verlibtes Gespenste / Gesang-Spil. Die gelibte Dornrose / Schertz-Spill«. In: ders.: Die Komödie. Eine theatralische Sendung. Grundlagen und Interpretationen. Tübingen 1992 (^{2}2006) (UTB 1665), S. 119–129.
[827] David G. John: »Die Bauren«: An Unknown Adaptation of Gryphius's »Die gelibte Dornrose«. In: Daphnis 20 (1991), S. 585–600.
[828] Gerhard Kaiser: Verlibtes Gespenste – Die gelibte Dornrose. In: Die Dramen des Andreas Gryphius. Eine Sammlung von Einzelinterpretationen. Hg. von Gerhard Kaiser. Stuttgart 1968, S. 256–281.
[829] Roeland Anthonie Kollewijn: Gryphius' »Dornrose« und Vondels »Leeuwendalers«. In: Archiv für Litteraturgeschichte 9 (1880), S. 56–63.
[830] Alfred Lowack: Die Mundart im hochdeutschen Drama bis gegen das Ende des 18. Jahrhunderts. Ein Beitrag zur Geschichte des deutschen Dramas und der deutschen Dialektdichtung. Leipzig 1905 (Breslauer Beiträge zur Literaturgeschichte 7).
[831] Peter Wiesinger: Der schlesische Dialekt im Scherzspiel »Die geliebte Dornrose« von Andreas Gryphius. In: Sprachwissenschaft 1. Wrocław – Berlin. Germanistischer Brückenschlag im deutsch-polnischen Dialog. II. Kongress der Breslauer Germanistik. Hg. von Franz Simmler und Eugeniusz Tomiczek. Breslau 2006, S. 89–110.

Siehe außerdem: [106]–[137], [374]–[420], [717]–[742], [799], [802], [907], [930].

7 Prosa

7.1 Fewrige Freystadt

[832] Marie Luisa Allemeyer: Fewersnoth und Flammenschwert. Stadtbrände in der Frühen Neuzeit. Göttingen 2007.
Rezensionen:
- Vierteljahrsschrift für Sozial- und Wirtschaftsgeschichte 95 (2008), S. 476 (Wolfgang Behringer).
- Zeitschrift für historische Forschung 35 (2008), S. 667f. (Cornel Zwierlein).

[832a] Konrad Gajek: Andreas Gryphius' Abschrift der Ratsprotokolle von Freystadt (1637). In: Zur Literatur und Kultur Schlesiens in der Frühen Neuzeit aus interdisziplinärer Sicht. Hg. von Mirosława Czarnecka. Breslau 1998 (Acta Universitatis Wratislaviensis 1968), S. 183–197.

[833] Gerhard Hay: »Wann er den Kirchhoff wählt zu seiner hohen Schul«. Zur Prosa des Andreas Gryphius. In: Text + Kritik 7/8 (1980), S. 94–104.

[834] Nicola Kaminski: »Vnnd was manch weiser Sinn erforscht / ersehn / erwacht...«. Gryphius' »Fewrige Freystadt« und die Forschung. In: Śląska republika uczonych / Schlesische Gelehrtenrepublik / Slezská Vědecká Obec. Bd. 6. Hg. von Marek Hałub und Anna Mańko-Matysiak. Dresden/Breslau 2014, S. 175–198.

[835] Dirk Niefanger: »Fewrige Freystadt« – eine Gedächtnisschrift von Andreas Gryphius. In: Zeitschrift für deutsche Philologie 119 (2000), S. 481–497.

[836] Dirk Niefanger: Affekt und Katastrophengedächtnis bei Andreas Gryphius. In: Passion, Affekt und Leidenschaft in der Frühen Neuzeit. Hg. von Johann Anselm Steiger. In Verbindung mit Ralf Georg Bogner, Ulrich Heinen, Renate Steiger, Melvin Unger und Helen Watanabe-O'Kelly. Wiesbaden 2005 (Wolfenbütteler Arbeiten zur Barockforschung 43), Bd. 2, S. 941–950.

[837] Marian Szyrocki: Andreas Gryphius' »Fewrige Freystadt«. In: Orbis litterarum 25 (1970), S. 102–114.

Siehe außerdem: [106]–[137], [477], [881], [954].

7.2 Leichabdankungen

[838] Maria Fürstenwald: Andreas Gryphius: Dissertationes Funebres. Studien zur Didaktik der Leichabdankungen. Bonn 1967 (Abhandlungen zur Kunst-, Musik- und Literaturwissenschaft 46).
Rezensionen:
- The Modern Language Review 65 (1970), S. 451–453 (A. Menhennet).
- Monatshefte für deutschsprachige Literatur und Kultur 63 (1971), S. 278f. (F. W. Wentzlaff-Eggebert).

[839] Maria Fürstenwald: Zur Theorie und Funktion der Barockabdankung. In: Leichenpredigten als Quelle historischer Wissenschaften. Bd. 1. Hg. von Rudolf Lenz. Köln 1975, S. 372–389.

[840] Osamu Kutsuwada: Versuch über »Dissertationes Funebres« von Andreas Gryphius. In: Zeitschrift für deutsche Philologie 88 (1969), S. 481–496.

[841] Barbara Mühl: Untersuchungen zur rhetorischen Gestaltung der Leich-Abdankungen des Andreas Gryphius. Magisterarbeit. Mainz 1974.

[842] Sibylle Rusterholz: Rostra, Sarg und Predigtstuhl. Studien zu Form und Funktion der Totenrede bei Andreas Gryphius. Bonn 1974 (Studien zur Germanistik, Anglistik und Komparatistik 16).

[843] Johann Anselm Steiger: Die Edition von Andreas Gryphius' »Leichabdankungen«. Ein Projekt zur interdisziplinären Verklammerung der germanistischen Frühneuzeit-Forschung mit der Historischen Theologie. In: Kulturgeschichte Schlesiens in der Frühen Neuzeit. Hg. von Klaus Garber. Tübingen 2005, Bd. 2, S. 1049–1060.

[844] Ursula Stötzer: Die Trauerreden des Andreas Gryphius. In: Wissenschaftliche Zeitschrift der Martin-Luther-Universität Halle-Wittenberg. Gesellschafts- und sprachwissenschaftliche Reihe 11 (1962), S. 1731–1740.

Siehe außerdem: [106]–[137], [398], [833], [867], [868], [907], [937], [939], [959].

7.2.1 Menschlichen Lebenß Traum

[845] Antje Ernst und Mathias Ernst: »Ich habe dise Welt beschawt und bald gesegnet: Weil mir auff einen Tag all Angst der Welt begegnet«. Kriegserfahrungen im Spiegel von Andreas Gryphius' Grabschrift für seine Nichte. In: Zwischen Alltag und Katastrophe. Der Dreißigjährige Krieg aus der Nähe. Hg. von Benigna von Krusenstjern und Hans Medick in Zusammenarbeit mit Patrice Veit. Göttingen 1999 (Veröffentlichungen des Max-Planck-Instituts für Geschichte 148), S. 497–506.

[846] Richard Erich Schade: The King-for-a-Day Theme and Extra-Literary Realities in the Writings of Hollonius, Gryphius, Harsdörffer and Krüger. In: Daphnis 17 (1988), S. 37–53.

Siehe außerdem: [106]–[137], [836], [838]–[844].

7.2.2 Brunnen-Discurs

[847] Karl-Heinz Habersetzer: Mors Vitae Testimonium. Zu Form und Absicht in Andreas Gryphius' Leichabdankung auf Georg Schönborner (»Brunnen-Diskurs«). In: Leichenpredigten als Quelle historischer Wissenschaften. Bd. 2. Hg. von Rudolf Lenz. Marburg 1979, S. 254–283.

[848] Dirk Niefanger: Aufrichtige Anlässe. Ausgangspunkte der (poetischen) Rede im 17. Jahrhundert. In: Die Kunst der Aufrichtigkeit im 17. Jahrhundert. Hg. von Claudia Benthien und Steffen Martus. Tübingen 2006 (Frühe Neuzeit 114), S. 267–278.

Siehe außerdem: [106]–[137], [838]–[844], [907].

7.2.3 Schlesiens Stern in der Nacht

Siehe: [106]–[137], [838]–[844], [937].

7.2.4 Magnetische Verbindung Des HErrn JESV / und der in Jhn verliebten Seelen

[849] Misia Sophia Doms: Die ›Wirklichkeit‹ der Transzendenz. Überlegungen zur Magnetbildlichkeit in der Leichabdankung »Magnetische Verbindung des Herrn Jesv / und der in Jhn verliebten Seelen« von Andreas Gryphius. In: Daphnis 38 (2009), S. 9–37.

[850] Gerd Hillen: Das Ehren-Gedächtnüss für Mariane von Poppschitz. Zur Struktur seiner Bildlichkeit. In: Gelegenheitsdichtung. Referate der Arbeitsgruppe 6 auf dem Kongreß des Internationalen Arbeitskreises für Deutsche Barockliteratur Wolfenbüttel, 28.8.–31.8.1976. Hg. von Dorette Frost und Gerhard Knoll. Bremen 1977 (Veröffentlichungen der Abteilung Gesellschaftswissenschaften und der Spezialabteilung 11), S. 113–119.
Zusammenfassung auch in Deutsche Barockliteratur und europäische Kultur. Zweites Jahrestreffen des Internationalen Arbeitskreises für Deutsche Barockliteratur in der Herzog August Bibliothek Wolfenbüttel 28. bis 31. August 1976. Vorträge und Kurzreferate. Hg. von Martin Bircher und Eberhard Mannack. Hamburg 1977 (Dokumente des Internationalen Arbeitskreises für deutsche Barockliteratur 3), S. 302f.

[851] Osamu Kutsuwada: Sicht und »Sinnenbild« von Andreas Gryphius. Notizen zu »Magnetische Verbindung« und »Letztes Ehren-Gedächtnüß«. In: Doitsu Bungaku 47 (1971), S. 1–12.
Japanisch mit deutscher Zusammenfassung.

[852] Michael Schilling: Andreas Gryphius als Emblematiker. Das Bildprogramm im »Letzten Ehren-Gedächtnüß Der... Marianen von Popschitz« (1660). In: Daphnis 22 (1993), S. 711–721.

Siehe außerdem: [106]–[137], [456], [838]–[844], [867], [868], [907], [937], [939], [959].

7.2.5 Winter-Tag Menschlichen Lebens

Siehe: [106]–[137], [838]–[844], [937].

7.2.6 Uberdruß Menschlicher Dinge

Siehe: [106]–[137], [838]–[844], [937], [939].

7.2.7 Hingang durch die Welt

Siehe: [106]–[137], [838]–[844], [937].

7.2.8 Folter Menschliches Lebens

Siehe: [106]–[137], [838]–[844], [867], [868], [937], [939].

7.2.9 Der Tod Als Artzt der Sterblichen

[853] Johann Anselm Steiger: Andreas Gryphius' Leichabdankung auf den Arzt Heinrich Fierling, Sigismund Pirschers Leichenpredigt und die theologia medicinalis. Ein Beitrag zur Geschichte der Parentatio zwischen ›weltlicher‹ und ›geistlicher‹ Redekultur. In: Daphnis 38 (2009), S. 309–367.

Siehe außerdem: [106]–[137], [838]–[844], [867], [868], [937], [939].

7.2.10 Abend Menschlichen Lebens

Siehe: [106]–[137], [838]–[844], [907], [937].

7.2.11 Außländische Jn dem Vaterland

Siehe: [106]–[137], [838]–[844], [937].

7.2.12 Seelige Unfruchtbarkeit

Siehe: [106]–[137], [838]–[844], [937].

7.2.13 Flucht Menschlicher Tage

Siehe: [106]–[137], [838]–[844], [907], [939].

7.2.14 Mutua Amantium Fuga

Siehe: [106]–[137], [838]–[844], [937].

7.3 Mumiae Wratislavienses

[854] Jean B. Neveux: Andreas Gryphius et les momies. In: Études germaniques 19 (1964), S. 451–462.
[855] Joachim Śliwa: Andreas Gryphius und die Breslauer Mumien. Ein Beitrag zur Kulturgeschichte Schlesiens im 17. Jahrhundert. In: Wolfenbütteler Barock-Nachrichten 30 (2003), S. 3–21.

Siehe außerdem: [106]–[137].

7.4 Glogauischen Fürstenthumbs Landesprivilegia

[856] Dirk Lentfer: Die Glogauer Landesprivilegien des Andreas Gryphius von 1653. Frankfurt a.M. 1996 (Rechtshistorische Reihe 147).
Rezension:
- Germanic Notes and Reviews 29 (1998), S. 48f. (Walter G. Marigold).
[857] Dirk Lentfer: Die Glogauer Landesprivilegien des Dichterjuristen Andreas Gryphius von 1653. In: Jahrbuch der Schlesischen Friedrich-Wilhelms-Universität zu Breslau 40/41 (1999/2000), S. 435–442.

Siehe außerdem: [106]–[137].

8 Gryphius als Übersetzer und Bearbeiter

[858] Ferdinand van Ingen: Die Übersetzung als Rezeptionsdokument. Vondel in Deutschland – Gryphius in Holland. In: Michigan Germanic Studies 4 (1978), S. 131–164.
[859] Hans Kuhn: Gryphius als Übersetzer aus dem Niederländischen. In: Zeitschrift für germanistische Linguistik 28 (2000), S. 346–376.
[860] Hans Kuhn: Andreas Gryphius am Schreibtisch. In: Wolfenbütteler Barock-Nachrichten 31 (2004), S. 149–180.
[861] Hans Kuhn: Hier starb Gryphius. Zur Verfasserschaft der Baker-Schriften. In: Wolfenbütteler Barock-Nachrichten 34 (2007), S. 51–55.
[862] Udo Sträter: Sir Richard Baker und Andreas Gryphius, oder: Zweimal London–Breslau via Amsterdam. In: Wolfenbütteler Barock-Nachrichten 11 (1984), S. 87–89.

[863] Marian Szyrocki: »Himmel Steigente HertzensSeufftzer« von Andreas Gryphius. In: Daphnis 1 (1972), S. 41–78.
[864] Jean-Marie Valentin: Das Jesuitendrama und die literarische Tradition. In: Deutsche Barockliteratur und europäische Kultur. Zweites Jahrestreffen des Internationalen Arbeitskreises für Deutsche Barockliteratur in der Herzog August Bibliothek Wolfenbüttel 28. bis 31. August 1976. Vorträge und Kurzreferate. Hg. von Martin Bircher und Eberhard Mannack. Hamburg 1977 (Dokumente des Internationalen Arbeitskreises für deutsche Barockliteratur 3), S. 116–140.
[865] Anne Wagniart: Status und Funktion der Übersetzung im schlesischen Kunstdrama. Von Opitz zu Hallmann. In: Die Bedeutung der Rezeptionsliteratur für Bildung und Kultur der Frühen Neuzeit (1400–1750). Hg. von Alfred Noe und Hans-Gert Roloff. Bern 2012 (Jahrbuch für internationale Germanistik A,109), S. 197–223.

Siehe außerdem: [106]–[137], [418], [715], [716], [917], [930], [958].

9 Forschungsliteratur zu systematischen, gattungsübergreifenden Aspekten

[866] Walter Frank Charles Ade: Das Sprichwort in den deutschen Werken des Andreas Gryphius (1616–1664). Diss. Chicago (Northwestern University) 1949.
[867] Peter-André Alt: Begriffsbilder. Studien zur literarischen Allegorie zwischen Opitz und Schiller. Tübingen 1995 (Studien zur deutschen Literatur 131).
Rezensionen:
- Referatedienst zur Literaturwissenschaft 27 (1995), S. 551–556 (Ludger Rehm).
- Arbitrium 3 (1997), S. 323–327 (Peter N. Skrine).
- Monatshefte für deutschen Unterricht, deutsche Sprache und Literatur 89 (1997), S. 228–230 (Gerd Hillen).
[868] Peter-André Alt: Von der Schönheit zerbrechender Ordnungen. Körper, Politik und Geschlecht in der Literatur des 17. Jahrhunderts. Göttingen 2007.
Rezension:
- Zeitschrift für Germanistik 18 (2008), S. 662–665 (Claudia Benthien).
[869] Bo Andersson: Beobachtungen zur Großschreibung in deutschen und schwedischen Versen des 17. Jahrhunderts. Andreas Gryphius – Skogekär Bergbo – Lars Johansson (Lucidor). In: ders.: Kontraster i språk. Stockholm 2000 (Studier i modern språkvetenskap 12), S. 29–69.
[870] Peter Becker: Auf dem Hochseil. Notate zu einer Daseinsmetapher. In: Studia niemcoznawcze 46 (2010), S. 223–226.
[871] Barbara Becker-Cantarino: »Vana Rosa«. From Ausonius to Góngora and Gryphius. In: Revista Hispánica Moderna 37 (1972/73), S. 29–45.
[872] Barbara Becker-Cantarino: »Die edlen Rosen leben so kurtze Zeit«. Zur Rosen-Metaphorik bei Gryphius, Góngora und den Quellen. In: Studien zur Li-

teratur des 17. Jahrhunderts. Gedenkschrift für Gerhard Spellerberg (1937–1996). Hg. von Hans Feger. Amsterdam 1997 (Chloe 27), S. 11–33.

[873] Claudia Benthien: »Itzt nun die Zunge fault«. Der Tod als ›Stumm-Macher‹ in Andreas Gryphius' Lyrik und Trauerspielen. In: Memoria Silesiae. Leben und Tod, Kriegserlebnis und Friedenssehnsucht in der literarischen Kultur des Barock. Zum Gedenken an Marian Szyrocki (1928–1992). Hg. von Mirosława Czarnecka, Andreas Solbach, Jolanta Szafarz und Knut Kiesant. Breslau 2003 (Acta Universitatis Wratislaviensis 2504), S. 227–240.

[874] Arpád Bernáth, Károly Csúri und Zoltán Kanyó: Texttheorie und Interpretation. Untersuchungen zu Gryphius, Borchert und Böll. Kronberg/Ts. 1975.

[875] Wolfgang Bittner: Schlesische Botschaft. Eine Erinnerung. In: Kulturraumforschung. Sprachpolitische, kulturpolitische, ästhetische Dimensionen. Hg. von Maria Katarzyna Lasatowicz. Berlin 2004 (Silesia 1), S. 145–147.

[876] Antoni Bok: Andreas Gryphius. Zarys życia i twórczości. Glogau 1997 (Biblioteka Encyklopedii Ziemi Głogowskiej 29).

[877] Barton W. Browning: Poets Addressing Themselves. An Authorial Posture in Seventeenth-Century German Poetry. In: Literary Culture in the Holy Roman Empire, 1555–1720. Hg. von James A. Parente, Richard Erich Schade und George C. Schoolfield. Chapel Hill 1991 (University of North Carolina Studies in the Germanic Languages and Literatures 113), S. 225–235.

[878] A. G. de Capua: Andreas Gryphius (1616–1664) and the Protestant Orthodoxy. In: ders.: German Baroque Poetry. Interpretive Readings. Albany 1973, S. 96–106.

[879] Edward A. Cowan: Andreas Gryphius' Presentation of the World of Politics. Diss. University of Pennsylvania 1982.

[880] Herbert Cysarz: Andreas Gryphius und das literarische Barock. In: Das deutsche Wort, Neue Folge 3/11 (1935), S. 4–7.

[881] Mirosława Czarnecka: Die Anthropologie der Angst. Andreas Gryphius und die weiblichen Lebenswelten. In: Memoria Silesiae. Leben und Tod, Kriegserlebnis und Friedenssehnsucht in der literarischen Kultur des Barock. Zum Gedenken an Marian Szyrocki (1928–1992). Hg. von Mirosława Czarnecka, Andreas Solbach, Jolanta Szafarz und Knut Kiesant. Breslau 2003 (Acta Universitatis Wratislaviensis 2504), S. 191–201.

[882] Mirosława Czarnecka: Listen der (Un-)Aufrichtigkeit. Der geschminkte weibliche Körper in der Literatur des Barock. In: Die Kunst der Aufrichtigkeit im 17. Jahrhundert. Hg. von Claudia Benthien und Steffen Martus. Tübingen 2006 (Frühe Neuzeit 114), S. 163–178.

[883] Martin Disselkamp: Genealogie als Ordnungsmodell. Zur politischen Symbolik in Literatur und Historiographie der Barockzeit. In: Theater und Publikum im europäischen Barock. Hg. von Anselm Maler, Angel San Miguel und Richard Schwaderer. Frankfurt a.M. 2002 (Studien zur neueren Literatur 10), S. 37–68.

[884] Uwe Durst: Realitätssystemisch einfache und komplexe Varianten der Spiel-im-Spiel-Struktur. In: Neohelicon 37 (2010), S. 489–507.
[885] M. Blakemore Evans: The Attitude of Andreas Gryphius toward the Supernatural. In: Studies in German Literature in Honor of Alexander Rudolph Hohlfeld by his Students and Colleagues. Presented on his 60th Birthday, December 29, 1925. Madison 1925 (University of Wisconsin Studies in Language and Literature 22), S. 97–106.
[886] Curt von Faber du Faur: Andreas Gryphius, der Rebell. In: Publications of the Modern Language Association of America 74 (1959), S. 14–27.
[887] Vereni Fässler: Hell-Dunkel in der barocken Dichtung. Studien zum Hell-Dunkel bei Johann Klaj, Andreas Gryphius und Catharina Regina von Greiffenberg. Bern 1971 (Europäische Hochschulschriften, Reihe 1, 44).
[888] Winfried Freund: Diesseitsangst und Jenseitshoffnung. Andreas Gryphius und Friedrich von Spee. In: Geist und Leben 64 (1991), S. 244–260.
[889] Gerhard Fricke: Die Bildlichkeit in der Dichtung des Andreas Gryphius. Materialien und Studien zum Formproblem des deutschen Literaturbarock. Unveränderter reprographischer Nachdruck der Ausgabe Berlin 1933. Darmstadt 1967.
[890] Gerhard Fricke: Die allgemeine Struktur und die ästhetische Funktion des Bildes bei Gryphius. In: Deutsche Barockforschung. Dokumentation einer Epoche. Hg. von Richard Alewyn. Köln 1965 (Neue Wissenschaftliche Bibliothek 7. Literaturwissenschaft), S. 312–323.
[891] Werner Paul Friederich: The Challenge of Comparative Literature and Other Addresses. Introduction by David H. Malone. Hg. von William J. DeSua. Chapel Hill 1970 (University of North Carolina Studies in Comparative Literature 51).
[892] Florent Gabaude: Andreas Gryphius, lecteur critique du premier Pierre Corneille. In: Pierre Corneille et l'Allemagne. L'œuvre dramatique de Pierre Corneille dans le monde germanique (XVIIe–XIXe siècles). Hg. von Jean-Marie Valentin. Paris 2007, S. 134–152.
[893] Friedrich Gaede: Poetik und Logik. Zu den Grundlagen der literarischen Entwicklung im 17. und 18. Jahrhundert. Bern 1978.
[894] Friedrich Gaede: Gryphius und Grimmelshausen als Kritiker des endlichen Verstandes. In: Simpliciana 2 (1980), S. 43–52.
[895] Kurt Gerlach: Gryphius und die schlesische Barockdichtung. In: ders.: Die Dichtung des deutschen Ostens. Umriß zu einer ostelbischen Literaturgeschichte. Berlin 1941, S. 79–92.
[896] E. Gönczi: Seneca hatása Gryphiusra. 1898/99 (Szentesi Fögymn. ĕrtes).
[897] Bernard Grun: Gryphius und Grimmelshausen. In: ders.: Aller Spaß dieser Welt. Frankfurt a.M. 1965 (Das moderne Sachbuch 34), S. 86–91.
[898] Reinhold Grimm: Bild und Bildlichkeit im Barock. Zu einigen neueren Arbeiten. In: Germanisch-Romanische Monatsschrift 50 (1969), S. 379–412.

[899] Paul Hankamer: Die Sprache, ihr Begriff und ihre Deutung im 16. und 17. Jahrhundert. Ein Beitrag zur Frage der literarhistorischen Gliederung des Zeitraums. Reprographischer Nachdruck der Ausgabe Bonn 1927. Hildesheim 1965.

[900] Jan Harasimowicz: Strobel, Opitz, Gryphius und die ›Europäische Allegorie‹ im Museo del Prado in Madrid. In: Martin Opitz (1597–1639). Nachahmungspoetik und Lebenswelt. Hg. von Thomas Borgstedt und Walter Schmitz. Tübingen 2002 (Frühe Neuzeit 63), S. 250–271.

[901] Robert Clyde Harmon: The Metaphorical and Rhetorical Use of Compound Nouns and Adjectives in the Works of Andreas Gryphius. Diss. Washington, D.C. (George Washington University) 1971.

[902] Will Hasty: The Order of Chaos. On ›vanitas‹ in the Work of Andreas Gryphius. In: Daphnis 18 (1989), S. 145–157.

[903] Urs Herzog: Lichte Nacht. Das ›traurend Forschen‹ des Andreas Gryphius. In: Simpliciana 12 (1990), S. 493–502.

[904] Eva Horn: »Ehren-Zeichen« und »zärtlicher Euphemismus«. Allegorien des Todes. In: Allegorie. Konfigurationen von Text, Bild und Lektüre. Hg. von Eva Horn und Manfred Weinberg. Opladen 1998 (Kulturwissenschaftliche Studien zur deutschen Literatur), S. 133–145.

[905] Paul Hultsch: Andreas Gryphius und die Mystik. In: Schlesien 5 (1960), S. 214–217.

[906] Walter Jens: Ein Friedenstraum in dunkler Zeit. Andreas Gryphius. In: Jahrbuch der Bayerischen Akademie der Schönen Künste 1987, S. 13–27.

[907] Dietrich Walter Jöns: Das »Sinnen-Bild«. Studien zur allegorischen Bildlichkeit bei Andreas Gryphius. Stuttgart 1966 (Germanistische Abhandlungen 13).
Rezensionen:
- The German Quarterly 41 (1968), S. 100–102 (Ulrich Gaier).
- Monatshefte für deutschsprachige Literatur und Kultur 60 (1968), S. 202f. (Felix M. Wassermann).
- The Modern Language Review 64 (1969), S. 702–704 (Jörg-Ulrich Fechner).

[908] Walther Jockisch: Andreas Gryphius und das literarische Barock. Berlin 1930 (Germanische Studien 89).

[909] Heidel Joos: Die Metaphorik im Werk des Andreas Gryphius. Diss. Bonn 1956.

[910] Dietrich Jungermann: Fortuna und Vanitas. Andreas Gryphius und Johann Franck als Zeugen barocker Dichtung und Frömmigkeit. In: Monatsschrift für Pastoraltheologie 50 (1961), S. 477–486.

[911] Helmut Kappler: Der barocke Geschichtsbegriff bei Andreas Gryphius. Frankfurt a.M. 1936 (Frankfurter Quellen und Forschungen zur germanischen und romanischen Philologie 13).

[912] Julius Ewald Karl: Theological Motifs and Their Formative Role in the Works of Andreas Gryphius. Diss. Bloomington (Indiana University) 1974.

[913] Stefan Kiedroń: Über die Aktualität der Werke von Andreas Gryphius in der heutigen Welt. In: Andreas Gryphius und das Theater des Barock. Eine Dokumentation der gleichnamigen Tagung der Künstlergilde in Glogau am 4. Juni 1994. Hg. von der Künstlergilde Esslingen. Esslingen 1995 (Schriftenreihe der Künstlergilde 31), S. 10–14.
[914] Young-Joon Kim: Die Kerze als Sinnbild. Vergleich eines niederländischen Emblems und einer emblematischen Metapher bei Gryphius. In: Koreanische Zeitschrift für Germanistik 28 (1982), S. 416–438.
[915] Max Koch: Volkskundliches bei Andreas Gryphius. In: Mitteilungen der Schlesischen Gesellschaft für Volkskunde 13/14 (1911/12), S. 337–359.
[916] Horst Wilhelm Kollmann: Der Ausdruck barocken Lebensgefühls bei Francisco de Quevedo Villegas und Andreas Gryphius. Diss. Hamburg 1962.
[917] Hans Kuhn: Gryphius als Sprachreiniger. In: Wolfenbütteler Barock-Nachrichten 22 (1995), S. 89–101.
[918] Hans Kuhn: Gryphius und die Fremdwörter. In: Zeitschrift für deutsche Philologie 126 (2007), S. 58–80.
[919] Gertrud Lazarus: Die künstlerische Behandlung der Sprache bei Andreas Gryphius. Berlin 1932.
[920] Katherine Margaret Leary: The Poetics of Mimesis. Diss. Minneapolis (University of Minnesota) 1984.
[921] Wolfram K. Legner: The Compound Nouns in the Works of Andreas Gryphius. In: Journal of English and Germanic Philology 44 (1945), S. 36–55.
[922] Marcel Lepper: Allegorische Gespenster. Bewegte Bilder bei Andreas Gryphius. In: Gespenster und Politik. 16. bis 21. Jahrhundert. Hg. von Claire Gantet und Fabrice d'Almeida. München 2007, S. 145–159.
[923] Franz Gottfried Longin: Volksglaube und Volksbrauch bei Andreas Gryphius. Diss. Prag 1926.
[924] Sergio Lupi: Andreas Gryphius tra umanesimo e riforma. Turin 1965.
Gleichfalls abgedruckt in Rivista di storia e letteratura religiosa 1 (1965), S. 59–93.
[925] Jean B. Neveux: Vie spirituelle et vie sociale entre Rhin et Baltique au XVIIe siècle de J. Arndt à P. J. Spener. Paris 1967 (Publications de la Faculté des Lettres et Sciences Humaines de Paris-Nanterre).
[926] Leonore A. Ohlstrom: Death as the Wages of Sin in the Works of Andreas Gryphius. MA-Thesis. Adelaide 1961.
[927] Bernd Peschken: Andreas Gryphius aus neustoizistischer, sozialgeschichtlicher Sicht. In: Daphnis 6 (1977), S. 327–358.
[928] Hans Pliester: Die Worthäufung im Barock. Bonn 1930 (Mnemosyne 7).
[929] Mary G. Porter: Proverbs and Proverbial Expressions in the German Works of Andreas Gryphius. MA-Thesis. Chapel Hill (University of North Carolina) 1955.
[930] Clarence K. Pott: Holland-German Literary Relations in the Seventeenth Century. Vondel and Gryphius. In: Journal of English and Germanic Philology 47 (1948), S. 127–138.

[931] Hugh Powell: Andreas Gryphius and the ›New Philosophy‹. In: German Life & Letters 5 (1951/52), S. 274–278.
[932] Hugh Powell: Gryphius, Princess Elisabeth and Descartes. In: Germanica Wratislaviensia 4 (1960), S. 63–76.
[933] Joachim Pritzkat: Wo bleibstu Trost der gantzen Welt? Zur Spannung zwischen Diesseitsangst und Jenseitshoffnung bei Friedrich Spee und Andreas Gryphius. In: Spee-Jahrbuch 5 (1998), S. 107–116.
[934] Randolf Quade: Literatur als hermetische Tradition. Eine rezeptionsgeschichtliche Untersuchung frühneuzeitlicher Texte zur Erschließung des Welt- und Menschenbildes in der Literatur des 17. Jahrhunderts. Frankfurt a.M. 2001 (Bochumer Schriften zur deutschen Literatur 58).
Rezensionen:
- Germanistik 43 (2002), S. 789 (Joachim Telle).
- Arbitrium 22 (2004), S. 182–184 (Jan Mohr).
[935] Karl Richter: Vanitas und Spiel. Von der Deutung des Lebens zur Sprache der Kunst im Werk von Gryphius. In: Jahrbuch der Deutschen Schillergesellschaft 16 (1972), S. 126–144.
[936] Peter Rühl: Lipsius und Gryphius. Ein Vergleich. Diss. Berlin (Freie Universität) 1967.
[937] Wolfgang Schieck: Studien zur Lebensanschauung des Andreas Gryphius. Greifswald 1924.
[938] Jean Schillinger: Andreas Gryphius et la guerre de Trente Ans. In: La Poésie d'Andreas Gryphius (1616–1664). Actes de la journée tenue à la Maison Heine de Paris le 4 février 2012. Hg. von Marie-Thérèse Mourey. Nancy 2012 (Le texte et l'idée), S. 61–77.
[939] Hans-Jürgen Schings: Die patristische und stoische Tradition bei Andreas Gryphius. Untersuchungen zu den Dissertationes funebres und Trauerspielen. Köln 1966 (Kölner germanistische Studien 2).
Rezension:
- The Modern Language Review 65 (1970), S. 453f. (A. Menhennet).
[940] Edith Schlosser: Andreas Gryphius, seine Persönlichkeit und Weltanschauung. Diss. Prag 1931.
[941] Herbert Schöffler: Deutsches Geistesleben zwischen Reformation und Aufklärung. Von Martin Opitz zu Christian Wolff. Frankfurt a.M. 1925 (^{3}1974) (Das Abendland, Neue Folge 6).
[942] Gustav Schönle: Deutsch-niederländische Beziehungen in der Literatur des 17. Jahrhunderts. Leiden 1968 (Leidse germanistische en anglistische reeks van de Rijksuniversiteit te Leiden 7).
[943] Christian Sinn: Noli altum sapere. Anmerkungen zur emblematischen Form metaphilosophischer Sentenzen. In: Sentenz in der Literatur. Perspektiven auf das 18. Jahrhundert. Hg. von Alice Stašková und Simon Zeisberg. Göttingen 2014, S. 68–88.

[944] Blake Lee Spahr: Gryphius and the Crisis of Identity. In: German Life & Letters 22 (1968/69), S. 358–364.
[945] Emil Staiger: Andreas Gryphius: Freuden und Trauer-Spiele, auch Oden und Sonnette, Breslau 1663, S. 558. In: Trivium 3 (1945), S. 80.
[946] Xaver Stalder: Formen des barocken Stoizismus. Der Einfluß der Stoa auf die deutsche Barockdichtung – Martin Opitz, Andreas Gryphius und Catharina Regina von Greiffenberg. Bonn 1976 (Studien zur Germanistik, Anglistik und Komparatistik 39).
[947] Johann Anselm Steiger: Die poetische Christologie des Andreas Gryphius als Zugang zur lutherisch-orthodoxen Theologie. In: Daphnis 26 (1997), S. 85–112.
[948] Johann Anselm Steiger: »Gott und Engel steigen nieder: Schwache Menschen fahren auf«. Das Paradox der Weihnacht bei Martin Luther, Andreas Gryphius und Catharina Regina von Greiffenberg. In: Das Motiv der Weihnacht. Untersuchungen zur religiösen Dichtung aus dem Umfeld des Pegnesischen Blumenordens im 17. Jahrhundert. Hg. von Matthias Clemens Hänselmann und Ralf Schuster. Passau 2013, S. 1–17.
[949] Gerhard F. Strasser: The Iconography of War in d'Aubigné, Gryphius, and Milton. Diss. Providence (Brown University) 1974.
[950] Adolf Strutz: Andreas Gryphius. Die Weltanschauung eines Barockdichters. Zürich 1931 (Wege zur Dichtung 11).
[951] Grażyna Barbara Szewczyk: Andreas Gryphius als Dichter der Verständigung und Ökumene in der Zeit des Konfessionalismus. In: Frühneuzeitliche Stereotype. Zur Produktivität und Restriktivität sozialer Vorstellungsmuster. V. Jahrestagung der Internationalen Andreas Gryphius Gesellschaft Wrocław 8. bis 11. Oktober 2008. Hg. von Mirosława Czarnecka, Thomasz Jabłecki und Thomas Borgstedt. Bern 2010 (Jahrbuch für internationale Germanistik A,99), S. 355–364.
[952] Hubert Tenkhoff: Barocke Weltmetaphorik am Beispiel von A. Gryphius und H. J. Ch. von Grimmelshausen. Literarhistorische und didaktische Studien zum Literaturunterricht in der gymnasialen Oberstufe. Münster 1998 (Germanistik 12).
Rezension:
- Germanistik 41 (2000), S. 878 (Hannes Fricke).
[953] Johannes H. Tisch: Ruhm und Ehre bei Bidermann und Gryphius – mit einem Ausblick auf Spätbarock und Aufklärung. In: Australasian Universities Language and Literature Association – Proceedings and Papers of the Twelfth Congress Held at the University of Western Australia, 5–11 February, 1969. Hg. von A. P. Treweek und Herbert C. Coombs. Sydney 1970, S. 324–349.
[954] Dorota Tomczuk: Aspekty motywu miasta w literaturze niemieckojęzycznej na przestrzeni wieków. In: Studia niemcoznawcze 47 (2011), S. 199–209.

[955] Erich Trunz: Dichtung und Volkstum in den Niederlanden im 17. Jahrhundert. Ein Vergleich mit Deutschland und ein Überblick über die niederländisch-deutschen Beziehungen in diesem Jahrhundert. München 1937 (Schriften der deutschen Akademie in München 27).

[956] Karl Viëtor: Probleme der deutschen Barockliteratur. Leipzig 1928 (Von deutscher Poeterey 3).

[957] Max Wehrli: Andreas Gryphius und die Dichtung der Jesuiten. In: Stimmen der Zeit 175 (1964), S. 25–39.
Wieder abgedruckt in Humanismus und Barock. Hg. von Fritz Wagner und Wolfgang Maaz. Hildesheim 1993 (Spolia Berolinensia 3), S. 97–111.

[958] Friedrich-Wilhelm Wentzlaff-Eggebert: Dichtung und Sprache des jungen Gryphius. Die Überwindung der lateinischen Tradition und die Entwicklung zum deutschen Stil. Berlin 1936 (^{2}1966).

[959] Friedrich-Wilhelm Wentzlaff-Eggebert: Der triumphierende und der besiegte Tod in der Wort- und Bildkunst des Barock. Berlin 1975.
Enthält eine Reproduktion des *Letzten Ehren-Gedächtnüsses*, Tafel 22–66.
Rezension:
- The German Quarterly 50 (1977), S. 332–334 (Maria C. Roth).

[960] Friedrich-Wilhelm Wentzlaff-Eggebert: Zur Mystik-Rezeption bei Andreas Gryphius und in seinem Freundeskreis. In: ders.: Belehrung und Verkündigung. Schriften zur deutschen Literatur vom Mittelalter bis zur Neuzeit. Hg. von Manfred Dick und Gerhard Kaiser. Berlin 1975, S. 152–164.

[961] Friedrich-Wilhelm Wentzlaff-Eggebert: Die Bedeutung der Emblematik für das Verständnis von Barock-Texten. Mit Beispielen aus der Jugenddichtung des Andreas Gryphius. In: Argenis 2 (1978), S. 263–307.

[962] Theodor Wissowa: Beiträge zur Kenntnis von Andreas Gryphius' Leben und Schriften. In: Festschrift zur 250-jährigen Jubelfeier des königlichen katholischen Gymnasiums zu Glogau, veröffentlicht von dem Lehrer-Collegium des Gymnasiums. Glogau 1876, S. 53–64.

[963] Siegfried Wollgast: Philosophie in Deutschland zwischen Reformation und Aufklärung 1550–1650. Berlin 1982 (^{2}1988).
Rezensionen:
- Deutsche Literaturzeitung für Kritik der internationalen Wissenschaften 110 (1989), S. 636–641 (Detlef Döring).
- Theologische Literaturzeitung 114 (1989), S. 909–911 (Ernst Koch).
- Conceptus 24 (1990), S. 111f. (Franz M. Wimmer).
- Daphnis 20 (1991), S. 3f. (Herbert Jaumann).
- Theologie und Philosophie 66 (1991), S. 426–428 (E. Schadel).
- Philosophisches Jahrbuch 99 (1992), S. 430f. (Martin Mulsow).
- Zeitschrift für Religions- und Geistesgeschichte 48 (1996), S. 364 (Hans-Christof Kraus).

10 Wirkung

[964] Mirosława Czarnecka: Die Figur der »Weltangst« als intertextuelle Verbindung zwischen Ingeborg Bachmann und Andreas Gryphius. Zu Bachmanns ›barockem‹ Gedicht »Hinter der Wand«. In: Der Mensch als Konstrukt. Festschrift für Rudolf Drux zum 60. Geburtstag. Hg. von Rolf Füllmann, Juliane Kreppel, Ole Löding, Judith Leiß, Detlef Haberland und Ulrich Port. Bielefeld 2008, S. 339–345.

[965] Konrad Gajek: Andreas Gryphius auf dem schlesischen Schultheater. Aussagen über Andreas Gryphius' Dramen in Christian Gryphius' Schulactus »Von den Trauer-Spielen oder Tragödien« (1696). In: Weltgeschick und Lebenszeit. Andreas Gryphius. Ein schlesischer Barockdichter aus deutscher und polnischer Sicht. Hg. von der Stiftung Gerhart-Hauptmann-Haus. Düsseldorf 1993 (Schriften der Stiftung Gerhart-Hauptmann-Haus), S. 95–107.
Auch in polnischer Sprache in: Dawna kultura literacka na Śląsku. Zbiór studiów. Hg. von Marianna Borysiak und Adam Galos. Breslau 1994, S. 63–78.

[966] Karl-Heinz Habersetzer: Andreas Gryphius' und Franz Neumayrs, S.J. »Papinianus« (1659/1733). Versuch einer rezeptionsgeschichtlichen Analyse. In: Deutsche Barockliteratur und europäische Kultur. Zweites Jahrestreffen des Internationalen Arbeitskreises für Deutsche Barockliteratur in der Herzog August Bibliothek Wolfenbüttel. 28. bis 31. August 1976. Vorträge und Kurzreferate. Hg. von Martin Bircher und Eberhard Mannack. Hamburg 1977 (Dokumente des Internationalen Arbeitskreises für deutsche Barockliteratur 3), S. 261–265.

[967] Carl Heine: Eine Bearbeitung des Papinianus auf dem Repertoire der Wandertruppen. In: Zeitschrift für deutsche Philologie 21 (1889), S. 280–309.

[968] Urs Helmensdorfer: Die Kunst, Gryphius zu sprechen. Gedanken zu einer Hörspielproduktion des »Leo Armenius«. In: Inszenierung und Regie barokker Dramen. Arbeitsgespräch in der Herzog August Bibliothek Wolfenbüttel, 23.–25. Januar 1976. Vorträge und Berichte. Hg. von Martin Bircher. Hamburg 1977 (Dokumente des Internationalen Arbeitskreises für deutsche Barockliteratur 2), S. 11–40.

[969] Helene Herrmann: Andreas Gryphius als Quelle für Gerhart Hauptmann. In: Preußische Jahrbücher 188 (1922), S. 307–324.

[970] Nelly Heusser: Barock und Romantik. Versuch einer vergleichenden Darstellung. Frauenfeld 1942 (Wege zur Dichtung 38).

[971] Ferdinand van Ingen: Andreas Gryphius' »Leo Armenius« in een Nederlandse bewerking van 1659. In: De nieuwe taalgids 61 (1968), S. 232–239.

[972] Simon Jones: Sophie Mereau and Gryphius. Some Reflections. In: Women Writers of the Age of Goethe. Hg. von Margaret Ives. Lancaster 1995, Bd. 7, S. 57–76.

[973] Dušan Ludvik: Elenson in njegova Ljubljanska uprizoritev Gryphiusa ter Molièra 1. 1689. In: Slovenska Akademija Znanosti in Umetnosti. Razred za Filoloske in Literarne Vede. Razprave 9 (1976), S. 39–85.
Mit deutscher Zusammenfassung.

[974] Eberhard Mannack: Barock in der Moderne. Deutsche Schriftsteller des 20. Jahrhunderts als Rezipienten deutscher Barockliteratur. Frankfurt a.M. 1991.
Rezension:
- Morgen-Glantz 5 (1995), S. 264–266 (Guillaume van Gemert).

[975] Angeliki Maraka: Tragoedia genandt Der grossmüthige Rechtsgelehrte Aemilius Paulus Papinianus oder Der kluge Phantast und wahrhaffte Calender-Macher. Diss. Berlin (Freie Universität) 1970.

[976] Dieter Martin: Barock um 1800. Bearbeitung und Aneignung deutscher Literatur des 17. Jahrhunderts von 1770–1830. Frankfurt a.M. 2000 (Das Abendland, Neue Folge 26).
Rezensionen:
- Germanistik 41 (2000), S. 501 (Peter Heßelmann).
- Aurora 61 (2001), S. 201–203 (Ernst Rohmer).
- Arbitrium 20 (2002), S. 57–63 (Klaus Haberkamm).
- Études germaniques 57 (2002), S. 343 (Annie LeBerre).
- Morgen-Glantz 12 (2002), S. 583–590 (Hildegard Eilert).
- Simpliciana 24 (2002), S. 289–293 (Irmgard Scheitler).
- The Modern Language Review 98 (2003), S. 765f. (Peter N. Skrine).
- Literaturwissenschaftliches Jahrbuch 45 (2004), S. 362–370 (Ulrich Winter).

[977] Erika A. Metzger und Michael M. Metzger: Reading Andreas Gryphius. Critical Trends 1664–1993. Columbia 1994 (Studies in German Literature, Linguistics, and Culture: Literary Criticism in Perspective).
Rezensionen:
- New German Studies 18 (1994/95), S. 211f. (Anthony J. Harper).
- Daphnis 24 (1995), S. 569f. (Blake L. Spahr).
- Journal of European Studies 25 (1995), S. 328f. (Sarah Colvin).
- Arbitrium 14 (1996), S. 331f. (Volker Meid).
- Germanic Notes and Reviews 27 (1996), S. 52f. (Walter G. Marigold).
- The Modern Language Review 91 (1996), S. 1032–1034 (Sara Smart).
- German Studies Review 20 (1997), S. 322f. (Albrecht Classen).

[978] Marie-Thérèse Mourey: Andreas Gryphius et l'identité littéraire allemande: réception, perception, mémoire. In: La Poésie d'Andreas Gryphius (1616–1664). Actes de la journée tenue à la Maison Heine de Paris le 4 février 2012. Hg. von Marie-Thérèse Mourey. Nancy 2012 (Le texte et l'idée), S. 79–93.

[979] Roger Paulin: Gryphius' »Cardenio und Celinde« und Arnims »Halle und Jerusalem«. Eine vergleichende Untersuchung. Tübingen 1968 (Studien zur deutschen Literatur 11).

[980] Ulfert Ricklefs: »Ahasvers Sohn«. Arnims Städtedrama »Halle und Jerusalem«. In: Universelle Entwürfe – Integration – Rückzug. Arnims Berliner Zeit (1809–1814). Wiepersdorfer Kolloquium der Internationalen Arnim-Gesell-

schaft. Hg. von Ulfert Ricklefs. Tübingen 2000 (Schriften der Internationalen Arnim-Gesellschaft 1), S. 143–244.

[981] Doreen B. Rolph: Andreas Gryphius' »Aemilius Paulus Papinianus« on the German Itinerant Stage of the Late 17th and Early 18th Century. Diss. Leicester 1967.

[982] Erich Schmidt: Aus dem Nachleben des Peter Squentz und des Doctor Faust. In: Zeitschrift für deutsches Altertum und deutsche Literatur 26 (1882), S. 244–252.

[983] Klaus Schneider: Andreas Gryphius, Namenspatron für das künftige Theater im heutigen polnischen Glogau. In: Wolfenbütteler Barock-Nachrichten 22 (1995), S. 34f.

[984] Friedrich Schönemann: Arnim und Gryphius. In: ders.: Ludwig Achim von Arnims geistige Entwicklung an seinem Drama »Halle und Jerusalem« erläutert. Reprographischer Druck der Ausgabe Leipzig 1912. Hildesheim 1977 (Untersuchungen zur neueren Sprach- und Literaturgeschichte 12), S. 26–51.

[985] Gerhard Spellerberg: Szenare zu den Breslauer Aufführungen Gryphischer Trauerspiele. In: Daphnis 7 (1978), S. 235–265.

[986] Georg Eisler von Terramare: Andreas Gryphius' »Cardenio und Celinde« in der neueren Literatur. Diss. Wien 1913.

[987] Hellmut Thomke: Der Fürstabt und die reformierte Stadt St. Gallen im Theaterwettstreit. Translationsfeste und Gryphius-Aufführungen im 17. Jahrhundert. In: Europäische Hofkultur im 16. und 17. Jahrhundert. Vorträge und Referate gehalten anläßlich des Kongresses des Wolfenbütteler Arbeitskreises für Renaissanceforschung und des Internationalen Arbeitskreises für Barockliteratur in der Herzog August Bibliothek Wolfenbüttel vom 4. bis 8. Sept. 1979. 3 Bde. Hg. von August Buck, Georg Kauffmann, Blake Lee Spahr und Conrad Wiedemann. Hamburg 1981, Bd. 2, S. 551–558.

[988] Karl Trautmann: Der Papinianus des Andreas Gryphius als Schulkomödie in Speyer (1738). In: Archiv für Litteraturgeschichte 15 (1887), S. 222f.

[989] Richard Maria Werner: Schiller und Gryphius. In: Studien zur vergleichenden Literaturgeschichte (Ergänzungsheft) 5 (1905), S. 60–70.

[990] Georg Gustav Wieszner: Der »Peter Squenz« der Laienspiele der Volkshochschule Nürnberg. In: Mitteilungen aus der Stadtbibliothek Nürnberg 6, Nr. 2 (1957), S. 12–14.

Siehe außerdem: [106]–[137], [142], [430], [475], [618], [681], [693], [858], [913].

IV.c Abbildungsverzeichnis

Abb. 1 (S. 84): Albrecht Dürer, Nemesis (Das große Glück) (1502). Exemplar des British Museum. Signatur: 1895,0915.346. © The Trustees of the British Museum.

Abb. 2 (S. 99): ANDREÆ GRYPHII Freuden und Trauer-Spiele auch Oden und Sonnette. Jn Breßlau zu finden Bey Veit Jacob Treschern / Buchhändl. Leipzig / Gedruckt bey Johann Erich Hahn. Jm Jahr 1663, S. 716/717. Exemplar der Bayerischen Staatsbibliothek. Signatur: Res/ P.o.germ. 528 z.

Abb. 3 (S. 164): TRAGŒDIÆ SACRÆ AVTHORE P. NICOLAO CAVSSINO Trecensi Societatis IESV Presbytero. Olim ab eo Editæ. Parisijs. Apud Sebastianum Chappelet via Iacobæa Sub signo Rosarij 1620, Titelkupfer. Privatbesitz Barbara Mahlmann-Bauer.

Abb. 4 (S. 227): Anthonis van Dyck, Equestrian Portrait of Charles I. (ca. 1637). Exemplar der National Gallery London. Signatur: NG1172. © The National Gallery, London.

Abb. 5 (S. 462): Letztes Ehren-Gedächtnüß Der Hoch-Edelgebohrnen Hoch-Tugend-Zucht und Ehrenreichen Jungfrawen Jungf. Marianen von Popschitz aus dem Hause Crantz; auff Gröditz v. d. g. Welche den Tag vor der Himmelfahrt / des Erlösers der Welt Jn dem XV. Tag des Mey Monats / des cIↃ IↃ CLX. Jahres Seeligst die Welt gesegnet auffgesetzet von ANDREA GRYPHIO. Gedruckt zur Steinaw an der Oder / bey Johann Kuntzen, S. 6 und Kupfertafel zwischen S. 6/7. Exemplar der Biblioteka Uniwersytecka we Wrocławiu. Signatur: 385521.

Abb. 6 (S. 463): Ebd., S. 7.

Abb. 7 (S. 463): Ebd., S. 8 und Kupfertafel zwischen S. 8/9.

Abb. 8 (S. 465): Ebd., S. 9.

Abb. 9 (S. 467): Ebd., S. 30 und Kupfertafel zwischen S. 30/31.

Abb. 10 (S. 562): GENEALOGIA Des Hoch-Gräflich- Freyherrlich- und Hoch-Adelichen Geschlechts Derer von Stosch / Zu Ehren und Gedächtniß Aller mit Demselben / Beydes dem Wappen und Geschlecht nach, Verwandten und Befreundeten, Und zum Nutzen Anderer Hoch-Adelichen Geschlechter / Aus vielen alten und neuen Urkunden, Nebst den darzu gehörigen Geschlechts-Taffeln / und nöthigen Kupffern / zusammen getragen Durch Weiland Herrn Melchior Friedrich von Stosch, auf Mondschütz, des Wohlauischen Fürstenthums dieses Creysses Königl. Hofe-Richter und Landes-Deputirten. Breßlau und Leipzig, Bey Johann Jacob Korn. M DCC XXXVI., »Wappen-Tabell« (zwischen S. 16 und 17). Exemplar der Bayerischen Staatsbibliothek. Signatur: 2 Geneal. 211 h–1/2.

Abb. 11 (S. 803): Klabund (Hg.): Andreas Gryphius, Das dunkle Schiff, Buchumschlag. Privatbesitz Dieter Martin.

IV.d Personenregister

Kursive Einträge zeigen Seiten an, auf denen die betreffende Person ausschließlich in den Fußnoten genannt wird. Das Register verzeichnet im weitesten Sinne historische Persönlichkeiten, nicht jedoch die Namen der modernen Barockforschung. Ebenfalls nicht erfaßt sind biblische oder literarische Figuren, letztere auch dann nicht, wenn sie historische Referenzen haben.

Abbas I., Schah von Persien 204, 205, 504, 509, 663
Abraham a Sancta Clara 139
Abschatz, Hans Erasmus von 781
Aebelius, Elias 503
Aelianus, Claudius 507, 567, 635
Agricola, Johann 589
Agrippa von Nettesheim, Heinrich Cornelius 140
Alanus ab Insulis 510
Alciato, Andrea 607
Aldrovandus, Ulisses 567
Alexander von Tralles 722
Ambrosius von Mailand 115, 507, 635
Améry, Jean *806*
Amthor, Christoph Heinrich 780–782
Anacharsis 148
Andreini, Francesco 332
Angelus Silesius 51, *740*
Anna von Schweidnitz, röm.-dt. Kaiserin 55
Antiochus IV., seleukidischer König 166f.
Anton, Karl Gottlieb *792*
Apelles von Löwenstern, Matthäus (Apelt, Matthäus) 51
Apollinaris von Laodicea 115
Archias, Aulus Licinius 580
Ariosto, Ludovico 60
Aristoteles XII, *60*, 148, 187, 234, 235, 237–240, 244–248, 353, 567, 637, 693–695, 697–699, *708*, 709, 788
Arnauld, Antoine 162
Arndt, Johann 102, 641, 710
Arnheim, Johann Georg von 437
Arnim, Achim von 792f., 794, 796f., 798f., *801*
Arzat, Adam Caspar von 589
Arzat, Georg Friedrich von 589
Arzat, Wolfgang Christian 589
Aubéry, Antoine 310
Augustinus von Hippo 81, 433, 480, 507, 520, 533f., 536, 606, 613, 614, 635

Augustus, Gaius Iulius Caesar Octavianus, röm. Kaiser 87
Ausonius 476

Bach, Johann Sebastian 810
Bacon, Francis *439*
Baker, Richard 594f., 602, 769
Balde, Jakob 26, 68, 146–152, 158f., *168*, 594, 641
Barbe, Helmut 813
Bassian (siehe Caracalla)
Bauhusius, Bernardus 68, 95, 594, 641, 710
Bebran, Helene von (siehe Bibran, Helena von)
Becher, Johannes R. 809f.
Becker, Paul *411*
Behrens, Franz Richard 808
Benn, Gottfried 109
Berg, Sibylle *806*
Bernhard von Clairvaux 518
Besold, Christoph *728*
Besser, Johann von 779, 781
Beuthner, Heinrich 781
Bèze, Théodore de *565*
Bibran, Heinrich von 572–576, 579
Bibran, Helena von *482*, 552, 571f., 574–576, 578f.
Biccius, Gregor 14
Bidermann, Jakob 68, 70, 95, 101, *219*, 241, *247*, 641, *728*
Bieber, Gregor 509
Bils, Lodewijk de 590
Birken, Sigmund von 395, 692, *695*f., *698*, *705*, 709
Bittner, Wolfgang *806*
Bleutge, Nico *812*
Bobrowski, Johannes 805
Bodin, Jean 31, 283, 592, 711
Bodmer, Johann Jacob 786
Boecler, Johann Heinrich 14, 639
Bödiker, Johann 746f., *752*
Böhme, Jakob 607
Böhmer, Paulus *812*

Boethius 275
Boileau, Nicolas 779
Bołdak-Janowska, Tamara *810*
Bolesław Chrobry, Herzog von Polen 53
Bonaventura von Bagnoregio 453, 507, 635
Borck, Caspar Wilhelm von 787f.
Borck, Michael 96
Borri, Gioseppe Francesco 14
Bosse, Christoph 813
Bossong, Nora *812*
Botsack, Johann 9
Bouterwek, Friedrich 797
Boxhorn, Marcus Zuërius van 12, 639
Brahe, Tycho de 236
Braun, Volker *807*
Bredow, Gabriel Gottfried 793, 799f.
Brentano, Clemens 792f., 794
Brentano, Sophie 792–796, 798
Brinkmann, Rolf Dieter 809
Brod, Max 812
Buchner, August *62*
Bucholtz, Abraham 411
Bucholtz, Andreas Henrich *269, 270*
Buckisch von Löwenfels, Christian 589
Büsing, Otfried 814
Bugenhagen, Johannes 117
Burgmann, Hartmut J. 813
Burrus, Sextus Afranius 281

Cäcilia von Rom (Hl.) 14
Calderón de la Barca, Pedro 670, 731
Camerarius d.Ä., Joachim 607
Canitz, Friedrich Rudolf Ludwig, Freiherr von 780, 781, 784
Caracalla, Marcus Aurelius Severus Antoninus, röm. Kaiser 272f., 590
Cassius Dio 272
Castiglione, Baldessar 671
Catharine, Königin von Georgien 204f., 208, 504, 509f., 663, 691
Cats, Jacob 607, 780
Caussin, Nicolas (Caussinus, Nicolaus) 68, 162–169, 175–184, 204, 233f., 289, *707*
Cavalli, Francesco 364
Cedrenus, Georgius (siehe Kedrenos, Georgios)
Cervantes Saavedra, Miguel de 255, 350
Chemin-Petit, Hans 813
Chiellino, Gino 810

Christian, Herzog von Braunschweig-Wolfenbüttel 34
Christian, Herzog von Wohlau *369*, 372, 382, 510
Christian IV., König von Dänemark und Norwegen 263
Chrysostomos, Johannes 507, 514, 635
Cialdini, Biasio *235, 251,* 252–254
Cicero *441,* 507, 518, 567, 635, 670, 770f.
Cicognini, Giacinto Andrea 364
Corneille, Pierre 15, 170–173, 181, 209, *212f.,* 235, 237, 239, *240,* 332, 779
Corneille, Thomas 347, 349, 351f., 354, 356
Cramer, Balthasar 589
Cromwell, Oliver 223, 263, 265, 664, *665*
Crüger, Peter *9,* 96
Crusius, Jacobus (siehe Krause, Jakob)
Cysarz, Herbert (als Romancier) 805
Czepko, Daniel von 147, 641
Czernin, Franz Josef 810f.

Dach, Simon *347,* 507, 597, *740,* 780–782, 784
Dannhauer, Johann Conrad 14, 639
Dante Alighieri 90, 287
d'Aubignac, François Hédelin, Abbé (siehe Hédelin, François)
Debschitz, Nicolaus von 8
Delrío, Martín Antonio 258, *683*
Demosthenes 770f.
Dempster, Thomas *590*
Descartes, René 344
Deutschländer, Rosina (siehe Gryphius, Rosina)
Dieterich, Balthasar 70
Dietzel, Caspar 15, 93, 113
Dietzel, Volker 810
Dilherr, Johann Michael 641
Diodorus Siculus 507, 590f., 635
Dionysios Areopagita 163, 453
Dohna, Carl Hannibal, Burggraf zu 406, 408, 429, 573
Donatus, Alexander *234,* 237, 239, 241f., 244, 246–248
Donne, John 595
Dorsch, Johannes 14
Dorst, Tankred *807*
Drescher (Trescher), Veit Jacob 153, 302f., 582
Dülberg, Franz 801
Dünnehaupt, Johann 780

Dürer, Albrecht 83f.
Dyck, Anthonis van *226*

Eben und Brunnen, David von 589
Edelin, Wilhelm 310
Eder, Michael 4, 7f., 10, 15, 69, 88, 96, 106
Ehrhardt, Siegismund Justus *530*
Elisabeth I., Königin von England 676
Elisabeth Maria, Herzogin von Oels 49
Elisabeth Maria Charlotte, Herzogin von Brieg 381, 383, 386f., *399*
Elzevier, Isaac 113
Epiktet *243*, 494, 669
Erasmus von Rotterdam 670, *683*
Erhard, Anna (siehe Gryphius, Anna)
Eucherius, Bischof von Lyon *479*
Euripides 180, 245, 292, *697*, *699*
Eusebius von Caesarea 76

Fabritius, Georg 70
Fairfax, Anne 260
Fairfax, Thomas 260
Faust, Johannes 7
Feldes, Roderich *806*
Felicitas (Märtyrerin) 166f.
Fellgiebel, Esaias *415*, *417*
Fellgiebel, Margaretha 94
Ferdinand I., röm.-dt. Kaiser 56
Ferdinand II., röm.-dt. Kaiser 34f., 47, 407, 429, 434, *573*, *574*
Ferdinand III., röm.-dt. Kaiser 36, 49f., 174, 357, 363, 366, 407, *411*, 412, 420, 472, *572*
Ferdinand IV., röm.-dt. Kaiser 357f., *362f.*, 368
Fidanza, Giovanni (siehe Bonaventura von Bagnoregio)
Fierling, Heinrich 448, 512–514, 516, 521, 524f.
Findeisen, Kurt Arnold *806*
Fischer, Heinrich 412
Flacius (Illyricus), Matthias 523
Fleming, Paul 15, 94, 98, 111, 132, *138*, *740f.*, 777, 780–782, *812*
Förster, Gottfried 401f.
Freytag, Gustav 24
Friedrich I. (Barbarossa), röm.-dt. Kaiser 53
Friedrich II., Herzog von Brieg 47
Friedrich II., König von Preußen 52, 57
Friedrich III., röm.-dt. Kaiser 56
Friedrich V., Kurfürst von der Pfalz 4, 34f., 37, 383f., *386*, 429

Friedrich Wilhelm, Kurfürst von Brandenburg 79f.
Frisch, Johann Leonhard 746, *752*
Fritsch, Gerhard 805
Fuchs, Günter Bruno 809
Fühmann, Franz 807
Fürst, Paul *565*

Gärtich, Anna (siehe Knorr, Anna)
Gärtich, Kaspar (Vater Anna Knorrs) *527*
Gärtich, Kaspar (Großvater Anna Knorrs) *527f.*
Galenos von Pergamon 519
Gassendi, Pierre 236
Gasser, Ulrich 814
Geiser, Walther 814
Genzmer, Harald 813
Georg III., Herzog von Brieg 236, 381–384, 386, 774
Georg der Fromme, Markgraf von Ansbach 47
Georg von Podiebrad, König von Polen 55f.
Georg Wilhelm, Herzog von Liegnitz, Brieg und Wohlau 347, *369*, *373f.*, *375*
Gera, Wolfgang Jacob von 88
Gerhard, Johann 641
Gerhardt, Paul *741*
Gerlach, Barbara 5, 208, *503f.*, 506, 510
Gerlach, Johann 503
Gernhardt, Robert *811*
Gersdorff, Johann Caspar von *146*, 147, 153–157
Gersdorff, Maximilian von 532
Geta, Publius Septimius, röm. Kaiser 272f., 590
Gigas, Friedrich 410
Gigas, Johannes 411
Giunti, Filippo 300
Gloger, Georg 135
Goebbels, Heiner 813f.
Göhler, Georg 812
Goethe, Johann Wolfgang 261, 349, 604, 608, 609, 611, 792
Golius, Jacobus 12
Gottsched, Johann Christoph 779–788, 790
Gracián, Baltasar 346, 670
Grass, Günter 771, 807f.
Gregor I., Papst (Gregor der Große) 166, 172, *481*, 507, 635
Gregor XII., Papst 451
Greiffenberg, Catharina Regina von *740*
Grillparzer, Franz 24

Grimm, Jacob 313
Grimm, Wilhelm 313
Grimmelshausen, Hans Jacob Christoffel von X, 22, 772, 807f.
Grindal, Johannes 595
Grotius, Hugo 290
Grünewald, Matthias 810
Grunelius, Wilhelm von 813
Gruterus (Gruter), Janus *683*
Gryphius, Anna (geb. Erhard) 3, 35, 96, 106
Gryphius, Anna Maria 87
Gryphius, Anna Rosina 107, 308
Gryphius, Christian 16, 91, 94, 165, 289, 302, 308, 368–370, 380, 594, 598, *767*, 773, 777, 780f.
Gryphius, Maria 410, 420, *421*, 424
Gryphius, Mariana 419–425
Gryphius, Paul (Vater) 3f., 34, 96, 408, 430
Gryphius, Paul (Halbbruder) 8, 69, 87, 88, 96f., 106, *124*, 135, 407–412, 420–422, 425, 428, 430
Gryphius, Rosina (geb. Deutschländer) 17, 128, 485, 594
Gryphius, Theodor 436, 475
Günther, Johann Christian *740f.*, 780
Gustav II. Adolf, König von Schweden 35, 44

Hallmann, Johann Christian 724, 773, 775, 781
Harig, Ludwig 807
Harsdörffer, Georg Philipp 70, 131, 158, 268, *269*, 332f., *443*, *695f.*, *698*, *740*
Hartmann, Karl Amadeus 807, 813
Hauptmann, Carl *806*
Haynius (Hayne), Johannes 548, 552, *553*, 557, *558f.*
Hebbel, Friedrich 24
Hédelin, François, Abbé d'Aubignac 237, 239, 240, 242, 244, 246f., *248*
Hedwig von Andechs-Meranien, Herzogin von Schlesien 53
Heermann, Johann 51, 102, 641, 735
Heidenreich, David Elias 290–294, 296–298
Heinrich I., Herzog von Schlesien 53
Heinrich II., Herzog von Schlesien 53
Heinrich VII., König von England 564
Heinsius, Daniel XII, 12, *60*, 64f., 77, 237, 239f., 244, *245*, 246, *248*, *694f.*, *699*, 779
Henning, Adam 74, 482–486, 488, 490f., 493, 501f., *553*

Henning, Regina 483f., 486, 498, 554
Henning, Theodora 498, 500
Henning, Ursula 74, 482–485, 490, 493, *496*, 497–502, *553*, 554f., *558*
Henrietta Maria, Königin von England 106
Henschke, Alfred Georg Hermann (siehe Klabund)
Hensel, Johann Adam 406, 529, 532
Heräus, Carl Gustav 781
Herberger, Valerius 556, 641
Herms, Uwe *806*
Herodes, König von Judäa (Herodes der Große) 69
Herodian 272
Herodot von Halikarnassos 507, 590f., 635
Hess, Felix *582*
Heurnius, Otto 12
Heym, Georg 802
Heyn, Walter Thomas 813
Hieronymus von Stridon 526
Hobbes, Thomas *340f.*, 686
Hölderlin, Friedrich 723, 810
Hofé, Günter 805
Hoffmann, Barbara *412*, 448, 538–541, 543f., 546f.
Hoffmann, Caspar *538*, 540
Hoffmann, Christian *541*
Hoffmannswaldau, Christian Hoffmann von 11, 589, 603, *740*, 770, *771*, 777, 778, 779, 781, 784
Homer 606
Hondorf, Andreas 523
Hooft, Pieter Corneliszoon *294*, 639
Horapollo 567, 607
Horaz IX, 139, 237, 269, 495–497, 500, 694f., 702, 779
Horn, Franz *791*, 804
Hudemann, Ludwig Friedrich 785
Hüttner, Johann 60, 93, 113
Hugo von St. Viktor 542, 607
Hugo, Hermann *452*

Iamblichos von Chalkis 712
Ibrahim I., osmanischer Sultan 263
Ihlenfeld, Kurt 805
Illyricus (siehe Flacius, Matthias)
Immermann, Karl 793, 797–799
Isidor von Pelusium 507, 635
Israel, Samuel 317, 319

Iulia Domna (Ehefrau des Septimius Severus) 272f., 590

Johann, König von Böhmen 53f.
Johann von Neumarkt, Bischof von Breslau 55
Johann Christian, Herzog von Brieg 372, 383f.
Johann Georg, Herzog von Jägerndorf 47
Johann Georg von Hohenzollern 85, 431
Johann Georg I., Kurfürst von Sachsen 47, 573
Johann II. Kasimir, König von Polen 36
Johannes von Salisbury 670
John, Barbara (siehe Hoffmann, Barbara)
John, Caspar 411, 539
John, Christian 539
John, Eberhard 411
John, Johann Caspar 411
John, Johann Christian 539
Johnston, Anna Regina von 89
Johnston, Johann von 89
Jonge, Jan de Brune de 595
Joseph I., röm.-dt. Kaiser 57
Josephus, Flavius 69, 76f., 290
Juvenal 124

Kaldenbach, Christoph 597
Kalenberger, Peter 585
Kambyses II., persischer König 588
Karasek, Hellmuth *805*
Karl, Erzherzog von Österreich und Bischof von Breslau 46
Karl II., Erzherzog von Österreich 46
Karl der Große, röm.-dt. Kaiser 373f.
Karl I. Stuart, König von England 44, 82, 106, 221–223, 226f., 230, 270, 656, 659, 664–666, 676f., 732, 734
Karl II. Stuart, König von England 230, 260, 265, 732, *733*
Karl IV., König von Böhmen, röm.-dt. Kaiser 53–55
Karl XII., König von Schweden 50, 57
Kasimir III., König von Polen 53
Katharina von Medici, Königin von Frankreich 564
Kedrenos, Georgios 185, 639
Ketevan (siehe Catharine, Königin von Georgien)
Kettelbutter, Johann Matthias 300
Khunig, Nicolaus Franziskus *39*
Kilian, Philipp 771

Kircher, Athanasius 14, 507, 588, 591f., 635
Kirsch, Sarah 806
Klabund *23f.*, 802f., 809f., 812
Klaj, Johann *812*
Knorr, Anna 448, 527f., 530f., 533, 536
Knorr, Caspar 437f., *439, 441*, 446f., 528–533, 768, 770
Knorr, Ernst-Lothar von 813
Knorr, Gottfried 527f.
Knorr, Tobias 528, 533f.
Knorr von Rosenroth, Abraham *530*
Knorr von Rosenroth, Christian 17, *530*
Köckeritz, Joachim von 438
Köler, Christoph 175
Konrad III., röm.-dt. König 53
Konstantina, byzantinische Kaiserin 594
Kormart, Christoph 225
Kotzebue, August von 24
Kraft, Karl Joseph 813
Krause, Christian *583*, 585f.
Krause, Jakob 582, *583*, 584f., 587, 589
Krause, Johann Jakob 589
Krause, Johann Heinrich 589
Křenek, Ernst 812
Kretschmer, Johann 589
Krolow, Karl 808
Krug, Friedrich 410
Kundmann, Johann Christian *585*
Kunz, Johann 449

Lang, Franciscus 163
Larivey, Pierre de 300
Lauremberg, Peter *497*
Lauterbach, Samuel Friedrich *494, 548, 553, 556*
Lavater, Ludwig 258
Leeuw, Adriaan 774, *775*
Lehmann, Wilhelm *801*
Leibniz, Gottfried Wilhelm 344, *398*
Lentz, Michael *805*
Leo V., byzantinischer Kaiser 185f., 728
Leopold, Erzherzog von Österreich 572
Leopold I., röm.-dt. Kaiser 49, 175, 363
Lerch, Thomas 584, 589
Lessing, Gotthold Ephraim 709
Leubscher, Johannes Theodor 768, 773
Lilienstrom, Johann Nicodemus von 438
Lipsius, Justus 273, 286f., 409, *439*, 508, *526*, 544f., 657, 683–685, 688f., 720, 723

Lischke, Johann 93
Livius 7, 507, 635
Loerke, Oskar 809
Löwenburg, Johann Burkhart von 584, 589
Logau, Friedrich von 134f., *136*, *740*
Lohenstein, Daniel Casper von 17, 22, 236, 266, 374f., 668, 724, *740*, 768, 770–773, 775–778, 779–781, 784f.
Lope de Vega, Félix 250f., *255*
Loß, Ursula Catharina *561*
Lucae, Friedrich 156, *561*
Lukan 168
Ludwig IV., Herzog von Liegnitz 382
Ludwig XIII., König von Frankreich 162
Ludwig XIV., König von Frankreich 264
Ludwig Philipp, Pfalzgraf von Simmern 383
Luise, Herzogin von Wohlau 369, 372, 379f.
Lukian von Samosata 670
Lukrez 591
Luther, Gabriel 317
Luther, Martin XIII, 6, 27, 52, 63f., 75, 90, 149–151, 487f., 491f., 512, 515f., *629*, 639, 718, 729, 731, 739, *751*

Machiavelli, Niccolò 31, 193, 684, *685*
Maecenas, Gaius Cilnius 87
Major, Elias 175
Malherbe, François de 779
Malingre, Claude 204f., 504, 509
Mansfeld, Ernst II., Graf von 34f.
Marc Aurel, Marcus Aurelius Antoninus Augustus, röm. Kaiser 166, 669f.
Marcus Aurelius Severus Antoninus (siehe Caracalla)
Margarita Teresa, röm.-dt. Kaiserin 366f.
Margk, Johann 503, *530*
Maria I. Stuart, Königin von Schottland 225, 264
Maria Eleonora, Pfalzgräfin zu Simmern 381, *386*
Marino, Giambattista 70–72
Marlowe, Christopher 250
Martial 87, 133, 135f., 138, 142, 641
Masen, Jakob 134, *234*, 239, 247
Matthias, röm.-dt. Kaiser 46f.
Maximilian I., Kurfürst von Bayern *39*
Maximilian II., röm.-dt. Kaiser 437
McCabe, John 814
Meckel, Christoph *806*

Mehl, Franz 532
Meister, Ernst 808
Meister, Johann Gottlieb 133, 135
Melanchthon, Philipp 47, 258
Menander 512
Menzel, Matthäus 411
Meyer, Johann Friedrich von 792–794
Michael I. Rhangabes, byzantinischer Kaiser 185
Micyllus, Jacobus *284*
Miezko I., König von Polen 53
Milton, John *665*, 733f.
Mijtens, Daniel *226*
Minturno, Antonio Sebastiano 240
Mochinger, Johann 9
Molière 342, 779
Moller, Martin 598
Monika von Tagaste 533
Montalván, Juan Pérez de 235, 237, 248, 249–251, 255f., 258, 713
Monteverdi, Claudio 366, *693*
Morhof, Daniel Georg 134, 777
Morus, Thomas 670
Moschus, Johannes 714, 716
Mühlpfort, Heinrich 17, 768, 770f., 781
Müller, Armin *806*
Müller, Gottfried Ephraim 782, 786
Müller, Harald *805*
Müller, Sigismund 41f., 437–447, 448
Müller, Wilhelm 793, 799–801
Mumrinke (Oberst) 406
Mylius, Christian 785

Nardi, Giovanni 591
Nassau, Christoph 88
Nasser, Johann Adolph 792
Neidlinger, Caspar 409
Nero, Claudius Caesar Augustus Germanicus, röm. Kaiser 281f., 285
Neukirch, Benjamin 347, 777f.
Neumark, Georg 767
Neumeister, Erdmann 778
Nicolai, Heinrich 9
Nikolaus von Lyra 635
Nimptsch, Johann Friedrich von 582

Octavianus (siehe Augustus)
Oecumenius 507, 635
Oelsner, Joachim 589

Opitz, Martin 9f., 15, 59–67, 87, 90, 94, 97f., 108, 113f., 131f., 136f., *139*, *154*, 168f., 226, 235, 243, 250, 261, 267, 331, *332*, 353, 364, 408, 457, 493f., 496, 597, 692, *694f.*, *697*, *698*, *699*, 737, *740*, *741*, *742*, 745f., *749*, *751f.*, 756, 767, 770, 772f., 776, 780–782, 784, 787, 791, 808, *812*
Oppyck, Constantinus L'Empereur van 12
Orsini, Fulvio (siehe Ursinus, Fulvius)
Ortlob, Carl 781
Otto III., röm.-dt. Kaiser 53
Otto, Caspar 540
Ovid 73, 78, 81, 87, 138–140, 316, 318–320, 328, 365f., 518, 636, 771
Owen, John 133, 136, 142

Paccalli, Zanobi 300
Papa, Friedrich 70
Papinianus, Aemilius Paulus 272f., 275, 590, 689
Pappenheim, Gottfried Heinrich, Graf zu 44
Pappert, Robert 813
Paracelsus 710
Paravincini, Johann Baptista 272
Pauli, Georg 9
Paulus Venetus 499
Peler, Samuel 411
Persius 128f.
Peter von Jauer 55
Petrarca, Francesco 90, 94, 97, 105, 111f., 215f., 779
Petron 771
Petrus Chrysologus 166
Peucer, Caspar 258
Pfeiffer, Hans *804*
Piccolomini, Enea Silvio, Papst Pius II. 310
Pichou *247*, 250, *255f.*
Pico della Mirandola, Giovanni 563
Pietsch, Johann Valentin 779, 781
Pindar 782
Pirscher, Sigmund 437, 448f., 469, 527–530, *530f.*, 532, 735
Pius II., Papst (siehe Piccolomini, Enea Silvio)
Platen, August von 798
Platon 148, *441*, 526, 585, 669f.
Plautia (Ehefrau des Papinianus) 272
Plautus 331
Plavius, Johannes 455
Plinius d. Ä. 567

Plutarch 7, 507, 567, 635
Pontanus, Jacobus 70, 132f., 239
Popschitz, Elisabeth von 450f., 457, 459, 469–471, 735f.
Popschitz, Leonhard von 450
Popschitz, Mariane von 59, *214*, 448–460, 462, 464–471, 735f.
Popschitz, Wolfgang von 451
Porta, Konrad 716
Poser, Elisabeth (siehe Popschitz, Elisabeth von)
Postel, Christian Heinrich 781
Properz 138, 141f.
Prudentius 115, 605
Psichholtz, Bartholomaeus 410–412

Quadflieg, Will *805*
Quinault, Philippe *386*, 388
Quintilian 26, 604f., 609

Rabe (Rabus), Ludwig 167, 522–524
Racine, Jean Baptiste 779
Rackel, Anna (siehe Stosch, Anna von)
Radziwiłł, Nikolaus Christoph 591, 593
Rampalle, Philippe Daniel *235*, 251–254, *255*
Ramus, Petrus *683*
Rassmann, Friedrich *791*
Razzi, Girolamo 300f., 307–310
Rebhan, Johann 14
Reich, Jacob *347*
Reynolds, Robert 322
Riccius, Christoph 9
Richelieu, Armand-Jean du Plessis, Herzog von 162, *240*
Riemer, Johannes 780
Rilke, Rainer Maria 802
Rimbaud, Arthur 802
Rinuccini, Ottavio 364f.
Ripa, Cesare 607
Rißmann, Maria 7, 88
Rist, Johann *154*, 232, 358–361, 395
Röber, Johann 300
Röhr, Johannes *528*
Röling, Johann 347
Rolle, Jakob 7f., 69
Rosinus, Joannes (siehe Rossfeld, Johann)
Rossellius, Cosmas 72
Rossfeld, Johann *590*
Rosweyde, Heribert 714f.

Rothe, Anna 88
Rothe, Joachim 410f.
Rothe, Nicolaus 411
Rothe, Stephan 559
Rothenburg, von (Obrist-Wachtmeister in Glogau) 532
Rothkirch, Helena von (siehe Stosch, Helena von, † 1637)
Rotrou, Jean de 349
Rotth, Albrecht Christian 776f.
Rottmayr, Johann Michael 51
Rudolf II., röm.-dt. Kaiser 45–47

Sachs, Angelina *582*
Sachs, Georg Wilhelm *583*
Sachs, Hans *67*, 313, 637, 800
Sachs, Tobias *582*
Sachs von Löwenheim, Philipp Jakob 589
Sack, Johann Friedrich von 582
Salmasius, Claudius 12, 639
Sarbiewski, Mathias Casimir 68, 95, 101f., *168*, 641
Saumaise, Claude de (siehe Salmasius, Claudius)
Scaliger, Julius Caesar 132f., 239, 246, 249, 253, 696, *699*, *702*, *705*
Schaarschmied, Wolfgang 587
Schaf, Samuel 89
Schaffgotsch, Johann Ulrich, Graf von 85, 431
Schalling, Martin 516
Scheffler, Johannes (siehe Angelus Silesius)
Schickfuß, Jakob 371
Schiller, Friedrich 24, 261, 693, 748f., 799
Schinke, Johann 590
Schlegel, Johann Adolf 787
Schlegel, Johann Elias 779, 781–783, 787–790
Schlegel, Wilhelm 13f., 42, 89, 186
Schmallandt, Jakob 406, 409–412
Schmid, Christian Heinrich 791
Schmid, Johannes 14
Schmidt, Arno *806*
Schnitzler, Arthur 351
Schönborner, Elisabeth 110, 427, 474
Schönborner, Eva *421*, 424, 427f., 435f., 472–481, *482*, 552, 575
Schönborner, Georg 10f., 42, 69, 85–87, 96, 106, 110, 157, 160, 400, 408f., 421, *423*, 427–436, 472, 474f., 476, 481, *482*, 514, 575, 768, 774

Schönborner, Georg Friedrich 10f., 13, 36, 42, 86, 427f., 474
Schönborner, Johann Christoph 10f., 13, 36, 42, 86, 146, 153, *155*, 157, *160*, *408*, 427f., 474, 591, 594, 641, *749*
Scholz, Adam 589
Scholz, Sebald 589
Scholz von Rosenau, Laurentius 585
Schott, Caspar 716
Schottel, Justus Georg 743f., *747*, *749*, 756
Schramm, Georg 538, 540, *541*, 542f.
Schubert, Heino 814
Schulze, Axel *809f.*
Schwab, Gustav 793, 799
Schwanmann, Christoph 135
Schwenter, Daniel 315f., 322, 637
Scipio Africanus, Publius Cornelius 547
Scribanus, Carolus 409, 523
Sebastiani, Johann 347
Sebisch, Albert von 591
Secchi, Niccolò 305
Seneca 124, 168f., 177, 208, 226, 243, 281f., 284f., 433, *439*, 485, 507–509, 513, 518, 520f., 640, 669, 683f., *686*, 688, 690f., 695, 698f., 771, *772*, 777, 785
Septimius Severus, röm. Kaiser 272, 590
Seton, Alexander von 9
Shakespeare, William 15, 24, 250, 265, 313, 318, 320–322, 637f., 666, 670–672, 677, 731, 787–790, 792f., 796, 799f.
Siebmacher, Johann *565*
Sigismund von Luxemburg, röm.-dt. Kaiser 54
Silanus (Sohn der Märtyrerin Felicitas) 166
Simeon Metaphrastes 170f.
Simmel, Johannes Mario *805*
Simon, Joseph 14, 176, 185f., 235, 639, 717
Sinapius, Johannes 156
Skotnick, Jarosław Bogorja, Erzbischof von Gnesen 54
Sophie Katharina, Herzogin von Brieg *369*
Sophokles 292, 639f., 687, 695, *697f.*, *772*, 777
Sorel, Charles 347, 352
Spee, Friedrich von 22, *740*
Sprintzenstein, Johann Florian, Graf von 438
Stalhans, Torsten 438
Stapel, Ernst 358–360
Stegmann, Josua 594–602
Steinbach, Christoph Ernst 781

Steinborn, Johannes Friedrich 590
Steinmann, Friedrich 793, 799
Stentzsch, Hans Georg von 410f.
Stieff, Christian 14, 308f., 401, *416*, 420, *585*, *586f.*, 773
Stieler, Kaspar *393, 446f.*
Stockmeier, Wolfgang 813
Stolle, Philipp 381
Stosch, Alexander von 571
Stosch, Anna von *561, 572*
Stosch, Baltzer Siegmund von 5–7, 12, 140, 400f., 540, 561, 769f., 773
Stosch, Hans Georg von (1599–1652) *482*, 560f., 566, 571f., 609
Stosch, Hans Georg von († 1673) *561*
Stosch, Helena von (1608–1654, siehe Bibran, Helena von)
Stosch, Helena von († 1637) 571
Stosch, Melchior Friedrich von 560, 562, *565*, 571–573, *574*, 579
Stosch, Ursula Catharina von (siehe Loß, Ursula Catharina)
Stosch, Wolf Alexander von 561, *572*
Straube, Gottlob Benjamin 783f.
Streeruwitz, Marlene 807
Strigenitz, Georg 729
Strobelt, Rainer *810*
Stubenberg, Johann Wilhelm von 767
Suidas 507, 635
Surius, Laurentius 170f.
Sutorius, Benjamin Gottlieb *574*
Sylvius Nimrod, Herzog von Württemberg-Weitlingen 49

Tacitus 9, 284, 433, 507, 635, 684, 771
Taille, Jean de la *290*
Tasso, Torquato 779
Tausch, Christoph 51
Terenz 771, 779
Textor, Dorothea Elisabeth 448, 540, 549, 552, *553*, 554f., 559
Textor, Gottfried 540, 550, *553*
Theophrastus Bombastus von Hohenheim (siehe Paracelsus)
Theophylakt von Achrida 555
Thielisch, Gottfried 589
Thilo, Adam 411
Thrasea Paetus, Publius Clodius, röm. Senator 284f.

Tiberius Claudius Caesar Britannicus, röm. Kaiser 281
Tibull 141
Tieck, Ludwig 791, 801
Tilly, Johann Tserclaes, Graf von 35, 38, 44
Titz, Johann Peter 17
Torstenson, Lennart, Graf von Ortala 438
Trescher, Veit Jacob (siehe Drescher, Veit Jacob)
Tscherning, Andreas 15, 780f.
Tscherning, David *587*
Typotius, Jacobus 567

Ulrich von Liechtenstein *322*
Unglaube, Georg 410, 412
Ursinus, Fulvius 590
Using, Johann IX, 509

Valla, Lorenzo *683*
Valle, Pietro della 591f.
Vasari, Giorgio 300
Vechner, Barbara Juliana 88
Vechnerus (Vechner), Johannes *553*
Velten, Johannes 775
Vergil 69, 72–74, 82f., 86f., 138, 779
Vesling, Johann 592
Vetter, Daniel 79
Vida, Marco Girolamo 70
Villiers, George, First Duke of Buckingham 594
Villiers, George, Second Duke of Buckingham 783
Voltaire 779
Vondel, Joost van den 204, 210, 225, 289–294, 296, *297*, 299, 377, 388f., *396*, 595, 600–602, *603*, 639, 692, 695, *698*, 699f., *701*
Vossius, Gerard Joannes 239, 246f., 299

Wallenstein, Albrecht Wenzeslaus Eusebius von 35, 44
Walser, Martin *806*
Walter, Elisabeth 483f.
Warnatsch, Otto 802
Warnsdorf, Kaspar von *574*
Weber, Michael 496
Weber, Ursula (Mutter Ursula Hennings) 483, 499
Weber, Ursula (siehe Henning, Ursula)
Weckherlin, Georg Rodolf 137, *740*
Weise, Christian 318, 775f., 780
Weißenborn, Theodor *806*

Weisser, Friedrich Christoph 793, 799f.
Werder, Diederich von dem 61, 744–747, *748*
Weyer, Johann 719, 722
Wilhelm, Gottfried 589
Wimberger, Gerhard 814
Winckelmann, Johann Joachim 592
Wirsching, Otto 802
Władysław II., Herzog von Schlesien 53
Władysław Jagiełło, König von Polen 55

Władysław IV., König von Polen 263, *363*, 572

Zedler, Johann Heinrich 401, 539, *546*
Zeller, Wolfgang 812
Zesen, Philipp von 22, 98, 744, 747f.
Ziegler, Caspar 138
Zonaras, Johannes 185, 639
Zweig, Arnold 804

IV.e Werkregister

Halbfette Seitenzahlen beziehen sich auf das zugehörige Kapitel im *Gryphius-Handbuch*, kursive Zahlen auf reine Fußnotenverweise. Einzelne Sonette, Epigramme, Oden, Leichabdankungen, Trauer-, Lust- oder Festspiele sind unter den jeweiligen Gattungsrubriken zu finden. Für die jeweils zugrundeliegenden Ausgaben vgl. die nachgestellten Siglen und das Siglenverzeichnis.

Acclamationes votivæ 88
Annotata in Rosini et Dempsteri Antiquitates Romanas *584*, *590*

Dei Vindicis Impetus et Herodis Interitus (*Dei Vind.*) *10*, **69–78**, *79–82*, *85*, *87*, *168*, *757f.*
Der Weicher-Stein (*WS*) *107*, *146*, **153–161**, *749f.*
Deutscher Gedichte / Erster Theil (*DG*) *93*, *113*
Dissertationes de spectris *584*, *711f.*
Dithyrambus nuptialis (Hochzeitsgedicht für Michael Eder und Barbara Juliana Vechner) 88

Epigramme *27*, *29*, **131–145**, *769*, *791*
Sammlungen (in chronologischer Reihenfolge) und einzelne Epigramme:
Epigrammatum liber I (*Ep.* I) **87–89**, *93*, *134*, **135–142**, *400*
– *Ep.* I,4 *138f.*
– *Ep.* I,5 *138f.*
– *Ep.* I,6 *87*
– *Ep.* I,13 *87*
– *Ep.* I,25 *87*
– *Ep.* I,30 *87*
– *Ep.* I,31 *87*
– *Ep.* I,33 *87*
– *Ep.* I,34 *87*, *135*
– *Ep.* I,35 *135*
– *Ep.* I,36 *135*
– *Ep.* I,37 *135*
– *Ep.* I,38 *87*
– *Ep.* I,39 *87*
– *Ep.* I,40 *87*
– *Ep.* I,41 *87*
– *Ep.* I,42 *87*
– *Ep.* I,43 *87*
– *Ep.* I,44 *87*, *135*
– *Ep.* I,45 *87*
– *Ep.* I,46 *87*
– *Ep.* I,47 88
– *Ep.* I,48 88
– *Ep.* I,49 *87f.*
– *Ep.* I,54 *87*
– *Ep.* I,57 *74*
– *Ep.* I,61 *140f.*
– *Ep.* I,62 *87*
– *Ep.* I,63 *87*
– *Ep.* I,65 *87*
– *Ep.* I,68 *87*
Epigrammata. Das erste Buch (*Ep.* II) *87*, *93*, *134*, **135–142**, *400*, *641*
– *Ep.* II,1 *137*, *142*
– *Ep.* II,2 *142*
– *Ep.* II,3 *137*
– *Ep.* II,4 *137*
– *Ep.* II,7 *138*, *641*
– *Ep.* II,8 *135*, *138*
– *Ep.* II,9 *136*, *138*
– *Ep.* II,10 *136*, *138*
– *Ep.* II,11 *136*, *138*
– *Ep.* II,12 *136*, *138*
– *Ep.* II,13 *136*, *138*
– *Ep.* II,14 *136*, *138*
– *Ep.* II,15 *138*
– *Ep.* II,16 *138*
– *Ep.* II,17 *138*
– *Ep.* II,18 *138*
– *Ep.* II,19 *138*
– *Ep.* II,20 *138*
– *Ep.* II,21 *138*
– *Ep.* II,22 *138*
– *Ep.* II,23 *138*
– *Ep.* II,24 *138*
– *Ep.* II,32 *138*
– *Ep.* II,35 *136*
– *Ep.* II,41 *132*, *137f.*, *142*
– *Ep.* II,47 *136*
– *Ep.* II,53 *138*
– *Ep.* II,54 *137f.*
– *Ep.* II,55 *136*

– *Ep.* II,56 136
– *Ep.* II,57 136
– *Ep.* II,58 136, 138
– *Ep.* II,59 136
– *Ep.* II,60 135
– *Ep.* II,61 138
– *Ep.* II,62 138
– *Ep.* II,63 138
– *Ep.* II,66 138
– *Ep.* II,69 *136*
– *Ep.* II,81 136
– *Ep.* II,86 135
– *Ep.* II,94 137
– *Ep.* II,96 143
Epigrammata Oder Bey-Schrifften (*Ep.* III) 134, **142–145**, 153f., 641
– *Ep.* III,I,3 142
– *Ep.* III,I,4 142
– *Ep.* III,I,6 144
– *Ep.* III,I,7 144f.
– *Ep.* III,I,8 142, 755f.
– *Ep.* III,I,10 142
– *Ep.* III,I,11 142, *154*
– *Ep.* III,I,15 142
– *Ep.* III,I,16 142, *154*
– *Ep.* III,I,18 142
– *Ep.* III,I,19 142
– *Ep.* III,I,20 142
– *Ep.* III,I,21 142
– *Ep.* III,I,22 142
– *Ep.* III,I,34 *154*
– *Ep.* III,I,35 142
– *Ep.* III,I,37 746, 754f.
– *Ep.* III,I,47 711
– *Ep.* III,I,52 44
– *Ep.* III,I,55 14
– *Ep.* III,I,56 143
– *Ep.* III,I,61 3f., 142
– *Ep.* III,I,62 142
– *Ep.* III,I,63 142
– *Ep.* III,I,64 142
– *Ep.* III,I,65 142, 144f.
– *Ep.* III,I,66 142
– *Ep.* III,I,67 142
– *Ep.* III,I,68 142
– *Ep.* III,I,69 142
– *Ep.* III,I,70 142
– *Ep.* III,I,72 142
– *Ep.* III,I,74 43

– *Ep.* III,II,26 143
– *Ep.* III,II,30 *154*
– *Ep.* III,II,32 *154*
– *Ep.* III,II,50 143
– *Ep.* III,II,73 136
– *Ep.* III,II,77 143, 711
– *Ep.* III,II,85 143
– *Ep.* III,II,99 *41*
– *Ep.* III,II, S. 35 [Nr. 101] 135
– *Ep.* III,III,17 143
– *Ep.* III,III,24 *154*
– *Ep.* III,III,25 *154*
– *Ep.* III,III,46 *154*
– *Ep.* III,III,50 143
– *Ep.* III,III,60 *41*
– *Ep.* III,III,61 *41*
– *Ep.* III,III,72 *41*
– *Ep.* III,III,97 *154*
Exercitationes theologico-philologicae... 584

FERREA MORS... (Hochzeitsgedicht für Adam Henning und Ursula Weber) 74, *484f.*, 501f.

Festspiele
– Majuma (*Maj.*) **357–367**, 368
– Piastus (*Pi.*) 364, **368–380**, 384, 773, 792–794
– Verlibtes Gespenste / Die gelibte Dornrose (*GD*) 67, 301, 336, 358, 364, *376*, **381–399**, 645–648, *649*, 650f., 679–681, *696*, 707, 737f., 774, 782f., 801, 802

Fewrige Freystadt (*FF*) X, XII, 11, 38f., *42*, 66, **400–413**, 419–421, 424, 427, 768
Fœminei lux summa chori... (Nänie auf Maria Rißmann) (*Liss.*, S. 63–66) 88
Freuden und Trauer-Spiele auch Oden und Sonnette (*FT*) 165, *597*
Gedancken / Vber den Kirchhoff... (siehe Kirchhoffs-Gedancken)
Geistliche Lieder (*GL*) 598
Herodis Furiæ & Rahelis lachrymæ (*Her. Fur.*) 8, **69–78**, 80f., 85, 87, 168, 757f., 767
Himmel Steigente HertzensSeüfftzer (*HSGr*) 594–602
Hochzeit-Scherz (*HG*, S. 72f.) 484
Jn einer tödlichen Kranckheit (*BG*, S. 45) 34
Kirchhoffs-Gedancken (*Kir.*) 68, **146–152**, *153*, 156, 525, *583f.*, 594, 641, 782, 787

Leichabdankungen X, 5, 26–28, 59, **414–581**, 635, 684, 691, 734f., 770
- Abend Menschlichen Lebens (*AML*) 486, **527–537**
- Außländische Jn dem Vaterland (*AV*) 415, **538–547**
- Brunnen-Discurs 11, *157*, *160*, 401, 414–416, 421f., **427–436**, 472, *476*, *482*, *500*, 548, 575, 736
- Der Tod als Artzt der Sterblichen (*TA*) 208, *415*, **512–526**
- Dissertationes funebres (*LA*) 5, 11, *59*, **414–418**, 419, 427, 450, 454, 460, 488, 503, 512, 514, 540, 546, 560, 571f., 634
- Flucht Menschlicher Tage 27, *59*, 272, *414*, *482*, 486, **560–570**, 571f., 609, 736
- Folter Menschliches Lebens (*FML*) 5, 208, 486, **503–511**, 635, 691
- Hingang durch die Welt (*HW*) 415, *482*–485, *486*, 488, **493–502**, 539, 553–556, 558f.
- Letztes Ehren-Gedächtnüß (*EG*) 27, 59, *417*, **448–471**
- Magnetische Verbindung (*MV*) 207, 417, **448–471**, *482*, 735–737
- Menschlichen Lebenß Traum (*MLT*) 143, 416f., **419–426**, *482*, 486
- Mutua Amantium Fuga *482*, 548, 552f., 560, **571–581**
- Schlesiens Stern in der Nacht (*SSN*) 41, *43*, *415*, **437–447**
- Seelige Unfruchtbarkeit (*SU*) 59, 272, 414f., 540, **548–559**, *624*
- Uberdruß Menschlicher Dinge (*UMD*) 415, **482–492**, 499, 553
- Winter-Tag Menschlichen Lebens (*WML*) 428, 435f., **472–481**, *482*, 486, 552f., 575

Lessus 88
Letztes Ehren-Gedächtnüß (siehe unter Leichabdankungen)
Lob der Geduld (*GL*, S. 285f.) *522*

Lustspiele 26, **300–356**, 806
- Absurda Comica. Oder Herr Peter Squentz (*Squ.*) 67, *153*, *218*, 303, **313–329**, 330, 351, 636–638, *644*, 645–652, *653*, 671, 677–679, *696*, 737, 758, 775f., 783f., 791–794, 799–801, *806*
- Horribilicribrifax (*Horr.*) 37f., 40, 44, 67, 303, **330–346**, 386, 393, 643, *644*, 645–647, 649–654, 774, 779, 783f., 791–794, 799, *806*
- Schwermender Schäffer (*Sch_A/Sch_B*) 153, **347–356**, 368, 594
- Seugamme (*Seug.*) 153, **300–312**, 594, 783
- Verlibtes Gespenste / Die gelibte Dornrose (siehe unter Festspiele)

Mumiae Wratislavienses (*MWr*) X, 401, **582–593**
Nobilissimo Domino Sponso (Hochzeitsgedicht für Samuel von Schaf und Anna Regina von Johnston und Ziebendorf) 89

Oden 29, **113–130**, 787
Sammlungen (in chronologischer Reihenfolge):
- Oden. Das erste Buch [1643] (*Od. 1643*) 93, 113, 134
- Oden. Das Erste Buch [1663] (*Od.* I) 113, **119–121**
- Oden. Das Ander Buch (*Od.* II) 113, **121–126**, *408*, 507
- Oden. Das Dritte Buch (*Od.* III) 113, **126–130**, 597
- Thränen über das Leiden JEsu Christi (*Od.* IV) 85, 113, **114–119**, *211*, 555

einzelne Oden:
- Ach daß die Hülffe Sion über Jsrael käme... (*Od.* II,6) 122
- Barrabas wird vor JEsu frey gelassen (*Od.* IV,12) 116
- Beschluß des Jahres (*Od.* III,9) 126
- Beschluß des Jahrs (*Od.* II,12) 126
- Christi Anklage vor dem Prister und Petri Fall (*Od.* IV,7) 116
- Christi Gang zum Tode (*Od.* IV,15) 116
- Christi Geisselung und Krönung (*Od.* IV,13) 116
- Christi Verdammung vor den Pristern... (*Od.* IV,8) 116–118
- Christus wird vor Pilato und Herode verklaget (*Od.* IV,11) 116f.
- Der HErr hat mich verlassen (*Od.* I,1) 119, 130
- Der HERR offenbahret seinen Verräther... (*Od.* IV,3) 115, 118
- Des HErren Begräbnüß (*Od.* IV,19) 116, 118f.

- Des HErren Christi Todes-Angst... (*Od.* IV,5) 115, 118
- Des HErren Christi Verspeyung (*Od.* IV,9) 116f.
- Des HErren Gefängnüß (*Od.* IV,6) 115f.
- Des HERREN JEsu Creutzigung (*Od.* IV,16) 117f.
- Des HErren JEsu letzte Wort (*Od.* IV,17) 117
- Des HErren JEsus Gang über den Bach Kidron (*Od.* IV,4) 115, 118
- Des HErren JEsu Verdammung (*Od.* IV,14) 116
- Die Einsetzung des Abendmahls (*Od.* IV,1) 115, 117
- Die Wunder bey dem Tode Christi (*Od.* IV,18) 116, 118
- Dimitte me! (*Od.* III,7) 127f., *808*
- DOMINE USQUE QUO? (*Od.* I,7) 119
- Dominus respexit humilitatem meam (*Od.* I,12) 120f., 130
- Du erhörest Gebet... (*Od.* III,4) 126f., 128
- Educ è custodia animam meam... (*Od.* I,6) 119
- Excessus humanæ mentis ad Deum (*Od.* III,10) 128f.
- Fortis ut mors Dilectio... (*Od.* III,11) 128, 130
- Freue dich nicht meine Feindin... (*Od.* II,5) 122f.
- GOtt dem Heiligen Geiste (*Od.* II,11) 125f.
- Jst nicht Ephraim mein treuer Sohn? (*Od.* I,2) 119
- Judæ Verzweiffelung (*Od.* IV,10) 116
- Letzte Rede eines Gelehrten aus seinem Grabe (*Od.* I,4) 121
- MANET UNICA VIRTUS (*Od.* II,4) 124
- Paraphrasis Psalmi CXXV. juxta latinos (*Od.* II,8) 122
- PSALMUS CXX. (*Od.* I,8) 119
- Psal. LXX. v. 20. Quantas ostendisti mihi tribulationes... (*Od.* II,1) 121f.
- Psal. 138. v. 7. Si ambulavero in interiori angustiæ... (*Od.* III,3) 128f.
- Quis avolvet nobis lapidem ab ostio monumenti (*Od.* III,8) 128
- Qui seminant in lacrumis (*Od.* I,3) 119
- Ruhe des Gemühtes (*Od.* II,9) 125
- Scire Tuum nihil est! (*Od.* III,2) 129f.
- Sey nun wider zu friden / meine Seele! (*Od.* I,10) 119f.
- Terra vale! Dominum vitæ stat adire TONANTEM (*Od.* II,7) 124f.
- Tibi sacrificabo hostiam laudis (*Od.* I,11) 120
- Tu extraxisti me de Ventre Matris meæ! (*Od.* III,5) 129
- Vanitas Mundi (*Od.* I,5) 104, 121
- Vanitas! Vanitatum Vanitas! (*Od.* I,9) 104, 119, *804*, 805, *812*
- Vber die Geburt des HErrn (*Od.* II,10) 125
- Verlangen nach den ewigen Hügeln (*Od.* II,2) 123
- Verleugnung der Welt (*Od.* II,3) 123f.
- Vnsers Erlösers Fußwaschen (*Od.* IV,2) 115, 118
- Was Gott zusammen füget / sol Nimand scheiden (*Od.* III,12) 128, 130
- WJe / wenn nach langer Angst... (*Od.* III,1) 128
- Zihet hin! liben Kinder / zihet hin! Baruch. 4 / 19. (*Od.* III,6) 127

Olivetum (*Oliv.*) 69, **78–85**, 87, 168
Parnassus renovatus (*Par. ren.*) 10, 69, **85–87**, 400
RICHARD BAKERS Engelländischen Ritters Frag-Stück... (*RBF*) 594f., 602, *603*, 769
RICHART BAKERS Engeländischen Ritters Betrachtungen (*RBB*) 594f., 602

Sonette 23, 26f., 29f., **90–112**, 738f., 769, 791
Sammlungen (in chronologischer Reihenfolge):
- Lissaer Sonette (*Liss.*) 9f., 60, 65f., 92f., **94–97**, 101, 400, *622*, 641, 710, 738f., 758–763, 767f.
- Son- undt Feyrtags Sonnete (*SuF*) 92, **94–97**, 98, 102, 114, *582*, 616–619, 641, 739, *760*
- Das erste Buch [1643] (*Son. 1643*) 60, 93, **94–97**, 101, 134, 420, 710, 737, 758–762
- Das Ander Buch [1650] (*Son. 1650* II) **94–97**, 98, 451, 594, 760, 762f.
- Das Erste Buch [1663] (*Son.* I) **94–97**, 101, 710
- Das Ander Buch [1663] (*Son.* II) **94–97**, 98, 451, 594
- Das Dritte Buch [1663] (*Son.* III) **94–97**, 102, 760
- Das Virdte Buch. Vber die Fest-Tage [1663] (*Son.* IV) **94–97**, 102, 760
- Das Dritte Buch [Sonette aus dem Nachlaß] (*SNa.*) 94, 98

einzelne Sonette:
- Abend (*Son.* II,3) 97, 812–814
- Als Er aus Rom geschidn (*Son.* II,41) 107
- Als sein ander Sohn Constantinus gebohren wurde (*SNa.* 31) 107
- Am tage der Hinfahrt Mariæ. Luc. 10. (*SuF* II,23) 98
- Am tage Matthæi. Matth. 9. (*SuF* II,28) 98
- Am tage Philippi und Jacobi. Iohan 14. (*SuF* II,14) 98
- An Callirhoen (*Son.* I,41) 96, 110
- An CLEANDRUM (*Son.* II,40) 107, 109
- An Clelien (*SNa.* 71) 109
- An den am Creutz auffgehenckten Heyland (*Liss.*, S. 9f.) 95, 641
- Andencken eines auf der See ausgestandenen gefährlichen Sturms (*SNa.* 26) 107f.
- An den gecreutzigten JEsum (*Son.* I,6) 95, 101f., *741*, 750–752
- An die Freunde (*Son.* I,46) 97, 104f.
- An die Sternen (*Son.* I,36; *Son. 1643*, 36) 96, 106, 710
- An die umbstehenden Freunde (*Son.* I,47) 97, 104
- An die Welt (*Son.* I,49) 97, 104, 810f., *812*
- ANDREAS GRYPHIUS. Vber seine Sontag- und FeyrtagsSonnette (*DG*, S. 116f.) 92f.
- An eben denselben: gegen übersendete Sonnette (*Son.* II,20) 107
- An eben dieselbe (*Liss.*, S. 39–41) 96, *806*
- An eben Selbige (*SNa.* 65) 112
- An eben Selbige (*SNa.* 66) 112
- An eben selbige (*SNa.* 67) 100, 112
- An eben Selbige (*SNa.* 69) 98, 100, 112
- An eben selbigen / als er ihm den Papinian übersendete (*SNa.* 50) 107
- An ein Adeliches Frauenzimmer... (*SNa.* 51) 107
- An eine Geschminckte (*Liss.*, S. 50–52) 96, 690
- An eine Hönische vnnd mehr als kluge Person (*Liss.*, S. 52f.) 96
- An eine hohen Standes Jungfraw (*Liss.*, S. 38f.) 96
- An eine Jungfrau (*Son.* I,35) 96
- An eine Jungfraw (*Liss.*, S. 46f.) 96
- An einen falschen Zwey-züngeler (*Liss.*, S. 53–55) 96
- An einen guten Freund... (*SNa.* 45) 100
- An einen höchstberühmten Feldherrn... (*SNa.* 47) 44, 107, 260
- An einen seiner Bekanten... (*Liss.*, S. 49f.) 96
- An einen Vnschuldigen Leidenden (*Son.* I,34) 96, 100
- An Eugenien (*Son.* I,21) 96, 110
- An Eugenien (*Son.* I,22) 96, 105, 109f., *806*
- An Eugenien (*Son.* I,42) 96, 110f.
- An Eugenien (*Son.* II,8) 110
- An Eugenien (*SNa.* 64) 112
- An Eugenien (*SNa.* 68) 98, 112
- An Frauen Marien Richterin (*Son.* I,32; *Son. 1643*, 32) 96, 420
- An Furium (*Son.* I,31) 96, 100, 109
- An GOtt den Heiligen Geist (*Son.* I,1; *Liss.*, S. 6f.) 95, 101, 738
- An GOtt den Heiligen Geist (*Son.* I,2) 98, 101
- An GOtt den Heiligen Geist (*SNa.* 16) 597
- An GOtt den Sohn (*SNa.* 15) 597
- An GOtt den Vater (*SNa.* 14) 597
- An H. Casper Dietzel (*Son.* II,44) 107
- An H. Christophorum Loth (*Son.* I,39) 96
- An Herrn Petrum Crügerum... (*Son.* I,18; *Liss.*, S. 29–31) 96, 106
- An H. Johan. Baptista Carminelli... (*Son. 1650* II,25) 763
- An H. Johan Christoph von Schönborn... (*Son.* II,19) 107
- An Johannem Fridericum von Sack... (*Son.* I,24; *Liss.*, S. 44–46) 96, 106, *582*
- An Jolinden (*Son.* I,29) 96, 109
- An Lucinden (*Son.* I,26) 96, 109
- An Melanien (*Son.* I,30) 96, 109
- ANNÆ ERHARDINÆ Optimæ Matris [...] tumulus (*Son.* I,13; *Liss.*, S. 24f.) 96, 106
- An Pœtum (*Son.* I,28) 96, 109
- An sein Buch... (*Son.* I,19; *Liss.*, S. 27–29) 96, 106f.
- An seinen H. Bruder... (*Son.* I,37) 96
- An sich selbst (*Son.* I,48) 97, 104, *267*
- An Valerium (*Son.* II,38) 105
- Auf das grausame Ungewitter... (*SNa.* 27) 100, 107
- Auf den Anfang des 1650sten Jahres (*SNa.* 19) 43, 107
- Auf den Anfang des 1660zigsten Jahres (*SNa.* 21) 107

– Auf den Sontag des versuchten Sohnes Gottes…. (*Son.* III,20; *DG*, S. 70) 100, 617–622, 630
– Auf des Durchlauchtigsten Schmackhafften […] Absterben (*SNa.* 39) 98
– Auf die Geburt seines ältesten Sohnes Christiani (*SNa.* 29) 107
– Auf einen in der heiligen Pfingst-Nacht entstandenen Brand (*SNa.* 28) 107
– Auff den Einzug… (*Son.* II,16) 106
– Auff den Sontag des Herren des Sabbats… (*Son.* III,54) 100
– Auff den Sontag des in dem Tempel erscheinenden Messias… (*Son.* III,11) 100
– Auff den Sontag des letzten Greuels (*Son.* III,62) 803
– Auff den Sontag des schlummernden Helfers… (*Son.* III,14) 102f.
– Auff den Sontag deß guten Seemans (*Son.* III,18) *619*
– Auff den Tag der Reinigung Mariæ. Luc. 11. (*Son.* IV,9) 100
– Auff den Tod des Hertzogs von Buckingham (*Son.* II,34) 107, 594
– Auff die letzte Nacht seines XXV. Jahrs… (*Son.* II,15) 107
– Auff die selige Geburt des HErrn (*Son.* III,5) 100
– Auff einen ungeschickten Römer (*Son.* II,39) 105, 107, 109
– Auff H. Ditterich Baums […] Hochzeit (*Son.* II,21) 106
– Auff Herrn Herings Hochzeit (*Son.* II,32) 106
– Auff Herrn Joachimi Spechts Medici, Hochzeit (*Son.* I,23; *Liss.*, S. 41f.) 96, 106
– Auff H. Godofredi Eichorns […] Hochzeit (*Son.* I,25; *Liss.*, S. 43f.) 96, 106
– Auff H. Sigmund Gutsche… (*Son.* II,29) 106
– Auf seinen Geburts-Tag (*SNa.* 23) 107
– Auf seinen Geburts-Tag (*SNa.* 24) 107
– Auf seinen Geburts-Tag A. 1656. (*SNa.* 25) 107
– Auf seines Sohnes Theodori Absterben (*SNa.* 34) 107
– Aus dem dritten Buch… (*Son.* II,11) 107
– Beschluß des XXIII. Jahrs (*Son.* II,13) 107
– Beschluß des XXIV. Jahrs (*Son.* II,14) 107
– Beschlus Sonnet (*SuF* II,35) 92f.
– Beschluß Sonnet (*Liss.*, S. 55f.) 96, 759

– Das Letzte Gerichte (*Son.* II,47) 97
– Der Autor vber seinen Geburts-Tag… (*Liss.*, S. 20f.) 96, 738f.
– Der Käyserin […] Grab-Schrifft (*Son.* II,33) 594
– Der Tod (*Son.* II,46) 97
– Der Welt Wollust (*Son.* I,10; *Liss.*, S. 17f.) 96, 104
– Die Hölle (*Son.* II,48) 97–100, 727, *750*, 770
– Ebenbild unsers Lebens (*Son.* I,43) 96f., 106, *267*, 668, 690f.
– Ein anders (*SNa.* 30) 107
– Einem neydischen unnamhafften Lästerer (*Son.* II,45) 109
– Einsamkeit (*Son.* II,6) 97, 105, 690, *740*
– ELIAS (*Son.* II,50; *Son. 1650* II,50) 97, 762f.
– Es ist alles Eitel (*Son.* I,8; *Liss.*, S. 14f.) 92, 96, 100f., 103f., 629f., *805f.*, 812
– Ewige Freude der Außerwehlten (*Son.* II,49) 97
– Gedenckt an Loths Weib (*Son.* I,7; *Liss.*, S. 12f.) 95f., 613, 641, 710
– Grab-Schrifft / der Jungfrauschafft… (*Son.* I,44) 96f.
– Grabschrifft eines hochberühmten Mannes (*Son.* II,37) 105
– Grabschrifft eines trefflichen Vorsprechers (*Son.* I,20; *Liss.*, S. 36–38) 96, 109
– H. Eliæ Æbelii […] Hochzeit (*Son.* II,30) 106
– H. Nathanael Roßteuscher […] Hochzeit (*Son.* II,31) 106
– In Bibliothecam & Effigiem… (*Son.* I,14; *Liss.*, S. 26f.) 96, 106
– Menschliches Elende (*Son.* I,11; *Liss.*, S. 18–20) 92, 96, 100, 104, *267*, 805, *806*, 808, 812
– Mittag (*Son.* II,2) 97, 100
– Mitternacht (*Son.* II,4) 97f.
– M. MICHAELIS EDERI […] Praxis fidei (*Son.* I,16; *Liss.*, S. 31–33) 96, 106
– Morgen Sonnet (*Son.* II,1) 97
– Neujahrs-Wunsch an Eugenien (*SNa.* 70) 112
– PAULI GRYPHII […] Exilium (*Son.* I,15; *Liss.*, S. 33f.) 96, 106
– Schluß des 1648sten Jahres (*SNa.* 18) 107
– Schluß des 1650zigsten Jahres (*SNa.* 20) 107
– Thränen des Vaterlandes (*Son.* I,27) 90, 96, 100, 108f., *628f.*, 631, *804f.*, *806f.*, 810, 812f.
– Thränen in schwerer Kranckheit (*Son.* I,9; *Liss.*, S. 15–17) 96, 101, 104, *740*, 808, 812

- Thränen in schwerer Kranckheit. A. cI‹ I‹ CXL. (Son. I,45) 97, 104, *267*, *808*
- Trawrklage des verwüsteten Deutschlandes (Liss., S. 47–49) *29*, 37, 40, 43, 66, 92, 96, *109*, *628*, *739*, 763
- *Tumulus admodum Reverend. ...* (Son. I,12; Liss., S. 21–23) 96, 106
- Uber das Unglück seiner Tochter... (SNa. 37) 107
- Uber die Geburt Christi 1657 (SNa. 2) 804
- Uber seinen Geburts-Tag (SNa. 22) 107
- Uber seiner Tochter Annæ Rosinæ Geburt (SNa. 32) 107
- Uber seiner Tochter Maria Elisabeth Geburts-Tag... (SNa. 35) 107
- Uber seines jüngsten Sohnes Danielis Geburt (SNa. 36) 107
- Uber seines Sohnes Theodori Geburt (SNa. 33) 107
- Vber Abraham Ortels Parergon (Son. I,38) 96, 106
- Vber des HERREN JEsu todten Leichnamb (Liss., S. 11f.) 95, 641
- Vber des HErrn Gefängnüß (Son. I,4; Son. 1643, 4; Liss., S. 8f.) 95, 622f., 630
- Vber des HErrn Leiche (Son. I,5) 95, 101
- Vber die Gebeine der außgegrabenen Philosetten (Son. I,33) 96, 105, 109f.
- Vber die Geburt JEsu (Son. I,3; Son. 1643, 3) 95, 425, *741*, 813
- Vber die unterirrdischen Grüffte... (Son. II,42) 107
- Vber Hippolyten Tod (Son. I,40) 96
- Vberschrifft an dem Tempel der Sterbligkeit... (Son. II,10) 107, *807*
- Vber seines Herren Brudern Pauli Gryphii Geistliches Schuld-Buch (Son. I,17; Liss., S. 35f.) 96, 106
- Vber seines Herrn Bruder P. GRYPHII Grab (Son. I,50) 97
- VANITAS, VANITATUM, ET OMNIA VANITAS (Liss., S. 14f.) 95, 690, 738, 759

Teutsche Reim-Gedichte (TR) 60, 93, 113

Trauerspiele 26, 29f., 32, **162–299**
- Cardenio und Celinde (Card.) 30, 74, 173, 175, 221, **233–259**, *316*, 457, 466, 611, 613, *702–704*, 705, 711–716, 718–722, 725, 729–732, 738, 775, 786, 791–799, 801
- Carolus Stuardus (A-Fassung) (Car$_A$) 31, *32*, 44, 82, 165, 185, **221–232**, 234, 236, 260, 262f., 270, *291*, 379, *564*, 656, 658f., 664, 666f., *725*, 726, *730*, 732–734, 785–787, 793f., 799, 807
- Carolus Stuardus (B-Fassung) (Car$_B$) 31, *32*, 185, *207*, 221f., 229–232, 234, 236, **260–271**, *291*, *376*, 379, 611, 623–628, 630f., 656, 658f., 664, 666f., 675–677, *695f.*, *698*, 699, *700–703*, 704–706, *708*, *725*, 726, *730*, 732–734, 785–787, 793f., 799, 807
- Catharina von Georgien (Cath.) IX–XI, 15, 26, 32, 74, 163, 165, 169, 172f., 175, *182*, 185, **203–220**, 221, 233f., 236, 289, 377, 379f., 400, 504, 509f., 523, 610, 614, 656, 658–662, 664, 674f., 684f., 687–690, 699, *700*, 701f., *703*, 704–707, 725, 726–728, 737, 753, 769, 773–775, 785f.
- Die Gibeoniter (Gib.) 204, **289–299**, 594f., 600–602, *603*, 699
- Felicitas (Fel.) **162–184**, 204, 210, 236, 289, *396f.*, 594, *707*, *782*
- Heinrich der Fromme 289
- Ibrahim 289
- Leo Armenius (Leo) 15, 30, 32, 59f., 85, 165, 170, 172, 175f., **185–202**, 233f., *235*, 236, 240, 256, 261, *376*, 377, 400, 457, 464, 466, 493, 504, 507, *564*, 569, 614, 636, 638–640, 655, 658f., 664, 673f., *685*, 686f., *695*, *696*, *697f.*, *700*, 702, *703*, 711–713, 717–720, 725f., 728f., *731*, 761, 769, 774f., 777, 785, 788f., 793f., 802
- Papinianus (Pap.) 165, 175, 185, 234, 236, **272–288**, 360, *376*, 589f., 610, 656f., 664, 685, 687, 689f., *696*, *698*, 701f., *703*, 704–706, 725f., 775

Ubersetzete Lob-Gesänge / Oder Kirchen-Lieder (LG) 594, 598
Vermehrte Teutsche Gedichte (TG) 91, 94, 165, 598, 773, 791
Vermischte Gedichte (VG) 594
VOta paras EDERE parens... (Hochzeitsgedicht für Michael Eder und Barbara Juliana Vechner) 88
Weicher-Stein (siehe Der Weicher-Stein)

www.ingramcontent.com/pod-product-compliance
Lightning Source LLC
Chambersburg PA
CBHW060301010526
44108CB00042B/2594